PROGRAMMING

Principles and Practice Using C++

SECOND EDITION

PROGRAMMING

Principles and Practice Using C++

SECOND EDITION

비야네 스트롭스트룹 지음

최광민 옮김

i!i
에이콘

지은이 소개

여러분은 아마도 "나에게 프로그래밍을 가르치려 하는 당신은 누구인가?"하는 의문이 들 수 있다. 이에 대한 답으로 지은이의 약력을 소개한다. 비야네 스트롭스트룹Bjarne Stroustrup은 로렌스 피트 피터슨Lawrence 'Pete' Petersen과 함께 이 책을 저술했으며, 이 책의 초안을 바탕으로 대학교 1학년 초급 과정을 설계하고 학생들에게 가르치면서 책의 내용을 개선해왔다.

비야네 스트롭스트룹Bjarne Stroustrup

C++ 프로그래밍 언어를 설계하고 초기 구현체를 만들었으며, 40년간 다양한 프로그래밍 언어를 바탕으로 광범위한 분야의 프로그래밍 작업을 수행했다. 로봇 제어나 그래픽스, 게임, 텍스트 분석, 네트워크 등 도전 의식을 자극하는 응용 분야에서 활용되는 우아하고 효율적인 코드를 사랑하며, 다양한 능력과 흥미를 가진 사람들에게 설계와 프로그래밍, C++를 가르쳤다. ISO C++ 표준 위원회의 창립 멤버이며, 언어를 개선하는 워킹 그룹의 회장이기도 하다.

이 책은 처음으로 저술한 개론서로, 이전 저서인 『C++ 프로그래밍 언어』와 『C++의 설계와 진화』는 고급 프로그래머를 위한 책이다.

덴마크의 오르후스Aarhus라는 도시에서 공장 노동자의 아들로 태어났고, 고향에 위치한 대학에서 수학과 컴퓨터 과학 석사 학위를 받았고, 영국의 캠브리지 대학Cambridge University에서 컴퓨터 과학 박사 학위를 취득했다. AT&T에서 25년간 재직하는 동안 유닉스와 C, C++ 등의 산실인 벨연구소 컴퓨터과학 연구센터Computer Science Research Center of Bell Labs에서 일했고, 이후에는 AT&T 연구소AT&T Labs-Research에서 일했다.

미국 국립 공학회와 ACM, IEEE 펠로우의 일원이며, 컴퓨터 과학자로는 처음으로 과학 연구 단체인 시그마 자이Sigma Xi에서 수여하는 2005년도 과학 분야 윌리엄 프록터 상을 수상했다. 2010년에는 과학 분야의 공로를 인정받아 오르후스 대학 최고의 영예인 리그모르-칼 홀스뉴즌 과학상을 수상했고, 2013년에는 러시아 국립 연구 대학에서 컴퓨터 과학 명예박사를 수여받았다.

업무 외로는 결혼해서 두 자녀를 뒀고, 한 명은 의학 박사, 한 명은 박사 후 연구 과정

중이다. 많은 책(역사, 공상 과학, 추리물, 시사 등)을 읽고 거의 모든 종류의 음악(클래식, 록, 블루스, 컨트리 등)을 좋아한다. 친구와 훌륭한 음식을 나누거나, 전 세계의 흥미로운 장소와 사람을 방문하는 일도 즐긴다. 그리고 맛있는 음식을 계속 즐길 수 있게 운동도 게을리 하지 않는다.

홈페이지(www.stroustrup.com)에서 더 많은 정보를 얻을 수 있고, 특히 저자의 이름을 어떻게 발음하는지 알아 볼 수 있다.

로렌스 피트 피터슨 Lawrence 'Pete' Petersen

저자가 2006년 후반에 피터를 만났을 때, 그는 스스로를 이렇게 소개했다. 텍사스 A&M에서 거의 20년 동안 프로그래밍 언어를 가르친 교사로서 학생들이 선정하는 교육 전문가 상을 다섯 번 수상했고, 1996년에 공과 대학 동문회에서 수여하는 우수 교사 상을 수상했다. 와콘스 Wakonse 교육 전문가 프로그램과 교육 개발 아카데미의 일원이기도 하다.

장교의 아들로 태어났고, 여러 차례 이사를 다녔다. 22살에 입대해 야전 포병 장교로 일하다가 운영 테스트 연구 분석가로 재직했다. 1971년부터 1973년까지 오클라호마의 포트 씰에서 야전 포병 장교 고급 교육 과정을 담당했다. 1979년에 테스트 담당자 훈련 과정을 조직하는 일에 참여했고, 1978년부터 1981년까지, 그리고 1985년부터 1989년까지 미국 전역에서 테스트 담당자 훈련 과정의 교사로 일했다.

1991년에 작은 소프트웨어 회사를 설립해 1999년까지 대학 학사 관리 소프트웨어를 제공했다. 실제로 사람들이 사용할 수 있는 소프트웨어를 교육하고 설계하고 개발하는 데 흥미가 있다. 조지아 공대에서 산업 공학 석사를 마쳤고, 텍사스 A&M에서 교육학 석사를 취득했다. NTS에서 마이크로컴퓨터 석사 학위를 수여받았고, 텍사스에서 정보 운영 관리 박사 과정을 마쳤다.

아내 바바라와 함께 텍사스 브라이언에 거주하며, 여행과 정원 가꾸기, 각종 오락을 즐긴다. 그리고 손자 손녀 안젤리나와 카를로스, 테스, 애버리, 니콜라스, 조르단을 포함한 아들 가족과 함께 많은 시간을 보낸다.

슬프게도 피트는 2007년에 폐암으로 세상을 떠났다. 그가 없었다면 우리의 수업은 절대로 성공적이지 못했을 것이다.

감사의 글

오래전부터 초심자를 가르치는 일에 대해 많은 고민을 하게 해준 동료이자 공동 교사인 로렌스 피트 피터슨에게 특히 감사를 표한다. 그가 아니었다면 가르치는 일을 쉽게 생각했을 것이다. 그리고 강의를 성공적으로 마칠 수 있게 실용적인 교육 경험을 나눠준 점도 고맙게 생각한다. 그가 없었다면 첫 번째로 계획했던 강의는 실패로 끝났을 것이다. 이 책을 저술한 이유이기도 했던 첫 번째 강의를 함께 진행한 이후로, 우리는 수업을 계속해서 진행하며 겪은 시행착오를 바탕으로 강의와 책을 개선해 왔다. 이 책의 앞부분에서 언급한 '우리'는 바로 '피터와 나'를 말한다.

텍사스 A&M 대학교에서 ENGR 112와 ENGR 113, CSCE 121 강의를 함께하며 이 책에 직간접적으로 도움을 준 학생들과 수업 조교, 동료 교수들에게 고마움을 표한다. 그리고 같은 과목을 가르친 월터 도허티와 이현영, 테레사 레이크, 로니 와드, 제니퍼 웰치에게도 감사한다. 이 책의 초안에 건설적인 조언을 준 데미안 데치브와 트래이시 햄몬드, 아르네 톨스트럽 마드센, 가브리엘 도스 레이스, 니콜라스 스트롭스트룹, J.C. 반 윈켈, 그렉 베르순더, 로니 와드, 레오 졸만에게도 감사를 전한다. 엔진 제어 소프트웨어를 설명해준 모겐스 한센과 여름 동안 다른 일에 방해받지 않고 탈고할 수 있게 도와준 알 아호와 스테펜 에드워드, 브라이언 케리건, 대이지 그웬에게도 감사하다는 말을 하고 싶다.

뉴욕에 위치한 포드햄 대학교에서 이 책의 1판으로 강의한 경험을 바탕으로 많은 조언을 해준 아트 웨슐츠와 캠프리지 대학에서 이 책의 1판으로 강의를 하며, 연습문제에 세세한 조언을 해준 닉 매클러렌에게 감사를 전한다. 그가 TAMU에서 가르친 1학년 학생들은 전혀 다른 배경과 직업적 필요성을 갖고 있었다.

애디슨 웨슬리 출판사^{Addison-Wesley}에서 섭외해준 감수자인 리차드 엔바디와 데이비드 구스타프손, 론 맥커티, K. 나라야나스와미도 대학에서 C++와 컴퓨터 과학 개론 수업을 가르치는 경험에서 우러나온 조언을 해줬다. 그리고 편집자 베드로 고든의 조언과 인내심에 감사함을 전한다. 애디슨 웨슬리가 꾸려준 편집 팀 덕에 책의 품질이 한층 높아졌다. 교정자 린다 베글리와 식자 담당 킴 아르니, 일러스트레이터 롭 마우하르, 편집자 줄리 나힐과 바바라 우드 모두에게 감사를 표한다.

1판의 번역자들이 많은 문제를 찾아주고 모호한 부분을 명확하게 해줬다. 특히 1판의 번역자 루이 졸리와 미셸 미카두는 프랑스어판을 번역하면서 철저한 기술 감수를 바탕으로 많은 개선을 이뤄냈다.

프로그래밍 저서에 대한 높은 기준을 제시해 준 브라이언 커니건과 더그 맥일로이, 실용적인 언어 설계에 대한 값진 깨달음을 준 데니스 리치와 크리스텐 니가드에게도 감사의 마음을 전한다.

비야네 스트롭스트룹

옮긴이 소개

최광민 mhmckm@gmail.com

한양대학교 컴퓨터 전공을 마치고, 현재 삼성SDS 연구소에 책임 연구원으로 재직 중이다. 회사에서든 일상에서든 새롭고 흥미로운 기술이라면 무엇이든 배우고 즐길 준비가 돼 있으며, 백발노인이 돼서도 끝없이 탐구하고 창조하는 사람이 되는 것을 인생의 목표로 삼고 있다. 옮긴 책으로는 에이콘출판사에서 출간한 『Chef, 클라우드 서비스 설정관리 자동화 도구』(2015)와 『JavaScript Testing』(2014), 『WordPress: The Missing Manual 워드프레스 사용자 가이드』(2014)가 있다.

옮긴이의 말

'재즈'를 소재로 다룬 영화로는 공전의 히트를 기록한 영화 <위플래쉬>의 주인공 앤드류는 세계 최고의 드러머가 되는 꿈에 모든 것을 바칩니다. 그러나 영화 내내 앤드류가 한 일이라고는 딱 한 가지, 단 한 번의 '더블 타임 스윙'을 완성하기 위해 똑같은 리듬을 수도 없이 반복해서 연습하는 일뿐입니다. 오랫동안 사랑했던 여인마저 버릴 정도로, 손에서 피가 흘러 더 이상 움직일 수 없을 정도로 그는 '연습'에 천착합니다.

　사람마다 이 영화를 보며 느끼는 점이야 다르겠지만, 저는 '기본기'의 중요성을 새삼 되새기게 됐습니다. 그것이 운동이든, 학문이든, 사람 사이의 관계든 모든 분야를 관통하는 하나의 화두는 역시 '기본기'가 아닐까요? 프로그래밍도 마찬가지라고 생각합니다. 응용 분야가 무엇이든, 사용하는 언어가 무엇이든, 모든 것을 관통하는 기본기야말로 '오래가는 프로그래머', '존경받는 프로그래머'가 되는 지름길입니다.

그렇다면 프로그래밍의 기본기는 무엇일까요? 저자가 책에서 여러 번 강조하듯이 '프로그래밍은 우리의 생각을 컴퓨터가 해석할 수 있는 언어로 명확하고 효과적으로 표현하는 일'이라고 할 수 있습니다. 결국 프로그래밍에 있어 중요한 점은 어떤 언어를 사용하느냐가 아니라 아이디어를 '어떻게' 표현하느냐 하는 점입니다.

하지만 '기본기'라는 관점에서 프로그래밍을 조명하는 책은 시중에서 찾아보기 어렵습니다. 특히 궁극의 무림 고수에게 '기본기'를 전수받는 기회는 흔치 않습니다. 다행히도 이 책의 저자 비야네 스트롭스트룹은 여러분에게 탄탄한 기본기를 전수해줄 수 있는 고수 중의 고수입니다. 그냥 고수가 아니라 전 세계에서 가장 널리 쓰이는 언어인 C++를 창시한 궁극의 고수입니다. 우리는 이 책에서 저자가 수십 년 동안 쌓아온 기본기를 엿볼 수 있습니다.

여기서 말하는 기본기란 여타 프로그래밍 서적에서 쉽게 볼 수 있는 C++의 문법이 아닙니다. 단순한 언어 차원의 문법을 뛰어넘는, 구조적 프로그래밍과 객체 지향 프로그래밍, 제네릭 프로그래밍을 비롯한 현대적인 프로그래밍 언어를 관통하는 프로그래밍 패러다임의 진수를 체득할 수 있습니다. 그리고 이를 바탕으로 아이디어를 명확히 반영하는 코드, 유지 보수가 쉬운 코드, 성능 측면의 효율성을 갖춘 코드, 버그가 없는 정확한 코드를 작성하는 방법과, 더 나아가 코드를 검증하고 테스트하는 방법을 설명합니다.

그렇다고 이 책이 고리타분한 이론서는 아닙니다. '구슬이 서 말이라도 꿰어야 보배'라는 말처럼 아무리 멋진 이론이라도 현실에 적용하지 못하면 공허한 말장난일 뿐입니다. 이 책은 이론적인 설명과 더불어 실용적인 예제를 바탕으로 배운 내용을 충분히 연습하고 적용할 수 있는 기회를 제공합니다. 더불어 새로운 C++ 표준인 C++11과 C++14에 대한 내용도 폭넓게 다루고 있기에, 이미 프로그래밍에 익숙한 개발자라도 미처 알지 못했던 기본기나 기법을 발견하게 될 것입니다. 부디 이 책이 이제 막 프로그래밍을 시작하는 초심자는 물론, 프로그래밍에 익숙한 개발자 모두에게 이상적인 소프트웨어 개발을 향한 나침반이 되기를 바랍니다.

마지막으로 명저를 번역할 수 있는 기회를 주시고 1년에 가까운 긴 시간 동안 믿고 기다려주신 에이콘 출판사의 권성준 사장님과 김희정 부사장님, 번역 작업 내내 도움을 주신 박창기 이사님, 전진태 편집자님을 비롯한 에이콘 출판사의 모든 임직원 여러분께 감사의 마음을 전합니다. 그리고 고된 작업을 잘 끝마칠 수 있게 끈기와 힘을 주신 하나님께 모든 영광을 돌립니다.

최광민

차례

들어가며

"빌어먹을 어뢰 따위! 전속력으로 전진!"[1]

— 패러것 제독(Admiral Farragut)

프로그래밍programming은 주어진 문제의 해법을 컴퓨터가 실행할 수 있는 형태로 표현하는 기술이다. 프로그래밍에서 가장 공들여야 할 부분이 바로 그 해답을 찾고 가다듬는 일이며, 이 해답을 프로그래밍하는 과정에서 문제를 더 명확히 이해할 수 있다.

이 책은 예전에 한 번도 프로그래밍을 해본 적이 없지만 프로그래밍을 열심히 배우려는 의지가 있는 사람을 위한 책으로, C++ 프로그래밍 언어를 이용해서 프로그래밍의 이론과 실전 기술을 이해할 수 있게 만들었다. 나는 여러분이 최신 기술을 이용해서 간단하고 실용적인 프로그래밍을 하는 데 충분한 지식과 경험을 얻을 수 있길 바란다. 그렇다면 그러한 목적을 달성하는 데 얼마나 많은 시간이 필요할까? (보통 난이도의 수업을 네 개 정도 수강한다면) 대학교 1학년 과정에서 한 학기 동안 진행하면 적당하다. 혼자 공부한다면 그보다는 오래 걸린다(아마도 14주 동안 매주 15시간 정도 학습).

석 달이란 시간이 짧지는 않지만 배워야 할 것이 많으며, 지금으로부터 한 시간쯤 후에는 첫 번째 프로그램을 간단히 작성해본다. 그리고 모든 학습은 점진적으로 진행한다. 각 장에서는 새롭고 유용한 개념을 소개하고, 실전에서 쓸 만한 예제를 바탕으로 개념을 설명한다. 학습을 진행하다 보면 컴퓨터가 여러분이 원하는 일을 수행할 수 있게 아이디어를 코드code로 표현하는 능력이 점차 향상될 것이다. 나는 절대로 '한 달 동안 이론을 공부한 후에 여러분이 이론을 활용할 수 있는지 시험'해보는 방식으로 가르치지 않는다.

이쯤에서 궁금한 점이 있다. 여러분은 왜 프로그래밍을 배우려 하는가? 우리의 문명은

---

1. 미국 남북전쟁의 주요 전투인 모빌 만 해전(Battle of Mobile Bay)에서 북군의 데이비드 패러것 제독이 수뢰에 침몰하는 아군의 함정을 보며 남긴 말. 프로그래밍이라는 쉽지 않은 여정을 시작한 독자에게 저자가 전하는 격려의 말로 이해할 수 있다. – 옮긴이

소프트웨어software를 기반으로 유지된다. 소프트웨어를 이해하지 못하면 여러분은 '마법'을 믿는 수준에서 벗어날 수 없고, 가장 흥미롭고 유익하고 사회적으로 유용한 기술 분야를 접할 수도 없다. 그래서 나는 프로그래밍에 대해 말할 때 매우 광범위한 분야를 논한다. 그래픽 사용자 인터페이스GUI, Graphical User Interfaces를 탑재한 개인용 컴퓨터에서부터 공학적인 수치 계산, (디지털 카메라와 자동차, 휴대폰 등에 들어가는) 임베디드 시스템embedded system 제어 응용 프로그램, 텍스트 편집기에 이르기까지 인간 생활의 많은 부분과 사업적인 응용 분야에서 그 예를 볼 수 있다. 그리고 수학과 마찬가지로 프로그래밍도 잘 갈고 닦으면 인간의 사고력 배양에 도움을 주는 값진 지적 활동이 될 수 있다. 다행히도 프로그래밍은 컴퓨터가 주는 피드백feedback 덕분에 대부분의 수학보다 손에 잡히는 무언가로서, 더 많은 사람이 수학보다 쉽게 접근할 수 있다. 여러분은 프로그래밍을 바탕으로 세상의 경계를 넓히고, 바라건대 더 좋은 방향으로 세상을 변화시킬 수 있다. 마지막 이유를 들자면 프로그래밍은 매우 즐거운 일이기도 하다.

그렇다면 왜 C++인가? 프로그래밍 언어 없이는 프로그래밍을 배울 수 없고, C++는 실세계의 소프트웨어에서 활용하는 주요 개념과 기법을 모두 지원하기 때문이다. 그리고 C++는 가장 널리 쓰이는 프로그래밍 언어 중의 하나로, 거의 모든 분야에서 활용하고 있다. 깊은 바다 밑바닥부터 화성 표면에 이르기까지, 어디서나 C++ 응용 프로그램을 찾아볼 수 있다. C++는 비영리 국제 표준화 단체에서 정교하고 포괄적으로 정의됐고, 어떤 종류의 컴퓨터에서나 그 종류에 맞는 고품질의 무료 구현체implementations를 구할 수 있다.[2] C++로 배우는 대부분의 프로그래밍 개념은 C와 C#, 포트란Fortran, 자바Java 등의 언어에서도 적용할 수 있다. 마지막 이유는 내가 우아하고 효율적인 코드를 작성할 때 가장 선호하는 언어가 바로 C++이기 때문이다.

하지만 이 책이 가장 쉬운 프로그래밍 입문서가 아니라는 점을 알아두자. 애초에 그렇게 만들 생각도 없었다. 나는 여러분이 실전 프로그래밍의 기본을 다질 수 있기를 바랄 뿐이다. 근래의 소프트웨어는 불과 몇 년 전에 나온 신기술을 바탕으로 한다는 점에서 그마저도 쉬운 목표는 아니다.

나는 기본적으로 여러분의 목적이 프로 정신을 바탕으로 책임감 있게 다른 사람들에게 유용한 고품질의 시스템을 만드는 데 있다고 가정한다. 따라서 나는 가르치고 배우기 쉬운 주제보다 실전 프로그래밍을 시작하는 데 필요한 주제를 다룬다. 이러한 주제를 다룰 때는 먼저 그 주제에 대해 설명하고, 개념을 예시하고, 해당 기술을 구현할 때 필요한 언어의 기능

---

2. 프로그래밍 언어의 구현체란 그 언어로 작성된 코드를 해석하고 변환하는 컴파일러와 컴파일된 프로그램을 구동시키는 데 공통적으로 필요한 라이브러리인 런타임(runtime)을 포함한다. - 옮긴이

을 살펴본 후 제공된 연습문제를 푸는 순서로 진행한다. 여러분이 그저 장난감 프로그램을 이해하는 정도에서 만족한다면 내가 전달하려고 하는 내용보다 훨씬 적은 지식만 습득하게 된다. 그렇다고 해서 별로 실용성 없는 내용으로 여러분의 시간을 빼앗지는 않겠다. 이 책에서 어떤 주제를 다룬다면 그 주제가 여러분에게 필요하기 때문이다.

하지만 여러분이 다른 사람의 코드를 제대로 이해하지 않고 그대로 가져다 쓰거나, 스스로 많은 코드를 추가할 생각이 없다면 굳이 이 책을 볼 필요는 없다. 그렇다면 다른 책을 보거나 다른 언어를 사용하라. 여러분이 생각하는 프로그래밍이 그런 것이라면 왜 그런 생각을 하게 됐고, 그런 생각이 여러분의 필요를 충족할 수 있는지 다시 한 번 생각해보자. 사람들은 프로그래밍의 가치와 복잡성을 과소평가하는 경향이 있다. 물론 내가 설명하는 측면의 소프트웨어와 여러분이 필요한 것의 괴리로 인해 여러분이 프로그래밍을 싫어하지는 말았으면 한다. 정보 기술의 세계에는 프로그래밍 지식을 요구하지 않는 분야도 많다. 이 책은 단지 제대로 된 프로그램을 만들거나 분석하고 싶은 사람들을 위한 책이다.

이 책의 구성과 실용적인 목적으로 보자면 이미 C++를 조금 알고 있는 사람이나 다른 언어를 알고 있는 상태에서 C++를 배우려는 사람이 참고서로 사용할 수도 있다. 여러분이 이 두 가지 경우 중 하나에 속한다면 책을 다 읽는 데 얼마나 시간이 걸릴지는 모르겠지만 되도록 많은 연습문제를 풀기 바란다. 이를 바탕으로 오래되고 익숙한 스타일로 프로그래밍 할 때 생기는 일반적인 문제를 더 적합한 최신 기술로 해결할 수 있다. 지금까지 예전 방식으로 C++를 배웠다면 7장에 다다르기 전에 놀랍고 유용한 무언가를 발견할 것이다. 여러분의 이름이 스트롭스트룹이 아닌 이상, 여기서 설명하는 C++는 여러분이 알고 있던 C++가 아닐 테니까.[3]

프로그래밍을 배우려면 프로그램을 직접 작성해야 한다. 이런 점에서 프로그래밍은 실용적인 요소를 포함한 종목과 비슷하다. 예를 들어 수영과 악기 연주, 자동차 운전은 연습을 하지 않고 책만 읽어서는 배울 수 없다. 마찬가지로 많은 코드를 직접 읽고 작성하지 않으면 프로그래밍을 배울 수 없다. 따라서 이 책에서는 설명하는 내용이나 도식과 밀접하게 관련된 예제 코드를 중점적으로 다룬다. 이를 바탕으로 프로그래밍의 이상과 개념, 이론을 이해하고 이를 표현하는 데 필요한 언어적 구성 요소를 익힌다. 하지만 이러한 이해가 필수적이라고 해도 그것만으로는 실용적인 프로그래밍 기술을 얻을 수 없다. 즉, 연습문제를 풀어봄으로써 코드를 작성하고 컴파일compile하고 실행하는 도구에 익숙해져야 한다. 프로그래밍 학습에 있어 코드 작성 말고는 도리가 없다. 게다가 코딩은 즐거운 일이잖은가!

---

3. 대부분의 독자가 알다시피 이 책의 저자인 비야네 스트롭스트룹(Bjarne Stroustrup)은 C++의 창시자다. 그의 이름을 어떻게 발음해야 하는지 궁금하다면 그의 홈페이지(http://www.stroustrup.com/bs_faq.html#pronounce)를 참고하라. - 옮긴이

물론 코딩이 프로그래밍의 전부는 아니다. 프로그래밍은 몇 가지 규칙을 따르고 매뉴얼을 읽는 일보다 훨씬 많은 일을 포함한다. 단언컨대 이 책은 C++ 문법에 국한되지 않는다. 프로그래밍의 기본적인 이상과 이론, 기술에 대한 이해가 좋은 프로그래머programmer의 자질이기 때문이다. 이런 프로그래머가 잘 설계된 코드를 작성하지 않으면 정확하고 견고하고 관리하기 쉬운 시스템system은 있을 수 없다. 그리고 이런 기본이야 말로 영원한 법이다. 오늘날 사용하는 언어와 도구가 진화하거나 대체돼도 기본은 여전히 기본이다.

그렇다면 컴퓨터 과학computer science과 소프트웨어 공학software engineering, 정보 기술information technology은 무엇일까? 모두 다 프로그래밍을 말하는가? 물론 아니다. 프로그래밍은 컴퓨터에 관련된 모든 분야의 기저에 깔린 기초적인 주제이며, 균형 잡힌 컴퓨터 과학 학습 과정의 일부다. 앞으로 알고리즘algorithm과 자료 구조data structure, 사용자 인터페이스user interface, 데이터 처리, 소프트웨어 공학의 주요 개념과 기술을 설명하겠지만, 이 책이 각 분야의 철저하고 균형 잡힌 학습을 대체할 수는 없다.

코드는 아름답고 유용해질 수 있다. 이 책의 목적은 여러분이 그러한 사실을 실감하게 하는 데 있다. 코드가 아름답다는 말의 의미를 깨닫고, 아름다운 코드를 만드는 데 필요한 이론과 실전 기술을 익히는 데 있다. 여러분의 프로그래밍에 행운이 함께 하기를!

학생들에게 전하는 말

지금까지 우리가 텍사스 A&M 대학교에서 이 책으로 가르쳤던 1학년 학생의 60%가 예전에 프로그래밍을 했던 경험이 있었고, 나머지 40%는 태어나서 단 한 줄의 코드도 본 적이 없었다. 그래도 대부분의 학생들이 성공적으로 수업을 마쳤고, 여러분도 할 수 있으리라 믿는다.

이 책을 꼭 수업용 교재로 읽을 필요는 없으며, 자습용 교재로도 많이 쓰인다. 하지만 이 책으로 수업을 듣든 혼자 공부하든 상관없이 누군가와 함께 공부하길 바란다. 프로그래밍은 외롭게 혼자 하는 작업이 아니다. 대부분의 사람들은 같은 목표를 공유하는 그룹의 일원일 때 더 효율적으로 일하고, 더 빨리 배운다. 친구와 함께 배우고, 문제에 대해 토론하는 일은 단순한 잡담이 아니라, 우리를 진일보시키는 가장 효율적이고 즐거운 방법이다. 친구와 함께 일하려면 적어도 여러분의 생각을 명확하게 표현해야 하고, 이는 여러분이 얼마나 잘 이해하고 기억하는지를 시험할 수 있는 최고의 방법이다. 여러분 스스로 모든 모호한 점과 프로그래밍 환경의 문제를 해결해야 할 필요는 없지만, 설사 교사가 시키지 않더라도 실습문제를 건너뛰거나 충분한 연습문제를 풀지 않음으로써 여러분 스스로를 속이지 말자. 다른 분야와 마찬가지로 프로그래밍을 익히려면 연습이 필요하다는 점을 명심하자. 코드를 직접 작성하지 않으면 이 책을 읽는 일은 그저 무의미한 이론 공부에 불과하다.

대부분의 학생들이, 특히 사려가 깊은 학생일수록 이렇게 열심히 공부할 만한 가치가 있는지 의구심이 들 수 있다. 그럴 때는 잠시 쉬었다가 지금 이 '들어가며'를 다시 읽고, 1장('컴퓨터, 사람, 프로그래밍')과 22장('프로그래밍의 이상과 역사')을 살펴보자. 그 곳에서 내가 발견한 프로그래밍의 흥미로운 점과 프로그래밍을 바탕으로 세상에 긍정적인 공헌을 할 수 있다고 생각하는 이유를 밝힌다. 나의 교육 철학과 접근 방식이 궁금하다면 0장('독자에게 전하는 글')을 참고하라.

이 책이 너무 두껍다고 겁먹지 말자. 이 책이 두꺼워진 주요 이유는 내가 학생들이 필요한 부분의 설명만 찾게 하기보다, 반복적으로 설명하고 예제를 추가하는 방식을 선호하기 때문이다. 두 번째 이유는 책의 뒤쪽 절반 정도는 임베디드 시스템 프로그래밍과 텍스트 분석, 수치 계산 등 여러분이 관심 있는 분야에 대해 찾아볼 수 있는 참고 자료나 추가 자료로 구성했기 때문이다.

마지막으로, 너무 성급하지 말라. 새롭고 가치 있는 기술을 배우는 일은 언제나 시간을 요하며, 그럴 만한 가치가 있는 법이다.

교사에게 전하는 말

이 책은 전형적인 컴퓨터 과학 101 수업(개론 수업) 교재가 아니라, 실제로 작동하는 소프트웨어를 개발하는 방법을 주로 다룬다. 따라서 보통 컴퓨터 과학 학생들이 배우는 내용(튜링 완전성turing completeness, 상태 기계state machine, 이산 수학discrete mathmatics, 촘스키 그래머Chomsky grammars 등)을 다루지 않는다. 학생들이 유치원 때부터 컴퓨터를 다양한 곳에 활용해봤다는 가정하에 하드웨어hardware에 대해서도 설명하지 않는다. 컴퓨터 과학에 있어 가장 중요한 주제들도 되도록 언급하지 않는다. 이 책은 오직 프로그래밍(소프트웨어를 개발하는 방법)만을 다룬다. 따라서 전통적인 수업 과정에서 다루는 내용보다 좁은 주제에 집중한다. 컴퓨터 과학은 수업 한 번으로 배울 수 없으므로 여기서는 오직 한 가지, 프로그래밍을 잘 하는 데 집중할 것이다. 이 책을 컴퓨터 과학이나 컴퓨터 공학, 전자 공학(1학년 학생 중엔 전자 공학도가 많다), 정보 과학 등의 교과 과정에서 채택한다면 다른 수업과 겸해서 개론 수업의 일부로 활용하길 바란다.

0장('독자에게 전하는 글')에서 나의 교육 철학과 일반적인 접근방식을 알 수 있는데, 학생들이 그러한 생각에 따라 공부할 수 있게 전해주기 바란다.

ISO 표준 C++

C++는 ISO 표준으로 정해졌다. 첫 번째 ISO C++ 표준은 1998년에 제정된 C++98 버전이다. 이 책의 1판은 내가 C++11을 설계하는 동안 집필했다. 이론과 기술을 단순하게 표현하고자 고급 기능(균등 초기화와 구간 for 구문, 이동 생성자, 람다, 콘셉트 등)을 사용하지 못한다면 안타까운

일이다. 그러나 이 책은 C++11을 염두에 두고 썼으므로, 적재적소에서 자연스럽게 고급 기능을 맛볼 수 있다. 2판을 쓰는 현재 표준은 2011년에 제정한 C++11이며, 2014년 ISO 표준으로 채택할 예정인 C++14의 기능이 주요 C++ 구현체에 반영되는 추세다. 이 책에서 사용하는 언어는 C++11이며, C++14의 몇 가지 기능을 포함한다. 예를 들어 여러분이 사용하는 컴파일러compiler가 다음과 같은 코드를 처리하지 못할 수도 있다.

```
vector<int> v1;
vector<int> v2 {v1};        // C++14 스타일 복사 연산
```

그런 경우에는 다음과 같은 코드를 대신 사용하자.

```
vector<int> v1;
vector<int> v2 = v1;        // C++98 스타일 복사 연산
```

컴파일러가 C++11을 지원하지 않는다면 새 버전을 설치하자. www.stroustrup.com/compilers.html을 참고해 다양한 곳에서 만든 최근의 컴파일러 중 하나를 다운로드할 수 있다. 기능 지원이 미약한 오래된 컴파일러로 프로그래밍을 배우면 쓸데없이 골치만 아플 뿐이다.

지원

이 책의 지원용 웹사이트 www.stroustrup.com/Programming에서 강의와 학습에 필요한 다양한 참고 자료를 제공한다. 자료는 계속 갱신하겠지만, 대략 다음과 같은 자료를 얻을 수 있다.

- 책의 강의 교안용 슬라이드
- 이 책에서 사용한 라이브러리의 헤더 파일과 구현체
- 예제 소스코드source code
- 유용한 링크 모음
- 교사용 가이드
- 일부 연습문제의 해답
- 오타 정오표

개선 사항에 대한 의견은 언제나 환영한다.

한국어판에 대한 소개 자료는 에이콘출판사 도서정보 페이지 http://www.acornpub.co.kr/book/programming-cplus에서 확인하면 된다. 이 책에 대한 문의 사항이 있다면 옮긴이나 에이콘출판사 편집팀(editor@acornpub.co.kr)으로 연락 주시길 바란다.

독자에게 전하는 글

"지도가 실제 지형과 다르다면, 지형을 믿어라."

– 스위스 군대 격언

0장은 이 책 전반에 대한 정보를 담은 복주머니라고 할 수 있는데, 앞으로 무엇을 배우게 될지 알려준다. 쭉 훑어보면서 흥미로운 내용을 읽어보자. 교사에게는 0장의 대부분이 유용하겠지만, 교사 없이 독학하는 사람이라면 0장을 모두 읽고 이해할 필요는 없으며, '나의 교육 철학'의 첫 부분과 '이 책의 구성' 부분만 살펴보자. 여러분이 간단한 프로그램을 작성하고 분석하는 일에 익숙해진 후에 0장을 다시 읽어보길 바란다.

0.1 이 책의 구성

이 책은 4부로 구성되며, 부록을 포함한다.

- **1부. 기본 다지기**에서는 C++ 언어를 이용한 프로그래밍의 기본 개념들과 기법을 살펴보고 코드 작성을 시작하는 데 필요한 라이브러리의 기능을 알아본다. 여기에는 타입 시스템^{type system}과 산술 연산, 제어 구조, 오류 처리, 설계와 구현, 함수^{function} 사용법, 사용자 정의 타입^{user-defined type} 등을 다룬다.

- **2부. 입력과 출력**에서는 키보드와 파일로부터 문자나 숫자 입력을 받고, 그에 상응하는 출력을 모니터나 파일에 내보내는 방법을 설명한다. 그리고 수치 데이터와 텍스트, 기하학적 도형을 시각적으로 출력하고, 그래픽 사용자 인터페이스^{GUI}를 바탕으로 입력을 받아들이는 방법을 살펴본다.

- **3부. 데이터와 알고리즘**에서는 C++ 표준 라이브러리에 포함된 컨테이너와 알고리즘 프레임워크인 표준 템플릿 라이브러리^{STL, Standard Template Library}에 초점을 맞춘다. 컨테이너(`vector`, `list`, `map` 등)의 사용법과 내부 구현 방식(포인터 활용, 배열, 동적 메모리, 예외, 템플릿)을 살펴본다. 그리고 표준 라이브러리의 알고리즘(`sort`, `find`, `inner_product` 등) 설계와 사용법을 보여준다.

- **4부. 시야 넓히기**에서는 프로그래밍의 이상과 역사, 여러 가지 응용 예(행렬 계산, 텍스트 조작, 테스트, 임베디드 시스템 프로그래밍 등)와 C 언어의 개요를 바탕으로 프로그래밍을 여러 각도에서 살펴본다.

- **부록**에서는 C++ 언어 자체에 대한 요약과 표준 라이브러리의 기능, 통합 개발 환경^{IDE, Integrated Development Environment}과 그래픽 사용자 인터페이스 라이브러리 사용법 등 수업 시간에 다루기 적절하지 않은 유용한 정보를 제공한다.

불행히도 실제 프로그래밍을 네 부분으로 정확히 나눌 수는 없다. 따라서 이 책의 각 '부'는 관련 주제를 모아놓은 느슨한 분류 정도로 보면 된다. 이런 분류 방법이 유용하지만, 현실에서는 딱 나눠지지 않는 경우가 많다. 예를 들어 C++ 표준 입출력 스트림^{standard I/O stream}을 완벽히 설명하기 훨씬 전에 입력 기능이 필요한 경우가 있다. 전체적인 분류 방식에 맞지 않는 주제를 다뤄야 할 경우에는 해당 주제를 자세히 설명하는 다른 부분을 참조하기보다는 해당 주제를 설명에 필요한 만큼만 그 자리에서 다룬다. 이보다 엄격한 분류 방식은 매뉴얼에는 적합하겠지만 수업용으로는 적합하지 않다.

주제를 다루는 순서는 언어의 기능이 아니라 프로그래밍 기법에 따라 정했다(0.2절 참고). 언어의 기능에 따른 분류는 부록 A에서 볼 수 있다.

복습의 편의를 돕고, 처음 읽는 부분에서 중요한 내용을 그냥 넘어가지 않게 하고자 여백에 '주의 표시'를 뒀다.

- **푸른색**　개념과 기법(지금 이 문단처럼)
- 녹색　조언
- 붉은색　경고

0.1.1 전체적인 접근 방법

대부분의 과학적 문헌에서 간접적인 호칭을 사용하는 것과 달리 이 책에서는 간단하고 명확한 직접적인 호칭을 사용하다. 즉, '여러분'은 독자 여러분을, '우리'는 '저자 자신과 교사' 혹은 같은 공간에서 함께 문제를 푸는 느낌으로 '저자와 교사, 독자' 모두를 가리킨다.

이 책은 맨 앞에서 차례대로 한 장^{chapter}씩 읽게 설계했다. 물론 앞에서 나온 내용을 두세 번 다시 봐야 할 경우에는 다시 앞쪽으로 돌아갈 수도 있다. 요점을 완전히 파악하지 못한 경우에는 다시 앞으로 돌아가는 일이 당연하다. 하지만 이 책은 '찾아보기'와 상호 참조가 있음에도 불구하고 아무 페이지나 펴서 읽는다고 원하는 목적을 이룰 수 있는 책은 아니다. 각 부분의 내용은 앞에서 설명한 내용의 이해를 바탕으로 한다.

각 장은 그 자체로 완성도를 지닌다. 즉 각 장의 내용은 한 번에 읽을 수 있는 밀접한 내용을 포함한다(빡빡한 학생의 일정에 항상 맞지는 않을 수도 있다). 각 장을 나눈 기준이 바로 이것이다. 다른 기준을 예로 들자면 각 장이 실습문제와 연습문제를 내기에 충분한 단위여야 하고, 동일한 개념과 아이디어, 기법을 다뤄야 한다. 이런 기준으로 나누다 보니 일부 장이 다소 길어졌는데, 문자 그대로 한 번에 다 읽으려 하지는 말자. 특히 복습문제와 실습문제, 연습문제를 풀다 보면 앞부분을 다시 읽어야 할 경우도 있고, 며칠이 걸릴 수도 있다. 이렇게 나눈 장을 주요 주제(예, 입출력)별로 '부'로 묶었고, '부' 단위로 복습을 하면 적당하다.

일반적으로 교과서의 목적은 '학생이 묻는 모든 질문에 답하는 것'이다. 간단한 기법에 대한 질문에는 이런 방식이 적당하고, 이 책을 읽었던 사람들도 같은 경험을 했다. 그러나 이게 전부는 아니다. 우리는 초심자가 생각지 못한 질문을 던진다. 다른 사람이 사용할 수 있는 고품질의 소프트웨어를 만들고자 할 때 필요한 문제를 던지고, 그에 대한 해답을 고민해 보는 일이 우리의 목적이다. 올바른(때로는 어려운) 문제를 해결하는 과정은 프로그래머처럼 생각하는 방식을 배우는 데 필수적이다. 쉽고 해답이 명확한 문제만 풀면 기분은 좋겠지만 프로그래머로 성장하는 데 아무런 도움도 되지 않는다.

우리는 여러분의 지적 수준과 사용할 수 있는 시간을 고려했다. 설명을 할 때는 보기 좋게 하기보다 프로 정신에 입각했고, 특정 주제를 과장하기보다 신중한 자세로 임했다. 프로그래밍 기법이나 언어 기능의 중요성을 과장하지 않으려고 노력했지만, '이 부분이 중요하다'는 등의 표현을 과소평가하지는 말자. 우리가 무언가의 중요성을 강조했다면 여러분이 해당 주제를 익히지 못하면 나중에 며칠을 고생해야 한다는 의미다. 우리는 유머를 좋아하지만 되도록 자제했다. 경험에 의하면 즐거움의 기준은 사람마다 다르고, 섣불리 유머를 시도했다가 실패하면 낭패를 보게 된다.

우리가 제공하는 아이디어와 도구가 완벽한 척하지도 않겠다. 그 어떤 도구나 라이브러리, 언어, 기법도 프로그래머가 자주 직면하는 모든 문제에 해법이 될 수는 없다. 우리가 할 수 있는 최선은 여러분이 생각한 해법을 개발하고 표현할 수 있게 돕는 일이다. 우리는 명확한 설명과 쉬운 이해를 위해 실제 언어와 현실적인 문제의 관점에서 옳지 않도록 과도하게 단순화하는 '선의의 거짓말'도 피하고자 했다. 그리고 이 책은 필요한 부분만 찾아보는 참고서도 아니다. C++에 대한 자세한 설명을 원한다면 비야네 스트롭스트룹[Bjarne Stroustrup]의 『The C++ Programming Language Fourth Edition 한국어판』(에이콘출판, 2015)과 ISO C++ 표준을 참고하라.

0.1.2 실습문제와 연습문제

프로그래밍은 순수한 지적 활동이 아니며, 프로그램을 작성하려면 프로그래밍 기술을 익혀야 한다. 우리는 두 가지 수준의 프로그래밍 실습을 제공한다.

- **실습문제** 실습문제는 실용적이고 기계적인 기술을 익힐 수 있게 만든 간단한 실습으로, 한 프로그램에 여러 가지 수정을 가하는 식으로 진행한다. 모든 실습문제를 풀어야 하지만, 실습문제를 푸는 데 깊은 이해와 영리함, 독창성이 필요하지는 않다. 우리는 실습문제를 이 책의 기본 구성 요소라고 생각하므로, 실습문제를 풀지 않으면 이 책을 공부했다고 말할 수 없다.

- **연습문제** 어떤 연습문제는 간단하고, 어떤 문제는 어렵지만, 대부분은 약간의 독창성과 상상력을 필요로 한다. 여러분이 진지하게 문제를 푼다면 많은 연습문제를 풀기는 어렵겠지만, 최소한 여러분이 어디서 막히는지 알 수 있을 정도로는 문제를 풀자. 그리고 거기서부터 조금씩 더 도전해보자. 이런 식으로 여러분이 할 수 있는 최대한을 배울 수 있다. 연습문제는 헷갈리는 퍼즐처럼 특출한 영리함을 필요로 하지는 않지만, 누구나 도전의식을 갖기에 충분한 난이도와 성실한 학생이 시간을 보내기에 충분한 수의 문제를 제공하고자 노력했다. 여러분이 모든 문제를 다 풀기를 기대하지는 않지만, 맘 편하게 도전해보자.

그리고 모든 학생이 작은 프로젝트 하나(시간이 허락한다면 더 많은)에 참여하길 권한다. 프로젝트의 목적은 실제로 쓸 수 있는 프로그램을 만드는 일이다. 이상적인 프로젝트는 3부를 학습하는 한 달 정도의 시간 동안 소규모(3명 정도) 그룹으로 진행하면 적당하다. 대부분의 사람들은 프로젝트에서 즐거움을 느끼고, 배운 내용을 통합해볼 수 있는 좋은 방법이기도 하다.

어떤 사람들은 각 장을 끝까지 읽기 전에 예제를 실습하길 원하고, 어떤 사람은 각 장을 끝까지 읽고 코드를 실행하는 방식을 선호한다. 전자를 선호하는 독자를 위해서는 '도전 과제'라는 제목이 붙은 간단한 실습문제를 제공한다. '도전 과제'는 실습문제와 비슷하며, 실습문제가 나오기 전에 특정 주제에 초점을 맞춰 제공된다. 책을 읽는 동안 컴퓨터가 앞에 없거나 본문을 읽는 데 푹 빠져 '도전 과제'를 풀지 않았다면, 실습문제를 풀 때 앞으로 돌아와서 '도전 과제'도 함께 풀어보자. '도전 과제'는 실습문제를 보충할 뿐 아니라 실습문제의 일부이기도 하다.

각 장의 끝에서는 해당 장에서 배운 핵심 개념을 상기할 수 있는 '복습문제'를 제공한다. 복습문제는 연습문제를 보충하는 역할도 하는데, 연습문제가 프로그래밍의 실용적인 측면에 집중한다면 복습문제는 아이디어와 개념을 명확히 한다. 그런 점에서 복습문제는 면접 질문으로도 적당하다.

각 장의 끝에 제공되는 '용어 정리'는 프로그래밍과 C++의 기본 용어를 보여준다. 사람들이 프로그래밍 관련 주제에 대해 이야기하는 내용을 이해하거나 여러분의 아이디어를 명확히 표현하려면 용어의 의미를 알아야 한다.

학습은 반복적이다. 우리는 중요한 내용을 최소한 두 번 이상 되풀이해서 다루고, 연습문제를 바탕으로 이해도를 높이려 한다.

0.1.3 이 책을 학습한 후

이 책을 모두 마치면 프로그래밍과 C++의 전문가가 될 수 있을까? 물론 아니다! 올바른 프로그래밍이란 다양한 기술을 바탕으로 하는 오묘하고 심오한 높은 수준의 예술이라 할 수 있다. 3개월, 아니 6개월이나 1년 만에 생물학이나 수학, 자연어(중국어, 영어, 덴마크어 등)의 전문가가 될 수 없듯이 3개월 만에 프로그래밍 전문가가 되기를 바랄 수는 없다. 이 책을 열심히 공부했다는 가정하에 여러분이 기대할 수 있는 수준은 비교적 간단하고 유용한 프로그램을 작성하는 일에 성공적으로 입문하는 일과, 더 복잡한 프로그램을 분석할 수 있다는 점, 앞으로 더 나아가는 데 필요한 개념적이고 실용적인 배경을 튼튼하게 쌓는 정도다.

이 책으로 기초 과정을 마친 후에 할 만한 가장 좋은 일은 다른 사람이 사용할 수 있는 코드를 개발하는 실제 프로젝트에 참여하는 일이다. 프로젝트를 마친 후에 혹은 프로젝트를 진행하는 동안 전문적인 수준의 교과서(스트롭스트룹의 『C++ 프로그래밍 언어』 등)를 읽거나 프로젝트에 필요한 특화된 내용(GUI에 필요한 Qt나 분산 컴퓨팅에 필요한 ACE 등)을 다루는 책, C++의 한 측면을 자세히 다루는 교과서(코닉과 무의 『Accelerated C++』, 서터의 『Exceptional C++』, 감마 외 3인이 저술한 『디자인 패턴』) 등을 학습하면 좋다. 더 많은 참고 자료를 보고 싶다면 이 책의 뒷부분에 있는 '참고 문헌'을 살펴보자.

마지막으로 여러분은 다른 프로그래밍 언어도 배워야 한다. 프로그래머를 본업으로 하지 않더라도 두 가지 이상의 언어를 알지 못하면 소프트웨어 분야에서 전문가가 될 수 없다고 생각한다.

0.2 나의 교육 철학

우리가 여러분의 학습에 어떻게 도움을 줄 수 있을까? 교육 과정에 있어서 우리의 접근 방식은 어떤가? 우리는 이 책에서 다음에 예로 든 바와 같이 실용적인 프로그램을 효율적으로 개발하는 데 필요한 최소한의 개념과 기술, 도구를 다루려고 한다.

- 프로그램 구조화
- 클래스 설계
- 함수와 알고리즘 디자인
- 그래픽 사용자 인터페이스GUI
- 정규 표현식 매칭
- 메모리 관리
- 이상적인 설계와 구현
- 소프트웨어 개발 전략

- 디버깅과 테스팅
- 계산
- (이차원) 그래픽
- 텍스트 조작
- 파일과 스트림에서의 입출력
- 과학/수치/공학 계산
- C++ 표준 라이브러리
- C 언어를 이용한 프로그래밍 기법

우리가 제시하는 방법대로 앞의 주제들을 학습하면 (C 프로그래밍 언어에서 주로 활용하는) 절차적 프로그래밍procedural programming과 객체지향 프로그래밍object-oriented programming, 제네릭 프로그래밍generic programming 등의 프로그래밍 기법을 익힐 수 있다. 다시 말하지만 이 책의 주제는 **프로그래밍**이다. 즉, 여러분의 아이디어를 코드로 표현하는 이상적인 방법과 그에 필요한 기법과 도구를 주로 다룬다. 물론 이 책에서 주로 사용할 도구가 C++이므로, C++의 기능에 대해 어느 정도 자세히 설명한다. 그러나 C++는 도구일 뿐 이 책의 주제가 아님을 기억하자. 다시 말하면 이 책의 주제는 '프로그래밍 이론을 곁들인 C++'가 아니라 'C++를 이용한 프로그래밍'이다.

우리가 다룰 모든 주제는 적어도 두 가지 목적을 지닌다. 첫 번째는 기법과 개념, 이론을 설명하는 일이고, 두 번째로는 언어나 라이브러리의 실용적인 기능을 익히고자 한다. 예를 들어 클래스와 상속의 사용 방법을 설명할 때 이차원 그래픽 시스템 라이브러리를 사용한다. 이처럼 실용적인 라이브러리를 바탕으로 여러분의 시간과 책의 지면을 절약하고, 프로그래밍이 결과를 최대한 빨리 얻기 위해 아무 코드나 휘갈기는 일이 아님을 깨달을 수 있다. 이런 일석이조(혹은 일석삼조)의 대표적인 예가 바로 C++ 표준 라이브러리다. 예를 들어 표준 라이브러리의 하나인 vector를 소개하고, 이를 이용해 널리 사용되는 설계 기법을 예시하고, 그러한 설계를 구현하는 데 필요한 다양한 프로그래밍 기법을 설명한다. 우리의 목적 중 하나가 바로 주요 라이브러리 기능이 구현된 방법을 설명하고, 이를 바탕으로 라이브러리의 동작이 하드웨어와 어떻게 연관되는지 알아보는 일이다. 숙련된 장인이라면 그가 쓰는 도구를 잘 이해해야 한다. 그저 저절로 돌아가는 '마법' 정도로 착각해선 안 된다.

어떤 프로그래머는 일부 주제에 더 관심이 있을 수 있다. 하지만 여러분의 필요를 미리 못 박아 두지는 말자(앞으로 무엇이 필요할지는 아무도 모르는 법이니까). 그리고 모든 장을 한 번씩 살펴보자. 이 책을 수업 교재로 활용한다면 여러분의 교사가 어느 부분을 봐야 할지 지도해 줄 것이다.

우리의 접근 방식은 '깊이 우선'이라고 할 수 있다. 그리고 '손에 잡히는 일부터'와 '개념에 기반을 둔' 방식이기도 하다. 우선 1장부터 11장까지는 상대적으로 빠른 속도로 실용적인 소규모 프로그램을 개발하는 데 필요한 기술들을 조합해본다. 이를 바탕으로 되도록 많은 도구와 기법을 빠르게 훑어본다. 인간은 추상적인 것보다 손에 잡히는 무언가를 잘 이해하므로 간단하고 명료한 예제를 위주로 살펴본다. 모든 인간의 학습 과정이 이렇다. 초기 단계에서는 모든 세부 사항을 이해하려 하지 말자. 특히 예제를 조금 바꿔 실행시켜 보면 알쏭달쏭한 부분이 많을 수 있다. 그래도 도전하자! 그리고 실습문제와 연습문제를 꼭 풀어야 한다. 처음에는 무엇이 간단하고 복잡한지를 정확히 파악할 수 있는 개념과 기술조차도 없는 상태이므로 놀랄만한 무언가가 나타나면 담담히 하나씩 배워나가자.

처음에 이렇게 빠르게 진행함으로서 여러분이 흥미로운 프로그램을 개발할 수 있는 수준에 되도록 빨리 도달할 수 있길 바란다. 혹자는 "조심히, 신중히 움직여야 합니다. 걷기도 전에 뛰려고 하다니!"라고 반문할지 모른다. 그러나 아기가 걸음마를 떼는 과정을 지켜본 적이 있는가? 아기는 천천히 정확하게 걷는 기술을 배우기 전부터 뛰어 다닌다. 이와 비슷하게 여러분도 정교한 기술과 이해를 얻고자 속도를 줄이기 전에 프로그래밍이 무엇인지 느낄 수 있도록 뛰고, 때로는 넘어져야 한다. 걷기 전에 뛰어야 한다는 말이다!

언어의 세부 사항과 각종 기법을 완벽히 배우려고 끙끙거리지도 말자. 예를 들어 C++의 내장형^{built-in} 타입과 규칙을 모두 외우면 유식해진 느낌은 들겠지만, 여러분을 진정한 프로그래머로 성장시키는 데에는 전혀 도움이 되지 않는다. 세부 사항을 건너뛰다 보면 궁금한 점이 생길 수도 있지만, 이 방법이야말로 좋은 프로그램을 만드는 데 필요한 시각을 갖출 수 있는 가장 빠른 방법이다. 아이들이 모국어를 배울 때나 우리가 외국어를 학습할 때도 이런 식으로 언어를 익힌다는 사실을 명심하자. 어쩔 수 없이 막히는 부분이 있다면 교사나 친구, 동료, 강사, 멘토 등에게 도움을 청하라. 책의 앞부분에는 기본적으로 어려운 내용은 없으며, 처음 접하는 익숙하지 않은 내용 때문에 어렵게 느껴질 뿐이다.

책의 앞부분을 지난 후부터는 앞에서 쌓은 기초 지식을 기반으로 여러분의 지식과 기술의 배경을 확장해 나간다. 예제와 연습문제를 바탕으로 여러분의 이해를 더 확고히 하고, 프로그래밍의 개념적 기반을 다진다.

우리는 이상적인 프로그래밍 방법과, 그 방법이 이상적인 이유에 집중한다. 여러분이 찾은 실용적인 해답이 훌륭하고 이론적 뿌리를 둔 해법인지 판단하려면 '이상^{ideals}'의 도움이 필요하다. 그리고 그 이상 뒤에 숨은 이유를 깨달아야 왜 그 방법이 여러분이 추구해야 할 이상이며, 그 이상이 여러분 스스로와 여러분의 코드를 사용하는 사람에게 어떤 도움이 되는지 알 수 있다. "그냥 원래 그런 거니까"라고 생각하고 넘어가서는 절대로 안 된다. 이보다 더 중요한 점은 이상과 그 배경을 이루는 이유를 깨달으면 여러분의 지식을 새로운 상황에 적용할 수 있고 아이디어와 도구를 독창적으로 조합해 새로운 문제를 해결할 수 있다는 점이다. 따라서 '왜'라는 궁금증을 품는 일은 프로그래밍 기술을 익히는 데 필수적이다. 반대로 각종 규칙과 언어의 기능을 엉성하게 이해하고 넘어가면 그 활용이 제한적일 뿐 아니라 오류의 원인이 되며, 많은 시간을 낭비하게 된다. 우리는 여러분의 시간을 소중히 여기므로 여러분이 시간을 낭비하지 않게 노력하겠다.

C++ 언어의 기술적 세부 사항 중 많은 부분은 책의 내용에서 제외했고, 대신에 여러분이 필요할 때 찾아볼 수 있도록 부록과 매뉴얼로 첨부했다. 여러분이 필요한 내용을 찾아 볼 정도의 의지는 있으리라 믿는다. 이 책의 찾아보기와 목차를 활용하되, 컴파일러의 온라인 도움말과 웹도 잘 이용하자. 그러나 웹의 정보를 너무 신뢰하진 말자. 전문적으로 보이는 웹사이트조차도 프로그래밍 초보가 운영하는 경우가 많고, 어떤 사이트는 상업적 목적을 지닌 경우도 있다. 뿐만 아니라 너무 오래된 정보인 경우도 있다. 이 책의 지원용 웹사이트(www.stroustrup.com/Programming)에서 유용한 링크 모음과 기타 정보를 제공하니 참고하자.

너무 성급하게 좀 더 '현실적인' 예제를 찾지 말라. 우리에게 이상적인 예제는 언어의 기능과 개념, 기법을 명료하게 보여주는 짧고 간단한 코드다. 실세계에서 쓰이는 대부분의 예제는 우리가 다루는 예제보다 훨씬 복잡하고 난잡하지만, 이 책에서 예시하는 내용들의 조합에 지나지 않는다. 수십만 줄의 코드로 이뤄진 상업적으로 성공한 프로그램도 우리가 다루는 50줄 남짓한 예제 몇 개에서 설명하는 기술을 기반으로 한다. 결국 실세계의 코드를 이해하는 가장 빠른 길은 기본을 잘 이해함에 있다.

하지만 요점을 쉽게 설명하고자 '껴안아 주고 싶은 동물 그림이 들어간' 예제를 사용하진 않는다. 여러분의 목적은 실제로 사람들이 사용할 수 있는 진짜 프로그램을 개발하는 일이므로 프로그래밍 언어 기술을 이용한 예제가 아니면 실세계에서 쓸모가 없다. 한 마디로 전문가가 전문가를 낳는 법이다.

0.2.1 주제별 순서

사람들에게 프로그래밍을 가르치는 방식은 다양하지만, '내가 프로그래밍을 배웠던 방식'을 그대로 답습하진 않겠다. 학습을 원활히 하고자 책의 앞부분에서 몇 년 전까지만 해도 진보된 기술로 여겨졌던 주제를 다룬다. 우리의 목적은 여러분이 프로그래밍을 배우는 과정에서 직면하는 문제를 바탕으로 그러한 주제를 접하고, 여러분의 이해와 실용적 기술이 성장하면서 한 주제에서 다른 주제로 자연스럽게 넘어가게 하는 데 있다. 이 책의 흐름은 사전식이나 구조적인 순서에 따르기보다 하나의 이야기와 비슷하게 흘러간다.

모든 이론과 기법, 언어 기능을 학습할 수는 없다. 결국 우리는 그 중 일부를 선택해야 한다. 더 일반적으로 보면 한 교과서나 수업에서는 서로 연관된 일련의 주제를 선택한다. 우리는 이 책의 주제를 선택하고, 그 중 어떤 주제를 강조하는 일에 책임감 있게 임했다. 모든 내용을 다룰 수 없으므로 선택은 불가피하지만, 각 단계에서 생략한 내용도 그렇지 않은 내용만큼이나 중요하다.

이쯤에서 우리가 취하지 않기로 정한 접근 방식에 무엇이 있는지 정리해보면 도움이 될듯하다(많은 내용을 생략하긴 했지만).

- **C 언어 우선** C++를 학습하는 데 C 언어 방식을 다루면 학생들의 시간을 낭비할 뿐만 아니라 학생들이 문제를 해결할 때 유용한 언어 기능과 기법, 라이브러리를 알려줄 수 없게 돼 나쁜 프로그래밍 습관을 들이게 된다. C++는 C보다 엄격한 타입 검사type checking와 초보자가 사용하기 편한 표준 라이브러리, 오류 처리를 돕는 예외exception 등의 기능을 제공한다.

- **상향식(bottom-up) 학습** 이런 방식은 효과적인 프로그래밍 실습에 방해를 준다. 프로그래밍 언어나 라이브러리로부터 받을 수 있는 충분한 지원 없이 문제를 풀게 하면 효과 없고 낭비적인 프로그래밍 실습을 하게 된다.

- **어떤 주제를 다룰 때 모든 내용을 설명한다** 이런 방식은 한 주제를 깊게 파고들면서 관련된

모든 주제를 조금씩 건드리는 상향식 학습에서 유래한다. 하지만 이렇게 하면 관심도 없고 당분간 필요하지 않은 내용에 초점을 맞춤으로써 초보자를 쉽게 지치게 한다. 여러분이 프로그래밍을 어느 정도 하게 되면 그런 기술적 세부 사항은 매뉴얼에서 찾을 수 있다. 이렇게 무언가를 찾을 때는 매뉴얼이 유용하지만, 개념을 처음 학습할 때 매뉴얼 방식은 적합하지 않다.

- **하향식(top-down) 학습** 이론으로 시작해서 세부적인 내용을 살펴보는 하향식 학습은 여러분이 프로그래밍의 실용적인 측면을 이해하는 데 방해가 되며, 그 중요성을 실감하지 못한 채로 높은 수준의 개념에만 집중하게 한다. 예를 들어 프로그래밍을 하면서 실수를 하기가 얼마나 쉽고, 그런 실수를 바로잡기가 얼마나 어려운지 깨닫지 못하면 소프트웨어 개발 이론의 중요성을 실감할 수 없다.

- **추상적인 내용 우선** 학생들로 하여금 실세계에서 부딪히는 제약을 모른 채로 일반적 이론에만 집중하게 하면 실세계에서 발생하는 문제와 실전에서 쓰는 언어와 도구들, 하드웨어에 의한 제약을 무시하게 된다. 실전에서 사용하지 않는 학습 전용 언어를 사용하거나 학생들이 하드웨어와 시스템을 고려할 필요가 없는 경우에는 이런 방식을 사용하기도 한다.

- **소프트웨어 공학 이론 우선** 이 방식과 앞에서 설명한 '추상적인 내용 우선' 방식은 모두 하향식 학습의 문제를 내포한다. 손에 잡히는 예제와 실용적인 경험 없이는 추상적인 내용과 적절한 소프트웨어 개발 과정의 가치를 실감할 수 없다.

- **처음부터 객체지향을 배운다** 객체지향 프로그래밍은 프로그래밍에 드는 노력과 코드를 조직화하는 가장 좋은 방법이긴 하지만, 객체지향만이 유일하게 효과적인 방법은 아니다. 우리가 보기에는 타입과 알고리즘적인 코드에 대한 기본 지식은 클래스^{class} 설계와 클래스 계층 구조^{class hierarchy}의 진가를 이해하는 데 필수적이다. 처음에 사용자 정의 타입(혹자는 이를 일컬어 객체^{object}라고 한다)을 설명하지만, 6장 이전에는 클래스 설계 방법을 다루지 않고 12장까지는 클래스 계층 구조를 설명하지 않는다.

- **그냥 그러려니 한다** 초보자에게 그 기저에 깔린 기술과 기능을 소개하지 않고 강력한 도구와 기법을 보여주는 방식을 말한다. 이런 방식은 자칫 학생들에게 왜 그것이 그런 식으로 동작하며, 그것을 사용하는 대가는 무엇이며, 어디에 적용할 수 있는지에 대해 잘못된 추측을 하게 한다. 결국 나쁜 습관에 익숙해지고, 다음 단계를 학습하는 데 방해가 된다.

물론 앞에 언급한 접근 방식이 전혀 쓸모없다는 얘기는 아니다. 사실 이 책에서도 위의 접근 방식이 진가를 발휘할 수 있는 곳에서는 이러한 접근법을 취한다. 그러나 실세계에서 쓸 수 있는 프로그래밍을 학습하는 일반적인 방법론으로 앞에 말한 방식 대신 손에 잡히는 예제와 개념과 기법에 초점을 맞춘 깊이 우선 방식을 따른다.

0.2.2 프로그래밍과 프로그래밍 언어

우리는 먼저 프로그래밍 자체를 가르친 후에 우리가 선택한 프로그래밍 언어를 도구로 설명한다. 우리가 취하는 일반적인 접근 방식은 다른 프로그래밍 언어에도 적용할 수 있다. 이 책의 주요 목적이 일반적인 개념과 이론, 기술을 가르치는 데 있기 때문이다. 그러나 개념만으로는 그 의미를 파악할 수 없다. 예를 들어 문법의 세부 사항은 특정 언어를 바탕으로 해야 직접적으로 표현할 수 있고, 각종 도구에 대한 지원도 프로그래밍 언어마다 다르다. 그러나 논리적으로 명료한 코드를 작성(5장과 6장)하고 데이터를 보호(9.4.3절)하고 인터페이스와 상세 구현을 분리(9.7절과 14.1~2절)하는 등의 버그 없는 코드를 작성하는 기본적인 기법은 모든 프로그래밍 언어에서 크게 다르지 않다.

프로그래밍과 설계 기법은 프로그래밍 언어를 바탕으로 학습해야만 한다. 설계와 코드 조직화, 디버깅debugging 등의 요령은 추상적으로 얻을 수 없으므로, 프로그래밍 언어로 직접 코드를 작성하고 실용적인 경험을 쌓아야만 한다. 즉, 프로그래밍 언어의 기본을 배워야 한다. 여기서 기본이라고 말한 이유는 산업계에서 실제로 쓰이는 모든 언어를 몇 주 안에 배울 수 있던 시절은 이미 지나갔기 때문이다. C++ 언어의 기능 중 우리가 선정한 부분은 좋은 코드를 만드는 데 직접적으로 필요한 내용으로, 논리적 완성도를 높이고자 할 때 꼭 필요하고 C++ 커뮤니티에서 일반적으로 사용하는 내용이다.

0.2.3 이식성

여러 종류의 머신에서 작동해야 하는 프로그램을 C++로 만드는 일은 흔하다. C++로 만든 주요 응용 프로그램들은 우리가 들어보지 못한 머신에서도 잘 작동한다. 우리는 여러 종류의 머신 아키텍처와 운영체제에서 활용 가능한 이식성portability을 중요하게 여기므로, 이 책의 모든 예제는 ISO C++ 표준을 준수함은 물론 이식성을 만족한다. 따로 표기하는 경우를 제외하면 우리가 다루는 모든 예제는 모든 C++ 구현체와 호환되고 여러 종류의 머신과 운영체제에서 테스트를 마친 코드다.

C++ 프로그램을 컴파일하고 링크하고 실행하는 세부적인 방법은 시스템마다 다르다. 구현에 관련된 주제를 다룰 때 마다 모든 시스템과 컴파일러의 세부 사항을 언급할 수는 없다. 대신 부록 C에서 윈도우Windows 머신 기반의 마이크로소프트 C++와 비주얼 스튜디오를 사용하는 기본적인 방법을 설명한다.

널리 쓰이는 통합 개발 환경 중 하나를 쓰는 데 문제가 있다면 놀랍게 간단한 커맨드라인

command-line을 사용해보길 권한다. 유닉스^{Unix}나 리눅스^{Linux} 시스템을 기반으로 GNU C++ 컴파일러를 이용해서 my_file1.cpp와 my_file2.cpp 두 개의 소스 파일로 구성된 프로그램을 컴파일하고 링크^{link}하고 실행시키는 명령어는 다음과 같다.

```
c++ -o my_program my_file1.cpp my_file2.cpp
./my_program
```

정말이지, 간단하지 않은가?

0.3 프로그래밍과 컴퓨터 과학

프로그래밍이 컴퓨터 과학의 전부인가? 물론 아니다. 이런 질문을 던지는 유일한 이유는 많은 사람이 이를 혼동하기 때문이다. 앞으로 알고리즘과 자료구조 등 컴퓨터 과학의 주요 주제를 다루지만, 우리의 주요 목적은 프로그램을 설계하고 구현하는 일, 즉 프로그래밍을 가르치는 데 있다. 프로그래밍을 흔히 말하는 컴퓨터 과학의 범위와 비교해보면 다음과 같다.

- **프로그래밍이 더 포함하는 것** 프로그래밍은 과학의 일부로 받아들여지지 않는 많은 기술을 포함한다.
- **반대의 경우** 프로그래밍은 우리가 활용하는 컴퓨터 과학 분야의 기초를 체계적으로 다루지 않는다.

이 책의 목적은 컴퓨터 과학자가 되려는 사람에게는 컴퓨터 과학 수업 과정의 일부로 쓰이는 것이며, 프로그래머나 소프트웨어 공학자가 되려는 사람에게는 소프트웨어 구축과 유지보수 학습 과정의 개론으로 활용되는 것으로, 일반적으로 말하자면 전체 학습 과정의 일부가 되는 것이다.

우리는 책 전반에 걸쳐 컴퓨터 과학에 의지하며 그 이론을 중요히 여기지만, 과학이라기보다는 이론과 경험에 기초한 실용적 기술로 프로그래밍을 가르치고자 한다.

0.4 창의성과 문제 해결

이 책의 주요 목적은 여러분의 아이디어를 코드로 표현하는 방법을 가르치는 데 있으며, 그 아이디어를 생각해내는 방법을 가르치지는 않는다. 앞으로 문제를 분석하고 그 해법을 점진적으로 다듬어가면서 문제를 해결하는 많은 예제를 다룬다. 사실 프로그래밍 자체가 문제 해결의 여러 형태 중 하나라고 생각한다. 문제와 그에 대한 해답을 완벽히 이해해야만 올바른 프로그램을 작성할 수 있으며, 프로그램을 만들고 테스트해야만 여러분의 이해가 완벽했는지 확인할 수 있다. 이 책에서는 긴 설교나 문제 해결에 대한 자세한 처방전보다 예제를 바탕으로 그 과정을 살펴본다.

0.5 독자 의견

개인의 필요는 각각 다르기 때문에 완벽한 교과서란 있을 수 없다고 생각한다. 그러나 우리는 이 책을 저술하고자 결심했고, 가능한 한 좋은 소재로 책을 구성하려고 노력했다. 그런 이유로 독자의 의견이 필요하다. 독자와 소통하지 않고는 좋은 교과서를 만들 수 없기 때문이다. 오류나 오타, 모호한 설명이나 빠진 부분이 있다면 알려주기 바란다. 더 나은 연습문제와 예제를 만드는 데 필요한 제안과 추가하거나 제외해야 할 주제도 환영한다. 건설적인 조언은 미래의 독자들에게 도움이 되리라 믿는다. 책의 오타는 독자 지원용 웹사이트인 www.stroustrup.com/Programming에 게시한다.

0.6 참고 자료

0장에서 참조한 문헌과 더불어 도움이 될 만 한 참고 자료 목록을 나열한다.

Becker, Pete, ed. The C++ Standard. ISO/IEC 14882:2011.

Blanchette, Jasmin, and Mark Summerfield. C++ GUI Programming with Qt 4, Second Edition. Prentice Hall, 2008. ISBN 0132354160.

Koenig, Andrew, and Barbara E. Moo. Accelerated C++: Practical Programming by Example. Addison-Wesley, 2000. ISBN 020170353X. 한국어판:『Accelerated C++ - 예제로 배우는 진짜배기 C++ 프로그래밍』(최지호, 곽용재 공역, 정보문화사, 2006), ISBN 9788956743141.

Meyers, Scott. Effective C++: 55 Specific Ways to Improve Your Programs and Designs, Third Edition. Addison-Wesley, 2005. ISBN 0321334876. 한국어판:『Effective C++ - 이펙티브 C++ 3판』(곽용재 역, 프로텍미디어, 2015), ISBN 9791195444946.

Schmidt, Douglas C., and Stephen D. Huston. C++ Network Programming, Volume 1: Mastering Complexity with ACE and Patterns. Addison-Wesley, 2001. ISBN 0201604647. 한국어판:『C++ Network Programming Vol 1 - ACE와 패턴을 사용한 객체지향 네트워크 프로그래밍』(권태인 역, 인포북), ISBN 9788980545070.

Schmidt, Douglas C., and Stephen D. Huston. C++ Network Programming, Volume 2: Systematic Reuse with ACE and Frameworks. Addison-Wesley, 2002. ISBN

0201795256. 한국어판:『C++ Network Programming Vol 1 - ACE와 패턴을 사용한 객체지향 네트워크 프로그래밍』(권태인 역, 인포북), ISBN 9788980545070.

Stroustrup, Bjarne. The Design and Evolution of C++. Addison-Wesley, 1994. ISBN 0201543303.

Stroustrup, Bjarne. "Learning Standard C++ as a New Language." C/C++ Users Journal, May 1999.

Stroustrup, Bjarne. The C++ Programming Language, Fourth Edition. Addison-Wesley, 2013. ISBN 0321563840. 한국어판:『C++ 프로그래밍 언어』(곽용재 역, 피어슨에듀케이션코리아(PTG), 2005), ISBN 9788945072047.

Stroustrup, Bjarne. A Tour of C++. Addison-Wesley, 2013. ISBN 0321958314.

Sutter, Herb. Exceptional C++: 47 Engineering Puzzles, Programming Problems, and Solutions. Addison-Wesley, 1999. ISBN 0201615622.

전체 참고 자료 목록은 책 뒤쪽의 '참고 문헌'에서 찾아볼 수 있다.

붙이는 말

대부분의 장에서 해당 장의 내용을 돌아볼 수 있게 짧은 '붙이는 말'을 제공한다. 제시된 정보를 이해하는 일은 때때로 어려운 일이기도 하다. 따라서 많은 연습문제를 풀고 해당 장에서 설명한 내용을 적용한 다음 장을 읽고, 나중에 복습을 하고 난 후에야 그 정보를 완벽히 이해할 수 있다. 그렇다고 당황하진 말자. 이는 우리가 예상했던 자연스러운 현상이다. 단 하루만에 전문가가 될 수는 없으며, 이 책을 학습하다 보면 비교적 경쟁력 있는 프로그래머가 될 수 있다. 그 학습 과정 속에서 많은 프로그래머에게 흥분과 즐거움을 선사한 훨씬 더 많은 정보와 예제, 기술을 접할 수 있다.

컴퓨터, 사람, 프로그래밍

"전공이란 곤충에게나 어울리는 말이다."[1]

– R. A. 하인라인(R. A. Heinlein)

1장에서는 우리가 프로그래밍이 중요하고 흥미롭고 즐겁다고 생각하는 이유를 살펴보고, 몇 가지 기본적인 아이디어와 이상을 설명한다. 우리는 사람들이 프로그래밍과 프로그래머에 대해 흔히 잘못 생각하는 몇 가지를 깨뜨리고자 한다. 지금 당장은 1장을 대략 훑어 봐도 좋다. 나중에 프로그래밍 문제와 씨름하다가 이렇게 고생할 가치가 있을지 의문이 들 때, 1장을 다시 읽어보기 바란다.

---

1. 미국의 공상과학 소설가 R. A. 하인라인의 소설 속 대사로, "단편적인 기술에 머무르지 말고 본질에 충실하라"는 의미로 이해할 수 있다. – 옮긴이

1.1 소개

다른 대부분의 학습과 마찬가지로 프로그래밍 학습도 닭과 달걀의 문제다. 학습을 시작하고 싶지만, 그전에 왜 배워야 하는지 궁금하다. 실용적인 기술을 배우고 싶지만, 잠시 반짝하는 유행을 따르고 싶지는 않다. 시간낭비는 아니라고 생각하지만, 지루한 과대광고나 설교를 듣기는 싫다. 당장은 흥미를 느낄 정도로만 1장을 훑어보자. 나중에 기술적 세부 사항이 강의실 밖의 실전에서 중요한 이유를 되새기고 싶다면 1장을 다시 읽자.

1장에서는 개인적으로 프로그래밍이 흥미롭고 중요하다고 생각하는 이유, 즉 우리가 수십 년 동안 이 분야에서 계속 견뎌나가는 원동력이 무엇인지 설명한다. 1장의 내용을 바탕으로 궁극적인 목적과 프로그래머가 어떤 사람이 돼야 하는지 알 수 있다. 초심자용 기술 서적은 필연적으로 비교적 기본적인 내용을 포함하지만, 1장에서는 기술적 세부 사항을 잠시 접어두고 큰 그림을 그려본다. 프로그래밍은 왜 가치 있는 활동인가? 우리 문명에서 프로그래밍이 차지하는 역할은 무엇일까? 프로그래머가 자부심을 갖고 기여할 수 있는 분야는 어디인가? 소프트웨어 개발과 배포, 유지 보수 관점에서 프로그래밍은 어느 부분에 속할까? 사람들이 말하는 컴퓨터 과학과 소프트웨어 공학, 정보 기술 등의 큰 그림에서 프로그래밍은 어떤 위치에 있는가? 프로그래머는 무슨 일을 하며, 좋은 프로그래머가 지녀야 할 기술은 무엇인가?

학생들이 아이디어와 기법, 각 단원의 내용을 이해해야 하는 가장 급한 이유는 시험에서 좋은 점수를 얻는 일일 수 있다. 그러나 그 이상의 뭔가가 있어야 한다! 소프트웨어 산업 분야에서 일하는 사람이 아이디어와 기법, 각 단원의 내용을 이해해야 하는 가장 급한 이유는 진행 중인 프로젝트에 유용한 뭔가를 찾고, 다음 달 월급과 승진, 해고를 결정짓는 상사의 심기를 건드리지 않는 일일 수 있다. 그러나 그 이상의 무언가가 있어야 한다! 우리는 자신이 하는 일이 조금이나마 사람들이 살기 좋은 세상을 만드는 데 일조한다고 생각할 때 최선을 다하기 마련이다. 경력에 남을 만한, 몇 년 동안 매달려야 할 작업에 임하려면 이상과 좀 더 추상적인 아이디어가 필수적이다.

우리 문명은 소프트웨어를 기반으로 움직인다. 따라서 소프트웨어를 개선하고 새로운 활용 분야를 찾아낸다면 단 한 사람이 많은 사람의 삶을 향상시킬 수 있다. 프로그래밍은 그 과정에서 필수적인 역할을 한다.

1.2 소프트웨어

좋은 소프트웨어는 눈에 보이지 않는다. 볼 수도, 느낄 수도, 무게를 잴 수도, 두드려 볼 수도 없다. 소프트웨어는 컴퓨터에서 동작하는 프로그램의 모음이기 때문이다. 하지만 소프트웨어와 달리 컴퓨터는 눈에 보이는 경우가 있다. 물론 전화기, 카메라, 제빵기, 자동차, 풍력 터빈 등 내부에 눈에 보이지 않는 컴퓨터를 지닌 물체도 있다. 소프트웨어 자체는 눈에 보이지 않지만, 소프트웨어가 하는 일은 쉽게 알 수 있다. 소프트웨어가 원래 의도대로 동작하지 않거나, 그 의도가 우리의 필요에 맞지 않으면 우리를 짜증나게 하거나 다치게 할 수도 있다.

그렇다면 이 세상엔 얼마나 많은 컴퓨터가 있을까? 정확히는 모르지만 적어도 수십억 대는 될 것이고, 아마도 전 세계 인구보다 많을 것이다. 컴퓨터의 개수를 세려면 서버와 데스크톱, 노트북, 태블릿, 스마트폰, 조그만 전자장치에 내장된 컴퓨터까지 포함해야 하기 때문이다.

우리는 하루에 얼마나 많은 컴퓨터를 직간접적으로 사용할까? 내 자동차에는 30개 이상, 휴대폰에는 두 개, MP3 재생기에는 한 개, 카메라에도 한 개의 컴퓨터가 들어있다. 뿐만 아니라 (지금 이 페이지를 작성하고 있는) 내 노트북과 데스크톱 컴퓨터도 포함해야 한다. 여름의 열기와 텍사스의 습기를 막아주는 에어컨도 간단한 컴퓨터다. 컴퓨터 과학부 건물의 승강기도 컴퓨터로 제어한다. 여러분이 근래에 나온 텔레비전을 본다면 그 안에 컴퓨터가 적어도 한 대 들어간다. 웹 서핑을 조금만 하더라도 전화 교환기와 분배기 등 수천 대의 컴퓨터로 이뤄진 네트워크 시스템을 거쳐 수십에서 수백 대의 서버에 연결된다.

그렇다면 내 차 뒷좌석에 30대 이상의 노트북을 싣고 다닌단 말인가? 물론 아니다! 여기서 강조하고 싶은 점은 대부분의 컴퓨터가 우리가 상상하듯이 모니터와 키보드, 마우스가 달려있는 모습이 아니라, 우리가 사용하는 장치의 작은 부품으로 내장된다는 사실이다. 그래서 요즘 나오는 자동차에 포함된 지도를 보여주고 길을 안내하는 화면도 없는 내 자동차는 컴퓨터와 아무런 관련도 없이 보인다. 하지만 자동차 엔진은 연료 분사와 온도 감시 등의 역할을 하는 꽤 많은 수의 컴퓨터를 갖고 있다. 파워 스티어링 기능에도 적어도 하나의 컴퓨터가 필요하고, 라디오와 보안 시스템은 물론 창문을 열고 닫는 제어도 컴퓨터를 이용하는 듯하다. 신형 자동차는 타이어 압력을 감시하는 컴퓨터도 탑재하고 있다.

여러분은 하루 동안 활동하면서 얼마나 많은 컴퓨터에 의지하는가? 우선 먹는 일부터 살펴보자. 여러분이 현대적인 도시에 거주한다면 음식이 여러분 앞까지 제공되는 과정에서 농업과 운송, 저장의 작은 기적이 필요하다. 유통망 관리에도 모든 부분을 이어주는 통신 시스템을 관장할 컴퓨터가 필요하다. 현대의 농장도 고도로 컴퓨터화돼 있다. 소 축사 바로 옆에서 가축의 나이와 건강 상태, 우유 생산량 등을 모니터링하는 컴퓨터를 찾아볼 수 있다. 농장의 장비들도 점점 더 컴퓨터화되고 있어서 예전 방식을 고수하는 농부 혼자서는 정부의 각 부처에서 요구하는 각종 서류를 감당할 수 없을 정도다. 어떤 사건이 발생하면 여러분은 모든 사실을 신문에서 읽을 수 있는데, 신문 기사도 컴퓨터로 작성되고, 작성한 기사를 지면으로 옮기는 편집도 컴퓨터를 이용한다. (아직도 종이 신문을 읽는다면) 그렇게 편집한 신문도 인쇄소에 전자 매체로 전송해 컴퓨터 장비로 인쇄한다. 여러분이 통근하는 과정에서 발생하는 교통 혼잡을 줄이고자 교통 흐름을 모니터링하는 일도 컴퓨터를 이용한다(물론 그다지 신통하진 않지만). 혹시 지하철을 선호한다면 지하철도 컴퓨터화돼 무인 운행하는 지하철까지 있으며, 안내 방송과 제동, 발권 등 지하철 운영 시스템도 컴퓨터로 운영된다. 오늘날의 (음악, 영화, 텔레비전, 공연 무대 등의) 장치 산업도 컴퓨터의 주요 활용 분야이다. 만화가 아닌 일반 영화도 컴퓨터 애니메이션을 많이 이용하며, 음악과 사진을 창작하고 유통하는 과정도 디지털화돼 있다. 여러분이 아플 때 의사가 하는 검사들도 컴퓨터가 필요하며, 의료 기록도 컴퓨터화된다. 그리고 병원에서 치료받는 동안 마주치는 대부분의 의료 장비도 컴퓨터를 포함한다. 숲 속 오두막에서 (전구를 비롯해서) 전기를 쓰는 장치를 하나도 사용하지 않는 경우가 아니라면 여러분은 에너지를 사용한다. 땅속 깊숙한 곳의 드릴부터 여러분 지역의 가스 펌프까지, 석유를 발굴하고 시추하고, 처리하고, 유통하는 전 과정에서 컴퓨터 시스템을 이용한다. 요금을 신용카드로 지불한다면 지불 과정에서도 수많은 컴퓨터를 거친다. 석탄과 가스, 태양열, 풍력 에너지도 마찬가지다.

지금까지는 여러분이 하는 활동에 직접적으로 관련된 운영 측면의 예를 들었다. 이제부터 중요하고도 흥미로운 설계 분야를 살펴보자. 여러분이 입는 옷과 통화하는 전화기, 좋아하는 커피를 우려내는 커피 머신 모두 컴퓨터로 설계하고 제조한다. 뛰어난 품질의 카메라 렌즈와 매일 사용하는 현대적인 장치와 가정용품의 아름다운 디자인도 컴퓨터를 이용한 설계와 제조 방식에 거의 전적으로 의존한다. 덕분에 우리 일상을 둘러싼 환경을 설계하는 장인과 디자이너, 예술가, 공학자들은 예전에는 당연하게 받아들였던 물리적인 제약에서 해방됐다. 여러분이 아플 때 치료용으로 먹는 의약품도 컴퓨터로 설계할 수 있다.

마지막으로 과학 자체를 연구하는 일도 컴퓨터에 상당히 의존한다. 멀리 떨어진 행성의 신비를 밝혀내는 망원경은 컴퓨터 없이는 설계, 제작, 운영할 수 없다. 그리고 망원경이 쏟아내는 방대한 자료도 컴퓨터가 없이는 분석할 수 없다. 개체 생물학 분야의 연구자들은 그다지 컴퓨터화되지 않았을 수도 있다(물론 카메라나 디지털 레코더, 전화기 등을 쓰지 않는다면). 하지만 실험실로 돌아온 후에는 데이터를 저장하고 분석하고, 컴퓨터 기반의 모델로 검증하고, 동료 과학자와 공유해야 한다. 의료 분야의 연구를 비롯한 화학과 생물학 분야도 몇 년 전까지만 해도 꿈조차 꿀 수 없었을 정도로, 그리고 현재의 사람들이 상상하는 정도 이상으로 컴퓨터를 활용한다. 인간의 유전자도 컴퓨터로 밝혀낸다. 정확히 말하자면 컴퓨터를 이용하는 사람들이 유전자를 읽어낸다. 앞에서 예로 든 모든 분야에서 컴퓨터가 없었으면 힘들었을 일들을 컴퓨터 덕분에 해낼 수 있다.

지금까지 살펴본 모든 컴퓨터는 소프트웨어로 구동된다. 소프트웨어가 없는 컴퓨터는 문에 달린 말발굽이나 보트의 닻, 난로처럼 실리콘과 금속, 플라스틱 덩어리에 지나지 않는다.

그러한 소프트웨어는 누군가가 한 줄 한 줄 작성한 것으로, 실제로 돌아가는 코드는 완벽히 정확하진 않더라도 최소한 합리적이다. 누군가가 만든 소프트웨어가 이 모든 일을 가능케 하다니 놀랍지 않은가! 수백 가지 프로그래밍 언어로 작성된 수십억 줄의 코드(프로그램 텍스트)를 떠올려 보라! 우리는 이를 바탕으로 우리가 사용하는 거의 모든 서비스와 장비를 개선하길 원한다. 여러분이 사용하는 서비스와 장비 중에 무엇을 향상시키고 싶은가? 답이 떠오르지 않는다면 우리가 쓰는 서비스와 장비에 더 많은 기능을 넣거나 더 작게(혹은 크게), 빠르게, 안정적으로, 사용하기 쉽게, 고성능으로, 보기 좋게, 저렴하게 만들 수도 있다. 어쨌거나 확실한 점은 그렇게 하려면 프로그래밍을 해야 한다는 사실이다.

1.3 사람

컴퓨터는 사람이 만들고 사람이 사용한다. 컴퓨터는 매우 일반적인 도구로, 상상하기 힘들 정도로 다양한 분야에서 활용한다. 컴퓨터가 이렇게 유용한 이유는 프로그램이 있기 때문이다. 즉, 누군가(프로그래머)가 무언가에 유용한 코드를 작성하지 않으면 컴퓨터는 그냥 하드웨어에 지나지 않는다. 그럼에도 우리는 가끔 소프트웨어를 간과한다. 그리고 프로그래머의 존재는 더욱 자주 망각한다.

할리우드를 비롯한 대중문화는 우리에게 프로그래머에 대한 부정적 이미지를 심어준다. 예를 들어 프로그래머는 외톨이에 뚱뚱하고 못생겼으며, 비디오 게임에 중독되거나 다른 사람의 컴퓨터를 해킹하는 사회성 없는 인물로 묘사된다. 그(대부분이 남자 역할이다)는 자신이 원하는 모습대로 세계를 파괴하려고 한다. 물론 그보다 약간 덜한 사람들이 실제로 존재하긴 한다. 그러나 경험상 그런 사람들이 변호사와 경찰관, 자동차 영업 사원, 언론인, 예술가, 정치가보다 소프트웨어 개발자 중에 더 많지는 않다.

여러분의 삶 속에서 컴퓨터의 활용 분야를 떠올려 보라. 그런 분야들이 어두운 방안에서 홀로 외롭게 하는 일인가? 물론 아니다. 성공적인 소프트웨어와 컴퓨터가 내장된 장비, 시스템을 만드는 일에는 엄청나게 다양한 역할을 맡은 수백, 수천 명의 사람이 필요하다. 예를 들어 프로그래머와 (프로그램) 디자이너, 테스터, 애니메이터, 포커스 그룹 관리자, 실험 심리학자, 사용자 인터페이스 디자이너, 분석가, 시스템 관리자, 고객 응대 담당자, 음파 공학자, 프로젝트 관리자, 품질 공학자, 통계학자, 하드웨어 인터페이스 설계자, 요구 공학자, 안전 관리자, 수학자, 영업 지원 직원, 문제 해결사, 네트워크 설계자, 방법론 관리자, 소프트웨어 도구 관리자, 소프트웨어 사서 등이 필요하다. 이처럼 역할 영역이 방대하고, 같은 역할도 조직에 따라 이름이 다르므로 직책명도 상상할 수 없을 정도다. 한 조직에서 엔지니어라고 부르는 사람을 다른 조직에서는 프로그래머나 개발자, 기술직 직원, 아키텍트 등으로 칭한다. 직원이 직책명을 직접 정할 수 있는 회사도 있다. 물론 모든 역할의 사람들이 프로그래밍에 직접 관여하지는 않는다. 하지만 언급한 역할 대부분에서 코드를 읽거나 작성하는 일이 과업의 필수 요소로 포함된다. 게다가 프로그래머(또는 비슷한 역할을 하는 모든 직책의 사람)는 짧은 기간 동안 해당 응용 분야의 사람들, 즉 생물학자와 엔진 설계자, 변호사, 자동차 영업 사원, 의료 연구자, 역사가, 지질학자, 우주 비행사, 비행기 엔지니어, 목재 창고 관리자, 로켓 과학자, 애니메이터 등과 소통해야 한다(개인적 경험을 토대로 작성한 목록이다). 그리고 한때 프로그래머였던 사람이 경력의 나중 단계에서는 프로그래밍을 하지 않는 직책을 맡기도 한다.

프로그래머가 고립된 채 산다는 편견은 말 그대로 편견일 뿐이다. 혼자서 일하기를 좋아하는 사람은 그런 방식이 가장 적당한 분야를 선택하기 마련인데, 대부분 약간의 방해나 회의에도 매우 불만을 토로한다. 그러나 현대적인 소프트웨어 개발은 팀이 함께하는 활동이기에 다른 사람들과의 의사소통을 즐기는 사람에게 더 수월하다. 즉, 사회성과 의사소통 능력이 필수적이고 직업적 스테레오타입보다 더 가치 있게 여겨진다는 말이다. 여러분이 **프로그래머**를 현실적으로 어떻게 정의하든 프로그래머에게 요구되는 자질을 몇 가지 꼽아보자면 비공식적인 자리에서, 회의에서, 문서에서, 공식적인 보고에서 다양한 배경의 사람들과 효과적으로 소통하는 능력을 들 수 있다. 결국 한두 개의 팀 프로젝트를 끝내기 전에는 프로그래밍이 무엇이고, 여러분이 프로그래밍을 정말 좋아하는지 알 수 없다. 우리가 프로그래밍을 하면서 가장 좋았던 점 한 가지가 바로 직업적인 삶 속에서 훌륭하고 흥미로운 사람들을 만나고 다양한 곳을 방문할 수 있다는 점이다.

이러한 사실이 의미하는 바는 좋은 소프트웨어를 만들려면 다양한 기술과 흥미, 업무 습관을 지닌 사람들이 필요하다는 점이다. 우리 스스로를 포함해서 사람들의 삶의 질은 그런 사람들에게 달려있다. 어떤 사람도 앞에서 언급한 모든 역할을 다할 수는 없으며, 상식적인 사람이라면 모든 역할을 원하지도 않는다. 중요한 사실은 여러분이 생각하는 정도보다 넓은 선택권이 있으며, 그 중에 하나만 선택할 필요도 없다는 점이다. 여러 가지 역할을 경험해보면서 여러분의 기술과 소질, 흥미에 맞는 업무 영역을 찾을 수 있다.

우리는 여기서 프로그래밍과 프로그래머를 이야기하지만, 프로그래밍은 분명 전체적인 그림의 일부일 뿐이다. 선박이나 휴대폰을 설계하는 사람은 스스로를 프로그래머라고 생각하지 않는다. 프로그래밍이 소프트웨어 개발에서 중요한 부분이지만, 소프트웨어 개발의 전부는 아니다. 마찬가지로 대부분의 제품에 있어서 소프트웨어 개발이 제품 개발의 중요한 부분이지만, 제품 개발의 전부는 아니다.

우리는 여러분이 전문적인 프로그래머가 되길 원하거나 업무의 대부분을 코드 작성에 할애하리라고 가정하지 않는다. 최고의 프로그래머조차도, 아니 **최고의 프로그래머라면** 더욱 더 대부분의 시간을 코드 작성에 할애하지 않는다. 그보다 주어진 문제를 이해하는 데 많은 시간과 지적인 노력을 들이며, 바로 이러한 지적 도전이 많은 프로그래머가 프로그래밍의 흥미로운 점이라고 생각하는 부분이다. 사실 훌륭한 프로그래머 중 많은 사람이 컴퓨터 과학에 포함되지 않는 분야를 전공했다. 예를 들어 여러분이 유전자 연구용 소프트웨어를 만든다면 분자 생물학을 이해하는 편이 훨씬 더 효과적이다. 여러분이 중세 문학을 분석하는 프로그램을 개발한다면 그러한 문학 작품을 조금이라도 더 읽고 관련된 언어를 알아두는 편이 훨씬 효과적이다. 결국 "나는 컴퓨터와 프로그래밍만 신경 쓰면 돼"라고 생각하는 사람은 프로그래머가 아닌 동료와 의사소통할 수 없다. 그런 사람은 우리의 삶 자체라고 할 수 있는 사람 사이 상호작용의 가장 중요한 부분을 놓칠 뿐만 아니라 좋은 소프트웨어 개발자가 될 수도 없다.

그렇다면 우리가 가정하는 사실은 무엇인가? 프로그래밍은 중요하고 흥미로운 여러 기술적 이론의 일부이자 지적으로 도전해 볼만 한 기술들을 다룬다는 사실이다. 그리고 프로그래밍은 세상을 유지하는 필수 구성 요소로서 프로그래밍을 알지 못한다는 말은 물리학이나 역사, 생물학, 문학의 기본을 알지 못한다는 말과 다름없다는 사실이다. 프로그래밍을 전혀 모르는 사람은 마법을 있는 그대로 믿는 수준에서 벗어날 수 없으며, 이런 사람이 기술적 직책을 맡으면 위태로운 상황이 벌어진다. 카툰 딜버트[2]에 등장하는 뾰족 머리 상사를 떠올려보자. 마주치기도 싫을 뿐만 아니라 여러분이 그런 상사가 된다면 끔찍하지 않은가? 마지막 가정은 프로그래밍은 충분히 즐거운 일이 될 수 있다는 사실이다.

마지막으로 우리는 여러분이 프로그래밍을 어떤 목적으로 활용하리라고 가정하는가? 전문적인 프로그래머가 되지 않더라도 향후 연구를 수행하는 도구로 사용할 수 있다. 그리고 디자이너와 작가, 관리자, 과학자 등과 직업적으로나 개인적으로 교류할 때 프로그래밍의 기본 지식이 도움이 될 수 있다. 혹은 연구나 업무 속에서 전문적인 수준으로 프로그래밍을 할 수도 있다. 그러나 여러분이 전문 프로그래머가 되더라도 다른 일은 하지 않고 프로그래밍만 하기는 어렵다.

컴퓨터와 컴퓨터 과학을 주로 다루는 엔지니어가 되더라도 하루 종일 프로그래밍만 할 수는 없다. 프로그래밍은 해법을 표현하고 문제 해결에 도움을 주는 방법 중의 하나로, 해결한 만한 문제나 시도해볼 만한 해법이 없다면 프로그래밍은 아무 쓸모없는 시간낭비일 뿐이다.

이 책의 주제가 프로그래밍이며 여러분에게 프로그래밍을 하는 방법을 가르쳐준다고 약속해놓고 프로그래밍 외적인 주제와 프로그래밍의 제한적인 역할을 강조하는 이유는 뭘까? 훌륭한 프로그래머는 그가 작성한 코드와 프로그래밍 기술이 프로젝트에서 차지하는 역할을

---

2. 딜버트는 개발자와 IT를 주제로 한 유명한 카툰이다. 내용이 궁금하다면 http://www.dilbert.com/에 방문해보자. – 옮긴이

잘 이해해야 하기 때문이다. 좋은 프로그래머는 거의 항상 코드와 산출물이 전체 프로젝트에 어떻게 도움을 줄지 생각한다. 예를 들어 (스마트폰이나 태블릿에서 동작하는) MP3 재생기를 만드는 프로젝트에서 여러분의 관심사는 오로지 아름다운 코드와 여러분이 제공할 수 있는 몇 가지 멋진 기능뿐이라고 가정해보자. 그래서 여러분의 코드가 동작하려면 가장 크고 성능 좋은 컴퓨터가 필요하다고 주장한다면? 그리고 프로그래밍이 아니라는 이유로 음성 인코딩 이론을 거부한다면? 잠재적인 사용자를 만나러 나서지 않고 십중팔구 음악에 별로 관심도 없는 여러분이 연구소에 가만히 앉아서 GUI 프로그래밍 분야의 최신 기술 진보가 이룬 성과를 무시한다면? 그 결과는 프로젝트에 재앙과도 같다. 여러분이 말하는 성능 좋은 컴퓨터는 많은 자원을 소비하는 MP3 재생기와 짧은 배터리 수명을 의미한다. 그리고 음악을 디지털 방식으로 처리하는 데 필수적인 인코딩 기술의 진보를 무시함으로써 음악 하나당 차지하는 메모리도 커진다(인코딩 방식에 따라 같은 음질에서도 메모리 소모량에서 100%까지 차이가 난다). 여러분이 보기엔 이상하고 구식이더라도 사용자의 기호를 무시하면 사용자는 다른 MP3 재생기를 선택할지 모른다. 즉, 사용자의 요구 사항과 코드 구현에 따른 제약 사항을 이해하는 일은 좋은 프로그램을 작성하는 데 필수적이다. 최악의 프로그래머를 묘사하자면 여기에다 세부 사항에 집착해서 일을 늦게 마치는 성향과 대충 테스트한 코드의 정확성에 대한 지나친 자신감만 추가하면 된다. 우리는 여러분이 좋은 소프트웨어를 만드는 데 무엇이 필요한지 넓은 시야로 살필 수 있는 훌륭한 프로그래머가 되도록 돕고자 한다. 이를 바탕으로 사회에 값진 공헌을 하고, 개인적 삶에서도 만족을 얻길 바란다.

1.4 컴퓨터 과학

프로그래밍을 아무리 넓게 정의해도 더 큰 분야의 일부분으로 보는 편이 옳다. 예를 들어 프로그래밍을 컴퓨터 과학이나 컴퓨터 공학, 소프트웨어 공학, 정보 기술 등 소프트웨어 관련 분야의 하위 분야로 볼 수 있다. 그리고 프로그래밍은 과학과 공학은 물론 물리학, 생물학, 약학, 역사학 등 여러 학문 연구 분야에서 컴퓨터와 정보에 관련한 부분을 가능케 하는 기술이기도 하다.

컴퓨터 과학을 예로 살펴보자. 1995년에 미국 정부에서 발행한 '정식 기관 목록'에서는 컴퓨터 과학을 다음과 같이 정의한다. "컴퓨팅 시스템과 계산에 대한 체계적 연구로, 이 분야에서 비롯된 지식의 요체는 다음과 같은 내용을 포함한다. 컴퓨팅 시스템과 방법론을 이해하는 데 필요한 이론, 설계 방법론과 알고리즘과 도구, 개념을 테스트할 수 있는 방법론, 분석과 검증 방법론, 지식의 표현과 구현 등이다." 우리 모두의 예측대로 위키피디아[Wikipedia]에서는 조금 덜 딱딱한 설명을 볼 수 있다. "컴퓨터 과학(컴퓨팅 과학)은 정보와 계산을 다루는 기본

이론과 컴퓨터 시스템을 바탕으로 한 응용과 구현을 연구한다. 컴퓨터 과학은 많은 하위 분야로 이뤄지는데, 특정 결과를 계산하는 데 초점을 맞추는 분야(컴퓨터 그래픽 등)가 있는가 하면 계산 문제의 속성을 다루는 분야(계산 복잡도 이론 등)도 있고, 그러한 계산을 효율적으로 구현하는데 집중하는 분야도 있다. 예를 들어 프로그래밍 언어 이론은 계산 과정을 서술하는 방법을 연구하는 반면 컴퓨터 프로그래밍은 특정 프로그래밍 언어를 바탕으로 주어진 계산 문제를 해결하는 데 목적을 둔다."

프로그래밍은 도구다. 근본적이고 실용적인 문제의 해답을 테스트 가능하고, 시행착오를 거쳐 개선이 가능하며, 실제로 사용할 수 있는 형태로 표현하는 도구다. 프로그래밍은 아이디어와 이론이 현실과 만나는 접점이다. 그 덕분에 컴퓨터 과학이 순수한 이론을 넘어 세상에 큰 영향을 미치는 실험적 학문이 될 수 있다. 이러한 관점에서 보면 프로그래밍은 시행착오를 거쳐 그 이론만큼이나 잘 다듬어진 실제를 표현해야 한다. 그저 약간의 코드를 구현하는 사소한 장난거리나 당장의 요구를 충족하기 위한 임시방편으로 전락해선 안 된다.

1.5 컴퓨터의 광범위한 쓰임새

그 누구도 컴퓨터와 소프트웨어의 모든 것을 알지는 못한다. 여기서 약간의 예를 들 텐데, 여러분이 좋아할 만한 내용이 있을지도 모른다. 그러나 적어도 프로그래밍을 바탕으로 한 컴퓨터의 활용 분야가 한 개인이 완벽히 이해할 수 있는 범위를 벗어난다는 점에는 동의하게 될 것이다.

대부분의 사람들은 컴퓨터라고 하면 모니터와 키보드가 붙어있는 회색 상자를 떠올릴 텐데, 이런 컴퓨터는 게임과 메시지 교환, 이메일, 음악 감상에 제격이다. 이와는 다른 종류의 컴퓨터인 노트북은 비행기 안에서 심심한 회사원이 스프레드시트를 보거나, 게임을 즐기거나, 동영상을 감상하기에 적당하다. 하지만 이런 예들은 빙산의 일각에 불과하다. 대부분의 컴퓨터는 우리 문명을 움직이는 시스템의 일부로, 우리가 볼 수 없는 곳에서 작동한다. 어떤 컴퓨터는 방 하나를 가득 채울 만큼 크고, 또 다른 컴퓨터는 조그만 동전보다도 작다. 흥미로운 컴퓨터의 대부분은 키보드나 마우스 등의 장치로 사람과 직접 상호작용하지 않는다.

1.5.1 화면의 유무

커다란 직사각형 박스에 화면과 키보드가 달려있는 컴퓨터에 대한 일반적인 고정 관념은 깨트리기 어려울 정도다. 그러나 다음 두 가지 컴퓨터를 보라.

손목시계라고 일컫는 이 두 가지 장치는 근본적으로 컴퓨터라고 할 수 있다. 사실 이 두 가지는 서로 다른 입출력 시스템을 탑재했지만 기본적으로 동일한 모델의 컴퓨터로 볼 수 있다. 왼쪽 시계는 (전통적인 컴퓨터의 화면과 비슷하지만 더 작은) 화면을 구동하고, 오른쪽 시계는 전통적인 시계 바늘을 움직이는 전기 모터와 그 달의 일자를 표시하는 원판을 구동한다. 두 시계 모두 (오른쪽 시계에서 더 잘 보이는) 네 개의 버튼과 고정밀도 원자시계와 동기화하는 데 필요한 전파 수신기를 입력 시스템으로 포함한다. 이 두 컴퓨터를 제어하는 프로그램의 대부분은 동일하다.

1.5.2 선박

아래 두 그림은 대형 해양 디젤 엔진과 그 엔진으로 움직이는 거대한 선박을 보여준다.

여기서 컴퓨터와 소프트웨어가 핵심적인 역할을 하는 부분을 생각해보자.

- **설계** 선박과 그 엔진을 설계할 때도 당연히 컴퓨터를 이용한다. 건축학적 도면과 공학적 도면 일반적인 계산, 공간과 부품 시각화, 부품 성능 시뮬레이션 등 컴퓨터의 활용 용도는 셀 수 없이 많다.

- **조선** 현대적인 조선소는 고도로 컴퓨터화돼 있다. 컴퓨터를 이용해서 선박 조립 계획을 면밀히 세우고, 실제 작업도 컴퓨터가 안내하며, 용접은 로봇이 맡는다. 특히 현대적인 이중 선체 유조선은 좁은 선체 사이에서 작업할 수 있는 소형 용접 로봇 없이는 만들 수 없다. 사람이 개입할 여지가 없는 부분은 이 뿐만이 아니다. 철강 판을 자르는 작업은 세상에서 CAD/CAMComputer-Aided Design/Manufacturing, 컴퓨터를 이용한 설계/제조이 가장 먼저 적용된 분야 중 하나다.

- **엔진** 전자 연료 분사기를 포함하는 엔진은 수십 개의 컴퓨터로 제어된다. (사진 속의 엔진처럼) 10만 마력의 엔진을 제어하는 일은 간단한 일이 아니다. 예를 들어 엔진을 관리하는 컴퓨터 는 잘못 튜닝한 엔진에서 발생하는 오염을 방지하고자 연료 배합을 지속적으로 조절해야 한다. 엔진은 물론 선박의 다른 부분과 연결된 펌프의 대부분도 컴퓨터를 이용한다.

- **관리** 선박은 운송할 화물이 있는 곳에서 운항한다. 배의 운항 계획을 세우는 일도 컴퓨터화 돼 있으며, 날씨와 수요/공급, 항만의 규모와 선적 능력에 따라 지속적으로 변화한다. 주요 상선의 위치를 언제나 볼 수 있는 웹사이트도 있다. 사진 속의 선박은 컨테이너선(세계 최대 의 컨테이너선은 길이 397m, 폭 56m이다)이지만, 다른 종류의 대형 선박들도 비슷한 방법으로 관 리한다.

- **모니터링** 해양을 항해하는 선박은 독립적이라서 다음 정박지에 도착할 때까지 발생하는 대부분의 일은 선원들이 직접 처리한다. 그러나 한편으로는 전 지구적 네트워크의 일원이기 도 하다. 선원들은 위성을 바탕으로 만들어지고 전송되는 비교적 정확한 날씨 정보가 필요하 다. 그리고 선박에는 GPSGlobal Positioning System, 전 지구적 위치 시스템와 컴퓨터로 제어하고 보정하는 레이더가 탑재된다. 선원이 쉬어야 한다면 운항 제어실에서 위성을 거쳐 엔진과 레이더 등을 비롯한 대부분의 시스템을 모니터링할 수 있다. 뭔가 이상을 감지하거나 본부와의 통신이 두절되면 선원에게 그 사실을 알린다.

　지금까지의 간략한 설명에서 직간접적으로 언급한 수백 대의 컴퓨터 중 하나가 오동작하 면 무슨 일이 벌어질까? 25장('임베디드 시스템 프로그래밍')에서 좀 더 자세히 알아본다. 현대적인 선박에서 사용하는 코드를 작성하는 일은 고도의 기술을 요하는 흥미로운 작업이며, 실용적이 기도 하다. 해상 운송의 비용은 놀랍게 저렴하다. 덕분에 가까운 지역에서 생산하지 않는 무언가를 구입할 수 있다. 오늘날 해상 운송이 육상 운송보다 항상 저렴한 이유 중 하나가 바로 컴퓨터와 정보를 적극 활용하기 때문이다.

1.5.3 원격 통신

아래 두 사진에서 전화 교환기와 (카메라와 MP3 재생기, FM 라디오, 웹 브라우저 등 다양한 기능을 갖춘)
전화기를 볼 수 있다.

　　여기서는 컴퓨터와 소프트웨어가 어떤 중요한 역할을 할까? 전화기를 들어 다이얼을 누른
후 상대방이 대답하면 대화를 나눈다. 음성사서함에 음성 메시지를 남기거나, 전화기의 카메
라로 찍은 사진을 보내거나, 문자 메시지를 보낼 수도 있다('보내기' 버튼을 누르면 전화기가 전송을
시작한다). 즉, 전화기는 분명 컴퓨터라고 할 수 있다. 특히 대부분의 이동형 단말이 그렇듯이
전화기에 화면을 탑재하고, 웹 브라우징을 비롯해 전통적인 전화기 이상의 기능을 제공하는
경우에는 더욱 그렇다. 사실 이런 전화기는 화면을 관리하고 전화 시스템과 통신하는 등의
기능을 하는 여러 개의 컴퓨터를 지닌다.

　　전화기의 화면을 관리하고 웹 브라우징을 제공하는 부분은 일상적인 내용에 그래픽 사용
자 인터페이스를 제공하는데, 컴퓨터를 사용하는 사람이라면 익숙한 부분이다. 하지만 대부
분의 사람들이 조그만 전화기가 작업을 수행하는 동안 연결되는 거대한 시스템에 대해서는
알지 못하며, 크게 궁금해하지도 않는다. 텍사스에 위치한 내가 뉴욕에서 휴가를 보내는 여러
분에게 번잡한 도시의 소음을 뒤로 한 채 단 몇 초 만에 인사를 건넨다. 대부분의 전화기는
우리가 허락하기만 하면 지구상의 어디든 연결할 수 있다. 그렇다면 내 전화기는 여러분의
전화기를 어떻게 찾아낼까? 음성은 어떻게 전송되고, 데이터 패킷으로 인코딩될까? 이에 대한
대답만으로 이 책보다 두꺼운 책을 여러 권 쓸 수 있지만, 지구 곳곳의 필요한 위치에 흩어져
있는 수백 대의 컴퓨터를 이루는 하드웨어와 소프트웨어가 그 해답과 연관된다는 사실 하나만
큼은 확실하다. 운이 없는 경우라면 (컴퓨터화된 시스템인) 통신 위성 몇 개가 관련될 수도 있다.
여기서 '운이 없다'고 얘기하는 이유는 빛의 속도는 유한하고(따라서 전파에 실린 여러분의 목소리의

속도도 유한하다), 2만 마일을 우회하는 데 따른 문제점을 완전히 보상할 수 없기 때문이다(광섬유를 이용하면 경로가 짧아지고, 속도는 빠르며 더 많은 데이터를 전송할 수 있다). 이런 작업은 매우 신뢰성이 높아서 원격 통신의 기간망backbone 시스템의 신뢰성은 99.9999%에 달한다(20년 동안 20시간의 장애. 즉, 20/20×365×24×60). 따라서 우리가 겪는 문제의 대부분은 이동형 전화기와 가장 가까운 교환기 사이의 문제일 확률이 높다.

이처럼 전화기를 망에 연결하고, 우리가 내뱉은 음성을 유무선 망으로 전송할 수 있게 데이터 패킷으로 변환하고, 데이터를 라우팅하고, 각종 장애를 복구하고, 서비스의 품질과 신뢰성을 지속적으로 모니터링하고, 요금을 정산하는 등의 모든 일에 소프트웨어가 필요하다. 어떤 단말이 서로 통신하는지, 새로운 시스템은 어떤 요소로 구성되는지, 언제 예방 차원의 유지 보수를 수행해야 하는지 등 전체 시스템의 물리적 구성 요소를 추적/관리하는 데도 영리한 소프트웨어가 굉장히 많이 필요하다.

전 세계를 연결하는 원격 통신 기간망 시스템은 어느 정도 독립적이면서도 서로 연결된 시스템으로, 인류가 만든 인공물 중에 가장 거대하고 복잡하다. 이런 기간망이 벨이 달린 옛날 전화기만을 위한 시스템이 아니라는 사실을 떠올리면 좀 더 실감이 날 수 있다. 여러 가지 기반 구조가 하나로 통합됐기 때문이다. 그 기간망을 근간으로 인터넷(웹)이 동작하고, 금융과 무역 시스템이 돌아가고, 텔레비전 프로그램이 TV 수상기로 전송된다. 그래서 아래의 그림 외에도 원격통신을 보여주는 사진 몇 장을 더 추가할 수도 있다.

왼쪽 사진은 뉴욕 월스트리트 증권 거래소의 거래장 모습이다. 오른쪽 지도는 인터넷 기간망의 일부를 보여준다(전체 지도는 너무 복잡해서 쓸모가 없을 정도다).

물론 이렇게 사진을 찍거나 특정 지식을 시각화하는 특별한 형식의 지도를 그리는 일에도 컴퓨터를 이용한다.

1.5.4 의료

다음의 왼쪽 사진은 컴퓨터 단층 촬영CAT, Computed Axial Tomography 스캐너를, 오른쪽 사진은 컴퓨터를 이용한 수술실(로봇 보조 수술 혹은 로보틱 수술이라고도 한다) 모습을 보여준다.

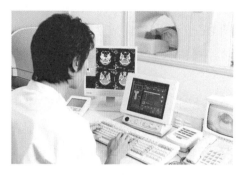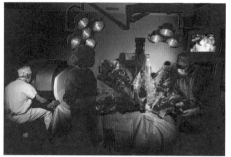

여기서는 컴퓨터와 소프트웨어가 어떤 역할을 할까? 위 사진의 스캐너는 기본적으로 컴퓨터다. 스캐너가 출력하는 신호는 컴퓨터로 제어하며, 출력 신호에 정교한 알고리즘을 적용해 우리가 인체의 특정 기관으로 인식할 수 있는 정도의 (3차원) 이미지로 변환하지 않으면 그저 의미 없는 신호일 뿐이다. 마찬가지로 컴퓨터를 이용한 수술도 여러 단계를 거쳐야 한다. 집도의가 환자의 내부를 들여다보고 수술 부위를 확대해보거나 더 밝게 보는 일은 여러 가지 이미징 기술 없이는 불가능하다. 컴퓨터의 도움으로 사람의 손이 잡을 수 없을 정도로 작은 도구를 사용하거나, 절제술 없이는 손이 닿지 않는 곳도 수술할 수 있다. 이러한 기술로 수백만 환자의 고통을 줄이고 회복 시간을 단축한 예가 바로 최소 침습 수술(복강경 수술)의 도입이다. 컴퓨터는 의사의 손 떨림을 줄여 더 정밀한 작업에도 도움을 준다. 마지막으로 로보틱 시스템은 원격으로 운영될 수 있어서 의사가 멀리 떨어진 환자에게 (인터넷을 바탕으로) 도움을 줄 수도 있다. 이러한 분야의 컴퓨터와 프로그래밍은 상상을 초월할 정도로 복잡하지만, 한편으로는 흥미롭다. 사용자 인터페이스와 장비 제어, 이미징에 관련된 문제는 하나하나가 수천 명의 연구자와 엔지니어, 프로그래머가 수십 년 동안 매달려야 할 정도로 어렵다.

많은 의사가 모여 그들의 일에 가장 큰 도움을 주는 새로운 도구는 무엇인지에 대해 토론했다. CAT 스캐너일까? 아니면 MRI 스캐너일까? 자동 혈액 분석기? 고해상도 초음파 기기? PDA? 결국 토론의 결과로 뽑힌 승자는 '환자 정보에 대한 즉각적인 접근'이었다. 환자의 병력(예전에 앓았던 질병과 복용한 약품, 알레르기, 유전적 문제, 일반적인 건강 상태, 현재 투약중인 약 등)을 알면 진단이 쉬워지고 실수의 여지도 줄어들기 때문이다.

1.5.5 정보

다음 사진에서 일반적인 PC 두 대와 서버 팜farm의 일부를 볼 수 있다.

지금까지는 소프트웨어를 보고 느끼고 들을 수 없기 때문에 눈에 보이는 전자 장비에 초점을 맞췄다. 깔끔한 프로그램의 모습을 사진으로 찍을 수 없으므로, 프로그램으로 구동되는 장치의 모습을 보여줄 수밖에 없다. 하지만 정보를 직접 처리하는 일은 (하드웨어가 아니라) 소프트웨어가 맡는다. 이제 '일반적인 소프트웨어'를 구동하는 '일반적인 컴퓨터'의 '일반적인 활용'을 살펴보자.

서버 팜^{server farm}은 웹 서비스를 제공하는 컴퓨터들의 집합으로, 구글과 아마존, 마이크로소프트 등의 기업에서 최첨단 서버 팜을 운영한다. 이들 서버 팜은 비공개로 운영하며, 서버 팜의 사양은 지속적으로 변화하므로, 여러분이 웹에서 찾는 대부분의 정보는 이미 철 지난 정보일 것이다. 그러나 그 사양이 엄청나고, 노트북에서 숫자 몇 개를 계산하는 프로그래밍을 뛰어넘는 무언가가 있음은 확실하다.

- 구글은 25~50개의 데이터 센터에서 (여러분의 노트북보다 성능이 더 뛰어난) 서버를 백만 대 정도 사용한다.

- 각 데이터 센터의 크기는 60×100평방미터(200×330평방피트) 이상이다.

- 2011년 '뉴욕 타임스'에 따르면 구글 데이터 센터에서 2억 6십만 와트(라스베이거스의 에너지 사용량과 맞먹는 양)를 소모하고 있다.

- 서버 한 대가 3GHz 쿼드 코어와 24GB의 메인 메모리를 탑재한다고 가정하면 전체 서버 팜은 12×10^{15}Hz(초당 12,000,000,000,000,000개의 명령어 수행)의 계산 능력과 24×10^{15}바이트(24,000,000,000,000,000바이트)의 메인 메모리를 갖는다. 그리고 서버 한 대의 디스크가 4TB라면 저장 장치의 크기는 모두 합쳐 4×10^{18}바이트에 이른다.

이러한 계산조차도 실제 규모를 과소평가했을 수 있다. 특히 여러분이 이 글을 읽을 시점에서는 더욱 그렇다. 게다가 에너지 소모량을 줄이려는 노력의 일환으로 서버당 프로세서 개수와 프로세서당 코어 개수를 늘리는 방향으로 컴퓨터 구조가 발전하고 있다. GB^{기가바이트}는 10^9개의 문자를, TB^{테라바이트}는 1000GB로 10^{12}개의 문자를 나타내는데, 점점 PB^{페타바이트}(10^{15}바이트)가 일반적 단위로 사용되고 있다. 극단적인 예이긴 하지만, 모든 주요 기업은 사용자와 고객을 응대하는 프로그램을 웹에서 운영한다. 책을 비롯한 다양한 상품을 판매하는 아마존과 항공권 예약과 자동차 대여 서비스를 제공하는 아마데우스, 온라인 경매 사이트인 이베이eBay를 그러한 예로 들 수 있다. 수백만의 기업과 조직, 개인이 웹에 존재한다. 그중 대부분이 직접 개발한 소프트웨어를 구동하지는 않지만, 그들 대부분이 하는 일은 사소하진 않다.

거대한 컴퓨팅이 필요한 좀 더 전통적인 영역을 예로 들자면 회계와 주문 처리, 급여, 기록 보존, 요금 정산, 재고 관리, 개인 기록, 학생 기록, 환자 기록 등 (상업적/비상업적, 공공/개인을 막론한) 거의 모든 조직이 보관하는 정보를 예로 들 수 있다. 이러한 기록은 각 조직의 근간을 이루는데, 컴퓨팅 관점에서 기록을 처리하는 방식은 간단하다. 아래와 같은 예를 비롯해 대부분의 정보(기록)는 저장과 조회를 포함한 아주 약간의 작업을 거친다.

- 12:30분에 출발하는 시카고 행 비행기에 변동은 없는가?
- 길버트 셜리반이 홍역을 앓은 적이 있는가?
- 주앙 발데즈가 주문한 커피머신이 발송됐는가?
- 잭 스프라트가 1996년에 주문한 주방용 의자는 어떤 종류인가?
- 2012년 8월에 212번 지역에서 발신한 전화 통화는 몇 건인가?
- 1월에 판매한 커피 주전자의 총 개수와 총 판매액은 얼마인가?

방대한 규모의 데이터베이스로 인해 이러한 시스템을 구축하는 일이 복잡해진다. 빠른 응답 속도(한 쿼리당 2초 이내)와 정확성(적어도 대부분의 경우에)을 갖춰야 하기 때문이다. 하지만 오늘날에는 사람들이 테라바이트(바이트는 보통의 문자 하나를 저장할 수 있는 크기) 단위의 데이터에 대해 얘기하는 일은 드물다. 이러한 전통적인 데이터 처리는 웹과 통합되는 추세이며, 대부분의 데이터 접근이 웹 인터페이스를 바탕으로 이뤄지기 때문이다.

컴퓨터의 이러한 활용 분야를 정보 처리information processing라고 일컫는데, 데이터(특히 큰 규모의 데이터)에 초점을 맞춘다. 이 분야에서는 데이터의 구조와 전송에 관련된 문제를 다루며, 거대한 규모의 데이터를 어떻게 처리하기 쉬운 형태로 표현할지에 대한 흥미로운 연구를 진행한다. 사용자 인터페이스도 데이터 처리에서 중요한 주제 중 하나다. 여러 판본을 비교해서 고전(초서의 '캔터베리 이야기'나 세르반테스의 '돈키호테' 등)의 원저자가 실제로 작성한 내용을 밝혀내는 분석 작업도 그러한 예로 볼 수 있다. 이런 일을 하려면 분석을 행하는 사람이 제시한 다양한 기준에 따라 텍스트를 검색하고, 두드러진 특징을 발견하기 쉬운 형태로 결과를 표현해야 한다. 텍스트 분석을 생각하다보면 출판 분야로 자연스레 생각이 옮겨간다. 오늘날의 모든 기사와 서적, 브로슈어, 신문 등은 컴퓨터로 작성한다. 이런 작업을 잘 지원할 수 있는 디자인 소프트웨어는 아직 많은 사람이 풀지 못한 숙제로 남아있다.

1.5.6 수직적인 관점

고생물학자가 작은 뼈 조각을 연구해서 공룡을 완벽히 재현하고 그 생활 방식과 자연 환경을 밝혀낼 수 있다고 주장하는 사람도 있다. 물론 이런 주장이 조금 과장되긴 했지만, 작은 유물을 바탕으로 그 의미를 유추하는 방식은 나름의 일리가 있다. NASA의 화성 탐사선 중 하나에 탑재된 카메라가 촬영한 화성의 풍경을 살펴보자.

로켓 과학에 관련된 일을 하고 싶다면 좋은 프로그래머가 되는 것도 한 가지 방법이다. 각종 유인/무인 우주 프로그램에는 그것을 뒷받침하는 물리학과 수학, 전자 공학, 기계 공학, 의료 공학 등을 어느 정도 이해하고 있는 다수의 소프트웨어 설계자가 필요하다. 이처럼 수년 동안 이 두 대의 탐사선이 화성에서 활동하게 하는 일은 우리 문명의 가장 큰 기술적 승리 중의 하나라고 할 수 있다. 스피릿 호는 6년 동안 데이터를 전송했고, 이 책을 저술하는 시점에 여전히 활동 중인 오퍼튜니티 호는 2014년 1월에 화성에서의 10주년을 맞이한다. 놀랍게도 그들의 설계 수명은 세 달이었다.

탐사선에서 촬영한 사진은 통신 채널을 거쳐 25분의 전송 지연시간으로 지구에 도달하는데, 이 과정에서 사진을 최소한의 크기로 전송하기 위해 영리한 프로그래밍과 고급 수학을 활용한다. 지구에서는 알고리즘을 이용해서 수신한 사진의 색상을 복원하고 광학 센서와 전자 센서의 왜곡을 최소화한다.

화성 탐사선의 제어도 프로그램으로 이뤄진다. 탐사선은 지구에서 하루 전에 보낸 명령에 따라 24시간 자동으로 운행되는데, 명령을 전송하는 일도 프로그램이 관리한다.

각종 컴퓨터에 쓰이는 운영체제도 탐사선에서 사용되며, 통신은 물론이고 지금 내가 1장을 소프트웨어로 작성하듯이 사진을 재구성하는 일도 프로그램으로 이뤄진다. 이 프로그램을 구동하는 컴퓨터도 CAD/CAM으로 설계하고 생산한다. 뿐만 아니라 이 컴퓨터에 탑재하는 칩도 컴퓨터화된 조립 라인에서 생산되며, 조립 라인을 구성하는 정밀 도구도 컴퓨터와 소프트웨어를 이용해 설계하고 제조한다. 이렇게 긴 공정의 품질을 관리하는 일에도 막대한 계산이 필요하다. 이 모든 프로그램은 인간이 하이레벨^{high-level} 프로그래밍 언어로 작성한 후 컴파일러를 사용해 기계어로 변환하는데, 컴파일러 자체도 프로그램이다. 지금까지 언급한 많은 프로그램이 GUI로 사용자와 상호작용하고 입출력 스트림으로 데이터를 교환한다.

마지막으로 (화성 탐사선의 사진을 처리하는 일을 비롯해) 각종 이미지 처리와 애니메이션, 사진 편집(탐사선이 촬영한 사진에 화성인을 합성한 많은 사진을 웹에서 볼 수 있다)에도 많은 프로그래밍이 필요하다.

1.5.7 결론은?

지금까지 살펴본 멋지면서도 복잡한 응용 프로그램과 소프트웨어 시스템이 C++를 이용해서 프로그래밍을 배우는 일과 무슨 상관이 있을까? 간단히 말하면 많은 프로그래머가 이런 프로젝트에 종사한다. 이런 분야에서 훌륭한 프로그래밍이 크게 기여할 수 있다는 말이다. 그리고 1장에서 다룬 모든 예는 C++와 적어도 이 책에서 설명하는 기술의 일부와 관련된다. 즉, MP3 재생기와 선박, 풍력 터빈, 화성 탐사선, 인간 게놈 프로젝트에도 C++로 만든 프로그램이 쓰인다는 말이다. www.stroustrup.com/applications.html에서 더 많은 C++ 활용 예를 살펴볼 수 있다.

1.6 프로그래머의 이상

우리는 우리가 만든 프로그램에서 무엇을 얻고자 하는가? 특정 프로그램의 특정 기능을 초월해서 우리가 일반적으로 얻고자 하는 바는 무엇인가? 정답은 바로 정확성과 그에 바탕을 둔 **신뢰성**이다. 프로그램이 의도한 대로 작동하지 않고, 그래서 신뢰할 수 없다면 이야말로 심각하고 위험천만한 난센스라고 할 수 있다. 그리고 우리는 프로그램이 실제 요구를 해결할 수 있게 **잘 설계**되길 바란다. 프로그램이 우리와 상관없는 일을 하거나, 우리를 짜증나게 하는 방법으로 '정확히' 작동한다면 그런 정확성에는 아무래도 관심이 없다. 이에 더해서 프로그램은 비교적 저렴해야(수용 가능해야) 한다. 롤스로이스나 전용기를 운송 수단으로 쓸 수 있다면 좋겠지만, 억만장자가 아닌 바에야 선택에 따른 비용을 고려해야 하기 때문이다.

지금까지 프로그래머가 아닌 사람들의 입장에서 소프트웨어(장비나 시스템)가 주는 가치를 살펴봤는데, 이러한 가치를 프로그래머의 이상으로 삼고 항상 명심해야 한다. 성공적인 소프트웨어를 만들고 싶다면 특히 개발 초기 단계에서 이에 주의해야 한다. 여기에 더해서 코드 자체의 이상을 고려해야 한다. 우리가 작성한 코드는 유지 보수가 쉬워야 한다. 즉, 코드를 작성한 사람이 아니더라도 이해하고 변경을 가하는 데 어려움이 없는 구조여야 한다. 성공적인 프로그램은 수명이 길고(때때로 수십 년), 계속해서 변경된다. 예를 들어 새로운 하드웨어에 이식되거나, 새 기능을 추가하거나, 새로운 입출력 수단(화면 동영상, 소리 등)을 활용하게 변경하거나, 새로운 자연어를 바탕으로 상호작용하게 하는 등의 변경이 가능하다. 실패한 프로그램만이 변경되지 않는 법이다. 유지 보수가 쉬우려면 요구 사항에 비해 코드가 단순하고, 표현하고자 하는 아이디어가 코드에 직접적으로 드러나야 한다. 단순성과 유지 보수성의 적인 복잡성은 주어진 문제 자체에서 기인할 수도 있지만(이런 경우에는 그 복잡성을 해결하면 된다), 아이디어를 코드로 표현하는 방법이 서툴러서 발생할 수도 있다. 훌륭한 코딩 스타일을 따름으로써 이런 복잡성을 피해야 한다. 문제는 바로 스타일이다!

이런 일들이 그다지 어려워 보이지 않을 수 있지만, 실제로는 매우 어렵다. 왜 그럴까? 프로그래밍은 근본적으로 간단하다. 우리가 의도하는 바를 기계에 전달하면 된다. 그런데 왜 프로그래밍이 가장 어려운 일 중 하나일까? 컴퓨터 역시 근본적으로는 단순하다. 컴퓨터는 단지 두 숫자를 더하고, 숫자를 비교한 결과에 따라 다음 명령어를 실행하는 등의 몇 가지 동작을 할 뿐이다. 문제는 우리가 컴퓨터로 하고자 하는 일이 간단하지 않다는 데 있다. 우리는 컴퓨터의 도움이 필요할 만큼 어려운 일을 기계에게 시키고 싶어 하지만, 컴퓨터는 단지 답답하고 무자비하고 멍청한 짐승에 지나지 않는다. 게다가 세상은 우리 생각보다 복잡해서 우리 스스로가 원하는 바가 무엇을 내포하는지조차도 이해하지 못하며, 프로그램이 '대충 이런 식으로' 해주기를 바랄 뿐 기술적인 세부 사항에 신경 쓰기는 싫어한다. 그리고 우리는 상식을 가정하지만, 불행히도 모든 인간 사이에서조차 통용되는 상식은 없으며, 더욱이 컴퓨터에 있어 상식이란 아예 존재하지 않는다(정말 잘 설계한 프로그램이라면 사전에 명확히 정의된 몇 가지 경우에 한해 상식을 흉내 낼 수는 있다).

이러한 견지에서 볼 때 '프로그래밍이란 이해하는 일'과 같다. 여러분이 어떤 작업을 프로그램으로 만들 수 있다면 그것을 이해하고 있다는 말이다. 거꾸로 어떤 작업을 완벽히 이해하고 있다면 그것을 프로그램으로 작성할 수 있다. 다른 말로 하자면 프로그래밍은 어떤 주제를 이해하고자 하는 노력의 일환으로, 프로그래밍의 결과물인 프로그램은 해당 주제에 대해 이해한 바를 명확히 표현한 것이라고 할 수 있다.

따라서 프로그래밍을 할 때는 자동화하고자 하는 작업을 명확히 이해하는 데 많은 시간을 들이게 된다.

지금까지 설명한 내용을 바탕으로 프로그램 개발 과정을 네 단계로 나눌 수 있다.

- **분석** 문제가 무엇인가? 사용자는 무엇을 원하고, 무엇을 필요로 하는가? 사용자가 수용할 수 있는 가정은 무엇인가? 어떤 종류의 신뢰성이 필요한가?
- **설계** 문제를 어떻게 해결해야 하는가? 시스템의 전체적인 구조는 어떤 모습을 지녀야 하는

가? 시스템의 각 부분은 무엇으로 구성되며, 서로 어떤 방식으로 통신하는가? 시스템은 사용자와 어떻게 상호작용하는가?

- **프로그래밍** 문제의 해법(앞에서 수행한 설계)을 코드로 표현한다. 시간과 공간, 금전적 비용, 신뢰성 등 요구되는 모든 제약을 만족할 수 있도록 코드를 작성한다. 코드는 정확하고 유지 보수가 쉬워야 한다.

- **테스팅** 체계적인 방법으로 시스템을 동작시켜봄으로써 모든 경우에 시스템이 올바로 작동함을 확인한다.

위에서 프로그래밍과 테스팅 단계를 통틀어 **구현** 단계라고도 한다. 소프트웨어 개발을 이렇게 네 단계로 나누는 일은 개발 과정을 상당히 단순화한 것임은 틀림없다. 각 단계 하나하나가 수많은 두꺼운 책에서 다룰 만큼 방대한 주제이며, 네 단계가 어떻게 관련되는지를 다루는 책도 많다. 여기서 알아야 할 점은 소프트웨어 계발의 각 단계는 서로 독립적이지 않으며, 꼭 순서대로 일어나지도 않는다는 점이다. 일반적으로 분석 단계부터 시작하지만, 테스팅 단계에서 얻은 피드백이 프로그래밍을 향상시키는 데 도움을 주기도 한다. 프로그램이 동작하는 데 문제가 있다면 설계에 문제가 있음을 암시하는 것이며, 설계를 진행하다 보면 분석 단계에서 간과했던 측면이 드러나기도 한다. 그리고 시스템을 실제로 사용하면서 분석 결과의 약점이 발견되는 일이 일반적이다.

여기서 핵심적인 개념은 바로 **피드백**이다. 우리는 경험으로부터 배우고, 배운 바를 토대로 행동을 고쳐나간다. 효과적인 소프트웨어 개발에도 이런 과정이 필수적이다. 대규모 프로젝트에서는 처음부터 문제를 완전히 파악할 수 없고, 실제로 시작하기 전에는 문제의 해법도 알 수 없다. 당장 프로그래밍을 하면서 아이디어를 시도해보고 피드백을 받을 수도 있지만, 개발 초기에는 설계에 대한 아이디어를 적어보고, 그 아이디어를 바탕으로 설계를 수행한 후 친구들에게 시나리오를 적용해보는 편이 더 쉽고 빠르게 피드백을 얻는 방법이다. 참고로 우리가 생각하기에 최고의 설계 도구는 바로 칠판(분필 가루보다 화학 약품 냄새를 좋아한다면 화이트보드를 써도 된다)이다. 그리고 될 수 있는 한 혼자 설계하지 말자! 여러분의 아이디어를 누군가에게 설명해주기 전에는 코딩을 하지 말라. 키보드 앞에 앉기 전에 친구나 동료, 잠재적 사용자 등과 설계와 프로그래밍 기법에 대한 의견을 나누자. 아이디어를 명확히 표현해보는 일 만으로도 놀랍게 많은 것을 배울 수 있다. 프로그래밍이란 결국 아이디어를 (코드로) 표현하는 일에 지나지 않기 때문이다.

마찬가지로 프로그램을 구현하다가 막힐 때면 잠시 키보드를 떠나자. 여러분의 불완전한 해법보다 문제 자체에 대해 생각해보라. 여러분이 무엇을 원하는지, 여러분의 해법이 제대로 작동하지 않는 이유가 무엇인지 누군가와 토론해보자. 놀랍게도 문제를 상세히 설명하는 것만으로도 해답을 찾게 되는 경우가 있다. 즉, 어쩔 수 없는 경우가 아니라면 혼자 디버깅(프로그램의 오류를 찾지)하지 말라!

이 책에서는 구현, 특히 프로그래밍 단계에 초점을 맞춘다. 문제 해결 방법을 가르치기보다는 많은 예제를 바탕으로 다양한 문제와 해법을 보여준다. 대부분의 문제 해결은 이미 알려진 문제에 이미 알려진 해답을 적용하는 과정이기 때문이다. 대부분의 하위 문제들을 이런 식으로 해결하고 난 뒤에야 흥미롭고 창의적인 새로운 생각이 떠오르기 마련이다. 따라서 우리는 아이디어를 코드로 명확히 표현하는 방법에 초점을 맞춘다.

요약하자면 프로그래밍의 기본적인 이상은 아이디어를 코드로 명확하게 표현하는 데 있다. 너무 당연하게 보일 수 있지만, 아직까지는 이를 보여주는 좋은 예를 별로 다루지 않았다. 앞으로 계속해서 이런 점을 상기하게 될 것이다. 예를 들어 코드에서 정수가 필요하다면 기본적인 연산을 제공하는 int로 저장하고, 문자열이 필요하다면 기본적인 텍스트 조작을 지원하는 string으로 저장한다. 즉, 가장 근본적인 수준에서 생각해보면 우리가 생각하는 아이디어나 개념, 실체entity, 우리가 생각하는 '그 무엇', 화이트보드에 그릴 수 있는 무언가, 토론할 때 지칭하는 무언가, (컴퓨터 과학 외의) 교과서에서 다루는 뭔가가 존재한다면 프로그램에도 그에 상응하며 적절한 연산을 지원하는 명명된 실체(타입)가 필요하다. 수학을 예로 들면 복소수를 나타내는 complex 타입과 선형 대수에서 쓰이는 Matrix 타입이 필요하다. 그래픽 분야에서는 Shape 타입과 Circle 타입, Color 타입, Dialog_box 타입이 필요하다. 온도 센서로부터 전송된 데이터 스트림을 다뤄야 한다면 istream(여기서 i는 input을 말한다) 타입이 필요하다. 여기서 예로든 모든 타입은 당연히 각각에 적절한 연산을 지원한다. 물론 이런 예는 이 책 전체에서 사용하는 타입 중에 극히 일부분이며, 더 나아가 여러분이 생각하는 어떤 개념이든 프로그램 안에서 직접적으로 표현할 수 있도록 여러분 스스로 타입을 정의하는 방법도 설명한다.

프로그램은 실용적인 동시에 이론적이기도 하다. 여러분이 실용성만 추구하면 확장성이 없고 관리하기도 어려운 코드를 만들어 낼 것이고, 이론만 추구하면 쓸모없는(현실성 없는) 장난감을 만들게 된다.

프로그래밍의 이상을 바라보는 여러 가지 관점과 프로그래밍 언어 분야의 업적을 바탕으로 소프트웨어 발전에 이바지한 일부 인물에 대해 알고 싶다면 '22장. 프로그래밍의 이상과 역사'를 참고하라.

복습문제

복습문제의 목표는 각 장에서 배운 핵심 개념을 상기하는 데 있다. 복습문제는 연습문제를 보충하는 역할도 하는데, 연습문제가 프로그래밍의 실용적인 측면에 집중한다면 복습문제는 아이디어와 개념을 명확히 한다. 그런 점에서 복습문제는 면접 질문으로도 적당하다.

1. 소프트웨어란 무엇인가?
2. 소프트웨어는 왜 중요한가?
3. 소프트웨어는 어디서 중요하게 쓰이는가?
4. 소프트웨어에 오류가 발생하면 무슨 문제가 생길까? 몇 가지 예를 들어보자.
5. 소프트웨어가 중요한 역할을 하는 분야로는 무엇이 있는가? 몇 가지 예를 들어보자.
6. 소프트웨어 개발에 관련된 직업으로 무엇이 있는가? 몇 가지 예를 들어보자.
7. 컴퓨터 과학과 프로그래밍의 차이점은 무엇인가?
8. 선박 설계와 제조, 활용의 각 단계에서 소프트웨어를 어떤 용도로 사용하는가?
9. 서버 팜이란 무엇인가?
10. 여러분이 온라인에서 실행하는 질의query에는 무엇이 있는가? 몇 가지 예를 들어보자.
11. 과학에서 소프트웨어를 사용하는 몇 가지 예를 들어보자.
12. 의료 분야에서 소프트웨어를 사용하는 몇 가지 예를 들어보자.
13. 엔터테인먼트에서 소프트웨어를 사용하는 몇 가지 예를 들어보자.
14. 좋은 소프트웨어가 지녀야할 일반적인 특성은 무엇인가?
15. 소프트웨어 개발자는 어떤 사람들인가?
16. 소프트웨어 개발의 단계는 무엇인가?
17. 소프트웨어 개발이 어려운 몇 가지 이유를 들어보자.
18. 여러분의 삶을 편리하게 하는 소프트웨어 활용의 몇 가지 사례를 들어보자.
19. 소프트웨어로 인해 여러분이 삶이 더 불편해진 사례를 몇 가지 들어보자.

용어 정리

'용어 정리'는 프로그래밍과 C++의 기본 용어를 보여준다. 사람들이 프로그래밍 관련 주제에 대해 이야기하는 내용을 이해하거나 여러분의 아이디어를 명확히 표현하려면 용어의 의미를 알아야 한다.

수용가능성	고객	프로그래머
분석	설계	프로그래밍
칠판	피드백	소프트웨어
CAD/CAM	GUI	스테레오타입
의사소통	이상	테스팅
정확성	구현	사용자

연습문제

1. 거의 매일 하는 활동(등교, 저녁 식사, 텔레비전 시청 등)을 떠올려보자. 그리고 그 활동에 컴퓨터가 어떻게 직간접적으로 관련되는지 생각해보자.

2. 여러분이 흥미롭거나 알고 있는 직업을 떠올려보고, 그 직업을 가진 사람들이 하는 활동 중에 컴퓨터에 관련된 일을 나열해보자.

3. 2번에서 여러분과 다른 직업을 선택한 친구의 답변과 여러분의 답변을 바꿔보고, 거기에 여러분의 생각을 추가해보자. 그리고 여러분의 원래 답과 비교해보자. 이렇게 주관적인 연습문제에는 정해진 답이 없으므로, 언제든 답을 발전시킬 수 있다는 점을 명심하자.

4. 여러분의 경험상 컴퓨터가 없이는 불가능한 활동을 떠올려보자.

5. 여러분이 직접적으로 사용하는 프로그램(소프트웨어 응용 프로그램)을 나열해보자. 자동차 운전대를 돌리는 일처럼 컴퓨터가 간접적으로 관련된 일이 아니라 MP3 재생기에서 음악을 선택할 때처럼 프로그램과 직접 상호작용하는 경우를 생각해보자.

6. 사람들이 하는 활동 중에 컴퓨터와 간접적으로라도 관련이 없는 활동을 10가지 나열해보자. 생각처럼 쉽지 않을 것이다!

7. 오늘날 컴퓨터가 도입되지 않은 작업 중 미래에는 컴퓨터를 활용할 수 있는 작업을 다섯 가지 나열해보라. 그리고 각각을 간단히 묘사해보자.

8. 여러분이 컴퓨터 프로그래머가 되고 싶은 이유를 100단어 이상, 500단어 미만으로 정리해보자. 반면에 컴퓨터 프로그래머가 되고 싶지 않다면 그 이유를 서술하라. 두 경우 모두 논리적으로 잘 정리된 글이어야 한다.

9. 컴퓨터 산업에서 프로그래머를 제외한 역할 중 흥미로운 역할과 그 이유를 100단어 이상, 500단어 미만으로 정리해보자(프로그래머가 1지망인 사람도 질문에 답해보라).

10. 컴퓨터가 의식을 지니고 스스로의 존재를 자각하고 인간과 경쟁할 정도로 발전하리라 생각하는가? 여러분의 의견을 뒷받침하는 글을 100단어 이상으로 작성해보자.

11. 대부분의 성공적인 프로그래머가 공유하는 특성을 나열해보고, 사람들이 일반적으로 생각하는 프로그래머의 특징을 생각해보자.

12. 1장에서 예로 든 컴퓨터 프로그램의 활용 분야 중 다섯 가지를 골라보고, 그 중에 여러분이 가장 흥미를 느끼고, 언젠가 참여하고 싶은 분야를 선택하라. 왜 그 분야를 선택했는지 100단어 이상의 짧은 글로 설명해보자.

13. (a) 현재 페이지의 텍스트, (b) 이 책의 1장, (c) 셰익스피어의 모든 작품. 이 세 가지를 저장하는 데 각각 어느 정도의 메모리가 필요할까? 한 문자가 1바이트(한글은 2바이트)를 차지한다고 가정하고, 20%의 정확도로 예측해보자.

14. 여러분의 컴퓨터가 탑재한 메인 메모리와 디스크의 크기는 얼마인가?

붙이는 말

우리 문명은 소프트웨어를 바탕으로 작동한다. 소프트웨어는 무한히 다양한 내용을 포함하며, 흥미롭고 사회적으로 유용하고 이익이 되는 작업에 참여할 수 있는 기회를 열어준다. 따라서 여러분이 우리 문명에 문제를 더하는 게 아니라 문제를 해결하는 데 일조하고 싶다면 원칙을 지키는 진지한 자세로 소프트웨어를 대해야 한다.

우리는 분명 기술 문명 곳곳에 스며든 소프트웨어 분야에 빚을 지고 살아간다. 물론 모든 소프트웨어가 좋은 일만 하지는 않지만, 그건 약간 다른 얘기다. 여기서 강조하고 싶은 사실은 우리 문명 곳곳에 소프트웨어가 매우 깊이 스며들어 있고, 우리 일상의 대부분이 소프트웨어에 의지한다는 점이다. 그리고 그런 소프트웨어를 만든 사람이 바로 우리와 같은 사람들이라는 점이다. 소프트웨어를 개발하는 모든 과학자와 수학자, 엔지니어, 프로그래머도 한때는 지금의 우리처럼 프로그래밍을 시작했다.

이제부터 프로그래밍에 필요한 기술을 익히는 본업으로 돌아가 보자. 사려 깊은 사람이 흔히 그렇듯이 이 어려운 일을 열심히 할 만한 가치가 있는지 회의가 든다면 앞으로 돌아와서 1장과 '들어가며', '0. 독자에게 전하는 글'의 일부분을 다시 읽어보라. 여러분이 이 모든 일을 해낼 수 있을지 의심스럽다면 수백만의 사람들이 뛰어난 프로그래머와 설계자, 소프트웨어 엔지니어 등으로 성장했다는 사실을 명심하라. 그들이 그러했듯이 여러분도 할 수 있다.

1부

기본 다지기

Hello, World!

"프로그래밍을 배우려면 프로그램을 작성하라."

– 브라이언 커니건(Brian Kernighan)

2장에서는 아래와 같은 목적으로, 무언가를 수행하는 C++ 프로그램을 작성해본다.

• 프로그래밍 환경을 체험한다.

• 컴퓨터에게 여러분이 원하는 일을 시키는 방법을 처음으로 살펴본다.

우선 프로그램의 개념을 알아보고, 컴파일러를 이용해서 프로그램을 인간이 읽을 수 있는 형식에서 기계어machine instruction로 변환하는 과정을 설명한다. 마지막으로 그 기계어를 실행해본다.

2.1 프로그램

컴퓨터에게 어떤 일을 시키려면 여러분을 비롯한 누군가가 컴퓨터에게 어떤 일을 해야 하는지 시시콜콜할 정도로 자세히 알려줘야 한다. 여기서 '어떤 일'에 대한 설명이 바로 **프로그램**이고, **프로그래밍**은 그런 프로그램을 작성하고 테스트하는 활동이다.

이런 관점에서 보면 우리 모두는 이미 프로그래밍을 해본 경험이 있다. '가장 가까운 극장까지 운전하는 방법'과 '위층에서 화장실을 찾는 방법', '전기 오븐에 음식을 데우는 방법' 등 작업을 완료하는 방법을 항상 생각한다.

그렇다면 이러한 설명과 프로그램의 차이는 무엇인가? 바로 정확도에 있다. 인간은 불충분한 설명에 상식을 동원해서 불충분한 부분을 보강하지만, 컴퓨터는 그럴 수 없다. 예를 들어 "복도에서 오른쪽으로 돌아 계단을 오르면 왼편에 있어" 정도의 설명이면 위층에서 화장실을 찾기에 충분하다. 하지만 이 간단한 지시문을 뜯어보면 문법이 엉성하고 지시의 내용이 불완전하다. 물론 인간이라면 불충분한 부분을 채울 수 있다. 예를 들어 여러분이 식탁에서 이런 질문을 했다고 한다면 책상을 뛰어넘거나 식탁 아래로 기지 않고 걸어서, 그리고 고양이를 밟지 말고 복도까지 가라는 등의 말을 할 필요는 없다. 칼과 포크는 두고 가라거나, 계단이 잘 보이지 않으면 스위치를 켜라는 말도 할 필요가 없다. 화장실에 들어가기 전에 문을 열라는 말도 마찬가지다.

반대로 컴퓨터는 **정말이지** 멍청하다. 컴퓨터에게는 모든 사항을 자세하고 정확히 알려줘야 한다. "복도에서 오른쪽으로 돌아 계단을 오르면 왼편에 있어"라는 말을 다시 생각해보자. 복도는 어디에 있는가? 복도는 무엇인가? '오른쪽으로 돌아'는 무슨 뜻인가? 계단은 무엇이고, 어떻게 올라가는가?(한 번에 한 계단씩? 아니면 두 계단씩? 그것도 아니면 난간을 타고 올라가는가?) '왼편에 있어'는 무슨 말이고, 언제 왼편에 있단 말인가? 따라서 컴퓨터에게 무언가를 정확히 설명하려면 특정 문법을 바탕으로 정교하게 정의된 언어(이런 용도로 쓰기엔 영어의 구조는 너무 느슨하다)와 우리가 원하는 작업을 정확히 나타내는 잘 정의된 용어가 필요하다. 그러한 언어를 바로 **프로그래밍 언어**라고 하며, C++는 여러 프로그래밍 분야에서 활용할 수 있는 프로그래밍 언어다.

컴퓨터와 프로그램, 프로그래밍에 대한 철학적 고찰을 원한다면 1장을 다시 보라. 2장에서는 코드를 조금 살펴보고, 작은 프로그램으로 시작해서 프로그램을 실행하는 데 필요한 도구와 기술을 알아본다.

2.2 고전적인 첫 번째 프로그램

다음은 'Hello, World!'를 화면에 출력하는 고전적인 첫 번째 프로그램이다.

```
// 이 프로그램은 모니터에 "Hello, World!"라는 메시지를 출력한다.

#include "std_lib_facilities.h"

int main()    // C++ 프로그램은 main 함수에서 시작한다.
{
    cout << "Hello, World!\n";   // "Hello, World!" 출력
    return 0;
}
```

이 텍스트는 마치 우리가 새로운 요리를 할 때 참고하는 요리법이나 새로 산 장난감을 조립할 때 보는 설명서처럼 컴퓨터가 해야 할 작업을 나타내는 명령어의 집합이라고 할 수 있다. 프로그램 코드의 각 행이 무엇을 의미하는지 아래의 행부터 살펴보자.

```
cout << "Hello, World!\n";   // "Hello, World!" 출력
```

이 행에서 실제로 출력을 실행한다. Hello, World!라는 문자열을 출력하고, 개행 문자 newline character를 출력한다. 즉, Hello, World!를 출력한 후에 커서cursor가 다음 줄의 시작 위치로 이동한다. 커서는 깜빡이는 작은 문자나 행으로, 여러분이 다음 문자를 입력할 수 있는 위치를 가리킨다.

C++에서 문자열 리터럴literal[1]은 큰따옴표(")로 구분한다. 즉, "Hello, World!\n"은 여러 문자로 이뤄진 문자열이며, \n은 개행 문자를 가리키는 특수 문자다. cout는 표준 출력 스트림standard output stream을 가리키며, <<는 "cout에 출력하라"는 의미로, 지정한 내용을 화면에 출력한다. cout이란 명칭은 '씨-아웃'으로 발음하며, 'character output stream'의 줄임말이다. 앞으로 프로그래밍에서 일반적인 줄임말을 많이 보게 될 것이다. 줄임말을 처음 접하면 귀찮은 게 당연하지만, 계속 사용하다보면 익숙해질 뿐 아니라 프로그램 텍스트를 간결하고 관리가 용이하게 유지하려면 줄임말이 필수적이다.

```
// "Hello, World!" 출력
```

행의 끝에 있는 이 부분은 주석comment이다. 한 행에서 //(슬래시 문자 두 개) 다음에 나오는 모든 내용은 주석이다. 코드를 읽는 프로그래머의 편의를 돕고자 작성하는 내용으로, 컴파일러는 주석을 무시한다. 예제에서도 행의 앞부분에서 하는 일을 주석으로 설명했다.

주석은 코드의 의도를 설명하며, 코드에서 직접적으로 드러나지 않는 유용한 정보를 사람에게 제공한다. 주석으로부터 가장 큰 이득을 얻는 사람은 바로 여러분 자신이다. 여러분이

---

1. 리터럴은 소스코드에 어떤 값을 직접 지정하는 것으로, int a = 120;에서 120이 바로 리터럴이다. 리터럴에 대한 자세한 내용은 A.2절을 참고하라. − 옮긴이

작성한 코드를 일주일 후나 한 달 후에 다시 보거나, 해당 코드를 그런 식으로 작성한 이유가 기억나지 않을 때 주석의 도움을 얻을 수 있다. 따라서 프로그램을 제대로 문서화해야 한다. 7.6.4절에서 좋은 주석을 작성하는 방법을 알아본다.

프로그램은 두 가지 청중을 위해 작성한다. 첫 번째 청중은 바로 프로그램을 실행할 컴퓨터다. 그러나 프로그램을 읽고 수정하는 데 오랜 시간을 바치는 우리 스스로도 두 번째 청중이 될 자격이 있다. 따라서 코드 작성도 인간과 인간 사이 의사소통의 한 가지 형태이며, 인간 독자를 코드의 주요 청중으로 봐도 무방하다. 사람이 보기에 합리적인 기준에서 이해할 수 없는 코드라면 정확한 코드일 확률도 작기 때문이다. 결론적으로 코드는 읽기 위한 것이며, 여러분이 하는 모든 작업을 읽기 쉽게 만들어야 한다. 어쨌든 주석은 인간 독자에게만 도움을 주는 것으로, 컴퓨터는 주석에 포함된 텍스트를 무시한다.

예제 프로그램의 첫 행도 전형적인 주석으로, 인간 독자에게 프로그램의 의도를 설명한다.

```
// 이 프로그램은 모니터에 "Hello, World!"라는 메시지를 출력한다.
```

코드 자체는 수행 내용을 명시할 뿐 내포된 의도를 표현하지 않는다는 점에서 이런 주석이 유용하다. 그리고 코드를 바탕으로 컴퓨터가 할 일을 자세히 설명하기보다 주석에서 프로그램의 의도를 간결하게 설명할 수 있다. 앞으로 작성할 프로그램의 첫머리에 이런 주석을 쓸 텐데 이를 바탕으로 우리의 의도를 드러낼 수 있다.

```
#include "std_lib_facilities.h"
```

다음 행은 'include 지시어directive'로, 컴퓨터가 std_lib_facilities.h 파일에 포함된 기능을 사용할 수 있게(포함하게) 지시한다. 여기서는 모든 C++ 구현체에서 사용할 수 있는 기능(C++ 표준 라이브러리)이라는 의미로 위와 같은 파일명을 사용했다. 파일의 내용은 앞으로 차차 살펴보기로 한다. 모든 내용이 표준 C++에 완전히 부합하지만, 다른 장에서 설명할 테니 여러분을 지금부터 괴롭히진 않겠다. 아무튼 예제 프로그램에서 std_lib_facilities.h 파일이 중요한 이유는 이로 인해 C++ I/O 스트림 기능을 사용할 수 있기 때문이다. 여기서는 표준 출력 스트림인 cout과 출력 연산자인 <<를 사용한다. #include로 포함되는 파일의 일반적인 확장자는 .h로 헤더header나 헤더 파일이라고 하며, cout처럼 프로그램 안에서 사용하는 용어의 정의를 포함한다.

그렇다면 컴퓨터는 프로그램의 시작점을 어떻게 알까? 바로 main 함수를 찾아 거기서부터 명령어를 실행한다. 아래에서 'Hello, World!' 프로그램의 main 함수를 볼 수 있다.

```
int main()        // C++ 프로그램은 main 함수에서 시작한다.
{
```

```
    cout << "Hello, World!\n";   // "Hello, World!" 출력
    return 0;
}
```

모든 C++ 프로그램은 프로그램의 시작점을 알리는 main 함수를 갖고 있다. 함수는 간단히 말해 작성된 순서대로 실행해야하는 명령어의 집합으로, 그 집합(함수)을 가리키는 이름을 붙인다. 함수는 다음과 같은 네 부분으로 이뤄진다.

- **반환 타입(return type)** 예제에서는 함수가 종료한 후 함수를 실행시킨 주체에게 돌려주는 결과(반환 값)의 타입이 int('integer'를 가리킴)라는 의미다. int라는 단어는 C++의 예약어 reserved word로, 다른 무엇을 가리키는 이름으로 쓸 수 없다(A.3.1절 참고).

- **이름** 예제의 함수 이름은 main이다.

- **매개변수 목록(parameter list)** 매개변수 목록은 위와 같이 괄호로 둘러싸는데(8.2절과 8.6절 참고), 예제의 ()는 매개변수 목록이 비어있음을 나타낸다.

- **함수 몸체(function body)** 함수 몸체는 중괄호 {}로 둘러싸며, 함수가 수행할 활동(구문 statement)을 나열한다.

여기서 알 수 있듯이 가장 작은 C++ 프로그램은 다음과 같다.

```
int main() { }
```

물론 이 프로그램은 아무 일도 하지 않으므로 쓸모는 없다. 'Hello, World!' 예제의 main()('main 함수')은 함수 본체에 구문 두 개를 포함한다.

```
cout << "Hello, World!\n";   // "Hello, World!" 출력
return 0;
```

프로그램은 먼저 화면에 Hello, World!를 출력하고, 프로그램을 실행한 주체에게 0(제로)을 반환하는데, main() 함수를 실행하는 주체는 '시스템'이므로 우리가 직접 그 반환 값을 사용하지는 않는다. 그러나 일부 시스템(특히 유닉스와 리눅스)에서는 반환 값을 이용해서 프로그램이 성공적으로 종료했는지 판단한다. 예를 들어 프로그램이 성공적으로 종료한 경우 main()이 영(0)을 반환한다.

C++ 프로그램에서 어떤 활동을 나타냄과 동시에 #include 지시어를 비롯한 다른 전처리기 지시어preprocessor directive(4.4절과 A.17절 참고)가 아닌 부분을 구문이라고 한다.

2.3 컴파일 과정

C++는 컴파일^{compile} 언어다. 즉, 프로그램을 실행하려면 우선 사람이 알아볼 수 있는 형태의 코드를 컴퓨터가 이해할 수 있는 형태로 변환해야 한다는 말이다. 그리고 이 변환 과정을 수행하는 프로그램이 바로 **컴파일러**^{compiler}다. 여러분이 읽고 작성할 수 있는 형태를 **소스코드** ^{source code}나 **프로그램 텍스트**^{program text}라고 하며, 컴퓨터가 실행할 수 있는 형태를 **실행 파일** ^{executable}이나 **목적 코드**^{object code}, **기계 코드**^{machine code}라고 한다. 일반적으로 C++ 소스코드 파일의 확장자는 .cpp(예, hello_world.cpp)나 .h(예, std_lib_facilities.h)이며, 목적 코드 파일의 확장 자는 .obj(윈도우에서)나 .o(유닉스에서)다. 따라서 그냥 코드라는 단어는 모호하고 혼동을 불러올 수 있으므로, 그 뜻이 명확한 경우에만 사용하자. 책에서 사용하는 **코드**라는 말의 의미는 따로 표기하지 않는 한 '소스코드'나 '주석을 제외한 소스코드'를 말한다. 주석은 사람을 위해 존재 할 뿐 목적 코드를 생성하는 컴파일러는 무시하기 때문이다.

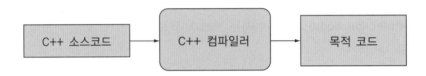

컴파일러는 여러분의 소스코드를 읽고, 의미를 이해하려고 시도한다. 그 과정에서 컴파일 러는 여러분의 프로그램이 문법에 맞는지, 모든 단어의 의미가 정의돼 있는지, 프로그램을 실제로 실행하지 않고도 찾아낼 수 있는 문제가 있는지 검사한다. 컴파일러는 문법에 굉장히 예민하다는 사실을 차차 알게 될 것이다. 필요한 파일을 #include하지 않거나 세미콜론이나 중괄호 등 사소한 사항이라도 누락하면 에러가 발생하며, 철자 실수도 용납하지 않는다. 우리 가 자주하는 실수로 인한 조그만 오류를 하나씩 포함한 몇 가지 예제로 이 사실을 살펴보자.

```cpp
// #include가 없음
int main()
{
    cout << "Hello, World!\n";
    return 0;
}
```

cout을 정의하는 파일을 포함하지 않았으므로 컴파일러가 오류를 낸다. 이를 고치려면 헤더 파일을 추가한다.

```cpp
#include "std_facilities.h"
int main()
```

```
{
    cout << "Hello, World!\n";
    return 0;
}
```

불행하게도 컴파일러가 다시 불만을 토로한다. std_lib_facilities.h의 철자가 틀렸기 때문이다.

```
#include "std_lib_facilities.h"
int main()
{
    cout << "Hello, World!\n;
    return 0;
}
```

위의 소스코드도 컴파일러 오류를 낸다. 문자열을 "로 종료하지 않았기 때문이다.

```
#include "std_lib_facilities.h"
integer main()
{
    cout << "Hello, World!\n";
    return 0;
}
```

위의 코드도 마찬가지다. C++에서는 integer 대신 줄임말인 int를 사용해야 한다.

```
#include "std_lib_facilities.h"
int main()
{
    cout < "Hello, World!\n";
    return 0;
}
```

이번에는 뭐가 문제일까? <<(출력 연산)를 써야 할 곳에서 <(부등호)를 썼다.

```
#include "std_lib_facilities.h"
int main()
{
    cout << 'Hello, World!\n';
    return 0;
}
```

위의 코드에서는 큰따옴표가 아닌 작은따옴표로 문자열을 구분했다.

```
#include "std_lib_facilities.h"
int main()
{
    cout << "Hello, World!\n"
    return 0;
}
```

출력 구문을 세미콜론으로 끝내지 않았다. 많은 C++ 구문이 세미콜론(;)으로 끝난다는 점을 명심하자. 컴파일러는 세미콜론으로 한 구문이 끝나고 다른 구문이 시작한다는 사실을 인식하는데, 세미콜론이 어디서 필요한지를 정말 짧게, 완벽하게, 기술적인 용어로 설명할 방법은 없다. 우선은 "오른쪽 중괄호(})로 끝나지 않는 모든 구문의 뒤에 세미콜론을 붙인다."는 사용법을 따르자.

이렇게 간단한 프로그램에서 사소한 오류의 예를 보여주는 데 두 페이지의 아까운 공간과 여러분의 소중한 시간을 들인 이유는 무엇인가? 바로 여러분을 비롯한 모든 프로그래머가 프로그램 소스코드의 오류를 찾는 데 많은 시간을 허비한다는 점을 보여주고자 했다. 대부분의 시간을 소스코드의 오류를 찾는 데 쓴다는 의미다. 결국 어떤 코드가 정확하다는 사실을 확인해야 다른 코드를 살펴보거나 잠시 휴식을 취할 수 있다. 초기 컴퓨터의 선구자들도 그들이 실수를 하고, 대부분의 시간을 그 실수를 찾는 데 낭비한다는 사실에 당혹스러워 했다. 오늘날 많은 프로그래밍 초심자들도 여전히 마찬가지 사실에 당황한다.

프로그래밍을 하다보면 컴파일러가 짜증스럽게 느껴질 때가 많다. 가끔은 전혀 중요하지 않은 세부 사항(세미콜론 누락 등)으로 불평을 하고, 분명히 옳아 보이는 부분에서 오류를 낸다. 그러나 일반적으로 컴파일러의 말이 맞다. 여러분의 소스코드에서 오류가 발생해서 목적 코드를 생성하길 거부한다면 여러분의 프로그램에 틀린 무언가가 있다는 말이다. 즉, 여러분이 의도하는 바가 C++ 표준에서 상세하게 정의한 대로 기술되지 않았다는 말이다.

컴파일러는 인간처럼 상식을 지니지 않으며, 세부 사항에 매우 까다롭다. 상식이 없으므로 C++ 정의에 맞지 않는 '그럭저럭 괜찮아 보이는' 무언가로부터 여러분의 의도를 유추하려고 해선 안 된다. 컴파일러가 맘대로 의미를 유추하면 여러분의 의도와 다른 해석을 하고, 결국 여러분은 프로그램이 의도대로 동작하지 않는 이유를 찾아내는 데 많은 시간을 낭비해야 한다. 모든 소스코드가 명확하게 정의될 때 컴파일러는 여러분 스스로 자초한 화로부터 여러분을 지켜줄 수 있다. 또 그로 인해 발생하는 많은 다른 문제로부터 우리를 구해줄 수 있다. 따라서 여러분이 프로그래밍을 할 때 컴파일러를 친구로, 가능하다면 최고의 친구로 대해야 한다.

2.4 링크 과정

프로그램은 보통 분리된 여러 부분으로 이뤄진다. 예를 들어 'Hello, World!' 프로그램은 우리가 작성한 부분과 C++ 표준 라이브러리로 이뤄진다. 실행 가능한 프로그램을 만들려면 이렇게 나눠진 부분(변환 단위$^{\text{translation unit}}$라고도 한다)을 컴파일해서 목적 코드를 만들고, 그 목적 코드를 서로 링크^{link}(연결)해야 한다. 이처럼 각 부분을 링크하는 프로그램을 링커^{linker}라고 한다.

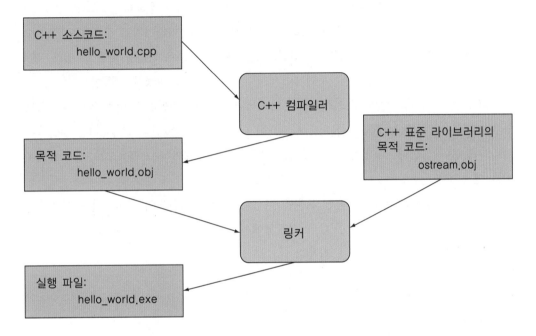

목적 코드와 실행 파일은 시스템 간 호환성이 없다. 예를 들어 윈도우 머신에서 컴파일한 목적 코드는 윈도우에서만 작동하고 리눅스 머신에서 작동하지 않는다.

라이브러리는 일반적으로 다른 사람이 작성한 코드로, #include로 포함한 파일의 선언부 ^{declarations}를 바탕으로 접근한다. 선언은 코드를 사용하는 방법을 명시하는 프로그램 구문으로 추후에(4.5.2절) 자세히 다룬다.

컴파일러가 찾아낸 오류를 **컴파일 시간 오류**$^{\text{compile-time errors}}$라고 하며, 링커가 보고한 오류는 **링크 시간 오류**$^{\text{link-time errors}}$, 프로그램이 실제로 실행되기 전에는 찾을 수 없는 오류를 **실행 시간 오류**$^{\text{run-time errors}}$나 **논리 오류**$^{\text{logic errors}}$라고 한다. 일반적으로 컴파일 시간 오류는 링크 시간 오류보다 이해하고 고치기 쉽고, 링크 시간 오류는 실행 시간 오류와 논리 오류보다 찾고 수정하기 쉽다. 5장에서 오류에 대해 살펴보고, 오류를 처리하는 방법을 상세히 다룬다.

2.5 프로그래밍 환경

프로그래밍을 할 때 프로그래밍 언어를 사용한다. 컴파일러를 이용해서 소스코드를 목적 코드로 변환하고, 링커로 목적 코드를 연결해서 실행 파일을 만든다. 더불어 컴퓨터에 소스코드를 입력하고 수정할 때도 프로그램을 사용한다. 이러한 프로그램들이 프로그래머의 도구 상자, 다른 말로는 '프로그램 개발 환경'을 구성하는 가장 기본적이고 필수적인 도구다.

여러분이 다른 많은 전문적인 프로그래머처럼 커맨드라인을 사용한다면 스스로 컴파일과 링크 명령어를 입력해야 한다. 그 대신 프로그래밍 전문가들이 마찬가지로 선호하는 IDE('인터랙티브 개발 환경' 혹은 '통합 개발 환경')를 사용하면 버튼 클릭 한 번으로 작업을 마칠 수 있다. 부록 C에서는 여러분이 사용하는 C++ 구현체에서 컴파일과 링크를 수행하는 방법을 설명한다.

IDE는 보통 주석과 예약어, 소스코드의 여러 부분을 쉽게 구별할 수 있게 돕는 컬러 코딩 등의 편의성을 제공하는 편집기를 비롯해 코드를 디버그하고 컴파일하고 실행하는 일을 돕는 여러 기능을 제공한다. 디버깅은 프로그램의 오류를 찾아 제거하는 활동으로, 앞으로 많이 다룰 예정이다.

이 책을 학습할 때는 C++ 최신 표준을 따르는 어떤 시스템용의 구현체라도 사용할 수 있다. 우리가 다루는 내용은 모든 C++ 구현체에서 거의 그대로 적용할 수 있고, 코드도 잘 동작한다. 앞으로 여러 구현체를 다룬다.

✓ 실습문제

지금까지 프로그래밍과 코드, 도구(컴파일러 등)를 살펴봤다. 이제 여러분은 프로그램을 실행시킬 수 있게 됐는데, 이것이 바로 책에서 다루는 핵심이자 프로그래밍을 학습하는 과정이다. 더불어 실용적 기술과 좋은 프로그래밍 습관을 익히는 시작점이다. 'Hello, World!' 프로그램을 실행했다면 프로그래머로써 첫걸음을 뗐다고 할 수 있다.

실습문제의 목적은 여러분이 실용적 프로그래밍 기술을 익히거나 강화하며, 프로그래밍 환경을 구성하는 도구를 사용하는 경험을 쌓게 하는 데 있다. 실습문제는 한 프로그램에 여러 가지 수정을 가하는 식으로 진행하며, 정말 간단한 문제로 시작해 실제 프로그래밍에 유용한 부분을 다룬다. 연습문제가 여러분의 독창성과 영리함, 창의성을 시험한다면 실습문제는 창의성을 별로 요구하지 않는다. 실습문제에 있어서는 문제의 순서가 중요하며, 각 단계는 쉽고 간단하다. 따라서 꾀를 부리거나 한 단계라도 뛰어넘지 말자. 오히려 여러분의 학습을 느리게 하고 혼란을 줄 수 있다.

여러분은 아마도 여러분이 읽은 내용이나 멘토나 교사가 한 말을 모두 이해했다고 생각할 수도 있지만, 반복과 실습은 프로그래밍 기술을 개발하는 데 필수적이다. 이런 점에서 프로그래밍은 운동과 음악, 무용 등 기술을 바탕으로 하는 분야와 비슷하다. 이런 분야에서 경쟁해야 하는 사람이 반복되는 연습을 하지 않는다면 그 실력이 어떨지는 보지 않아도 뻔하다. 지속적인 연습(전문가에게는 평생 동안 지속되는 연습)만이 고급 실용 기술을 익히고 유지하는 유일한 방법이다.

그러니 무슨 일이 있어도 학습에 필수적인 실습문제를 그냥 넘어가지 말라. 첫 단계부터 한 걸음씩 나아가며, 여러분이 제대로 하고 있는지 확인하자.

여러분이 사용하는 문법의 모든 세부 사항을 이해하지 못해도 당황하지 말고, 교사나 친구에게 도움을 청하길 주저하지 말자. 계속 나아가라. 모든 실습문제와 되도록 많은 연습문제를 풀다보면 모든 것이 명확해지리라.

자, 이제 첫 실습문제를 풀어보자.

1. 부록 C를 참고해 프로젝트를 구성하는 방법을 따라 해보자. hello_world라는 비어있는 콘솔용 C++ 프로젝트를 만들자.

2. hello_world.cpp에 아래 내용을 정확히 입력하고 실습용 디렉터리(폴더)에 저장한 후 파일을 hello_world 프로젝트에 포함시킨다.

```
#include "std_lib_facilities.h"

int main()     // C++ 프로그램은 main 함수에서 시작한다.
{
    cout << "Hello, World!\n";   // "Hello, World!" 출력
    keep_window_open(); // 문자 입력을 기다림
    return 0;
}
```

keep_window_open() 함수는 일부 윈도우 시스템에서 출력한 내용을 보기 전에 윈도우가 닫히는 일을 방지하는 데 필요하다. 이런 기능은 C++가 아니라 윈도우의 특성에서 기인하며, 간단한 텍스트 프로그램 작성을 단순화하고자 keep_window_open()을 std_lib_facilities.h에 정의해 뒀다.

그렇다면 std_lib_facilities.h는 어디서 찾을 수 있는가? 강의를 듣는다면 교사에게 요청하고, 그렇지 않다면 지원 사이트인 www.stroustrup.com/Programming에서 다운로드하자. 교사도 없고 웹에도 접근할 수 없는 경우에만 #include 지시어를 아래 내용으로 대체하자.

```
#include<iostream>
#include<string>
```

```
#include<vector>
#include<algorithm>
#include<cmath>
using namespace std;
inline void keep_window_open() { char ch; cin>>ch; }
```

위 코드에서 표준 라이브러리를 직접 사용하는데, 5장까지 계속 이런 방법을 이용하다가 나중에(8.7절) 자세히 설명한다.

3. 'Hello, World!' 프로그램을 컴파일하고 실행하자. 무언가 제대로 작동하지 않을 확률이 크다. 새로운 프로그래밍 언어나 프로그래밍 환경을 이용하다 보면 이런 일이 흔하다. 문제를 찾아 고쳐보자! 이쯤에서 좀 더 경험 많은 사람에게 도움을 청하는 편이 좋겠지만, 다음 단계로 넘어가기 전에 여러분 혼자 문제를 해결할 수 있도록 무슨 일이 벌어졌는지 확실하게 이해해야 한다.

4. 지금까지 오류에 직면해보고, 이를 해결했다. 이제 컴파일러의 오류 검출과 오류 보고 기능에 익숙해질 차례다. 2.3절의 여섯 가지 오류를 실습하고 프로그래밍 환경이 어떻게 반응하는지 살펴보자. 그리고 프로그래밍을 하는 동안 저지를 만한 실수(keep_window_open()을 누락하거나, 코드를 입력하는 동안 Caps Lock을 켜두거나, 세미콜론 대신 쉼표를 입력하는 등)를 최소한 다섯 개 정도 더 시도해보고, 각 경우에 컴파일을 하고 프로그램을 실행할 때 무슨 일이 생기는지 살펴보자.

복습문제

복습문제의 기본 목적은 각 장의 핵심 내용을 알아채고 이해했는지 확인할 기회를 주는 데 있다. 질문에 답하고자 본문으로 돌아가 내용을 참고해야 할지 모르는데, 이는 자연스러운 일이다. 한 절을 통째로 다시 읽어야 하는 경우도 있지만, 이도 자연스러운 일이다. 그러나 한 장을 모두 다시 읽어야 하거나 모든 복습문제에 어려움을 느낀다면 여러분의 학습 방식이 효과적인지 생각 해봐야 한다. 너무 빨리 읽지는 않았는가? 중간 중간에 읽기를 멈추고 도전 과제를 풀어야하지 않는가? 분문의 설명에 관련된 문제를 토론할 수 있는 친구와 함께 공부해야 하지 않는가?

1. 'Hello, World!' 프로그램의 목적은 무엇인가?

2. 함수를 구성하는 네 부분은 무엇인가?

3. 모든 C++ 프로그램에 포함되는 함수는 무엇인가?

4. 'Hello, World!'에서 return 0;은 무슨 일을 하는가?

5. 컴파일러는 무슨 일을 하는가?

6. #include 지시어는 무슨 일을 하는가?

7. C++에서 파일 확장자 .h는 무엇을 나타내는가?

8. 링커는 여러분이 작성한 프로그램에 무슨 일을 하는가?

9. 소스코드와 목적 코드의 차이는 무엇인가?

10. IDE는 무엇이고, 무슨 일을 하는가?

11. 책의 모든 내용을 이해했어도 연습을 해야 하는 이유는 무엇인가?

모든 복습문제는 해당 장의 관련 내용을 언급하는 부분에서 명확한 답을 얻을 수 있다. 그러나 다른 장에서 다룬 관련 내용을 상기시키거나 책에서 다루지 않은 부분에 관련한 질문을 할 수도 있다. 그러나 좋은 소프트웨어를 작성하는 일에 관련된 내용이나 좋은 소프트웨어를 만든다는 말이 내포하는 바를 생각해보는 일은 각 장, 그리고 책 전체의 의도에 부합하므로 문제가 없다.

용어 정리

'용어 정리'는 프로그래밍과 C++의 기본 용어를 보여준다. 사람들이 프로그래밍 관련 주제에 대해 이야기 하는 내용을 이해하거나 여러분의 아이디어를 명확히 표현하려면 용어의 의미를 알아야 한다.

//	실행 파일	main()
<<	함수	목적 코드
C++	헤더	출력
주석	IDE	프로그램
컴파일러	#include	소스코드
컴파일 시간 오류	라이브러리	구문
cout	링커	

각 장에서 연습문제 5번과 같은 문제를 반복하면서 여러분의 표현으로 정리된 용어집을 발전시켜 나갈 수 있다.

연습문제

실습문제와 연습문제를 분리해 놓았으니 연습문제를 풀기 전에 항상 모든 실습문제를 풀어보자. 이렇게 하면 시간을 아낄 수 있다.

1. 다음 두 줄을 출력하도록 프로그램을 변경하자.

   ```
   Hello, programming!
   Here we go!
   ```

2. 여러분이 배운 내용을 응용해서 2.1절에서 다룬 컴퓨터가 위층의 화장실을 찾는 데 필요한 지시 사항을 나열하는 프로그램을 작성하자. 사람이 당연하게 생각하지만 컴퓨터는 그렇지 못한 지시 사항을 더 생각할 수 있다면 목록에 추가해보자. 이런 연습이 '컴퓨터처럼 생각하는 방법'을 익히는 시작이 될 수 있다. 대부분의 사람들에게 "화장실로 가라"는 지시는 적절하지만, 집이나 화장실을 경험해 보지 못한 사람(석기시대 인간이나 여러분의 주방으로 공간이동한 사람)에게 필요한 지시 사항의 목록은 매우 길 수도 있다. 목록은 한 페이지를 넘지 않게 하고, 읽는 사람의 편의를 고려해 여러분이 상상하는 집의 구조를 짧게 첨부해도 좋다.

3. 여러분의 기숙사나 아파트, 집 등 어느 곳이든 그곳 앞문에서 강의실(학생이 아니라면 다른 목적지를 택하자) 문 앞까지 가는 방법을 설명해보자. 친구에게 그 지시 사항을 따르게 해보고, 그 과정에서 지시 사항을 개선해보자. 친구의 안전을 고려해서 친구에게 시도해보기 전에 '현장 테스트field test'를 해보기 바란다.

4. 요리책을 한 권 찾아 블루베리 머핀 만드는 방법을 읽어보자(여러분이 사는 나라에서 블루베리 머핀이 생소하다면 익숙한 다른 음식을 선택한다). 약간의 도움과 지시만으로 이 세상의 대부분 사람들은 맛있는 블루베리 머핀을 만들 수 있다. 머핀은 고급스럽거나 어려운 요리로 여겨지지 않는다. 그러나 내가 보기에는 이 책의 일부 연습문제만큼이나 어려운 일이다. 약간의 연습으로 무슨 일이 벌어지는지 한 번 보라.

   • 각 동작을 이루는 문단에 번호를 매기자. 각 단계의 모든 재료와 주방 도구를 상세히 나열하고, 오븐 온도와 오븐 예열, 머핀 팬 준비, 요리 시간을 재는 방법, 오븐에서 머핀을 꺼낼 때 손을 조심하라는 등 모든 주요 세부 사항을 주의해서 작성하라.

   • 작성한 지시 사항을 요리 초보의 관점에서 되짚어 보자(여러분이 요리를 잘한다면 요리 초보인 친구를 섭외하자). 요리책의 저자(분명 요리 전문가일 것이다)가 명확한 내용을 쓸 수 있도록 빠진 단계를 채워보자.

   • 사용한 용어의 용어집을 엮어보자(머핀 팬은 무엇인가? 예열의 역할은 무엇인가? 오븐의 의미는 무엇인가?).

   • 이제 머핀을 만들고, 그 결과를 즐겨보자.

5. '용어 정리'에 나온 각 용어의 정의를 작성해보자. 본문을 보지 않고 할 수 있는지 먼저 해보고(아마 못하겠지만), 본문에서 정의를 찾아보자. 아마 처음 시도한 내용과 책에서 강조한 내용이 다를 것이다. www.stroustrup.com/glossary.html을 비롯해 적당한 온라인 용어집을 참고할 수도 있다. 내용을 확인하기 전에 스스로 정의를 내림으로써 여러분이 읽으면서 학습한 효과를 강화할 수 있다. 본문에서 정의를 다시 찾아보는 이유는, 그저 이해를 돕고자 함이다. 망설이지 말고 여러분 방식대로 정의를 내리되 합리적인 선에서 상세하게 정의하자. 정의 뒤에 예를 추가하는 방법도 도움이 될 수 있다. 뒤에 나올 장들의 '용어 정리' 내용을 추가할 수 있도록 정의한 내용을 파일로 저장해도 좋다.

붙이는 말

'Hello, World!' 프로그램은 어떤 점에서 중요할까? 이 프로그램의 목적은 프로그래밍의 기본 도구에 익숙해지는 데 있다. 새로운 도구를 다룰 때는 'Hello, World!'처럼 간단한 예제가 좋다. 이를 바탕으로 학습을 두 단계로 나눌 수 있다. 먼저 간단한 프로그램으로 도구의 기본을 익힌 후에는 도구로 인한 방해 없이 더 복잡한 프로그램을 배울 수 있다. 프로그래밍 도구와 언어를 함께 배우는 일은 둘을 하나씩 배우는 일보다 훨씬 어렵다. 복잡한 작업을 작고 다루기 쉬운 여러 단계로 나눠서 학습하는 방식은 비단 컴퓨터와 프로그래밍에만 국한되지 않는다. 이러한 방식은 삶의 여러 영역, 특히 실용적 기술에 관련된 분야에서 일반적이며 유용하다.

객체, 타입, 값

3

"행운은 준비된 자에게 찾아온다."

– 루이 파스퇴르(Louis Pasteur)

3 장에서는 프로그램에서 데이터를 저장하고 사용하는 기본을 소개한다. 우선 키보드에서 데이터를 읽는 방법을 다룬다. 그리고 객체와 타입, 값, 변수^{variable}의 기본적인 개념을 살펴본 후 몇 가지 연산자를 소개하고, char와 int, double, string 타입의 변수를 사용하는 다양한 예제를 공부한다.

3.1 입력

'Hello, World!' 프로그램은 화면에 쓰기만 한다. 출력을 생성해낼 뿐 아무것도 읽지 않고 사용자의 입력도 받지 않는다. 좀 지루하지 않은가? 실제 프로그램은 실행할 때마다 동일한 출력을 내보내지 않으며, 주어진 입력에 따라 다른 결과가 나온다.

뭔가를 읽으려면 어딘가 읽을 곳이 필요하다. 즉, 읽을 내용을 컴퓨터 메모리의 어딘가에 저장해야 한다. 그런 '장소'를 바로 객체^{object}라고 한다. 객체란 저장하는 정보의 종류를 가리키는 타입과 연계된 메모리의 한 영역이다. 변수란 명명된 객체를 말한다. 예를 들어 문자열은 string 변수에, 정수는 int 변수에 저장한다. 객체는 특정 타입의 객체를 저장하는 '상자'에 비유할 수 있다.

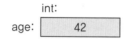

이 그림은 int 타입의 정수 값 42를 담고 있는 age라는 이름의 객체를 나타낸다. 문자열 변수를 이용하면 다음과 같이 입력으로부터 문자열을 읽고, 그 내용을 다시 출력할 수 있다.

```
// 성(first name)을 읽고 씀
#include "std_lib_facilities.h"

int main()
{
    cout << "성을 입력하고 엔터를 누르세요:\n";
    string first_name;              // first_name은 string 타입의 변수임
    cin >> first_name;              // first_name에 문자열을 읽음
    cout << "안녕하세요, " << first_name << "!\n";
}
```

#include와 main()은 2장에서 다뤘다. (12장까지 나오는) 모든 프로그램에서 #include가 필요하므로, 앞으로 설명에서 제외한다. 마찬가지로 main()을 비롯한 함수 안의 코드를 다음과 같이 보여주기도 한다.

```
cout << "성을 입력하고 엔터를 누르세요:\n";
```

여러분이 이러한 코드를 어느 곳에 넣어야 테스트가 가능한 완벽한 프로그램을 만들 수 있는지 알고 있다고 가정하겠다.

main()의 첫 줄은 사용자가 성을 입력하라는 메시지를 출력하는데, 사용자가 행동을 취하게 조언한다는 의미에서 이런 메시지를 **프롬프트**^{prompt}라고 한다. 다음 줄에서 string 타입의

변수 first_name을 정의한다. 그리고 그 변수에 키보드 입력을 받아 환영 메시지를 출력한다. 이 세 줄을 차례로 살펴보자.

```
string first_name;    // first_name은 string 타입의 변수임
```

이 코드는 메모리에 문자열을 저장할 메모리 영역을 할당하고, first_name이라는 이름을 붙인다.

```
                              string:
          first_name:    [          ]
```

프로그램에서 새로운 이름을 선언하고 변수를 저장할 메모리 영역을 할당하는 구문을 정의문definition이라고 한다.

다음 줄에서는 변수에 (키보드) 입력으로부터 문자열을 입력받는다.

```
cin >> first_name;    // first_name에 문자열을 읽음
```

cin('character input'의 줄임말이며 '씨-인'으로 발음한다)은 표준 라이브러리에 정의된 표준 입력 스트림standard input stream을 가리킨다. >> 연산자(읽기 연산)의 두 번째 피연산자operand는 입력을 받을 곳을 가리킨다. 사용자가 Nicholas라는 성과 개행 문자를 입력하면 문자열 "Nicholas"가 first_name의 값이 된다.

```
                              string:
          first_name:    [ Nicholas ]
```

컴퓨터의 주의를 끌려면 개행 문자를 입력(엔터 키를 눌러야)해야 하는데, 개행 문자가 입력될 때까지 입력된 문자를 쌓아두기만 한다. 이런 지연시간이 있어야 엔터를 누르기 전에 문자를 지우거나 다른 문자로 바꾸는 등 사용자의 변덕에 대응할 수 있다. 이 개행 문자는 메모리에 저장되는 문자열에는 포함되지 않는다.

입력 문자열을 first_name에 저장했으니 변수를 사용할 차례다.

```
cout << "안녕하세요, " << first_name << "!\n";
```

이 코드는 "안녕하세요, "와 Nicholas(first_name의 값), !, 개행 문자("\n")를 화면에 차례로 출력한다.

```
안녕하세요, Nicholas!
```

반복해서 키보드 치기를 좋아한다면 이 코드 대신에 출력 구문 세 개를 쓸 수도 있다.

```
cout << "안녕하세요, ";
cout << first_name;
cout << "!\n";
```

그러나 우리는 타자 치기를 좋아하지 않을뿐더러 (오류의 빌미를 제공하는) 불필요한 반복을 싫어하므로 세 출력 연산을 한 구문으로 합쳤다.

여기서 문자열 "안녕하세요, "는 큰따옴표를 사용했지만 first_name에는 쓰지 않았다는 점에 주의하자. 문자열 리터럴에는 큰따옴표를 쓰는 반면 큰따옴표를 쓰지 않으면 그 이름이 가리키는 값을 참조한다는 의미다. 다음 코드를 살펴보자.

```
cout << "first_name" << " is " << first_name;
```

여기서 "first_name"은 열 개의 문자 first_name을 가리키며, 큰따옴표가 없는 first_name 은 변수 first_name의 값으로 여기서는 Nicholas를 가리킨다. 따라서 출력 결과는 다음과 같다.

```
first_name is Nicholas
```

3.2 변수

근본적으로 위의 예제에서 입력 문자열을 저장했듯이 메모리에 데이터를 저장하지 않고는 컴퓨터로 원하는 일을 할 수가 없다. 이렇게 데이터를 저장하는 장소를 **객체**라고 하며, 그 객체에 접근하려면 이름이 필요하다. 이렇게 이름을 붙인(명명된) 객체를 **변수**variable라고 하며, 변수는 해당 객체에 넣을 수 있는 정보의 종류(예, 123은 int 타입에, "Hello, World!\n"은 string에 저장한다)와 적용 가능한 연산의 종류(예, int에 *를 이용해서 곱셈을 하고, string에 <=를 적용해서 문자열을 비교한다)를 지정하는 특정 타입을 지닌다. 그리고 변수에 저장하는 데이터를 **값**이라고 한다. 변수를 정의하는 구문은 말 그대로 **정의문**이라고 하며, 정의문에서 초기 값을 지정할 수 있다 (그러길 권장한다). 다음 코드를 보자.

```
string name = "Annemarie";
int number_of_steps = 39;
```

이 변수를 시각화하면 다음과 같다.

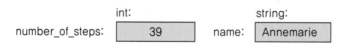

다음처럼 변수에 맞지 않는 타입의 값을 넣을 수는 없다.

```
string name2 = 39;                    // 오류 : 39는 문자열(string)이 아님
int number_of_steps = "Annemarie";    // 오류: "Annemarie"는 int가 아님
```

컴파일러는 각 변수의 타입을 기억해뒀다가 변수 정의에서 지정한 타입으로 사용하는지 확인한다.

C++는 많은 종류의 타입을 제공하지만(A.8절 참고), 아래 다섯 개만으로 완벽하고 훌륭한 프로그램을 만들 수 있다.

```
int number_of_steps = 39;      // 정수를 저장하는 int
double flying_time = 3.5;      // 부동소수점 수(floating-point number)를 저장하는 double
char decimal_point = '.';      // 개별 문자를 저장하는 char
string name = "Annemarie";     // 문자열을 저장하는 string
bool tap_on = true;            // 논리 변수(logical variable)를 저장하는 bool
```

double이라는 이름의 역사적 유래는 '배정도 부동소수점double-precision floating point'으로, 부동소수점은 수학에서 말하는 실수real number를 컴퓨터에서 근사치로 표현함을 말한다.

각 타입의 리터럴은 아래와 같이 표현한다.

```
39          // int: 정수
3.5         // double: 부동소수점
'.'         // char: 개별 문자를 작은따옴표로 둘러쌈
"Annemarie" // string: 문자열은 큰따옴표로 둘러쌈
true        // bool: true나 false
```

즉, 숫자를 나열(1234나 2, 976 등)하면 정수, 개별 문자를 작은따옴표로 둘러싸면('1'이나 '@', 'x' 등) 문자, 숫자를 소수점과 함께 나열(1.234나 0.2, .98 등)하면 부동소수점 수, 여러 문자를 큰따옴표로 둘러싸면("1234"나 "Howdy!", "Annemarie" 등) 문자열을 가리킨다. 리터럴에 대한 자세한 설명은 A.2절을 참고하라.

3.3 입력과 타입

입력 연산자 >>('~로부터 가져오기')는 타입에 예민하다. 즉, 입력을 저장할 변수의 타입에 맞게 값을 읽어 들인다. 다음 예를 보자.

```
// 이름과 나이 입력
int main()
{
    cout << "성과 나이를 입력하세요\n";
    string first_name;      // 문자열 변수
```

```
    int age;                    // 정수 변수
    cin >> first_name;          // 문자열 읽기
    cin >> age;                 // 정수 읽기
    cout << "안녕하세요, " << first_name << " (나이 " << age << ")\n";
}
```

따라서 Carlos 22를 입력하면 >> 연산자는 first_name에 Carlos를, age에 22를 읽어 들이며, 출력은 다음과 같다.

안녕하세요, Carlos (나이 22)

왜 Carlos 22 전체를 first_name에 저장하지 않는가? 전통적으로 띄어쓰기와 개행 문자, 탭 문자 등의 공백 문자whitespace를 만나면 문자열 입력 읽기를 종료하기 때문이다. 그 외의 경우에는 >> 연산자가 공백 문자를 무시한다. 예를 들어 읽고자 하는 숫자 앞에 원하는 만큼 공백을 입력해도 >> 연산자가 그 공백을 그냥 지나치고 숫자를 읽는다.

22 Carlos를 입력하면 생각지 못한 당황스런 결과를 볼 수 있다. 22도 결국 문자열로 볼 수 있으므로 first_name에 22를 저장한다. 반면 Carlos는 정수가 아니므로 읽지 않는다. 그 결과 22와 나이 다음에 -96739나 0 등의 임의의 숫자가 출력된다. 왜일까? age에 초기 값을 주지도 않았고 값을 읽어 오지도 못했기 때문이다. 그러므로 프로그램을 시작하던 시점에 메모리의 해당 영역에 남아있던 '쓰레기 값garbage value'이 출력된다. 10.6절에서 '입력 형식 오류input format error'를 다루는 방법을 설명하겠지만, 지금 당장은 입력이 실패해도 예측 가능한 값을 출력하도록 age를 초기화하자.

```
// 이름과 나이 읽기(두 번째 버전)
int main()
{
    cout << "성과 나이를 입력하세요\n";
    string first_name = "???";   // 문자열 변수
                                 // ("???"는 "이름을 모름"을 의미함)
    int age = -1;                // 정수 변수 (-1은 "나이를 모름"을 의미함)
    cin >> first_name >> age;    // 문자열을 읽은 후 정수를 읽음
    cout << "안녕하세요, " << first_name << " (나이 " << age << ")\n";
}
```

이제 입력이 22 Carlos일 때 출력은 다음과 같다.

안녕하세요, 22 (나이 -1)

출력 구문 하나로 여러 값을 출력했듯이 입력 구문 하나로 여러 값을 읽을 수도 있다는

점을 기억하자. 그리고 >>와 마찬가지로 <<도 타입에 민감하므로 변수 age는 정수로, 변수 first_name은 문자열로, "안녕하세요, "와 "(나이 ", ")\n"은 문자열 리터럴로 출력한다.

>>로 문자열을 읽으면 (기본적으로는) 공백 문자에서 종료한다. 즉, 한 단어를 읽게 된다. 그러나 한 단어 이상을 읽고 싶다면 여러 가지 방법이 있다. 예를 들어 두 단어로 이뤄진 이름은 다음과 같이 읽을 수 있다.

```
int main()
{
    cout << "성과 이름을 입력하세요\n";
    string first;
    string second;
    cin >> first >> second;        // 두 문자열을 읽음
    cout << "안녕하세요, " << first <<" "<< second << '\n';
}
```

성과 이름에 >>를 한 번씩 사용했고, 성과 이름을 출력할 때 그 사이에 공백을 넣었다.

도전 과제

'이름과 나이' 예제를 실행해보고 나이를 개월 수로 출력하도록 바꿔보자. 즉, 입력을 년 단위로 받은 후에 12를 곱한다(* 연산자 이용). 다른 다섯 살짜리보다 5~6 개월 일찍 태어난 사실을 자랑으로 여기는 어린이를 고려해서 나이를 double 타입으로 입력받자.

3.4 연산과 연산자

변수의 타입은 변수에 저장할 수 있는 값의 종류를 지정함은 물론, 적용할 수 있는 연산의 종류와 그 의미를 규정한다. 예를 살펴보자.

```
int count;
cin >> count;               // >>는 count에 정수를 읽는다.
string name;
cin >> name;                // >>는 name에 문자열을 읽는다.

int c2 = count+2;           // +는 정수를 더한다.
string s2 = name + " Jr. "; // +는 한 문자열의 뒤에 다른 문자열을 이어 붙인다.

int c3 = count- 2;          // -는 정수를 뺀다.
string s3 = name - " Jr. "; // 오류: -는 문자열에 대해 정의되지 않았다.
```

'오류'란 컴파일러가 문자열에 빼기를 수행하길 거부한다는 말이다. 컴파일러는 각 변수

에 어떤 연산을 적용할 수 있는지 정확히 알고 있으며, 이를 바탕으로 많은 실수를 방지할 수 있다. 하지만 컴파일러는 어떤 값에 합당한 연산자가 무엇인지는 알지 못하므로, 여러분이 보기에 터무니없더라도 (문법적으로) 합법적인 연산이라면 받아들일 수도 있다.

```
int age = -100;
```

나이가 음수가 될 수 없음은 확실해보이지만, 아무도 컴파일러에게 그 사실을 말해주지 않았으므로 위의 정의문을 실행하는 목적 코드를 생성해낸다.

일반적이고 유용한 타입 몇 가지와 해당 타입별로 유용한 연산자를 표로 정리했다.

	bool	char	int	double	string
대입	=	=	=	=	=
덧셈			+	+	
(문자열) 연결					+
뺄셈			-	-	
곱셈			*	*	
나눗셈			/	/	
나머지(modulo)			%		
1 증가			++	++	
1 감소			--	--	
n 만큼 증가			+= n	+= n	
끝에 추가					+=
n 만큼 감소			-= n	-= n	
곱셈 후 대입			*=	*=	
나눗셈 후 대입			/=	/=	
나머지를 대입			%=		
s로부터 x로 읽기	s >> x	s >> x	s >> x	s >> x	s >> x
x를 s에 쓰기	s << x	s << x	s << x	s << x	s << x
같다	==	==	==	==	==
같지 않다	!=	!=	!=	!=	!=
보다 크다	>	>	>	>	>
보다 크거나 같다	>=	>=	>=	>=	>=
보다 작다	<	<	<	<	<
보다 작거나 같다	<=	<=	<=	<=	<=

빈 칸은 해당 타입에 연산을 직접 적용할 수 없다는 의미다(간접적으로 연산을 사용하는 방법이 있긴 하다. 3.9.1절 참고). 학습을 진행하면서 위의 연산자를 비롯한 더 많은 연산자를 살펴보겠다. 여기서 중요한 점은 많은 유용한 연산자가 존재하며, 비슷한 타입에 대해서는 연산자의

의미도 비슷하다는 점이다.

부동소수점에 관련된 예를 살펴보자.

```cpp
// 간단한 연산자 실습용 프로그램
int main()
{
    cout << "부동소수점 값 입력: ";
    double n;
    cin >> n;
    cout << "n == " << n
        << "\nn+1 == " << n+1
        << "\n3 곱하기 n == " << 3*n
        << "\nn의 두 배 == " << n+n
        << "\nn 제곱 == " << n*n
        << "\nn 나누기 2 == " << n/2
        << "\nn의 제곱근 == " << sqrt(n)
        << '\n'; // 출력에서 개행 문자("행의 끝")를 뜻하는 특수 문자
}
```

보통 산술 연산자는 초등학교에서 배운 의미대로 쓰인다. 물론 제곱근처럼 실수로 할 수 있는 모든 연산을 연산자로 제공하지는 않는다. 대신 많은 연산을 명명된 함수 형태로 제공한다. 예제에서는 수학과 비슷한 표기법인 sqrt(n), 즉 n의 제곱근을 구하고자 표준 라이브러리에서 제공하는 sqrt()를 사용했다. 앞으로 계속 함수를 사용할 텐데, 4.5절과 8.5절에서 자세히 설명한다.

도전 과제

위의 프로그램을 실행해보자. 그리고 double이 아닌 int를 읽어 오도록 고쳐보자. int에 대해 sqrt()가 정의되지 않았으므로, n을 double에 대입해 sqrt()를 적용해야 한다. 더 나아가 다른 연산자도 연습해보자. int에서 /는 정수 나눗셈이고 %는 나머지 연산임을 기억하자. 즉, 5/2는 (2.5나 3이 아닌) 2이고, 5%2는 1이다. 정수에 대한 *와 /, %의 정의에 따르면 두 양의 int a와 b에 대해 a/b * b + a%b == a는 항상 참이다.

문자열은 연산자 개수가 적지만, 23장에서 볼 수 있듯이 수많은 명명된 연산자를 포함한다. 그러나 문자열의 연산자도 다음과 같이 통상적으로 사용할 수 있다.

```cpp
// 성과 이름 읽기
int main()
{
```

```
    cout << "성과 이름을 입력하세요\n";
    string first;
    string second;
    cin >> first >> second;                    // 두 문자열 읽기
    string name = first + ' ' + second;        // 문자열 연결
    cout << "안녕하세요, " << name << '\n';
}
```

문자열에서 +는 연결^{concatenation}을 의미한다. 즉, s1과 s2가 문자열이라면 s1+s2는 s1 다음에 s2를 이어 붙인 문자열이다. 예를 들어 s1의 값이 "Hello"이고 s2의 값이 "World"라면 s1+s2의 값은 "HelloWorld"다. 다음과 같이 string의 비교도 특히 유용하다.

```
// 이름을 읽고 비교
int main()
{
    cout << "이름을 두 개 입력하세요\n";
    string first;
    string second;
    cin >> first >> second;        // 두 문자열을 읽어 들임
    if (first == second) cout << "두 이름이 같음\n";
    if (first < second)
        cout << first << "가 알파벳순으로 더 앞에 위치함: " << second <<'\n';
    if (first > second)
        cout << first << "가 알파벳순으로 더 뒤에 위치함: " << second <<'\n';
}
```

여기서 조건에 따라 동작을 선택할 수 있는 if 구문을 사용했는데, 4.4.1.1절에서 자세히 설명한다.

3.5 대입과 초기화

여러 가지 면에서 대입은 가장 흥미로운 연산자이며, =로 표기한다. 대입 연산자는 다음과 같이 변수에 새로운 값을 넣는다.

```
int a = 3;     // a의 값은 3으로 시작
```

a: <code>3</code>

```
a = 4;        // a가 4의 값을 가짐(a의 값이 4가 됨)
```

a: <code>4</code>

```
int b = a;        // b의 값이 a의 값(4)으로 시작함
```

a: 4

b: 4

```
b = a+5;          // b의 값이 a+5가 됨(9가 됨)
```

a: 4

b: 9

```
a = a+7;          // a의 값이 a+7이 됨(11이 됨)
```

a: 11

b: 9

마지막 대입 연산에 주목하자. 여기서 =의 의미가 '같다^{equal}'가 아님을 분명히 알 수 있다. a는 a+7과 같지 않기 때문이다. 즉, 대입이란 변수에 새로운 값을 저장하는 연산이다. a=a+7 을 실행하면 다음과 같은 동작을 한다.

1. 먼저 a의 값(정수 4)을 조회한다.

2. 위에서 조회한 4에 7을 더하면 11이 나온다.

3. 마지막으로 a에 결과 11을 저장한다.

문자열을 이용한 대입도 그림으로 나타내보자.

```
string a = "alpha";   // a의 값은 "alpha"로 시작함
```

a: alpha

```
a = "beta";           // a가 "beta"의 값을 가짐(a의 값이 "beta"가 됨)
```

a: beta

```
string b = a;         // b의 값은 a의 값("beta")으로 시작함
```

a: beta

b: beta

```
b = a+"gamma";        // b의 값이 a+"gamma"가 됨("betagamma"가 됨)
```

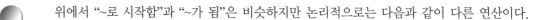

| a: | beta |
| b: | betagamma |

```
a =a+"delta";          // a의 값이 a+"delta"이 됨("betadelta"가 됨)
```

| a: | betadelta |
| b: | betagamma |

위에서 "~로 시작함"과 "~가 됨"은 비슷하지만 논리적으로는 다음과 같이 다른 연산이다.

- 초기화(변수의 초기 값을 지정)

- 대입(변수에 새로운 값을 지정)

이 두 연산은 매우 비슷하므로 C++에서는 다음과 같이 동일하게 표기(=)한다.

```
int y = 8;             // y를 8로 초기화
x = 9;                 // x에 9를 대입

string t = "howdy!";   // t를 "howdy!"로 초기화
s = "G'day";           // s에 "G'day"를 대입
```

그러나 대입과 초기화는 논리적으로 다르다. 초기화에서는 타입 지정(int나 string 등)이 앞에 나오지만, 대입에는 타입 지정이 없다는 점에서 구별할 수 있다. 원칙적으로 초기화를 수행할 때 변수는 비어있지만, 대입을 수행할 때는 변수에 원래 남아있던 값을 먼저 지워야 한다. 변수를 작은 상자에 비유한다면 값은 그 안에 저장된 물건, 예를 들어 동전에 비유할 수 있다. 초기화 전에는 박스가 비어있지만, 초기화를 수행하면 그 안에 반드시 동전이 존재한다. 따라서 새로운 동전을 넣으려면(대입 연산을 하려면) 원래 있던 동전을 제거해야 한다(이전 값을 파괴해야 한다). 컴퓨터 메모리상의 리터럴에 대해서는 정확히 이와 같이 동작하진 않지만, 이런 식으로 동작한다고 이해해도 좋다.

3.5.1 예제: 반복되는 단어 찾기

객체에 새로운 값을 저장할 때 대입이 필요하다. 이런 관점에서 보면 같은 일을 되풀이 하는 대부분의 경우에 대입이 유용하다. 즉, 다른 값을 바탕으로 같은 동작을 반복할 때 대입이 필요하다. 나열된 단어에서 이웃한 동일한 단어를 찾는 작은 프로그램을 살펴보자. 대부분의 문법 검사기에서 이런 코드를 사용한다.

```
int main()
{
    string previous = " ";          // 이전 단어. '단어가 아님'을 나타내는 값으로 초기화
    string current;                  // 현재 단어
    while (cin>>current) {           // 스트림에서 단어를 읽음
        if (previous == current)     // 현재 단어와 마지막 이전 단어가 같은지 검사
            cout << "반복된 단어: " << current << '\n';

        previous = current;
    }
}
```

텍스트의 어느 위치에서 반복된 단어가 나오는지 알려주면 매우 유용할 듯한데, 이제 그 작업을 해보자. 그 전에 먼저 프로그램을 한 줄씩 살펴보자.

```
string current;      // 현재 단어
```

이 변수는 아래 코드에서 입력받은 현재(가장 최근에 읽은) 단어를 저장하는 변수다.

```
while (cin>>current)
```

이런 구조를 while문이라고 하는데, 오른쪽 내용이 흥미롭다. 이 while문의 의미는 입력 연산 cin>>current가 성공하는 동안 (cin>>current) 다음에 나오는 구문을 반복해서 실행하란 뜻으로, 표준 입력에 읽을 문자열이 있는 한 cin>>current는 계속 성공한다. string에 >>를 사용하면 공백 문자로 구분된 단어를 읽는다는 사실을 기억하자. 입력 종료(end-of-input, end-of-file이라고도 한다) 문자를 입력하면 프로그램을 종료할 수 있다. 윈도우에서는 **Ctrl+Z**(Ctrl과 Z를 동시에 누름)를 입력하고 **Enter**(엔터) 키를 누르고, 유닉스나 리눅스에서는 **Ctrl+D**(Ctrl과 D를 동시에)를 누른다.

결국 current에 단어를 읽은 후 (previous에 저장된) 이전 단어와 비교한다. 그리고 둘이 같으면 다음과 같은 메시지를 출력한다.

```
if (previous == current)      // 현재 단어와 마지막 이전 단어와 같은지 검사
    cout << "반복된 단어: " << current << '\n';
```

그리고 현재(current) 단어를 previous에 복사해 다음 단어로 같은 일을 반복할 준비를 한다.

```
previous = current;
```

하지만 프로그램을 맨 처음 실행했을 때 비교할 단어가 없는 경우엔 어떻게 해야 할까? previous를 정의할 때 다음과 같이 문제를 해결했다.

```
string previous = " ";        // 이전 단어. '단어가 아님'을 나타내는 값으로 초기화
```

" "는 한 개의 문자(키보드에서 스페이스 바를 누르면 입력되는 띄어쓰기 문자)만 포함한다. 입력 연산 >>는 공백 문자를 무시하므로, " "를 입력받을 수는 없다. 따라서 while 구문을 맨 처음 실행할 때 다음과 같은 테스트는 우리가 의도한 대로 실패한다.

```
if (previous == current)
```

프로그램의 흐름을 이해하는 방법 중의 하나가 '컴퓨터가 돼보기', 즉, 프로그램을 한 줄씩 그대로 따라가 보는 방법이다. 종이에 박스를 여러 개 그려놓고 변수의 값을 써넣어 보자. 그리고 프로그램의 흐름에 따라 저장된 값을 바꿔나가자.

도전 과제

종이에 프로그램의 실행을 직접 따라해보자. 입력은 The cat cat jumped로 한다. 경험 많은 프로그래머조차도 완전히 명확하지 않은 작은 코드 영역의 동작을 시각화할 때 이런 방법을 활용한다.

도전 과제

'반복된 단어 찾기' 프로그램을 실행해보자. She she laughed He He He because what he did did not look very very good good이라는 문장으로 프로그램을 테스트하자. 여기서 반복되는 단어는 몇 개인가? 왜 그런가? 여기서 말하는 단어의 정의는 무엇이고, 반복되는 단어란 무엇인가?(예를 들어 She she는 반복이라 할 수 있는가?)

3.6 복합 대입 연산자

변수를 증가시키는(1을 더하는) 일은 프로그램에서 매우 흔하므로 C++에서도 그런 동작을 수행하는 특별한 문법을 제공한다. 예를 들어

```
++counter
```

의 의미는 다음과 같다.

```
counter = counter + 1
```

변수의 현재 값을 바탕으로 값을 변경하는 방법에는 여러 가지가 있다. 예를 들어 변수에 7을 더하거나, 9를 빼거나, 2를 곱하고 싶다면 다음과 같이 C++에서 직접 제공하는 연산자를 사용할 수 있다.

```
a += 7;          // a = a+7을 의미함
b -= 9;          // b = b-9를 의미함
c *= 2;          // c = c*2를 의미함
```

일반적으로 oper가 이항 연산자^{binary operator}라면 a oper= b는 a = a oper b를 의미한다(A.5절). 초보자라면 이런 규칙대로 +=와 -=, *=, /=를 사용하면 된다. 이런 연산자를 바탕으로 아이디어를 직접적으로 반영하는 간결한 표현이 가능하다. 예를 들어 많은 응용 분야에서는 *=와 /=를 '스케일링^{scaling}[1]'이라고도 한다.

3.6.1 예제: 반복되는 단어 찾기

앞에서 다뤘던 반복되는 이웃한 단어를 검사하는 프로그램을 생각해보면 전체 목록의 어느 부분에서 단어가 반복되는지 알려줌으로써 프로그램을 개선할 수 있다. 이렇게 하려면 간단히 단어의 개수를 세서 반복되는 단어에서 그 개수를 함께 출력하면 된다.

```
int main()
{
    int number_of_words = 0;
    string previous = " ";        // 이전 단어. '단어가 아님'을 나타내는 값으로 초기화
    string current;
    while (cin>>current) {
        ++number_of_words;      // 단어 개수 증가
        if (previous == current)
            cout << "단어 번호 " << number_of_words
                 << " 반복 단어: " << current << '\n';
        previous = current;
    }
}
```

단어 개수는 0에서 시작해 단어를 입력받을 때마다 증가한다.

```
++number_of_words;
```

이렇게 해서 첫 단어의 번호는 1번, 다음은 2번 등으로 번호를 붙인다. 다음 코드로도 같은 일을 할 수 있다.

```
number_of_words += 1;
```

다음과 같이 해도 마찬가지다.

---

1. 스케일링이란 어떤 수나 벡터에 실수를 곱해서 그 크기를 조절(확장 또는 축소)하는 일을 말한다. - 옮긴이

```
number_of_words = number_of_words+1;
```

그러나 ++number_of_words가 더 간결하고, 증가라는 의미를 직접적으로 표현한다.

이 프로그램이 3.5.1절의 프로그램과 비슷하다는 점에 주목하자. 3.5.1절에서 프로그램을 가져와 약간의 수정만으로 목적을 이뤘는데, 이런 방식은 매우 일반적인 기술이다. 문제를 해결할 때는 비슷한 문제를 찾아 적당한 수정을 가해 해답으로 사용할 수 있다. 꼭 그래야 하는 경우가 아니라면 처음부터 빈손으로 시작하지 말자. 이전 버전의 프로그램을 찾아 수정하는 방법으로 시간을 절약함은 물론이고, 이전 프로그램에 들인 노력의 많은 부분을 활용할 수 있다.

3.7 이름

변수를 기억하고 프로그램의 다른 부분에서 그 변수를 참조하고자 변수에 이름을 붙인다. 그렇다면 C++에서는 어떤 이름을 사용할 수 있을까? C++ 프로그램에서 이름은 알파벳 문자로 시작하고, 이름 전체에 알파벳 문자와 숫자, 밑줄만 포함할 수 있다. 다음 예는 적법한 이름이다.

```
x
number_of_elements
Fourier_transform
z2
Polygon
```

반면 아래 예는 적법하지 않은 이름이다.

```
2x                      // 이름은 알파벳 문자로 시작해야 함
time$to$market          // $는 알파벳 문자나 숫자, 밑줄이 아님
Start menu              // 띄어쓰기는 알파벳 문자나 숫자, 밑줄이 아님
```

'적법하지 않은 이름'이란 C++ 컴파일러가 그 이름을 받아들이지 않는다는 의미다.

시스템 코드나 머신이 생성한 코드를 보면 _foo처럼 밑줄로 시작하는 이름이 있지만, 여러분은 그렇게 하지 말자. 이런 이름은 구현체나 시스템 개체용으로 예약된 이름이기 때문이다. 이름의 맨 앞에 밑줄을 쓰지 않으면 구현체가 생성한 코드와 충돌하는 일을 막을 수 있다.

그리고 이름에서는 대소문자를 구별한다. 즉, 대문자와 소문자는 다르므로, x와 X도 다른 이름이다. 아래의 작은 프로그램은 적어도 네 개의 오류를 포함한다.

```
#include "std_lib_facilities.h"
int Main()
```

```
{
    STRING s = "잔인한 세상이여, 안녕히!";
    cOut << S << '\n';
}
```

one과 One처럼 대소문자만 다른 이름을 정의하는 일도 일반적으로 권하지 않는다. 컴파일러는 이런 일로 헷갈리지 않지만, 프로그래머에게는 혼란스러운 일이다.

도전 과제

 "잔인한 세상이여, 안녕히!"를 컴파일해보고, 오류 메시지를 살펴보자. 컴파일러가 모든 오류를 찾아냈는가? 컴파일러가 찾은 에러는 무엇인가? 컴파일러가 혼동을 일으키거나 네 개 이상의 오류를 찾아내지 않는가? 틀린 이름부터 시작해서 오류를 하나씩 고쳐가며 오류 메시지가 어떻게 변하는지 알아보자.

C++ 언어에는 많은 수(약 85개)의 이름을 키워드로 예약해뒀는데, 이 이름은 여러분이 정의하는 변수나 타입, 함수 등의 이름으로 사용할 수 없다. 다음 예를 보자.

```
int if = 7;        // 오류 : if는 키워드임
```

string을 비롯해 표준 라이브러리에서 제공하는 기능을 이름으로 쓸 수는 있지만, 그렇게 하지 말자. 그런 일반적인 이름을 사용하면 표준 라이브러리를 이용할 때마다 문제가 된다.

```
int string = 7;  // 문제의 소지가 크다.
```

그리고 변수나 타입, 함수 등의 이름을 정할 때는 사람들이 프로그램을 이해하는 데 도움을 줄 수 있는 의미 있는 이름을 선택하라. 변수 이름으로 x1, x2, x3, p7처럼 쓰기에만 쉬운 이름을 선택하면 여러분 스스로도 프로그램의 의도를 이해하기 어려울 수 있다. 축약어나 머리글자도 사람들을 혼란스럽게 하므로 사용을 자제하자. 머리글자를 쓸 때는 그 뜻이 명확해 보이지만, 나중에 분명 문제가 생긴다.

```
mtbf
TLA
myw
NBV
```

코드를 한두 달 후에만 다시 봐도 문제가 생기기 마련이다.

x와 i처럼 짧은 이름도 관례대로 사용하면 의미를 알 수 있다. x는 지역 변수나 매개변수로 사용하며(4.5절과 8.4딜 참고), i는 루프^{loop}의 인덱스^{index}로 써야 한다(4.4.2.3절 참고).

너무 긴 이름을 사용하지 말자. 쓰기도 어렵고, 한 줄이 화면 안에 들어오지 않을 정도로 길어지고, 빨리 읽기도 어렵다. 아래의 예시 정도는 괜찮다.

```
partial_sum
element_count
stable_partition
```

그러나 다음의 이름은 너무 길다.

```
the_number_of_elements
remaining_free_slots_in_symbol_table
```

그리고 식별자 안의 단어는 `element_count`처럼 우리의 관례대로 밑줄로 구별한다. `elementCount`와 `ElementCount` 등의 대안도 있지만 사용하지 않는다. `ALL_CAPITAL_LETTERS` 처럼 모두 대문자인 이름은 관례적으로 매크로[macro](27.8절과 A.17.2절 참고)에서 쓰므로 사용하지 않는다(매크로 자체도 되도록 피해야 한다). 타입을 정의할 때는 `Square`나 `Graph`처럼 첫 글자를 대문자로 한다. C++ 언어와 표준 라이브러리에서는 첫 글자를 대문자로 쓰지 않는다. 예를 들어 `int`를 `Int`로, `string`을 `String`으로 쓰지 않는다. 따라서 이런 습관은 우리가 정의한 타입과 표준 타입을 구분하는 데 도움을 준다.

다음과 같이 오타를 치거나 잘못 읽거나 혼동하기 쉬운 이름도 피한다.

```
Name          names          nameS
foo           f00            fl
f1            fI             fi
```

특히 0(영)과 o(소문자 o), O(대문자 o), 1(일), I(대문자 i), l(소문자 L)은 오류의 온상이다.

3.8 타입과 객체

타입은 C++를 비롯한 대부분의 프로그래밍 언어에서 핵심적인 역할을 한다. 타입을 좀 더 자세히, 그리고 기술적인 관점에서 살펴보자. 특히 계산을 하는 동안 데이터를 저장하는 객체의 타입이라는 관점에서 말이다. 장기적으로 봤을 때 이를 바탕으로 시간을 절약하고, 혼란을 방지할 수 있다.

- 타입은 (해당 객체의) 가능한 값과 적용할 수 있는 연산의 집합을 정의한다.
- 객체는 주어진 타입의 값을 저장하는 메모리 공간이다.
- 값은 주어진 타입으로 해석되는 메모리상의 비트의 집합이다.

- 변수는 명명된 객체다.
- 선언은 객체의 이름을 지정하는 구문이다.
- 정의는 객체의 메모리 공간을 할당하는 선언의 일종이다.

비공식적으로는 객체를 주어진 타입의 값을 저장하는 상자로 생각할 수 있다. int는 7이나 42, -399 등의 정수를 저장하는 박스이며, string은 "Interoperability"나 "tokens: !@#$%^&*", "Old MacDonald had a farm" 등의 문자열 값을 저장하는 박스다. 그림으로 표현하면 다음과 같다.

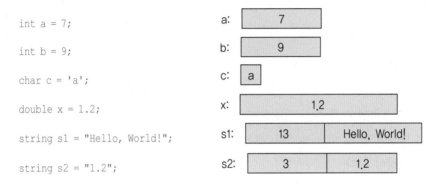

```
int a = 7;                          a:  [       7       ]
int b = 9;                          b:  [       9       ]
char c = 'a';                       c:  [a]
double x = 1.2;                     x:  [       1.2       ]
string s1 = "Hello, World!";        s1: [ 13 | Hello, World! ]
string s2 = "1.2";                  s2: [ 3  |    1.2    ]
```

string은 저장하는 문자의 개수도 함께 저장하므로 int보다 메모리 표현이 좀 더 복잡하다. 그리고 double은 숫자를, string은 문자열을 저장한다는 점을 명심하라. 예를 들어 x는 숫자 1.2를 저장하지만, s2는 세 문자 '1'과 '.', '2'를 저장한다. 물론 문자를 둘러싼 따옴표와 문자열 리터럴은 저장하지 않는다.

모든 int는 크기가 같으므로 컴파일러가 고정된 크기의 메모리 영역을 각 int에 할당한다. 일반적인 데스크톱 컴퓨터에서 int의 크기는 4바이트(32비트)다. bool과 char, double도 고정된 크기다. 데스크톱 컴퓨터에서 bool과 char는 1바이트(8비트), double은 8바이트(64비트)를 차지한다. 즉, 서로 다른 타입은 차지하는 공간의 크기가 다르다는 점을 명심하자. char는 int보다 작은 공간을 차지하고, string은 double이나 int와는 달리 각 문자열에 포함된 char에 따라 차지하는 공간의 크기도 다르다.

메모리상의 비트들의 의미는 이에 접근할 때 사용하는 타입에 전적으로 의지한다. 컴퓨터는 타입에 대해 모르고, 비트들은 단지 메모리 공간일 뿐이다. 메모리상의 비트는 비트를 해석하는 방법을 지정해야 비로소 의미를 얻는다. 이는 우리가 매일 쓰는 숫자에도 적용된다. 12.5는 무슨 의미인가? 지금으로선 알 수 없다. $12.5와 12.5cm, 12.5gallons 중 어느 의미인가? 단위를 지정해야만 12.5가 어떤 의미를 갖는다.

예를 들어 동일한 비트들에 int로 접근하면 120의 값을 의미하지만, char로 접근하면 'x'

가 된다. 이를 다시 string으로 접근하면 아무런 의미가 없으며, 실행 시간 오류가 발생한다. 메모리상의 비트 값을 나타내는 1과 0을 이용해서 이런 상황을 그림으로 나타내면 다음과 같다.

```
00000000 00000000 00000000 01111000
```

메모리의 한 구역(워드^{word})^{2}에 위와 같이 비트를 지정하면 int(120)나 char(맨 오른쪽 8비트가 문자 'x')로 접근할 수 있다. bit는 1과 0의 값을 저장할 수 있는 컴퓨터 메모리의 단위로, A.2.1.1절에서 2진수$^{binary number}$의 의미를 살펴볼 수 있다.

3.9 타입 안전성

모든 객체는 정의하는 시점부터 정해진 타입이 있다. 프로그램 전체나 일부에서 그 타입의 규칙에 따라 객체를 사용하면 이를 타입 안전성이 있다$^{type-safe}$고 한다. 하지만 불행히도 타입 안전성을 어기면서 연산을 할 수 있는 방법이 있다. 예를 들어 초기화하지 않은 변수를 사용하는 경우는 타입 안전성이 없다.

```cpp
int main()
{
    double x;              // 초기화를 하지 않았으므로 x의 값은 정의되지 않음
    double y = x;          // y의 값도 정의되지 않음
    double z = 2.0+x;      // +의 의미도 정의되지 않았으므로, z의 값도 알 수 없음
}
```

x를 초기화하지 않고 사용하면 구현체에서 하드웨어 오류를 내는 일까지도 허용된다. 따라서 변수를 항상 초기화하자. 곧바로 입력 연산의 대상이 될 변수를 비롯해서 아주 예외적인 경우가 있긴 하다. 하지만 변수를 항상 초기화하는 좋은 습관이 많은 비극을 막아줄 수 있다.

완벽한 타입 안전성은 우리가 따라야 할 이상이며, 따라서 많은 언어가 준수하는 일반적인 규칙이다. 불행히도 C++ 컴파일러는 완벽한 타입 안전성을 보장하지 못한다. 하지만 좋은 코딩 습관과 실행 시간 검사$^{run-time check}$를 병행하면 타입 안전성 위반을 피할 수 있다. 컴파일러가 안전성을 보장하지 않는 언어 기능을 사용하지 않는 방법, 즉 정적 타입 안전성을 준수하는 방법이 이상적이지만, 대부분의 흥미로운 프로그래밍 분야에서 그런 제약은 너무 제한적이다. 컴파일러가 암묵적으로 코드를 생성해서 타입 안전성을 위반하는 경우를 모두 잡아내는

---

2. 워드는 각 머신 아키텍처에서 기본적으로 지정한 단위를 말하는데, PC를 비롯한 대부분의 아키텍처에서는 4바이트를 뜻한다. – 옮긴이

대안도 있지만, 이런 방식은 C++의 경계를 넘어선다. 따라서 타입 안전성을 위반하는 무언가를 할 때는 스스로 적당한 검사를 수행해야 한다. 앞으로 그런 경우를 다룰 때마다 따로 명시한다.

타입 안전성이라는 이상은 코드 작성에 대단히 중요하다. 책의 앞부분에서 이를 다루는 이유도 그만큼 중요하기 때문이다. 그러니 함정에 빠지지 않도록 조심하자.

3.9.1 안전한 타입 변환

3.4절에서 char를 int에 더하거나, double을 int와 직접 비교할 수 없다고 설명했다. 그러나 C++에서는 이를 간접적으로 수행할 수 있는 방법을 제공한다. 다음 예처럼 필요한 경우에는 char가 int로, int가 double로 변환된다.

```
char c = 'x';
int i1 = c;
int i2 = 'x';
```

위에서 i1과 i2의 값은 가장 널리 쓰이는 8비트 문자 집합 ASCII에서 정의하는 문자 'x'의 값인 120이다. 이런 간단하고 안전한 방법으로 문자를 숫자로 표현할 수 있다. 여기서 문자-정수 간char-to-int 변환은 안전하다. 손실되는 정보가 없기 때문이다. 즉, 아래에서 볼 수 있듯이 int로 변환한 결과를 char로 다시 바꿔도 원래 값이 복원된다.

```
char c2 = i1;
cout << c << ' ' << i1 << ' ' << c2 << '\n';
```

출력 결과는 다음과 같다.

```
x 120 x
```

이런 관점에서 다음과 같이 원래 값과 동일한 값이나 최적 근사치(double의 경우)로 변환되는 경우는 안전한 변환이라고 할 수 있다.

bool을 char로

bool을 int로

bool을 double로

char를 int로

char를 double로

int를 double로

특히 int를 double로 변환하면 다음과 같은 구문에서 int와 double를 혼용할 수 있어 유용하다.

```
double d1 = 2.3;
double d2 = d1+2;          // 덧셈을 하기 전에 2를 2.0으로 변환함
if (d1 < 0)                // 비교를 하기 전에 0을 0.0으로 변환함
    cout << "d1은 음수";
```

int의 값이 매우 큰 경우 (일부 컴퓨터에서) double로 변환하는 과정에서 정밀도 손실이 있을 수 있지만, 그런 경우는 극히 드물다.

3.9.2 안전하지 않은 타입 변환

안전한 타입 변환은 프로그래머에게 혜택을 줌은 물론, 코드 작성을 단순화할 수 있다. 그러나 C++에서는 (암묵적이고) 안전하지 않은 타입 변환도 허용한다. 여기서 안전하지 않다는 말은, 다음과 같이 변환 과정에서 원래 값이 아닌 다른 값으로 바뀔 수도 있다는 의미다.

```
int main()
{
    int a = 20000;
    char c = a;                // 큰 int를 작은 char에 우겨 넣으려고 시도함
    int b = c;
    if (a != b)                // 더 이상 !=이 "같지 않다"를 의미하지 않음
        cout << "이런!: " << a << "!=" << b << '\n';
    else
        cout << "우와! 문자가 엄청 크네요.\n";
}
```

이처럼 어떤 값을 저장하기에는 너무 좁은narrow 객체에 대입하는 경우를 축소 변환narrow conversion이라고도 한다. 불행히도 char를 int로 안전하지 않게 초기화하는 경우 경고를 발생시키는 컴파일러는 많지 않다. 타입 관점에서 int는 char보다 훨씬 크기 때문에 (예제에서 보듯이) char로는 표현할 수 없는 int 값을 지닐 수 있다. 위 예제에서 b의 값이 무엇인지 여러분 컴퓨터에서 직접 시험해보자(일반적으로는 32임). 그리고 더 나아가 다음 코드를 시험해보자.

```
int main()
{
    double d = 0;
    while (cin>>d) {           // 숫자를 입력받는 동안 아래 구문을 반복
        int i = d;             // double을 int로 축소 변환
        char c = i;            // int를 char로 축소 변환
```

```
        int i2 = c;           // 문자의 정수 표현을 대입
        cout << "d==" << d                    // 원래 double(실수) 값
            << " i=="<< i                     // int(정수)로 변환한 값
            << " i2==" << i2                  // 문자의 정수 표현
            << " char(" << c << ")\n";        // 문자
    }
}
```

while문은 많은 값을 시험하고자 사용했으며, 4.4.2.1절에서 설명한다.

도전 과제

다양한 입력으로 이 프로그램을 시험해보자. 작은 값(예, 2와 3)과 큰 값(예, 127보다 큰 값과 1000보다 큰 값), 음수, 56, 89, 128, 정수가 아닌 수(예, 56.9와 56.2) 등을 입력해보자. 이 프로그램으로 여러분의 컴퓨터에서 double을 int로의 변환과 int를 double로의 변환이 어떻게 이뤄지는지는 물론이고, 주어진 정수 값에서 어떤 문자를 출력하는지도 알 수 있다.

많은 입력에 대해 합리적이지 않은 결과를 출력한다. 생수통의 물을 맥주잔에(약 4리터의 물을 500밀리리터 잔에) 부으려고 했기 때문이다.

double을 int로

double을 char로

double을 bool로

int를 char로

int를 bool로

char를 bool로

이 모든 변환을 컴파일러가 허용하지만 안전하지 않은 변환이다. 즉, 원래 저장한 값과 대입되는 값이 다를 수 있다는 점에서 안전하지 않다. 왜 이런 경우 문제가 될까? 안전하지 않은 변환을 수행한다는 사실조차도 모를 때가 많기 때문이다. 다음 예를 보자.

```
double x = 2.7;
// 코드 생략...
int y = x;     // y에 2를 대입
```

y를 정의할 때 x가 double이란 사실을 잊었거나, double을 int로 변환하면 관례적인 반올림을 하지 않고 소수점 이하를 버린다는 사실을 잊었을 수 있다. 이로 인해 어떤 일이 벌어질지는 완벽히 예측할 수 있지만, int y = x;라는 코드만으로는 정보(0.7)가 버려진단 사실을 알 수 없다.

int와 char는 모두 소수점 이하를 표현할 수 없으므로, int를 char로 변환할 때는 소수점 버림의 문제가 발생하지 않는다. 그러나 char는 매우 작은 정수만 저장할 수 있다. PC에서는 다음 그림처럼 char는 1바이트이고 int는 4바이트다.

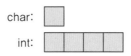

따라서 큰 수(예, 1000)를 정보 손실 없이 char에 저장할 수는 없다. 다음과 같이 축소 변환이 일어나기 때문이다.

```
int a = 1000;
char b = a;              // b에 24를 대입(일부 컴퓨터에서)
```

모든 int 값이 char에 대응되지는 않으며, char 값의 정확한 구간도 구현에 따라 다르다. PC에서 char 값의 구간은 [-128:127]이지만 모든 컴퓨터와 PC가 호환되지 않으며, 컴퓨터의 종류에 따라 char 값의 구간(예, [0:255])도 다르므로 이식성을 고려한다면 [0:127] 구간만 사용하자.

그렇다면 왜 축소 변환을 허용할까? 이는 역사적 사실에서 기인한다. C++는 모태 언어인 C로부터 축소 변환을 물려받았고, C++가 탄생할 시점에 이미 많은 코드에서 축소 변환을 사용하고 있었기 때문이다. 그리고 구간 안의 값인 경우에 축소 변환으로 인해 문제가 발생하지 않으며, 많은 프로그래머가 컴파일러가 시키는 대로만 하지는 않는다. 더군다나 프로그램이 작거나 경험 많은 프로그래머라면 안전하지 않은 변환으로 인한 위험을 관리할 수 있다. 대규모 프로그램이나 초보 프로그래머에게는 심각한 문제가 될 수 있지만, 많은 컴파일러가 축소 변환에 대해 경고를 남긴다.

C++11에서는 축소 변환을 방지하는 초기화 기법을 제공한다. 예를 들어 문제가 있는 위의 예제들을 = 표기법 대신 {} 목록 표기법으로 수정할 수 있다(그리고 그래야만 한다).

```
double x {2.7};          // OK
int y {x};               // 오류 : double을 int로 축소

int a {1000};            // OK
char b {a};              // 오류 : int를 char로 축소
```

초기화 인자가 정수 리터럴이면 실제 값이 축소 변환을 수반하지 않는 구간에 있는지 검사한다.

```
char b1 {1000};          // 오류 : 축소 변환(char를 8비트로 가정)
char b2 {48};            // OK
```

그렇다면 타입 변환으로 틀린 값이 나올 소지가 있다면 어떻게 해야 할까? {} 초기화 수행자로 사고를 예방하고, 축소 변환이 필요한 경우에는 이 절의 첫 예제와 같이 값을 검사해야한다. 5.6.4절과 7.5절에서 이런 검사를 간단하게 수행하는 방법을 살펴볼 수 있다. {} 목록을 이용한 초기화를 **범용 균등 초기화**universal and uniform initialization라고도 하는데, 나중에 자세히살펴본다.

 ## 실습문제

각 실습문제를 풀어보고, 프로그램이 실제로 여러분이 원하는 대로 작동하는지 확인하자. 그리고 실습문제를 풀면서 저지른 실수를 나중에 반복하지 않도록 기록해두자.

1. 사용자 입력을 바탕으로 편지 서식을 생성하는 프로그램을 만들자. 3.1절에서 예로 들었던 사용자의 성을 입력받아 "안녕하세요, first_name"을 출력하는 프로그램을 작성하는 일부터 시작하자. 여기서 first_name은 사용자가 입력한 성을 말한다. 그리고 프롬프트를 "편지 받을 사람의 이름을 입력하세요"로 변경하고, 출력은 "친애하는 first_name,"으로 바꿔보자. 출력의 쉼표를 누락하지 않도록 주의하자.

2. "잘 지내시죠? 저는 잘 지냅니다. 보고 싶네요." 등의 인사말을 한두 줄 추가해보자. 첫 줄은 들여 쓰기 한다. 여기에 여러분이 하고 싶은 말을 추가하자.

3. 사용자에게 다른 친구 이름을 입력하라는 프롬프트를 출력하고, 그 이름을 friend_name에 저장하자. 그리고 "요즘 friend_name 만난 적 있으신가요?"라는 한 줄을 편지에 추가하자.

4. char 타입의 변수 friend_sex를 선언하고, 친구가 남자면 m, 여자면 f를 입력하라는 프롬프트를 출력하고, 입력 값을 friend_sex에 대입하자. 그리고 다음과 같은 if문 2개를 작성하자.

   친구가 남자면 "friend_name을 보시거든 그에게 저한테 전화해달라고 전해주세요."라는 말을 편지에 넣는다.
   친구가 여자면 "friend_name을 보시거든 그녀에게 저한테 전화해달라고 전해주세요."라는 말을 편지에 넣는다.

5. 편지 받을 사람의 나이를 입력받아 int 타입의 변수 age에 대입하고, 편지에 "얼마 전에 age번째 생일을 맞으셨단 얘기를 들었어요."를 추가한다. age가 0 이하거나 100 이상이면 std_lib_facilities.h의 simple_error()를 이용해 simple_error("장난치지 마세요!")를 호출한다.

6. 편지에 아래 내용을 추가한다.

   친구가 12살보다 어리면 "내년에 age+1살이 되겠군요."
   친구가 17살이면 "내년에는 투표를 할 수 있겠네요."
   친구 나이가 70세보다 많으면 "은퇴 후를 잘 즐기고 계시지요?"

   각 경우에 해당하는 값에 프로그램이 제대로 반응하는지 확인하자.

7. "당신의 친구,"를 출력하고 여러분의 이름을 출력한 후 서명을 할 수 있는 공간을 두 줄 남겨두자.

복습문제

1. 프롬프트는 무엇인가?
2. 변수에 값을 입력 받을 때 어떤 연산자를 쓰는가?
3. number라는 정수 타입 변수의 값을 사용자에게 입력받을 때 사용자에게 입력을 요청하는 메시지를 출력하고, 프로그램에서 입력을 받아들이는 두 줄의 코드를 어떻게 작성하는가?
4. \n의 의미와 사용 목적은 무엇인가?
5. 문자열 입력을 중단시키는 입력은 무엇인가?
6. 정수 입력을 중단시키는 입력은 무엇인가?
7. 다음 세 줄을 한 줄의 코드로 작성하자.

```
cout << "안녕하세요, ";
cout << first_name;
cout << "!\n";
```

8. 객체는 무엇인가?
9. 리터럴은 무엇인가?
10. 리터럴의 종류에는 무엇이 있는가?
11. 변수란 무엇인가?
12. char와 int, double의 일반적인 크기는 얼마인가?
13. int와 string 등 메모리상의 작은 개체 크기를 나타내는 단위는 무엇인가?

14. =와 ==의 다른 점은 무엇인가?

15. 정의^{definition}란 무엇인가?

16. 초기화는 무엇이고, 대입과는 어떻게 다른가?

17. 문자열 연결은 무엇이고, C++에서는 어떻게 사용하는가?

18. 아래 이름 중에서 C++에서 합법적인 이름은 무엇인가? 합법적이지 않다면 그 이유는 무엇인가?

```
This_little_pig     This_1_is fine      2_For_1_special

latest thing        the_$12_method      _this_is_ok

MiniMineMine         number              correct?
```

19. 합법적이지만 혼동을 야기할 수 있으므로 사용하지 말아야 할 이름 다섯 가지의 예를 들어보자.

20. 이름을 선택하는 좋은 규칙으로 무엇이 있을까?

21. 타입 안전성은 무엇이고, 왜 중요한가?

22. double을 int로 변환하면 나쁜 점이 무엇인가?

23. 한 타입을 다른 타입으로 변환할 때 그 변환이 안전한지 아닌지 결정하는 데 도움을 줄 수 있는 규칙을 설명해보자.

용어 정리

대입	정의	연산
cin	증가	연산자
(문자열) 연결	초기화	타입
변환	이름	타입 안전성
선언	축소	값
감소	객체	변수

연습문제

1. 아직 3장의 '도전 과제'를 풀지 않았다면 지금 풀어보자.

2. 마일^{mile}을 킬로미터로 변환하는 C++ 프로그램을 작성하자. 사용자가 마일 단위로 거리를 입력하도록 적당한 프롬프트를 출력해야 한다. 힌트: 1마일은 1.609킬로미터다.

3. 아무 일도 하지 않고 합법적인 이름과 그렇지 않은 이름(예, int double = 0;)으로 변수를 몇 개 선언하는 프로그램을 작성하자. 그리고 컴파일러의 반응을 살펴보자.

4. 사용자에게 두 정수 값을 입력하라는 프롬프트를 출력하고, 이 값을 val1과 val2라는 int 변수에 저장하자. 그리고 이 둘 중 더 작은 값과 큰 값, 둘의 합, 차, 곱, 비율을 구해 출력하자.

5. 4번 프로그램을 부동소수점 값을 입력 받아 float에 저장하도록 고쳐보자. 일부 입력에 대한 두 프로그램의 출력을 비교해보자. 결과가 같은가? 꼭 같아야 하는가? 다른 점은 무엇인가?

6. 사용자에게 정수 값 세 개를 입력하라는 프롬프트를 출력하고, 이 값을 쉼표로 구분해서 숫자 순서대로 출력하는 프로그램을 작성하자. 예를 들어 10과 4, 6이 입력되면 4, 6, 10을 출력한다. 두 값이 같으면 서로 인접한 순서로 출력한다. 예를 들어 입력이 4 5 4라면 4, 4, 5를 출력한다.

7. 6번 연습문제의 정수 세 개를 문자열 세 개로 바꿔보자. 예를 들어 사용자가 Steinbeck과 Hemingway, Fitzgerald를 입력하면 Fitzgerald, Hemingway, Steinbeck을 출력한다.

8. 주어진 정수 값이 홀수인지 짝수인지 확인하는 프로그램을 작성하자. 출력이 명확하고 완전한지 항상 확인해야 한다. 즉, 출력의 형태가 단순히 네나 아니요가 아니라 4는 짝수 입니다처럼 스스로 완결성을 갖춰야 한다. 힌트: 3.4절의 나머지modulo 연산자를 참고하라.

9. 영어 스펠링을 숫자로 바꾸는 프로그램을 작성하자(예, "zero"와 "two"를 0과 2로). 사용자의 입력을 0과 1, 2, 3, 4 중 대응하는 숫자로 변환하자. 그리고 바보 같은 컴퓨터!처럼 숫자로 바꿀 수 없다면 숫자가 아님을 출력한다.

10. 다음과 같이 연산자와 두 피연산자를 입력받아 결과를 출력하는 프로그램을 작성하자.

```
+ 100 3.14
* 4 5
```

연산자를 operation이라는 문자열 변수에 대입하고, if (operation=="+")와 같은 if문 으로 사용자가 어떤 연산을 원하는지 가려내자. 두 피연산자는 double 타입 변수에 저장 하고, +와 -, *, /, plus, minus, mul, div 등의 연산을 의미에 맞게 구현하자.

11. 페니(1센트)와 니켈(5센트), 다임(10센트), 쿼터(25센트), 하프 달러(50센트), 달러(100센트) 개수를 입력하라는 프롬프트를 출력하는 프로그램을 작성하자. "몇 페니를 가지고 계세요?"처럼 각 단위의 동전 개수를 따로 물어봐야 한다. 그리고 프로그램에서 다음과 같은 내용을 출력한다.

```
You have 23 pennies.
You have 17 nickels.
You have 14 dimes.
You have 7 quarters.
You have 3 half dollars.
The value of all of your coins is 573 cents.
```

여기서 더 나아가 동전이 하나인 경우 문법에 맞게 출력해보자. 예를 들어 14 dimes나 1 dime(1 dimes가 아닌)처럼 출력하자. 그리고 합계를 달러와 나머지 센트로 표시하자. 즉, 573 cents가 아니라 $5.73으로 출력한다.

붙이는 말

타입 안전성의 중요함을 과소평가하지 말자. 타입은 정확한 프로그램의 핵심이며, 6장과 9장, II부, III부, IV부에서 보듯이 프로그램을 구성하는 가장 효율적인 기법들 중 일부는 타입의 설계와 활용에 의존한다.

4

계산

"정확한 결과가 필요하지 않다면 얼마든지
빠르게 만들 수 있다."

– 제럴드 M. 와인버그(Gerald M. Weinberg)

4장에서는 계산computation의 기초를 다룬다. 특히 여러 피연산자를 조합해 계산을
수행하는 방법(구문)과 여러 대안 중에 한 가지 행동을 택하는 방법(선택), 일련의
값들에 반복적으로 계산을 수행하는 방법(반복iteration)을 설명한다. 특정 하위 계산 과
정에 이름을 붙여 구별하는 방법(함수)도 다룬다. 우리의 주요 목적은 일련의 계산을
정확하고 잘 조직화된 프로그램으로 표현하는 데 있다. 그리고 더 현실적인 계산을
수행할 수 있도록 일련의 값들을 저장할 수 있는 vector 타입을 소개한다.

4.1 계산

프로그램을 바라보는 여러 관점 중 하나에서 보면 프로그램이 하는 일은 그저 계산뿐이다. 즉, 어떤 입력을 받아 그에 대한 출력을 생성한다. 결국 프로그램을 구동하는 하드웨어도 컴퓨터(직역하면 계산기)라고 하지 않는가? 입력과 출력의 종류를 광범위하게 정의하면 이런 관점이 정확하고 합리적이라 할 수 있다.

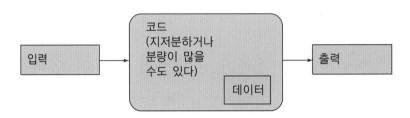

입력은 키보드와 마우스, 터치스크린, 파일, 기타 입력 장치, 다른 프로그램, 동일한 프로그램의 다른 부분에서 올 수 있다. 기타 입력 장치에는 음악 키보드와 동영상 녹화기, 네트워크 연결, 온도 센서, 디지털 카메라 이미지 센서 등을 비롯한 매우 흥미로운 입력 출처가 포함되며, 그 다양성은 실로 무한하다.

프로그램은 일반적으로 입력을 처리하는 데 필요한 데이터를 포함하며, 이를 일컬어 **자료구조**data structure나 **상태**state라고 한다. 예를 들어 달력 프로그램은 각 나라의 공휴일 목록과 사용자의 약속 목록을 포함할 수 있다. 그러한 데이터 중 일부는 프로그램이 시작할 때부터 프로그램의 일부였을 수도 있고, 프로그램이 입력을 읽어 들이면서 추출한 유용한 정보를 쌓아둔 것일 수도 있다. 달력 프로그램은 사용자가 주는 입력에서 약속 목록을 생성한다. 특정 달이나 일자별로 일정을 조회하는 요청(일반적으로 마우스 클릭)과 (키보드로 정보를 입력해서) 약속을 추가하는 일 등도 주요한 입력이라 할 수 있다. 반면 화면에 표시한 달력과 일정, 버튼, 달력 프로그램이 화면에 표시하는 입력 요청 프롬프트 등은 출력에 속한다.

입력의 출처가 다양하듯이 출력의 목적지도 광범위하다. 출력의 목적지는 화면과 파일, 네트워크 연결, 기타 출력 장치, 다른 프로그램, 동일한 프로그램의 다른 부분이 될 수 있다. 기타 출력 장치로는 네트워크 인터페이스와 음악 신디사이저synthesizer, 전자 모터, 발광 소자, 발열 소자 등이 될 수 있다.

프로그래밍의 관점에서 가장 중요하고 흥미로운 입출력 출처는 '다른 프로그램'과 '같은 프로그램의 다른 부분'이며, 이 책의 나머지 부분에서는 대부분 후자(동일한 프로그램의 다른 부분)의 경우를 다룬다. 프로그램을 어떻게 서로 협력하는 여러 부분의 집합으로 표현하는가? 각 부분들 사이에서 어떻게 데이터를 공유하고 교환하는가? 이런 질문이 바로 프로그래밍의 핵심이라 할 수 있다. 이를 그림으로 나타내면 다음과 같다.

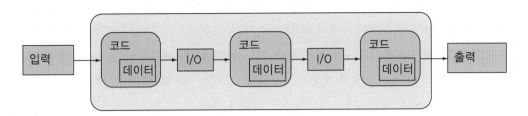

I/O는 입출력^{input/output}의 줄임말이다. 이 그림에서는 한 부분의 출력이 다른 부분의 입력이 된다. '프로그램의 서로 다른 부분들'이 공유하는 무언가는 메인 메모리상의 데이터나 영속적인 저장 장치(디스크), 네트워크 연결을 통해 전송한 데이터 등이 될 수 있다. 그리고 '프로그램의 한 부분'이란 입력 인자 집합으로부터 결과를 생성하는 함수(예, 부동소수점 수를 입력받아 제곱근을 구하는 함수)나 물리적 객체에 대한 연산을 수행하는 함수(예, 화면에 직선을 그리는 함수), 프로그램 내부의 표^{table}에 수정을 가하는 함수(예, 고객 명단에 이름을 추가하는 함수) 등이 될 수 있다.

입력과 출력은 일반적으로 컴퓨터 내부/외부를 오가는 정보를 가리키지만, 앞에서 봤듯이 프로그램의 서로 다른 부분에서 생성돼 그 사이를 오가는 정보를 나타낼 수도 있다. 여기서 프로그램의 한 부분에 주어지는 입력을 인자^{argument}라고 하며, 프로그램의 한 부분이 생성한 출력은 결과^{result}라고 한다.

계산이란 주어진 입력을 바탕으로 출력을 생성하는 과정이다. 예를 들어 인자 7(입력)에 square(4.5절 참고)라는 계산(함수)을 적용해 49라는 결과(출력)를 얻을 수 있다. 한 가지 흥미로운 사실은, 1950년대까지 컴퓨터라는 단어는 회계사나 항해사, 물리학자처럼 계산을 하는 사람이라는 의미였다는 점이다. 오늘날에는 대부분의 계산을 다양한 형태의 컴퓨터(기계)에 맡기며, 그중 가장 단순한 형태가 바로 휴대용 계산기다.

4.2 목적과 도구

프로그래머라는 직업의 목적은 계산 과정을 다음과 같은 방법으로 표현하는 데 있다.

- 정확하게
- 단순하게
- 효율적으로

위의 세 가지 항목의 순서에 주목하자. 프로그램이 아무리 빨라도 결과가 올바르지 않다면 아무런 의미가 없다. 마찬가지로 정확하고 효율적인 프로그램이라도 너무 복잡하다면 새로운 버전을 출시할 때 전체적인 수정을 가해야 할 수도 있다. 유용한 프로그램일수록 새로운 요구 사항과 하드웨어 등을 고려한 수정이 필요하다는 사실을 기억하자. 예를 들어 한 지역의 학교에서 아이들에게 기본적인 산수를 가르칠 수 있는, 완벽하지만 내부 구조가 지저분한 프로그램을 만들었다고 하자. 아이들과 소통하려면 어떤 언어를 써야 할까? 영어? 영어와 스페인어 모두? 그 프로그램을 핀란드에서 사용하려면 어떻게 해야 할까? 쿠웨이트에서는? 여러분은 아이들과 소통하는 (자연) 언어를 어떻게 바꿔야 할까? 프로그램의 내부 구조가 복잡하면 사용자와 소통하는 데 필요한 언어를 변경하는 간단한 작업(대부분의 경우 실제로는 매우 어려운 작업이다)조차도 감당하기 어려운 일이 될 수 있다.

누군가가 사용할 코드를 작성하는 순간부터, 그리고 그 일을 훌륭하게 해내야 한다는 책임을 받아들이는 순간부터 우리는 정확성과 단순성, 효율성이라는 숙제에 맞닥트린다. 즉, 전문가가 되려면 그에 대한 책임을 져야 한다는 말이다. 실용적인 관점에서 말하자면 그냥 돌아가는 코드를 아무렇게나 휘갈길 수 없다는 말이다. 하지만 모순적이게도 구조를 생각하고 '코드의 품질'을 고려하는 일이 작업을 빠르게 끝내는 지름길이기도 하다. 프로그래밍을 잘 했다면 그러한 고려 덕분에 프로그래밍에서 가장 힘든 과정, 바로 디버깅을 최소화할 수 있다. 즉, 개발 과정에서 구조를 잘 설계했다면 실수의 개수와 오류를 찾아 고치는 데 들이는 시간을 최소화할 수 있다.

이처럼 프로그램을 잘 조직화할 때, 그리고 프로그램으로 작성할 우리의 생각을 잘 정리하고자 할 때 사용할 수 있는 방법이 큰 계산을 작은 다수의 과정으로 나누는 방법이다. 이 기술에는 다음과 같은 두 가지가 포함된다.

- **추상화**(abstraction) 직접 사용할 필요가 없는 상세한 내부 동작(상세 구현)은 편리하고 일반적인 인터페이스 뒤에 숨긴다. 예를 들어 전화번호부의 내용을 어떻게 정렬(정렬만을 주제로 출간된 두꺼운 책이 여럿 있다)할지 고민할 필요 없이 C++ 표준 라이브러리의 sort 알고리즘을 호출할 수 있다. 정렬을 할 때 우리가 알아야 할 내용은 그 알고리즘을 호출하는 방법뿐이다. 즉, 호출문 sort(b)에서 b는 전화번호부를 가리키고, sort()는 **std_library.h**에 정의된 표준 라이브러리의 sort 알고리즘(21.8절과 B.5.4절)의 변형(21.9절)이라는 점만 알면 된다. 컴퓨터 메모리를 사용하는 방식에서도 예를 찾아볼 수 있다. 메모리에 직접 접근하는 일은 매우 복잡하므로, 특정 타입의 명명된 변수(3.2절)와 표준 라이브러리의 vector(4.6절, 17~19장), map(21장) 등을 사용한다.

- **분할 정복**(divide and conquer) 덩치 큰 문제는 더 작은 문제 여러 개로 나눈다. 예를 들어 사전을 만드는 작업은 데이터를 읽고, 읽은 데이터를 정렬하고, 정렬한 데이터를 출력

하는 세 가지 작업으로 나눌 수 있으며, 이 세 가지 작업 각각은 원래 작업보다 훨씬 작다.

이런 접근법이 왜 도움이 될까? 여러 부분으로 이뤄진 프로그램은 최적화된 한 덩어리의 프로그램보다 약간 더 클 텐데 말이다. 그 이유는 우리가 덩치 큰 문제를 매우 잘 다루지 못한다는 데 있다. 프로그래밍뿐만 아니라 다른 분야에서도 사람들은 덩치 큰 문제에 직면하면 쉽게 이해하고 풀 수 있을 정도의 크기가 될 때까지 문제를 훨씬 더 잘게 나눈다. 프로그래밍의 관점에서 1000줄짜리 프로그램은 100줄짜리 프로그램보다 10배 많은 오류를 포함하므로, 1000줄짜리 프로그램을 100줄짜리 여러 부분으로 나눠야 한다. 10,000,000줄 정도의 큰 프로그램이라면 추상화와 분할 정복은 선택이 아니라 필수적인 요구 사항이 된다. 게다가 우리는 이렇게 큰 프로그램을 한 덩어리로 작성하고 관리할 수 없다. 이 책의 나머지 부분은 더 작은 부분으로 나눠야 할 다수의 문제를 예시하고, 그에 필요한 도구와 기술을 함께 살펴보는 과정이라고 할 수 있다.

프로그램을 분할할 때는 어떤 도구를 사용해서 분할된 각 부분 자체와 각 부분 사이의 통신을 표현할 수 있는지 항상 고려해야 한다. 예를 들어 아이디어를 표현하는 데 필요한 유용한 기능을 제공하는 라이브러리는 프로그램의 각 부분에 기능을 분산시키는 방식에 지대한 영향을 준다. 가만히 등을 대고 앉아 프로그램을 분할하는 최선의 방법을 상상할 수 없으며, 각 부분 자체와 그 사이의 의사소통을 표현할 수 있는 라이브러리로 무엇이 있는지 살펴야 한다는 말이다. 아직은 실감하지 못하겠지만, C++ 표준 라이브러리를 비롯한 기존 라이브러리를 사용하면 프로그래밍뿐만 아니라 테스트와 문서화에 있어서도 많은 일을 줄일 수 있다. iostream을 이용하면 하드웨어의 입출력 포트를 직접 제어하는 수고를 덜 수 있는데, 추상화를 바탕으로 프로그램을 분할하는 첫 번째 예시라고 할 수 있다. 앞으로의 모든 장에서 더 많은 예를 볼 수 있다.

지금까지 구조와 조직화를 강조했다. 긴 코드를 작성하는 일만으로 좋은 코드를 만들 수 없다는 말이다. 왜 지금 이런 얘기를 하는 걸까? 여러분(적어도 대부분의 독자)은 아직까지 코드란 무엇인지 잘 알지 못하며, 누군가의 삶과 일상을 책임질만한 코드를 작성하려면 몇 달은 족히 걸리기 때문이다. 즉, 올바른 학습의 일환으로 구조와 조직화를 강조하고자 한다. 소프트웨어 개발에 있어 추상적이고 개념적인 부분을 건너뛰고, 나머지 장들에서 설명하는 내용처럼 프로그래밍에 있어서 당장 손에 잡히는 유용한 부분만 배우고 싶은 유혹이 클 수 있다. 하지만 훌륭한 프로그래머와 시스템 설계자라면 구조에 대한 고려가 좋은 소프트웨어의 핵심이며, 구조를 무시하면 엄청나게 큰 한 덩어리의 프로그램이 만들어진다는 사실을 잘 알고 있다(혹독한 경험으로부터 배우는 경우도 있다).

구조가 없는 프로그램은 진흙 벽돌로 지은 집에 비유할 수 있다. 집을 지을 순 있지만,

15층까지 쌓아 올릴 수는 없다(진흙 벽돌엔 그럴 만한 구조적 강도가 없다). 어느 정도 영속적인 무언가를 만들고 싶은 야심이 있다면 반복되는 실패에서 교훈을 얻기보다 개발 과정에서 코드의 구조와 조직화를 지속적으로 고려해야 한다.

4.3 표현식

표현식expression은 프로그램의 가장 기본적인 구성 요소로서 피연산자의 값으로부터 결과 값을 계산한다. 10, 'a', 3.14, "Norah" 등의 리터럴 값도 가장 단순한 형태의 표현식에 속한다.

변수의 이름도 표현식이며, 변수는 해당 이름으로 명명된 객체를 가리킨다. 아래 예제를 보자.

```
// 넓이 계산:
int length = 20;          // 정수 리터럴(을 이용한 변수 초기화)
int width = 40;
int area = length*width;  // 곱셈
```

리터럴 20과 40으로 변수 length와 width를 초기화했다. 다음으로 length와 width를 곱했다. 즉, length와 width가 가리키는 값을 곱했다. 여기서 length는 'length라는 이름의 객체에 저장된 값'을 짧게 줄인 표현이다. 아래 코드도 살펴보자.

```
length = 99;       // length에 99를 대입
```

여기서 왼쪽 피연산자로 쓰인 length는 '이름이 length인 객체'를 말하며, 전체 대입 표현식은 "이름이 length인 객체에 99를 저장하라"로 해석할 수 있다. 대입이나 초기화의 왼쪽 피연산자로 쓰인 length('length의 lvalue' 혹은 '이름이 length인 객체')와 오른쪽 피연산자로 쓰인 length('length의 rvalue' 혹은 '이름이 length인 객체의 값', 간단하게는 'length의 값')를 구별해야 한다. 이런 관점에서 변수를 이름표가 붙은 상자로 표현하면 도움이 될듯하다.[1]

즉, 값 99를 저장하고 있는 int 타입의 객체 이름이 바로 length다. 때에 따라 (lvalue로 쓰인 경우에는) length가 상자(객체)를 가리키며, (rvalue로 쓰인 경우에는) length가 상자 안의 값을 가리키기도 한다.

---

1. lvalue는 대입문의 왼쪽에 올 수 있는 객체(left side value)를 가리키는 표현식, 즉 값을 대입할 수 있는 모든 표현식을 말한다. 반면 rvalue는 대입문의 오른쪽에 올 수 있는 객체(right side value)을 가리키는 표현식, 즉 어떤 값이나 객체를 결과로 반환하는 모든 표현식을 말한다. – 옮긴이

지금까지 했듯이 +나 * 같은 연산자를 조합해 더 복잡한 표현식을 만들 수도 있다. 필요하다면 괄호를 이용해 표현식을 묶을 수도 있다.

```
int perimeter = (length+width)*2;          // 더하기를 한 후에 곱하기를 한다.
```

괄호가 없다면 다음과 같이 써야 한다.

```
int perimeter = length*2+width*2;
```

하지만 이런 방식은 지저분할 뿐 아니라 다음과 같은 실수를 할 수도 있다.

```
int perimeter = length+width*2;            // length에 width*2를 더함
```

이런 오류가 바로 논리적 오류로, 컴파일러로는 찾아낼 수 없다. 컴파일러 입장에서 perimeter는 유효한 표현식으로 초기화된 변수일 뿐이다. 표현식의 결과가 틀렸다면 그건 여러분의 책임이다. 여러분은 perimeter둘레의 수학적 의미를 알지만, 컴파일러는 모르기 때문이다.

수학의 일반적인 연산자 우선순위가 여기서도 적용되므로, length+width*2는 length+(width*2)를 의미한다. 마찬가지로 a*b+c/d는 a*(b+c)/d가 아니라 (a*b)+(c/d)를 말한다. A.5절에서 우선순위 표를 참고하자.

괄호를 사용할 때 첫 번째 원칙은 "의심스럽다면 괄호를 써라"지만, 그 전에 a*b+c/d의 의미가 의심스럽지 않게 표현식을 충분히 학습하자. (a*b)+(c/d)처럼 괄호를 과도하게 사용하면 가독성을 떨어뜨린다.

왜 가독성을 고려해야 할까? 여러분 스스로는 물론이고 다른 사람들이 여러분의 코드를 읽을 때 지저분한 코드는 읽고 이해하기 어렵다. 뿐만 아니라 오류를 포함하고 있을 가능성이 크고, 고치기도 훨씬 어렵다. 그리고 지저분한 코드가 정확한지 여러분 스스로나 다른 누군가에게 확신시키기도 어렵다. 따라서 다음과 같이 지나치게 복잡한 표현식은 피해야 하며, 의미 있는 이름을 선택해야 한다.

```
a*b+c/d*(e-f/g)/h+7 // 너무 복잡함
```

4.3.1 상수 표현식

프로그램에서는 일반적으로 상수constant를 많이 사용한다. 예를 들어 기하학적인 프로그램에서는 pi(파이)를 사용하고, 인치inch를 센티미터centimeter로 변환하는 프로그램은 2.54와 같은 변환 비율을 사용한다. 여기서 확실한 사실은 상수에 의미 있는 이름을 붙이길 원한다는 점이다(3.14159 대신 pi라고 부르듯이). 마찬가지로 상수를 변경하는 실수를 하지 않기를 바란다. 결론

적으로 C++에서는 초기화를 수행한 후에는 새로운 값을 대입할 수 없는 객체인 기호 상수 symbolic constant를 제공한다.

```
constexpr double pi = 3.14159;
pi = 7;                      // 오류: 상수에 대입을 시도함
double c = 2*pi*r;           // OK: pi의 값을 읽을 뿐 값을 바꾸지는 않음
```

이처럼 상수는 코드의 가독성 유지에 도움을 준다. 코드에서 pi를 발견하면 3.14159의 근사치임을 바로 알 수 있지만, 299792458을 보고 그 뜻을 알 수 있을까? 그리고 누군가가 pi가 12자리의 정밀도를 갖도록 수정을 요구한다면 어떨까? 코드에서 3.14를 찾을 수는 있지만, 누군가가 부주의하게도 22/7을 사용했다면 찾기 어렵다. 더 정밀한 값을 지정할 때는 다음과 같이 pi의 정의를 변경하는 편이 훨씬 낫다.

```
constexpr double pi = 3.14159265359;
```

결론적으로 (0과 1처럼 매우 명확한 경우를 제외하고) 코드의 어디서든 리터럴 사용을 피해야 한다. 그 대신 설명적인 이름의 상수를 사용하자. (기호 상수를 정의하는 부분을 제외한) 코드에서 사용된 명확하지 않은 리터럴을 우스갯소리로 마법의 상수magic constants라고 부르기도 한다.

C++는 case 레이블label(4.4.1.3절)을 비롯한 일부 위치에서 정수 값을 반환하며, 상수들로만 이뤄진 상수 표현식을 요구한다. 아래 예를 보자.

```
constexpr int max = 17;      // 리터럴은 상수 표현식임
int val = 19;

max+2                        // (const int와 리터럴을 조합한) 상수 표현식
val+2                        // 상수 표현식이 아님: 변수를 사용함
```

이제야 말하지만 299792458은 진공 상태에서 측정한 빛의 속도를 초당 미터로 나타낸 숫자다. 이 숫자를 바로 인식하지 못했다면 코드에 포함된 다른 리터럴도 코드를 읽는 속도를 느리게 하고 혼란을 주지 않을까? 그래서 마법의 상수를 피해야 한다!

constexpr로 정의하는 기호 상수는 반드시 컴파일 시점에 값을 알 수 있어야 한다.

```
constexpr int max = 100;

void use(int n)
{
    constexpr int c1 = max+7;    // OK: c1은 107
    constexpr int c2 = n+7;      // 오류: c2의 값을 모름
    // ...
}
```

컴파일 시점에 값을 미리 알 수 없는 변수로 초기화하지만, 초기화 이후로는 값을 변경할 수 없게 하고 싶다면 C++의 또 다른 상수 표현인 const를 사용한다.

```
constexpr int max = 100;

void use(int n)
{
    constexpr int c1 = max+7;    // OK: c1은 107
    const int c2 = n+7;          // OK, 그러나 c2의 값을 바꿀 수는 없음
    //...
    c2 = 7;                      // 오류: c2는 const
}
```

이러한 'const 변수'는 다음과 같은 두 가지 경우에 널리 쓰인다.

- C++ 98에는 constexpr이 없으므로 const를 사용
- 상수 표현식이 아니지만(컴파일 시점에 값을 알 수 없지만), 초기화 이후로는 값을 변경할 수 없는 변수가 필요한 경우

4.3.2 연산자

지금까지 가장 간단한 연산자만 사용했지만, 복잡한 연산을 표현하려면 더 많은 연산자가 필요하다. 대부분의 연산자는 관례적으로 사용하기 때문에 필요한 경우에만 설명한다. 그리고 여러분이 필요하다면 자세한 내용을 찾아볼 수 있다. 가장 일반적인 연산자는 다음과 같다.

	이름	설명
f(a)	함수 호출	f에 a를 인자로 전달
++lval	전치 증가	증가 연산을 수행한 후 증가된 값을 사용
--lval	전치 감소	감소 연산을 수행한 후 감소된 값을 사용
!a	부정	결과는 bool 타입
-a	단항 음수	
a*b	곱셈	
a/b	나눗셈	
a%b	나머지	정수 타입에만 적용
a+b	덧셈	
a-b	뺄셈	
out<<b	b를 out에 출력	out은 ostream 타입
in>>b	in에서 b로 입력	in은 istream 타입

(이어짐)

	이름	설명
a<b	작다	결과는 bool 타입
a<=b	작거나 같다	결과는 bool 타입
a>b	크다	결과는 bool 타입
a>=b	크거나 같다	결과는 bool 타입
a==b	같다	=와 혼동하지 않게 주의
a!=b	같지 않다	결과는 bool 타입
a&&b	논리곱(logical and)	결과는 bool 타입
a||b	논리합(logical or)	결과는 bool 타입
lval=a	대입	==와 혼동하지 않게 주의
lval*=a	복합 대입	lval=lval*a; /, %, +, -도 동일함

연산자가 피연산자를 변경하는 경우에 lval(대입문의 왼쪽에 있는 값이라는 의미)로 표기했다. 전체 목록은 A.5절에서 볼 수 있다.

&&(논리곱)과 ||(논리합), !(부정) 등의 논리 연산자 사용 예는 5.5.1절과 7.7, 7.8.2, 10.4절에서 찾을 수 있다.

그리고 a<b<c는 (a<b)<c를 의미하며, a<b의 연산 결과는 불리언^boolean 타입, 즉 true나 false라는 사실을 기억하자. 따라서 a<b<c는 true<c나 false<c와 동일하다. 결국 a<b<c는 많은 사람들이 당연하게 여기는 "b가 a와 c 사이에 있는가?"라는 의미가 아니다. 그러므로 a<b<c는 기본적으로 쓸모없는 표현이다. 이처럼 두 비교 연산을 잇달아 사용하지 말자. 누군가의 코드에서 이런 표현을 발견한다면 심히 의심할 만하다. 오류일 확률이 매우 크다.

증가는 다음과 같이 세 가지로 표현할 수 있다.

```
++a
a+=1
a=a+1
```

어떤 표현을 사용해야 할까? 왜 그런가? ++a가 증가라는 의미를 가장 직접적으로 표현하므로 ++a를 사용하자. 즉, 연산의 수행 방법(1을 a에 더하고 결과를 a에 저장)이 아니라 우리가 하고자하는 일(a를 증가) 자체를 표현한다. 일반적으로 프로그램에서 무언가를 표현할 때는 아이디어를 직접적으로 표현하는 방식을 선택해야 한다. 이렇게 하면 코드를 쉽게 읽고 이해할 수 있다. a=a+1을 사용하면 정말 a를 1 증가시키려고 하는지 알기 어렵다. a=b+1이나 a=a+2 심지어 a=a-1을 잘못 썼을 수도 있다. 하지만 ++a는 그런 의심의 여지가 훨씬 적다. 한 가지 알아둘 사실은 이러한 논의가 가독성과 정확성에 대한 논리적 논쟁일 뿐 효율성 관점에서는 논쟁의 여지가 없다는 사실이다. 일반적인 믿음과 달리 최근 컴파일러는 a가 기본 내장형 타입인 경우 a=a+1과 ++a를 정확히 동일한 목적 코드로 변환한다. 마찬가지 이유로 a=a*scale보다 a*=scale을 사용하자.

4.3.3 변환

한 표현식에서 여러 타입을 함께 사용할 수 있다. 예를 들어 2.5/2에서는 double을 int로 나눈다. 이 표현식의 의미는 무엇일까? 여기서 수행한 연산은 부동소수점 나눗셈일까, 정수 나눗셈일까? 정수 나눗셈은 나머지를 버리므로 5/2의 결과는 2다. 반면에 부동소수점 나눗셈에서는 버려야 할 나머지가 없으므로 5.0/2.0은 2.5다. 이런 관점에서 "2.5/2가 정수 나눗셈인가, 부동소수점 나눗셈인가?"라는 질문에 대한 가장 명확한 답은 "정보 손실을 막을 수 있는 부동소수점 나눗셈이다"라고 할 수 있다. 1보다 1.25라는 결과를 원한다면 바라던 대로 1.25라는 값을 얻을 수 있다. (우리가 지금까지 다룬 타입에 있어서) 일반적으로 연산자의 피연산자 중 하나가 double 타입이면 결과를 double로 생성하는 부동소수점 산술 연산을 한다는 규칙을 따른다. 그렇지 않은 경우에만 int를 결과로 생성하는 정수 산술 연산을 한다.

> 5/2는 2(2.5가 아님)
> 2.5/2는 2.5/double(2)를 의미함. 즉, 1.25
> 'a'+1은 int{'a'}+1을 의미

type(value)와 type{value}는 "타입이 type인 변수를 value의 값으로 초기화할 때처럼 value를 type으로 변환하라"는 의미다. 즉, 필요하다면 int 피연산자를 double로, char 피연산자를 int로 변환(확장)하라는 말이다. type{value} 표기는 축소 변환(3.9.2절)을 방지할 수 있지만 type(value)는 그렇지 않다. 결과를 계산한 후에는 초기 값이나 대입문의 우측에 사용하기 위해 다음과 같이 (다시) 변환을 수행한다.

```
double d = 2.5;
int i = 2;

double d2 = d/i;        // d2 == 1.25
int i2 = d/i;           // i2 == 1
int i3 {d/i};           // 오류: double -> int는 축소 변환(§3.9.2)

d2 = d/i;               // d2 == 1.25
i2 = d/i;               // i2 == 1
```

부동소수점 피연산자를 포함한 표현식에서도 정수 나눗셈이 일어날 수 있다는 사실을 명심하자. 섭씨를 화씨로 바꾸는 공식 f = 9/5 * c + 32를 다음과 같이 작성했다고 하자.

```
double dc;
```

```
cin >> dc;
double df = 9/5*dc+32;      // 주의!
```

불행히도 위의 코드는 정확한 온도 단위 변환을 수행하지 않는다. 9/5의 결과가 우리가 원하는 1.8이 아니라 1이기 때문이다. 코드를 수학적으로 정확하게 바꾸려면 다음과 같이 9나 5(혹은 모두)를 double로 변경해야 한다.

```
double dc;
cin >> dc;
double df = 9.0/5*dc+32;    // 개선된 코드
```

4.4 구문

표현식은 여러 개의 피연산자와 4.3절에서 언급한 연산자를 이용해서 결과 값을 계산한다. 그렇다면 여러 개의 결과 값을 계산해야 한다면 어떻게 해야 할까? 무언가를 여러 번 반복해서 수행해야 한다면? 여러 대안 중 하나를 선택해야 한다면? 입력을 받거나 출력을 내보내야 한다면? 다른 언어와 마찬가지로 C++에서도 **구문**statement이라고 하는 언어 구성 요소를 이용해 이러한 경우들을 표현할 수 있다.

지금까지는 표현식 구문과 선언 구문의 두 가지 구문을 살펴봤다. 표현식 구문은 말 그대로 다음과 같이 세미콜론으로 끝나는 표현식을 말한다.

```
a=b;
++b;
```

위에서 두 가지 표현식을 예로 들었는데 =가 대입 연산자이므로 a=b는 자체로 표현식이지만, 이 표현식이 구문이 되려면 그 끝에 세미콜론을 붙여서 a=b;가 돼야 한다. 왜 세미콜론이 필요할까? 그 이유는 기술적인 요인이 크다. 예를 들어 다음과 같다.

```
a = b ++ b;      // 문법 오류 : 세미콜론이 없음
```

세미콜론이 없으면 컴파일러는 우리의 의도가 a=b++; b;와 a=b; ++b; 중 무엇인지 알 수 없다. 이런 문제는 컴퓨터 언어에만 국한되지 않는다. "man eating tiger!"라는 문장을 생각해보자. 누가 누구를 먹는다는 말인가? 이런 모호함을 없애려면 "man-eating tiger!"처럼 구두점(하이픈)이 필요하다.[2]

다음과 같이 여러 구문이 연달아 있으면 컴퓨터는 작성된 순서대로 구문을 실행한다.

---

2. 사람(man)이 호랑이(tiger)를 먹는 건지, 호랑이가 사람을 먹는 건지 애매한 영어 표현이다. 우리말로 하자면 "아버지 가방에 들어가신다" 정도로 생각하면 되겠다. – 옮긴이

```
int a = 7;

cout << a << '\n';
```

위에서는 초기화를 포함한 선언문이 출력 표현식 구문보다 먼저 실행된다.

일반적으로 구문에는 어떤 효과가 있어야 한다. 다음과 같이 아무 효과도 없는 구문은 대부분 쓸모없는 구문이다.

```
1+2;      // 덧셈을 수행한 결과를 사용하지 않음
a*b;      // 곱셈을 수행한 결과를 사용하지 않음
```

이처럼 효과 없는 구문은 대개 논리 오류이며, 컴파일러가 경고를 남긴다. 즉, 표현식 구문은 대체적으로 대입문과 I/O 구문, 함수 호출문 중의 하나다.

이제 아직 살펴보지 않은 '빈 구문empty statement'이라는 구문을 설명할 차례다. 다음 코드를 보자.

```
if (x == 5);
{ y = 3; }
```

위 코드는 거의 확실히 오류처럼 보인다. 첫 줄의 ;이 그곳에 있으면 안 된다. 하지만 불행히도 C++에서는 이 코드가 적법하다. 이런 구문을 빈 구문이라고 하며, 아무런 일도 하지 않는다. 물론 드물게 세미콜론 앞의 빈 구문이 유용한 경우도 있다. 하지만 위의 경우에서는 거의 오류임이 확실한 코드가 컴파일러에게는 적법하기 때문에 컴파일러가 오류를 경고하지 않고 오류를 찾아내기도 훨씬 더 어려워지는 불행한 결과를 낳는다.

이 코드를 실행하면 어떻게 될까? 컴파일러는 x의 값이 5인지 검사한다. 이 조건이 만족되면 아무 효과도 없는 그 다음 구문(빈 구문)을 실행한다. 그리고 프로그램은 (원래 의도라면 x가 5인 경우에만 실행해야 할) 다음 줄을 실행해 3을 y에 대입한다. 다른 말로 하자면 if의 결과에 상관없이 항상 y의 값에 3을 대입한다. 초보 프로그래머에게는 이런 오류가 흔하지만, 이런 오류는 찾아내기 어려우므로 조심하자.

다음 절에서는 구문을 작성된 순서 그대로 실행하지 않고 구문의 실행 순서를 조절함으로써 더 흥미로운 계산을 가능케 하는 구문을 알아보자.

4.4.1 선택

우리 삶과 마찬가지로 프로그램 안에서도 여러 대안 중 하나를 선택해야 할 때가 있다. 이런 경우에 C++에서는 if 구문이나 switch 구문을 사용할 수 있다.

4.4.1.1 if 구문

선택의 가장 단순한 형태로 다음과 같이 두 가지 대안 중 하나를 선택하는 if 구문을 들 수 있다.

```
int main()
{
    int a = 0;
    int b = 0;
    cout << "정수 두 개를 입력하세요\n";
    cin >> a >> b;

    if (a<b)   // 조건
            // 첫 번째 대안 (조건이 참 일 때 수행됨):
    cout << "max(" << a << "," << b <<") is " << b <<"\n";
  else
            // 두 번째 대안 (조건이 거짓 일 때 수행됨):
    cout << "max(" << a << "," << b <<") is " << a << "\n";
}
```

if 구문은 두 대안 중 하나를 선택한다. 주어진 조건이 참이면 첫 번째 대안을 실행하고, 그렇지 않으면 두 번째 대안을 실행한다. 프로그래밍 언어 기능의 대부분이 그러하듯 if 구문도 간단하다. 사실 대부분의 프로그래밍 언어의 기본 기능이 초등학교, 아니 그 전에 배운 사실을 다른 식으로 표현할 뿐이다. 예를 들어 유치원에서 신호등이 있는 길을 건널 때 신호등에 녹색 불이 켜질 때까지 기다렸다 건너라고 배운다. "신호등이 녹색이면 가고"와 "신호등이 붉은색이면 멈춘다"를 C++로 표현하면 다음과 같다.

```
if (traffic_light==green) go();
```

그리고

```
if (traffic_light==red) wait();
```

이처럼 기본적인 표기법은 간단하지만, 지나치게 단순한 생각으로 if 구문을 사용해선 안 된다. 다음 프로그램의 문제가 무엇인지 살펴보자(평소처럼 #include는 제외하고 생각하자).

```
// 인치를 센티미터로, 센티미터를 인치로 변환
// 접미사 'i'와 'c'로 입력의 단위를 지정함

int main()
{
    constexpr double cm_per_inch = 2.54;        // 인치당 센티미터
```

```
    double length = 1;              // 인치나 센티미터 단위의 길이
    char unit = 0;
    cout<< "길이 뒤에 단위를 지정하세요 (c나 i):\n";
    cin >> length >> unit;

    if (unit == 'i')
        cout << length << "in == " << cm_per_inch*length << "cm\n";
    else
        cout << length << "cm == " << length/cm_per_inch << "in\n";
}
```

사실 이 프로그램은 완벽히 의도대로 동작하진 않는다. 1i를 입력하면 1in == 2.54cm가, 2.54c를 입력하면 2.54cm == 1in가 출력된다. 연습 삼아 직접 시도해보자.

함정은 바로 잘못된 입력을 고려하지 못한 데 있다. 프로그램은 사용자가 올바른 값을 입력한다고 가정한다. 조건 unit=='i'는 unit이 'i'인 경우와 그렇지 않은 경우를 구별할 뿐 'c'를 검사하지 않는다.

사용자가 "이렇게 하면 어떻게 될까?"하는 생각으로 15f(피트 단위)를 입력하면 무슨 일이 생길까? 조건 (unit=='i')가 실패하고, 센티미터를 인치로 변환하는 else 부분(두 번째 대안)을 실행한다. 아마도 사용자가 'f'를 입력하면서 기대한 결과는 아닐 것이다.

따라서 잘못된 입력을 항상 검사해야 한다. 누군가는 결국(의도적이든 실수든) 잘못된 입력을 하기 때문이다. 사용자가 합리적이지 않더라도 프로그램은 합리적으로 동작해야만 한다.

위 프로그램의 개선된 버전은 다음과 같다.

```
// 인치를 센티미터로, 센티미터를 인치로 변환
// 접미사 'i'와 'c'로 입력의 단위를 지정함
// 그 외의 접미사는 오류
int main()
{
    constexpr double cm_per_inch = 2.54;      // 인치당 센티미터
    double length = 1;                        // 인치나 센티미터 단위의 길이
    char unit = ' ';                          // 공백은 단위가 아님
    cout<< "길이 뒤에 단위를 지정하세요 (c나 i):\n";
    cin >> length >> unit;

    if (unit == 'i')
        cout << length << "in == " << cm_per_inch*length << "cm\n";
    else if (unit == 'c')
        cout << length << "cm == " << length/cm_per_inch << "in\n";
    else
```

```
    cout << "죄송합니다. '" << unit << "'라는 단위는 모르겠군요.\n";
}
```

먼저 조건 unit=='i'를 검사한 후 조건 unit=='c'를 검사하고, 두 경우 모두 아니라면 "죄송합니다"를 출력한다. 언뜻 'else-if 구문'을 사용한 듯 보이지만, C++에는 그런 구문이 없다. 그 대신 예제에서는 if 구문 두 개를 조합했다. if 구문의 일반적 형태는 다음과 같다.

    if (표현식) 구문 else 구문

즉, if와 괄호로 묶인 표현식, 구문, else, 구문이 차례로 등장한다. 예제에서는 if 구문의 else 부분에 if 구문이 다시 나온 형태를 사용했다.

    if (표현식) 구문 else if (표현식) 구문 else 구문

따라서 예제 프로그램의 구조는 다음과 같이 정리할 수 있다.

```
if (unit == 'i')
    ...              // 첫 번째 대안
else if (unit == 'c')
    ...              // 두 번째 대안
else
    ...              // 세 번째 대안
```

이런 식으로 어떤 복잡한 검사도 수행할 수 있으며, 각 대안에 해당하는 구문을 작성하면 된다. 그러나 코드가 추구하는 이상은 복잡함이 아니라 단순함이라는 점을 명심하자. 가장 복잡한 코드를 작성해서 여러분의 영리함을 입증하기보다 주어진 일을 해내는 가장 단순한 코드를 작성함으로써 여러분의 우수성을 입증하자.

도전 과제

위의 프로그램을 참고해서 엔과 유로, 파운드를 달러로 변환하는 프로그램을 작성하자. 현실성을 추구하는 사람이라면 웹에서 환율을 찾아봐도 좋다.

4.4.1.2 switch 구문

사실 unit을 'i'나 'c'에 비교하는 방법은 여러 상수와 값을 비교해 그 중 하나를 선택하는 가장 일반적인 선택 구문의 예로, C++에서는 이를 위해 특별히 switch 구문을 제공한다. 이를 이용해서 앞의 예제를 재작성하면 다음과 같다.

```
int main()
```

```
{
    constexpr double cm_per_inch = 2.54;        // 인치당 센티미터
    double length = 1;                          // 인치나 센티미터 단위의 길이
    char unit = 'a';
    cout<< "길이 뒤에 단위를 지정하세요 (c나 i):\n";
    cin >> length >> unit;
    switch (unit) {
    case 'i':
        cout << length << "in == " << cm_per_inch*length << "cm\n";
        break;
    case 'c':
        cout << length << "cm == " << length/cm_per_inch << "in\n";
        break;
    default:
        cout << "죄송합니다. '" << unit << "'라는 단위는 모르겠군요.\n";
        break;
    }
}
```

switch 구문의 문법이 좀 예전 방식처럼 보일 수 있지만 중첩된 if 구문보다는 간단하다. 특히 비교할 상수가 여러 개인 경우에는 더욱 그렇다. switch 다음의 괄호 안에 주어진 값을 일련의 상수와 비교하는데, 각 상수는 case 레이블에 포함된다. 주어진 값이 특정 case 레이블의 상수와 일치하면 해당 case의 구문을 선택한다. 그리고 각 case는 break로 종료한다. 주어진 값이 어떤 case 레이블과도 같지 않으면 default 레이블의 구문을 선택한다. default 레이블을 꼭 명시해야 할 필요는 없지만, 가능한 모든 대안을 나열했다고 완벽히 자신하는 경우가 아니라면 default 레이블을 작성하는 편이 좋다. 혹시 여러분이 아직 깨닫지 못했다면 프로그래밍이 그 어떤 일도 완벽히 (옳다고) 확신하기는 어렵다는 사실을 체감하게 해 줄 것이다.

4.4.1.3 switch의 기술적 세부 사항

switch 구문의 기술적 세부 사항을 몇 가지 살펴보자.

1. switch로 비교하는 값은 반드시 정수나 char, 열거형^{enumeration}(9.5절) 타입이어야 한다. 특히 string은 switch로 비교할 수 없다는 점에 주의하자.
2. case 레이블의 값은 반드시 상수 표현식(4.3.1절)이어야 한다. 특히 case 레이블에 변수를 사용할 수 없다는 점에 주의하자.
3. 두 case 레이블에 같은 값을 지정할 수 없다.

4. 한 대안에 case 레이블 여러 개를 사용할 수 있다.

5. 각 case를 break로 끝낸다는 사실을 잊지 말자. 불행히도 컴파일러는 여러분이 이런 사실을 잊어도 경고하지 않는다.

아래 예를 살펴보자.

```cpp
int main()                     // 정수 등에만 switch 사용 가능
{
    cout << "생선 좋아하세요?\n";
    string s;
    cin >> s;
    switch (s) {               // 오류 : 주어진 값은 반드시 정수나 char, 열거형 타입이어야 함
    case "no":
        // ...
        break;
    case "yes":
        // ...
        break;
    }
}
```

string을 이용해서 선택을 해야 한다면 if 구문이나 map(21장)을 이용하자.

switch 구문은 상수 집합과 값을 비교하는 데 최적의 코드를 생성한다. 따라서 상수의 수가 많으면 if 구문을 여러 번 쓰는 코드보다 효율적이다. 하지만 이렇게 하려면 다음과 같이 case 레이블의 값이 반드시 서로 다른 상수여야 한다.

```cpp
int main()              // case 레이블은 상수여야 함
{
    // 여러 대안을 정의
    int y = 'y';         // 여기가 문제
    constexpr char n = 'n';
    constexpr char m = '?';
    cout << "생선 좋아하세요?\n";
    char a;
    cin >> a;
    switch (a) {
    case n:
        //...
        break;
    case y:             // 오류 : case 레이블에 변수 사용
        //...
```

```
            break;
        case m:
            //...
            break;
        case 'n':          // 오류 : 중복된 case 레이블 (상수 n의 값도 'n'임)
            //...
            break;
        default:
            //...
            break;
    }
}
```

switch 안에서 서로 다른 값 몇 가지에 대해 동일한 동작을 해야 할 경우도 있다. 같은 동작을 반복해서 작성하기 귀찮다면 다음과 같이 여러 case 레이블에 한 동작을 지정할 수 있다.

```
int main()     // 여러 case 레이블에 한 구문을 지정할 수 있음
{
    cout << "숫자를 입력하세요\n";
    char a;
    cin >> a;
    switch (a) {
    case '0': case '2': case '4': case '6': case '8':
        cout << "은 짝수\n";
        break;
    case '1': case '3': case '5': case '7': case '9':
        cout << "은 홀수\n";
        break;
    default:
        cout << "은 숫자가 아님\n";
        break;
    }
}
```

switch 구문에서 가장 흔한 오류가 바로 다음 예제처럼 case를 break로 종료한다는 사실을 잊는 경우다.

```
int main()       // 나쁜 코드의 예 (break 누락)
{
    constexpr double cm_per_inch = 2.54;     // 인치당 센티미터
    double length = 1;                        // 인치나 센티미터 단위의 길이
```

```cpp
char unit = 'a';
cout<< "길이 뒤에 단위를 지정하세요 (c나 i):\n";
cin >> length >> unit;
switch (unit) {
case 'i':
    cout << length << "in == " << cm_per_inch*length << "cm\n";
case 'c':
    cout << length << "cm == " << length/cm_per_inch << "in\n";
}
}
```

불행히도 컴파일러는 이 코드를 받아들여서 'i'의 경우를 실행한 후 바로 'c'의 경우를 계속 실행한다. 따라서 2i를 입력할 경우 프로그램의 출력은 다음과 같다.

```
2in == 5.08cm
2cm == 0.787402in
```

이런 실수에 주의하자!

도전 과제

앞의 도전 과제에서 작성했던 통화 변환 프로그램을 switch 구문을 이용해서 다시 작성하고, 위안(yuan)과 크로네(kroner)도 추가하자. 프로그램의 두 버전 중에 어느 쪽이 작성하고 이해하고 수정하기에 더 쉬운 가? 그 이유는 무엇인가?

4.4.2 반복

우리가 어떤 일을 할 때 딱 한 번 하는 경우는 드물다. 따라서 프로그래밍 언어에서도 어떤 일을 여러 번 수행하는 편리한 방법을 제공하며, 이를 일컬어 **반복**repetition이라 한다. 특히 자료 구조에 포함되는 일련의 요소element에 대해 같은 작업을 되풀이 하는 일도 **반복**iteration이라고 할 수 있다.[3]

4.4.2.1 while 구문

세계 최초로 여겨지는 프로그램은 1949년 5월 6일 영국 캠브리지 대학교의 컴퓨터 연구소에서 데이비드 휠러David Wheeler가 프로그램 저장 방식 컴퓨터(EDSAC)에서 실행한 프로그램이다.

---

3. repetition과 iteration이 우리말로는 모두 반복이란 의미이지만, 프로그래밍의 관점에서 봤을 때 약간 다른 의미를 지닌다. repetition이 모든 반복 작업을 통칭한다면 iteration은 주어진 자료 구조의 데이터를 하나씩 탐색하며, 각 데이터를 인자로 해 연산을 수행한다는 의미가 강하다. – 옮긴이

여기서는 이 프로그램을 반복의 예로 살펴보자. 이 프로그램은 다음과 같이 단순히 제곱을 계산해 출력하는 프로그램이었다.

```
0       0
1       1
2       4
3       9
4       16
   ...
98      9604
99      9801
```

출력의 각 행은 숫자와 그 다음의 탭 문자('\t'), 그리고 그 수의 제곱으로 이뤄진다. 이 프로그램을 C++로 작성하면 다음과 같다.

```cpp
// 0부터 99까지의 각 수와 그 제곱을 계산해 표로 출력
int main()
{
    int i = 0;      // 0에서 시작
    while (i<100) {
        cout << i << '\t' << square(i) << '\n';
        ++i;        // i 증가 (즉, i에 i+1을 대입)
    }
}
```

square(i)는 i의 제곱을 뜻한다고 생각하자. 이 표현이 그런 의미를 지니는 이유에 대해서는 나중에 설명한다(4.5절).

최초의 현대적 프로그램을 예로 들었지만, 사실 이 프로그램은 당시에 C++로 작성되지 않았다. 하지만 프로그램의 논리는 다음과 같다.

- 0에서 시작한다.

- 100에 도달했는지 확인하고, 그렇다면 종료한다.

- 그렇지 않으면 숫자와 그 숫자의 제곱을 출력하고, 그 사이를 탭('\t')으로 구분한다. 그리고 숫자를 증가시킨 후 같은 과정을 반복한다.

  이를 위해서 필요한 요소를 살펴보자.

- 구문을 반복할 수 있는(루프loop를 돌 수 있는) 방법

- 루프를 돈 횟수를 셀 수 있는 변수(루프 변수loop variable나 제어 변수control variable라고 함). 여기서는

int 타입의 변수 i를 사용

- 루프 변수의 초기 값. 여기서는 0

- 종료 조건. 여기서는 루프를 100번 돌고 종료

- 루프를 돌 때마다 실행할 무언가(루프의 몸체^{body})[4]

이런 일을 하고자 할 때 바로 while 구문을 사용한다. while 구문임을 나타내는 while이라는 키워드가 맨 위에 등장하고, 그 옆에 조건을 명시한 후 그 다음으로 몸체를 작성한다.

```
while (i<100)          // 루프 변수 i를 검사하는 루프 조건
{
    cout << i << '\t' << square(i) << '\n';
    ++i ;              // 루프 변수 i 증가
}
```

루프의 몸체는 (중괄호로 둘러싸인) 블록^{block}으로, 여기서는 표의 한 행을 출력한 후 루프 변수 i를 증가시킨다. 각 루프를 실행하기 전에 조건 i<100을 확인하고, 조건을 만족하면 끝내지 않고 루프 몸체를 실행한다. 반대로 끝에 다다랐으면, 즉 i가 100이면 while 구문을 종료하고 그 다음 내용을 실행한다. 여기서는 '그 다음'이 프로그램의 끝이므로 프로그램을 종료한다.

while 구문에서 사용하는 루프 변수는 반드시 while 구문 밖에서 (이전에) 정의하고 초기화해야 한다. 루프 변수를 정의하지 않았다면 컴파일러가 오류를 발생시킨다. 반면에 루프 변수를 정의했지만 초기화하지 않으면 대부분의 컴파일러가 '지역 변수 i의 값을 지정하지 않음'이라는 경고를 내지만, 우리의 고집대로 프로그램을 실행할 수는 있다. 그러나 괜한 고집을 부리지 말자! 컴파일러가 초기화하지 않은 변수를 경고한다면 컴파일러의 말이 거의 옳다. 초기화하지 않은 변수는 누구나 인정하는 오류의 원인이기 때문이다. 여기서는 다음과 같이 초기화를 했으니 괜찮다.

```
int i = 0;    // 0에서 시작
```

이처럼 루프를 작성하는 일은 기본적으로 간단하다. 하지만 실세계의 문제를 제대로 반영하는 루프를 작성하려면 노하우가 필요하다. 특히 조건을 정확히 표현하고 루프가 올바르게 시작하게 모든 변수를 초기화하는 일은 어려운 일이다.

---

4. '루프를 돈다'는 말은 '반복문을 실행한다'와 같은 의미다. 비공식적인 표현이긴 하지만 프로그래머라면 누구나 일상적으로 사용하는 말이기에 영어 그대로 표기한다. - 옮긴이

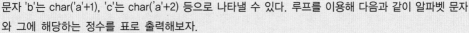

도전 과제

문자 'b'는 char('a'+1), 'c'는 char('a'+2) 등으로 나타낼 수 있다. 루프를 이용해 다음과 같이 알파벳 문자와 그에 해당하는 정수를 표로 출력해보자.

```
a 97
b 98
...
z 122
```

4.4.2.2 블록

앞의 예제에서 while이 실행할 두 구문을 어떻게 그룹화했는지 떠올려보자.

```
while (i<100) {
    cout << i << '\t' << square(i) << '\n';
    ++i ;           // i 증가 (즉, i에 i+1을 대입)
}
```

이처럼 중괄호 {와 }로 둘러싸인 일련의 구문을 블록이나 복합 구문compound statement이라고 한다. 빈 블록 { }도 다음과 같이 아무런 할 일이 없음을 나타낼 때 유용하게 쓸 수 있다.

```
if (a<=b) {   // 아무런 할 일이 없음
}
else {        // a와 b의 값을 바꿈(swap)
    int t = a;
    a = b;
    b = t;
}
```

4.4.2.3 for 구문

일련의 숫자를 이용한 반복은 매우 일반적인 일이므로, 다른 프로그래밍 언어와 마찬가지로 C++에서도 이를 위한 특별한 문법을 제공한다. for 구문은 제어 변수를 관리하는 부분을 읽고 이해하기 쉽게 루프 위쪽에 모아뒀다는 점만 제외하면 while 구문과 비슷하다. '최초의 프로그램' 예제를 for 구문으로 작성하면 다음과 같다.

```
// 0부터 99까지의 각 수와 그 제곱을 계산해 표로 출력
int main()
{
    for (int i = 0; i<100; ++i)
```

```
        cout << i << '\t' << square(i) << '\n';
    }
```

이 코드는 "몸체를 처음 실행할 때 i를 0으로 초기화하고, 매번 몸체를 실행한 후에 i를 증가시키는 작업을 i가 100이 될 때까지 수행하라"는 의미다. 결국 for 구문을 while 구문으로 동일하게 표현할 수 있다. 아래의 코드를 보면

```
for (int i = 0; i<100; ++i)
    cout << i << '\t' << square(i) << '\n';
```

다음 코드와 동일하다.

```
{
    int i = 0;          // for 구문의 루프 변수 초기 값
    while (i<100) {     // for 구문의 조건
        cout << i << '\t' << square(i) << '\n';     // for 구문의 몸체
        ++i;            // for 구문의 루프 변수 증가
    }
}
```

어떤 초보자는 while 구문을, 다른 초보자는 for 구문을 선호한다. 하지만 간단한 초기 값과 조건문, 증가 연산으로 이뤄진 for 구문으로 루프를 정의할 수 있는 경우에는 for 구문을 사용하는 편이 이해하기 쉽고 유지 보수하기 편한 코드를 만드는 지름길이다. 따라서 그렇지 않은 경우에만 while 구문을 사용하자.

그리고 for 구문의 몸체 안에서 루프 변수의 값을 변경하지 말자. 이렇게 하면 코드를 읽는 모든 사람이 생각하는 '루프가 하는 일에 대한 합리적인 가정'을 위반하는 꼴이다. 다음 코드를 보자.

```
int main()
{
    for (int i = 0; i<100; ++i) {     // i가 [0:100) 구간에 있는 동안 반복
        cout << i << '\t' << square(i) << '\n';
        ++i;   // 이게 무슨 일인가? 오류의 냄새가 풍긴다!
    }
}
```

누구나 이 루프를 보고 몸체가 100번 실행된다고 생각할 만하다. 그러나 그렇지 않다. 몸체 안의 ++i 때문에 루프를 돌 때마다 i가 두 번 증가하므로 짝수 50개에 대한 결과만 출력한다. 여러분이 이런 코드를 본다면 오류를 의심하라. while 구문을 for 구문으로 바꾸면서 실수를 했을 가능성이 크다. 정말로 루프 변수를 한 번에 2씩 증가시키려 한다면 다음과 같이 해야 한다.

```
// [0:100) 구간의 짝수와 그 제곱을 계산해 표로 출력
int main()
{
    for (int i = 0; i<100; i+=2)
        cout << i << '\t' << square(i) << '\n';
}
```

안 봐도 뻔하다. 깨끗하고 명확한 코드는 지저분한 코드보다 짧은 법이다.

도전 과제

이전 도전 과제의 '문자의 값' 예제를 for 구문을 이용해서 다시 작성하고, 대문자와 숫자(0~9)의 값도 표로 출력하게 프로그램을 수정하자.

vector 등의 데이터 컬렉션collection을 간단하게 탐색할 수 있는 '구간 for 루프range-for-loop' 도 있다. 자세한 내용은 4.6절을 참고하라.

4.5 함수

앞의 프로그램에서 square(i)는 무슨 의미일까? 바로 함수 호출이다. 자세히 말하자면 i를 인자로 해서 이름이 square인 함수를 호출한다. 여기서 함수란 이름을 붙인(명명된) 일련의 구문이며, 함수는 그 결과(반환 값)를 반환할 수 있다. 표준 라이브러리에서도 제곱근을 구하는 함수인 sqrt를 비롯한 많은 유용한 함수를 제공한다. 하지만 우리 스스로도 많은 함수를 작성한다.

square는 다음과 같이 정의할 수 있다.

```
int square(int x)  // x의 제곱을 반환
{
    return x*x;
}
```

함수 정의의 첫 줄을 보자. 먼저 (괄호가 의미하듯이) 정의하는 내용이 함수이며, 이름은 square이고, int를 인자(여기서는 x)로 받고, int를 반환한다(결과의 타입은 항상 함수 선언 맨 앞에 온다)는 사실을 알린다. 즉, 이 함수는 다음과 같이 사용할 수 있다.

```
int main()
{
    cout << square(2) << '\n';   // 4 출력
```

```
    cout << square(10) << '\n';  // 100 출력
}
```

함수의 반환 값은 꼭 사용할 필요가 없지만, 인자는 함수에서 요구하는 대로 지정해야 한다. 아래를 보자.

```
square(2);                // 실수일 확률이 높음. 리턴 값을 사용하지 않음
int v1 = square();        // 오류 : 인자 누락
int v2 = square;          // 오류 : 괄호 누락
int v3 = square(1,2);     // 오류 : 인자가 너무 많음
int v4 = square("two");   // 오류 : 인자 타입이 잘못됨. int 필요
```

많은 컴파일러가 리턴 값을 사용하지 않으면 경고를 내고, 나머지 경우에는 설명대로 오류를 낸다. 여러분이 정수 2라는 의미로 문자열 "two"를 알아차릴 정도로 컴퓨터가 똑똑해져야 한다고 생각할지 모른다. 그러나 C++는 그렇게 똑똑해선 안 된다. C++ 컴파일러의 역할은 코드가 C++ 명세에 부합하게 작성됐는지 확인한 후 코드에 지시된 그대로를 실행하는 데 있다. 그렇지 않고 컴파일러가 여러분의 의도를 추측하려고 하면 잘못된 추측을 할 수도 있으므로 여러분이나 프로그램의 사용자를 당황스럽게 할 수 있다. 결국 컴파일러가 여러분의 의도를 완벽히 추측하지 않고는 코드가 어떻게 동작할지 알 수 없게 된다.

함수 몸체는 실제로 작업을 수행하는 블록(4.4.2.2절)이다.

```
{
    return x*x;            // x의 제곱을 반환
}
```

square의 동작은 단순하다. 인자의 제곱을 계산해서 결과로 반환한다. 같은 일을 영어로 표현하는 방법보다 C++로 표현하는 쪽이 더 쉽다. 간단한 아이디어의 경우에는 그런 경우가 일반적이다. 이처럼 프로그래밍 언어는 그런 간단한 아이디어를 간단 명료하게 표현할 목적으로 설계된다.

정리하면 함수 정의 문법은 다음과 같다.

타입 식별자 (매개변수 목록) 함수 몸체

즉, 타입(반환 타입)과 식별자(함수의 이름), 괄호로 둘러싼 매개변수 목록, 함수 몸체(실행할 구문들)를 차례로 쓴다. 함수가 요구하는 인자의 목록을 매개변수 목록이라고 하며, 목록의 요소 각각을 매개변수(또는 형식 인자$^{formal\ argument}$)라고 한다. 매개변수 목록은 다음과 같이 비어있을 수 있고, 결과를 반환할 필요가 없다면 void(아무것도 아니라는 의미)를 반환 타입으로 지정한다.

```
void write_sorry()      // 인자 없음, 반환 값도 없음
{
    cout << "Sorry\n";
}
```

8장에서는 언어의 기술적 측면에서 함수를 자세히 살펴본다.

4.5.1 함수의 필요성

아래와 같은 이유로 계산 과정을 구별하고 싶을 때 함수를 정의한다.

- 계산 과정을 논리적으로 구별한다.

- (계산 과정에 이름을 붙여서) 프로그램 텍스트를 깔끔하게 한다.

- 한 함수를 프로그램 안에서 여러 번 사용한다.

- 테스트를 쉽게 한다.

앞으로 이런 이유들의 예를 많이 보게 될 텐데, 때때로 각 이유를 언급하겠다. 실세계의 프로그램은 수천 개, 많게는 수십만 개의 함수를 사용한다. 프로그램의 각 부분(계산 과정)을 구별하지 않고 이름을 붙이지 않으면 당연히 그런 프로그램을 작성하거나 이해할 수 없다. 그리고 많은 함수는 반복적으로 사용되며, 같은 코드를 되풀이해서 작성하기 힘들다는 점도 머지않아 알게 될 것이다. 예를 들어 square(x)와 square(7), square(x+7) 보다 x*x와 7*7, (x+7)*(x+7) 등으로 코드를 작성하는 일이 즐거울 수도 있다. 그러나 이는 square가 매우 간단한 계산이기 때문이다. 다른 예로 제곱근(C++의 sqrt)을 생각해보자. (복잡하고 여러 행으로 이뤄진) 제곱근 계산 코드를 반복해서 작성하는 일보다 sqrt(x)와 sqrt(7), sqrt(x+7) 등으로 쓰는 편이 더 편하다. 뿐만 아니라 더 좋은 점은 제곱근 계산 과정을 몰라도 sqrt(x)가 x의 제곱근을 반환한다는 사실만 알면 된다는 점이다.

함수의 기술적 세부 사항은 8.5절에서 설명하기로 하고, 여기서는 또 다른 예를 살펴보자. main()의 루프를 정말 간단히 만들려면 다음과 같이 할 수 있다.

```
void print_square(int v)
{
    cout << v << '\t' << v*v << '\n';
}

int main()
{
    for (int i = 0; i<100; ++i) print_square(i);
```

```
}
```

그렇다면 앞에서 `print_square()`를 사용하지 않은 이유는 뭘까? `square()`를 사용하는 방법보다 현저하게 단순하지 않기 때문이다. 그리고 다음과 같은 사실을 명심하자.

- `print_square()`는 매우 특화된 함수이므로 나중에 다시 사용할 여지가 작다. 반면에 `square()`는 분명히 다른 용도로 사용할 여지가 크다.
- `square()`는 문서화가 거의 필요 없지만, `print_square()`는 당연히 설명이 필요하다.

이와 같은 근본적인 이유는 `print_square()`가 다음과 같이 논리적으로 별도인 두 가지 작업을 수행하기 때문이다.

- 출력한다.
- 제곱을 계산한다.

일반적으로 한 함수에서 논리적으로 단일한 작업을 수행하는 프로그램이 작성하고 이해하기 쉽다. 따라서 기본적으로는 `square()`를 이용한 버전이 더 나은 설계다.

마지막으로 처음 버전에서 `i*i` 대신 `square(i)`를 사용한 이유는 뭘까? 복잡한 계산을 명명된 함수로 분리해 코드를 깔끔하게 하는 일이 함수의 목적 중 하나이기 때문이다. 그리고 처음 이 프로그램을 작성하던 1949년에는 '곱하기'를 바로 수행할 수 있는 하드웨어가 없었다. 따라서 1949년에 작성된 프로그램에서 `i*i`는 우리가 종이에 직접 곱셈을 하듯이 복잡한 계산이었다. 그리고 이 프로그램의 최초 버전을 만든 데이비드 윌러가 현대적인 컴퓨팅에서 함수(당시의 서브루틴^{subroutine})를 발명한 사람이므로, 여기서도 함수를 쓰는 편이 합당하다.

도전 과제

곱셈 연산을 사용하지 않고 `square()`를 구현하자. 즉, 덧셈을 반복해서 x*x를 계산한다(결과 변수를 0부터 시작해서 x를 x번 더한다). 그리고 다시 작성한 `square()`를 이용해서 '첫 번째 프로그램' 예제를 실행하자.

4.5.2 함수 선언

함수를 호출하는 데 필요한 모든 정보를 함수 정의 첫 줄에서 찾을 수 있다는 사실을 눈치 챘는가? 아래 예를 보자.

```
int square(int x)
```

이 정도만 알면 다음과 같은 코드를 충분히 작성할 수 있다.

```
int x = square(44);
```

사실 함수 몸체를 볼 필요도 없다. 실제 프로그램에서는 함수 몸체를 볼 이유가 없는 경우가 흔하다. 표준 라이브러리 sqrt() 함수의 몸체를 알 필요가 있을까? 인자의 제곱근을 계산한다는 사실만 알면 된다. 마찬가지로 square()의 몸체를 볼 필요가 있을까? 물론 궁금할수는 있다. 그러나 대부분의 경우에는 함수를 호출하는 방법에만 관심이 있으며, 몸체를 보면산만해질 뿐이다. 다행히도 C++는 함수 호출에 필요한 정보와 전체 함수 정의를 분리할 수있도록 함수 선언^{function declaration}을 제공한다.

```
int square(int);          // square의 선언
double sqrt(double);      // sqrt의 선언
```

끝에 있는 세미콜론에 주의하자. 다음과 같은 함수 정의의 몸체 대신, 함수 선언에서는세미콜론을 사용한다.

```
int square(int x)          // square의 정의
{
    return x*x;
}
```

따라서 함수를 사용하기만 하려면 함수 선언을 작성하거나, 더 일반적인 방법으로#include를 이용해서 함수 선언을 포함시킨다. 함수 정의는 어디에나 올 수 있는데, 그 '어디에나'가 어딘지는 8.3절과 8.7절에서 살펴본다. 대규모 프로그램에서는 대부분의 코드를 시야 밖으로 치워둠으로써 각 부분의 코드에만 집중할 수 있게 함수 선언과 정의를 분리하는일이 필수적이다(4.2절).

4.6 vector

프로그램으로 흥미로운 무언가를 하려면 처리할 데이터 모음이 필요하다. 예를 들어 전화번호 목록과 축구팀 회원 목록, 교과 과정 목록, 작년에 읽은 책 목록, 다운로드할 노래 카탈로그, 자동차 대급 지금 옵션 목록, 다음 주 일기예보 목록, 여러 인터넷 쇼핑몰의 카메라 가격목록 등이 필요하다. 가능성은 말로 다 할 수 없을 정도로 방대하며, 어떤 프로그램에나 데이터가 존재한다. 앞으로 데이터 모음을 저장하는 다양한 방법을 살펴볼 텐데, 여기서는 일단가장 간단하지만 논쟁의 여지없이 가장 유용한 데이터 저장 방식인 vector를 살펴보자(다양한데이터 컨테이너는 20장과 21장 참고).

벡터는 간단히 말하자면 인덱스^{index}로 접근할 수 있는 요소^{element}의 시퀀스^{sequence}다. 이름이 v인 vector를 예로 살펴보자.

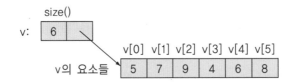

즉, 첫 번째 요소의 인덱스는 0, 두 번째 요소의 인덱스는 1, …이 되는 식이다. vector의 이름과 인덱스를 함께 지정해 요소를 참조할 수 있다. v[0]의 값은 5, v[1]의 값은 7, …이 되는 식이다. vector의 인덱스는 항상 0에서 시작해 1씩 증가한다. 이런 방식은 매우 익숙하다. 표준 라이브러리의 vector는 예전부터 익숙했던 아이디어를 C++ 표준 라이브러리에서 구현했을 뿐이다. 위 그림에서는 vector가 그 크기를 알고 있다는 사실을 강조했다. 즉, vector는 요소뿐만 아니라 크기도 함께 저장한다.

그림에서 예로 든 vector는 다음과 같이 만들 수 있다.

```
vector<int> v = {5, 7, 9, 4, 6, 8}; // int 여섯 개를 포함하는 vector
```

이처럼 vector를 만들려면 요소의 타입과 요소의 초기 값들을 지정한다. 요소 타입은 vector 다음에 각진 괄호(<>) 안에 지정하는데, 여기서는 <int>를 사용했다. 또 다른 예를 살펴보자.

```
vector<string> philosopher
        = {"Kant", "Plato", "Hume", "Kierkegaard"}; // 문자열 네 개를 포함하는 vector
```

당연한 일이지만, vector에는 선언에서 지정했던 요소의 타입만 저장할 수 있다.

```
philosopher[2] = 99;        // 오류 : int를 string에 대입
v[2] = "Hume";              // 오류 : string을 int에 대입
```

요소의 값은 지정하지 않고 vector의 크기만 지정할 수도 있다. 이런 경우에는 (n)으로 표기하는데, 여기서 n이 바로 요소의 개수이며, 요소의 값은 다음과 같이 타입별 기본 값으로 지정된다.

```
vector<int> vi(6);          // 0으로 초기화된 int 여섯 개를 포함하는 vector
vector<string> vs(4);       // ""으로 초기화된 문자열 네 개를 포함하는 vector
```

문자를 포함하지 않는 문자열 ""를 빈 문자열^{empty string}이라고 한다.

그리고 vector 안에 존재하지 않는 요소를 참조할 수 없다.

```
vi[20000] = 44;    // 실행 시간 오류
```

실행 시간 오류와 첨자 연산^{subscripting}에 대해서는 5장에서 살펴보자.

4.6.1 vector 탐색

vector의 크기를 알고 있으므로, 다음과 같이 vector의 요소를 출력할 수 있다.

```
vector<int> v = {5, 7, 9, 4, 6, 8};
for (int i=0; i<v.size(); ++i)
    cout << v[i] << '\n';
```

v.size()를 호출하면 v라는 vector의 크기를 알 수 있다. 일반적으로 v.size()를 이용해 vector의 구간을 벗어나는 요소를 참조하지 않고, vector의 요소에 접근할 수 있다. vector v의 구간은 [0: v.size())로, 수학적으로 한쪽 끝이 열린 요소의 시퀀스를 나타낸다. v의 첫 번째 요소는 v[0]이고 마지막 요소는 v[v.size()-1]이다. v.size()==0이면 v는 요소가 없는 빈 vector다. 이와 같은 한쪽 끝이 열린 시퀀스 표기법은 C++와 C++ 표준 라이브러리 전반에 걸쳐 사용된다(17.3절, 20.3절).

한쪽 끝이 열린^{half-open} 시퀀스 표기법을 이용하면 아래와 같이 간단한 루프로 vector의 요소를 비롯한 시퀀스의 모든 요소를 탐색할 수 있다.

```
vector<int> v = {5, 7, 9, 4, 6, 8};
for (int x : v)     // v에 포함된 각 x에 대해
    cout << x << '\n';
```

이런 루프를 구간 for 루프라고 하는데, **구간**이라는 단어가 '요소의 시퀀스'라는 의미로도 사용되기 때문이다. for (int x : v)를 'v에 포함된 각 x에 대해'라고 읽으며, [0: v.size())에서 첨자 연산을 수행하는 루프와 완전히 동일하다. 이처럼 시퀀스의 모든 요소를 한 번에 하나씩 탐색하는 간단한 루프에서 구간 for 루프를 사용한다. vector에서 인덱스가 3의 배수 인 요소를 찾거나, vector의 뒤쪽 절반에 해당하는 요소만 탐색하거나, 두 요소를 비교하는 등의 복잡한 루프는 일반적이고 전통적인 for 루프를 이용하면 더 잘 수행할 수 있다.

4.6.2 vector 크기 증가

처음엔 빈 vector로 시작해서 필요한 데이터를 읽거나 계산하면서 vector의 크기를 키워가는 경우가 있다. 이럴 때 사용하는 핵심적인 연산이 바로 vector에 새로운 요소를 추가하는 push_back()이다. 새로운 요소는 vector의 마지막 요소가 된다. 다음 예를 보자.

```
vector<double> v;          // v에 요소가 없는 빈 상태로 시작
```

v: | 0 | |

```
v.push_back(2.7);          // 값이 2.7인 요소를 v의 마지막(back)에 추가
                           // 이제 v는 요소 한 개를 포함하며, v[0]==2.7
```

v: | 1 | → | 2.7 |

```
v.push_back(5.6);          // 값이 5.6인 요소를 v의 마지막에 추가
                           // 이제 v는 요소 두 개를 포함하며, v[1]==5.6
```

v: | 2 | → | 2.7 | 5.6 |

```
v.push_back(7.9);          // 값이 7.9인 요소를 v의 마지막에 추가
                           // 이제 v는 요소 세 개를 포함하며, v[2]==7.9
```

v: | 3 | → | 2.7 | 5.6 | 7.9 |

push_back()을 호출하는 문법에 주의하자. 이를 멤버 함수 호출^member function call^이라 하는데, vector의 멤버 함수인 push_back()을 호출할 때는 다음과 같이 마침표를 사용한다.

멤버-함수-호출:

객체_이름.멤버-함수-이름 (인자-목록)

vector의 크기는 vector의 멤버 함수인 size()로 알 수 있다. 처음에 v.size()는 0이고, push_back()을 세 번 호출한 후에는 v.size()가 3이다.

예전에 프로그래밍을 해봤다면 vector가 C를 비롯한 다른 언어의 배열^array^과 비슷하다는 점을 알 수 있다. 그러나 vector는 그 크기(길이)를 미리 지정할 필요가 없고, 필요한 만큼 요소를 추가할 수 있다. C++ 표준 vector의 다른 유용한 속성은 앞으로 차근차근 배워보자.

4.6.3 숫자를 이용한 예제

이제 좀 더 현실적인 예제를 살펴보자. 어떤 작업을 수행할 일련의 값을 프로그램 안으로 읽어 들일 때가 있다. 여기서 '어떤 작업'이란 읽어 들인 값을 그래프로 그리거나, 평균과 중앙값을 계산하거나, 가장 큰 값을 찾거나, 정렬하거나, 다른 데이터와 병합하거나, 필요한 값을 찾거나, 다른 데이터와 비교하는 등의 일을 포함한다. 이처럼 데이터로 할 수 있는 계산의 종류에는 제한이 없지만, 무슨 계산을 하던 데이터를 컴퓨터의 메모리로 읽어야 한다. 여기서는 알려지지 않은 크기의(크기가 클 수도 있는) 데이터를 컴퓨터로 읽어 들이는 기본적 기술을

소개한다. 손에 잡히는 예제로, 온도를 나타내는 부동소수점 숫자를 읽어 보자.

```
// 온도를 vector에 읽어 들인다
int main()
{
    vector<double> temps;              // 온도를 저장할 vector
    for (double temp; cin>>temp; )     // temp에 값을 읽음
        temps.push_back(temp);         // temp를 vector에 추가
                                       // . . . 작업 수행 . . .
}
```

이 코드는 무슨 일을 할까? 먼저 데이터를 저장할 vector를 선언한다.

```
vector<double> temps;                  // 온도를 저장할 vector
```

여기서 입력받을 타입을 지정했는데, double을 읽어서 저장한다.

다음으로 실제 읽기를 수행하는 루프가 온다.

```
for (double temp; cin>>temp; )         // temp에 값을 읽음
    temps.push_back(temp);             // temp를 vector에 추가
```

값을 읽어 들일 변수 temp를 double 타입으로 선언했다. cin>>temp로 double을 읽은 후 읽어 온 double을 vector(의 마지막)에 추가한다. 이들 각각의 연산은 앞에서 이미 살펴봤다. 여기서 새로운 사실은 입력 연산 cin>>temp를 for 구문의 조건으로 사용했다는 점이다. 기본적으로 cin>>temp는 값을 올바로 읽으면 참, 그렇지 못하면 거짓이다. 따라서 위와 같은 for 구문은 입력받은 double을 모두 읽다가 잘못된 값을 입력받으면 종료한다. 예를 들어 아래와 같이 입력해보자.

```
1.2 3.4 5.6 7.8 9.0 |
```

temps에는 1.2, 3.4, 5.6, 7.8, 9.0의 다섯 개 요소가 (차례대로, 예를 들어 temps[0]==1.2) 저장된다. 문자 '|'는 입력을 종료하고자 사용했는데, double이 아닌 무엇이던 사용할 수 있다. 10.6절에서 입력을 중단하는 방법과 입력 시의 오류 처리 방법을 살펴본다.

그리고 입력 변수 temp의 유효 범위^{scope}를 루프 안으로 제한하고자 다음과 같은 while 구문이 아닌 for 구문을 사용했다.

```
double temp;
while (cin>>temp)          // 입력
    temps.push_back(temp); // vector에 추가
//... 여기(while 밖)서도 temp를 사용할 수 있음 ...
```

일반적으로 for 구문의 동작을 맨 윗줄에서 알 수 있으므로, 코드를 더 읽기 쉽고 실수로 오류가 생길 가능성도 적다.

데이터를 일단 vector에 넣고 나면 쉽게 조작할 수 있다. 예를 들어 온도의 평균과 중앙값을 계산해보자.

```
// 온도의 평균과 중앙값을 계산
int main()
{
    vector<double> temps;               // 온도를 저장할 vector
    for (double temp; cin>>temp; )      // temp에 값을 읽음
        temps.push_back(temp);          // temp를 vector에 추가

    // 온도의 평균 계산
    double sum = 0;
    for (int x : temps) sum += x;
    cout << "온도 평균 :" << sum/temps.size() << '\n';

    // 온도의 중앙값 계산
    sort(temps); //온도 정렬
    cout << "온도 중앙값: " << temps[temps.size()/2] << '\n';
}
```

다음과 같이 모든 요소를 sum에 더한 후 sum을 요소의 개수(temp.size())로 나눠 평균을 구한다.

```
// 온도의 평균 계산
double sum = 0;
for (int x : temps) sum += x;
cout << "온도 평균 :" << sum/temps.size() << '\n';
```

여기서 += 연산자가 얼마나 간편한지 알 수 있다.

중앙값(절반은 해당 값보다 앞에 있고, 나머지 절반은 해당 값보다 뒤에 있도록 선택한 값)을 알려면 요소들을 정렬해야 한다. 여기서는 표준 라이브러리의 sort 알고리즘에서 파생된 sort()를 이용했다.

```
// 온도의 중앙값 계산
sort(temps); //온도 정렬
cout << "온도 중앙값: " << temps[temps.size()/2] << '\n';
```

표준 라이브러리 알고리즘은 후반부(20장)에서 설명한다. 온도 값을 정렬하면 중앙값을 찾기는 쉽다. 가운데 요소, 즉 인덱스가 temps.size()/2인 요소를 고르면 된다. 까다로운 사람

이라면(그리고 프로그래머처럼 생각하기 시작했다면) 우리가 찾은 값이 앞에서 내린 중앙값의 정의에 맞지 않을 수도 있다는 점을 알아챘을지도 모른다. 4장의 연습문제 2번에서 이 작은 문제를 해결해보자.

4.6.4 텍스트를 이용한 예제

온도에 특별히 관심이 있어 온도를 예제로 삼은 것은 아니다. 물론 기상학자와 농학자, 해양 학자를 비롯한 많은 사람이 온도 데이터와 그에 기초한 값에 관심이 있지만, 우리는 그렇지 않다. 프로그래머의 입장에서 앞의 예제에서 주목할 점은 그 일반성이다. vector와 이를 이용한 몇 가지 간단한 연산의 응용 분야는 광범위하다. 여러분이 무엇에 관심이 있는지에 상관없이 데이터를 분석해야 하는 일이라면 vector(혹은 비슷한 자료 구조, 21장 참고)를 이용할 수 있다. 그 예로 간단한 사전을 만들어보자.

```cpp
// 간단한 사전 : 정렬된 단어 목록
int main()
{
    vector<string> words;
    for(string temp; cin>>temp; )          // 공백 문자로 구분된 단어 읽기
        words.push_back(temp);             // vector에 넣기
    cout << "단어 개수 : " << words.size() << '\n';

    sort(words);                           // 단어 정렬

    for (int i = 0; i<words.size(); ++i)
        if (i==0 || words[i-1]!=words[i])      // 새로운 단어인가?
            cout << words[i] << "\n";
}
```

프로그램에 단어를 입력하면 각 단어를 반복 없이 차례로 출력한다. 예를 들어 다음과 같이 입력해보자.

```
a man a plan a canal panama
```

이에 대한 출력은 다음과 같다.

```
a
canal
man
panama
plan
```

여기서 문자열 입력 읽기를 어떻게 중단했는가? 다른 말로 하면 입력 루프를 어떻게 종료했는가?

```
for (string temp; cin>>temp; )        // 입력
    words.push_back(temp);            // vector에 넣기
```

숫자를 입력받을 때(4.6.2절)는 단지 숫자가 아닌 문자를 입력했다. 하지만 모든(보통) 문자를 string으로 읽을 수 있으므로, 여기서는 그렇게 할 수 없다. 다행히도 '보통'이 아닌 문자(특수 문자)가 존재한다. 3.5.1절에서 언급한 대로 윈도우에서는 **Ctrl+Z**가, 유닉스에서는 **Ctrl+D**가 입력 스트림을 종료시킨다.

이 프로그램의 대부분이 온도 예제와 매우 흡사하다. 사실 '온도 프로그램'을 복사/붙여넣기한 후 '사전 프로그램'을 작성했다. 두 프로그램에서 다른 부분은 (중복 단어를) 확인하는 부분뿐이다.

```
if (i==0 || words[i-1]!=words[i])    // 새로운 단어인가?
```

위의 확인 부분을 제거하면 출력은 다음과 같다.

```
a
a
a
canal
man
panama
plan
```

우리는 반복을 좋아하지 않으므로 확인을 거쳐 중복을 제거했다. 그렇다면 이 조건문은 무슨 일을 하는가? 출력할 단어가 그 앞의 단어와 다른지 확인한 후 두 단어가 다르면 그 단어를 출력하고, 같으면 출력하지 않는다(words[i-1]!=words[i]). 그리고 첫 번째 단어(i==0)의 앞 단어는 존재하지 않으므로 단어가 맨 앞 단어인지 확인하고, 두 조건을 ||(논리합) 연산자로 조합했다.

```
if (i==0 || words[i-1]!=words[i])    // 새로운 단어인가?
```

여기서 문자열을 비교할 수 있다는 사실에 주목하자. 예제에서는 !=(같지 않다)를 사용했으나 ==(같다)와 <(보다 작다), <=(보다 작거나 같다), >(보다 크다), >=(보다 크거나 같다)도 문자열에 사용할 수 있다. <와 > 등의 연산자는 일반적인 사전식 순서lexicographical order를 이용하므로 "Ape"는 "Apple"과 "Chimpanzee"보다 앞선다.

여러분이 싫어하는 단어를 '경고음'으로 대체하는 프로그램을 작성하자. 즉, 단어를 cin에서 입력받아 cout에 출력하되, 여러분이 정한 몇 가지 단어 중 하나라면 그 단어 대신 BLEEP을 출력하자. 다음과 같이 싫어하는 단어를 정의하는 일부터 시작하자.

```
string disliked = "Broccoli";
```

프로그램이 잘 작동한다면 몇 가지 단어를 더 추가하자.

4.7 언어 기능

온도 프로그램과 사전 프로그램에서 반복(for 구문과 while 구문)과 선택(if 구문), 간단한 산술 연산자(++와 +=), 비교와 논리 연산자(==과 !=, ||), 변수, 함수(main()과 sort(), size())를 비롯해서 4장에서 설명한 기본적인 언어 기능을 대부분 사용했다. 이에 더해 vector(요소의 컨테이너)와 cout(출력 스트림), sort()(알고리즘)를 비롯한 표준 라이브러리 기능도 활용했다.

헤아려보면 몇 가지 안 되는 기능으로 많은 일을 해냈다. 이것이 바로 우리의 이상이다! 프로그래밍 언어의 각 기능은 기본적인 아이디어를 표현하지만, 이 기능들을 매우 다양한(실로, 무한한) 방법으로 조합해 유용한 프로그램을 작성할 수 있다. 여기서의 핵심은, 컴퓨터는 기능이 고정된 전자장비가 아니라는 점이다. 컴퓨터는 우리가 생각할 수 있는 모든 계산을 프로그래밍할 수 있는 기계이며, 그렇기에 컴퓨터의 바깥 세상과 상호작용하는 전자장치를 컴퓨터에 연결하면 이론적으로는 무슨 일이든 할 수 있다.

실습문제

실습문제를 하나씩 풀어보자. 실습문제를 뛰어넘어 빨리 지나가려 하지 말라. 모든 실습문제는 세 개 이상의 값으로 테스트하자. 물론 더 여러 번 할수록 좋다.

1. (루프를 돌 때마다) 두 int를 읽어서 출력하는 while 루프로 이뤄진 프로그램을 작성하자. 종료 문자 '|'가 입력되면 프로그램을 종료한다.

2. 두 수 중에서 작은 수 앞에는 더 작은 값:을, 더 큰 수 앞에는 더 큰 값:을 출력하도록 프로그램을 변경하자.

3. 두 값이 같을 때만 두 수가 같음을 출력하도록 프로그램을 개선하자.

4. `int` 대신 `double`을 이용하게 프로그램을 변경하자.

5. 어떤 수가 더 크거나 작은지를 출력한 후에 두 수의 차가 1.0/100보다 작은 경우에만 두 수가 거의 같음을 출력하도록 프로그램을 변경하자.

6. 이제 한 번에 `double`을 한 번만 입력받도록 루프의 몸체를 변경하자. 그리고 입력된 값 중에서 가장 큰 값과 가장 작은 값을 저장할 변수 두 개를 선언한다. 루프를 돌 때마다 입력받은 값을 출력하고, 그 값이 지금까지 입력된 값 중 가장 작은 값이면 숫자 뒤에 '지금까지 가장 작은 값'을, 가장 큰 값이면 숫자 뒤에 '지금까지 가장 큰 값'을 출력한다.

7. 각 `double` 값에 단위를 추가하자. 즉, 10cm와 2.5in, 5ft, 3.33m 등의 값을 입력할 수 있다는 말이다. 변환률은 1m == 100cm와 1in == 2.54cm, 1ft == 12in으로 가정한다. 그리고 단위 지정자는 문자열로 읽어 들이며, 12 m(숫자와 단위 사이에 띄어쓰기 존재)와 12m(띄어쓰기 없음)를 동일하게 취급한다.

8. 단위가 없는 값이나 `y`나 `yard`, `meter`, `km`, `gallons` 등 잘못된 단위는 거부하자.

9. (최솟값과 최댓값처럼) 입력받은 값의 합을 유지하자. 루프가 끝난 후 최솟값과 최댓값, 값의 개수, 값의 합을 출력하자. 합계를 유지하려면 그 합계에 적용할 단위를 골라야 하는데, 미터를 사용하자.

10. 입력된 모든 값을 (미터로 변환해서) `vector`에 저장하자. 마지막에 그 값들을 출력한다.

11. `vector`의 값을 출력하기 전에 정렬하자(이렇게 하면 오름차순으로 출력된다).

복습문제

1. 계산이란 무엇인가?

2. 계산의 입력과 출력은 어떤 의미인가? 예를 들어보자.

3. 계산식을 표현할 때 프로그래머가 마음에 지녀야 할 세 가지 요구 사항은 무엇인가?

4. 표현식은 어떤 일을 하는가?

5. 4장에서 설명한 구문과 표현식의 차이는 무엇인가?

6. lvalue란 무엇인가? lvalue를 필요로 하는 연산자의 예를 들어보자. 왜 어떤 연산자에는 lvalue가 필요하고 다른 연산자는 그렇지 않은가?

7. 상수 표현식은 무엇인가?

8. 리터럴은 무엇인가?

9. 표기 상수란 무엇이고, 왜 사용하는가?

10. 마법의 상수란 무엇인가? 예를 들어보자.

11. 정수와 부동소수점 수에 사용할 수 있는 연산자에는 무엇이 있는가?

12. 정수에는 사용할 수 있지만 부동소수점 수에 사용할 수 없는 연산자는 무엇인가?

13. string에 사용할 수 있는 연산자에는 무엇이 있는가?

14. 프로그래머는 어떨 때 if 구문보다 switch 구문을 선호하는가?

15. switch 구문의 일반적인 문제점은 무엇인가?

16. for 루프에서 헤더 라인^{header line}의 각 부분은 각각 어떤 기능을 하며, 어떤 순서로 실행되는가?

17. for 루프는 어떤 경우에 사용하고, while 루프는 어떤 경우에 사용해야 하는가?

18. char의 숫자 값은 어떻게 출력하는가?

19. 함수 정의에서 char foo(int x)의 의미를 설명하라.

20. 어떤 경우에 프로그램의 한 부분을 분리된 함수로 정의해야 하는가? 그 이유를 들어보라.

21. int로 할 수 있는 일 중에 string으로 할 수 없는 일은 무엇인가?

22. string으로 할 수 있는 일 중에 int로 할 수 없는 일은 무엇인가?

23. vector의 세 번째 요소의 인덱스는 몇인가?

24. vector의 모든 요소를 출력하는 for 루프는 어떻게 작성하는가?

25. vector<char> alphabet(26);은 어떤 일을 수행하는가?

26. push_back()은 vector에 무슨 일을 하는가?

27. vector의 멤버 size()는 무슨 일을 하는가?

28. vector가 널리 쓰이고 유용한 이유는 무엇인가?

29. vector의 요소를 어떻게 정렬하는가?

용어 정리

추상화	구간 for 구문	push_back()
begin()	함수	반복^{repetition}
계산	if 구문	rvalue
조건 구문	증가	선택

선언	입력	size()
정의	반복 iteration	sort()
분할과 정복	루프	구문
else	lvalue	switch 구문
end()	멤버 함수	vector
표현식	출력	while 구문
for 구문		

연습문제

1. 아직 4장의 '도전 과제'를 풀지 않았다면 지금 풀어보자.

2. 시퀀스의 중앙값을 '시퀀스 안에서 그 수의 앞과 뒤에 위치한 수의 개수가 동일한 수'로 정의했을 때 4.6.3절의 프로그램이 항상 중앙값을 출력하게 바꾸자. 힌트: 중앙값이 시퀀스의 요소 중 하나일 필요는 없다.

3. double 값을 읽어 차례로 vector에 넣자. 각 값이 주어진 경로에 포함된 두 도시 사이의 거리라고 가정하자. 총 거리(모든 거리의 합)를 계산하고 출력하라. 두 인접한 도시 간의 최대 거리와 최소 거리를 찾아 출력하라. 두 인접한 도시 간의 평균 거리를 찾아 출력하라.

4. 숫자 알아맞히기 게임 프로그램으로 작성하라. 사용자가 1부터 100 사이의 수를 생각한 후 프로그램이 숫자를 찾는 질문을 한다(예, "당신이 생각하는 숫자가 50보다 작은가요?"). 질문 횟수가 일곱 번을 초과하지 않고 숫자를 맞춰야 한다. 힌트: <와 <= 연산자, if-else를 사용하자.

5. 매우 간단한 계산기와 유사한 동작을 하는 프로그램을 작성한다. 프로그램은 두 개의 입력 값에 대해 더하기와 빼기, 곱하기, 나누기의 기본적 산술 연산을 수행할 수 있어야 한다. 그리고 사용자가 두 개의 double 값과 연산자를 나타내는 문자를 포함한 세 가지를 입력하도록 사용자에게 프롬프트를 출력한다. 입력 값이 35.6과 24.1, '+'라면 프로그램은 35.6과 24.1의 합은 59.7입니다를 출력해야 한다. 6장에서 훨씬 더 정교한 간단한 계산기를 살펴본다.

6. 10개의 string 값 "zero", "one", ... "nine"을 저장하는 vector를 만들자. 이를 이용해 한 자리 숫자를 영어 발음으로 변환하는 프로그램을 작성하자. 예를 들어 입력이 7이면 출력은 seven이다. 같은 입력 루프를 활용해서 영어 발음을 한 자리 숫자로 변환하는 프로그램을 작성하자. 예를 들어 입력이 seven이면 출력은 7이다.

7. 연습문제 5번의 '미니 계산기' 프로그램이 영어 발음이나 숫자 형태의 한 자리 숫자만 받아들이도록 고쳐보자.

8. 옛날에 어떤 황제가 체스 게임의 발명자에게 감사의 표시로 무엇을 원하는지 물었다. 발명자는 체스 판의 첫 번째 사각형에는 쌀 한 톨, 두 번째에는 두 톨, 세 번째에는 네 톨, … 이렇게 64번째 사각형까지 이전 사각형의 두 배의 쌀을 쌓아 달라고 했다. 이런 요구가 적당해보이지만, 사실 제국 안의 쌀을 모두 합쳐도 감당할 수 없는 량이다. 이제 발명자에게 최소 1000톨, 1,000,000톨, 1,000,000,000톨의 쌀을 주려면 몇 개의 사각형이 필요한지 계산하는 프로그램을 작성하자. 물론 루프를 이용해야 하며, 현재 몇 번째 사각형인지를 유지하는 int와 현재 사각형에 쌓아야할 쌀이 몇 톨인지 나타내는 int, 이전까지의 모든 사각형에 쌓여있는 쌀이 전부 몇 톨인지 세는 int를 이용하자. 반복의 각 단계에서 어떤 일이 벌어지는지 알 수 있도록 모든 변수의 값을 출력해보길 바란다.

9. 8번 문제에서 발명자가 요구한 낱알의 수를 계산해보자. int와 double에 저장할 수 없을 정도로 큰 숫자라는 사실을 알 수 있다. int와 double로 표현할 수 없을 정도로 수가 커지면 무슨 일이 생기는가? (int를 이용해서) 체스 판의 몇 번째 사각형까지 정확한 낱알의 수를 계산할 수 있는가? (double을 이용해서) 체스 판의 몇 번째 사각형까지 낱알 개수의 근사치를 계산할 수 있는가?

10. '가위 바위 보' 게임을 프로그램으로 만들자. 이 게임이 친숙하지 않다면 약간의 조사를 해보자(예, 구글을 이용한 웹 검색). 조사는 프로그래머에게 일상적인 일이다. switch 구문을 이용해서 연습문제를 풀어보자. 그리고 프로그램의 응답은 임의적random이어야 한다(다음에 가위, 바위, 보 중 무엇을 낼지 임의로 선택한다). 완벽한 임의성을 구현하기는 너무 어려우므로 '다음 값'으로 사용할 값들을 저장하는 vector를 만들자. 프로그램에 vector만 추가하면 항상 같은 순서로 게임을 하게 되므로, 사용자로부터 값을 입력받자. 이를 바탕으로 사용자가 컴퓨터의 다음 수를 쉽게 예측할 수 없게 값을 변형하자.

11. 1과 100 사이의 모든 소수prime number를 찾는 프로그램을 작성하자. 이를 위해서 소수가 차례대로 저장된 vector(vector의 이름은 primes이며, primes[0]==2, primes[1]==3, primes[2]==5, …)를 이용해서 수가 소수인지 확인하는 함수(예, 자신보다 작은 소수로 나눠지는지 확인하는 함수)를 작성할 수 있다. 그리고 1부터 100까지 반복하는 함수를 만든 후 각 수가 소수인지 확인하고, 찾은 소수를 vector에 저장한다. 찾은 소수를 저장한 vector와 primes를 비교해서 결과를 확인하자. 첫 번째 소수는 2로 가정한다.

12. max 값을 입력받고, 1부터 max까지의 모든 소수를 구하게 앞의 프로그램을 수정하자.

13. 1과 100 사이의 모든 소수를 찾는 프로그램을 작성하자. 단, 이번엔 '에라토스테네스의 체'라는 고전적인 방법을 사용하자. 이 방법을 모른다면 웹을 검색하라. 그리고 그 방법대로 프로그램을 작성하자.

14. max 값을 입력받고, 1부터 max까지의 모든 소수를 구하도록 앞의 프로그램을 수정하자.

15. n을 입력받고, 첫 n개의 소수를 찾는 프로그램을 작성하자.

16. 실습문제에서 주어진 숫자 시퀀스의 최댓값과 최솟값을 찾는 프로그램을 작성했다. 이제 양의 정수 집합에서 최빈값mode을 찾는 프로그램을 작성하자. 최빈값은 시퀀스에서 가장 여러 번 등장한 숫자를 말한다.

17. string의 시퀀스에서 최댓값과 최솟값, 최빈값을 찾는 프로그램을 작성하자.

18. 이차 방정식을 푸는 프로그램을 작성하자. 이차 방정식의 형태는 다음과 같다.

$$ax^2 + bx + c = 0$$

이차 방정식을 푸는 공식을 모른다면 조사하자. 이처럼 프로그래머가 컴퓨터에게 문제 풀기를 지시하기 전에 그 해결 방법을 조사하는 일은 필수적이다. 사용자 입력 a와 b, c는 double 타입으로 하자. 이차 방정식의 해는 2개이므로, x1과 x2를 모두 출력한다.

19. Joe 17과 Babara 22처럼 이름과 값을 쌍으로 입력받는 프로그램을 작성하자. 그리고 각 쌍마다 이름은 names라는 vector에 저장하고, 숫자는 numbers라는 vector에 저장한다 (names[7]=="Joe"이면 scores[7]==17이 되도록 각각 상응하는 위치에 저장). 이름이 유일한지 확인하고, 그렇지 않으면 오류 메시지를 출력하며 종료한다. 마지막으로 모든 (이름, 점수) 쌍을 출력한다.

20. 이름을 입력하면 상응하는 점수를 출력하거나 이름을 찾을 수 없음이란 메시지를 출력하게 연습문제 19번의 프로그램을 수정하자.

21. 정수를 입력하면 그 점수에 상응하는 모든 이름을 출력하거나 점수를 찾을 수 없음이란 메시지를 출력하게 연습문제 19번의 프로그램을 수정하자.

붙이는 말

철학적인 관점에서 보자면 이제 여러분은 컴퓨터로 가능한 모든 일을 할 수 있다. 나머지는 세부 사항일 뿐이다. 물론 세부 사항의 가치와 실용적 기술의 중요성을 무시할 순 없지만, 이 말은 농담이 아니다. 4장에서 배운 도구만으로 모든 계산을 표현할 수 있다. 여러분은 필요한 만큼 (vector와 string을 비롯한) 변수를 사용할 수 있고, 산술 연산자와 비교 연산자를 익혔으며, 선택과 반복을 활용할 수 있다. 이런 기본 구성 요소만으로 모든 계산을 표현할 수 있다. 여러분은 텍스트와 숫자 입출력을 배웠는데, 모든 입출력(그래픽조차도)은 텍스트로 표현할 수 있다. 그리고 계산 과정을 명명된 함수 집합으로 조직화할 수도 있다. 이제 남은 일은 좋은 프로그램을 만드는 방법을 배우는 일뿐이다. 즉, 정확하고 관리하기 쉬우며, 합리적인 선에서 효율적으로 동작하는 프로그램을 작성해야 한다. 중요한 점은, 이를 익히려면 어느 정도의 노력이 필요하다는 사실이다.

오류

"지금 이 순간, 나 스스로의 실수를 찾아 고치는데
인생의 많은 부분을 허비해야 함을 깨달았다."

– 모리스 윌크스(Maurice Wilkes), 1949

5장에서는 프로그램의 정확성과 오류, 오류 처리 방법을 논의한다. 여러분이 정말 초보라면 5장의 논의가 때로는 추상적으로 느껴지거나, 때로는 너무 자세하다고 생각할 수 있다. 오류 처리가 정말 그렇게 중요한가? 그렇다. 그리고 누군가가 사용하고 싶어 하는 프로그램을 작성하려면 그 전에 오류 처리 방법을 하나 이상 배워야 한다. 이제부터 '프로그래머처럼 생각하는 방법'이 무엇인지 보여주고자 한다. 때로는 이를 위해 세부 사항과 여러 대안에 대한 면밀한 분석과 함께 다소 추상적인 전략을 조합할 필요가 있다.

5.1 소개

4장에서 오류라는 말을 반복적으로 언급했다. 실습문제와 연습문제를 풀면서 왜 그렇게 했는지 힌트를 얻었을 수도 있다. 프로그램을 개발하면서 오류를 완벽히 피할 수는 없지만, 완성된 프로그램은 오류가 전혀 없거나, 적어도 받아들일 수 없다고 치부되는 오류를 포함해선 안된다.

오류를 분류하는 다양한 방법은 다음과 같다.

- **컴파일 시간 오류** 컴파일러가 찾아낸 오류. 컴파일 시간 오류는 해당 오류가 위반한 언어의 규칙에 따라 다음과 같이 더 세부적으로 나눌 수 있다.
  - 문법 오류
  - 타입 오류
- **링크 시간 오류** 목적 파일을 실행 프로그램에 통합하는 과정에서 링커가 찾아낸 오류
- **실행 시간 오류** 프로그램을 실행하는 동안 확인된 오류. 실행 시간 오류는 다음과 같이 더 세부적으로 나눌 수 있다.
  - 컴퓨터(하드웨어나 운영체제)가 감지한 오류
  - 라이브러리(예, 표준 라이브러리)가 감지한 오류
  - 사용자 코드가 감지한 오류
- **논리 오류** 프로그래머가 잘못된 결과의 원인을 분석하는 과정에서 찾아낸 오류

프로그래머라는 직업이 모든 오류를 제거하는 일이라고 말하고 싶은 생각이 들 정도다. 이상적으로는 맞는 말이지만, 그렇지 않은 경우가 더러 있다. 사실 실세계의 프로그램에선 '모든 오류'가 무슨 의미인지 정확히 알기조차 어려울 때도 있다. 프로그램을 실행하는 동안 컴퓨터의 전원 코드를 뽑았다면 이 역시 처리해야 할 오류일까? 대부분의 경우에 "당연히 아니요"라고 대답하겠지만, 의료 감시 프로그램이나 전화 교환기 제어 프로그램이라면 어떨까? 이런 경우라면 사용자는 컴퓨터의 전원 공급이 멈추거나 프로그램이 저장된 메모리를 우주선cosmic ray이 손상시켜도 여러분의 프로그램이 포함된 시스템의 어딘가에서 적절한 조치를 취해주리라고 기대할 만하다. 결국 핵심적인 질문은 "이 프로그램이 그런 오류를 감지해야 하는가?"라고 할 수 있다. 특별히 따로 언급하지 않는 한 여러분의 프로그램에 대해 다음과 같이 가정한다.

1. 모든 적법한 입력에 대해 요구받은 결과를 생성한다.
2. 모든 적법하지 않은 입력에 대해 적절한 오류 메시지를 출력한다.
3. 하드웨어의 오동작은 고려하지 않는다.

4. 시스템 소프트웨어의 오동작은 고려하지 않는다.

5. 오류를 감지한 후에는 종료해도 좋다.

3과 4, 5번 가정을 만족하지 않는 모든 프로그램은 이 책의 범위를 벗어난 진보된 프로그램이라 할 수 있다. 하지만 1번과 2번 가정은 기본적인 전문가 정신에 포함되며, 이러한 전문가 정신은 우리의 목표 중 하나이기도 하다. 항상 이상을 100% 만족할 수는 없다고 해도 우리는 그 이상을 추구해야 한다.

우리가 프로그램을 작성할 때 오류가 생기는 일은 자연스러운 일이며, 피할 수도 없다. 그렇다면 우리의 질문은 "오류를 어떻게 처리하는가?"여야 한다. 중요한 소프트웨어를 개발할 때 오류를 피하고, 찾고, 고치는 일에 우리 노력의 90% 이상을 들인다고 볼 수 있다. 특히 안전에 민감한 프로그램의 경우라면 훨씬 더 큰 노력을 요할 수도 있다. 조그만 프로그램이라면 오류 처리를 잘 해낼 수 있지만, 여러분이 부주의하거나 체계적이지 않다면 문제가 더 심각해질 수도 있다.

기본적으로 적절한 수준의 소프트웨어를 만들기 위해 다음과 같은 세 가지 접근 방법을 취한다.

- 소프트웨어를 조직화해서 오류를 최소화한다.
- 우리가 만든 대부분의 오류를 테스트와 디버깅을 바탕으로 제거한다.
- 남아있는 오류는 사소한 오류임을 확인한다.

이 세 가지 중 하나만으로는 오류를 완벽히 제거할 수 없으므로, 세 가지 방법을 모두 병행해야 한다.

적정 수준의 프로그램, 즉 프로그램이 수행하는 일에 있어서 어느 정도의 오류가 허용되는 경우에 대한 개인적 경험이 큰 문제가 될 수 있다. 하지만 우리의 이상은 항상 올바르게 작동하는 프로그램이라는 사실을 잊지 말자. 그 이상을 완벽하게 달성하지 못하는 경우가 보통이라 해도, 그것이 매우 열심히 노력하지 않는 데 대한 변명이 될 순 없다.

5.2 오류의 원인

오류의 원인 중 몇 가지를 살펴보자.

- **엉터리 명세** 프로그램이 해야 할 일을 정확히 명시하지 않으면 사각 지대를 제대로 확인하고, 모든 경우를 처리했는지(예, 모든 입력에 대해 정확한 답변이나 적정한 오류 메시지를 출력하는지) 알기 어렵다.

- **불완전한 프로그램** 개발 과정에서 고려하지 않은 경우가 있을 수 있다. 이를 피할 수는 없지만, 모든 경우를 처리했음을 확인하는 일을 목표로 삼아야 한다.

- **예상 밖의 인자** 함수는 인자를 받아들이며, 우리가 처리하지 않은 인자가 함수에 전달되면 문제가 생긴다. 예를 들어 `sqrt(-1.2)`처럼 표준 라이브러리의 제곱근 함수에 -1.2를 인자로 전달하면 어떻게 될까? `double`을 인자로 받는 `sqrt()`는 `double`을 반환하므로, 올바른 결과를 반환할 수 없다. 5.5.3절에서 이런 문제를 다룬다.

- **예상 밖의 입력** 일반적으로 프로그램은 데이터를 읽는다(키보드나 파일, GUI, 네트워크 연결 등으로부터). 프로그램은 이러한 입력에 대해 많은 가정을 한다. 예를 들어 사용자는 숫자를 입력한다는 가정을 한다. 하지만 사용자가 예상대로 정수를 입력하지 않고 "오, 입 다물어!"라고 입력하면 어떻게 될까? 5.6.3절과 10.6절에서 이런 문제를 다룬다.

- **예상 밖의 상태** 대부분의 프로그램은 시스템의 서로 다른 부분에서 사용할 데이터(상태)를 유지한다. 주소 목록과 전화번호부, 온도 측정 결과를 저장하는 `vector` 등을 예로 들 수 있다. 그런 데이터가 불완전하거나 틀렸다면 어떨까? 프로그램의 여러 부분에서 여전히 그 데이터가 필요한데 말이다. 26.3.5절에서 이런 문제를 논의한다.

- **논리 오류** 코드가 의도한대로 작동하지 않는 경우를 말한다. 이런 문제는 찾아서 고치는 수밖에 없다. 6.6절과 6.9절에서 이런 문제를 찾아내는 예를 살펴본다.

이 목록은 실용적으로 쓸모가 있다. 프로그램을 어느 정도로 확인해야 하는지 알려주는 체크리스트checklist로 사용할 수 있다. 앞에서 언급한 잠재적 오류의 원인을 모두 고려하지 않고는 어떤 프로그램도 완벽할 수 없다. 이러한 고려 없이 여럿이 함께 작성한 프로그램은 오류 발생 확률이 크고 전면적인 수정 없이 오류를 제거하기도 어렵기 때문에 프로젝트 맨 처음부터 이런 사항을 고려하는 편이 신중한 자세라 할 수 있다.

5.3 컴파일 시간 오류

프로그램을 작성할 때 컴파일러가 오류에 대한 1차 방어선 역할을 한다. 컴파일러는 목적 코드를 생성하기 전에 코드를 분석해서 문법 오류와 타입 오류를 찾아낸다. 프로그램이 언어의 명세에 완전히 부합할 때만 다음 과정을 진행할 수 있다. 컴파일러가 찾아내는 오류 중 상당수가 오타나 편집 미완료로 인한 '단순 실수 오류'다. 그 밖의 오류는 프로그램의 각 부분이 상호작용하는 방법을 잘못 이해한데서 오는 결함이다. 초보자에게는 컴파일러가 너무 까다로워 보일 수 있지만, 여러분이 아이디어를 직접적으로 표현하는 데 필요한 언어의 기능(특히 타입 시스템)을 활용하는 방법을 배우다 보면 컴파일러가 잡아내지 못했으면 몇 시간 동안 버그를 찾는 지루한 작업을 초래할 수 있는 문제를 찾아내는 컴파일러의 능력에 감사하게 될 것이다.

그 예로 간단한 함수를 호출하는 코드를 살펴보자.

```
int area(int length, int width);            // 사각형의 넓이 계산
```

5.3.1 문법 오류

`area()`를 다음과 같이 호출하면 어떻게 될까?

```
int s1 = area(7;            // 오류: ) 누락
int s2 = area(7)            // 오류: ; 누락
Int s3 = area(7);           // 오류: Int는 타입이 아님
int s4 = area('7);          // 오류: 종료하지 않은 문자(' 누락)
```

위의 각 행은 문법 오류를 포함한다. 즉, C++ 문법에 부합하지 않는 코드를 컴파일러가 거부한다. 불행히도 컴파일러는 문법 오류를 항상 프로그래머가 알아보기 쉬운 형태로 보고하지는 않는다. 컴파일러가 오류임을 확신하려면 오류가 있는 부분보다 더 많은 코드를 읽어야 하기 때문이다. 이로 인해 문법 오류임이 확실한 경우에도(여러분이 그런 실수를 했다는 사실이 믿기 어려울 때도 있다) 보고 내용이 복잡하거나 오류가 포함된 행의 다음 행을 가리킬 수도 있다. 따라서 문법 오류가 발생한 경우에 컴파일러가 지적한 행에서 문제를 찾을 수 없다면 프로그램의 이전 행을 살펴보자.

컴파일러는 여러분의 의도를 알 수 없으므로, 여러분의 숨은 의도가 아니라 여러분이 실제로 한 일(작성된 코드)에서 오류를 찾을 수밖에 없다. 예를 들어 위에서 살펴본 s3을 정의하는 예에서 컴파일러가 다음과 같이 말할 수는 없다.

"`int`의 철자가 틀렸군요. `i`를 대문자로 쓰지 마세요."

대신 다음과 같이 보고한다.

"문법 오류: 식별자 `s3` 앞에 `;` 누락"
"`s3`의 저장 클래스나 타입 식별자 누락"
"`Int`의 저장 클래스나 타입 식별자 누락"

이런 메시지는 익숙해지기 전에는 복잡하게 보이며, 이런 어려운 용어를 사용하기가 쉽지는 않다. 그리고 서로 다른 컴파일러가 동일한 코드에 대해 전혀 다르게 보이는 오류 메시지를 출력할 수도 있다. 다행히도 이런 메시지를 읽는 데 곧 익숙해질 수 있다. 위의 메시지를 대략 살펴보면 다음과 같이 읽을 수 있다.

"s3 이전에 문법 오류가 있고, Int나 s3의 타입에 관련된 문제임"

이런 식으로 이해하면 문제를 찾는 일이 그렇게 어렵지는 않다.

도전 과제

위의 예제들을 컴파일해보고, 컴파일러가 어떻게 반응하는지 알아보자.

5.3.2 타입 오류

문법 오류를 제거하고 나면 컴파일러가 타입 오류를 보고하기 시작한다. 즉, 여러분이 선언한 (혹은 아예 선언조차 하지 않은) 변수와 함수 등의 타입과 변수에 대입하려는 값이나 표현식, 함수에 건네준 인자 등의 타입이 일치하지 않는 경우를 보여준다. 아래 예를 보자.

```cpp
int x0 = arena(7);          // 오류: 선언하지 않은 함수
int x1 = area(7);           // 오류: 인자의 수가 맞지 않음
int x2 = area("seven",2);   // 오류: 첫 번째 오류의 타입이 올바르지 않음
```

이 오류들을 자세히 살펴보자.

1. arena(7)에서 area의 철자를 arena로 잘못 썼으므로, 컴파일러는 우리가 arena라는 함수를 호출하려 한다고 생각한다(컴파일러가 그 의미를 다르게 해석할 수도 있을까? 이 질문의 답은 앞에서 살펴봤다). arena()라는 함수가 없다면 선언하지 않은 함수라는 오류 메시지를 출력한다. arena라는 함수가 존재하고, 7을 인자로 받는다면 더 큰 문제다. 프로그램이 컴파일은 되겠지만 의도한 대로 동작하지 않는다(이를 논리 오류라고 한다. 5.7절 참고).

2. area(7)에서 컴파일러는 인자의 개수가 틀렸음을 감지한다. C++에서는 함수를 호출할 때 항상 미리 정의한 대로 인자의 개수와 타입, 순서가 일치해야 한다. 타입 시스템을 잘 활용하면 이를 바탕으로 실행 시간 오류(14.1절 참고)를 방지할 수 있다.

3. area("seven",2)에서 컴퓨터가 "seven"을 정수 7로 알아보기를 바랐는가? 하지만 그렇지 않다. 함수에서 정수를 필요로 하면 그 자리에 문자열을 지정할 수 없다. C++는 암묵적 타입 변환(3.9절 참고)을 지원하지만, string을 int로 변환할 수는 없다. 따라서 이런 경우에 컴파일러는 여러분의 의도를 알려고 하지 않는다. area("Hovel lane",2)와 area("7,2"), area("sieben","zwei")의 의도를 과연 알 수 있을까?

위의 예들은 컴파일러가 찾아내는 오류 중에 극히 일부일 뿐이다. 컴파일러는 여러분을 돕고자 훨씬 많은 오류를 찾아낸다.

5.3.3 오류가 아닌 경우

컴파일러와 작업하다 보면 여러분의 의도를 알아챌 정도로 컴파일러가 똑똑하길 바라는 경우가 있다. 즉, 컴파일러가 보고하는 오류 중 일부를 오류가 아니라고 생각했을 수도 있다. 이는 자연스러운 일이다. 하지만 더 놀라운 일은, 여러분이 경험을 쌓아갈 수록 컴파일러가 오류를 적게 보고하기보다는 더 많은 코드를 거부해주길 내심 바라게 된다는 점이다. 다음 예를 보자.

```
int x4 = area(10,-7);        // OK: 그러나 너비가 음수 7인 사각형이란 무슨 의미인가?
int x5 = area(10.7,9.3);     // OK: 그러나 area(10,9)를 호출함
char x6 = area(100,9999);    // OK: 그러나 결과를 축소 변환함
```

x4에서 컴파일러는 오류 메시지를 보고하지 않는다. area()가 요구하는 대로 정수 인자 두 개를 전달했고, 인자가 양수여야 한다고 말한 적은 없기 때문에 컴파일러의 입장에서 area(10,-7)은 적법하다.

x5의 경우에는 훌륭한 컴파일러라면 double인 10.7과 9.3이 정수 10과 9로 축소 변환된다고 경고한다(3.9.2절 참고). 그러나 (예전) 언어 규칙에서 double을 int로 암묵적인 변환을 할 수 있다고 규정하므로, 컴파일러가 area(10.7,9.3)을 거부할 수는 없다.

x6을 초기화할 때 겪는 문제는 area(10.7,9.3)의 문제와 비슷하다. area(100,9999)가 반환한 int(999900)를 char에 대입한다. 여기서 x6의 결과로 가장 가능성이 큰 값은 축소 변환된 값 -36이다. 위에서와 마찬가지로 언어 규칙 때문에 이 코드를 완전히 거부할 수는 없지만, 좋은 컴파일러라면 이에 대한 경고를 남긴다.

여러분이 경험을 쌓아가면서 컴파일러의 능력을 최대한 활용해서 오류를 찾아내고, 컴파일러의 알려진 약점을 피해가는 방법을 배우게 된다. 그러나 과신하진 말자. "내 프로그램이 컴파일됐다"고 해서 프로그램이 실행되는 것을 의미하지는 않는다. 프로그램이 실행된다고 해도 처음에 논리적 결함을 찾아내기 전에는 잘못된 결과가 나오기 마련이다.

5.4 링크 시간 오류

프로그램은 변환 단위라고 일컬어지는 분리돼 컴파일된 다수의 부분으로 이뤄진다. 한 프로그램 안의 모든 함수는 그 함수를 사용하는 모든 변환 단위에서 동일한 타입으로 선언돼야

하며, 이를 보장하기 위해 헤더 파일을 이용한다(8.3절 참고). 그리고 모든 함수는 한 프로그램 안에서 딱 한 번 정의돼야 한다. 두 규칙 중 하나라도 위반하면 링커가 오류를 낸다. 링크 시간 오류를 방지하는 방법은 8.3절에서 살펴보기로 하고, 여기서는 전형적인 링커 오류를 일으키는 예제 프로그램을 살펴보자.

```cpp
int area(int length, int width);     // 사각형 넓이 계산

int main()
{
    int x = area(2,3);
}
```

다른 소스 파일에서 area()를 정의한 후에 그 소스 파일로부터 생성한 목적 코드를 위 프로 그램의 목적 코드와 링크하지 않으면 링커는 area()의 정의를 찾을 수 없다는 오류를 낸다.

그리고 area()의 정의가 다음과 같이 우리 파일에서 지정한 타입(반환 타입과 인자 타입 모두)과 일치해야 한다.

```cpp
int area(int x, int y) { /* ...*/ }  // "우리"가 호출한 area()
```

이름은 같지만 타입은 다른 함수는 사용하지 않고 무시한다.

```cpp
double area(double x, double y) { /* ...*/ }      // "우리"가 호출한 area()가 아님
int area(int x, int y, char unit) { /* ...*/ }    // "우리"가 호출한 area()가 아님
```

함수 이름에 오타가 있는 경우는 링커가 오류를 보고하지 않는다는 사실을 기억하자. 그 대신 컴파일러가 선언하지 않은 함수를 발견하는 즉시 오류를 일으킨다. 어쨌든 좋은 일이다. 컴파일 시간 오류는 링크 시간 오류보다 일찍 찾아지고, 더 쉽게 고칠 수 있다.

위에서 설명한 함수 링크 규칙은 변수와 타입을 비롯한 프로그램의 모든 구성 요소에도 동일 하게 적용된다. 동일한 이름의 구성 요소는 딱 한 번 정의돼야 하고, 선언은 여러 번 할 수 있지만 모든 선언의 타입은 정의한 타입과 동일해야 한다. 자세한 내용은 8.2~3절을 참고하라.

5.5 실행 시간 오류

프로그램에 컴파일 시간 오류와 링크 시간 오류가 없다면 프로그램을 실행할 수 있다. 정말 재밌는 일은 이제부터 시작이다. 프로그램을 작성할 때 오류를 찾을 수는 있지만, 실행 중에 감지한 오류를 처리하는 방법을 알아내기란 항상 쉽지는 않다. 아래를 보자.

```cpp
int area(int length, int width)   // 사각형 넓이 계산
{
```

```
        return length*width;
}

int framed_area(int x, int y)        // 테두리를 제외한 사각형 넓이 계산
{
        return area(x- 2,y- 2);
}

int main()
{
        int x = -1;
        int y = 2;
        int z = 4;
        // ...
        int area1 = area(x,y);
        int area2 = framed_area(1,z);
        int area3 = framed_area(y,z);
        double ratio = double(area1)/area3;   // 부동소수점 나눗셈을 수행하기 위해
                                               // double로 변환
}
```

(인자에 직접 값을 넣는 대신) 변수 x, y, z를 사용해서 사람이 이해하기 힘들고, 컴파일러가 오류를 찾기 어렵게 만들었다. 결국 area1과 area2에는 계산된 사각형 넓이로 음수가 대입된다. 이렇게 수학과 물리학을 뿌리 채 거부하는 오류를 용인해야 할까? 그렇지 않다면 이 오류는 누가 찾아내야 하는가? area를 호출한 쪽에서? 아니면 함수 스스로? 그리고 오류를 찾아낸 후에는 어떻게 보고해야 할까?

이 질문에 답하기 전에 위의 코드에서 ratio를 계산하는 부분을 살펴보자. 충분히 순결해 보이는 코드지만, 그 안에 숨겨진 결함을 찾아냈는가? 못 찾았다면 다시 살펴보자. area3의 값이 0이므로, double(area1)/area3은 0으로 나눗셈을 수행한다. 이로 인해 하드웨어 감지 오류가 발생하고, 복잡한 하드웨어 관련 메시지와 함께 프로그램이 종료된다. 여러분이 실행시간 오류를 잘 찾아내 현명하게 대처하지 않으면 여러분이나 사용자가 이런 오류를 겪게 된다. 프로그램에 밀접하게 가까운 사람이 아니라면 이런 오류 메시지를 보고 그저 "어디선가 뭔가가 잘못됐다"는 정도밖에 알지 못하므로, 대부분의 사람들은 앞서 언급한 '하드웨어 오류'에 관대하지 않다. 뭔가 건설적인 조치를 취할 수가 없으므로, 프로그램을 제공한 사람에게 화를 내며 소리를 지르는 수밖에 없다.

이제 area()의 인자에 관련된 오류를 고쳐보자. 여기엔 두 가지 대안이 있다.

a. area()를 호출하는 쪽에서 잘못된 인자를 처리한다.

b. area()(호출된 함수) 안에서 잘못된 인자를 처리한다.

5.5.1 호출하는 쪽(caller)에서의 오류 처리

첫 번째 대안("사용자가 알아서 조심하시오!")을 시도해보자. area()가 라이브러리 안에 포함된 함수여서 우리가 직접 수정할 수 없는 경우에 첫 번째 대안을 선택한다. 좋든 나쁘든 이 방법이 가장 일반적이다.

main() 안의 area(x,y) 호출을 보호하는 방법은 상대적으로 쉽다.

```
if (x<=0) error("x가 양수가 아님");
if (y<=0) error("y가 양수가 아님");
int area1 = area(x,y);
```

여기서 궁금한 점은 오류를 감지했을 때 어떻게 해야 하는지 인데, 여기서는 error()를 호출해서 현명한 처리를 한다고 가정한다. 사실 std_lib_facilities.h에서 선언한 error() 함수는 기본적으로는 시스템 오류 메시지와 error()의 인자로 전달된 문자열을 함께 출력한 후 프로그램을 종료한다. 여러분만의 오류 메시지를 출력하거나 다른 조치를 취하고 싶다면 runtime_error(5.6.2절, 7.3절, 7.8절, B.2.1절)를 살펴보자. 이 방법으로 대부분의 학습용 프로그램을 처리하기에 충분하며, 더 정교한 오류 처리 방법의 예제로 사용할 수도 있다.

각 인자별로 다른 오류 메시지를 원하지 않는다면 다음과 같이 단순화할 수 있다.

```
if (x<=0 || y<=0) error("area()의 인자가 양수가 아님");        // ||는 "논리 합"
int area1 = area(x,y);
```

잘못된 인자로부터 area()를 보호하는 일을 마무리하려면 다음과 같이 framed_area()에서 area()를 호출하는 경우도 처리해야 한다.

```
if (z<=2)
    error("framed_area()의 두 번째 인자 때문에 양수가 아닌 인자로 area() 호출");
int area2 = framed_area(1,z);
if (y<=2 || z<=2)
    error("framed_area()의 인자 때문에 양수가 아닌 인자로 area() 호출");
int area3 = framed_area(y,z);
```

코드가 지저분할 뿐 아니라 여전히 기본적으로 잘못된 부분이 있다. 코드를 제대로 작성하려면 framed_area()가 area()를 사용하는 방식, 즉 framed_area()가 각 인자에서 2를 뺀다는 사실을 정확히 알아야 한다. 이렇게 세부 사항을 꼭 알아야만 하도록 만들면 안 된다! 누군가가 2가 아닌 1을 빼게 framed_area()를 수정하면 어떻게 될까? 수정 작업을 하는 사람이 `framed_area()`를 호출하는 곳을 모두 찾아 오류 검사 코드도 함께 수정해야 한다. 이렇게 쉽게 오동작하는 코드를 '취약한brittle 코드라고 하며, '마법의 상수'(4.3.1절)의 또 다른 예이기도 하다. 여기서는 `framed_area()`에서 뺄 숫자에 이름을 지정해 코드의 취약성을 보강할 수 있다.

```cpp
constexpr int frame_width = 2;
int framed_area(int x, int y)        // 테두리를 제외한 사각형 넓이 계산
{
    return area(x- frame_width,y- frame_width);
}
```

그리고 `framed_area()`를 호출하는 코드에서도 이 이름을 활용할 수 있다.

```cpp
if (1- frame_width<=0 || z- frame_width<=0)
    error("framed_area()의 인자 때문에 양수가 아닌 인자로 area() 호출");
int area2 = framed_area(1,z);
if (y- frame_width<=0 || z- frame_width<=0)
    error("framed_area()의 인자 때문에 양수가 아닌 인자로 area() 호출");
int area3 = framed_area(y,z);
```

이 코드를 한 번 보라! 정말 정확한가? 깔끔한가? 읽기 쉬운가? 사실 이 코드는 보기에 안 좋다(따라서 오류의 소지도 크다). 코드의 길이는 세 배가 됐고, `framed_area()` 구현의 세부 사항도 외부에 노출됐다. 뭔가 더 좋은 방법이 필요하다!

원래 코드를 보자.

```cpp
int area2 = framed_area(1,z);
int area3 = framed_area(y,z);
```

코드가 잘못됐을지언정 그 의도는 쉽게 알 수 있다. 여기서는 검사하는 부분을 `framed_area()` 안으로 옮기면 이 코드를 그대로 살릴 수 있다.

5.5.2 호출되는 쪽(callee)에서의 오류 처리

`framed_area()` 안에서 인자가 올바른지 확인하는 일은 간단하며, 동일하게 `error()`를 이용해 문제를 보고할 수 있다.

```cpp
int framed_area(int x, int y)        // 테두리를 제외한 사각형 넓이 계산
{
    constexpr int frame_width = 2;
    if (x- frame_width<=0 || y- frame_width<=0)
```

```
        error("framed_area()의 인자 때문에 양수가 아닌 인자로 area() 호출");
    return area(x- frame_width,y- frame_width);
}
```

이 방법이 더 보기 좋고, framed_area()를 호출할 때마다 확인하는 코드를 작성할 필요도 없다. 대규모 프로그램에서 500번 정도 호출하는 유용한 함수라면 이에 따른 이점은 매우 크다. 게다가 오류 처리 방법이 변경되더라도 코드 한 곳만 수정하면 된다.

우리는 거의 무의식적으로 '호출하는 쪽에서 인자를 확인'하는 방법에서 '함수 안에서 인자를 확인'하는 방법(호출되는 함수를 피호출자라고 하므로 '피호출자 확인'이라고도 함)으로 넘어왔다. 후자의 장점 중 하나는 인자 확인 코드가 한 곳에만 있다는 점이다. 따라서 프로그램 전체를 훑어볼 필요가 없다. 게다가 바로 그곳에서 인자를 사용하므로 인자를 확인하는 데 필요한 모든 정보를 쉽게 얻을 수 있다.

이제 이 방법을 area()에 적용해보자.

```
int area(int length, int width) // 사각형 넓이 계산
{
    if (length<=0 || width <=0) error("양수가 아닌 인자");
        return length*width;
}
```

이렇게 area()를 호출할 때의 모든 오류를 확인했으므로, framed_area() 안에서도 확인할 필요가 없다. 그러나 좀 더 구체적인 오류 메시지가 필요할 수도 있다.

함수 안에서 인자를 확인하는 일은 간단한데, 왜 사람들은 항상 그렇게 하지 않을까? 오류 처리에 있어 부주의함이나 서투름이 그 이유일 수 있으나, 그럴만한 이유가 있을 수도 있다.

- **함수 정의를 수정할 수 없다** 라이브러리 안의 함수처럼 함수를 변경할 수 없는 경우가 있다. 좋은 오류 처리에 대한 견해가 다른 누군가와 코드를 함께 사용하거나, 소스코드가 여러분이 아닌 다른 사람의 소유일 수도 있다. 정기적으로 새로운 버전을 출시하는 라이브러리 안에 함수가 포함돼 새로운 라이브러리 배포판이 나올 때마다 변경이 필요할 수도 있다.

- **호출되는 함수 안에서 오류를 어떻게 처리할지 알 수 없다** 대부분의 라이브러리 함수가 이 경우에 해당한다. 라이브러리 제작자가 오류를 감지할 수는 있지만, 오류가 일어났을 때 무슨 일을 해야 할지는 여러분만이 알 수 있다.

- **호출되는 함수가 자신을 어디서 호출했는지 알 수 없다** 오류 메시지를 출력하면 뭔가 문제가 있음을 알 수 있지만, 실행 중인 프로그램이 어떤 경로로 오류를 냈는지는 알 수 없다. 이처럼 구체적인 오류 메시지가 필요할 때도 있다.

- **성능** 작은 함수에서는 인자를 확인하는 코드의 비용이 결과를 계산하는 비용보다 클 수도 있다. 예를 들어 area()의 경우에도 확인 코드로 인해 함수 크기가 두 배 이상 커진다(소스코드의 길이는 물론, 실행할 기계어의 수도 많아진다). 프로그램에 따라서는 치명적인 문제가 될 수 있는데, 특히 여러 함수가 변하지 않는 정보를 바탕으로 서로를 호출할 때 동일한 정보를 불필요하게 확인할 수도 있다.

그렇다면 여러분은 어떻게 해야 할까? 특별한 이유가 없다면 함수 안에서 인자를 확인하자. 관련 주제를 몇 가지 더 살펴본 후에 올바르지 않은 인자를 처리하는 방법을 5.10절에서 다시 다룬다.

5.5.3 오류 보고

이제 조금 다른 질문을 던져보자. 일련의 인자를 확인해서 오류를 찾아냈다면 무슨 일을 해야 할까? 때에 따라서는 다음과 같이 '오류 값$^{error\ value}$'를 반환할 수 있다.

```cpp
// 사용자에게 yes와 no 중 하나를 요구
// 잘못된 대답인 경우 'b' 반환 (예, yes나 no가 아닌 경우)
char ask_user(string question)
{
    cout << question << "? (yes or no)\n";
    string answer = " ";
    cin >> answer;
    if (answer =="y" || answer=="yes") return 'y';
    if (answer =="n" || answer=="no") return 'n';
    return 'b'; // 잘못된 대답인 경우 'b' 반환
}
```

```cpp
// 사각형 넓이 계산
// 잘못된 인자인 경우 '-1' 반환
int area(int length, int width)
{
    if (length<=0 || width <=0) return -1;
    return length*width;
}
```

이렇게 하면 호출되는 쪽에서 세세하게 확인함은 물론, 호출하는 쪽의 필요에 따라 오류를 처리할 수도 있다. 이런 방법이 유용해보이지만, 많은 경우에 이 방법을 택할 수 없는 몇 가지 이유가 있다.

- 호출되는 함수와 호출하는 쪽 모두 확인을 해야 한다. 호출하는 쪽의 확인 작업은 간단하지

만 여전히 확인을 한 후 실패 시에 어떻게 할지 정해야 한다.

● 호출하는 쪽에서 확인을 잊을 수도 있다. 이렇게 되면 프로그램을 실행할 때 결과를 예측할 수 없다.

● 오류를 나타내는 값으로 사용할 여분의 반환 값이 없는 함수도 많다. 예를 들어 입력에서 int를 읽어(cin의 >> 연산자 등) 반환하는 함수는 임의의 int 값을 반환할 수 있으므로 실패를 나타낼 용도로 쓸 수 있는 int 값이 없다.

두 번째 경우처럼 호출하는 쪽에서 확인 작업을 잊어버리는 경우에 다음과 같이 당황스러운 일이 쉽게 일어날 수 있다.

```
int f(int x, int y, int z)
{
    int area1 = area(x,y);
    if (area1<=0) error("음수가 아닌 넓이");
    int area2 = framed_area(1,z);
    int area3 = framed_area(y,z);
    double ratio = double(area1)/area3;
    // ...
}
```

오류를 눈치 챘는가? 이처럼 확인의 부재로 인한 오류는 겉보기에는 틀린 점이 없어 보이므로 찾아내기 어렵다.

도전 과제

이 프로그램을 다양한 값으로 테스트해보자. 그리고 area1과 area2, area3, ratio의 값을 출력해보자. 모든 오류를 잡아낼 때까지 확인 코드를 추가하자. 모든 오류를 잡았다는 사실을 어떻게 알 수 있을까? 이 질문이 함정은 아니다. 위 예제에 한해서는 모든 오류를 잡아낼 수 있는 유효한 인자가 존재한다.

이 문제를 처리하는 또 한 가지 해법이 있다. 바로 예외exception다.

5.6 예외

여타 현대적인 프로그래밍 언어가 그렇듯이 C++도 오류를 처리하는 메커니즘인 예외를 지원한다. 예외의 기본적인 아이디어는 (호출되는 함수에서 수행해야 하는) 오류 감지와 (호출하는 함수 쪽에서 수행해야 하는) 오류 처리를 분리함과 동시에 감지된 오류를 무시할 수 없게 하는 데 있다. 즉, 예외를 바탕으로 지금까지 우리가 배웠던 오류 처리 방식의 장점만을 취할 수 있다. 오류 처리가 쉬운 일은 아니지만, 예외를 활용하면 한결 수월해진다.

예외의 기본 아이디어는 함수가 처리할 수 없는 오류가 발생하면 일반적인 return(반환) 대신 오류를 나타내는 예외를 throw한다(던진다). 문제의 함수를 직간접적으로 호출한 모든 함수에서 예외를 catch해서(잡아서) 호출된 코드가 throw를 사용했을 때 무슨 일을 할지 정할 수 있다. 예외에 관심이 있는 함수에서는 (다음 절에서 배울) try 블록을 이용해서 처리하고자 하는 예외의 종류를 try 블록 안의 catch 부분에 나열한다. 호출하는 쪽 어디서도 예외를 잡지 않으면 프로그램을 종료한다.

나중에(19장에서) 예외의 고급 사용법을 살펴본다.

5.6.1 잘못된 인자

예외를 이용해서 area()를 다음과 같이 수정할 수 있다.

```
class Bad_area { }; // area()에서 오류 보고에 사용할 타입

// 사각형 넓이 계산
// 인자가 잘못된 경우 Bad_area 예외를 던짐
int area(int length, int width)
{
    if (length<=0 || width<=0) throw Bad_area{};
    return length*width;
}
```

코드를 해석해보자면 인자에 문제가 없다면 보통 때처럼 넓이를 반환하고, 그렇지 않으면 어딘가에서 catch로 적절할 조치를 해주기 바라며 throw로 area()를 종료한다. catch에서 area()가 던진 예외임을 알 수 있도록 오직 area()에서 유일한 무언가를 throw할 목적으로 Bad_area라는 새로운 타입을 정의했다. 사용자 정의 타입(클래스나 열거형)은 9장에서 다룬다. Bad_area{}의 의미는 "기본 값으로 Bad_area 타입의 객체를 만든다"는 뜻이므로, throw Bad_area{}는 "Bad_area 타입의 객체를 만들어 throw하라"는 의미다.

이제 프로그램을 다음과 같이 작성할 수 있다.

```
int main()
try {
    int x = - 1;
    int y = 2;
    int z = 4;
    // ...
    int area1 = area(x,y);
```

```
    int area2 = framed_area(1,z);
    int area3 = framed_area(y,z);
    double ratio = area1/area3;
}
catch (Bad_area) {
    cout << "이런! area()에 잘못된 인자 전달됨\n";
}
```

먼저 이 코드로 main()과 framed_area()에서의 호출을 비롯한 모든 area()에 대한 호출을 처리할 수 있다는 점에 주목하자. 두 번째로 오류 처리와 오류 감지 부분이 얼마나 명확하게 분리됐는지에 주목하자. main()은 어떤 함수가 throw Bad_area{}를 실행했는지 모르며, area()도 자신이 throw한 Bad_area 예외를 어떤 함수가 catch하는지 알지 못한다. 이러한 분리는 많은 라이브러리를 이용해서 작성한 대규모 프로그램에서 특히 중요하다. 그런 프로그램에서는 누구도 응용 프로그램과 라이브러리 양쪽의 모든 코드를 수정하고 싶어 하지 않기 때문에 필요한 곳마다 코드를 삽입하는 방식으로 오류를 처리할 수는 없다.

5.6.2 구간 오류

대부분의 실세계 코드는 데이터 집합을 처리한다. 즉, 처리할 데이터 요소를 포함하는 다양한 종류의 표와 목록 등을 이용한다. C++에서는 이러한 데이터 모음을 컨테이너^{container}라고 한다. 가장 일반적이고 유용한 표준 라이브러리 컨테이너가 바로 4.6절에서 소개한 vector다. vector는 여러 개의 요소를 저장하며, vector의 size() 멤버 함수를 호출해 요소의 개수를 알 수 있다. 그런데 유효한 구간인 [0:v.size()) 밖의 인덱스로 요소에 접근하면 무슨 일이 벌어질까? 여기서 [low:high)는 low에서 high-1까지를 가리키는 일반적인 표기법이다. 즉, 다음과 같이 low는 포함하지만 high는 포함하지 않는 구간을 말한다.

하지만 위의 질문에 답하기 전에 다른 의문점을 먼저 해결해야 한다.

"왜 그런 짓을 하지?" 결국 v의 인덱스의 구간은 [0:v.size())임을 알고 있다면 그 안에서만 인덱스를 사용하면 되지 않는가!

이렇게 말로 하긴 쉽지만 가끔은 그렇게 하기 어려운 경우도 있다. 실제로 있을 법한 다음 프로그램을 살펴보자.

```
vector<int> v;                      // int를 포함하는 vector
for (int i; cin>>i; )
    v.push_back(i);                 // 값 조회
for (int i = 0; i<=v.size(); ++i)   // 값 출력
    cout << "v[" << i <<"] == " << v[i] << '\n';
```

오류가 보이는가? 한 번 찾아보자. 이런 오류는 일반적이진 않지만, 우리는 분명 이런 오류를 만들어 내곤 한다. 특히 늦은 밤 피로한 상태에서 말이다. 일반적으로 피곤하거나 급히 서두를 때 오류가 더 많이 나는 법이다. 이 프로그램의 문제는 v[i]에 접근할 때 i가 항상 구간 안에 있는지 확인하려고 0과 size()를 이용한 부분에서 찾을 수 있다.

불행히도 여기서 실수를 저질렀는데, for 루프의 종료 조건에서 i<=v.size() 대신 i<v.size()라고 해야 옳다. 이로 인해 입력받은 정수는 다섯 개인데, 여섯 번 접근을 시도하는 불상사가 일어난다. 즉, v[5]에 접근할 때 실제로는 vector의 끝보다 하나 더 뒤에 접근하게 된다. 이런 오류는 워낙 일반적이고 악명 높아 여러 가지 이름으로 불린다. 예를 들어 하나 차이 오류[off-by-one error]라고도 하며, 인덱스가 vector 구간 밖에 있다 해서 **구간 오류**[range error], vector의 경계를 벗어났다 해서 **경계 오류**[bound error]라고도 한다.

그렇다면 구간 for 구문으로 루프를 표현하면 되지 않을까? 구간 for에서는 루프의 끝에서 잘못된 인덱스를 사용할 수 없으니 말이다. 하지만 위의 루프에서는 각 요소의 값뿐만 아니라 인덱스의 값도 필요하다. 구간 for에서 인덱스의 값을 얻으려면 별도의 작업이 필요하다.

아래의 간단한 코드도 루프에서와 동일한 구간 오류를 일으킨다.

```
vector<int> v(5);
int x = v[5];
```

하지만 이 코드는 현실적이지 않으며, 심각한 경각심을 느끼기 어렵다.

그렇다면 구간 오류가 발생하면 실제로 무슨 일이 일어난단 말인가? vector의 첨자 연산은 vector의 크기를 알고 있으므로 인덱스가 유효한지 확인할 수 있다(우리가 사용하는 vector도 마찬가지다. 4.6절과 19.4절 참고). 그리고 확인 결과 문제가 있다면 out_of_range 타입의 예외를 던진다. 따라서 해당 예외를 잡는 프로그램에 위와 같이 하나 차이 오류를 포함한 코드가 있다면 적어도 적당한 오류 메시지를 출력한다는 사실은 보장할 수 있다.

```
int main()
try {
    vector<int> v;          // int를 포함한 vector
    for (int x; cin>>x; )
```

```
        v.push_back(x);                    // 값 추가
    for (int i = 0; i<=v.size(); ++i)      // 값 출력
        cout << "v[" << i <<"] == " << v[i] << '\n';
} catch (out_of_range) {
    cerr << "이런! 구간 오류 발생\n";
    return 1;
} catch (...) {                            // 다른 모든 예외 잡기
    cerr << "예외 : 뭔가 잘못됨\n";
    return 2;
}
```

구간 오류도 5.5.2절에서 다룬 잘못된 인자 오류의 매우 특별한 경우에 속한다는 사실을 기억하자. 우리가 vector의 인덱스를 항상 확인한다는 보장이 없기에 vector의 첨자 연산에서 확인 작업을 대신해주길 바란다. 이런 이유로 vector의 첨자 연산자 함수(vector::operator[])에서 오류를 찾아 예외를 던진다. 그 밖의 다른 일을 더 할 수 있을까? 그러나 연산자 스스로는 구간 오류가 났을 때 우리가 무슨 일을 하고 싶은지 알 수 없다. 뿐만 아니라 vector의 제작자는 그 코드가 어떤 프로그램에 포함될지조차도 알 수 없다.

5.6.3 잘못된 입력

잘못된 입력을 처리하는 방법에 대한 자세한 논의는 10.6절까지 미뤄둔다. 그러나 잘못된 입력을 처리하는 방법도 인자 오류나 구간 오류를 처리할 때 사용한 기법과 언어의 기능을 동일하게 활용한다. 여기서는 입력 연산이 성공했을 경우에 어떻게 할지만 살펴보자. 다음과 같이 부동소수점 숫자를 입력받는 경우를 생각해보자.

```
double d = 0;
cin >> d;
```

아래와 같이 cin을 확인하면 마지막 입력 연산의 성공 여부를 알 수 있다.

```
if (cin) {
    // 모두 정상. 다음 입력을 받을 수 있음
}
else {
    // 마지막 입력 실패. 다른 조치를 취해야 함
}
```

입력 연산이 실패하는 데는 여러 가지 이유가 있지만, 당장 의심할 만한 이유는 >>가 읽을 수 있는 double이 없는 경우다.

개발 초기 단계에는 오류를 찾았다는 사실은 알리고 싶지만, 어떤 조치를 취해야 좋을지 알 수 없는 경우가 있다. 이럴 때는 일단 다음과 같이 오류를 보고하고 프로그램을 종료한다. 나중에 해당 부분을 다시 살펴보고 더 적절한 조치를 취할 수 있다.

```cpp
double some_function()
{
    double d = 0;
    cin >> d;
    if (!cin) error("'some_function()'에서 double을 읽지 못함");
    // 필요한 작업을 수행
}
```

조건('cin의 부정', 즉 cin의 상태가 올바르지 않음)은 cin이 앞서 수행한 연산이 실패했음을 의미한다.

error()에 전달된 문자열은 디버깅을 돕는 용도나 사용자에게 오류를 알리는 메시지로 출력한다. 얼마나 많은 프로그램에서 error()를 유용하게 사용할 수 있을까? error()의 반환 값을 어떻게 사용해야 할지 모르기 때문에 값을 반환하진 않지만, 대신에 메시지를 출력한 후 프로그램을 바로 종료한다. 그리고 프로그램을 종료하기 전에 메시지를 읽을 수 있게 충분한 시간 동안 창을 열어 놓는 등의 부수적인 조치를 취할 수도 있다. 이런 작업은 예외 처리에 당연히 필요한 일이다(7.3절 참고).

표준 라이브러리에서는 vector가 던지는 out_of_range 등의 몇 가지 예외를 정의하는데, 오류를 처리할 때 필요한 문자열(오류 메시지)을 포함한다는 점에서 우리의 필요에 적합한 runtime_error도 제공한다. 따라서 error()를 다음과 같이 간단히 작성할 수 있다.

```cpp
void error(string s)
{
    throw runtime_error(s);
}
```

runtime_error를 처리하고 싶으면 예외를 잡으면 된다. 간단한 프로그램이라면 main()에서 runtime_error를 잡아도 좋다.

```cpp
int main()
try {
    // ... 프로그램 코드 ...
    return 0;                  // 0은 성공을 의미함
}
catch (runtime_error& e) {
    cerr << "runtime error: " << e.what() << '\n';
    keep_window_open();
```

```
    return 1;              // 1은 실패를 의미함
}
```

e.what()은 runtime_error로부터 오류 메시지를 가져온다.

```
catch (runtime_error& e) {
```

여기서 &는 "예외를 참조로 전달하라"는 의미인데, 지금 당장은 그냥 넘어가도 좋다. 8.5.4~6절에서 무언가를 참조로 전달한다는 의미를 살펴본다.

오류 출력 시 cout 대신 cerr을 사용한 점에 주목하자. cerr은 오류 출력을 의미한다는 점만 제외하면 cout과 동일하다. 기본적으로 cerr과 cout 모두 화면에 출력하지만 cerr은 오류에 적합하게 최적화할 수 있다. 그리고 일부 운영체제에서는 파일 등의 다른 장치로 출력을 다변화할 수 있다. cerr을 사용함으로써 오류에 관련된 내용을 출력한다는 사실을 문서화하는 효과도 있다. 따라서 오류 메시지에는 cerr을 사용한다.

한 가지 알아둘 점은 out_of_range는 runtime_error가 아니므로, runtime_error만 잡아서는 vector를 비롯한 표준 라이브러리의 컨테이너를 잘못 사용했을 때 발생하는 out_of_range를 처리할 수 없다는 점이다. 그러나 out_of_range와 runtime_error 모두 예외에 속하므로, exception을 잡으면 둘 다 처리할 수 있다.

```
int main()
try {
    // 프로그램 코드
    return 0;              // 0은 성공을 의미함
}
catch (exception& e)
    cerr << "오류: " << e.what() << '\n';
    keep_window_open();
    return 1;              // 1은 실패를 의미
}
catch (...) {
    cerr << "알 수 없는 예외!\n";
    keep_window_open();
    return 2;              // 2는 실패를 의미
}
```

catch(...)를 추가해서 다른 모든 타입의 예외를 처리했다.

out_of_range 타입과 runtime_error 타입의 공통 기반(슈퍼타입[supertype])인 exception 타입 하나만으로 두 예외를 모두 처리하는 방법은 가장 유용하고 일반적인 기법으로 13~16장에서 살펴본다.

여기서는 main()의 반환 값이 프로그램을 실행한 시스템에 전달된다는 사실에 다시금 주목하자. (유닉스를 비롯한) 일부 시스템에서는 그 값을 사용할 때가 있지만, (윈도우 등의) 다른 시스템에서는 보통 그 값을 무시한다. 어쨌든 main()의 반환 값 0은 성공적인 완료를, 0이 아닌 값은 실패를 의미한다.

error()를 사용하다 보면 문제를 설명하기 위해 두 가지 정보를 전달하고 싶을 수도 있다. 이런 경우엔 두 정보를 나타내는 문자열을 연결하면 되지만, 그런 경우가 매우 흔하므로 다음과 같이 error()의 두 번째 버전을 제공한다.

```
void error(string s1, string s2)
{
    throw runtime_error(s1+s2);
}
```

우리의 요구 사항이 크게 많아지고, 설계자이자 프로그래머로서의 세련됨을 갖추기 전까지는 위와 같은 간단한 오류 처리 방법을 사용한다. 그리고 오류가 발생할 때까지 얼마나 많은 함수를 호출했는지에 상관없이 error()를 사용할 수 있다는 점에 주목하자. error()에서 던진 예외는 main() 안의 catch를 포함해 가장 가까운 catch에서 처리된다. 예외와 error()의 사용 예를 보고 싶다면 7.3절과 7.7절을 참고하라. 여러분이 예외를 잡지 않으면 시스템 기본 오류 ('처리되지 않은 예외uncaught exception, 오류)가 발생한다.

도전 과제

error()를 사용하되 어떤 예외도 잡지 않는 간단한 프로그램을 실행해서 처리되지 않은 예외가 무엇인지 살펴보자.

5.6.4 축소 오류

3.9.2절에서 특정 변수에 '저장하기에 너무 큰 값'을 대입하면 다음과 같이 암묵적인 절삭이 일어나는 성가신 오류를 살펴봤다.

```
int x = 2.9;
char c = 1066;
```

여기서 x는 int이며, int는 소수점 아래 부분을 제외한 정수 자체만 저장한다. 따라서 x의 값은 2.9가 아닌 2가 된다. 마찬가지로 일반적인 ASCII 문자 집합은 값 1066을 포함하지 않으므로, c의 값은 1066이 아닌 42(문자 *를 나타내는 코드 값)가 된다.

3.9.2절에서는 확인 절차를 바탕으로 이러한 축소를 피하는 방법을 살펴봤다. 예외(와 템플

릿; 19.3절 참고)를 이용해서 다음과 같이 값의 변경을 초래하는 대입이나 초기화를 확인하고 runtime_error 예외를 던질 수도 있다.

```
int x1 = narrow_cast<int>(2.9);        // 예외 던짐
int x2 = narrow_cast<int>(2.0);        // OK
char c1 = narrow_cast<char>(1066);     // 예외 던짐
char c2 = narrow_cast<char>(85);       // OK
```

괄호 <...>는 vector<int>에서 사용한 괄호와 같은 의미로, 어떤 개념에 대해 값이 아닌 타입을 지정할 때 사용하며 템플릿 인자^{template argument}라고 한다. 값을 변환할 때 크기에 맞는다는 보장을 할 수 없는 경우에 narrow_cast()를 사용할 수 있는데, 이 함수는 std_lib_facilities.h에 정의돼 있으며 error()를 사용해서 구현했다. 캐스트^{cast}는 '타입 변환'을 의미하며 (부러진 다리의 부목^{cast}처럼) 깨어진 무언가를 처리한다는 의미도 있다. 여기서 캐스트는 그 피연산자를 변경하지 않는다는 점에 주목하자. 단지 피연산자의 값에 해당하는 (<...>에 지정한 타입의) 새로운 값을 만들어 낸다.

5.7 논리 오류

컴파일러와 링커가 찾아낸 오류를 우선 제거하면 프로그램이 실행된다. 그러나 이렇게 프로그램을 처음 실행하면 아무런 결과가 나오지 않거나 프로그램이 생성한 출력이 잘못된 경우가 대부분이다. 이런 일이 일어나는 원인에는 여러 가지가 있다. 프로그램을 구성하는 논리에 대한 이해에 결함이 있거나 여러분이 생각한 대로 코드를 작성하지 않았을 수도 있고, if 구문을 비롯한 어딘가에서 '바보 같은 오류'를 범했을 수도 있다. 이러한 논리 오류는 일반적으로 찾아 제거하기 가장 어렵다. 이 단계에서 컴퓨터는 이미 여러분이 요구한 대로 동작하고 있기 때문이다. 이제 여러분은 여러분의 진짜 의도와 작성한 코드가 왜 다른지 밝혀내야 한다. 기본적으로 컴퓨터는 엄청 빠른 바보에 불과해서 최대의 겸손을 동원해 여러분이 말한 그대로를 수행한다.

간단한 예제로 이런 사실을 체험해보자. 다음과 같이 주어진 데이터 집합에서 최저 온도와 최고 온도, 평균 온도를 찾아내는 코드를 살펴보자.

```
int main()
{
    vector<double> temps;                // 온도 데이터

    for (double temp; cin>>temp; )       // 데이터를 읽어서 temps에 저장
        temps.push_back(temp);
```

```cpp
    double sum = 0;
    double high_temp = 0;
    double low_temp = 0;

    for (int x : temps)
    {
        if(x > high_temp) high_temp = x;  // 최고 온도 찾기
        if(x < low_temp) low_temp = x;    // 최저 온도 찾기
        sum += x;                         // 합계 계산
    }

    cout << "최고 온도: " << high_temp<< '\n';
    cout << "최저 온도: " << low_temp << '\n';
    cout << "평균 온도: " << sum/temps.size() << '\n';
}
```

텍사스 러벅^{Lubbock} 기상 관측 센터의 2004년 2월 16일 시간별 온도를 입력해서 프로그램을 테스트한다(텍사스에서는 여전히 화씨를 사용한다).

```
-16.5,  -23.2,  -24.0,  -25.7,  -26.1,  -18.6,   -9.7,   -2.4,
  7.5,   12.6,   23.8,   25.3,   28.0,   34.8,   36.7,   41.5,
 40.3,   42.6,   39.7,   35.4,   12.6,    6.5,   -3.7,  -14.3
```

이에 대한 출력은 다음과 같다.

```
최고 온도: 42.6
최저 온도: -26.1
평균 온도: 9.3
```

초보 프로그래머라면 프로그램이 잘 동작한다고 결론을 내릴 수 있고, 책임감 없는 프로그래머는 고객에게 이 프로그램을 배포할 수도 있다. 하지만 다른 데이터 집합으로 프로그램을 다시 테스트하는 편이 현명하다. 이번에는 2004년 7월 23일의 온도를 이용한다.

```
 76.5,   73.5,   71.0,   73.6,   70.1,   73.5,   77.6,   85.3,
 88.5,   91.7,   95.9,   99.2,   98.2,  100.6,  106.3,  112.4,
110.2,  103.6,   94.9,   91.7,   88.4,   85.2,   85.4,   87.7
```

이번 출력은 다음과 같다.

```
최고 온도: 112.4
최저 온도: 0.0
평균 온도: 89.2
```

이런! 뭔가 크게 잘못됐다(화씨 0.0도는 섭씨 −18도임). 러벅에서 7월에 서리가 내리다니 세상의 종말이라도 왔단 말인가! 오류를 찾을 수 있는가? low_temp를 0.0으로 초기화했기 때문에 입력 데이터 중에 0보다 낮은 온도가 없으면 low_temp의 값은 계속 0.0으로 유지된다.

도전 과제

이 프로그램을 실행해보자. 앞에서 예로든 입력에 대해 언급한 대로 출력되는지 확인하자. 다른 입력 데이터 집합을 이용해서 프로그램을 망가뜨려보자(즉, 틀린 결과를 내도록 만들자). 프로그램을 오동작하게 만들 수 있는 가장 적은 수의 입력은 무엇인가?

불행히도 이 프로그램에는 오류가 더 남아있다. 모든 온도가 0 미만이면 어떻게 될까? high_temp의 초기화도 low_temp의 초기화와 같은 문제를 내포한다. 즉, 데이터 중에 0.0보다 높은 온도가 없으면 high_temp의 값은 0.0으로 남게 된다. 결국 이 프로그램은 남극의 겨울에는 작동하지 않는다.

이런 오류는 상당히 일반적이다. 프로그램을 컴파일할 때는 아무런 오류도 내지 않거나, '합리적인' 입력에 대해 잘못된 결과를 만들어 낸다. 하지만 '합리적'이라는 말은 이럴 때 쓰는 말이 아니다. 프로그램을 다음과 같이 개선하자.

```
int main()
{
    double sum = 0;
    double high_temp = -1000;             // "불가능할 정도로 낮은" 수로 초기화
    double low_temp = 1000;               // "불가능할 정도로 높은" 수로 초기화
    int no_of_temps = 0;

    for (double temp; cin>>temp; ) {        // 온도 읽기
        ++no_of_temps;                     // 온도 데이터 개수 세기
        sum += temp;                       // 합계 계산
        if (temp > high_temp) high_temp = temp;    // 최고 온도 찾기
        if (temp < low_temp) low_temp = temp;      // 최저 온도 찾기
    }

    cout << "최고 온도: " << high_temp<< '\n';
    cout << "최저 온도: " << low_temp << '\n';
    cout << "평균 온도: " << sum/no_of_temps << '\n';
}
```

프로그램이 잘 작동하는가? 어떻게 그 사실을 확인할 수 있는가? "작동한다"는 말은 어떻게 명확히 정의할 수 있는가? 1000과 −1000은 어디서 튀어나온 값인가? 이전에 '마법의 상

수'(5.5.1절)에 대해 경고한 사실을 잊었는가? 프로그램 중간에 1000과 -1000을 리터럴 값으로 사용하는 일이 나쁜 스타일임은 깨달았다고 해도 그 값 자체가 틀리지는 않았는가? 온도가 화씨 -1000도(섭씨 -573도) 미만인 곳이 있을까? 온도가 화씨 1000도(섭씨 538도)보다 높은 곳이 있을까?

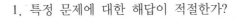

도전 과제

조사를 수행하자. 프로그램에서 min_temp(최소 온도)와 max_temp(최대 온도)를 어떤 상수로 정의해야 좋을지 결정하는 데 필요한 정보를 찾아보자. 그 값으로 인해 이 프로그램이 얼마나 쓸모 있는지가 결정될 수도 있다.

5.8 평가

여러분이 정육각형의 넓이처럼 간단한 계산을 하는 프로그램을 작성했다고 생각해보자. 프로그램을 실행해보니 넓이로 -34.56이 출력된다. 뭔가 잘못 됐음을 바로 알 수 있다. 왜? 어떤 도형도 넓이가 음수일 수는 없다. 그래서 이번엔 (그 버그가 무엇이든) 버그를 수정하고, 21.65685라는 결과를 얻었다. 보통은 정육각형의 넓이를 계산하는 공식을 외우고 있지 않기 때문에 이번엔 결과가 옳은지 바로 알기 어렵다. 이처럼 바보 같은 결과를 내는 프로그램을 배포하는 우를 범하기 전에 답이 옳은지를 먼저 확인해야 한다. 여기서는 그다지 어렵지 않다. 정육각형은 정사각형과 매우 비슷하기 때문이다. 종이에 정육각형을 그리고 변의 길이가 3인 정사각형의 크기와 비교해보자. 물론 이 정사각형의 넓이는 9다. 따라서 기대와는 달리 21.65685도 틀린 값이다. 그래서 프로그램을 수정한 후에 10.3923이라는 결과가 나왔다. 이제 얼추 맞는 듯하다!

여기서 얻을 수 있는 일반적인 교훈은 육각형에 국한되지 않는다. 요점은 매우 대략적으로라도 정답이 무엇인지를 생각해두지 않으면 프로그램의 결과가 옳은지 판단할 근거가 없다는 점이다. 따라서 항상 다음과 같은 질문을 스스로에게 던져야 한다.

1. 특정 문제에 대한 해답이 적절한가?

그리고 다음과 같이 더 일반적인(때때로 훨씬 더 어려운) 질문도 던져야 한다.

2. 적절한 결과임을 어떻게 알 수 있는가?

여기서 우리는 '완벽한 정답'이나 '올바른 답'을 묻지는 않았다. 이는 우리가 작성하는 프로그램이 해결할 일이다. 우리는 단지 결과가 터무니없지 않음을 확인하고자 한다. 결과가 말이 되도록 그럴 듯함을 확인한 후에야 다음 단계를 진행할 수 있기 때문이다.

이처럼 평가^{estimation}는 상식과 몇 가지 요인에 대한 간단한 산술을 조합하는 고도의 기술이다. 머릿속으로 평가를 잘 수행하는 사람도 있지만, 우리는 혼란을 막을 수 있게 '봉투 뒷면에' 펜으로 휘갈기는 방식을 선호한다. 여기서 말하는 평가라는 범주에 포함되는 비공식적인 기술들을 일컬어 (우스갯소리로) 추정^{guesstimation}[1]이라고도 한다. 평가가 약간의 추측과 약간의 계산을 조합한 개념이기 때문이다.

도전 과제

우리가 예로 든 정육각형의 한 변의 길이는 2cm다. 올바른 결과를 얻었는가? '봉투 뒷면에' 계산을 해보자. 종이 위에 대략 그림을 그리자. 이런 방법이 여러분의 수준에 못 미친다고 생각하지 말자. 많은 저명한 과학자들도 연필과 봉투 뒷면(혹은 냅킨)을 이용해서 대략적인 답을 추정하는 그들의 능력의 가치를 인정한다. 비록 간단한 습관일지라도 이러한 능력으로 많은 시간을 아끼고 혼란을 방지할 수 있다.

때때로 적절한 계산을 수행하기 위해 필요한 데이터를 대상으로 평가 작업을 해야 할 일이 있지만, 문제는 실제 데이터를 아직 얻지 못한 경우다. 도시 간의 운전 시간을 측정하는 프로그램을 테스트한다고 생각해보자. 뉴욕에서 덴버까지의 운전 시간이 15시간 33분이라면 그럴 듯한가? 런던에서 니스까지는? 그렇게 대답한 이유는 무엇인가? 이 질문에 답하려면 어떤 데이터를 추정해야 하는가? 때때로 재빨리 웹을 검색하는 방법이 가장 도움이 된다. 예를 들어 뉴욕에서 덴버 사이의 도로 길이를 2000마일로 추정했다면 적절한 추정이다. 반대로 평균 속도를 130m/hr로 계속 유지한다는 가정은 적절하지 않다. 따라서 15시간은 비현실적이다(15×130은 2000보다 약간 작다). 여기서 거리와 평균 속도를 모두 과대평가했다는 점을 확인할 수 있다. 그렇다고 현실성을 따지는데 정확한 답을 알 필요는 없다. 그저 충분한 정도로 추정하면 된다.

도전 과제

운전 시간을 평가해보자. 그리고 동일한 도시 사이에서의 (일반적인 상업용 항공편을 이용한) 비행시간을 평가하자. 그리고 지도나 운행시간표 등 적당한 출처를 바탕으로 추정치를 확인하자. 참고로 우리는 온라인 출처를 이용했다.

---

1. guesstimation은 추측(guess)과 평가(estimation)를 조합한 합성어다. 우리말로 하면 '어림짐작' 정도로 이해할 수 있다. – 옮긴이

5.9 디버깅

여러분이 프로그램(초안)을 작성했다면 오류가 있게 마련이다. 작은 프로그램은 컴파일이 완료돼 프로그램이 올바르게 실행되는 경우가 더러 있다. 그러나 정말 단순한 프로그램이 아니라면 심히 의심해야 한다. 정말로 첫 시도에 제대로 동작했다면 친구를 불러 파티를 열자. 1년에 한 번이나 있을 법한 일이다.

어쨌든 코드를 작성한 후에는 오류를 찾아 없애야 한다. 이 과정을 디버깅^{debugging}이라고 하며, 이때의 오류를 버그^{bug}라고 한다. 버그라는 용어는 컴퓨터가 방 몇 개를 가득 채울 정도의 진공관이었던 시절에 전자장치 안의 곤충이 하드웨어 실패를 유발한 데서 유래했다. 일부 사람들이 이러한 발견으로 명성을 얻었고, 버그라는 단어를 소프트웨어 오류에 사용하기 시작했다. 이들 중 가장 유명한 사람으로는 코볼^{COBOL} 프로그래밍 언어(22.2.2.2절)의 발명자인 그레이스 머레이 호퍼^{Grace Murray Hopper}를 꼽을 수 있다. 버그라는 용어를 50년도 더 지난 옛날에 누가 발명했든 버그는 언제 어디서나 존재한다. 그리고 세밀하게 오류를 찾아 제거하는 일을 디버깅이라고 한다.

디버깅의 과정은 대략적으로 다음과 같다.

1. 프로그램을 컴파일한다.
2. 프로그램을 링크한다.
3. 프로그램이 의도대로 동작하게 한다.

기본적으로는 이 과정을 수백, 수천 번 반복한다. 규모가 정말 큰 프로그램이라면 몇 년 동안 계속하기도 한다. 이 과정에서 뭔가 작동하지 않으면 문제의 원인을 찾아 고쳐야 한다. 나는 이 디버깅 과정이 가장 지루하고, 프로그래밍 관점에서는 시간 낭비라고 생각하며, 버그를 잡는 데 걸리는 시간을 최소화하려면 설계와 프로그래밍 과정에서 충분한 고려를 해야 한다. 혹자는 버그 사냥에서 스릴을 느끼며, 디버깅이 프로그래밍의 진수라고 생각한다. 디버깅은 자칫 비디오 게임처럼 중독성을 보일 수 있으며, 프로그래머가 며칠 밤낮을 컴퓨터 앞에 붙어있게 한다(나도 그런 경험이 있다).

이처럼 잘못된 디버깅은 다음과 같다.

```
while(프로그램이 제대로 동작하지 않는가?) {    // 의사 코드
    프로그램을 여기저기 훑어보면서 이상한 곳을 찾는다.
    이상한 곳을 보기 좋게 고친다.
}
```

이런 방법이 뭔가 꺼림칙한 이유는 뭘까? 성공할 가능성이 적은 엉터리 알고리즘임이 분

명하기 때문이다. 불행히도 많은 사람들이 '다른 모든 방법을' 시도해본 후에 지치고 피곤하고 해결의 실마리가 보이지 않는 늦은 밤에 이런 비슷한 일을 하게 마련이다.

이쯤에서 디버깅 측면에서 핵심적인 질문을 던져본다.

프로그램이 정말 올바르게 동작하는지 어떻게 알 수 있을까?

이 질문에 답할 수 없다면 길고 지루한 디버깅 회의를 해야 하며, 여러분의 사용자는 당황스러운 일을 겪게 된다. 이 질문에 답하는 데 도움이 되는 무엇이든 디버깅을 최소화하고 정확하며 관리하기 쉬운 프로그램을 만드는 데 도움이 되므로, 앞으로도 계속해서 이런 질문을 던질 것이다. 기본적으로는 버그가 숨을 곳이 없게 프로그램을 설계해야 한다. 물론 많은 경우에 이런 요구가 너무 어려운 요구일 수 있으나, 프로그램을 구조화해서 오류의 가능성을 줄이고 소리 없이 생겨나는 오류를 쉽게 찾을 수 있도록 노력해야 한다.

5.9.1 실용적인 디버깅 조언

코드의 첫 행을 작성하기 전에 디버깅을 고려하라. 너무 많은 코드를 작성한 후에는 디버깅 과정을 단순화하기엔 이미 늦은 때다.

우선 오류를 어떻게 보고할지 결정하자. "error()를 이용하고, main()에서의 예외를 잡는다"가 이 책을 읽는 동안의 기본 방침이다.

그리고 다음과 같이 프로그램을 읽기 쉽게 만들어서 버그를 발견할 가능성을 높이자.

- 코드에 주석을 잘 달자. 단순히 "주석을 많이 달아라"는 말이 아니다. 코드에서 명확히 드러나는 사실을 설명하기보다 다음과 같이 코드에서 잘 드러나지 않는 사실을 최대한 명확하고 간결하게 설명하자.
  - 프로그램의 이름
  - 프로그램의 목적
  - 누가, 언제 코드를 작성했는지
  - 버전 번호
  - 복잡한 코드 조각의 의도
  - 전반적인 설계 방식
  - 소스코드를 조직화한 방법
  - 입력에 대한 가정
  - 코드에서 빠진 부분과 처리하지 못하는 경우

- 의미가 잘 드러나는 이름을 사용하자.

  - 단순히 "긴 이름을 사용하라"는 말이 아니다.

- 코드 규칙을 일관되게 유지한다.

  - IDE의 도움을 받을 수는 있지만 IDE가 모든 일을 해주지는 않으며, 책임은 결국 여러분에게 있다.

  - 이 책에서 사용하는 스타일이 좋은 시작점이 될 수 있다.

- 논리적으로 단일한 작업을 수행하는 함수 단위로 코드를 잘게 나누자.

  - 한두 페이지 이상의 함수를 피한다. 대부분의 함수는 이보다 훨씬 짧다.

- 코드를 복잡하게 나열하지 말자.

  - 중첩된 루프와 중첩된 if 구문, 복잡한 조건문 등을 피하자. 불행히도 이런 것들이 필요한 경우가 있지만, 이렇게 복잡한 코드가 버그가 숨기 가장 좋은 곳임을 기억하자.

- 되도록 직접 코드를 작성하지 말고 라이브러리 기능을 활용한다.

  - 라이브러리는 여러분이 주요 문제를 해결하는 과정에서 급하게 생각해낸 방법보다 더 많은 고민과 테스트를 거친다.

아직은 이런 조언이 추상적으로 들리겠지만, 많은 예제를 바탕으로 예를 들겠다.

프로그램을 컴파일해보라. 컴파일러야말로 가장 큰 도움이 된다. 우리가 항상 그 이상을 원할지라도 컴파일러의 경고 메시지는 일반적으로 도움이 된다. 여러분이 정말 전문가가 아니라면 컴파일러가 항상 옳다고 가정하자. 여러분이 정말 전문가라면 이 책을 읽을 필요가 없다. 때에 따라서는 컴파일러가 요구하는 규칙이 멍청하고 불필요하며, (아주 가끔은) 그보다 더 단순해야 할 경우가 있다. 그러나 "서툰 사람이 연장 탓을 한다"는 말처럼 뛰어난 장인은 도구의 강점과 약점을 알고 이를 바탕으로 적절히 작업 과정을 고쳐나간다. 일반적인 컴파일 시간 오류의 예는 다음과 같다.

- 모든 문자열 리터럴을 종료했는가?

```
cout << "Hello, << name << '\n';          // 이런!
```

- 모든 문자 리터럴을 종료했는가?

```
cout << "Hello, " << name << '\n; // 이런!
```

- 모든 블록을 종료했는가?

```
int f(int a)
```

```
    {
        if (a>0) { /* 작업 수행*/ else { /* 다른 작업 수행*/ }
    }    // 이런!
```

- 모든 괄호의 짝이 맞는가?

```
    if (a<=0       // 이런!
        x = f(y);
```

컴파일러는 보통 실제 오류가 있는 곳보다 뒤에서 오류를 보고한다. 0 다음에 괄호를 닫으려고 했는지 알 수 없기 때문이다.

- 모든 이름을 선언했는가?

  - 필요한 헤더(여기서는 #include "std_lib_facilities.h")를 포함했는가?

  - 모든 이름을 사용하기 전에 선언했는가?

  - 모든 이름의 철자를 정확히 썼는가?

```
        int count; /* ...*/ ++Count;     // 이런!
        char ch; /* ...*/ Cin>>c;        // 오류가 두 개다!
```

- 모든 구문을 세미콜론으로 종료했는가?

```
    x = sqrt(y)+2 // 이런!
    z = x+3;
```

5장의 실습문제에서 더 많은 예제를 다룬다. 그리고 5.2절에서 배운 오류의 종류를 기억하자.

프로그램을 컴파일하고 링크한 후에 가장 어려운 과정을 거치게 된다. 바로 프로그램이 의도대로 동작하지 않는 이유를 찾아내는 과정이다. 출력을 살펴보고 프로그램이 어떻게 그런 결과를 내는지 밝혀낸다. 사실 맨 처음에는 빈 화면(윈도우)을 보고, 프로그램이 왜 아무런 출력 없이 종료하는지 의아한 경우가 적지 않다. 윈도우 콘솔 모드 프로그램의 가장 일반적인 첫 번째 문제는 (출력이 존재한다면) 출력을 보기 전에 콘솔 창이 닫힌다는 점이다. 해결책 중 하나로 main()의 끝부분에서 **std_lib_facilities**.h에 정의된 keep_window_open()을 호출할 수 있다. 그러면 프로그램이 종료하기 전에 입력을 요구하고, 사용자가 출력을 살펴본 후에 입력을 주면 창이 닫힌다.

버그를 찾을 때는 옳다는 확신이 들 때까지 여러분이 프로그램을 실행하는 컴퓨터가 된 듯이 코드 구문을 하나씩 면밀히 살핀다. 출력이 여러분의 예상과 일치하는가? 물론 아닐 것이다. 일치한다면 디버깅을 하고 있지도 않을 테니까.

- 문제점을 찾을 수 없다면 여러분이 실제로 작성한 코드가 아니라, 여러분이 기대하는 바를 바라보고 있을 수도 있다. 다음 코드를 보자.

```
for (int i = 0; i<=max; ++j) { // 이런! (두 번 외친다!)
    for (int i=0; 0<max; ++i);   // v의 요소 출력
        cout << "v[" << i << "]==" << v[i] << '\n';
    // ...
}
```

이 예제는 경험 많은 프로그래머가 실제로 작성한 프로그램에서 따왔다(아마도 아주 늦은 밤에 작성한 모양이다).

• 문제점을 찾을 수 없다면 마지막으로 올바른 출력을 생성한 지점과 그 다음 출력을 하는 부분(혹은 출력이 누락된 곳) 사이에 너무 많은 코드를 실행하고 있을 수 있다. 대부분의 프로그래밍 환경은 구문을 하나씩 실행하는 기능을 제공한다. 궁극적으로는 이런 기능을 배워야 하지만, 간단한 문제나 간단한 프로그램이라면 다음과 같이 무슨 일이 일어나는지 알 수 있게 (cerr을 이용한) 출력 구문을 임시로 추가할 수 있다.

```
int my_fct(int a, double d)
{
    int res = 0;
    cerr << "my_fct(" << a << "," << d << ")\n";
    // ... 오동작하는 코드 ...
    cerr << "my_fct() 반환 값: " << res << '\n';
    return res;
}
```

• 아래와 같이 버그가 의심되는 부분에서 불변 조건invariant(항상 성립해야하는 조건, 9.4.3절 참고)을 확인하는 구문을 추가한다.

```
int my_complicated_function(int a, int b, int c)
// 인자는 a < b < c를 만족하는 양수임
{
    if (!(0<a && a<b && b<c))            // !는 "부정", &&은 "논리곱"
        error("mcf의 인자가 잘못됨");
    // ...
}
```

• 아무 효과가 없다면 오류가 의심되지 않는 곳의 코드에도 불변 조건을 넣어보자. 그래도 문제를 찾을 수 없다면 엉뚱한 곳을 보고 있을 확률이 크다.

불변 조건을 확인하는 구문을 어써션assertion 혹은 assert이라고 한다.

흥미롭게도 세상엔 여러 가지 효과적인 프로그래밍 방식이 있고, 많은 사람이 전혀 다른 프로그래밍 기법을 성공적으로 활용한다. 디버깅 기법도 제작하는 프로그램의 종류나 생각하

는 방식의 차이에 따라 달라진다. 그리고 적어도 내가 알기로는 디버깅에 왕도는 없다. 하지만 한 가지 꼭 기억할 점은 지저분한 코드에 버그가 숨어있을 확률이 크다는 사실이다. 코드를 되도록 간단하고 논리적이며, 형식에 맞게 유지하면 디버깅 시간을 줄일 수 있다.[2]

5.10 사전 조건과 사후 조건

이제 함수의 잘못된 인자를 처리하는 문제로 돌아가자. 기본적으로 함수를 호출하는 시점이 올바른 코드를 작성하고 오류를 잡아내기에 가장 적합한 시점이다. 이는 함수가 바로 논리적으로 분리된 계산 과정을 시작하는 부분이기 때문이다(그리고 함수가 반환할 때 계산이 끝난다). 앞에서 조언했던 코드를 보자.

```
int my_complicated_function(int a, int b, int c)
// 인자는 a < b < c를 만족하는 양수임
{
    if (!(0<a && a<b && b<c))        // !는 "부정", &&은 "논리곱"
        error("mcf의 인자가 잘못됨");
    // ...
}
```

우선 주석에서 함수가 요구하는 인자에 대해 설명했고, 그 조건을 만족하는지 확인했다(만족하지 않으면 예외를 일으킨다).

이런 방식은 훌륭한 기본 전략이다. 이때 함수의 인자에 요구되는 조건을 사전 조건^{pre-} 아니고condition이라고 하며, 함수를 제대로 실행하려면 이 조건을 반드시 만족해야 한다. 이런 사전 조건을 위반했을 때 어떻게 해야 하는가? 크게 두 가지 선택을 할 수 있다.

1. 무시한다(함수를 호출하는 모두가 올바른 인자를 넘겨주기를 빌면서).

2. 확인한다(그리고 어떤 식으로든 오류를 보고한다).

이런 관점에서 보면 인자의 타입은 컴파일러가 가장 간단한 사전 조건을 확인하고 보고할 수 있게 하는 수단이다.

```
int x = my_complicated_function(1, 2, "horsefeathers");
```

여기서 컴파일러는 세 번째 인자가 정수라는 요구(사전 조건)가 위반됐음을 알 수 있다. 하지만 여기서는 컴파일러가 확인할 수 없는 요구 사항/사전 조건을 주로 다룬다.

---

2. 한국정보통신기술협회에서 편찬한 정보통신 용어사전에 따르면 assertion statement를 주장 선언으로 번역했다. 그러나 주장 선언이라는 용어는 개발자들 사이에서 거의 쓰이지 않으므로 영어 발음을 그대로 표기한다. - 옮긴이

(함수를 호출하는 쪽에서 함수가 원하는 사항을 알 수 있도록) 사전 조건을 주석에 항상 문서화하라. 주석이 없는 함수는 모든 가능한 인자의 값을 처리할 수 있다는 말이다. 그러나 함수를 호출하는 쪽에서 주석을 읽고 그대로 따르리라고 믿어도 될까? 때로는 그래야 하지만, "호출되는 쪽에서 인자를 확인한다"는 규칙은 "함수가 사전 조건을 확인한다"는 말로 해석할 수 있다. 특별한 이유가 없다면 이 규칙을 따르자. 사전 조건을 확인하지 않는 가장 흔한 이유는 다음과 같다.

- 아무도 잘못된 인자를 줄 수 없다.

- 사전 조건 확인이 코드의 속도를 느리게 한다.

- 검사하기 너무 복잡하다.

함수를 누가 호출할지 알고 있다면 첫 번째 이유가 합리적이지만, 실제로 그런 경우는 거의 없다.

두 번째 이유가 정당한 경우는 생각만큼 많지 않으며, 대부분은 '섣부른 최적화premature optimization'의 예에 해당한다. 확인 과정이 정말로 부담이 된다는 사실을 확증하는 경우에만 확인 과정을 생략할 수 있다. 확인 과정으로 인한 정확성은 쉽게 얻을 수 없으며, 확인 과정으로 방지할 수 있는 오류를 찾느라 날려버린 밤잠도 보상받을 수 없다.

세 번째 이유는 심각하게 고려할 만하다. (프로그래머로서 경험을 쌓은 후에는) 사전 조건을 검사하는 과정이 함수를 실행하는 일보다 더 큰 작업인 경우를 쉽게 찾을 수 있다. 예를 들어 사전dictionary 조회를 생각해보면 사전 조회의 사전 조건으로 사전이 정렬돼 있어야 하는데, 사전이 정렬됐는지 확인하는 일은 사전을 조회하는 일보다 훨씬 부담이 크다. 때때로 사전 조건을 코드로 표현하기 어렵거나, 코드로 제대로 표현했는지 확신하기 어려운 경우도 있다. 그래도 함수를 작성할 때는 사전 조건을 신속하게 확인할 수 있는지 항상 고민해야 하며, 특별한 이유가 없다면 사전 조건을 확인하자.

사전 조건을 (주석으로라도) 작성하면 프로그램의 질을 높이는 데 큰 이득이 된다. 함수가 요구하는 바를 강제적으로 생각하게 만들기 때문이다. 사전 조건을 두세 줄의 주석으로 간단하고 명확하게 명시할 수 없다면 무슨 일을 하고 있는지를 충분히 열심히 고민하지 않았다는 말이다. 경험으로 보건데 주석에 사전 조건을 설명하고, 사전 조건을 확인하는 코드를 넣으면 많은 설계 실수를 방지할 수 있다. 우리는 디버깅을 싫어하며 사전 조건을 명시하면 설계 오류는 물론 함수 사용 시의 오류를 빨라 잡아내는 데 도움을 준다.

```
int my_complicated_function(int a, int b, int c)
// 인자는 a < b < c를 만족하는 양수임
{
```

```
    if (!(0<a && a<b && b<c))          // !는 "부정", &&은 "논리곱"
        error("mcf의 인자가 잘못됨");
    // ...
}
```

따라서 위의 코드가 간단해 보이는 아래 코드에 비해 많은 시간과 고통을 줄여줄 수 있다.

```
int my_complicated_function(int a, int b, int c)
{
    // ...
}
```

5.10.1 사후 조건

사전 조건을 명시하면 설계를 개선하고 함수 사용에 따른 오류를 일찍 잡아내는 데 도움을
준다. 그렇다면 이처럼 요구 사항을 명시하는 방법을 다른 곳에도 적용할 수 있을까? 그렇다,
특히 반환 값이 떠오르지 않는가? 일반적으로 함수가 무엇을 반환하는지 명시해야만 한다.
즉, 함수가 어떤 값을 반환한다는 말은 반환 값에 대한 약속을 한다는 말과 같다(그렇지 않으면
함수를 호출하는 쪽에서 함수의 결과를 예측할 수가 없다). (5.6.1절에서 다룬) 넓이를 구하는 함수를 다시
살펴보자.

```
// 사각형 넓이 계산
// 인자가 잘못된 경우 Bad_area 예외 던짐

int area(int length, int width)
{
    if (length<=0 || width <=0) throw Bad_area();
    return length*width;
}
```

여기서는 사전 조건을 확인하지만 주석에는 명시하지 않았다(이렇게 짧은 함수에서는 괜찮을
수 있다). 그리고 계산 결과가 옳다고 가정한다(이렇게 단순한 계산에서는 괜찮을 수 있다). 그러나 다음
과 같이 더 명확하게 할 수 있다.

```
int area(int length, int width)
// 사각형 넓이 계산
// 사전 조건: length와 width는 양수
// 사후 조건: 넓이를 양수로 반환
{
    if (length<=0 || width <=0) error("area() 사전 조건");
    int a = length*width;
```

```
        if (a<=0) error("area() 사후 조건");
        return a;
}
```

사후 조건$^{post-condition}$을 완벽히 확인할 수는 없지만, 적어도 결과가 양수라는 조건을 확인했다.

도전 과제

area의 사전 조건을 만족하지만 사후 조건을 만족하지 않는 경우를 찾아보자.

사전 조건과 사후 조건은 코드의 기본적인 합리성을 제공한다. 두 조건은 불변 조건(9.4.3절)과 정확성(4.2절, 5.2절), 테스팅(26장) 등과 밀접하게 관련되기 때문이다.

5.11 테스팅

디버깅은 언제까지 해야 하는가? 물론 프로그램의 모든 버그를 찾았거나, 적어도 찾으려고 시도해볼 때까지 디버깅을 해야 한다. 그럼 마지막 버그를 찾았다는 사실을 어떻게 알 수 있을까? 알 수 없다. '마지막 버그'는 프로그래머의 농담 속에나 존재하며, 이 세상에 그런 생명체는 없다. 특히 대규모 프로그램에서는 절대 '마지막 버그'를 찾을 수 없다. 시간이 흐르면 새로운 용도에 맞게 프로그램을 수정하느라 바쁜 날이 오기 마련이다.

디버깅뿐만 아니라 오류를 찾는 데도 체계적인 방법이 필요한데, 이를 일컬어 테스팅^{testing}이라 하며, 7.3절의 내용과 10장의 연습문제, 26장에서 다시 살펴보겠다. 기본적으로 테스팅은 체계적으로 선택된 다수의 입력으로 프로그램을 실행한 후에 그 출력을 기대한 바와 비교하는 과정이다. 이때 주어진 한 가지 입력 집합으로 수행하는 테스트를 테스트 케이스$^{test case}$라고 하며, 현실에서의 프로그램은 수백만 개의 테스트 케이스를 요구할 수도 있다. 따라서 기본적으로 체계적인 테스팅을 사람이 계속해서 입력을 타이핑하는 방법으로 수행할 수는 없으며, 테스팅을 제대로 수행하기에 적합한 도구는 나중에 다른 장에서 다룬다. 하지만 일단은 테스팅을 할 때는 오류를 찾는 일이 좋은 일이라는 정신 자세를 짚고 넘어가자.

태도 1   나는 그 어떤 프로그램보다 똑똑하다. 어떤 코드도 망가뜨릴 수 있어!

태도 2   이 코드를 2주 동안 갈고 닦았어. 완벽하다고!

어느 쪽이 더 많은 오류를 찾아낼까? 당연히 태도 1로, 실수를 개의치 않고 차분하며 인내심을 갖고 체계적으로 가능한 프로그램 오류를 검증하는 사람이 제격이다. 좋은 테스터는 보물과 다름이 없다.

테스트 케이스는 체계적으로 선택해야 하며, 올바른 입력과 잘못된 입력을 모두 시도해야
한다. 7.3절에서 첫 번째 예제를 살펴보자.

 실습문제

다음에 주어질 25개 코드 조각을 아래 코드 틀에 삽입하자.

```
#include "std_lib_facilities.h"

int main()
try {
    <<여기에 코드 삽입>>
    keep_window_open();
    return 0;
}
catch (exception& e) {
    cerr << "오류: " << e.what() << '\n';
    keep_window_open();
    return 1;
}
catch (...) {
    cerr << "이런: 알려지지 않은 예외!\n";
    keep_window_open();
    return 2;
}
```

아래 각 코드 조각에 오류가 없을 수도 있고 여러 개 있을 수도 있다. 여러분이 할 일은
각 코드에서 모든 오류를 찾아 없애는 일이다. 버그를 제대로 고쳤다면 프로그램을 컴파일하
고 실행하면 "Success!"를 출력한다. 오류를 쉽게 찾았다는 생각이 들어도 (고치기 전의 원래)
코드 조각을 작성하고 테스트하자. 오류를 잘못 찾았거나, 여러분이 발견한 오류보다 더 많은
오류가 있을 수도 있다. 이 실습문제의 목적은 컴파일러가 각기 다른 종류의 오류에 어떻게
반응하는지 보여주는 데 있다. 코드 틀은 25번 모두 입력하지 말고 복사해서 붙여넣기 등의
기계적인 작업으로 해결하자. 단지 구문을 삭제하는 식으로 오류를 고치지 말고, 일부 문자를
바꾸거나 추가하거나 빼는 식으로 문제를 해결하라.

1. Cout << "Success!\n";

2. cout << "Success!\n;

3. cout << "Success"<< !\n"

4. cout << success << '\n';

5. string res = 7; vector<int> v(10); v[5] = res; cout << "Success!\n";

6. vector<int> v(10); v(5) = 7; if (v(5)!=7) cout << "Success!\n";

7. if (cond) cout << "Success!\n"; else cout << "Fail!\n";

8. bool c = false; if (c) cout << "Success!\n"; else cout << "Fail!\n";

9. string s = "ape"; boo c = "fool"<s; if (c) cout << "Success!\n";

10. string s = "ape"; if (s=="fool") cout << "Success!\n";

11. string s = "ape"; if (s=="fool") cout < "Success!\n";

12. string s = "ape"; if (s+"fool") cout < "Success!\n";

13. vector<char> v(5); for (int i=0; 0<v.size(); ++i) ; cout << "Success!\n";

14. vector<char> v(5); for (int i=0; i<=v.size(); ++i) ; cout << "Success!\n";

15. string s = "Success!\n"; for (int i=0; i<6; ++i) cout << s[i];

16. if (true) then cout << "Success!\n"; else cout << "Fail!\n";

17. int x = 2000; char c = x; if (c==2000) cout << "Success!\n";

18. string s = "Success!\n"; for (int i=0; i<10; ++i) cout << s[i];

19. vector v(5); for (int i=0; i<=v.size(); ++i) ; cout << "Success!\n";

20. int i=0; int j = 9; while (i<10) ++j; if (j<i) cout << "Success!\n";

21. int x = 2; double d = 5/(x-2); if (d==2*x+0.5) cout << "Success!\n";

22. string<char> s = "Success!\n"; for (int i=0; i<=10; ++i) cout << s[i];

23. int i=0; while (i<10) ++j; if (j<i) cout << "Success!\n";

24. int x = 4; double d = 5/(x-2); if (d=2*x+0.5) cout << "Success!\n";

25. cin << "Success!\n";

복습문제

1. 오류의 네 가지 주요 종류를 나열하고, 각각을 간략히 설명하라.

2. 학습용 프로그램에서 무시해도 좋은 오류는 무엇이 있는가?

3. 완성된 프로젝트가 보장해야할 것은 무엇인가?

4. 프로그램의 오류를 제거하고 수용 가능한 프로그램을 만드는 세 가지 접근 방법은 무엇인가?

5. 우리는 왜 디버깅을 싫어하는가?

6. 문법 오류는 무엇인가? 다섯 가지 예를 들어보라.

7. 타입 오류는 무엇인가? 다섯 가지 예를 들어보라.

8. 링커 오류는 무엇인가? 세 가지 예를 들어보라.

9. 논리 오류는 무엇인가? 세 가지 예를 들어보라.

10. 본문에서 다룬 프로그램 오류의 잠재적 원인 네 가지를 들어보라.

11. 결과가 그럴듯한지 어떻게 알 수 있는가? 이에 답하려면 어떤 종류의 기법을 사용해야 하는가?

12. 함수를 호출하는 쪽에서 실행 시간 오류를 처리하는 방법과 호출된 함수 안에서 실행 시간 오류를 처리하는 방법을 비교/대조하라.

13. '오류 값'을 반환하는 방식보다 예외를 이용하는 방법이 더 좋은 이유는 무엇인가?

14. 입력 연산이 성공했는지 확인하는 방법은 무엇인가?

15. 예외를 던지고 잡는 과정을 설명하라.

16. `vector v`에 대해서 `v[v.size()]`가 구간 오류인 이유는 무엇인가? 이 코드를 실행하면 무슨 일이 벌어지는가?

17. 사전 조건과 사후 조건의 정의를 내리고, (앞에서 다룬 `area()`를 제외한) 예를 들어보자. 루프가 필요한 계산을 예로 들면 더 좋다.

18. 사전 조건을 확인하지 않는 경우는 언제인가?

19. 사후 조건을 확인하지 않는 경우는 언제인가?

20. 프로그램을 디버깅하는 단계를 나열하자.

21. 디버깅 할 때 주석이 도움이 되는 이유는 무엇인가?

22. 테스팅과 디버깅의 차이점은 무엇인가?

용어 정리

인자 오류	예외	요구 사항
어써션	불변 조건	실행 시간 오류
catch	링크 시간 오류	문법 오류
컴파일 시간 오류	논리 오류	테스팅

컨테이너	사후 조건	throw
디버깅	사전 조건	타입 오류
오류	구간 오류	

연습문제

1. 5장의 도전 과제를 풀지 않았다면 지금 풀자.

2. 아래 프로그램은 섭씨온도를 입력받아 절대온도[kelvin]로 변환하는데, 많은 오류를 포함한다. 모든 오류를 찾아서 나열하고, 코드를 수정하자.

```
double ctok(double c)           // 섭씨온도를 절대온도(kelvin)로 변환
{
    int k = c + 273.15;
    return int
}

int main()
{
    double c = 0;               // 입력 변수 선언
    cin >> d;                   // 입력 변수에 온도 저장
    double k = ctok("c");       // 온도 변환
    Cout << k << '/n' ;         // 온도 출력
}
```

3. 현실적으로 도달할 수 있는 최저 온도인 절대온도 0은, 섭씨로는 −273.15°C이며, 켈빈 단위로는 0K이다. 위의 프로그램에서 오류를 고친다고 해도 이보다 낮은 온도를 입력하면 잘못된 출력이 나온다. main() 안에 −273.15°C보다 낮은 온도가 입력되면 오류를 보고하는 확인 부분을 추가하라.

4. 3번 연습문제를 다시 풀되 이번에는 ctok() 안에서 오류를 확인하자.

5. 켈빈을 섭씨로 변환하는 기능을 추가하자.

6. (4.3.3절의 공식을 바탕으로) 섭씨를 화씨로, 화씨를 섭씨로 변환하는 프로그램을 작성하자. 평가(5.8절) 기법을 활용해서 결과가 그럴 듯한지 확인하라.

7. 이차방정식의 형태는 다음과 같다.

$$a \cdot x^2 + b \cdot x + c = 0$$

이 방정식을 푸는 방법으로 다음과 같은 근의 공식을 이용할 수 있다.

$$x = -b \pm \frac{\sqrt{b^2 - 4ac}}{2a}$$

그러나 여기서 b^2-4ac가 음수이면 프로그램에 오류가 발생한다. 이제 이차 방정식의 해 x를 구하는 프로그램을 작성한다. 주어진 인자 a와 b, c에 대해서 방정식의 해를 출력하는 함수를 작성하자. 그리고 방정식해 실수 해$^{real\ root}$가 없다면 오류 메시지를 출력한다. 결과가 그럴듯한지 평가할 수 있는가? 결과가 정확한 정답인지 확인할 수 있는가?

8. 일련의 정수를 입력받아 저장하고, 앞부분의 정수 N개의 합을 구하는 프로그램을 작성하자. 먼저 N을 입력받은 후 일련의 정수를 입력받아 vector에 저장한다. 그리고 앞부분의 정수 N개의 합을 계산 한다. 예를 들면 다음과 같다.

   "합계를 구할 숫자의 개수를 입력하세요:"

      3

   "정수를 입력하세요 ('|'로 입력 종료):"

      12 23 13 24 15 |

   "앞 숫자 3개 (12 23 13)의 합은 48입니다."

모든 경우의 입력을 처리하자. 예를 들어 사용자가 vector의 요소 개수보다 많은 개수의 합을 요구하면 오류 메시지를 출력한다.

9. 8번 문제의 프로그램을 수정해서 결과를 int로 표현할 수 없는 경우 오류 메시지를 출력하게 하자.

10. int 대신 double을 사용하도록 8번 프로그램을 수정하자. 그리고 vector에 저장된 N-1개의 double 값에 대해 서로 인접한 두 값이 모두 다른지 확인한 후 그 차를 vector에 저장하자.

11. 1 1 2 3 5 8 13 21 34로 시작하는 피보나치 수열$^{Fibonacci\ series}$을 매우 많이 출력하는 프로그램을 작성하자. 이 수열의 다음 항은 이전 두 항의 합이다. 그리고 int에 저장할 수 있는 가장 큰 피보나치 수를 구해보자.

12. (이름의 의미는 분명치 않지만) '숫소와 암소$^{Bulls\ and\ Cows}$'라는 이름의 게임을 구현해보자. 이 프로그램은 서로 다른 0부터 9 사이의 정수 네 개(예, 1234는 되지만 1122는 안 됨)를 저장하는 vector를 포함한다. 사용자는 추측을 반복해서 네 개의 정수를 맞춰야 한다. 예를 들어 정답이 1234이고 사용자가 1359를 입력했다면 '숫소 1마리와 암소 1마리'라는 메시지를 출력한다. 여기서 숫소는 입력된 수(예, 1)가 정답에 포함되고 그 순서까지 동일한 경우, 암소는 입력된 수(예, 3)가 정답에 포함되지만 순서가 맞지 않는 경우를 말한다. 이런 질문

은 사용자가 네 마리 숫소를 얻을 때까지, 즉 네 개 숫자와 순서를 모두 맞출 때까지 반복한다.

13. 정답을 프로그램에 하드 코딩하니 지루하다. (프로그램을 재시작하지 않고) 사용자가 매 게임마다 다른 정수 네 개를 가지고 놀 수 있도록 프로그램을 개선하자. std_lib_facilities.h에 포함된 난수^{random number} 생성기인 randint(10)을 네 번 호출하면 임의의 숫자 네 개를 얻을 수 있다. 하지만 프로그램을 반복해서 실행하면 동일한 네 자리수의 시퀀스가 반복됨을 알 수 있다. 이를 피하려면 randint(10)을 호출하기 전에 사용자에게 임의의 수 n을 입력받아 srand(n)을 호출한다. 이때 n을 시드^{seed}라고 하며, 시드를 달리하면 난수의 시퀀스도 달라진다.

14. 다음과 같이 (요일, 값) 쌍을 표준 입력에서 읽자.

```
Tuesday 23 Friday 56 Tuesday -3 Thursday 99
```

각 요일별로 뒤에 나오는 값을 vector<int>에 저장한다. 이렇게 각 요일을 나타내는 vector 일곱 개에 저장된 모든 값을 출력한다. 그리고 각 vector별로 저장된 값의 합계를 출력한다. Funday처럼 잘못된 요일은 무시하되 Mon과 monday처럼 일반적인 동의어는 허가한다. 마지막으로 거부된 값의 개수를 출력한다.

붙이는 말

오류를 너무 과하게 강조한 느낌이 드는가? 초보 프로그래머라면 그렇게 생각할 만하다. "그렇게 나쁜 상태까지 갈리가 없어"라고 생각하는 게 자연스럽고 당연하다. 그러나 현실은 그렇지 않다. 세계 최고의 두뇌를 지닌 사람들마저도 정확한 프로그램을 작성하는 일이 얼마나 어려운지에 당황하고 혼란스러워 한다. 경험에 비춰보면 훌륭한 수학자일수록 버그로 인한 문제를 과소평가한다. 하지만 우리가 선천적으로 지닌 프로그램 작성 능력으로는 처음부터 올바르게 동작하는 프로그램을 작성하기는 거의 불가능하다. 다행히도 50년 정도 후에는 프로그램을 처음 작성할 때부터 문제를 최소화할 수 있도록 코드를 조직화하고, 최선의 노력에도 불구하고 불가피하게 프로그램에 남아있는 버그를 찾을 수 있는 기술에 대한 수많은 경험을 쌓을 수도 있다. 5장에서 다룬 기법과 예제가 그 여정의 좋은 출발점이 될 수 있다.

6

프로그램 작성

"프로그래밍은 곧 이해하는 것이다."

– 크리스튼 니가드(Kristen Nygaard)

프로그램 작성은 무엇을 하길 원하고, 그 일을 어떻게 표현할지에 대한 아이디어를 지속적으로 정제해가는 과정이다. 6장과 7장에서는 모호한 아이디어로 시작해서 분석과 설계, 구현, 테스팅, 재설계, 재구현의 과정을 거쳐 프로그램을 개발한다. 이런 학습을 바탕으로 코드를 개발할 때 사고의 흐름이 어떠한지를 맛보기 바란다. 그리고 그 과정에서 프로그램 조직화와 사용자 정의 타입, 입력 처리에 대해서도 다룬다.

6.1 문제

프로그램을 작성하는 일은 문제로부터 시작한다. 즉, 프로그램을 바탕으로 해결에 도움을 줄 수 있는 문제가 필요하다. 그리고 이러한 문제를 이해하는 일이 좋은 프로그램으로 가는 지름 길이다. 프로그램을 아무리 우아하게 만들어도 엉뚱한 문제를 해결하는 프로그램이라면 결국 엔 별로 쓸모가 없다. 전혀 의도치 않은 방향으로 프로그램을 활용하는 행복한 사고도 있긴 하지만, 그런 드문 행운에 의지하진 말자. 우리의 목적은 풀려고 마음먹은 문제를 프로그램을 이용해 간단하고 명료하게 해결하는 데 있다.

지금 단계에서 우리에게 필요한 프로그램은 무엇일까?

- 설계 기법과 프로그래밍 기법을 잘 반영하는 프로그램
- 프로그래머가 해야 할 의사결정과 그에 필요한 고려사항을 잘 보여주는 프로그램
- 새로운 프로그래밍 언어 기능을 너무 많이 요구하지 않는 프로그램
- 설계에 대해 고민해볼 여지가 있을 정도로 복잡한 프로그램
- 문제 해결 방법에 있어 다양한 시도가 가능한 프로그램
- 쉽게 이해할 수 있는 문제를 다루는 프로그램
- 가치 있는 문제를 해결하는 프로그램
- 완벽하게 예시하고 이해할 수 있을 정도로 작은 해답을 지닌 프로그램

이런 기준에서 우리가 선택한 프로그램은 '입력받은 표현식에 포함된 일반적인 산술 연산을 컴퓨터로 처리하는 프로그램'으로, 이후로는 간단한 계산기라고 칭한다. 이런 프로그램은 분명 유용하므로, 모든 데스크톱 컴퓨터가 이런 프로그램을 포함한다. 그리고 이러한 프로그램만 구동할 용도로 특별히 제작된 '휴대용 계산기'라는 컴퓨터를 구입할 수도 있다.

예를 들어 다음과 같이 입력하면

```
2+3.1*4
```

프로그램의 응답은 다음과 같다.

```
14.4
```

불행히도 이 계산기 프로그램은 이미 우리 컴퓨터에 설치된 프로그램 이상의 일을 하지 못하지만, 그런 기대는 처음 만드는 프로그램에게는 너무 과한 요구다.

6.2 문제 고찰

그래서 어떻게 시작하면 좋을까? 기본적으로는 문제를 곱씹어보고 어떻게 해결할지 생각해보자. 우선 프로그램이 무슨 일을 해야 하며, 프로그램과 사용자가 어떻게 상호작용할지 따져보자. 그런 다음에야 프로그램이 어떻게 원하는 일을 하게 할지 생각할 수 있다. 다음으로 해결 방안을 간결하게 스케치한 후 첫 번째 아이디어에 어떤 문제가 있는지 살펴보자. 문제와 그 해결 방안을 친구와 토론해도 좋다. 종이에 아이디어를 적는 방법보다 친구와 토론하는 방법이 아이디어의 틀린 점을 찾아내는 데 특효다. 종이(나 컴퓨터)는 말을 걸거나 여러분의 가정에 토를 달지 않기 때문이다.

불행히도 모든 사람과 모든 문제에 적용할 수 있는 일반적인 문제 해결 전략은 없다. 문제 해결에 도움을 준다고 주장하는 수많은 책이 존재하고, 프로그램 설계를 다루는 학문 분야도 매우 다양하다. 우리는 이렇게 심도 깊이 파고드는 대신 프로그래머가 맞닥뜨릴만한 종류의 작은 문제를 해결할 수 있는 일반적인 전략을 몇 페이지 정도에 걸쳐 제안한다. 그리고 이러한 제안을 우리가 만들 간단한 계산기 프로그램에 적용한다.

계산기 프로그램을 대할 때 흔히 보이는 회의적 태도에서 벗어나기 바란다. 현실적인 이유로 프로그램을 여러 버전을 거쳐 개선해 나갈 것인데, 각 버전은 해당 버전에서 다뤄야 할 문제에 대한 해결 방안을 보여준다. 이러한 해결 방안의 대부분이 불완전하거나 심지어 틀린 내용이며, 6장이 너무 빨리 끝난다고 느낄 수 있다. 그러나 설계자와 프로그래머가 항상 다뤄야 하는 고려 사항과 이성적 사고에 대한 예제는 앞으로 차차 살펴보자.

6장과 7장에서 문제에 대한 부분적인 해답과 아이디어, 실수를 바탕으로 프로그램의 최종 버전에 다다르는 방식이 최종 버전 그 자체만큼이나 중요하다는 사실을 명심하자. 그리고 이러한 과정은 항상 접하는 언어의 기술적 세부 사항보다 더 중요하다(기술적 세부 사항은 나중에 다시 다룬다).

6.2.1 프로그램 개발의 단계

여기서는 프로그램 개발 단계의 용어들을 살펴본다. 주어진 문제를 해결하다 보면 결국 다음과 같은 단계를 반복하게 된다.

- **분석(analysis)** 해야 할 일을 명확히 하고, 그에 대해 (현재 시점에서) 이해한 바를 설명하는 문서를 남긴다. 이러한 설명을 요구 사항이나 명세라고 한다. 여기서는 요구 사항을 정리하고 문서로 작성하는 일에 대해 자세히 다루진 않는다. 이런 작업은 책의 범위를 벗어나지만, 해결할 문제의 규모가 커질수록 요구 사항 파악이 중요하다.

- **설계(design)** 시스템의 전체적인 구조를 정하고, 구현에 어떤 부분이 포함돼야 하며, 각 부분은 어떻게 상호작용하는지 정한다. 라이브러리를 비롯한 어떤 도구가 프로그램을 구조화하는 데 도움이 될지 결정하는 일도 설계 고려 사항의 일부다.
- **구현(implementation)** 코드를 작성하고 디버깅하고, 의도대로 동작하는지 테스트한다.

6.2.2 전략

여기서는 사려 깊게 상상력을 발휘해서 적용하면 프로그래밍 프로젝트에 도움이 될 만한 몇 가지 전략을 제안한다.

- 풀어야 할 문제가 무엇인가? 우선 무엇을 달성해야 하는지 구체화해야 한다. 이렇게 하려면 문제에 대한 설명을 기술하거나, 누군가 이미 그 일을 했다면 그 설명이 진짜 의미하는 바를 이해해야 한다. 이때 (프로그래머나 구현자가 아닌) 사용자의 관점에서 문제를 바라보자. 즉, 프로그램이 어떻게 작업을 수행하는지가 아니라 뭘 해야 하는지를 물어야 한다. 즉, "이 프로그램이 나에게 어떤 일을 해줄까"나 "이 프로그램과 어떻게 상호작용 하는가"를 질문하자. 우리 모두는 컴퓨터 사용자로서 많은 경험을 지니고 있다는 점을 기억하자.

  - 문제 정의가 명확한가? 현실의 문제는 그렇지 않다. 학습용 연습문제조차도 문제를 충분히 간결하고 구체적으로 나타내기는 쉽지 않다. 그래서 더욱 문제를 명확히 하려고 노력해야 한다. 엉뚱한 문제를 풀었다면 유감스러운 일이다. 그리고 너무 많은 요구를 하는 일도 주의하자. 원하는 바를 밝혀내다 보면 너무 욕심을 내거나 야심에 차기 쉽다. 요구 사항을 간단하게 해야 프로그램을 구체화하고, 이해하고, 사용하고, (바라건데) 구현하기 쉽다. 이렇게 해서 프로그램이 작동한다면 경험을 바탕으로 더 멋진 '버전 2.0'을 만들 수 있다.

  - 주어진 시간과 기술, 도구를 감안했을 때 해결할 수 있는 문제인가? 완료할 수 없는 프로젝트를 시작하는 일은 아무 의미가 없다. 모든 요구 사항을 구현(과 테스트)할 수 있는 충분한 시간이 없다면 아예 시작하지 않는 쪽이 현명하다. 대신 더 많은 자원(특히 시간)을 요청하거나, (가장 바람직하게는) 작업을 단순화할 수 있도록 요구 사항을 수정해야 한다.

- 프로그램을 다루기 쉽게 작은 부분으로 나눈다. 현실의 문제를 해결하는 가장 작은 프로그램이라도 프로그램을 분할하기엔 충분히 크다.

  - 도움이 될 만한 도구나 라이브러리 등을 알고 있는가? 대답은 거의 항상 '그렇다'이다. 프로그램을 맨 처음 배우는 사람이라도 C++ 표준 라이브러리의 일부는 알고 있다. 시간이 흐르면 표준 라이브러리의 많은 부분을 알게 되고, 그래픽과 GUI 라이브러리, 행렬

라이브러리 등을 포함해서 더 많은 무언가를 찾을 수 있게 된다. 약간의 경험을 바탕으로 웹 검색을 이용해서 수천 가지의 라이브러리를 찾을 수 있다. 실제로 사용할 소프트웨어를 만들 때 바퀴를 다시 발명하는 일은 무의미함을 기억하자. 물론 프로그래밍을 학습할 때 동작 방식을 배우고자 바퀴를 다시 발명하는 일은 유용할 수 있다. 라이브러리를 이용해서 절약한 시간은 프로그램의 다른 부분에 할애하거나, 휴식을 취할 수도 있다. 그렇다면 어떤 라이브러리가 여러분의 작업에 적합하고 충분한 성능을 내는지 어떻게 알 수 있을까? 어려운 질문이긴 하지만, 라이브러리를 사용하기 전에 동료에게 질문을 하거나 토론 그룹에 문의하거나 간단한 예제를 시험해 보는 방법이 부분적인 해답일 수 있다.

- 주어진 문제에 대한 해법에서 분리해서 설명할 수 있는 일부분을 찾아내자(이 일부분은 프로그램 안의 여러 곳에서 사용하거나, 심지어 다른 프로그램에서도 유용할 수 있다). 이러한 부분을 찾아내는 일은 경험을 요하므로, 책에서는 이미 사용해본 `vector`와 `string`, `iostream`(cin과 cout)을 포함해서 많은 예제를 살펴본다. 6장에서는 설계와 구현의 전체 과정을 처음으로 다뤄보고, 사용자 정의 타입의 형태로 제공되는 프로그램의 한 부분(Token과 Token_stream)을 활용해 본다. 8장과 13~15장에서는 설계 이론을 보여주는 더 많은 예제를 살펴보자. 지금 당장은 이런 비유를 떠올려보라. 자동차를 설계한다면 바퀴와 엔진, 좌석, 문고리 등을 비롯해 완성된 차를 조립하기 전에 따로 작업할 수 있는 부분이 무엇인지 정해야 한다. 현대적인 차는 수만 가지의 부품을 포함하며, 그 부품이 코드라는 점만 빼면 현실의 프로그램도 마찬가지다. 철과 플라스틱, 나무 등의 원재료를 곧바로 자동차로 만들 수 없듯이 표현식과 구문, 언어에서 제공하는 타입을 곧바로 프로그램으로 만들 수도 없다. 이처럼 프로그램을 이루는 부분을 설계하고 구현하는 일은 이 책과 소프트웨어 개발의 주요 주제다. 더 자세한 내용은 사용자 정의 타입(9장)과 클래스 계층 구조(14장), 제네릭 타입(20장)에서 살펴보자.

- 문제의 핵심을 다루는 간단한 버전의 프로그램을 만들어 본다. 처음 시작할 때는 문제를 잘 파악하지 못한다. 문제를 잘 알고 있다고 생각할 수 있지만(정말 계산기가 뭔지 모르는가?), 그렇지 않다. 문제에 대한 고민(분석)과 실험(설계와 구현)만이 좋은 프로그램을 작성하는 데 필요한 문제에 대한 확고한 이해를 얻을 수 있는 방법이다. 따라서 다음과 같은 목적으로 작고 제한적인 버전을 만들어 본다.

  - 문제를 이해하고, 아이디어와 도구를 적용해본다.

  - 문제를 해결하기 위해 문제 정의의 세부 사항을 변경해야 하는지 알아본다. 문제를 처음 분석하고 설계할 때부터 모든 사항을 예측할 수는 없다. 그래서 코드를 작성하고 테스트하면서 얻은 피드백을 활용해야 한다.

이처럼 실험 용도로 만든 초기 버전을 **프로토타입**prototype이라고 한다. 이 첫 버전이 잘 동작하지 않고 더 이상 작업할 가치가 없다면 이 버전을 폐기하고, 그 경험을 토대로 다른 제한된 버전을 만들 수 있다. 그리고 만족할 만한 버전이 나올 때까지 이 과정을 반복한다. 이때 너무 큰 프로그램을 만들지 말자. 시간이 지나면 프로그램은 자연히 커지게 마련이다.

- 위에서 만든 초기 버전의 부분들을 이용해서 전체 솔루션을 만든다. 모든 코드를 한 번에 작성하기보다는 잘 동작하는 부분을 하나씩 작업해서 프로그램을 완성해가는 방법이 이상적이다. 그렇지 않으면 테스트하지 않은 아이디어가 우리 생각대로 잘 동작하는 기적을 바랄 수밖에 없다.

6.3 계산기로 복귀!

계산기와 어떻게 의사소통해야 할까? cin과 cout 사용법은 알지만, 그래픽 사용자 인터페이스GUI는 16장부터 다루니 아직은 키보드와 콘솔 창을 고집하자. 다음과 같이 키보드에서 입력받은 표현식을 계산하고 그 결과를 화면에 출력한다.

```
표현식: 2+2
결과: 4
표현식: 2+2*3
결과: 8
표현식: 2+3- 25/5
결과: 0
```

위에서 2+2와 2+2*3 같은 표현식을 제외한 나머지 부분은 프로그램이 만들어 낸 출력이다. 표현식:이라는 프롬프트를 사용자에게 출력하는데, 표현식을 입력하고 개행 문자를 누르세요라고 할 수도 있지만 너무 길고 어수선하다. 반대로 > 같은 짧은 프롬프트는 마치 암호 같다. 이렇게 사용 예를 미리 스케치해보는 일은 중요하다. 이를 바탕으로 프로그램이 해야 하는 최소한의 작업이 무엇인지 실용적으로 정의할 수 있다. 설계와 분석 과정에서 이러한 사용 예를 **유스케이스**use case라고 한다.

계산기가 해결해야 할 문제를 처음 접하면 사람들은 프로그램의 주요 논리를 다음과 같이 생각한다.

```
read_a_line      // 한 줄 입력
calculate        // 계산
write_result     // 결과 출력
```

이렇게 명확하게 논리를 적어보는 것을 코드가 아니라 **의사 코드**pseudo code라고 한다. 어떤 식으로 코드를 작성해야 할지 정확히 알 수 없는 설계 초기에 이런 방법을 사용한다. 예를 들어 "계산한다"는 말은 함수 호출을 말하는가? 그렇다면 그 인자는 무엇인가? 이런 질문에 답하기엔 아직 이르다.

6.3.1 첫 번째 시도

아직은 계산기 프로그램을 작성하는 데 필요한 준비를 제대로 하지 못했다. 아직 충분한 생각을 하지 않았기 때문이다. 하지만 생각은 힘든 일이고, 대부분의 프로그래머와 마찬가지로 코드를 작성하고 싶은 욕구가 꿈틀거린다. 그래서 간단한 계산기를 만들 기회를 줄 테니 결과가 어떤지 살펴보자. 첫 번째 아이디어는 다음과 같다.

```cpp
#include "std_lib_facilities.h"

int main()
{
    cout << "표현식 입력 (+와 -만 처리함) : ";
    int lval = 0;
    int rval;
    char op;
    int res;
    cin>>lval>>op>>rval;        // 1 + 3 과 같은 형식을 읽음

    if (op=='+')
        res = lval + rval;      // 덧셈
    else if (op=='- ')
        res = lval - rval;      // 뺄셈

    cout << "결과: " << res << '\n';
    keep_window_open();
    return 0;
}
```

이 코드는 2+2처럼 연산자로 구분된 값을 두 개 입력받아 결과(여기서는 4)를 계산하고, 그 결과 값을 출력한다. 변수의 이름인 lval과 rval은 좌항left-hand value과 우항right-hand value에서 따왔다.

이 프로그램은 (어느 정도) 잘 돌아간다. 이 프로그램이 완벽하지 않은 이유는 뭘까? 어느 정도 잘 돌아가지 않는가! 어쩌면 프로그래밍과 컴퓨터 과학은 소문보다 쉬울지도 모른다. 글쎄, 그럴지도 모르지만 너무 이른 성공에 도취하진 말자. 우선 다음과 같이 하자.

1. 코드를 좀 정리하자.

2. 곱셈과 나눗셈을 추가하자(예, 2*3).

3. 한 개 이상의 피연산자를 처리할 수 있게 하자(예, 1+2+3).

특히 입력이 적절한지 검사해야 하고(서두르느라 잊어버렸다), 많은 상수를 대상으로 이런 검사를 할 때는 if 구문보다 switch 구문이 더 좋다.

1+2+3+4처럼 여러 연산자를 연쇄chaining하려면 읽은 값을 더해 나가면 된다. 즉, 1로 시작해서 +2가 입력되면 1에 2를 더하고(중간 결과는 3), 다음에 +3이 입력되면 중간 결과(3)에 3을 더하는 식으로 반복한다. 몇 차례의 시도를 거쳐 문법 오류와 논리 오류를 수정한 후에 다음과 같은 프로그램을 만들 수 있다.

```cpp
#include "std_lib_facilities.h"

int main()
{
    cout << "표현식 입력 (+, -, *, / 처리함)\n";
    cout << "표현식의 끝에 x를 입력 (예, 1+2*3x): ";
    int lval = 0;
    int rval;
    cin>>lval;                          // 가장 왼쪽 피연산자 입력
    if (!cin) error("첫 번째 피연산자가 없음");
    for (char op; cin>>op; ) {          // 연산자와 오른쪽 피연산자 반복 입력
        if (op!='x') cin>>rval;
        if (!cin) error("두 번째 피연산자가 없음");
        switch(op) {
        case '+':
            lval += rval;               // 덧셈: lval = lval + rval
            break;
        case '-':
            lval -= rval;               // 뺄셈: lval = lval - rval
            break;
        case '*':
            lval *= rval;               // 곱셈: lval = lval * rval
            break;
        case '/':
            lval /= rval;               // 나눗셈: lval = lval / rval
            break;
        default:                        // 허용되지 않는 연산자: 결과를 출력함
            cout << "결과: " << lval << '\n';
            keep_window_open();
            return 0;
```

```
        }
    }
    error("잘못된 표현식");
}
```

이 프로그램은 나쁘진 않지만 1+2*3을 입력하면 수학 선생님이 가르쳐준 정답인 7이 아니라 9를 결과로 출력한다. 마찬가지로 1-2*3의 결과는 우리가 기대하는 -5가 아니라 -3이 된다. 즉, 연산자를 틀린 순서로 계산했다. 1+2*3을 1+(2*3)이 아니라 (1+2)*3으로 계산했다. 마찬가지로 1-2*3을 1-(2*3)이 아니라 (1-2)*3으로 계산했다. 이런! "곱셈은 덧셈보다 강하게 결합한다"는 오래된 관례를 구닥다리로 생각할 순 있어도 프로그램을 단순화하기 위해 수백 년 동안 이어온 관례를 무시할 수는 없다.

6.3.2 토큰

결국 한 행 안에 *(나 /)가 있는지를 미리 봐야 한다look ahead. 이렇게 하려면 단순히 왼쪽에서 오른쪽으로 계산하는 순서를 탈피해야 한다. 불행히도 여기서 더 나가려면 몇 가지 문제가 생긴다.

1. 표현식을 꼭 한 줄로 입력받을 필요는 없다. 예를 들어

```
    1
    +
    2
```

이렇게 입력해도 지금까지의 코드에서는 잘 동작한다.

2. 여러 줄에 걸친 입력에 포함된 숫자와 더하기 부호, 빼기 부호, 괄호 사이에서 *(나 /)를 어떻게 찾는가?

3. *가 어디에 있었는지 어떻게 기억하는가?

4. 엄격하게 왼쪽에서 오른쪽으로 계산하는 순서가 아니면 어떻게 처리하는가(예, 1+2*3)?

일단 낙천적인 기질을 발휘해서 1-3번 문제를 먼저 해결하고, 4번 문제는 나중에 살펴보자. 그리고 약간의 도움을 받자. 누군가는 분명히 입력으로부터 숫자와 연산자를 읽고, 살펴보기 쉬운 방식으로 저장하는 관례적인 방법을 알고 있을 것이다. 여기서 말하는 관례적이고 매우 유용한 해법이 바로 '토큰화tokenize'다. 즉, 입력 문자열을 읽고 토큰token으로 조립한다. 다음과 같은 입력을 보자.

45+11.5/7

프로그램이 만들어낸 토큰 목록은 다음과 같다.

```
45
+
11.5
/
7
```

토큰이란 숫자나 연산자를 비롯해서 우리가 한 단위(unit)로 생각하는 무언가를 나타내는 문자열이다. C++ 컴파일러도 소스코드를 이런 식으로 다룬다. 사실 토큰화는 대부분의 텍스트 분석에서 기초가 된다. C++ 표현식을 처리하려면 세 종류의 토큰이 필요하다.

- **부동소수점 리터럴** 예를 들어 3.14와 0.274e2, 42처럼 C++에서 정의된 형식

- **연산자** 예, +, -, *, /, %

- **괄호** (,)

부동소수점 리터럴은 문제가 있어 보인다. 12가 12.3e-3보다 훨씬 읽기 쉽다. 그러나 계산기는 부동소수점 연산을 해야 한다. 마찬가지로 계산기가 쓸모 있으려면 괄호도 받아들여야 한다.

프로그램에서 이런 토큰을 어떻게 표현해야 할까? 각 토큰의 시작과 끝 위치를 기억할 수도 있지만 이런 방식은 지저분하다(특히 표현식이 여러 행에 걸친 경우에). 그리고 숫자를 문자열로 저장하면 나중에 그 값을 알아내야 한다. 즉, 42를 입력받아 어딘가에 문자 4와 2를 저장하면 나중에 이 문자열이 숫자 값 42(예, 4*10+2)를 나타낸다는 사실을 알 수 있어야 한다. 따라서 분명하게도, 그리고 관례적으로도 토큰을 (kind, value)의 쌍으로 표현해야 한다. kind는 토큰이 숫자인지 연산자인지, 괄호인지 알려준다. 그리고 숫자 토큰의 경우에 value에 숫자 값을 저장한다(사실 이번 예제에서는 숫자에서만 value를 사용한다).

그렇다면 이러한 (kind, value) 쌍 아이디어를 코드로 어떻게 표현할까? 토큰을 표현하는 타입 Token을 정의한다. 왜? 타입을 사용하는 이유를 떠올려보자. 타입은 필요한 데이터를 저장하고, 그 데이터를 처리하는 유용한 연산자를 제공한다. 예를 들어 int는 정수를 저장해 덧셈과 뺄셈, 곱셈, 나눗셈, 나머지 연산자를 제공한다. 반면 string은 문자열을 저장해 연결 연산자와 참조 연산자를 제공한다. C++ 언어와 표준 라이브러리는 char와 int, double, string, vector, ostream 등의 많은 타입을 제공하지만, Token 타입은 제공하지 않는다. 사실 매우 방대한 (수천, 수만 가지) 타입을 사용할 수 있지만, 언어와 표준 라이브러리에서 그 타입을 전부 제공하진 않는다. 자주 쓰지만 제공되지 않는 타입의 예로는 Matrix(24장)와 Date(9장), 무한 정밀도 정수(웹에서 'Bignum'을 찾아보자) 등이 있다. 이쯤에서 한 번 더 생각해보면 언어에서

이런 수만 가지 타입을 제공할 수는 없다는 사실을 깨닫게 된다. 누가 그 타입을 정의하고 구현할 수 있으며, 여러분은 그 타입을 어떻게 찾고, 매뉴얼은 또 얼마나 두꺼워질까? 다른 현대적인 언어와 마찬가지로 C++도 필요한 타입을 직접 정의(사용자 정의 타입)할 수 있게 함으로써 이러한 문제를 해결한다.

6.3.3 토큰 구현

프로그램에서 토큰을 어떻게 표현할 수 있을까? 다른 말로 하면 여러분은 Token 타입이 어떤 모습이길 바라는가? Token은 분명 +와 - 등의 연산자와, 42와 3.24 등의 숫자 값을 표현할 수 있어야 한다. 따라서 토큰의 종류^{kind}를 나타내는 무언가와, 그 안에 저장된 숫자 값^{value}을 포함해야 한다.

C++에서 이런 아이디어를 표현하는 방법은 여러 가지가 있지만, 우리에게 유용한 가장 간단한 방법은 다음과 같다.

```
class Token {      // 아주 간단한 사용자 정의 타입
public:
    char kind;
    double value;
};
```

Token은 일종의 타입(int나 char 같은)으로 변수를 정의하거나 값을 저장할 때 쓸 수 있으며, (멤버라고 부르는) kind와 value 두 부분으로 이뤄진다. class 키워드는 '사용자 정의 타입'을 의미하며, 0개 이상의 멤버를 포함하는 타입을 정의한다. 여기서 첫 번째 멤버는 문자 char 형식의 kind로, 단순히 +와 *를 나타내는 '+'와 '*'를 저장할 수 있다. 이 타입을 생성하는 방법은 다음과 같다.

```
Token t;            // t는 Token
t.kind = '+';       // t는 +를 나타냄

Token t2;           // t2는 다른 Token
t2.kind = '8';      // '8'은 토큰의 종류가 숫자임을 나타냄
t2.value = 3.14;^
```

여기서 멤버 접근 표기법인 객체_이름.멤버_이름을 사용해 멤버에 접근했다. 즉, t.kind는

't의 kind'로, t2.value는 't2의 value'로 읽을 수 있다. 그리고 int를 복사하듯이 Token도 복사할 수 있다.

```
Token tt = t;              // 복사 초기화
if (tt.kind != t.kind) error("불가능함!");
t = t2;                    // 대입
cout << t.value;           // 3.14를 출력함
```

지금까지 살펴본 Token 일곱 개를 이용해서 다음과 같이 표현식 (1.5+4)*11을 표현할 수 있다.

'('	'8'	'+'	'8'	')'	'*'	'8'
	1.5		4			11

+처럼 간단한 토큰의 경우 값이 필요치 않으므로 **value** 멤버를 사용하지 않는다. 그리고 숫자를 나타내는 문자가 필요한데, 여기서는 단지 한눈에 보기에도 연산자나 구두점으로 보이지 않는다는 이유로 '8'을 선택했다. '8'을 '숫자'라는 뜻으로 쓰면 의미가 분명치 않지만, 지금 당장은 큰 문제가 없다.

Token은 C++ 사용자 정의 타입의 한 예이며, 사용자 정의 타입은 멤버 함수(연산자)와 데이터 멤버를 포함할 수 있다. 하지만 Token에서는 간단한 사용자 정의 타입의 멤버를 읽고 쓸 수 있도록 기본적으로 제공되는 방법을 사용하므로, 따로 멤버 함수를 정의하지 않는다.

```
class Token {
public:
    char kind;             // 토큰의 종류
    double value;          // 종류가 숫자인 경우의 값
};
```

이제 다음과 같이 Token을 초기화(생성)할 수 있다.

```
Token t1 {'+'};          // t1.kind = '+'가 되도록 t1을 초기화
Token t2 {'8',11.5};     // t2.kind = '8'이고 t2.value = 11.5가 되도록 t2를 초기화
```

클래스 객체 초기화에 관한 내용은 9.4.2절과 9.7절을 참고하자.

6.3.4 토큰 사용

이제 계산기를 완성할 수 있을지도 모른다! 그러나 그 전에 약간의 계획을 세울 필요가 있다. 계산기 프로그램에서 Token을 어떻게 사용할까? 다음과 같이 Token의 vector에 입력을 받아올 수 있다.

```
Token get_token();      // cin에서 토큰을 읽는 함수

vector<Token> tok;      // 여기에 토큰을 저장할 수 있음
int main()
{
    while (cin) {
        Token t = get_token();
        tok.push_back(t);
    }
    // ...
}
```

이제 표현식을 먼저 읽어두고 나중에 계산할 수 있다. 예를 들면 11*12는 다음과 같다.

'8'	'*'	'8'
11		12

위 그림에서 곱셈 연산자와 두 피연산자를 쉽게 알아볼 수 있다. 이렇게 해 놓으면 숫자 11과 12가 문자열이 아닌 숫자 값으로 저장돼 있으므로 곱셈을 쉽게 수행할 수 있다.

이제 더 복잡한 표현식을 살펴보자. 표현식이 1+2*3이라면 tok는 다음과 같은 Token 다섯 개를 포함한다.

'8'	'+'	'8'	'*'	'8'
1		2		3

드디어 단순히 루프를 돌아 곱셈 연산을 찾을 수 있게 됐다.

```
for (int i = 0; i<tok.size(); ++i) {
    if (tok[i].kind=='*') {      // 곱셈을 찾았다!
        double d = tok[i- 1].value*tok[i+1].value;
        // 그 다음엔 무슨 일을 할까?
    }
}
```

그래, 다음엔 뭘 할까? 곱셈 결과인 d로 무슨 일을 해야 하는가? 하위 표현식을 계산하는 순서는 어떻게 정하는가? +가 *보다 먼저 나올 수 있으므로 왼쪽에서 오른쪽으로 차례대로 계산할 수는 없다. 그렇다면 오른쪽에서 왼쪽으로 계산을 시도해보자! 1+2*3은 제대로 되겠지만 1*2+3은 틀리게 계산된다. 1+2*3+4도 마찬가지다. 이 표현식은 1+(2*3)+4로 안쪽부터 계산해야 한다. 결국 최종적으로 괄호를 어떻게 처리해야 하는가? 이제 막다른 골목에 다다른

느낌이다. 여기서 잠시 프로그래밍을 멈추고, 입력 문자열을 어떻게 읽고 이해한 후 산술 표현식으로 계산해야 하는지 생각해보자.

문제(계산기 만들기)를 해결하려던 야심찬 첫 번째 시도는 역부족이었다. 사실 이런 문제를 첫 시도로 삼는 일은 드물지만, 문제를 이해하는 데 중요한 도움을 준다. 그리고 유용한 개념인 토큰도 알게 됐는데, 이 토큰은 앞으로 계속 마주칠 (이름, 값) 쌍이라는 개념의 한 예이기도 하다. 그러나 지금까지 한 것처럼 비교적 고민과 계획 없이 코딩하는 일에 너무 긴 시간을 낭비하진 말자. 최소한의 분석(문제 이해)과 설계(해답의 전체적 구조 결정) 이전에는 아주 약간의 프로그래밍만 허용하자.

도전 과제

잠시 멈춰서 이 문제를 간단히 해결할 수 없는 이유를 생각해보자. 그렇게 어려워 보이지도 않는데 말이다. 그렇다면 계속 시도하다보면 문제를 더 잘 이해하고, 최종적인 해답을 얻을 수 있을 수도 있을까? 여러분의 생각이 옳은지 바로 알아보자. 예를 들어 12.5+2라는 입력을 생각해보자. 입력을 토큰화하고 표현식이 간단한지 결정한 후 답을 계산할 수 있다. 좀 지저분하지만 직관적인 방법이며, 이런 식으로 하다보면 충분히 만족할 만한 뭔가를 찾을 수도 있다. 이제 2+3*4처럼 한 행에 +와 *가 모두 있는 경우를 생각해보자. 이런 경우도 막무가내 방식으로 처리할 수 있다. 하지만 1+2*3/4%5+(6-7*(8))처럼 복잡한 경우는 어떻게 처리해야 하는가? 그리고 2+*3과 2&3 같은 오류는 어떻게 해야 하는가? 이 문제를 잠시 생각한 후 가능한 해답과 흥미롭거나 중요한 입력 표현식을 종이에 대략적으로 적어보자.

6.3.5 칠판으로 돌아가자

이제 문제를 다시 살펴보고 섣불리 불완전한 해답을 내지 않도록 하자. 우리가 앞서 발견한 사실은 표현식 한 개만 계산하는 프로그램(계산기)은 지루하다는 점이다. 그래서 프로그램을 한 번 실행해서 여러 표현식을 계산하고자 했다. 이렇게 탄생한 의사 코드는 다음과 같았다.

```
while(실행되는 동안) {
    read_a_line        // 한 줄 입력
    calculate          // 계산
    write_result       // 결과 출력
}
```

문제는 분명 복잡해졌지만, 우리가 계산기를 쓸 때를 떠올려보면 계산을 여러 번 하는 일은 매우 흔하다. 그렇다고 사용자가 계산을 여러 번 할 때마다 프로그램도 여러 번 실행시키게 할 수 있는가? 우리 입장에서는 그럴 수 있을지 모르지만, 불행히도 프로그램을 시작하는 일은 많은 현대적인 운영체제에서 (매우) 느린 일이므로, 그런 식으로 할 수는 없다.

앞의 의사 코드와 우리가 초기에 했던 시도들, 사용 예를 보고 있자면 몇 가지 질문(그 중의 몇은 후보적인 해답도 있다)이 떠오른다.

1. 45+5/7을 입력하면 어떻게 개별 부분 45와 +, 5, /, 7을 찾을 수 있을까?(토큰화!)

2. 입력 표현식은 무엇으로 종료되는가? 당연히 개행 문자다!('당연히'를 항상 의심하라. '당연히'는 이유가 될 수 없다)

3. 45+5/7을 어떻게 계산이 용이한 데이터로 표현할까? 덧셈을 하기 전에 어떻게 해서든 문자 4와 5를 숫자 45(예, 4*10+5)로 변환해야 한다(토큰화도 해답의 일부다).

4. 어떻게 45+5/7을 (45+5)/7이 아닌 45+(5/7)로 계산할 수 있을까?

5. 5/7의 값은 무엇인가? 대략 .71 정도지만 정수는 아니다. 계산기를 사용했던 경험에 비춰보면 사람들이 부동소수점 결과를 원한다는 사실은 확실하다. 그럼 부동소수점 입력도 허용해야 하는가? 물론이다!

6. 변수도 허용하는가? 예를 들어 다음과 같이 쓸 수 있는가?

```
v=7
m=9
v*m
```

좋은 생각이지만 일단 미뤄두자. 우선 기본적인 기능부터 동작하게 만들자.

여기서 가장 중요한 결정은 6번 질문에 대한 답일 수 있다. 7.8절에서 볼 수 있듯이 이 질문에 '예'라고 답했다면 초기 프로젝트의 규모가 거의 두 배로 커진다. 그리고 초기 버전을 실행하는데, 두 배 이상의 시간이 걸릴 수 있다. 여기서는 여러분 모두가 초보자로 6번 요구 사항을 받아들일 경우 몇 배 이상의 노력이 필요하며, 프로젝트의 범위가 인내심의 한계를 벗어난다고 가정한다. 이처럼 프로젝트 초기에 '기능의 함정'을 피하는 일이 중요하다. 그 대신 가장 필수적인 기능만 구현한 간단한 버전부터 만들어 보자. 이렇게 뭔가를 동작하게 만든 다음에 더 큰 야심을 품어볼 수 있다. 한마디로 프로그램을 한 번에 완성하기보다 여러 단계에 걸쳐 만드는 방법이 훨씬 쉽다. 6번 질문에 '예'라고 답하면 또 다른 부작용이 생긴다. '멋진 기능'을 추가하고 싶은 유혹을 떨쳐내기 어렵게 된다. 일반적인 수학 함수를 추가하면 어떨까? 루프를 추가하면 어떨까? 일단 '멋진 기능'을 추가하기 시작하면 멈추기 어렵다.

프로그래머의 관점에서는 1번과 3번, 4번이 가장 귀찮은 일이다. 이 세 문제는 45나 + 같은 요소를 찾아낸 후에 무엇을 해야 하는지에 대한 질문이란 점에서 서로 연관돼 있다. 즉, 그런 요소를 프로그램 안에서 어떻게 저장하는가? 토큰화가 해답의 일부인 것은 분명하지만, 전부는 아니다.

이럴 때 경험 많은 프로그래머라면 어떻게 할까? 기술적으로 어려운 문제에 맞닥트렸을 때 표준적일 해답이 있을 수도 있다. 적어도 50년 전에 키보드에서 기호를 입력받는 컴퓨터가 등장한 이래로 사람들은 계산기 프로그램을 만들었다. 따라서 표준적인 해답이 있어야 하지 않는가! 이런 경우에 경험 많은 프로그래머는 동료에게 자문을 구하거나 문헌을 찾는다. 50년 간의 업적을 하루아침에 뛰어넘길 바라면서 어설픈 시도를 한다면 어리석은 일이다.

6.4 문법

이제 표현식을 이해하는 표준적인 해법을 살펴보자. 먼저 입력 문자열을 읽고 앞서 살펴본 토큰으로 만든다. 입력 문자열이 다음과 같다면

```
45+11.5/7
```

이를 표현하는 토큰 목록은 다음과 같다.

```
45
+
11.5
/
7
```

즉, 토큰은 숫자나 연산자 등을 비롯해서 우리가 한 단위로 생각하는 무언가를 나타내는 문자열이다.

이렇게 토큰을 만든 후에 프로그램이 표현식을 올바로 이해했는지 확인해야 한다. 예를 들어 우리는 45+11.5/7이 (45+11.5)/7이 아닌 45+(11.5/7)임을 알고 있지만, 프로그램에게 이 유용한 규칙(곱셈이 덧셈보다 강하게 결합한다)을 어떻게 가르쳐야 할까? 이에 대한 표준적인 해법은 입력 구문의 형식을 정의하는 문법grammar을 작성하고, 그 문법 규칙을 구현하는 프로그램을 만드는 방법이다.

```
// 간단한 표현식의 문법

Expression:
    Term
    Expression "+" Term     // 덧셈
    Expression "-" Term     // 뺄셈
Term:
    Primary
    Term "*" Primary        // 곱셈
    Term "/" Primary        // 나눗셈
```

```
    Term "%" Primary        // 나머지
Primary:
    Number
    "(" Expression ")"       // 그룹핑
Number:
    floating-point-literal
```

간단한 규칙의 예를 들었다. 마지막 규칙은 "Number는 floating-point-literal이다"라는 의미이고, 그 위의 규칙은 "Primary는 Number이거나 '('와 표현식, ')'가 차례로 나온다"는 의미다. Expression과 Term 규칙은 비슷한데, 둘 다 그 다음에 나오는 규칙을 바탕으로 정의된다.

6.3.2절에서 봤듯이 우리가 사용하는 토큰은 (C++ 명세에서 빌려온) 아래의 세 가지다.

● **부동소수점 리터럴** 예를 들어 3.14와 0.274e2, 42처럼 C++에서 정의된 형식

● **연산자** +, -, *, /, %

● **괄호** (,)

첫 번째 의사 코드에서 여기까지 오는 과정에서, 토큰과 문법을 사용한 것이 커다란 개념적 진보라고 할 수 있다. 그리고 이러한 진보는 도움 없이는 성취하기 힘들다. 그런 이유로 경험과 학문, 멘토가 필요하다.

많은 기술적인 표기법이 그러하듯이 첫눈에 보기에는 위의 문법이 완전 난센스처럼 보인다. 하지만 이 문법이 여러분이 중학교(혹은 그 전에) 이래로 할 수 있었던 계산을 수행하게 해주는 일반적이며 우아한(언젠가 여러분도 감동받게 될 거다) 표기법임을 명심하자. 여러분은 1-2*3과 1+2-3, 3*2+4/2를 문제없이 계산할 수 있다(마치 두뇌에 새겨진 듯이). 하지만 어떻게 그렇게 하는지 설명할 수 있는가? 전통적인 수학을 전혀 접하지 않은 사람도 이해할 수 있을 정도로 설명할 수 있는가? 모든 연산자와 피연산자의 조합에 대해서도 같은 설명을 할 수 있는가? 충분히 자세히, 그리고 컴퓨터가 이해할 정도로 정확히 설명을 하려면 표기법이 필요하며, 문법은 여기에 가장 강력하고 전통적인 도구다.

우리는 문법을 어떻게 읽는가? 기본적으로 어떤 입력이 주어지면 최상위 규칙인 Expression부터 시작해서 읽은 토큰에 상응하는 규칙이 나올 때까지 찾아 내려간다. 이렇게 문법에 따라 토큰 스트림token stream을 읽는 과정을 파싱parsing이라고 하며, 파싱을 수행하는 프로그램을 파서parser나 구문 분석기syntax analyzer라고 한다. 우리가 만들 파서는 사용자가 입력하고 읽는 순서와 동일하게 왼쪽에서 오른쪽으로 토큰을 읽는다. 이제 정말 간단한 예를 시도해보자. 2는 구문인가?

1. Expression은 Term이거나 Term으로 끝나야 한다. Term은 Primary이거나 Primary로 끝나야 한다. Primary는 (나 Number로 시작한다. 2는 분명 (는 아니지만, 부동소수점 리터럴이며, Number이자 Primary다.

2. 이 Primary(Number 2) 앞에는 /나 *, %가 없으므로 (/나 *, % 표현식의 끝이 아닌) Term 그 자체다.

3. 이 Term(Primary 2) 앞에는 +나 -가 없으므로 (+나 - 표현식의 끝이 아닌) Term 그 자체다.

따라서 문법에 따라 2는 표현식이다. 위에서 문법을 훑어본 과정을 그림으로 표현하면 다음과 같다.

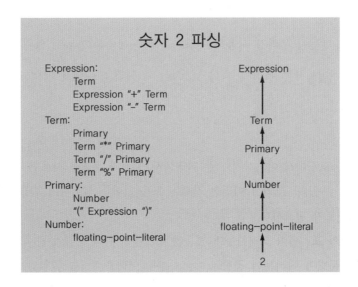

이 그림은 문법 정의에 따라 탐색한 경로를 보여준다. 이 경로를 따라 올라가면 2는 Expression임을 알 수 있다. 2가 floating-point-literal이자, Number이자, Primary이자, Term이며, 결국 Expression이기 때문이다.

이제 좀 더 복잡한 예를 보자. 2+3은 Expression인가? 추론 과정은 앞서 2를 처리한 방법과 비슷하다.

1. Expression은 Term이거나 Term으로 끝난다. Term은 Primary이거나 Primary로 끝난다. Primary는 (나 Number로 시작한다. 2는 분명 (는 아니지만, floating-point-literal이며, Number이자 Primary다.

2. 이 Primary(Number 2) 앞에는 /나 *, %가 없으므로 (/나 *, % 표현식의 끝이 아닌) Term 그 자체다.

3. 이 Term(Primary 2) 다음에 +가 있으므로 Expression을 이루는 첫 부분의 끝이며, + 다음에 나오는 Term을 찾아야 한다. 2가 Term이라는 사실을 추론해낸 동일한 방법으로, 3도 Term임

을 알 수 있다. 그런데 3 뒤에는 +나 -가 없으므로 (+나 -를 포함한 Expression의 앞부분이 아닌) Term 그 자체다. 따라서 2+3은 Expression+Term 규칙에 상응하며, 그 자체로 Expression 이다.

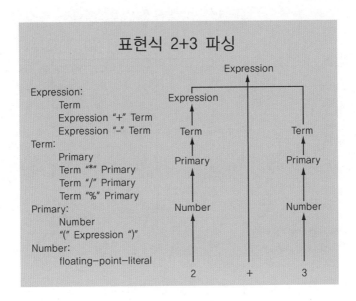

이 그림은 문법 정의에 따라 탐색한 경로를 보여준다. 이 경로를 따라 올라가면 2+3은 Expression임을 알 수 있다. 2가 Expression이고 3은 Term이며, Expression + Term은 Expression이기 때문이다.

이처럼 우리가 문법에 흥미를 보이는 이유는 +와 *를 모두 포함한 표현식을 올바르게 파싱하는 해법이기 때문이다. 이제 45+11.5*7을 해결할 차례다. 그러나 앞에서 했던 수준으로 '컴퓨터 따라 하기'를 하는 일은 너무 지루하므로 2와 2+3에서 이미 살펴본 중간 과정은 조금 생략하자. 45와 11.5, 7 모두는 분명히 floating-point-literal이자 Number이자 Primary이므로, Primary 하위의 규칙은 무시하자.

1. 45는 Expression이며, 그 뒤에 +가 있다. 따라서 Expression+Term 규칙을 완성하고자 Term을 찾는다.

2. 11.5는 Term이며, 그 뒤에 *가 있다. 따라서 Term*Primary 규칙을 완성할 수 있게 Primary 를 찾는다.

3. 7이 Primary이므로, Term*Primary 규칙에 따라 11.5*7은 Term이다. 그리고 Expression +Term 규칙에 따라 45+11.5*7은 Expression이다. 특히 이 Expression에서 처음으로 곱셈 11.5*7을 수행한 후에 덧셈 45+11.5*7을 수행해서 45+(11.5*7)과 같은 결과를 얻었다.

이 추론 과정을 그림으로 다시 살펴보자(그림을 단순화하고자 `floating-point-literal`과 `Number` 규칙은 생략한다).

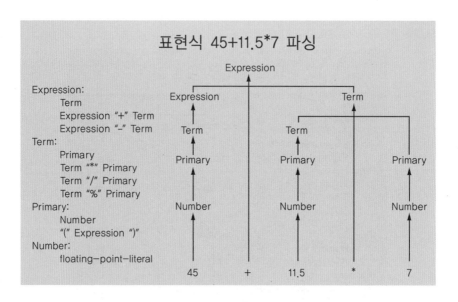

이 그림은 문법 정의에 따라 탐색한 경로를 보여준다. `Term*Primary` 규칙 덕분에 11.5와 7을 곱한 후 거기에 45를 더하는 순서가 지켜진다는 사실에 주목하자.

처음에는 이런 논리를 따라가기가 어렵지만, 인간은 문법을 이해하는 존재이므로 간단한 문법은 어렵지 않게 이해할 수 있다. 물론 여기서 2+2나 45+11.5*7을 여러분이 직접 계산해 볼 필요는 없다. 분명히 이미 알고 있기 때문이다. 여기서는 45+11.5*7을 비롯해서 사용자가 계산하길 원하는 복잡한 표현식을 컴퓨터가 이해하게 하는 방법을 찾고자 했다. 사실 인간은 복잡한 문법에 약한 반면 컴퓨터는 잘 이해한다. 컴퓨터는 그러한 문법 규칙을 쉽고 빠르고 정확하게 적용할 수 있다. 정밀한 규칙을 따르는 일이 컴퓨터의 특기이기 때문이다.

6.4.1 쉬어가기: 영어 문법

이전에 문법을 다뤄본 적이 없다면 여러분의 두뇌는 빠르게 돌아가고 있으리라. 하지만 이미 문법을 다뤄본 사람이라도 머리를 쓸 수밖에 없다. 그래도 잠시 영어 문법의 매우 작은 일부분을 살펴보자.

```
Sentence:
    Noun Verb                    // 명사 동사(예, C++ rules)
    Sentence Conjunction Sentence    // 문장 접속사 문장(예, Birds fly but fish swim)
Conjunction:
    "and"
```

```
        "or"
        "but"
Noun:
        "birds"
        "fish"
        "C++"
Verb:
        "rules"
        "fly"
        "swim"
```

문장은 대화(예, 명사, 동사, 접속사)의 일부이며, 어떤 단어가 명사와 동사인지 가리는 규칙을 바탕으로 파싱할 수 있다. 이 문법에 따르면 "C++ fly and birds rules(C++는 날고 새는 지배한다)" 처럼 의미론적으로 쓸모없는 문장도 만들 수 있지만, 이 문제를 해결하는 일은 훨씬 고차원적인 책에서 다룰 주제다.

많은 사람이 중학교나 외국어 수업(예, 영어 수업)에서 이런 규칙을 배우고 접한다. 이런 문법 규칙은 매우 기본적이며, 우리 두뇌에 새겨진 이 문법 규칙은 신경학적 논쟁거리기도 하다.

이제 지금까지 표현식에서 사용했던 파싱 트리를 간단한 영어에 적용하자.

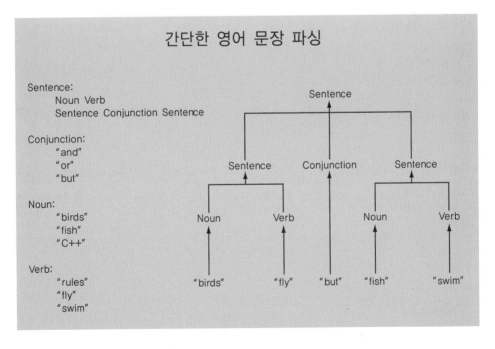

이 그림은 전혀 복잡하지 않다. 6.4절을 제대로 이해하지 못했다면 처음으로 돌아가 다시 읽자. 두 번 읽으면 이해하기가 한결 수월해진다.

6.4.2 문법 작성

앞에서 예로 든 표현식의 문법 규칙은 어떻게 정하는가? 솔직히 '경험'이 답이다. 다른 사람들도 우리가 했던 식으로 문법을 정한다. 그러나 간단한 문법 정도는 매우 직관적으로 작성할수 있으며, 다음과 같은 사항을 염두에 둬야 한다.

1. 규칙과 토큰의 차이점을 이해한다.

2. 한 규칙 다음에 다른 규칙을 배열하는 방법을 안다(나열sequencing).

3. 선택적인 패턴을 표현하는 방법을 안다(선택alternation).

4. 반복되는 패턴을 표현할 줄 안다(반복repetition).

5. 어떤 문법 규칙부터 시작해야 하는지 이해한다.

여러 교재와 다양한 파서 시스템에서는 서로 다른 표기법 관례와 용어를 사용한다. 예를 들어 토큰을 터미널terminal이라고 하고, 규칙을 비터미널non-terminal이나 프로덕션production이라고도 한다. 그리고 토큰을 다른 행으로 나눠 표기하기도 하지만, 우리는 다음과 같이 토큰을큰따옴표로 둘러싼다.

```
List:
    "{" Sequence "}"
Sequence:
    Element
    Element " ," Sequence
Element:
    "A"
    "B"
```

따라서 Sequence는 Element이거나 Element 다음에 쉼표로 구분된 Sequence다. Element는 문자 A나 B다. List는 중괄호로 둘러싼 Sequence다. 그렇다면 이 List를 (어떻게) 만들수 있을까?

```
{ A }
{ B }
{ A,B }
{ A,A,A,A,B }
```

그러나 아래의 예는 (왜) List가 아닌가?

```
{ }
A
```

```
{ A,A,A,A,B
{ A,A,C,A,B }
{ A B C }
{ A,A,A,A,B, }
```

Sequence를 나타내는 이 규칙은 유치원에서 배우거나 두뇌에 새겨져 있지는 않지만 로켓 과학처럼 어렵지는 않다. 7.4절과 7.8.1절에서는 문법을 바탕으로 구문적인 아이디어를 표현하는 예를 살펴본다.

6.5 문법에서 코드로

컴퓨터가 문법을 따르게 하는 데는 여러 가지 방법이 있는데, 여기서는 그 중에 가장 간단한 방법으로, 각 문법 규칙마다 함수를 하나씩 만들고 Token 타입으로 토큰을 표현한다. 이처럼 문법을 구현한 프로그램을 파서라고 한다.

6.5.1 문법 규칙 구현

계산기를 구현하려면 토큰을 읽는 함수와 각 문법 규칙을 처리하는 함수를 합쳐 네 개의 함수가 필요하다.

```
get_token()         // cin에서 문자열을 읽어서 토큰으로 조합
expression()        // +와 -를 처리하고
                    // term()과 get_token() 호출
term()              // *와 /, %를 처리하고
                    // primary()와 get_token() 호출
primary()           // 숫자와 괄호를 처리하고
                    // expression()과 get_token() 호출
```

여기서 각 함수는 표현식의 특정 부분만 처리하고 나머지는 다른 함수에 맡긴다는 사실에 주목하자. 이를 바탕으로 각 함수가 매우 단순해진다. 여러 사람이 모여 어떤 문제를 해결하고자 각자의 전문 분야에 따라 일을 처리하고, 나머지는 동료에게 위임하는 모습을 비유로 들 수 있다.

그렇다면 이 함수들은 실제로 무슨 일을 할까? 각 함수는 상응하는 문법 규칙에 따라 다른 문법 함수를 호출하고, 규칙에서 필요한 경우 get_token()을 호출한다. 예를 들어 primary() 에서 (Expression) 규칙을 따르려면 다음 함수를 호출해야 한다.

```
get_token()      // (와 ) 처리
expression()     // Expression 처리
```

이러한 파싱 함수는 무엇을 반환해야 할까? 우리가 정말로 원하는 답은 무엇인가? 예를 들어 입력이 2+3이면 expression()은 5를 반환할 수 있다. 결국 우리가 필요한 정보는 이미 다 주어졌다. 이제 시도해보자! 이를 바탕으로 우리가 알고 있는 가장 어려운 문제 중 하나인 "45+5/7을 계산할 수 있도록 어떻게 데이터로 표현할 수 있는가?"라는 질문을 피해갈 수 있다. 45+5/7을 표현하는 데이터를 메모리에 저장하는 대신에 입력을 읽으면서 계산을 해나갈 수 있다. 이 작은 아이디어가 큰 발전이라 할 수 있다. 이렇게 하면 expression()이 나중에 처리할 무언가를 반환하는 방식에 비해 프로그램의 크기를 네 배로 줄일 수 있다. 우리가 할 일이 80%는 줄어든다는 말이다.

여기서 예외는 get_token()으로, 이 함수는 토큰을 다루기 때문에 하위 표현식의 값을 반환할 수 없다. 즉, +와 (는 표현식이 아니므로 Token을 반환해야 한다. 결국 우리가 원하는 함수는 다음과 같다.

```
// 문법 규칙을 적용하는 함수
Token get_token()        // 문자열을 읽어서 토큰으로 조합
double expression()      // +와 - 처리
double term()            // *와 /, % 처리
double primary()         // 숫자와 괄호 처리
```

6.5.2 표현식

우선 expression()을 작성하자. 구현할 문법은 다음과 같다.

```
Expression:
    Term
    Expression '+' Term
    Expression '- ' Term
```

문법 규칙 집합을 코드로 구현하는 일은 처음이니 일부러 틀린 코드부터 살펴보자. 새로운 기술을 접할 때 이런 일을 흔히 겪는데, 그 과정에서 유용한 교훈을 얻을 수 있다. 특히 초보 프로그래머라면 코드가 조금만 달라져도 결과가 확연히 달라짐을 깨닫는 일이 큰 도움이 된다. 그리고 코드를 읽는 기술도 실력을 배양하는 데 유용하다.

6.5.2.1 표현식: 첫 번째 시도

Expression '+' Term 규칙을 보니 먼저 expression()을 호출한 후 +(와 -)를 찾은 다음 term()을 호출해야 할 듯하다.

```
double expression()
{
    double left = expression();        // Expression을 읽고 처리
    Token t = get_token();             // 다음 토큰 가져오기
    switch (t.kind) {                  // 토큰 종류 확인
    case '+':
        return left + term();          // Term을 읽어서 계산하고
                                       // 그 값을 더함
    case '- ':
        return left - term();          // Term을 읽어서 계산하고
                                       // 그 값을 뺌
    default:
        return left;                   // Expression의 값 반환
    }
}
```

코드가 괜찮아 보인다. 문법을 거의 그대로 코드로 옮겼다. 정말 간단하다. Expression을 읽고 +나 -를 찾은 후 Term을 읽는다.

불행히도 이 코드는 전혀 말이 안 된다. +와 -를 찾으려면 표현식이 어디서 끝나는지 알아야 하는데 그럴 수가 없다. 우리 프로그램은 입력을 왼쪽에서 오른쪽으로 읽기 때문에 +가 언제 나올지 미리 알 수가 없다. 사실 expression() 함수는 첫 행을 벗어날 수 없다. expression()의 시작에서 expression()을 호출하고, 또다시 expression()의 시작에서 expression()을 호출하는 일이 '영원히' 반복되기 때문이다. 이를 일컬어 '무한 재귀infinite recursion'라고 하며, 컴퓨터가 expression()을 무한히 호출해서 메모리가 모자라게 되면 곧 종료돼버린다. 재귀recursion란 함수가 스스로를 호출하는 일을 말한다. 하지만 모든 재귀가 무한하지는 않으며, 재귀는 매우 유용한 프로그래밍 기법이기도 하다(8.5.8절 참고).

6.5.2.2 표현식: 두 번째 시도

그래서 어떻게 해야 하는가? 모든 Term은 Expression이지만, 모든 Expression이 Term은 아니다. 즉, +나 -를 찾기 전에는 Term을 찾거나 전체 Expression을 찾을 수가 없다.

```
double expression()
{
    double left = term();              // Term을 읽고 처리
    Token t = get_token();             // 다음 토큰 가져오기
    switch (t.kind) {                  // 토큰 종류 확인
    case '+':
        return left + expression()     // Expression을 읽어서 계산하고
```

```
                    // 그 값을 더함
    case '-':
        return left - expression(); // Expression을 읽어서 계산하고
                                    // 그 값을 뺌
    default:
        return left;                // Term의 값 반환
    }
}
```

이 코드는 잘 돌아가는 듯이 보인다. 이 프로그램을 완성하고 실행해보면 (잘못된 표현식을 제외한) 모든 올바른 표현식을 파싱한다. 예를 들어 1+2는 (값이 1인) Term과 +로 연결된 (값이 2인 Term으로 이뤄진) Expression으로 읽혀지고, 결과는 3이 된다. 비슷하게 1+2+3은 6이 된다. 이처럼 잘 작동하는 예를 많이 찾을 수 있지만, 이쯤에서 끝을 내자. 1-2-3은 어떤가? 이 입력으로 expression()을 호출하면 1을 Term으로 읽은 후 2-3을 (Term 2와 Expression 3으로 구성된) Expression으로 읽는다. 그리고 1에서 2-3의 값을 뺀다. 한 마디로 1-(2-3)을 계산하고, 1-(2-3)의 값은 2(양수 2)가 된다. 그러나 우리가 (초등학교나 그 이전에) 배운 바에 따르면 1-2-3은 (1-2)-3을 의미하며, 그 값은 -4(음수 4)다.

결국 잘못된 일을 하는 매우 멋진 프로그램을 만든 셈이다. 위험한 일이다. 특히 경우에 따라서는 맞는 결과가 나오기 때문에 더 위험하다. 예를 들어 1+2+3은 올바른 결과(6)를 얻는데, 1+(2+3)은 (1+2)+3과 같기 때문이다. 그렇다면 프로그래밍 관점에서 무엇을 잘못했는가? 오류가 있을 때 같은 실수를 반복하지 않으려면 항상 스스로에게 이 질문을 던져야 한다.

기본적으로 코드를 한 번 훑어보고 추측하는 일부터 잘못이다. 이 정도로 충분한 경우는 거의 없다. 우리는 코드가 무슨 일을 하는지 이해하고, 왜 올바로 동작하는지 설명할 수 있어야 한다.

오류를 분석하는 일은 올바른 해답을 찾는 가장 좋은 방법이기도 하다. 여기서는 expression()이 Term을 찾은 후에 +나 -로 연결된 Expression을 찾게 했다. 결국 원래 문법과 약간 다른 문법을 구현한 셈이다.

```
Expression:
    Term
    Term '+' Expression     // 덧셈
    Term '-' Expression     // 뺄셈
```

원래 문법과 위 문법은 작은 차이로 인해 1-2-3을 Expression 1-2 다음에 Term 3으로 해석하지 않고, Term 1 다음에 Expression 2-3으로 해석한다. 즉, 1-2-3이 (1-2)-3이 되길 원했지만 1-(2-3)의 결과를 얻었다.

이처럼 디버깅은 지루하고 헛갈리고 시간이 오래 걸린다. 하지만 우리는 이 규칙을 초등학교에서 이미 배웠고, 별로 힘들이지 않고 적용할 수 있다. 함정은 컴퓨터에게 이 규칙을 가르쳐야 한다는 점이다. 컴퓨터는 여러분보다 훨씬 느리게 배운다.

물론 우리는 1-2-3이 (1-2)-3이 아니라 1-(2-3)이 되도록 정할 수 있다. 하지만 프로그래밍을 할 때 가장 곤란한 문제 중 하나가 바로 우리가 컴퓨터를 사용하기 훨씬 전부터 인간에 의해 정해진 규칙을 지켜야 한다는 사실이다.

6.5.2.3 표현식: 세 번째에 찾아온 행운

이제 어떻게 해야 할까? (6.5.2절의 올바른) 문법을 다시 보자. 모든 Expression은 Term으로 시작하고, Term 다음에 +나 -가 올 수 있다. 이 과정을 더 이상 +나 -가 없을 때까지 반복하자.

```
double expression()
{
    double left = term();              // Term을 읽고 계산
    Token t = get_token();             // 다음 토큰 읽기
    while (t.kind=='+' || t.kind=='-') { // +나 - 찾기
        if (t.kind == '+')
            left += term();            // Term을 계산해서 더함
        else
            left -= term();            // Term을 계산해서 뺌
        t = get_token();
    }
    return left;                       // 결과 : 더 이상 +나 -가 없으면 결과를 반환
}
```

+와 -를 계속 찾는 루프를 넣다보니 코드가 좀 지저분해졌다. +와 -를 두 번 확인하고 get_token()을 두 번 호출하는 일도 중복됐다. 이러면 코드의 논리가 모호해지므로 +와 -를 중복해서 확인하는 부분을 제거하자.

```
double expression()
{
    double left = term();              // Term을 읽고 계산
    Token t = get_token();             // 다음 토큰 읽기
    while (true) {
        switch (t.kind) {
        case '+':
            left += term();            // Term을 계산해서 더함
            t = get_token();
            break;
```

```
        case '-':
            left -= term();                // Term을 계산해서 뺌
            t = get_token();
            break;
        default:
            return left;                   // 결과 : 더 이상 +나 -가 없으면 결과를 반환
        }
    }
}
```

루프를 제외하면 첫 번째 시도(6.5.2.1절)와 비슷하다. 단지 expression() 안에서 expression() 을 호출하지 않고 루프로 대체했다. 즉, Expression 문법 규칙에 등장하는 Expression을 +나 -에 이어지는 Term을 찾는 루프로 대체했다.

6.5.3 Term

Term의 문법 규칙은 Expression의 규칙과 매우 흡사하다.

```
Term:
    Primary
    Term '*' Primary
    Term '/' Primary
    Term '%' Primary
```

따라서 코드도 매우 비슷해야 한다. 그 첫 번째 시도는 다음과 같다.

```
double term()
{
    double left = primary();
    Token t = get_token();
    while (true) {
        switch (t.kind) {
        case '*':
            left *= primary();
            t = get_token();
            break;
        case '/':
            left /= primary();
            t = get_token();
            break;
        case '%':
            left %= primary();
```

```
            t = get_token();
            break;
        default:
            return left;
        }
    }
}
```

불행히도 이 코드는 컴파일할 수 없다. 나머지 연산자(%)가 부동소수점 숫자에 대해 정의되지 않기 때문인데, 컴파일러가 친절하게 이 사실을 알려준다. 6.3.5절의 5번 질문(부동소수점 입력을 허용해야 하는가?)에 자신 있게 "물론이죠!"라고 답할 때만 해도 이런 문제를 생각하지 못했는데, 기능의 함정에 빠져버렸다. 하지만 이런 일은 자주 발생하며, 중요한 건 어떻게 할 것인가다. 실행 시에 %의 피연산자가 모두 정수인지 확인하고, 그렇지 않으면 오류를 낼 수 있다. 아니면 계산기에서 % 기능을 뺄 수도 있다. 일단 가장 간단한 방법을 선택하자. %는 언제든 추가할 수 있다(7.5절 참고).

%를 제거하면 함수가 동작한다. Term이 제대로 파싱되고 계산된다. 그러나 경험 많은 프로그래머라면 원치 않는 세부 사항 때문에 term()에 문제가 생긴다는 사실을 눈치 챌 수 있다. 2/0을 입력하면 어떻게 되는가? 영으로 나눌 수는 없다. 영으로 나누기를 시도하면 하드웨어가 이를 감지해 알 수 없는 오류 메시지와 함께 프로그램을 종료한다. 이는 초보 프로그래머에게 어려운 일이므로, 미리 확인하고 적당한 오류 메시지를 출력하자.

```
double term()
{
    double left = primary();
    Token t = get_token();
    while (true) {
        switch (t.kind) {
        case '*':
            left *= primary();
            t = get_token();
            break;
        case '/':
        {
            double d = primary();
            if (d == 0) error("영으로 나누기");
            left /= d;
            t = get_token();
            break;
```

```
        }
        default:
            return left;
        }
}
```

/ 처리 부분을 블록으로 묶은 이유는 무엇인가? 컴파일러 때문이다. switch 구문 안에서 변수를 정의하고 초기화하려면 블록으로 묶어야 한다.

6.5.4 Primary 표현식

Primary의 문법 규칙도 간단하다.

```
Primary:
    Number
    '(' Expression ')'
```

여기에는 구문 오류의 가능성이 더 많아 이를 구현하는 코드는 조금 지저분하다.

```
double primary()
{
    Token t = get_token();
    switch (t.kind) {
    case '(':    // '(' Expression ')' 처리
        {   double d = expression();
            t = get_token();
            if (t.kind != ')') error("')'가 나와야 함");
            return d;
        }
    case '8':                // 숫자를 나타내는 값으로 '8'을 사용함
        return t.value;      // 숫자의 값을 반환
    default:
        error("primary가 나와야 함");
    }
}
```

기본적으로 expression()과 term()에 비교해서 새로운 점은 없다. 동일한 언어적 구성 요소를 사용했고, 같은 방식으로 Token을 처리했고, 사용한 프로그래밍 기법도 동일하다.

6.6 첫 번째 버전 시도

지금까지 설명한 계산기 함수를 실행하려면 get_token()과 main()을 구현해야 한다. main()에서는 단순히 expression()을 계속 호출하고 결과를 출력한다.

```
int main()
try {
    while (cin)
        cout << expression() << '\n';
    keep_window_open();
}
catch (exception& e) {
    cerr << e.what() << '\n';
    keep_window_open ();
    return 1;
}
catch (...) {
    cerr << "예외 \n";
    keep_window_open ();
    return 2;
}
```

오류 처리는 일반적인 내용을 따른다(5.6.3절). get_token()의 구현은 6.8절로 미루고, 일단 이 첫 번째 버전을 테스트하자.

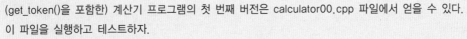

도전 과제

(get_token()을 포함한) 계산기 프로그램의 첫 번째 버전은 calculator00.cpp 파일에서 얻을 수 있다. 이 파일을 실행하고 테스트하자.

예상대로 계산기 프로그램의 첫 번째 버전은 원하는 대로 동작하지 않는다. 이를 의아하게 여기고 "왜 안 될까?", "왜 이런 식으로 동작할까?", "프로그램이 무슨 일을 하고 있는가?" 등의 질문을 던져야 한다. 2 다음에 개행 문자를 입력해보자. 아무 응답이 없다. 다시 개행 문자를 입력해서 프로그램이 멈췄는지 확인하자. 여전히 응답이 없다. 3과 개행 문자를 입력해도 반응이 없다! 4와 개행 문자를 입력하니 2라는 답이 나온다! 여기까지의 화면은 다음과 같다.

```
2

3

4
```

2

여기서 5+6을 입력하면 5가 결과로 나온다. 이제 화면은 다음과 같다.

2

3
4
2
5+6
5

예전에 프로그래밍을 해본 사람이 아니라면 매우 혼란스러울 수 있다. 사실 경험이 많은 프로그래머도 혼란스러울 수 있다. 무슨 일이 벌어지고 있을까? 이쯤에서 프로그램을 종료하자. 어떻게? 앞에서 프로그램 종료 명령을 만드는 일을 깜빡했는데, 일단 프로그램이 오류로 인해 종료되도록 x를 입력하면 잘못된 토큰이란 메시지와 함께 프로그램이 종료된다. 처음으로 우리 계획대로 프로그램이 동작했다.

그러나 화면에서 입력과 출력을 구별하는 일도 깜빡했다. 문제를 해결하기 전에 무슨 일이 벌어지는지 알기 쉽게 출력을 수정하자. 다음과 같이 출력을 나타내는 의미로 =를 추가하자.

```
while (cin) cout << "="<< expression() << '\n'; // 버전 1
```

이제 앞과 같은 입력을 넣었을 때 화면은 다음과 같다.

2

3
4
= 2
5+6
= 5
x
잘못된 토큰

뭔가 이상하다! 프로그램이 무슨 일을 하고 있는지 밝혀내자. 다른 예제도 몇 가지 실행했지만, 일단 위의 경우만 살펴보자. 질문은 다음과 같다.

2와 3, 개행 문자를 입력한 후에 프로그램이 응답하지 않는 이유는 무엇인가?
프로그램은 왜 4를 입력한 후에 4가 아니라 2라고 답하는가?
프로그램은 왜 5+6을 입력한 후에 11이 아니라 5라고 답하는가?

이렇게 알 수 없는 출력이 나오는 이유에는 여러 가지가 있다. 7장에서 그 중 몇 가지를 살펴보겠지만, 우선은 생각을 해보자. 프로그램이 산술 연산을 잘못했을까? 그럴 가능성은 거의 없다. 4의 값은 2가 아니고, 5+6의 값도 5가 아닌 11이다. 1 2 3 4+5 6+7 8+9 10 11 12와 개행 문자를 입력하고 무슨 일이 벌어지는지 살펴보자. 출력은 다음과 같다.

```
1 2 3 4+5 6+7 8+9 10 11 12
= 1
= 4
= 6
= 8
= 10
```

음? 왜 2나 3이 아닌가? 왜 4+5가 9가 아닌 4인가? 왜 6+7이 13이 아니라 7인가? 조심스럽게 살펴보면 프로그램이 매번 세 번째 위치의 토큰만 출력한다는 사실을 알 수 있다! 그렇다면 프로그램이 입력의 일부를 계산하지 않고 "먹어버린다"는 말인가? 그렇다. expression()을 살펴보자.

```
double expression()
{
    double left = term();        // Term을 읽고 계산
    Token t = get_token();       // 다음 토큰 읽기
    while (true) {
        switch (t.kind) {
        case '+':
            left += term();      // Term을 계산해서 더함
            t = get_token();
            break;
        case '- ':
            left - = term();     // Term을 계산해서 뺌
            t = get_token();
            break;
        default:
            return left;         // 결과: 더 이상 +나 -가 없으면 결과를 반환
        }
    }
}
```

get_token()이 반환한 Token()이 +나 -가 아니면 그냥 리턴한다. 이 토큰을 사용하거나 다른 함수가 나중에 사용할 수 있도록 어딘가에 저장하지도 않는다. 이런 방식은 영리하지 않다. 입력이 무엇인지 확인하지 않고 그냥 버리는 건 좋은 생각이 아니다. term()을 훑어보

면 같은 문제가 있음을 알 수 있다. 계산기가 입력 두 개를 먹어버린 이유를 여기서 찾을 수 있다.

이제 expression()이 토큰을 먹어버리지 않도록 수정하자. 프로그램이 당장 사용하지 않는 다음 토큰(t)을 어디에 뒤야 할까? 다른 정교한 방법이 많겠지만, 가장 간단한 방법을 선택하자(한 번 보면 당연하다고 생각이 든다). 즉, 그 토큰은 다른 함수에서 입력으로 읽을 토큰이므로, 해당 토큰을 다른 함수가 다시 읽을 수 있도록 입력 스트림에 다시 넣자! 사실 문자열을 istream에 다시 넣을 수는 있지만, 우리가 원하는 건 이게 아니다. 우리가 다루는 건 토큰이지 문자열이 아니기 때문이다. 우리는 토큰을 다룰 수 있는 입력 스트림과 이미 읽은 토큰을 다시 되돌려 놓는 기능이 필요하다.

이제 토큰 스트림, 즉 Token_stream 타입의 객체 ts가 있다고 가정하자. 그리고 Token_stream에는 다음 토큰을 반환하는 멤버 함수 get()과 토큰 t를 스트림에 되돌려 놓는 멤버 함수 putback(t)가 있다. Token_stream의 사용법을 먼저 살펴본 후에 6.8절에서 그 구현을 살펴보자. Token_stream을 사용하면 expression()에서 사용하지 않는 토큰을 Token_stream에 되돌려 놓을 수 있다.

```cpp
double expression()
{
    double left = term();        // Term을 읽고 계산
    Token t = ts.get();          // 토큰 스트림에서 다음 토큰 읽기
    while (true) {
        switch (t.kind) {
        case '+':
            left += term();      // Term을 계산해서 더함
            t = ts.get();
            break;
        case '-':
            left -= term();      // Term을 계산해서 뺌
            t = ts.get();
            break;
        default:
            ts.putback(t);       // t를 토큰 스트림에 되돌림
            return left;         // 결과 : 더 이상 +나 -가 없으면 결과를 반환
        }
    }
}
```

term()도 동일하게 수정한다.

```
double term()
{
    double left = primary();
    Token t = ts.get();                    // 토큰 스트림에서 다음 토큰 읽기
    while (true) {
        switch (t.kind) {
        case '*':
            left *= primary();
            t = ts.get();
            break;
        case '/':
            {
                double d = primary();
                if (d == 0) error("영으로 나누기");
                left /= d;
                t = ts.get();
                break;
            }
        default:
            ts.putback(t);                 // t를 토큰 스트림에 되돌림
            return left;
        }
    }
}
```

마지막 파서 함수인 primary()에서는 모든 토큰을 사용하므로 get_token()만 ts.get()으로 바꾸면 된다.

6.7 두 번째 버전 시도

이제 두 번째 버전을 테스트해볼 준비가 됐다. (Token_stream을 비롯한) 계산기 프로그램의 두 번째 버전은 calculator01.cpp에서 얻을 수 있다. 받아서 실행하고 테스트해보자. 2와 개행 문자를 입력하면 아무 응답이 없다. 개행 문자를 한 번 더 입력해서 프로그램이 중지됐는지 확인하자. 여전히 응답이 없다. 3과 개행 문자를 입력하면 2를 답으로 출력한다. 2+2와 개행 문자를 입력하면 3을 출력한다. 여기까지의 화면은 다음과 같다.

2

3
=2

```
2+2
=3
```

흠... expression()과 term() 안에서 새로 만든 putback()을 사용하는 것만으로 문제가 고쳐지지 않았다. 이제 다른 테스트를 해보자.

```
2 3 4 2+3 2*3
= 2
= 3
= 4
= 5
```

그렇다! 이게 바로 정답이다! 그러나 마지막 정답(6)이 보이지 않는다. 아직도 토큰 미리보기 문제가 있는 듯하다. 그러나 여기서의 문제는 프로그램이 문자열을 먹어버리는 게 아니라 다음 표현식을 입력할 때까지 현재 표현식의 결과를 출력하지 않는 데 있다. 즉, 표현식의 결과를 바로 출력하지 않고, 다음 표현식의 첫 번째 토큰을 읽을 때까지 출력을 미룬다. 불행히도 다음 표현식을 입력한 후 프로그램은 리턴이 입력되기 전까지는 다음 토큰을 읽지 않는다. 프로그램이 완전히 틀리진 않지만, 느리게 반응한다는 의미다.

이 문제를 어떻게 고칠까? 가장 명료한 해답은 '출력 명령'을 이용하는 방법이다. 즉, 표현식 다음에 세미콜론을 입력받으면 표현식을 종료하고 그 값을 출력한다. 이 작업을 마쳤다면 프로그램을 우아하게 종료할 수 있도록 '종료 명령'도 출력하자. 문자 q('quit'의 앞 글자)가 종료 명령으로 적당할 듯하다.

```
while (cin) cout << "=" << expression() << '\n';    // 버전 1
```

main() 함수에서 위 부분을 좀 지저분하지만 더 유용한 아래 코드로 변경하자.

```
double val = 0;
while (cin) {
    Token t = ts.get();

    if (t.kind == 'q') break;         // 'q'는 'quit'
    if (t.kind == ';')                // ';'는 '지금 출력'
        cout << "=" << val << '\n';
    else
        ts.putback(t);
    val = expression();
}
```

이제 계산기를 실제로 사용할 수 있다. 사용 예는 다음과 같다.

```
2;
= 2
2+3;
= 5
3+4*5;
= 23
q
```

이제 첫 버전치고는 괜찮은 계산기를 만들었다. 우리가 정말 원하는 정도는 아니지만, 좀 더 쓸모 있는 버전을 만드는 데 필요한 기반으로 쓰기엔 충분하다. 중요한 사실은 이제 문제를 해결할 수 있고, 지금까지 했듯이 실행 가능한 프로그램을 유지 보수하면서 기능을 하나씩 추가할 수 있다는 점이다.

6.8 토큰 스트림

계산기를 더 발전시키기 전에 Token_stream의 구현을 살펴보자. 올바른 입력을 받기 전에는 아무런 동작도 하지 않을 테니까. 사실 나는 Token_stream을 가장 먼저 구현했으나, 계산기 문제에 대한 최소한의 해답을 얻기 전에 주의가 산만해지지 않게 하고자 설명하지 않았다.

앞(6.3.3절)의 예 (1.5+4)*11에서 봤듯이 계산기의 입력은 연속된 토큰이다. 즉, 표준 입력 cin에서 문자열을 읽고, 프로그램이 필요할 때마다 토큰을 제공해줘야 한다. 그리고 계산기 프로그램이 너무 많은 토큰을 읽었을 때 나중에 다시 쓸 수 있도록 되돌려 놓는 기능도 필요하다. 이런 요구 사항은 매우 기본적이다. 1.5+4를 예로 들면 +를 읽지 않고 숫자 1.5를 전부 읽었다는 사실을 알 수 있을까? +를 읽기 전에는 1.55555를 계속 읽는 중이리라. 따라서 우리가 만드는 스트림은 필요할 때 토큰 하나를 제공하는 get()과 토큰을 스트림에 되돌려 놓는 putback()을 제공해야 한다. C++의 모든 것에는 타입이 있으니 Token_stream 타입부터 정의하자.

6.3.3절의 Token 정의에서 public:이라는 부분이 보이는데, Token에서는 특별한 용도가 없었다. 하지만 Token_stream에서는 public:이 반드시 필요하므로, 그 기능을 설명한다. C++ 사용자 정의 타입은 크게 (public: 레이블이 붙은) 공개public 인터페이스와 (private: 레이블이 붙은) 상세 구현의 두 부분으로 이뤄진다. 이를 바탕으로 사용자가 해당 타입을 편리하게 사용하는 데 필요한 내용과 타입을 구현하는 데는 필요하지만 사용자에게는 쓸모가 없는 세부 사항을 구분할 수 있다.

```
class Token_stream {
public:
```

```
    // 사용자 인터페이스
private:
    // 세부 구현
    // (Token_stream의 사용자가 직접 접근할 수 없음)
};
```

지금 당장 우리 입장에서는 사용자와 구현자가 '역할 놀이'에 지나지 않지만, 사용자를 위한 (공개) 인터페이스와 (비공개) 상세 구현을 분리하면 코드를 구조화하는 데 큰 도움이 된다. 공개 인터페이스는 사용자에게 필요한 내용만 포함해야 하며, 주로 함수로 구성된다. 비공개 구현은 공개 함수를 구현하는 데 필요한 내용으로, 주로 사용자가 알 필요 없고 직접 사용할 수도 없는 지저분한 세부 사항에 관련된 데이터와 함수를 포함한다.

이제 Token_stream 타입을 좀 더 구체화하자. 사용자가 이 타입에서 무엇을 원하는가? 분명 get()과 putback()을 원한다. 이게 바로 토큰 스트림이라는 개념을 고안한 이유이기도 하다. Token_stream의 목적은 입력에서 읽은 문자열로부터 Token을 만드는 데 있다. 따라서 cin에서 입력을 읽어올 수 있는 Token_stream을 생성할 수 있어야 한다. 지금까지 논의한 가장 간단한 Token_stream은 다음과 같다.

```
class Token_stream {
public:
    Token_stream();              // cin의 입력을 받는 Token_stream 생성
    Token get();                 // Token 가져오기
    void putback(Token t);       // Token 되돌려 놓기
private:
    // 세부 구현
};
```

이게 바로 모두가 바라는 Token_stream의 모습이다. 경험 많은 프로그래머라면 문자열을 입력받는 출처가 왜 cin뿐인지 의문을 품겠지만, 일단 입력은 키보드에서 받기로 하자. 7장의 연습문제에서 이 의문점을 다시 다룬다.

그런데 putback()처럼 긴 이름이 아니라 put()도 논리적으로 충분하지 않을까? get()과 putback()의 비대칭성을 강조하고자 이름을 putback()으로 선택했다. Token_stream은 일반적인 출력이 아니라 입력 용도로만 쓸 수 있는 입력 스트림이기 때문이다. 마찬가지로 istream도 putback() 함수를 제공한다. 이처럼 일관적인 이름 부여는 좋은 시스템을 이루는 속성이기도 하다. 사람들이 기억하기도 좋고, 오류를 방지하는 데도 도움을 준다.

이제 Token_stream을 생성해서 사용할 수 있다.

```
Token_stream ts;              // ts라는 Token_stream
Token t = ts.get();           // ts에서 다음 Token 가져오기
// ...
ts.putback(t);                // Token t를 ts에 되돌리기
```

이제 계산기에서 남은 일은 위의 기능을 구현하는 일뿐이다.

6.8.1 Token_stream 구현

이제 Token_stream의 세 함수를 구현할 차례다. Token_stream을 어떻게 표현할 수 있는가?
즉, Token_stream이 임무를 수행하려면 어떤 데이터가 필요한가? 우선 Token_stream에 토큰
을 되돌려 놓으려면 공간이 필요하다. 문제를 간단히 하고자 동시에 하나의 토큰만 되돌려
놓을 수 있다고 가정하자. 우리 프로그램(그리고 다른 많은 프로그램)에서는 그 정도로 충분하다.
이렇게 가정하면 Token 하나를 저장할 공간과 이 공간이 차 있는지 비어 있는지 알려줄 지시
자만으로 충분하다.

```
class Token_stream {
public:
    Token get();                  // Token 가져오기 (get()은 6.8.2절에서 정의)
    void putback(Token t);        // Token 되돌려 놓기
private:
    bool full {false};            // 버퍼에 Token이 있는가?
    Token buffer;                 // putback()으로 되돌린 Token을 저장할 공간
};
```

이제 두 멤버 함수를 정의(작성)할 수 있다. putback()이 쉬우니 먼저 정의하자. putback()
멤버 함수는 인자를 Token_stream의 버퍼buffer에 되돌려 놓는다.

```
void Token_stream::putback(Token t)
{
    buffer = t;                   // t를 buffer에 복사
    full = true;                  // 이제 buffer가 가득 찬 상태
}
```

키워드 void(아무것도 아님을 의미)는 putback()이 값을 반환하지 않음을 나타낸다.
클래스의 멤버 함수를 클래스 정의 밖에서 정의할 때는 다음과 같이 어떤 클래스의 멤버인
지 명시해야 한다.

    클래스_이름::멤버_이름

여기서는 Token_stream의 멤버 putback()을 정의한다.

멤버를 클래스 밖에서 정의하는 이유는 뭘까? 주요 이유는 명확성이다. 클래스 정의는 (주로) 클래스가 무슨 일을 할 수 있는지를 나타낸다. 반면에 멤버 함수의 정의는 어떻게 그 일을 하는지에 대한 구현을 포함한다. 따라서 주의가 산만하지 않게 서로 분리하는 편이 좋다. 이상적으로는 프로그램의 모든 논리적 구성 요소가 한 화면 안에 들어와야 한다. 멤버 함수 정의를 따로 두면 클래스 정의가 한 화면에 들어올 수 있지만, 함수 정의를 클래스 정의 안에^{in-class} 두면 한 화면 안에 들어가기 어렵다.

(get()을 호출해) 앞서 되돌려 놓은 토큰을 읽지 않은 채로 putback()을 두 번 연속 사용하지 않게 확인하는 부분을 추가할 수 있다.

```
void Token_stream::putback(Token t)
{
    if (full) error("가득 찬 버퍼에 putback() 시도");
    buffer = t;          // t를 buffer에 복사
    full = true;         // 이제 buffer가 가득 찬 상태
}
```

즉, full을 확인해 "버퍼에 Token이 없다"는 사전 조건을 확인한다.

Token_stream이 비어있는 상태에서 시작한다는 사실은 자명하다. 즉, get()을 처음 호출할 때까지 full은 false다. 이를 보장하고자 Token_stream의 정의에서 멤버 full을 바로 초기화했다.

6.8.2 토큰 읽기

토큰을 읽는 실제 작업은 get()에서 이뤄진다. Token_stream::buffer에 이미 저장한 토큰이 없다면 get()은 cin에서 문자열을 읽어 Token으로 조합해야 한다.

```
Token Token_stream::get()
{
    if (full) {                 // Token이 이미 있는가?
        full = false;           // 버퍼에서 Token 제거
        return buffer;
    }

    char ch;
    cin >> ch;                  // >>는 공백 문자를 무시한다(띄어쓰기, 개행 문자, 탭 등).
    switch (ch) {
    case ';':               // 출력
```

```
    case 'q':              // 종료
    case '(': case ')': case '+': case '-': case '*': case '/':
        return Token{ch};          // 문자 그대로의 의미를 담고 있음
    case '.':
    case '0': case '1': case '2': case '3': case '4':
    case '5': case '6': case '7': case '8': case '9':
    {   cin.putback(ch);          // 숫자를 입력 스트림으로 되돌림
        double val;
        cin >> val;               // 부동소수점 숫자 읽기
        return Token{'8',val};     // '8'은 숫자를 의미
    }
    default:
        error("잘못된 토큰");
    }
}
```

이제 get()을 자세히 살펴보자. 우선 버퍼에 이미 Token이 있는지 확인하고, 있으면 그 토큰을 반환한다.

```
if (full) {              // Token이 이미 있는가?
    full = false;        // 버퍼에서 Token 제거
    return buffer;
}
```

full이 false인 때에만(버퍼가 빈 경우에만) 문자를 읽어 처리하는데, 한 문자씩 읽어서 알맞은 처리를 한다. 여기서는 괄호와 연산자, 숫자를 찾고, 다른 문자인 경우 error()를 호출해서 프로그램을 종료한다.

```
default:
    error("잘못된 토큰");
```

error() 함수는 5.6.3절에서 설명했으며, **std_lib_facilities.h**에서 구할 수 있다.

이제 서로 다른 종류의 Token을 어떻게 표현할지 정해야 한다. 즉, kind 멤버의 값을 선택해야 한다. 단순성과 디버깅의 용이성을 위해서 괄호와 연산자 Token의 kind에는 해당 괄호와 연산자를 그대로 대입한다. 이를 바탕으로 괄호와 연산자를 매우 쉽게 처리할 수 있다.

```
case '(': case ')': case '+': case '- ': case '*': case '/':
    return Token{ch};        // 문자 그대로의 의미를 담고 있음
```

사실 첫 번째 버전에서 출력 명령 ';'와 종료 명령 'q'를 잊어버렸다. 하지만 두 번째 버전에서 이 명령이 필요할 때까지 추가하지 않는다.

6.8.3 숫자 읽기

이제 숫자를 처리해야 하는데, 이 일이 쉽지 않다. 123의 진짜 값을 어떻게 알 수 있을까? 123은 100+20+3으로 생각할 수 있지만, 12.34e5는 어떤가? 이를 해결하려면 몇 시간이나 며칠이 걸릴 수 있지만, 다행히도 우리가 직접 처리할 필요는 없다. 입력 스트림은 C++ 리터럴이 어떤 모습인지 이해하고, 이를 double 값으로 변환할 수 있다. get() 안에서 cin을 이용해서 이 작업을 수행하는 방법만 알면 된다.

```
case '5':
case '6': case '7': case '8': case '9':
{   cin.putback(ch);              // 숫자를 입력 스트림으로 되돌림
    double val;
    cin >> val;                   // 부동소수점 숫자 읽기
    return Token{'8',val};        // '8'은 숫자를 의미
}
```

약간 모호하지만 '8'은 Token이 숫자임을 나타낸다.

그렇다면 다음 입력이 숫자라는 사실을 어떻게 알 수 있는가? 경험상 추측하거나 C++ 레퍼런스(예, 부록 A)를 보면 숫자 리터럴은 숫자 문자(0~9)나 .(소수점)으로 시작한다는 사실을 알 수 있다. 따라서 이 조건을 확인한다. 다음으로 cin에서 숫자를 읽어야 하는데, 이미 첫 글자(숫자 문자나 소수점)를 읽었으므로 cin이 나머지 문자열만 읽어서 처리하면 잘못된 결과가 나온다. 물론 첫 문자의 값을 cin이 읽은 나머지 문자열의 결과 값과 조합할 수도 있다. 예를 들어 입력이 123이라면 우리가 1을 읽고 cin이 처리한 23에 100을 더할 수도 있다. 아악! 뭔가 명확하지 않다. 다행히 (하지만 필연적으로) cin은 문자를 다시 되돌려 놓을 수 있다는 점에서 Token_stream과 비슷하다. 따라서 지저분한 계산을 하지 않고, 첫 문자를 cin으로 되돌려 놓고 cin이 전체 숫자를 읽게 했다.

이와 같이 복잡한 작업을 직접 하는 대신 라이브러리의 기능을 이용해서 더 간단한 해법을 얻으려는 시도를 계속하고 있다는 점에 주목하자. 이처럼 단순성을 추구하는 일은 프로그래밍에 있어 필수적이다. 혹자는 이 사실을 "훌륭한 프로그래머는 게으르다"라는 우스갯소리로 표현하기도 한다. 그런 면에서(그리고 오직 그런 관점에서만) 우리는 게으를 필요가 있다. 코드를 더 적게 쓸 방법이 있다면 굳이 많은 코드를 작성할 이유가 있을까?

6.9 프로그램 구조

격언에 나온 대로 나무보다 숲을 보기란 쉽지 않다. 마찬가지로 모든 함수와 클래스 등을

보다 보면 프로그램의 전체적인 시야를 놓치기 쉽다. 이런 의미에서 상세 내용을 제외하고
프로그램을 훑어보자.

```
#include "std_lib_facilities.h"

class Token { /* ...*/ };
class Token_stream { /* ...*/ };

void Token_stream::putback(Token t) { /* ...*/ }
Token Token_stream::get() { /* ...*/ }

Token_stream ts;                    // get()과 putback() 제공
double expression()                 // primary()가 expression()을 호출할 수 있게 앞에서 선언

double primary() { /* ...*/ }       // 숫자와 괄호 처리
double term() { /* ...*/ }          // *와 / 처리
double expression() { /* ...*/ }    // +와 - 처리

int main() { /* ...*/ }             // 메인 루프와 오류 처리
```

여기서 선언의 순서가 중요하다. 어떤 이름을 선언하기 전에 사용할 수 없으므로, ts.get()
을 실행하려면 그 전에 ts를 선언해야 하고, 모든 파서 함수에서 사용하는 error()도 파서
함수 앞에서 선언해야 한다. 이제 호출 그래프를 살펴볼 텐데, 흥미로운 루프를 발견할 수
있다. 즉, expression()이 term()을 호출하고, term()은 primary()를, primary()는 다시
expression()을 호출한다.

이를 그림으로 나타내면 다음과 같다(모든 함수에서 호출하는 error()는 제외한다).

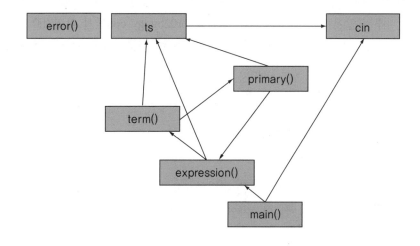

즉, 이 세 함수를 선언하지 않고 정의만 할 수는 없다. 어떤 순서로 정의해도 모든 함수를

사용하기에 앞서 정의할 수가 없기 때문이다. 따라서 정의가 아닌 선언이 적어도 하나 필요한데, 여기서는 expression()을 선택해서 선언('전방 선언^{forward declare}')했다.

그래서 이제 프로그램이 작동하는가? "작동한다"는 말을 어떻게 정의하느냐에 따라 그렇다고 대답할 수도 있다. 그러나 정말 우리가 원하는 대로 작동하는가? 놀라울 것도 없이 대답은 '별로'다. 우리는 6.6절에서 첫 버전을 시도했고, 심각한 버그를 잡아냈다. 이렇게 수정한두 번째 버전(6.7절)도 많이 나아지진 않았지만 그럭저럭 괜찮았다(그리고 예상대로 작동했다). 이정도면 기본적인 아이디어를 검증하고 피드백을 얻을 수 있는 뭔가를 만들려던 주요 목적을달성하기엔 충분하다. 어떤 면에서는 성공이라고 할 수 있지만, 우리가 만든 프로그램을 사용하다 보면 아직도 우리를 짜증나게 한다.

도전 과제

지금까지 설명한 계산기 프로그램을 실행하고, 무슨 일을 하는지 살펴보자. 그리고 왜 그렇게 동작하는지 알아보자.

 실습문제

이 실습문제에서는 버그가 있는 프로그램에 여러 차례 수정을 가해서 쓸모없는 프로그램을어느 정도 유용한 프로그램으로 변모시켜보자.

1. calculator02buggy.cpp 파일을 구해서 컴파일해보자. 여기서 버그를 찾아 고쳐야 하는데, 책에서 다루지 않은 버그로 구성됐다. calculator02buggy.cpp에서 악의적으로 포함시킨 논리 오류 세 개를 찾아 제거해서 계산기가 올바른 결과를 내도록 만들자.

2. 종료 명령을 문자 q에서 x로 바꾸자.

3. 출력 명령을 문자 ;에서 =로 바꾸자.

4. main()에서 환영 인사를 출력하게 하자.

   "간단한 계산기입니다.
   부동소수점 숫자를 이용한 표현식을 입력하세요."

5. 이 환영 문구에 사용 가능한 연산자와 출력과 종료 방법을 언급하자.

복습문제

1. "프로그래밍은 곧 이해하는 것이다"라는 말은 어떤 의미인가?

2. 6장에서 계산기 프로그램 만들기를 자세히 살펴봤다. 계산기가 어떤 일을 해야 하는지 간단하게 요구 사항을 분석하자.

3. 이 문제를 어떻게 작고 다루기 쉬운 부분으로 나눌 수 있는가?

4. 작고 제한된 버전의 프로그램을 만들어 보는 방법이 좋은 이유는 무엇인가?

5. 기능의 함정에 빠지는 일이 왜 나쁜가?

6. 소프트웨어 개발의 주요한 세 단계는 무엇인가?

7. '유스케이스'는 무엇인가?

8. 테스트의 목적은 무엇인가?

9. 6장의 목차에 나오는 `Term`과 `Expression`, `Number`, `Primary`의 차이는 무엇인가?

10. 6장에서 주어진 입력을 `Term`과 `Expression`, `Primary`, `Number`로 나눴다. `(17+4)/(5-1)`를 이렇게 나눠보자.

11. 프로그램에 `number()`라는 함수가 없는 이유는 뭔가?

12. 토큰이란 무엇인가?

13. 문법과 문법 규칙이란 무엇인가?

14. 클래스는 무엇이고, 그 용도는 무엇인가?

15. 클래스의 멤버에 기본 값을 지정하는 방법은 무엇인가?

16. 표현식 파서 함수에서 `switch` 구문의 `default` 레이블에서 토큰을 되돌려 놓는 이유는 무엇인가?

17. '미리 보기'란 무엇인가?

18. `putback()`은 어떤 일을 하고, 왜 유용한가?

19. `term()`에서 나머지 연산자 `%`를 구현하기 어려운 이유는 무엇인가?

20. `Token`의 두 데이터 멤버는 어떤 용도인가?

21. 클래스의 멤버를 `private`과 `public`으로 나누는 이유는 무엇인가?

22. `Token_stream` 클래스의 버퍼에 토큰이 있을 때 `get()`을 호출하면 무슨 일이 벌어지는가?

23. `Token_stream` 클래스의 `get()` 함수에 포함된 `switch` 구문에 문자 `';'`과 `'q'`를 추가한 이유는 무엇인가?

24. 프로그램 테스트는 언제 시작하는가?

25. '사용자 정의 타입'은 무엇이고, 왜 사용하는가?

26. C++ '사용자 정의 타입'의 인터페이스는 무엇인가?

27. 코드 작성 시 라이브러리에 의지하는 이유는 무엇인가?

용어 정리

분석	문법	프로토타입
class	구현	의사 코드
클래스 멤버	인터페이스	public
데이터 멤버	멤버 함수	구문 분석기
설계	파서	토큰
영(0)으로 나누기	private	유스케이스

연습문제

1. 6장의 도전 문제를 풀지 않았다면 지금 풀자.

2. 프로그램에서 ()는 물론 {}도 사용할 수 있게 하자. 예를 들어 {(4+5)*6}/(3+4)도 유효한 표현식이 된다.

3. 계승factorial을 나타내는 접미사suffix !를 이용해서 계승 연산자도 추가하자. 예를 들어 표현식 7!는 7 * 6 * 5 * 4 * 3 * 2 * 1을 의미한다. 그리는 !는 *와 /보다 강하게 결합해야 한다. 즉, 7*8!는 (7*8)!가 아니라 7*(8!)를 말한다. 우선순위가 높은 연산자부터 계산하게 문법을 수정하는 일에서 시작하자. 계승의 표준적인 수학적 의미에 따라 0!는 1로 계산한다. 힌트: 계산기 함수는 `double`을 처리하지만, 계승은 `int`에 대해서만 정의된다. 따라서 x!에 한해서만 x를 `int`로 바꿔 대입하고, 그 `int`의 계승을 계산하자.

4. 문자열과 값을 저장하는 `Name_value` 클래스를 정의하고, 4장의 연습문제 19번이 `vector` 두 개 대신 `vector<Name_value>`를 사용하게 바꿔보자.

5. 6.4.1절의 영어 문법에 관사 the를 추가해서 "The birds fly but the fish swim." 같은 문장을 수용할 수 있도록 바꾸자.

6. 6.4.1절의 영어 문법에 따라 문장이 올바른지 검사하는 프로그램을 작성하자. 모든 문장은 공백 문자로 둘러싸인 마침표(.)로 끝난다고 가정하자. 예를 들어 `birds fly but the fish swim .`은 문장이지만 마침표가 없는 `but birds fly but the fish swim`과 마침표 앞에 공백이 없는 `birds fly but the fish swim.`은 문장이 아니다. 문자열이 입력될 때마다 프로그램은 간단히 '문제없음'이나 '틀렸음'으로 응답한다. 힌트: 토큰 처리로 고생하지 말고 `>>`를 이용해서 `string`에 읽어 들이자.

7. 비트별 논리 연산자^{bitwise logical operator}를 추가하자. 비트별 논리 표현식은 연산자가 `!`(부정)와 `~`(보수), `&`(논리곱), `|`(논리합), `^`(배타적 논리합)이라는 점만 제외하면 산술 표현식과 비슷하다. 이와 같은 비트별 연산자는 정수 피연산자의 각 비트별로 연산을 수행하며(25.5절), `!`와 `~`는 단항 연산자다. `^`는 `|`보다 강하게 결합하므로(`*`가 `+`보다 강하게 결합하는 것과 마찬가지로), `x|y^z`는 `(x|y)^z`가 아니라 `x|(y^z)`를 의미한다. 그리고 `&` 연산자는 `^`보다 강하게 결합하므로, `x^y&z`는 `x^(y&z)`를 의미한다.

8. 5장의 12번 연습문제 '숫소와 암소' 게임이 네 개의 숫자 대신 네 개의 문자를 사용하게 바꿔보자.

9. 숫자 문자 여러 개를 읽어 한 정수로 조합하는 프로그램을 만들자. 예를 들어 123은 1과, 2, 3으로 입력되며, 프로그램은 '123은 1백 2십 3'으로 출력해야 하며, 출력 숫자는 반드시 `int` 값이어야 한다. 한 개나 두 개, 세 개, 네 개의 숫자를 처리할 수 있게 하자. 힌트: 문자 `'5'`에서 `'0'`을 빼면 정수 값 5를 구할 수 있다. `'5'-'0'==5`.

10. 순열^{permutation}은 한 집합의 순서 있는 부분집합이다. 예를 들어 뭔가를 순서대로 창고에 쌓는다고 생각하자. 1부터 60까지의 번호가 있고, 이 중에서 서로 다른 세 숫자를 선택해서 나열한다면 $P(60,3)$ 만큼의 순열이 있다고 할 수 있고, P는 아래 공식으로 정의한다.

$$P(a,b) = \frac{a!}{(a-b)!}$$

위에서 `!`는 계승 연산자를 의미하는 접미사로, 4!는 4*3*2*1이다.

조합^{combination}은 순열과 비슷하지만 순서를 개의치 않는다는 점에서 다르다. 예를 들어 다섯 가지 맛의 아이스크림을 섞어 '바나나 맛 아이스크림'을 만든다면 바닐라 맛을 처음에 넣든 마지막에 넣든 상관이 없다. 어쨌든 바닐라를 넣었으니 말이다. 조합에 대한 경우의 수는 아래 공식으로 계산한다.

$$C(a,b) = \frac{P(a,b)}{b!}$$

사용자에게 두 숫자를 요구한 후 순열과 조합 중 하나를 선택해서 계산하고, 결과를 출력하는 프로그램을 설계하자. 이 프로그램은 여러 부분으로 나눌 수 있다. 앞서 살펴본 요구 사항을 분석해서 프로그램이 정확히 뭘 해야 하는지 적어보자. 그리고 설계 단계로 들어가서 의사 코드를 작성하고, 프로그램을 하위 구성 요소로 나눠보자. 그리고 프로그램은 오류를 확인해야 한다. 모든 잘못된 입력을 확인하고 적절한 오류 메시지를 출력하자.

붙이는 말

입력을 이해하는 일은 프로그래밍에 있어 기본적인 활동이며, 모든 프로그램은 어떤 식으로든 이런 문제에 직면한다. 그 중에서도 사람이 직접 만든 입력을 이해하는 일은 가장 어려운 문제에 속한다. 예를 들어 음성 인식의 다양한 측면은 여전히 연구가 필요한 문제다. 우리가 만든 계산기도 그러한 문제의 단순한 변형이며, 여기서는 입력을 정의하는 문법을 이용해 해결했다.

7

프로그램 완성

"뚱뚱한 여자가 노래하기 전에는 끝난 게 아니다."

– 오페라 격언

프로그램을 만드는 일은 무엇을 해야 하고, 그 과정을 어떻게 표현해야 하는지에 대한 아이디어를 점진적으로 정제해 나가는 과정이다. 6장에서 계산기 프로그램의 초기 버전을 만들었는데, 7장에서는 계산기를 더 발전시켜보자. 프로그램을 완성하는 과정은 그 프로그램의 사용자나 유지 보수 담당자에게 더 적합하도록 프로그램을 다듬는 과정으로, 사용자 인터페이스 개선과 오류 처리에 관련된 중요 작업, 유용한 기능 추가, 프로그램을 이해하고 수정하기 쉽게 만드는 코드 재구성 등을 포함한다.

7.1 소개

프로그램이 처음으로 '합리적으로' 작동하기 시작한다면 여러분이 할 일이 절반 정도 끝났다고 할 수 있다. 물론 대규모 프로그램이나 오동작하면 사고를 유발할 수 있는 프로그램이라면 절반 정도 끝났다고 말하긴 어렵다. 그래도 프로그램이 '기본적인' 동작을 수행한다면 정말 재밌는 일은 지금부터 시작이다! 우리 아이디어를 실험해보기에 충분한 코드를 갖췄기 때문이다.

7장에서는 전문적인 프로그래머가 6장에서 만든 계산기를 개선할 때 시도할 만한 고려 사항을 안내한다. 여기서 프로그램에 대해 던지는 질문과 고려 사항은 계산기 자체보다 더 흥미롭다는 사실을 명심하자. 이제 요구 사항과 제약 사항의 압박 아래에서 현실의 프로그램이 진화해가는 예제와 프로그래머가 코드를 점진적으로 개선해가는 과정을 살펴보자.

7.2 입력과 출력

6장의 시작 부분을 다시 보면 다음과 같은 프롬프트를 사용자에게 출력하기로 했다.

표현식:

그리고 결과는 다음과 같은 프롬프트를 이용한다.

결과:

프로그램을 실행시켜보면 이런 요구 사항을 다 잊어버렸음을 알 수 있지만, 이런 일은 흔하다. 우리는 항상 모든 일을 기억할 수 없으므로, 잠깐 멈춰 회상해보면 뭔가를 잊었다는 사실을 깨닫곤 한다.

프로그래밍 작업에 따라서는 초기 요구 사항을 수정할 수 없는 경우도 있지만, 이는 너무 엄격한 정책인데다가 프로그램이 해결해야 할 문제의 관점에서 봤을 때 엉터리 프로그램으로 귀결될 수밖에 없다. 따라서 여기서는 프로그램이 해야 할 일을 생각함에 있어서 프로그램의 정확한 요구 사항을 변경할 수 있다고 가정하자. 우리는 정말 표현식:과 결과:을 출력하는 프로그램을 원하는가? 어떻게 확신할 수 있는가? 생각만으론 별 도움이 안 된다. 직접 시도하고 눈으로 보는 게 가장 좋다.

2+3; 5*7; 2+9;

위의 결과는 다음과 같다.

```
= 5
= 35
= 11
```

표현식:과 결과:을 사용한 출력은 다음과 같다.

```
표현식: 2+3; 5*7; 2+9;
결과: 5
표현식: 결과: 35
표현식: 결과: 11
표현식:
```

어떤 스타일을 선호할지는 사람마다 다르다. 이런 경우에는 사람들에게 선택권을 줄 수 있지만, 간단한 계산기 프로그램에서 굳이 그럴 필요는 없으므로 한 가지로 결정을 내리자. 아무래도 표현식:과 결과:을 출력하는 건 너무 부담스럽고 산만하다. 정작 중요한 실제 표현식과 계산 결과에 방해를 줘선 안 되는데, 화면에서 실제 표현식과 결과의 비중이 너무 적다. 반면에 어떻게든 사용자 입력과 컴퓨터의 출력을 구분하지 않으면 혼란스러울 수 있다. 디버깅 초반에 결과를 나타내는 지시자^{indicator}로 =를 사용했는데, 프로그램에서 입력을 필요로 한다는 의미의 지시자를 추가하자. 이런 의미로는 문자 >를 많이 사용한다.

```
> 2+3;
= 5
> 5*7;
= 35
>
```

이게 훨씬 나아 보이는데, 이렇게 하려면 main()의 메인 루프를 조금 손봐야 한다.

```cpp
double val = 0;
while (cin) {
    cout << "> " ;                      // 프롬프트 출력
    Token t = ts.get();
    if (t.kind == 'q') break;
    if (t.kind == ';')
        cout << "= " << val << '\n';    // 결과 출력
    else
        ts.putback(t);
    val = expression();
}
```

아쉽게도 여러 표현식을 한 줄에 입력하면 출력이 아직도 지저분하다.

```
> 2+3; 5*7; 2+9;
= 5
> = 35
> = 11
>
```

기본적으로 처음에는 여러 표현식이 한 줄에 포함된다고 생각하지 않은 게 문제다(그럴 의도도 없었다). 하지만 어쨌든 지금 우리가 바라는 출력은 다음과 같다.

```
> 2+3; 5*7; 2+9;
= 5
= 35
= 11
>
```

위의 출력이 더 좋아 보이지만, 이에 대한 진짜 명확한 해법은 없다. main()에서 > 바로 다음에 =가 나오지 않을 때만 >를 출력하게 할 방법이 있는가? 그럴 수 없다! get()을 호출하기 전에 >를 출력해야 하는데, get()이 새로운 문자열을 읽어올지, 미리 읽어둔 Token을 (버퍼에서) 반환할지 알 수가 없다. 결국 이 마지막 문제를 해결하려면 Token_stream과 씨름해야 한다.

지금은 이 정도로 만족하자. 나중에 Token_stream을 수정할 필요가 생길 때 이 문제를 다시 고려해보자. 게다가 사소한 이득을 취하고자 중요한 구조적 변경을 행하는 일은 현명치 않으며, 아직 계산기를 철저히 테스트하지도 않았다.

7.3 오류 처리

처음에 '기본 동작'만 하는 프로그램을 만드는 일은 애초에 그 프로그램을 뜯어고칠 의도로 행해진다. 즉, 뭔가 오동작을 기대하며 입력을 준다는 말이다. 여기서 "기대한다"는 말은 다른 누군가가 오류를 찾기 전에 가능한 한 많은 오류를 찾아내 고치려고 한다는 말이다. "내 프로그램은 잘 동작하고 오류가 없어!"라는 자세로 이런 연습에 임하면 많은 오류를 찾아내지도 못하고, 오류를 발견하면 기분만 나빠진다. 그러니 스스로와 머리싸움을 하자. "나는 내가 짠 프로그램을 포함해서 그 어떤 프로그램보다 똑똑해! 부셔버리겠어!"라는 자세로 테스팅에 임하자. 이제 다음과 같이 계산기에 올바른 입력과 잘못된 입력을 섞어서 넣어보자.

```
1+2+3+4+5+6+7+8
1- 2- 3- 4
!+2
```

```
;;;
(1+3;
(1+);
1*2/3%4+5- 6;
();
1+;
+1
1++;
1/0
1/0;
1++2;
-2;
- 2;;;;
1234567890123456;
'a';
q
1+q
1+2; q
```

도전 과제

위와 같은 잘못된 표현식을 입력해보고 프로그램을 오동작하게 만드는 방법이 얼마나 많이 있는지 찾아보자. 프로그램을 고장 낼 수 있는가? 즉, 앞서 작업한 오류 처리를 제치고 기계 오류를 유발할 수 있는가? 내가 보기엔 할 수 없다. 그럼 적절한 오류 메시지 없이 프로그램이 종료하게 할 수 있는가? 그 정도는 할 수 있을 것이다.

기술적으로 말하면 이 과정을 테스팅이라고 한다. 이처럼 프로그램 고장 내기를 생업으로 하는 사람도 있다. 테스팅은 소프트웨어 개발에서 중요한 부분을 차지하며, 즐거운 일이 될 수도 있다. 테스팅에 대해서는 26장에서 더 자세히 살펴본다. 여기서 궁금한 점은 "체계적으로 프로그램을 테스트하고, 모든 오류를 찾아낼 수 있는가?"이다. 이에 대한 일반적인 대답을 하긴 어렵다. 즉, 모든 프로그램에 들어맞는 답은 없다. 그러나 진지하게 테스팅에 임한다면 많은 프로그램에서 더 나은 테스트를 할 수는 있다. 그런 방법 중 하나가 테스트 케이스를 체계적으로 만드는 방법이며, 이런 방법만으로 충분하지 않은 경우에만 다음과 같이 "비합리적" 테스트를 수행한다.

```
Mary had a little lamb
srtvrqtiewcbet7rewaewre- wqcntrretewru754389652743nvcqnwq;
!@#$%^&*()~:;
```

나는 컴파일러를 테스트할 때 컴파일러의 오류를 보고하는 메일을 (메일 헤더와 사용자의 설명 등을 비롯해) 통째로 입력으로 넣어보는 습관이 있다. 물론 '아무도 그렇게 하지 않기' 때문에 '비합리적'이라고 생각할 수 있지만, 이상적인 프로그램은 합리적인 오류는 물론 그 정도로 막강한 입력에 포함된 오류를 모두 찾아낼 수 있어야 한다.

우리가 계산기를 테스트하면서 처음으로 발견한 짜증나는 오류는 다음과 같은 입력을 주면 창이 즉시 닫히는 증상이다.

```
+1;
()
!+2
```

잠시 생각해보면(혹은 프로그램의 실행을 따라가다 보면) 오류 메시지를 출력한 후에 프로그램이 바로 종료한다는 사실을 알 수 있다. 창이 열려있게 하는 수단으로 사용자의 입력을 요구하는데, 위 세 가지 입력의 경우에 모든 문자를 다 읽기 전에 프로그램에 오류가 발생해 "창을 닫으려면 문자를 입력하세요"라는 프롬프트에 대한 응답으로 받아들여야 할 문자가 이미 (입력 스트림에) 남아있기 때문에 창이 바로 닫히게 된다.

main()을 수정하면 이 문제를 해결할 수 있다(5.6.3절 참고).

```
catch (runtime_error& e) {
    cerr << e.what() << '\n';
    // keep_window_open():
    cout << "창을 닫으려면 문자 ~를 입력하세요\n";
    for (char ch; cin >> ch; )          // ~를 찾을 때까지 계속 읽음
        if (ch=='~') return 1;
    return 1;
}
```

keep_window_open()을 우리가 만든 코드로 대체했는데, 오류가 발생한 후 읽는 문자 중에 ~가 있으면 여전히 문제가 생기겠지만, 그럴 가능성은 적다.

이런 문제를 막으려면 다음과 같이 간단히 문자열을 인자로 받아 이 문자열과 동일한 입력이 있을 때만 프로그램을 종료하도록 keep_window_open()을 수정할 수 있다.

```
catch (runtime_error& e) {
    cerr << e.what() << '\n';
    keep_window_open("~~");
    return 1;
}
```

이제 다음과 같이 입력해도

```
+1
!1~~
()
```

적절한 오류 메시지를 출력한 후에 종료 프롬프트를 출력한다.

창을 닫으려면 ~~를 입력하세요

그리고 문자열 ~~를 입력할 때까지 종료하지 않는다.

우리가 만든 계산기는 키보드에서 입력을 받으므로 테스팅 작업이 지루하다. 뭔가를 개선할 때마다 문제가 없는지 확인하려면 많은 테스트 케이스를 입력해야 하기 때문이다. 테스트케이스를 어딘가에 저장해두고 명령어 한 번으로 실행할 수 있다면 훨씬 좋지 않을까? 일부운영체제(특히 유닉스)에서는 프로그램을 고치지 않고 cin이 파일을 읽게 할 수 있으며, 비슷하게 cout이 파일로 출력하게 할 수도 있다. 이조차도 불편하다면 프로그램이 파일을 이용하게수정해야 한다(10장 참고).

이제 아래 입력을 보자.

```
1+2; q
```

그리고 다음 입력도 살펴보자.

```
1+2 q
```

이 두 입력에 대해 우리는 결과로 3을 출력하고 종료하길 바란다.

```
1+2 q
```

의심쩍긴 해도 이 입력에 대해선 기대대로 작동한다. 하지만 아래 입력에 대해선 Primary가와야 함이라는 오류가 발생한다.

```
1+2; q
```

이 오류는 어디에 있을까? 물론 main()에서 ;과 q를 처리하는 곳이다. 공교롭게도 이 두 문자는 계산기가 동작하게 하려고 급하게 추가한 '출력'과 '종료' 명령이다(6.7절). 이제 이 실수에대가를 치를 때다. 다음 코드를 다시 살펴보자.

```
double val = 0;
while (cin) {
    cout << "> ";
    Token t = ts.get();
    if (t.kind == 'q') break;
    if (t.kind == ';')
```

```
            cout << "= " << val << '\n';
        else
            ts.putback(t);
    val = expression();
}
```

이 코드에서 세미콜론을 찾은 후에 q를 확인하지 않고 expression()을 바로 호출한다. 즉, expression()은 곧바로 term()을 호출하고 term()은 곧바로 primary()를 호출하는데 결국에는 문자 q를 찾게 된다. 그리고 문자 q는 Primary가 아니므로 이런 오류가 발생한다. 이제 논리를 단순화할 필요가 있는데, 완성된 main()은 다음과 같다.

```
int main()
try
{
    while (cin) {
        cout << "> ";
        Token t = ts.get();
        while (t.kind == ';') t=ts.get(); // ';' 처리
        if (t.kind == 'q') {
            keep_window_open();
            return 0;
        }
        ts.putback(t);
        cout << "= " << expression() << '\n';
    }
    keep_window_open();
    return 0;
}
catch (exception& e) {
    cerr << e.what() << '\n';
    keep_window_open("~~");
    return 1;
}
catch (...) {
    cerr << "예외 \n";
    keep_window_open("~~");
    return 2;
}
```

이 정도면 비교적 견고한 오류 처리라고 할 수 있다. 이제 맘 놓고 계산기를 어떻게 개선할지 생각해보자.

7.4 음수

계산기를 테스트하면 음수를 우아하게 처리하지 못한다는 사실을 알 수 있다. 예를 들어 다음과 같은 경우에 오류가 발생한다.

```
- 1/2
```

이 표현식을 오류 없이 처리하려면

```
(0- 1)/2
```

이렇게 써야 하는 데 사용하기 너무 어렵다.

이렇게 디버깅과 테스팅 후반에 문제를 찾아내는 경우는 흔하다. 이 단계에 이르러서야 우리의 설계가 실제로 어떻게 동작하는지 확인하고, 아이디어를 정제하는 데 필요한 피드백을 얻을 수 있다. 따라서 프로젝트를 계획할 때는 여기서 배운 교훈으로부터 이득을 취할 수 있도록 유연성을 발휘하고 시간을 배분해야 한다. 스케줄이 너무 빡빡하거나 경직된 프로젝트 관리 전략으로 인해 프로젝트 후반에 명세를 변경할 수 없어서 필요한 요구 사항이 빠진 채로 '배포판 1.0'을 출시하는 경우가 너무나도 많다. 특히 프로젝트 후반에 기능을 추가하는 일은 금기시된다. 하지만 현실에서는 프로그램이 설계자가 간단히 사용하기엔 괜찮지만 출시하기엔 부족하다는 사실을 프로젝트 후반에야 깨달을 수 있다. 그래도 늦은 때는 없는 법이다. 오히려 실제로 실행되는 프로그램에서 피드백을 얻을 수 있는 가장 빠른 시기일 수도 있다.

이 문제를 해결하려면 기본적으로는 문법이 단항 마이너스를 지원하게 변경해야 하는데, Primary를 변경하는 방법이 가장 간단하다.

```
Primary:
    Number
    "(" Expression ")"
```

원래 이렇게 돼 있던 Primary를 다음과 같이 변경하자.

```
Primary:
    Number
    "(" Expression ")"
    "- " Primary
    "+" Primary
```

C++에서도 단항 플러스를 지원하기 때문에 함께 추가했다. 단항 마이너스가 있으면 단항 플러스를 시도해보는 사람이 있기 마련이므로, 단항 플러스가 필요 없는 이유를 설명하기보다

그냥 구현하는 편이 더 쉽다. 이를 구현한 Primary의 코드는 다음과 같다.

```
double primary()
{
    Token t = ts.get();
    switch (t.kind) {
    case '(':                  // '(' expression ')' 처리
        {
            double d = expression();
            t = ts.get();
            if (t.kind != ')') error("')'가 나와야 함");
            return d;
        }
    case '8':                  // '8'은 숫자를 나타냄
        return t.value;        // 숫자 값 반환
    case '-':
        return - primary();
    case '+':
        return primary();
    default:
        error("primary가 나와야 함");
    }
}
```

변경 사항이 간단해서 내가 코드를 실제로 작성했을 때 한 번에 제대로 작동했다.

7.5 나머지: %

맨 처음에 이상적인 계산기를 고안할 때 나머지 연산자 %를 지원하길 원했으나, %가 부동소수점 숫자에서 정의되지 않아 잠시 미뤄뒀다. 이제 이 문제를 다시 생각해보자. 해답은 다음과 같이 간단할 수 있다.

1. %를 Token으로 추가한다.

2. %의 의미를 정의한다.

피연산자가 정수인 경우에는 %의 의미가 명확하다.

```
> 2%3;
= 2
> 3%2;
= 1
```

```
> 5%3;
= 2
```

그러나 다음과 같이 피연산자가 정수가 아닌 경우 어떻게 해야 할까?

```
> 6.7%3.3;
```

이 표현식의 결과 값은 무엇일까? 이에 대해 기술적으로 완벽한 해답은 없지만 부동소수점 피연산자에 나머지 연산을 정의하는 경우도 있다. 특히 x%y는 주로 x-y=x-y*int(x/y)로 정의하므로 6.7%3.3==6.7-3.3*int(6.7/3.3), 즉 0.1이다. 그리고 이러한 계산은 표준 라이브러리의 <cmath>에 선언된 fmod() ^{floating-point modulo} 함수로 쉽게 수행할 수 있다(24.8절). 이제 term()에 다음 코드를 추가한다.

```
case '%':
{   double d = primary();
    if (d == 0) error("0으로 나눔");
    left = fmod(left,d);
    t = ts.get();
    break;
}
```

<cmath> 라이브러리에서는 sqrt(x)(x의 제곱근)와 abs(x)(x의 절댓값), log(x)(x의 자연 로그), pow(x,e)(x의 e승) 등을 비롯한 모든 표준 수학 함수를 찾을 수 있다.

다른 방법으로 인자가 부동소수점이면 %를 사용할 수 없게 만들 수도 있다. 이렇게 하려면 부동소수점 피연산자에 분수 부분이 포함되는지 확인하고, 그런 경우에 오류 메시지를 출력해야 한다. 이와 달리 %의 피연산자를 int로 제한하는 문제를 앞서 살펴본 축소 변환 문제(3.9.2절과 5.9.4절)의 변형으로 본다면 narrow_cast로 이 문제를 해결할 수도 있다.

```
case '%':
{   int i1 = narrow_cast<int>(left);
    int i2 = narrow_cast<int>(primary());
    if (i2 == 0) error("%: 0으로 나눔");
    left = i1%i2;
    t = ts.get();
    break;
}
```

간단한 계산기에서는 둘 중 어떤 방법을 택해도 좋다.

7.6 코드 정리

코드를 여러 번 고칠 때마다 계산기가 개선되긴 했지만, 코드가 조금씩 지저분해보이기 시작한다. 이쯤에서 코드를 더 명확하고 짧게 만들 수 있는지 검토하고 주석을 개선하는 등의 작업을 하는 게 좋겠다. 다른 말로 하자면 다른 누군가에게 유지 보수를 목표로 인수인계할 수 있는 정도가 아니면 프로그램이 완성됐다고 할 수 없다는 말이다. 주석이 거의 없다는 점 말고는 계산기 코드가 그리 나쁘지 않지만, 코드를 조금 정리하자.

7.6.1 기호 상수

앞에서 특정 Token에 숫자만 저장됨을 알리는 용도로 '8'을 사용했다. 물론 다른 Token 타입과 다른 값이면 어떤 값을 이용해도 상관없지만, 코드가 이상해보이고 우리 스스로의 의도를 기억해내려면 주석에 의존해야 한다.

```
case '8':            // '8'은 숫자를 나타냄
   return t.value;   // 숫자 값 반환
case '-':
   return - primary();
```

솔직히 말하면 나도 '8'을 '0'으로 입력하는 실수를 저질렀는데, 숫자 타입을 나타내는 값으로 어떤 값을 선택했는지 잊어버렸기 때문이다. 즉, 코드 안에서 '8'을 직접 사용하면 Token을 조작하는 코드가 조잡해지며, 기억하기도 어렵고, 오류의 온상이 될 수도 있다. '8' 도 결국 4.3.1절에서 경고했던 '마법의 상수'이기 때문이다. 이제 우리가 해야 할 일은 숫자를 나타내는 상수에 기호 이름을 부여하는 일이다.

```
const char number = '8';   // t.kind==number이면 t는 숫자 Token
```

const 제한자는 컴파일러로 하여금 값이 변하지 않는 객체를 정의하게 한다. 예를 들어 대입문 number='0'은 컴파일 오류를 일으킨다. 이제 number를 정의했으니 명시적으로 '8'을 사용할 필요가 없으며, 해당 코드 조각은 다음과 같이 변경할 수 있다.

```
case number:
   return t.value;        // 숫자 값 반환
case '- ':
   return - primary();
```

이제 주석이 필요 없다. 코드 안에서 명확하고 직접적으로 표현되는 사실을 주석에 설명하지 않아도 되기 때문이다. 뭔가를 설명하는 주석이 계속해서 반복되면 코드를 개선해야 한다

는 신호이기도 하다.

마지막으로 `Token_stream::get()`에서 토큰의 종류를 숫자로 지정하는 코드도 변경한다.

```
case '.':
case '0': case '1': case '2': case '3': case '4':
case '5': case '6': case '7': case '8': case '9':
{   cin.putback(ch);        // 숫자 문자를 입력 스트림으로 되돌려 놓음
    double val;
    cin >> val;             // 부동소수점 숫자 읽기
    return Token(number,val);
}
```

다른 토큰 타입을 나타내는 상수도 추가할 수 있지만 굳이 그럴 필요가 없다. `'('`와 `'+'`는 누가 봐도 (와 +를 나타냄을 명확하게 알 수 있기 때문이다. 이제 남은 토큰 중에는 '출력'(또는 '표현식의 끝')을 나타내는 `';'`과 '종료'를 나타내는 `'q'`가 임의적이다. 프로그램의 규모가 더 커지면 이처럼 모호하고 임의적인 표기가 문제의 원인이 되므로 여기에서도 기호 상수를 이용하자.

```
const char quit = 'q';      // t.kind==quit이면 t는 종료 Token
const char print = ';';     // t.kind==print이면 t는 출력 Token
```

변경한 `main()` 안의 루프는 다음과 같다.

```
while (cin) {
    cout << "> ";
    Token t = ts.get();
    while (t.kind == print) t=ts.get();
    if (t.kind == quit) {
        keep_window_open();
        return 0;
    }
    ts.putback(t);
    cout << "= " << expression() << '\n';
}
```

'출력'과 '종료'를 나타내는 기호 이름을 추가하니 코드의 가독성이 향상됐다. 게다가 `main()`의 코드를 읽는 사람이 '출력'과 '종료'를 나타내는 입력이 무엇인지 알 필요도 없다. 예를 들어 '종료' 명령을 `'e'`('exit'의 앞 글자)로 바꿔도 놀랄 필요가 없다. `main()`은 변경하지 않아도 되기 때문이다.

이제 문자열 `"> "`와 `"= "`가 남았다. 이런 마법의 리터럴을 코드에 남겨둘 필요가 있을까?

main() 코드를 읽는 프로그래머가 그 의도를 어떻게 짐작할 수 있을까? 주석을 추가할까? 주석을 추가하는 방법도 좋지만, 기호 이름을 이용하는 방법이 더 효과적이다.

```
const string prompt = "> ";          // 표현식 입력을 요구하는 프롬프트
const string result = "= ";          // 결과 출력을 알리는 지시자
```

입력 프롬프트나 결과 지시자를 변경하려면 이 const만 수정하면 된다. 이를 이용한 루프의 코드는 다음과 같다.

```
while (cin) {
    cout << prompt;
    Token t = ts.get();
    while (t.kind ==print) t=ts.get();
    if (t.kind == quit) {
        keep_window_open();
        return 0;
    }
    ts.putback(t);
    cout << result << expression() << '\n';
}
```

7.6.2 함수 사용

우리가 사용하는 함수는 프로그램의 구조를 반영해야 하며, 함수의 이름은 논리적으로 나눠진 코드의 한 부분을 잘 대변해야 한다. 기본적으로 지금까지 우리가 만든 프로그램은 이런 점에서 훌륭하다. expression()과 term(), primary()는 표현식 문법에 대한 우리의 이해를 직접적으로 반영하며, get()은 입력과 토큰 인식을 처리한다. 하지만 main()을 보면 논리적으로 나눠질 수 있는 두 부분이 보인다.

1. main()은 프로그램을 시작하고, 프로그램을 종료하고, 치명적인 오류를 처리하는 일반적인 '뼈대scaffold'를 제공한다.

2. main()은 계산 루프를 처리한다.

이상적으로 보면 함수는 논리적으로 한 가지 동작을 수행한다(4.5.1절). main()이 위의 두 가지를 모두 수행하면 프로그램의 구조가 모호해진다. 따라서 계산 루프를 분리된 함수 calculate() 안으로 옮겨서 구조를 명확히 하자.

```
void calculate()          // 표현식 계산 루프
{
```

```
    while (cin) {
        cout << prompt;
        Token t = ts.get();
        while (t.kind == print) t=ts.get();          // 먼저 모든 "출력" 토큰을 버림
        if (t.kind == quit) return;
        ts.putback(t);
        cout << result << expression() << '\n';
    }
}

int main()
try {
    calculate();
    keep_window_open();              // 윈도우 콘솔 모드 처리
    return 0;
}
catch (runtime_error& e) {
    cerr << e.what() << '\n';
    keep_window_open("~~");
    return 1;
}
catch (...) {
    cerr << "예외 \n";
    keep_window_open("~~");
    return 2;
}
```

이 코드가 프로그램의 구조를 직접적으로 반영하므로 이해하기도 더 쉽다.

7.6.3 코드 형식

코드를 훑어보면 아래처럼 보기 나쁜 코드를 발견할 수 있다.

```
switch (ch) {
case 'q': case ';': case '%': case '(': case ')': case '+': case'- ': case '*': case '/':
    return Token{ch};                // 각 문자 그 자체를 나타냄
```

'q'와 ';', '%'를 추가하기 전에는 그렇게 나쁘진 않았지만, 지금은 코드가 모호하다. 이처럼 읽기 힘든 코드일수록 버그가 숨기에도 좋은 법이다. 아니나 다를까 여기엔 잠재적인 버그가 숨어있다. 각 경우를 한 행으로 분리하고, 주석을 추가하면 도움이 되리라. 수정한 Token_stream의 get()은 다음과 같다.

```
Token Token_stream::get()
// cin에서 문자열을 읽고, Token으로 조합
{
    if (full) {                 // 버퍼에 Token이 이미 있는지 확인
        full = false;
        return buffer;
    }

    char ch;
    cin >> ch;                  // >>는 공백 문자를 무시함(띄어쓰기, 개행 문자, 탭 등)

    switch (ch) {
    case quit:
    case print:
    case '(':
    case ')':
    case '+':
    case '-':
    case '*':
    case '/':
    case '%':
        return Token{ch};       // 각 문자 그 자체를 나타냄
    case '.':                            // 부동소수점 리터럴은 소수점으로 시작할 수 있음
    case '0': case '1': case '2': case '3': case '4':
    case '5': case '6': case '7': case '8': case '9': // 숫자 리터럴
    {   cin.putback(ch);        // 숫자 문자를 입력 스트림으로 되돌려 놓음
            double val;
            cin >> val;         // 부동소수점 숫자 읽기
            return Token(number,val);
    }
    default:
        error("잘못된 토큰");
    }
}
```

각 숫자의 경우를 다른 행으로 분리할 수도 있지만 그렇게 해서 얻어지는 명확성이 별로 없을 뿐 아니라 get()을 한 화면 안에서 볼 수도 없게 된다. 이상적으로 보면 모든 함수가 한 화면에 들어와야 한다. 수평이나 수직으로 한 화면에 맞지 않아 보기 힘든 부분이 버그가 숨기 좋은 곳이기 때문에 코드 형식이 중요하다.

문자 리터럴 'q'도 기호 이름 quit로 변경했다. 덕분에 가독성도 향상되고, quit의 값에 다른 토큰의 이름과 겹치는 값을 실수로 지정하면 컴파일 오류가 발생하게 된다.

코드를 정리하다가 실수로 오류를 만들어낼 수도 있으므로 코드 정리 후에는 프로그램을 항상 다시 테스트하자. 마찬가지로 약간의 개선 작업을 할 때마다 테스트를 해야 오류가 생겼을 때 여러분이 무슨 일을 했는지 쉽게 기억할 수 있다. 기억하라. 되도록 빨리, 자주 테스트해야 한다.

7.6.4 주석 달기

지금까지 작업하면서 주석을 별로 달지 않았다. 주석은 코드 작성에 있어서 중요한 부분을 차지하지만, 프로그래밍에 열을 올리느라 주석 달기를 잊어버렸다. 코드를 정리하려고 다시 훑어보는 시점에서 전에 달았던 주석이 아래 조건을 만족하는지 살펴보자.

1. 유효한가?(주석을 작성한 후에 코드가 변경됐을 수 있다)

2. 독자에게 적합한가?(보통 그렇지 않다)

3. 코드를 이해하는 데 방해가 될 만큼 너무 길지 않은가?

3번의 견지에서 보면 코드에서 가장 잘 설명할 수 있는 부분은 코드 자체로 두는 편이 좋다. 다음과 같이 프로그래밍 언어를 알면 누구나 코드를 바탕으로 명확히 알 수 있는 부분을 주석에서 설명하지 말자.

```
x = b+c;                // b와 c를 더한 결과를 x에 할당
```

이 책에서 이런 주석을 발견할 수 있지만, 여러분이 아직 익숙하지 않은 언어 기능을 설명할 경우에만 이런 주석을 이용한다.

주석은 코드로 설명하기 힘든 무언가를 위해 존재한다. 그리고 그 무언가의 예가 바로 의도다. 코드는 그 수행 내용을 명시하지만, 거기 감춰진 의도를 보여주진 않는다(5.9.1절). 계산기 코드를 예로 살펴보자. 뭔가 빠진 게 있는데, 함수에서 표현식과 토큰을 어떻게 처리하는지는 명시하고 있지만, (코드 그 자체를 제외하고는) 표현식과 토큰이 무슨 의미인지 알 수가 없다. 이를 설명하려면 문법을 계산기의 주석이나 다른 문서에 적어두는 편이 좋다.

```
/*
    Simple calculator

    개정 이력:
        2013년 11월, 비야네 스트롭스트룹 수정
        2007년 5월, 비야네 스트롭스트룹 수정
        2006년 8월, 비야네 스트롭스트룹 수정
        2004년 8월, 비야네 스트롭스트룹 수정
```

```
    원저자 비야네 스트롭스트룹
        (bs@cs.tamu.edu) 2004년 봄

이 프로그램은 기본적인 표현식 계산기를 구현함
입력은 cin, 출력은 cout임
입력 문법은 다음과 같음:

Statement:
    Expression
    Print
    Quit

Print:
    ;

Quit:
    q

Expression:
    Term
    Expression + Term
    Expression - Term

Term:
    Primary
    Term * Primary
    Term / Primary
    Term % Primary

Primary:
    Number
    ( Expression )
    - Primary
    + Primary

Number:
    floating-point-literal

    입력은 cin에서 생성돼 Token_stream ts를 거침
*/
```

여기서 블록 주석을 사용했는데, /*로 시작해서 */로 끝난다. 그리고 실제 프로그램에서는 개정 이력에 어떤 수정과 개선이 이뤄졌는지도 포함된다.

물론 주석은 코드가 아니다. 사실 주석에 포함된 문법은 약간 단순화됐다. Statement의

문법 규칙과 실제 동작(앞 절의 코드를 보라)을 비교해보자. 주석 내용은 프로그램을 한 번 실행해서 여러 번 계산을 수행할 수 있는 calculate() 루프를 설명하지 못한다. 이 문제는 8.7.1절에서 다시 살펴보자.

7.7 오류 복구

오류를 발견하면 즉시 종료하는 이유는 무엇인가? 앞에서는 이 방법이 간단하고 명확해보였지만, 왜 그런가? 오류 메시지만 출력하고 계속 실행할 수 없는가? 사용자가 실수로 오타를 입력한다고 해서 계산을 하지 않겠다는 의도는 아닌데 말이다. 그러니 오류 복구를 시도해보자. 즉, 예외를 잡아 뒤에 남아있는 잘못된 입력을 제거한 후에 실행을 계속한다.

지금까지 모든 오류를 예외로 표현하고, main()에서 예외를 처리했지만, 오류에서 복구하려면 calculate()에서 예외를 잡고 다음 표현식을 계산하기 전에 잘못된 입력을 제거해야 한다.

```
void calculate()
{
    while (cin)
    try {
        cout << prompt;
        Token t = ts.get();
        while (t.kind == print) t=ts.get();    // 우선 모든 "출력" 명령을 버림
        if (t.kind == quit) return;
        ts.putback(t);
        cout << result << expression() << '\n';
    }
    catch (exception& e) {
        cerr << e.what() << '\n';              // 오류 메시지 출력
        clean_up_mess();
    }
}
```

간단히 while 루프 블록을 예외가 있을 때 오류 메시지를 출력하고 잘못된 입력을 제거하는 try 블록으로 바꿨다. 그 후에는 실행을 계속한다.

그렇다면 '잘못된 입력을 제거'한다는 의미는 뭘까? 기본적으로 오류를 처리한 후에 계산을 수행할 준비가 됐다는 말은 모든 데이터가 올바르고 예측 가능한 상태라는 의미다. 계산기에서는 각 함수 외부에 존재하는 데이터는 Token_stream뿐이다. 즉, 취소된 계산에서 남아있는 토큰이 다음 계산을 방해하지 않도록 해야 한다. 예를 들어 다음과 같다.

```
1++2*3; 4+5;
```

이 표현식은 오류를 유발하는데, 두 번째 +가 예외를 일으킨 다음에 `2*3; 4+5;`이 `Token_stream`과 `cin`의 버퍼에 남아있게 된다. 여기서 두 가지 방법 중 하나를 선택할 수 있다.

1. `Token_stream`에서 모든 토큰을 버림
2. `Token_stream`에서 현재 계산에 관련된 토큰만 버림

첫 번째 방법은 (`4+5;`을 포함한) 모든 토큰을 버리는 반면 두 번째 방법은 `2*3;`만 버리고 `4+5;`은 계산을 위해 남겨둔다. 둘 다 합리적인 선택이며, 사용자를 당황하게 하기는 마찬가지다. 어쨌든 두 방법 모두 구현하기는 쉬우니 테스팅을 단순화할 수 있도록 두 번째 방법을 택하자.

그렇게 하려면 세미콜론이 나올 때까지 입력을 읽어야 하는데, 간단해보인다. 입력을 읽는 일은 `get`이 하므로 `clean_up_mess()`도 다음과 같이 `get()`을 이용해서 구현할 수 있다.

```
void clean_up_mess()        // 이름 그대로
{
    while (true) {          // 출력 명령을 찾을 때까지 읽음
        Token t = ts.get();
        if (t.kind == print) return;
    }
}
```

불행히도 이 코드는 생각만큼 잘 동작하지 않는다. 왜 그럴까? 아래 입력을 살펴보자.

```
1@z; 1+3;
```

`@` 때문에 `while` 루프의 `catch`절로 들어가면 `clean_up_mess()`를 호출하고, `clean_up_mess()`는 `get()`을 호출해서 z를 읽는다. 그러다 여기서 또 다른 오류(z는 토큰이 아님)가 발생하고, `main()`의 `catch(...)`를 수행한 후 프로그램이 종료된다. 이런! 1+3을 계산할 기회가 없어졌다. 이제 다시 칠판으로 돌아가서 생각하자!

`try`와 `catch`를 더 정교하게 만들 수는 있지만, 결국 더 큰 문제에 직면한다. 오류를 처리하는 중에 오류를 중첩해서 또 처리하는 일은 오류 그 자체보다 훨씬 나쁘다. 따라서 예외를 던지지 않고 `Token_stream`에서 문자열을 버리는 방법을 고안해야 한다. 지금까지 계산기에 입력을 읽어 들이는 유일한 방법은 `get()`이었지만, 이 방법은 예외를 던지므로 쓸 수 없다. 따라서 `Token_stream`에 새로운 연산을 추가하자.

```
class Token_stream {
public:
```

```
    Token get();                // Token 가져오기
    void putback(Token t);      // Token 되돌려 놓기
    void ignore(char c);        // c를 찾을 때까지 c를 포함한 문자열 버리기
private:
    bool full {false};          // 버퍼에 Token이 있는가?
    Token buffer;               // putback()에서 돌려놓은 Token을 저장할 공간
};
```

ignore() 함수에서 Token_stream의 버퍼를 봐야 하기 때문에 ignore()는 Token_stream 의 멤버 함수여야 한다. 그리고 Token_stream 스스로는 계산기가 오류에서 복구할 때까지 찾을 문자가 무엇인지 알 수 없으므로, ignore()의 인자에 무엇을 찾을지 지정했다. 인자의 의 타입은 Token을 조립할 필요가 없게 문자로 했는데, 이 타입을 Token으로 하면 무슨 일이 벌어지는지 이미 살펴봤다.

```
void Token_stream::ignore(char c)
    // c는 Token의 종류를 표현함
{
    // 우선 버퍼를 본다.
    if (full && c==buffer.kind) {
        full = false;
        return;
    }
    full = false;

    // 이제 입력을 찾음
    char ch = 0;
    while (cin>>ch)
        if (ch==c) return;
}
```

이 코드는 우선 버퍼에 c가 있는지 확인하고, 그렇다면 c를 버린 후 함수를 종료한다. 반대의 경우에 c를 찾을 때까지 cin에서 문자열을 읽는다.

이제 clean_up_mess()를 훨씬 간단하게 작성할 수 있다.

```
void clean_up_mess()
{
    ts.ignore(print);
}
```

오류 처리는 항상 어렵다. 어떤 오류가 일어날 수 있는지 상상하긴 매우 어렵기 때문에

많은 실험과 테스트를 요구한다. 절대적 안정성을 갖춘 프로그램을 만드는 일은 항상 매우 기술적인 활동으로, 아마추어의 영역을 뛰어넘는다. 따라서 고품질의 오류 처리야말로 전문가의 상징이라 할 수 있다.

7.8 변수

코딩 스타일을 손보고 오류 처리를 했으니, 계산기의 기능적 개선을 다시 생각할 차례다. 지금도 프로그램은 꽤 잘 동작하는데, 어떻게 개선할 수 있을까? 첫 번째로 추가하고 싶은 기능이 바로 변수다. 변수를 이용하면 긴 표현식을 더 잘 표현할 수 있다. 그리고 과학용 계산기는 pi나 e 등의 명명된 변수를 내장하고 있는데, 우리가 만드는 계산기에도 이 기능을 추가하자.

계산기에 변수와 상수를 추가하는 일은 중차대한 개선이므로, 코드 대부분에 손을 대야 한다. 이러한 확장은 그럴 만한 이유와 충분한 시간 없이 착수하면 안 되지만, 여기서는 변수와 상수를 추가하면서 코드를 한 번 더 훑어보고 더 많은 프로그래밍 기법을 배우는 데 의미를 두자.

7.8.1 변수와 정의

계산기 프로그램에 변수와 내장된 상수를 구현하는 핵심은 주어진 이름으로 그 값에 접근할 수 있도록 (이름, 값) 쌍을 유지하는 일이다. 이를 위해 Variable을 정의하자.

```
class Variable {
public:
    string name;
    double value;
};
```

name 멤버로 Variable을 식별하고, 그 name에 상응하는 값을 value 멤버에 저장한다.

그렇다면 주어진 문자열 name으로 상응하는 값을 찾거나 새로운 값을 대입하려면 어떤 식으로 Variable을 저장해야 할까? 지금까지 배운 프로그래밍 도구를 돌이켜보면 적당한 해답은 Variable의 vector뿐이다.

```
vector<Variable> var_table;
```

벡터 var_table에 Variable을 원하는 만큼 추가하고, 벡터의 요소를 하나씩 찾아 이름에 상응하는 값을 조회할 수 있다. 주어진 문자열 name을 찾아 상응하는 값을 반환하는 get_value() 함수를 작성하자.

```
double get_value(string s)
    // 이름이 s인 Variable의 값을 반환
{
    for (const Variable& v : var_table)
        if (v.name == s) return v.value;
    error("get: 정의되지 않은 변수 ", s);
}
```

코드는 정말 간단하다. var_table의 모든 Variable에 대해 (첫 번째 요소부터 마지막 요소까지) 그 name이 인자로 주어진 문자열 s와 일치하는지 확인하고, 일치하면 그 value를 반환한다.

Variable에 새로운 value를 대입하는 set_value() 함수도 비슷하게 작성한다.

```
void set_value(string s, double d)
    // 이름이 s인 Variable에 d를 저장
{
    for (Variable& v : var_table)
        if (v.name == s) {
            v.value = d;
            return;
        }
    error("set: 정의되지 않은 변수 ", s);
}
```

이제 var_table에 Variable로 표현된 변수를 읽고 쓸 수 있다. 그런데 새로운 Variable을 어떻게 var_table에 추가할까? 계산기의 사용자는 새로운 변수를 정의하고, 나중에 그 값을 가져올 때 어떻게 해야 하는가? C++의 표기법을 적용해보자.

```
double var = 7.2;
```

이렇게 하면 잘 작동할 듯하지만, 계산기의 모든 변수는 double을 저장하므로 변수 정의에 double을 다시 명시하는 일은 불필요한 중복이다.

```
var = 7.2;
```

이런 표기법도 가능하겠지만, 새로운 변수 선언과 오탈자를 어떻게 구별할 수 있을까?

```
var1 = 7.2;        // 새로운 변수 var1 선언
var1 = 3.2;        // 새로운 변수 var2 선언
```

이런! 우리가 원한 건 분명 var2=3.2;이지만 그렇게 쓰지 않았다(주석을 제외하고). 이런 문제를 그냥 용인할 수도 있지만, C++ 등의 언어 전통에 따라 (초기화를 동반한) 선언과 대입을 구별하도록 만들자. double을 키워드로 쓸 수도 있지만, 계산기에는 짧은 표현을 선호하므로

오래된 전통을 빌어 `let`을 키워드로 사용한다.

```
let var = 7.2;
```

변경된 문법은 다음과 같다.

```
Calculation:
    Statement
    Print
    Quit
    Calculation Statement

Statement:
    Declaration
    Expression

Declaration:
    "let" Name "=" Expression
```

새로운 최상위 문법 규칙 Calculation이 등장했는데, Calculation은 계산기 프로그램이 실행되는 동안 여러 번의 계산을 수행하는 (calculate() 안의) 루프를 나타낸다. 그리고 Calculation은 표현식과 선언문을 처리하는 Statement(구문)를 포함한다. 구문은 다음과 같이 처리할 수 있다.

```
double statement()
{
    Token t = ts.get();
    switch (t.kind) {
    case let:
        return declaration();
    default:
        ts.putback(t);
        return expression();
    }
}
```

이제 calculate() 안에서 expression() 대신 statement()를 사용하자.

```
void calculate()
{
    while (cin)
    try {
        cout << prompt;
```

```
        Token t = ts.get();
        while (t.kind == print) t=ts.get();   // 우선 모든 출력 명령을 버림
        if (t.kind == quit) return;           // 종료
        ts.putback(t);
        cout << result << statement() << '\n';
    }
    catch (exception& e) {
        cerr << e.what() << '\n';             // 오류 메시지 출력
        clean_up_mess();
    }
}
```

이제 declaration()을 작성할 차례인데, 이 함수는 무슨 일을 할까? 문법에 정해진 대로 let 다음에 Name이 나오고, 그 다음에 =와 Expression이 이어지는지 확인해야 한다. 그렇다면 name으로는 어떤 일을 하는가? 문자열 name과 표현식의 값을 포함하는 Variable을 vector<Variable>인 var_table에 추가한다. 이렇게 선언을 처리한 후에는 get_value()를 이용해서 값을 조회하고, set_value()를 이용해서 값을 변경할 수 있다. 그러나 함수를 작성하기 전에 같은 변수를 두 번 정의하면 어떻게 할지 결정하자.

```
let v1 = 7;
let v1 = 8;
```

이런 재정의는 오류로 취급한다. 대부분 오탈자인 경우가 많다. 즉, 원래 의도는 아래의 코드일 수 있다.

```
let v1 = 7;
let v2 = 8;
```

이름이 var인 Variable을 값 val로 정의하는 일은 논리적으로 두 부분으로 나눌 수 있다.

1. 이름이 var인 Variable이 var_table에 이미 있는지 확인한다.
2. (var, val)를 var_table에 추가한다.

초기화하지 않은 변수는 쓸모가 없기에 논리적으로 다른 두 연산을 수행하는 함수 is_declared()와 define_name()을 정의하자.

```
bool is_declared(string var)
    // var가 var_table에 이미 있는지 확인
{
    for (const Variable& v : var_table)
        if (v.name == var) return true;
```

```
        return false;
    }

double define_name(string var, double val)
        // (var, val)을 var_table에 추가
    {
        if (is_declared(var)) error(var,"가 재정의됨");
        var_table.push_back(Variable(var,val));
        return val;
    }
```

Variable을 vector<Variable>에 추가하는 일은 vector의 push_back()으로 쉽게 할 수 있다.

```
var_table.push_back(Variable(var,val));
```

Variable(var,val)은 필요한 Variable을 생성하고, push_back()은 생성한 Variable을 var_table의 끝에 추가한다. 이제 let과 name만 쉽게 처리할 수 있으면 declaration()을 작성하는 일은 간단하다.

```
double declaration()
        // "let"이 이미 나왔다는 가정하에
        // name = expression을 처리
        // 이름이 "name"인 변수를 선언하고 "expression"의 값으로 초기화
    {
        Token t = ts.get();
        if (t.kind != name) error ("선언에는 이름이 필요함");
        string var_name = t.name;

        Token t2 = ts.get();
        if (t2.kind != '=') error("선언에서 =가 빠짐 : ", var_name);

        double d = expression();
        define_name(var_name,d);
        return d;
    }
```

여기서 새로운 변수에 대입한 값을 반환하는데, 아래처럼 복잡한 표현식으로 초기화할 때 유용하다.

```
let v = d/(t2- t1);
```

이 선언문은 v를 정의하고, 그 값을 출력한다. 그리고 선언한 변수의 값을 출력하려면

모든 statement()가 값을 반환해야 하는데, 이로 인해 calculate()의 코드가 간단해진다. 이처럼 일관적인 규칙은 코드를 단순하게 하고, 이와 달리 특별한 경우를 처리하려면 코드가 복잡해진다.

지금까지 살펴봤듯이 Variable의 값을 관리하는 방법을 심벌 테이블^{symbol table}이라고도 하며, 표준 라이브러리의 map을 이용하면 훨씬 간단하게 구현할 수 있다(21.6.1절 참고).

7.8.2 변수 이름 처리

지금까지 잘 해왔지만 프로그램은 아직 작동하지 않는다. 처음부터 제대로 되는 경우는 별로 없으니 그렇게 놀랄 일도 아니다. 사실 아직 프로그램을 완성하지 않았기 때문에 컴파일조차도 안 된다. '='토큰이 아직 없는데 간단히 Token_stream::get()에 case절을 추가하면 된다(7.6.3절). 그러나 let과 name을 어떻게 토큰으로 표현할 수 있을까? 분명히 get()이 let 토큰을 인식하도록 변경해야 하는데, 어떻게 해야 할까? 여기에 그 답이 있다.

```cpp
const char name = 'a';          // 이름 토큰
const char let = 'L';           // 선언 토큰
const string declkey = "let";   // 선언 키워드

Token Token_stream::get()
{
    if (full) {
        full = false;
        return buffer;
    }
    char ch;
    cin >> ch;
    switch (ch) {
        // 예전과 같음
    default:
        if (isalpha(ch)) {
            cin.putback(ch);
            string s;
            cin>>s;
            if (s == declkey) return Token(let);  // 선언 키워드
            return Token{name,s};
        }
        error("잘못된 토큰");
    }
}
```

먼저 isalpha(ch)를 호출한 점에 주목하자. 이 호출은 "ch가 문자(알파벳)인가?"를 묻는데, isalpha()도 **std_lib_facilities.h**에 포함된 표준 라이브러리의 일부다. 11.6절에서 더 많은 문자 분류 함수를 볼 수 있다. 변수 이름을 인식하는 논리는 숫자를 인식하는 방법과 비슷하다. 우선 첫 문자가 알맞은 문자(알파벳)인지 확인한 후 첫 문자를 putback()으로 되돌려 놓고 >>로 전체 이름을 읽는다.

불행히도 아직 컴파일이 되지 않는다. Token에 string을 저장할 수 없으므로 컴파일러가 Token{name,s}를 거부한다. 이를 해결하려면 Token이 string과 double을 모두 저장할 수 있도록 다시 정의해야 한다. 다시 말해 다음과 같은 세 가지 종류의 초기 값이 필요하다.

- kind만 지정. 예, Token{'*'}

- kind와 숫자 지정. 예, Token{number,4.321}

- kind와 name 지정. 예, Token{name, "pi"}

이렇게 하려면 초기화 함수 세 개가 필요한데, 객체를 생성construct한다는 의미에서 이런 초기화 함수를 생성자constructor라고 한다.

```
class Token {
public:
    char kind;
    double value;
    string name;
    Token(char ch) :kind{ch} { } // kind를 ch로 초기화
    Token(char ch, double val) :kind{ch}, value{val} { } // kind와 value 초기화
    Token(char ch, string n) :kind{ch}, name{n} { } // kind와 name 초기화
};
```

생성자는 초기화에 있어서 유연성을 더하고 세밀한 제어를 가능하게 하는 중요한 역할을 한다. 생성자에 대해서는 9장에서 더 자세히 설명한다(9.4.2절, 9.7절).

let 토큰을 나타내는 문자로 'L'을 선택했고, 문자열 let은 키워드 역할을 한다. 키워드를 double과 var, # 등 무엇으로 바꾸든 문자열 declkey만 변경하면 되고, 코드에서 이 declkey를 s와 비교한다.

이제 프로그램을 다시 실행해보자. 다음과 같이 입력하면 프로그램이 동작하는 모습을 볼 수 있다.

```
let x = 3.4;
let y = 2;
x + y * 2;
```

하지만 아래 입력은 동작하지 않는다.

```
let x = 3.4;
let y = 2;
x+y*2;
```

두 예의 차이점은 무엇인가? 문제가 뭔지 잠시 살펴보자.

문제는 Name의 정의에 있다. 문법에서 Name 규칙을 정의하는 일조차 깜빡했다(7.8.1절). 이름은 어떤 문자로 구성되는가? 문자? 당연하다. 숫자? 숫자가 첫 글자만 아니라면 가능하다. 밑줄? 글쎄? + 문자? 정말? 글쎄...? 코드를 다시 보자. 첫 문자를 읽은 후에 >>를 이용해서 string을 읽는데, 이 과정에서 공백 문자가 나올 때까지 모든 문자를 받아들인다. 그래서 앞에서 예로 든 x+y*2;은 맨 끝의 세미콜론을 비롯한 전체를 이름의 일부로 읽게 된다. 이는 우리가 의도한 바도 아니고, 이렇게 돼서도 안 된다.

그럼 어떻게 해야 하는가? 먼저 이름이 무엇을 말하는지 정확히 명시하고, 그에 따라 get() 을 수정해야 한다. 여기서는 이름을 '문자로 시작하는 문자와 숫자의 시퀀스'로 정의한다. 이 정의에 따르면 다음과 같다.

```
a
ab
a1
Z12
asdsddsfdfdasfdsa434RTHTD12345dfdsa8fsd888fadsf
```

위의 예들은 이름이 맞다.

```
1a
as_s
#
as*
a car
```

반면 위의 예는 이름이 아니다. 밑줄만 제외하면 C++의 규칙과 동일하다. get()의 default case절에 이 내용을 구현하자.

```
default:
    if (isalpha(ch)) {
        string s;
        s += ch;
        while (cin.get(ch) && (isalpha(ch) || isdigit(ch))) s+=ch;
        cin.putback(ch);
```

```
            if (s == declkey) return Token{let};        // 선언 키워드
            return Token{name,s};
    }
    error("잘못된 토큰");
```

string s에 바로 읽는 대신, 문자를 하나씩 읽고 알파벳이나 숫자인지 확인한 후 s에 추가했다. s+=ch 구문은 문자열 s의 맨 뒤에 문자 ch를 추가한다^{append}는 의미다.

```
while (cin.get(ch) && (isalpha(ch) || isdigit(ch))) s+=ch;
```

위 구문은 신기해보이지만, (cin의 멤버 함수 get()을 이용해서) 문자를 ch에 읽고 알파벳이나 숫자인지 확인하고, 그렇다면 ch를 s에 추가한 후 다음 문자를 읽는다. get() 멤버 함수는 >>와 비슷하지만 공백 문자를 건너뛰지 않는 점에서 다르다.

7.8.3 미리 정의된 이름

이제 이름을 구현했으니 일반적인 이름 몇 가지를 미리 정의할 수 있다. 예를 들어 계산기를 과학 분야에서 응용한다면 pi와 e가 필요할 수 있다. 그럼 코드의 어느 부분에서 정의해야 할까? main()에서 calculate()를 호출하기 전이나 calculate()에서 루프로 진입하기 전에 할 수 있다. 하지만 이런 정의는 계산 과정의 일부는 아니므로 main()에 두자.

```
int main()
try {
    // 이름을 미리 정의
    define_name("pi",3.1415926535);
    define_name("e",2.7182818284);

    calculate();

    keep_window_open();        // 윈도우 콘솔 모드 처리
    return 0;
}

catch (exception& e) {
    cerr << e.what() << '\n';
    keep_window_open("~~");
    return 1;
}

catch (...) {
    cerr << "예외 \n";
    keep_window_open("~~");
```

```
    return 2;
}
```

7.8.4 이제 끝인가?

사실 아니다. 매우 많은 변경을 했으므로 테스트를 전부 다시 하고, 코드를 정리한 후 주석을 재검토해야 한다. 그리고 아직 정의하지 않은 부분도 있다. 예를 들어 대입 연산자 규칙을 정의하지 않았고(연습문제 2번 참고), 대입 연산을 정의한 후에는 대입 시에 변수와 상수를 구분해야 한다(연습문제 3번).

계산기를 만드는 초기에는 명명된 변수 기능을 잠시 미뤄뒀다가 나중에 이를 구현하는 코드를 살펴봤는데, 크게 두 가지 반응이 있을 수 있다.

1. 변수 구현이 그렇게 어렵지는 않았다. 겨우 30~40줄 정도의 코드로 구현했으니까.

2. 변수 구현은 중대한 발전이다. 모든 함수를 손봤고, 계산기에 전혀 새로운 개념도 추가했다. 계산기 코드는 45% 증가했고, 대입은 아직도 구현하지 못했다!

계산기가 첫 프로그램치고는 매우 복잡했다는 점에서 두 번째 반응이 적절하다고 볼 수 있다. 더 일반적으로도 크기와 복잡도 면에서 프로그램의 크기가 약 50% 증가했다면 두 번째 반응이 적절하다. 사실 그런 작업을 하는 일은 예전에 만든 프로그램을 기반으로 새로운 프로그램을 만드는 일에 가까우며, 그런 관점에서 접근해야 한다. 특히 우리가 여태 계산기를 만든 과정처럼 프로그램을 단계별로 작성하고, 각 단계마다 테스트를 수행한다면 전체 프로그램을 한꺼번에 작성하는 방법보다 훨씬 나은 방법이다.

 실습문제

1. calculator08buggy.cpp에서 시작해 계산기가 컴파일되도록 하자.

2. 전체 프로그램을 훑어보고 적당한 주석을 추가하자.

3. 주석을 달면서 (여러분이 찾을 수 있게 고의적으로 집어넣은) 오류를 찾아 고치자. 이 오류들은 본문에서 언급하지 않은 오류다.

4. 테스팅: 입력을 몇 벌 준비하고 그 입력으로 계산기를 테스트하자. 입력 목록이 완벽한가? 어떤 입력을 테스트해야 할까? 음수와 영(0), 매우 작은 수, 매우 큰 수, 얼토당토않은 입력도 포함시키자.

5. 테스팅을 수행하고, 주석을 달 때 놓친 오류도 찾아 고치자.

6. 미리 정의된 이름 k의 값을 1000으로 추가하자.

7. 사용자가 sqrt(2+6.7)과 같이 제곱근 함수 sqrt()를 쓸 수 있게 하자. sqrt(x)의 값은 당연히 x의 제곱근이다. 예를 들어 sqrt(9)의 값은 3이다. std_lib_facilities.h 헤더에서 얻을 수 있는 표준 라이브러리 함수 sqrt()를 이용한다. 주석과 문법을 업데이트하는 일도 잊지 말자.

8. 음수의 제곱근을 계산하는 오류를 잡아 적절한 오류 메시지를 출력하자.

9. 사용자가 "x 스스로를 i번 곱한다"는 의미로 pow(x, i)를 사용할 수 있게 하자. 예를 들어 pow(2.5, 3)은 2.5*2.5*2.5다. 그리고 %를 구현할 때 했던 방식대로 i에 정수만 받아들이자.

10. '선언 키워드'를 let에서 #으로 변경하자.

11. '종료 키워드'를 quit에서 exit로 변경하자. 7.8.2절에서 let을 정의했듯이 quit를 나타내는 문자열을 변경하면 된다.

복습문제

1. 첫 버전이 작동한 이후로 프로그램에 어떤 수정을 가했는가? 그 목록을 정리해보자.

2. 계산기에 1+2; q를 입력하면 오류 메시지를 출력한 후 프로그램이 종료하지 않는 이유는 무엇인가?

3. 상수 number를 정의한 이유는 무엇인가?

4. main()을 두 함수로 나눴는데, 새로운 함수는 어떤 일을 하며 main()을 둘로 나눈 이유는 무엇인가?

5. 코드를 여러 함수로 나누는 이유는 무엇인가? 이론적으로 설명하라.

6. 주석 달기의 목적은 무엇이며, 어떻게 해야 하는가?

7. narrow_cast는 무슨 일을 하는가?

8. 기호 상수는 왜 사용하는가?

9. 코드 형식에 신경을 쓰는 이유는 무엇인가?

10. 앞에서 부동소수점 숫자에 대한 %(나머지) 연산자를 어떻게 처리했는가?

11. is_declared()는 무슨 일을 하고, 어떻게 작동하는가?

12. let을 표현하는 입력은 여러 문자인데, 수정한 코드에서 이 문자열을 어떻게 한 토큰으로 인식하는가?

13. 계산기 프로그램에서 받아들일 수 있는 (변수나 상수의) 이름을 정의하는 규칙은 무엇인가?

14. 프로그램을 점진적으로 만들어가는 방법이 좋은 이유는 무엇인가?

15. 테스트는 언제 시작하는가?

16. 테스트를 다시 해야 할 때는 언제인가?

17. 어떤 코드를 함수로 따로 분리할지 결정하는 기준은 무엇인가?

18. 변수와 함수 이름은 어떻게 선택하는가? 가능한 이유를 모두 나열하라.

19. 주석을 추가하는 이유는 무엇인가?

20. 주석이 반드시 포함해야 할 내용과 포함하지 말아야 할 내용은 무엇인가?

21. 프로그램이 완성됐다고 말할 수 있는 때는 언제인가?

용어 정리

코드 형식	유지 보수	뼈대 만들기 scaffolding
주석달기	복구	기호 상수
오류 처리	개정 이력	테스팅
기능의 함정		

연습문제

1. 변수 이름에 밑줄을 허용하게 만들자.

2. let으로 변수를 선언한 후에 값을 다시 지정할 수 있도록 대입 연산자 =를 추가하자. 대입 연산자가 유용한 이유와 이로 인해 어떤 문제가 발생할 수 있는지 토론하자.

3. 값을 바꿀 수 없는 명명된 상수를 추가하자. 힌트: set_value() 안에서 상수와 변수를 구별할 수 있도록 Variable에 멤버를 추가한다. (상수 pi와 e만 제공하는 대신에) 사용자가 상수를 정의할 수 있게 하려면 const pi = 3.14; 처럼 사용자가 이를 표현할 수 있는 표기법을 추가해야 한다.

4. get_value()와 set_value(), is_declared(), define_name()은 모두 var_table을 이용한다. vector<Variable> 타입의 멤버 var_table과 멤버 함수 get(), set(), is_declared(), declare()를 포함하는 클래스 Symbol_table을 정의하고, 계산기가 Symbol_table 타입

의 변수를 사용하도록 다시 작성하자.

5. `Token_stream::get()`이 개행 문자를 발견하면 `Token(print)`를 반환하게 변경하자. 즉, 공백 문자를 찾으면서 개행 문자(`'\n'`)는 특별하게 처리해야 한다. 이때 주어진 문자 `ch`가 공백 문자이면 `true`를 반환하는 표준 라이브러리 함수 `isspace(ch)`를 유용하게 사용할 수 있다.

6. 모든 프로그램에는 도움말이 필요하다. 사용자가 (대/소문자) H 키를 누르면 계산기 사용법을 출력하자.

7. `q`와 `h` 명령어를 각각 `quit`와 `help`로 변경하자.

8. (주석에서 과신하지 말라고 경고한 대로) 7.6.4절의 문법은 완벽하지 않다. 이 문법은 `4+4;5-6;`처럼 여러 구문의 시퀀스를 정의하지 못하고, 7.8절에서 요약한 문법 변경과도 일치하지 않는다. 문법을 수정하고, 프로그램의 첫 주석이자 전체를 요약하는 주석으로서 필요하다고 느껴지는 내용을 추가하라.

9. (7장에서 언급하지 않은) 계산기의 개선 사항을 세 가지 제안하고, 그 중 하나를 구현하라.

10. 계산기가 `int`만 받아들이게 바꾸자. 그리고 오버플로와 언더플로가 발생하면 오류를 내자. 힌트: `narrow_cast`를 사용하자(7.5절).

11. 4장이나 5장의 연습문제에서 작성한 프로그램 중 두 개를 다시 훑어보자. 7장에서 안내한 규칙대로 코드를 정리하고, 그 과정에서 버그를 찾을 수 있는지 확인하자.

붙이는 말

지금까지 컴파일러의 작동 방식을 보여주는 간단한 예제를 살펴봤다. 계산기는 입력을 분석해 토큰으로 쪼개고, 문법에 따라 이해한다. 컴파일러의 작동 방식도 비슷하다. 즉, 입력을 분석한 후 우리가 나중에 실행할 수 있는 형태(목적 코드)로 표현한다. 이와 달리 계산기는 분석한 표현식을 곧바로 실행하는데, 이런 프로그램은 컴파일러가 아니라 인터프리터interpreter라고 한다.

8

언어적 세부 사항: 함수 등

"작은 일에 집착하면 아무리 많은 천재도 소용없다."

– 격언

8장과 9장에서는 프로그래밍 자체보다 우리의 주요 프로그래밍 도구인 C++ 프로그래밍 언어에 초점을 맞추자. 언어의 기술적 세부 사항을 바탕으로 C++의 기본 기능을 더 폭넓고 체계적으로 살펴본다. 그리고 지금까지 배운 많은 프로그래밍 관련 개념을 복습하고, 새로운 프로그래밍 기법이나 개념보다는 우리가 사용하는 도구(프로그래밍 언어)를 살펴보는 기회를 제공한다.

8.1 언어의 기술적 세부 사항

지금까지는 프로그래밍 언어의 기능보다 프로그래밍 자체에 집중했다. 즉, 아이디어를 표현하는 도구인 프로그래밍 언어보다 아이디어를 어떻게 코드로 표현하는지를 주로 살펴봤다. 자연어에 비유하자면 영어의 문법과 어휘보다 좋은 문학 작품과 그 작품을 표현하는 방식에 집중했다. 중요한 점은 아이디어 자체와 그 아이디어를 코드로 표현하는 방법이었으며, 언어의 개별적인 기능이 아니었다.

그러나 언제나 선택이 가능하진 않다. 프로그래밍을 처음 시작하는 이에겐 프로그래밍 언어는 문법과 어휘를 공부해야 하는 외국어와 같다. 8장과 9장에서는 이러한 내용을 주로 배우지만, 다음과 같은 사실을 잊지 말자.

- 우리의 주요 학습 주제는 프로그래밍이다.
- 우리의 최종 산출물은 프로그램이나 시스템이다.
- 프로그래밍 언어는 (그저) 도구다.

이런 사실을 잊지 않기란 매우 어렵다. 많은 프로그래머가 언어의 문법과 의미에 대한 부차적인 세부 사항에 '프로답게' 신경 쓰려고 한다. 특히 너무 많은 프로그래머가 처음 접한 프로그래밍 언어에서 사용하던 방법이 유일한 진리라고 오해한다. 이런 함정에 빠지지 말라. C++는 여러 가지 면에서 좋은 언어지만 완벽하진 않다. 다른 프로그래밍 언어도 마찬가지다.

대부분의 설계와 프로그래밍 관련 개념은 범용적이며, 다양한 인기 프로그래밍 언어들이 이를 지원한다. 즉, 훌륭한 프로그래밍 강의에서 배우는 기본적인 아이디어와 기법은 여러 언어에서 유효하다. 물론 난이도의 차이는 있겠지만 모든 프로그래밍 언어에 적용할 수 있다. 그러나 기술적 세부 사항은 각 언어마다 다르다. 다행히 프로그래밍 언어를 무無에서 창조하지는 않기에 여기서 배우는 개념 대부분이 각 언어의 기능에 비교적 명확하게 대응된다. 특히 C++는 C(27장)와 자바, C# 등과 같은 부류의 언어에 속하므로, 이들끼리 일부 기술적 세부 사항을 공유한다.

언어의 기술적 이슈를 논할 때는 일부러 f와 g, X, y처럼 설명적이지 않은 이름을 사용한다는 점에 주의하자. 이렇게 해서 예제의 기술적 본질에 집중하고, 예제를 짧게 유지하며, 언어의 기술적 세부 사항과 순수한 프로그램 논리를 뒤섞음으로 인한 혼란을 막을 수 있다. 따라서 (실제 프로그램에서는 쓰이지 않을 법한) 설명적이지 않은 이름이 있어도 코드의 언어적 기술에 집중하자. 기술적인 예제는 대부분 언어의 규칙을 보여주는 코드를 포함하므로, 코드를 컴파일하고 실행했을 때 '사용하지 않는 변수'라는 경고가 나올 수도 있고, 쓸모 있는 일을 하는 프로그램도 별로 없다.

우리가 여기서 다루는 바가 C++의 문법과 의미론^{semantic}에 대한 완벽한 설명은 아니라는 점도 명심하자. ISO C++ 표준은 1300쪽이 넘는 집약된 기술 문서이며, 스트롭스트룹의 저서 『The C++ Programming Language』도 숙련된 프로그래머를 위한 1300쪽이 넘는 책이다(이 둘 모두 C++ 언어와 표준 라이브러리를 포함한다). 여기서는 이러한 완벽성과 포괄성보다 여러분의 이해를 돕고 빨리 읽을 수 있게 하는 데 가치를 둔다.

8.2 선언과 정의

선언은 해당 유효 범위에 이름을 추가하는 구문이다(8.4절).

- 명명 대상(예, 변수나 함수)의 타입을 명시한다.

- 필요하면 초기 값을 지정한다(예, 변수의 초기 값이나 함수 몸체 명시).

예를 들어 다음과 같다.

```
int a = 7;                // int 변수
const double cd = 8.7;    // 배정도 부동소수점 타입의 상수
double sqrt(double);      // double을 인자로 받고
                          // 결과로 double을 반환하는 함수
vector<Token> v;          // Token을 요소로 포함하는 vector 타입 변수
```

C++ 프로그램에서 어떤 이름을 사용하려면 그 전에 선언해야 한다. 아래를 보자.

```
int main()
{
    cout << f(i) << '\n';
}
```

컴파일러는 프로그램 어디서도 선언하지 않은 cout과 f, i에 대해 적어도 세 개 이상의 '선언되지 않은 식별자' 오류를 낸다. cout의 선언을 포함하는 std_lib_facilities.h 헤더를 추가하면 cout이 선언된다.

```
#include "std_lib_facilities.h"    // 여기서 cout의 선언을 찾을 수 있다.
int main()
{
    cout << f(i) << '\n';
}
```

이제 '정의되지 않음' 오류 두 개가 남았다. 실제 프로그램에서는 대부분의 선언을 헤더에서 얻을 수 있는데, 바로 이 헤더에 다른 어딘가 존재하는 유용한 기능의 인터페이스를 정의하

기 때문이다. 기본적으로 선언에서는 그 대상을 어떻게 사용하는지 정의하는데, 함수나 변수, 클래스의 인터페이스를 정의한다. 이러한 선언이 주는 당연하지만 잘 드러나지 않는 이점에 주목하자. 예를 들면 cout의 세부 사항과 << 연산자의 정의를 볼 필요 없이 그 선언만 #include하면 된다. 심지어 교과서와 매뉴얼, 코드 예제, 그리고 다른 출처에서도 cout의 선언마저 직접 볼 필요는 없으며, cout의 사용법만 알면 된다. 컴파일러가 이 헤더에서 우리의 코드를 이해하는 데 필요한 선언을 읽을 수 있으면 그만이다.

그러나 f와 i는 다음과 같이 선언해야 한다.

```
#include "std_lib_facilities.h"        // 여기서 cout의 선언을 찾을 수 있다.
int f(int);                           // f의 선언
int main()
{
    int i=7;                          // i의 선언
    cout << f(i) << '\n';
}
```

이제 모든 이름을 선언했으니 컴파일은 되지만, f()를 정의하지 않았으므로 링크(2.4절)가 되지 않는다. 즉, f()가 무슨 일을 하는지 어디서도 정의하지 않았다.

다음과 같이 대상의 실체를 완벽히 명시하는 선언을 정의라고 한다.

```
int a = 7;
vector<double> v;
double sqrt(double d) { /* ... */ }
```

모든 정의는 (그 정의대로 ☺) 선언이기도 하다. 그러나 모든 선언이 정의는 아니다. 여기서 정의가 아닌 선언의 예를 살펴보자. 하지만 어떤 선언된 항목이든 그 대상을 사용하려면 각각 이 코드 어딘가에 존재하는 정의에 대응해야 한다.

```
double sqrt(double);        // 함수 몸체가 없음
extern int a;               // "초기 값 없는 extern"은 "정의가 아님"을 의미
```

이처럼 정의와 선언을 비교하는 관점에서 약간의 모호함이 있긴 하지만, 관례적으로 선언은 '정의가 아닌 선언'을 가리키는 용어로 사용한다.

반면 정의는 그 이름이 가리키는 대상을 명시한다. 특히 변수에 대한 정의는 그 변수가 실제로 차지하는 메모리 공간을 할당한다. 결국 무언가를 두 번 정의할 수 없음을 의미한다.

```
double sqrt(double d) { /* ... */ }        // 정의
double sqrt(double d) { /* ... */ }        // 오류 : 중복 정의
```

```
int a;                              // 정의
int a;                              // 오류 : 중복 정의
```

이와 달리 정의가 아닌 선언은 대상 이름을 사용하는 방법, 즉 인터페이스를 명시하며 실제로 메모리를 할당하거나 함수 몸체를 명시하지 않는다. 결론적으로 일관성만 보장하면 필요한 만큼 여러 번 선언할 수 있다.

```
int x = 7;                          // 정의
extern int x;                       // 선언
extern int x;                       // 다른 선언

double sqrt(double);                // 선언
double sqrt(double d) { /* ... */ } // 정의
double sqrt(double);                // sqrt의 다른 선언
double sqrt(double);                // sqrt의 또 다른 선언

int sqrt(double);                   // 오류: sqrt의 선언이 일치하지 않음
```

마지막 선언은 왜 오류인가? double 타입을 인자로 받고 서로 다른 타입(int와 double)을 반환하면서 이름이 sqrt()로 같은 두 함수는 존재할 수 없기 때문이다.

x의 두 번째 선언에 있는 extern 키워드는 단지 x에 대한 선언이 정의가 아님을 의미하는데, 별로 유용하진 않다. 이 키워드를 쓰지 말길 권장하지만 다른 사람의 코드, 특히 전역 변수를 너무 많이 쓰는 코드에서 볼 수 있다(8.4절과 8.6.2절 참고).

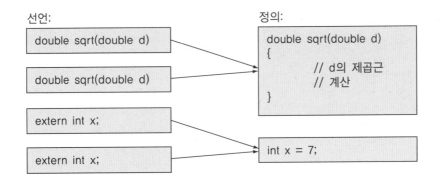

C++에서 선언과 정의를 모두 제공하는 이유는 무엇인가? 선언과 정의의 차이점은 우리가 뭔가를 사용하는 데 알아야 할 내용(인터페이스)과 그 뭔가가 어떤 일을 해야 하는지(구현)의 근본적 차이를 반영한다. 변수에서 선언은 타입만 명시하지만, 정의는 객체(메모리)를 제공한다. 함수에서도 선언은 (인자와 반환 값의) 타입을 명시하지만, 정의는 함수 몸체(실행 가능한 구문)를 제공한다. 이 함수 몸체가 프로그램의 일부로서 메모리에 저장된다는 사실을 감안하면 함수

와 변수의 정의는 메모리를 소모하는 반면, 선언은 그렇지 않다고 할 수 있다.

이러한 선언과 정의의 구분은 프로그램을 독립적으로 컴파일되는 많은 부분으로 나눌 수 있게 한다. 선언을 이용하면 프로그램의 한 부분에서 다른 부분의 정의에 신경을 쓰지 않고 다른 부분에 접근할 수 있다. (유일한 정의를 포함한) 모든 선언은 프로그램 전체에서 동일해야 하므로 프로그램에서 어떤 이름을 사용할 때 일관성이 보장된다. 이점은 8.3절에서 논의하자. 여기서는 6장에서 다룬 표현식 파서를 다시 살펴보자. 알다시피 expression()은 term()을 호출하고, term()은 primary()를 호출하며, primary()는 다시 expression()을 호출한다. C++ 프로그램에서 어떤 이름을 사용하려면 미리 정의해야 하므로, 네 함수를 모두 정의만 할 수는 없다.

```
double expression();        // 정의 아닌 선언

double primary()
{
    // ...
    expression();
    // ...
}

double term()
{
    // ...
    primary();
    // ...
}

double expression()
{
    // ...
    term();
    // ...
}
```

함수의 순서야 어떻게 해도 좋지만, 결국 그 밑에 등장하는 함수를 한 번은 호출해야 한다. 따라서 어딘가에 전방 선언forward declaration을 해야 하므로 expression()을 primary() 정의 앞에서 전방 선언해 모든 문제를 해결했다. 이와 같은 순환 호출cyclic calling 패턴은 매우 흔하게 볼 수 있다.

왜 이름을 사용하기 전에 선언해야 할까? (우리가 하듯이) 함수를 어떻게 호출하는지 프로그램 전체를 찾아 알아내도록 언어를 구현할 순 없을까? 가능은 하지만 이는 흥미로운 기술적

문제를 내포하므로 그렇게 구현하지 않았다. 결국 C++ 명세는 이름을 사용하기 전에 선언하도록 명시한다(클래스 멤버만 제외하고. 9.4.4절 참고). (프로그램이 아닌) 일반적인 글쓰기에도 이런 관례가 적용된다. 여러분이 참고서를 읽을 때 어떤 용어를 사용하기 전에 정의하길 바란다. 그렇지 않으면 용어의 의미를 추측하거나 매번 색인을 찾아야 한다. '사용하기 전에 선언'하는 규칙은 사람은 물론 컴파일러에게도 코드 읽기를 단순화한다. 프로그램의 경우로 다시 돌아와서 보면 '사용하기 전에 선언'하는 규칙이 중요한 두 번째 이유가 있다. 수천 줄(수십만 줄)의 프로그램이라면 우리가 호출하는 함수의 대부분은 '다른 어딘가'에 정의된 함수인데, '다른 어딘가'를 굳이 알 필요는 없다. 선언 덕분에 우리(그리고 컴파일러)는 방대한 프로그램 텍스트를 살펴보는 수고를 덜 수 있다.

8.2.1 선언의 종류

C++에서 프로그래머가 정의할 수 있는 항목은 여러 가지인데, 그중 관심을 갖고 살펴볼 항목은 다음과 같다.

- 변수
- 상수
- 함수(8.5절)
- 네임스페이스^{namespace}(8.7절)
- 타입(클래스와 열거형, 9장)
- 템플릿(19장)

8.2.2 변수와 상수 선언

변수나 상수의 선언은 이름과 타입을 명시하며, 필요한 경우 초기 값을 지정할 수도 있다.

```
int a;                    // 초기 값 없음
double d = 7;             // = 구문을 이용한 초기 값 지정
vector<int> vi(10);      // ( ) 구문을 이용한 초기 값 지정
vector<int> vi2 {1,2,3,4};  // { } 구문을 이용한 초기 값 지정
```

전체 문법은 ISO C++ 표준에서 볼 수 있다.

상수의 선언은 타입에 const가 필요하고, 초기 값을 꼭 지정해야 한다는 점을 제외하면 변수와 같다.

```
const int x = 7;          // = 구문을 이용한 초기 값 지정
const int x2 {9};         // { } 구문을 이용한 초기 값 지정
const int y;              // 오류 : 초기 값 없음
```

const에 초기 값이 필요한 이유는 명확하다. 값을 정의하지 않으면 const가 상수일 수 없기 때문이다. 그리고 변수를 초기화하는 일은 대부분의 경우에 좋은 습관이다. 다음과 같이 초기화하지 않은 변수는 모호한 오류로 가는 지름길이다.

```
void f(int z)
{
    int x;                // 초기화하지 않음
    //... x에 대입하지 않음 ...
    x = 7;                // x에 값을 대입
    // ...
}
```

이 코드에 아무 문제가 없어 보이지만, 첫 번째 생략된 코드 ...에서 x를 사용한다면?

```
void f(int z)
{
    int x;              // 초기화하지 않음
    //... x에 대입하지 않음 ...
    if (z>x) {
        // ...
    }
    // ...
    x = 7;              // x에 값을 대입
    // ...
}
```

x를 초기화하지 않았으므로, z>x의 실행 결과는 예측할 수 없다. z>x의 결과는 머신의 종류에 따라 다를 수도 있고, 같은 머신이라도 프로그램을 실행할 때마다 다를 수도 있다. 이론적으로는 z>x로 인해 하드웨어 오류가 발생하고 프로그램이 종료해야 하지만, 그렇지 않은 경우도 많다. 그 대신 결과를 예측할 수 없게 된다.

우리는 천성적으로 어떤 일을 그렇게 정교하게 수행하지 못하지만, 일관되게 변수를 초기화하지 않으면 결국 실수를 부른다. (초기화하지 않은 변수에 값을 대입하기 전에 사용하는 등의) '어리석은 실수'는 바쁘거나 피곤할 때 자주 발생한다는 점을 기억하자. 컴파일러가 이를 경고하려고 시도하겠지만, 그런 오류가 발생할 확률이 큰 복잡한 코드에서 모든 오류를 찾아내기에는 컴파일러가 충분히 똑똑하지 않다. 일관된 초기화를 허용하지 않거나 권장하지 않는 언어로

```
```

프로그래밍을 배운 사람은 변수를 초기화하는 습관이 없을 수 있는데, 다른 사람의 코드에서 이런 경우를 볼 수 있다. 여러분이 스스로 정의한 변수만큼은 반드시 초기화를 수행해서 불필요한 문제를 봉쇄하자.

나는 특히 {} 초기화 수행자를 선호하는데, 가장 일반적으로 사용하는 방법이며 그냥 '초기화 수행자'라고도 부른다. 매우 간단한 초기화를 제외하면 이 방법을 사용하며, 예전 습관대로 =를 사용하거나 ()를 이용해서 vector에 여러 개의 요소를 지정하기도 한다(17.4.4절).

8.2.3 기본 초기화

다음과 같이 string과 vector에 초기 값을 제공하지 않는 경우가 있었다.

```
vector<string> v;
string s;
while (cin>>s) v.push_back(s);
```

하지만 이 코드는 변수를 사용하기 전에 초기화하는 규칙에 어긋나지 않는다. string과 vector 타입의 변수에 초기 값을 명시적으로 지정하지 않으면 기본 값으로 정의되기 때문이다. 따라서 루프를 돌기 전에 v는 (요소가 없는) 빈 상태이며, s는 빈 문자열("")이다. 이처럼 기본 초기화를 보장하는 메커니즘이 바로 **기본 생성자**default constructor인데, 자세한 내용은 9.7.3절을 참고하라.

불행히도 C++는 내장형 타입에 대해서는 그런 보장을 하지 않는다. 전역 변수(8.4절)는 기본적으로 0으로 초기화되지만, 전역 변수 사용은 최소화해야 한다. 가장 유용한 변수와 지역 변수, 클래스 멤버 등은 초기 값(혹은 기본 생성자)을 지정하지 않으면 초기화되지 않는다. 분명히 경고했으니 주의하자!

8.3 헤더 파일

그렇다면 선언과 정의는 어떻게 관리할까? (한 대상에 대한) 모든 선언은 동일해야 하며, 실제 프로그램에서는 수만 개의 선언을 할 수 있다. 실제로 수십만 개의 선언을 하는 프로그램도 흔히 볼 수 있다. 일반적으로 프로그램을 작성하다 보면 대부분의 정의는 우리 스스로 하지 않는다. 예를 들어 cout()와 sqrt()는 누군가가 오래 전에 구현한 함수로, 우리는 그 함수를 사용할 뿐이다.

이처럼 C++에서 '어딘가에' 정의된 기능의 선언을 관리하는 핵심이 바로 헤더다. 기본적으로 헤더는 선언을 모아둔 것으로, 주로 파일로 저장하므로 헤더 파일이라고도 한다. 그리고 이 헤더는 #include를 이용해서 우리의 소스 파일에 포함된다. 예를 들어 계산기(6장과 7장) 코드의 구조를 개선하고자 토큰 관리 부분을 분리한다면 Token과 Token_stream을 사용하는 데 필요한 선언을 제공하는 헤더 파일 token.h를 만들 수 있다.

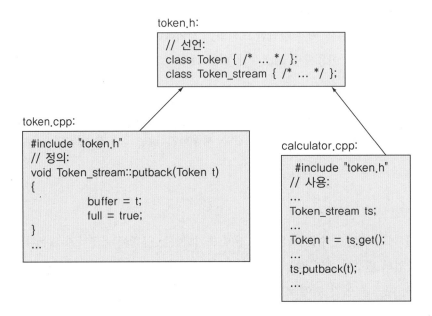

Token과 Token_stream의 선언은 token.h에, 정의는 token.cpp에 위치한다. C++의 헤더 파일은 주로 .h 확장자를 사용하고, 소스 파일은 .cpp 확장자를 사용한다. 사실 C++ 언어 자체는 파일 확장자에 신경을 쓰지 않지만, 일부 컴파일러와 대부분의 프로그램 개발 환경에서 이 확장자를 요구하므로 여러분의 소스코드에서도 이 관례를 따르자.

이론적으로 보자면 #include "file.h"는 #include를 사용한 곳에 file.h의 내용을 복사하는 효과를 낸다. 예를 들어 f.h를 다음과 같이 만들었다고 하자.

```
// f.h
int f(int);
```

그리고 이 파일을 user.cpp에 포함시킨다.

```
// user.cpp
#include "f.h"
int g(int i)
{
    return f(i);
}
```

user.cpp를 컴파일할 때 컴파일러는 우선 #include를 처리한 후 다음과 같은 코드를 컴파일한다.

```
int f(int);
int g(int i)
{
    return f(i);
}
```

이처럼 컴파일러가 다른 작업을 하기 전에 #include를 우선 처리하므로 #include 처리도 전처리preprocessing의 일부라고 할 수 있다(A.17절).

일관성을 보장하려면 해당 선언을 사용하는 소스 파일과 해당 선언을 정의하는 소스 파일 모두가 헤더를 #include해야 한다. 이렇게 하면 컴파일러가 바로 오류를 잡아낼 수 있다. 예를 들어 Token_stream::putback()을 구현하는 사람이 다음과 같은 실수를 했다고 하자.

```
Token Token_stream::putback(Token t)
{
    buffer.push_back(t);
    return t;
}
```

겉으로는 별 문제가 없어 보인다. 하지만 다행히도 컴파일러가 (#include된) Token_stream::putback()의 선언을 바탕으로 숨어있던 실수를 찾아낸다. 헤더의 선언과 위의 정의를 비교하면 putback()은 Token을 반환하지 않으며, buffer도 vector<Token>이 아니라 Token이므로 push_back()을 사용할 수 없다는 점을 알 수 있다. 이처럼 코드를 개선하면서 실수로 일관되지 않은 변경을 가하는 경우가 있다.

비슷하게 다음과 같은 실수를 하기도 한다.

```
Token t = ts.gett();      // 오류: gett라는 멤버는 없음
// ...
ts.putback();             // 오류: 인자 없음
```

컴파일러는 token.h에서 확인에 필요한 모든 정보를 얻고, 이를 바탕으로 즉시 오류를 발생시킨다.

std_lib_facilities.h 헤더는 cout과 vector, sqrt() 등 우리가 사용하는 표준 라이브러리 기능과 error()를 비롯해서 표준 라이브러리가 아닌 간단한 함수의 선언을 제공한다. 표준 라이브러리 헤더를 직접 사용하는 방법은 12.8절에서 알아보자.

헤더는 일반적으로 여러 소스 파일에 포함되므로, 헤더 파일에는 여러 파일에 중복될 수 있는 선언(함수 선언과 클래스 정의, 숫자 상수 정의 등)만 존재해야 한다.

8.4 유효 범위

유효 범위는 프로그램 텍스트의 한 구절이다. 이름은 유효 범위 안에서 선언되며, 선언한 지점부터 해당 유효 범위의 끝까지 유효[valid]하다(유효 범위 안에 있다[in scope]). 아래 예를 보자.

```
void f()
{
    g();                // 오류: g()는 (아직) 유효 범위 안에 없음
}

void g()
{
    f();                // OK: f()는 유효 범위 안에 있음
}

void h()
{
    int x = y;          // 오류: y는 (아직) 유효 범위 안에 없음
    int y = x;          // OK: x는 유효 범위 안에 있음
    g();                // OK: g()는 유효 범위 안에 있음
}
```

유효 범위 안에 있는 이름은 해당 유효 범위 안에 중첩된 유효 범위 안에서도 볼 수(접근할 수) 있다. 예를 들어 전역 유효 범위[global scope] 안에 '중첩된' g()에서도 f()를 호출할 수 있다. 전역 유효 범위는 다른 어떤 범위에도 중첩되지 않은 범위로, 사용하기 전에 선언한다는 규칙은 여전히 유효하므로 f() 안에서 g()를 호출할 수는 없다.

이름을 어디에 둘지를 결정할 때 여러 종류의 유효 범위를 고려할 수 있다.

- **전역 유효 범위** 다른 모든 범위 외부의 텍스트 구간

- **네임스페이스 유효 범위(namespace scope)** 전역 유효 범위나 다른 네임스페이스에 중첩된 명명된 범위(8.7절)

- **클래스 유효 범위(class scope)** 클래스 내부의 텍스트 구간(9.2절)

- **지역 유효 범위(local scope)** 중괄호 {...} 사이의 블록이나 함수 인자 목록

- **구문 유효 범위(statement scope)** 예, for 구문 내부

이러한 유효 범위의 주요 목적은 이름을 한 지역에 한정시켜 다른 곳에서 선언한 이름과 혼동되지 않게 하는 데 있다. 아래 예를 보자.

```
void f(int x)          // f는 전역, x는 f의 지역 유효 범위 안에 있음
{
    int z = x+7;       // z는 지역적임
}

int g(int x)           // g는 전역, x는 g의 지역 유효 범위 안에 있음
{
    int f = x+2;       // f는 지역적임
    return 2*f;
}
```

이를 그림으로 나타내보자.

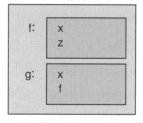

여기서 f() 안의 x와 g() 안의 x는 다르다는 사실을 기억하자. 두 x는 다른 유효 범위에 있으므로 **충돌**^{clash}하지 않는다. 즉, f() 안의 x는 f에 대해 지역적이며, g() 안의 x는 g에 대해 지역적이다. 이와 달리 동일한 유효 범위 안에 같은 이름 두 개를 선언하는 경우를 충돌이라고 한다. 마찬가지로 g() 안에서 정의하고 선언한 f는 (당연히) 함수 f()가 아니다.

이제 논리적으로는 위의 예제와 비슷하지만 좀 더 현실적인 지역 유효 범위의 사용 예를 살펴보자.

```
int max(int a, int b)       // max는 전역; a와 b는 지역적임
{
    return (a>=b) ? a : b;
}

int abs(int a)              // max()의 a가 아님
{
    return (a<0) ? -a : a;
}
```

max()와 abs()는 표준 라이브러리에 포함되므로 직접 작성할 필요는 없다. ?:는 산술 if^{arithmetic if}나 **조건 표현식**^{conditional expression}이라고 하며, 조건이 참이면 (a>=b)?a:b의 값은 a이고, 그렇지 않으면 b다. 이와 같은 조건 표현식을 잘 활용하면 다음과 같이 긴 코드를 작성하지 않아도 된다.

```
int max(int a, int b)        // max는 전역; a와 b는 지역적임
{
    int m;                   // m은 지역적임
    if (a>=b)
        m = a;
    else
        m = b;
    return m;
}
```

특수한 경우인 전역 유효 범위만 제외하면 유효 범위는 이름을 지역적으로 한정한다. 대부분의 경우에 이러한 지역성을 유지하는 쪽이 좋으므로, 될 수 있는 한 이름을 지역에 한정시키자. 내가 변수와 함수 등을 선언할 때 함수나 클래스, 네임스페이스 등의 내부에 선언하면 여러분이 선언한 이름과 충돌하지 않는다. 기억하라! 실제 프로그램은 수천 개의 명명된 항목을 포함하며, 이런 프로그램을 관리하려면 대부분의 이름이 지역적이어야 한다. 이제 이름이 구문이나 블록(함수 몸체 등)의 끝에서 어떻게 유효 범위를 벗어나 사라지는지를 보여주는 좀더 긴 기술적 예제를 살펴보자.

```
// r과 i, v를 아직 선언하지 않음
class My_vector {
    vector<int> v;                     // v는 클래스 유효 범위에 있음

public:
    int largest()
    {
        int r = 0;                     // r은 지역적임 (음이 아닌 최소의 int)
        for (int i = 0; i<v.size(); ++i)
            r = max(r,abs(v[i]));      // i는 for 구문 유효 범위 안에 있음
        // 이제 i가 없음
        return r;
    }
    // 이제 r이 없음
};
// 이제 v는 없음
```

```
int x;                          // 전역 변수 - 가능하면 사용하지 말자.
int y;

int f()
{
    int x;                      // 지역 변수, 전역 변수 x를 숨김
    x = 7;                      // 지역 변수 x
    {
        int x = y;              // 지역 변수 x를 전역 변수 y로 초기화, 앞의 지역 변수 x는 숨겨짐
        ++x;                    // 바로 위의 행에서 정의한 x
    }
    ++x;                        // f()의 첫 행에서 선언한 x
    return x;
}
```

가능하면 이처럼 복잡한 중첩과 숨겨짐은 피하자. "단순한 게 좋다"는 사실을 명심하라.

어떤 이름을 포함하는 유효 범위가 클수록 해당 이름은 더 설명적이어야 한다. 따라서 전역 이름을 x와 y, f로 한다면 끔찍한 일이다. 여러분의 프로그램에서 전역 변수를 피해야 하는 주된 이유는 어떤 함수에서 그 변수를 수정하는지 알기 어렵기 때문이다. 특히 규모가 큰 프로그램에서 어떤 함수가 전역 변수를 수정하는지 알기는 거의 불가능하다. 여러분이 프로그램을 디버깅하다가 전역 변수에 예상치 않은 값이 대입된 사실을 발견했다고 상상해보자. 누가, 왜 그 값을 넣었는가? 어떤 함수에서 그 값을 넣었는가? 그 사실을 어떻게 알 수 있는가? 그 변수에 잘못된 값을 대입한 함수는 여러분이 한 번도 보지 못한 함수일 수도 있다! 따라서 좋은 프로그램이라면 전역 변수를 사용해도 매우 적게 (말하자면 한두 개) 사용해야 한다. 그 예로 6장과 7장의 계산기는 토큰 스트림 ts와 심벌 테이블 names, 이렇게 두 개의 전역 변수를 사용한다.

대부분의 C++ 구성 요소는 그 정의 안에 중첩된 유효 범위를 다음과 같이 포함할 수 있다.

● **클래스 안의 함수**   멤버 함수(9.4.2절)

```
class C {
public:
    void f();
    void g()        // 멤버 함수는 클래스 정의 안에 정의할 수 있음
    {
        //...
    }
    // ...
};
```

```
void C::f()        // 멤버 함수는 클래스 밖에서도 정의할 수 있음
{
    //...
}
```

이러한 경우가 가장 일반적이고 유용하다.

● **클래스 안의 클래스** 멤버 클래스(중첩된 클래스라고도 함)

```
class C {
public:
    struct M {
        //...
    };
    //...
};
```

이런 방식은 복잡한 클래스에서만 유용한데, 가능하면 클래스를 작고 간단하게 유지하는
편이 이상적이다.

● **함수 안의 클래스** 지역 클래스

```
void f()
{
    class L {
        //...
    };
    //...
}
```

이런 방식은 피하라. 함수 안에서 클래스가 필요하다면 함수가 너무 길어질 수 있다.

● **함수 안의 함수** 지역 함수(중첩된 함수)

```
void f()
{
    void g()        // 허용하지 않음
    {
        // ...
    }
    // ...
}
```

C++는 이런 방식을 허용하지 않으니 시도하지 말자. 컴파일러가 이 코드를 거부한다.

● **함수나 다른 블록 안의 블록 중첩된 블록**

```cpp
void f(int x, int y)
{
    if (x>y) {
        // ...
    }
    else {
        // ...
        {
            // ...
        }
        // ...
    }
}
```

중첩된 블록은 불가피하지만 복잡한 중첩은 피하자. 그 곳에 오류가 숨어 있을 수 있다.

C++는 유효 범위를 표현하는 목적으로 namespace라는 언어 기능을 제공한다(8.7절).

중첩을 나타내는 표시로 들여쓰기를 일관되게 한 점에 주목하라. 다음과 같이 일관적인 들여쓰기 없는 중첩은 매우 읽기 어렵다.

```cpp
// 위험할 정도로 보기 나쁜 코드
struct X {
    void f(int x) {
        struct Y {
            int f() { return 1; } int m; };
        int m;
        m=x; Y m2;
        return f(m2.f()); }
    int m; void g(int m) {
        if (m) f(m+2); else {
            g(m+2); }}
X() { } void m3() {
}

void main() {
    X a; a.f(2);}
};
```

이처럼 읽기 힘든 코드에는 보통 버그가 숨어있기 마련이다. IDE를 사용하면 여러분의 코드를 자동으로 (정해진 나름의 기준에 따라) 적절히 들여쓰기 해주고, 소스코드 파일의 형식을 다시 정리해주는 '코드 서식기'도 있다(여러분이 형식을 선택할 수 있는 기능도 제공한다). 그러나 코드의 가독성을 유지하는 궁극적 책임은 여러분에게 있다.

8.5 함수 호출과 반환

함수는 동작과 계산을 표현하는 방식으로, 이름을 붙일 만한 일을 할 때 함수를 작성한다. C++ 언어는 표현식에 포함된 피연산자로부터 새로운 값을 생성할 수 있는 (+와 * 등의) 연산자와 실행 순서를 제어할 수 있는 (for나 if 등의) 구문을 제공한다. 함수를 이용하면 이러한 기본 요소로 이뤄진 코드를 조직화할 수 있다.

함수가 주어진 일을 하려면 일반적으로 인자가 필요하며, 많은 경우에 결과를 반환한다. 이번 절에서는 인자를 함수에 지정하고 전달하는 방법에 초점을 맞추자.

8.5.1 인자 선언과 반환 타입

C++의 함수는 계산과 동작을 명명하고 표현하는 데 쓰인다. 함수의 선언은 다음과 같이 반환 타입과 그 다음의 함수 이름, 괄호 안의 형식 인자 목록으로 이뤄진다.

```
double fct(int a, double d);              // fct의 선언(몸체가 없음)
double fct(int a, double d) { return a*d; }  // fct의 정의
```

함수 정의는 함수 몸체(호출 시 실행할 구문)를 포함하는 반면 정의가 아닌 선언은 세미콜론뿐이다. 형식 인자는 매개변수라고도 하는데, 함수에 인자가 필요 없다면 아래처럼 형식 인자를 비워두면 된다.

```
int current_power();              // current_power는 인자를 받지 않음
```

함수에서 값을 반환할 필요가 없다면 다음과 같이 반환 타입을 void로 지정한다.

```
void increase_power(int level);   // increase_power는 값을 반환하지 않음
```

여기서 void는 '값을 반환하지 않음'이나 '아무 값도 반환하지 않음'을 뜻한다.
매개변수의 이름은 선언과 정의 각각에서 필요에 따라 지정할 수 있다.

```
// vs에서 s를 찾음
// vs[hint]에서 검색을 시작함
// 찾으면 인덱스를 반환하고, 찾지 못하면 -1을 반환
int my_find(vector<string> vs, string s, int hint);   // 인자에 이름을 붙임

int my_find(vector<string>, string, int);             // 인자에 이름을 붙이지 않음
```

선언에서는 논리적으로 봤을 때 주석을 잘 작성하는 목적이 아니라면 형식 인자의 이름이 꼭 필요하지 않다. 컴파일러의 관점에서 my_find()의 두 번째 선언은 첫 번째 선언이 그렇듯 my_find()를 호출하는 데 필요한 모든 정보를 제공한다.

일반적으로, 다음과 같이 함수 정의에서는 모든 인자에 이름을 붙인다.

```
int my_find(vector<string> vs, string s, int hint)
// hint에서 시작해 vs에서 s를 찾음
{
    if (hint<0 || vs.size()<=hint) hint = 0;
    for (int i = hint; i<vs.size(); ++i)      // hint에서 검색 시작
        if (vs[i]==s) return i;
    if (0<hint) {                             // s를 찾지 못하면 hint 앞을 찾음
        for (int i = 0; i<hint; ++i)
            if (vs[i]==s) return i;
    }
    return - 1;
}
```

hint 때문에 코드가 조금 복잡해졌지만, 사용자가 찾는 string이 vector의 어디쯤에 있는지 알고 있다는 가정하에 hint가 긍정적 효과를 낸다. 하지만 my_find()를 사용하다 보니 호출하는 쪽에서 hint를 잘 사용하지 않는다는 사실을 알게 됐다면 hint는 쓸모없이 성능에 좋지 않은 영향만 끼친다. 이제 hint가 필요하지 않지만, hint를 이용해서 my_find()를 호출하는 코드가 상당수 존재한다. 그 코드를 다시 작성하고 싶지 않다면(다른 사람의 코드를 고칠 수 없다면) my_find()의 선언을 수정할 수 없다. 대신 마지막 인자를 사용하지 않으면 된다. 따라서 인자에 이름을 붙일 필요도 없다.

```
int my_find(vector<string> vs, string s, int)      // 세 번째 인자를 사용하지 않음
{
    for (int i = 0; i<vs.size(); ++i)
        if (vs[i]==s) return i;
    return - 1;
}
```

함수 정의의 전체 문법은 ISO C++ 표준에서 볼 수 있다.

8.5.2 값 반환

함수에서 값을 반환할 때 return 구문을 이용한다.

```
T f()            //f()는 T를 반환함
{
    V v;
    // ...
    return v;
}

T x = f();
```

여기서 반환되는 값을 엄밀히 말하자면 V 타입의 값을 이용해 초기화한 T 타입의 변수다.

```
V v;
// ...
T t(v);          // t를 v로 초기화
```

즉, 값 반환도 초기화의 한 형태라고 할 수 있다.

값을 반환한다고 선언한 함수는 반드시 값을 반환해야 한다. 특히, (값을 반환하지 않고) '함수의 끝에 도달하면' 오류가 발생한다.

```
double my_abs(int x)   // 경고: 버그를 포함하는 코드
{
    if (x < 0)
        return -x;
    else if (x > 0)
        return x;
} // 오류: x가 0이면 값을 반환하지 않음
```

사실 우리가 x==0인 경우를 잊어버린 사실을 컴파일러가 발견하지 못할 수도 있다. 이론적으로는 그렇지만, 일부 컴파일러는 이 정도 오류는 잡아낼 수 있을 정도로 똑똑하다. 그래도 함수가 복잡하면 컴파일러가 여러분의 코드에서 값을 반환하는지 여부를 알아내기란 거의 불가능하다. 그러니 조심하자. 여기서 "조심하라"는 말은 함수가 실행되는 모든 경우에 return 구문으로 값을 반환하거나 error()를 호출하는지 확인하라는 말이다.

역사적인 이유에서 main()은 특별한 예외로 한다. main()의 끝에 다다르면 프로그램의 '성공적 완료'를 뜻하는 0을 반환하는 것과 같다.

아무 값도 반환하지 않는 함수에서는 다음과 같이 값을 지정하지 않고 return을 사용하면 함수가 종료된다.

```
void print_until_s(vector<string> v, string quit)
{
    for(int s : v) {
```

```
        if (s==quit) return;
        cout << s << '\n';
    }
}
```

여기서 볼 수 있듯이 void 함수에서는 '함수 끝에 다다르기'가 허용되는데, 이는 return;
과 동일하다.

8.5.3 값에 의한 전달

함수에 인자를 전달하는 가장 간단한 방법은 인자로 지정한 값의 사본을 함수에 전달하는
방법이다. 함수 f()의 인자는 f()를 호출할 때마다 초기화되는 f() 내부의 지역 변수라고
할 수 있다.

```
// 값에 의한 전달(지정한 값의 사본을 함수에 전달)
int f(int x)
{
    x = x+1;                    // 지역 변수 x에 새로운 값 대입
    return x;
}

int main()
{
    int xx = 0;
    cout << f(xx) << '\n';  // 쓰기: 1
    cout << xx << '\n';        // 쓰기: 0; f()는 xx를 변경하지 않음
    int yy = 7;
    cout << f(yy) << '\n';  // 쓰기: 8
    cout << yy << '\n';        // 쓰기: 7; f()는 yy를 변경하지 않음
}
```

함수에 전달하는 값은 사본이므로 f() 안의 x=x+1은 함수를 호출할 때 인자로 지정한 xx와
yy를 변경하지 않는다. 이러한 값에 의한 전달pass-by-value을 그림으로 나타내면 다음과 같다.

값에 의한 전달은 직관적이며, 값을 복사하는 만큼의 비용이 소모된다.

8.5.4 상수 참조에 의한 전달

값에 의한 전달은 간단하고 직관적이며, int나 double, Token(6.3.2절) 등의 작은 값을 전달할 때 효율적이다. 그러나 (수백만 비트에 달하는) 이미지나 (수천 개의 int) 값을 저장하는 큰 테이블, (수백 개의 문자로 이뤄진) 긴 문자열처럼 큰 값이라면 어떨까? 이런 경우에는 복사하는 비용이 크다. 비용에 집착할 필요는 없지만, 불필요한 작업을 한다는 말은 우리의 아이디어를 직접적으로 표현하지 못하고 있다는 말과 같다. 예를 들어 부동소수점 숫자의 vector를 출력하는 함수를 다음과 같이 작성할 수 있다.

```
void print(vector<double> v)  // 값에 의한 전달이 적당한가?
{
    cout << "{ ";
    for (int i = 0; i<v.size(); ++i) {
        cout << v[i];
        if (i!=v.size()-1) cout << ", ";
    }
    cout << " }\n";
}
```

이 함수를 이용해서 vector의 크기에 상관없이 print()할 수 있다.

```
void f(int x)
{
    vector<double> vd1(10);              // 작은 vector
    vector<double> vd2(1000000);         // 큰 vector
    vector<double> vd3(x);               // 크기를 알 수 없는 vector
    // ... vd1, vd2, vd3에 값을 채움 ...
    print(vd1);
    print(vd2);
    print(vd3);
}
```

이 코드는 작동하지만, 첫 번째 print() 호출에서는 double 10개(80바이트 정도)를, 두 번째 호출에서는 double 100만 개(8메가바이트 정도)를, 세 번째 호출에서는 얼마나 많은지 알 수 없는 개수를 복사해야 한다. 여기서 스스로에게 "복사를 하지 않을 수 없나?"라고 물어야 한다. 우리는 vector를 출력하고 싶을 뿐 모든 요소를 복사하려던 게 아니다. 분명히 값을 복사하지 않고 함수에 전달할 방법이 있지 않을까? 비유를 들자면 여러분이 도서관에 있는 모든 책의 목록을 만드는 일을 맡았다고 해도 도서관 사서가 모든 책을 복사해서 여러분에게 배송하지 않는다. 단지 도서관의 주소를 알려주면 여러분이 도서관에 가서 책을 훑어볼 수 있다. 마찬가지로 print()에 vector의 사본을 넘겨주는 대신 print()에 vector의 주소를 넘겨주자. 여기서 '주소'에 해당하는 개념이 **참조**^{reference}다.

```
void print(const vector<double>& v) // 상수 참조에 의한 전달
{
    cout << "{ ";
    for (int i = 0; i<v.size(); ++i) {
        cout << v[i];
        if (i!=v.size()-1) cout << ", ";
    }
    cout << " }\n";
}
```

코드에서 &는 참조를 의미하며, const는 print()가 실수로 인자를 수정할 수 없게 한다. 인자 선언을 제외하면 바뀐 부분이 없다. 다른 점은 print()가 값을 복사하는 대신 참조를 바탕으로 원래 인자를 역참조^{refer-back}한다는 점이다. 인자를 역참조한다는 말은 다른 곳에서 정의한 객체를 참조한다는 의미에서 참조와 같은 의미다. 이렇게 변경된 print()를 호출하는 방법은 앞과 동일하다.

```
void f(int x)
{
    vector<double> vd1(10);          // 작은 vector
    vector<double> vd2(1000000);     // 큰 vector
    vector<double> vd3(x);           // 크기를 알 수 없는 vector
    // ... vd1, vd2, vd3에 값을 채움 ...
    print(vd1);
    print(vd2);
    print(vd3);
}
```

이를 그림으로 표현하면 다음과 같다.

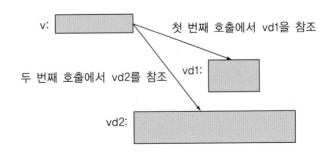

const 참조는 전달된 객체를 실수로 수정하지 못하게 막는다. 예를 들어 print()에서 요소를 대입하는 어리석은 오류를 내면 컴파일러가 이를 잡아낸다.

```
void print(const vector<double>& v)        // 상수 참조에 의한 전달
{
    // ...
    v[i] = 7;                               // 오류: v는 const (변경할 수 없음)
    // ...
}
```

상수 참조에 의한 전달pass-by-const-reference은 유용하고 널리 쓰인다. string의 vector에서 주어진 string을 찾는 my_find() 함수(8.5.1절)를 다시 살펴보면 값에 의한 전달은 불필요한 비용을 야기한다.

```
int my_find(vector<string> vs, string s);      // 값에 의한 전달: 복사
```

vector에 수천 개의 문자열이 포함되면 빠른 컴퓨터에서도 눈에 띄게 시간이 걸린다. 따라서 인자를 상수 참조로 전달받도록 my_find()를 개선하자.

```
// 상수 참조에 의한 전달: 복사 없음, 읽기 전용으로 접근
int my_find(const vector<string>& vs, const string& s);
```

8.5.5 참조에 의한 전달

하지만 함수 안에서 인자를 수정해야 한다면? 이런 일이 완전히 합리적인 경우도 있다. 예를 들어 vector 요소에 값을 대입하는 init()을 살펴보자.

```
void init(vector<double>& v) // 참조에 의한 전달
{
    for (int i = 0; i<v.size(); ++i) v[i] = i;
}

void g(int x)
{
    vector<double> vd1(10);          // 작은 vector
    vector<double> vd2(1000000);     // 큰 vector
    vector<double> vd3(x);           // 크기를 알 수 없는 vector

    init(vd1);
    init(vd2);
    init(vd3);
}
```

여기서 `init()`이 인자 vector를 수정해야 하므로 복사(값에 의한 전달)하거나 참조를 const로 선언(상수 참조에 의한 전달)하지 않고 vector를 가리키는 '참조 그대로'를 전달했다.

이제 참조를 좀 더 기술적인 관점에서 살펴보자. 참조는 사용자가 객체에 대한 새로운 이름을 선언하는 언어 구성 요소다. 예를 들어 아래에서 `int&`는 int에 대한 참조다.

```
int i = 7;

int& r = i;          // r은 i를 가리키는 참조
r = 9;               // i도 9가 됨
i = 10;
cout << r << ' ' << i << '\n';   // 출력: 10 10
```

즉, r을 사용하면 i를 사용하는 것과 같다.

참조는 다음과 같이 축약어로도 유용하다.

```
vector< vector<double> > v;      // double을 포함하는 vector의 vector
```

여기서 v[f(x)][g(y)]의 요소를 여러 번 참조한다면 어떨까? v[f(x)][g(y)]는 꼭 필요할 때가 아니고서는 사용하기 싫을 정도로 복잡한 표현이다. 따라서 값을 사용하려고 한다면 다음과 같이 할 수 있다.

```
double val = v[f(x)][g(y)];      // v[f(x)][g(y)]의 값을 val에 대입
```

그리고 val을 여러 번 사용할 수 있다. 하지만 v[f(x)][g(y)]에서 값을 읽기는 물론이고 v[f(x)][g(y)]에 값을 써야 한다면? 이럴 때 참조를 쓸 수 있다.

```
double& var = v[f(x)][g(y)];     // var는 v[f(x)][g(y)]를 가리키는 참조
```

이제 다음과 같이 var를 이용해서 v[f(x)][g(y)]에 읽기와 쓰기를 모두 할 수 있다.

```
var = var/2+sqrt(var);
```

이처럼 객체의 바로가기 역할을 하는 참조의 핵심적인 특징 덕에 참조를 인자로 유용하게 쓸 수 있다.

```
// 참조에 의한 전달(함수가 전달된 변수를 역참조함)
int f(int& x)
{
    x = x+1;
    return x;
}
```

```
int main()
{
    int xx = 0;
    cout << f(xx) << '\n';          //출력: 1
    cout << xx << '\n';             //출력: 1; f()가 xx의 값을 변경

    int yy = 7;
    cout << f(yy) << '\n';          //출력: 8
    cout << yy << '\n';             //출력: 8; f()가 yy의 값을 변경
}
```

참조에 의한 전달^{Pass-by-reference}을 그림으로 나타내면 다음과 같다.

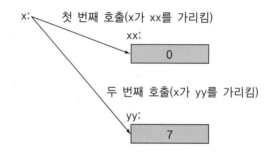

이 예제를 8.5.3절의 예제와 비교해보자.

참조에 의한 전달이 함수가 넘겨받은 어떤 객체든 직접 조작할 수 있게 하는 강력한 방법임은 확실하다. 예를 들어 두 값을 서로 바꾸는 일, 즉 스와핑^{swapping}은 정렬을 비롯한 많은 알고리즘에서 매우 중요한 연산이다. 참조를 이용하면 double 값을 서로 바꾸는 함수를 다음과 같이 만들 수 있다.

```
void swap(double& d1, double& d2)
{
    double temp = d1;        // d1의 값을 temp에 복사
    d1 = d2;                 // d2의 값을 d1에 복사
    d2 = temp;               // d1의 이전 값을 d2에 복사
}

int main()
{
    double x = 1;
    double y = 2;
    cout << "x == " << x << " y== " << y << '\n';    // 출력: x==1 y==2
    swap(x,y);
    cout << "x == " << x << " y== " << y << '\n';    // 출력: x==2 y==1
}
```

표준 라이브러리에서는 복사 가능한 모든 타입의 값에 대해 swap()을 제공하므로, 모든 타입의 swap()을 직접 작성할 필요는 없다.

8.5.6 값에 의한 전달과 참조에 의한 전달

어떤 경우에 값에 의한 전달과 참조에 의한 전달, 상수 참조에 의한 전달을 사용해야 할까? 먼저 기술적 예제를 살펴보자.

```
void f(int a, int& r, const int& cr)
{
    ++a;      // 지역 변수 a 변경
    ++r;      // r이 가리키는 객체 변경
    ++cr;     // 오류: cr은 const
}
```

전달받은 객체의 값을 변경하려면 const가 아닌 참조를 사용하자. 값에 의한 전달은 사본만 전달하고, 상수 참조에 의한 전달은 전달받은 객체의 값을 변경할 수 없게 막는다. 다음 코드를 보자.

```
void g(int a, int& r, const int& cr)
{
    ++a;               // 지역 변수 a 변경
    ++r;               // r이 가리키는 객체 변경
    int x = cr;        // cr이 가리키는 객체 읽기
}

int main()
{
    int x = 0;
    int y = 0;
    int z = 0;

    g(x,y,z);          // x==0; y==1; z==0
    g(1,2,3);          // 오류: 참조 인자 r에는 참조 가능한 변수를 지정해야 함
    g(1,y,3);          // OK: cr은 const이므로 리터럴을 전달할 수 있음
}
```

즉, 참조로 전달받은 객체의 값을 고치려면 당연히 객체를 전달해야 한다. 기술적으로 정수 리터럴 2는 값을 저장한 객체라기보다 그냥 값(rvalue)이다. 하지만 g()의 인자 r은 대입문의 왼쪽에 올 수 있는 lvalue여야 한다.

반면 const 참조는 꼭 lvalue일 필요는 없다. 초기화나 값에 의한 전달에서 그렇듯이 적절

한 변환을 수행할 수 있기 때문이다. 세 번째 호출 g(1,y,3)에서 컴파일러는 g()의 인자 cr이 가리킬 int를 할당한다.

```
g(1,y,3);    // int __compiler_generated = 3; g(1,y,__compiler_generated);를 의미함
```

이처럼 컴파일러가 생성한 객체를 **임시 객체**^{temporary object}나 ^{temporary}라고 한다. 일반적으로 다음 규칙을 따른다.

1. 매우 작은 객체에는 값에 의한 전달을 사용한다.

2. 수정할 필요가 없는 큰 객체를 전달할 때 상수 참조에 의한 전달을 사용한다.

3. 참조 인자로 전달받은 객체를 수정하기보다 값을 반환한다.

4. 꼭 필요할 때만 참조에 의한 전달을 사용한다.

이 규칙을 따르면 가장 간단하고 오류가 적으며, 효율적인 코드를 만들 수 있다. 여기서 "매우 작다"는 말은 int나 double 한두 개를 의미한다. 그리고 const가 아닌 참조를 인자로 받는 함수가 있다면 그 함수 안에서 인자를 수정한다고 가정해야 한다.

세 번째 규칙은 함수에서 변수의 값을 변경할 때 몇 가지 선택권이 있음을 암시한다.

```
int incr1(int a) { return a+1; }    // 새로운 값을 결과로 반환
void incr2(int& a) { ++a; }         // 참조로 넘겨받은 결과를 수정
int x = 7;
x = incr1(x);                       // 명확한 코드
incr2(x);                           // 모호한 코드
```

그렇다면 const가 아닌 참조 인자는 왜 사용하는가? 다음과 같은 경우에 const가 아닌 참조가 필수적이다.

● 컨테이너(예, vector)를 비롯한 큰 객체를 조작할 때

● 함수 안에서 여러 객체를 변경할 때(반면에 반환 값은 하나뿐임)

아래 예를 보자.

```
void larger(vector<int>& v1, vector<int>& v2)
    // 두 벡터의 상응하는 위치의 요소 중
    // 큰 값을 v1에 넣고
    // 작은 값은 v2에 넣음
{
    if (v1.size()!=v2.size()) error("larger(): 크기가 다름");
    for (int i=0; i<v1.size(); ++i)
        if (v1[i]<v2[i])
```

```
        swap(v1[i],v2[i]);
}

void f()
{
    vector<int> vx;
    vector<int> vy;
    // vx와 vy의 값을 입력받음
    larger(vx,vy);
    // ...
}
```

larger() 같은 함수에서는 인자를 참조로 전달받는 방법이 합리적이다.

일반적으로 여러 객체를 수정하는 함수는 피하는 게 좋다. 이론적으로 보면 여러 값을 포함하는 클래스의 객체를 반환하는 등의 대안이 항상 있게 마련이다. 하지만 하나 이상의 인자를 수정하는 함수로 구성된 프로그램은 이미 많이 존재하므로 그런 함수를 마주칠 수밖에 없다. 예를 들어 50년간 수치 계산 분야에서 사용돼 온 프로그래밍 언어 포트란에서는 모든 인자를 참조로 전달한다. 많은 수치 분야 프로그래머는 포트란의 설계에 따라 포트란으로 작성한 함수를 호출한다. 이런 코드에서는 참조에 의한 전달이나 상수 참조에 의한 전달을 사용한다.

단지 복사를 피하려고 한다면 상수 참조에 의한 전달을 사용하라. 결론적으로 말하자면 상수가 아닌 참조 인자를 사용하는 함수를 만나면 그 함수가 인자를 변경한다고 가정해야 한다. 즉, 그 함수의 유일한 목적이 인자를 변경하는 일이므로, 함수를 호출할 때 그 함수가 원래 목적을 제대로 수행했는지 주의 깊게 살펴야 한다.

8.5.7 인자 확인과 변환

인자를 전달하는 과정은 함수의 형식 인자를 호출할 때 지정된 실제 인자를 이용해 초기화하는 과정이라고 할 수 있다.

```
void f(T x);
f(y);
T x = y; // x를 y로 초기화 (§8.2.2 참고)
```

T x=y;가 적법하면 호출 f(y)도 적법하다. 그리고 두 x 모두 같은 값을 갖게 된다.

```
void f(double x);
```

```
void g(int y)
{
    f(y);
    double x = y;        // x를 y로 초기화(8.2.2절 참고)
}
```

x를 y로 초기화할 때 int를 double로 변환해야 한다. f()를 호출할 때도 같은 일이 일어난다. f()가 넘겨받는 double 값은 x에 저장된 값과 같다.

이러한 변환은 유용하지만, 경우에 따라서 예기치 못한 결과(3.9.2절)를 불러올 수 있으므로 조심히 다뤄야 한다. 예를 들어 int를 인자로 받는 함수에 double을 넘겨주는 일은 대부분의 경우에 좋지 않다.

```
void ff(int x);
void gg(double y)
{
    ff(y);          // 이 코드가 합리적인지 어떻게 알 수 있을까?
    int x = y;      // 이 코드가 합리적인지 어떻게 알 수 있을까?
}
```

정말 double을 int로 축소 변환하길 원한다면 그 사실을 명확히 밝히자.

```
void ggg(double x)
{
    int x1 = x;                     // x를 축소 변환
    int x2 = int(x);
    int x3 = static_cast<int>(x);   // 매우 명시적인 변환(17.8절)

    ff(x1);
    ff(x2);
    ff(x3);

    ff(x);                          // x를 축소 변환
    ff(int(x));
    ff(static_cast<int>(x));        // 매우 명시적인 변환(17.8절)
}
```

이렇게 하면 이 코드를 보게 될 다른 프로그래머가 여러분이 이 문제를 고려했다는 사실을 알 수 있다.

8.5.8 함수 호출 구현

그렇다면 컴퓨터는 실제로 함수 호출을 어떻게 처리할까? 6장과 7장에서 다룬 expression()과 term(), primary() 함수는 인자를 받지 않는다는 사실만 제외하면 이 과정을 보여주기에 안성맞춤이지만, 인자가 전달되는 방식을 설명할 수 없다. 그러나 잠깐 생각해보자! 세 함수는 결국 입력이 없으면 유용한 일을 할 수 없다. 결국 암시적으로 인자를 받는다고 할 수 있는데, 그 인자가 바로 함수에서 입력을 받을 때 사용하는 전역 변수 Token_stream ts다. 뭔가 좋지 않다. Token_stream&을 인자로 받도록 함수를 개선할 수 있다. 아래에서 Token_stream& 매개변수를 추가한 소스를 볼 수 있는데, 함수 호출 구현과 관련이 없는 부분은 생략했다.

우선 expression()은 굉장히 직관적인데, 인자 한 개(ts)와 지역 변수 두 개(left와 t)를 포함한다.

```
double expression(Token_stream& ts)
{
    double left = term(ts);
    Token t = ts.get();
    // ...
}
```

두 번째로, term()은 나눗셈 '/'의 결과를 저장할 지역 변수(d)가 하나 더 있다는 사실만 제외하면 expression()과 매우 비슷하다.

```
double term(Token_stream& ts)
{
    double left = primary(ts);
    Token t = ts.get();
    // ...
    case '/':
    {
        double d = primary(ts);
        // ...
    }
    // ...
}
```

세 번째로, primary()는 지역 변수 left가 없다는 사실만 제외하면 term()과 매우 비슷하다.

```
double primary(Token_stream& ts)
{
    Token t = ts.get();
```

```
switch (t.kind) {
case '(':
    {    double d = expression(ts);
        // ...
    }
    // ...
}
}
```

이제 '떳떳하지 못한 전역 변수'가 사라졌고, 우리의 예제로서 적합해졌다. 인자를 받아들이고 지역 변수를 포함하며, 서로를 호출하기 때문이다. expression()과 term(), primary()의 전체 내용을 다시 보고 싶을 수도 있겠지만, 여기서 관심을 가져야 할 함수 호출에 관련된 내용에 집중하자.

함수를 호출하면 언어의 구현체는 함수의 모든 매개변수의 사본과 지역 변수를 포함하는 자료 구조를 할당한다. 예를 들어 expression()을 처음으로 호출하면 컴파일러가 다음과 같은 자료 구조를 구성한다.

expression() 호출:

'구현에 필요한 내용'은 구현체마다 다르지만, 기본적으로 함수가 호출한 쪽에 값을 반환할 때 필요한 정보를 포함한다. 이런 자료 구조를 **함수 활동 기록**function activation record이라고 하며, 각 함수는 저마다 알맞은 형식의 활동 기록을 갖는다. 구현체의 입장에서 보면 매개변수도 지역 변수의 한 형태임을 잊지 말자.

이제 expression()이 term()을 호출하면 컴파일러가 term() 호출에 해당하는 활동 기록을 할당한다.

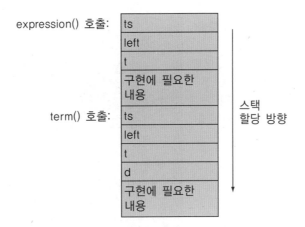

term()은 추가적인 변수 d를 저장해야 하므로, 코드에서 이 변수를 사용하지 않더라도 일단 공간을 마련해야 한다. 하지만 이렇게 해도 문제는 없다. 지역 변수 d는 case '/'가 실행돼야 초기화되므로, (이 책에서 직간접적으로 사용하는 함수를 비롯한) 합리적인 함수라면 함수 활동 기록을 할당하는 실행 시간 비용은 그 크기와 무관하다.

이제 term()이 primary()를 호출한 후의 그림은 다음과 같다.

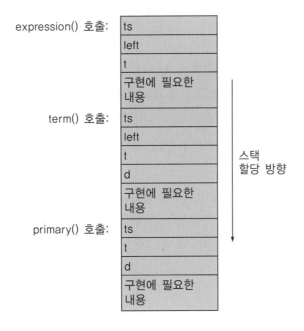

여기부터 primary()가 expression()을 호출하며 같은 일이 반복된다.

expression() 호출:	ts
	left
	t
	구현에 필요한 내용
term() 호출:	ts
	left
	t
	d
	구현에 필요한 내용
primary() 호출:	ts
	t
	d
	구현에 필요한 내용
expression() 호출:	ts
	left
	t
	구현에 필요한 내용

스택
할당 방향

위에서 호출한 expression()은 처음 호출한 expression()과 다른 별도의 활동 기록을 할당한다. left와 t의 값이 두 호출 시점에 다르기 때문에 이렇게 하지 않으면 심각한 문제가 생긴다. 여기서 직접적으로나 (이 예에서처럼) 간접적으로 함수가 스스로를 호출하는 일을 재귀라고 하며, 재귀적인 함수도 함수 호출과 반환(그리고 그 반대 방향)에 대한 구현 기술을 바탕으로 한다.

즉, 각 함수를 호출할 때마다 활동 기록을 **활동 기록의 스택**, 간단히 말해 **스택**stack에 추가한다. 반대로 함수가 반환한 후에는 해당 활동 기록이 필요 없다. 예를 들어 마지막으로 호출한 expression()이 prmiary()로 반환한 후에 스택은 다음과 같이 되돌아온다.

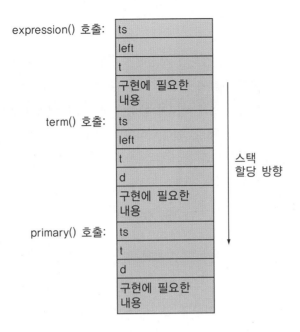

그리고 `primary()`가 `term()`으로 반환한 후의 스택은 다음과 같다.

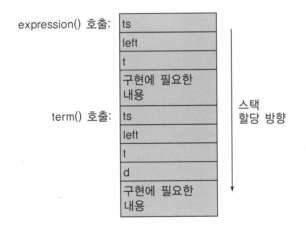

이와 같은 과정이 반복된다. **호출 스택**^{call stack}이라고도 하는 자료 구조 스택의 한쪽 끝은 이처럼 '후입 선출^{LIFO, Last In First Out}' 방식으로 늘어났다가 줄어들기를 반복한다.

여기서 설명한 호출 스택 구현을 잘 기억해두자. 자세한 내용은 C++ 구현체마다 다르지만 기본적인 내용은 여기서 요약한 바와 같다. 함수를 호출하려면 함수 호출 구현 방법을 알아야 할까? 물론 아니다. 이번 절에서 그 구현을 살펴보기 전에도 함수를 잘 사용해왔지만 많은 사람들이 '활동 기록'이나 '호출 스택' 등의 용어를 사용하므로 알아두는 편이 좋다.

8.5.9 constexpr 함수

함수는 계산 과정을 표현하는데, 컴파일 시점에 이 계산을 수행해야 할 때도 있다. 이렇게 컴파일러가 계산을 하면 실행 시점에 동일한 계산을 수백만 번 반복하는 일을 막을 수 있다. 이런 경우에도 계산을 이해하기 쉽게 하고자 함수를 사용하고 싶을 수 있으므로, 자연스럽게 함수를 상수 표현식으로 만들 때도 있다. 이처럼 컴파일러가 함수를 계산하게 하려면 constexpr 함수를 선언한다. 다음과 같이 함수 인자로 상수 표현식을 취하는 경우에 컴파일러가 constexpr 함수를 계산할 수 있다.

```
constexpr double xscale = 10;        // 확장 비율
constexpr double yscale = 0.8;
constexpr Point scale(Point p) { return {xscale*p.x,yscale*p.y}; };
```

Point는 이차원 공간의 좌표를 나타내는 간단한 struct이며, x와 y를 멤버로 포함한다. 이제 scale()에 Point 인자를 넘겨주면 인자를 확장 비율 xscale과 yscale에 곱한 좌표를 포함하는 Point를 반환한다.

```
void user(Point p1)
{
    Point p2 {10,10};
    Point p3 = scale(p1);        // OK: p3 == {100,8}; 실행 시점 계산 가능
    Point p4 = scale(p2);        // p4 == {100,8}

    constexpr Point p5 = scale(p1);        // 오류: scale (p1)은 상수 표현식이 아님
    constexpr Point p6 = scale(p2);        // p6 == {100,8}
    //...
}
```

상수가 필요한 곳에서 사용하는 경우가 아니라면 constexpr 함수는 보통 함수와 동일하게 동작한다. 상수 표현식에서 constexpr 함수를 호출하면 인자가 상수 표현식(예, p2)인 경우 컴파일러가 함수를 계산하고, 인자가 상수 표현식이 아니면(예, p1) 오류가 발생한다. 그러려면 (표준을 준수하는 모든) 컴파일러가 계산할 수 있을 정도로 constexpr 함수가 간단해야 한다. C++11에서는 constexpr가 (scale()처럼) 하나의 return 구문으로만 이뤄져야 하며, C++14에 서는 간단한 루프도 허용한다. 그리고 constexpr 함수는 부작용이 없어야 한다. 즉, 함수의 반환 값을 대입하거나 이를 이용해 초기화하는 변수를 제외한 함수 몸체 외부의 변수를 변경해선 안 된다.

이 규칙을 위반하는 함수의 예는 다음과 같다.

```
int glob = 9;
constexpr void bad(int & arg)     // 오류: 반환 값이 없음
{
    ++arg;                        // 오류: 인자를 바탕으로 호출하는 쪽의 상태를 변경함
    glob = 7;                     // 오류: 비(非) 지역 변수를 변경함
}
```

컴파일러가 (표준에 자세히 정해진 규칙에 따라) `constexpr` 함수가 충분히 간단한지 판단할 수 없으면 그 함수는 오류로 간주한다.

8.6 평가 순서

프로그램의 평가(실행)는 언어의 규칙에 따라 한 구문씩 수행된다. 이 실행 흐름[thread of execution]이 변수의 정의에 다다르면 변수를 생성한다. 즉, 해당 객체를 저장할 메모리를 할당하고 객체를 초기화한다. 반면 변수가 유효 범위를 벗어나면 파괴한다. 즉, 이론적으로는 해당 객체를 삭제하며, 이 메모리 공간은 컴파일러가 다른 용도로 사용할 수 있다. 예를 살펴보자.

```
string program_name = "silly";
vector<string> v;                    // 전역 변수 v

void f()
{
    string s;                        // s는 f의 지역 변수
    while (cin>>s && s!="quit") {
        string stripped;             // stripped는 루프 안의 지역 변수
        string not_letters;

        for (int i=0; i<s.size(); ++i)   // i는 구문 유효 범위 안에 있음
            if (isalpha(s[i]))
                stripped += s[i];
            else
                not_letters += s[i];
        v.push_back(stripped);
        // ...
    }
    // ...
}
```

`program_name`과 `v` 같은 전역 변수는 `main()`의 첫 구문을 실행하기 전에 생성되며, 프로그램이 종료될 때까지 존재하다가 프로그램이 종료하면 사라진다. 전역 변수의 생성 순서는

정의된 순서와 같고(즉, program_name 다음에 v 생성), 소멸 순서는 그 반대 순서를 따른다(즉, v 다음에 program_name 소멸).

누군가가 f()를 호출하면 우선 s를 생성한다. 즉, s를 빈 문자열로 초기화한다. 이 s는 f()가 반환할 때까지 존재한다.

다음 블록(while 구문의 몸체)에 진입할 때 stripped와 not_letters를 생성한다. stripped 를 not_letters보다 먼저 정의했으므로, stripped를 생성한 후 not_letters를 생성한다. 이 두 변수는 루프의 끝까지 존재하며, 해당 루프가 끝나고 반복 조건을 다시 평가하기 전에 역순으로(즉, not_letters 다음에 stripped) 소멸된다. 따라서 문자열 quit가 나오기 전에 문자열 10개를 처리했다면 stripped와 not_letters는 10번 생성됐다가 소멸된다.

다음으로 for 구문을 실행할 때마다 i가 생성된다. 그리고 for 구문이 종료된 후 v.push_back(stripped); 구문을 실행하기 전에 i가 소멸된다.

한 가지 명심할 사실은 컴파일러(와 링커)는 영악한 녀석들이라서 우리가 하려는 일과 동일한 결과를 내는 선에서 코드를 최적화한다는 점이다. 특히 컴파일러는 꼭 필요한 횟수만큼 메모리를 할당하고 해제할 정도로 영리하다.

8.6.1 표현식 계산

하위 표현식의 계산 순서는 프로그래머의 편의보다 최적화에 유리한 규칙에 따라 정해진다. 이런 사실이 유감스러울지 몰라도 너무 복잡한 표현식은 피해야 한다. 그리고 한 가지 규칙에 따르면 큰 문제가 없으리라. 즉, 한 표현식 안에서 어떤 변수의 값을 변경했다면 동일한 표현식에서 그 변수를 다시 읽거나 쓰지 말자.

```
v[i] = ++i;                        // 이러지 말자: 계산 순서는 예측 불가
v[++i] = i;                        // 이러지 말자: 계산 순서는 예측 불가
int x = ++i + ++i;                 // 이러지 말자: 계산 순서는 예측 불가
cout << ++i << ' ' << i << '\n';   // 이러지 말자: 계산 순서는 예측 불가
f(++i,++i);                        // 이러지 말자: 계산 순서는 예측 불가
```

불행히도 모든 컴파일러가 이런 나쁜 코드를 경고하진 않는다. 이 코드가 나쁜 이유는 동일한 코드를 다른 컴퓨터에서 실행하거나, 다른 컴파일러를 사용하거나, 다른 최적화 설정에서 사용했을 때 결과가 같다고 보장할 수 없기 때문이다. 컴파일러에 따라 이런 코드를 다르게 처리하므로, 위와 같이 하지 말라.

특히 =(대입)는 표현식 안에 포함된 연산자 중 하나일 뿐이므로 대입 연산자의 오른쪽이 왼쪽보다 먼저 계산된다는 보장은 없다. 따라서 v[++i] = i;의 결과를 예측할 수 없다.

8.6.2 전역 변수 초기화

한 변환 단위에 포함되는 전역 변수(와 네임스페이스 변수, 8.7절 참고)는 코드에 등장한 순서대로 초기화된다. 예를 살펴보자.

```
// f1.cpp 파일
int x1 = 1;
int y1 = x1+2;          // y1은 3이 됨
```

논리적으로 보면 이 초기화는 'main()의 코드를 실행하기 전에' 수행한다.

전역 변수는 매우 제한적인 환경이 아니라면 사용을 자제해야 한다. 규모가 큰 프로그램에서 프로그램의 어떤 부분이 전역 변수를 읽고 쓰는지 프로그래머가 알기 어렵다는 문제를 지적한 바 있다(8.4절). 그리고 다음과 같이 다른 변환 단위에 포함된 전역 변수의 초기화 순서를 예측할 수 없다는 문제점도 있다.

```
// f2.cpp 파일
extern int y1;
int y2 = y1+2;          // y2는 2나 5가 됨
```

이런 코드는 여러 가지 이유로 삼가야 한다. 우선 전역 변수를 사용했고, 전역 변수에 짧은 이름을 사용했고, 전역 변수의 초기화가 복잡하다. f1.cpp의 전역 변수가 f2.cpp보다 먼저 초기화되면 (아마도 프로그래머의 의도대로) y2는 5로 초기화된다. f2.cpp의 전역 변수가 f1.cpp보다 먼저 초기화되면 y2는 2로 초기화된다(복잡한 초기화를 수행하기 전에 전역 변수의 메모리 공간은 0으로 채워지므로). 따라서 이런 코드를 피하고, 전역 변수의 초기 값이 자명하지 않다면 심히 의심할 만하다. 여기서 불명확한 초기 값이란 상수 표현식이 아닌 경우를 말한다.

그러나 전역 변수(상수)에 복잡한 초기 값이 꼭 필요한 경우에는 어떻게 해야 할까? 비즈니스 트랜잭션transaction을 지원하는 라이브러리에서 사용한 Date 타입의 기본 값을 지정하는 경우를 예로 들 수 있다.

```
const Date default_date(1970,1,1);   // 기본 날짜는 1970년 1월 1일
```

default_date가 초기화되기 전에 사용하지 않는다고 보장할 수 있을까? 기본적으로 불가능하다. 따라서 이런 정의를 쓰면 안 된다. 대신 다음과 같이 기본 값을 반환하는 함수를 자주 이용한다.

```
const Date default_date()            // 기본 날짜 반환
{
    return Date(1970,1,1);
}
```

이렇게 하면 default_date()를 호출할 때마다 Date가 생성된다. 그렇게 해도 큰 문제가 없을 수 있지만, default_date()가 빈번하게 호출되고 Date를 생성하는 비용이 크다면 Date를 딱 한 번 생성하는 편이 좋다. 다음과 같이 해보자.

```
const Date& default_date()
{
    static const Date dd(1970,1,1);        // 이 코드를 처음 실행할 때만 dd를 초기화
    return dd;
}
```

static 지역 변수는 함수를 처음 호출한 시점에서만 초기화(생성)된다. 여기서 참조를 반환해 불필요한 복사를 없애고, 더 나아가 const 참조를 반환해 호출하는 함수에서 실수로 시각을 변경하지 않게 한 점에 주목하자. 인자 전달에 대한 논의(8.5.6절)는 값 반환에도 적용할 수 있다.

8.7 네임스페이스

함수 안의 코드를 조직하는 데 블록을 이용한다(8.4절). 그리고 함수와 데이터, 타입을 한 타입으로 조직화할 때 클래스를 이용한다(9장). 즉, 함수와 클래스 모두 다음과 같은 역할을 한다.

• 프로그램 안에서 이름 충돌을 걱정하지 않고 구성 요소를 정의할 수 있게 해준다.

• 우리가 정의한 무언가를 가리키는 이름을 제공한다.

아직까지 타입을 정의하지 않고 클래스와 함수, 데이터, 타입을 프로그램의 명명된 한 부분으로 조직화하는 방법은 배우지 않았다. 이와 같이 선언을 그룹핑하는 언어적 메커니즘이 네임스페이스다. Color와 Shape, Line, Function, Text 클래스를 제공하는 그래픽스 라이브러리(13장)를 예로 들어보자.

```
namespace Graph_lib {
    struct Color { /* ... */ };
    struct Shape { /* ... */ };
    struct Line : Shape { /* ... */ };
    struct Function : Shape { /*... */ };
    struct Text : Shape { /* ... */ };
    // ...
    int gui_main() { /* ... */ }
}
```

이 세상 누군가가 동일한 이름을 사용할 확률이 높지만, 이제 문제없다. 여러분이 Text라는 이름으로 뭔가를 정의해도 앞 코드의 Text와 충돌하지 않는다. Graph_lib::Text는 앞에서 정의한 클래스 중 하나지만 여러분이 정의한 Text는 그렇지 않다. 여러분이 Graph_lib라는 이름의 네임스페이스 멤버로 Text를 정의한 경우만 문제가 된다. Graph_lib이란 이름이 보기엔 좀 안 좋지만 간단명료하며, Graphics라는 이름은 이미 다른 곳에서 사용하고 있을 확률이 크다.

Text가 여러분이 만든 텍스트 조작 라이브러리의 일부라고 하면 그래픽 기능을 Graph_lib 네임스페이스에 넣은 이유와 마찬가지로 텍스트 조작 기능을 TextLib라는 네임스페이스에 넣을 수 있다.

```
namespace TextLib {
    class Text { /* ... */ };
    class Glyph { /*... */ };
    class Line { /* ... */ };
    // ...
}
```

여기선 두 라이브러리 모두 전역 네임스페이스를 사용했다면 실제로 큰 문제가 생길 수 있다. 두 라이브러리를 모두 사용하려는 사람은 Text와 Line 때문에 이름 충돌을 겪을 수 있다. 특히 라이브러리 사용자가 이름 충돌을 막고자 Line과 Text 등의 이름을 변경할 수 없을 수도 있다. 따라서 네임스페이스를 사용해서 이런 문제를 피하자. 즉, 내가 만든 Text는 Graph_lib::Text로, 여러분의 Text는 TextLib::Text로 네임스페이스를 다르게 하자. 이처럼 네임스페이스 이름(혹은 클래스 이름)과 멤버의 이름을 ::으로 결합한 이름을 완전 한정 이름 FQN, Fully Qualified Name이라고 한다.

8.7.1 using 선언과 using 지시자

완전 한정 이름을 사용하는 일은 귀찮을 수 있다. 예를 들어 C++ 표준 라이브러리는 std 네임스페이스에 정의되는데, 다음과 같이 사용할 수 있다.

```
#include<string>          // 문자열 라이브러리 포함
#include<iostream>        // iostream 라이브러리 포함

int main()
{
    std::string name;
    std::cout << "이름을 입력하세요\n";
```

```
    std::cin >> name;
    std::cout << "안녕하세요, " << name << '\n';
}
```

표준 라이브러리 string과 cout을 수천 번 살펴본 입장에서 매번 완전 한정 이름 std::string과 std::cout을 사용하고 싶지는 않다. 이를 해결하려면 'string은 std::string을 의미함', 'cout은 std::cout을 의미함'이라고 명시해야 한다.

```
using std::string;          // string은 std::string을 의미함
using std::cout;            // cout은 std::cout을 의미함
// ...
```

이와 같은 방식을 using 선언이라고 하는데, 같은 방 안에 다른 길동이 없으면 그냥 '길동'이 '홍길동'을 가리키는 원리를 프로그래밍으로 옮겨 놨다고 볼 수 있다.

어떤 네임스페이스 안의 이름에 대해 더 강력한 '바로가기'를 원할 수 있다. 즉, using 지시자를 사용하면 "현재 유효 범위에서 주어진 이름을 찾을 수 없으면 std를 찾아라"고 지시할 수 있다.

```
using namespace std;        // std에 포함된 이름을 직접 접근할 수 있음
```

이를 이용한 일반적인 스타일은 다음과 같다.

```
#include<string>            // 문자열 라이브러리 포함
#include<iostream>          // iostream 라이브러리 포함
using namespace std;        // std에 포함된 이름을 직접 접근할 수 있음

int main()
{
    string name;
    cout << "이름을 입력하세요\n";
    cin >> name;
    cout << "안녕하세요, " << name << '\n';
}
```

이 코드에서 cin은 std::cin을, string은 std::string을 가리킨다. **std_lib_facilities.h**를 사용하면 표준 헤더나 std 네임스페이스에 신경 쓸 필요가 없다.

하지만 일반적으로 std처럼 응용 분야에서 매우 잘 알려진 네임스페이스가 아니라면 네임스페이스에 using 지시자를 사용하는 일은 삼가야 한다. using 지시자를 남용하면 어떤 이름이 어디서 왔는지 추적하기 어려워지고, 다시 이름 충돌이 발생할 수 있다. 대신 네임스페이스 이름을 이용한 명시적 한정과 using 선언을 이용하면 이런 문제에서 벗어날 수 있다. 따라서

헤더 파일에 using 지시자를 넣는 일은 (사용자에게 using 지시자의 사용을 강제하므로) 매우 나쁜 습관이다. 하지만 초기 코드를 단순히 하고자 std의 using 지시자를 std_lib_facilities.h에 넣었고, 다음과 같이 코드를 작성할 수 있다.

```
#include "std_lib_facilities.h"

int main()
{
    string name;
    cout << "이름을 입력하세요\n";
    cin >> name;
    cout << "안녕하세요, " << name << '\n';
}
```

부디 std를 제외한 다른 네임스페이스는 절대 이런 방법으로 사용하지 말자.

실습문제

1. 세 파일 my.h와 my.cpp, use.cpp을 만들자. my.h의 내용은 다음과 같다.

```
extern int foo;
void print_foo();
void print(int);
```

소스코드 파일 my.cpp에 my.h와 std_lib_facilities.h를 #include한다. 그리고 foo의 값을 cout에 출력하는 print_foo()와 i의 값을 cout에 출력하는 print(int i)를 정의하자.

소스코드 파일 use.cpp에는 my.h를 #include한다. 그리고 foo에 7을 대입한 후 print_foo()로 값을 출력하고, 99의 값을 print()로 출력하는 main()을 정의하자.[1] use.cpp에서는 std_lib_facilities.h 기능을 직접 사용하지 않으므로 #include std_lib_facilities.h를 하지 않는다는 점을 명심하자.

파일을 컴파일하고 실행해보자. 윈도우에서는 use.cpp와 my.cpp를 프로젝트에 포함시키고, use.cpp에 { char cc; cin>>cc; }를 추가해야 출력을 볼 수 있다. 힌트: cin을 이용하려면 #include <iostream>을 해야 한다.

---

1. my.h에서는 foo를 정의하지 않고 선언하기만 했으므로, 변수 foo를 사용하려면 my.cpp나 main.cpp 중의 한 곳에서 int foo = 0;과 같이 foo를 정의해야 한다. 물론 foo를 전역 네임스페이스에서 선언했으므로 정의도 전역 네임스페이스에서 해야 한다. - 옮긴이

2. 세 함수 swap_v(int,int)와 swap_r(int&,int&), swap_cr(const int&, const int&)를
작성하라. 세 함수의 몸체는 다음과 같이 동일하다.

```
{ int temp; temp = a, a=b; b=temp; }
```

여기서 a와 b는 인자의 이름이다.

각 스왑 함수를 다음과 같이 호출하자.

```
int x = 7;
int y =9;
swap_?(x,y);              // 물음표(?)를 v와 r, cr로 각각 대체하자.
swap_?(7,9);
const int cx = 7;
const int cy = 9;
swap_?(cx,cy);
swap_?(7.7,9.9);
double dx = 7.7;
double dy = 9.9;
swap_?(dx,dy);
swap_?(7.7,9.9);
```

어떤 함수와 각 호출이 문제없이 컴파일되는가? 컴파일된 스왑 함수에 대해 인자의 값을
출력해서 그 값이 정말 스왑됐는지 확인하자. 예상 밖의 결과라면 8.5.6절을 확인하자.

3. 아래 main()이 제대로 작동할 수 있도록 네임스페이스 X와 Y, Z를 포함한 파일 하나로
구성된 프로그램을 작성하자.

```
int main()
{
    X::var = 7;
    X::print();        // X의 var 출력
    using namespace Y;
    var = 9;
    print();           // Y의 var 출력
    {   using Z::var;
        using Z::print;
        var = 11;
        print();       // Z의 var 출력
    }
    print();           // Y의 var 출력
    X::print();        // X의 var 출력
}
```

각 네임스페이스에서는 변수 var과 cout을 이용해서 이 var을 출력하는 함수 print()를 정의한다.

복습문제

1. 선언과 정의의 차이점은 무엇인가?

2. 함수 선언과 함수 정의를 어떻게 구문적으로 구별할 수 있는가?

3. 변수 선언과 변수 정의를 어떻게 구문적으로 구별할 수 있는가?

4. 6장에서 살펴본 계산기 프로그램의 함수를 먼저 (정의가 아닌) 선언해야만 사용할 수 있는 이유는 무엇인가?

5. int a;는 정의인가? 아니면 (정의가 아닌) 선언인가?

6. 변수를 선언할 때 초기화해야 하는 이유는 무엇인가?

7. 함수 선언이 포함할 수 있는 구성 요소는 무엇인가?

8. 좋은 들여쓰기는 어떤 역할을 하는가?

9. 헤더 파일의 용도는 무엇인가?

10. 선언의 유효 범위는 무엇인가?

11. 유효 범위의 종류는 무엇이 있는가? 각각의 예를 들어보자.

12. 클래스 유효 범위와 지역 유효 범위의 차이점은 무엇인가?

13. 프로그래머가 전역 변수의 사용을 최소화해야 하는 이유는 무엇인가?

14. 값에 의한 전달과 참조에 의한 전달의 차이점은 무엇인가?

15. 참조에 의한 전달과 const 참조에 의한 전달의 차이점은 무엇인가?

16. swap()은 무슨 일을 하는가?

17. vector<double>을 함수에 매개변수로 넘겨줄 때 값에 의한 전달을 사용해야 하는가?

18. 계산 순서를 예측할 수 없는 경우의 예를 들어보자. 계산 순서를 알 수 없는 이유는 무엇인가?

19. x&&y와 x||y는 각각 어떤 일을 하는가?

20. 함수 안의 함수와 클래스 안의 함수, 클래스 안의 클래스, 함수 안의 클래스 중 C++ 표준에 부합하는 것은 무엇인가?

21. 활동 기록은 어떤 내용을 포함하는가?

22. 호출 스택은 무엇이고, 왜 필요한가?

23. 네임스페이스의 목적은 무엇인가?

24. 네임스페이스와 클래스의 차이점은 무엇인가?

25. using 선언은 무엇인가?

26. 헤더 안에서 using 지시자를 삼가해야 하는 이유는 무엇인가?

27. 네임스페이스 std는 무엇인가?

용어 정리

활동 기록	함수	참조에 의한 전달
인자	함수 정의	값에 의한 전달
인자 전달	전역 유효 범위	재귀
호출 스택	헤더 파일	return
클래스 유효 범위	초기 값	반환 값
const	지역 유효 범위	유효 범위
constexpr	namespace	구문 유효 범위
선언	네임스페이스 유효 범위	언어적 세부 사항
정의	중첩된 블록	선언하지 않은 식별자
extern	매개변수	using 선언
전방 선언	const 참조에 의한 전달	using 지시자

연습문제

1. 7장의 계산기 프로그램에서 단순히 cin을 사용하는 대신 입력 스트림을 명시적 매개변수로 받도록 고치자(8.5.8절). 그리고 직접 istream을 만들 때(예, 첨부 파일) 계산기에 적용할 수 있게 Token_stream의 생성자(7.8.2절)에 istream&를 매개변수로 추가하자. 힌트: istream을 매개변수로 전달할 때 복사하면 안 된다.

2. int를 포함한 vector를 cout에 출력하는 함수 print()를 만들자. 출력에 사용할 메시지와 vector를 인자로 전달하라.

3. 피보나치 수를 저장하는 vector를 만들고, 2번의 print()로 출력하자. fibonacci(x, y, v, n) 함수를 작성해서 vector를 생성한다. 여기서 x와 y는 int, v는 비어있는 vector<int>, n은 v에 추가할 요소의 개수다. 처음에 x는 v[0], y는 v[1]로 한다. 피보나치 수는 각

항이 이전 두 항의 합인 수열에 포함되는 수다. 예를 들어 1과 2로 시작하면 1, 2, 3, 5, 8, 13, 21, ...이 피보나치 수에 포함된다. 여러분이 작성할 `fibonacci()` 함수는 인자 x와 y로 시작하는 수열을 생성해야 한다.

4. `int`는 타입이 허용하는 최댓값까지만 정수를 저장할 수 있다. `fibonacci()`를 이용해서 그 최댓값의 근사치를 찾아라.

5. `vector<int>`에 포함된 요소의 순서를 거꾸로 뒤집는 함수 2개를 작성하라. 첫 함수는 원래 vector를 변경하지 않고 순서가 뒤집힌 새로운 vector를 생성한다. 두 번째 뒤집기 함수는 다른 vector를 절대 사용하지 않고 원래 vector의 요소 순서를 뒤집어야 한다(힌트: swap).

6. 5번에서 만든 함수의 `vector<string>` 버전을 작성하라.

7. `vector<string>` name에 다섯 명의 이름을 읽고, 사용자에게 다섯 명의 나이를 입력받아 `vector<double>` age에 저장한다. 그리고 (name[i],age[i])를 다섯 쌍으로 출력한다. 다음으로 이름을 정렬(`sort(name.begin(),name.end())`)하고, (name[i],age[i]) 쌍을 출력하자. 여기서 어려운 점은 age vector를 정렬된 name vector의 순서에 맞추는 일이다. 힌트: name을 정렬하기 전에 사본을 만들고, 원래 name의 사본을 이용해서 정렬된 name의 순서에 맞는 age의 사본을 만든다. 다음으로 이름의 개수를 원하는 만큼 추가할 수 있도록 변경하자.

8. 주어진 `vector<double>` 타입의 두 인자 price와 weight를 바탕으로 price[i]*weight[i]의 총합을 구하는 함수를 작성하자. `weight.size()==price.size()`인지 확인해야 한다.

9. 인자로 주어진 vector에서 가장 큰 요소를 반환하는 함수 `maxv()`를 작성하라.

10. 인자로 주어진 vector에서 가장 큰 요소와 가장 작은 요소, 평균, 중앙값을 구하는 함수를 만들자. 전역 변수를 쓰지 말고 결과를 포함한 struct를 반환하거나 참조 인자를 이용해서 결과를 역으로 전달하자. 여러분은 여러 개의 값을 반환하는 이 두 방법 중 어느 쪽을 선호하고, 그 이유는 무엇인가?

11. 8.5.2절의 `print_until_s()`를 개선하고 테스트하자. 좋은 테스트 케이스의 조건은 무엇일까? 그 이유를 설명하라. 그리고 인자 quit에 주어진 문자열을 두 번째로 발견할 때까지 출력을 계속하는 `print_until_ss()`를 작성하라.

12. `vector<string>`을 인자로 받아 상응하는 string이 포함하는 문자의 개수를 담은 `vector<int>`를 반환하는 함수를 작성하라. 그리고 가장 긴 string과 가장 짧은 string, 사전 순으로 첫 번째와 마지막 string을 찾아라. 이 일을 하는 데 함수가 몇 개나 필요한가? 그 이유는 무엇인가?

13. 참조가 아닌 함수 인자를 const로 선언할 수 있는가(예, void f(const int);)? 그렇다면 그 의미는 무엇인가? 그렇게 선언하는 이유는 무엇인가? 사람들이 이런 선언을 별로 쓰지 않는 이유는 무엇인가? 이런 함수가 어떻게 동작하는지 보여주는 작은 프로그램을 한두 개 만들어서 직접 시도해보자.

붙이는 말

8장(과 9장)의 상당 부분을 부록에 넣을 수도 있다. 그러나 여기서 설명한 기능을 2부에서 필요로 한다. 그리고 머지않아 이러한 기능들이 해결하고자 하는 문제의 대부분에 직면하게 된다. 여러분이 참여하는 간단한 프로그래밍 프로젝트의 대부분은 이러한 문제의 해결을 요구하므로, 시간을 아끼고 혼동을 최소화하려면 매뉴얼과 부록을 마구 찾아보는 대신 체계적인 접근 방법이 필요하다.

언어적 세부 사항: 클래스 등

"기억하라, 모든 일에는 시간이 필요하다."

– 피에트 하인(Piet Hein)

9장에서는 프로그래밍에 사용하는 주요 도구인 C++ 프로그래밍 언어에 초점을 맞춘다. 특히 클래스와 열거형을 비롯한 사용자 정의 타입에 관련된 언어적 세부 사항을 다룬다. 이러한 언어 기능의 예제는 Date 타입을 점진적으로 개선하는 형식을 따른다. 이를 바탕으로 유용한 클래스 설계 기법을 살펴볼 수 있다.

9.1 사용자 정의 타입

C++ 언어는 char와 int, double 등(A.8절)의 내장형 타입을 제공한다. 내장형 타입이란 프로그래머가 그에 대한 선언을 소스코드에 제공하지 않아도 컴파일러 스스로 해당 객체를 어떻게 표현하고, 그 객체에 적용 가능한 연산이 무엇인지 알고 있는 타입을 말한다.

이와 달리 내장형 타입이 아닌 모든 타입을 **사용자 정의 타입**^{UDT, User-Defined Type}이라고 하며, 모든 ISO 표준 C++ 구현체에서 사용할 수 있는 string과 vector, ostream 등(10장)을 비롯한 표준 라이브러리와, Token과 Token_stream(6.5절과 6.6절)을 비롯한 우리 스스로 만든 타입도 사용자 정의 타입에 속한다. 곧 필요한 세부 사항을 익힌 후에 Shape와 Line, Text(13장) 등의 그래픽 타입을 만들어 보겠다. 표준 라이브러리 타입은 내장형 타입이 그렇듯 언어의 구성 요소라고 할 수도 있지만, 우리 스스로 정의하는 타입과 동일한 구성 요소와 기법으로 만들어졌다는 점에서 여전히 사용자 정의 타입으로 볼 수 있다. 즉, 표준 라이브러리 개발자가 특별한 권한을 보유하거나 우리에게 제공되지 않는 기능을 사용할 수는 없다. 내장형 타입과 마찬가지로 대부분의 사용자 정의 타입은 연산을 제공한다. 그 예로 vector는 []와 size()를(4.6.1절, B.4.8절), ostream은 >>를, Token_stream은 get()(6.8절)을, Shape는 add(Point)와 set_color()를 제공한다(14.2절).

그렇다면 타입을 만드는 이유는 무엇인가? 우리가 프로그램 안에서 사용하려는 모든 타입을 컴파일러가 모르기 때문이다. 아니, 알 수가 없다. 유용한 타입은 매우 많고, 모든 타입을 알고 있는 언어 설계자나 컴파일러 구현자는 있을 수 없다. 우리는 이러한 타입을 일상적으로 만든다. 왜 그런가? 그리고 타입의 유용성은 무엇인가? 타입은 우리 아이디어를 코드로 직접적으로 표현할 때 유용하다. 이상적인 코드를 작성하려면 우리 아이디어를 코드로 직접적으로 표현해 우리 스스로와 동료, 컴파일러가 우리 코드를 이해할 수 있어야 한다. 정수 연산을 할 때는 int가 유용하고, 텍스트를 조작할 때는 string이 큰 도움이 된다. 그리고 계산기의 입력을 처리할 때는 Token과 Token_stream이 큰 도움을 준다. 여기서 얻는 도움이란 크게 두 가지를 말한다.

- **메모리 표현(Memory Representation)** 타입은 해당 객체에 필요한 데이터를 표현하는 방식을 알려준다.

- **연산(Operation)** 타입은 해당 객체에 적용할 수 있는 연산의 종류를 알려준다.

많은 아이디어가 이런 패턴을 따른다. 우리가 생각하는 '무언가'는 현재 값(또는 현재 상태)을 나타내는 데이터와, 여기에 적용할 수 있는 몇 가지 연산으로 이뤄진 경우가 많다. 컴퓨터 파일과 웹 페이지, 토스터, 음악 재생기, 커피 컵, 자동차 엔진, 전화번호부를 생각해보면 모두 데이터로 나타낼 수 있고, 많든 적든 특정 개수의 연산을 적용할 수 있다. 그리고 이런 연산의 결과는 객체의 데이터(현재 상태)에 의존한다.

이제 어떤 '아이디어'나 개념을 자료 구조와 함수로 이뤄진 코드로 표현하려 한다면 '어떻게?'라는 질문이 떠오를 텐데, 9장에서 이를 C++로 달성하는 데 필요한 세부 사항을 설명한다.

C++는 이런 일을 하는 데 필요한 사용자 정의 타입으로 클래스와 열거형을 제공하는데, 클래스가 훨씬 더 일반적이고 중요하므로 우선 클래스를 살펴보자. 클래스는 프로그램 안에서 특정 개념을 직접적으로 표현하는 (사용자 정의) 타입으로 해당 타입의 객체를 표현하는 방법과 객체를 생성하는 방법, 객체를 사용하는 방법, 객체를 소멸시키는 방법(17.5절 참고)을 명시한다. 무언가가 별개의 구성 요소라고 생각되면 그 '무언가'를 나타내는 클래스를 프로그램에 추가하는 편이 좋다. 벡터와 행렬, 입력 스트림, 문자열, FFT^{Fast Fourier Transform, 고속 퓨리에 변환}, 밸브 제어기, 로봇 팔, 장치 드라이버, 화면의 그림, 대화상자, 그래프, 창, 온도 계측치, 시계 등이 모두 그런 예라고 할 수 있다.

(다른 현대적 언어와 마찬가지로) C++에서도 클래스는 규모가 큰 프로그램을 만드는 핵심 구성 요소다. 그리고 (6장과 7장의) 계산기에서 볼 수 있듯이 작은 프로그램에서도 매우 유용하다.

9.2 클래스와 멤버

클래스는 내장형 타입과 그 밖의 사용자 정의 타입과 함수로 이뤄진 사용자 정의 타입이다. 이처럼 클래스를 구성하는 일부를 멤버라고 하며, 클래스는 다음과 같이 0개 이상의 멤버로 구성된다.

```
class X {
public:
    int m;                                      // 데이터 멤버
    int mf(int v) { int old = m; m=v; return old; }     // 함수 멤버
};
```

멤버의 종류는 다양한데, 대부분이 클래스의 객체를 표현하는 데이터 멤버이거나 해당 객체에 연산을 수행하는 함수다. 그리고 멤버는 다음과 같이 object.member의 표기법으로 접근할 수 있다.

```
X var;                  // var는 X 타입의 변수
var.m = 7;              // var의 데이터 멤버에 대입
int x = var.mf(9);      // var의 멤버 함수 mf() 호출
```

이처럼 var의 m을 var.m으로 접근할 수 있다. 대부분의 사람들은 이를 'var 점dot m'이나 'var의 m'으로 발음한다. 멤버의 타입에 따라 그 멤버에 수행할 수 있는 연산이 정해진다. 예를 들어 int 멤버는 읽거나 쓸 수 있고, 함수 멤버는 호출할 수 있다.

X의 mf()를 비롯한 멤버 함수 안에서는 var.m 표기법을 따를 필요가 없이 멤버의 이름을 그대로(여기서는 m) 사용할 수 있다. 멤버 함수 안에서 멤버의 이름은 호출된 멤버 함수를 포함한 객체의 멤버임을 나타낸다. 즉, var.mf(9)를 호출했을 때 mf()의 정의 안에 있는 m은 var.m을 가리킨다.

9.3 인터페이스와 구현

일반적으로 클래스는 인터페이스와 구현으로 이뤄진다. 인터페이스는 클래스 선언의 일부로 사용자가 직접 접근하는 부분을 말하고, 구현은 클래스 선언 중 사용자가 인터페이스를 바탕으로 간접적으로 접근하는 부분을 말한다. 보통 공개 인터페이스는 public: 레이블로 표시하고, 구현은 private: 레이블로 표시한다. 이처럼 일반적인 클래스 선언은 다음과 같다.

```
class X {  // 이 클래스의 이름은 X
public:
    // 공개 멤버:
    // - (모두가 사용할 수 있는) 사용자 측 인터페이스
    // 함수
    // 타입
    // 데이터 (대부분의 경우 비공개로 하길 권장함)
private:
    // 비공개 멤버:
    // - (이 클래스의 멤버끼리만 사용하는) 세부 구현
    // 함수
    // 타입
    // 데이터(대부분의 경우 비공개로 하길 권장함)
};
```

따로 지정하지 않은 클래스 멤버는 비공개다. 즉, 다음과 같다.

```
class X {
    int mf(int);
    // ...
};
```

위 코드는 다음과 같은 의미다.

```
class X {
private:
    int mf(int);
    // ...
};
```

따라서 다음과 같다.

```
X x;                    // X 타입의 변수 x
int y = x.mf();         // 오류: mf는 비공개(접근 불가)
```

사용자가 비공개 멤버에 바로 접근할 수 없다. 대신 사용자가 접근할 수 있는 공개 함수를 거쳐 호출해야 한다.

```
class X {
    int m;
    int mf(int);
public:
    int f(int i) { m=i; return mf(i); }
};
```

```
X x;
int y = x.f(2);
```

이처럼 비공개와 공개를 이용해서 인터페이스(사용자 관점에서 바라본 클래스)와 상세 구현(구현자 측면에서 바라본 클래스) 사이의 중요한 구분이 가능하다. 앞으로 많은 예제를 바탕으로 이를 설명한다. 우선 이 예제에서는 데이터 자체에 대해 이런 구분이 불가능하다는 점을 밝혀둔다. 따라서 이처럼 비공개 상세 구현이 없는 클래스를 나타내는 간단한 표기법이 존재하는데, struct는 멤버가 기본적으로 공개되는 class다.

```
struct X {
    int m;
    // ...
};
```

이 코드의 의미는 다음과 같다.

```
class X {
public:
    int m;
    // ...
};
```

struct는 주로 멤버가 어떤 값이든 가질 수 있는 자료 구조, 즉 유의미한 불변 규칙invariant
을 정의할 수 없는 경우에 사용한다(9.4.3절).

9.4 클래스로의 진화

간단한 자료 구조를 비공개 상세 구현과 유용한 연산을 포함하는 클래스로 개선하는 이유와
방법을 살펴보면서 클래스를 지원하는 언어의 기능과 기본적 기법을 이해해보자. 여기서는
간단히 날짜(1954년 8월 14일)를 표현하는 문제를 예제로 사용한다. 많은 프로그램(상업적 트랜잭션
과 날씨 데이터, 달력 프로그램, 작업 일지, 재고 관리 등)에서 이러한 날짜는 꼭 필요하다. 문제는 날짜를
어떻게 표현할지이다.

9.4.1 struct와 함수

날짜를 어떻게 표현할까? 대부분의 사람들은 "연도와 월, 일로 표현하면 어떨까?"라고 대답한
다. 이 대답이 유일한 답도 아니고, 최상의 답도 아니다. 하지만 우리가 하는 일에는 이 정도
로 충분하니 일단 이렇게 해보자. 처음 만든 간단한 struct는 다음과 같다.

```
// 간단한 Date (너무 간단한가?)
struct Date {
    int y;          // 연도
    int m;          // 월
    int d;          // 일
};

Date today;         // Date 변수(명명된 객체)
```

today를 비롯한 Date 객체는 다음 그림과 같이 단순히 int 세 개로 이뤄진다.

```
          Date:
     y:    2005
     m:     12
     d:     24
```

Date와 관련해서 숨겨진(다루지 않은) 자료 구조는 없다. 9장에서 보게 될 다른 버전의 Date
도 마찬가지다.

그런데 이렇게 만든 Date로 무슨 일을 할 수 있는가? today(혹은 다른 Date 객체)의 멤버에
접근할 수 있다는 점에서 원하는 대로 멤버를 읽고 쓸 수 있다. 문제는 이로 인한 이점이

별로 없다는 점이다. 오직 멤버를 읽고 쓰는 관점에서 Date를 작성했다.

```
// today를 2005년 12월 24일로 설정
today.y = 2005;
today.m = 24;
today.d = 12;
```

이런 코드는 지루하고 오류의 온상이기도 하다. 오류를 발견했는가? 지루함은 곧 오류라고 할 수 있다. 예를 들어 다음 코드가 말이 되는가?

```
Date x;
x.y = - 3;
x.m = 13;
x.d = 32;
```

그렇지 않다. 아무도 이런 코드를 작성하지 않을 듯하지만, 정말 그런가? 다음 코드를 보자.

```
Date y;
y.y = 2000;
y.m = 2;
y.d = 29;
```

2000년이 윤년인가? 확실한가?

이제 일반적인 연산을 하는 헬퍼 함수helper function가 필요함을 알 수 있다. 헬퍼 함수를 이용하면 같은 코드를 계속 반복하거나, 같은 실수를 반복해서 저지르고 찾아내고 고치는 수고를 덜 수 있다. 거의 모든 타입에서 초기화와 대입은 가장 일반적인 연산 중 하나이며, Date에서는 Date의 값을 증가시키는 일도 일반적인 연산이다. 따라서 다음 코드를 작성하자.

```
// 헬퍼 함수

void init_day(Date& dd, int y, int m, int d)
{
    // (y,m,d)가 유효한 날짜인지 확인
    // 그렇다면 dd를 주어진 날짜로 초기화
}

void add_day(Date& dd, int n)
{
    // dd를 n 일(日) 증가시킴
}
```

이제 Date를 다음과 같이 사용할 수 있다.

```
void f()
{
    Date today;
    init_day(today, 12, 24, 2005);   // 이런! (12년 2005일은 존재하지 않는 날짜)
    add_day(today,1);
}
```

우선 여기서 헬퍼 함수로 작성한 연산의 유용함을 알 수 있다. 날짜의 유효성을 확인하는 일은 꽤 복잡하고 지루하기 때문에 계속 활용할 수 있는 함수로 작성해 놓지 않으면 확인 과정을 깜빡해서 프로그램에 버그가 생길 수 있다. 이처럼 타입을 정의할 때는 연산이 필요하기 마련이다. 필요한 연산의 개수와 종류는 때에 따라 다르다. 그리고 이런 연산을 어떤 형태(함수, 멤버 함수, 연산자)로 제공할지도 각각 다르다. 하지만 타입을 정의할 때는 언제나 스스로에게 "이 타입에 어떤 연산이 필요한가?"를 질문하라.

9.4.2 멤버 함수와 생성자

Date의 초기화 함수를 작성하고, 그 함수 안에서 Date의 유효성을 확인하는 기능도 제공했다. 하지만 이 확인 함수를 사용하지 않으면 아무 쓸모가 없다. 예를 들어 Date에 출력 연산자 <<(9.8절)를 추가했다고 생각해보라.

```
void f()
{
    Date today;
    // ...
    cout << today << '\n';          // today 사용
    // ...
    init_day(today,2008,3,30);
    // ...
    Date tomorrow;
    tomorrow.y = today.y;
    tomorrow.m = today.m;
    tomorrow.d = today.d+1;         // today에 1을 더함
    cout << tomorrow << '\n';       // tomorrow 사용
}
```

여기서 생성 즉시 today를 초기화하는 일을 깜빡했고, 누군가가 init_day()를 호출하기 전에 today를 사용했다. '또 다른 누군가'가 add_day() 호출이 시간 낭비라고 생각하거나

그 함수가 존재하는지 모르고 tomorrow를 직접 생성했다. 이런 코드는 나쁜, 정말 나쁜 코드다. 대부분의 시간 동안 잘 작동할지 몰라도 조그만 변경이 심각한 오류를 일으킬 수 있다. 예를 들어 Date를 초기화하지 않고 출력하면 쓰레기 값이 출력되고, 단순히 멤버 d에 1을 더하는 방식으로 증가를 구현하면 today가 해당 월의 마지막 날인 경우 유효하지 않은 날짜가 생성되는 시한폭탄이 만들어진다. 그리고 이 코드의 가장 나쁜 점은 그다지 나빠 보이지 않는다는 사실이다.

이런 생각을 하다 보면 생략할 수 없는 초기화 함수와 무시할 수 없는 연산이 필요함을 알 수 있다. 바로 이럴 때 함수를 클래스 몸체 안에 멤버로 선언하는 멤버 함수를 사용한다.

```
// 간단한 Date
// 생성자로 초기화 됨
// 표기의 편의성 제공
struct Date {
    int y, m, d;                        // 년, 월, 일
    Date(int y, int m, int d);          // 날짜 유효성 확인 후 초기화
    void add_day(int n);                // 이 Date 객체에 n 일(日)을 더함
};
```

해당 클래스와 이름이 같은 특수한 함수를 생성자라고 하며, 해당 클래스의 객체를 초기화(생성)할 때 사용한다. 인자를 요구하는 생성자를 포함하는 클래스의 객체를 명시적으로 초기화하지 않으면 컴파일러가 오류를 내며, 이럴 때 다음과 같이 초기화를 수행하는 간단한 표기법을 사용한다.

```
Date my_birthday;                        // 오류: my_birthday를 초기화하지 않음
Date today {12,24,2007};                 // 이런! 실행 시간 오류
Date last {2000,12,31};                  // OK(일반적인 스타일)
Date next = {2014,2,14};                 // OK(좀 더 긴 스타일)
Date christmas = Date{1976,12,24};       // OK(긴 스타일)
```

초기 값을 지정하지 않았으므로 my_birthday의 선언은 실패한다. today의 선언은 컴파일러를 통과하지만, 실행 시간에 생성자 안의 확인 코드에 걸린다({12,24,2007} - 12년 24월 2007일은 없으므로).

last 정의는 변수 이름 바로 뒤의 {}에 Date 생성자가 요구하는 인자를 지정함으로써 초기 값을 제공한다. 인자를 요구하는 생성자를 이용해서 클래스 변수를 초기화할 때 이런 스타일을 가장 일반적으로 사용한다. 객체를 명시적으로 생성(Date{1976,12,24})한 후 이 객체와 = 초기화 수행자 구문을 바탕으로 초기화를 수행하는 좀 더 긴 스타일을 이용할 수도 있다. 하지만 타이핑을 좋아하는 사람이 아니라면 이런 스타일은 곧 귀찮아질 수 있다.

이제 새로 정의한 변수를 사용해보자.

```
last.add_day(1);
add_day(2);                    // 오류: 어떤 날짜에 더하는가?
```

멤버 함수 add_day()는 특정 Date 객체에 점을 이용한 멤버 접근 문법으로 호출해야 함을 기억하자. 멤버 함수 정의 방법은 9.4.4절에서 설명한다.

C++ 98에서는 괄호를 이용해서 초기 값 목록을 구분했으므로, 다음과 같은 코드를 자주 볼 수 있다.

```
Date last(2000,12,31);      //OK(예전에 많이 쓰던 스타일)
```

초기화(생성자)가 실행되는 시점을 더 명시적으로 알 수 있고, 활용 유효 범위도 넓으므로 초깃 값 목록에는 {}를 사용하길 권장한다. 내장형 타입의 경우에도 동일한 표기법을 적용할 수 있다.

```
int x {7};                    //OK(현대적인 초기 값 목록 스타일)
```

선택적으로 {} 목록 앞에 =를 사용할 수도 있다.

```
Date next = {2014,2,14};    // OK(조금 길다)
```

예전 스타일과 새로운 스타일을 혼합하는 방식의 가독성이 높다고 말하는 사람도 있다.

9.4.3 세부 사항은 비공개로

아직 남은 문제가 있다. 누군가가 멤버 함수 add_day()를 사용하지 않으면 어떻게 될까? 월月 을 직접 바꾸려 한다면? 결국 우리가 이런 기능을 제공해야 한다는 사실을 잊고 있었다.

```
Date birthday {1960,12,31};     // 1960년 12월 31일
++birthday.d;                   // 이런! 유효하지 않은 날짜임
                                //(birthday.d==32이면 birthday는 유효하지 않음)
Date today {1970,2,3};
today.m = 14;                   // 이런! 유효하지 않은 날짜임
                                //(today.m==14이면 today는 유효하지 않음)
```

Date를 나타내는 데이터에 누구나 접근할 수 있게 하는 한 누군가 (실수로 혹은 고의적으로) Date를 망치려고 할 수 있다. 즉, 누군가 유효하지 않은 값을 만들 수 있다. 이렇게 되면 달력에 없는 날짜를 값으로 포함하는 Date가 생길 수 있다. 이렇게 유효하지 않은 객체는 시한폭탄과 같다. 누군가 실수로 이 객체를 사용하면 실행 시간 오류가 나거나 더 나쁜 경우에 잘못된 결과가 출력될 수 있다.

이런 고민을 하다 보면 사용자가 우리가 제공하는 공개 멤버 함수를 거쳐 Date를 나타내는 데이터에 접근하게 해야 한다는 결론에 이른다. 예를 간단히 살펴보자.

```
// 간단한 Date (접근 제어)
class Date {
    int y, m, d;                    // 년, 월, 일
public:
    Date(int y, int m, int d);      // 날짜 유효성 확인 후 초기화
    void add_day(int n);            // 이 Date 객체에 n 일(日)을 더함
    int month() { return m; }
    int day() { return d; }
    int year() { return y; }
};
```

이제 Date를 다음과 같이 사용한다.

```
Date birthday {1970, 12, 30};       // OK
birthday.m = 14;                    // 오류: Date::m은 비공개
cout << birthday.month() << '\n';   // 이런 방법으로 m을 읽을 수 있음
```

이처럼 '유효한 Date'는 유효한 값의 중요한 예라고 할 수 있다. 우리는 값이 항상 유효하다는 사실이 보장되도록 타입을 설계해야 한다. 즉, 세부 사항을 숨기고, 유효한 객체만 만드는 생성자를 제공하고, 모든 멤버 함수가 유효한 값을 바탕으로 작동하며, 멤버 함수가 반환한 후에도 값이 유효하게 해야 한다. 이때 객체의 값을 **상태**라고도 하며, 유효한 값을 객체의 **유효한 상태**라고도 부른다.

다른 대안으로 객체를 사용할 때마다 유효성을 확인하거나, 아무도 유효하지 않은 값을 만들지 않길 바랄 수도 있다. 때때로 이런 '희망'이 '그럭저럭 괜찮은' 프로그램을 만들 수도 있다. 하지만 '그럭저럭 괜찮은' 프로그램이 잘못된 결과를 출력할 수도 있고, 경우에 따라 오류가 있으면 친구를 이길 수도, 전문가로 존경받을 수도 없다. 그러므로 우리는 정확한 코드를 작성해야 한다.

유효한 값의 기준을 **불변 규칙**이라 하는데, 윤년과 그레고리안 역법, 시간대 등을 고려하면 Date의 불변 규칙("Date는 과거, 현재, 미래에 존재하는 날짜를 표현한다")을 정확히 규정하기 어렵다. 그러나 Date를 현실적으로 간단한 곳에 사용할 수 있다. 한 예로 인터넷 로그를 분석할 때는 그레고리안, 줄리안, 마야 역법을 신경 쓸 필요가 없다. 이처럼 불변 규칙을 정하기 어렵다면 일반적인 데이터일 것이고, (클래스가 아닌) struct를 사용해도 좋다.

9.4.4 멤버 함수 정의

지금까지 인터페이스 설계자와 사용자의 관점에서 Date를 살펴봤다. 하지만 머지않아 멤버 함수를 구현해야 한다. 우선 public 인터페이스를 앞에 두는 일반적인 스타일에 따라 다시 정리한 Date의 일부분은 다음과 같다.

```
// 간단한 Date (혹자는 상세 구현을 마지막에 두는 스타일을 선호함)
class Date {
public:
    Date(int y, int m, int d);          // 날짜 유효성 확인 후 초기화
    void add_day(int n);                // 이 Date 객체에 n 일(日)을 더함
    int month() { return m; }
    // ...
private:
    int y, m, d;                        // 년, 월, 일
};
```

공개 인터페이스를 앞에 두는 이유는 대부분의 사람들이 관심을 갖는 부분이 인터페이스기 때문이다. 이론적으로 사용자는 상세 구현을 볼 필요가 없다. 물론 현실에서는 구현이 합리적인지 훑어보고, 구현자가 사용한 기법을 배우려고 구현을 볼 수도 있다. 하지만 우리가 구현자가 아닌 이상 공개 인터페이스에 훨씬 많은 시간을 할애한다. 참고로 컴파일러는 클래스 안의 함수와 데이터 멤버의 순서를 상관하지 않는다. 여러분이 선언을 어떤 순서로 제공해도 그대로 받아들인다.

클래스 밖에서 멤버를 정의할 때는 그 멤버가 어떤 클래스에 속하는지 명시해야 하며, class_name::member_name 표기법을 이용한다.

```
Date::Date(int yy, int mm, int dd)    // 생성자
    :y{yy}, m{mm}, d{dd}              // 주의: 멤버 초기 값
{
}

void Date::add_day(int n)
{
    //...
}

int month()      // 이런! Date::를 잊어버림
{
    return m;      // 멤버 함수가 아니므로 m에 접근할 수 없음
}
```

:y{yy}, m{mm}, d{dd}는 멤버를 초기화하는 표기법으로 (멤버) 초기 값 목록이라고 한다. 이 코드를 다음과 같이 쓸 수도 있다.

```
Date::Date(int yy, int mm, int dd)        // 생성자
{
    y = yy;
    m = mm;
    d = dd;
}
```

하지만 이 코드를 이론적으로 해석하자면 멤버가 먼저 기본 값으로 초기화된 후에 값을 다시 대입한다. 따라서 초기화하지 않은 멤버를 실수로 사용할 수도 있다. 이러한 이유로 :y{yy}, m{mm}, d{dd} 표기법이 우리의 의도를 더 직접적으로 반영한다. 이 둘의 차이는 다음 두 코드의 차이와 동일하다.

```
int x;        // 변수 x를 먼저 정의
// ...
x = 2;        // 나중에 x에 대입
```

그리고 다음과 같다.

```
int x {2};    // x를 정의하고, 즉시 2로 초기화
```

다음과 같이 멤버 함수를 클래스 안에서 바로 정의할 수도 있다.

```
// 간단한 Date (혹자는 상세 구현을 마지막에 두는 스타일을 선호함)
class Date {
public:
    Date(int yy, int mm, int dd)
        :y{yy}, m{mm}, d{dd}
    {
        //...
    }

    void add_day(int n)
    {
        //...
    }

    int month() { return m; }

    //...
private:
```

```
    int y, m, d;        // 년, 월, 일
};
```

우선 클래스 선언이 길고 지저분해진 사실을 알 수 있다. 이 예제에서 생성자와 add_day()의 코드가 열 줄 이상으로 길어질 수도 있는데, 이로 인해 클래스 선언이 몇 배 더 길어지고 인터페이스와 상세 구현을 구별하기 어려워진다. 결론적으로 긴 함수는 클래스 선언 내부에서 정의하지 말자.

반면 month()의 정의를 보자. 클래스 선언 외부의 Date::month()로 대체하는 방법보다 짧고 직관적이다. 이처럼 짧고 간단한 함수라면 클래스 선언 안에서 정의하는 방식을 고려해볼 만하다.

m이 month()보다 다음(아래)에 선언됐지만 month() 안에서 m에 접근할 수 있다는 사실을 주목하자. 다른 멤버가 해당 클래스의 어디에 선언됐는지에 상관없이 한 멤버는 다른 멤버 함수나 멤버 데이터에 접근할 수 있다. 이름을 사용하기 전에 선언해야 한다는 규칙은 클래스 유효 범위에서 만큼은 예외다.

이처럼 멤버 함수를 클래스 선언 안에서 정의하는 방식은 세 가지 효과를 불러온다.

- 해당 함수는 인라인inline 함수가 된다. 즉, 공통적인 코드를 사용하기 위해 함수 호출 명령을 실행하는 대신 함수를 사용하는 지점마다 코드를 생성한다. 이렇게 하면 month()처럼 하는 일은 거의 없지만, 자주 사용하는 함수의 경우에 지대한 성능 향상을 기대할 수 있다.

- 인라인 함수의 몸체를 변경할 때마다 해당 클래스를 사용하는 코드도 다시 컴파일해야 한다. 반면에 함수 몸체가 클래스 선언 밖에 있다면 해당 클래스의 선언을 변경하는 경우에만 클래스를 사용하는 코드를 다시 컴파일하면 된다. 이처럼 함수 몸체만 바뀐 경우에 호출하는 쪽을 다시 컴파일하지 않아도 된다는 점은 대규모 프로그램에 있어서는 매우 큰 이점이다.

- 클래스 정의가 길어진다. 결국 멤버 함수 정의 사이에서 특정 멤버를 찾기가 어려워진다.

한마디로 따라야 할 규칙은 이와 같다. 짧은 함수를 인라인으로 만들어서 성능을 향상시킬 필요가 없다면 클래스 선언 안에서 멤버 함수의 몸체를 정의하지 말자. 다섯 줄 이상의 큰 함수에서는 인라인의 이점을 얻을 수 없고, 클래스 선언을 읽기도 어려워진다. 보통 세 개 이상의 표현식으로 이뤄진 함수는 거의 인라인으로 만들지 않는다.

9.4.5 현재 객체 참조

지금까지 살펴본 Date를 이용하는 간단한 코드를 살펴보자.

```
class Date {
    // ...
    int month() { return m; }
    // ...
private:
    int y, m, d;  // 년, 월, 일
};

void f(Date d1, Date d2)
{
    cout << d1.month() << ' ' << d2.month() << '\n';
}
```

Date::month()는 첫 번째 호출에서 d1.m을 반환해야 하고, 두 번째 호출에서 d2.m을 반환해야 한다는 사실을 어떻게 알 수 있을까? Date::month()의 선언을 다시 살펴봐도 인자는 없다! Date::month()는 어떤 객체에서 자신을 호출했는지 어떻게 알 수 있을까? Date::month()를 비롯한 멤버 함수는 자신을 호출한 객체를 알 수 있도록 암묵적인 인자를 전달받는다. 따라서 m은 첫 번째 호출에서 d1.m을 가리키고, 두 번째 호출에서 d2.m을 가리킨다. 17.10절에서 암묵적 인자의 활용을 자세히 살펴보자.

9.4.6 오류 보고

유효하지 않은 날짜를 발견했다면 어떻게 해야 할까? 유효하지 않은 날짜를 어디서 확인해야 할까? 5.6절에서 배운 대로 첫 번째 질문의 답은 "예외를 던진다"이며, 두 번째 질문의 대답으로 날짜의 유효성을 확인하기에 적합한 곳은 Date를 처음 생성하는 곳(생성자)이다. 유효하지 않은 Date를 생성하지 않고 멤버 함수도 올바르게 작성한다면 Date에 유효하지 않은 날짜가 들어갈 수 없다. 따라서 절대로 사용자가 Date를 유효하지 않은 상태로 만들 수도 없다.

```
// 간단한 Date (유효하지 않은 날짜 방지)
class Date {
public:
    class Invalid { };          // 예외로 사용
    Date(int y, int m, int d);  // 날짜가 유효한지 확인한 후 초기화
    //...
private:
    int y, m, d;                // 년, 월, 일
    bool is_valid();            // 날짜가 유효하면 true 반환
};
```

유효성 확인과 초기화는 논리적으로 구별되며, 생성자를 여러 개 만들 수도 있으므로 유효
성 확인 작업은 별도의 함수 is_valid()로 분리했다. 다음에서 볼 수 있듯이 함수도 데이터처
럼 비공개로 만들 수 있다.

```
Date::Date(int yy, int mm, int dd)
    : y{yy}, m{mm}, d{dd}                  // 데이터 멤버 초기화
{
    if (!is_valid()) throw Invalid{};      // 유효성 검사
}

bool Date::is_valid()                      // 날짜가 유효하면 true 반환
{
    if (m<1 || 12<m) return false;
    // ...
}
```

Date를 이렇게 정의했다면 다음과 같이 사용할 수 있다.

```
void f(int x, int y)
try {
    Date dxy {2004,x,y};
    cout << dxy << '\n';                   // <<의 선언은 9.8절 참고
    dxy.add_day(2);
}
catch(Date::Invalid) {
    error("유효하지 않은 날짜");             // error()의 정의는 §5.6.3 참고
}
```

<<와 add_day()가 (예외 없이) 동작했다면 Date가 유효함을 보장할 수 있다.

9.7절에서 Date의 개선 작업을 마무리하기 전에 알아둬야 할 일반적인 언어 기능인 열거
형과 연산자 오버로딩^{operator overloading}을 잠시 살펴보자.

9.5 열거형

enum(열거형^{enumeration})은 매우 간단한 사용자 정의 타입으로, 다음과 같이 값(열거자)의 집합을
기호 상수로 정의한다.

```
enum class Month {
    jan=1, feb, mar, apr, may, jun, jul, aug, sep, oct, nov, dec
};
```

열거형의 몸체는 단순히 열거자^{enumerator}의 목록이며, enum class에서 class의 의미는 열거자가 해당 열거형의 유효 범위 안에 있다는 말이다. 즉, jan을 참조하려면 Month::jan으로 써야 한다.

앞에서 jan에 했듯이 열거자에 특정한 값을 지정할 수도 있고, 컴파일러가 적절한 값을 알아서 고르게 내버려둘 수도 있다. 컴파일러가 값을 알아서 고르게 하면 각 열거자 이전의 열거자 값에 1을 더한 값을 지정한다. 따라서 앞에서 정의한 Month는 1부터 시작하는 연속된 수를 각 월^月에 지정한다. 이는 다음 코드와 동일하다.

```
enum class Month {
    jan=1, feb=2, mar=3, apr=4, may=5, jun=6,
    jul=7, aug=8, sep=9, oct=10, nov=11, dec=12
};
```

하지만 이런 방식은 귀찮고 오류의 소지가 있다. 사실 위 코드에는 오타가 두 개 숨어있다. 따라서 컴파일러가 단순히 기계적인 작업을 하게 놔두는 편이 더 좋다. 컴파일러는 이런 작업을 우리보다 더 잘하고 귀찮아하지도 않는다.

다음과 같이 첫 번째 열거자를 초기화하지 않으면 0부터 열거한다.

```
enum class Day {
    monday, tuesday, wednesday, thursday, friday, saturday, sunday
};
```

여기서 Monday의 값은 0이고, Sunday의 값은 6이다. 실제로도 0부터 시작하는 방법이 무난하다.

Month의 활용 방법은 다음과 같다.

```
Month m = Month::feb;
Month m2 = feb;          // 오류: feb이 유효 범위 안에 없음
m = 7;                   // 오류: int를 Month에 대입할 수 없음
int n = m;               // 오류: Month를 int에 대입할 수 없음
Month mm = Month(7);     // int를 Month로 변환 (확인되지 않음)
```

Month는 기반 타입인 int와는 별개의 타입이다. 모든 Month는 int에 포함되지만, 모든 int 값이 Month에 포함되지는 않는다. 그 예로 다음과 같은 초기화는 실패한다.

```
Month bad = 9999;        // 오류: int를 Month에 대입할 수 없음
```

Month(9999)의 표기 방식을 쓰길 고집한다면 그 모든 책임은 여러분이 져야 한다. 많은 경우에 C++는 프로그래머가 잠재적으로 어리석은 일을 고집해도 억지로 막지 않는다. 프로그

래머가 더 좋은 방법을 알고 있다고 믿기 때문이다. 하지만 Month{9999} 표기법은 사용할 수 없다. Month의 초기화에 사용할 수 있는 값은 int가 아닌 Month뿐이기 때문이다.

불행히도 열거형에는 초기 값을 확인하는 생성자를 만들 수는 없지만, 확인 작업을 수행하는 간단한 함수는 쉽게 만들 수 있다.

```
Month int_to_month(int x)
{
    if (x<int(Month::jan) || int(Month::dec)<x) error("bad month");
    return Month(x);
}
```

Month::jan을 int로 표현하고자 int(Month::jan)으로 표기했다. 이제 이 함수를 다음과 같이 사용할 수 있다.

```
void f(int m)
{
    Month mm = int_to_month(m);
    //...
}
```

이러한 열거형은 어떤 용도로 사용하는가? 기본적으로 서로 연관돼 있는 명명된 정수형 상수의 집합이 필요할 때 열거형을 사용한다. 주로 몇 가지 대안의 집합(up, down; yes, no, maybe; on, off; n, ne, e, se, s, sw, w, nw)을 표현하거나 서로 구별되는 값(red, blue, green, yellow, maroon, crimson, black)을 표현할 때 유용하다.

9.5.1 일반적인 열거형

범위 제한 열거형scoped enumeration이라고도 부르는 enum class 외에 일반적인 열거형plain enumeration 이라는 타입이 있는데, 이는 범위 제한 열거형과 달리 해당 타입 안의 열거자를 해당 타입이 선언된 범위로 암묵적으로 노출export시키며, int로의 암묵적 변환을 허용한다. 예를 살펴보자.

```
enum Month {                 // 주의: "class"가 없음
    jan=1, feb, mar, apr, may, jun, jul, aug, sep, oct, nov, dec
};

Month m = feb;               // OK: feb가 범위 안에 노출됨
Month m2 = Month::feb;       // 역시 OK
m = 7;                       // 오류: int를 Month에 대입할 수 없음
int n = m;                   // OK: Month를 int에 대입할 수 있음
Month mm = Month(7);         // int를 Month에 대입(확인되지 않음)
```

일반적인 enum이 enum class보다 덜 엄격함을 알 수 있다. 해당 열거자가 열거형이 정의된 범위를 오염시킬 수 있다. 이런 방식이 편할 수도 있지만 예상 밖의 결과를 불러올 수 있다. 예를 들어 앞의 Month를 iostream의 형식화 메커니즘(11.2.1절)와 함께 사용하면 12월 December을 나타내는 dec와 10진수decimal를 나타내는 dec가 충돌한다.

마찬가지로 열거형 값을 int로 변환할 수 있으면 (int로 변환할 때 명시적으로 지정하지 않는) 편리함은 있지만, 경우에 따라 다음과 같이 예상 밖의 결과를 불러올 수 있다.

```
void my_code(Month m)
{
    if (m==17) do_something();          // 17번째 달?
    if (m==monday) do_something_else();  // 달(month)을 월요일과 비교?
}
```

이와 달리 Month가 enum class라면 두 조건문 모두 컴파일되지 않는다. monday가 enum class가 아닌 일반적인 enum의 열거자라면 Month와 Monday의 비교가 수행돼 원치 않는 결과가 나올 수 있다.

일반적인 enum보다 더 간단하고 안전한 enum class를 권장하지만, enum class는 C++11에서 도입됐으므로 일반적인 enum을 사용하는 예전 코드가 있을 수 있다.

9.6 연산자 오버로딩

거의 모든 C++ 연산자에 클래스와 열거형을 피연산자로서 받아들이게 정의할 수 있다. 이를 일컬어 **연산자 오버로딩**이라고 하며, 우리가 설계하는 타입에 관례적인 표기법을 적용하려고 할 때 유용하다.

```
enum class Month {
    Jan=1, Feb, Mar, Apr, May, Jun, Jul, Aug, Sep, Oct, Nov, Dec
};

Month operator++(Month& m)                   // 전치 증가 연산
{
    m = (m==Dec) ? Jan : Month(int(m)+1);    // 값을 순환(wrap around)
    return m;
}
```

?:는 산술 조건문으로 (m==Dec)가 참이면 m에 Jan을 대입하고, 그렇지 않으면 Month (int(m)+1)을 대입한다. 이런 방법으로 12월 후에 1월이 다시 순환된다는 사실을 어느 정도 간결하게 나타낼 수 있다. 이제 Month 타입을 다음과 같이 사용할 수 있다.

```
Month m = Month::Sep;
++m;        // m이 Oct가 됨
++m;        // m이 Nov가 됨
++m;        // m이 Dec가 됨
++m;        // m이 Jan이 됨(순환)
```

Month를 증가시키는 일이 특별히 연산자로 정의할 만큼 일반적이지 않다고 생각할 수 있다. 그렇다면 출력 연산자는 어떤가? 이를 다음과 같이 정의할 수 있다.

```
vector<string> month_tbl;

ostream& operator<<(ostream& os, Month m)
{
    return os << month_tbl[int(m)];
}
```

위 코드에서는 month_tbl을 다른 곳에서 초기화했다고 가정한다. 예를 들어 month_tbl [int(Month::mar)]은 "March"를 비롯해서 해당 월에 적합한 이름으로 초기화한다(10.11.3절 참고).

+, -, *, /, %, [ ], ( ), ^, !, &, <, <=, >, >=를 비롯해서 C++에 존재하는 다른 연산자도 이처럼 정의할 수 있다. 그러나 새로운 연산자를 정의할 수는 없다. 여러분 프로그램에서 **나 $= 등의 연산자를 사용하고 싶어도 C++가 허용하지 않는다. 그리고 관례적으로 정해진 개수의 피연산자만 지정할 수 있다. -를 단항 연산자로 지정할 순 있어도 <=(이하)를 단항 연산자로 할 순 없고, +를 이항 연산자로 지정할 순 있지만 !(부정)을 이항 연산자로 만들 순 없다. 한 마디로 여러분이 정의한 타입에 존재하는 구문을 적용할 순 있지만, 새로운 구문을 확장할 순 없다.

그리고 오버로드한 연산자의 피연산자 중 적어도 하나는 사용자 정의 타입이어야 한다.

```
int operator+(int,int); // 오류: 내장된 +를 오버로드할 수 없음
Vector operator+(const Vector&, const Vector &);      // OK
Vector operator+=(const Vector&, int);               // OK
```

일반적으로 코드에 지대한 긍정적 변화를 불러올 때만 연산자를 정의하는 편이 좋으며, 각 연산자의 관례적 의미에 맞게 정의해야 한다. 예를 들어 +는 더하기, *는 이항 곱셈, []는 접근, ()은 호출의 의미로 쓰여야 한다. 이런 조언이 언어에서 명시하는 규칙은 아니지만 훌륭한 조언임은 틀림없다. +를 더하기의 의미로 사용하는 등 연산자의 관례적 사용은 프로그램을 이해하는 데 도움을 준다. 이러한 관례는 수백 년에 걸쳐 쌓여온 수학적 표기법이기 때문이다. 반대로 연산자를 모호하고 비관례적으로 사용하면 코드가 매우 산만해지고 오류의 원인

이 되기도 한다. 당장은 이런 면에 크게 신경을 쓰기보다 이어지는 장들에서 적절하다고 생각되는 곳에서 연산자 오버로딩을 사용한다.

그리고 사람들이 흔히 생각하는 바와 달리 연산자 오버로딩의 주요 대상은 +, -, *, /가 아닌 =, ==, !=, <, [](첨자 연산), ()(호출)이다.

9.7 클래스 인터페이스

지금까지 클래스의 공개 인터페이스와 구현 부분을 분리해야 한다고 말해왔다. '순수한 데이터를 표현하는 예전 방식'으로 struct를 사용하는 가능성을 열어두더라도 대부분의 전문가가 이에 동의한다. 그렇다면 좋은 인터페이스는 어떻게 설계하는가? 좋은 인터페이스와 지저분한 인터페이스의 차이점은 무엇인가? 이에 대한 대답 중 일부는 예제로만 설명할 수 있지만, C++에도 적용할 수 있는 몇 가지 일반적인 원칙이 존재한다.

- 인터페이스를 완전하게 정의한다.
- 인터페이스를 최소화한다.
- 생성자를 제공한다.
- 복사를 제공한다(혹은 복사가 불가능하게 만든다)(14.2.4절 참고).
- 적절한 인자 검사 방법을 제공하는 타입을 사용한다.
- 객체 상태를 변경하지 않는 멤버 함수를 명시한다(9.7.4절 참고).
- 소멸자에서 모든 자원을 해제한다(17.5절 참고).

그 밖에 5.5절(실행 시간 오류를 감지하고 보고하는 방법)을 참고하라.

첫 번째와 두 번째 원칙을 요약하면 "인터페이스를 더 이상 줄일 수 없을 정도로 최소화하라"는 말이다. 인터페이스를 작게 유지하면 배우고 기억하기 쉬우며, 잘 쓰이지 않는 불필요한 기능을 구현하느라 구현자가 시간을 낭비할 필요가 없다. 그리고 인터페이스를 최소화하면 문제가 생겼을 때 확인해야 할 함수의 개수도 적어진다. 일반적으로 공개된 멤버 함수가 많을수록 버그를 찾기도 어렵고, 공개된 데이터를 포함한 클래스를 디버깅하는 어려움을 굳이 겪을 필요는 없다. 반면 우리는 완전한 인터페이스를 필요로 하며, 그렇지 않은 인터페이스는 쓸모가 없다. 꼭 필요한 기능을 제공하지 않는 인터페이스는 사용할 수 없기 때문이다.

이제 덜 추상적이고 C++ 언어에서 직접적으로 지원하는 다른 원칙을 살펴보자.

9.7.1 인자 타입

9.4.3절에서 Date의 생성자를 정의할 때 int 세 개를 인자로 사용했는데, 이로 인해 문제가 생긴다.

```
Date d1 {4,5,2005};        // 4년 2005일?!
Date d2 {2005,4,5};        // 4월 5일인가? 5월 4일인가?
```

첫 번째 문제(유효하지 않은 날짜)는 생성자에서 인자를 확인하면 쉽게 처리할 수 있다. 그러나 두 번째 문제(월과 일의 혼동)는 사용자가 작성한 (클래스 밖의) 코드에서도 걸러내기 어렵다. 두 번째 문제는 월과 일을 표기하는 관례의 문제로, 4/5가 미국에서는 4월 5일을 가리키고, 영국에서는 5월 4일을 가리킨다. 따라서 이런 방식을 이용하면 정확히 계산할 수 없으므로 뭔가 다른 방법이 필요하다. 가장 명확한 해답은 Month 타입을 이용하는 방법이다.

```
enum class Month {
    jan=1, feb, mar, apr, may, jun, jul, aug, sep, oct, nov, dec
};

// 간단한 Date (Month 타입 이용)
class Date {
public:
    Date(int y, Month m, int d);    // 날짜가 유효한지 확인한 후 초기화
    // ...
private:
    int y;                          // 년도
    Month m;
    int d;                          // 일
};
```

Month 타입을 이용하면 월과 일을 바꿔 지정했을 때 컴파일러가 오류를 잡아내며, 상징적 이름을 사용할 수도 있다. 일반적으로 숫자를 직접 다루기보다 상징적인 이름을 읽고 쓰기가 쉽고 오류도 적다.

```
Date dx1 {1998, 4, 3};          // 오류: 두 번째 인자가 Month가 아님
Date dx2 {1998, 4, Month::mar}; // 오류: 두 번째 인자가 Month가 아님
Date dx2 {4, Month::mar, 1998}; // 이런! 실행 시간 오류: 1998 일
Date dx2 {Month::mar, 4, 1998}; // 오류: 두 번째 인자가 Month가 아님
Date dx3 {1998, Month::mar, 30}; // OK
```

이처럼 대부분의 실수를 막을 수 있다. 여기서 Month::mar와 같이 열거자 mar에 열거형의 이름을 함께 사용했다는 점에 주의하자. Month가 객체가 아니고(타입임), mar가 데이터 멤버가

아니므로(열거자 - 기호 상수임) Month.mar로 쓸 수는 없다. 클래스 이름과 열거형, 네임스페이스 (8.7절) 다음에는 ::를 사용하고, 객체 이름 다음에는 .(점)을 사용한다.

할 수만 있다면 실행 시간 오류보다 컴파일 시간 오류가 좋다. 문제가 정확히 코드의 어디서 생기는지 찾기보다 컴파일러가 오류를 찾아주는 편이 좋기 때문이다. 그리고 컴파일 시에 오류를 찾아내면 수정하고 다시 실행해야 할 코드를 직접 찾아내는 수고를 덜 수 있다.

이러한 견지에서 년도와 일을 바꿔 지정하는 실수도 컴파일 시간에 걸러낼 수 있을까? 가능은 하지만 Month처럼 우아하진 않다. 4년은 실존하며, 결국 4년도 표현해야 하기 때문이다. 날짜를 현대로 제한해도 열거형으로 정의하기에 년도가 너무 많다.

(Date의 사용 의도를 모른 채로) 할 수 있는 최선은 다음과 같이 코드를 작성하는 방법이다.

```cpp
class Year {                    // [min:max) 구간 안의 년도
    static const int min = 1800;
    static const int max = 2200;
public:
    class Invalid { };
    Year(int x) : y{x} { if (x<min || max<=x) throw Invalid{}; }
    int year() { return y; }
private:
    int y;
};

class Date {
public:
    Date(Year y, Month m, int d);      // 날짜가 유효한지 확인한 후 초기화
    // ...
private:
    int y;                          // 년도
    Month m;
    int d;                          // 일
};
```

이제 다음과 같은 결과를 얻을 수 있다.

```cpp
Date dx1 {Year{1998}, 4, 3};            // 오류: 두 번째 인자가 Month가 아님
Date dx2 {Year{1998}, 4, Month::mar};   // 오류: 두 번째 인자가 Month가 아님
Date dx2 {4, Month::mar, Year{1998}};   // 오류: 첫 번째 인자가 Year가 아님
Date dx2 {Month::mar, 4, Year{1998}};   // 오류: 두 번째 인자가 Month가 아님
Date dx3 {Year{1998}, Month::mar, 30};  // OK
```

하지만 다음과 같은 오류는 여전히 실행 시간 전에 잡아낼 수 없다.

```
Date dx2 {Year{4}, Month::mar, 1998};      // 실행 시간 오류: Year::Invalid
```

그렇다면 앞의 코드처럼 년도를 확인하고자 추가 작업을 하고 클래스를 만들 가치가 있을
까? 이에 대한 대답은 Date를 이용해서 풀고자 하는 문제에 따라 달라진다. 하지만 여기서는
Year 클래스를 따로 만들 필요까지는 없다.

프로그램을 만들다 보면 해당 응용 분야에서 충분히 좋은 게 어느 정도인지를 스스로에게
묻게 된다. 일반적으로 충분히 좋은 무언가를 찾은 후에도 멈추지 않고 완벽한 해답을 계속
찾을 만큼 시간이 넉넉하지 않다. 그래도 계속 찾다보면 심지어 앞서 찾은 간단한 방법보다
이득이 없이 복잡(정교)하기만 한 방법을 찾기도 한다. 볼테르의 명언 "좋은 것의 적은 바로
최선이다."는 말도 이런 의미를 내포한다.

min과 max를 정의할 때 static const를 사용한 점을 명심하자. 이런 식으로 클래스 안에
서 기호 상수를 정의할 수 있다. 클래스 멤버에 static을 사용하면 해당 클래스의 객체당
하나씩 멤버가 생성되는 대신 프로그램 전체에 걸쳐 오직 하나의 변수가 생성된다. 여기에
더해서 초기 값이 상수 표현식이므로 const 대신 constexpr을 사용할 수도 있다.

9.7.2 복사

우리는 항상 객체를 만든다. 즉, 초기화와 생성자를 고려해야 한다. 논쟁의 여지가 있지만
생성자는 클래스의 가장 중요한 멤버이며, 생성자를 작성하려면 객체를 생성할 때 무엇을 인
자로 받고, 유효한 값이 무엇인지(불변 규칙이 무엇인지) 결정해야 한다. 초기화에 대해 고민하는
일만으로도 오류를 방지하는 데 도움이 된다.

다음으로 고려해야 할 사항은 객체를 복사할 수 있는지의 여부다. 그렇다면 어떻게 복사하
는지도 고려해야 한다.

Date나 Month에서 해당 타입의 객체를 복사한다는 의미는 명확하다. 그냥 모든 멤버를
복사하면 된다. 사실 이런 경우가 일반적이다. 따라서 다른 명령을 하지 않는 한 컴파일러가
이런 동작을 수행한다. 예를 들어 Date를 초기 값으로 지정하거나 대입 연산의 오른쪽 피연산
자로 사용하면 모든 멤버를 복사한다.

```
Date holiday {1978, Month::jul, 4};           // 초기화
Date d2 = holiday;
Date d3 = Date{1978, Month::jul, 4};
holiday = Date{1978, Month::dec, 24};         // 대입
d3 = holiday;
```

위 코드는 모두 예상한 대로 동작한다. Date{1978, Month::dec, 24}는 명명되지 않은

정상적인 Date 객체를 생성하고, 이렇게 생성한 객체를 다음과 같이 정상적으로 사용할 수 있다.

```
cout << Date{1978, Month::dec, 24};
```

이처럼 연산자를 활용해서 클래스 타입을 리터럴처럼 이용할 수 있다. 변수나 const를 정의한 후 한 번만 사용하는 대신 이런 간단한 대안을 이용할 수 있다.

복사를 위와 같은 기본적인 의미와 다르게 사용하고 싶다면 어떻게 할까? 복사의 의미를 우리 스스로 정의하거나(18.3절) 아예 복사 생성자와 복사 대입 연산자를 제거할 수도 있다 (14.2.4절).

9.7.3 기본 생성자

초기화하지 않은 변수는 심각한 오류의 원인이다. 이를 해결하려면 클래스의 모든 객체가 초기화됨을 보장할 수 있는 생성자가 필요하다. 예를 들어 모든 Date 객체를 올바로 초기화하고자 생성자 Date::Date(int,Month,int)를 선언했다. 즉, 여기서 Date를 올바로 초기화한다는 말은 프로그래머가 세 인자를 적절한 타입으로 제공해준다는 말이다.

```
Date d0;                    // 오류: 초기 값 없음
Date d1 {};                 // 오류: 빈 초기 값 목록
Date d2 {1998};             // 오류: 인자가 너무 적음
Date d3 {1,2,3,4};          // 오류: 인자가 너무 많음
Date d4 {1,"jan",2};        // 오류: 잘못된 인자 타입
Date d5 {1,Month::jan,2};   // OK: 인자가 세 개인 생성자 사용
Date d6 {d5};               // OK: 복사 생성자 사용
```

Date의 생성자를 정의했지만, Date를 복사할 수 있다는 점도 명심하자.

실제로 많은 클래스에서 적절한 기본 값의 개념을 정할 수 있다. 즉, "내가 초기 값을 지정하지 않으면 어떤 값을 사용해야 하는가?"에 대한 답이 명확한 경우가 있다.

```
string s1;                  // 기본 값: 빈 문자열 ""
vector<string> v1;          // 기본 값: 요소가 없는 빈 벡터
```

위 코드는 합리적이며, 주석에 설명한 대로 동작한다. 사실 vector와 string의 기본 생성 자가 암묵적으로 이런 초기화를 수행한다.

타입 T에 대해서 T{}는 기본 생성자가 정의하는 기본 값을 나타내는 표현이며, 다음과 같이 쓸 수 있다.

```
string s1 = string{};              // 기본 값: 빈 문자열 ""
vector<string> v1 = vector<string>{};   // 기본 값: 요소가 없는 빈 벡터
```

그러나 우리는 다음과 같이 짧게 쓰는 편을 선호한다.

```
string s1;                // 기본 값: 빈 문자열 ""
vector<string> v1;        // 기본 값: 요소가 없는 빈 벡터
```

int나 double을 비롯한 내장형 타입의 기본 생성자는 0을 의미한다. 따라서 int{}는 0을 복잡하게 나타낸 표현이고, double{}은 0.0을 길게 풀어 쓴 표현이다.

기본 생성자의 사용은 단지 외형상의 문제가 아니다. 다음 코드에서 사용한 string이나 vector가 초기화되지 않았다고 가정해보자.

```
string s;
for (int i=0; i<s.size(); ++i)     // 이런! 루프의 반복 횟수를 알 수 없음
    s[i] = toupper(s[i]);          // 이런! 알 수 없는 임의의 메모리 영역을 읽고 씀

vector<string> v;
v.push_back("bad");                // 이런! 알 수 없는 임의의 메모리 영역에 씀
```

s와 v를 정말 초기화하지 않았다면 s와 v가 얼마나 많은 요소를 포함하고, (17.5절에서 살펴본 일반적인 구현 기법을 이용해서) 어디에 요소를 저장할지 알 수 없다. 결과적으로 알 수 없는 임의의 메모리 주소를 사용하게 되고, 최악의 오류가 발생한다. 기본적으로 생성자가 없이는 불변 규칙이 성립할 수 없고, 변수의 값이 유효한지 보장할 수 없다(9.4.3절). 따라서 변수는 반드시 초기화해야 하며, 다음과 같이 초기 값을 이용해서 초기화를 보장할 수 있다.

```
string s1 = "";
vector<string> v1 {};
```

그러나 이 방식이 딱히 보기 좋지는 않다. string에서는 '빈 문자열'보다 ""가 명확하고 vector에서는 {}가 요소가 없음을 잘 표현하지만, 그 밖의 많은 타입에서는 기본 값을 나타내는 합당한 표현을 찾기 어렵다. 따라서 대부분의 타입에서 명시적인 초기 값이 없는 경우 객체 생성을 수행할 기본 생성자를 정의하는 편이 낫다. 이처럼 인자가 없는 생성자를 기본 생성자라고 한다.

날짜의 기본 값이 무엇인지 명확하지 않으므로 Date의 기본 생성자를 정의하지 않았다. 그러나 어쨌든 (기본 생성자 정의를 설명하는 차원에서) 한 번 정의해보자.

```
class Date {
public:
    // ...
```

```
    Date();          // 기본 생성자
    // ...
private:
    int y;
    Month m;
    int d;
};
```

이제 기본 날짜를 골라야 하는데, 21세기의 첫 날이 적합해 보인다.

```
Date::Date()
    :y{2001}, m{Month::jan}, d{1}
{
}
```

위와 같이 생성자에서 멤버의 기본 값을 지정하는 대신, 멤버 정의 자체에서 지정할 수도 있다.

```
class Date {
public:
    // ...
    Date();                    // 기본 생성자
    Date(year, Month, day);
    Date(int y);               // y년의 1월
    // ...
private:
    int y {2001};
    Month m {Month::jan};
    int d {1};
};
```

이렇게 지정한 기본 값은 모든 생성자에서 사용할 수 있다.

```
Date::Date(int yy)                     // yy년의 1월
    :y{yy}
{
    if (!is_valid()) throw Invalid{};    // 유효성 검사
}
```

Date(int)에서 월(m)과 일(d)을 명시적으로 초기화하지 않으므로 앞서 지정한 초기 값 (Month::jan과 1)을 암묵적으로 사용한다. 이처럼 멤버 선언에서 지정한 초기 값을 인클래스 초기 값in-class initializer이라고 한다.

생성자 코드 안에서 기본 값을 바로 지정하고 싶지 않다면 상수(나 변수)를 사용할 수 있다. 전역 변수 사용을 자제하고, 전역 변수의 초기화 문제를 피하고 싶다면 8.6.2절에서 다룬 기법을 활용하자.

```
const Date& default_date()
{
    static Date dd {2001,Month::jan,1};
    return dd;
}
```

static을 이용해서 default_date()를 호출할 때마다 변수(dd)를 생성하지 않고 default_date()를 처음 호출했을 때만 변수를 초기화하게 했다. 이러한 default_date()를 바탕으로 다음과 같이 Date의 기본 생성자를 정의할 수 있다.

```
Date::Date()
    :y{default_date().year()},
    m{default_date().month()},
    d{default_date().day()}
{
}
```

default_date()에서 호출한 생성자에서 인자를 검사하므로, 기본 생성자에서 인자를 다시 검사할 필요는 없다. 이렇게 Date의 기본 생성자를 이용하면 요소의 값을 하나씩 지정하지 않고도 비어있지 않은 Date 타입의 벡터를 정의할 수 있다.

```
vector<Date> birthdays(10);      // Date의 기본 값인 Date{} 10개를 요소로 포함
```

기본 생성자가 없으면 다음과 같이 각 요소를 명시적으로 지정해야 한다.

```
vector<Date> birthdays(10,default_date());      // 기본 값을 갖는 Date 10개
vector<Date> birthdays2 = {                     // 기본 값을 갖는 Date 10개
    default_date(), default_date(), default_date(), default_date(), default_date(),
    default_date(), default_date(), default_date(), default_date(), default_date()
};
```

vector<int> 타입인 경우의 혼동(18.2절)을 피하고자 vector의 요소 개수를 지정할 때는 초기 값 목록 표기법인 {} 대신 괄호 ()를 사용했다.

9.7.4 const 멤버 함수

변수라는 이름에서 알 수 있듯이 일부 변수의 값은 변경될 수 있다. 반면 어떤 변수의 값은

변하지 않는다(변할 필요가 없다). 즉, 변하지 않는 값을 저장하는 변수도 존재한다. 이런 경우를 일반적으로 상수 또는 const라고 한다.

```
void some_function(Date& d, const Date& start_of_term)
{
    int a = d.day();                 // OK
    int b = start_of_term.day();     // OK여야 함(왜 그런가?)

    d.add_day(3);                    // OK
    start_of_term.add_day(3);        // 오류
}
```

이 코드의 의도는 d는 수정 가능한 반면 start_of_term은 수정할 수 없게 하려는 것이다. 즉, some_function()에서 start_of_term을 변경하지 못하게 하려고 한다. 그렇다면 컴파일러는 이 사실을 어떻게 알까? start_of_term을 const로 선언한 데서 알 수 있다. 여기까지는 쉽게 이해할 수 있다. 그런데 day()를 호출해서 start_of_term의 day를 읽는 작업은 왜 허용되는가? 사실 지금까지 정의한 Date에 의하면 start_of_term.day()는 오류다. day()가 Date를 변경하는지 여부를 컴파일러가 알 수 없기 때문이다. 우리가 이를 언급한 바가 없으므로 컴파일러 입장에서는 day()가 Date 객체를 변경한다고 (보수적으로) 가정하고 오류를 보고한다.

클래스의 연산을 상태를 수정하는 연산과 그렇지 않은 연산으로 분류하면 이런 문제를 피할 수 있다. 이러한 분류를 바탕으로 클래스를 이해하는 데 도움을 얻을 수 있지만, 실용적인 차원에서도 매우 중요한 가치가 있다. 객체를 변경하지 않는 연산은 const 객체에서도 호출할 수 있다.

```
class Date {
public:
    // ...
    int day() const;            // const 멤버: 객체를 변경할 수 없음
    Month month() const;        // const 멤버: 객체를 변경할 수 없음
    int year() const;           // const 멤버: 객체를 변경할 수 없음

    void add_day(int n);        // const가 아닌 멤버: 객체를 변경할 수도 있음
    void add_month(int n);      // const가 아닌 멤버: 객체를 변경할 수도 있음
    void add_year(int n);       // const가 아닌 멤버: 객체를 변경할 수도 있음
private:
    int y;                      // 년도
    Month m;
    int d;                      // 일
};
```

```
Date d {2000, Month::jan, 20};
const Date cd {2001, Month::feb, 21};

cout << d.day() << " - " << cd.day() << '\n';        // OK
d.add_day(1);                                        // OK
cd.add_day(1);                                       // 오류: cd는 const
```

멤버 함수 선언의 인자 목록 바로 뒤에 const를 명시하면 const 객체에서도 해당 멤버 함수를 호출할 수 있다. 이처럼 const로 선언한 멤버 함수에 대해서는 컴파일러가 (객체를 변경하지 않는다는) 약속을 강제한다.

```
int Date::day() const
{
    ++d;               // 오류: const 멤버 함수에서 객체를 변경하려고 함
    return d;
}
```

물론 의도적으로 이런 속임수를 시도하진 않겠지만, 컴파일러가 제공하는 제약 덕분에 클래스 구현자가 실수를 줄일 수 있으며 복잡한 코드에서는 이러한 제약이 특히 유용하다.

9.7.5 멤버 함수와 헬퍼 함수

인터페이스를 최소한(그러나 완전하게)으로 설계하려면 약간 유용한 함수를 제외해야 한다. 그리고 독립적인(멤버가 아닌) 형태로 구현하는 편이 더 간단하고 우아하고 효율적인 함수라면 클래스 밖에서 구현해야 한다. 이렇게 하면 함수의 버그로 인해 클래스 안의 데이터가 직접적으로 손상되는 일을 막을 수 있다. "일단 용의자를 소환하라"는 격언이 일반적인 디버깅의 원리인 점을 감안하면 클래스 내부 데이터에 직접 접근하지 않는 일이 얼마나 중요한지 알 수 있다. 즉, 클래스에서 뭔가 잘못되면 멤버 데이터에 직접 접근하는 함수를 우선 살펴봐야 한다. 그 함수 중 하나가 오류를 일으킬 가능성이 크기 때문이다. 이런 상황에서 살펴볼 함수가 50개인 경우보다 열 개 남짓인 경우가 훨씬 행복하지 않을까?

50개 함수를 포함한 Date 클래스! 농담같이 들리겠지만 내가 몇 년 전에 상용 Date 라이브러리의 멤버 함수를 조사한 결과 next_Sunday(), next_workday() 등의 함수가 매우 많이 포함됐다. 코드에 대한 이해와 구현, 유지 보수의 용이성보다 사용자 편의에 초점을 두고 설계한 클래스라면 50개의 멤버 함수를 포함할 수도 있다.

클래스의 데이터를 변경할 때 그 데이터에 직접적으로 접근하는 멤버 함수만 변경하면 된다는 점도 기억하자. 실용적인 측면에서 인터페이스를 최소화하는 중요한 이유가 여기에 있다. Date를 예로 들면 날짜를 (년도, 월, 일)로 표현하는 방법보다 1900년 1월 1일로부터

경과한 날의 수로 표현하는 방법이 훨씬 좋다고 결정했다면 멤버 함수만 변경하면 된다.

이쯤에서 헬퍼 함수의 예를 몇 가지 살펴보자.

```cpp
Date next_Sunday(const Date& d)
{
    // d.day(), d.month(), d.year()를 호출해 날짜에 접근
    // 새로운 Date를 만들어서 반환
}

Date next_weekday(const Date& d) { /*... */ }

bool leapyear(int y) { /*... */ }

bool operator==(const Date& a, const Date& b)
{
    return a.year()==b.year()
        && a.month()==b.month()
        && a.day()==b.day();
}

bool operator!=(const Date& a, const Date& b)
{
    return !(a==b);
}
```

헬퍼 함수는 편의 함수convenience functions와 보조 함수auxiliary functions 등 다른 많은 이름으로 불린다. 이러한 함수와 멤버 함수 간의 구분은 프로그래밍 개념적인 차원이다. 즉, 헬퍼 함수는 프로그래밍 언어의 개념이 아니라 설계 관점의 개념이다. 대부분의 헬퍼 함수는 돕고자 하는 클래스를 인자로 받지만, 곧 살펴볼 leapyear()를 비롯한 예외도 있다. 그리고 네임스페이스(8.7절)를 이용해서 헬퍼 함수를 그룹화하기도 한다.

```cpp
namespace Chrono {
    enum class Month { /*… */ };
    class Date { /*... */ };
    bool is_date(int y, Month m, int d);               // 날짜가 유효하면 true 반환
    Date next_Sunday(const Date& d) { /*... */ }
    Date next_weekday(const Date& d) { /*... */ }
    bool leapyear(int y) { /*... */ }                  // 연습문제 10번 참고
    bool operator==(const Date& a, const Date& b) { /* ... */ }
    // ...
}
```

==와 != 함수에 주목하자. 이 두 함수는 전형적인 헬퍼 함수다. 많은 클래스에서 ==와 !=의 의미가 명확하지만 모든 클래스에서 그렇지는 않다. 따라서 컴파일러가 복사 생성자와 복사 대입 연산자를 자동으로 만들어 주듯이 ==와 !=도 자동으로 만들 수는 없다.

is_date()라는 헬퍼 함수를 만든 점에도 주목하자. 날짜가 유효한지 확인하는 일은 Date 객체의 내부 메모리 표현과는 별로 상관이 없기 때문에 Date::is_date()를 따로 분리했다. 예를 들어 Date 객체 내부의 메모리 표현 방식을 몰라도 "2008년 1월 30일"은 유효하고, "2008년 2월 30일"은 유효하지 않다는 사실을 확인할 수 있다. Date 내부 메모리 표현과 관련된 측면(예, "1066년 1월 30일"을 Date 객체로 표현할 수 있는지 여부)이 있다고 볼 수 있지만, 이런 일은 (필요하면) Date의 생성자에서 처리하면 된다.

9.8 Date 클래스

지금까지 살펴본 내용을 모두 조합해서 모든 아이디어와 고려 사항을 반영한 Date 클래스가 어떤 모습인지 살펴보자. 함수 몸체를 ... 주석으로 처리한 경우는 구현이 어려운 함수다(아직 모든 함수를 구현하려고 하지 말자). 우선 Chrono.h 헤더의 선언을 살펴보자.[1]

```
// Chrono.h 파일

namespace Chrono {
enum class Month {
    jan=1, feb, mar, apr, may, jun, jul, aug, sep, oct, nov, dec
};

class Date {
public:
    class Invalid { };          // 예외 클래스
    Date(int y, Month m, int d);  // 날짜의 유효성 확인 후 초기화
    Date();                     // 기본 생성자
    // 기본 복사 연산을 그대로 사용

    // 상태를 변경하지 않는 연산
    int day() const { return d; }
    Month month() const { return m; }
    int year() const { return y; }

    // 상태를 변경할 수 있는 연산
    void add_day(int n);
```

---

1. Chrono.h에 std_lib_facilities.h를 #include해야 한다. 자세한 내용은 부록 C.3.2 참고 - 옮긴이

```cpp
    void add_month(int n);
    void add_year(int n);
private:
    int y;
    Month m;
    int d;
};

bool is_date(int y, Month m, int d);        // 날짜가 유효하면 true 반환
bool leapyear(int y);                       // y가 윤년이면 true 반환

bool operator==(const Date& a, const Date& b);
bool operator!=(const Date& a, const Date& b);

ostream& operator<<(ostream& os, const Date& d);
istream& operator>>(istream& is, Date& dd);

}       // Chrono
```

이제 Chrono.cpp의 정의를 살펴보자.

```cpp
// Chrono.cpp
#include "Chrono.h"

namespace Chrono {
// 멤버 함수 정의:

Date::Date(int yy, Month mm, int dd)
    : y{yy}, m{mm}, d{dd}
{
    if (!is_date(yy,mm,dd)) throw Invalid{};
}

const Date& default_date()
{
    static Date dd {2001,Month::jan,1};        // 21세기의 첫 날
    return dd;
}

Date::Date()
    :y{default_date().year()},
    m{default_date().month()},
    d{default_date().day()}
{
}
```

```
void Date:: add_day(int n)
{
    // ...
}

void Date::add_month(int n)
{
    // ...
}

void Date::add_year(int n)
{
    if (m==Month::feb && d==29 && !leapyear(y+n)) {     // 윤년 처리!
        m = Month::mar;                                 // 2월 29일 대신 3월 1일 사용
        d = 1;
    }
    y+=n;
}

// 헬퍼 함수:
bool is_date(int y, Month m, int d)
{
    // y는 유효하다고 가정
    if (d<=0) return false;                  // d는 양수여야 함
    if (m<Month::jan || Month::dec<m) return false;

    int days_in_month = 31;                  // 한 달은 31일

    switch (m) {
    case Month::feb:                         // 2월의 길이는 다름
        days_in_month = (leapyear(y))?29:28;
        break;
    case Month::apr: case Month::jun: case Month::sep: case Month::nov:
        days_in_month = 30;                  // 나머지 달은 30일
        break;
    }

    if (days_in_month<d) return false;

    return true;
}

bool leapyear(int y)
{
```

```
    // 연습문제 10번 참고
}

bool operator==(const Date& a, const Date& b)
{
    return a.year()==b.year()
        && a.month()==b.month()
        && a.day()==b.day();
}

bool operator!=(const Date& a, const Date& b)
{
    return !(a==b);
}

ostream& operator<<(ostream& os, const Date& d)
{
    return os << '(' << d.year()
            << ',' << d.month()²
            << ',' << d.day() << ')';
}

istream& operator>>(istream& is, Date& dd)
{
    int y, m, d;
    char ch1, ch2, ch3, ch4;
    is >> ch1 >> y >> ch2 >> m >> ch3 >> d >> ch4;
    if (!is) return is;
    if (ch1!= '(' || ch2!=',' || ch3!=',' || ch4!=')') {      // 형식 오류!
        is.clear(ios_base::failbit);                          // 실패 비트 지정
        return is;
    }
    dd = Date(y, Month(m),d);                                 // dd 갱신

    return is;
}

enum class Day {
```

---

2. 문제 발생 시 Month 열거형에 << 연산자를 오버로딩해야 한다. – 옮긴이

```
ostream& operator<<(ostream& os, const Month& m)
{
    return << int(m);
}
```

```
    sunday, monday, tuesday, wednesday, thursday, friday, saturday
};

Day day_of_week(const Date& d)
{
    // ...
}

Date next_Sunday(const Date& d)
{
    // ...
}

Date next_weekday(const Date& d)
{
    // ...
}

} // Chrono
```

Date에서 사용하는 >>와 << 함수 구현은 10.8절과 10.9절에서 자세히 설명한다.

✔ 실습문제

이번 실습문제에서는 지금까지 개선해 온 Date의 여러 버전을 다시 이용해본다. Date의 각 버전에 대해 today라는 객체를 1978년 6월 25일로 초기화하고, tomorrow라는 Date 타입 객체를 정의한 후 today의 값을 복사한다. 그리고 add_day()를 이용해서 tomorrow 객체를 하루 증가시킨다. 마지막으로 9.8절에서 정의한 << 연산자로 today와 tomorrow를 출력한다.

날짜가 유효한지 검사하는 부분은 매우 간단하게 처리하자. 윤년을 무시해도 좋다. 그러나 [1, 12] 구간 밖의 월과 [1, 31] 구간 밖의 일은 허용하지 않는다. 각 버전을 유효하지 않은 날짜로 적어도 한 번 이상 테스트하자.

1. 9.4.1절의 버전

2. 9.4.2절의 버전

3. 9.4.3절의 버전

4. 9.7.1절의 버전

5. 9.7.4절의 버전

복습문제

1. 9장에서 설명했던 클래스를 구성하는 두 부분은 무엇인가?

2. 클래스의 인터페이스와 구현은 어떻게 다른가?

3. 9장 맨 앞에서 만들었던 Date struct의 한계와 문제점은 무엇인가?

4. init_day() 대신 Date 타입의 생성자를 사용하는 이유는 무엇인가?

5. 불변 규칙이란 무엇인가? 예를 들어 보자.

6. 어떤 경우에 함수를 클래스 정의 안에 위치시키고, 어떤 경우에 클래스 정의 밖에 두는가? 이유는 무엇인가?

7. 어떤 경우에 프로그램에서 연산자를 오버로딩하는가? 오버로드하고 싶은 연산자를 나열해보자(그리고 각각의 이유는 무엇인가?).

8. 클래스의 공개 인터페이스를 되도록 작게 유지하는 이유는 무엇인가?

9. 멤버 함수 뒤에 const를 붙이면 무슨 효과가 있는가?

10. 헬퍼 함수를 클래스 정의에서 분리하는 이유는 무엇인가?

용어 정의

내장형 타입	열거자	(클래스 내부의) 메모리 표현
class	헬퍼 함수	struct
const	구현	구조체
생성자	인클래스 초기 값	사용자 정의 타입
소멸자	인라인화化	유효한 상태
enum	인터페이스	
열거형	불변 규칙	

연습문제

1. 9.1절에서 예로 들었던 (토스트기 등의) 실세계 객체에 대해서 그럴직한 연산자의 예를 나열해보자.

2. string 타입의 이름과 double 타입 나이의 쌍 (name, age)을 저장하는 Name_pairs 클래스를 설계하고 구현해보자. 클래스는 vector<string> 타입의 name과 vector<double> 타입의 age를 멤버로 포함한다. 그리고 일련의 이름을 입력받는 read_names()와 각 이름

의 나이를 입력받는 `read_ages()`, `name` 벡터의 순서대로 (`name[i]`, `age[i]`) 쌍을 (한 줄에 한 쌍씩) 출력하는 `print()` 연산을 제공하자. 그리고 `name` 벡터를 알파벳 순서로 정렬한 후 `age` 벡터도 이름 순서에 맞게 재정렬하는 연산을 제공하자. 모든 연산을 멤버 함수로 제공하고 클래스를 테스트하자(물론 초기부터 자주 테스트하자).

3. `Name_pair::print()`를 (전역) 연산자 `<<`로 대체하고, `Name_pair`에 `==`와 `!=`를 정의하자.

4. 골치 아픈 8.4절의 마지막 예제를 살펴본 후 들여 쓰기를 제대로 하고 각 구문의 의미를 설명하라. 이 예제는 어떤 의미 있는 일도 하지 않는 그저 실험용 예제임을 기억하자.

5. 이번 문제와 다음 문제에서는 도서관용 소프트웨어의 일부로 쓰일 만한 `Book` 클래스를 설계하고 구현한다. `Book`은 ISBN과 제목, 저자, 저작권 정보, 책이 대출 중인지 아닌지 여부를 멤버로 포함한다. 각 데이터의 값을 반환하는 함수를 만들고, 책을 대출하고 반납하는 함수도 작성하자. 그리고 `Book`의 데이터에 대한 간단한 유효성 검사를 하자. 예를 들어 ISBN은 n-n-n-x의 형식이며, n은 정수이고 x는 숫자나 문자다. ISBN은 `string`으로 저장한다.

6. `Book` 클래스에 연산을 추가하자. `==` 연산은 두 책의 ISBN이 같은지 확인하고, `!=`도 ISBN을 비교한다. `>>`는 제목과, 저자, ISBN을 각각 다른 행에 출력한다.

7. `Book` 클래스에 사용할 열거형 `Genre`를 만들자. 책의 장르는 소설[fiction]과 비소설[nonfiction], 정기 간행물[periodical], 전기[biography], 아동[children]으로 이뤄진다. `Genre`를 `Book` 클래스에 추가하고 생성자와 멤버 함수를 적절히 수정하자.

8. 도서관에서 사용할 `Patron` 클래스를 만들자. 클래스는 사용자 이름과 도서관 고객 번호, 도서관 사용료(있다면)를 포함한다. 그리고 각 데이터를 반환하는 함수와 도서관 연체료를 설정하는 함수를 제공한다. 해당 사용자가 지불할 연체료가 있는지 여부를 불리언(`bool`) 타입으로 반환하는 헬퍼 함수도 제공한다.

9. `Library` 클래스를 만들자. 이 클래스는 `Book`과 `Patron`의 벡터와 `Transaction`이라는 `struct`를 포함한다. `Transaction`은 `Book`과 `Patron`, 9장에서 다룬 `Date`를 포함한다. 그리고 이 `Transaction`을 저장하는 벡터를 만들자. 도서관에 책을 추가하는 함수와 고객을 추가하는 함수, 책을 대출하는 함수를 작성하자. 고객이 책을 대출할 때 해당 고객과 책이 도서관에 등록됐는지 확인하고, 그렇지 않으면 오류를 보고한다. 다음으로 연체료가 있는지 확인하고, 있으면 오류를 보고한다. 연체료가 없으면 `Transaction` 객체를 만들고 `Transaction`의 벡터에 넣는다. 그리고 연체료가 있는 모든 고객의 이름을 포함하는 벡터를 반환하는 함수도 만들자.

10. 9.8절의 `leapyear()`를 구현하자.

11. `next_work_day()`(토요일과 일요일을 제외한 모든 날은 영업일로 가정하자)와 `week_of_year()`(제1주는 1월 1일을 포함하는 주이고, 한 주의 시작은 일요일로 가정한다) 등의 유용한 함수를 비롯해 Date의 헬퍼 함수를 작성하자.

12. Date의 내부 메모리 표현을 1970년 1월 1일(0번째 날)로부터 경과한 날의 수로 변경하자. 타입은 `long int`이며, 9.8절의 함수도 다시 구현하자. 이런 방법으로 표현 가능한 구간 밖의 날짜는 거부하자(음수 날짜는 없으므로 0번째 날 이전의 날짜는 거부하자).

13. 유리수를 나타내는 클래스 Rational을 설계하고 구현하자. 유리수는 분자와 분모로 이뤄지는데, 5/6(육 분의 오, 대략 0.83333)도 그 예다. 필요하다면 그 정의를 찾아보자. 그리고 유리수의 대입과 덧셈, 뺄셈, 곱셈, 나눗셈, 상등 연산자, double로의 변환 연산자를 제공하라. 사람들은 왜 Rational 클래스를 사용할까?

14. 달러와 센트를 정확히 계산하는 Money 클래스를 설계하고 작성하라. 정확한 계산을 하려면 4/5 반올림 규칙(0.5센트는 올림, 0.5보다 작으면 버림)을 준수하라. 액수는 센트 단위의 `long int`로 표현하되 입출력 시에는 $123.45처럼 달러와 센트로 표현하자. `long int` 구간 밖의 액수는 신경 쓰지 않는다.

15. (생성자의 인자로 주어지는) 통화 개념을 Money 클래스에 추가하자. 그리고 `long int` 구간 안의 부동소수점 값도 초기 값으로 받아들이되 유효하지 않은 연산은 하지 않는다. 예를 들어 Money*Money는 무의미하며, USD1.23+DKK5.00은 미국 달러[USD]와 덴마크 크로너[DKK] 사이의 환율을 정의하는 변환 표를 제공할 때에만 가능하다.

16. USD1.23과 DKK5.00처럼 통화 정보를 포함한 액수를 Money 변수에 입력받는 연산자(>>)를 정의하고, 그에 상응하는 출력 연산자(>>)도 정의하라.

17. Rational이 Money보다 수학적으로 더 나은 연산 결과를 산출하는 경우의 예를 들어보라.

18. Rational이 double보다 수학적으로 더 나은 연산 결과를 산출하는 경우의 예를 들어보라.

붙이는 말

사용자 정의 타입은 여기서 다룬 내용보다 훨씬 방대하다. 사용자 정의 타입, 특히 클래스는 C++의 핵심이자 가장 효과적인 설계 기법들의 핵심이기도 하다. 이 책의 나머지 부분에서는 주로 클래스의 설계와 활용 방법을 다룬다. 클래스(혹은 연관된 클래스 집합)는 우리의 개념을 코드로 표현하는 도구이며, 9장에서는 언어의 기술적 측면에서 클래스를 살펴봤다. 이제부터는 주로 우리의 유용한 아이디어를 클래스로 우아하게 표현하는 방법에 집중한다.

2부

입력과 출력

10

입출력 스트림

"과학은 우리가 스스로를 속이지
못하게 하는 방법이다."

– 리처드 P. 파인만(Richard P. Feynman)

10장과 11장에서는 C++ 표준 라이브러리에서 다양한 대상을 이용해 입력과 출력을 수행할 목적으로 제공하는 I/O 스트림을 살펴본다. 특히 파일을 읽고 쓰는 방법과 오류를 처리하는 방법, 형식화된 입력을 다루는 방법, 사용자 정의 타입에 I/O 연산자를 추가하고 활용하는 방법을 설명한다. 10장에서는 개별적인 값을 읽고 쓰는 방법, 전체 파일을 열어서 읽고 쓰는 방법을 비롯한 기본적 입출력 모델을 설명하고, 마지막 예제에서는 규모가 더 큰 코드에서 고려해야 할 사항을 짚어본다. 11장에서는 상세한 내용을 파고든다.

10.1 입력과 출력

데이터가 없는 컴퓨팅은 무의미하다. 흥미로운 계산을 하려면 데이터를 프로그램 안으로 읽어야 하고, 계산 결과는 밖으로 출력해야 한다. 4.1절에서 광범위한 데이터 입출력 장치의 종류를 언급했는데, 주의하지 않으면 특정 장치만 이용해서 데이터를 입력받고 출력할 수 있는 프로그램을 만들게 될지도 모른다. 디지털 카메라나 엔진 연료 분사기용 센서처럼 특수한 용도의 프로그램이라면 큰 문제가 없을지도 모르지만(이 정도로 충분하기도 하고), 일반적인 용도라면 프로그램이 데이터를 읽고 쓰는 방법과 실제 입출력 장치를 분리시켜야 한다. 그렇지 않고 각 장치를 직접 다뤄야 한다면 시장에 새로운 디스플레이나 디스크가 출시될 때마다 프로그램을 변경해야 하고, 사용자를 우리가 선호하는 디스플레이나 디스크로 제한시키게 된다. 이는 어리석은 일이다.

현대적인 운영체제는 입출력 장치를 제어하는 일을 장치 드라이버에게 위임하고, 애플리케이션은 서로 다른 장치의 입출력을 최대한 비슷하게 만들어 주는 입출력 라이브러리를 바탕으로 장치 드라이버에 접근한다. 일반적으로 장치 드라이버는 운영체제의 깊숙한 곳에 위치하므로 대부분의 사용자는 볼 수 없고, 입출력 라이브러리가 입출력에 추상화를 제공하므로 프로그래머가 장치나 장치 드라이버를 고려하지 않아도 된다.

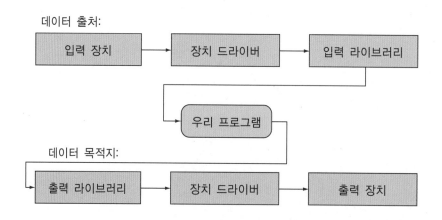

이러한 모델로 본다면 입력과 출력은 입출력 라이브러리가 제어하는 바이트(문자)의 스트림stream, 흐름으로 볼 수 있다. 더 복잡한 형태의 입출력은 특별한 전문성을 필요로 하므로 이 책의 범위를 벗어난다. 응용 프로그래머로서 우리가 할 일은 다음과 같다.

1. 적절한 데이터 출처와 목적지에 입출력 스트림을 구성한다.

2. 이 스트림에 읽고 쓴다.

장치의 문자열 송수신에 대한 상세 사항은 입출력 라이브러리와 장치 드라이버가 담당한다. 10장과 11장에서는 C++ 라이브러리를 이용해서 형식화된 데이터 스트림을 바탕으로 입출력을 수행하는 방법을 살펴본다.

프로그래머의 관점에서 다양한 종류의 입력과 출력이 있는데, 우리는 이를 다음과 같이 분류한다.

- (다수의) 데이터 항목의 스트림(파일과 네트워크 연결, 리코딩 장치, 디스플레이 장치)
- 키보드를 바탕으로 한 사용자와의 의사소통
- 그래픽 인터페이스를 바탕으로 한 사용자와의 의사소통(시각적인 객체 출력, 마우스 클릭 읽기 등)

이러한 분류는 유일한 분류 방법도 아니고, 보기보다 명확하지도 않다. 예를 들어 문자열 출력 스트림의 목적지가 브라우저에서 사용할 HTTP 문서라면 그 출력 결과는 사용자 의사소통에 목적이 있으며, 그래픽 요소를 포함할 수 있다. 거꾸로 GUI^{그래픽 사용자 인터페이스}를 바탕으로 한 상호작용의 결과는 프로그램에게 문자열 스트림으로 제공될 수 있다. 하지만 우리가 사용할 도구에는 위와 같은 분류가 잘 맞는다. 첫 번째와 두 번째 입출력 종류는 C++ 표준 라이브러리의 입출력 스트림과 대부분의 현대적 운영체제에서 직접적으로 지원한다. 1장부터 iostream 라이브러리를 계속 사용했는데, 10장과 11장에서는 이에 초점을 맞춘다. 그래픽 출력과 그래픽을 이용한 사용자 상호작용은 다양한 라이브러리에서 지원하는데, 이러한 입출력은 12장에서 16장에 걸쳐 알아본다.

10.2 입출력 스트림 모델

C++ 표준 라이브러리에서는 입력 스트림을 처리하는 istream 타입과 출력 스트림을 다루는 ostream 타입을 제공하는데, 지금까지 cin이라는 표준 istream과 cout이라는 표준 ostream을 사용했으므로 표준 입출력 라이브러리(iostream 라이브러리)의 기본적 사용법은 알고 있는 셈이다.

그 중에 ostream은 다음과 같다.

- 다양한 타입의 값을 문자열로 변환한다.
- 그 문자열을 어딘가(콘솔과 파일, 메인 메모리, 다른 컴퓨터 등)로 보낸다.

ostream을 그림으로 나타내면 다음과 같다.

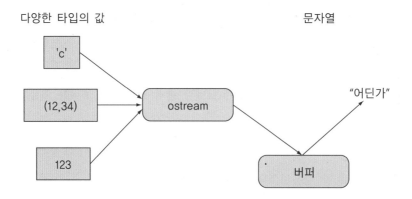

버퍼는 `ostream`이 운영체제와 통신하는 동안 여러분이 넘겨준 데이터를 저장하는 자료 구조다. 여러분이 `ostream`에 데이터를 쓴 시점과 실제 목적지에 그 문자열이 나타나는 시점 사이에 지연이 있다면 문자열이 아직 버퍼에 있기 때문일 가능성이 높다. 버퍼링은 이처럼 성능에 큰 영향을 미치고, 성능이 중요한 대규모 데이터를 다룰 때 중요하다.

이제 `istream`을 보면 다음과 같다.

- 문자열을 여러 가지 타입의 값으로 변환한다.
- 어딘가(콘솔과 파일, 메인 메모리, 다른 컴퓨터 등)에서 그 문자열을 읽어 온다.

`istream`을 그림으로 나타내면 다음과 같다.

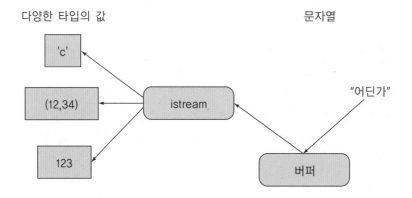

`ostream`도 `istream`과 마찬가지로 운영체제와 통신할 때 버퍼를 쓴다. 단지 `istream`의 버퍼는 사용자의 관점에서 더 쉽게 인식할 수 있다. 키보드에 연결된 `istream`을 사용할 때 여러분이 입력한 내용은 엔터(리턴, 개행) 키가 눌릴 때까지 버퍼에 남는다. 따라서 (엔터를 누르기 전에) 마음을 바꾸고 싶다면 삭제(백스페이스) 키를 누를 수 있다.

출력의 주요 용도는 사람이 읽을 수 있는 데이터를 만드는 데 있다. 이메일 메시지와 학문적인 자료, 웹 페이지, 영수증, 사업 보고서, 연락처 목록, 장비 상태 일람 등을 생각해보라.

따라서 ostream은 다양한 취향에 맞게 텍스트를 형식화하는 기능을 제공한다. 마찬가지로 대부분의 입력도 사람이 직접 작성했거나 사람이 읽기 쉬운 형태로 돼 있다. 따라서 istream은 ostream에서 만들어진 그러한 종류의 출력을 다시 읽을 수 있는 기능을 제공한다. 이러한 형식화는 11.2절에서 다루고, 문자가 아닌 입력을 읽는 방법은 11.3.2절에서 다루기로 한다. 입력 처리에 있어 가장 어려운 점 중 하나가 바로 오류 처리인데, 좀 더 현실적인 예제를 보여줄 수 있도록 iostream 모델이 데이터 파일과 어떤 관계인지 살펴보자.

10.3 파일

일반적으로 컴퓨터의 메인 메모리에 저장할 수 있는 양보다 더 많은 데이터가 존재하고, 따라서 대부분의 데이터는 용량이 더 큰 저장 장치에 저장한다. 이러한 저장 장치는 전원을 공급하지 않아도 데이터가 사라지지 않고 영구적으로 보존할 수 있어야 한다. 가장 기본적인 수준에서 보면 파일은 0부터 번호가 매겨진 바이트 시퀀스라고 할 수 있다.

파일은 형식format을 갖는다. 즉, 이 형식 규칙을 바탕으로 각 바이트의 의미를 정의한다. 예를 들어 텍스트 파일에서 첫 4바이트는 그대로 첫 네 문자를 의미한다. 반면 정수의 이진 표현을 사용한 파일에서 첫 4바이트는 (이진) 표현에서의 첫 정수를 말한다(11.3.2절). 즉, 파일의 형식은 메인 메모리의 객체와 비슷한 역할을 한다. 따라서 파일 형식을 알면(그리고 반드시 알아야만) 파일 안의 비트의 의미를 알 수 있다(11.2~3절 참고).

ostream은 파일을 다룰 때 메인 메모리의 객체를 바이트 스트림으로 변환해 디스크에 쓴다. 반면 istream은 그 반대의 일을 한다. 즉, 바이트 스트림을 읽어 객체로 조합한다.

대부분의 경우에 우리는 '파일에 저장된 바이트'를 우리가 보통 사용하는 문자 집합으로 이뤄진 문자열로 가정한다. 이런 가정이 항상 성립하진 않아도 이 가정을 바탕으로 많은 일을 할 수 있으며, (문자열이 아닌) 다른 표현도 어렵지 않게 다룰 수 있다. 그리고 모든 파일은 디스크(회전하는 자기 저장 장치)에 저장된다고 가정한다. (플래시 메모리를 생각해보면) 이 가정도 항상 사실은 아니지만, 현재 수준의 프로그래밍에서는 실제 저장 장치에 따른 차이가 거의 없다. 파일과 스트림이 제공하는 추상화의 아름다움이 바로 여기에 있다.

파일을 읽으려면 다음과 같이 한다.

1. 파일의 이름을 알아야 한다.

2. 파일을 (읽기용으로) 열어야 한다.

3. 문자열을 읽는다.

4. 파일을 닫는다(보통은 암묵적으로 수행되지만).

파일에 쓰려면 다음과 같이 한다.

1. 파일의 이름을 지정한다.

2. 파일을 (쓰기용으로) 열어야 한다.

3. 객체를 쓴다.

4. 파일을 닫는다(보통은 암묵적으로 수행되지만).

파일에 연결된 ostream은 지금까지 다룬 cout과 정확히 동일하게 동작하며, 파일에 연결된 istream도 지금까지 다룬 cin과 정확히 동일하게 동작하므로 우리는 이미 기본적인 내용은 알고 있다고 할 수 있다. 파일에만 수행할 수 있는 연산은 나중(11.3.3절)에 알아보기로 하고, 지금은 파일을 여는 방법과 모든 istream이나 ostream에 적용할 수 있는 연산과 기법에 집중하자.

10.4 파일 열기

파일에 읽기나 쓰기를 하려면 우선 그 파일에 연결된 스트림을 열어야 한다. ifstream은 파일로부터 읽기를 수행하는 istream의 한 종류이며, ofstrem은 파일에 쓰기를 수행하는 ostream의 한 종류다. 그리고 fstream은 파일을 이용한 읽기와 쓰기를 동시에 수행하는 iostream의 한 종류다. 이러한 파일 스트림을 사용하려면 먼저 다음과 같이 파일에 연결해야 한다.

```
cout << "입력 파일 이름: ";
string iname;
cin >> iname;
ifstream ist {iname};            // ist는 이름이 iname인 파일의 입력 스트림임
if (!ist) error("입력 파일을 열 수 없음 : ",iname);
```

ifstream을 이름 문자열로 정의하면 그 문자열과 이름이 같은 파일을 읽기용으로 연다.
!ist는 파일이 제대로 열렸는지 확인하는 부분이다. 그 다음부터는 일반적인 istream과 동일한 방법으로 파일에서 읽기를 수행할 수 있다. 예를 들어 Point 타입에 입력 연산자 >>를 정의했다면 다음과 같이 사용할 수 있다.

```
vector<Point> points;
for (Point p; ist>>p; )
    points.push_back(p);
```

파일 출력도 ofstream을 이용해서 비슷하게 처리할 수 있다.

```
cout << "출력 파일 이름: ";
string oname;
cin >> oname;
ofstream ost {oname};              // ost는 이름이 oname인 파일의 출력 스트림임
if (!ost) error("출력 파일을 열 수 없음 : ",oname);
```

ofstream을 이름 문자열로 정의하면 그 문자열과 이름이 같은 파일을 쓰기용으로 연다.
!ost는 파일이 제대로 열렸는지 확인하는 부분이다. 그 다음부터는 다음과 같이 일반적인 ostream과 동일한 방법으로 파일에 쓰기를 수행할 수 있다.

```
for (int p : points)
    ost << '(' << p.x << ',' << p.y << ")\n";
```

파일 스트림이 유효 범위를 벗어나면 거기 연결된 파일은 닫힌다. 그리고 파일이 닫히면 연결된 버퍼는 방출flush된다. 즉, 버퍼의 문자열을 모두 파일에 출력한다.

일반적으로 프로그램에서 복잡한 계산을 하기 전에 파일을 미리 열어두는 편이 좋다. 계산 결과를 출력할 곳이 없어 작업을 마무리할 수 없다는 사실을 깨닫기 전에 너무 많은 일을 하면 시간 낭비가 되기 때문이다.

다음과 같이 ostream이나 istream을 생성하는 과정에서 파일을 열고, 스트림이 유효 범위를 벗어나 소멸되면 파일이 닫히게 하는 방법이 이상적이다.

```
void fill_from_file(vector<Point>& points, string& name)
{
    ifstream ist {name};          // 읽기용으로 파일 열기
    if (!ist) error("입력 파일을 열 수 없음 : ",name);
    //... ist 사용 ...
    // 함수가 종료되면 파일이 암묵적으로 닫힘
}
```

명시적으로 open()과 close() 함수를 수행할 수도 있지만(B.7.1절), 유효 범위를 활용하면 누군가가 파일 스트림을 실제 파일에 연결하기 전에 사용하거나, 스트림이 닫힌 후에 사용하는 일을 막을 수 있다.

```
ifstream ifs;
// ...
ifs >> foo;                      // 실패: ifs에 열린 파일이 없음
// ...
ifs.open(name,ios_base::in);     // 이름이 name인 파일을 읽기용으로 열기
// ...
ifs.close();                     // 파일 닫기
// ...
ifs >> bar;                      // 실패: ifs의 파일이 닫혔음
// ...
```

실제로는 이런 문제를 발견하기가 훨씬 어렵다. 다행히도 다음 코드에서 볼 수 있듯이 파일 스트림을 먼저 닫지 않은 상태에서 두 번째 파일을 열 수는 없다.

```
fstream fs;
fs.open("foo", ios_base::in) ;     //입력용으로 열기
// close()를 누락함
fs.open("foo", ios_base::out);     // 실패: fs가 이미 열림
if (!fs) error("불가능");
```

따라서 스트림을 연 후에는 반드시 성공 여부를 확인하자.

그렇다면 open()이나 close()를 명시적으로 사용하는 이유는 무엇일까? 경우에 따라서는 파일에 대한 연결의 수명lifetime이 스트림의 유효 범위와 일치하지 않을 수 있기에 명시적 호출을 이용한다. 그러나 이런 경우는 별로 흔하지 않으므로, 지금 당장은 신경을 쓰지 말자. 그리고 iostream(과 앞으로 살펴 볼 C++ 표준 라이브러리)에서 사용하는 유효 범위 기반의 관례적인 코드를 사용하지 않는 언어나 라이브러리의 스타일에 길들여진 사람이 작성한 코드에서도 명시적인 open()이나 close()를 볼 수 있다.

11장에서 볼 수 있듯이 파일과 관련된 더 많은 내용이 있지만, 데이터의 출처이자 목적지로서 파일을 사용하기에 충분한 내용을 학습했다. 이를 바탕으로 현실적으로 사용자가 모든 입력을 직접 타이핑할 수 없는 프로그램도 작성할 수 있다. 그 밖에 프로그래머의 관점에서 보면 파일의 내용은 디버깅을 할 때 프로그램이 동작하는 동안 파일의 내용을 눈으로 반복해서 읽을 수 있다는 장점이 있다.

10.5 파일 읽고 쓰기

어떤 측정 결과를 파일에서 읽어 메모리에 표현한다고 생각해보자. 이 측정치는 기상 관측기에서 계측한 온도일 수도 있다.

```
0 60.7
1 60.6
2 60.3
3 59.22
...
```

이 데이터 파일은 일련의 (시각, 온도) 쌍을 포함한다. 시각은 0에서 23까지의 숫자이고, 온도는 화씨다. 그 이상의 형식은 없다. 즉, 특별한 헤더 정보(기온을 측정한 장소 등)나 값의 단위, 구두점(값의 쌍을 둘러싼 괄호 등), 종료 지시자가 없는 가장 간단한 형태다.

이러한 온도 측정치를 다음과 같이 Reading 타입으로 표현할 수 있다.

```
struct Reading {              // 온도 측정치
    int hour;                 // 자정 이후부터의 시간 [0:23]
    double temperature;       // 화씨 단위
};
```

이제 다음과 같이 측정치를 읽을 수 있다.

```
vector<Reading> temps;        // 측정치를 여기에 저장
int hour;
double temperature;
while (ist >> hour >> temperature) {
    if (hour < 0 || 23 <hour) error("시각이 구간 밖에 있음");
    temps.push_back(Reading{hour,temperature});
}
```

이 코드는 전형적인 입력 루프다. ist라는 istream은 앞 절에서 살펴본 입력 파일 스트림(ifstream)과 표준 입력 스트림(cin)을 비롯한 그 어떤 종류의 istream도 될 수 있다. 사실 이런 코드에서 istream이 실재로 어디서 데이터를 읽어오는지는 중요하지 않다. 프로그램 입장에서 중요한 점은 ist가 istream이고 데이터가 정해진 형식을 따른다는 사실이다. 다음 절에서는 입력 데이터의 오류를 어떻게 감지하고, 형식 오류에 어떻게 대처하는지에 대한 흥미로운 문제를 살펴본다.

일반적으로 동일한 데이터를 출력하는 일은 읽는 작업보다 더 쉽다. 다시 말하지만 스트림을 초기화한 후에는 스트림의 종류에 신경 쓸 필요가 없다. 특히, 앞 절에서 살펴본 출력 파일

스트림(ofstream)은 다른 어떤 종류의 ostream과도 동일한 방법으로 사용할 수 있다. 예를 들어 다음과 같이 측정값의 쌍을 괄호 안에 출력할 수 있다.

```
for (int i=0; i<temps.size(); ++i)
    ost << '(' << temps[i].hour << ',' << temps[i].temperature << ")\n";
```

결과적으로 이 프로그램은 원래 온도 측정치 파일을 읽어서 (시각, 온도) 형식으로 새로운 파일을 만든다.

파일 스트림이 유효 범위를 벗어날 때 자동으로 파일을 닫는다는 점을 감안했을 때 완성된 프로그램은 다음과 같다.

```
#include "std_lib_facilities.h"
struct Reading {                    // 온도 측정치
    int hour;                       // 자정 이후부터의 시간 [0:23]
    double temperature;             // 화씨 단위
};

int main()
{
    cout << "입력 파일 이름: ";
    string iname;
    cin >> iname;
    ifstream ist {iname};           // ist는 이름이 iname인 파일을 읽음
    if (!ist) error("입력 파일을 열 수 없음 ",iname);

    string oname;
    cout << "출력 파일 이름: ";
    cin >> oname;
    ofstream ost {oname};           // ost는 이름이 oname인 파일에 출력
    if (!ost) error("출력 파일을 열 수 없음 ",oname);

    vector<Reading> temps;          // 측정치 저장
    int hour;
    double temperature;
    while (ist >> hour >> temperature) {
        if (hour < 0 || 23 <hour) error("시각이 구간 밖에 있음");
        temps.push_back(Reading{hour,temperature});
    }

    for (int i=0; i<temps.size(); ++i)
        ost << '(' << temps[i].hour << ','
            << temps[i].temperature << ")\n";
}
```

10.6 입출력 오류 처리

입력을 다룰 때는 반드시 오류를 염두에 두고 적절히 처리해야 한다. 오류의 종류는 무엇이 있고, 어떻게 대처하는가? 오류는 사람의 실수(지시 사항에 대한 잘못된 이해와 오타, 고양이가 키보드 위를 지나가는 사고 등)나 파일 형식이 잘못된 경우, (프로그래머가) 형식을 잘못 이해한 경우 등 다양한 원인으로 발생할 수 있다. 이처럼 입력 오류의 가능성은 무한하다. 하지만 istream은 가능한 모든 경우를 네 가지 스트림 상태^{stream state}로 압축한다.

스트림	상태
good()	연산 성공함
eof()	입력의 끝(파일의 끝(end of file))에 다다름
fail()	예상치 못한 일이 발생함(예, 숫자를 기대했는데 'x'를 읽음)
bad()	예상치 못한 심각한 일이 발생함(예, 디스크 읽기 오류)

불행히도 fail()과 bad()의 구분은 명확하지 않으며, 새로운 타입에 입출력 연산을 정의하는 프로그래머의 의견에 따라 다르게 구분된다. 하지만 기본적인 아이디어는 단순하다. 입력 연산 중에 단순한 형식 오류가 발생하면 여러분(입력 연산의 사용자)이 오류를 복구할 수 있다는 가정하에 스트림이 fail() 상태가 된다. 반면 디스크 읽기 실패 등을 비롯한 심각한 오류가 발생하면 여러분이 할 수 있는 일은 그저 해당 스트림에서 데이터 읽기를 중단하는 일뿐이므로 스트림의 상태는 bad()가 된다. 그리고 bad() 상태의 스트림은 fail() 상태에 있다고도 말할 수 있다. 이에 따른 처리 논리는 다음과 같다.

```
int i = 0;
cin >> i;
if (!cin) {        // 입력 연산이 실패한 경우
  if (cin.bad()) error("cin은 bad 상태");      // 스트림 손상! 여기서 빠져나감
  if (cin.eof()) {
      // 더 이상 입력이 없음
      // 입력 연산이 모두 종료된 경우도 여기에 해당
  }
  if (cin.fail()) {        // 스트림에 예상치 못한 일이 발생
      cin.clear();         // 다음 입력을 받아들일 준비
      // 복구 작업
  }
}
```

!cin은 'cin이 좋지 않은 상태'나 'cin에 뭔가 잘못됨', 'cin이 good() 상태가 아님'으로 읽을 수 있다. 즉, '연산이 성공함'과 반대말이다. fail()을 처리할 때 사용한 cin.clear()에 주목하자. 스트림이 실패fail한 경우에는 복구가 가능한데, 복구 작업을 하려면 스트림이 fail() 상태를 벗어나야 다른 문자를 읽을 수 있다. clear()가 하는 일이 바로 이런 작업으로, cin.clear()를 호출하고 나면 cin의 상태가 good()으로 바뀐다.

이제 스트림 상태를 이용하는 예제로, 문자 *나 '파일 종료 문자(EOF)'(윈도우에서는 Ctrl+Z, 유닉스에서는 Ctrl+D)로 입력이 종료되는 파일에서 일련의 정수를 vector에 읽는 방법을 알아보자.

1 2 3 4 5 *

이 작업을 하는 함수는 다음과 같이 작성할 수 있다.

```
void fill_vector(istream& ist, vector<int>& v, char terminator)
    // eof()나 종료 문자가 나올 때까지 int에서 정수를 읽어 v에 저장
{
    for (int i; ist >> i; ) v.push_back(i);
    if (ist.eof()) return;                      // 정상 : 파일의 끝에 다다름

    if (ist.bad()) error("ist가 bad 상태");      // 스트림 손상. 종료함
    if (ist.fail()) {         // 할 수 있는 만큼 상태를 복구한 후 오류 보고
        ist.clear();          // 종료 문자를 읽을 수 있게 스트림 상태 복구
        char c;
        ist>>c;               // 문자를 읽음. 이 문자가 종료 문자여야 함
        if (c != terminator) {                  // 예상치 못한 문자
            ist.unget();                        // 문자 되돌리기
            ist.clear(ios_base::failbit);       // 상태를 fail()로 설정
        }
    }
}
```

종료 문자를 찾지 못해도 함수는 종료된다는 점을 기억하자. 어쨌든 데이터는 읽었고, fail() 상태로부터의 복구는 fill_vector()를 호출한 쪽에서 수행할 수 있다. 그렇게 하려면 함수 안에서 다음 문자를 읽으려고 스트림 상태를 재설정했으므로, ist.clear(ios_base::failbit)를 호출해서 스트림의 상태를 다시 fail()로 설정해야 한다. 여기서 clear()의 용도가 불명확하게 보일 수 있는데, 인자를 전달받는 clear()는 지정된 iostream 상태 플래그(비트)를 설정set하고, 지정되지 않은 플래그는 제거한다. 이렇게 상태를 fail()로 설정해 발생한 오류가 더 심각한 오류가 아닌 형식 오류임을 알릴 수 있다. 그리고 fill_vector()를 호출한 쪽에서 이미 읽어버린 다음 문자가 필요할 수도 있으므로 unget()을 이용해서 문자

를 ist로 되돌렸는데, unget() 함수는 앞서 살펴본 putback()(6.8.2절, B.7.3절)의 간단한 버전으로, 스트림이 마지막으로 내보낸 문자를 자체적으로 기억하므로 되돌릴 문자를 지정할 필요가 없다.

　　fill_vector()를 호출한 후 입력이 어떻게 종료됐는지 알고 싶다면 fail()과 eof()를 호출하면 된다. 아니면 error()가 던진 runtime_error를 잡을 수도 있는데, bad() 상태의 istream에서 더 이상 데이터를 읽지 말자. bad()에 직면했을 때 대부분의 경우에 우리가 할 수 있는 일은 오류를 던지는 일 뿐이므로 호출하는 쪽에서도 이런 경우를 별로 고려하지 않는다. 다음과 같이 istream이 이런 일을 대신하게 하면 간편하다.

```
// bad 상태가 되면 ist에서 예외를 던짐
ist.exceptions(ist.exceptions()|ios_base::badbit);
```

　　좀 이상해 보이는 구문이지만 효과는 구문에서 보이는 그대로다. ist가 bad() 상태가 되면 표준 라이브러리 예외인 ios_base::failure를 던진다. 이처럼 프로그램 전체에서 exceptions()를 한 번만 호출하면 ist를 사용하는 모든 입력 루프에서 bad()를 무시할 수 있다.

```
void fill_vector(istream& ist, vector<int>& v, char terminator)
    // eof()나 종료 문자가 나올 때까지 int에서 정수를 읽어 v에 저장
{
    for (int i; ist >> i; ) v.push_back(i);
    if (ist.eof()) return;                      // 정상: 파일의 끝에 다다름

    // good(), bad(), eof()가 아니면 fail()인 경우임
    ist.clear();                 // 스트림 상태 복구

    char c;
    ist>>c;            // 문자를 읽음. 이 문자가 종료 문자여야 함

    if (c != terminator) {        // 예상치 못한 문자, fail() 상태로 되돌아가야 함
        ist.unget();                // 문자 되돌리기
        ist.clear(ios_base::failbit);    // 상태를 fail()로 설정
    }
}
```

　　여기서 사용한 ios_base는 badbit 등의 상수와 failure 등의 예외 등 유용한 무언가를 담고 있는 iostream의 일부분이며, ios_base::badbit(B.7.2절)처럼 ::을 이용해서 접근할 수 있다. iostream을 살펴보는 일만으로도 교과 과정 하나에서 다룰 만한 주제이므로, 여기서 iostream의 모든 사항을 설명하지 않는다. 예를 들어 iostream은 다양한 문자 집합을 지원하고, 여러 가지 버퍼링 전략을 구현하며, 언어에 따라 화폐 단위를 달리할 수도 있다. 이를

이용하면 우크라이나 화폐 단위를 이용해서 버그 리포트를 할 수도 있다. 이러한 내용 중 필요한 부분이 있다면 스트롭스트룹의 『The C++ Programming Language』와 랭거[Langer]의 『Standard C++ IOStreams and Locales』를 참고하라.

good()과 fail(), eof(), bad() 등 istream에서 사용한 상태를 이용해서 ostream도 테스트할 수 있다. 하지만 우리가 여기서 작성하는 프로그램의 경우에는 입력에 비해 출력의 오류는 드물기 때문에 그럴 일은 많지 않다. 하지만 출력 장치가 접근 불가이거나 꽉 차거나 손상되는 등의 오류가 잦은 장치라면 입력 연산과 마찬가지로 매번 출력 연산을 할 때마다 확인 작업을 해야 한다.

10.7 값 한 개 읽기

지금까지 EOF나 종료 문자로 끝나는 일련의 값을 읽는 방법을 배웠다. 앞으로 더 많은 예제를 살펴보겠지만 우선 널리 사용되는 입력 처리 방식, 즉 올바른 값이 입력될 때까지 반복해서 입력을 요청하는 방법부터 살펴보자. 이 예제를 바탕으로 일반적인 설계 고려 사항을 살펴볼수 있다. '사용자에게 올바른 값을 입력받는 방법'이라는 간단한 문제에 대한 여러 가지 해법을 바탕으로 설계 시 선택할 수 있는 다양한 대안을 논의해보자. 일단 좀 지저분한 '첫 버전'부터 시작해서 차차 개선해 가도록 한다. 물론 사람이 직접 입력을 타이핑하는 상호작용 환경에서 사용자가 프로그램의 메시지를 읽을 수 있다고 가정한다. 이제 1 이상 10 이하의 값을 입력받아보자.

```
cout << "1이상 10이하의 값을 입력하세요\n";
int n = 0;
while (cin>>n) {                    // 읽기
    if (1<=n && n<=10) break;      // 구간 확인
    cout << "유감스럽게도 "
        << n << "은 [1:10] 밖입니다. 다시 입력하세요.\n";
}
//... 여기서 n을 사용 ...
```

좀 지저분하지만 '그럭저럭' 작동한다. break(A.6절)를 사용하기 싫다면 입력과 구간 확인을 결합할 수도 있다.

```
cout << "1 이상 10 이하의 값을 입력하세요\n";
int n = 0;
while (cin>>n && !(1<=n && n<=10))      // 읽고, 구간 확인
    cout << "유감스럽게도 "
        << n << "은 [1:10] 밖입니다. 다시 입력하세요.\n";
```

```
//... 여기서 n을 사용 ...
```

그러나 이는 외형상의 변화일 뿐이다. 여전히 '그럭저럭' 작동한다고 말하는 이유는 무엇일까? 사용자가 주의를 기울여서 정수만 입력해야 작동하기 때문이다. 사용자가 타이핑에 서툴러서 6 대신 t(키보드에서 t는 6 바로 밑에 있다)를 입력했다면? n의 값을 변경하지 않고 루프가 종료되므로, n에 구간 밖의 값이 저장된다. 이런 코드는 고품질이라고 할 수 없다. 꼼꼼한 테스터라면 키보드에서 EOF(윈도우에서는 Ctrl+Z, 유닉스에서는 Ctrl+D)를 누를 수도 있다. 이 경우에도 루프가 종료돼 n에 구간 밖의 값이 저장된다. 즉, 입력을 견고하게 처리하려면 다음의 세 가지 문제를 고려해야 한다.

1. 사용자가 구간 밖의 값을 입력한 경우

2. 읽을 값이 없는 경우(EOF)

3. 사용자가 잘못된 타입의 값(여기서는 정수가 아닌 값)을 입력한 경우

프로그래밍을 하다 보면 자주 겪는 이 세 가지 문제에 어떻게 대처해야 할까? 우리가 정말 원하는 바는 무엇일까? 세 경우 각각에 대해 다음과 같은 세 가지 대안이 존재한다.

1. 입력을 수행하는 코드에서 문제를 처리한다.

2. 다른 누군가가 문제를 처리하게 예외를 던진다(프로그램이 종료될 수도 있다).

3. 문제를 무시한다.

이 세 가지는 오류를 처리하는 일반적인 방법들이므로, 이번 예제는 오류 처리 방법을 생각해보기에 아주 좋은 예제라고 할 수 있다.

문제를 무시하는 세 번째 방법은 쓸모가 없다고 생각할 수 있지만, 사실 경우에 따라 다를 수 있다. 여러분 혼자 사용할 간단한 프로그램이라면 잠재적으로 잘못된 결과를 낼 수도 있는 오류 검사를 생략하는 등 원하는 일은 무엇이든 할 수 있다. 하지만 오랫동안 사용할 프로그램이라면 오류를 그냥 내버려두는 일은 어리석은 일이다. 더 나아가 누군가와 공유할 프로그램이라면 코드의 오류를 확인하는 측면에서 그렇게 큰 허점을 남겨두면 안 된다. 그리고 책에서 말하는 '우리'를 일인칭 시점으로 오해하지 말자. 프로그램에 관련된 사람이 두 명만 돼도 세 번째 방법은 받아들일 수 없다.

진짜 중요한 선택은 첫 번째와 두 번째 방법 중 무엇을 택할지이다. 즉, 프로그램에 따라 각 방법을 선택해야 하는 이유가 있기 마련이다. 우선 대부분의 프로그램에서 키보드 앞에 앉아있는 사용자로부터 입력이 없는 경우에는 입력 처리 코드에서 자체적(지역적)으로 우아하게 대처할 방법이 없다. 스트림이 닫힌 후에는 사용자에게 입력을 요구할 방법이 거의 없기

때문이다. (cin.clear()를 이용해서) cin을 다시 열수는 있지만, 사용자가 실수로 스트림을 닫았을 확률은 작다(실수로 Ctrl+Z를 누를 일이 있을까?). 프로그램에서 정수를 입력받는 도중에 EOF를 만났다면 정수를 읽는 부분에서 작업을 포기하고, 프로그램의 다른 부분에서 문제를 처리해주길 바라야 한다. 즉, 사용자 입력을 요청하는 코드에서 예외를 던져야 한다. 다시 말하자면 예외를 던지느냐와 문제를 자체적(지역적)으로 처리하느냐 사이의 선택이 아니라, 어떤 종류의 문제를 지역적으로 처리해야 하는지의 선택이라고 할 수 있다.

10.7.1 문제를 다루기 쉽게 분할

구간 밖의 입력 문제와 잘못된 타입 입력 문제를 지역적으로 처리해보자.

```
cout << "1이상 10이하의 값을 입력하세요:\n";
int n = 0;

while (true) {
    cin >> n;
    if (cin) {      // 이제 입력받은 정수를 검사함
        if (1<=n && n<=10) break;
        cout << "유감스럽게도 "
            << n << "은 [1:10] 밖입니다. 다시 입력하세요.\n";
    }
    else if (cin.fail()) {      // 정수가 아닌 값이 입력됨
        cin.clear();            // 상태를 good()으로 되돌림
                                // 다음 문자를 읽고 검사함
        cout << "숫자가 아닙니다. 다시 입력하세요. \n";
        for (char ch; cin>>ch && !isdigit(ch); )   // 숫자가 아닌 문자를 버림
            /* 아무 일도 하지 않음 */ ;
            if (!cin) error("입력 없음");       // 숫자를 찾지 못함. 포기.
        cin.unget();                // 정수를 읽을 수 있게 숫자를 스트림으로 되돌림
    }
    else {
        error("입력 없음");                // eof나 bad: 포기함
    }
}
// n이 [1:10]에 포함되면 여기가 실행됨
```

이 코드는 길고 지저분하다. 사용자에게 정수를 입력받을 때마다 이런 코드를 작성하라고 권할 수 없을 정도로 매우 지저분하다. 하지만 한편으로는 사용자의 실수에 대비해서 잠재적인 오류를 처리할 수 있어야 한다. 그렇다면 어떻게 해야 할까? 이 코드가 지저분한 이유는

서로 다른 고려 사항을 한 코드에서 모두 다루고 있기 때문이다.

- 값 읽기
- 사용자에게 입력 프롬프트 출력하기
- 오류 메시지 출력
- 잘못된 입력 문자 버리기
- 입력 값이 구간 안에 있는지 확인하기

논리적으로 서로 다른 고려 사항을 별도의 함수로 분리하면 코드를 더 명확하게 만들 수 있다. 예를 들어 잘못된(예상치 못한) 문자를 버린 후 상태를 복구하는 코드를 다음과 같이 작성할 수 있다.

```
void skip_to_int()
{
    if (cin.fail()) {        // 정수가 아닌 문자 발견
        cin.clear();         // 잘못된 문자를 읽어야 함

        for (char ch; cin>>ch; ) {    // 숫자가 아닌 문자 버림
            if (isdigit(ch) || ch=="-") {
                cin.unget();         // 정수를 읽을 수 있게 숫자를 되돌림
                return;
            }
        }
    }
    error("입력 없음");              // eof나 bad: 포기
}
```

skip_to_int() '유틸리티^utility 함수'를 이용해서 작성한 코드는 다음과 같다.

```
cout << "1이상 10이하의 값을 입력하세요:\n";
int n = 0;

while (true) {
    cin >> n;
    if (cin) {        // 이제 입력받은 정수를 검사함
        if (1<=n && n<=10) break;
        cout << "유감스럽게도 "
            << n << "은 [1:10] 밖입니다. 다시 입력하세요.\n";
    }
    else {
        cout << "숫자가 아닙니다. 다시 입력하세요. \n";
```

```
        skip_to_int();
    }
}
// n이 [1:10]에 포함되면 여기가 실행됨
```

코드가 개선되긴 했지만, 프로그램 안에서 여러 번 사용하기엔 여전히 너무 길다. 테스트를 엄청 많이 해보기 전에는 (프로그램 안에서 반복적으로 사용된 코드가) 모두 올바로 작동한다고 확신할 수 없다.

결국 우리에게 필요한 연산은 무엇인가? '모든 int를 입력받는 연산과 특정 구간 안의 int 값만 허용하는 입력 연산' 정도로 정리할 수 있다.

```
int get_int();                      // cin에서 int 읽기
int get_int(int low, int high);     // cin에서 [low:high] 구간의 int 열기
```

이렇게 연산을 정의하면 적어도 연산을 간단하고 올바르게 사용하는 코드를 작성하기는 어렵지 않다.

```
int get_int()
{
    int n = 0;
    while (true) {
        if (cin >> n) return n;
        cout << "숫자가 아닙니다. 다시 입력하세요. \n";
        skip_to_int();
    }
}
```

get_int()는 정수로 해석할 수 있는 숫자가 나올 때까지 고집스럽게 입력을 읽는다. get_int()를 벗어나려면 정수나 EOF를 입력해야 한다(EOF를 입력하면 get_int()가 예외를 던진다).

이 get_int()를 바탕으로 구간을 확인하는 get_int()를 만들 수 있다.

```
int get_int(int low, int high)
{
    cout << low << " 이상 " << high << " 이하의 정수를 입력하세요:\n";

    while (true) {
        int n = get_int();
        if (low<=n && n<=high) return n;
        cout << "유감스럽게도 "
            << n << "은 [" << low << ':' << high
            << "] 구간 밖입니다. 다시 입력하세요.\n";
```

```
        }
}
```

이 `get_int()`도 고집스럽긴 마찬가지다. 기대한 구간 안의 값이 나올 때까지 구간을 고려하지 않는 `get_int()`를 이용해서 `int`를 계속 읽는다.

이제 다음과 같이 안전하게 정수를 읽을 수 있다.

```
int n = get_int(1,10);
cout << "n: " << n << '\n';

int m = get_int(2,300);
cout << "m: " << m << '\n'
```

하지만 `get_int()`가 정말로 정수를 읽을 수 없는 (흔치 않은) 오류에 직면한 경우 적당한 오류 메시지를 출력하려면 어딘가에서 예외 잡기를 잊지 말자.

10.7.2 메시지 출력과 함수 분리

`get_int()`에는 여전히 입력 연산과 사용자에게 메시지를 출력하는 일이 뒤섞여 있다. 간단한 프로그램이라면 큰 문제가 없겠지만, 더 큰 프로그램이라면 사용자에게 보여줄 메시지를 변경해야 할 수도 있다. 그 예로 `get_int()`를 다음과 같이 호출할 수 있다.

```
int strength = get_int(1,10, "힘 입력", "구간 밖임. 재시도");
cout << "힘: " << strength << '\n';

int altitude = get_int(0,50000,
                "고도를 피트 단위로 입력",
                "구간 밖임. 재시도");
cout << "고도: 해발 " << altitude << " 피트\n";
```

실제 함수 구현은 다음과 같다.

```
int get_int(int low, int high, const string& greeting, const string& sorry)
{
    cout << greeting << ": [" << low << ':' << high << "]\n";
    while (true) {
        int n = get_int();
        if (low<=n && n<=high) return n;
        cout << sorry << ": [" << low << ':' << high << "]\n";
    }
}
```

임의의 메시지를 구성하기는 어려우므로 메시지를 형식화했다. 많은 경우에 이런 방법으로도 충분하다. 여러 자연어(예, 아랍어와 뱅갈어, 중국어, 덴마크어, 영어, 프랑스어)를 지원하는 등의 복잡한 문장 구성은 초보자 단계에서 다룰 만한 일이 아니다.

그러나 우리의 해답은 아직 완벽하지 않다. 구간 확인을 하지 않는 get_int()는 여전히 메시지를 출력한다. 여기서 문제가 되는 점은 프로그램의 많은 부분에서 사용하는 유틸리티 함수는 내부에 고정된 메시지를 포함하면 안 된다는 사실이다. 더 나아가 다양한 프로그램에서 사용할 용도로 만들어진 라이브러리 함수는 사용자에게 메시지를 전혀 출력하지 않는다. 라이브러리 작성자는 라이브러리를 사용하는 프로그램이 인간 사용자가 지켜보는 머신에서 실행될지조차도 알 수 없다. 이런 이유로 error() 함수는 단지 오류 메시지만 출력하지는 않고 프로그램을 종료시킨다(5.6.3절). 즉, 일반적으로 메시지를 어디에 출력해야 할지 알 수 없다.

10.8 사용자 정의 출력 연산자

주어진 타입에 출력 연산자 <<를 정의하는 일은 일반적으로 간단한 일이다. 그러나 이에 관련된 주요한 설계 문제 중 하나는 다양한 사람들이 서로 다른 출력 형식을 원하므로, 한 가지 형식으로 출력을 맞추기 힘들다는 점이다. 그러나 한 가지 출력 형식이 모두를 만족시킬 수 없다고 해도 사용자 정의 타입에 <<를 정의하는 일이 도움이 될 수 있다. 출력 연산을 정의하면 디버깅과 초기 개발 단계에서 해당 타입의 객체 내용을 간단히 출력할 수 있다. 그리고 나중에 사용자가 형식을 지정할 수 있는 좀 더 세련된 <<를 제공할 수도 있다. 물론 <<에서 제공하는 형식과 다르게 출력하고 싶다면 <<를 사용하지 않고 지금까지 예제에서 했듯이 사용자 정의 타입의 각 멤버를 따로 출력할 수도 있다.

아래에서는 9.8절에서 설명한 Date의 간단한 출력 연산자를 볼 수 있는데, 괄호 안에 쉼표로 구분한 년, 월, 일을 출력한다.

```
ostream& operator<<(ostream& os, const Date& d)
{
    return os << '(' << d.year()
            << ',' << d.month()
            << ',' << d.day() << ')';
}
```

이 연산자는 2004년 8월 30일을 (2004,8,30)로 출력한다. 멤버가 많지 않은 타입이라면 딱히 더 좋은 아이디어나 특별한 요구 사항이 없다면 이처럼 간단한 목록 형식을 활용할 수 있다.

9.6절에서 사용자 정의 연산자는 함수 호출과 비슷하게 처리한다고 했는데, 여기서 그 예를 볼 수 있다. Date의 <<를 정의했다면 Date 타입의 객체 d1에 대해 다음과 같다.

```
cout<<d1;
```

위의 의미는 다음과 같은 함수 호출을 뜻한다.

```
operator<<(cout,d1);
```

여기서 operator<<()가 ostream&를 첫 번째 인자로 받아 반환 값으로 다시 돌려준다는 사실을 명심하라. 이러한 호출 형태 덕분에 여러 출력 연산을 '연쇄적으로chain' 사용할 수 있다. 예를 들어 날짜 객체 두 개를 다음과 같이 출력할 수 있다.

```
cout << d1 << d2;
```

이 코드는 첫 번째 <<를 처리하고 두 번째 <<를 처리한다.

```
cout << d1 << d2;      // operator<<(cout,d1) << d2;  이는 다음과 같음
                       // operator<<(operator<<(cout,d1),d2);
```

즉, 우선 d1을 cout에 출력한 후 여기서 결과로 반환된 출력 스트림에 d2를 출력한다. 사실 d1과 d2를 출력하는 위의 세 가지 코드 중 무엇을 사용해도 되지만, 어떤 방법이 더 읽기 쉬운지는 굳이 설명할 필요도 없다.

10.9 사용자 정의 입력 연산자

주어진 타입과 입력 형식에 맞게 입력 연산자 >>를 정의하는 일은 기본적으로 오류 처리에 관련된 작업이라고 할 수 있다. 그래서 입력 연산 정의는 까다로운 일이다.

9.8절에서 살펴본 Date에 앞서 정의한 << 연산자와 같은 형식으로 날짜를 읽어오는 간단한 입력 연산자를 추가하자.

```
istream& operator>>(istream& is, Date& dd)
{
    int y, m, d;
    char ch1, ch2, ch3, ch4;
    is >> ch1 >> y >> ch2 >> m >> ch3 >> d >> ch4;
    if (!is) return is;
    if (ch1!='(' || ch2!=',' || ch3!=',' || ch4!=')') {      // 오류: 형식 오류
        is.clear(ios_base::failbit);
        return is;
    }
```

```
    dd = Date{y,Date::Month(m),d};          // dd 갱신
    return is;
}
```

여기서 >> 연산자는 (2004,8,20) 형식의 항목을 읽고, 이 세 정수를 바탕으로 Date를 만든다. 앞에서도 말했지만 입력은 출력보다 처리하기가 어렵다. 대부분의 경우 입력에서 오류의 소지가 더 많기 때문이다.

>> 연산자가 (정수,정수,정수) 형식의 입력을 찾지 못하면 스트림의 상태를 좋지 않은 상태(fail이나 eof, bad)로 설정하고, 대상이 되는 Date 객체를 변경하지 않는다. 이 과정에서 멤버함수 clear()를 이용해서 istream의 상태를 설정했는데, ios_base::failbit를 지정하면 스트림이 fail() 상태로 변경된다. 그리고 입력 실패 시에 대상 Date 객체는 변경되지 않는 방법이 이상적인데, 이렇게 하면 코드가 명확해진다. 더 나아가 operator>>()에서 실제로 사용하지 않은 문자를 소모하지(버리지) 않아야 하는데, 이 예제에선 그렇게 하기가 어렵다. 형식 오류를 판단하려면 많은 문자를 읽어야 하기 때문이다. (2004, 8, 30)을 예로 들면 마지막 문자 }를 보고난 후에야 형식 오류임을 알 수 있는데, 일반적으로 여러 문자를 (스트림으로) 되돌리기는 어렵다. 통상적으로 제공되는 unget()은 한 문자만 되돌릴 수 있다. operator>>()가 (2004,8,32)처럼 유효하지 않은 날짜를 읽으면 Date의 생성자에서 예외를 던지므로 operator>>()도 종료된다.

10.10 표준 입력 루프

10.5절에서 파일을 읽고 쓰는 방법을 살펴봤는데, 그때는 오류 처리(10.6절)를 자세히 공부하기 전이었으므로 파일의 처음부터 끝까지 오류 없이 읽을 수 있다고 가정했다. 보통 파일의 유효성을 확인하는 과정을 따로 거치기 때문에 이런 가정도 어느 정도 합리적이라고 할 수 있다. 그러나 읽는 도중에도 오류를 확인할 필요가 있다면 다음과 같은 일반적인 전략을 참고하자. 단, 여기서 ist는 istream이다.

```
for (My_type var; ist>>var; ) {        // 파일 끝까지 읽기
    // var가 유효한지 확인
    // var로 무언가 수행
}
// bad 상태에서 복구하기는 어려움. 꼭 필요한 경우가 아니라면 시도하지 말자.
if (ist.bad()) error("입력 스트림이 bad 상태");
if (ist.fail()) {
    // 종료 문자 확인
}
```

```
// 완료 : 파일의 끝
```

즉, 일련의 값을 변수에 읽는 도중에 값을 더 이상 읽을 수 없다면 원인이 무엇인지 스트림
의 상태를 확인한다. 10.6절에서처럼 istream의 상태가 bad이면 failure 예외를 던지게 개
선할 수 있다. 이렇게 하면 스트림의 상태가 bad인지 매번 확인하는 수고를 덜 수 있다.

```
// 어딘가에 이 코드 삽입: ist가 bad 상태가 되면 예외를 던지게 설정함
ist.exceptions(ist.exceptions()|ios_base::badbit);
```

그리고 지정된 종료 문자인지 확인한다.

```
for (My_type var; ist>>var; ) {        // 파일 끝까지 읽기
    // var가 유효한지 확인
    // var로 무언가 수행
}
if (ist.fail()) {        // '|'를 종료 문자 겸 구분자로 사용
    ist.clear();
    char ch;
    if (!(ist>>ch && ch=='|')) error("입력이 비정상적으로 종료됨");
}
// 완료 : 파일의 끝이나 종료 문자에 다다름
```

종료 문자가 필요 없다면, 즉 EOF가 유일한 종료 문자인 경우 error() 호출 전의 조건문을
제거하면 된다. 그러나 월별 기록이 일별 기록을 포함하고, 일별 기록은 시간별 기록을 포함하
는 식의 중첩된 파일 구조라면 종료 문자가 특히 유용하다. 따라서 앞으로도 종료 문자에
대해 계속 고려한다.

하지만 불행히도 코드가 아직 지저분하다. 특히, 많은 파일을 읽는다면 종료 문자 확인
과정을 매번 반복하기가 귀찮다. 따라서 이 부분을 함수로 분리하자.

```
// 어딘가에 이 코드 삽입: ist가 bad 상태가 되면 예외를 던지게 설정함
ist.exceptions(ist.exceptions()|ios_base::badbit);

void end_of_loop(istream& ist, char term, const string& message)
{
    if (ist.fail()) {        // term을 종료 문자 겸 구분자로 사용
        ist.clear();
        char ch;
        if (ist>>ch && ch==term) return;        // 문제가 없음
        error(message);
    }
}
```

이 함수를 이용해 입력 루프를 단순화할 수 있다.

```
for (My_type var; ist>>var; ) {                        // 파일 끝까지 읽기
    // var가 유효한지 확인
    // var로 무언가 수행
}
end_of_loop(ist,'|',"파일이 올바르게 종료되지 않음");        // 계속 진행할 수 있는지 확인
// 완료 : 파일의 끝이나 종료 문자에 다다름
```

스트림이 fail() 상태가 아니라면 end_of_loop()는 아무 일도 하지 않는다. 지금까지 설명한 간단한 방법으로도 다양한 목적에 충분히 활용할 수 있다.

10.11 구조화된 파일 읽기

앞에서 설명한 '표준 루프'를 실제 예제에 적용하자. 지금까지와 마찬가지로 광범위하게 적용할 수 있는 설계 기법과 프로그래밍 기법을 예제를 바탕으로 살펴본다. 여기서는 다음과 같은 구조를 지닌 기온 측정치 파일을 가정한다.

- 파일은 (월별 기록으로 이뤄진) 연간 기록을 포함
  - 연간 기록은 { year로 시작하며, 그 뒤에 연도를 나타내는 수(예, 1990)가 오고 }로 끝남
- 연간 기록은 (일별 기록으로 이뤄진) 월별 기록을 포함
  - 월간 기록은 { month로 시작하며, 그 뒤에 달 이름의 앞 세 글자(예, jan)가 오고 }로 끝남
- 측정치는 시각과 기온을 포함
  - 측정치는 (와 해당 월별 일자, 하루 중 시각, 기온,)가 차례로 나옴

예를 들면 다음과 같다.

```
{ year 1990 }
{ year 1991 { month jun } }
{ year 1992 { month jan ( 1 0 61.5) } { month feb (1 1 64) (2 2 65.2) } }
{ year 2000
    { month feb (1 1 68 ) (2 3 66.66 ) ( 1 0 67.2) }
    { month dec (15 15 - 9.2 ) (15 14 - 8.8) (14 0 - 2) }
}
```

이 형식이 좀 특이하게 보일 수 있는데, 파일 형식이란 원래 그렇다. 산업계에서는 (HTML과 XML 등의) 좀 더 정규화되고 체계적인 구조화된 파일을 채택하는 경향이 있다. 하지만 실제로는 읽어야 할 입력 파일의 형식을 우리가 정할 수 있는 경우는 드물고, 이미 존재하는 파일

을 읽으려면 그 형식을 따라야 한다. 그럼에도 파일 형식이 너무 형편없거나 파일에 오류가 많다면 프로그램에 더 적합한 형식으로 변환하는 형식 변환기를 만들 수도 있다. 이와 달리 메모리상에서의 표현 방식은 필요에 따라 우리가 정할 수 있으며, 출력 형식도 필요와 취향에 따라 고를 수 있다.

여기서는 위에서 설명한 기온 측정치 형식이 이미 주어졌고, 이에 따라야 한다고 가정한다. 다행히 연간이나 월별 기록은 (HTML이나 XML과 비슷하게) 스스로를 정의하는self-identifying 요소를 포함하지만, 이와 달리 개별 측정치의 형식은 별로 도움이 되지 않는다. 예를 들어 누군가가 일과 시각의 순서를 바꿔 놓거나 기온을 프로그램에서 기대하는 화씨가 아닌 섭씨로 기록해도 이런 사실을 알려줄 정보가 없다. 따라서 이런 경우를 직접 처리해야 한다.

10.11.1 메모리상의 표현

이 데이터를 메모리상에서 어떻게 표현할까? 명확한 첫 번째 방법은 입력에 정확히 상응하는 세 클래스 Year와 Month, Reading을 이용하는 방법이다. 서로 다른 연도의 기온을 비교하거나, 월별 표준을 계산하거나, 한 해의 월별 기온을 비교하거나, 서로 다른 연도의 같은 월을 비교하거나, 기온 측정치를 일조량과 습도 측정치에 연관시키는 등의 다양한 데이터 조작에 있어서 Year와 Month는 분명히 유용해보인다. 기본적으로 Year와 Month는 우리가 기온과 날씨에 대해 일반적으로 생각하는 방식과 비슷하기 때문이다. 즉, Month는 한 달 동안의 데이터를, Year는 일 년 동안의 데이터를 포함한다. 그러나 Reading은 어떤가? Reading은 하드웨어의 일부(센서)에 대응하는 로우레벨low-level의 개념이다. Reading의 데이터(일, 시각, 기온)는 불완전하며 Month 안에서만 의미가 있다. 게다가 구조적이지 않다unstructured. 측정치가 날짜순으로 나올지 시각순으로 나올지 알 수 없다. 기본적으로 측정치를 이용해 원하는 뭔가를 하려면 정렬부터 해야 한다.

그리고 기온 데이터를 메모리상에 표현할 때 다음과 같은 가정을 전제로 한다.

- 어떤 달에 포함되는 측정치가 하나라도 존재하면 그 달에 포함되는 측정치는 다수 존재할 수 있다.
- 어떤 날에 포함되는 측정치가 하나라도 존재하면 그 날에 포함되는 측정치는 다수 존재할 수 있다.

이 가정이 옳다면 Year를 12개의 Month를 포함하는 vector로, Month를 31개의 Day를 포함하는 vector로, Day를 24개의 (시간별) 기온으로 표현하는 방식이 합리적이다. 이러한 방식은 간단하며, 다양한 용도에 쉽게 적용할 수 있다. 결국 Day와 Month, Year는 각기 생성자를 포함한 간단한 자료 구조로 표현한다. 그리고 기온 측정치를 알기 전에 Month와 Day를 Year의 일부로 만들 계획이므로, 아직 측정치를 읽지 않은 시각을 나타내는 '측정치 없음'의 개념이 필요하다.

```
const int not_a_reading = - 7777;        // 절대 온도 0도보다 작은 값
```

마찬가지로 실제 측정치를 전혀 포함하지 않는 달을 직접적으로 나타낼 '비어있는 달'의 개념이 필요하다. 어떤 달에 숨어있는 측정치가 있는지 확인하고자 해당 달의 모든 날을 찾는 대신 '비어있는 달' 개념을 이용한다.

```
const int not_a_month = - 1;
```

이제 세 가지 주요 클래스를 정의하자.

```
struct Day {
    vector<double> hour {vector<double>(24,not_a_reading)};
};
```

즉, Day는 24시간을 포함하며, 각 시간은 not_a_reading으로 초기화한다.

```
struct Month {                     // 월별 기온 측정치
    int month {not_a_month};       // [0:11] 1월은 0
    vector<Day> day {32};          // [1:31] 일별 측정치 벡터
};
```

코드를 간단히 하고자 day[0]은 쓰지 않는다.

```
struct Year {                      // 월별로 정리된 연간 기온 측정치
    int year;                      // 양수 == 기원후
    vector<Month> month {12};      // [0:11] 1월은 0
};
```

각 클래스는 하위 요소로 이뤄진 간단한 vector이며, Month와 Year는 각각 스스로를 정의하는 멤버 month와 year를 포함한다.

코드에서 (24와 32, 12 등의) 몇 가지 '마법의 상수'를 볼 수 있는데, 이러한 리터럴 상수를 코드에서 사용하는 일은 가급적 피해야 한다. 물론 예제의 리터럴 상수는 기본적이고(1년의 개월 수는 변하지 않음) 다른 부분의 코드에서 사용하지도 않는다. 하지만 이 상수를 그대로 두는 이유는 '마법의 상수'의 문제점을 재차 일깨우는 데 있다. 대부분의 경우에 기호 상수를 권장한다(7.6.1절). 한 달의 날짜 수로 32를 사용한 이유는 따로 설명이 필요하다. 즉, 32는 '마법의 상수'임이 분명하다.

한 가지를 더 살펴보자. 다음과 같이 코드를 작성하지 않은 이유는 무엇인가?

```
struct Day {
    vector<double> hour {24,not_a_reading};
};
```

이 코드가 더 간단해보이지만, 불행히도 두 요소(24와 -1)를 포함한 vector가 만들어진다. 정수가 요소 타입으로 변환될 수 있는 vector의 경우에는 요소 수를 지정할 때 () 초기화 구문을 사용해야 한다(18.2절).

10.11.2 구조적인 값 읽기

Reading 클래스는 값을 읽는 용도로만 사용하며, 훨씬 간단하다.

```
struct Reading {
    int day;
    int hour;
    double temperature;
};

istream& operator>>(istream& is, Reading& r)
// ( 3 4 9.7 ) 형태의 온도 측정치를 r에 읽음
// 형식은 검사하지만, 데이터 유효성을 고려하지 않음
{
    char ch1;
    if (is>>ch1 && ch1!='(') {              // Reading 형식의 첫 부분에 일치?
        is.unget();
        is.clear(ios_base::failbit);
        return is;
    }

    char ch2;
    int d;
    int h;
    double t;
    is >> d >> h >> t >> ch2;
    if (!is || ch2!=')') error("잘못된 측정치");     // 읽기 실패
    r.day = d;
    r.hour = h;
    r.temperature = t;
    return is;
}
```

우선 입력의 시작이 주어진 형식에 맞는지 확인하고, 맞지 않으면 파일 상태를 fail()로 만든 후 반환한다. 이렇게 해서 다른 방식으로 정보를 읽을 수 있는 가능성을 열어두자. 반면 데이터를 어느 정도 읽은 후에 잘못된 형식을 발견하면 복구가 어려우므로 error()를 호출해 종료한다.

Month의 입력 연산도 비슷한데, (Reading의 >>처럼) 고정된 수의 데이터를 읽지 않고 가변적인 수의 Reading을 읽는다는 점이 다르다.

```
istream& operator>>(istream& is, Month& m)
// { month feb ... } 형식의 월간 데이터를 m에 읽음
{
    char ch = 0;
    if (is >> ch && ch!='{') {
        is.unget();
        is.clear(ios_base::failbit);    // Month 읽기 실패
        return is;
    }

    string month_marker;
    string mm;
    is >> month_marker >> mm;
    if (!is || month_marker!="month") error("월간 데이터 시작 부분 오류");
    m.month = month_to_int(mm);

    int duplicates = 0;
    int invalids = 0;
    for (Reading r; is >> r; ) {
        if (is_valid(r)) {
            if (m.day[r.day].hour[r.hour] != not_a_reading)
                ++duplicates;
            m.day[r.day].hour[r.hour] = r.temperature;
        }
        else
            ++invalids;
    }
    if (invalids) error("월간 데이터가 유효하지 않은 측정치 포함",invalids);
    if (duplicates) error("월간 데이터가 중복된 측정치 포함", duplicates);
    end_of_loop(is,'}',"월간 데이터 끝 부분 오류");
    return is;
}
```

jun처럼 각 월을 나타내는 기호 상수를 [0:11] 구간의 정수로 변환해주는 month_to_int()

함수는 나중에 다시 살펴보자. 10.10절에서 작성한 end_of_loop()를 이용해서 종료 문자를 확인했고, 누군가에겐 필요할 수도 있으므로 유효하지 않거나 중복된 Reading의 개수를 셌다.

Month의 >> 연산자에서 Reading을 저장하기 전에 간단한 확인을 바탕으로 값이 현실적인지 확인한다.

```
constexpr int implausible_min = - 200;
constexpr int implausible_max = 200;

bool is_valid(const Reading& r)
// 대략적인 확인
{
    if (r.day<1 || 31<r.day) return false;
    if (r.hour<0 || 23<r.hour) return false;
    if (r.temperature<implausible_min|| implausible_max<r.temperature)
        return false;
    return true;
}
```

마지막으로 Year를 읽는데, Year의 >>는 Month의 >>와 비슷하다.

```
istream& operator>>(istream& is, Year& y)
// { year 1972 ... } 형식의 연간 측정치를 y에 읽음
{
    char ch;
    is >> ch;
    if (ch!='{') {
        is.unget();
        is.clear(ios::failbit);
        return is;
    }

    string year_marker;
    int yy;
    is >> year_marker >> yy;
    if (!is || year_marker!="year") error("연간 데이터 시작 부분 오류");
    y.year = yy;
    while(true) {
        Month m;             // 매번 새로운 m으로 작업
        if(!(is >> m)) break;
        y.month[m.month] = m;
    }
    end_of_loop(is,'}',"연간 데이터 끝 부분 오류");
```

```
    return is;
}
```

코드가 비슷해 보이지만, 잘 보면 크게 다른 점이 있다. 읽기 루프를 살펴보자. 다음과 같이 작성할거라고 생각했는가?

```
for (Month m; is >> m; )
    y.month[m.month] = m;
```

지금까지 모든 입력 루프를 이렇게 작성했으므로 그렇게 생각할 수 있다. 사실 처음엔 이렇게 작성했었는데, 이는 틀린 코드다. operator>>(istream& is, Month& m)이 m에 새로운 값을 할당하지 않고, Reading의 데이터를 추가하기만 하기 때문이다. is>>m을 반복해서 사용하면 해당 월을 나타내는 m 하나에만 데이터를 추가할 수 없다. 이런! 각 월간 데이터에 같은 연도에 속하는 모든 이전 달의 측정치가 포함된다는 말이다. 따라서 매번 is>>m을 수행할 때마다 새로 생성된 깨끗한 Month가 필요하다. 이를 달성하는 가장 쉬운 길로 m의 정의를 루프 안에 둬서 매번마다 초기화되게 했다. 다른 방법으로는 operator>>(istream& is, Month& m)이 m에 읽기 전에 새로운 Month를 할당하거나 다음과 같이 루프 안에서 그 일을 할 수도 있다.

```
for (Month m; is >> m; ) {
    y.month[m.month] = m;
    m = Month{};                    // m을 다시 초기화
}
```

이제 지금까지 작성한 코드를 활용해보자.

```
// 입력 파일 열기
cout << "입력 파일 이름을 입력하세요\n";
string iname;
cin >> iname;
ifstream ist {iname};
if (!ist) error("입력 파일 열기 실패 :",iname);

ist.exceptions(ist.exceptions()|ios_base::badbit);          // bad() 상태가 되면 예외 던짐

// 출력 파일 열기
cout << "출력 파일 이름을 입력하세요\n";
string oname;
cin >> oname;
ofstream ost {oname};
if (!ost) error("출력 파일 열기 실패 :",oname);
```

```
// 임의의 개수의 연간 데이터 읽기
vector<Year> ys;
while(true) {
    Year y;                    // 매번 새로 초기화한 Year 사용
    if (!(ist>>y)) break;
    ys.push_back(y);
}
cout << "연간 측정치 개수: " << ys.size() << "\n";
for (Year& y : ys) print_year(ost,y);
```

print_year()는 연습문제로 남겨둔다.

10.11.3 표현 방식 변경

Month의 >>가 작동하려면 월별 기호 상수를 읽을 수 있는 방법이 필요하다. 마찬가지로 기호 상수를 출력할 방법도 필요하다. 가장 지루한 방식은 if 구문을 이용한 변환이다.

```
if (s=="jan")
    m = 1;
else if (s=="feb")
    m = 2;
...
```

이 방법은 지루할 뿐 아니라 월별 이름을 코드에 포함시켜야 한다. 그보다 어딘가에 테이블을 만들면 기호 상수를 변경해도 메인 프로그램은 그대로 유지할 수 있다. 우리는 이 방식을 바탕으로 vector<string>과 초기화 함수, 조회 함수로 입력 데이터를 표현하자.

```
vector<string> month_input_tbl = {
    "jan", "feb", "mar", "apr", "may", "jun", "jul",
    "aug", "sep", "oct", "nov", "dec"
};

int month_to_int(string s)
// s가 월별 이름중 하나면 [0:11] 구간의 인덱스를, 아니면 -1 반환
{
    for (int i=0; i<12; ++i) if (month_input_tbl[i]==s) return i;
    return -1;
}
```

궁금하다면 C++ 표준 라이브러리에서 제공하는 더 간단한 방법을 살펴보자. 21.6.1절의 map<string,int>를 참고하라.

출력을 하려면 위와는 반대되는 문제를 해결해야 한다. 즉, 월을 나타내는 int 값을 출력에 필요한 기호 상수로 변환해야 한다. 해법은 위와 비슷하지만, string을 int로 연관 짓는 테이블 대신 int를 string으로 연관 짓는 테이블을 이용한다.

```
vector<string> month_print_tbl = {
    "January", "February", "March", "April", "May", "June", "July",
    "August", "September", "October", "November", "December"
};
string int_to_month(int i)
// [0:11] 구간의 월별 인덱스
{
    if (i<0 || 12<=i) error("잘못된 월별 인덱스");
    return month_print_tbl[i];
}
```

지금까지 모든 코드와 설명을 자세히 읽었는가? 아니면 눈으로 대충 훑어봤는가? 좋은 코드를 작성하는 법을 배우는 가장 좋은 길은 많은 코드를 읽어보는 방법이라는 점을 기억하자. 예제에서 사용한 기법들이 간단해 보이지만, 도움이 없이는 쉽게 깨달을 수 없는 내용이다. 데이터를 읽는 일과 올바른 출력 루프를 작성하는 일, 서로 다른 표현 방식을 변환하는 일은 모두 기본적인 기법이지만, 중요한 사실은 이제 여러분이 이런 기법을 활용할 수 있다는 점이다. 문제는 여러분이 그런 일을 잘할 수 있을 정도로 배웠는지, 그리고 (오류로 인해) 수많은 밤을 지새우지 않도록 기본적인 기법을 잘 배웠는지이다.

✓ 실습문제

1. 10.4절에서 언급한 점point을 다루는 프로그램을 작성하자. 우선 x와 y 좌표를 멤버로 포함하는 데이터 타입 Point를 정의하자.

2. 작성한 코드와 10.4절에서 논의한 내용을 바탕으로 사용자가 (x,y) 쌍 일곱 개를 입력하게 프롬프트를 출력하자. 입력받은 데이터는 Point의 vector인 original_points에 저장한다.

3. original_points에 저장된 데이터를 볼 수 있도록 출력하자.

4. ofstream을 열고 **mydata.txt** 파일에 각 점을 출력하자. 윈도우에서 일반적인 텍스트 편집기(워드패드 등)를 이용해서 쉽게 파일을 보려면 .txt 확장자를 이용한다.

5. ofstream을 닫고 **mydata.txt**에 연결된 ifstream을 연다. 그리고 **mydata.txt**에서 데이터를 읽어 processed_points라는 새로운 vector에 저장한다.

6. 두 벡터의 요소를 출력한다.

7. 두 vector를 비교해서 요소의 개수나 내용이 다르면 뭔가 잘못됨!이라고 출력한다.

복습문제

1. 현대적인 컴퓨터에서 입출력을 다룰 때 장치의 다양성을 어떻게 극복하는가?

2. istream이 기본적으로 하는 일은 무엇인가?

3. ostream이 기본적으로 하는 일은 무엇인가?

4. 파일은 기본적으로 무엇인가?

5. 파일 형식은 무엇인가?

6. 프로그램에서 입출력해야하는 장치의 네 가지 예를 들어보자.

7. 파일을 읽는 단계는 어떠한가?

8. 파일에 쓰는 단계는 어떠한가?

9. 스트림의 상태 네 가지의 의미를 정의하라.

10. 다음과 같은 입력 문제를 해결하는 방법을 생각해보자.

   a. 사용자가 구간 밖의 값을 입력함

   b. 읽을 값이 없음(파일의 끝)

   c. 사용자가 잘못된 타입의 데이터를 입력함

11. 일반적으로 입력이 출력보다 어려운 경우는 무엇인가?

12. 일반적으로 출력이 입력보다 어려운 경우는 무엇인가?

13. 입출력을 계산 부분과 분리하는 이유는 무엇인가?

14. istream의 멤버 함수인 clear()의 가장 일반적인 용도 두 가지는 무엇인가?

15. 사용자 정의 타입 X에 대한 <<와 >>의 함수 선언은 어떤 모습인가?

용어 정리

bad()	good()	ostream
buffer	ifstream	출력 장치
clear()	입력 장치	출력 연산자
close()	입력 연산자	스트림 상태

장치 드라이버	iostream	구조적인 파일
eof()	istream	종료 문자
fail()	ofstream	unget()
파일	open()	

연습문제

1. 공백 문자로 구별된 정수를 포함하는 파일에서 모든 값의 합을 구하는 프로그램을 작성하라.

2. 10.5절에서 정의한 온도 측정치 Reading의 형식을 따르는 파일을 생성하는 프로그램을 작성하라. 적어도 50개의 온도 측정치를 파일에 출력해 프로그램을 테스트하자. 프로그램 소스 파일은 store_temps.cpp로, 생성할 파일 이름은 raw_temps.txt로 한다.

3. 2번에서 생성한 raw_temps.txt 파일에서 데이터를 읽고, 기온의 평균과 중앙값을 찾는 프로그램을 작성하자. 프로그램 소스 파일은 temp_stats.cpp로 한다.

4. 2번의 store_temps.cpp 프로그램을 수정해 섭씨온도에는 접미사 c를, 화씨온도에는 접미사 f를 붙이자. 그리고 temp_stats.cpp 프로그램이 데이터를 벡터에 저장하기 전에 섭씨로 기록된 측정치를 화씨로 변환하도록 변경하자.

5. 10.11.2절에서 언급한 print_year() 함수를 작성하자.

6. 로마 숫자를 (int로) 저장하는 Roman_int 클래스를 정의하고 <<와 >> 연산자를 추가하라. Roman_int에 저장된 값을 int 값으로 반환하는 as_int() 멤버 함수를 추가하자. r이 Roman_int일 때 사용 예는 다음과 같다.

   cout << "로마 숫자 " << r << "은 " << r.as_int() << "와 동일함" << '\n';

7. 7장의 계산기에서 일반적인 아라비아 숫자 대신 로마 숫자를 받아들이도록 변경하자. 예를 들어 XXI + CIV == CXXV를 처리할 수 있도록 하자.

8. 두 파일의 이름을 입력받아 두 번째 파일의 내용 다음에 첫 번째 파일의 내용을 추가한 새로운 파일을 만드는 프로그램을 작성하라. 즉, 두 파일을 이어 붙인다.

9. 공백 문자로 분리된 정렬된 일련의 단어를 포함하는 두 파일을 읽고, 두 파일의 내용을 병합해 정렬하는 프로그램을 작성하자.

10. 7장의 계산기에 x라는 파일에서 입력을 읽어오는 명령어 from x를 추가하자. 그리고 계산기의 (표준과 오류) 출력을 y라는 파일에 쓰는 명령어 to y도 추가하자. 7.3절의 내용을 바탕으로 테스트 케이스를 만들고, 계산기를 테스트하자. 여기서 추가한 명령어를 테스트

에 어떻게 활용할 수 있을지 논의하자.

11. 공백 문자로 구분된 숫자를 포함하는 텍스트 파일에서 정수 값의 합만 구하는 프로그램을 작성하자. 예를 들어 파일 내용이 `bears: 17 elephants 9 end`일 때 출력은 26이다.

붙이는 말

대부분의 컴퓨팅은 많은 데이터를 한곳에서 다른 곳으로 옮기는 일에 연관된다. 예를 들면 파일의 텍스트를 화면으로 복사하고, 음악을 컴퓨터에서 MP3 재생기로 옮긴다. 그 과정에서 일종의 변환이 필요한 경우도 있다. 이런 작업을 할 때 데이터를 일련의 값(스트림)으로 접근할 수 있는 경우라면 iostream 라이브러리를 이용한다. 이런 입력과 출력은 일반적인 프로그래밍 작업에서 큰 비중을 차지한다. 이는 우리(의 프로그램)가 많은 데이터를 필요로 하기 때문이기도 하고, 데이터가 시스템으로 들어오는 부분에서 많은 오류가 발생하기 때문이기도 하다. 따라서 입출력을 단순하게 유지하고, 잘못된 데이터가 슬그머니 시스템에 들어오지 못하게 하자.

입출력 맞춤화

"최대한 단순화하라. 그러나 지나치게
단순화하지 말라."

– 앨버트 아인슈타인(Albert Einstein)

11 장에서는 10장에서 배운 일반적인 iostream 프레임워크를 필요와 입맛에 따라 조정하는 방법을 배운다. 이 과정에서 인간이 무언가를 읽는 감각에 의해 결정되는 미묘한 사항들과 파일을 사용할 때 고려할 실질적인 제약이 복합적으로 작용한다. 마지막 예제에서는 여러 개의 구분자separator를 설정할 수 있는 입력 스트림을 다룬다.

11.1 정규성과 비정규성

iostream 라이브러리(ISO C++ 표준 라이브러리의 입출력 부분)는 텍스트를 입력하고 출력하는 통합적이고 확장성 있는 프레임워크를 제공한다. 여기서 말하는 텍스트는 일련의 문자열로 표현할 수 있는 모든 것을 말한다. 따라서 입출력을 다루는 동안은 정수 1234도 텍스트로 여길 수 있다. 1234를 네 개의 문자 1과 2, 3, 4로 나타낼 수 있기 때문이다.

지금까지 모든 입력 장치가 동일하다고 가정했으나, 실제로는 그렇지 않다. 예를 들어 파일은 각 바이트에 직접 접근할 수 있다는 점에서 (통신 연결을 비롯한) 다른 입력 장치와 다르다. 마찬가지로 객체의 타입만이 그 객체의 입출력 형식을 결정한다는 가정을 했는데, 이런 가정이 꼭 옳지는 않고 충분하지도 않다. 예를 들어 부동소수점 숫자를 출력할 때 사용할 숫자의 개수(정밀도)를 설정해야 할 경우도 있다. 11장에서는 필요에 따라 입출력을 손볼 수 있는 몇 가지 방법을 살펴본다.

프로그래머는 정규성^{regularity}을 좋아한다. 메모리상의 모든 객체를 같은 방식으로 다루고, 모든 입력 장치를 동일하게 대하며, 시스템을 드나드는 객체를 단일 표준으로 표현하면 가장 명확하고, 단순하고, 관리하기 쉬우며, 효율적인 코드를 만들 수 있다. 하지만 프로그래머는 인간을 돕고자 존재하며, 인간은 개성이 강하다. 따라서 프로그래머는 프로그램의 복잡성과 사용자의 개인적 취향 사이에서 균형을 이루고자 노력해야 한다.

11.2 출력 형식화

사람들은 출력을 읽을 때 사소한 사항에도 신경을 많이 쓴다. 예를 들어 물리학자에게 (소수점 셋째 자리에서 반올림한) 1.25는 1.24670477과 크게 다르며, 회계사에게 (1.25)는 (1.2467)과 법률적으로 다르며, 1.25와는 전혀 다르다(재무 문서에서 괄호는 손실, 즉 음수를 나타낸다). 프로그래머로서 출력을 가능한 한 명확히 하고, 프로그램 소비자의 기대에 최대한 가깝게 만들어야 한다. 출력 스트림^{output stream}(ostream)은 내장형 타입의 출력 형식을 지정하는 다양한 방법을 제공한다. 사용자 정의 타입의 경우에는 적절한 << 연산자를 정의하는 일은 전적으로 프로그래머의 책임이다.

출력에 대해 많은 세부 사항과 개선 사항, 옵션이 존재하며, 입력에도 꽤 많은 세부 사항이 있다. 예를 들어 소수점으로 사용할 문자(일반적으로 마침표나 쉼표), 화폐 단위 출력 방식, 참 값을 숫자 1이 아닌 단어 true(혹은 vrai, sandt)로 출력하는 방식, ASCII 외의 문자 집합(유니코드^{Unicode} 등)을 다루는 방법, 한 문자열에 읽을 수 있는 문자의 수 등을 설정할 수 있다. 이런 기능을 필요로 하기 전에는 관심이 없을 수 있으므로 자세한 설명은 매뉴얼과 기타 전문 자료를 참고하라. 랭거의 『Standard C++ IOStreams and Locales』, 스트롭스트룹의 『The C++

Programming Language』 38장과 39장, 『ISO C++ 표준』의 22장과 27장에서 가장 자주 쓰이는 기능과 몇 가지 일반적 개념을 설명한다.

11.2.1 정수 출력

정수는 8진수^{octal}와 10진수^{decimal}, 16진수^{hexadecimal}로 출력할 수 있다. 진수 체계를 잘 모른다면 나머지를 읽기 전에 A.2.1.1절을 참고하라. 대부분의 출력은 10진수를 사용하며, 하드웨어 관련 정보는 16진수를 이용한다. 16진수 한 자리는 4비트 단위의 값을 표현하기에 적절하기 때문이다. 따라서 16진수 두 자리는 8비트로 이뤄진 한 바이트를, 16진수 네 자리는 2바이트(하프워드^{half word})를, 16진수 여덟 자리는 4바이트(흔히 한 워드나 레지스터의 크기로 여겨짐)를 표현한다. C++의 조상인 C를 처음 설계할 때(1970년대)에는 비트 패턴을 표현할 때 8진수를 주로 사용했지만, 지금은 거의 쓰지 않는다.

다음과 같이 (10진수) 값 1234를 10진수와 16진수(줄여서 '헥사^{hex}'라고도 함), 8진수로 출력할 수 있다.

```
cout << 1234 << "\t(10진수)\n"
    << hex << 1234 << "\t(16진수)\n"
    << oct << 1234 << "\t(8진수)\n";
```

문자 '\t'는 탭^{tab}('표 그리기 문자^{tabulation character}'의 줄임말)이며, 출력은 다음과 같다.

```
1234  (10진수)
4d2   (16진수)
2322  (8진수)
```

<< hex와 << oct는 값을 출력하지 않는다. 대신에 << hex는 이후의 정수 값을 16진수로 출력하게 스트림을 설정하고, << oct는 이후의 정수 값을 8진수로 출력하게 스트림을 설정한다.

```
cout << 1234 << '\t' << hex << 1234 << '\t' << oct << 1234 << '\n';
cout << 1234 << '\n'; // 아직 8진수가 유효함
```

이 코드의 출력은 다음과 같다.

```
1234 4d2 2322
2322    // 다시 설정할 때까지 모든 정수는 8진수로 표시
```

마지막 출력이 8진수임에 주목하자. 즉, oct와 hex, dec(decimal의 줄임말)는 영속적이다(스티키하다^{stick, sticky}고도 함). 즉, 스트림에 다른 설정을 하기 전에는 모든 정수 값 출력에 적용된다. 여기서 hex와 oct처럼 스트림의 동작을 변경할 때 이용하는 것을 **조정자**^{manipulator}라고 한다.

도전 과제

여러분이 태어난 연도를 10진수와 16진수, 8진수로 출력하고, 각 값이 몇 진수인지 함께 표시하라. 탭 문자를 이용해서 열의 줄을 맞춘다. 같은 방식으로 나이도 출력해본다.

10진수 외의 숫자(밑수^base가 10이 아닌 숫자)는 혼동을 야기할 수 있다. 따로 명시하지 않는 한 11을 9(8진수로 11)나 17(16진수로 11)이 아닌 10진수 11로 생각하기 때문이다. ostream이 출력하는 정수 앞에 밑수를 출력하게 하면 이런 문제를 해결할 수 있다.

```
cout << 1234 << '\t' << hex << 1234 << '\t' << oct << 1234 << '\n';
cout << showbase << dec;          // 밑수 출력
cout << 1234 << '\t' << hex << 1234 << '\t' << oct << 1234 << '\n';
```

이 출력은 다음과 같다.

```
1234 4d2 2322
1234 0x4d2 02322
```

위에서 보다시피 C++ 소스코드의 정수 리터럴 표기법 그대로 10진수에는 접두사가 없고, 8진수의 접두사는 0, 16진수의 접두사는 0x(나 0X)다.

```
cout << 1234 << '\t' << 0x4d2 << '\t' << 02322 << '\n';
```

이 코드를 10진수로 표현하면 출력은 다음과 같다.

```
1234 1234 1234
```

위에서 알 수 있듯이 oct와 hex처럼 showbase도 영속적이다. noshowbase 조정자는 showbase의 효과를 반전시켜서 기본 설정대로 각 숫자를 밑수 없이 출력한다.

정수 출력 관련 조정자를 요약하면 다음과 같다.

정수 출력 조정자	
oct	8진수 표기법 사용
dec	10진수 표기법 사용
hex	16진수 표기법 사용
showbase	8진수에는 접두사 0을, 16진수에는 0x를 사용
noshowbase	접두사 없음

11.2.2 정수 입력

>> 연산자는 기본적으로 숫자가 10진수라고 가정하지만, 16진수나 8진수 정수를 읽게 할 수도 있다.

```
int a;
int b;
int c;
int d;
cin >> a >> hex >> b >> oct >> c >> d;
cout << a << '\t' << b << '\t' << c << '\t' << d << '\n';
```

다음과 같이 입력하면

```
1234 4d2 2322 2322
```

결과는 다음과 같다.

```
1234 1234 1234 1234
```

출력과 마찬가지로 입력에서도 oct와 dec, hex는 영속적이다.

도전 과제

위의 코드 조각으로 프로그램을 완성하고, 앞서 예로든 숫자를 입력한다. 그리고 다음과 같이 입력해보자.

```
1234 1234 1234 1234
```

결과를 설명하라. 다른 입력을 시도해보고 어떤 결과가 나오는지 살펴보자.

모든 기본 설정을 해제^{unset}하면 >> 연산자가 0와 0x 접두사를 읽어서 올바르게 해석하게 할 수도 있다.

```
cin.unsetf(ios::dec);      // (0x를 16진수로 해석할 수 있게) 10진수를 가정하지 않음
cin.unsetf(ios::oct);      // (12를 십이로 해석할 수 있게) 8진수를 가정하지 않음
cin.unsetf(ios::hex);      // (12를 십이로 해석할 수 있게) 16진수를 가정하지 않음
```

스트림의 멤버 함수인 unsetf()는 인자로 지정한 플래그(들)를 해제한다. 이제 다음과 같은 코드를 작성한 후

```
cin >> a >> b >> c >> d;
```

다음과 같이 입력하면

```
1234 0x4d2 02322 02322
```

다음과 같은 결과를 볼 수 있다.

```
1234 1234 1234 1234
```

11.2.3 부동소수점 출력

하드웨어를 직접 다룬다면 16진수(나 8진수) 표기가 필요하듯이, 과학적 계산을 다룬다면 부동소수점 값을 표현할 형식이 필요하다. 정수 값과 매우 비슷한 방식으로 iostream의 조정자를 이용하면 부동소수점을 처리할 수 있다.

```
cout << 1234.56789 << "\t\t(일반)\n" // \t\t로 열 맞춤
    << fixed << 1234.56789 << "\t(고정)\n"
    << scientific << 1234.56789 << "\t(과학)\n";
```

출력은 다음과 같다.

```
1234.57              (일반)
1234.567890          (고정)
1.234568e+003        (과학)
```

이처럼 fixed와 scientific, defaultfloat 조정자로 부동소수점 형식을 선택한다. defaultfloat은 기본 형식(일반 형식general format)을 말한다.

```
cout << 1234.56789 << '\t'
    << fixed << 1234.56789 << '\t'
    << scientific << 1234.56789 << '\n';
cout << 1234.56789 << '\n';                 // 부동소수점 형식은 영속적
cout << defaultfloat << 1234.56789 << '\t'  // 기본 부동소수점 출력 형식
    << fixed << 1234.56789 << '\t'
    << scientific << 1234.56789 << '\n';
```

이 코드의 출력은 다음과 같다.

```
1234.57     1234.567890  1.234568e+003
1.234568e+003                               // scientific 조정자는 영속적
1234.57     1234.567890  1.234568e+003
```

부동소수점 출력 형식 조정자를 요약하면 다음과 같다.

부동소수점 형식	
fixed	고정소수점(fixed-point) 표현
scientific	가수(mantissa)와 지수(exponent) 표현. 가수는 항상 [1:10] 구간에 있음. 즉, 소수점 앞에는 0이 아닌 자리 수 1개가 존재함
defaultfloat	defaultfloat의 정밀도 안에서 fixed와 scientific 중에 더 정확한 표현을 선택

11.2.4 정밀도

기본적으로 defaultfloat 형식에서 부동소수점 값은 여섯 자리의 수로 표현되는데, (fixed와 scientific 중에) 더 정확한 형식을 선택한 후 여섯 자리(defaultfloat 형식의 기본 정밀도)로 표현 가능한 가장 가까운 근사 값을 나타낼 수 있도록 반올림한다. 예를 들어 다음과 같다.

    1234.567은 1234.57로 출력함
    1.2345678은 1.23457로 출력함

반올림 규칙은 일반적인 4/5 규칙을 말한다. 즉, 0부터 4까지는 (0으로) 내리고, 5부터 9까지는 (0에서 먼 쪽으로) 올린다. 단지 부동소수점 형식은 부동소수점 숫자에만 적용됨을 기억하자.

    1234567은 1234567로 출력함(정수이므로)
    1234567.0은 1.23457e+006으로 출력함

위의 두 번째 경우인 1234567.0에서 ostream은 fixed 형식으로 여섯 자리 안에서 표현할 수 없다는 판단을 내린 후 가장 정확한 표현을 할 수 있는 scientific 형식을 택한다. 이처럼 defaultfloat은 기본적으로 여섯 자리로 설정된 general 형식의 정밀도 내에서 가장 정확한 표현을 할 수 있도록 fixed와 scientific 형식 중 하나를 선택한다.

도전 과제

defaultfloat과 fixed, scientific 형식으로 1234567.89를 출력하는 프로그램을 작성하라. 어떤 출력 형식이 가장 정확한 표현을 보여주는가? 그 이유를 설명하라.

프로그래머는 setprecision() 조정자로 정밀도를 설정할 수 있다.

```
cout << 1234.56789 << '\t'
    << fixed << 1234.56789 << '\t'
    << scientific << 1234.56789 << '\n';
cout << defaultfloat << setprecision(5)
```

```
        << 1234.56789 << '\t'
        << fixed << 1234.56789 << '\t'
        << scientific << 1234.56789 << '\n';
cout << defaultfloat << setprecision(8)
        << 1234.56789 << '\t'
        << fixed << 1234.56789 << '\t'
        << scientific << 1234.56789 << '\n';
```

출력 결과는 다음과 같다(반올림에 유의하라).

```
1234.57      1234.567890   1.234568e+003
1234.6   1234.56789     1.23457e+003
1234.5679     1234.56789000 1.23456789e+003
```

여기서 말하는 정밀도의 의미는 다음과 같다.

부동소수점 정밀도	
defaultfloat	전체 자리 수
scientific	소수점 이후의 자리 수
fixed	소수점 이후의 자리 수

'더 높은 출력 정확도가 필요한' 특별한 이유가 없다면 기본 형식(정밀도 6의 defaultfloat 형식)을 사용하라.

11.2.5 필드

fixed와 scientific 형식을 이용하면 프로그래머가 출력에 필요한 공간을 정확히 제어할 수 있으므로 표를 출력할 때 유용하다. 정수 값에서는 이와 동일한 메커니즘을 필드[field]라고 한다. 필드 너비를 지정[set field width]하는 조정자 setw()를 이용하면 정수 값이나 문자열이 정확히 문자 몇 개의 자리를 차지할지 지정할 수 있다.

```
cout << 123456                          // 필드를 사용하지 않음
    <<'|'<< setw(4) << 123456 << '|'     // 123456은 네 문자 필드에 맞지 않음
    << setw(8) << 123456 << '|'          // 필드 너비를 8로 지정
    << 123456 << "|\n";                  // 필드 크기는 영속적이지 않음
```

출력 결과는 다음과 같다.

```
123456|123456|  123456|123456|
```

세 번째 123456 앞의 공백 두 개에 주목하자. 여섯 자리 숫자를 여덟 자리 필드에 출력하니 이런 결과가 나왔다. 반면 123456이 네 자리 필드에 맞게 잘리지는 않는다. 왜 그럴까? |1234|나 |3456|이 네 자리 필드에 적합한 출력일 수는 있어도 읽는 사람에게 아무런 경고도 없이 출력된 값을 완전히 바꿔 버린다. 따라서 ostream은 이렇게 하기보다 차라리 출력 형식을 무시한다. 이처럼 잘못된 형식은 거의 항상 '잘못된 출력 데이터'를 양산한다. (표를 출력하는 등) 필드를 사용하는 대부분의 경우에 이와 같은 오버플로^{overflow}는 시각적으로 눈에 잘 띄므로 수정할 수 있다.

필드는 부동소수점 숫자와 문자열에도 사용할 수 있다.

```
cout << 12345 <<'|'<< setw(4) << 12345 << '|'
    << setw(8) << 12345 << '|' << 12345 << "|\n";
cout << 1234.5 <<'|'<< setw(4) << 1234.5 << '|'
    << setw(8) << 1234.5 << '|' << 1234.5 << "|\n";
cout << "asdfg" <<'|'<< setw(4) << "asdfg" << '|'
    << setw(8) << "asdfg" << '|' << "asdfg" << "|\n";
```

출력은 다음과 같다.

```
12345|12345|    12345|12345|
1234.5|1234.5|    1234.5|1234.5|
asdfg|asdfg|    asdfg|asdfg|
```

필드 너비는 영속적이지 않다는 점에 유의하자. 각 행의 첫 번째와 마지막 출력에서 볼 수 있듯이 기본적으로 '차지하는 문자의 수만큼'에 적용된다. 즉, 출력 연산을 사용하기 바로 전에 필드 너비를 지정하지 않으면 필드라는 개념을 사용하지 않는다.

도전 과제

여러분과 친구 최소한 다섯 명의 성과 이름, 전화번호, 이메일 주소를 표로 출력하자. 테이블이 보기 좋게 출력될 때까지 필드 너비를 조정하자.

11.3 파일 열기와 위치 지정

C++ 입장에서 파일은 운영체제가 제공하는 추상적 개념으로, 10.3절에서 언급한 대로 0부터 번호를 붙인 일련의 바이트라고 할 수 있다.

문제는 이 바이트에 접근하는 방식인데, `iostream`을 이용한다면 파일을 열고 스트림을 연결할 때 접근 방식이 결정된다. 스트림의 속성에 따라 파일을 연 후에 수행할 수 있는 연산의 종류와 의미가 정해진다. 가장 간단한 예로, `istream`으로 파일을 열면 파일을 읽을 수 있고, `ostream`으로 파일을 열면 파일에 쓸 수 있다.

11.3.1 파일 열기 모드

여러 가지 모드 중 하나로 파일을 열 수 있는데, 기본적으로 `ifstream`은 파일을 읽기 모드로 열고, `ofstream`은 파일을 쓰기 모드로 연다. 이 두 가지만으로도 대부분의 필요를 충족할 수 있지만, 다음과 같은 여러 가지 대안 중 하나를 선택할 수 있다.

파일 스트림 열기 모드	
ios_base::app	덧붙이기(즉, 파일 끝에 추가)
ios_base::ate	"끝에서"(파일을 열고 끝으로 이동)
ios_base::binary	바이너리 모드 – 시스템에 따라 동작이 다름
ios_base::in	읽기 모드
ios_base::out	쓰기 모드
ios_base::trunc	파일 길이를 0으로 절삭(truncate)

파일 모드는 필요시에 파일 이름 뒤에 추가할 수 있다.

```
ofstream of1 {name1};                  // 기본으로 ios_base::out
ifstream if1 {name2};                  // 기본으로 ios_base::in

ofstream ofs {name, ios_base::app};      // ofstream의 기본 모드인 io_base::out도 포함
fstream fs {"myfile", ios_base::in|ios_base::out};    // 입출력 모두
```

마지막 예의 `|`는 '비트별 논리합^{bitwise or}' 연산자(A.5.5절)이며, 두 모드를 조합할 때 이용한다. `app` 옵션은 로그 파일을 출력할 때처럼 항상 파일 끝에 추가하는 경우에 유용하다.

각 경우에 파일을 연 후의 효과는 운영체제에 따라 다를 수 있으며, 운영체제가 지정된 모드로 파일을 열지 못하면 스트림이 `good()`이 아닌 상태가 된다.

```
if (!fs)      // 지정된 모드로 파일을 열 수 없음
```

읽기 모드에서 가장 흔한 실패 원인은 (우리가 지정한 이름의) 파일이 존재하지 않는 경우다.

```
ifstream ifs {"redungs"};
if (!ifs)          // 오류: "readings"를 읽기 모드로 열지 못함
```

이런 경우에는 철자 오류를 의심해보자.

일반적으로 쓰기 모드로 여는 파일이 존재하지 않으면 운영체제가 새로운 파일을 생성하지만, (다행히도) 읽기 모드로 여는 파일이 존재하지 않으면 생성하지 않는다.

```
ofstream ofs {"no-such-file"};              // 새로운 파일 no-such-file을 생성
ifstream ifs {"no-file-of-this-name"};   // 오류: ifs가 good()이 아닌 상태가 됨
```

파일 열기 모드를 복잡하게 사용하지 말자. 일반적이지 않은 모드를 운영체제가 어떻게 처리할지 예측할 수 없다. 가능하면 istream으로 연 파일은 읽기만 하고, ostream으로 연 파일은 쓰기만 하자.

11.3.2 바이너리 파일

숫자 123을 메모리상에서 정수나 문자열로 표현할 수 있다.

```
int n = 123;
string s = "123";
```

첫 줄의 123은 (바이너리) 숫자로 메모리에서 int와 같은 크기(PC에서는 4바이트, 즉 32비트)를 차지한다. 다른 값 12345를 선택해도 여전히 4바이트를 사용한다. 두 번째 줄의 123은 세 문자로 이뤄진 문자열이다. 문자열 값이 "12345"라면 다섯 문자의 자리를 차지한다(string을 관리하는 데 필요한 고정된 추가 공간도 필요하다). 이러한 내용을 그림으로 표현하면 다음과 같다(컴퓨터 내부에서 사용하는 2진 표현이 아닌 일반적인 10진수와 문자로 표현했다).

문자열 123:	1	2	3	?	?	?	?	?
문자열 12345:	1	2	3	4	5	?	?	?
바이너리 123:	123							
바이너리 12345:	12345							

문자 표현을 사용할 땐 메모리에서 숫자의 끝을 나타내는 특수한 문자가 필요하다. 우리가 종이에 적은 123456은 한 숫자이고, 123 456은 두 숫자로 읽듯이 말이다. 즉, 종이에 공백으로 숫자의 끝을 나타내듯이 메모리에서도 같은 방식을 사용한다.

문자열 123456: | 1 | 2 | 3 | 4 | 5 | 6 | | ? |

문자열 123 456: | 1 | 2 | 3 | | 4 | 5 | 6 |

고정된 크기의 바이너리 표현(예, int)과 가변 크기의 문자열 표현(예, string)의 차이점은 파일에서도 존재한다. 기본적으로 iostream은 문자열 표현을 다룬다. 즉, istream은 일련의 문자를 읽어 필요한 타입의 객체로 변환하고, ostream은 지정된 타입의 객체를 일련의 문자로 변환해 출력한다. 그러나 istream과 ostream을 이용해서 일련의 바이트를 파일로부터 읽거나 파일에 쓸 수도 있다. 이를 바이너리 입출력이라고 하며 파일을 ios_base::binary 모드로 열면 된다. 이제 정수를 바이너리 파일에서 입출력하는 예제를 살펴보자. 바이너리를 처리하는 주요 코드는 다음과 같다.

```
int main()
{
    // 파일에서 바이너리를 입력받는 istream 열기
    cout << "입력 파일 이름 입력\n";
    string iname;
    cin >> iname;
    ifstream ifs {iname,ios_base::binary};              // 참고: 스트림 모드 설정
    // binary로 설정하면 스트림이 바이트를 조작하지 않음
    if (!ifs) error("입력 파일 열기 실패 ",iname);

    // 파일에 바이너리를 출력할 수 있는 ostream 열기
    cout << "출력 파일 이름 입력\n";
    string oname;
    cin >> oname;
    ofstream ofs {oname,ios_base::binary};              // 참고: 스트림 모드 설정
    // binary로 설정하면 스트림이 바이트를 조작하지 않음
    if (!ofs) error("출력 파일 열기 실패 ",oname);

    vector<int> v;

    // 바이너리 파일에서 읽기 :
    for(int x; ifs.read(as_bytes(x),sizeof(int)); )     // 참고: 바이트 읽기
        v.push_back(x);

    // ... v를 이용한 작업 수행 ...

    // 파일에 바이너리 쓰기 :
    for(int x : v)
        ofs.write(as_bytes(x),sizeof(int));             // 참고: 바이트 쓰기
```

```
    return 0;
}
```

스트림 모드를 ios_base::binary로 지정해 파일을 연다.

```
ifstream ifs {iname, ios_base::binary};
```

```
ofstream ofs {oname, ios_base::binary};
```

이 두 줄의 코드는 복잡하지만 더 적은 공간을 차지하는 바이너리 표현을 모두 사용한다. 문자 기반 입출력에서 바이너리 입출력으로 전환하면 일반적인 >>와 << 연산자는 사용할 수 없다. 이런 연산자는 주어진 값을 문자열로 변환하기 때문이다(예, 문자열 "asdf"는 문자 a, s, d, f로, 정수 123은 문자 1, 2, 3으로 변환). 이런 변환 작업을 원한다면 binary로 설정할 필요 없이 기본 옵션을 사용한다. binary는 기본 옵션보다 바이너리가 더 적합한 경우에 사용한다. 이처럼 binary를 지정하면 스트림이 바이트를 조작하지 않는다.

그렇다면 우리는 int를 어떻게 처리하고자 하는가? 그저 4바이트 크기의 int를 4바이트로 저장하려고 할 뿐이다. 즉, 메모리상에 존재하는 int의 표현 방식(4바이트)을 그대로 본떠서 파일에 그대로 일련의 바이트를 옮겨놓으려고 한다. 그리고 나중에 이러한 바이트를 그대로 읽어 int로 재조합할 수 있다.

```
ifs.read(as_bytes(i),sizeof(int))      // 참고: 바이트 읽기
ofs.write(as_bytes(v[i]),sizeof(int))   // 참고: 바이트 쓰기
```

ostream의 write()와 istream의 read() 모두 (as_bytes()가 제공하는) 주소와 sizeof 연산자를 이용해 계산한 입출력할 바이트(문자)의 개수를 인자로 받는다. 여기서 말하는 주소는 읽거나 쓸 값의 첫 바이트가 저장된 메모리의 위치를 가리킨다. 예를 들어 값이 1234인 int라면 네 바이트는 (16진수로) 00, 00, 04, d2다.

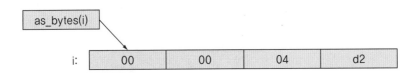

as_bytes() 함수는 객체 메모리 표현의 첫 바이트 주소를 알고자 할 때 필요한데, 아직 설명하지 않은 언어 기능(17.8절과 19.3절)을 이용해서 다음과 같이 정의할 수 있다.

```
template<class T>
char* as_bytes(T& i)           // T를 일련의 바이트로 취급
{
```

```
    void* addr = &i;                    // 객체를 저장하는 메모리 첫 바이트의 주소 가져오기
    return static_cast<char*>(addr);    // 그 메모리를 일련의 바이트로 취급
}
```

static_cast를 이용한 형식 변환이 안전하진 않지만 변수의 바이트 표현을 알려면 불가피하다. 주소라는 개념은 17장과 18장에서 자세히 살펴본다. 여기서는 메모리상의 모든 객체를 read()와 write()에 사용할 수 있도록 일련의 바이트로 다루는 방법만 설명한다.

이러한 바이너리 입출력의 코드는 지저분하고 복잡하며 오류 발생 가능성이 높다. 하지만 프로그래머로서 파일 형식을 선택할 자유를 항상 얻지는 못하므로, 누군가가 우리가 읽거나 쓸 파일 형식을 이미 선택한 경우에는 바이너리 입출력을 수행해야 할 수도 있다. 그리고 문자 외의 표현 방식을 사용해야 할 논리적 이유가 있을 수도 있다. 그 전형적인 예로 이미지나 음성 파일에는 적절한 문자 표현이 존재하지 않는다. 사진이나 음악은 본질적으로 비트의 집합이기 때문이다.

그렇다고 해도 가능하다면 문자 입출력을 이용하고, 꼭 필요할 때만 바이너리 입출력을 선택하자. iostream 라이브러리가 기본적으로 제공하는 문자 입출력은 이식성이 높고, 사람이 읽기 쉬우며, 타입 시스템에 의해 뒷받침되기 때문이다.

11.3.3 파일 안에서의 위치 지정

가능하다면 파일의 처음에서 끝까지 차례대로 읽고 쓰자. 가장 쉽고 오류가 적기 때문이다. 파일을 변경해야하는 경우에도 변경된 내용을 포함하는 새로운 파일을 만들길 권장한다.

그러나 꼭 필요하다면 파일 안에서 읽거나 쓸 위치를 지정할 수도 있다. 기본적으로 읽기용으로 연 모든 파일에는 '읽기 위치read/get position'가 존재하며, 쓰기용으로 연 모든 파일에는 '쓰기 위치write/put position'가 존재한다.

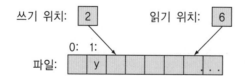

이러한 위치는 다음과 같이 사용한다.

```
fstream fs {name};               // 입출력 겸용으로 열기
if (!fs) error("열기 실패 ",name);

fs.seekg(5);                     // 읽기 위치(g는 "get"의 줄임말)를 5(6번째 문자)로 이동
char ch;
```

```
fs>>ch;                        // 읽기를 수행하고 읽기 위치 증가시킴
cout << "character[5]는 " << ch << ' (' << int(ch) << ")\n";
fs.seekp(1);                   // 쓰기 위치(p는 "put"의 줄임말)를 1로 이동
fs<<'y';                       // 쓰기를 수행하고 쓰기 위치 증가시킴
```

seekg()와 seekp()로 위치를 지정한 후 입출력을 수행해 위치를 증가시켰으므로 프로그램을 실행한 후의 상태는 앞의 그림과 같다.

하지만 주의하자. 위치를 지정할 때 실행 시간에 할 수 있는 오류 검사는 거의 없다. 특히 (seekg()와 seekp()를 이용해서) 파일 끝 이후의 위치를 지정하면 무슨 일이 생길지 알 수 없으며, 운영체제마다 전혀 다른 조치를 취한다.

11.4 문자열 스트림

string을 istream의 데이터 출처로 사용하거나 ostream의 출력 대상으로 이용할 수 있다. string을 읽는 istream을 istringstream, 스트림 내의 문자를 string에 쓰는 ostream을 ostringstream이라고 한다. 예를 들어 다음과 같이 string에서 숫자 값을 추출할 때 istringstream이 유용하다.

```
double str_to_double(string s)
    // 가능하다면 s에 포함된 문자열을 부동소수점 숫자로 변환
{
    istringstream is {s};                      // s를 읽을 수 있는 스트림 생성
    double d;
    is >> d;
    if (!is) error("double 형식 오류: ",s);
    return d;
}

double d1 = str_to_double("12.4");             // 테스트
double d2 = str_to_double("1.34e-3");
double d3 = str_to_double("twelve point three");   // error()를 호출함
```

istringstream에 연결된 string의 끝 이후를 읽으려고 하면 istringstream은 eof() 상태가 된다. 즉, istringstream은 istream의 한 종류이므로, 일반적인 입력 루프를 사용할 수 있다.

반면 ostringstream은 GUI 시스템(16.5절) 등에서 인자로 사용하는 간단한 string에 출력 형식을 적용할 때 유용하다.

```
void my_code(string label, Temperature temp)
{
    // ...
    ostringstream os;                        // 메시지를 만들 스트림
    os << setw(8) << label << ": "
        << fixed << setprecision(5) << temp.temp << temp.unit;
    someobject.display(Point(100,100), os.str().c_str());
    // ...
}
```

ostringstream의 멤버 함수 str()은 출력 연산의 결과로 생성된 string을 반환하고, string의 멤버 함수 c_str()은 많은 시스템 인터페이스에서 요구하는 C 스타일의 문자열을 반환한다.

stringstream은 실제 입출력과 처리 작업을 분리할 때 주로 이용한다. 예를 들어 str_to_double()의 인자로 주어지는 string 인자는 파일(예, 웹 로그)이나 키보드로부터 왔을 수 있다. 마찬가지로 my_code()에서 생성한 메시지는 결국 화면에 출력될 수 있다. 그 예로, 11.7절에서는 stringstream을 이용해서 입력에 포함된 불필요한 문자를 걸러낸다. 따라서 stringstream은 입출력을 특별한 필요와 취향에 맞게 손보는 메커니즘이라 할 수 있다.

다음과 같은 문자열을 이어 붙여서 새 문자열을 생성하는 작업도 ostringstream의 간단한 사용 예에 속한다.

```
int seq_no = get_next_number();          // 로그 파일 번호 조사
ostringstream name;
name << "myfile" << seq_no << ".log";    // 예, myfile17.log
ofstream logfile{name.str()};            // 예, myfile17.log 열기
```

일반적으로 istringstream을 string으로 초기화한 후 입력 연산자를 이용해 그 string에서 문자를 읽는다. 반대로 ostringstream은 빈 string으로 초기화한 후 출력 연산자로 그 string을 채워간다. 그 외에 stringstream 내부의 문자를 직접 접근하는 방법이 유용할 때도 있다. ss.str()은 ss 내부의 string 사본을 반환하고, ss.str(s)는 ss 내부의 string을 s의 사본으로 설정한다. 11.7절에서 ss.str(s)가 필수적인 예제를 볼 수 있다.

11.5 행 지향 입력

>> 연산자는 주어진 타입의 표준 형식에 따라 그 타입의 객체에 값을 읽는다. 예를 들어 int를 읽을 때 >>는 숫자가 아닌 문자를 마주칠 때까지 읽고, string을 읽을 때 >>는 공백 문자가 나올 때까지 입력을 수행한다. 표준 라이브러리의 istream 라이브러리는 이에 더해 한 행의

문자를 통째로 읽는 기능도 제공한다.

```cpp
string name;
cin >> name;                // 입력: Dennis Ritchie
cout << name << '\n';       // 출력: Dennis
```

한 줄의 내용을 통째로 읽은 후에 형식을 정하려면 어떻게 해야 할까? 다음과 같이 getline() 함수를 이용할 수 있다.

```cpp
string name;
getline(cin,name);          // 입력: Dennis Ritchie
cout << name << '\n';       // 출력: Dennis Ritchie
```

이제 행 전체를 입력받았다. 그런데 이렇게 하는 이유는 무엇인가? '>>로 할 수 없는 일을 해야 하기 때문'이 좋은 답이 될 수 있다. 반면에 그 이유가 그저 '사용자가 한 행을 입력했기 때문'이라면 >>를 고집하는 편이 낫다. 한 행을 통째로 입력받은 후에 어떻게든 파싱을 해야 하기 때문이다.

```cpp
string first_name;
string second_name;
stringstream ss {name};
ss>>first_name;             // Dennis 입력
ss>>second_name;            // Ritchie 입력
```

위 코드보다는 first_name과 second_name에 직접 읽는 편이 더 간단하다.

한 행 전체를 읽는 일반적인 이유 중 하나는 공백 문자의 정의가 적합하지 않은 경우가 있기 때문인데, 때때로 개행 문자를 그 외의 공백 문자와 다르게 처리하고 싶을 수 있다. 예를 들어 게임에서 텍스트로 의사소통을 한다면 관례적인 마침표보다 한 행을 한 문장으로 취급할 수 있다.

```
go left until you see a picture on the wall to your right
remove the picture and open the door behind it. take the bag from there
```

이런 경우에는 한 행 전체를 읽은 후 각 단어를 추출한다.

```cpp
string command;
getline(cin,command);                   // 한 행 읽기

stringstream ss {command};
vector<string> words;
for (string s; ss>>s; )
    words.push_back(s);                 // 각 단어 추출
```

반면 선택권이 있다면 대부분의 경우에 개행 문자보다 구두점을 이용하는 편이 낫다.

11.6 문자 분류

일반적으로는 관례적인 형식에 따라 정수와 부동소수점 숫자, 단어 등을 읽지만, 때때로는 추상화의 수준을 낮춰 한 문자씩 읽어야 한다. 물론 할 일은 많아지겠지만, 한 문자씩 읽으면 하고자 하는 바대로 완벽한 제어가 가능하다. 표현식을 토큰화하는 예(7.8.2절)를 생각해보자. 예를 들어 1+4*x<=y/z*5를 11개의 토큰으로 분리할 수 있다.

```
1 + 4 * x <= y / z * 5
```

숫자는 >>로 읽을 수 있지만, 식별자를 문자열 하나로 읽으려 하면 x<=y와 z*를 한 문자열로 읽게 된다(<와 =는 공백 문자가 아니고, *도 공백 문자가 아님). 따라서 다음과 같이 코드를 작성할 수 있다.

```
for (char ch; cin.get(ch); ) {
    if (isspace(ch)) {        // ch가 공백 문자이면
        // 아무 일도 하지 않음 (공백 문자 버림)
    }
    if (isdigit(ch)) {
        // 숫자 읽기
    }
    else if (isalpha(ch)) {
        // 식별자 읽기
    }
    else {
        // 연산자 처리
    }
}
```

istream::get()은 주어진 인자에 한 문자를 읽는데, 공백 문자도 버리지 않는다. >>와 마찬가지로 get()도 istream의 참조를 반환하므로 스트림의 상태를 확인할 수 있다.

이처럼 한 문자씩 읽을 경우 보통은 그 문자의 종류를 파악해야 한다. 이 문자가 숫자인가? 대문자인가? 등등... 문자의 종류를 알려주는 다양한 표준 라이브러리 함수가 존재한다.

문자 분류	
isspace(c)	c가 공백 문자(' ', '\t', '\n', 등)인가?
isalpha(c)	c가 알파벳('a'..'z', 'A'..'Z')인가?(주의: '_'는 제외)
isdigit(c)	c가 10진 숫자('0'..'9')인가?
isxdigit(c)	c가 16진 숫자(10진 숫자나 'a'..'f'나 'A'..'F')인가?
isupper(c)	c가 알파벳 대문자인가?
islower(c)	c가 알파벳 소문자인가?
isalnum(c)	c가 알파벳이거나 10진 숫자인가?
iscntrl(c)	c가 제어 문자(ASCII 0..31과 127)인가?
ispunct(c)	c가 알파벳과 10진 숫자, 공백 문자, 보이지 않는 제어 문자 중 어느 하나에도 속하지 않는가?
isprint(c)	c가 출력 가능 문자(ASCII ' '..'~')인가?
isgraph(c)	isalpha(c)나 isdigit(c)나 ispunct(c)가 참인가?(주의: 공백 문자 제외)

분류 함수를 논리합 연산자(||)로 조합할 수 있음에 주의하자. 예를 들어 isalnum(c)는 isalpha(c)||isdigit(c), 즉 "c가 알파벳이나 10진 숫자 인가?"를 의미한다.

이에 더해서 표준 라이브러리는 대/소문자의 차이를 없애는 함수도 제공한다.

대/소문자 변환	
toupper(c)	c나 c에 해당하는 대문자
tolower(c)	c나 c에 해당하는 소문자

이런 함수는 대/소문자 차이를 무시하려고 할 때 유용하다. 예를 들어 사용자가 Right와 right, rigHT를 입력했다면 같은 의미일 확률이 크다(rigHT는 Caps Lock 키를 실수로 눌렀을 수 있다). 이 문자열의 각 문자에 tolower()를 적용하면 세 경우 모두 right로 변환된다. 이 작업을 임의의 string에 수행하는 함수는 다음과 같다.

```
void tolower(string& s)    // s를 소문자로 변환
{
    for (char& x : s) x = tolower(x);
}
```

여기서 string을 실제로 변경하고자 참조에 의한 전달(8.5.5절)을 사용했다. 이전 문자열을

보존하려면 소문자 버전의 복사본을 만들어야 한다. 그리고 `toupper()`보다 `tolower()`를 권장한다. 독일어를 비롯해서 모든 소문자에 상응하는 대문자가 존재하지 않는 경우 등을 고려하면 자연어 처리에 더 유리하다.

11.7 비표준 구분자 사용

이번 절에서는 `iostream`을 이용해서 현실적인 문제를 해결하는 실제에 가까운 예제를 살펴본다. 문자열을 읽을 때 각 단어는 공백 문자로 구분된다. 불행히도 `istream`은 공백 문자를 정의하거나 `>>`가 문자열을 읽는 방법을 직접 변경하는 기능을 제공하지 않는다. 그렇다면 공백 문자를 다른 문자로 정의하고 싶을 때 어떻게 해야 하는가? 단어를 읽어서 비교하는 4.6.3절의 예제를 다시 살펴보자. 각 단어는 공백 문자로 구분되므로, 입력이 다음과 같다면

```
As planned, the guests arrived; then,
```

다음과 같은 단어가 추출된다.

```
As
planned,
the
guests
arrived;
then,
```

이 중에는 사전에 없는 단어도 있다. `planned,`와 `arrived;`은 단어가 아니기 때문이다. 단어에 산만하고 쓸모없는 구두점이 섞여있다. 즉, 대부분의 경우에 구두점은 공백 문자처럼 취급해야 한다. 그렇다면 구두점을 어떻게 제거해야 할까? 우선 한 문자씩 읽어서 구두점을 제거하거나 공백 문자로 바꾼 후 정리된 입력을 다시 읽는다.

```
string line;
getline(cin,line);          // 한 행 읽기
for (char& ch : line)       // 각 구두점을 띄어쓰기로 바꿈
    switch(ch) {
    case ';': case '.': case ',': case '?': case '!':
        ch = ' ';
    }

stringstream ss(line);          // istream ss로 line을 읽음
vector<string> vs;
for (string word; ss>>word; )   // 구두점 없이 단어 읽기
```

```
        vs.push_back(word);
```

이런 방법으로 한 행을 읽으면 원하던 결과를 얻을 수 있다.

```
As
planned
the
guests
arrived
then
```

불행히도 앞의 코드는 지저분하고 범용적이지 않다. 다른 구두점을 더 추가하려면 코드가 더 지저분해진다. 이제 입력 스트림에서 필요 없는 문자를 제거하는 더 일반적이고 유용한 방법을 살펴보자. 어떤 방법이 있을까? 이를 활용한 코드는 어떤 모습이어야 할까?

```
ps.whitespace(";:,.");           // 세미콜론과 콜론, 쉼표, 마침표를 공백 문자로 취급
for (string word; ps>>word; )
    vs.push_back(word);
```

ps처럼 동작하는 스트림은 어떻게 정의할까? 기본적으로는 일반적인 입력 스트림에서 문자를 읽어서 '사용자 정의 공백 문자(구두점)'를 공백 문자로 취급한다. 즉, 공백 문자를 사용자에게 돌려주지 않고 내부적으로 단어를 구분하는 데 사용한다.

```
as.not
```

따라서 위와 같은 입력은 두 단어로 구분된다.

```
as
not
```

이제 이런 일을 해줄 클래스를 정의하자. 우리가 만들 클래스는 istream에서 문자를 읽어야 하며, 어떤 문자를 공백 문자로 취급할지를 지정할 수 있다는 점만 제외하면 istream의 >>와 동일한 연산자를 제공해야 한다. 문제를 간단히 하고자 이미 존재하는 공백 문자(띄어쓰기와 개행 문자 등)를 무시하는 기능은 제외하고, 추가적인 공백 문자를 지정하는 기능만 제공한다. 앞에서와 비슷하게 스트림에서 지정된 문자를 완전히 제거하는 대신 공백 문자로 대체한다. 이 클래스의 이름은 Punct_stream이라고 하자.

```
class Punct_stream {      // istream과 비슷하지만 사용자가 공백 문자를 지정할 수 있음
public:
    Punct_stream(istream& is)
        : source{is}, sensitive{true} { }
```

```
    void whitespace(const string& s)          // s를 공백 문자 집합으로 지정
        { white = s; }
    void add_white(char c) { white += c; }     // 공백 문자 집합에 추가
    bool is_whitespace(char c);                // c가 공백 문자 집합에 포함되는가?

    void case_sensitive(bool b) { sensitive = b; }
    bool is_case_sensitive() { return sensitive; }

    Punct_stream& operator>>(string& s);
    operator bool();

private:
    istream& source;              // 문자 입력 출처
    istringstream buffer;         // 버퍼를 이용해 형식화 수행
    string white;                 // 공백 문자로 취급할 문자
    bool sensitive;               // 스트림이 대/소문자를 구별하는가?
};
```

기본적인 아이디어는 위의 예제와 비슷하게 istream에서 한 행 전체를 읽은 후 지정된 문자를 띄어쓰기로 변환하고, istringstream을 이용해서 형식화를 수행한다. 사용자 정의 공백 문자 기능에 더해서 case_sensitive()를 이용해 대/소문자를 구별하는 입력에서 대/소문자를 무시할 수 있는 기능도 Punct_stream에 추가했다. 예를 들어 사용자가 요구한다면 다음과 같은 문자열을

```
Man bites dog!
```

다음과 같이 변환할 수 있다.

```
man
bites
dog
```

Punct_stream의 생성자는 문자를 입력받은 istream을 인자로 받아 source라는 이름으로 저장하고, 스트림이 기본적으로 대/소문자를 구별하지 않게 설정한다. Punct_stream을 이용해서 cin에서 문자를 읽어 세미콜론과 콜론, 마침표를 공백 문자로 취급하고, 모든 문자를 소문자로 변환할 수 있다.

```
Punct_stream ps {cin};         // ps가 cin으로부터 입력받음
ps.whitespace(";:.");          // 세미콜론과 콜론, 마침표를 공백 문자로 취급
ps.case_sensitive(false);      // 대/소문자를 구별하지 않음
```

가장 흥미로운 연산은 단연 >> 연산자인데, 가장 정의하기 어렵기도 하다. 우리가 채택한 전체적인 전략은 먼저 istream에서 한 행 전체를 문자열(line)에 읽는다. 그리고 모든 사용자 정의 공백 문자를 띄어쓰기(' ')로 변환한다. 마지막으로 line을 istringstream buffer에 넣는다. 마지막으로 buffer의 일반적인 공백 문자로 구분을 수행하는 >>를 사용한다. 여기서는 buffer를 읽어보고 buffer가 빈 경우에만 다시 채우므로 코드가 좀 더 복잡하게 보인다.

```cpp
Punct_stream& Punct_stream::operator>>(string& s)
{
    while (!(buffer>>s)) {              // buffer에서 읽기 시도
        if (buffer.bad() || !source.good()) return *this;
        buffer.clear();

        string line;
        getline(source,line);          // source에서 한 행 읽기

        // 필요한 문자 치환 수행
        for (char& ch : line)
            if (is_whitespace(ch))
                ch = ' ';              // 띄어쓰기로
            else if (!sensitive)
                ch = tolower(ch);      // 소문자로

        buffer.str(line);              // 문자열을 스트림에 넣기
    }
    return *this;
}
```

이제 코드를 한 단계씩 살펴보자. 먼저 흔치않은 부분이 보인다.

```cpp
while (!(buffer>>s)) {
```

istringstream 타입의 변수인 buffer에 문자가 남아있으면 buffer>>s가 동작해서 s에 공백 문자로 구분된 단어를 저장하고 모든 작업이 끝난다. buffer에 읽을 문자가 남아있는 동안은 계속 이런 일이 반복된다. 하지만 buffer>>s가 실패하면, 즉 !(buffer>>s)이 참이면 buffer를 source로부터 다시 채워야 한다. buffer>>s가 루프 안에 있으므로 buffer를 채운 후 다시 읽기를 시도한다.

```cpp
while (!(buffer>>s)) {              // buffer에서 읽기 시도
    if (buffer.bad() || !source.good()) return *this;
    buffer.clear();
```

```
    // buffer 채움
}
```

buffer가 bad() 상태이거나 source에 문제가 있으면 포기한다. 그렇지 않으면 buffer 상태를 재설정하고 채우기를 시작한다. 채우는 코드는 buffer의 읽기가 실패했을 때(대부분의 경우 buffer가 eof()일 때), 즉 buffer에 더 읽을 문자가 없을 때만 수행되므로 buffer 상태를 재설정해야 한다. 스트림 상태를 처리하는 일은 성가신 작업이고, 지겨운 디버깅을 동반하는 사소한 오류의 원인이 되기도 한다. 다행히 나머지 채우기 코드는 직관적이다.

```
string line;
getline(source,line);            // source에서 한 행 읽기

// 필요한 문자 치환 수행
for (char& ch : line)
    if (is_whitespace(ch))
        ch = ' ';                // 띄어쓰기로
    else if (!sensitive)
        ch = tolower(ch);        // 소문자로

buffer.str(line);                // 문자열을 스트림에 넣기
```

한 행을 line에 읽은 후 line의 각 문자를 바꿀 필요가 있는지 확인한다. is_whitespace()는 Punct_stream의 멤버 함수로, 나중에 정의한다. 표준 라이브러리 함수인 tolower()는 A를 a로, 대문자를 소문자로 바꾼다(11.6절).

line을 제대로 처리했다면 istringstream을 사용할 차례다. buffer.str(line)을 이용해서 istringstream 타입인 buffer의 string을 line으로 설정한다.

getline()으로 읽은 후에 source의 상태를 확인하지 않았지만, 루프의 상단에서 결국 !source.good()을 확인하므로 문제없다.

지금까지와 마찬가지로 >>의 결과로 스트림 스스로, 즉 *this를 반환한다(17.10절).

주어진 문자가 공백 문자인지 확인하는 일은 쉽다. 공백 문자 집합을 포함하는 문자열의 각 문자를 주어진 문자와 비교하면 된다.

```
bool Punct_stream::is_whitespace(char c)
{
    for (char w : white)
        if (c==w) return true;
    return false;
}
```

istringstream이 일반적인 공백 문자(예, 개행 문자와 띄어쓰기)를 관례대로 처리하게 내버려 두었으므로 우리가 따로 처리할 필요는 없다.

이제 복잡해 보이는 함수 하나가 남았다.

```
Punct_stream::operator bool()
{
    return !(source.fail() || source.bad()) && source.good();
}
```

다음과 같이 >>의 결과를 확인할 때 istream을 (bool 타입으로 변환해) 사용한다.

```
while (ps>>s) { /*... */ }
```

즉, ps>>s의 결과를 불리언 값으로 접근할 때 필요한데, ps>>s는 Punct_stream을 반환하므로 Punct_stream을 암묵적으로 bool로 변환할 필요가 있다. Punct_stream의 operator bool()이 바로 이런 역할을 한다. 멤버 함수 operator bool()은 bool로의 변환을 정의하며, Punct_stream의 연산이 성공한 경우 true를 반환한다.

지금까지의 내용을 이용한 프로그램은 다음과 같다.

```
int main()
    // 주어진 텍스트 입력에서 구두점과 대/소문자 차이를 무시한
    // 모든 단어를 정렬한 목록 생성
    // 중복된 단어는 출력에서 제외
{
    Punct_stream ps {cin};
    ps.whitespace(";:,.?!()\"{}<>/&$@#%^*|~");    // 문자열 내의 \"는 "을 의미
    ps.case_sensitive(false);

    cout << "단어 입력\n";
    vector<string> vs;
    for (string word; ps>>word; )
        vs.push_back(word);                // 단어 읽기

    sort(vs.begin(),vs.end());            // 사전 순 정렬
    for (int i=0; i<vs.size(); ++i)        // 정렬된 단어 목록 출력
        if (i==0 || vs[i]!=vs[i- 1]) cout << vs[i] << '\n';
}
```

이 코드는 입력 단어를 정렬한 목록을 생성한다.

```
if (i==0 || vs[i]!=vs[i- 1])
```

앞에서와 같이 확인을 거쳐 중복된 단어를 제거한다. 이제 다음과 같이 입력하면

```
There are only two kinds of languages: languages that people complain
about, and languages that people don't use.
```

다음과 같은 출력을 볼 수 있다.

```
about
and
are
complain
don't
kind
languages
of
only
people
that
there
two
use
```

그런데 dont가 아니라 don't가 출력되는 이유는 뭘까? whitespace()를 호출할 때 작은따옴표를 지정하지 않았기 때문이다.

Punct_stream이 많은 중요하고 유용한 측면에서 istream과 비슷하게 작동하지만 진짜 istream은 아니라는 점을 기억하라. 예를 들어 rdstate(), eof()를 정의하지 않았으므로 상태를 조회할 수 없고, >>는 정수 입력을 지원하지 않는다. 더욱 중요한 점은 istream을 인자로 받는 함수에 Punct_stream을 넘겨줄 수 없다는 점이다. Punct_stream을 정말 istream으로 만들 수 없을까? 가능하지만 그런 재주를 부릴만한 프로그래밍 경험과 설계 개념, 언어 기능을 아직 배우지 않았다(먼 훗날에 이 문제를 해결하려면 스트림 버퍼를 다루는 전문가 수준의 가이드나 매뉴얼을 참고하기 바란다).

Punct_stream의 코드가 읽기 쉬운가? 설명은 이해하기 쉬운가? 스스로 쉽게 코드를 작성할 수 있는가? 며칠 전까지만 해도 생 초보였다면 대답은 분명 "아니요!"거나 "당연히 아니죠! 제정신인가요?"일 것이다. 나도 이해한다. 내가 보기에도 정답은 "아니요. 적어도 우리가 생각하기에는 쉽지 않네요"일 듯하다. 하지만 이번 예제의 목적을 다시 상기해보자.

- 현실적인 문제와 그 해답을 보여주기
- 비교적 평범한 방법으로 무엇을 할 수 있는지 보여주기

- 쉬워 보이는 문제에 대해 간단히 적용할 수 있는 해답 제시
- 인터페이스와 구현 사이의 차이점 살펴보기

프로그래머가 되려면 교육용으로 정제된 문제에 대한 해답이 아닌 실제 코드를 읽어야 한다. 이번 예제가 바로 그런 연습의 일환이다. 며칠이나 몇 주 후에는 여기서 제시할 해답을 개선할 방법을 찾아보자.

이번 예제를 영어 수업에 비유하자면 초급 영어 수업에서 흥미를 더하고자 속어를 맛보기 한 정도로 생각할 수 있다.

11.8 기타 훨씬 더 많은 것

입출력의 세부 사항엔 끝이 없다. 끝이 있다면 오직 인간의 창의성과 호기심에 달려있다. 예를 들어 자연어로 인한 복잡성을 고려하지 않았다. 영어로 12.35라고 표현한 숫자를 대부분의 유럽어에서는 12,35로 표기한다. 따라서 C++ 표준 라이브러리도 자연어에 종속적인 입출력을 수행할 때 필요한 기능을 제공한다. 한자는 어떻게 쓰고, 말레이어 문자열은 어떻게 비교하는가? 방법은 있지만 책의 범위를 벗어나므로 궁금하다면 더 전문적인 고급 사적을 참고하라(랭거의 『Standard C++ IOStreams and Locales』와 스트롭스트룹의 『C++ 프로그래밍 언어』 등). 그리고 로케일locale을 찾아보라. 로케일은 자연어 사이의 차이점을 다루는 기능에서 일반적으로 쓰이는 용어다.

버퍼링도 복잡한 주제다. 표준 라이브러리 iostream은 streambuf라는 개념에 의존한다. 성능이나 기능적 측면에서 iostream을 이용해서 수준 높은 작업을 하려면 streambuf를 피할 수 없다. 새로운 데이터 입력 출처에 맞게 스스로 iostream을 정의하거나 streambuf를 개선하려면 스트롭스트룹의 『The C++ Programming Language』 38장이나 시스템 문서를 참고하라.

C++를 사용하다가 C 표준 입출력 함수인 printf()/scanf() 등을 만난다면 27.6절, B.10.2절을 찾아보거나 커니건Kernighan과 리치Ritchie가 저술한 훌륭한 C 교과서(『C 프로그래밍 언어』), 웹의 무수한 자료를 참고하라. 각 언어는 나름의 입출력 기능을 포함하는데, 각각이 서로 다르고 기발한 뭔가를 포함하지만, 대부분이 10장과 11장에서 배운 기본 개념을 (다양한 방식으로) 반영한다.

부록 B에 표준 라이브러리의 입출력 기능을 요약해뒀다.

그래픽 사용자 인터페이스GUI 관련 주제는 12~16장에서 다룬다.

실습문제

1. Test_output.cpp이라는 프로그램의 작성을 시작한다. 정수 birth_year를 선언하고 여러 분이 태어난 년도를 대입하자.

2. birth_year를 10진수와 16진수, 8진수로 출력하자.

3. 각 출력 값에 해당하는 진수의 이름을 출력하자.

4. 탭 문자로 출력의 열을 맞췄는가? 하지 않았다면 열을 맞추자.

5. 이제 여러분의 나이를 출력하라.

6. 문제가 생겼는가? 무슨 문제인가? 출력을 10진수로 바꾸라.

7. 2번으로 돌아가 각 출력의 밑수를 출력하게 하자.

8. 다음과 같이 8진수와 16진수 등으로 입력을 수행하자.

   ```
   cin >> a >>oct >> b >> hex >> c >> d;
   cout << a << '\t'<< b << '\t'<< c << '\t'<< d << '\n';
   ```

   이 코드를 아래 입력으로 실행하자.

   ```
   1234 1234 1234 1234
   ```

   결과를 살펴보고 그 이유를 설명하라.

9. 234567.89를 defaultfloat와 fixed, scientific으로 한 번씩 출력하는 코드를 만들자. 어떤 출력 형식이 사용자에게 가장 정확한 값을 보여주는가? 이유를 설명하라.

10. 여러분 자신과 친구 최소 다섯 명의 이름과 성, 전화번호, 이메일 주소를 포함하는 간단한 표를 만들자. 표가 맘에 들게 출력될 때까지 다양한 필드 너비를 조절해보자.

복습문제

1. 프로그래머에게 입출력이 위험한 이유는 무엇인가?

2. << hex는 어떤 일을 하는가?

3. 컴퓨터 과학에서 16진수를 어떤 경우에 왜 사용하는가?

4. 정수 출력 형식 관련 옵션을 나열해보자.

5. 조정자란 무엇인가?

6. 10진수와 8진수, 16진수 각각의 접두사는 무엇인가?

7. 부동소수점 값의 기본 출력 형식은 무엇인가?

8. 필드란 무엇인가?

9. `setprecision()`과 `setw()`는 어떤 일을 하는가?

10. 파일 열기 모드의 역할은 무엇인가?

11. 조정자 `hex`, `scientific`, `setprecision()`, `showbase`, `setw` 중 영속적이지 않은 것은 무엇인가?

12. 문자 입출력과 바이너리 입출력의 차이점은 무엇인가?

13. 텍스트 파일보다 바이너리 파일이 유리한 경우의 예를 들어보자.

14. `stringstream`이 유용한 두 가지 사례를 들어보자.

15. 파일의 위치란 무엇인가?

16. 파일 위치를 파일의 끝 다음으로 지정하면 어떻게 되는가?

17. 어떤 경우에 타입 기반의 입력보다 행 단위 입력이 유용한가?

18. `isalnum(c)`는 무슨 일을 하는가?

용어 정리

바이너리	16진수	8진수
문자 분류	비정규성	출력 형식
10진수	행 단위 입력	정규성
defaultfloat	조정자	scientific
파일 위치	비표준 구분자	setprecision()
fixed	noshowbase	showbase

연습문제

1. 텍스트 파일을 읽어 모든 입력을 소문자로 바꿔 새로운 파일에 출력하는 프로그램을 작성하자.

2. 파일 이름과 단어를 하나 입력받아 해당 단어를 포함하는 각 행의 내용과 행 번호를 출력하는 프로그램을 작성하라.

3. 파일에서 모든 모음을 제거하는 프로그램을 작성하라. 예를 들어 Once upon a time!은 nc pn tm!이 된다. 놀랍게도 결과를 읽을 수 있는 경우가 자주 있는데, 친구에게 시험해 보자.

4. 사용자가 0과 0x를 밑수를 나타내는 접두사로 이용해서 8진수나 10진수, 16진수 정수를 여러 번 입력하라는 프롬프트를 출력하는 프로그램을 작성하자. 그리고 입력된 수를 적절히 해석해 10진수로 변환하고, 변환한 값을 다음과 같이 적당히 열 맞춰 출력하자.

```
0x43 hexadecimal    converts to  67 decimal
0123 octal          converts to  83 decimal
  65 decimal        converts to  65 decimal
```

5. 문자열을 입력받아 각 문자열에 포함된 문자를 11.6절에서 살펴본 문자 분류 함수에 따라 분류하는 프로그램을 작성하자. 한 문자가 여러 분류에 속할 수도 있다는 점에 주의하라 (예, x가 문자letter인 동시에 알파벳/숫자alphanumeric일 수도 있다).

6. 구두점을 공백 문자로 대체하는 프로그램을 작성하자. 여기서 구두점은 .(마침표)과 ;(세미콜론), ,(쉼표), ?(물음표), -(빼기 기호), '(작은따옴표)를 포함한다. 그리고 큰따옴표(")로 둘러싸인 문자열은 수정하지 않는다. 예를 들어 " - don't use the as-if rule."은 " don t use the as if rule "로 변환된다.

7. 6번 연습문제를 변경해 줄임말을 풀어 쓰도록(don't는 do not으로, can't는 cannot으로) 만들자. 그리고 단어 안의 하이픈(빼기 기호)은 그대로 둔다(" do not use the as-if rule "). 마지막으로 모든 문자를 소문자로 변환한다.

8. (11.7절에서 사용한 방법 대신) 7번 문제를 기반으로 사전을 만들어 보자. 여러 페이지 분량의 텍스트 파일을 대상으로 결과를 살펴본 후 더 나은 사전을 만들 수 있는 개선 방안을 찾자.

9. 11.3.2절의 바이너리 입출력 프로그램을 둘로 나누자. 한 프로그램은 일반적인 텍스트 파일을 바이너리로 바꾸고, 한 프로그램은 바이너리를 읽어서 텍스트로 변환한다. 원본 텍스트 파일과 이 파일을 바이너리로 변환한 후 다시 텍스트로 변환한 결과를 비교해 프로그램을 테스트하자.

10. 인자로 주어진 문자열 s에서 공백 문자를 바탕으로 구분된 부분 문자열substring의 vector를 반환하는 vector<string> split(const string& s) 함수를 작성하자.

11. 인자로 주어진 문자열 s에서 공백 문자를 바탕으로 구분된 부분 문자열의 vector를 반환하는 vector<string> split(const string& s, const string& w) 함수를 작성하자. 단, 여기서 공백 문자는 일반적 공백 문자에 더해 w에 속한 문자를 포함한다.

12. 텍스트 파일의 순서를 뒤집는 프로그램을 작성하자. 예를 들어 asdfghjkl은 lkjhgfdsa이 된다. 주의: 파일을 뒤에서부터 읽는 정말 훌륭하고 이식성 높고, 효율적인 방법은 없다.

13. (공백 문자로 분리된) 단어의 순서를 뒤집는 프로그램을 작성하자. 예를 들어 `Norwegian Blue parrot`은 `parrot Blue Norwegian`이 된다. 파일 안의 모든 문자열은 한꺼번에 메모리에 저장할 수 있는 크기라고 간주한다.

14. 텍스트 파일을 읽고 각 문자 분류(11.6절)별로 몇 개의 문자를 포함하는지 개수를 세는 프로그램을 작성하자.

15. 공백 문자로 분리된 숫자를 파일에서 읽고, 한 행에 너비 20인 필드 네 개, `scientific` 형식과 정밀도 8로 파일에 출력하자.

16. 공백 문자로 분리된 숫자를 파일에서 읽고, 오름차순으로 정렬해 출력하자. 한 행에 값 하나를 출력하되, 한 값이 여러 번 등장하면 한 번만 출력하는 대신 같은 행에 등장 횟수를 함께 출력하자. 입력이 `7 5 5 7 3 117 5`인 경우 출력은 다음과 같다.

```
3
5   3
7   2
117
```

붙이는 말

인간의 취향이 간단하게 기술할 수 있는 방식이나 직관적 수학 법칙을 따르지 않기에 입력과 출력은 성가신 일이다. 프로그래머로서 사용자의 선호에서 자유로울 수 없으며, 오랜 세월에 걸쳐 굳어진 관례를 대신할 간단한 형식을 제안할 수는 없다. 결국 입력과 출력이 성가시고 지저분한 일임을 받아들이고 대비하고, 적응해야 한다. 그러면서도 프로그램은 "최대한 단순화하라. 그러나 지나치게 단순화하지 말라."

디스플레이 모델

"세상은 흑백이었단다.
1930년대의 그 어느 날 전까지는"

– 칼빈(Calvin)의 아버지

12 장에서는 화면 좌표와 선, 색상 등의 기본적 개념과 더불어 디스플레이 모델 (GUI의 출력 부분)을 설명한다. Line과 Lines, Polygon, Axis, Text는 모두 Shape의 예에 속하는데, Shape는 화면에 표시하고 조작할 수 있는 메모리상의 객체를 말한다. 다음 두 장에서는 이러한 클래스들을 자세히 살펴볼 텐데, 13장은 그 구현을 다루고, 14장은 설계 이슈를 다룬다.

12.1 왜 그래픽스인가?

네 개의 장에 걸쳐 그래픽스를 다루고, 추가적으로 GUI^{그래픽 사용자 인터페이스}를 별도의 장으로 다루는 이유는 무엇인가? 이 책은 결국 그래픽스 책이 아니라 프로그래밍 서적이며, 아직 다루지 못한 흥미로운 소프트웨어 관련 주제도 많고, 아무리 해봤자 그래픽스라는 주제의 겉핥기 이상으로 할 수는 없다. 그런데 "왜 그래픽스인가?" 기본적으로 소프트웨어 설계와 프로그래밍, 프로그래밍 언어 기능의 중요한 부분을 살펴볼 수 있는 주제가 바로 그래픽스이기 때문이다.

- **그래픽스는 유용하다.** 프로그래밍에는 그래픽스 외에도 훨씬 많은 내용이 있고, 소프트웨어의 세계는 GUI를 바탕으로 조작하는 코드보다 훨씬 넓은 영역을 다룬다. 그러나 많은 분야에서 훌륭한 그래픽스는 필수적이거나 매우 중요하다. 예를 들어 데이터를 그래프로 나타내지 않고서는 과학적인 컴퓨팅 연구, 데이터 분석은 물론 그 어떤 수치관련 주제도 꿈조차 꾸기 힘들다. 15장에서 간단한(그러나 일반적인) 데이터 그래프를 설명한다.

- **그래픽스는 재미있다.** 코드의 결과를 즉각적으로 확인하고 (버그가 없다면) 즐거움을 느낄 수 있는 컴퓨팅 분야는 많지 않다. 그래서 유용하지 않다고 해도 그래픽스를 갖고 놀고 싶은 유혹이 생긴다.

- **그래픽스는 읽을 만한 흥미로운 코드를 많이 제공한다.** 프로그래밍을 배우려면 코드를 많이 읽어서 좋은 코드가 무엇인지를 익혀야 한다. 영어를 배울 때도 마찬가지로 많은 책과 자료, 양질의 신문을 읽어야 한다. 그래픽스 분야의 프로그램에서는 우리가 작성한 코드와 화면에 표시되는 내용이 직접적으로 연관되므로, 비슷한 복잡성을 내포하는 대부분의 다른 코드에 비해 읽기 쉽다. 12장에서는 간단한 소개만 하고 나면 그래픽스 코드를 읽을 수 있다는 사실을 증명하겠다. 13장에서는 코드를 어떻게 작성할 수 있는지를 살펴보자.

- **그래픽스는 설계 예제의 풍부한 보고다.** 사실 훌륭한 그래픽스와 GUI 라이브러리를 설계하고 구현하기는 어렵다. 다른 한편으로 그래픽스는 손에 잡히는 실용적인 설계 결정과 설계 기법의 예제를 매우 풍부하게 포함하기도 한다. 클래스와 함수를 설계하고, 소프트웨어를 여러 (추상화) 계층으로 분리하고, 라이브러리를 구성할 때 유용한 대부분의 기법을 비교적 적은 양의 그래픽스와 GUI 코드로 설명할 수 있다.

- **그래픽스는 객체 지향 프로그래밍과 이를 지원하는 언어 기능을 소개하기에 적합하다.** 떠도는 소문과 달리 객체 지향 프로그래밍이 그래픽스를 목적으로 만들어지진 않았지만(22장 참고), 그래픽스에 객체 지향 프로그래밍이 곧바로 적용됐으며, 그래서 그래픽스 분야에서 객체 지향 프로그래밍의 예제를 쉽게 찾아볼 수 있다.

- **그래픽스의 몇몇 주요 개념은 중요하다.** 따라서 여러분의 동기(와 인내)로 정보를 찾아보길 기다리기보다 직접 가르칠 만한 가치가 있다. 그래픽스와 GUI가 어떻게 동작하는지 설명하지 않으면 여러분은 그래픽스를 그저 '마법'으로 남겨둘 텐데, 이는 이 책의 목적에 위배되는 일이다.

12.2 디스플레이 모델

`iostream` 라이브러리는 숫자 값의 목록이나 책의 형태로 주어진 문자 스트림을 읽고 쓰는데 목적을 둔다. 그래픽적인 위치를 직접적으로 지원하는 개념은 개행과 탭 문자뿐이다. 일차원적인 문자열 스트림에 색상과 이차원 좌표 등의 개념을 적용할 수 있는데, Troff와 TeX, Word, HTML, XML(과 이에 연관된 그래픽스 패키지) 등의 레이아웃layout(타입세팅typesetting, 마크업markup) 언어가 바로 이런 일을 한다. 그 중 한 예를 살펴보자.

```
<hr>
<h2>
구성
</h2>
목록은 세 부분으로 구성됨
<ul>
    <li><b>제안</b>, 제안 번호, ...</li>
    <li><b>이슈</b>, 이슈 번호, ...</li>
    <li><b>방안</b>, 방안 번호, ...</li>
</ul>
<p>우리가 할 일은 ...
<p>
```

위 예제는 HTML의 일부로 헤더(`<h2>` ... `</h2>`)와 목록(`<ul>` ... `</ul>`), 항목(`<li>` ... `</li>`), 문단(`<p>`)을 지정한다. 대부분의 텍스트는 여기서 필요 없으므로 생략했다. 여기서 중요한 점은 레이아웃의 개념을 평범한 텍스트로 나타낼 수 있다는 점이다. 하지만 작성된 문자열과 화면에 나타나는 레이아웃의 관계는 간접적이고, 마크업 명령어를 해석해 이 간접적인 관계를 이어주는 프로그램이 필요하다. 그러한 기술은 기본적으로는 간단하고 매우 유용하지만(여러분이 읽는 거의 모든 것이 그런 기술로 만들어진다), 그 나름의 한계가 있다.

12장과 이어지는 네 개의 장에서는 그에 대한 대안을 제시한다. 바로 컴퓨터 스크린을 직접 겨냥하는 그래픽스와 그래픽 사용자 인터페이스의 개념을 알아본다. 좌표와 선line, 사각형, 원 등의 기본적 개념은 태생적으로 그래픽적인 요소를 포함한다(그리고 이차원이며 컴퓨터 화면의 사각 영역에 맞게 조정된다). 이를 바탕으로 프로그래밍 측면에서 이루고자 하는 목적은 메모리상의 객체와 화면에 표시되는 이미지의 직접적인 관계를 이해하는 데 있다.

기본적인 모델은 다음과 같다. 우선 객체를 그래픽스 시스템에서 제공하는 선 등의 기본 객체로 구성한다. 이 그래픽스 객체를 물리적 화면을 나타내는 윈도우^{window} 객체에 연결^{attach}한다. 그리고 우리가 디스플레이 그 자체나 '디스플레이 엔진', '그래픽스 라이브러리', (우스갯소리로) '화면 뒤에서 그림을 그리는 작은 요정'으로 여기는 프로그램에서 윈도우에 연결된 객체를 가져다가 화면에 그린다.

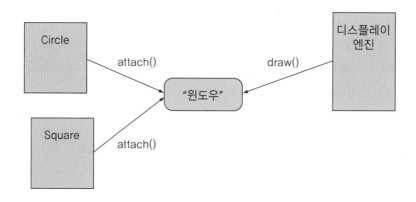

'디스플레이 엔진'이 화면에 선을 그리고, 문자열을 쓰고, 영역에 색을 채우는 등의 일을 한다. 우리가 사용하는 GUI 라이브러리가 화면에 객체를 그리는 일보다 훨씬 많은 일을 하지만, 편의상 디스플레이 엔진이라는 말 대신 'GUI 라이브러리'나, 더 짧게 '시스템' 등의 용어를 사용한다. 우리 코드에서 대부분의 일을 GUI 라이브러리에 맡기듯이 GUI 라이브러리도 많은 작업을 운영체제에 위임한다.

12.3 첫 번째 예제

우리가 할 일은 화면에 그릴 객체를 클래스로 정의하는 일이다. 예를 들어 일련의 연결된 선으로 이뤄진 그래프를 그린다면 어떨까? 아래에서 이런 일을 하는 프로그램의 매우 간단한 버전을 볼 수 있다.

```cpp
#include "Simple_window.h"      // 윈도우 라이브러리 가져오기
#include "Graph.h"              // 그래픽스 라이브러리 기능 가져오기
int main()
{
    using namespace Graph_lib;  // 그래픽스 기능은 Graph_lib에 포함됨

    Point tl {100,100};         // 윈도우의 왼쪽 상단
```

```
    Simple_window win {tl,600,400,"Canvas"};   // 간단한 윈도우 생성

    Polygon poly;                              // 도형(폴리곤) 생성

    poly.add(Point{300,200});                  // 점 추가
    poly.add(Point{350,100});                  // 다른 점 추가
    poly.add(Point{400,200});                  // 세 번째 점 추가

    poly.set_color(Color::red);                // 폴리곤 속성 변경

    win.attach (poly);                         // 폴리곤과 윈도우 연결

    win.wait_for_button();                     // 디스플레이 엔진에 제어권 넘김
}
```

프로그램을 실행하면 다음과 같은 화면이 보인다.

프로그램의 동작을 한 줄씩 따라가 보자. 우선 그래픽스 인터페이스 라이브러리의 헤더를 포함시킨다.

```
#include "Simple_window.h"      // 윈도우 라이브러리 가져오기
#include "Graph.h"              // 그래픽스 라이브러리 기능 가져오기
```

다음으로 main()에서 그래픽스 기능을 Graph_lib에서 찾을 수 있음을 컴파일러에게 알린다.

```cpp
using namespace Graph_lib;        // 그래픽스 기능은 Graph_lib에 포함됨
```

그리고 윈도우의 왼쪽 상단 꼭짓점으로 지정할 점을 정의한다.

```cpp
Point tl {100,100};               // 윈도우의 왼쪽 상단
```

이제 화면에 윈도우를 만든다.

```cpp
Simple_window win {tl,600,400,"Canvas"}; // 간단한 윈도우 생성
```

Graph_lib 인터페이스 라이브러리에 포함된 Simple_window 클래스로 윈도우를 표현했다. 여기서 사용한 Simple_window의 이름은 win이다. 즉, win은 Simple_window 클래스 타입의 변수다. win의 초기 값 목록은 왼쪽 상단 꼭짓점과, 화면에 표시될 픽셀pixel 단위의 윈도우 너비와 높이를 나타내는 400과 600을 포함한다. 자세한 내용을 나중에 설명하겠지만, 여기서의 요점은 너비와 높이로 사각형을 지정한다는 점이다. 문자열 Canvas는 윈도우의 제목으로 쓰이는데, 그림을 보면 윈도우 틀의 왼쪽 상단에서 Canvas라는 단어를 볼 수 있다.

```cpp
Polygon poly;                     // 도형(폴리곤) 생성

poly.add(Point{300,200});         // 점 추가
poly.add(Point{350,100});         // 다른 점 추가
poly.add(Point{400,200});         // 세 번째 점 추가
```

다음으로 폴리곤을 정의하고 점을 추가했다. 우리가 사용하는 그래픽스 라이브러리의 폴리곤을 빈 상태로 시작해서 필요한 만큼 점을 추가할 수 있다. 위에서는 세 점을 추가해 삼각형을 만들었다. 점은 윈도우 안의 좌표에서 x와 y(가로와 세로) 값의 쌍으로 구성된다.

뭔가 멋있어 보일 목적으로 폴리곤을 이루는 선의 색을 붉은색으로 변경한다.

```cpp
poly.set_color(Color::red);       // 폴리곤 속성 변경
```

마지막으로 폴리곤과 윈도우를 연결한다.

```cpp
win.attach (poly);                // 폴리곤과 윈도우 연결
```

지금까지는 화면에 아무 일도 없는 듯이 보인다. 윈도우(정확히 말하면 Simple_window 클래스의 객체)를 만들고, 폴리곤(객체 poly)을 만들고, 폴리곤을 붉게 칠하고(Color::red), 윈도우(객체 win)에 연결했지만, 윈도우를 화면에 표시하라는 요청을 아직 하지 않았기 때문이다. 프로그램의 마지막 줄에서 바로 이 작업을 한다.

```cpp
win.wait_for_button();            // 디스플레이 엔진에 제어권 넘김
```

GUI 시스템이 화면에 객체를 출력하게 하려면 '시스템'에 제어권을 넘겨야 한다. `wait_for_button()`이 그 작업을 수행한 후 다음으로 진행하기 전에 우리가 만든 `Simple_window`에 있는 Next 버튼이 눌리기를(클릭되길) 기다린다. 덕분에 프로그램이 종료돼 윈도우가 사라지기 전에 윈도우를 살펴볼 수 있다. 버튼을 누르면 프로그램이 종료돼 윈도우가 닫힌다.

화면의 다른 부분을 제외하면 윈도우는 다음과 같다.

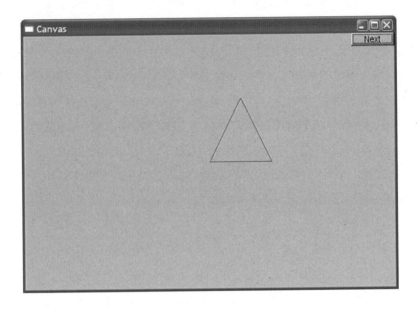

약간의 속임수를 눈치 챘는가? 'Next'라는 버튼 제목은 어디서 왔을까? 사실 `Simple_window` 클래스 안에 내장돼 있다. 16장에서 `Simple_window` 대신 의심스러운 기능을 포함하지 않는 평범한 `Window`를 살펴보고, 윈도우와의 상호작용을 직접 제어하는 코드를 작성하는 방법을 설명한다.

이어지는 세 장에서는 정보를 단계별로(한 프레임^{frame}씩) 화면에 표시할 때 Next 버튼으로 한 화면에서 다음으로 넘어간다.

여러분은 운영체제가 윈도우에 창틀을 추가하는 데 너무 익숙해져 있어서 잘 몰랐겠지만, 위의 그림과 앞으로 나올 그림들은 마이크로소프트 윈도우에서 만들어져서 오른쪽 상단에 일반적인 버튼 세 개가 공짜로 생긴다. 이 버튼을 유용하게 쓸 수 있는데, (디버깅을 하는 동안) 프로그램에 문제가 생기면 X 버튼을 눌러 프로그램을 종료할 수 있다. 다른 시스템에서 프로그램을 실행하면 해당 시스템의 관례에 맞는 다른 창틀이 생긴다. 우리가 창틀에 한 일은 제목(여기서는 `Canvas`)을 지정한 작업뿐이다.

12.4 GUI 라이브러리 사용

이 책에서는 운영체제에서 지원하는 그래픽스와 GUI 기능을 직접적으로 사용하지 않는다. 그렇게 하면 우리 프로그램이 한 운영체제에서만 실행되고, 지저분한 세부 사항을 다뤄야만 한다. 텍스트 입출력에서는 운영체제 사이의 차이점과 입출력 장치의 다양성에 의한 문제를 완화하고 코드를 단순하게 해주는 라이브러리를 사용한다. 하지만 불행히도 C++는 표준 스트림 입출력 라이브러리와 같은 표준 GUI 라이브러리를 제공하지 않으므로, 다양한 C++ GUI 라이브러리 중 하나를 사용하면 된다. 이런 GUI 라이브러리 중 하나에만 국한되거나 GUI 라이브러리의 복잡성에 한꺼번에 노출되지 않도록 다른 GUI 라이브러리에 비하면 적은 량인 수백 줄의 코드로 구현할 수 있는 간단한 일련의 인터페이스 클래스를 사용한다.

우리가 (간접적으로) 사용한 GUI 툴킷^{toolkit}은 FLTK^{Fast Light Tool Kit}('풀틱'으로 발음한다)이며, www.fltk.org에서 볼 수 있다. 우리 코드는 FLTK을 사용하므로 이식성이 있다(윈도우, 유닉스, 맥, 리눅스 등). 그리고 우리의 인터페이스 클래스는 다른 툴킷을 이용해서 다시 구현할 수 있으므로, 이를 사용하는 코드의 잠재적인 이식성은 매우 높다.

우리의 인터페이스 클래스에서 바탕으로 하는 프로그래밍 모델은 일반적인 툴킷이 제공하는 모델보다 훨씬 단순하다. 예를 들어 우리가 사용할 그래픽스와 GUI 라이브러리 전체 C++ 코드는 600줄 정도인데 반해, 매우 간결한 FLTK 문서마저도 370페이지다. www.fltk.org에서 문서를 다운로드할 수 있지만 아직은 권장하지 않는다. 그 정도 세부 사항을 몰라도 한 동안은 학습을 진행할 수 있다. 12~16장에서 설명하는 일반적인 아이디어는 널리 쓰이는 GUI 툴킷에 적용할 수 있다. 물론 (언젠가) 필요하다면 FLTK(와 유사한 툴킷들)을 직접 사용할 수 있도록 우리가 사용하는 인터페이스 클래스와 FLTK이 어떻게 연관되는지도 설명한다.

우리가 접하는 '그래픽스 세상'은 다음과 같은 그림으로 나타낼 수 있다.

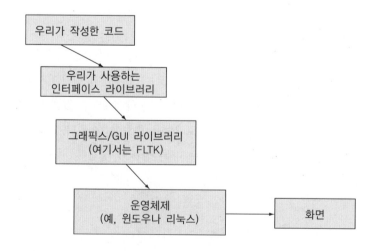

우리의 인터페이스 클래스는 제한된 색상과 함께 단순하며 사용자가 확장할 수 있는 이차원 도형의 기본적인 개념을 제공하는데, 이를 동작시키는 수단으로 사용자가 정의한 화면상의 버튼에 의해 호출되는 콜백 함수를 바탕으로 간단한 형태의 GUI를 사용한다(16장).

12.5 좌표

컴퓨터 화면은 픽셀로 이뤄진 사각형 영역이며, 픽셀은 색상이 있는 작은 점이다. 프로그램에서 이 화면을 모델링하는 가장 일반적인 방법은 화면을 픽셀로 구성된 사각형으로 취급하는 방법인데, 각 픽셀의 x(수평) 좌표와 y(수직) 좌표로 식별한다. x 좌표는 가장 왼쪽 픽셀을 가리키는 0에서 시작해 가장 오른쪽 픽셀까지 (오른쪽으로) 증가한다. y 좌표는 가장 위쪽 픽셀을 가리키는 0에서 시작해 가장 아래쪽 픽셀까지 (아래쪽으로) 증가한다.

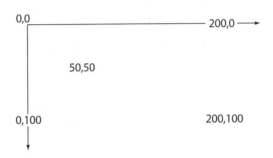

y 좌표는 "아래쪽으로 증가한다"는 점을 기억하자. 특히 수학자는 이 점을 이상하게 여기지만, 화면(과 윈도우)의 크기는 다양하고, 공통점은 왼쪽 상단의 점뿐이다.

픽셀의 개수는 화면에 따라 다른데, 1024×768과 1280×1024, 1400×1050, 1600×1200이 일반적인 화면 크기다.

화면을 바탕으로 컴퓨터와 상호작용한다는 관점에서 보면 윈도우는 특정한 목적으로 할당된 화면상의 사각형 영역으로 프로그램에 의해 제어된다. 윈도우는 화면과 같은 방식(왼쪽 상단이 원점인 이차원 좌표계)으로 접근할 수 있으므로, 기본적으로는 윈도우를 작은 화면으로 생각해도 좋다. 예를 들어 다음과 같은 코드를 보자.

```
Simple_window win {tl,600,400,"Canvas"};
```

가로 너비가 600픽셀이고 세로 높이가 400픽셀인 사각 영역을 요청했고, (왼쪽에서 오른쪽으로) 0~599와 (위에서 아래로) 0~399로 좌표를 지정할 수 있다. 여러분이 그림을 그릴 수 있는 영역을 캔버스^{canvas}라고 하는데, 앞에서 지정한 600×400 영역이 윈도우의 안쪽, 즉 시스템이 제공하는 창틀 내부를 가리킨다. 시스템에서 제목 막대나 종료 버튼 등으로 사용하는 공간은 캔버스에 포함되지 않는다.

12.6 도형

화면에 그릴 때 사용하는 기본적인 도구 상자는 10개 남짓 되는 클래스로 이뤄진다.

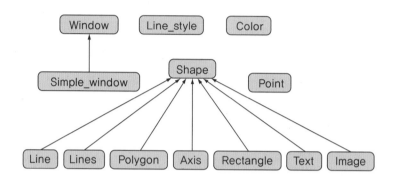

화살표는 화살표를 받는 쪽의 클래스 대신, 화살표가 나가는 쪽의 클래스를 사용할 수 있음을 의미한다. 즉, Shape가 필요한 곳에서 Polygon을 사용할 수 있다. 다른 말로 하자면 Polygon은 Shape의 한 종류다.

앞으로 다음 클래스를 살펴보고 사용해본다.

- Simple_window, Window

- Shape, Text, Polygon, Line, Lines, Rectangle, Function 등

- Color, Line_style, Point

- Axis

나중에(16장) GUI(사용자 상호작용) 클래스를 추가적으로 살펴본다.

- Button, In_box, Menu 등

그 밖에도 더 많은 클래스를 (어느 정도는?) 쉽게 추가할 수 있다.

- Spline, Grid, Block_chart, Pie_chart 등

그러나 완전한 기능을 갖춘 GUI 프레임워크를 정의하는 일은 이 책의 범위를 벗어난다.

12.7 Shape 사용

이번 절에서는 우리 그래픽스 라이브러리의 기본 기능인 Simple_window, Window, Shape, Text, Polygon, Line, Lines, Rectangle, Color, Line_style, Point, Axis를 살펴보자. 클래스의 내용을 자세히 이해하기보다 이런 기능으로 무엇을 할 수 있는지 넓은 시야에서 알아보자. 다음 장들에서는 각각의 설계를 다룬다.

이제 간단한 프로그램으로 시작해보자. 코드를 한 줄씩 설명하고 화면에 미치는 효과를 살펴본다. 프로그램을 실행하면 윈도우에 도형을 추가하거나 기존 도형을 수정할 때 이미지가 어떻게 바뀌는지 볼 수 있다. 각 코드가 실행됐을 때의 모습을 보여주는 식으로 프로그램의 진행 과정을 파악해보자.

12.7.1 그래픽스 헤더와 main

우선 그래픽스와 GUI 기능의 인터페이스를 정의하는 헤더를 포함하자.

```
#include "Window.h"          // (비어있는) 평범한 윈도우
#include "Graph.h"
```

아니면 다음과 같이 한다.

```
#include "Simple_window.h"    // "Next" 버튼이 필요한 경우
#include "Graph.h"
```

눈치 챘겠지만 Window.h는 윈도우 관련 기능을, Graph.h는 윈도우에 (텍스트를 포함한) 도형을 그리는 기능을 포함한다. 이 모든 기능은 Graph_lib 네임스페이스에 정의되며, Graph_lib에 포함된 이름을 프로그램 안에서 직접 사용해서 문법을 단순하게 할 수 있도록 namespace 지시자를 사용한다.

```
using namespace Graph_lib;
```

여느 때와 마찬가지로 main()은 실행할 코드를 (직접적으로나 간접적으로) 포함하며, 예외를 처리한다.

```
int main ()
try
{
    //... 여기에 코드 작성 ...
}
catch(exception& e) {
```

```
    // 오류 보고
    return 1;
}
catch(...) {
    // 오류 보고
    return 2;
}
```

이 main()을 컴파일하려면 exception이 정의돼 있어야 하는데, 지금까지와 마찬가지로 std_lib_facilities.h을 포함시키거나 표준 헤더인 <stdexcept>를 직접 포함할 수도 있다.

17.7.2 비어있는 윈도우 생성

여기서는 오류 처리(5장, 특히 5.6.3절 참고)를 다루지 않고, main()의 그래픽스 관련 코드를 바로 살펴보자.

```
Point tl {100,100};          // 윈도우의 왼쪽 상단

Simple_window win {tl,600,400,"Canvas"};
    // 화면에서의 왼쪽 상단 좌표 tl
    // 윈도우 크기 (600*400)
    // 제목 : Canvas
win.wait_for_button();      // 화면에 그리기!
```

이 코드는 Next 버튼을 포함하는 Simple_window 객체를 만들고 화면에 그린다. Simple_window를 생성하려면 당연히 Window.h가 아닌 Simple_window.h를 #include해야 한다. 여기서는 윈도우가 화면의 어느 곳에 놓일지 지정했는데, Point{100,100}은 윈도우 왼쪽 상단의 위치를 가리킨다. 화면 왼쪽 상단에서 가까운 지점이다.

쉽게 알 수 있듯이 Point 클래스는 한 쌍의 정수를 인자로 받아 (x, y) 좌표 값으로 해석하는 생성자를 포함하며, 다음과 같이 쓸 수도 있다.

```
Simple_window win {Point{100,100},600,400,"Canvas"};
```

그러나 점 (100,100)을 여러 번 사용할 계획이므로 기호 이름을 부여하는 편이 낫다. 600과 400은 윈도우의 너비와 높이이며, Canvas는 윈도우의 창틀에 표시할 제목이다.

윈도우를 화면에 실제로 출력하려면 GUI 시스템에 제어권을 넘겨야 하는데, win.wait_for_button()을 호출해서 제어권을 넘겨준다. 그 결과는 다음과 같다.

윈도우의 배경에는 노트북의 화면(깨끗이 정리를 좀 했다)이 보인다. 상관없는 일이긴 하지만 궁금한 사람을 위해서 말하자면 앙티베^{Antibes}에 있는 피카소 도서관 근처에서 니스^{Nice}의 해안선을 바라보며 찍은 사진이다. 윈도우에 일부 가려진 검은 콘솔 창에서 프로그램을 실행시키는데, 콘솔 창이 보기에 별로 좋지 않고 불필요해 보일 수 있지만, 디버깅이 덜된 프로그램이 무한 루프에 빠지거나 더 이상 작업을 진행하지 않을 때 윈도우를 쉽게 죽일 수 있는 장점을 제공한다. 자세히 보면 마이크로소프트 C++ 컴파일러가 실행된 모습도 볼 수 있는데, 다른 컴파일러(볼랜드^{Borland}나 GNU 등)로도 충분히 학습할 수 있다.

앞으로 화면을 보여줄 때는 윈도우 주변의 산만한 배경은 제외하고, 다음과 같이 윈도우 자체만 표시한다.

(인치 단위의) 실제 윈도우 크기는 화면의 해상도에 따라 다르다. 즉, 어떤 화면의 픽셀은 다른 화면의 픽셀보다 크다.

12.7.3 Axis

비어있는 창은 재미가 없으니 정보를 추가하자. 화면에 무엇을 그려볼까? 그래픽스가 재밌거리나 게임에만 쓰이지 않는다는 사실을 보여주고자 진지하고 복잡한 주제인 축^{axis}을 선택했다. 축이 없으면 데이터가 무엇을 나타내는지 알 수 없으므로, 일반적으로 축이 없는 그래프는 쓸모가 없다. 첨부된 텍스트로 내용을 설명할 수도 있지만 축을 추가하는 편이 안전하다. 사람들은 설명을 잘 읽지 않는 경향이 있고, 훌륭한 그래픽 표현 자체가 원래 문맥과는 별도로 중요하기도 하다. 따라서 그래프에는 축이 필요하다.

```
Axis xa {Axis::x, Point{20,300}, 280, 10, "x axis"};    // Axis 생성
                    // Axis는 Shape의 일종이며
                    // Axis::x는 수평축을 의미함
                    // 시작 위치는 (20,300)이며
                    // 길이는 280
                    // 눈금 개수는 10개
                    // 축의 제목은 "x axis"
win.attach(xa);                 // xa를 윈도우 객체 win에 연결
win.set_label("Canvas #2");     // 윈도우 제목을 다시 설정
win.wait_for_button();          // 화면에 그리기!
```

코드에서 수행한 작업은 이와 같다. 축 객체를 만들고, 윈도우에 객체를 추가한 후 화면에 그린다.

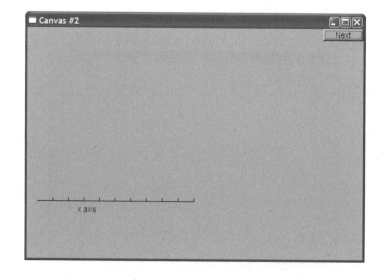

보다시피 Axis::x는 수평선이고, 지정한 수(10) 만큼의 눈금과 제목 'x axis'를 볼 수 있다. 일반적으로 제목은 축과 눈금의 의미를 나타내며, 윈도우의 아래쪽에 x axis를 출력하는 방식이 자연스러워 보인다. 실제로는 300 같은 '마법의 상수'가 아니라 '아래쪽'을 나타내는 y_max-bottom_margin 등의 기호 상수로 높이와 폭을 지정해야 한다(4.3.1절, 15.6.2절).

결과를 다른 예제와 구별하고자 Window의 멤버 함수 set_label()을 이용해서 윈도우 제목을 Canvas #2로 변경했다.

이제 y축도 추가하자.

```
Axis ya {Axis::y, Point{20,300}, 280, 10, "y axis"};
ya.set_color(Color::cyan);                // 색상 선택
ya.label.set_color(Color::dark_red);      // 텍스트 색상 선택
win.attach(ya);
win.set_label("Canvas #3");
win.wait_for_button();                    // 화면에 그리기
```

기능을 자랑할 목적으로 y축 색상을 청록색으로, 제목을 어두운 붉은색으로 설정했다.

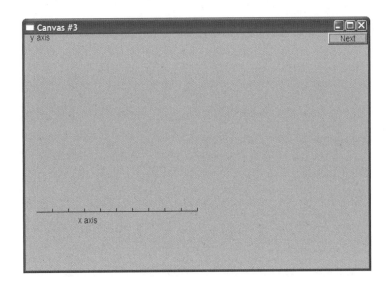

x와 y축의 색을 다르게 하는 방법이 좋은 생각은 아니지만, 도형과 도형을 이루는 구성 요소의 색을 지정하는 방법을 보여주고자 했다. 일반적으로 많은 색을 쓰는 일은 좋지 않으며, 초보자일수록 그런 경향이 강하다.

12.7.4 함수 궤적을 그래프로 그리기

다음으로 할 일은? 윈도우에 축을 그렸으니 함수의 궤적을 그래프로 그리자. 사인^{sine} 함수를 나타내는 도형을 만들고 윈도우에 연결하자.

```
Function sine {sin,0,100,Point{20,150},1000,50,50};    // 사인 곡선
        // 시작 지점 (20,150)은 함수 값 (0,0)에 대응하며
        // [0:100] 구간의 sin() 궤적을 점으로 출력
        // 1000개의 점을 사용하고, x와 y 값을 50배 확장
win.attach(sine);
win.set_label("Canvas #4");
win.wait_for_button();
```

여기서 Function 타입의 객체 sine은 표준 라이브러리 함수 sin()이 생성한 값으로 사인 곡선을 그린다. 함수 궤적을 그래프로 그리는 자세한 내용은 15.3절에서 살펴보기로 하고, 지금은 함수를 그래프로 그리려면 시작 지점(Point)과 표시할 입력 값의 집합(구간), 정보를 윈도우에 맞춰 출력하는 방법(확대/축소^{scaling})을 지정해야 한다는 사실에 주목하자.

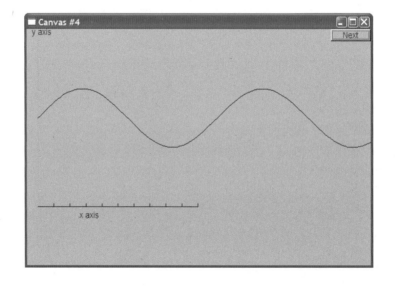

곡선이 윈도우의 경계에 닿으면 멈춘다는 점을 주목하자. 윈도우의 사각형 영역 밖에 그린 점은 GUI 시스템이 무시해 화면에 보이지 않는다.

12.7.5 Polygon

함수 그래프는 데이터 표현 방식의 하나로 15장에서 더 자세히 살펴보자. 그러나 윈도우에 다른 종류의 객체도 그릴 수 있는데, 바로 기하학적 도형이다. 사용자 상호작용의 구성 요소(버튼 등)를 표시하거나 발표를 흥미롭게 하는 등의 그래픽적 표현에 기하학적 도형을 이용한다. Polygon은 일련의 점으로 정의되며, 각 점은 순서대로 선으로 연결된다. 즉, 첫 번째 선은 첫 번째와 두 번째 점을, 두 번째 선은 두 번째와 세 번째 점을, 마지막 선은 마지막 점과 첫 번째 점을 연결한다.

```
sine.set_color(Color::blue);          // 사인 곡선 색상 변경

Polygon poly;                         // 다각형. Polygon은 Shape의 한 종류
poly.add(Point{300,200});             // 세 점이 삼각형을 이룸
poly.add(Point{350,100});
poly.add(Point{400,200});
poly.set_color(Color::red);
poly.set_style(Line_style::dash);
win.attach(poly);
win.set_label("Canvas #5");
win.wait_for_button();
```

이번엔 사인 곡선(sine)의 색상을 변경하는 방법을 보여줬다. 다음으로 다각형의 예로 12.3절의 첫 번째 예제에서 사용한 삼각형을 추가했다. 다시 색상을 변경한 후 마지막으로 스타일을 설정한다. Polygon의 선에 스타일을 지정할 수 있는데, 기본적으로 실선solid이지만, 대시dashed 와 점선dotted 등으로 변경할 수 있다(13.5절). 결과는 다음과 같다.

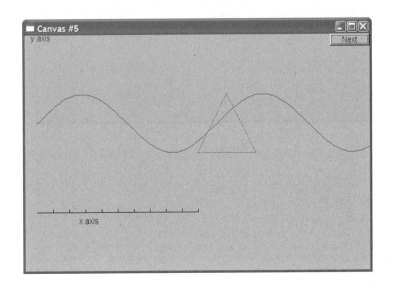

12.7.6 Rectangle

화면도 윈도우도, 종이쪽지도 직사각형이다. 알고 보면 현대 사회의 엄청나게 많은 물건이 직사각형(혹은 둥근 직사각형)이다. 그 이유는 직사각형이 가장 다루기 쉬운 도형이기 때문이다. 예를 들어 직사각형은 (왼쪽 상단 좌표와 폭과 높이, 왼쪽 상단과 오른쪽 하단 좌표 등으로) 쉽게 정의할 수 있고, 임의의 점이 직사각형 안에 있는지 쉽게 판단할 수 있으며, 하드웨어로 직사각형을 구성하는 픽셀을 빠르게 그리기도 간단하다.

따라서 대부분의 고급 그래픽스 라이브러리는 다른 폐도형closed shape보다 직사각형을 더 잘 다룬다. 이런 이유로 Polygon 클래스와 별도로 Rectangle 클래스를 제공한다. Rectangle 은 직사각형의 왼쪽 상단 좌표와 폭과 높이로 정의한다.

```
Rectangle r {Point{200,200}, 100, 50};  // 왼쪽 상단 좌표와 폭과 넓이
win.attach(r);
win.set_label("Canvas #6");
win.wait_for_button();
```

이 결과는 다음과 같다.

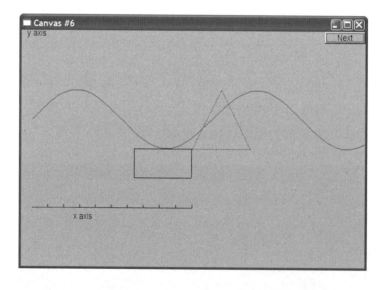

네 개의 점으로 구성된 폴리라인polyline[1]을 적절한 곳에 생성하는 일만으로는 Rectangle을 생성하기에 충분치 않다는 점을 알아두자. 다음과 같이 화면에서 Rectangle처럼 보이는 Closed_polyline을 만들기는 쉽다(Open_polyline으로도 Rectangle을 흉내 낼 수 있다).

---

1. 폴리라인은 연속된 여러 개의 선을 말한다. 도형이 닫혀있지 않거나 선이 서로 교차할 수도 있다는 점에서 다각형과는 다르다. 자세한 내용은 13장을 참고하자. – 옮긴이

```
Closed_polyline poly_rect;
poly_rect.add(Point{100,50});
poly_rect.add(Point{200,50});
poly_rect.add(Point{200,100});
poly_rect.add(Point{100,100});
win.attach(poly_rect);
```

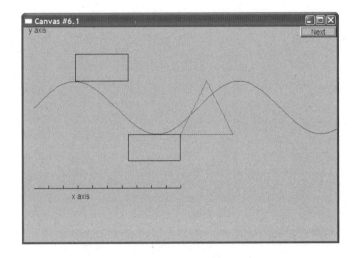

사실 화면에 그려진 poly_rect의 이미지는 직사각형이다. 그러나 메모리상의 poly_rect 객체는 Rectangle이 아니며, 직사각형이 무엇인지 전혀 모른다. 다른 점을 추가하면 이런 사실을 쉽게 알 수 있다.

```
poly_rect.add(Point{50,75});
```

다섯 개의 점을 포함하는 직사각형은 존재하지 않는다.

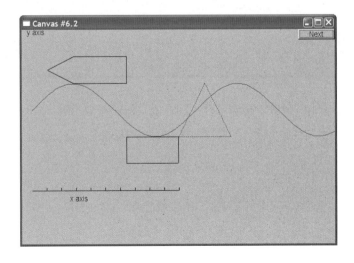

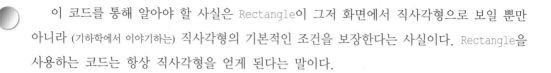

이 코드를 통해 알아야 할 사실은 Rectangle이 그저 화면에서 직사각형으로 보일 뿐만 아니라 (기하학에서 이야기하는) 직사각형의 기본적인 조건을 보장한다는 사실이다. Rectangle을 사용하는 코드는 항상 직사각형을 얻게 된다는 말이다.

12.7.7 Fill

지금까지는 도형의 외곽선만 그렸는데, 직사각형의 내부를 색으로 채울 수도 있다.

```
r.set_fill_color(Color::yellow);          // 직사각형 내부의 색
poly.set_style(Line_style(Line_style::dash,4));
poly_rect.set_style(Line_style(Line_style::dash,2));
poly_rect.set_fill_color(Color::green);
win.set_label("Canvas #7");
win.wait_for_button();
```

그리고 삼각형(poly)의 선 스타일이 마음에 들지 않아서 선 스타일을 '(보통 선보다 네 배) 두꺼운 대시'로 변경했다. 마찬가지로 (이제 사각형처럼 보이지 않는) poly_rect의 선 스타일도 바꿨다.

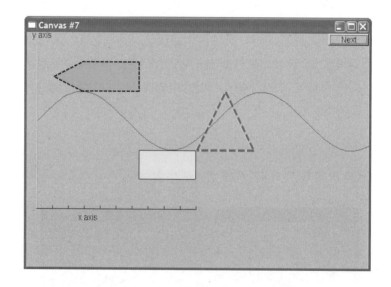

poly_rect를 자세히 살펴보면 외곽선이 채우기 색 위에 그려진 사실을 알 수 있다.

어떤 폐도형이든 내부를 채울 수 있는데(13.9절), 직사각형은 그저 쉽게(그리고 빠르게) 채울 수 있을 뿐이다.

12.7.8 Text

어떤 그리기 시스템도 텍스트를 쉽게 출력할 수 있는 방법을 제공하지 않고는 완벽하다고 할 수 없다. 각 문자를 여러 개의 선으로 그릴 수는 없기 때문이다. 윈도우 자체에도 제목이 있고, 축에도 제목을 붙였지만, Text 객체를 이용하면 어디든 텍스트를 출력할 수 있다.

```
Text t {Point{150,150}, "Hello, graphical world!"};
win.attach(t);
win.set_label("Canvas #8");
win.wait_for_button();
```

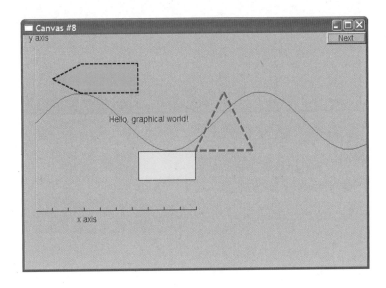

이 윈도우에 포함된 기본적인 그래픽스 구성 요소를 이용하면 그 어떤 복잡하고 세밀한 화면이든 그릴 수 있다. 12장에서 예로든 코드의 제약 사항만 주의하자. 예제 코드에는 루프도 선택문도 없고, 모든 데이터를 코드에 직접 포함시켰다. 그리고 화면을 구성하는 요소들은 이렇게 가장 간단한 방법으로 만들어졌다. 데이터와 알고리즘을 바탕으로 이러한 구성 요소를 혼합하기 시작하면 비로소 일이 흥미로워지기 시작한다.

텍스트의 색상을 바꾸는 방법은 이미 다뤘다. Axis(12.7.3절)의 제목도 그저 Text 객체일 뿐이므로 색상을 바꾸는 방법도 동일하다. 이에 더해 텍스트의 글꼴과 글자 크기도 설정할 수 있다.

```
t.set_font(Font::times_bold);
t.set_font_size(20);
win.set_label("Canvas #9");
win.wait_for_button();
```

Text 객체로 표현된 문자열 Hello, graphical world!의 크기를 20 포인트로 확대하고, 글꼴은 Times로 굵게 설정했다.

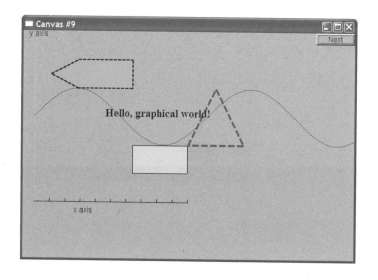

12.7.9 Image

파일에서 이미지를 불러올 수도 있다.

```
Image ii {Point{100,50),"image.jpg"};    // 400*212 픽셀 jpg
win.attach(ii);
win.set_label("Canvas #10");
win.wait_for_button();
```

코드를 실행하면 음속을 돌파하는 비행기 두 대의 사진을 image.jpg 파일에서 불러올 수 있다.

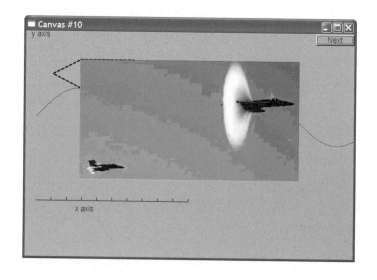

사진이 상대적으로 큰데, 텍스트와 도형 위에 출력했다. 화면을 정리하고자 이미지를 움직여 보자.

```
ii.move(100,200);
win.set_label("Canvas #11");
win.wait_for_button();
```

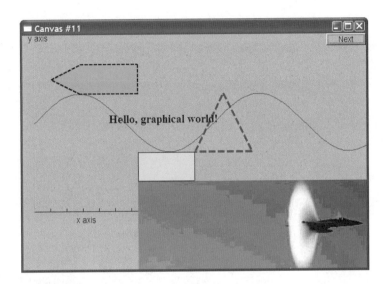

사진에서 윈도우 영역 밖으로 나간 부분은 보이지 않는다. 윈도우 밖의 내용은 클리핑 clipping, 제거되기 때문이다.

12.7.10 더 많은 코드

따로 설명하지 않았지만 더 많은 코드가 남아있다.

```
Circle c {Point{100,200},50};
Ellipse e {Point{100,200}, 75,25};
e.set_color(Color::dark_red);
Mark m {Point{100,200},'x'};

ostringstream oss;
oss << "screen size: " << x_max() << "*" << y_max()
    << "; window size: " << win.x_max() << "*" << win.y_max();
Text sizes {Point{100,20},oss.str()};

Image cal {Point{225,225},"snow_cpp.gif"};     // 320*240 픽셀 gif
cal.set_mask(Point{40,40},200,150);            // 이미지의 가운데 부분 그리기
```

```
win.attach(c);
win.attach(m);
win.attach(e);

win.attach(sizes);
win.attach(cal);
win.set_label("Canvas #12");
win.wait_for_button();
```

이 코드가 무슨 일을 할지 정확히 설명할 수 있는가?

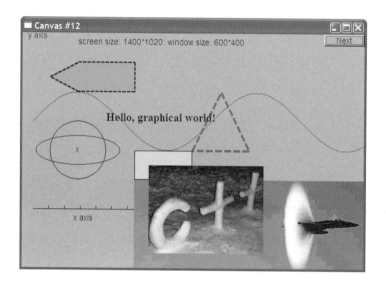

코드와 화면 사이의 관계가 명확하다. 이 코드가 어떻게 저런 화면을 그리는지 아직 모르겠다면 곧 이해하게 될 것이다. 그리고 ostringstream(11.4절)을 이용해 크기를 표시하는 텍스트 객체를 형식화했다.

12.8 프로그램 실행

윈도우를 만들고, 그 안에 다양한 도형을 그리는 방법을 설명했다. 다음 장들에서는 Shape 클래스들의 정의와 더 많은 용례를 살펴보자.

이 프로그램을 실행하려면 지금까지의 프로그램보다 많은 것이 필요하다. main() 내부의 코드는 물론이고, 인터페이스 라이브러리 코드를 컴파일한 후 우리 코드에 링크해야 한다. 그리고 FLTK 라이브러리(혹은 여러분이 사용한 다른 GUI 시스템)를 설치하고 우리 코드에 제대로 링크해야 한다.

이 프로그램은 다음과 같은 네 부분으로 구성된다고 할 수 있다.

- 우리가 작성한 프로그램 코드(main() 등)
- 우리가 만든 인터페이스 라이브러리(Window, Shape, Polygon 등)
- FLTK 라이브러리
- C++ 표준 라이브러리

운영체제의 기능도 간접적으로 사용했지만, 운영체제와 표준 라이브러리를 일단 제쳐두면 우리가 작성한 그래픽스 코드의 구조는 다음과 같이 표현할 수 있다.

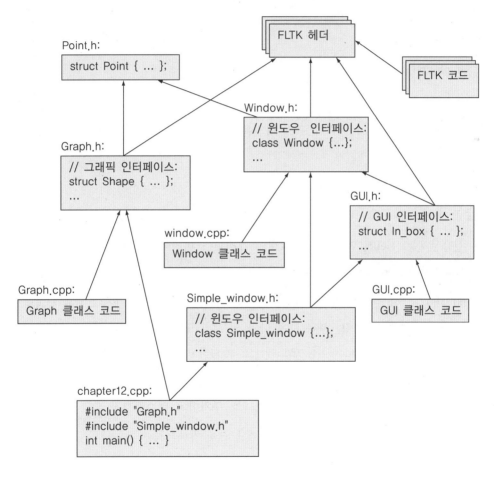

부록 D에서 이 모든 파일을 연동하는 방법을 설명한다.

12.8.1 소스 파일

우리가 사용한 그래픽스와 GUI 인터페이스 라이브러리는 다섯 개의 헤더 파일과 세 개의 소스코드 파일로 이뤄진다.

- 헤더:
  - Point.h
  - Window.h
  - Simple_window.h
  - Graph.h
  - GUI.h
- 코드 파일 :
  - Window.cpp
  - Graph.cpp
  - GUI.cpp

16장 이전까지는 GUI 헤더와 코드 파일은 무시해도 좋다.

✓ 실습문제

이번 실습문제는 'Hello, World!' 프로그램의 그래픽스 버전이라고 할 수 있다. 실습문제를 바탕으로 그래픽 출력 도구에 익숙해지자.

1. 600×400 크기의 빈 윈도우를 Simple_window 타입으로 생성하는 프로그램을 컴파일하고 링크한 후 실행시켜보자. 부록 D에 나와 있듯이 FLTK 라이브러리를 링크해야 한다. Graph.h와 Simple_window.h를 코드에 #include하고, Graph.cpp와 Window.cpp를 프로젝트에 추가하자.
2. 생성한 프로젝트에 12.7절의 예제를 하나씩 추가하고 테스팅하자.
3. 각 예제에 약간의 변경(색상과 위치, 점의 개수 등)을 가해보자.

복습문제

1. 왜 그래픽스를 사용하는가?
2. 그래픽스를 사용하지 않는 경우는 무엇인가?
3. 프로그래머에게 그래픽스가 흥미로운 이유는 무엇인가?
4. 윈도우란 무엇인가?

5. 그래픽스 인터페이스 클래스(우리가 사용하는 그래픽스 라이브러리)를 포함하는 네임스페이스는 무엇인가?

6. 우리의 그래픽스 라이브러리를 바탕으로 기본적인 그래픽스 작업을 처리하는 데 필요한 헤더 파일은 무엇인가?

7. 우리가 사용할 수 있는 가장 간단한 윈도우는 무엇인가?

8. 최소한의 윈도우는 무엇인가?

9. 윈도우의 제목은 무엇인가?

10. 윈도우의 제목을 어떻게 지정하는가?

11. 화면 좌표계와 윈도우 좌표계, 수학적인 좌표계는 어떻게 작동하는가?

12. 우리가 출력할 수 있는 간단한 도형의 예를 들어보자.

13. 도형을 윈도우에 연결하는 방법은 무엇인가?

14. 육각형을 그릴 때 이용할 수 있는 기본 도형은 무엇인가?

15. 어떻게 윈도우에 텍스트를 출력하는가?

16. (여러분이 작성한 프로그램으로) 윈도우에 가장 친한 친구의 사진을 출력하는 방법은 무엇인가?

17. Window 객체를 만들었는데 화면에 아무것도 보이지 않는다면 의심할 수 있는 원인은 무엇인가?

18. 도형 객체를 만들었는데 윈도우에 아무것도 보이지 않는다면 의심할 수 있는 원인은 무엇인가?

용어 정리

색상	그래픽스	JPEG
좌표	GUI	선 스타일
디스플레이	GUI 라이브러리	소프트웨어 계층
채우기 색	HTML	윈도우
FLTK	이미지	XML

연습문제

연습문제를 풀 때 Simple_window를 사용하길 바란다.

1. Rectangle과 Polygon을 이용해 직사각형을 두 개 그리자. Polygon의 선 색상은 붉은색으로 하고, Rectangle의 선 색상은 파란색으로 하자.

2. 100×30 크기의 Rectangle을 그리고, 그 안에 'Howdy!'라는 텍스트를 출력하자.

3. 굵은 선 스타일을 이용해서 여러분의 이니셜을 150픽셀 높이로 그리자. 각 이니셜의 색상을 다른 색으로 지정하자.

4. 하얀 정사각형과 붉은 정사각형이 교차하는 3×3 크기의 틱택토tic-tac-toe 판을 그리자.

5. 화면 높이의 3/4, 너비의 2/3 크기의 직사각형 둘레에 1/4인치 굵기의 틀을 그리자.

6. 윈도우 크기에 맞지 않는 Shape를 그리면 어떻게 되는가? 화면 크기에 맞지 않는 Window를 그리면 어떻게 되는가? 이를 테스트하는 두 개의 프로그램을 작성하라.

7. 어린아이가 그리듯이 문과 창문, 굴뚝이 달린 지붕을 포함하는 집의 전면을 이차원으로 그려보자. 굴뚝에서 나오는 연기 등 원하는 세부 사항을 추가하자.

8. 올림픽 오륜기를 그려보자. 색이 기억나지 않는다면 찾아보자.

9. 친구의 사진 등 이미지를 화면에 출력하자. 이미지의 제목을 윈도우 제목으로 설정하고, 윈도우 내의 텍스트로도 출력하자.

10. 12.8절의 파일 다이어그램을 화면에 그리자.

11. 다른 다각형 안에 포함되는 일련의 정다각형regular polygon을 그리자. 가장 안쪽의 도형은 정삼각형, 그 밖은 정사각형, 그 밖은 정오각형...을 차례로 그리자. 수학에 자신이 있다면 N 다각형의 꼭지점이 (N+1) 다각형의 각 변에 접하게 하자. 힌트: <cmath>에서 삼각함수를 불러올 수 있다(24.8절, B.9.2절).

12. 초타원superellipse은 아래 방정식으로 정의되는 도형이다.

$$\left|\frac{x}{a}\right|^m + \left|\frac{y}{b}\right|^n = 1; \quad m,n > 0$$

초타원이 어떤 모양인지 웹을 찾아보자. 초타원상의 점을 연결해 별 모양의 패턴을 그리는 프로그램을 작성하자. a와 b, m, n, N을 인자로 받고, a와 b, m, n으로 정의되는 초타원상의 점을 N개 선택하자. 각 점을 공간상에 어느 정도 균일하게 배치하자. 이 N개의 점을 한 개 이상의 다른 점과 연결하자(원한다면 연결할 다른 점의 개수를 인자로 받거나, 모든 점이 연결되게 N-1로 지정해도 좋다).

13. 12번 연습문제의 선 색상을 달리하자. 모든 선의 색상을 다르게 해보자.

붙이는 말

이상적인 프로그램 설계의 목표는 우리의 개념을 프로그램의 구성 요소로 직접적으로 표현하는 데 있다. 그래서 개념을 클래스로 표현하고, 실세계의 실체를 클래스의 객체로 표현하며, 행동과 계산 과정을 함수로 표현한다. 그래픽스야말로 이런 개념이 잘 적용된 응용 분야라고 할 수 있다. 예를 들어 원이나 다각형 등의 개념을 Circle과 Polygon 등의 클래스로 표현한다. 이처럼 다른 분야와 달리 그래픽스 프로그램 작성이 특별한 이유는 클래스 객체를 화면에서 볼 수 있기 때문이다. 즉, 프로그램의 상태를 우리가 바로 확인할 수 있는 형태로 표현한다. 이러한 개념-코드-출력 간의 직접적인 상관관계는 그래픽스 프로그래밍을 흥미롭게 만든다. 하지만 그래픽스도 추상적 개념을 코드상의 클래스로 표현하는 일반적인 아이디어를 보여주는 한 예일 뿐이다. 클래스에 바탕을 둔 아이디어는 훨씬 일반적이고 유용하다. 우리가 생각할 수 있는 모든 개념은 코드상의 클래스와 클래스의 객체, 여러 개의 클래스로 표현이 가능하다.

그래픽스 클래스

"사람들의 생각하는 대로
진화하지 않는 언어는 배울 가치가 없다."

– 격언

12장에서는 간단한 인터페이스 클래스를 바탕으로 그래픽스의 관점에서 무엇을, 어떻게 할 수 있는지 배웠다. 13장에서는 그 중 많은 클래스를 살펴볼텐데, Point와 Color, Polygon, Open_polyline 등의 인터페이스 클래스를 설계와 사용법, 구현에 초점을 맞춰 알아보고, 그 용례를 익힌다. 14장에서는 연관된 일련의 클래스를 설계하는 아이디어를 설명하고, 기타 구현 기법을 알아본다.

13.1 그래픽스 클래스의 개요

그래픽스와 GUI 라이브러리는 많은 기능을 제공한다. 여기서 많다는 말은 각기 수십 개의 함수에서 사용할 수 있는 수백 개의 클래스를 의미한다. 이에 대한 설명서나 매뉴얼, 문서를 읽는 일은 모호한 종 분류 방식에 따라 수천 종의 식물을 나열하는 옛날 방식의 식물학 교과서를 읽는 일만큼이나 지루하다. 한편으로 현대적인 그래픽스와 GUI 라이브러리의 기능을 살펴보는 일은 사탕 가게 안의 어린 아이처럼 흥미진진하기도 하다. 하지만 어디서부터 시작해야하고 여러분에게 필요한 기능이 무엇인지 찾기는 쉽지 않다.

여기서 제공하는 인터페이스 라이브러리의 목적 중 하나는 이처럼 방대한 그래픽스와 GUI 라이브러리의 복잡성을 다루는 어려움을 줄여주는 데 있다. 여기서는 딱 스무 개 정도의 클래스와 거의 모든 멤버 함수를 살펴볼 텐데, 이 클래스만으로도 유용한 그래픽 출력을 생성할 수 있다. 여기에 밀접하게 연관된 다른 목적은 이 클래스를 바탕으로 그래픽스와 GUI의 핵심 개념을 소개하는 일이다. 여러분은 이미 간단한 그래픽을 출력하는 프로그램을 작성할 수 있지만, 13장을 배운 후에는 대부분의 사람이 원하는 초기 요구 사항을 뛰어넘는 범위의 그래픽스 프로그램을 작성할 수 있다. 14장을 학습하고 나면 한층 깊게 이해하고 그래픽스 표현의 범위를 넓히는 데 필요한 대부분의 설계 기법과 아이디어를 익힐 수 있다. 뿐만 아니라 여기서 설명하는 기능 이외의 기능을 추가하거나 다른 C++ 그래픽스 라이브러리에도 쉽게 적응할 수 있다.

앞으로 살펴볼 핵심 인터페이스는 다음과 같다.

그래픽스 인터페이스 클래스	
Color	선과 텍스트 도형 채우기에 사용할 색상
Line_style	선을 그릴 때 사용
Point	화면이나 Window 내의 위치를 표현할 때 사용
Line	화면에 보이는 선. 양 끝을 나타내는 Point로 정의됨
Open_polyline	일련의 Point로 정의되는 연결된 일련의 선
Closed_polyline	마지막 Point를 첫 번째 Point에 연결하는 선을 제외하면 Open_polyline과 비슷함
Polygon	선이 서로 교차하지 않는 Closed_polyline
Text	문자열
Lines	여러 쌍의 Point로 정의되는 선의 집합

(이어짐)

그래픽스 인터페이스 클래스	
Rectangle	빠르고 쉽게 그리는 데 최적화된 일반적인 도형(직사각형)
Circle	중심점과 반지름으로 정의되는 원
Ellipse	중심점과 두 축으로 정의되는 타원
Function	한 개의 변수를 포함하는 함수를 특정 구간 안의 그래프로 표현
Axis	제목이 붙은 축
Mark	문자(x나 o 등)로 표시된 점
Marks	문자(x나 o 등)로 표시된 일련의 점
Marked_polyline	각 점이 문자로 표시된 Open_polyline
Image	이미지 파일의 내용

15장에서는 Function과 Axis를 다루고, 16장에서는 다음과 같은 주요 GUI 인터페이스 클래스를 살펴본다.

GUI 인터페이스 클래스	
Window	그래픽스 객체를 그릴 화면 영역
Simple_window	'Next' 버튼을 포함한 윈도우
Button	함수 중 하나를 실행할 때 클릭하는 제목이 붙은 윈도우 내의 직사각형
In_box	사용자가 문자열을 입력할 수 있는 제목이 붙은 윈도우 내의 박스
Out_box	프로그램이 문자열을 출력할 수 있는 제목이 붙은 윈도우 내의 박스
Menu	Button을 포함하는 벡터

소스코드의 구성은 다음과 같다.

그래픽스 인터페이스 소스 파일	
Point.h	Point
Graph.h	그 밖의 모든 그래픽스 인터페이스 클래스
Window.h	Window
Simple_window.h	Simple_window

그래픽스 인터페이스 소스 파일	
GUI.h	Button과 기타 GUI 클래스
Graph.cpp	Graph.h에서 선언한 함수의 정의
Window.cpp	Window.h에서 선언한 함수의 정의
GUI.cpp	GUI.h에서 선언한 함수의 정의

그래픽스 클래스에 더해 Shape나 Widget의 집합을 저장할 수 있는 클래스도 제공한다.

Shape이나 Widget의 컨테이너 클래스	
Vector_ref	명명하지 않은 요소를 저장할 때 유용한 인터페이스를 포함하는 vector

앞으로의 절을 너무 빨리 읽지 말자. 명확하지 않은 내용은 별로 없지만, 13장의 목적은
예쁜 그림을 그리는 일이 아니다. 더 예쁜 그림은 컴퓨터 화면이나 텔레비전에서 매일 볼
수 있다. 13장의 핵심은 다음과 같다.

- 출력되는 그림과 코드 간의 관계를 보여준다.
- 코드를 읽고 동작 방식을 생각하는 데 익숙해진다.
- 코드의 설계에 대해, 특히 개념을 코드상의 클래스로 표현하는 방법을 생각할 기회를 준다.
  그 클래스는 왜 그런 모습이어야 하는가? 다른 식으로 표현할 수 있는가? 수많은 설계 결정
  을 내릴 때마다 대부분의 결정은 어느 정도 다를 수 있다. 경우에 따라서는 매우 다를 수도
  있다.

그러니 서두르지 말자. 서두르면 중요한 뭔가를 놓치고, 연습문제가 실제보다 어렵게 느껴
질 수 있다.

13.2 Point와 Line

대부분의 그래픽스 시스템에서 가장 기본적인 요소가 점이다. 점의 정의에 따라 기하학적
공간의 구성도 달라진다. 여기서는 (x,y) 정수 좌표로 정의되는 관례적이고 컴퓨터에 친화적
인 형태의 이차원 점을 사용한다. 12.5절에서 설명한 대로 x 좌표는 0(화면의 왼쪽 끝)에서
x_max()(화면의 오른쪽 끝)까지 증가하고, y 좌표는 0(화면의 맨 위)에서 y_max()(화면의 맨 아래)까지
증가한다.

Point.h에 정의됐듯이 Point는 단지 한 쌍의 정수(좌표)로 이뤄진다.

```
struct Point {
    int x, y;
};

bool operator==(Point a, Point b) { return a.x==b.x && a.y==b.y; }
bool operator!=(Point a, Point b) { return !(a==b); }
```

Graph.h에서 Shape를 정의하는데, 14장에서 자세히 살펴보기로 하자. Graph.h에 정의된 Line은 다음과 같다.

```
struct Line : Shape {              // Line은 두 Point로 정의되는 Shape
    Line(Point p1, Point p2);      // 두 Point로부터 Line을 생성
};
```

: Shape의 의미는 Line이 Shape의 일종이란 뜻이다. 여기서 Shape를 Line의 기반 클래스 base class라고 하거나, 간단히 Line의 기반이라고 한다. 기본적으로 Shape는 Line의 정의를 간단하게 만드는 기능을 한다. Line과 Open_polyline 등의 도형을 맛본 후에 그 의미를 살펴보자(14장).

Line은 두 Point로 정의된다. (12.3절에서 언급한 대로 #include 등을 비롯한) 틀을 생략하면 선을 생성하고 그리는 과정은 다음과 같다.

```
// 두 개의 선 그리기
constexpr Point x {100,100};

Simple_window win1 {x,600,400,"two lines"};

Line horizontal {x,Point{200,100}};           // 수평선 생성
Line vertical {Point{150,50},Point{150,150}}; // 수직선 생성
win1.attach(horizontal);                       // 두 선을 윈도우에 연결
win1.attach(vertical);

win1.wait_for_button();                        // 그리기!
```

실행하면 다음과 같은 화면을 볼 수 있다.

간단한 사용자 인터페이스치고 Line은 꽤 잘 동작한다.

```
Line vertical {Point{150,50},Point{150,150}};
```

아인슈타인 같은 천재가 아니어도 이 코드가 (150,50)에서 (150,150)를 연결하는 (수직) 선을 생성함을 알 수 있다. 물론 구현에 필요한 세부 사항이 있지만, 그걸 몰라도 Line을 생성할 수 있다. Line의 생성자 구현도 상대적으로 간단하다.

```
Line::Line(Point p1, Point p2)        // 두 Point로부터 Line을 생성
{
    add(p1);                          // 이 도형에 p1을 추가
    add(p2);                          // 이 도형에 p1을 추가
}
```

즉, 단지 두 점을 추가할 뿐이다. 어디에 추가한단 말인가? 그리고 Line은 어떻게 윈도우에 그려지는가? 답은 Shape 클래스에서 찾을 수 있다. 14장에서 설명하겠지만 Shape는 선을 정의하는 일련의 점을 포함하며, Point의 쌍으로 정의된 선을 그리는 방법을 알고 있으며, Shape에 Point 객체를 추가하는 함수 add()를 제공한다. 여기서 요점은 Line을 정의하는 일이 간단하다는 사실이다. 구현 수준의 작업은 시스템에서 대부분 제공하므로, 우리는 사용하기 쉬운 클래스를 작성하는 일에 집중할 수 있다.

이제부터 Simple_window를 정의하고 attach()를 호출하는 코드는 생략한다. 이 부분도 프로그램을 완성하는 데 필요한 틀일 뿐이며, 특정 Shape에 대한 논의를 하는 데는 중요하지 않다.

13.3 Lines

선을 하나만 그리는 일은 별로 없다. 삼각형이나 다각형, 경로[path], 미로, 격자, 막대그래프, 수학 함수, 데이터 그래프 등 여러 선으로 이뤄진 객체가 필요하지 않을까? 이와 같은 '복합적인 그래픽 객체 클래스' 중에서 가장 간단한 클래스가 바로 Lines다.

```
struct Lines : Shape {                      // 연관된 선의 모임
    Lines() {}                              // 빈 객체 초기화
    Lines(initializer_list<Point> lst);     // Point 목록을 이용한 초기화
    void draw_lines() const;
    void add(Point p1, Point p2);           // 두 점으로 정의되는 선을 추가
};
```

Lines 객체는 각기 두 점으로 정의되는 선의 모임이다. 예를 들어 13.2절의 Line 예제에서 각기 다른 그래픽 객체로 두 개의 선을 그렸는데, 다음과 같이 두 개의 선을 한 객체로 정의할 수도 있다.

```
Lines x;
x.add(Point{100,100}, Point{200,100});   // 첫 번째 선 : 수평선
x.add(Point{150,50}, Point{150,150});    // 두 번째 선 : 수직선
```

출력 화면은 다음과 같은데, Line을 이용한 버전과 전혀 차이가 없다.

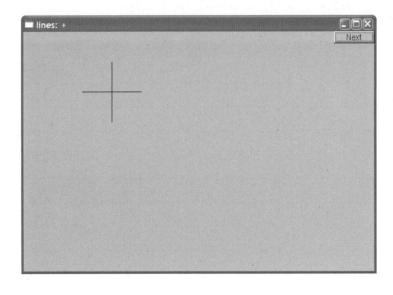

다른 점은 윈도우의 제목뿐이다.

여러 개의 Line 객체와 한 Lines 객체에 포함된 여러 선 사이의 차이는 작동 방식에 대한 우리의 관점 차이다. Lines를 사용함으로써 두 선이 같은 모임에 속하며 함께 조작돼야 한다는 점을 표현할 수 있다. 예를 들어 한 번의 명령으로 Lines 객체에 포함된 모든 선의 색상을 변경할 수 있다. 반면에 여러 개의 선을 각기 다른 Line 객체로 만들면 선마다 다른 색상을 지정할 수도 있다. 좀 더 현실적인 객체로 격자를 그려보자. 격자는 일정한 간격을 유지하는 여러 개의 수평선과 수직선으로 이뤄지지만, 이 선들을 격자라는 하나의 개념으로 생각하면 grid라는 Lines 객체에 여러 개의 선을 포함시킬 수 있다.

```
int x_size = win3.x_max();                    // 윈도우 크기 가져오기
int y_size = win3.y_max();
int x_grid = 80;
int y_grid = 40;

Lines grid;
for (int x=x_grid; x<x_size; x+=x_grid)
    grid.add(Point{x,0},Point{x,y_size});     // 수직선
for (int y = y_grid; y<y_size; y+=y_grid)
    grid.add(Point{0,y},Point{x_size,y});     // 수평선
```

x_max()와 y_max()를 이용해서 윈도우의 크기를 계산했다. 이번 예제에서는 처음으로 출력할 객체의 위치를 계산하는 코드를 작성했는데, 격자를 구성하는 각 선을 명명된 변수로 하나씩 정의하는 방식은 너무 지루한 일이라고 할 수 있다. 이 코드의 출력은 다음과 같다.

이제 Lines의 설계를 살펴보자. Lines 클래스의 멤버 함수는 어떻게 구현할까? Lines는 두 개의 생성자와 두 개의 연산을 제공한다.

add() 함수는 두 점으로 정의된 선을 출력할 선 목록에 추가한다.

```cpp
void Lines::add(Point p1, Point p2)
{
    Shape::add(p1);
    Shape::add(p2);
}
```

여기서 Shape:: 한정자를 붙이지 않으면 컴파일러는 add(p1)을 Shape의 add()가 아닌 Lines의 add()에 대한 불법적인 호출로 해석한다.

draw_lines() 함수는 add()로 추가된 선 목록을 그린다.

```cpp
void Lines::draw_lines() const
{
    if (color().visibility())
        for (int i=1; i<number_of_points(); i+=2)
            fl_line(point(i-1).x,point(i-1).y,point(i).x,point(i).y);
}
```

Lines::draw_lines()는 (0번과 1번 점부터) 점을 두 개씩 가져다가 기반 라이브러리의 선 그리기 함수(fl_line())를 이용해서 선을 그린다. Lines의 Color 객체(13.4절)는 가시성^{visibility} 속성을 포함하므로, 선 목록을 그리기 전에 가시성을 확인해야 한다.

14장에서 설명하겠지만 draw_lines()는 시스템에 의해 호출되며, Lines의 add()는 한 쌍의 점만 추가할 수 있기 때문에 점의 개수가 짝수인지 확인할 필요는 없다. number_of_points()와 point() 함수는 Shape 클래스(14.2절)에서 정의하는데, 그 의미는 명확하다. 이 두 함수를 이용해서 Shape에 포함된 점에 읽기 전용으로 접근할 수 있다. 멤버 함수 draw_lines()는 도형을 변경하지 않으므로 const(9.7.4절)로 정의한다.

Lines의 기본 생성자는 (선을 포함하지 않는) 빈 객체를 생성하는데, 빈 객체로 시작해서 add()로 필요한 만큼 점을 추가하는 방식이 다른 어떤 생성자보다 유연하다. 그러나 선을 정의하는 한 쌍의 Point 목록을 initializer_list로 전달받는 생성자도 추가했다. 초기 값 목록을 받는 생성자(18.2절)를 이용하면 처음부터 0, 1, 2, 3, ...번 점을 포함하는 Lines를 간단히 정의할 수 있다. 예를 들어 첫 번째 Lines 예제는 다음과 같이 작성할 수도 있다.

```cpp
Lines x = {
    {Point{100,100}, Point{200,100}},    // 첫 번째 선 : 수평선
```

```
    {Point{150,50}, Point{150,150}}          // 두 번째 선 : 수직선
};
```

다음과 같이 작성할 수도 있다.

```
Lines x = {
    {{100,100}, {200,100}},                  // 첫 번째 선 : 수평선
    {{150,50}, {150,150}}                     // 두 번째 선 : 수직선
};
```

초기 값 목록 생성자는 간단히 정의할 수 있다.

```
Lines::Lines(initializer_list<pair<Point,Point>> lst)
{
    for (auto p : lst) add(p.first,p.second);
}
```

auto는 pair<Point,Point> 타입을 가리키며, first와 second는 쌍의 첫 번째와 두 번째 멤버의 이름이다. initializer_list와 pair 타입은 표준 라이브러리(B.6.4절, B.6.3절)에서 정의한다.

13.4 Color

색상을 나타낼 때 Color 타입을 이용하는데, 다음과 같이 사용할 수 있다.

```
grid.set_color(Color::red);
```

이 코드는 grid에 포함된 선을 붉은 색으로 정의하는데, 그 결과는 다음과 같다.

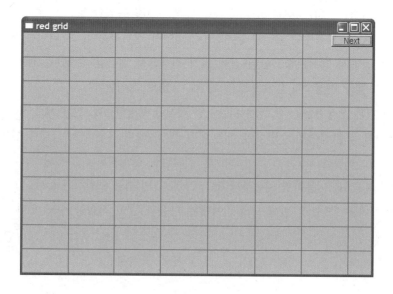

Color는 색상이라는 개념을 정의하며, 일반적인 색을 지칭하는 기호 이름도 제공한다.

```
struct Color {
    enum Color_type {
        red=FL_RED,
        blue=FL_BLUE,
        green=FL_GREEN,
        yellow=FL_YELLOW,
        white=FL_WHITE,
        black=FL_BLACK,
        magenta=FL_MAGENTA,
        cyan=FL_CYAN,
        dark_red=FL_DARK_RED,
        dark_green=FL_DARK_GREEN,
        dark_yellow=FL_DARK_YELLOW,
        dark_blue=FL_DARK_BLUE,
        dark_magenta=FL_DARK_MAGENTA,
        dark_cyan=FL_DARK_CYAN
    };

    enum Transparency { invisible = 0, visible=255 };

    Color(Color_type cc) :c{Fl_Color(cc)}, v{visible} { }
    Color(Color_type cc, Transparency vv) :c{Fl_Color(cc)}, v{vv} { }
    Color(int cc) :c{Fl_Color(cc)}, v{visible} { }
    Color(Transparency vv) :c{Fl_Color()}, v{vv} { } // 기본 색상

    int as_int() const { return c; }

    char visibility() const { return v; }
    void set_visibility(Transparency vv) { v=vv; }
private:
    char v; // 현재 설정된 가시성
    Fl_Color c;
};
```

Color의 목적은 다음과 같다.

- 색상에 대한 구현(FLTK의 Fl_Color 타입)을 숨긴다.

- Fl_Color와 Color_type 값을 매핑한다.

- 색상 상수에 유효 범위를 부여한다.

- 간단한 버전의 투명도 조정 기능(보이거나 보이지 않거나)을 제공한다.

색상을 선택하는 방법은 다음과 같다.

- 명명된 색상 목록에서 선택한다. 예를 들어 `Color::dark_blue`

- 0~255 구간의 값 중 하나를 지정함으로써 대부분의 화면에서 무리 없이 표현되는 팔레트^{pallette}에서 색상을 선택한다. 예를 들어 `Color(99)`는 진한 녹색인데, 예제 코드는 13.9절을 참고하라.

- RGB^{red, green, blue, 적색, 녹색, 청색} 체계에서 값을 선택한다. RGB 체계를 여기서 자세히 다루진 않지만 필요하다면 찾아보기 바란다. 웹에서 'RGB color^{RGB 색공간}'를 검색하면 http://en.wikipedia.org/wiki/RGB_color_model과 www.rapidtables.com/web/color/RGB_Color.htm 을 비롯한 많은 자료를 찾을 수 있다. 예제는 13장과 14장을 참고하라.[1]

생성자를 바탕으로 `Color`를 `Color_type`이나 평범한 `int`로부터 생성할 수 있으며, 각 생성자에서 멤버 c를 적절히 초기화한다. c라는 이름이 너무 짧고 모호하다고 생각할 수 있지만, `Color`의 좁은 유효 범위 안에서만 사용하고 범용적으로 쓰지 않으므로 큰 문제는 없다. 이 멤버 c를 사용자가 직접 사용할 수 없게 보호하고자 private으로 선언했다. 데이터 멤버 c는 FLTK에서 정의된 `Fl_Color` 타입으로, 우리는 이 사실을 사용자에게 노출하지 않으려고 한다. 하지만 색상을 RGB(혹은 다른) 색공간의 `int` 값으로 나타내는 일은 일반적이므로 이러한 변환을 수행하는 `as_int()`를 제공한다. `as_int`는 해당 `Color` 객체의 내용을 바꾸지 않으므로 `const`로 선언했다.

투명도는 멤버 v로 나타내는데, v는 `Color::visible`과 `Color::invisible` 중 한 값을 저장하며, 그 의미는 말 그대로(보임과 보이지 않음)다. '보이지 않는 색'이 유용할까 의심스럽겠지만, 복합적인 도형의 일부를 보이지 않게 할 때 매우 유용하다.

13.5 Line_style

윈도우에 여러 선을 그릴 때 선의 색이나 스타일, 색과 스타일 모두를 이용해서 각 선을 구별할 수 있다. 선의 스타일은 선의 외곽선을 그릴 때 사용하는 패턴으로, `Line_style`의 사용 방법은 다음과 같다.

```
grid.set_style(Line_style::dot);
```

이렇게 하면 grid에 포함된 선이 실선이 아닌 점선으로 그려진다.

---

1. 색 공간을 설명하는 한글 위키 페이지(http://ko.wikipedia.org/wiki/색_공간)도 참고하기 바란다. – 옮긴이

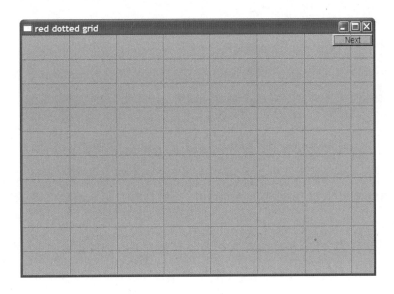

격자를 좀 정리하면 더 선명해보일 듯하다. 폭(두께)을 조절하면 격자 선을 우리 취향에 맞게 조절할 수 있다.

Line_style 타입은 다음과 같이 정의된다.

```
struct Line_style {
    enum Line_style_type {
        solid=FL_SOLID,                    //-------
        dash=FL_DASH,                      // - - - -
        dot=FL_DOT,                        // .......
        dashdot=FL_DASHDOT,                // - . - .
        dashdotdot=FL_DASHDOTDOT,          // -..-..
    };

    Line_style(Line_style_type ss) :s{ss}, w{0} { }
    Line_style(Line_style_type lst, int ww) :s{lst}, w{ww} { }
    Line_style(int ss) :s{ss}, w{0} { }

    int width() const { return w; }
    int style() const { return s; }
private:
    int s;
    int w;
};
```

Line_style을 정의할 때 사용한 프로그래밍 기법은 Color에서 사용한 기법과 정확히 일치한다. 여기서 FLTK가 int를 이용해서 선 스타일을 표현한다는 사실을 클래스 밖에서 알 수 없게 은폐했는데, 왜 그래야 할까? 그런 세부 사항은 라이브러리가 발전하면서 바뀔 수 있기 때문이다. FLTK의 다음 릴리스에서는 Fl_linestyle 타입을 사용할 수도 있고, 우리가 만드는 인터페이스가 다른 GUI 라이브러리를 목표로 삼을 수도 있다. 우리 스스로의 코드와 사용자의 코드에 선 스타일을 나타낼 때 사용하던 int가 남아있기를 바라지는 않을 테니까 말이다.

대부분의 경우에 스타일에 신경 쓰지 않고 기본 스타일(기본 두께의 실선)을 사용한다. 생성자에 선 두께를 지정하지 않으면 기본 두께를 사용하는데, 이처럼 기본 값을 설정하는 일은 좋은 생성자가 지켜야 할 규칙 중의 하나이며, 기본 값은 클래스 사용자 편의를 눈에 띄게 향상시킨다.

Line_style은 두 가지 구성 요소로 이뤄진다. 선호하는 스타일(예, 대시나 실선)과 폭(선의 두께)다. 폭은 정수 단위이며, 기본 폭은 1이다. 예를 들어 다음과 같이 두꺼운 대시 선을 설정할 수 있다.

```
grid.set_style(Line_style{Line_style::dash,2});
```

그 결과는 다음과 같다.

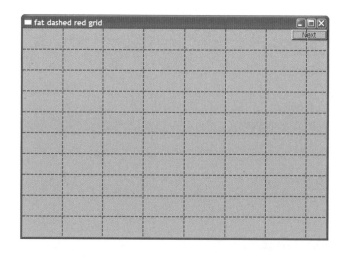

색상과 스타일이 도형에 포함된 모든 선에 적용됐다. 여러 선을 Lines나 Open_polyline, Polygon 등의 한 그래픽스 객체로 묶었을 때의 장점 중 하나가 바로 이런 데 있다. 반면에 각 선의 색상이나 스타일을 따로 설정하려면 다음과 같이 별도의 Line 객체로 정의해야 한다.

```
horizontal.set_color(Color::red);
vertical.set_color(Color::green);
```

그 결과는 다음과 같다.

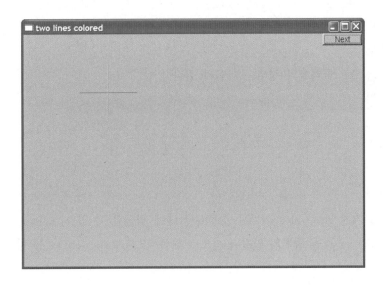

13.6 Open_polyline

Open_polyline은 일련의 점으로 정의되는 일련의 연결된 선으로 이뤄진 도형이다. Poly는 그리스어로 '많은'의 뜻으로, 폴리라인은 다음과 같이 여러 선으로 이뤄진 도형을 나타내는 관례적인 이름이다.

```
Open_polyline opl = {
    {100,100}, {150,200}, {250,250}, {300,200}
};
```

이 코드는 다음과 같이 네 점을 연결하는 도형을 그린다.

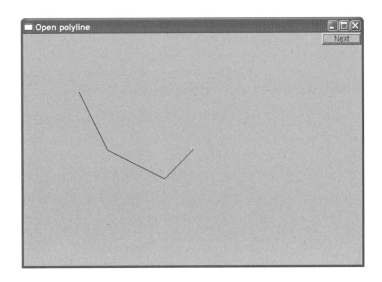

우리가 유치원에서 했던 '점 잇기' 놀이의 세련된 버전이 바로 Open_polyline이라고 생각할 수도 있다.

Open_polyline 클래스의 정의는 다음과 같다.

```
struct Open_polyline : Shape {            // 끝이 열린 일련의 선
    using Shape::Shape;                    // Shape의 생성자(§A.16) 사용
    void add(Point p) { Shape::add(p); }
};
```

Open_polyline은 Shape를 상속받는다. Open_polyline의 사용자는 Open_polyline의 add() 함수를 거쳐 Shape의 add()(Shape::add())에 접근할 수 있다. Shape는 기본적으로 add()로 추가한 Point를 일련의 연결된 선으로 해석하므로 draw_lines()를 따로 정의할 필요도 없다.

using Shape::Shape 선언은 using 선언으로, Open_polyline이 Shape에 정의된 생성자를 사용할 수 있음을 의미한다. Shape는 기본 생성자(9.7.3절)와 초기 값 목록 생성자(18.2절)를 제공하므로, using 선언은 Open_polyline에 이 두 생성자를 정의하는 일과 동일하다. 한 편 Lines의 초기 값 목록 생성자는 add()를 여러 번 호출하는 일을 한다.

13.7 Closed_polyline

마지막 점과 첫 번째 점 사이에도 선이 그려진다는 점만 제외하면 Closed_polyline은 Open_polyline과 비슷하다. 예를 들어 13.6절에서 Open_polyline에 사용했던 점과 동일한 점으로 Closed_polyline을 정의하면 다음과 같다.

```
Closed_polyline cpl = {
    {100,100}, {150,200}, {250,250}, {300,200}
};
```

마지막 닫는 선만 제외하면 13.6절의 결과와 동일하다.

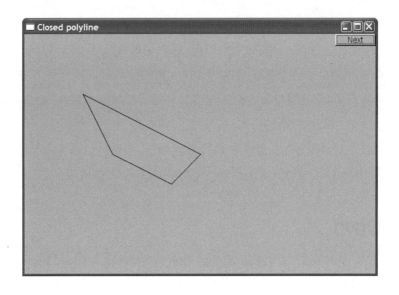

Closed_polyline의 정의는 다음과 같다.

```
struct Closed_polyline : Open_polyline {        // 끝이 닫힌 일련의 선
    using Open_polyline::Open_polyline;         // Open_polyline의 생성자(§A.16) 사용
    void draw_lines() const;
};

void Closed_polyline::draw_lines() const
{
    Open_polyline::draw_lines();  // "끝이 열린 폴리라인"을 먼저 그림

    // 그리고, 마지막으로 닫는 선을 그림
    if (2<number_of_points() && color().visibility())
        fl_line(point(number_of_points()-1).x,
            point(number_of_points()-1).y,
            point(0).x,
            point(0).y);
}
```

using 선언(A.16절)은 Closed_polyline의 생성자가 Open_polyline의 생성자와 동일함을 의미한다. 그 대신 Closed_polyline은 마지막 점과 첫 번째 점을 잇는 닫는 선을 그리는 별도의 draw_lines()를 필요로 한다.

이처럼 Closed_polyline과 Open_polyline의 서로 다른 세부 사항만 작업하면 되는데, 이를 일컬어 '차이점에 의한 프로그래밍programming by difference'이라고 하며, 아주 중요한 개념이다. 즉, 파생 클래스(Closed_polyline)에서 기반 클래스(Open_polyline)와 다른 부분만 프로그래밍

한다는 말이다.

그래서 닫힌 선을 어떻게 그린단 말인가? 두 점을 나타내는 네 개의 int를 인자로 받는 FLTK의 선 그리기 함수를 이용한다. 여기서 기반 그래픽스 라이브러리를 사용하지만 다른 때와 마찬가지로 FLTK를 사용하는 부분은 클래스 내부 구현에 국한되며, 클래스 사용자에게 는 노출되지 않는다. 따라서 사용자 코드에서 fl_line()을 사용하거나 점을 정수 쌍으로 간 접적으로 표현하는 인터페이스를 알아야 할 필요도 없다. 따라서 필요하다면 사용자의 코드 에 큰 영향 없이 FLTK를 다른 GUI 라이브러리로 교체할 수 있다.

13.8 Polygon

Polygon은 포함된 선이 서로 교차할 수 없다는 점만 제외하면 Closed_polyline과 매우 비슷 하다. 즉, 앞선 예제의 Closed_polyline은 다각형이지만, 여기에 점을 하나 추가하면

```
cpl.add(Point{100,250});
```

그 결과는 다음과 같다.

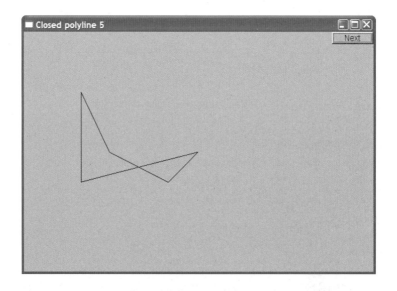

따라서 전통적인 정의에 따르면 Closed_polyline은 다각형이 아니다. 그렇다면 Polygon 과 Closed_polyline의 관계를 유지하면서 기하학의 법칙에 벗어나지 않는 Polygon을 어떻게 정의해야 할까? 앞의 설명에서 큰 힌트를 얻을 수 있는데, Polygon은 선이 교차하지 않는 Closed_polyline이다. 점을 바탕으로 도형을 구성하는 방식에 초점을 맞추면 Polygon에 이 미 추가된 선들과 교차하지 않는 선을 만드는 Point만 추가할 수 있는 Closed_polyline이

바로 Polygon이라고 할 수 있다.

이러한 관점에서 Polygon을 다음과 같이 정의할 수 있다.

```
struct Polygon : Closed_polyline {          // 교차하지 않는 선으로 이뤄진 폐도형
    using Closed_polyline::Closed_polyline;        // Closed_polyline의 생성자 사용
    void add(Point p);
    void draw_lines() const;
};

void Polygon::add(Point p)
{
    // 새로 추가할 선이 기존의 선과 교차하지 않는지 확인(코드 생략)
    Closed_polyline::add(p);
}
```

draw_lines()의 정의를 Closed_polyline에서 상속해 많은 작업을 줄였고, 코드 중복을 피했다. 하지만 add()에는 확인 코드를 넣어야 한다. 여기서 N개의 점으로 이뤄진 Polygon을 정의하려면 intersect()를 N*(N-1)/2번 호출하는 비효율적인(N의 제곱 복잡도) 알고리즘이 들어가지만, 여기서는 Polygon이 나타내는 다각형을 이루는 점의 개수가 적다고 가정한다. 예를 들어 24개의 Point로 구성된 Polygon을 생성하려면 intersect()를 24*(24-1)/2 == 276번 호출해야 한다. 이 정도는 문제가 없을지 몰라도 2000개의 점으로 구성된 다각형을 만들려면 2,000,000번의 호출이 필요하므로 더 효율적인 알고리즘을 찾아야 하며, 인터페이스를 수정해야 할 수도 있다.

초기 값 목록 생성자를 이용하면 다음과 같이 다각형을 만들 수 있다.

```
Polygon poly = {
    {100,100}, {150,200}, {250,250}, {300,200}
};
```

이렇게 생성한 Polygon은 앞서 만든 Closed_polyline과 정확히 일치한다.

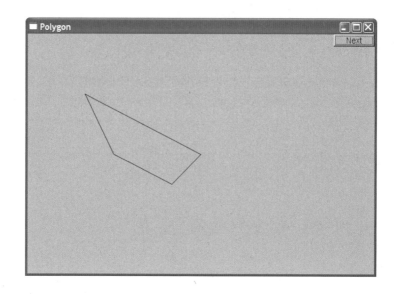

진정한 의미의 다각형을 표현하는 Polygon을 정의하는 일이 쉽지 않음을 알 수 있다. Polygon::add()에서 생략한 교차 여부 확인은 전체 그래픽스 라이브러리를 통틀어 가장 어려울 수도 있다. 기하학의 복잡 미묘한 좌표 처리에 관심이 있다면 해당 코드를 살펴보자.

문제는 Polygon의 불변 조건인 "각 점은 다각형을 이룬다"를 확인하려면 다각형에 포함된 모든 점을 알아야 한다는 데 있다. 따라서 일반적으로 권장되는 규칙과 달리 Polygon의 생성자 안에서 불변 조건을 확인할 수 없다. Polygon에서 add()를 제거하고 초기 값 목록을 바탕으로 맨 처음부터 세 개 이상의 점으로 이뤄진 다각형을 정의하게 할 수도 있지만, 점을 순차적으로 생성하는 프로그램이라면 클래스를 사용하기가 복잡해진다.

13.9 Rectangle

직사각형은 화면에서 가장 일반적인 도형이다. 여기에는 문화적 이유(대부분의 문과 창문, 책표지, 종이 등이 직사각형임)도 있고, 기술적 이유(다른 어떤 도형보다 직사각형 공간의 좌표를 저장하기가 쉬움)도 있다. 어쨌든 직사각형은 매우 일반적이므로 GUI 시스템에서는 직사각형을 직각을 이루는 네 꼭짓점으로 구성된 다각형이 아니라, 직사각형을 직접적으로 나타내는 클래스 형태로 지원한다.

```
struct Rectangle : Shape {
    Rectangle(Point xy, int ww, int hh);
    Rectangle(Point x, Point y);
    void draw_lines() const;

    int height() const { return h; }
```

```
    int width() const { return w; }
private:
    int h;          // 높이
    int w;          // 너비
};
```

직사각형은 (왼쪽 상단과 오른쪽 하단의) 두 점으로 나타내거나 (왼쪽 상단의) 한 점과 폭, 너비로
나타낼 수 있는데, 이에 따른 생성자 정의는 다음과 같다.

```
Rectangle::Rectangle(Point xy, int ww, int hh)
    : w{ww}, h{hh}
{
    if (h<=0 || w<=0)
        error("잘못된 직사각형: 변의 길이가 음수");
    add(xy);
}

Rectangle::Rectangle(Point x, Point y)
    :w{y.x-x.x}, h{y.y-x.y}
{
    if (h<=0 || w<=0)
        error("잘못된 직사각형: 첫 번째 점이 왼쪽 상단이 아님");
    add(x);
}
```

각 생성자에서 (멤버 초기화 구문을 이용해) 멤버 h와 w를 적절히 초기화하고, Rectangle의 기
반 클래스인 Shape에 (add()를 이용해서) 왼쪽 상단의 점을 저장한다. 그리고 Rectangle의 폭이
나 너비가 음수가 되지 않도록 유효성을 확인한다.

그래픽스/GUI 시스템이 직사각형을 특별하게 대하는 이유 중 하나는 어떤 픽셀이 직사각
형 안에 있는지를 결정하는 알고리즘이 Polygon이나 Circle을 비롯한 다른 어떤 도형보다
훨씬 간단하고 빠르기 때문이다. 결론적으로 직사각형 안을 색으로 채우는 일이 다른 도형보
다 일반적으로 행해진다. 채우기 색은 생성자나 (Shape에서 색상 관련 기능 중 하나로 제공하는)
set_fill_color()로 지정할 수 있다.

```
Rectangle rect00 {Point{150,100},200,100};
Rectangle rect11 {Point{50,50},Point{250,150}};
Rectangle rect12 {Point{50,150},Point{250,250}};        // rect11 바로 아래
Rectangle rect21 {Point{250,50},200,100};               // rect11 바로 오른쪽에
Rectangle rect22 {Point{250,150},200,100};              // rect21 바로 아래
```

```
rect00.set_fill_color(Color::yellow);
rect11.set_fill_color(Color::blue);
rect12.set_fill_color(Color::red);
rect21.set_fill_color(Color::green);
```

결과는 다음과 같다.

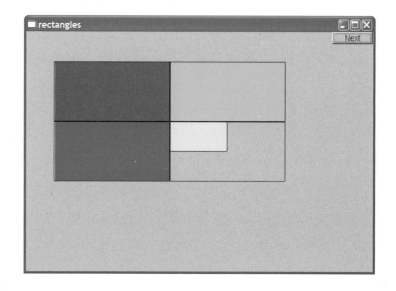

채우기 색을 지정하지 않은 직사각형은 투명한데, 덕분에 rect00의 노란색 모서리가 보인다.

다음과 같이 윈도우 안의 도형을 이동할 수도 있다(14.2.3절).

```
rect11.move(400,0);                    // rect21의 오른쪽으로 이동
rect11.set_fill_color(Color::white);
win12.set_label("rectangles 2");
```

결과는 다음과 같다.

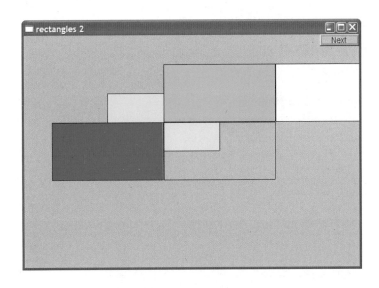

하얀색 rect11의 일부가 윈도우 크기를 벗어나는데, 이처럼 크기를 벗어나는 부분은 잘려 나간다. 즉, 화면 어디에도 보이지 않는다.

일부 도형이 다른 도형의 위에 있는 점도 눈여겨보자. 마치 탁자 위에 종이 여러 장을 올려놓은 모습인데, 먼저 올려놓은 도형이 가장 아래에 놓인다. Window(E.3절)는 도형의 순서를 간단히 변경할 수 있는 방법을 제공하는데, 다음과 같이 (Window::put_on_top()을 이용해서) 특정 도형이 맨 위로 오도록 윈도우에 지시할 수 있다.

```
win12.put_on_top(rect00);
win12.set_label("rectangles 3")
```

결과는 다음과 같다.

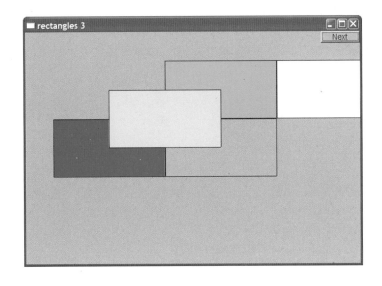

(투명한 직사각형 하나만 제외하고) 직사각형의 채우기 색을 지정해도 외곽선이 보이는데, 외곽선이 필요 없다면 제거할 수 있다.

```
rect00.set_color(Color::invisible);
rect11.set_color(Color::invisible);
rect12.set_color(Color::invisible);
rect21.set_color(Color::invisible);
rect22.set_color(Color::invisible);
```

결과는 다음과 같다.

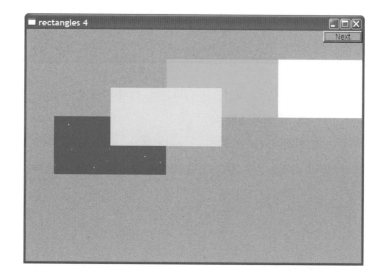

rect22의 채우기 색과 외곽선 색을 모두 invisible로 지정했으므로 rect22가 보이지 않는다.

이처럼 채우기 색과 외곽선의 색을 모두 처리해야 하므로, Rectangle의 draw_lines()는 약간 지저분하다.

```
void Rectangle::draw_lines() const
{
    if (fill_color().visibility()) {            // 채우기
        fl_color(fill_color().as_int());
        fl_rectf(point(0).x,point(0).y,w,h);
    }

    if (color().visibility()) {                 // 채우기 위에 외곽선
        fl_color(color().as_int());
        fl_rect(point(0).x,point(0).y,w,h);
```

```
    }
}
```

보다시피 FLTK는 채워진 직사각형을 그리는 함수(fl_rectf())와 직사각형의 외곽선을 그리는 함수(fl_rect())를 제공하는데, 우리는 기본적으로 두 가지(채우기 위에 외곽선)를 모두 그린다.

13.10 명명하지 않은 객체 관리

지금까지는 모든 그래픽스 객체에 이름을 붙였지만, 객체의 수가 많은 경우에는 그럴 수가 없다. 예를 들어 FLTK가 지원하는 팔레트의 256가지 색상 표를 그린다면 각 색상 값과 유사한 색상 사이의 관계를 나타내는 256가지 색의 정사각형과 16×16 크기의 격자를 그려야 한다. 우선 결과부터 보면 다음과 같다.

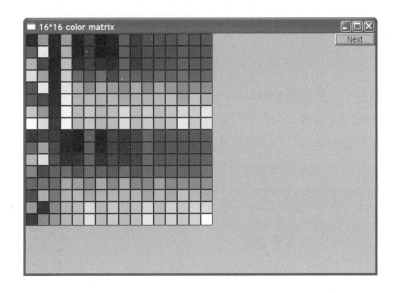

256개의 정사각형에 일일이 이름을 붙이는 일은 지루하고 어리석은 일이다. 여기서 가장 왼쪽 상단 정사각형의 명확한 이름은 격자 안에서의 정사각형 위치 (0,0)으로 나타낼 수 있으며, 다른 정사각형도 좌표 쌍 (i, j)로 식별(명명)할 수 있다. vector<Rectangle>를 사용하면 좋을 듯하지만, 이 방법은 충분히 유연하지 않다. 예를 들어 동일하지 않은 타입의 명명하지 않은 객체(요소)를 저장하는 컬렉션이 있다면 유용하지 않을까? 이러한 유연성은 14.3절에서 다루기로 하고, 여기서는 명명된 객체와 명명하지 않은 객체를 모두 저장할 수 있는 vector에 대한 해법을 살펴보자.

```
template<class T> class Vector_ref {
public:
```

```
// ...
void push_back(T&);         // 명명된 객체 추가
void push_back(T*);         // 명명하지 않은 객체 추가

T& operator[](int i);       // 배열 참조: 읽기와 쓰기 접근
const T& operator[](int i) const;

int size() const;
};
```

이 클래스의 사용 방법은 표준 라이브러리의 vector와 매우 비슷하다.

```
Vector_ref<Rectangle> rect;

Rectangle x {Point{100,200},Point{200,300}};
rect.push_back(x);              // 명명된 객체 추가

rect.push_back(new Rectangle{Point{50,60},Point{80,90}});  // 명명하지 않은 객체 추가

for (int i=0; i<rect.size(); ++i) rect[i].move(10,10);      // rect 사용
```

new 연산자는 17장에서 설명한다. Vector_ref의 구현은 부록 E에서 볼 수 있다. 지금은 이 클래스로 명명하지 않은 객체를 저장할 수 있다는 점만 알아둬도 충분하다. new 연산자 다음에는 타입 이름(여기서는 Rectangle)을 지정하고, 필요하다면 그 뒤에 초기 값 목록(여기서는 {Point{50,60},Point{80,90}})을 지정한다. 경험 많은 프로그래머라면 이 예제에서 메모리 누수 memory leak가 발생할 수 있음을 알겠지만, 이에 대해선 나중에 다루자.

이제 Rectangle과 Vector_ref를 이용해서 색상을 가지고 놀 수 있다. 그 예로 위에서 봤던 간단한 256가지 색상 표를 그려보자.

```
Vector_ref<Rectangle> vr;

for (int i = 0; i<16; ++i)
    for (int j = 0; j<16; ++j) {
        vr.push_back(new Rectangle{Point{i*20,j*20},20,20});
        vr[vr.size()- 1].set_fill_color(Color{i*16+j});
        win20.attach(vr[vr.size()- 1]);
    }
```

256개의 Rectangle과 이를 포함하는 Vector_ref를 만들고, Window 안에 16×16 격자 형태로 배열했다. 각 Rectangle의 색상은 0, 1, 2, 3, 4 순으로 배정하며, 이렇게 만든 Rectangle을 윈도우에 연결해 화면에 그린다.

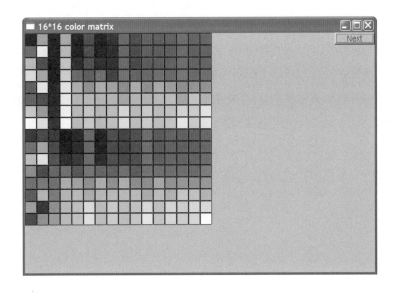

13.11 Text

화면에 텍스트를 추가할 필요가 있다. 예를 들어 13.8절의 엉성한 Closed_polyline에 제목
을 붙일 수도 있다.

```
Text t {Point{200,200},"A closed polyline that isn't a polygon"};
t.set_color(Color::blue);
```

  결과는 다음과 같다.

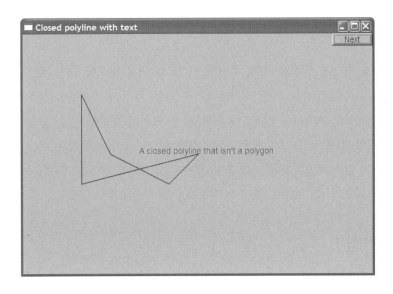

Text 객체는 주어진 Point에서 시작하는 한 줄의 텍스트를 정의하는데, 이 Point는 텍스트의 왼쪽 아래를 가리킨다. 문자열을 한 줄로 제한하는 이유는 시스템 간의 이식성을 보장하기 위함이며, 개행 문자를 넣어도 윈도우에서 새 행으로 출력하지 않으므로 개행 문자를 포함시키지 말자. 문자열 스트림은 Text 객체에서 출력할 string을 구성할 때 유용하다(12.7.7절과 12.7.8절의 예제 참고). Text의 정의는 다음과 같다.

```
struct Text : Shape {
    // 텍스트의 왼쪽 아래 지점
    Text(Point x, const string& s)
        : lab{s}
        { add(x); }

    void draw_lines() const;

    void set_label(const string& s) { lab = s; }
    string label() const { return lab; }

    void set_font(Font f) { fnt = f; }
    Font font() const { return fnt; }

    void set_font_size(int s) { fnt_sz = s; }
    int font_size() const { return fnt_sz; }
private:
    string lab; // 제목
    Font fnt {fl_font()};
    int fnt_sz {(fl_size()<14)?14:fl_size()} ;
};
```

문자의 글꼴 크기를 14보다 작게 하거나 FLTK의 기본 값보다 크게 하려면 명시적으로 지정해야 한다. 이런 방법은 기반 라이브러리의 작동 방식 변화로부터 사용자를 보호하는 방법 중의 하나인데, 여기서는 FLTK의 기본 글꼴 크기가 변경돼 기존 프로그램의 문자가 작아지는 문제가 발생할 수 있으므로, 이를 예방하고자 조치를 취했다.

멤버의 초기 값이 생성자의 인자에 의존적이지 않으므로, 멤버 초기 값을 생성자의 초기 값 목록이 아닌 초기 값 형태로 직접 지정했다.

Text 클래스 안에 문자열이 저장된 방식은 Text 클래스만 알고 있으므로 별도의 draw_lines()를 정의했다.

```
void Text::draw_lines() const
{
```

```
    fl_draw(lab.c_str(),point(0).x,point(0).y);
}
```

문자열의 색을 지정하는 방법은 선으로 이뤄진 도형(Open_polyline과 Circle 등)과 동일하므로 set_color()를 이용해서 색을 설정할 수 있고, 현재 사용 중인 색은 color()로 알 수 있다. 글자 크기와 글꼴도 비슷하게 처리하는데, 다음과 같이 미리 정의된 글꼴 몇 개가 존재한다.

```
class Font { // 문자 글꼴
public:
    enum Font_type {
        helvetica=FL_HELVETICA,
        helvetica_bold=FL_HELVETICA_BOLD,
        helvetica_italic=FL_HELVETICA_ITALIC,
        helvetica_bold_italic=FL_HELVETICA_BOLD_ITALIC,
        courier=FL_COURIER,
        courier_bold=FL_COURIER_BOLD,
        courier_italic=FL_COURIER_ITALIC,
        courier_bold_italic=FL_COURIER_BOLD_ITALIC,
        times=FL_TIMES,
        times_bold=FL_TIMES_BOLD,
        times_italic=FL_TIMES_ITALIC,
        times_bold_italic=FL_TIMES_BOLD_ITALIC,
        symbol=FL_SYMBOL,
        screen=FL_SCREEN,
        screen_bold=FL_SCREEN_BOLD,
        zapf_dingbats=FL_ZAPF_DINGBATS
    };

    Font(Font_type ff) :f{ff} { }
    Font(int ff) :f{ff} { }

    int as_int() const { return f; }
private:
    int f;
};
```

Font 클래스 정의에 사용한 클래스 정의 스타일은 Color(13.4절)와 Line_style(13.5절) 클래스와 동일하다.

13.12 Circle

세상이 온통 직사각형만으로 가득 차진 않았으니, 다른 도형도 살펴보는 차원에서 Circle과 Ellipse 클래스를 알아보자. Circle은 중심점과 반지름으로 정의한다.

```
struct Circle : Shape {
    Circle(Point p, int rr);              // 중심점과 반지름

    void draw_lines() const;

    Point center() const ;
    int radius() const { return r; }
    void set_radius(int rr)
    {
        set_point(0,Point{center().x- rr,center().y- rr}); // 중심점은 유지함
        r = rr;
    }
private:
    int r;
};
```

　　Circle의 사용 방법은 다음과 같다.

```
Circle c1 {Point{100,200},50};
Circle c2 {Point{150,200},100};
Circle c3 {Point{200,200},150};
```

　　이 코드를 실행하면 중심점이 동일한 수평선 위에 위치하는 크기가 다른 세 개의 원이 그려진다.

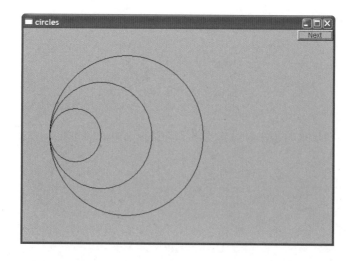

Circle 구현상의 주요한 특징은 원의 중심점이 아니라 원에 외접하는 정사각형의 왼쪽 상단 점의 좌표를 저장한다는 점이다. 물론 둘 중 무엇을 저장해도 상관없지만, FLTK의 최적화된 원 그리기 루틴에서 사용하는 방법을 택했다. 이런 방식을 택함으로써 Circle을 클래스의 내부 구현과 다른(더 나은) 관점의 개념으로 나타내는 한 예로 볼 수 있다.

```
Circle::Circle(Point p, int rr)              // 중심점과 반지름
    :r{rr}
{
    add(Point{p.x- r,p.y- r});               // 왼쪽 상단 점 저장
}

Point Circle::center() const
{
    return {point(0).x+r, point(0).y+r};
}

void Circle::draw_lines() const
{
    if (color().visibility())
        fl_arc(point(0).x,point(0).y,r+r,r+r,0,360);
}
```

fl_arc() 함수를 호출해 원을 그리는데, 앞의 두 인자는 왼쪽 상단 점을, 다음 두 인자는 원에 외접하는 최소한의 직사각형의 폭과 높이를, 마지막 두 인자는 그려질 원의 시작과 끝 각도를 의미한다. 여기서는 중심각이 360도인 완전한 원을 그렸지만, fl_arc()로 원의 일부 (타원의 일부)를 그릴 수도 있다(연습문제 1번 참고).

13.13 Ellipse

중심점과 반지름이 아니라 주축^{major axis}과 보조축^{minor axis}으로 정의한다는 점만 제외하면 타원과 Circle은 비슷하다. 즉, 타원을 정의하려면 중심점의 좌표와 x축상의 점으로부터 중심점까지의 거리, y축상의 점으로부터 중심점까지의 거리가 필요하다.

```
struct Ellipse : Shape {
    Ellipse(Point p, int w, int h);        // 중심점, 중심점으로부터 최대, 최소 거리

    void draw_lines() const;

    Point center() const;
    Point focus1() const;
```

```
    Point focus2() const;

    void set_major(int ww)
    {
        set_point(0,Point{center().x- ww,center().y- h}; // 중심점은 유지함
        w = ww;
    }
    int major() const { return w; }

    void set_minor(int hh)
    {
        set_point(0,Point{center().x- w,center().y- hh}); // 중심점은 유지함
        h = hh;
    }
    int minor() const { return h; }
private:
    int w;
    int h;
};
```

이렇게 정의한 Ellipse는 다음과 같이 사용한다.

```
Ellipse e1 {Point{200,200},50,50};
Ellipse e2 {Point{200,200},100,50};
Ellipse e3 {Point{200,200},100,150};
```

이 코드를 실행하면 중심점은 같으나 축으로부터 중심점까지의 거리가 다른 타원 세 개를
볼 수 있다.

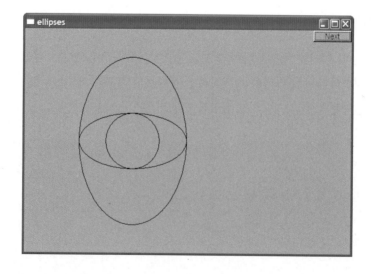

major()==minor()가 성립하는 **Ellipse**는 원과 동일함을 알 수 있다.

두 개의 초점과 그 초점으로부터 임의의 점까지의 거리를 바탕으로 타원을 정의하는 방식도 널리 사용되는데, 다음과 같이 Ellipse에 초점을 계산하는 기능을 추가할 수 있다.

```
Point focus1() const
{
    if (h<=w)            // 초점이 x축상에 존재함
        return {center().x+int(sqrt(double(w*w- h*h))),center().y};
    else                 // 초점이 y축상에 존재함
        return {center().x,center().y+int(sqrt(double(h*h- w*w)))};
}
```

그런데 Circle을 Ellipse로 정의하지 않는 이유는 무엇일까? 기하학적으로 모든 원은 타원이지만, 모든 타원이 원은 아니다. 구체적으로 원은 두 초점이 동일한 타원이라고 할 수 있다. Circle이 Ellipse로 정의됐다고 생각해보자. Ellipse에 멤버 변수를 추가하면 된다(원은 중심점과 반지름으로, 타원은 중심점과 두 축의 거리가 필요하다). 불필요한 공간 낭비가 발생하기도 하지만, 이렇게 하지 않는 더 큰 이유는 어떻게든 set_major()와 set_minor()를 비활성화하지 않고는 Ellipse를 바탕으로 Circle을 정의할 수 없기 때문이다. 결국 set_major()를 호출해서 major()!=minor()인 조건을 만족하게 만든다면 (수학자들이 정의한 대로) 그 타원은 더 이상 원이 아니다. 한 객체가 어떤 경우(major()!=minor())에는 특정 타입이었다가 다른 경우(major()==minor())에는 또 다른 타입이 되게 할 수도 없다. 우리는 그저 특정한 경우에만 원인(타원) 객체를 만들 수 있을 따름이다. 다른 말로 하자면 두 축의 길이가 다른 타원에 원을 우겨넣을 수 없다는 말이다.

클래스를 설계할 때는 클래스 정의에 있어 지나치게 머리를 쓰거나 코드로는 적합하지 않은 우리의 직관에 속지 않도록 주의하자. 반대로 클래스가 단지 멤버 데이터와 함수의 모임이 아닌 일관된 개념만을 표현하도록 주의해야 한다. 우리가 표현해야 할 아이디어나 개념에 대한 심사숙고 없이 코드를 마구 작성하면 이는 해킹에 가까우며, 그 결과로 다른 사람에게 설명할 수도 없고 누군가가 유지 보수할 수도 없는 코드를 만들게 된다. 여러분이 그다지 이타적이지 않더라도 몇 달 후에는 그 누군가가 여러분 스스로가 될지도 모른다는 점을 기억하라. 게다가 그런 코드는 디버깅하기도 어렵다.

13.14 Marked_polyline

그래프의 각 점에 표시를 하고 싶은가? 열린 폴리라인을 이용하면 그래프를 표현할 수 있으니 점에 표시를 남기는 열린 폴리라인을 만들면 된다. Marked_polyline이 바로 이런 일을 하는

데, 사용법은 다음과 같다.

```
Marked_polyline mpl {"1234"};
mpl.add(Point{100,100});
mpl.add(Point{150,200});
mpl.add(Point{250,250});
mpl.add(Point{300,200});
```

결과는 다음과 같다.

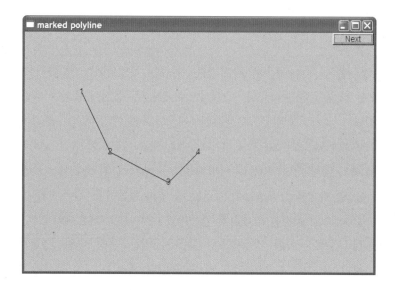

Marked_polyline은 다음과 같이 정의한다.

```
struct Marked_polyline : Open_polyline {
    Marked_polyline(const string& m) :mark{m} { if (m=="") mark = "*"; }
    Marked_polyline(const string& m, initializer_list<Point> lst);
    void draw_lines() const;
private:
    string mark;
};
```

Open_polyline을 상속 받음으로써 Point를 처리하는 부분을 공짜로 얻었으니 표식을 다루는 부분만 작업하면 된다. 특히 draw_lines()의 정의는 다음과 같다.

```
void Marked_polyline::draw_lines() const
{
    Open_polyline::draw_lines();
    for (int i=0; i<number_of_points(); ++i)
```

```
        draw_mark(point(i),mark[i%mark.size()]);
}
```

Open_polyline::draw_lines()를 호출하면 선이 그려지므로, 여기서는 표식만 처리하면 된다. 표식은 문자열로 제공되며 차례대로 사용한다. mark[i%mark.size()]는 Marked_polyline이 생성될 때 주어진 문자열에서 차례로 순환하며 표식을 선택한다. 알다시피 %는 나머지 연산자다. draw_lines()는 조그만 헬퍼 함수인 draw_mark()를 사용하는데, 이 함수에서 특정 지점에 문자를 출력한다.

```
void draw_mark(Point xy, char c)
{
    constexpr int dx = 4;
    constexpr int dy = 4;
    string m {1,c};                 // 한 개의 문자 c를 포함하는 문자열
    fl_draw(m.c_str(),xy.x- dx,xy.y+dy);
}
```

상수 dx와 dy를 이용해서 문자의 중심점이 주어진 지점에 오게 했고, string m은 한 개의 문자 c를 포함하는 문자열로 정의했다.

초기 값 목록을 받는 생성자는 Open_polyline의 초기 값 목록 생성자에 목록을 그대로 전달한다.

```
Marked_polyline(const string& m, initializer_list<Point> lst)
        :Open_polyline{lst},
        mark{m}
{
    if (m=="") mark = "*";
}
```

draw_lines()가 존재하지 않는 문자에 접근하는 일을 막고자 문자열이 비었는지 확인한다.

위에서 정의한 초기 값 목록 생성자를 이용하면 앞의 예제를 다음과 같이 축약할 수 있다.

```
Marked_polyline mpl {"1234",{{100,100}, {150,200}, {250,250}, {300,200}}};
```

13.15 Marks

때에 따라 연결선 없이 표식만 남기고 싶을 수도 있다. 이럴 때 사용할 수 있게 Marks 클래스를 제공한다. 앞서의 예제에서 여러 번 사용했던 네 점에 연결선 없이 표식만 남기려면 다음과 같이 하면 된다.

```
Marks pp {"x",{{100,100}, {150,200}, {250,250}, {300,200}}};
```

결과는 다음과 같다.

이산적인 사건을 나타내는 데이터라면 연결선을 그리는 일이 부적절하므로, Marks를 유용하게 사용할 수 있다. 사람들의 (키와 몸무게) 데이터가 좋은 예일 듯하다.

Marks는 선이 invisible인 Marked_polyline으로 간단히 정의한다.

```
struct Marks : Marked_polyline {
    Marks(const string& m)
        :Marked_polyline{m}
    {
        set_color(Color{Color::invisible});
    }

    Marks(const string& m, initializer_list<Point> lst)
        : Marked_polyline{m,lst}
    {
        set_color(Color{Color::invisible});
    }
};
```

:Marked_polyline{m}은 Marks 객체에서 Marked_polyline에 해당하는 부분을 초기화한다. 이러한 방식은 멤버 초기화 구문을 변형한 방법으로 볼 수 있다(9.4.4절).

13.16 Mark

Point는 윈도우의 한 지점일 뿐 우리가 그리거나 볼 수는 없다. 한 개의 Point를 보이게 하려면 13.2절과 같은 방법으로 선을 몇 개 그리거나 Marks를 이용해야 한다. 하지만 이렇게 하기 귀찮으니 한 점과 문자로 초기화할 수 있는 Marks의 간단한 버전을 정의하자. 예를 들어 13.12절에서 그린 세 원의 중심점을 다음과 같이 표시할 수 있다.

```
Mark m1 {Point{100,200},'x'};
Mark m2 {Point{150,200},'y'};
Mark m3 {Point{200,200},'z'};
c1.set_color(Color::blue);
c2.set_color(Color::red);
c3.set_color(Color::green);
```

결과는 다음과 같다.

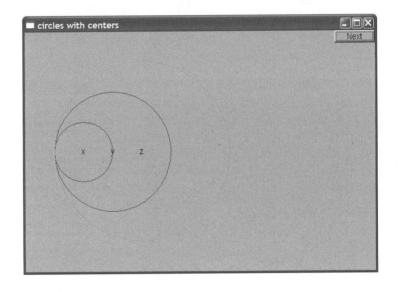

Mark는 최초의 한 점만 포함하는 Marks로 간단히 정의할 수 있다.

```
struct Mark : Marks {
    Mark(Point xy, char c) : Marks{string{1,c}}
    {
        add(xy);
    }
};
```

string{1,c}는 string의 생성자로, 한 문자 c를 포함하는 문자열을 만든다.

Mark의 모든 기능은 최초의 한 점을 포함하고, 한 문자로 표시되는 Marks를 간단히 사용하기 위한 수단일 뿐이다. 그렇다면 Mark를 별로도 정의할 가치가 있는가? 아니면 그저 '쓸데없이 복잡하고 혼란을 야기하는' 존재인가? 논리적으로 명확하게 답하긴 어렵지만, 이 질문을 여러 관점에서 고민한 결과 Mark가 사용자에게 유용하고 정의하기도 어렵지 않다는 결정을 내렸다.

문자를 표식으로 사용하는 이유는 무엇인가? 다른 작은 도형을 사용할 수도 있지만, 문자는 유용하고 간단한 표식을 여럿 제공한다. 서로 다른 여러 개의 점을 구별하려면 다양한 표식이 필요하고, x와 o, +, * 등은 상하좌우 대칭이라서 보기에도 좋다.

13.17 Image

평범한 개인용 컴퓨터는 수천 장의 이미지 파일을 저장하고 있으며, 웹에서 수백만 장 이상의 이미지에 접근할 수도 있다. 따라서 당연히 간단한 프로그램이라고 해도 이미지를 보여주고 싶을 수 있다. 텍사스 걸프 해변에 다다른 폭풍 리타의 예상 경로를 나타내는 이미지(rita_path.gif)를 예로 들어보자.

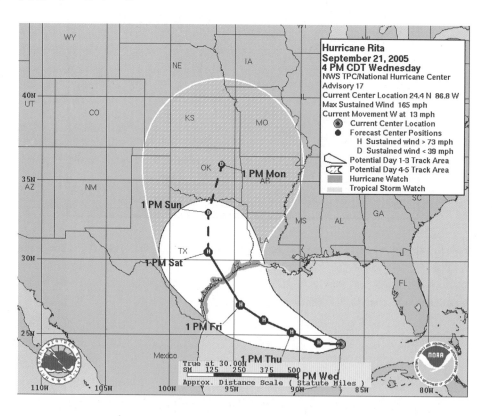

이 이미지의 일부를 선택하고, 우주에서 바라본 리타의 사진(rita.jpg)을 추가할 수 있다.

```
Image rita {Point{0,0},"rita.jpg"};
Image path {Point{0,0},"rita_path.gif"};
path.set_mask(Point{50,250},600,400);          // 적당한 영역 선택

win.attach(path);
win.attach(rita);
```

set_mask()는 출력할 이미지 영역의 일부를 선택한다. 여기서는 (path 객체에 불러온) rita_path.gif에서 (50, 250)를 왼쪽 상단으로 하고 (600, 400) 픽셀 크기인 이미지를 선택한다. 이처럼 이미지에서 직접 보여줄 일부 영역만 선택하는 일은 일반적인 작업이다.

책상 위에 쌓인 종이처럼 도형도 연결된 순서대로 배치되므로, path를 rita보다 먼저 연결하면 아래에 놓는다.

이미지를 인코딩^{encoding}하는 포맷은 매우 다양하지만, 지금은 가장 일반적인 JPEG와 GIF만 다루자.

```
enum class Suffix { none, jpg, gif };
```

우리가 만드는 그래픽스 인터페이스 라이브러리에서는 메모리상의 이미지를 Image 클래스의 객체로 나타낸다.

```
struct Image : Shape {
    Image(Point xy, string file_name, Suffix e = Suffix::none);
    ~Image() { delete p; }
```

```
    void draw_lines() const;
    void set_mask(Point xy, int ww, int hh)
        { w=ww; h=hh; cx=xy.x; cy=xy.y; }

private:
    int w,h;        // "마스킹 박스"를 (cx,cy)에 대해 상대적인 크기로 지정
    int cx,cy;
    Fl_Image* p;
    Text fn;
};
```

Image의 생성자는 지정된 파일을 불러와서 인자나 (좀 더 일반적으로는) 파일의 확장자로 주어진 인코딩 방식으로 그림을 생성한다. 이미지를 출력할 수 없다면(예, 파일을 찾을 수 없는 경우) Image는 Bad_image를 출력하는데, Bad_image의 정의는 다음과 같다.

```
struct Bad_image : Fl_Image {
    Bad_image(int h, int w) : Fl_Image{h,w,0} { }
    void draw(int x,int y, int, int, int, int) { draw_empty(x,y); }
};
```

그래픽스 라이브러리의 그래픽 처리는 복잡한 부분이지만, 우리가 만드는 그래픽스 인터페이스 클래스인 Image에서 가장 어려운 부분은 파일 처리다.

```
// 이미지 파일 관련 오류는 디버깅하기 어려우므로
// 생성자를 정교하게 작성함
Image::Image(Point xy, string s, Suffix e)
    :w{0}, h{0}, fn{xy,""}
{
    add(xy);

    if (!can_open(s)) {                    // s를 열 수 있는가?
        fn.set_label("cannot open \""+s+'"');
        p = new Bad_image(30,20);          // 오류 이미지
        return;
    }

    if (e == Suffix::none) e = get_encoding(s);

    switch(e) {                            // 알려진 인코딩인지 확인
    case Suffix::jpg:
        p = new Fl_JPEG_Image{s.c_str()};
        break;
    case Suffix::gif:
```

```
        p = new Fl_GIF_Image{s.c_str()};
        break;
    default:                            // 지원하지 않는 이미지 인코딩
        fn.set_label("unsupported file type \""+s+'"');
        p = new Bad_image{30,20};       // 오류 이미지
    }
}
```

확장자를 바탕으로 이미지를 저장할 객체의 종류(Fl_JPEG_Image나 Fl_GIF_Image)를 결정했다. 구현 객체를 new로 생성(new 연산자와 포인터는 17장에서 다룬다)한 후 포인터에 대입했는데, 이는 FLTK의 구조에 따른 세부 구현 사항이므로 여기서 그리 중요한 부분은 아니다. FLTK는 C 스타일의 문자열을 사용하므로 지금까지 사용한 s 대신 s.c_str()을 이용했다.

이제 주어진 파일을 읽기용으로 열 수 있는지 확인하는 can_open()을 구현하자.

```
bool can_open(const string& s)
    // 주어진 파일이 존재하며 읽기용으로 열 수 있는지 확인
{
    ifstream ff(s);
    return ff;
}
```

파일을 열었다 닫아보는 방법은 보기 좋진 않지만 '파일 열기 오류'와 파일에 포함된 데이터 형식 오류를 구별할 수 있다.

원한다면 get_encoding() 함수를 살펴봐도 좋다. 이 함수는 확장자를 가져온 후 사전에 알려진 확장자 테이블에서 해당 확장자를 찾는데, 그 테이블은 표준 라이브러리의 map(21.6절)으로 정의된다.

✓ **실습문제**

1. 800×1000 크기의 Simple_window를 생성하라.

2. 생성한 윈도우의 왼쪽 800×800 부분에 8×8칸의 격자를 그리자(각 격자의 크기는 100×100).

3. 가장 왼쪽 상단에서 시작해 대각선상에 놓인 정사각형 8개를 붉은 색으로 만들자 (Rectangle을 이용한다).

4. 200×200 픽셀 크기의 (JPEG나 GIF) 이미지를 가져다가 (각 이미지가 4개의 정사각형을 덮게) 격자 위에 세 번 출력하자. 정확히 200×200 크기의 이미지를 찾을 수 없다면 더 큰 이미지에서

set_mask()를 이용해 200×200 부분만 선택하자. 붉은 정사각형은 가리지 말자.

5. 100×100 이미지를 추가하고, Next 버튼을 누를 때마다 이미지가 다음 정사각형으로 움직이게 하자. 루프 안에 이미지를 출력한 다음 정사각형을 선택하는 코드와 함께 wait_for_button()만 넣으면 된다.

복습문제

1. 지금까지 상업용이나 오픈소스 그래픽스 라이브러리를 직접적으로 사용하지 않은 이유는 무엇인가?

2. 간단한 그래픽스를 출력할 때 우리가 만든 그래픽스 인터페이스 라이브러리 중에서 얼마나 많은 클래스가 필요한가?

3. 우리가 만든 그래픽스 인터페이스 라이브러리를 사용할 때 필요한 헤더 파일은 무엇인가?

4. 폐도형을 정의하는 클래스는 무엇인가?

5. 모든 도형을 Line으로 나타내지 않는 이유는 무엇인가?

6. Point를 생성할 때 인자는 무엇인가?

7. Line_style의 구성 요소는 무엇인가?

8. Color의 구성 요소는 무엇인가?

9. RGB란 무엇인가?

10. Line 객체 두 개와 두 선을 포함하는 Lines 객체 하나의 차이점은 무엇인가?

11. 모든 Shape에 지정할 수 있는 속성은 무엇인가?

12. 다섯 개의 Point로 정의된 Closed_polyline의 변은 몇 개인가?

13. Shape를 정의한 후에 Window에 연결하지 않으면 무엇이 보이는가?

14. Rectangle과 네 개의 Point(꼭짓점)를 포함하는 Polygon의 차이점은 무엇인가?

15. Polygon과 Closed_polyline의 차이점은 무엇인가?

16. 채우기 색과 외곽선 중에 무엇이 위에 그려지는가?

17. (Rectangle을 정의했듯이) Triangle을 정의하지 않는 이유는 무엇인가?

18. Shape를 Window 내의 다른 곳으로 옮기는 방법은 무엇인가?

19. Shape에 텍스트 한 줄로 제목을 붙이는 방법은 무엇인가?

20. Text에 포함된 문자열에 어떤 속성을 지정할 수 있는가?

21. 글꼴은 무엇이고, 왜 사용하는가?

22. `Vector_ref`는 무엇이고, 어떻게 사용하는가?

23. `Circle`과 `Ellipse`의 차이점은 무엇인가?

24. 실제로 이미지가 아닌 파일을 `Image`로 출력하면 어떻게 되는가?

25. 이미지의 일부를 출력하는 방법은 무엇인가?

용어 정리

폐도형	이미지	점
색상	이미지 인코딩	다각형
타원	비가시성invisible	폴리라인
채우기	**JPEG**	명명하지 않은 객체
글꼴	선	`Vector_ref`
글꼴 크기	선 스타일	가시성visible
GIF	열린 도형	

연습문제

'클래스를 정의하는' 연습문제에서는 각 클래스의 객체 두세 개를 화면에 출력해 잘 동작하는 지 확인하자.

1. 타원의 일부를 그리는 `Arc` 클래스를 정의하라. 힌트: `fl_arc()`

2. 네 개의 호arc와 선을 포함하는 클래스 `Box`를 정의해 모서리가 둥근 사각형을 그리자.

3. 화살표가 추가된 선을 그리는 **Arrow** 클래스를 정의하라.

4. `n()`과 `s()`, `e()`, `w()`, `center()`, `ne()`, `se()`, `sw()`, `nw()` 함수를 정의하자. 각 함수는 `Rectangle`을 인자로 받아 `Point`를 반환한다. 즉, 주어진 직사각형의 외곽선 위에 있는 점을 반환한다. 예를 들어 `nw(r)`은 `Rectangle` 객체인 r의 북서쪽(왼쪽 상단)의 점을 반환한다.

5. `Circle`과 `Ellipse` 클래스에 연습문제 4번의 함수를 정의하라. 도형 밖의 점을 반환해도 좋지만, 도형에 외접하는 직사각형을 벗어나면 안 된다.

6. 12.6절에서 본 다이어그램을 그려보자. 텍스트 제목을 포함한 직사각형을 나타내는 클래스 `Box`를 정의하는 일부터 시작해보자.

7. **RGB** 색상 표를 그려보자(웹에서 **RGB** 색상표의 예를 찾아보라).

8. `Regular_hexagon`(정육각형은 모든 변의 길이가 같은 육각형임) 클래스를 정의하자. 생성자에서 중심점과 정육각형의 한 꼭짓점 좌표를 인자로 받아 중심점과 중심점부터 꼭짓점 사이의 거리로 정육각형을 정의하자.

9. 윈도우의 일부에 (최소 여덟 개의) `Regular_hexagon`을 타일 형태로 배치하자.

10. `Regular_polygon` 클래스를 정의하자. 중심점 좌표와 (2보다 큰) 변의 개수, 한 꼭짓점과 중심점 사이의 거리를 생성자의 인자로 받는다.

11. 300×200 픽셀 크기의 타원을 그리자. 다음으로 400픽셀 길이의 x축과 300픽셀 길이의 y축이 타원의 중심점에서 교차하게 그리자. 타원의 두 초점에 표식을 남기고, 타원상의 점 중에서 축 위에 있지 않은 한 점에 표식을 남기자. 마지막으로 그 점과 두 초점을 잇는 선을 그리자.

12. 원을 그리고, 원의 외곽선을 따라 표식을 남기자(Next 버튼을 누를 때마다 점이 조금씩 움직이게 하자).

13. 13.10절의 색상 표를 그리되 선을 제외하고 그리자.

14. 정삼각형을 나타내는 클래스를 정의하자. 그리고 색이 각기 다른 정삼각형 8개로 육각형을 그려보자.

15. 작은 정삼각형을 윈도우에 타일 형태로 배치하자.

16. 육각형을 윈도우에 타일 형태로 배치하자.

17. 몇 가지 다른 색으로 채워진 육각형을 윈도우에 타일 형태로 배치하자.

18. 다각형을 나타내는 클래스 `Poly`를 정의하되 각 변이 정말 교차하지 않고 다각형을 이루는지 생성자에서 확인하라. 힌트: 생성자는 꼭짓점의 목록을 인자로 받는다.

19. `Star` 클래스를 정의하되, 생성자의 매개변수에 점의 개수를 포함시킨다. 점의 개수와 선 색상, 채우기 색상을 달리해 별을 몇 개 그려보자.

붙이는 말

12장에서 클래스 사용법을 알아봤다면 13장에서는 프로그래머 세계의 먹이 사슬을 한 단계 뛰어넘어 도구(클래스)를 사용함은 물론 도구를 직접 만들 수 있게 됐다.

그래픽스 클래스 설계

"기능적이고, 견고하고, 아름답게"

- 비트루비우스(Vitruvius)

그래픽스를 다루는 장의 목적은 두 가지다. 우선 정보를 보여줄 수 있는 유용한 도구를 제공하고자 한다. 하지만 이에 그치지 않고, 일련의 그래픽스 인터페이스 클래스를 바탕으로 일반적인 설계와 구현 기법을 설명하고자 한다. 특히 14장에서는 인터페이스 설계 관련 아이디어와 상속의 개념을 살펴본다. 그 과정에서 클래스 파생과 가상 함수, 접근 제어 등을 비롯한 객체 지향 프로그래밍을 뒷받침하는 언어의 기능을 훑어본다. 설계를 논의함에 있어 용례와 구현을 따로 떼어놓고 이야기할 수 없으므로 손에 잡히는 예제를 바탕으로 설계에 대한 논의를 이어간다. 한 마디로 14장의 내용은 '그래픽스 클래스의 설계와 구현'으로 요약할 수 있다.

14.1 설계 원칙

우리의 그래픽스 인터페이스 클래스를 설계하는 원칙은 무엇인가? 우선 이 질문 자체를 곱씹어보자. '설계 원칙'은 무엇인가? 그리고 멋진 그림을 그리는 대신에 설계 원칙을 공부해야 하는 이유는 또 무엇인가?

14.1.1 타입

그래픽스는 응용 영역 중의 하나다. 따라서 여기서 하는 일도 기본적인 응용 개념을 (우리 스스로를 비롯한) 프로그래머에게 어떻게 표현할지에 대한 문제다. 그 응용 개념을 혼란스럽거나 일관되지 않거나, 불완전하거나, 혹은 그 밖의 다른 잘못된 방식으로 표현한다면 그래픽스 출력을 표시하는 일은 점점 어려워진다. 우리는 이와 반대로 프로그래머가 그래픽스 클래스를 학습하고 사용하는 데 드는 노력을 최소화하고 싶다.

이상적인 프로그램 설계란 응용 영역의 개념을 코드에 직접적으로 표현하는 일이다. 이렇게 되면 응용 영역을 이해했을 때 코드를 이해할 수 있으며, 그 반대의 경우도 가능하다. 아래의 예를 살펴보자.

* Window   운영체제가 출력하는 윈도우
* Line   화면에 보이는 선
* Point   좌표계상의 점
* Color   화면에 보이는 색상
* Shape   우리가 만드는 그래픽스/GUI 세계에 포함된 모든 도형에 공통적인 어떤 것

마지막 예 Shape는 완전히 추상적이고 일반화된 개념이란 점에서 다른 예와 다르다. 즉, 우리가 화면에서 볼 수 있는 객체는 선과 육각형 등을 비롯한 특정한 종류의 도형이지, 도형이란 개념 자체를 화면에서 볼 수 없다. 이러한 사실이 타입의 정의에도 그대로 적용되는데, 실제로 Shape 타입의 변수를 정의하면 컴파일러가 오류를 보고한다.

라이브러리는 일련의 그래픽스 인터페이스 클래스로 구성되며, 이 클래스들은 서로 함께 사용된다. 또한 이 클래스들은 여러분이 그 밖의 그래픽 도형을 나타내는 클래스를 직접 정의할 때 참고할 수 있으며, 여러분이 정의하는 클래스의 기본적인 구성 요소로 사용할 수도 있다. 우리가 하는 일은 서로 관련이 없는 별개의 클래스를 여러 개 정의하는 일이 아니므로, 각 클래스를 따로 띄어놓고 설계를 논할 수 없다. 이 클래스들을 함께 고려해야 만들어진 클래스를 바탕으로 그래픽스 작업을 수행하는 방법을 제공할 수 있다. 물론 그래픽스 작업을 수행하는 방법은 최대한 우아하고 일관적이어야 한다. 우리가 만들 수 있는 라이브러리의

크기와 그래픽스 영역의 방대함을 고려했을 때 완벽한 라이브러리를 만들 수는 없다. 대신 단순성과 확장성에 초점을 맞추자.

사실 그 어떤 라이브러리도 응용 영역의 모든 측면을 반영할 순 없다. 이는 불가능할 뿐 아니라 라이브러리의 초점을 흐리게 한다. 지리 정보를 표시하는 라이브러리를 만든다고 생각해보자. 길가의 수풀을 표시해야 하는가? 국가와 주를 비롯한 정치적인 경계선은? 도로망은? 철도는? 강은? 사회 경제적인 정보를 따로 강조해야 할까? 계절별 기온과 습도의 변화는? 대기를 흐르는 바람의 패턴은? 항공기의 항로는? 학교의 위치도 표시해야 하는가? 패스트푸드 음식점은? 해당 지역의 명승지는? 종합적인 지리 정보 시스템이라면 "모두 다 표시한다"가 좋은 해답일 수 있지만, 한 화면에 모두 보여주긴 힘들다. 설사 지리 정보 분야에서 활용하는 라이브러리에서는 이 모든 것을 제공할 수 있다고 하더라도 수기와 사진 편집, 과학적인 시각화, 항공기 제어 화면 등을 비롯한 그 밖의 그래픽스 분야를 모두 다룰 수는 없다.

따라서 언제나 우리에게 무엇이 중요한지 선택해야 한다. 여기서는 어떤 종류의 그래픽스/GUI를 잘 수행하고 싶은지 정해야 한다. 모든 일을 하려고 하면 실패하기 마련이다. 좋은 라이브러리는 응용 영역의 특정 측면을 직접적으로 명확하게 반영하며, 응용 영역의 한 측면을 강조해 그 밖의 다른 부분은 단순화한다.

우리가 제공하는 클래스는 간단한 그래픽스와 GUI용으로 설계됐으며, 수치/과학/공학 분야에서 데이터와 그래픽을 표현하려는 사용자를 대상으로 한다. 여기서 제공하는 클래스를 바탕으로 여러분의 클래스를 직접 만들 수 있다. 그 정도로 모자랄 경우에 대비해 구현에서 FLTK의 세부 사항을 충분히 노출함으로써 FLTK(나 모든 기능을 갖춘 비슷한 그래픽스/GUI 라이브러리)를 직접 사용하는 방법을 깨달을 수 있게 했다. 그러나 그럴 작정이라면 17장과 18장의 내용을 익힐 때까지 기다리자. 그곳에서 그래픽스/GUI 라이브러리를 제대로 사용하려면 꼭 필요한 포인터와 메모리 관리를 배운다.

주요 설계 결정 중 하나는 적은 수의 동작을 포함하는 다수의 '작은' 클래스를 제공한다는 점이다. 예를 들어 `Open_polyline`과 `Closed_polyline`, `Polygon`, `Rectangle`, `Marked_polyline`, `Marks`, `Mark`를 제공하는데, 각 객체가 포함하는 폴리라인의 종류를 지정하거나 폴리라인의 종류를 변경하는 함수와 매우 많은 수의 인자를 이용하면 이 모든 클래스를 한 클래스(폴리라인 클래스)로 만들 수도 있다. 이러한 생각을 극단적으로 적용하면 모든 도형을 `Shape` 클래스의 한 부분으로 제공할 수 있다. 하지만 다수의 작은 클래스를 제공하는 방법이 그래픽스 영역을 가장 가깝고 유용한 형태로 묘사하는 방식이라고 생각한다. 모든 기능을 제공하는 단일 클래스를 제공하면 사용자는 이해를 돕고 디버깅을 쉽게 하고 성능을 향상시키는 아무런 체계 없이 수많은 옵션과 데이터와 씨름해야 한다.

14.1.2 연산

각 클래스에서는 최소한의 연산을 제공하는데, 이처럼 원하는 일을 하는 데 필요한 최소한의 인터페이스를 제공하는 방식이 이상적인 설계에 가깝다. 편의성을 높이고자 한다면 멤버가 아닌 함수나 다른 클래스를 필요한 만큼 추가할 수 있다.

모든 클래스의 인터페이스는 공통적인 스타일을 준수해야 한다. 예를 들어 서로 다른 클래스에 포함된 비슷한 일을 하는 함수는 모두 이름이 같고, 같은 타입의 인자를 받으며, 가능하다면 인자를 받는 순서도 동일해야 한다. 생성자를 예로 들면 어떤 도형에 위치가 필요하면 Point 타입을 첫 번째 인자로 넘겨받는다.

```
Line ln {Point{100,200},Point{300,400}};
Mark m {Point{100,200},'x'};            // 한 점을 'x'로 표시
Circle c {Point{200,200},250};
```

이처럼 점을 다루는 모든 함수는 점을 Point 타입으로 표현한다. 당연해 보이지만, 여러 스타일을 혼용하는 라이브러리도 있다. 선을 그리는 함수를 예로 들면 다음과 같은 두 가지 스타일 중 하나를 선택할 수 있다.

```
void draw_line(Point p1, Point p2);             // p1에서 p2로 (우리가 선택한 스타일)
void draw_line(int x1, int y1, int x2, int y2); // (x1,y1)에서 (x2,y2)로
```

두 스타일을 혼용할 수 있지만 일관성과 더 나은 타입 검사, 가독성을 확보하고자 한 가지만 사용하자. Point를 사용하면 다음과 같이 좌표 쌍과 그 밖의 일반적인 정수 쌍(폭과 높이)을 혼동할 가능성도 없어진다.

```
draw_rectangle(Point{100,200}, 300, 400);       // 우리가 선택한 스타일
draw_rectangle(100,200,300,400);                // 다른 스타일
```

첫 번째 호출에서는 한 점과 폭, 높이로 직사각형을 그린다는 사실을 쉽게 알 수 있지만, 두 번째 호출은 그렇지 않다. 두 점 (100,200)과 (300,400)로 직사각형을 정의한단 말인가? 아니면 한 점 (100,200)에 폭 300, 높이 400으로 직사각형을 정의한단 말인가? (누군가는 알아들을지 몰라도) 이 둘은 완전 다른 얘기다. 일관적으로 Point를 사용하면 이런 혼동을 피할 수 있다.

폭과 높이가 필요한 함수가 있다면 (x 좌표 다음에 y 좌표를 지정하듯이) 항상 폭 다음에 높이를 넘겨준다. 이처럼 세세한 사항에 일관성을 부여하는 일만으로도 사용 편이성을 크게 높이고 실행 시간 오류를 대폭 줄일 수 있다.

논리적으로 동일한 연산은 같은 이름을 붙인다. 예를 들어 도형의 종류에 상관없이 점과

선 등을 추가하는 연산의 이름은 add()이고, 일련의 선을 그리는 함수는 draw_lines()다. 이러한 통일성은 (기억해야 할 세부 사항을 줄임으로써) 기억을 돕고, (기본적인 규칙을 제공함으로써) 새로운 클래스를 설계하는 데 도움을 준다. 더 나아가 서로 다른 타입들에 대한 연산의 패턴이 동일한 경우 여러 가지 서로 다른 타입에 적용 가능한 코드를 만들 수도 있다. 이런 코드를 제네릭^{generic}이라고 하며, 19~21장에서 살펴본다.

14.1.3 명명 규칙

논리적으로 서로 다른 연산은 이름도 다르다. 당연한 말 같지만, 이런 경우를 생각해보자. Window에 Shape를 추가하는 연산은 'attach'인데, Shape에 Line을 추가하는 연산은 왜 'add'라고 명명^{naming}했을까? 두 경우 모두 '무언가를 다른 무언가에 집어넣는' 연산이니 공통적인 이름을 붙여도 좋지 않은가? 그렇지 않다. 겉보기에 비슷해 보이지만 근본적인 차이점이 숨어있다. 아래 예를 보자.

```
Open_polyline op1;
op1.add(Point{100,100});
op1.add(Point{150,200});
op1.add(Point{250,250});
```

여기서 세 점을 op1 안으로 복사했다. 즉, op1은 세 점의 복사본을 보관하므로, add()를 호출한 후에는 op1이 원래 세 점에 관여하지 않는다. 사실 도형에 추가한 원래의 점 객체를 따로 저장하는 경우는 거의 없다. 이와 달리 다음 예를 보자.

```
win.attach(op1);
```

여기서 윈도우 win과 도형 op1 사이에 연결을 생성했는데, win은 op1의 복사본이 아니라 원래 op1 객체를 참조한다. 따라서 win이 op1을 사용하는 동안 op1을 유효한 상태로 유지해야 한다. 즉, win이 op1을 사용하는 동안 op1이 유효 범위를 벗어나면 안 된다. 우리가 op1을 변경하면 그 후에 win에 op1을 그릴 때 변경 내용이 화면에 보인다. attach()와 add()의 차이점을 그림으로 나타내면 다음과 같다.

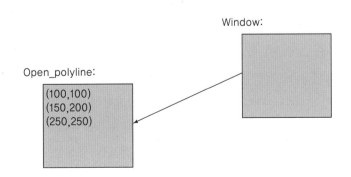

기본적으로 add()는 값에 의한 전달(복사)을 사용하고, attach()는 참조에 의한 전달(한 객체를 공유)을 사용한다. 물론 Window 안에 그래픽스 객체를 복사할 수도 있겠지만, 그렇게 되면 add() 대신 attach()를 사용하는 방식과는 다른 프로그래밍 모델을 바탕으로 하는 셈이다. 여기서는 그래픽스 객체를 Window에 연결하는 방식을 택한다. 이는 중요한 점을 암시한다. 즉, 객체를 생성하고 윈도우에 연결한 후 그 객체를 파괴하면 프로그램이 제대로 동작하지 않는다는 점이다.

```
void f(Simple_window& w)
{
    Rectangle r {Point{100,200},50,30};
    w.attach(r);
}    // 이런! r의 수명이 여기서 끝난다.

int main()
{
    Simple_window win {Point{100,100},600,400,"My window"};
    // ...
    f(win);        // 문제가 발생한다.
    // ...
    win.wait_for_button();
}
```

f()가 종료한 후 wait_for_button()을 호출하는 시점에서 win이 참조하고 출력할 r은 존재하지 않는다. 함수 안에서 만든 객체를 함수가 종료한 후에도 유지하는 방법은 17장에서 배울 텐데, 그전까지는 wait_for_button() 호출 시점에서 존재하지 않는 객체를 윈도우에 연결하지 말자. Vector_ref(13.10절, E.4절)가 이 문제를 해결하는 데 도움을 줄 수 있다.

여기서 f()는 (8.5.6절에서 추천한 대로) Window를 const 참조 인자로 받았어야 한다. 그렇게 하면 컴파일러가 실수를 방지할 수 있기 때문이다. attach()는 Window에 r을 등록해 Window 의 상태를 변경하므로, const Window에는 attach(r)을 호출할 수 없다.

14.1.4 변경 가능성

클래스를 설계할 때 고려해야 할 질문 중 하나가 바로 "누가 클래스의 데이터를 변경할 수 있는가?", "어떻게 변경하는가?"인데, 객체에 대한 변경은 반드시 해당 객체가 스스로 수행하게 해야 한다. 여기서 public과 private의 차이점이 중요한데, 더 유연한 방법인 protected 도 예제로 살펴보자. string 타입의 label이라는 데이터 멤버를 예로 들면 우리가 직접 클래스의 데이터 멤버에 값을 지정할 수 없다는 말이다. 객체를 생성한 후 그 값을 수정할 수 있는지, 그렇다면 어떻게 할지도 정해야 한다. 더불어 클래스의 멤버 함수가 아닌 코드에서 label의 값을 읽어야 하는지, 그렇다면 어떻게 할지도 정해야 한다.

```
struct Circle {
    // ...
private:
    int r;        // 반지름
};

Circle c {Point{100,200},50};
c.r = -9;         // 괜찮은가? 아니다. Circle::r은 private이므로 컴파일 시간 오류가 발생한다.
```

13장에서 봤듯이 대부분의 데이터 멤버에 직접 접근하는 일은 허용하지 않는다. 멤버 데이터의 직접적인 노출을 막음으로써 Circle의 반지름에 음수를 지정하는 등의 잘못된 값을 걸러낼 수 있는 기회를 얻을 수 있다. 구현을 단순히 하고자 이러한 기회의 이점을 완벽히 활용하지 않았지만, 여러분이 처리하는 값에는 주의를 기울이자. 일관성 있고 완벽한 검사를 하지 않는 이유는 설명을 위해 코드를 단순히 함은 물론, 사용자(여러분)가 잘못된 값을 넘겨줘도 화면에 이상한 이미지를 출력할 뿐 소중한 데이터가 손상되진 않기 때문이다.

우리는 (여러 Window를 포함하는) 화면을 오로지 출력 장치로만 이용한다. 따라서 새로운 객체를 출력하거나 오래된 객체를 삭제할 수는 있어도, 우리가 생성한 이미지를 표현하는 자료 구조에서 알 수 없는 정보를 시스템에 요청해선 안 된다.

14.2 Shape

Shape 클래스는 화면상의 Window에 출력할 수 있는 일반적인 개념을 가리킨다.

- Shape는 우리가 만든 그래픽스 객체를 추상화된 Window와 연결함으로써 결과적으로 운영 체제와 물리적 화면 간의 연결을 제공한다.
- Shape는 일련의 선을 그리는 색상과 스타일을 다룬다. 이를 위해 각 선의 Line_style과 Color, 채우기에 사용할 Color를 저장한다.
- Shape는 일련의 Point를 저장하며, 이를 그리는 기본적인 방법도 포함한다.

숙련된 설계자라면 세 가지 일을 동시에 하는 클래스는 일반화하기에 문제가 있다고 생각하겠지만, 여기서는 대부분의 일반적인 경우보다 훨씬 간단한 방법이 필요하다.

클래스 전체를 살펴본 후에 자세한 논의를 이어가자.

```
class Shape {            // 색상과 스타일을 처리하고, 일련의 선을 저장
public:
    void draw() const;                  // 지정한 색으로 선을 그림
    virtual void move(int dx, int dy);   // 도형을 +=dx, +=dy만큼 이동

    void set_color(Color col);
    Color color() const;

    void set_style(Line_style sty);
    Line_style style() const;

    void set_fill_color(Color col);
    Color fill_color() const;

    Point point(int i) const;           // 도형 내부의 점에 읽기 전용으로 접근
    int number_of_points() const;

    Shape(const Shape&) = delete;        // 복사 방지
    Shape& operator=(const Shape&) = delete;

    virtual ~Shape() { }
protected:
    Shape() { }
    Shape(initializer_list<Point> lst); // Point 목록을 Shape에 추가

    virtual void draw_lines() const;     // 적절한 방법으로 선을 그림
    void add(Point p);                   // 점 목록에 p를 추가
    void set_point(int i, Point p);      // points[i]=p;
private:
    vector<Point> points;                // 모든 도형에서 사용하지는 않음
    Color lcolor {fl_color()};           // 선이나 문자의 색(기본 값 지정)
    Line_style ls {0};
    Color fcolor {Color::invisible};     // 채우기 색
};
```

다양한 종류의 그래픽스 클래스를 지원하고 화면상의 도형이라는 일반적인 개념을 표현하고자 상대적으로 복잡한 클래스를 설계했다. 그래도 멤버 데이터 네 개와 15개 함수를 포함할 뿐이다. 그리고 이 함수들은 매우 단순하므로 설계 관련 주제에 집중할 수 있다. 이제 멤버를 하나씩 살펴보고, 설계 측면에서 각각의 역할을 알아보자.

14.2.1 추상 클래스

우선 Shape의 생성자를 살펴보자.

```
protected:
    Shape() { }
    Shape(initializer_list<Point> lst);        // Point 목록을 Shape에 추가
```

생성자가 protected인데, 이는 Shape로부터 파생된 클래스에서만 (:Shape 구문을 이용해서) 이 생성자를 직접 사용할 수 있음을 뜻한다. 다른 말로 하자면 Shape는 Line과 Open_polyline 등을 비롯한 클래스의 기반 클래스로만 사용할 수 있다는 뜻이다. 여기서 protected:를 사용한 이유를 한마디로 정리하면 Shape 객체를 다음과 같이 직접 만들 수 없게 하는 것이다.

```
Shape ss;        // 오류: Shape를 직접 생성할 수 없음
```

이처럼 Shape는 기반 클래스로만 사용할 수 있다. 당장은 Shape 객체를 직접 만들어도 크게 잘못된 일은 없겠지만, 직접적 사용을 제한함으로써 Shape를 직접 사용할 수 없게 만드는 코드 변경에 대비할 수 있다. 그리고 Shape의 직접적인 생성을 금지해 Circle과 Closed_polyline 등의 특정 도형이 아닌 추상적인 개념의 도형을 생성하거나 출력할 수 없다는 점을 설계에 그대로 반영할 수 있다. 한 번 생각해보라! 추상적인 도형은 어떤 모양인가? 이 질문에 "그럼, 도형은 무엇인가"라고 반문할 수밖에 없다. Shape 클래스가 표현하는 도형이란 추상적인 개념이다. 이러한 개념(추상화)은 설계에 있어 매우 중요하고 유용한 원칙이므로 예제 프로그램에서도 이 원칙을 어기지 않는다. 사용자가 Shape 객체를 직접 만들게 허용하면 개념을 직접적으로 반영한다는 클래스의 기본 원칙에 어긋나는 일이 된다.

기본 생성자는 각 멤버에 기본 값을 지정한다. 여기서 구현에 사용한 라이브러리 FLTK 관련 내용이 보이지만, FLTK의 색상과 스타일 개념은 사용자에게 직접 노출되지 않으며, Shape와 Color, Line_style 클래스의 구현부에만 해당된다. 그리고 vector<Points>는 기본적으로 비어있는 벡터로 초기화한다.

초기 값 목록 생성자에서도 이러한 기본 값으로 초기화한 후 인자 목록에 포함된 요소를 Shape에 add() 한다.

```
Shape::Shape(initializer_list<Point> lst)
{
    for (Point p : list) add(p);
}
```

이처럼 기반 클래스로만 사용할 수 있는 클래스를 **추상 클래스**abstract class라고 한다. 추상

클래스를 정의하는 더 일반적인 방법으로는 순수 가상 함수^{pure virtual function}가 있다(14.3.5절). 추상 클래스와 반대로 객체 생성이 가능한 클래스를 **실체 클래스**^{concrete class}라고 한다. 여기서 추상과 실체는 일상적인 구분에 사용하는 단순한 기술적 어휘다. 상점에 가서 카메라를 산다고 생각해보자. 그러나 아무 카메라나 사서 집에 들고 올수는 없다. 어떤 회사의 카메라를 살까? 어떤 모델의 카메라를 원하는가? 여기서 카메라는 일반화된 추상적 개념을 말한다. 반면 올림푸스 EM-5는 특정 종류의 카메라를 가리키며, 우리는 이러한 특정 종류의 카메라의 제품 번호가 찍힌 실체를 (돈을 지불하고) 얻을 수 있다. 즉, '카메라'는 추상(기반) 클래스, '올림푸스 EM-5'는 실체(파생) 클래스, 여러분 손에 쥐고 있는(구입한) 실제 카메라는 객체에 비유할 수 있다.

```
virtual ~Shape() { }
```

이 선언부는 가상 소멸자^{virtual destructor}를 정의하는데, 지금 당장은 사용하지 않으며, 17.5.2절에서 예제와 설명을 볼 수 있다.

14.2.2 접근 제어

Shape 클래스의 모든 데이터 멤버는 private으로 선언했다.

```
private:
    vector<Point> points;
    Color lcolor {fl_color()};          // 선이나 문자의 색 (기본 값 지정)
    Line_style ls {0};
    Color fcolor {Color::invisible};    // 채우기 색
```

데이터 멤버의 초기 값은 생성자의 인자에 의존적이지 않으므로, 데이터 멤버 선언에서 명시했다. 알다시피 벡터의 초기 값은 비어있는 벡터이므로 따로 명시하진 않았다. 생성자 안에서도 이렇게 지정한 초기 값이 적용된다.

Shape의 데이터 멤버는 private이므로, 사용자가 접근하려면 접근 함수^{access function}가 필요하다. 여기에도 여러 가지 스타일이 있는데, 이 중에서 간단하고 편리하며 가독성이 높은 스타일을 선택했다. X라는 속성을 표현하는 멤버가 있으면 다음과 같이 한 쌍의 함수 X()와 set_X()를 읽기와 쓰기용으로 제공한다.

```
void Shape::set_color(Color col)
{
    lcolor = col;
}
```

```
Color Shape::color() const
{
    return lcolor;
}
```

이 방식의 주요 단점은 멤버 변수에 읽기 함수와 동일한 이름을 붙일 수 없다는 점이다. 접근 함수는 공개된 인터페이스의 한 부분이므로 가능하면 편리한 이름을 붙여야 하지만, private 변수의 이름은 그런 제약이 훨씬 덜하다. 읽기 함수가 Shape를 변경할 수 없다는 의미로 const를 사용한 점도 눈여겨보자(9.7.4절).

Shape는 파생 클래스를 지원하기 위해 Point의 벡터를 points 변수에 저장한다. 따라서 points에 Point를 추가하는 add() 함수를 제공한다.

```
void Shape::add(Point p) // protected
{
    points.push_back(p);
}
```

points는 당연히 빈 상태에서 시작한다. Shape에서 파생된 클래스의 멤버 함수조차도 데이터 멤버에 직접 접근하지 못하게 하는 대신 완벽한 인터페이스를 제공하기로 했다. 멤버 데이터를 public으로 선언하는 방식이 나쁜 설계 방법이라고 생각하는 사람에게는 기능적인 인터페이스를 제공하는 일이 당연하겠지만, 그렇지 않은 사람에게는 파생된 클래스의 모든 멤버에 직접적인 쓰기를 막는 설계 방식이 지나치게 제한적이라고 느낄 수 있다.

Circle과 Polygon을 비롯해 Shape에서 파생된 클래스는 그 객체 안에 저장된 점의 의미를 알지만, 기반 클래스인 Shape는 점의 의미를 이해하지 못하고 저장만 할 뿐이다. 따라서 다음과 같이 파생 클래스에서 점을 추가하는 방법을 제어할 필요가 있다.

- Circle과 Rectangle은 사용자가 점을 추가하지 못한다. 말이 안 되기 때문이다. 추가적인 점을 포함한 직사각형은 어떤 모양이란 말인가(12.7.6절)?

- Lines에는 점을 한 쌍씩 추가할 수 있다(점 하나만 추가할 수 없다. 13.3절).

- Open_polyline과 Marks에는 점을 원하는 만큼 추가할 수 있다.

- Polygon은 add()에서 교차 확인을 거친 점만 추가할 수 있다(13.8절).

파생 클래스가 점을 추가하는 방식을 제어할 수 있도록 add()를 (파생 클래스에서만 접근할 수 있는) protected로 선언했다. add()를 (누구나 점을 추가할 수 있게) public으로 만들거나 (Shape에서만 점을 추가할 수 있게) private으로 만들었다면 이처럼 도형의 원래 개념과 기능성을 모두 만족할 수 없었을 것이다.

마찬가지로 set_point()도 protectd로 선언했다. 일반적으로 점의 의미와 불변 조건을 위반하지 않고 점을 변경할 수 있는지 여부는 파생 클래스만 알기 때문이다. 예를 들어 여섯 개의 점으로 정의되는 Regular_hexagon 클래스에서 점 하나만 변경해도 정육각형이 아니게 된다. 사실 우리 예제 클래스와 코드에서는 set_point()가 필요 없지만, Shape에 저장한 모든 속성을 읽고 쓸 수 있다는 규칙을 지키고자 이 함수를 제공한다. 예를 들어 Mutable_rectangle(변경이 가능한 사각형)이 필요하다면 Rectangle을 상속한 후 점을 변경할 수 있는 연산을 제공하면 된다.

Point의 벡터인 points는 잘못된 변경으로부터 보호하려고 private으로 선언했는데, 이를 유용하게 사용하려면 접근 함수를 제공해야 한다.

```
void Shape::set_point(int i, Point p)          // 지금까지는 꼭 필요하진 않음
{
    points[i] = p;
}

Point Shape::point(int i) const
{
    return points[i];
}

int Shape::number_of_points() const
{
    return points.size();
}
```

파생 클래스의 멤버 함수에서 위의 함수를 다음과 같이 사용할 수 있다.

```
void Lines::draw_lines() const
    // 여러 쌍의 점을 잇는 선 그리기
{
    for (int i=1; i<number_of_points(); i+=2)
        fl_line(point(i-1).x,point(i-1).y,point(i).x,point(i).y);
}
```

이런 간단한 접근 함수를 보고 의문이 들 수 있다. 비효율적이지 않은가? 프로그램을 느리게 만들지 않을까? 생성된 목적 코드의 크기가 커지지 않을까? 그렇지 않다. 컴파일러는 이런 함수를 만나면 그 자리에서 코드를 컴파일한다[inline]. 따라서 number_of_points()를 호출하는 방법과 points.size()를 직접 호출하는 일은 메모리 소모와 실행하는 명령어 개수 측면에서 완전히 동일하다.

이러한 접근 제어 관련 의사결정은 중요하다. 다음과 같이 Shape를 최소한의 버전으로 정의했다고 생각해보자.

```
struct Shape {          // 너무 단순한 최소한의 버전 - 실제로 사용하진 않음
    Shape();
    Shape(initializer_list<Point>);
    void draw() const;                      // 색상 처리 후 draw_lines 호출
    virtual void draw_lines() const;        // 적절한 선 그리기
    virtual void move(int dx, int dy);      // 도형을 +=dx와 +=dy만큼 옮기기
    virtual ~Shape();

    vector<Point> points;                   // 모든 도형에서 사용하진 않음
    Color lcolor;
    Line_style ls;
    Color fcolor;
};
```

나머지 12개의 멤버 함수와 두 줄의 접근 제한자(private:과 protected:)로 우리가 얻는 가치는 무엇인가? 객체의 메모리 표현이 예상치 못한 방법으로 변경되지 못하게 함으로써 더 적은 노력으로 더 좋은 클래스를 만들 수 있다. 앞에서 배운 '불변 조건'을 다시 떠올려보라(9.4.3 절). Shape의 파생 클래스를 정의할 때 이런 이점을 체험할 수 있다. 또 다른 예로 초기 버전의 Shape에서 사용한 아래 멤버 변수를 살펴보자.

```
Fl_Color lcolor;
int line_style;
```

이 코드는 너무 제한적(선 스타일을 int로 하면 선의 폭을 지원할 수 없고, Fl_Color는 invisible을 포함할 수 없다)이고, 코드를 지저분하게 만든다. 이 두 멤버 변수를 public으로 선언해서 사용자 코드에서 사용할 수 있게 한다면 인터페이스 라이브러리를 개선할 때마다 사용자 코드도 수정해야 한다(사용자 코드에서 lcolor와 line_style의 이름을 참조하기 때문에).

뿐만 아니라 접근 함수는 간편한 표기 방법을 제공하기도 한다. 예를 들어 s.points. push_back(p)보다는 a.add(p)가 더 작성하기 쉽다.

14.2.3 도형 그리기

이제 Shape 클래스의 핵심적인 부분을 설명할 차례다.

```
void draw() const;                      // 색상 처리 후 draw_lines 호출
virtual void draw_lines() const;        // 적절한 선 그리기
```

도형을 그리는 일은 Shape의 가장 기본적인 임무다. Shape에서 다른 모든 기능을 제거하거나 모든 데이터 멤버를 제거해도 개념적으로 큰 문제가 없지만, 그리는 작업은 Shape의 주요 임무이므로 제거할 수 없다. 그리기 작업은 FLTK와 운영체제의 기본적 기능을 바탕으로 수행되지만, 사용자 입장에서 제공받는 기능은 두 가지뿐이다.

- draw()는 스타일과 색상을 적용한 후 draw_lines()를 호출한다.
- draw_lines()는 화면에 픽셀을 출력한다.

draw() 함수는 고급 기술을 전혀 사용하지 않는다. FLTK 함수를 호출해 Shape에 지정된 색상과 스타일을 설정한 후 draw_lines()를 호출해 화면에 실제로 그리기 작업을 수행한다. 마지막으로 색상과 스타일을 함수 호출 전의 설정으로 되돌린다.

```
void Shape::draw() const
{
    Fl_Color oldc = fl_color();
    // 현재 설정된 스타일을 가져올 효과적인 방법은 없음
    fl_color(lcolor.as_int());                  // 색상 설정
    fl_line_style(ls.style(),ls.width());       // 스타일 설정
    draw_lines();
    fl_color(oldc);                             // 이전 색으로 다시 설정
    fl_line_style(0);                           // 기본 선 스타일로 설정
}
```

불행히도 FLTK는 현재 스타일을 가져오는 방법을 제공하지 않으므로 기본 스타일로 다시 설정했다. 단순함과 이식성을 대가로 이 정도 타협은 받아들여야 하는 경우가 있다. 우리가 만드는 인터페이스 라이브러리에 이 기능을 꼭 구현할 필요는 없기 때문이다.

Shape::draw()에서 채우기 색과 선의 가시성을 직접 처리하지 않는 점에 주목하자. 이를 해석하는 방법은 각각의 draw_lines() 함수가 더 잘 알고 있으므로 draw_lines()가 처리한다. 이론적으로는 모든 색상과 스타일 처리를 draw_lines()가 담당할 수 있지만, 이렇게 되면 중복이 많아진다.

이제 draw_lines()의 처리 방법을 알아보자. 잠시 생각해보면 Shape의 멤버 함수가 모든 종류의 도형을 그리기는 어렵다는 점을 알 수 있다. 그렇게 하려면 도형을 이루는 모든 픽셀을 Shape 객체에 저장해야 한다. 각 픽셀을 vector<Point>로 저장하면 엄청난 수의 점을 저장해야 한다. 게다가 화면(그래픽스 하드웨어)이 그런 일을 이미 훨씬 더 잘 수행해주고 있다.

불필요한 작업과 저장 공간 낭비를 피하고자 Shape는 다른 방법을 택했다. 각 Shape(Shape에서 파생된 각 클래스)마다 그리기 방법을 정의할 수 있게 했다. Text나 Rectangle, Circle 클래

스는 스스로를 그리는 효율적인 방법을 정의한다. 이는 대부분의 다른 클래스도 마찬가지다. 한 마디로 이러한 클래스들은 스스로가 무엇을 표현해야 하는지를 알고 있다. 예를 들어 Circle은 수많은 선이 아니라 한 점과 반지름으로 정의한다. 점과 반지름으로부터 필요할 때마다 Circle을 그리는 일은 그리 어렵거나 힘들지 않다. 따라서 Circle은 스스로 draw_lines()를 정의하며, 우리는 Shape의 draw_lines() 대신에 그 함수를 호출한다. Shape::draw_lines() 선언의 virtual이 바로 이런 의미다.

```
struct Shape {
    // ...
    virtual void draw_lines() const;      // 필요하다면 각 파생 클래스가
                                          // 스스로 draw_lines()를 정의할 수 있음
    // ...
};

struct Circle : Shape {
    // ...
    void draw_lines() const;              // Shape::draw_lines()를 오버라이드 함
    // ...
};
```

따라서 어떤 Shape 객체가 Circle이라면 Shape()의 draw_lines()는 Circle의 함수 중 하나를 호출해야 하고, Shape 객체가 Rectangle이라면 Rectangle의 함수 중 하나를 호출해야 한다. draw_lines() 선언에서 virtual은 바로 이런 의미다. 즉, Shape의 파생 클래스가 (Shape의 draw_lines()와 프로토타입이 동일한) draw_lines()를 스스로 정의했다면 Shape의 draw_lines()가 아니라 파생 클래스의 draw_lines()를 호출해야 한다. 13장에서 Text와 Circle, Closed_polyline 등에 이를 적용한 코드를 살펴봤다. 이처럼 기반 클래스가 제공하는 인터페이스를 바탕으로 파생 클래스에서 정의한 함수를 사용하는 일을 오버라이딩overriding이라고 한다.

draw_lines()가 Shape의 주요 임무임에도 protected로 선언된 점에 주목하자. 즉, draw()와 달리 일반 사용자가 호출할 수 없으며, draw()와 Shape의 파생 클래스 안에서 사용하는 세부 구현일 뿐이다.

이제 12.2절에서 봤던 디스플레이 모델이 완성됐다. 화면을 구동하는 시스템은 Window를 사용한다. Window는 Shape를 알고 있으며, Shape의 draw()를 호출한다. 마지막으로 draw()는 각 종류의 도형에 해당하는 draw_lines()를 호출한다. 사용자 코드에서 gui_main()을 호출하면 이러한 디스플레이 엔진이 시작된다.

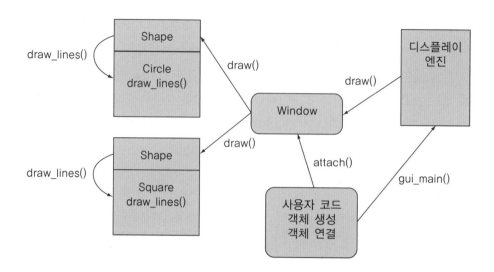

그런데 gui_main()은 무엇인가? 지금까지 코드에서 gui_main()을 보지 못했다. gui_main()은 wait_for_button()보다 간단하게 디스플레이 엔진을 시작하는 함수다.

Shape의 move() 함수는 저장된 모든 점을 현재 위치에서 주어진 상대 좌표만큼 이동한다.

```
void Shape::move(int dx, int dy) // 도형을 +=dx와 +=dy 만큼 옮기기
{
    for (int i = 0; i<points.size(); ++i) {
        points[i].x+=dx;
        points[i].y+=dy;
    }
}
```

파생 클래스에서 이동시킬 데이터를 관리하면 Shape는 그 데이터를 알지 못하므로, move()도 draw_lines()와 마찬가지로 virtual이다. 그 예로 Axis(12.7.3절과 15.4절)를 살펴보자.

논리적으로 보면 Shape에선 move() 함수가 필요 없지만, 편의성을 높이고 가상 함수의 또 다른 예를 제공하고자 move()를 추가했다. Shape의 파생 클래스 중에서 Shape 안에 점을 저장하지 않는 클래스는 move()를 스스로 정의해야 한다.

14.2.4 복사와 변경 가능성

Shape 클래스는 복사 생성자와 복사 대입 연산자를 delete로 선언했다.

```
Shape(const Shape&) =delete;              // 복사 방지
Shape& operator=(const Shape&) =delete;
```

이렇게 다음과 같이 하면 기본 복사 연산이 제거된다.

```
void my_fct(Open_polyline& op, const Circle& c)
{
    Open_polyline op2 = op;      // 오류: Shape의 복사 생성자가 존재하지 않음
    vector<Shape> v;
    v.push_back(c);              // 오류: Shape의 복사 생성자가 존재하지 않음
    // ...   .
    op = op2;                    // 오류: Shape의 대입 연산자가 존재하지 않음
}
```

하지만 복사는 많은 곳에서 유용하다. push_back()을 보면 알 수 있듯이 복사가 없이는 vector조차도 사용하기 어렵다(push_back()은 주어진 인자의 사본을 vector에 넣는다). 이처럼 복사를 방지해서 프로그래머를 난처하게 만드는 이유는 무엇인가? 복사 연산이 문제를 야기할 수 있는 경우에는 해당 타입의 기본 복사 연산을 금지해야 하기 때문이다. 그 '문제'의 예로 my_fct()를 살펴보자. Circle은 반지름을 포함하지만 Shape는 그렇지 않으므로 sizeof(Shape)<sizeof(Circle)은 참이다. 즉, v의 요소 한 개의 크기는 Shape의 크기에 맞춰지므로 여기에 Circle을 복사할 수 없다. 따라서 v.push_back(c)를 허용하면 Circle의 일부는 소실되고, 그 결과로 저장된 Shape 요소의 모든 기능은 오류를 일으킨다. Circle의 연산에는 미처 복사하지 못한 멤버 변수인 반지름(r)이 필요하기 때문이다.

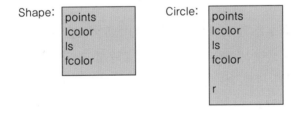

op2에 사용한 복사 생성자와 op에서 사용한 대입 연산자도 위와 동일한 문제를 야기한다.

```
Marked_polyline mp {"x"};
Circle c(p,10);
my_fct(mp,c);      // Open_polyline 타입의 인자가 Marked_polyline 객체를 가리킴
```

여기서 복사 연산으로 mp가 Open_polyline으로 복사되는 과정에서 string 멤버 데이터 mark가 소실된다.

기본적으로 계층 구조를 이루는 클래스와 참조에 의한 전달을 함께 사용할 때는 기본 복사 연산이 어울리지 않으므로 클래스를 설계할 때 Shape처럼 기반 클래스로 사용할 클래스에서는 =delete를 이용해 복사 생성자와 복사 대입 연산자를 제거하자.

복사 연산을 막는 이유는 슬라이싱slicing(앞서 설명한 데이터 소실을 가리키는 기술적 용어)뿐만이

아니다. 복사 연산이 없는 경우에 더 명확하게 표현 가능한 그 밖의 개념도 있다. 그래픽스 시스템이 화면에 출력할 Shape가 저장된 위치를 알아야 한다는 사실을 상기해보자. Shape를 Window에 복사하지 않고 '연결'하는 이유가 바로 여기에 있다. 예를 들어 Window가 Shape의 참조가 아닌 사본을 보관한다면 원본 Shape의 변경이 사본에 영향을 미치지 않는다. 따라서 Shape의 색상을 변경해도 Window는 그 사실을 알지 못하고 바꾸기 전의 색상을 화면에 출력한다. 즉, 사본의 상태는 원본의 상태에 따라 갱신되지 않는다.

기본 복사 생성자가 제거된 타입에 복사를 수행하고 싶다면 복사 작업을 명시적으로 수행하는 함수를 만들자. 이러한 복사 함수를 clone()이라 하는데, 멤버를 읽는 함수들이 사본을 만드는 데 충분한 정보를 제공할 수 있을 때만 clone()을 정의할 수 있다. 하지만 모든 Shape는 그렇지 않다.

14.3 기반 클래스와 파생 클래스

기반 클래스와 파생 클래스를 좀 더 기술적인 측면에서 살펴보자. 즉, 이번 절에서는 논의의 초점을 프로그래밍과 응용, 설계, 그래픽스에서 프로그래밍 언어의 기능으로 옮겨보자. 그래픽스 인터페이스 라이브러리를 설계할 때 다음과 같은 세 가지 주요 언어적 메커니즘에 의존했다.

- **파생(derivation)** 파생은 한 클래스를 다른 클래스에 기반을 두어 정의하는 방법으로, 이렇게 만들어진 새로운 클래스는 원래 클래스 대신 사용할 수 있다. 예를 들어 Circle은 Shape에서 파생됐다. 다른 말로 하자면 'Circle은 Shape의 한 종류'이며, 'Shape는 Circle의 기반'이다. 파생 클래스(Circle)는 기반 클래스(Shape)의 모든 멤버를 물려받으며, 추가적으로 자신만의 멤버를 포함할 수 있다. 이를 일컬어 **상속**inheritance이라고 하는데, 파생 클래스는 기반 클래스의 모든 멤버를 상속받기 때문이다. 파생 클래스를 **서브 클래스**subclass, 기반 클래스를 **슈퍼 클래스**superclass라고도 한다.

- **가상 함수** 가상 함수는 기반 클래스에 정의한 함수와 이름과 타입이 동일한 함수를 파생 클래스에 정의하고, 사용자가 기반 클래스의 해당 함수를 호출할 때 실제로는 파생 클래스의 함수를 호출하는 기법을 말한다. 예를 들어 Window가 실제로는 Circle 타입인 Shape의 draw_lines()를 호출하면 Shape의 draw_lines()가 아닌 Circle의 draw_lines()를 호출한다. 이를 일컬어 실행 시간 다형성run-time polymorphism이나 동적 디스패치dynamic dispatch, 실행 시간 디스패치run-time dispatch라고도 한다.

- **private 멤버와 protected 멤버** 클래스 구현의 상세 내용을 비공개로 만들어 유지 보수를

어렵게 하는 외부로부터의 직접적인 사용을 방지한다. 이를 일컬어 캡슐화^{encapsulation}라고 한다.

상속과 실행 시간 다형성, 캡슐화는 가장 일반적인 객체 지향 프로그래밍을 정의하는 특성이다. 따라서 C++도 그 밖의 프로그래밍 스타일과 더불어 이러한 객체 지향 프로그래밍을 직접적으로 지원한다. 그 밖의 프로그래밍 스타일의 예로 20장과 21장에서 C++에서의 제네릭 프로그래밍을 살펴본다. C++는 (물론 명시적인 허가를 받고) 직접적으로 객체 지향 프로그래밍을 지원한 첫 번째 언어인 시뮬라67에서 중요 메커니즘을 채용했다(22장 참고).

뭔지 모를 기술적 용어가 많이 등장했는데, 이들이 의미하는 바는 무엇인가? 그리고 그것들이 우리 컴퓨터에서 어떻게 실제로 동작하는가? 먼저 그래픽스 인터페이스 클래스 간의 상속 관계를 보여주는 그림을 그려보자.

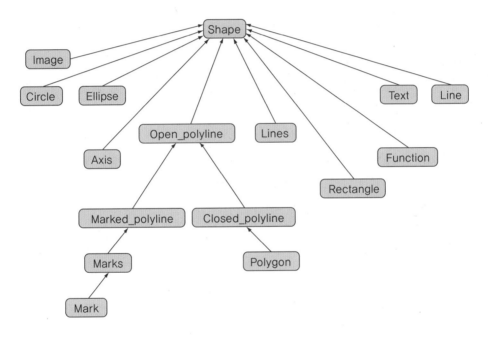

화살표는 파생 클래스에서 시작해 기반 클래스로 향하는데, 이런 그림은 클래스 간의 관계를 시각화하는 데 도움을 주며, 프로그래머의 칠판을 장식하기에도 제격이다. 16개의 클래스를 포함하는 이 그림은 상용 프레임워크에 비하면 매우 작은 '클래스 계층도'이며, 깊이가 두 단계 이상인 계층 구조도 Open_polyline의 자손(파생 클래스)들뿐이다. 추상적인 개념을 나타내는 Shape는 직접 객체로 생성할 수 없지만, 여기서 가장 중요한 클래스는 공통 기반 클래스(Shape)임을 쉽게 알 수 있다.

14.3.1 객체 레이아웃

객체는 메모리에 어떻게 적재될까? 9.4.1절에서 봤듯이 클래스의 멤버가 객체의 레이아웃을 결정하는데, 이 데이터 멤버는 메모리에 순서대로 저장된다. 상속을 사용했다면 파생 클래스의 멤버는 다음과 같이 기반 클래스의 멤버 다음에 위치한다.

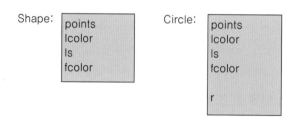

Circle은 Shape의 데이터 멤버를 포함하며(Circle은 Shape의 일종이기 때문이다), Shape로 사용할 수도 있다. 추가적으로 Circle은 자신의 데이터 멤버인 r을 상속받은 데이터 멤버 다음에 저장한다.

가상 함수 호출을 처리하려면 Shape의 draw_lines()를 호출했을 때 실제로 어떤 함수가 호출되는지를 알 수 있는 추가적인 데이터가 Shape 객체에 필요하다. 보통은 함수 목록의 주소를 객체에 추가하는데, 이 목록을 vtbl('가상 테이블'이나 '가상 함수 테이블')이라고 하며, 그 목록의 주소를 vptr('가상 포인터^{virtual pointer}'의 줄임말)이라고 한다. 포인터는 17장과 18장에서 다룰 예정이지만, 여기서는 참조와 비슷하게 동작하는 무엇이라고 생각하자. 단, vtbl과 vptr이라는 이름은 구현마다 다를 수 있다. 위의 그림에 vptr과 vtbl을 추가하면 다음과 같다.

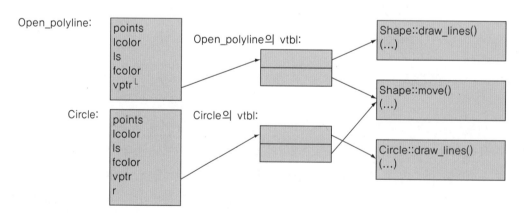

draw_lines()가 첫 번째 가상 함수이므로 vtbl에서 첫 슬롯을 점하며, 그 다음에 두 번째 가상 함수인 move()가 위치한다. 클래스는 필요한 만큼의 가상 함수를 포함할 수 있으므로, 클래스의 vtbl 크기도 필요에 따라 커진다(가상 함수 하나당 슬롯 한 개). 이제 위 그림에서

x.draw_lines()를 호출하면 컴파일러는 x의 vtbl에서 draw_lines() 슬롯에 지정된 함수를 호출하는 코드를 생성한다. 기본적으로 이 코드는 위 그림의 화살표를 따라가서 함수를 호출한다. 즉, x가 Circle이면 Circle::draw_lines()를 호출하며, x가 Open_polyline처럼 Shape와 동일한 vtbl을 포함하는 타입이라면 Shape::draw_lines()를 호출한다. 비슷하게 Circle은 스스로 move()를 정의하지 않으므로, x가 Circle이라면 x.move()는 Shape::move()를 호출한다. 이처럼 가상 함수 호출을 처리하는 코드는 vptr이 가리키는 적절한 vtbl에서 알맞은 함수를 호출하는데, 이 과정에 소요되는 비용은 두 번의 메모리 접근과 일반적인 함수 호출 한번으로 매우 간단하고 빠르다.

Shape는 추상 클래스이므로 Shape 객체를 생성할 수 없지만, Open_polyline은 스스로 정의한 데이터 멤버나 가상 함수가 없으므로, 메모리 레이아웃은 Shape와 동일하다. 참고로 vtbl은 객체가 아닌 클래스당 하나씩 존재하므로, vtbl로 인해 프로그램의 목적 코드 크기가 크게 증가하지는 않는다.

가상 함수가 아닌 일반 함수는 함수 호출 방식에 특별한 점이 없고 해당 타입의 객체 크기를 증가시키지 않으므로 그림에는 그리지 않았다.

지금까지 본 바와 같이 기반 클래스의 함수와 이름과 타입이 동일한 함수를 정의해 기반 클래스의 함수 대신 파생 클래스의 함수를 vtbl에 넣는 일을 오버라이딩이라고 한다. 예를 들어 Circle::draw_lines()는 Shape::draw_lines()를 오버라이드한다.

우리가 여기서 vtbl과 레이아웃을 설명하는 이유는 무엇인가? 객체 지향 프로그래밍을 하는 데 필요해서? 그렇진 않다. 그러나 (우리를 비롯한) 많은 사람은 구현 방식을 궁금해하며, 무언가를 이해하지 못하면 오해의 소지가 생긴다. 간혹 "가상 함수의 비용이 크다"는 말을 듣는데, 왜 그런가? 어떻게 비싸며, 무엇에 비해 그러한가? 여기서 가상 함수의 구현을 충분히 설명했으니 여러분은 그런 두려움에서 벗어나길 바란다. 여러분이 (다른 여러 대안 중에서) 가상 함수를 선택했다면 가상 함수와 동일한 기능을 하면서 그보다 빠르고 메모리를 적게 소모하는 다른 언어 기능을 사용하는 코드를 작성할 수는 없다. 이제 여러분 스스로가 그 사실을 잘 알지 않는가?

14.3.2 파생 클래스와 가상 함수 정의

다음과 같이 클래스 이름 다음에 기반 클래스의 이름을 명시하면 파생 클래스를 정의할 수 있다.

```
struct Circle : Shape { /*... */ };
```

기본적으로 struct의 멤버는 public이며(9.3절), 기반 타입의 public 멤버를 포함한다. 위 코드를 다음과 같이 작성할 수도 있다.

```
class Circle : public Shape { public: /*... */ };
```

위에서 살펴본 두 가지 Circle 선언은 완전히 동일하다. 어떤 방법이 더 좋은지 길고 무의미한 논쟁을 할 수도 있지만, 그 시간에 다른 주제를 논의하는 편이 더 생산적이다.

다음과 같이 필요한 곳에서 public을 잊지 않도록 주의하자.

```
class Circle : Shape { public: /*... */ };      // 실수가 의심되는 코드
```

이 코드는 Shape를 Circle의 private 기반으로 지정하는데, Shape의 public 함수를 Circle에서 접근할 수 없게 된다. 아마도 이는 여러분이 원하는 바는 아닐 것이며, 좋은 컴파일러라면 이처럼 실수로 의심되는 코드를 경고한다. private 기반 클래스도 나름의 쓸모가 있지만, 이 책의 범위를 벗어나는 주제다.

클래스 선언 안에서는 가상 함수에 virtual 키워드를 붙여야 하지만, 다음과 같이 해당 함수를 클래스 밖에서 정의할 때는 virtual 키워드가 필요하지도 않고 사용할 수도 없다.

```
struct Shape {
    // ...
    virtual void draw_lines() const;
    virtual void move();
    // ...
};

virtual void Shape::draw_lines() const { /*... */ }      // 오류
void Shape::move() { /*... */ }                          // OK
```

14.3.3 오버라이딩

가상 함수를 오버라이드하려면 기반 클래스의 함수와 동일한 이름과 타입을 사용해야 한다. 아래 예를 살펴보자.

```
struct Circle : Shape {
    void draw_lines(int) const;      // 실수가 의심되는 코드(int 인자?)
    void drawlines() const;          // 실수가 의심되는 코드(이름에 오탈자?)
    void draw_lines();               // 실수가 의심되는 코드(const 누락?)
    // ...
};
```

컴파일러는 이 세 함수를 Shape::draw_lines()와 상관없는 별개의 함수로 여기고(이름이나 타입이 다르므로), 오버라이드하지 않는다. 좋은 컴파일러는 이처럼 실수로 의심되는 코드를 경고하지만, 오버라이딩하는 함수에 기반 클래스의 함수를 오버라이드한다는 사실을 명시하는 일을 제외하고는 여러분 스스로 할 수 있는 일은 없다.

draw_lines() 예제는 실제로 쓰이는 코드라 모든 세부 사항을 알기는 어려우니 순전히 오버라이딩을 보여줄 목적으로 작성한 기술적 예제를 살펴보자.

```cpp
struct B {
    virtual void f() const { cout << "B::f "; }
    void g() const { cout << "B::g "; }          // 가상 함수가 아님
};

struct D : B {
    void f() const { cout << "D::f "; }          // B::f를 오버라이드
    void g() { cout << "D::g "; }
};

struct DD : D {
    void f() { cout << "DD::f "; }               // D::f를 오버라이드하지 않음(const가 아님)
    void g() const { cout << "DD::g "; }
};
```

이 예제는 한 개의 가상 함수 f()를 포함하는 간단한 클래스 계층 구조를 보여준다. 이제 이 클래스들을 사용해보자. 특히 f()와 가상 함수가 아닌 g()를 호출할 텐데, 이 함수는 객체가 B(나 B의 파생 타입)라는 사실을 제외하고는 어떤 타입의 객체를 처리할지 알지 못한다.

```cpp
void call(const B& b)
    // D는 B의 일종이므로, call()은 D를 받아들일 수 있음
    // DD는 D의 일종이고, D는 B의 일종이므로, call()은 DD를 받아들일 수 있음
{
    b.f();
    b.g();
}

int main()
{
    B b;
    D d;
    DD dd;

    call(b);
```

```
    call(d);
    call(dd);

    b.f();
    b.g();

    d.f();
    d.g();

    dd.f();
    dd.g();
}
```

실행 결과는 다음과 같다.

```
B::f B::g D::f B::g D::f B::g B::f B::g D::f D::g DD::f DD::g
```

결과가 이렇게 나오는 이유를 이해했다면 상속과 가상 함수의 동작 원리를 이해했다고 할 수 있다.

여기서 알 수 있듯이 파생 클래스의 어떤 함수가 기반 클래스의 어느 함수를 오버라이드 하는지 파악하기가 쉽지 않다. 다행히 컴파일러에게 도움을 얻을 수 있는데, 함수 선언에 오버 라이드한다는 사실을 명시하면 된다. 파생 클래스의 함수가 오버라이드를 한다면 override 키워드를 추가해서 그 사실을 명시한다. 이를 적용한 예제는 다음과 같다.

```
struct B {
    virtual void f() const { cout << "B::f "; }
    void g() const { cout << "B::g "; }              // 가상 함수가 아님
};

struct D : B {
    void f() const override { cout << "D::f "; }      // B::f를 오버라이드
    void g() override { cout << "D::g "; }            // 오류: 오버라이드 할 가상 함수 B::g가 없음
};

struct DD : D {
    void f() override { cout << "DD::f "; }           // 오류: D::f를 오버라이드하지 않음
                                                      // (const가 아님)
    void g() const override { cout << "DD::g "; }     // 오류: 오버라이드 할 가상 함수
                                                      // D::g가 없음
};
```

복잡한 대규모 클래스 계층 구조에서는 override의 명시적인 사용이 특히 유용하다.

14.3.4 접근 제어

C++는 클래스의 멤버에 대한 간단한 접근 제어를 제공한다. 클래스의 멤버는 아래 세 가지 중 하나가 될 수 있다.

- **비공개(private)** private 멤버의 이름은 그 이름을 선언한 클래스의 멤버(함수)에서만 사용할 수 있다.
- **보호(protected)** protected 멤버의 이름은 그 이름을 선언한 클래스와 이 클래스에서 파생된 클래스의 멤버(함수)에서만 사용할 수 있다.
- **공개(public)** public 멤버의 이름은 모든 함수에서 사용할 수 있다.

이를 그림으로 나타내면 다음과 같다.

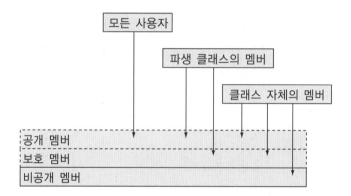

기반 클래스에도 private과 protected, public의 세 종류가 있다.

- D의 기반 클래스가 private이면 기반 클래스의 public과 protected 멤버 이름은 D의 멤버 (함수)에서만 사용할 수 있다.
- D의 기반 클래스가 protected이면 기반 클래스의 public과 protected 멤버 이름은 D와 D의 파생 클래스의 멤버(함수)에서만 사용할 수 있다.
- D의 기반 클래스가 public이면 기반 클래스의 public 멤버 이름은 모든 함수에서 사용할 수 있다.

여기서 내린 정의는 'friend'를 비롯한 이 책의 범위를 벗어나는 세부 사항은 무시한 것이지만, C++ 언어 문법 전문가가 되고 싶다면 스트롭스트룹의 『C++의 설계와 진화The Design and Evolution of C++』와 『The C++ Programming Language』, ISO C++ 표준을 살펴보길 바란다. 하지만 우리는 여러분이 언어 전문가(언어 명세의 매우 작은 세부 사항까지 모두 아는 사람)보다는 프로그래머(소프트웨어 개발자나 공학자, 사용자를 비롯해 언어를 사용할 수 있는 사람이 필요할 때 부르고 싶은 사람)가 되길 바란다. 그 편이 훨씬 더 즐겁고 사회에 유익하기 때문이다.

14.3.5 순수 가상 함수

추상 클래스는 추상적인 개념을 나타내는 클래스로, 기반 클래스로만 사용할 수 있다. 즉, 연관된 실체들의 공통적 특성을 일반화한 개념을 나타낸다. 두꺼운 철학 서적에서는 추상적 개념(추상화, 일반화, ...)을 정확히 정의하려고 시도하는데, 추상적 개념을 철학적으로 정의함으로써 추상적 개념이 주는 커다란 유용성을 활용할 수 있다. (특정 종류의 동물에 대립되는) '동물'과 (특정 종류의 장치용 드라이버에 대립되는) '장치 드라이버', (특정 종류의 책이나 잡지에 대립되는) '출판물'을 예로 들 수 있다. 프로그램의 관점에서 보면 일반적으로 추상 클래스는 관련된 클래스들(클래스 계층 구조)의 공통 인터페이스를 정의한다.

14.2.1절에서는 클래스의 생성자를 protected로 선언해 클래스를 추상 클래스로 만드는 방법을 살펴봤는데, 클래스를 추상 클래스로 만드는 훨씬 더 일반적인 방법이 있다. 바로 해당 클래스의 하나 이상의 가상 함수를 파생 클래스에서 반드시 오버라이드해야 한다는 사실을 명시하는 방식이다.

```
class B {                  // 추상 기반 클래스
public:
    virtual void f() =0;    // 순수 가상 함수
    virtual void g() =0;
};

B b;                       // 오류 : B는 가상 클래스임
```

낯선 구문인 =0은 가상 함수 B::f()와 B::g()가 순수 가상 함수임을 뜻한다. 즉, 파생 클래스에서 해당 함수를 꼭 오버라이드해야 한다. B가 순수 가상 함수를 포함하므로 클래스 B의 객체를 생성할 수 없는데, 순수 가상 함수를 오버라이드하면 이런 문제를 해결할 수 있다.

```
class D1 : public B {
public:
    void f() override;
    void g() override;
};

D1 d1;                // OK
```

상속받은 모든 순수 가상 함수를 오버라이드하지 않으면 해당 파생 클래스도 추상 클래스임을 명심하자.

```
class D2 : public B {
public:
    void f() override;
    // g()를 오버라이드하지 않음
};

D2 d2;            // 오류: D2는 (여전히) 추상 클래스임

class D3 : public D2 {
public:
    void g() override;
};

D3 d3;          // OK
```

순수 가상 함수를 포함하는 클래스는 대체적으로 순수한 인터페이스다. 즉, 일반적으로 데이터 멤버를 포함하지 않고(데이터 멤버는 파생 클래스에 위치함), 생성자도 없다(초기화할 데이터 멤버가 없다면 생성자도 필요 없다).

14.4 객체 지향 프로그래밍의 이점

Circle이 Shape로부터 파생됐다거나 Circle이 Shape의 일종이라고 말할 때 우리가 얻고자 하는 이점은 다음(둘 중 하나이거나 두 가지 모두)과 같다.

- **인터페이스 상속** Shape를 (일반적으로는 참조 인자 형태로) 받아들이는 함수는 Circle도 받아들일 수 있다(그리고 Shape에서 제공하는 인터페이스를 바탕으로 Circle을 사용할 수 있다).

- **구현 상속** Circle과 그에 포함된 멤버 함수를 정의할 때 Shape에서 제공하는 기능(멤버 데이터와 함수 등)의 이점을 얻을 수 있다.

인터페이스 상속을 제공하지 않는(파생 클래스의 객체를 그 클래스의 public 기반 클래스의 객체로 사용할 수 없는) 설계는 취약한 설계이자 오류의 온상이다. 예를 들어 Never_do_this라는 클래스의 public 기반 클래스가 Shape인데, Shape::draw_lines()를 오버라이드하면서 함수가 도형을 그리는 작업을 하지 않고 도형의 중심을 왼쪽으로 100픽셀 옮기게 정의했다고 생각해 보자. Never_do_this가 Shape와 동일한 인터페이스를 제공하지만, 실제 구현에 있어서 Shape에 요구되는 의미론(행동)을 준수하지 않으므로 이런 설계는 치명적인 결점을 안고 있다.

그러니 절대 이렇게 하지 말자!

인터페이스 상속이라는 이름에서 알 수 있듯이 그 이점은 파생 클래스('구현', 여기서는 Shape의 파생 클래스)에 대해 몰라도 기반 클래스('인터페이스', 여기서는 Shape)가 제공하는 인터페이스를 사용할 수 있다는 사실에서 비롯된다.

구현 상속이라는 이름에서 알 수 있듯이 그 이점은 기반 클래스(예, Shape)가 제공하는 기능으로 인해 파생 클래스(예, Circle)의 구현이 단순해진다는 사실에서 비롯된다.

우리가 만든 그래픽스 설계도 인터페이스 상속에 크게 의존한다. '그래픽스 엔진'은 Shape::draw()를 호출하고, 이 함수는 다시 Shape의 가상 함수인 draw_lines()를 호출해 화면에 이미지를 출력한다. '그래픽스 엔진'은 물론 Shape 클래스조차도 어떤 종류의 도형이 존재하는지 알지 못한다. 특히 우리가 사용하는 '그래픽스 엔진'(FLTK와 운영체제의 그래픽스 기능)은 우리가 만든 그래픽스 클래스보다 몇 년 앞서 개발되고 컴파일됐다! 우리는 그저 특정 종류의 도형을 정의하고 Shape로 Window에 attach()할 뿐이다(Window::attach()는 Shape&을 인자로 받는다. E.3절 참고). 더 나아가 Shape 클래스는 우리가 사용하는 그래픽스 클래스를 알지 못하므로 새로운 그래픽스 인터페이스 클래스를 정의할 때마다 Shape를 다시 컴파일할 필요도 없다.

다른 말로 하자면 기존 코드를 수정하지 않고 새로운 종류의 Shape를 추가할 수 있다. 이와 같이 기존 클래스의 수정 없이 시스템을 확장하는 일은 소프트웨어 설계/개발/유지 보수에 있어 황금률에 가깝다. 물론 기존 클래스의 수정 없이 변경할 수 있는 것에는 한계가 있고(예, Shape가 제공하는 서비스에 제한이 있다), 인터페이스 상속 기법을 모든 프로그래밍 문제에 적용할 수도 없다(예, 17~19장에서 vector를 정의할 때 상속이 큰 이점을 제공하지 않는다). 그러나 인터페이스 상속이 변경에 맞서 견고한 시스템을 설계하고 구현하는 데 활용할 수 있는 가장 강력한 기법 중에 하나임은 확실하다.

마찬가지로 구현 상속이 많은 이점을 제공하지만 만병통치약은 아니다. Shape에 유용한 서비스를 추가하면 파생 클래스에서 같은 작업을 반복하는 수고를 덜 수 있다. 실제 코딩에선 이런 장점이 매우 큰 역할을 하지만, Shape의 인터페이스나 데이터 멤버의 레이아웃을 변경할 때마다 모든 파생 클래스와 이를 사용하는 코드를 다시 컴파일해야 한다는 단점도 있다. 널리 쓰이는 라이브러리라면 이러한 재컴파일은 수용할 수 없다. 물론 장점을 최대한 취하고 단점을 최대한 극복할 방법이 있다(14.3.5절 참고).

실습문제

불행히도 일반적인 설계 이론에 대한 실습문제를 만들지 못했다. 여기서는 객체 지향 프로그래밍을 지원하는 언어 기능에 초점을 둔다.

1. 가상 함수 vf()와 가상이 아닌 함수 f()를 포함하는 클래스 B1을 정의하자. 두 함수를 B1 클래스 안에 정의하고, 그 이름(예, B1::vf())을 출력하게 구현하자. 두 함수 모두 public으로 선언한다. 마지막으로 B1의 객체를 생성하고 두 함수를 호출하자.

2. 클래스 D1을 B1으로부터 파생시키고 vf()를 오버라이드하자. D1 객체를 만들고 그 객체의 vf()와 f()를 호출하자.

3. B1의 참조(B1&)를 정의하고 위에서 정의한 D1 객체로 초기화하자. 그 참조의 vf()와 f()를 호출하자.

4. 이제 D1에 f()라는 함수를 정의하고 1~3번 실습을 반복하자. 결과가 어떤지 설명하라.

5. B1에 순수 가상 함수 pvf()를 정의하고 1~4번 실습을 반복하자. 결과가 어떤지 설명하라.

6. 클래스 D2를 D1으로부터 파생시키고 D2에서 pvf()를 오버라이드하자. D2 클래스의 객체를 생성하고 f()와 vf(), pvf()를 호출하자.

7. 순수 가상 함수 pvf()를 포함하는 클래스 B2를 정의하자. string 타입의 데이터 멤버와 pvf()를 오버라이드하는 멤버 함수를 포함하는 클래스 D21을 정의하자. D21::pvf()는 string의 값을 출력한다. D21과 동일하되 데이터 멤버가 string이 아니라 int 타입인 클래스 D22도 정의하자. B2&를 인자로 받아 인자의 pvf()를 호출하는 함수 f()를 정의하고, D21과 D22를 각각 인자로 해서 f()를 호출하자.

복습문제

1. 응용 영역은 무엇인가?

2. 이상적인 명명 규칙은 무엇인가?

3. 이름을 붙일 수 있는 대상은 무엇인가?

4. Shape는 어떤 서비스를 제공하는가?

5. 추상 클래스와 추상이 아닌 클래스는 어떻게 다른가?

6. 클래스를 추상 클래스로 만드는 방법은 무엇인가?

7. 접근 제어로 무엇을 제어할 수 있는가?

8. 데이터 멤버를 private으로 만드는 이유는 무엇인가?

9. 가상 함수와 가상이 아닌 함수는 어떻게 다른가?

10. 기반 클래스는 무엇인가?

11. 파생 클래스를 만드는 방법은 무엇인가?

12. 객체의 레이아웃은 어떤 의미인가?

13. 클래스를 테스트하기 쉽게 만들려면 어떻게 해야 하는가?

14. 상속 다이어그램은 무엇인가?

15. protected와 private 멤버의 차이점은 무엇인가?

16. 어떤 클래스의 파생 클래스에서 접근할 수 있는 멤버는 어떤 종류인가?

17. 순수 가상 함수와 일반적인 가상 함수는 어떻게 다른가?

18. 멤버 함수를 가상 함수로 만드는 이유는 무엇인가?

19. 가상 멤버 함수를 순수 가상 함수로 만드는 이유는 무엇인가?

20. 오버라이딩은 어떤 의미인가?

21. 인터페이스 상속과 구현 상속의 차이점은 무엇인가?

22. 객체 지향 프로그래밍은 무엇인가?

용어 정리

추상 클래스	변경 가능성	순수 가상 함수
접근 제어	객체 레이아웃	서브클래스
기반 클래스	객체 지향 오버라이드	슈퍼클래스
파생 클래스	다형성	가상 함수
디스패치	private	가상 함수 호출
캡슐화	protected	가상 함수 테이블
상속	public	

연습문제

1. 클래스 Circle로부터 파생된 클래스 Smiley와 Frowny를 정의하고, 두 눈과 입을 그리자.
   다음으로 Smiley와 Frowny로부터 파생 클래스를 만들고 적당한 모자를 추가하자.

2. Shape를 복사하면 무슨 일이 벌어지는가?

3. 추상 클래스를 정의하고, 그 클래스의 객체를 생성해보자. 무슨 일이 벌어지는가?

4. Immobile_Circle 클래스를 정의하라. 이 클래스는 Circle과 비슷하지만 이동할 수 없다.

5. Striped_rectangle 클래스를 정의하라. 이 클래스는 직사각형의 채우기 색 대신 굵기가 1픽셀인 수평선으로 직사각형 내부를 채운다(두 줄마다 수평선이 반복된다). 원하는 패턴을 그리려면 선의 굵기와 간격을 조절해야 한다.

6. Striped_rectangle을 응용해서 Striped_circle도 정의하라.

7. Striped_rectangle을 응용해서 Striped_closed_polyline을 정의하라(약간의 알고리즘적인 창의력이 필요하다).

8. 정팔각형을 나타내는 클래스 Octagon을 정의하자. 그리고 (여러분이 정의하거나 Shape에서 상속받은) 모든 멤버 함수를 테스트하는 프로그램을 작성하라.

9. Shape의 컨테이너 역할을 하는 Group을 정의하고, 여러 멤버에 대한 적절한 연산을 추가하자. 힌트: Vector_ref. Group을 이용해서 프로그램의 통제하에 말을 움직이는 체스판을 정의하자.

10. Window와 매우 유사하게 보이는 Pseudo_window를 만들자. 둥근 모서리와 제목, 제어용 아이콘을 포함해야 한다. 이미지 등을 비롯한 가짜 콘텐츠를 만들어도 좋다. 그리고 Simple_window 안에 출력해도 좋다(그렇게 하길 권한다).

11. Shape로부터 파생된 Binary_tree 클래스를 정의하자. 레벨의 개수는 매개변수로 받는다 (levels==0은 노드 없음, levels==1은 노드 하나, levels==2는 최상단 노드 밑에 자식 노드 두 개, levels==3은 최상단 노드 밑에 자식 노드 두 개와 각 자식 노드 밑에 또 다시 자식 노드 두 개…). 노드는 작은 원으로 표현하고, (관례대로) 노드 사이는 선으로 연결한다. 참고로 컴퓨터 과학에서 말하는 트리는 최상단 노드(루트[root](뿌리)라고도 하는데, 재밌으면서도 논리적인 표현이다)로부터 아래로 자란다.

12. 노드를 그리는 일을 가상 함수에서 수행하도록 Binary_tree를 수정하자. 그리고 Binary_tree로부터 새로운 클래스를 파생해 노드를 다르게(예, 삼각형) 표현하자.

13. 노드를 연결하는 선의 종류(아래로 향하는 화살표나 위로 향하는 붉은 화살표 등)를 선택하는 매개변수를 받도록 Binary_tree를 수정하자. 12번과 13번 문제에서 클래스 계층 구조를 유연하고 유용하게 만드는 두 가지 대안을 어떻게 사용했는지 생각해보자.

14. Binary_tree의 노드에 텍스트를 추가하자. 이를 우아하게 구현하려면 Binary_tree의 설계를 변경해야 할 수도 있다. 각 노드를 어떻게 지칭할지 정하라. 예를 들어 문자열

"lrrlr"로 이진트리^{binary tree}의 왼쪽, 오른쪽, 오른쪽, 왼쪽, 오른쪽으로 탐색할 수 있다(루트 노드는 l이나 r 중 어디에나 대응된다).

15. 대부분의 클래스 계층 구조는 그래픽스와 관련이 없다. double*를 반환하는 순수 가상 함수 next()를 포함하는 클래스 Iterator를 정의하라(17장 참고). 그리고 Vector_iterator와 List_iterator를 Iterator로부터 파생시켜라. Vector_iterator의 next()는 vector<double>의 다음 요소의 포인터를 반환하고, List_iterator의 next()는 list<double>의 다음 요소의 포인터를 반환한다. Vector_iterator는 vector<double>로 초기화하며, next()를 처음 호출했을 때 첫 요소가 존재하면 그 포인터를 반환한다. 다음 요소가 없다면 0을 반환한다. vector<double>과 list<double>의 모든 요소를 출력하는 void print(Iterator&) 함수를 이용해서 테스트를 수행하라.

16. 네 가지 가상 함수 on()과 off(), set_level(int), show()를 포함하는 클래스 Controller를 정의하라. Controller의 파생 클래스를 두 개 이상 만들자. 그 중 하나는 간단한 테스트용 클래스로 show()를 호출하면 현재 on인지 off인지 여부와 레벨을 출력한다. 두 번째 파생 클래스는 Shape의 선 색상을 제어하는데, 레벨의 의미는 여러분이 정하기에 달렸다. Controller 클래스로 제어할 수 있는 세 번째 대상을 찾아보자.

17. exception과 runtime_error, out_of_range 등(5.6.3절)을 비롯한 C++ 표준 라이브러리의 예외는 클래스 계층 구조를 이룬다(무엇이 잘못됐는지 알려주는 문자열을 반환하는 유용한 가상 함수 what()을 포함한다). C++ 표준 예외 클래스 계층에 대한 정보를 찾아보고, 클래스 계층 구조도를 그려보자.

붙이는 말

소프트웨어의 이상은 모든 일을 할 수 있는 한 가지 프로그램을 만드는 게 아니라 어떤 개념을 밀접하게 반영하고 응용 프로그램을 우아하게 만들 수 있도록 서로 연동되는 많은 클래스를 만드는 데 있다. 이를 바탕으로 적당한 성능과 출력 결과가 올바르다는 신뢰성을 갖춘 응용 프로그램을 (해결하려는 작업에 비해) 최소한의 노력으로 만들 수 있다. 주어진 작업을 최대한 빨리 처리하는 코드를 아무렇게나 배치한다고 해서 이해하기 쉽고 관리하기 편한 프로그램이 되지는 않는다. 클래스와 (private와 protected를 이용한) 캡슐화, (클래스 파생을 바탕으로 하는) 상속, (가상 함수로 구현된) 실행 시간 다형성은 이처럼 구조적인 시스템을 만들 수 있는 가장 강력한 도구라고 할 수 있다.

함수와 데이터의 그래프 그리기

"최선은 선의 적이다."

— **볼테르**(Voltaire)

여러분이 실험적인 분야에서 일한다면 데이터를 그래프로 나타내야 하며, 어떤 현상을 수학적으로 모델링하는 분야에서 일한다면 함수를 그래프로 표현할 필요가 있다. 15장에서는 이러한 종류의 그래픽스를 수행하는 기본 메커니즘을 살펴본다. 지금까지와 마찬가지로 그래픽스 수행 메커니즘의 활용과 설계를 살펴볼 텐데, 하나의 인자를 받는 함수를 그래프로 그리는 프로그램과 파일에서 읽은 값을 출력하는 예제를 주로 살펴본다.

15.1 소개

시각화를 주요 직업으로 삼는 사람이 사용하는 전문적인 소프트웨어 시스템에 비하면 여기서 다룰 기능은 아주 기초적인 수준이다. 하지만 우리의 목적은 멋진 그래픽을 출력하는 것이 아니라 그러한 그래픽 출력을 생성하는 방법과 이에 필요한 프로그래밍 기법을 익히는 데 있다. 15장에서는 그래픽스 기능보다 장기적인 관점에서 가치 있는 설계 기법과 프로그래밍 기법, 기본적인 수학적 도구를 살펴본다. 따라서 코드 조각을 너무 빨리 훑어보진 말자. 단순히 그 코드에서 계산하고 그리는 도형보다 더 흥미로운 내용이 포함돼 있으니 말이다.

15.2 간단한 함수의 그래프 그리기

이제 시작하자. 우선 무엇을 그릴 수 있는지와 그것을 그리는 데 필요한 코드를 살펴본다. 특히 여기서 사용할 그래픽스 인터페이스 클래스를 보면 포물선^{parabola}과 수평선, 기울어진 선이 사용됐다.

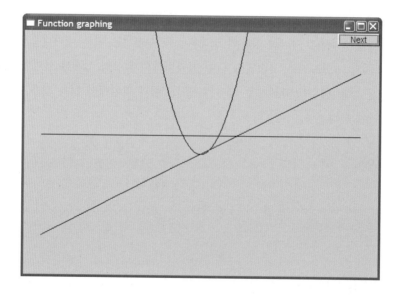

사실 15장에서는 그래프를 그리는 함수를 다루므로 수평선도 그냥 수평선이 아니라 그래프 함수를 바탕으로 얻어진 것이다.

```
double one(double) { return 1; }
```

이 함수는 우리가 생각할 수 있는 가장 간단한 함수 중 하나로, 모든 인자에 대해 1을 반환한다. 인자를 이용해 결과를 계산하지 않으므로 인자의 이름을 붙일 필요도 없다. one()

에 전달하는 x의 값에 상관없이 반환하는 y 값은 1이다. 즉, 이 선은 모든 x에 대해 (x,y)==(x,1)로 정의할 수 있다.

모든 기초 수학이 그렇듯 당연하고 실용적이지 않아 보인다. 그러니 좀 더 복잡한 함수를 살펴보자.

```
double slope(double x) { return x/2; }
```

그림의 기울어진 선을 그린 함수다. 모든 x에 대해 y 값으로 x/2를 얻는다. 다른 말로 (x,y)==(x,x/2)가 성립한다. 따라서 수평선과 기울어진 선은 점 (2,1)에서 교차한다.

이제 좀 더 흥미로운 함수를 알아보자. 이 책에서 자주 등장했던 제곱 함수다.

```
double square(double x) { return x*x; }
```

고등학교에서 배운 기하학을 기억한다면(여러분이 기억 못한다 해도) 이 함수는 최저점이 (0,0)이고 y축에 대칭인 포물선을 정의한다. 즉, (x, y)==(x,x*x)다. 따라서 포물선의 최저점 (0,0)은 기울어진 선에 접한다.

이 세 함수를 그리는 코드는 다음과 같다.

```
constexpr int xmax = 600;              // 윈도우 크기
constexpr int ymax = 400;

constexpr int x_orig = xmax/2;         // 윈도우의 중앙은 (0,0)
constexpr int y_orig = ymax/2;
constexpr Point orig {x_orig,y_orig};

constexpr int r_min = -10;             // 구간 [-10:11)
constexpr int r_max = 11;

constexpr int n_points = 400;          // 구간 안에서 사용할 점의 개수

constexpr int x_scale = 30;            // 비율
constexpr int y_scale = 30;

Simple_window win {Point{100,100},xmax,ymax,"Function graphing"};

Function s {one,r_min,r_max,orig,n_points,x_scale,y_scale};
Function s2 {slope,r_min,r_max,orig,n_points,x_scale,y_scale};
Function s3 {square,r_min,r_max,orig,n_points,x_scale,y_scale};

win.attach(s);
win.attach(s2);
win.attach(s3);
```

```
win.wait_for_button();
```

우선 코드 안에서 마법의 상수를 사용하지 않도록 상수를 정의했다. 다음으로 윈도우를 생성하고, 함수를 정의하고, 함수를 윈도우에 연결한 후 마지막으로 그래픽스 시스템에 제어권을 넘겨 실제 그리기 작업을 수행했다.

세 Function s와 s2, s3을 정의하는 다음과 같은 부분을 제외하면 모든 코드가 단순 반복에 가깝다.

```
Function s {one,r_min,r_max,orig,n_points,x_scale,y_scale};
Function s2 {slope,r_min,r_max,orig,n_points,x_scale,y_scale};
Function s3 {square,r_min,r_max,orig,n_points,x_scale,y_scale};
```

각 Function은 생성자의 첫 번째 인자(double 인자 하나를 받고 double을 반환하는 함수)를 윈도우에 어떻게 그릴지를 정의한다. 두 번째와 세 번째 인자는 x(그래프로 그릴 함수의 인자)의 구간을 지정한다. 네 번째 인자(orig)는 Function에게 원점 (0,0)이 윈도우의 어느 곳에 해당하는지를 지정한다.

인자가 많아서 혼란스러울 수 있는데, 우리도 그 생각에 동의한다. 인자가 많으면 혼란스럽고 버그를 유발할 가능성이 있으므로, 이상적으로는 인자의 개수를 가능한 줄여야 한다. 그러나 여기서는 모든 인자가 필요하므로 넘어가자. 나머지 세 인자는 나중(15.3절)에 설명하기로 하고, 우선 그래프에 제목부터 붙이자.

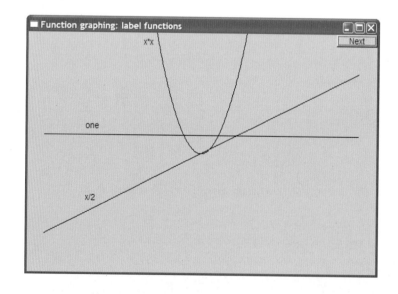

그래프는 항상 이해하기 쉬워야 한다. 사람들은 주변의 텍스트를 잘 읽지 않고 좋은 도표는 빠르게 이해되므로, 그림 주변의 텍스트는 잘 보이지 않게 된다. 그림의 일부분으로 표현된 정보는 눈에 더 잘 띄고, 우리가 그림에서 보여주고자 하는 내용을 독자가 이해하는 데 도움을 준다. 여기서는 단순하게 각 그래프에 제목을 붙이자. 제목을 그리는 코드는 Text 객체 세 개를 이용한다(13.11절 참고).

```
Text ts {Point{100,y_orig-40},"one"};
Text ts2 {Point{100,y_orig+y_orig/2-20},"x/2"};
Text ts3 {Point{x_orig-100,20},"x*x"};
win.set_label("Function graphing: label functions");
win.wait_for_button();
```

15장의 나머지 부분에서는 도형을 윈도우에 연결하고, 윈도우에 제목을 설정하고, 사용자가 Next를 누르기를 기다리는 등의 반복적인 코드는 생략한다.

하지만 아직도 그래프를 이해하기가 어렵다. x/2는 (0,0)에서 x*x에 접하고, one은 (2,1)에서 x/2와 교차하지만, 그 사실을 알기 어렵다. 사용자의 이해를 높이려면 다음 그림과 같이 좌표축을 추가해야 한다.

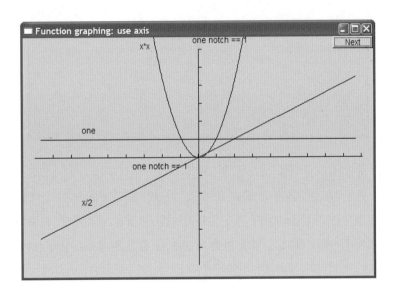

좌표축을 그리는 코드는 Axis 객체 두 개를 이용한다(15.4절).

```
constexpr int xlength = xmax-40;          // 좌표축의 크기를 윈도우보다 약간 작게 지정
constexpr int ylength = ymax-40;

Axis x {Axis::x,Point{20,y_orig},
    xlength, xlength/x_scale, "one notch == 1"};
Axis y {Axis::y,Point{x_orig, ylength+20},
    ylength, ylength/y_scale, "one notch == 1"};
```

눈금의 개수로 `xlength/x_scale`을 지정해 각 눈금이 1, 2, 3 …을 가리키게 했고, 관례대로 (0,0)에서 두 좌표축이 교차하게 했다. 이렇게 하는 대신 데이터를 표시할 때 일반적으로 사용하는 방식(15.6절)대로 왼쪽 아래에서 두 좌표축이 만나게 하고 싶다면 그렇게 해도 좋다. 더 나아가 좌표축과 데이터를 구별하기 쉽게 색상도 추가해보자.

```
x.set_color(Color::red);
y.set_color(Color::red);
```

결과는 다음과 같다.

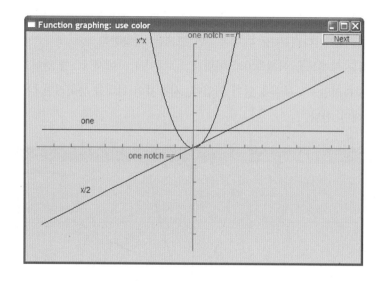

양 옆처럼 상단에도 공백을 넣으면 더 보기 좋겠지만, 그래도 이 정도면 좀 볼만하다. x축의 제목을 왼쪽으로 더 옮겨도 좋을 듯하다. 하지만 여기서는 미적인 측면에서의 세부 사항에는 끝이 없다는 사실을 보여주고자 일부러 이런 결점을 남겨뒀다. 프로그래머의 미덕 중 하나는 멈춰야 할 때를 알고, 그렇게 아낀 시간을 더 값진 일(새로운 기술을 배우거나 잠을 자거나)에 쓰는 것이다. 기억하라. "최선은 선의 적이다."

15.3 Function

`Function` 그래픽스 인터페이스 클래스의 정의는 다음과 같다.

```
struct Function : Shape {
    // 함수 매개변수는 저장하지 않음
    Function(Fct f, double r1, double r2, Point orig,
        int count = 100, double xscale = 25, double yscale = 25);
};
```

Function도 Shape의 일종으로, 생성자에서 수많은 선분을 생성해 객체의 Shape 부분에
저장한다. 이 선분들은 함수 f의 결과 값 근사치로, f의 결과 값은 [r1:r2) 구간 안에서 일정
한 간격으로 count에 지정한 횟수만큼 계산한다.

```
Function::Function(Fct f, double r1, double r2, Point xy,
                   int count, double xscale, double yscale)
// xy가 (0,0)일 때 x의 구간 [r1:r2)에서 count 개의 선분으로 그린 f(x)의 그래프
// x 좌표는 xscale만큼 y 좌표는 yscale 만큼 확대/축소 함
{
    if (r2-r1<=0) error("그래프 구간 오류");
    if (count <=0) error("그래프 샘플 개수는 음수여야 함");
    double dist = (r2-r1)/count;
    double r = r1;
    for (int i = 0; i<count; ++i) {
        add(Point{xy.x+int(r*xscale),xy.y-int(f(r)*yscale)});
        r += dist;
    }
}
```

x 좌표와 y 좌표를 각각 xscale과 yscale만큼 확대/축소했는데, 일반적으로 윈도우의 그
리기 영역에 맞게 값을 적당히 확대/축소해야 한다.

Function 객체는 생성자의 인자를 저장하지 않으므로, 추후에 원점이 어딘지 조사하거나
다른 확대/축소 비율로 다시 그릴 수 없다. Function은 그저 결과 값을 (자신의 Shape 부분에)
점으로 저장하고 화면에 그릴 뿐이다. Function을 생성한 후에 변경할 수 있는 유연성을 원한
다면 바꾸고자 하는 값을 저장해야 한다(연습문제 2번 참고).

함수를 인자로 나타내고자 사용한 Fct 타입은 무엇인가? Fct는 나중에 호출할 함수를 '기
억'하고자 사용하는 표준 라이브러리 std::function의 변종으로, Fct의 인자와 반환 값은
double 타입이어야 한다.

15.3.1 기본 인자

Function 생성자의 선언에서 인자 xscale과 yscale의 초기 값을 볼 수 있는데, 이러한 초기
값을 기본 인자default arguments라고 하며, 함수를 호출하는 쪽이 해당 인자의 값을 지정하지 않았
을 때 기본 값을 대신 사용한다. 다음 예를 보자.

```
Function s {one, r_min, r_max,orig, n_points, x_scale, y_scale};
Function s2 {slope, r_min, r_max, orig, n_points, x_scale};    // yscale 지정 안함
Function s3 {square, r_min, r_max, orig, n_points};            // xscale과 yscale 지정 안함
```

```
Function s4 {sqrt, r_min, r_max, orig};        // count와 xscale, yscale 지정 안함
```

위의 코드는 다음과 동일하다.

```
Function s {one, r_min, r_max, orig, n_points, x_scale, y_scale};
Function s2 {slope, r_min, r_max,orig, n_points, x_scale, 25};
Function s3 {square, r_min, r_max, orig, n_points, 25, 25};
Function s4 {sqrt, r_min, r_max, orig, 100, 25, 25};
```

기본 인자는 여러 개의 오버로드된 함수 대신 시용할 수 있다. 한 예로 세 기본 인자를 받는 생성자 한 개 대신에 다음과 같이 생성자 네 개를 정의할 수도 있다.

```
struct Function : Shape {        // 기본 인자를 사용하지 않는 다른 방법
    Function(Fct f, double r1, double r2, Point orig,
        int count, double xscale, double yscale);
    // y의 기본 확대/축소 비율
    Function(Fct f, double r1, double r2, Point orig,
        int count, double xscale);
    // x와 y의 기본 확대/축소 비율
    Function(Fct f, double r1, double r2, Point orig, int count);
    // count의 기본 값과 x와 y의 기본 확대/축소 비율
    Function(Fct f, double r1, double r2, Point orig);
};
```

하지만 이렇게 네 개의 생성자를 정의하려면 더 많은 작업이 필요하고, '기본 값'이라는 본연의 의미가 선언에서 명확히 드러나는 대신 생성자 정의 안에 감춰지게 된다. 이처럼 기본 인자는 생성자에서 자주 사용하지만 모든 종류의 함수에서도 유용하다. 그리고 순서상 뒤쪽의 연속된 매개변수들에만 기본 인자를 지정할 수 있다.

```
struct Function : Shape {
    Function(Fct f, double r1, double r2, Point orig,
        int count = 100, double xscale, double yscale);     // 오류
};
```

즉, 어떤 매개변수에 기본 인자를 지정하면 그 뒤에 위치한 모든 매개변수에도 기본 인자를 지정해야 한다.

```
struct Function : Shape {
    Function(Fct f, double r1, double r2, Point orig,
        int count = 100, double xscale=25, double yscale=25);
};
```

어떤 경우에는 좋은 기본 인자를 찾는 일이 쉽다. string의 기본 인자(빈 string)와 vector
의 기본 인자(빈 vector)를 예로 들 수 있다. 반대로 Function과 같은 경우에는 기본 인자를
정하기가 쉽지 않다. 우리도 몇 번의 실험과 실패 끝에 그 사실을 깨달을 수 있다. 기본 인자
를 꼭 제공할 필요는 없으며, 기본 인자를 제공하기 어렵다면 인자를 지정하는 일은 사용자에
게 맡기기 바란다.

15.3.2 기타 예제

함수를 몇 개 더 추가했다. 표준 라이브러리의 간단한 코사인(cos)과 여러 함수를 조합하는
방법을 보여주고자 x/2의 기울기를 따르는 기울어진 코사인 함수를 추가했다.

```
double sloping_cos(double x) { return cos(x)+slope(x); }
```

결과는 다음과 같다.

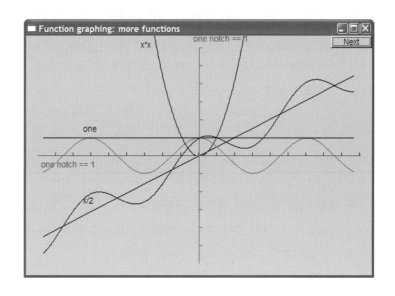

코드는 다음과 같다.

```
Function s4 {cos,r_min,r_max,orig,400,30,30};
s4.set_color(Color::blue);
Function s5 {sloping_cos, r_min,r_max,orig,400,30,30};
x.label.move(-160,0);
x.notches.set_color(Color::dark_red);
```

함수 두 개를 추가함과 더불어 x축의 제목도 옮겼고, (어떻게 하는지 보여줄 목적으로) 눈금의
색상도 약간 변경했다.

마지막으로 로그와 지수, 사인, 코사인 그래프를 그린다.

```
Function f1 {log,0.000001,r_max,orig,200,30,30};        // log(): 밑수가 e인 로그
Function f2 {sin,r_min,r_max,orig,200,30,30};           // sin()
f2.set_color(Color::blue);
Function f3 {cos,r_min,r_max,orig,200,30,30};           // cos()
Function f4 {exp,r_min,r_max,orig,200,30,30};           // exp(): 지수, e^x
```

`log(0)`는 정의할 수 없으므로(수학적으로는 음의 무한대) 로그의 입력 값 구간을 충분히 작은 양수에서 시작했다. 이 결과는 다음과 같다.

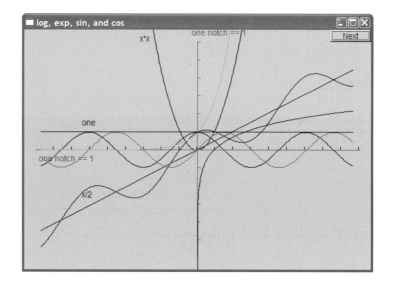

그리고 함수에 제목을 붙이는 대신 색상을 사용했다.

`cos()`와 `sin()`, `sqrt()` 등의 표준 수학 함수는 표준 라이브러리 헤더 `<cmath>`에서 정의한다. 24.8절과 B.9.2절에서 표준 수학 함수의 목록을 볼 수 있다.

15.3.3 람다 표현식

`Function`의 생성자 인자로 사용할 함수를 매번 정의하기란 귀찮은 일이다. 결론만 얘기하자면 C++는 필요하다면 인자가 들어갈 자리에 함수처럼 동작하는 무언가를 정의할 수 있도록 구문을 제공한다. 예를 들어 `sloping_cos` 도형은 다음과 같이 정의할 수 있다.

```
Function s5 {[ ](double x) { return cos(x)+slope(x); },
                r_min,r_max,orig,400,30,30};
```

`[ ](double x) { return cos(x)+slope(x); }`가 바로 람다 표현식^{lambda expression}인데, 인자

로 사용할 이름 없는 함수를 필요한 곳에서 바로 정의할 수 있다. [ ]는 **람다 개시자**[lambda] introducer라고 하는데, 람다 개시자 다음에 람다 표현식에 필요한 인자들(인자 목록)과 수행할 동작(함수 몸체)을 명시한다. 반환 값은 람다의 몸체로부터 유추될 수 있다. 여기서는 cos(x)+ slope(x)의 타입인 double이 반환 타입이 된다. 원한다면 다음과 같이 반환 타입을 명시할 수도 있다.

```
Function s5 {[ ] (double x) -> double { return cos(x)+slope(x); },
                 r_min,r_max,orig,400,30,30};
```

람다 표현식의 반환 타입을 지정해야 하는 경우는 많지 않다. 람다 표현식은 오류와 혼란 의 원인이 되지 않을 정도로 간단해야 하기 때문이다. 중요한 일을 하는 코드라면 이름이 필요하며, 원래 프로그래머가 아니더라도 이해할 수 있는 주석도 필요하다. 한두 줄 정도에 들어가지 않는 코드는 이름 있는 함수로 정의하길 권한다.

람다 개시자를 이용하면 람다 표현식 안에서 지역 변수에 접근할 수 있다. 15.5절과 21.4.3절을 참고하라.

15.4 Axis

데이터의 척도를 이해할 수 있는 정보가 없이 제공되는 대부분의 그래프는 신뢰성이 없으므로 데이터를 표현할 땐 언제나 좌표축을 사용한다(15.6.4절 참고). Axis는 선과 그 선 위의 눈금, 텍스트 제목을 포함하는데, Axis의 생성자에서 좌표축의 선과 (필요하다면) 그 선 위의 눈금을 그릴 선을 계산한다.

```
struct Axis : Shape {
    enum Orientation { x, y, z };
    Axis(Orientation d, Point xy, int length,
        int number_of_notches=0, string label = "");

    void draw_lines() const override;
    void move(int dx, int dy) override;
    void set_color(Color c);

    Text label;
    Lines notches;
};
```

label과 notches 객체는 public이므로 사용자가 직접 조작할 수 있다. 예를 들어 눈금을 좌표축의 선과 다른 색으로 그리거나 제목을 더 보기 좋은 위치로 옮길 수도 있다. 이처럼

Axis는 부분적으로 독립적인 객체로 이뤄진 객체라고 할 수 있다.

Axis의 생성자에서는 좌표축의 선을 위치시키고, number_of_notches가 0보다 크면 눈금을 추가한다.

```
Axis::Axis(Orientation d, Point xy, int length, int n, string lab)
    :label(Point{0,0},lab)
{
    if (length<0) error("축 길이가 잘못 됨");
    switch (d){
    case Axis::x:
        {   Shape::add(xy);                    // 좌표축 선
            Shape::add(Point{xy.x+length,xy.y});

            if (0<n) {                          // 눈금 추가
                int dist = length/n;
                int x = xy.x+dist;
                for (int i = 0; i<n; ++i) {
                    notches.add(Point{x,xy.y},Point{x,xy.y-5});
                    x += dist;
                }
            }

            label.move(length/3,xy.y+20);    // 선 밑에 제목
            break;
        }
    case Axis::y:
        {   Shape::add(xy);                     // y 축은 위로 향함
            Shape::add(Point{xy.x,xy.y-length});

            if (0<n) {                          // 눈금 추가
                int dist = length/n;
                int y = xy.y-dist;
                for (int i = 0; i<n; ++i) {
                    notches.add(Point{xy.x,y},Point{xy.x+5,y});
                    y -= dist;
                }
            }

            label.move(xy.x-10,xy.y-length-10); // 상단에 레이블
            break;
        }
    case Axis::z:
```

```
        error("z 축은 지원 안함");
    }
}
```

실세계의 코드에 비하면 매우 단순한 생성자이지만, 그다지 당연해 보이는 코드는 아니고 유용한 기법들을 보여주므로 자세히 살펴보자. 좌표축 선은 (Shape::add()를 이용해서) Axis의 Shape 부분에 저장하지만 눈금은 별도의 객체(notches)에 저장한다. 이렇게 하면 좌표축 선과 눈금을 독립적으로 다룰 수 있다. 예를 들어 각각의 색을 다르게 할 수 있다. 마찬가지로 제목이 축에 상대적인 위치로 고정돼 있는데, 언제든 더 나은 위치로 옮길 수 있다. 그리고 사용자에게 편리하고 오류가 적은 표기 방식을 제공하고자 Orientation 열거형을 사용했다.

이처럼 Axis는 세 부분으로 이뤄지므로, Axis를 전체적으로 조작할 수 있는 함수를 제공해야 한다.

```
void Axis::draw_lines() const
{
    Shape::draw_lines();
    notches.draw();         // 눈금의 색은 좌표축 선과 다를 수도 있음
    label.draw();           // 제목의 색은 좌표축 선과 다를 수도 있음
}
```

notches와 label에 저장된 각각의 색을 사용하고 싶다면 draw_lines()가 아닌 draw()를 사용하자. 좌표축 선은 Axis::Shape 자체에 저장하며, 그와 함께 안에 저장된 별도의 색을 사용한다.

이처럼 선과 눈금, 제목의 색을 다르게 할 수 있지만, 일반적으로 좋은 스타일은 아니므로 세 구성 요소의 색을 한 번에 설정하는 함수를 제공한다.

```
void Axis::set_color(Color c)
{
    Shape::set_color(c);
    notches.set_color(c);
    label.set_color(c);
}
```

마찬가지로 Axis::move()도 Axis의 세 구성 요소를 함께 옮긴다.

```
void Axis::move(int dx, int dy)
{
    Shape::move(dx,dy);
    notches.move(dx,dy);
    label.move(dx,dy);
}
```

15.5 근사치

여기서는 함수 그래프의 다른 예로 지수 함수의 계산 과정을 애니메이션으로 보여준다. 이 예제의 목적은 (예전에 몰랐다면) 수학적 함수가 무엇인지, 계산 과정을 보여줄 때 그래픽스를 어떻게 이용하는지, 읽고 공부할 코드를 보여주는 데 있다. 그리고 마지막으로 컴퓨터를 이용한 계산의 공통적인 문제를 경고하고자 한다.

지수 함수를 계산하는 방법 중의 하나로 다음과 같은 수열을 예로 들 수 있다.

$$e^x = 1 + x + x^2/2! + x^3/3! + x^4/4! + \ldots$$

수열의 항을 더 많이 계산할수록 e^x의 값에 가까워진다. 즉, 더 많은 항을 계산할수록 계산 결과의 더 많은 자리수가 수학적으로 정확해진다. 이제 수열을 계산하고, 각 항의 결과를 그래프로 그리자. 위에서 사용한 느낌표는 수학에서 일반적으로 사용하는 계승의 의미다. 즉, 다음과 같은 차례로 함수의 그래프를 그린다.

```
exp0(x) = 0        // 항이 없음
exp1(x) = 1        // 항이 한 개
exp2(x) = 1+x      // 항이 두 개: pow(x,1)/fac(1)==x
exp3(x) = 1+x+pow(x,2)/fac(2)
exp4(x) = 1+x+pow(x,2)/fac(2)+pow(x,3)/fac(3)
exp5(x) = 1+x+pow(x,2)/fac(2)+pow(x,3)/fac(3)+pow(x,4)/fac(4)
...
```

아래로 내려갈수록 e^x에 더 가까운 근사치를 계산하는 함수다. 여기서 `pow(x,n)`은 x^n을 계산하는 표준 라이브러리 함수다. 계승을 구하는 함수는 표준 라이브러리에 없으므로 직접 정의하자.

```
int fac(int n)    // factorial(n); n!
{
    int r = 1;
    while (n>1) {
        r*=n;
        --n;
    }
    return r;
}
```

`fac()`의 다른 구현 방식은 연습문제 1번에서 다룬다. 위와 같은 `fac()`를 이용하면 수열의 n번째 항을 다음과 같이 계산할 수 있다.

```
double term(double x, int n) { return pow(x,n)/fac(n); }     // 수열의 n번째 항
```

위와 같은 `term()`을 이용하면 n 항의 정확도를 갖는 지수 함수는 다음과 같다.

```
double expe(double x, int n) // x에서의 n개의 항의 합
{
    double sum = 0;
    for (int i=0; i<n; ++i) sum+=term(x,i);
    return sum;
}
```

이제 이 함수의 그래프를 그리자. 좌표축을 그리고, 진짜 지수 함수인 표준 라이브러리의 `exp()`와 `expe()`를 비교해 근사치가 얼마나 가까운지 살펴보자.

```
Function real_exp {exp,r_min,r_max,orig,200,x_scale,y_scale};
real_exp.set_color(Color::blue);
```

하지만 `expe()`를 어떻게 사용해야 할까? 프로그래밍 관점에서 어려운 점은 그래프 그리기 클래스인 `Function`이 한 개의 인자를 받아들이는 함수를 이용하는 반면, `expe()`는 두 개의 인자가 필요하다는 사실이다. 예전에 우리가 알던 C++에서는 이 문제를 우아하게 해결할 수 있는 방법이 없지만, 람다 표현식을 이용하면 해결할 수 있다(15.3.3절).

```
for (int n = 0; n<50; ++n) {
    ostringstream ss;
    ss << "exp approximation; n==" << n ;
    win.set_label(ss.str());
    // 다음 근사치
    Function e {[n](double x) { return expe(x,n); },
        r_min,r_max,orig,200,x_scale,y_scale};
    win.attach(e);
    win.wait_for_button();
    win.detach(e);
}
```

람다 개시자 `[n]`은 람다 표현식에서 지역 변수 n에 접근함을 말한다. 이렇게 하면 `expe(x,n)` 호출 시 n은 `Function`이 생성되는 시점에서 n의 값을, x는 `Function` 안에서 `expe()` 호출 시마다 주어지는 x를 이용한다.

루프 마지막의 `detach(e)`에 주목하자. `Function` 객체 e의 유효 범위는 `for` 구문의 블록 안이므로, 루프 블록에 들어올 때마다 새로운 `Function` 객체 e를 생성한다. 반대로 루프 블록을 벗어나면 e가 소멸돼 다음 루프에서 새 객체로 대체된다. 이처럼 e는 삭제될 운명이므로

윈도우가 오래된 e를 기억하면 안 된다. 따라서 detach(e)를 수행해 윈도우가 이미 삭제된 객체를 그리지 않게 한다.

첫 번째 출력에서 좌표축과 파란색으로 그려진 진짜 지수 함수를 볼 수 있다.

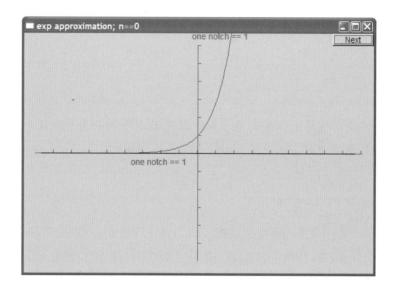

exp(0)은 1이므로 파란색 진짜 지수 함수는 (0,1)에서 y축에 교차한다.

자세히 보면 0개의 항을 이용한 근사치(exp0(x)==0)를 x축에 겹치는 선으로 그렸음을 알 수 있다. Next를 누르면 항을 한 개 이용한 근사치가 그려지고, 근사에 사용한 항의 개수가 창의 제목에 나타나는 사실을 알 수 있다.

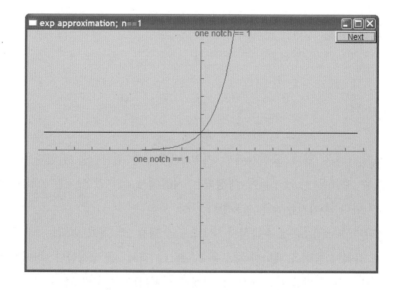

앞의 그림은 수열의 항 한 개를 사용한 근사치 함수 `exp1(x)==1`을 나타낸다. (0,1)에서 지수 함수와 정확히 동일하지만, 더 개선할 수 있다.

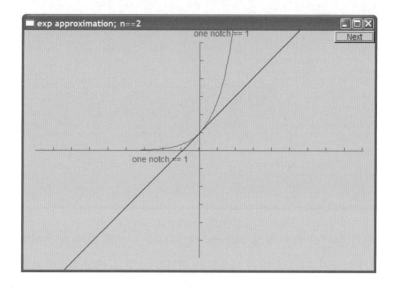

두 개의 항(`1+x`)을 이용한 근사치를 그리면 위와 같이 (0,1)에서 y축과 교차하는 대각선을 볼 수 있다. 세 개의 항(`1+x+pow(x,2)/fac(2)`)을 이용하면 뭔가 변화가 보인다.

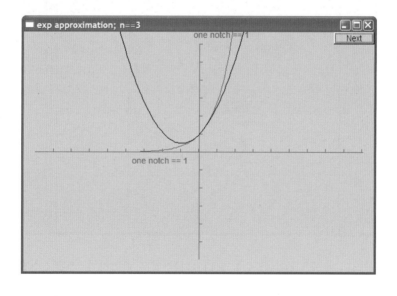

10개의 항을 이용하면 -3보다 큰 수에서는 훨씬 실제 값에 가깝다.

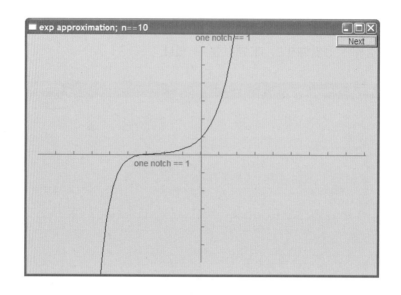

언뜻 생각하기에는 더 많은 항을 사용할수록 근사치가 실제 값에 더 가까워질 듯하지만, 여기에는 한계가 있어서 13개의 항을 사용하는 시점부터 뭔가 이상해지기 시작한다. 근사치의 값이 조금씩 부정확해지다가 18개의 항을 사용하면 다음과 같이 수직선이 나타난다.

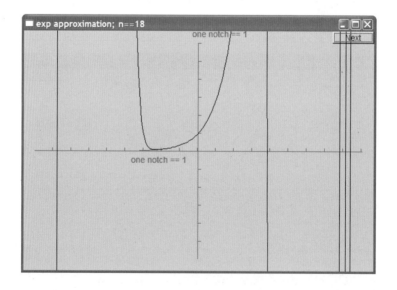

이처럼 컴퓨터의 계산은 순수한 수학과 다르다는 점을 기억하자. 부동소수점 숫자는 제한된 개수의 비트를 이용해서 실수를 근사치로 나타낼 뿐이다. int에 너무 큰 정수를 저장하면 오버플로가 발생하고, double은 근사치를 저장한다. 내가 항의 개수가 많아지면 이상한 출력이 나온다는 사실을 알았을 때 double에 너무 큰 값을 저장했기 때문에 결과가 수학적으로 옳은 정답과 달라진다고 생각했다. 그러나 fac()가 int에 저장하기에 너무 큰 수를 반환한다는 사실을 나중에 깨달았다. `fac()`가 `double`을 반환하게 수정하면 문제가 해결된다. 더 궁금한 점이 있다면 5장의 연습문제 11번과 24.2절을 참고하라.

앞의 마지막 그림은 '괜찮아 보이는' 것과 '테스트를 마친' 것이 어떻게 다른지도 보여준다. 프로그램을 사용할 누군가에게 보여주기 전에 괜찮아 보이는 것 이상으로 테스트하라. 더 좋은 방법을 알고 있지 않는 한 이 예제에서 봤듯이 프로그램을 더 오래 실행하거나 다른 데이터로 수행해보면 문제가 발생할 수 있다.

15.6 데이터의 그래프 그리기

데이터를 표현하는 일은 고도의 기술을 필요로 하는 값진 일이다. 잘 그린 그래프는 기술과 미술의 조합을 바탕으로 복잡한 현상을 이해하는 데 큰 도움을 준다. 하지만 이러한 이유로 그래프를 그리는 일이 프로그래밍 기술을 넘어서는 광범위한 작업이기도 하다. 여기서는 파일에서 읽은 데이터를 표현하는 간단한 예를 살펴보자. 그래프로 그릴 데이터는 거의 한 세기 동안 일본의 연령대별 인구를 나타내며, 2008년 이후로는 예상치를 보여준다.

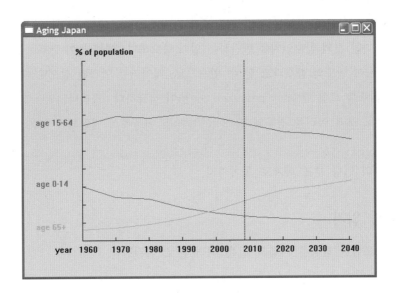

이 예제를 바탕으로 데이터를 표현하는 데 관련된 다음과 같은 프로그래밍 문제를 다룬다.

- 파일 읽기
- 윈도우 크기에 맞게 데이터 조절하기
- 데이터 표시하기
- 그래프 제목 붙이기

미학적인 측면에서는 깊이 살펴보지 않겠다. 이 그래프는 '기술 괴짜geek를 위한 그래프'이지 '그래픽 예술'이 아니기 때문이다. 나중에 필요하다면 미술적인 측면에 좀 더 신경 쓸 수 있다.

주어진 데이터를 어떻게 잘 표시할지 생각해야 하는데, 문제를 간단히 하고자 이차원으로 표시할 수 있는 데이터만 다룬다. 하지만 대부분의 사람들이 다루는 데이터도 이런 데이터이니 큰 문제는 없다. 막대그래프와 파이 차트를 비롯해 주로 사용되는 표현 방식도 이차원 데이터를 보기 좋게 표현하는 방법에 속한다. 삼차원 데이터는 (지금 다루고 있는 일본의 연령대 예제처럼) 여러 개의 이차원 그래프를 윈도우에 겹쳐 표현하거나, 각 데이터에 제목을 붙이기도 한다. 그 이상의 일을 하고 싶다면 새로운 그래픽스 클래스를 작성하거나 다른 그래픽스 라이브러리를 이용해야 한다.

지금까지 우리가 주로 다룬 데이터는 (년도, 유소년의 수) 처럼 두 값으로 이뤄진 쌍이었는데, (년도, 청소년의 수, 성인의 수, 노인의 수) 처럼 더 많은 데이터가 있다면 어떤 쌍을 출력할지 정해야 한다. 이 예제에서는 (년도, 유소년의 수) 와 (년도, 성인의 수), (년도, 노인의 수) 의 세 쌍을 그래프로 그린다.

(x, y) 쌍의 집합을 표현하는 방법에는 여러 가지가 있다. 이런 데이터를 그래프로 그릴 때는 한 값이 다른 값의 함수인지를 판단하는 일이 중요하다. 예를 들어 (년도, 철강 생산량) 에서 철강 생산량이 년도의 함수라고 할 수 있으므로, 데이터를 연결된 선으로 나타낸다. 이런 데이터의 그래프를 그릴 땐 Open_polyline(13.6절)이 적당하다. 그러나 (인당 GDP, 인구) 처럼 y를 x의 함수로 보기 어려운 경우엔 Marks(13.15절)를 이용해서 연결되지 않은 점을 그릴 수 있다.

이제 일본의 연령 분포 예제로 돌아가자.

15.6.1 파일 읽기

연령 분포를 포함한 파일은 다음과 같은 여러 줄로 이뤄진다.

```
( 1960 : 30 64 6 )
(1970 : 24 69 7 )
(1980 : 23 68 9 )
```

콜론 다음의 첫 번째 숫자는 유소년(0~14세)의 비율을, 두 번째 수는 성인(15~64세)의 비율을, 세 번째 수는 노인(65세 이상)의 비율을 나타낸다. 이제 이 데이터를 읽어야 하는데, 데이터 형식이 약간 불규칙하므로 이런 문제도 처리해야 한다.

작업을 단순히 하고자 데이터 항목을 저장할 Distribution 타입을 정의하고, 데이터 항목을 읽는 입력 연산자를 정의하자.

```cpp
struct Distribution {
    int year, young, middle, old;
};

istream& operator>>(istream& is, Distribution& d)
    // 데이터 형식: ( 년도 : 유소년 성인 노인 )
{
    char ch1 = 0;
    char ch2 = 0;
    char ch3 = 0;
    Distribution dd;

    if (is >> ch1 >> dd.year
            >> ch2 >> dd.young >> dd.middle >> dd.old
            >> ch3) {
        if (ch1!= '(' || ch2!=':' || ch3!=')') {
            is.clear(ios_base::failbit);
            return is;
        }
    }
    else
        return is;
    d = dd;
    return is;
}
```

이 코드는 10장의 아이디어를 그대로 응용했다. 코드가 명확하지 않다면 10장을 다시 보라. 반드시 Distribution 타입과 >> 연산자를 정의할 필요는 없지만, '그냥 숫자를 읽어서 그래프로 그리는' 방식보다는 코드가 단순해진다. Distribution을 이용하면 코드를 이해하기 쉽고 디버깅하기도 쉬운 논리적인 부분으로 나눌 수 있다. 이처럼 '코드를 명확하게 만드는' 타입을 사용하는 일을 주저하지 말자. 클래스를 정의하는 이유가 코드에서 쓰이는 개념을 우리가 생각하는 방식대로 코드에 반영하기 위함이기 때문이다. 연령 분포를 나타내는 한 줄의 데이터처럼 지역적인 코드에서 사용하는 '작은' 개념이라도 클래스로 정의하면 큰 도움이 된다.

Distribution 타입을 이용한 읽기 루프는 다음과 같다.

```cpp
string file_name = "japanese-age-data.txt";
ifstream ifs {file_name};
```

```
if (!ifs) error("열기 실패: ",file_name);

// ...

for (Distribution d; ifs>>d; ) {
    if (d.year<base_year || end_year<d.year)
        error("구간 밖의 년도");
    if (d.young+d.middle+d.old != 100)
        error("비율이 맞지 않음");
    // ...
}
```

japanese-age-data.txt 파일을 열려고 시도해본 후 파일을 찾지 못하면 프로그램을 종료한다. 이처럼 파일 이름을 소스코드에 포함시키는 방법이 좋은 생각은 아니지만, 어차피 예제 프로그램은 한 번 쓰고 말 것이니 계속 사용할 응용 프로그램에 적합한 편의 기능을 구현하는 코드를 작성하는 수고를 감수할 필요는 없다. 대신 japanese-age-data.txt를 명명된 string 변수에 대입해 나중에 프로그램을 수정할 때 다른 곳에서 사용하기 쉽게 했다.

읽기 루프에서는 기본적인 데이터 확인 절차로 읽어 들인 년도가 적당한 구간에 있는지, 비율을 합해서 100이 되는지 확인한다. >>에서 각 데이터 항목의 형식을 확인하므로 루프 안에서 더 이상의 확인을 할 필요는 없다.

15.6.2 일반적인 레이아웃

결론적으로 화면에 무엇을 그려야 하는가? 15.6절의 시작 부분에서 그 답을 볼 수 있다. 각 연령대별로 하나씩, 총 세 개의 Open_polyline으로 데이터를 표현하고, 각 그래프에 제목을 붙이자. 여기서는 그래프의 선 근처 어딘가에 제목을 출력하는 일반적인 방법보다 윈도우의 왼쪽에 각 그래프의 제목을 표시하는 방법이 더 명확해보인다. 거기에 더해 쉽게 구별할 수 있도록 각 그래프와 그 제목에 색상을 설정한다.

x축에는 년도를 표시한다. 그리고 2008년의 수직선을 경계로 실제 데이터와 예상치를 구분한다.

윈도우의 제목은 그래프의 제목으로 설정했다.

정확하고 보기 좋은 그래프를 그리는 일은 매우 헷갈리는 작업이다. 크기와 오프셋offset을 계산하는 복잡한 과정이 필요하기 때문이다. 이 과정을 단순히 하고자 우선 화면의 공간을 사용하는 방식을 정하는 기호 상수부터 정의하자.

```
constexpr int xmax = 600;        // 윈도우 크기
constexpr int ymax = 400;
```

```
constexpr int xoffset = 100;      // 윈도우의 왼쪽 끝에서 y축까지의 거리
constexpr int yoffset = 60;       // 윈도우의 아래쪽 끝에서 x축까지의 거리
constexpr int xspace = 40;        // 축 다음 공간
constexpr int yspace = 40;
constexpr int xlength = xmax-xoffset-xspace; // 좌표축의 길이
constexpr int ylength = ymax-yoffset-yspace;
```

이 기호 상수들은 직사각형 공간(윈도우) 안에 (좌표축으로 정의되는) 또 다른 직사각형을 정의한다.

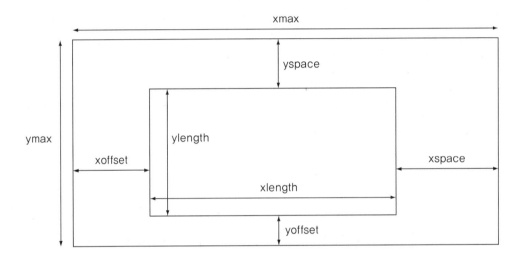

여기서 정의한 기호 상수들과 개략적 레이아웃이 없으면 원하는 대로 출력이 나오지 않을 때 문제를 진단하고 해결하기 어렵다.

15.6.3 데이터 확대/축소

이제 주어진 공간 안에 데이터를 맞춰야 한다. 좌표축으로 정의된 공간 안에 데이터를 맞게 조절하자. 그러려면 데이터 구간과 좌표축 구간 간의 비율을 의미하는 비율을 구해야 한다.

```
constexpr int base_year = 1960;
constexpr int end_year = 2040;

constexpr double xscale = double(xlength)/(end_year-base_year);
constexpr double yscale = double(ylength)/100;
```

비율(xscale과 yscale)을 부동소수점 숫자로 해야 반올림으로 인한 계산 오류를 막을 수 있다. 따라서 정수 나눗셈을 피하고자, 나눗셈을 하기 전에 좌표축 길이를 double로 변환했다(4.3.3절).

이제 데이터에서 시작 값(1960)을 빼고 xscale로 길이를 조절한 후 xoffset을 더하면 x축 위치를 구할 수 있다. y 값도 비슷하게 처리할 수 있다. 하지만 비슷한 일을 반복해도 시간이 조금만 흐르면 그 방법을 잊어버리기 십상이다. 비록 이런 계산이 간단하긴 하지만 성가시고 코드가 길어진다. 코드를 단순하게 만들고 오류의 가능성(과 끔찍한 디버깅)을 최소화하고자 계산을 수행하는 작은 클래스를 정의했다.

```
class Scale {          // 좌표 변환을 수행할 데이터
    int cbase;         // 좌표계 시작 위치
    int vbase;         // 값의 시작 위치
    double scale;
public:
    Scale(int b, int vb, double s) :cbase{b}, vbase{vb}, scale{s} { }
    int operator()(int v) const { return cbase + (v-vbase)*scale; }   // 21.4절 참고
};
```

계산 과정이 굳이 반복할 필요가 없는 세 개의 상수에 의존하므로 이를 클래스로 만들었다. 이제 클래스의 객체를 정의하자.

```
Scale xs {xoffset,base_year,xscale};
Scale ys {ymax-yoffset,0,-yscale};
```

y축이 아래로 증가하는 반면 우리는 더 큰 값을 그래프의 위쪽에 표시하길 선호하므로 ys의 비율을 음수로 지정했다. 이제 xs를 이용해서 년도를 x축 좌표로 변환하고, ys를 이용해서 인구 비율을 y축 좌표로 변환할 수 있다.

15.6.4 그래프 만들기

이제 그래프 그리는 코드를 우아하게 작성하는 데 필요한 준비를 모두 마쳤다. 우선 윈도우를 생성하고 좌표축의 위치를 설정하자.

```
Window win {Point{100,100},xmax,ymax,"Aging Japan"};

Axis x {Axis::x, Point{xoffset,ymax-yoffset}, xlength,
        (end_year-base_year)/10,
        "year   1960   1970   1980   1990   "
        "2000   2010   2020   2030   2040"};
x.label.move(-100,0);

Axis y {Axis::y, Point{xoffset,ymax-yoffset}, ylength, 10,"% of population"};

Line current_year {Point{xs(2008),ys(0)},Point{xs(2008),ys(100)}};
```

```
current_year.set_style(Line_style::dash);
```

두 축은 (1960,0)을 나타내는 Point{xoffset,ymax-yoffset}에서 교차한다. 여기서 데이터를 표현하기 위해 눈금을 어떻게 배치했는지에 주목하자. y축에는 각각 인구 비율 10%를 나타내는 10개의 눈금이 존재한다. x축의 눈금 하나는 10년을 의미하며, 년도의 구간이 바뀌면 x축도 변경되게 base_year와 end_year를 이용해서 눈금의 개수를 계산한다. 코드에 마법의 상수를 사용하지 않음으로써 얻는 장점이 바로 이런 것이다. 하지만 x축의 제목은 각 년도와 눈금의 위치가 일치하게 문자열을 일일이 조절함으로써 이런 규칙을 어기고 있다. 이를 개선하려면 각 눈금의 제목을 일련의 분리된 객체로 취급해야 한다.

코드에서 정의한 제목 문자열의 형식도 궁금증을 일으킨다. 다음과 같이 인접한 두 개의 문자열 리터럴을 이용했다.

```
"year  1960  1970  1980   1990    "
"2000  2010  2020  2030   2040"
```

컴파일러는 위와 같이 인접한 문자열 리터럴을 하나로 이어 붙인다. 그 결과는 다음과 같다.

```
"year  1960  1970  1980   1990   2000  2010  2020  2030   2040"
```

이런 팁은 긴 문자열을 코드에 배치할 때 가독성을 높이고자 유용하게 사용할 수 있다.

current_year는 실제 데이터와 예측 데이터를 구분하는 수직선으로, xs와 ys를 이용해서 어떻게 수직선을 제자리에 배치했는지 잘 살펴보자.

이렇게 좌표축을 그린 후에 데이터를 처리할 수 있다. Open_polyline 객체를 세 개 정의한 후 읽기 루프 안에서 객체의 내용을 채워나간다.

```
Open_polyline children;
Open_polyline adults;
Open_polyline aged;

for (Distribution d; ifs>>d; ) {
    if (d.year<base_year || end_year<d.year) error("구간 밖의 년도");
    if (d.young+d.middle+d.old != 100)
        error("비율이 맞지 않음");
    const int x = xs{d.year};
    children.add(Point{x,ys(d.young)});
    adults.add(Point{x,ys(d.middle)});
    aged.add(Point{x,ys(d.old)});
}
```

xs와 ys 덕분에 데이터의 비율 조정과 배치가 간단해졌다. Scale처럼 조그만 클래스도 구문을 단순화하고 불필요한 반복을 피한다는 점에서 매우 중요하며, 이는 곧 가독성과 정확성의 향상으로 이어진다.

그래프를 더 읽기 쉽게 만들고자 각 그래프에 색상을 적용하고 제목을 붙였다.

```
Text children_label {Point{20,children.point(0).y},"age 0-14"};
children.set_color(Color::red);
children_label.set_color(Color::red);

Text adults_label {Point{20,adults.point(0).y},"age 15-64"};
adults.set_color(Color::blue);
adults_label.set_color(Color::blue);

Text aged_label {Point{20,aged.point(0).y},"age 65+"};
aged.set_color(Color::dark_green);
aged_label.set_color(Color::dark_green);
```

마지막으로 앞에서 만든 여러 가지 Shape를 Window에 연결한 후 GUI 시스템을 시작한다 (14.2.3절).

```
win.attach(children);
win.attach(adults);
win.attach(aged);

win.attach(children_label);
win.attach(adults_label);
win.attach(aged_label);

win.attach(x);
win.attach(y);
win.attach(current_year);

gui_main();
```

모든 코드를 main() 안에 넣을 수도 있지만, Scale과 Distribution을 비롯한 헬퍼 클래스와 Distribution의 입력 연산자를 따로 분리하는 편이 낫다.

이번 절에서 그리려고 했던 그래프가 기억나지 않는다면 다음과 같이 그 결과를 다시 볼 수 있다.

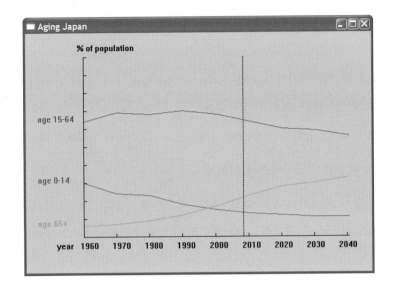

실습문제

함수 그래프 그리기에 관련된 실습문제를 풀어보자.

1. 600×600 크기의 Window를 'Function graphs'라는 제목으로 생성하라.
2. 프로젝트를 만들 때 코스 웹사이트의 'FLTK 설치installation of FLTK'에서 언급한 속성을 설정 해야 한다.
3. Graph.cpp와 Window.cpp를 프로젝트에 추가하자.
4. '1==20 pixels'라는 제목이 붙은 길이 400의 x축과 y축을 만들자. 눈금 하나의 간격이 20픽셀이고, 두 축은 (300,300)에서 만나야 한다.
5. 두 축을 붉은 색으로 설정하자.

아래 각 함수의 그래프를 별도의 Shape 객체로 추가하자.

1. 원점 (0,0)의 위치는 (300,300)으로 하고, [-10,11]의 구간에서 함수 double one(double x) { return 1; }의 그래프를 400개의 점을 이용해서 비율 조정 없이 (원도우에) 그려보자.
2. x축과 y축에 비율 조정 기능을 추가하고, 비율을 20으로 지정한다.
3. 이후의 모든 그래프는 위에서 언급한 구간과 비율 등을 적용한다.
4. 윈도우에 double slope(double x) { return x/2; }를 추가하자.

5. 기울어진 선의 왼쪽 아래 끝점 바로 위에 Text "x/2"를 제목으로 추가하자.

6. 윈도우에 double square(double x) { return x*x; }를 추가하자.

7. 윈도우에 코사인을 추가하자(새로운 함수를 작성하진 말자).

8. 코사인 그래프를 파란 색으로 설정하라.

9. slope()에 코사인을 조합한 (앞에서 봤던) sloping_cos() 함수를 정의하고 윈도우에 추가하자.

클래스 정의에 관련된 실습문제를 풀어보자.

1. string 타입의 name과 int 타입의 age를 포함하는 struct Person을 정의하라.

2. Person 타입의 변수를 정의하고 'Goofy'와 63으로 초기화한 후 그 내용을 화면(cout)에 출력하자.

3. Person에 입력 연산자(>>)와 출력 연산자(<<)를 정의하자. 키보드(cin)에서 Person의 정보를 읽어오고, 객체의 내용을 화면(cout)에 출력하자.

4. name과 age를 초기화하는 생성자를 Person에 추가하자.

5. Public의 데이터 멤버를 **private**로 만들고, 이름과 나이를 조회하는 const 멤버 함수 name()과 age()를 추가하자.

6. 새로 정의한 Person에 알맞게 >>와 <<를 변경하자.

7. age가 [0:150) 구간 안에 있고, name이 ; : " ' [ ] * & ^ % $ # @ ! 중 한 문자를 포함하지 않는지 확인하도록 생성자를 변경하라. 오류가 발생하면 error()를 사용하고, 변경 내용을 테스트하라.

8. 일련의 Person을 입력(cin)에서 읽어 vector<Person>에 저장하고, 그 내용을 다시 화면(cout)에 출력하자. 올바른 입력과 잘못된 입력 모두를 이용해서 테스트를 수행하라.

9. Person의 데이터 멤버 name 대신 first_name과 second_name을 포함시키자. 둘 중 하나라도 지정하지 않으면 오류가 발생해야 하며, >>와 <<도 그에 맞게 변경하자. 그리고 테스트를 수행하라.

복습문제

1. 인자 하나에 대한 함수란 무엇인가?

2. 데이터를 표현할 때 어떤 경우에 (연결된) 선을 사용하고, 어떤 경우에 (연결되지 않은) 점을 사용하는가?

3. 기울어진 선을 정의하는 함수(수학 공식)는 무엇인가?

4. 포물선은 무엇인가?

5. x축과 y축을 어떻게 만드는가?

6. 기본 인자는 무엇이며, 언제 사용하는가?

7. 여러 함수를 (한 윈도우에) 추가하는 방법은 무엇인가?

8. 함수의 그래프에 어떻게 색상을 설정하고, 제목을 붙이는가?

9. 어떤 급수series가 함수를 근사한다는 의미는 무엇인가?

10. 그래프 그리는 코드를 작성하기 전에 그래프의 레이아웃부터 스케치하는 이유는 무엇인가?

11. 정해진 공간에 입력이 맞게 비율을 조절하는 방법은 무엇인가?

12. 시행착오 없이 입력의 비율을 조절하는 방법은 무엇인가?

13. 파일에 숫자를 그냥 저장하지 않고 형식을 갖추는 이유는 무엇인가?

14. 그래프의 일반적인 레이아웃은 어떻게 정의하는가? 그 레이아웃을 어떻게 코드에 반영하는가?

용어 정리

근사치	함수	확대/축소
기본 인자	람다	화면 레이아웃

연습문제

1. 계승 함수를 정의하는 다른 방법은 다음과 같다.

```
int fac(int n) { return n>1 ? n*fac(n-1) : 1; }      // factorial n!
```

fac(4)의 수행 과정을 보면 우선 4>1인지 확인하고, 4*fac(3)을 계산하며, 이는 다시 4*3*fac(2), 또다시 4*3*2*fac(1), 결국 4*3*2*1을 반환한다. 우선 함수가 잘 동작하는지 확인하라. 이처럼 스스로를 호출하는 함수를 재귀적recursive이라고 하며, 15.5절에서 살펴본 다른 구현 방식은 (while을 이용해서) 값을 반복하기 때문에 **반복적**iterative이라고 한다. 0부터 20까지의 계승을 계산해 재귀적인 fac()가 잘 동작하고 반복적인 fac()와 동일한 결과를 내는지 확인하자. 여러분은 어떤 방식의 fac()를 선호하며, 그 이유는 무엇인가?

2. 생성자로 전달된 인자를 저장한다는 점만 제외하면 Function과 동일한 클래스 Fct를 정의하자. 한 객체에 다른 구간과 다른 함수를 반복적으로 설정할 수 있도록 재초기화reset 함수를 Fct에 정의하라.

3. 위의 Fct에 정밀도 등을 조절할 수 있는 다른 매개변수를 추가하라. 이 인자의 타입은 템플릿 매개변수로 만들어서 유연성을 확보하라.

4. 사인(sin())과 코사인(cos()), 그 둘의 합(sin(x)+cos(x)), 그 둘의 제곱의 합(sin(x)*sin(x)+cos(x)*cos(x))을 한 그래프에 나타내자. 좌표축과 제목도 그리자.

5. (15.5절처럼) 급수 1-1/3+1/5-1/7+1/9-1/11+ ...의 결과를 애니메이션 효과로 나타내라. 이 급수를 라이프니츠Leibniz 급수라고 하며, pi/4로 수렴한다.

6. 막대그래프 클래스를 설계하고 구현하라. 기본적인 데이터는 N개의 값을 저장하는 vector<double>이며, 각 값은 그 값을 높이로 하는 직사각형 모양의 막대로 표현한다.

7. 전체 그래프와 개별 막대에 제목을 붙일 수 있도록 막대그래프 클래스를 개선하라. 색상도 지정할 수 있어야 한다.

8. (170,7), (175,9), (180,23), (185,17), (190,6), (195,1)과 같이 (5cm 간격으로 반올림한) cm 단위의 키와 그 키에 해당하는 사람의 수가 있다. 이 데이터를 어떻게 그래프로 그릴 수 있는가? 더 좋은 방법이 생각나지 않으면 막대그래프를 사용하라. 좌표축과 제목도 제공해야 한다. 이 데이터를 파일에 저장하고 읽어 보자.

9. 다른 신장 데이터를 찾아 위의 프로그램으로 표현해보자(1인치는 2.54cm). 예를 들어 웹에서 '신장 분포'나 '미국인의 신장'을 검색해서 사소한 오류는 모두 무시한 채 사용하거나 친구에게 키를 물어보자. 이상적으로는 새로운 데이터 집합을 처리할 때 코드 변경이 전혀 없어야 한다. 이를 위한 핵심은 데이터로부터 비율을 계산하는 작업이며, 입력에서 제목을 읽어 들이는 방법도 변경을 최소화하는 데 도움을 주어 코드의 재사용을 가능케 한다.

10. 선 그래프나 막대그래프에 적합하지 않은 종류의 데이터는 무엇인가? 그 예를 찾아보고, 그 데이터를 표현할 방법(예, 제목이 붙은 점의 집합)도 찾아보자.

11. 두 개 이상의 지역(예, 케임브리지와 잉글랜드, 케임브리지와 메사추세츠, 참고로 지명이 케임브리지인 지역은 다수 존재한다)에서의 월별 최고 온도의 평균치를 찾아 그래프로 그리자. 지금까지 했듯이 좌표축과 제목, 색상 등을 고려하자.

붙이는 말

데이터를 시각적으로 표현하는 일은 중요하다. 우리는 숫자의 집합보다 잘 그려진 그래프를 더 쉽게 이해한다. 대부분의 사람들은 이러한 그래프를 그릴 때 다른 사람이 작성한 코드, 즉 라이브러리를 사용한다. 이런 라이브러리는 어떻게 만들어지며, 손쉽게 사용할 수 있는 라이브러리가 없다면 어떻게 해야 하는가? '일반적인 그래프 그리기 도구'에 내포된 기본적인 아이디어는 무엇인가? 이제 여러분은 적어도 그 것이 마술도 아니고 뇌수술처럼 어려운 것도 아니라는 점을 깨달았으리라 믿는다. 여기서는 이차원 그래프만 다뤘지만, 삼차원 그래프도 과학과 공학, 마케팅 등에서 매우 유용하며, 더 흥미롭기도 하다. 언젠가는 삼차원 그래프도 그려보자!

그래픽 사용자 인터페이스

"이제 컴퓨팅은 계산이 아니라 삶 그 자체이다."

– 니콜라스 네그로폰테(Nicholas Negroponte)

그래픽 사용자 인터페이스^{GUI}는 버튼을 누르고, 메뉴를 선택하고, 여러 가지 방법으로 데이터를 입력하고, 텍스트나 그래픽적 요소를 화면에 출력하는 등의 방법을 바탕으로 사용자로 하여금 프로그램과 상호작용하게 한다. 우리가 컴퓨터나 웹사이트와 상호작용할 때처럼 말이다. 16장에서는 GUI 응용 프로그램을 정의하고 제어하는 코드를 작성하는 기본적인 방법을 살펴본다. 특히 콜백^{callback}을 이용해서 화면상의 요소와 상호작용하는 코드를 작성하는 방법을 알아본다. 우리의 GUI 기능은 시스템이 제공하는 기능을 바탕으로 하는데, 이러한 로우레벨 기능과 인터페이스는 부록 E에서 설명한다. 부록 E의 내용 역시 17장과 18장에서 다룰 기능과 기법을 바탕으로 한다. 16장에서는 우선 활용법에만 집중하자.

16.1 사용자 인터페이스 방식

모든 프로그램에는 사용자 인터페이스가 있다. 조그만 기계 장치에서 동작하는 프로그램의 입출력은 한두 개의 버튼과 깜빡이는 불빛 정도로 제한된다. 심지어는 전선을 통해서만 외부 세상과 연결되는 컴퓨터도 있다. 여기서는 우리가 만들 프로그램이 화면을 보고 키보드와 포인팅 장치를 이용하는 사용자와 상호작용하는 일반적인 경우를 가정한다. 이러한 가정하에 프로그래머로서 선택할 수 있는 주요 방식은 다음과 같이 세 가지가 있다.

- **콘솔 입력과 출력 사용** 이 방식은 입력이 간단한 텍스트이며, 몇 가지 명령어와 짧은 데이터 항목(파일명이나 간단한 데이터 값)으로 이뤄진 기술적/전문적인 작업에 적합하다. 출력이 텍스트 형태라면 화면에 출력하거나 파일에 쓸 수 있으며, (10~11장에서 살펴본) C++ 표준 라이브러리 의 iostream이 이에 적합하고 편리한 메커니즘을 제공한다. 그래픽적인 출력이 필요하다면 프로그래밍 스타일에 커다란 변화 없이 (12~15장에서 봤던) 그래픽스 출력 라이브러리를 이용 할 수 있다.

- **그래픽 사용자 인터페이스(GUI) 라이브러리 사용** 사용자가 화면상의 객체를 조작하는 방식(가리키기pointing, 클릭, 드래그/드롭, 호버링hovering 등)으로 상호작용하게 하려면 이 방법을 사용한다. 많은 경우에 (항상은 아니지만) 이런 방식은 그래픽적으로 표현된 고차원의 데이터를 수반한 다. 현대적인 컴퓨터를 사용해본 사람이라면 누구나 이런 방식이 어떤 경우에 편리한지 알 것이다. 윈도우나 맥 응용 프로그램의 느낌을 내고 싶다면 GUI 방식의 상호작용을 사용 해야 한다.

- **웹 브라우저 인터페이스 사용** 이 방식을 선택했다면 HTML 등의 마크업(레이아웃) 언어를 사용해야 하며, 일반적으로 스크립팅 언어를 조합한다. 이 방식을 설명하는 일은 책의 범위 를 벗어나지만, 원격 접속을 요하는 응용 프로그램에는 이 방식이 제격이다. 이 방식에서 프로그램과 화면 사이의 의사소통은 (문자열 스트림을 바탕으로 한) 텍스트 형식이지만, GUI 응용 프로그램인 브라우저가 텍스트 중 일부를 그래픽적 요소로 변환하고, 사용자의 마우스 클릭 등을 프로그램에게 되돌려 줄 수 있는 텍스트 데이터로 변환한다.

많은 경우에 GUI의 사용은 현대적인 프로그래밍의 핵심으로 여겨지며, 화면상의 객체와 상호작용하는 일이 프로그래밍의 핵심 고려 사항이 되기도 한다. 그러나 나는 이러한 견해에 동의하지 않는다. GUI는 일종의 I/O이며, 응용 프로그램의 주요 논리와 I/O를 분리하는 일은 우리가 추구하는 소프트웨어의 이상 중 하나이기 때문이다. 이러한 분리를 바탕으로 사용자 에게 프로그램을 보여주는 방식을 변경하고, 다른 I/O 시스템을 사용하게 프로그램을 이식할 수 있으며, 더 중요하게는 프로그램의 논리와 사용자와의 상호작용을 따로 생각할 수 있다.

한 마디로 GUI는 여러 측면에서 중요하고 흥미롭다. 16장에서는 그래픽적 요소를 우리 응용 프로그램에 통합하는 방법을 살펴보고, 인터페이스에 관련된 문제들이 다른 생각까지 잠식하지 않게 하는 방법을 설명한다.

16.2 Next 버튼

12~15장의 그래픽스 예제를 구동할 때 사용한 Next 버튼을 어떻게 만들었는지 기억하는가? 그곳에서 우리는 버튼을 이용해 윈도우에 그래픽스 작업을 수행했으며, 이 또한 분명히 간단한 GUI 프로그래밍이라고 할 수 있다. 사실 너무 간단해서 누군가는 '진짜 GUI'가 아니라고 주장할 수도 있다. 그러나 그 수행 과정을 보면 모두가 GUI 프로그래밍이라고 생각할 만한 종류의 프로그래밍이었다는 사실을 바로 알 수 있다.

12~15장의 코드는 다음과 같은 관례적인 구조였다.

```
// 객체를 생성하고(거나) 조작한 후 Window win에 출력
win.wait_for_button();

// 객체를 생성하고(거나) 조작한 후 Window win에 출력
win.wait_for_button();

// 객체를 생성하고(거나) 조작한 후 Window win에 출력
win.wait_for_button();
```

wait_for_button()에 다다를 때마다 프로그램의 다음 부분에서 생성된 출력을 보려고 버튼을 누르기 전까지 화면에서 우리가 만든 객체를 볼 수 있다. 프로그램 논리의 측면에서 볼 때 이런 방식은 다음과 같이 화면(콘솔 창)에 여러 줄의 출력을 쓴 후 키보드 입력을 기다리는 방식과 다를 바가 없다.

```
// 변수를 정의하고(거나) 계산을 수행한 후 출력을 생성
cin >> var;  // 입력을 기다림

// 변수를 정의하고(거나) 계산을 수행한 후 출력을 생성
cin >> var;  // 입력을 기다림

// 변수를 정의하고(거나) 계산을 수행한 후 출력을 생성
cin >> var;  // 입력을 기다림
```

하지만 구현 관점에서 이 두 프로그램은 상당히 다르다. 프로그램이 cin >> var를 실행하면 프로그램은 잠시 멈춰서 시스템이 사용자가 입력한 문자열을 돌려주길 기다린다. 그러나 (그래픽 사용자 인터페이스) 시스템은 화면을 관장하고 사용자의 마우스 움직임을 추적하는 등 다

른 방식으로 동작한다. GUI는 마우스 위치를 추적하고, 사용자가 무엇(클릭 등)을 하는지 감시한다. 이때 프로그램이 다시 무언가를 하려면 아래 세 가지 작업을 해야 한다.

- GUI가 무엇을 추적해야 하는지 지정(예, 누군가 Next 버튼을 클릭)
- 지정한 사건이 발생했을 때 어떤 작업을 수행할 지 지정
- 프로그램이 지정한 사건을 GUI가 감지할 때까지 기다림

여기서 콘솔과 비교해 새롭고 다른 점은 GUI가 단순히 프로그램으로 값을 반환하지 않고 사용자의 행동에 따라 각기 다른 방식으로 반응한다는 점이다. 여러 버튼 중 하나를 클릭하거나, 윈도우의 크기를 재조정하거나, 윈도우가 다른 윈도우에 가려졌다가 다시 보일 때 윈도우를 다시 그리거나, 팝업 메뉴를 띄우는 등의 일을 예로 들 수 있다.

초심자 입장에서 말하자면 "누군가가 버튼을 클릭하면 깨워주세요"라고 이해할 수 있다. 즉, "누군가가 마우스 버튼을 눌렀을 때 커서가 버튼 이미지를 출력하는 직사각형 안에 있으면 프로그램 실행을 계속하세요"라는 말이다. 이러한 동작이 간단해 보이지만 '시스템'에서 그런 기능을 지원하지 않으므로 우리가 직접 만들어야 한다. 그 과정이 어떻게 이뤄지는지 살펴보는 일이 GUI 프로그래밍을 이해하는 첫걸음이 될 수 있다.

16.3 간단한 윈도우

기본적으로 '시스템'(GUI 라이브러리와 운영체제의 조합)은 마우스의 위치와 버튼이 눌렸는지 여부를 지속적으로 확인한다. 응용 프로그램은 화면의 한 영역에 관심을 표하고, 그 영역에서 '주목할 일'이 발생하면 지정한 함수를 호출하게 '시스템'에 요청할 수 있다. 이번 예제에서는 우리가 만든 버튼 위에서 마우스가 클릭되면 우리가 만든 함수 중의 하나(콜백 함수)를 '시스템'이 호출한다. 이를 수행하려면 다음과 같은 일을 해야 한다.

- 버튼 정의
- 버튼을 화면에 출력
- GUI가 호출할 함수 정의
- GUI에 해당 버튼과 함수를 설정
- GUI가 해당 함수를 호출할 때까지 기다림

이제 위의 작업을 수행하자. 버튼은 `Window`의 일부이므로, (Simple_window.h 안에) 멤버 `next_button`을 포함하는 `Simple_window` 클래스를 정의하자.

```
struct Simple_window : Graph_lib::Window {
    Simple_window(Point xy, int w, int h, const string& title);

    void wait_for_button();       // 간단한 이벤트 루프
private:
    Button next_button;           // "Next" 버튼
    bool button_pushed;           // 상세 구현

    static void cb_next(Address, Address);  // next_button의 콜백
    void next();          // next_button이 눌렸을 때 수행할 동작
};
```

Simple_window는 Graph_lib의 Window에서 파생되는데, 모든 윈도우는 직/간접적으로 Graph_lib::Window로부터 파생돼야 한다. Graph_lib::Window가 우리가 생각하는 윈도우라는 개념을 (FLTK를 바탕으로) 시스템에서 제공하는 윈도우의 구현과 연결시키기 때문이다. 버튼은 Simple_window의 생성자에서 초기화한다.

```
Simple_window::Simple_window(Point xy, int w, int h, const string& title)
    :Window{xy,w,h,title},
    next_button{Point{x_max()-70,0}, 70, 20, "Next", cb_next},
    button_pushed{false}
{
    attach(next_button);
}
```

Simple_window는 스스로의 위치(xy)와 크기(w,h), 제목(title)을 Graph_lib의 Window에서 처리하게 넘겨준다. 다음으로 생성자에서 next_button의 위치(오른쪽 상단에 가까운 Point {x_max()-70,0})와 크기(70,20), 제목("Next"), 콜백 함수(cb_next)를 지정해 초기화한다. 처음 네 개의 매개변수는 Window에 지정한 매개변수와 정확히 같은 의미로, 화면에 직사각형 모양을 출력하고 제목을 붙일 때 필요한 정보다.

마지막으로 next_button을 Simple_window에 attach()한다. 즉, 윈도우가 적절한 위치에 버튼을 출력하게 하고, GUI 시스템에게 버튼의 존재를 알린다.

button_pushed는 외부에 노출되지 않는 상세 구현에 해당하는데, 마지막으로 next()를 실행한 이후로 버튼이 눌렸는지 확인하는 용도로 쓰인다. 이런 모든 내용은 상세 구현이므로 private으로 선언한다. 상세 구현을 모두 제외한 코드는 다음과 같다.

```
struct Simple_window : Graph_lib::Window {
    Simple_window(Point xy, int w, int h, const string& title);

    void wait_for_button();           // 간단한 이벤트 루프
```

```
    // ...
};
```

즉, 사용자는 윈도우를 만들고 버튼이 눌리기를 기다릴 수 있다.

16.3.1 콜백 함수

cb_next()는 예제에서 새롭게 등장한 흥미로운 소재로, 우리는 GUI가 버튼의 클릭을 감지했을 때 이 함수가 호출되기를 원한다. 즉, GUI가 '우리에게 거꾸로 알려주는^{call back}' 용도로 이 함수를 사용한다는 의미로 **콜백 함수**라고 부른다. cb_next()의 접두사 cb_는 이 함수가 콜백으로 쓰임을 시사한다. 이러한 명명법은 우리의 이해를 돕기 위한 목적일 뿐이지 언어나 라이브러리가 요구하는 명명법은 아니다. 어쨌든 cb_next라는 이름 덕분에 Next 버튼의 콜백임을 쉽게 알 수 있다. cb_next의 정의 부분은 관례적으로 사용하는 상용구인데, 코드를 분석하기 전에 어떤 일이 일어나는지 보여주는 그림을 살펴보자.

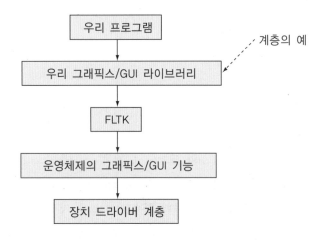

우리가 작성한 프로그램은 여러 계층^{layer}의 코드를 바탕으로 동작한다. 프로그램은 우리가 만든 그래픽스 라이브러리를, 그래픽스 라이브러리는 FLTK 라이브러리를, FLTK 라이브러리는 운영체제의 기능을 이용해 구현된다. 그 운영체제도 더 많은 계층과 하위 계층으로 이뤄진다. 결국엔 장치 드라이버가 마우스 클릭을 감지하면 우리가 정의한 함수 cb_next()가 호출된다. 이를 위해 우리는 cb_next()의 주소와 Simple_window의 주소를 아래쪽 소프트웨어 계층으로 전달하고, 그 아래쪽 계층 어딘가의 코드는 Next 버튼이 눌리면 cb_next()를 호출한다.

GUI 시스템(과 운영체제)은 다양한 언어로 작성된 프로그램을 지원해야 하므로, 모든 사용자가 세련된 C++ 스타일을 사용한다고 가정할 수 없다. 특히 시스템은 우리가 만든 Simple_ window 클래스와 Button 클래스의 존재를 모른다. 그 뿐 아니라 그 어떤 클래스나 멤버 함수에 대해서도 알지 못한다. 따라서 콜백 함수의 타입은 C나 어셈블리를 비롯한 가장 낮은 수준의 프로그래밍 언어에서도 사용할 수 있어야 한다. 여기서 정한 콜백 함수는 반환 값이 없고두 개의 주소를 인자로 받는데, 이러한 규칙에 합당한 C++ 멤버 함수는 다음과 같이 선언할수 있다.

```
static void cb_next(Address, Address);        // next_button의 콜백
```

static 키워드는 특정 객체에 대해 호출되는 C++의 멤버 함수와 달리 보통 함수처럼 cb_next()를 호출할 수 있다는 의미다. 물론 시스템이 적절한 C++ 멤버 함수를 선언할 수 있다면 더 좋겠지만, 콜백 인터페이스는 여러 언어에서 사용할 수 있어야 하므로 static 멤버함수라는 대안을 선택했다. Address 인자는 cb_next()가 '메모리에 존재하는 무언가'의 주소를 인자로 받음을 뜻하는데, C++의 참조를 대부분의 언어에서 지원하지 않기 때문에 참조를사용할 수는 없다. 컴파일러도 '무언가'가 어떤 타입인지 모른다. 이 부분은 하드웨어에 밀접한 부분으로 통상적인 언어의 도움을 받을 수 없다. '시스템'은 콜백을 유발시킨 GUI 객체(Widget)의 주소를 첫 번째 인자로 해 콜백 함수를 호출하지만, 우리는 이 첫 번째 인자를 사용하지 않으므로 이름을 붙이지 않았다. 두 번째 인자는 앞에서 말한 cb_next() 호출을 유발시킨 Widget을 포함하는 윈도우(우리가 정의한 Simple_window)의 주소이며, 그 정보를 다음과 같이사용한다.

```
void Simple_window::cb_next(Address, Address pw)
// pw에 위치한 윈도우의 Simple_window::next() 호출
{
    reference_to<Simple_window>(pw).next();
}
```

reference_to<Simple_window>(pw)는 컴파일러가 pw를 Simple_window의 주소로 간주하도록 요청한다. 즉, reference_to<Simple_window>(pw)를 Simple_window의 참조로 사용할수 있다. 메모리 주소 참조는 17장과 18장에서 다시 살펴본다. (그때 가서 쉽게 알 수 있겠지만)E.1절에서는 reference_to의 정의를 볼 수 있다. 지금 당장은 Simple_window의 참조를 얻어왔고, 지금까지 했던 방식대로 멤버 데이터와 함수를 사용할 수 있다는 사실에 기뻐하면 된다.마지막으로 멤버 함수 next()를 호출해 시스템에 의존적인 코드를 가능하면 빨리 벗어난다.

실행할 모든 코드를 cb_next() 안에 작성할 수도 있지만, 훌륭한 GUI 프로그래머들이그러하듯이 지저분한 로우레벨 코드와 세련된 사용자 코드를 분리해야 한다. 따라서 다음과같은 두 함수로 콜백을 처리한다.

- `cb_next()`는 시스템에서 요구하는 콜백에 대한 규칙을 일반적인 멤버 함수(`next()`) 호출로 변환한다.

- `next()`에서 (콜백에 대한 지저분한 규칙에 무관하게) 우리가 하려는 작업을 수행한다.

이렇게 두 개의 함수를 사용하는 기본적인 이유로 "함수는 논리적으로 한 가지 일만 한다"는 일반적인 원칙을 들 수 있다. `cb_next()`는 우리로 하여금 로우레벨의 시스템 의존적인 부분에서 벗어나게 해주며, `next()`는 우리가 하려던 작업을 수행한다. 우리가 만든 윈도우에 (시스템으로부터) 콜백이 필요하다면 이렇게 한 쌍의 함수를 정의하며, 16.5~7절에서 그 예를 볼 수 있다. 더 나가기 전에 지금까지 한 일을 복습하자.

- `Simple_window`를 정의한다.

- `Simple_window`의 생성자에서 윈도우에 포함된 `next_button`을 GUI 시스템에 등록한다.

- 사용자가 화면에 출력된 `next_button`의 이미지를 클릭하면 GUI가 `cb_next()`를 호출한다.

- `cb_next()`는 로우레벨 시스템 정보를 윈도우의 멤버 함수 `next()` 호출로 변환한다.

- `next()`는 버튼 클릭 시 해야 할 작업을 수행한다.

함수 하나를 호출하는 데 복잡하고 정교한 과정을 거쳤다. 그러나 이 과정은 마우스(나 기타 하드웨어 장치)의 동작과 프로그램 사이의 통신을 위한 과정임을 기억하자. 특히 다음과 같은 사실에 주목하자.

- 일반적으로 동시에 여러 개의 프로그램이 실행된다.

- 프로그램은 운영체제보다 훨씬 나중에 작성된다.

- 프로그램은 GUI 라이브러리보다 훨씬 나중에 작성된다.

- 운영체제를 개발한 언어와 다른 언어로 프로그램을 작성할 수 있다.

- 여기서 다룬 기법은 (조그만 버튼을 누르는 일은 물론) 모든 종류의 상호작용에 적용할 수 있다.

- 한 윈도우는 여러 개의 버튼을 포함할 수 있고, 한 프로그램은 여러 개의 윈도우를 포함할 수 있다.

하지만 `next()` 호출 과정을 이해했다면 프로그램 안에서 GUI 인터페이스를 이용해 모든 동작을 처리하는 방법을 이해했다고 할 수 있다.

16.3.2 대기 루프

그렇다면 우리의 간단한 예제에서는 버튼이 눌릴 때마다 호출되는 Simple_window의 next()에서 어떤 일을 수행하는가? 기본적으로는 특정 시점마다 프로그램의 동작을 멈추고 무슨일이 일어났는지 살펴본 후 next()에서 대기를 종료해 프로그램을 재개하길 원한다.

```
// 객체를 생성하고(거나) 조작한 후, 윈도우에 출력
win.wait_for_button();          // next()로 인해 프로그램이 이곳에서 재개됨
// 객체를 생성하고(거나) 조작
```

사실 이런 일은 간단하게 처리할 수 있다. 먼저 wait_for_button()을 살펴보자.

```
void Simple_window::wait_for_button()
    // 수정된 이벤트 루프
    // 모든 이벤트를 (기본 동작대로) 처리하고, button_pushed가 true이면 대기 종료
    // 이 함수를 바탕으로 제어 반전 없이 그래픽스를 처리할 수 있다.
{
    while (!button_pushed) Fl::wait();
    button_pushed = false;
    Fl::redraw();
}
```

대부분의 GUI 시스템과 마찬가지로 FLTK도 어떤 사건이 일어날 때까지 프로그램의 실행을 중지하는 함수를 제공하며, FLTK에서 그 역할을 하는 함수가 바로 wait()다. 사실 프로그램에 영향을 미치는 모든 일이 일어날 때마다 프로그램이 깨어나므로 wait()는 많은 일을 처리한다. 예를 들어 마이크로소프트 윈도우에서는 윈도우를 다시 그리거나 다른 윈도우에 가려졌던 윈도우를 다시 보이게 하는 일이 프로그램의 몫이다. 그리고 윈도우의 크기를 변경하는 일도 Window가 처리해야 한다. Fl::wait()는 이런 모든 일을 기본 동작대로 처리하며, wait()가 무언가를 처리할 때마다 사용자 코드로 반환해 우리가 어떤 일을 수행할 수 있는 기회를 준다.

누군가가 Next 버튼을 클릭하면 wait()는 cb_next()를 호출한 후 (우리가 만든 대기 루프로) 반환한다. 따라서 wait_for_button()이 다음으로 진행하려면 next()에서 불리언 변수 button_pushed에 true를 대입한다.

```
void Simple_window::next()
{
    button_pushed = true;
}
```

물론 `button_pushed`를 다른 어딘가에서 정의해야 한다.

```
bool button_pushed;      // 생성자에서 false로 초기화됨
```

앞서 살펴본 코드와 같이 대기를 종료한 후 `wait_for_button()`은 `button_pushed`를 다시 설정하고, 변경 사항이 반영되도록 윈도우를 `redraw()`한다(다시 그린다).

16.3.3 람다 표현식을 콜백으로 사용

앞의 설명에 따르면 `Widget`에서 발생하는 모든 사건에 대해 시스템 측면에서 콜백을 매핑하는 함수와 우리가 원하는 동작을 수행하는 함수, 이렇게 두 개의 함수를 정의해야 한다.

```
struct Simple_window : Graph_lib::Window {
    Simple_window{Point xy, int w, int h, const string& title};

    void wait_for_button();          // 간단한 이벤트 루프
private:
    Button next_button;              // "Next" 버튼
    bool button_pushed;              // 상세 구현

    static void cb_next(Address, Address);          // next_button의 콜백
    void next();        // next_button이 눌렸을 때 취할 동작
};
```

람다 표현식(15.3.3절)을 이용하면 매핑 함수 `cb_next()`를 명시적으로 선언할 필요가 없다. 그 대신 `Simple_window`의 생성자에서 매핑을 정의한다.

```
Simple_window::Simple_window(Point xy, int w, int h, const string& title)
    :Window{xy,w,h,title},
    next_button{Point{x_max()-70,0}, 70, 20, "Next",
        [ ] (Address, Address pw) { reference_to<Simple_window>
        (pw).next(); }
},

    button_pushed{false}
{
    attach(next_button);
}
```

16.4 Button과 기타 Widget

Button의 정의는 다음과 같다.

```
struct Button : Widget {
    Button(Point xy, int w, int h, const string& label, Callback cb);
    void attach(Window&);
};
```

즉, Button은 위치(xy)와 크기(w,h), 텍스트 제목(label), 콜백(cb)을 포함하는 Widget이다.
기본적으로 화면에서 볼 수 있고 어떤 동작(예, 콜백)에 연관된 개체는 모두 Widget이다.

16.4.1 Widget

위젯widget은 기술적인 용어다. 좀 더 설명적이고 비유적인 이름을 붙이자면 **컨트롤**control이라고
할 수 있다. 우리는 위젯을 이용해서 프로그램과 GUI 사이의 상호작용 형식을 정의한다.
Widget 인터페이스 클래스의 정의는 다음과 같다.

```
class Widget {
    // Widget은 Fl_widget의 핸들일 뿐, Fl_widget 자체는 아님
    // 인터페이스 클래스는 FLTK와 항상 간격을 유지해야 함
public:
    Widget(Point xy, int w, int h, const string& s, Callback cb);

    virtual void move(int dx,int dy);
    virtual void hide();
    virtual void show();
    virtual void attach(Window&) = 0;

    Point loc;
    int width;
    int height;
    string label;
    Callback do_it;
protected:
    Window* own;           // 모든 Widget은 Window에 속함
    Fl_Widget* pw;         // FLTK 위젯과의 연결 고리
};
```

Widget은 Button(과 Widget에서 파생된 모든 클래스. 예, Menu, 16.7절 참고)에서 사용할 수 있는
흥미로운 함수 두 가지를 포함한다.

- hide()는 Widget을 보이지 않게 함

- show()는 Widget을 다시 보이게 함

Widget은 보이는 상태에서 시작한다.

Shape와 마찬가지로 Widget도 Window 안에서 이동할 수 있으며, 위젯을 사용하기 전에 Window에 attach()해야 한다. attach()가 순수 가상 함수(14.3.5절)로 선언됐으므로 Widget의 모든 파생 클래스는 Window에 연결된다는 의미를 스스로 정의해야 한다. 사실 attach()에서 시스템 수준의 위젯을 생성한다. 이와 같은 Widget의 attach() 함수는 Window의 attach() 구현에서 호출된다. 기본적으로 위젯과 윈도우를 연결하는 일은 각자가 제 역할을 해야 하는 정교한 작업이다. 그 결과로 윈도우는 그 안에 포함된 위젯의 목록을 알게 되고, 위젯은 스스로가 속한 윈도우를 알게 된다.

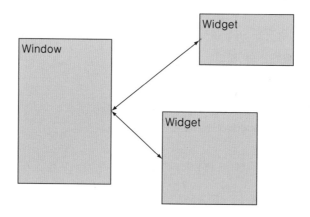

하지만 Window는 처리할 Widget의 종류는 알지 못한다. 14.4절에서 설명한 대로 우리는 Window가 모든 종류의 Widget을 처리할 수 있게 객체 지향 프로그래밍을 사용하고 있다. 마찬가지로 Widget도 스스로가 속한 Window의 종류를 알지 못한다.

조금 지저분하지만 일부 데이터 멤버의 접근을 허용하고 있다. 멤버 own과 pw는 파생 클래스의 구현에 밀접하게 관계되므로 protected로 선언했다.

Widget 인터페이스와 여기서 사용한 위젯(Button과 Menu 등)의 정의는 GUI.h에서 볼 수 있다.

16.4.2 Button

Button은 가장 간단히 다룰 수 있는 Widget으로, 버튼 클릭 시 콜백을 호출하는 일이 전부다.

```
class Button : public Widget {
public:
```

```
Button(Point xy, int ww, int hh, const string& s, Callback cb)
    :Widget{xy,ww,hh,s,cb} { }

void attach(Window& win);
};
```

이 코드가 전부다. (상대적으로) 복잡한 FLTK 코드는 모두 attach() 함수에 포함된다. 이에 대한 설명은 부록 E에서 볼 수 있다(17장과 18장을 배우기 전에는 읽지 말라). 지금은 간단한 Widget 을 정의하는 일이 그다지 어렵지 않다는 사실만 알아두자.

버튼(과 그 밖의 Widget)을 화면에 어떻게 출력하는지에 대한 복잡하고 지저분한 주제는 다루지 않는다. 이를 수행하는 방법의 가짓수는 거의 무한대에 가까우며, 시스템마다 요구하는 스타일도 다르다. 그리고 버튼의 외관을 표현하는 일은 프로그래밍 기법 관점에서 새로울 게 없다. 실망스러운 사람을 위해 한 마디 하자면 버튼 위에 Shape를 그리는 일은 버튼의 기능성에 아무런 영향을 주지 않는다. 그리고 어떤 모양이든 도형을 그리는 일은 여러분이 이미 알고 있는 내용이다.

16.4.3 In_box와 Out_box

텍스트를 프로그램에 입력하고, 거꾸로 출력하는 두 가지 Widget을 제공한다.

```
struct In_box : Widget {
    In_box(Point xy, int w, int h, const string& s)
        :Widget{xy,w,h,s,0} { }
    int get_int();
    string get_string();

    void attach(Window& win);
};

struct Out_box : Widget {
    Out_box(Point xy, int w, int h, const string& s)
        :Widget{xy,w,h,s,0} { }
    void put(int);
    void put(const string&);

    void attach(Window& win);
};
```

In_box는 그 안에 입력된 텍스트를 받아들이며, 입력된 텍스트는 get_string()을 이용해서 문자열로 읽거나 get_int()를 이용해서 정수로 읽을 수도 있다. 텍스트가 입력됐는지 여부가 궁금하다면 get_string()을 이용해서 읽은 텍스트가 빈 문자열인지 확인한다.

```
string s = some_inbox.get_string();
if (s =="") {
    // 입력이 없는 경우 처리
}
```

Out_box는 사용자에게 메시지를 보여줄 때 사용한다. In_box와 대조적으로 put()을 이용해서 문자열이나 정수를 설정할 수 있다. 16.5절에서 In_box와 Out_box의 용례를 볼 수 있다.

get_floating_point(), get_complex() 등을 제공할 수도 있지만, 입력을 문자열로 읽어와 stringstream으로 만든 후 원하는 입력 형식을 처리할 수 있기 때문에(11.4절) 그렇게 하지 않았다.

16.4.4 메뉴

메뉴를 활용하는 간단한 방법도 제공한다.

```
struct Menu : Widget {
    enum Kind { horizontal, vertical };
    Menu(Point xy, int w, int h, Kind kk, const string& label);
    Vector_ref<Button> selection;
    Kind k;
    int offset;
    int attach(Button& b);          // Button을 Menu에 연결
    int attach(Button* p);          // 새로운 Button을 Menu에 연결

    void show()                     // 모든 버튼 보이기
    {
        for (Button& b : selection) b.show();
    }

    void hide();                    // 모든 버튼 숨기기
    void move(int dx, int dy);      // 모든 버튼을 이동

    void attach(Window& win);  // 모든 버튼을 Window win에 연결
};
```

Menu는 기본적으로 버튼의 벡터다. Point xy는 지금까지와 마찬가지로 왼쪽 상단을 뜻하며, 폭과 높이는 버튼을 메뉴에 추가할 때 크기를 조절할 용도로 사용한다. 16.5절과 16.7절에서 그 예를 볼 수 있다. 메뉴의 각 버튼(메뉴 항목)은 attach()의 인자로 Menu에 전달되는 독립적인 Widget이다. 그리고 Menu는 그 안에 포함된 모든 버튼을 Window에 연결하는

attach() 연산도 제공한다. Menu는 Vector_ref(13.10절, E.4절)를 이용해서 메뉴에 포함된 모든 Button 목록을 유지한다. 이제부터 팝업 메뉴가 필요하다면 Menu 객체를 만들자(16.7절).

16.5 예제

기본적인 GUI 기능을 맛볼 수 있도록 입력과 출력, 약간의 그래픽스를 이용한 응용 프로그램의 윈도우를 예로 들어 보자.

이 프로그램은 사용자가 일련의 좌표 쌍으로 표현되는 연속된 선(열린 폴리라인, 13.6절)을 그리게 해준다. 사용자는 'next x'와 'next y' 박스에 (x,y) 좌표를 반복적으로 입력하고, 좌표 쌍 하나를 입력할 때마다 Next point 버튼을 누른다.

'current (x,y)' 박스는 처음에 비어있으며, 프로그램은 사용자가 첫 번째 좌표 쌍을 입력하길 기다린다. 첫 번째 좌표 쌍이 입력되면 시작점이 'current (x,y)' 박스에 나타나고, 새로운 좌표 쌍을 입력할 때마다 그 결과로 선이 그려진다. 즉, ('current (x,y)' 박스에 표시된) 현재 지점부터 새로 입력한 (x,y)까지 선이 그려진 후 이 (x,y)가 새로운 현재 지점이 된다.

그 결과로 열린 폴리라인이 그려지며, 사용자가 이 일에 지겨움을 느끼면 Quit버튼으로 종료한다. 직관적인 예제지만 이 프로그램은 텍스트 입력과 출력, 선 그리기, 다수의 버튼을 비롯한 여러 가지 유용한 GUI 기능을 활용하고 있다. 위의 화면은 좌표 쌍 두 개를 입력한 결과를, 다음 화면은 좌표 쌍 일곱 개를 입력한 결과를 보여준다.

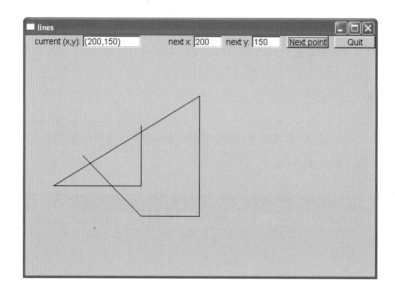

이제 이 윈도우를 표현하는 클래스를 정의하자. 클래스는 다음과 같이 직관적이다.

```
struct Lines_window : Window {
    Lines_window(Point xy, int w, int h, const string& title);
    Open_polyline lines;
private:
    Button next_button;          // 폴리라인에 (next_x,next_y) 추가
    Button quit_button;
    In_box next_x;
    In_box next_y;
    Out_box xy_out;

    void next();
    void quit();
};
```

화면에 그릴 선은 Open_polyline으로 나타내며, 버튼과 박스를 (Buttons, In_boxes, Out_box 타입으로) 선언했고, 각 버튼마다 필요한 동작은 멤버 함수로 구현했다. 반복되는 콜백 함수 대신 람다 표현식을 사용한다.

Lines_window의 생성자에서 이 모든 것을 초기화한다.

```
Lines_window::Lines_window(Point xy, int w, int h, const string& title)
    :Window{xy,w,h,title},
    next_button{Point{x_max()-150,0}, 70, 20, "Next point",
        [ ] (Address, Address pw) {reference_to<Lines_window>(pw).next();},
    quit_button{Point{x_max()-70,0}, 70, 20, "Quit",
```

```
        [ ] (Address, Address pw) {reference_to<Lines_window>(pw).quit();},
    next_x{Point{x_max()-310,0}, 50, 20, "next x:"},
    next_y{Point{x_max()-210,0}, 50, 20, "next y:"},
    xy_out{Point{100,0}, 100, 20, "current (x,y):"}
{
    attach(next_button);
    attach(quit_button);
    attach(next_x);
    attach(next_y);
    attach(xy_out);
    attach(lines);
}
```

즉, 위젯 여덟 개를 생성하고 윈도우에 연결한다.

Quit 버튼은 Window를 삭제하는데, 조금 미심쩍긴 하지만 윈도우를 숨기는 FLTK의 관용
구를 이용한다.

```
void Lines_window::quit()
{
    hide();              // 윈도우를 삭제하는 FLTK의 관용구
}
```

모든 실제 작업은 Next point 버튼이 눌렸을 때 처리한다. 좌표 쌍을 읽어 Open_polyline
과 현재 지점을 갱신하고 윈도우를 다시 그린다.

```
void Lines_window::next()
{
    int x = next_x.get_int();
    int y = next_y.get_int();
    lines.add(Point{x,y});

    // 현재 위치 갱신
    ostringstream ss;
    ss << '(' << x << ',' << y << ')';
    xy_out.put(ss.str());

    redraw();
}
```

모든 코드는 명확하다. In_box의 get_int()를 이용해서 정수 좌표를 읽었다. 그리고
ostringstream을 이용해서 Out_box에 출력할 문자열의 형식을 갖춘 후 str() 멤버 함수로
ostringstream 안의 문자열을 구했다. 마지막으로 redraw()를 호출해서 결과를 사용자에게

보여줬다. Window의 redraw()를 호출하기 전에는 예전 이미지가 화면에 남아있기 때문이다. 그렇다면 이 프로그램에서 특이한 부분은 어디인가? main()을 살펴보자.

```
#include "GUI.h"

int main()
try {
    Lines_window win {Point{100,100},600,400,"lines"};
    return gui_main();
}
catch(exception& e) {
    cerr << "예외: " << e.what() << '\n';
    return 1;
}
catch (...) {
    cerr << "그 밖의 예외\n";
    return 2;
}
```

별로 특이한 건 없다. main()의 몸체에는 우리가 만들 윈도우 win의 정의와 gui_main() 함수 호출뿐이다. 다른 함수나 if, switch, 루프를 비롯해 6장과 7장에서 배운 코드도 찾아볼 수 없다. 그저 변수의 정의와 gui_main() 함수 호출만이 있을 뿐이다. gui_main()도 FLTK 의 run()을 그대로 호출한다. 더 살펴보자면 run()도 간단한 무한 루프일 뿐이다.

```
while(wait());
```

부록 E에 포함된 약간의 상세 구현을 제외하면 '선 그리기' 프로그램을 구동하는 모든 코드를 살펴봤다. 지금까지 기본적인 논리를 모두 살펴봤는데, 그래서 무슨 일이 벌어졌단 말인가?

16.6 제어 반전

여기서 벌어진 일이란 실행 순서에 대한 제어가 프로그램에서 위젯으로 옮겨간 일을 말한다. 즉, 사용자가 활성화한 위젯이 동작을 유발한다. 예를 들어 버튼을 클릭하면 콜백을 실행한다. 콜백이 반환한 후에 프로그램은 다시 멈춰서 사용자가 다른 일을 하기를 기다린다. 기본적으로 wait()는 시스템이 해당 위젯을 찾아 적절한 콜백을 호출하기를 요청한다. 이론적으로는 wait()가 여러분(프로그래머)에게 어떤 위젯을 처리해야 하는지만 알려주고, 적절한 함수를 호출하는 일은 여러분의 몫으로 남겨둘 수도 있다. 그러나 FLTK를 비롯한 대부분의 GUI

시스템에서 wait()가 직접 적절한 콜백을 호출해 여러분이 호출할 함수를 선택하는 코드를 작성하는 수고를 덜어준다.

'전통적인 프로그램'의 구조는 다음과 같다.

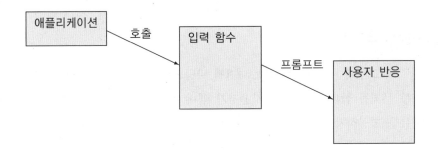

'GUI 프로그램'의 구조는 다음과 같다.

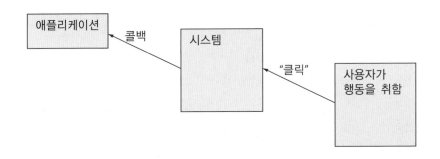

이러한 '제어 반전control inversion'이 의미하는 바는 실행 순서가 순전히 사용자의 행동으로 정해진다는 사실이다. 이로 인해 프로그램의 구조와 디버깅이 복잡해진다. 사용자가 어떤 행동을 할지 상상하기도 어렵고 콜백이 무작위로 실행될 때 어떤 일이 생길지 모든 가능한 효과를 상상하기도 어렵기 때문이다. 이런 상황에서는 체계적인 테스팅을 하기가 매우 어렵다(26장 참고). 이런 문제를 해결하는 기법은 이 책의 범위 밖이지만, 콜백을 바탕으로 사용자에 의해 구동되는 코드를 다룰 때는 각별히 조심하기 바란다. 이러한 제어 흐름 문제 외에도 가시성 문제와 어떤 위젯이 어떤 데이터와 연결되는지 관리하기 어려운 단점도 있다. 이로 인한 수고를 최소화하려면 프로그램에서 GUI 관련 부분을 간단하게 유지하고, GUI 프로그램을 점진적으로 작성해 각 단계마다 테스트를 수행해야 한다. 그리고 GUI 프로그램을 만들 때는 객체와 그들 간의 상호작용을 표현하는 간단한 다이어그램이 거의 필수적이다.

여러 콜백에 의해 수행되는 코드들은 어떻게 의사소통하는가? 가장 간단한 방법은 16.5절의 예제에서 봤듯이 함수에서 해당 윈도우에 저장된 데이터를 처리하는 방법이다. 그 예제에서 Next point 버튼을 눌렀을 때 호출되는 Lines_window의 next() 함수는 두 In_box(next_x와 next_y)에서 데이터를 읽고, 멤버 변수 lines와 Out_box(xy_out)를 갱신한다. 물론 콜백에서 호출하는 함수는 파일을 열거나 웹에 접속하는 등의 모든 일을 할 수 있다. 하지만 지금 당장은 윈도우 안에 데이터를 저장하는 간단한 경우만 생각하자.

16.7 메뉴 추가

'선 그리기' 프로그램에 메뉴를 추가하는 예제를 바탕으로 제어 반전으로 인한 실행 흐름 제어와 의사소통 문제를 살펴보자. 먼저 사용자가 멤버 변수 lines의 모든 선 색상을 바꿀 수 있도록 메뉴를 제공하자. color_menu 메뉴와 그 콜백을 추가한다.

```
struct Lines_window : Window {
    Lines_window(Point xy, int w, int h, const string& title);

    Open_polyline lines;
    Menu color_menu;

    static void cb_red(Address, Address);        // red 버튼의 콜백
    static void cb_blue(Address, Address);       // blue 버튼의 콜백
    static void cb_black(Address, Address);      // black 버튼의 콜백

    // 수행할 작업:
    void red_pressed() { change(Color::red); }
    void blue_pressed() { change(Color::blue); }
    void black_pressed() { change(Color::black); }
    void change(Color c) { lines.set_color(c); }

    // ... 앞과 동일 ...
};
```

거의 동일한 콜백 함수와 작업 함수를 정의하는 일은 귀찮지만, 개념적으로 간단하며, 훨씬 작성하기 쉬운 무언가를 제공하는 일은 책의 범위를 벗어난다. 원한다면 람다 표현식(16.3.3절)을 이용해서 cb_ 함수들을 제거할 수 있다. 어쨌든 메뉴 버튼이 눌리면 선의 색상을 요구한 색상으로 변경한다.

color_menu 멤버를 정의했으니 이제 초기화하자.

```
Lines_window::Lines_window(Point xy, int w, int h, const string& title)
    :Window(xy,w,h,title),
    // ... 앞과 동일 ...
    color_menu{Point{x_max()-70,40},70,20,Menu::vertical,"color"}
```

```
{
    // ... 앞과 동일 ...
    color_menu.attach(new Button{Point{0,0},0,0,"red",cb_red});
    color_menu. attach(new Button{Point{0,0},0,0,"blue",cb_blue});
    color_menu. attach(new Button{Point{0,0},0,0,"black",cb_black});
    attach(color_menu);
}
```

(attach()를 이용해서) 버튼을 동적으로 메뉴에 추가할 수 있으며, 필요하다면 삭제하거나 교체할 수도 있다. Menu::attach()는 버튼의 크기와 위치를 조절하고 윈도우에 연결한다. 모든 작업이 끝났다. 결과는 다음과 같다.

위의 예제를 갖고 놀다 보면 팝업 메뉴가 필요하다는 생각이 든다. 즉, 메뉴를 사용하지 않을 때는 소중한 화면 공간을 메뉴에 낭비하고 싶지 않다. 따라서 color menu 버튼을 추가한다. 이 버튼을 클릭하면 앞서 만든 색상 선택 메뉴가 팝업되고, 색상을 선택한 후에는 색상 선택 메뉴가 다시 사라진 후 color menu 버튼이 나타난다.

선을 몇 개 그린 후의 윈도우는 다음과 같다.

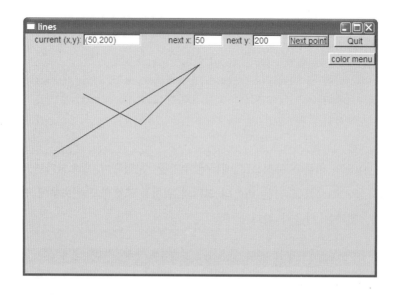

새로운 버튼 color menu와 (검은색) 선이 보인다. 이제 color menu를 누르면 색상 선택 메뉴가 보인다.

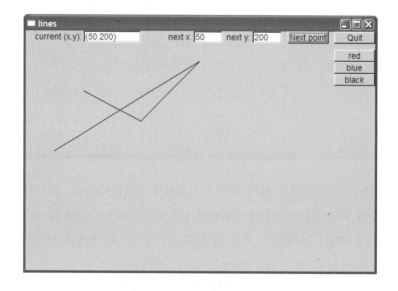

이제 color menu 버튼이 숨겨진다. 색상 선택을 완료하기 전에는 버튼이 필요 없기 때문이다. 여기서 blue를 선택한 후의 화면은 다음과 같다.

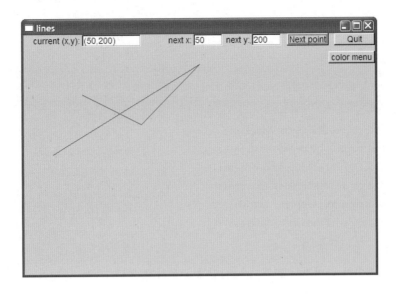

선의 색상이 파란색이 됐고 color menu 버튼이 다시 나타났다.

이런 기능을 제공하고자 color menu 버튼을 추가하고, 버튼이 눌렸을 때 수행할 함수에서 메뉴와 버튼의 가시성을 조절한다. 모든 변경 사항을 반영한 Lines_window의 전체 코드를 살펴보자.

```
struct Lines_window : Window {
    Lines_window(Point xy, int w, int h, const string& title);
private:
    // 데이터:
    Open_polyline lines;

    // 위젯:
    Button next_button;          // 폴리라인에 (next_x,next_y) 추가
    Button quit_button;          // 프로그램 종료
    In_box next_x;
    In_box next_y;
    Out_box xy_out;
    Menu color_menu;
    Button menu_button;

    void change(Color c) { lines.set_color(c); }

    void hide_menu() { color_menu.hide(); menu_button.show(); }

    // 콜백에서 호출하는 작업
    void red_pressed() { change(Color::red); hide_menu(); }
    void blue_pressed() { change(Color::blue); hide_menu(); }
```

```cpp
    void black_pressed() { change(Color::black); hide_menu(); }
    void menu_pressed() { menu_button.hide(); color_menu.show(); }
    void next();
    void quit();

    // 콜백 함수
    static void cb_red(Address, Address);
    static void cb_blue(Address, Address);
    static void cb_black(Address, Address);
    static void cb_menu(Address, Address);
    static void cb_next(Address, Address);
    static void cb_quit(Address, Address);
};
```

생성자를 제외한 나머지는 모두 **private**임에 주목하자. 이 `Window` 클래스는 그 자체가 프로그램이다. 모든 일은 콜백을 바탕으로 수행하므로 윈도우 외부에는 코드가 필요 없다. 클래스의 가독성을 높이고자 선언의 순서를 조정했다. 생성자는 윈도우의 모든 하위 객체에 초기화 인자를 제공한 후 객체와 윈도우를 연결한다.

```cpp
Lines_window::Lines_window(Point xy, int w, int h, const string& title)
    :Window{xy,w,h,title},
    next_button{Point{x_max()-150,0}, 70, 20, "Next point", cb_next},
    quit_button{Point{x_max()-70,0}, 70, 20, "Quit", cb_quit},
    next_x{Point{x_max()-310,0}, 50, 20, "next x:"},
    next_y{Point{x_max()-210,0}, 50, 20, "next y:"},
    xy_out{Point{100,0}, 100, 20, "current (x,y):"},
    color_menu{Point{x_max()-70,30},70,20,Menu::vertical,"color"},
    menu_button{Point{x_max()-80,30}, 80, 20, "color menu", cb_menu}
{
    attach(next_button);
    attach(quit_button);
    attach(next_x);
    attach(next_y);
    attach(xy_out);
    xy_out.put("no point");
    color_menu.attach(new Button{Point{0,0},0,0,"red",cb_red});
    color_menu.attach(new Button{Point{0,0},0,0,"blue",cb_blue});
    color_menu.attach(new Button{Point{0,0},0,0,"black",cb_black});
    attach(color_menu);
    color_menu.hide();
    attach(menu_button);
```

```
    attach(lines);
}
```

초기 값의 순서가 데이터 멤버 정의 순서와 같음에 주의하자. 이처럼 초기 값은 멤버가 정의된 순서대로 작성하기 바란다. 멤버 초기화 수행자는 항상 데이터 멤버를 선언한 순서대로 실행되기 때문이다. 일부 컴파일러는 (고맙게도) 기반 클래스나 멤버의 생성자 순서가 잘못된 경우 경고 메시지를 출력한다.

16.8 GUI 코드 디버깅

GUI 프로그램이 일단 동작하기 시작하면 디버깅이 쉬워진다. 프로그램의 동작 그대로가 화면에 보이기 때문이다. 그러나 윈도우에 첫 도형과 위젯이 보이지 않거나 심지어 윈도우가 화면에 나타나지 않으면 디버깅하기 가장 곤란한 상황에 직면한다. 아래 main()을 보라.

```
int main()
{
    Lines_window {Point{100,100},600,400,"lines"};
    return gui_main();
}
```

오류가 보이는가? 오류를 찾았는지 여부에 상관없이 프로그램을 실행해보자. 프로그램이 컴파일되고 실행되지만, 선을 그릴 수 있는 Lines_window가 나타나는 대신 깜빡이는 화면만 보일 뿐이다. 이런 프로그램의 오류는 어떻게 찾아야 할까?

- 잘 테스트된 프로그램의 일부(클래스, 함수, 라이브러리)를 신중하게 활용한다.
- 새로운 코드를 단순화한다. 프로그램을 가장 간단한 버전부터 점진적으로 개발하고, 코드를 한 줄씩 면밀히 검토한다.
- 링커의 모든 설정을 점검한다.
- 잘 동작하던 기존 프로그램의 코드와 비교한다.
- 친구에게 코드를 설명한다.

특히 GUI 프로그램에서는 코드의 실행 흐름을 추적하기가 어렵다. 디버거 사용법을 배웠다면 조금 낫겠지만, 출력 구문을 집어넣는 방식은 GUI 프로그램에 적용할 수 없다. 아무런 출력도 보이지 않기 때문이다. 여러 가지 일이 동시에 벌어지는 환경(다중 스레딩multi-threading)에서는 디버거마저도 문제를 겪는다. 화면과 상호작용하는 코드가 여러분의 코드만이 아니기 때문이다. 따라서 코드의 단순화와 체계적인 접근법으로 코드를 이해하는 일이 문제를 푸는 열쇠라고 할 수 있다.

그래서 문제가 무엇인가? 올바른 버전은 다음과 같다(16.5절).

```
int main()
{
    Lines_window win{Point{100,100},600,400,"lines"};
    return gui_main();
}
```

Lines_window 객체의 이름 win이 누락됐다. 사실상 이름이 필요하지 않은 듯하지만, 이로 인해 컴파일러가 윈도우를 사용하지 않는다고 판단하고 그 윈도우를 즉시 삭제한다. 이런! 윈도우가 수 밀리초 만에 사라져 버린 셈이다. 그러니 눈에 보이지 않는 게 당연하다.

한 윈도우를 다른 윈도우 바로 위에 놓는 경우도 흔히 겪는 문제다. 당연히(전혀 당연하다고 생각하지 못하겠지만) 윈도우가 하나뿐인 듯이 보인다. 다른 윈도우는 어디로 갔단 말인가? 자칫 코드에 존재하지 않는 버그를 찾느라 상당한 시간을 낭비할 수도 있다. 한 도형을 다른 도형 바로 위에 위치시키는 경우에도 같은 문제가 발생할 수 있다.

마지막으로 GUI 라이브러리를 사용할 때 우리가 기대하는 방식대로 예외가 동작하지 않을 수도 있는데, 이런 경우는 사태가 더 심각하다. GUI 라이브러리가 우리 코드를 관리하기 때문에 우리가 던진 예외를 라이브러리나 운영체제가 '먹어' 버릴 수도 있다. 그런 경우에 원하던 예외 핸들러가 수행되지 않는다(즉, 라이브러리나 운영체제의 오류 처리 메커니즘은 C++의 예외와 다르며, C++는 안중에도 없다).

디버깅 과정에서 발견하는 일반적인 문제에는 객체를 윈도우에 연결하지 않아 Shape와 Widget이 보이지 않거나 객체가 유효 범위를 벗어나 오동작 하는 경우도 포함된다. 다음 예와 같이 프로그래머가 버튼을 생성하고 메뉴에 연결하는 과정 중 일부를 누락할 수 있다.

```
// 메뉴에 버튼을 넣는 헬퍼 함수
void load_disaster_menu(Menu& m)
{
    Point orig {0,0};
    Button b1 {orig,0,0,"flood",cb_flood};
    Button b2 {orig,0,0,"fire",cb_fire};
    // ...
    m.attach(b1);
    m.attach(b2);
    // ...
}
```

```
int main()
{
    // ...
    Menu disasters {Point{100,100},60,20,Menu::horizontal,"disasters"};
    load_disaster_menu(disasters);
    win.attach(disasters);
    // ...
}
```

이 코드는 작동하지 않는다. 모든 버튼은 load_disaster_menu 함수의 지역 변수이며, 버튼을 메뉴에 연결해도 그 사실은 변하지 않는다. 이에 대한 설명은 18.6.4절(지역 변수의 포인터를 반환하지 말자)에서 볼 수 있고, 지역 변수의 메모리 레이아웃을 묘사한 그림은 8.5.8절을 참고하라. 요점은 load_disaster_menu()가 반환할 때 지역 변수의 객체는 파괴되고, 따라서 disasters 메뉴는 존재하지 않는(이미 소멸된) 객체를 참조한다는 점이다. 그 결과는 예측 불가하고 유쾌하지도 않다. 명명된 지역 객체 대신 new로 생성한 이름 없는 객체를 사용하면 이 문제를 해결할 수 있다.

```
// 메뉴에 버튼을 넣는 헬퍼 함수
void load_disaster_menu(Menu& m)
{
    Point orig {0,0};
    m.attach(new Button{orig,0,0,"flood",cb_flood});
    m.attach(new Button{orig,0,0,"fire",cb_fire});
    // ...
}
```

이 올바른 해답은 심지어 (흔한) 버그를 포함한 버전보다 간단하기까지 하다.

 실습문제

1. FLTK를 사용하는 데 필요한 링커 설정(부록 D 참고)까지 포함해 완전히 새로운 프로젝트를 만들자.
2. Graph_lib의 기능을 이용해서 16.5절의 선 그리기 프로그램을 작성하고 실행해보자.
3. 2번의 프로그램에 16.7절의 팝업 메뉴를 적용하고 실행해보자.
4. 프로그램에 선 스타일을 선택하는 두 번째 메뉴를 추가하고, 실행해보자.

복습문제

1. 그래픽 사용자 인터페이스를 이용하는 이유는 무엇인가?

2. 어떤 경우에 비그래픽 사용자 인터페이스를 이용하는가?

3. 소프트웨어 계층이란 무엇인가?

4. 소프트웨어를 계층으로 구성하는 이유는 무엇인가?

5. C++와 운영체제 사이의 의사소통에 있어 기본적인 문제는 무엇인가?

6. 콜백은 무엇인가?

7. 위젯은 무엇인가?

8. 위젯의 다른 이름은 무엇인가?

9. FLTK라는 약자의 의미는 무엇인가?

10. FLTK를 어떻게 발음하는가?

11. 여러분이 알고 있는 그 밖의 GUI 툴킷에는 무엇이 있는가?

12. 위젯이라는 용어와 컨트롤이라는 용어는 각각 어떤 시스템에서 선호하는가?

13. 위젯의 예를 들어보자.

14. 입력 상자inbox는 어떤 경우에 사용하는가?

15. 입력 상자에 저장된 값은 어떤 타입인가?

16. 버튼은 어떤 경우에 사용하는가?

17. 메뉴는 어떤 경우에 사용하는가?

18. 제어 반전은 무엇인가?

19. GUI 프로그램을 디버깅하는 기본적인 전략은 무엇인가?

20. 입출력 스트림을 이용하는 일반적인 프로그램보다 GUI 프로그램의 디버깅이 더 어려운 이유는 무엇인가?

용어정리

버튼	대화상자	가시적/비가시적
콜백	GUI	입력 대기
콘솔 I/O	메뉴	대기 루프
컨트롤	소프트웨어 계층	위젯

연습문제

1. Simple_window에 두 버튼 next와 quit를 추가한 My_window를 정의하자.

2. (My_window를 이용해서) 윈도우를 만들고 정사각형 모양의 버튼으로 이뤄진 4×4 체스 판을 추가하자. 각 버튼이 눌리면 (다른 버튼이 눌릴 때까지) 버튼의 좌표를 출력 박스에 표시하거나 버튼의 색상을 변경하는 등의 간단한 동작을 수행한다.

3. Button 위에 Image를 위치시키고, 버튼이 눌릴 때마다 그 둘을 이동시키자. 다음과 같이 **std_lib_facilities.h**의 난수 생성기를 이용해서 '이미지 버튼'의 새로운 위치를 선택하자.

```
#include<random>

inline int rand_int(int min, int max)
{
    static default_random_engine ran;
    return uniform_int_distribution<>{min,max}(ran);
}
```

이 함수는 [min,max) 구간의 임의의 int를 반환한다.

4. 원과 정사각형, 이등변 삼각형, 육각형을 그리는 메뉴를 만들자. 입력 박스를 하나(혹은 둘) 만들어 좌표 쌍을 입력받고, 메뉴를 눌렀을 때 생성되는 도형을 그 좌표에 위치시키자. 아쉽게도 드래그/드롭은 지원하지 않는다.

5. 선택한 모양의 도형을 그리고 Next를 클릭할 때마다 도형을 이동시키는 프로그램을 작성하자. 입력 스트림에서 좌표 쌍을 읽어 새로운 위치로 사용한다.

6. 시계 침이 움직이는 '아날로그 시계'를 만들자. 라이브러리 호출로 시스템에서 시각을 가져오자. 이 연습문제의 주요 과제는 시각을 알려주는 함수를 찾고, 짧은 시간(예, 1초나 클록 틱clock tick) 동안 대기하는 방법을 찾고, 여러분이 찾아낸 문서를 바탕으로 그 사용법을 학습하는 일을 포함한다. 힌트: clock(), sleep()

7. 6번에서 학습한 기법을 바탕으로 윈도우 여기저기를 날아다니는 비행기 이미지를 만들자. 여기에 Start와 Stop 버튼을 추가하자.

8. 통화currency 변환기를 만들자. 프로그램을 시작할 때 파일에서 환율을 입력받는다. 입력 윈도우에서 금액을 입력받고, 변환을 수행할 원래/목적 통화 단위를 선택할 수 있는 방법을 제공하자(예, 한 쌍의 메뉴).

9. 7장의 계산기가 입력 박스에서 입력을 받아 출력 박스에 결과를 표시하도록 수정하자.

10. 일련의 함수(예, `sin()`과 `log()`) 중 하나를 선택하고 선택한 함수에 매개변수를 설정해 그래프를 그리는 프로그램을 작성하자.

붙이는 말

GUI는 광범위한 주제이며, 기존 시스템의 스타일과 호환성을 고려해야 한다. 더 나아가 식물원의 다양한 식물들만큼이나 매우 다양한 위젯을 제공한다(예를 들어 GUI 라이브러리는 수십 가지 버튼 스타일을 지원한다). 그러나 이런 일들은 프로그래밍 기법과 큰 관련이 없으므로 살펴보지 않았다. 확대/축소와 회전, 변형, 삼차원 객체, 그림자 등의 주제는 책의 범위를 벗어나는 심오한 그래픽적, 수학적 주제를 필요로 한다.

여기서 알아야 할 한 가지는 대부분의 GUI 시스템에서 윈도우 레이아웃을 그래픽적으로 설계하고 그래픽적으로 규정되는 버튼과 메뉴 등에 콜백과 동작을 연결하는 'GUI 생성기'를 제공한다는 사실이다. 많은 응용 프로그램에서 이러한 GUI 생성기는 콜백을 비롯한 '뼈대 코드'를 작성하는 수고를 덜어준다. 그러나 그 결과로 생성된 프로그램의 동작 방식을 항상 이해해야 한다. 자동으로 생성된 코드가 16장에서 봤던 코드와 동일할 수도 있고, 더 정교하고(거나) 비용이 큰 메커니즘을 사용할 수도 있다.

3부

데이터와 알고리즘

벡터와 자유 저장 영역

"벡터를 기본으로 사용하라!"

- 알렉스 스테파노프(Alex Stepanov)

17 장과 이어지는 네 개의 장에서는 전통적으로 STL이라고 부르는, C++ 표준
라이브러리의 컨테이너와 알고리즘 부분을 설명한다. 우선 STL의 핵심 기능
과 그 용법을 설명하고, 더 나아가 STL의 핵심 설계와 STL의 구현에 사용한 프로그래
밍 기법, 이를 위한 로우레벨 언어 기능을 살펴본다. 17장과 그 다음 두 장에서는
가장 일반적이고 유용한 STL 컨테이너인 vector의 설계와 구현을 주로 다룬다.

17.1 소개

벡터는 C++ 표준 라이브러리에서 가장 유용한 컨테이너다. 벡터는 주어진 타입의 요소로 구성된 시퀀스를 제공한다. 인덱스(첨자subscript)로 그 요소 중 하나를 참조하고, push_back() 으로 벡터를 확장하고, size()로 벡터에 저장된 요소의 개수를 조회하고, vector의 요소에 접근할 때마다 구간 밖의out-of-range 요소에 접근하는지 확인할 수 있다. 표준 라이브러리의 벡터는 편리하고 유연하고 (시간과 공간 측면에서) 효율적이며, 각 요소에 대한 정적인 타입 안정성을 제공하는 컨테이너다. 표준 string도 비슷한 성질을 띠며, list와 map 같은 그 밖의 유용한 표준 컨테이너도 마찬가지인데, 20장에서 살펴볼 예정이다. 그러나 컴퓨터의 메모리는 이처럼 유용한 타입을 직접적으로 지원하지 않는다. 하드웨어는 그저 일련의 바이트를 직접적으로 다룰 뿐이다. 예를 들어 vector<double>의 v.push_back(2.3) 연산은 double의 시퀀스에 2.3을 추가하고, v에 포함된 요소의 개수(v.size())를 1 증가시킨다. 가장 낮은 수준에서 보자면 컴퓨터는 push_back() 같이 복잡한 것은 전혀 알지 못한다. 컴퓨터는 적은 수의 바이트를 한 번에 읽고 쓸 뿐이다.

17장과 이어지는 두 개의 장에서 모든 프로그래머가 사용할 수 있는 기본적인 언어 기능을 이용해서 벡터를 만드는 방법을 살펴본다. 이를 바탕으로 유용한 개념과 프로그래밍 기법을 설명하고, 그것들을 C++ 언어 기능을 활용해서 표현하는 방법을 학습한다. 이처럼 벡터 구현 과정에서 맞닥뜨리는 언어 기능과 프로그래밍 기법은 일반적으로 유용하고 광범위하게 적용할 수 있다.

벡터의 설계와 구현, 용법을 학습한 후에는 map을 비롯한 다른 컨테이너와 C++ 표준 라이브러리가 제공하는 그 밖의 우아하고 효율적인 기능의 활용법을 배운다(20장과 21장). 알고리즘이라고 부르는 이러한 기능을 바탕으로 데이터를 처리하는 등의 일반적인 작업을 우리 스스로 프로그래밍하는 수고를 덜 수 있다. 모든 C++ 구현체에 포함된 이런 기능을 이용하면 우리의 라이브러리를 작성하고 테스트하는 일을 쉽게 할 수 있다. 앞에서 이미 표준 라이브러리의 가장 유용한 알고리즘 중 하나인 sort()를 사용한 적이 있다.

점점 더 정교한 벡터 구현체를 만들어 가는 과정을 바탕으로 벡터를 알아보겠다. 처음에는 매우 간단한 벡터를 만든다. 그리고 만들어진 벡터에서 발생하는 문제점을 찾아 수정한다. 이 과정을 몇 번 반복하면 오늘날 C++ 컴파일러에 탑재돼 우리가 앞에서 줄곧 사용했던 표준 라이브러리 벡터와 대체적으로 유사한 구현체를 만들 수 있다. 사실 이러한 점진적 개선은 우리가 새로운 프로그래밍 작업을 다루는 과정과 비슷하다. 이 과정에서 메모리 사용과 자료 구조에 관련된 여러 고전적인 문제를 살펴볼 수 있다. 앞으로의 학습 계획은 다음과 같다.

- **17장(현재 장)** 변화하는 메모리 필요량을 어떻게 다루는가? 특히 서로 다른 벡터는 어떻게 각각 다른 개수의 요소를 저장하며, 한 벡터는 어떻게 시간에 따라 요소의 개수를 달리하는 가? 이 문제를 해결하는 데 자유 저장 영역(힙 영역heap storage)과 포인터, 캐스트(명시적 타입 변환), 참조가 필요하다.

- **18장** 벡터를 어떻게 복사하는가? 첨자 연산은 어떻게 제공하는가? 배열은 무엇이고, 배열 과 포인터는 어떤 관계인가?

- **19장** 여러 가지 타입의 요소를 위한 벡터는 어떻게 만드는가? 구간 오류는 어떻게 처리하는 가? 그 해답으로 C++ 템플릿과 예외를 살펴본다.

유연하고 효율적이며 타입 안정성을 보장하는 벡터를 구현하기 위해 새로 학습할 언어 기능과 기법에 더불어 앞서 배웠던 언어 기능과 프로그래밍 기법도 재활용한다. 때때로 이미 배운 내용들에 대해 좀 더 형식적이고 기술정인 정의를 내릴 것이다.

이제 우리는 메모리를 직접 다뤄보려 한다. 왜 그래야 하는가? 컨테이너와 string은 매우 유용하며, 사용자가 실제 메모리의 불편한 진실을 몰라도 되게끔 설계됐다. 그러나 우리가 그러한 마술을 믿고 싶다고 해도 가장 로우레벨의 메모리 관리는 살펴볼 필요가 있다. 그런데 '그냥 마법을 믿으면' 안 되는 이유는 무엇인가? 더 나아가 '벡터를 구현한 사람이 그들 스스로의 일을 더 잘 알겠지'라고 생각해선 안 되는 이유는 무엇인가? 물론 그렇다고 해서 컴퓨터 메모리를 동작시키는 장치의 물리적 원리까지 배우란 말은 아니다.

그렇다. 우리는 물리학자가 아니라 프로그래머(컴퓨터 과학자, 소프트웨어 개발자, 혹은 무엇이든) 다. 여러분이 그러한 장치의 물리적 원리를 배운 경험이 있다면 컴퓨터 메모리의 설계를 자세히 배웠을 수도 있다. 그러나 우리는 프로그래밍을 배우고 있으므로 프로그램의 설계를 자세히 다뤄야 한다. 이론적으로는 로우레벨 메모리 접근과 관리 기능을 장치의 물리적 원리처럼 '상세 구현'으로 치부할 수도 있다. 그러나 그렇게 하면 그냥 마법을 믿는 수준에서 끝나지 않고 새로운 컨테이너를 스스로 구현할 수 없게 된다(그럴 필요가 일반적이진 않더라도). 그리고 메모리를 직접 사용하는 방대한 C와 C++ 코드를 읽을 수 없게 된다. 앞으로 알게 되겠지만 포인터(객체를 직접 참조하는 로우레벨의 방법)는 메모리 관리가 아니더라도 유용하게 쓸 수 있다. 때에 따라 포인터 없이는 C++를 제대로 활용할 수 없는 경우도 있다.

좀 더 철학적인 이유를 들자면 나는 여러분이 프로그램과 컴퓨터 메모리 동작 사이의 기본적인 관계를 실제적으로 이해하지 못하면 자료 구조와 알고리즘, 운영체제 등의 하이레벨 주제를 온전히 학습하기 어렵다고 믿는 컴퓨터 전문가 중의 한 사람이기 때문이다.

17.2 벡터의 기본

매우 간단한 활용 예를 바탕으로 벡터의 점진적 설계를 시작하자.

```
vector<double> age(4);          // double 타입의 요소 네 개를 포함하는 벡터
age[0]=0.33;
age[1]=22.0;
age[2]=27.2;
age[3]=54.2;
```

이 코드는 double 타입의 요소 네 개를 포함하는 벡터를 생성하며, 각 요소의 값은 0.33과 22.0, 27.2, 54.2다. 이 네 요소의 번호는 0, 1, 2, 3인데, 이처럼 C++ 표준 라이브러리 컨테이너의 번호는 항상 0부터 시작한다. 0부터 번호 매기기는 매우 일반적이며, C++ 프로그래머 사이에서 널리 통용된다. 벡터에 포함된 요소의 개수를 그 벡터의 크기^{size}라고 한다. 예제의 벡터 크기는 4다. vector의 요소는 0부터 크기-1까지의 수로 번호를 매긴다(인덱싱한다). 예를 들어 age에 포함된 요소는 0부터 age.size()-1까지의 번호에 대응한다. age를 그림으로 나타내면 다음과 같다.

이렇게 '그림으로 도식화한 설계'를 어떻게 컴퓨터의 메모리에 실체화할 수 있을까? 어떻게 하면 이런 방식으로 값을 저장하고 접근할 수 있는가? 당연한 말이지만 그 해답은 클래스로 정의해야 하며, 그 클래스가 바로 벡터다. 더 나아가 벡터에는 그 크기를 저장할 데이터 멤버와 각 요소를 저장할 데이터 멤버가 필요하다. 하지만 요소의 개수가 변하는 상황에서 요소의 집합을 어떻게 정의한단 말인가? 이럴 때 사용하는 게 바로 벡터이지만, 이런 말은 모순이 된다. 지금 우리가 정의하는 클래스가 바로 벡터이기 때문이다.

그렇다면 그림 속의 화살표를 어떻게 표현할까? 이 화살표를 잠시 잊어버리면 다음과 같이 고정된 크기의 자료 구조를 정의할 수 있다.

```
class vector {
    int size, age0, age1, age2, age3;
    // ...
};
```

문법적인 세부 사항을 무시하면 이 코드는 다음 그림과 같다.

	age: age[0]:	age[1]:	age[2]:	age[3]:
size:				
4	0.33	22.0	27.2	54.2

간단하고 멋져 보이지만 push_back()으로 요소를 추가하려는 순간 우리는 좌절하게 된다. 요소의 개수가 프로그램 코드 안에 네 개로 고정돼 있어서 요소를 추가할 수 없기 때문이다. 고정된 개수의 요소를 저장하는 자료 구조 이상의 무엇이 필요하다. push_back()처럼 벡터에 포함된 요소의 개수를 변화시키는 연산은 고정된 요소 개수로 정의된 벡터에서 구현할 수 없다. 기본적인 방법을 살펴보자면 요소의 집합을 가리키는 데이터 멤버를 이용해서 더 큰 공간이 필요할 때 그 멤버가 다른 요소의 집합을 가리키게 하면 된다. 따라서 첫 번째 요소의 메모리 주소와 비슷한 역할의 뭔가가 필요한데, C++에서는 이처럼 메모리 주소를 저장하는 타입을 포인터라고 하며, 문법적으로는 접미사 *로 나타낸다. 즉, double*는 'double을 가리키는 포인터'를 말한다. 지금까지 설명한 내용을 바탕으로 벡터 클래스의 첫 번째 버전을 다음과 같이 정의할 수 있다.

```
// (vector<double>와 유사한) 매우 단순화된 double 타입 벡터
class vector {
    int sz;              // 크기
    double* elem;        // 첫 번째 요소를 가리키는 (double 타입의) 포인터
public:
    vector(int s);       // 생성자: s개의 double 할당
                         // elem이 할당된 요소 집합을 가리키게 하고
                         // sz에 s를 대입
    int size() const { return sz; } // 현재 크기
};
```

벡터의 설계를 다루기 전에 포인터의 개념을 더 깊이 이해하자. 포인터와 배열 간의 밀접한 관계를 이해하는 일은 C++의 메모리 표현을 이해하는 데 핵심이 된다.

17.3 메모리와 주소, 포인터

컴퓨터의 메모리는 일련의 바이트이며, 각 바이트에 0부터 시작하는 번호를 매길 수 있다. 이처럼 '메모리 위치를 가리키는 번호'를 주소라고 하며, 이 주소도 결국 일종의 정수 값으로 생각할 수 있다. 메모리의 첫 번째 바이트의 주소는 0이고, 다음 주소는 1, ...이 되는 식이다. 지금까지 설명을 바탕으로 1메가바이트의 메모리를 다음과 같이 시각화할 수 있다.

우리가 메모리에 저장하는 모든 것에는 주소가 있다.

```
int var = 17;
```

이 코드는 var를 저장할 'int 크기'만큼의 메모리 공간을 메모리 어딘가에 마련하고, 그곳에 값 17을 써넣는다. 마찬가지로 주소도 저장하고 조작할 수 있다. 이처럼 주소 값을 저장하는 객체를 포인터라고 한다. 예를 들어 int 객체의 주소를 저장하는 타입을 'int를 가리키는 포인터'나 'int 포인터'라고 하며, int*로 표현한다.

```
int* ptr = &var;        // ptr은 var의 주소를 저장함
```

단항 연산자 &는 '~의 주소'라는 의미로, 객체의 주소를 조회할 때 사용한다. 따라서 var의 주소가 $4096(2^{12})$이라면 ptr의 값도 4096이다.

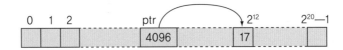

컴퓨터의 메모리는 기본적으로 0부터 메모리 크기 빼기 1까지의 수로 번호 매겨진 바이트 시퀀스로 볼 수 있다. 일부 머신은 이보다 복잡하지만, 기초적인 프로그래밍 모델에서 사용하는 메모리는 이 정도 설명으로 충분하다.

다음과 같이 각 타입에 상응하는 포인터 타입이 존재한다.

```
int x = 17;
int* pi = &x;              // int를 가리키는 포인터

double e = 2.71828;
double* pd = &e;           // double을 가리키는 포인터
```

포인터가 가리키는 객체의 값을 알고 싶다면 다음과 같이 '~의 내용'이라는 의미의 단항 연산자 *를 사용한다.

```
cout << "pi==" << pi << "; pi의 내용==" << *pi << "\n";
cout << "pd==" << pd << "; pd의 내용==" << *pd << "\n";
```

*pi를 출력하면 정수 17이, *pd를 출력하면 double 2.71828이 나온다. 반면 pi와 pd의 출력은 컴파일러가 x와 e를 메모리의 어디에 할당하느냐에 따라 달라진다. 포인터 값(주소)의

표기 형식은 시스템마다 다르지만 주로 16진수(A.2.1.1절)로 표기한다.

'~의 내용' 연산자(역참조^{dereference} 연산자라고도 함)는 대입문의 왼쪽에 사용할 수도 있다.

```
*pi = 27;        // OK: pi가 가리키는 int에 27을 할당할 수 있음
*pd = 3.14159;   // OK: pd가 가리키는 double에 3.14159를 할당할 수 있음
*pd = *pi;       // OK: int(*pi)를 double (*pd)에 할당할 수 있음
```

포인터 값이 정수로 출력된다고 해도 포인터가 정수는 아니라는 점을 기억하자. "int가 무엇을 가리키는가?"라는 질문은 올바른 질문이 아니다. 가리키는 역할은 int가 아니라 포인터가 한다. 포인터 타입은 주소에 적합한 연산을 제공하는 반면 int는 정수에 적합한 (산술과 논리) 연산을 제공한다. 따라서 포인터와 정수를 암묵적으로 혼용하지 말자.

```
int i = pi;      // 오류: int*를 int에 할당할 수 없음
pi = 7;          // 오류: int를 int*에 할당할 수 없음
```

마찬가지로 char를 가리키는 포인터(char*)는 int를 가리키는 포인터(int*)와 다르다.

```
char* pc = pi;   // 오류: int*를 char*에 할당할 수 없음
pi = pc;         // 오류: char*를 int*에 할당할 수 없음
```

pc를 pi에 할당하는 데 왜 오류가 발생할까? 한 가지 이유를 들자면 char는 일반적으로 int보다 작기 때문이다.

```
char ch1 = 'a';
char ch2 = 'b';
char ch3 = 'c';
char ch4 = 'd';
int* pi = &ch3;      // char 크기의 메모리 공간인 ch3을 가리킴
                     // 오류: char*를 int*에 할당할 수 없음
                     // 그러나 이런 할당이 가능하다면
*pi = 12345;         // int 크기만큼 메모리에 쓰게 됨
*pi = 67890;
```

컴파일러가 변수를 메모리의 어느 곳에 할당할지 정확한 위치는 구현에 따라 다르지만, 다음과 비슷한 모습이 될 수 있다.

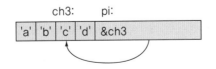

컴파일러가 앞의 코드를 허용했다고 가정하면 &ch3에서 시작하는 메모리 공간에 12345를 쓰게 된다. 이는 분명 ch2나 ch4를 포함한 그 주변의 메모리 값을 변경시킨다. 정말 운이 없다면(그럴 가능성이 높지만) pi의 일부를 스스로 덮어쓸 수도 있다! 그렇게 되면 다음 대입문 *pi=67890은 전혀 엉뚱한 메모리 공간에 67890을 쓰게 된다. 따라서 이러한 대입을 허용하지 않는 사실을 고맙게 생각해야 하지만, 로우레벨 프로그래밍에서 발생할 수 있는 많은 문제 중 컴파일러가 방지할 수 있는 문제는 소수에 불과하다.

그런 경우는 별로 없지만 정말로 int를 포인터로 변환하거나 한 포인터 타입을 다른 포인터 타입으로 변환해야 한다면 reinterpret_cast를 사용하자(17.8절).

여기서 다루는 내용은 하드웨어에 매우 가까워서 프로그래머에게는 그다지 익숙하지 않다. 사용할 수 있는 연산자라고는 몇 안 되는 기초적인 연산자뿐이고, 언어나 표준 라이브러리의 도움도 받을 수 없다. 그러나 벡터를 비롯한 하이레벨 기능의 구현 방식을 알려면 지금 다루는 내용을 이해해야 한다. 모든 코드가 하이레벨일 수는 없으므로 로우레벨의 코드도 작성할 줄 알아야 한다(25장 참고). 그리고 하이레벨 소프트웨어의 부재를 경험해보면 하이레벨 소프트웨어가 제공하는 편리성과 안전성에 더 큰 감사를 느끼게 된다. 물론 우리는 항상 주어진 문제와 그 해답에 가해지는 제약이 허용하는 범위 안에서 최대한 하이레벨의 추상화 단계에서 작업하려고 한다. 17~19장에서 벡터 구현을 바탕으로 편리한 추상화 수준으로 다시 돌아가는 방법을 설명한다.

17.3.1 sizeof 연산자

int가 실제로 차지하는 메모리 크기는 얼마인가? 포인터는? sizeof 연산자가 그에 대한 해답을 제공한다.

```
void sizes(char ch, int i, int* p)
{
    cout << "char의 크기는 " << sizeof(char) << ' ' << sizeof (ch) << '\n';
    cout << "int의 크기는 " << sizeof(int) << ' ' << sizeof (i) << '\n';
    cout << "int*의 크기는 " << sizeof(int*) << ' ' << sizeof (p) << '\n';
}
```

보다시피 sizeof는 타입 이름과 표현식에 모두 적용할 수 있다. 타입의 경우에는 그 타입의 객체의 크기를 구하고, 표현식의 경우에는 표현식의 수행 결과의 타입의 크기를 구한다. sizeof의 결과는 양의 정수이며, 크기의 최소 단위는 sizeof(char), 즉 1이다. 일반적으로 char는 1바이트로 저장되며, sizeof는 바로 이 바이트의 개수를 구하기 때문이다.

특정 타입의 크기는 C++ 구현체에 따라 다를 수도 있다. 오늘날 노트북이나 데스크톱 머신에서 sizeof(int)는 일반적으로 4이며, 한 바이트가 8비트라면 4바이트는 32비트를 나타낸다. 하지만 임베디드 시스템에서는 16비트 int를, 고성능 아키텍처에서는 64비트 int도 널리 사용한다.

그렇다면 벡터는 얼마만큼 메모리를 차지할까?

```
vector<int> v(1000);            // int 타입 요소 1000개를 포함하는 벡터
cout << "vector<int>(1000)의 크기는 " << sizeof (v) << '\n';
```

출력은 다음과 비슷하다.

```
vector<int>(1000)의 크기는 20
```

17장과 18장을 학습하고 나면 확실히 알게 되겠지만, sizeof는 요소의 개수까지 세지는 않는다(19.2.1절도 함께 참고).

17.4 자유 저장 영역과 포인터

17.2절 끝 부분에서 살펴본 벡터 구현을 떠올려 보자. 벡터가 요소를 저장하는 공간은 어디서 왔으며, 어떻게 포인터 elem이 그 공간을 가리키게 했는가? C++ 프로그램이 시작되면 컴파일러는 코드를 저장할 메모리(코드 저장 영역code storage이나 텍스트 저장 영역text storage이라고도 함)와 전역 변수를 저장할 메모리(정적 저장 영역static storage)를 마련한다. 함수 호출에 필요한 인자와 지역 변수를 저장할 공간(스택 저장 영역stack storage이나 자동 저장 영역automatic storage이라고도 함)도 마련된다. 나머지 메모리 영역은 잠재적으로 다른 용도에 사용할 수 있다. 즉, 자유로운free 상태다. 이를 나타낸 그림은 다음과 같다.

메모리 레이아웃:

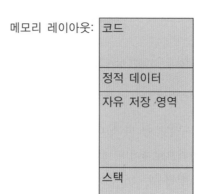

C++에서 이 자유 저장 영역free store(힙heap이라고도 함)을 사용하려면 다음과 같이 new 연산자를 사용한다.

```
double* p = new double[4];      // 자유 저장 영역에 double 4개를 할당
```

이 코드는 C++ 런타임 시스템에게 자유 저장 영역에 double 4개의 공간을 할당한 후 첫 번째 double을 가리키는 포인터를 반환하도록 요청한다. 그리고 이 포인터로 포인터 변수 p를 초기화했다. 이를 그림으로 그리면 다음과 같다.

자유 저장 영역:

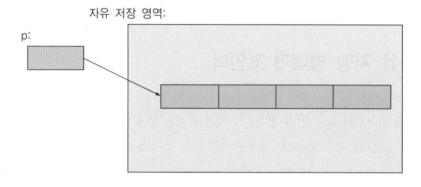

new 연산자는 생성한 객체의 포인터를 반환한다. 여러 개의 객체(배열)를 생성한 경우에는 첫 번째 객체를 가리키는 포인터를 반환한다. 그리고 생성한 객체의 타입이 X라면 new가 반환하는 포인터는 X* 타입이다.

```
char* q = new double[4];        // 오류: double*를 char*에 할당함
```

new는 double을 가리키는 포인터를 반환하며, double은 char가 아니다. 따라서 char를 가리키는 포인터 변수 q에 대입하면 안 된다(할 수도 없지만).

17.4.1 자유 저장 영역 할당

new 연산자는 자유 저장 영역에 메모리 할당을 요청한다.

- new 연산자는 할당한 메모리를 가리키는 포인터를 반환한다.
- 포인터의 값은 할당한 메모리의 첫 번째 바이트의 주소다.
- 포인터는 지정한 타입의 객체를 가리킨다.
- 포인터만으로는 그 포인터가 가리키는 요소의 개수를 알 수 없다.

new 연산자는 다음과 같이 요소 하나를 할당하거나 여러 개의 요소(배열)를 할당할 수 있다.

```
int* pi = new int;          // int 한 개 할당
int* qi = new int[4];       // 4개의 int 할당(4개의 int를 포함하는 배열)

double* pd = new double;     // double 한 개 할당
double* qd = new double[n];  // n개의 double 할당(n개의 double을 포함하는 배열)
```

할당할 객체의 개수로 변수를 지정할 수 있다는 점에 주목하자. 덕분에 할당할 객체의 수를 실행 시간에 정할 수 있다. 위에서 n의 값이 2라면 메모리의 모습은 다음과 같다.

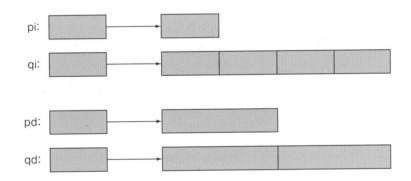

서로 다른 타입을 가리키는 포인터끼리도 역시 서로 다른 타입이다.

```
pi = pd;        // 오류: double*를 int*에 할당함
pd = pi;        // 오류: int*를 double*에 할당함
```

int를 double에 대입하거나 double을 int에 대입할 수 있는데, 위 코드는 왜 안 될까? 그 이유는 [] 연산자 때문이다. [] 연산자는 요소를 찾는 과정에서 요소의 크기에 의존한다. 예를 들어 qi[2]는 qi[0]에서 int 두 개 크기만큼 뒤에 위치하며, qd[2]는 qd[0]에서 double 두 개 크기만큼 뒤에 위치한다. 많은 컴퓨터에서 그렇듯이 int와 double의 크기가 다른 경우 qi가 qd에 할당된 메모리를 가리키면 오류가 발생할 수 있다.

여기까지가 '실전적인 설명'이었다. 이론적으로 말하자면 "서로 다른 타입을 가리키는 포인터 간의 대입을 허용하면 타입 오류가 발생할 수 있다."

17.4.2 포인터를 이용한 접근

포인터에 역참조 연산자 *는 물론, 첨자 연산자 []도 사용할 수 있다.

```
double* p = new double[4];       // 자유 저장 영역에 double 4개 할당
double x = *p;                   // p가 가리키는 (첫 번째) 객체 읽기
double y = p[2];                 // p가 가리키는 세 번째 객체 읽기
```

당연한 일이지만 첨자 연산자는 벡터의 첨자 연산자와 마찬가지로 0부터 세기 시작한다. 따라서 p[2]는 세 번째 요소를, p[0]은 *p와 동일한 첫 번째 요소를 참조한다. []과 * 연산자는 쓰기에도 활용할 수 있다.

```
*p = 7.7;                        // p가 가리키는 (첫 번째) 객체에 쓰기
p[2] = 9.9;                      // p가 가리키는 세 번째 객체에 쓰기
```

포인터는 메모리상의 객체를 가리킨다. '~의 내용'(역참조) 연산자를 이용하면 포인터 p가 가리키는 객체를 읽거나 그 객체에 쓸 수 있다.

```
double x = *p;                   // p가 가리키는 객체를 읽기
*p = 8.8;                        // p가 가리키는 객체에 쓰기
```

포인터에 [] 연산자를 적용하면 메모리를 포인터 p가 가리키는 객체를 시작으로 하는 (포인터 선언에서 지정한 타입의) 객체의 시퀀스로 취급한다.

```
double x = p[3];                 // p가 가리키는 네 번째 객체 읽기
p[3] = 4.4;                      // p가 가리키는 네 번째 객체에 쓰기
double y = p[0];                 // p[0]은 *p와 동일
```

여기까지가 전부다. 그 이상의 확인 과정이나 영리한 구현은 없으며, 컴퓨터의 메모리에 단순한 접근을 할 뿐이다.

p[0]:	p[1]:	p[2]:	p[3]:
8.8		9.9	4.4

벡터를 구현하는 데 필요한 간단하고 거의 최적화된 효율성을 갖춘 메모리 접근 메커니즘이란 바로 이러한 내용이다.

17.4.3 구간

포인터의 큰 단점 중 하나는 포인터만으로는 그 포인터가 가리키는 객체의 개수를 알 수 없다는 점이다.

```
double* pd = new double[3];
pd[2] = 2.2;
pd[4] = 4.4;
pd[- 3] = - 3.3;
```

여기서 pd가 가리키는 세 번째 객체 pd[2]가 존재하는가? 다섯 번째 요소 pd[4]는 존재하는가? pd의 정의를 보면 이 질문에 답할 수 있지만, 컴파일러는 그 사실을 알지 못한다. 포인터의 값까지 추적하지 않기 때문이다. 따라서 위 코드에서는 마치 충분한 메모리를 할당한 듯이 (할당하지 않은 메모리에) 접근하게 된다. 심지어는 pd가 가리키는 곳에서 double 세 개 크기만큼 앞에 있는 pd[-3]마저 접근하려고 한다.

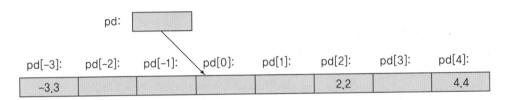

pd[-3]과 pd[4]가 가리키는 메모리 위치에 무엇이 있는지는 알 수 없다. 하지만 그 영역이 우리가 할당한 double 세 개짜리 배열을 위한 공간이 아니라는 사실은 확실하다. 다른 객체가 할당된 메모리 위치에 값을 덮어 쓸 확률이 크다는 말이다. 당연히 그래선 안 된다. 일반적으로 이는 재앙을 초래한다. '프로그램이 알 수 없는 이유로 종료'하거나 '프로그램이 잘못된 출력을 생성'하게 된다. 이런 상황은 결코 유쾌하지 않으며, 이런 문제를 피하려면 많은 노력이 필요하다. 구간 밖 접근 오류가 특히 치명적인 이유는, 겉으로는 관련이 없어 보이는 프로그램의 다른 부분에 영향을 미치기 때문이다. 구간 밖에서의 읽기는 전혀 상관없는 계산 결과에 의해 임의의 값을 읽게 한다. 구간 밖에서의 쓰기는 불특정 객체를 '도달할 수 없는' 상태로 만들기도 하고, 그 객체에 전혀 예상하지 못한 잘못된 값을 저장할 수도 있다. 이러한 쓰기 오류는 쓰기가 수행되고 한참 뒤에 발견되므로 특히 찾기 어렵다. 게다가 구간 밖 오류를 포함하는 프로그램을 약간만 다른 입력으로 두 번 실행하면 전혀 다른 결과가 나올 수 있다. 이런 종류의 버그(일시적 버그transient bug)는 가장 찾기 어려운 버그 중 하나다.

따라서 구간 밖 접근이 일어나지 않게 막아야 한다. new로 할당한 메모리를 직접 사용하지 않고 벡터를 사용하는 이유 중 하나가 바로 벡터는 스스로의 크기를 알고 있어서 구간 밖 접근 오류를 쉽게 방지할 수 있기 때문이다.

구간 밖 접근 오류를 예방하기 어려운 경우 중의 하나는 포인터가 가리키는 객체의 개수와 상관없이 한 double*를 다른 double*에 대입하는 경우다. 포인터는 스스로가 가리키는 객체의 개수를 모른다는 사실을 다시 한 번 기억하자.

```
double* p = new double;              // double 할당
double* q = new double[1000];        // double 1000개 할당

q[700] = 7.7;                        // 문제없음
q = p;                              // q가 p와 같은 곳을 가리키게 함
double d = q[700];                   // 구간 밖 접근 오류!!
```

이 짧은 세 줄의 코드에서도 q[700]은 서로 다른 메모리 위치를 가리키며, q[700]에 대한 마지막 접근은 구간 밖 접근을 유발해 재앙을 초래한다.

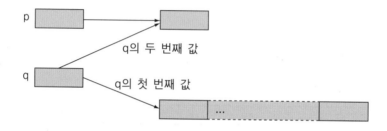

이쯤에서 "포인터는 왜 크기를 기억하지 않는가?"라는 질문이 나올 법하다. 물론 그러한 동작을 하는 포인터를 설계할 수 있다. 벡터가 거의 유사한 일을 하며, C++ 문헌과 라이브러리를 살펴보면 로우레벨 내장형 포인터의 약점을 보완하는 다양한 '스마트 포인터smart pointer'를 찾을 수 있다. 그러나 하드웨어 수준에 접근해야 하는 경우가 있으므로 객체의 메모리 주소 할당 방식을 이해해야 한다. 그리고 이러한 수준에서 하드웨어는 해당 주소에 무엇이 있는 줄 알지 못한다. 더 나아가 많은 실세계의 코드를 이해하는 데도 포인터에 대한 이해가 필요하다.

17.4.4 초기화

지금까지 그랬듯이 객체를 사용하기 전에 그 안에 주어진 값을 저장해야 한다. 즉, 포인터를 사용하기 전에도 포인터를 초기화하고, 포인터가 가리키는 객체도 초기화해야 한다.

```
double* p0;                         // 초기화하지 않음: 문제를 유발
double* p1 = new double;            // 초기화하지 않은 double 할당
double* p2 = new double{5.5};       // double을 5.5로 초기화
```

```
double* p3 = new double[5];   // 초기화하지 않은 double 5개 할당
```

이처럼 p0을 초기화하지 않고 선언함으로써 오류가 발생할 수 있다.

```
*p0 = 7.0;
```

이 코드는 메모리 어딘가에 7.0을 대입하는데, 그 위치가 어딘지는 예측할 수 없다. 운이 좋게 아무 문제도 없을 수 있지만, 절대 그런 운에 의존하지 말자. 결국엔 '프로그램이 알 수 없는 이유로 종료'하거나 '프로그램이 잘못된 출력을 생성'하는 구간 밖 접근과 같은 결과를 초래할 테니까. 예전 C++ 스타일(C 스타일)로 작성된 프로그램에서 발생하는 심각한 문제의 원인이 초기화하지 않은 포인터를 이용한 접근과 구간 밖 접근인 경우가 많다. 우리는 프로 정신을 추구하며, 이러한 오류를 찾는 데 시간을 낭비하고 싶지 않으므로 모든 역량을 동원해 이러한 메모리 접근을 방지해야 한다. 이런 버그를 찾아내는 일만큼 짜증나고 지겨운 일도 드물다. 따라서 이런 버그를 사전에 방지하는 편이 훨씬 유쾌하고 생산적이다.

기본 내장형 타입을 new로 할당하면 자동으로 초기화하지 않는다. 객체 하나를 할당할 때는 p2에서 했듯이 값을 지정해 문제를 해결할 수 있다. 즉, *p2는 5.5다. 이런 초기화에 {}를 사용할 수도 있는데, 배열을 나타내는 []와 혼동하지 않도록 주의하자.

new로 할당한 객체 배열에 다음과 같이 초기 값 목록을 지정할 수 있다.

```
double* p4 = new double[5] {0,1,2,3,4};
double* p5 = new double[ ] {0,1,2,3,4};
```

이제 p4는 0.0과 1.0, 2.0, 3.0, 4.0을 값으로 하는 double 타입 객체 여러 개를 가리킨다. p5도 마찬가지인데, 요소의 집합을 명시한 경우에는 개수를 생략할 수 있다.

여기서도 마찬가지로 초기화하지 않은 객체에 유의하고, 객체를 사용하기 전에 값을 지정해야 한다. 컴파일러는 '디버그 모드'에서만 모든 변수를 예측 가능한 값(주로 0)으로 초기화하는 경우가 있다. 즉, 프로그램을 배포하고자 디버그 모드를 끄거나, 코드 최적화를 수행하거나, 다른 머신에서 컴파일하는 일만으로도 초기화하지 않은 변수를 포함하는 프로그램이 갑자기 오동작할 수도 있다.

우리가 직접 타입을 정의하는 경우에는 초기화 과정을 더 세밀하게 제어할 수 있다. X라는 타입에 기본 생성자가 있다면 다음과 같이 할 수 있다.

```
X* px1 = new X;           // 기본 생성자로 초기화된 X 객체 한 개
X* px2 = new X[17];       // 기본 생성자로 초기화된 X 객체 17개
```

반면 타입 Y에 생성자는 있지만 기본 생성자가 없다면 명시적으로 초기화해야 한다.

```
Y* py1 = new Y;              // 오류: 기본 생성자 없음
Y* py2 = new Y{13};          // OK: Y를 {13}으로 초기화
Y* py3 = new Y[17];          // 오류: 기본 생성자 없음
Y* py4 = new Y[17] {0,1,2,3,4,5,6,7,8,9,10,11,12,13,14,15,16};
```

new를 사용할 때 이처럼 긴 초기 값 목록은 실용적이지 않지만, 요소의 개수가 적은 경우에는 이 방법이 편리하며, 요소의 개수가 적은 경우가 대부분이다.

17.4.5 널 포인터

포인터를 초기화할 포인터 값이 없다면 널 포인터^{null pointer} nullptr을 이용하자.

```
double* p0 = nullptr;     // 널 포인터
```

널 포인터를 포인터에 대입하면 영(0)이 대입되며, 포인터의 유효성(포인터가 뭔가를 가리키고 있는지)을 알고 싶을 때도 nullptr과 비교할 수 있다.

```
if (p0 != nullptr)        // p0이 유효한지 확인
```

p0이 0이 아닌 임의의 값을 갖거나 이미 delete된 객체를 가리킬 수도 있기 때문에 완벽한 확인 방법은 아니지만, 많은 경우에 우리가 할 수 있는 최선의 노력은 이 정도뿐이다. 사실 다음과 같은 if 구문만으로도 포인터가 nullptr과 동일한지 확인할 수 있기 때문에 nullptr을 명시적으로 언급할 필요는 없다.

```
if (p0)                   // p0이 유효한지 확인, p0!=nullptr과 동일
```

우리는 이 표현이 더 간략하고, 'p0이 유효한지' 확인하는 일을 더 직접적으로 표현한다고 생각하지만, 사람마다 의견이 다를 수도 있다.

경우에 따라 객체를 가리키기도 하고 가리키지 않기도 하는 포인터를 초기화할 때 널 포인터를 쓸 수 있지만, 그런 일은 생각만큼 흔치 않다. 포인터가 가리킬 객체가 없다면 왜 포인터를 정의하는가? 대상 객체가 존재할 때까지 기다릴 수는 없는가?

널 포인터를 나타내는 이름 nullptr은 C++11에서 새로 등장했고, 그 이전의 코드에서는 nullptr 대신 0이나 NULL을 사용했다. 이러한 두 가지 예전 방식 모두 혼동과 오류를 불러올 수 있으므로, 더 구체적인 nullptr을 사용하자.

17.4.6 자유 저장 영역 해제

new 연산자는 자유 저장 영역에서 메모리를 할당한다(가져온다). 하지만 컴퓨터의 메모리는 제한적이므로, 다 쓴 메모리는 자유 저장 영역에 돌려줘야 한다. 이렇게 하면 자유 저장 영역의

해당 메모리를 다음 할당에 다시 사용할 수 있다. 특히 대규모이거나 오랜 기간 동작하는 프로그램에서 이러한 메모리 해제는 필수적이다.

```
double* calc(int res_size, int max)          // 메모리 누수
{
    double* p = new double[max];
    double* res = new double[res_size];
    // res에 저장할 결과를 계산하는데 p를 사용
    return res;
}

double* r = calc(100,1000);
```

calc()를 호출할 때마다 p에 할당된 double이 새어 나간다[leak]. 예를 들어 calc(100,1000)을 호출하면 프로그램의 나머지 부분에서 1000개의 double에 해당하는 메모리를 사용할 수 없게 된다.

메모리를 자유 저장 영역에 돌려주는 연산자가 바로 delete다. new가 반환한 포인터에 delete를 적용하면 자유 저장 영역에서 나중에 다시 할당이 가능하다. 그 예를 살펴보자.

```
double* calc(int res_size, int max)
    // 호출하는 쪽에서 res에 할당한 메모리를 해제해야 함
{
    double* p = new double[max];
    double* res = new double[res_size];
    // res에 저장할 결과를 계산하는 데 p를 사용
    delete[ ] p;              // 더 이상 필요 없는 메모리 해제
    return res;
}

double* r = calc(100,1000);
// r을 사용
delete[ ] r;                 // 더 이상 필요 없는 메모리 해제
```

이 예제에서 메모리 해제와 더불어 자유 저장 영역을 사용하는 주된 이유도 살펴볼 수 있다. 바로 함수 안에서 생성한 객체를 호출한 쪽에 반환하는 경우다.

delete에는 두 가지 형태가 있다.

● delete p는 new로 할당한 객체 하나를 해제한다.

● delete[] p는 new로 할당한 객체의 배열을 해제한다.

이 중 적합한 형태를 선택하는 일은 프로그램의 몫이다.

다음과 같이 한 객체를 두 번 해제하는 일은 해선 안 될 실수다.

```
int* p = new int{5};
delete p;          // 문제없음: p는 new로 생성한 객체를 가리키고 있음
// ... p를 사용하지 않음 ...
delete p;          // 오류: p는 자유 저장 영역 관리가 소유한 메모리를 가리킴
```

두 번째 delete p에는 두 가지 문제가 있다.

- 여러분은 p가 가리키는 객체를 더 이상 소유하고 있지 않으므로, 자유 저장 영역 관리자가 내부 자료 구조를 변경해 delete p를 다시 수행할 수 없을 가능성이 크다.

- 자유 저장 영역 관리자는 p가 가리키는 메모리 영역을 재활용해 p가 이미 다른 객체를 가리키고 있을 수 있다. (프로그램의 다른 부분이 소유한) 그 객체를 해제하면 프로그램에 오류가 발생한다.

이 두 가지 모두 이론적인 가능성을 넘어 실제 프로그램에서 발생하는 문제다.

널 포인터를 해제하면 아무 일도 수행하지 않는다(널 포인터는 아무것도 가리키지 않으므로). 따라서 널 포인터 해제는 문제를 일으키지 않는다.

```
int* p = nullptr;
delete p;          // 문제없음: 아무 일도 하지 않음
delete p;          // 여기도 문제없음(여전히 아무 일도 하지 않음)
```

왜 우리가 메모리 해제를 직접 챙겨야 할까? 사람의 개입 없이 컴파일러가 더 이상 사용하지 않는 메모리를 찾아내 재활용할 수는 없을까? 할 수 있다. 이런 기능을 **자동 가비지 컬렉션** automatic garbage collection이나 짧게 **가비지 컬렉션** garbage collection이라고 한다. 불행히도 자동 가비지 컬렉션은 비용을 수반하며, 모든 응용 영역에 적합하지도 않다. 자동 가비지 컬렉션이 꼭 필요하다면 여러분의 C++ 프로그램에 **가비지 컬렉터** garbage collector를 추가할 수 있다. 훌륭한 가비지 컬렉터들도 이미 존재한다(www.stroustrup.com/C++.html). 하지만 여기서는 여러분 스스로 쓰레기 garbage를 처리한다고 가정하고, 이를 수행하는 간편하고 효율적인 방법을 알아본다.

어떤 경우에 메모리 누수 방지가 특히 중요할까? '영원히' 돌아가야 하는 프로그램에서는 메모리 누수를 용납할 수 없다. '영원히 돌아가는' 프로그램의 예로 운영체제와 대부분의 임베디드 시스템(25장)을 들 수 있다. 누군가가 메모리 누수를 용납할 수 없는 프로그램의 일부로 라이브러리를 사용하는 경우에 대비해서 라이브러리도 메모리 누수가 일어나면 안 된다. 일반적으로 메모리 누수는 방지하는 편이 좋다. 많은 프로그래머는 메모리 누수를 부주의함의 상징으로 생각하지만, 이는 약간 과장된 생각이다. 프로그램을 운영체제(유닉스, 윈도우 등) 위에서 실행한다면 프로그램이 종료할 때 모든 메모리는 운영체제가 회수한다. 따라서 프로그램

이 필요 이상의 메모리를 사용하지 않는다면 운영체제가 메모리를 해제할 때까지 어느 정도의 누수를 용인할 수도 있다. 그러나 그러기로 결정했다면 메모리 사용량을 제대로 예측해야 한다. 그렇지 않으면 사람들은 여러분이 부주의하다고 생각하게 될 것이다.

17.5 소멸자

이제 벡터에 요소를 어떻게 저장하는지 알게 됐다. 요소를 저장하기에 충분한 공간을 자유 저장 영역에서 할당하고, 포인터를 이용해 접근한다.

```
// 매우 단순화한 double 타입의 벡터
class vector {
    int sz;                                    // 크기
    double* elem;                              // 요소를 가리키는 포인터
public:
    vector(int s)                              // 생성자
        :sz{s},                                // sz 초기화
        elem{new double[s]}                    // elem 초기화
        {
            for (int i=0; i<s; ++i) elem[i]=0; // 요소 초기화
        }
    int size() const { return sz; }            // 현재 크기
    // ...
};
```

sz는 요소의 개수로 생성자에서 초기화하며, 벡터의 사용자는 size()를 호출해서 요소의 개수를 알 수 있다. 요소를 저장할 공간도 생성자에서 new로 할당하며, 자유 저장 영역에서 반환된 포인터는 멤버 포인터인 elem에 저장한다.

각 요소를 기본 값(0.0)으로 초기화했는데, 표준 라이브러리도 동일한 일을 하므로 처음부터 동일한 작업을 수행하는 편이 좋겠다.

불행히도 이 기초적인 벡터에는 메모리 누수가 존재한다. 생성자에서 요소를 저장할 공간을 new로 할당했는데, 17.4절의 규칙을 따르자면 delete를 이용해서 이 메모리를 해제해야 한다.

```
void f(int n)
{
    vector v(n);          // n개의 double 할당
    // ...
}
```

`f()`가 종료한 후에 `v`에 할당된 자유 저장 영역이 해제되지 않는다. 메모리를 해제하려면 벡터에 `clean_up()` 연산을 정의하고, 이를 호출할 수 있다.

```
void f2(int n)
{
    vector v(n);              // (n개의 int를 할당하는) 벡터 정의
    // ... use v ...
    v.clean_up();             // clean_up()이 elem을 해제함
}
```

이런 방법은 동작하긴 하지만, 자유 저장 영역에 관련된 가장 일반적인 문제 중의 하나가 바로 사람들이 `delete` 수행을 깜빡한다는 사실이다. `clean_up()`도 마찬가지로, 사람들이 호출하기를 깜빡하는 문제를 겪을 수 있다. 다행히 이보다 나은 방법이 있다. 컴파일러가 생성자를 자동으로 호출하듯이 생성자와 반대 개념의 함수를 컴파일러에게 알려주는 방법이다. 이런 함수를 말 그대로 **소멸자**destructor라고 한다. 클래스의 객체가 생성될 때 암묵적으로 생성자를 호출하듯이 객체가 유효 범위 밖으로 사라질 때 소멸자를 암묵적으로 호출한다. 생성자가 객체를 올바르게 생성하고 초기화하는 반면 소멸자는 객체가 파괴되기 전에 적당한 정리 작업을 수행한다.

```
// 매우 단순화한 double 타입의 벡터
class vector {
    int sz;                                  // 크기
    double* elem;                            // 요소를 가리키는 포인터
public:
    vector(int s)                            // 생성자
        :sz{s},                              // sz 초기화
        elem{new double[s]}                  // elem 초기화
        {
            for (int i=0; i<s; ++i) elem[i]=0;   // 요소 초기화
        }

    ~vector()                                // 소멸자
        { delete[ ] elem; }                  // 메모리 해제
    // ...
};
```

이렇게 정의한 소멸자를 이용해보자.

```
void f3(int n)
{
    double* p = new double[n];                       // n개의 double 할당
```

```
    vector v(n);                        // n개의 double을 할당하는 벡터 정의
    // ... p와 v 사용 ...
    delete[ ] p;                        // p의 double 해제
} // v가 유효 범위 밖으로 사라지면 벡터를 자동으로 정리
```

이제 갑자기 delete[ ]가 귀찮고 오류를 유발하는 코드로 보인다! 앞에서 정의한 벡터가 있다면 new를 이용해서 메모리를 할당한 후 함수 끝부분에서 delete[ ]로 해제할 필요가 없다. 벡터가 하는 일이 바로 그런 일이고, 심지어 우리보다 더 잘 해내기 때문이다. 특히 벡터는 요소를 저장할 용도로 할당한 메모리를 해제하는 소멸자 호출을 잊어버리지 않는다.

지금 당장 소멸자의 활용에 대해 자세히 설명하지 않겠지만, 파일과 스레드, 락^{lock}을 비롯해서 처음에 (어딘가로부터) 취득했다가 나중에 되돌려 줄 자원을 관리하는 데 매우 유용하다. iostream이 어떻게 스스로 뒷정리를 하는지 기억하는가? 버퍼를 방출^{flush}하고 파일을 닫고 버퍼 공간을 해제하는 등의 정리 작업을 하는데, 이런 작업을 모두 소멸자에서 처리한다. 따라서 자원을 소유하는 모든 클래스에는 소멸자가 필요하다.

17.5.1 자동으로 만들어지는 소멸자

클래스의 멤버 변수에 소멸자가 있다면 그 멤버를 포함하는 객체가 소멸될 때 멤버의 소멸자도 호출된다.

```
struct Customer {
    string name;
    vector<string> addresses;
    // ...
};

void some_fct()
{
    Customer fred;
    // fred 초기화
    // fred 사용
}
```

some_fct()가 종료하면서 fred가 유효 범위 밖으로 사라지면, 즉 fred가 소멸될 때 name과 addresses의 소멸자도 호출된다. 소멸자가 쓸모 있으려면 반드시 이런 일이 이뤄져야 하는데, 이를 일컬어 "컴파일러가 멤버의 소멸자를 호출하는 소멸자를 Customer에 만들었다"고 말하기도 한다. 소멸자를 꼭 호출해야 한다는 당연하고도 불가피한 사실은 바로 이런 식으로 구현된다.

멤버의 소멸자와 기반 클래스의 소멸자는 파생 클래스의 (사용자가 정의하거나 자동으로 만들어진) 소멸자에서 암묵적으로 호출된다. 한마디로 말하면 (유효 범위를 벗어나거나 delete를 수행하는 등의 이유로) "객체가 소멸될 때 반드시 소멸자가 호출된다."

17.5.2 소멸자와 자유 저장 영역

소멸자라는 개념은 간단하지만 많은 효율적인 C++ 프로그래밍 기법의 기초가 된다. 기본적인 원리는 간단하다.

- 클래스 객체가 동작하는 데 필요한 자원은 무엇이든 생성자에서 취득한다.
- 객체가 살아있는 동안 자원을 해제하고 새로 취득할 수 있다.
- 객체의 수명이 끝날 때 소멸자에서 객체가 아직 소유하고 있는 자원을 해제한다.

벡터에서 한 쌍의 생성자/소멸자를 바탕으로 자유 저장 영역의 메모리를 조작하는 방식도 이러한 원리의 전형적인 예라고 할 수 있다. 19.5절에서 이 원리를 바탕으로 하는 더 많은 예제를 살펴보자. 여기서는 자유 저장 영역의 사용과 클래스 계층 구조가 조합된 중요한 응용 방식을 살펴보자.

```
Shape* fct()
{
    Text tt {Point{200,200},"Annemarie"};
    // ...
    Shape* p = new Text{Point{100,100},"Nicholas"};
    return p;
}

void f()
{
    Shape* q = fct();
    // ...
    delete q;
}
```

이 코드에는 별 문제가 없어 보이고, 실제로도 그렇다. 이 코드는 잘 동작한다. 그러나 어떤 우아하고 중요하고 간단한 기법이 이를 가능케 하는지 알아보자. fct()를 보면 함수가 종료할 때 Text(13.11절) 객체 tt가 올바르게 소멸된다. Text는 string을 멤버로 포함하는데, string도 vector와 같은 방식으로 메모리를 관리하므로 반드시 그 소멸자를 호출해야 한다. 컴파일러가 자동으로 만들어진 Text의 소멸자를 호출하므로, tt에서 이런 일을 수행하기는 어렵지 않다. 그러나 fct()가 반환한 Text 객체는 어떤가? fct()를 호출하는 함수 f()는 q가 Text를 가리킨다는 사실을 모른다. f()는 q가 Shape를 가리킨다는 사실만 알고 있다. 그런데 어떻게 delete q는 Text의 소멸자를 호출할까?

14.2.1절에서 Shape가 소멸자를 포함한다는 사실을 언급했는데, 사실 Shape의 소멸자는 virtual 소멸자다. 여기가 바로 핵심이다. delete q를 실행하면 delete는 q가 소멸자 호출이 필요한 타입인지 확인하고, 그렇다면 소멸자를 호출한다. 따라서 delete는 Shape의 소멸자인 ~Shape()를 호출한다. 그런데 ~Shape()는 virtual이므로 virtual 호출 메커니즘(14.3.1절)을 바탕으로 Shape의 파생 클래스의 소멸자, 즉 ~Text()를 호출한다. Shape::~Shape()가 virtual 이 아니라면 Text::~Text()가 호출되지 않으므로, Text의 string 멤버는 제대로 소멸되지 않는다.

virtual 함수를 포함하는 클래스는 virtual 소멸자도 포함해야 한다. 이 규칙을 불문율로 따라야 하는 이유는 다음과 같다.

1. virtual 함수를 포함하는 클래스는 기반 클래스로 쓰일 가능성이 크다.

2. 그 클래스가 기반 클래스라면 파생 클래스를 new로 생성할 수도 있다.

3. 파생 클래스를 new로 할당한 후에 그 기반 클래스 타입의 포인터로 조작하면

4. 기반 클래스 타입의 포인터로 delete를 실행할 확률이 높다.

소멸자는 delete에 의해 암묵적이고 간접적으로 호출된다는 사실을 기억하자. 소멸자는 직접 호출되지 않으며, 이로 인해 많은 까다로운 작업을 피할 수 있다.

도전 과제

기반 클래스와 멤버를 활용하는 작은 프로그램을 작성하자. 모든 생성자와 소멸자의 정의에 호출 시 약간의 정보를 출력하는 코드를 넣자. 그리고 객체를 몇 개 생성해서 생성자와 소멸자가 어떻게 호출되는지 알아보자.

17.6 요소에 접근

벡터를 유용하게 사용하려면 요소를 읽고 쓸 수 있어야 한다. 초보자도 이런 일을 쉽게 할 수 있도록 멤버 함수 get()과 set()을 작성하자.

```
// 매우 단순화한 double의 벡터
class vector {
    int sz;                          // 크기
```

```
    double* elem;                              // 요소를 가리키는 포인터
public:
    vector(int s) :sz{s}, elem{new double[s]} { /* ... */ }  // 생성자
    ~vector() { delete[ ] elem; }               // 소멸자

    int size() const { return sz; }             // 현재 크기
    double get(int n) const { return elem[n]; }  // 접근 : 읽기
    void set(int n, double v) { elem[n]=v; }     // 접근 : 쓰기
};
```

elem[n]을 보면 알겠지만, get()과 set() 모두 elem 포인터에 [] 연산자를 적용해 요소에 접근한다.

이제 다음과 같이 double 타입의 객체를 만들어 사용할 수 있다.

```
vector v(5);
for (int i=0; i<v.size(); ++i) {
    v.set(i,1.1*i);
    cout << "v[" << i << "]==" << v.get(i) << '\n';
}
```

출력은 다음과 같다.

```
v[0]==0
v[1]==1.1
v[2]==2.2
v[3]==3.3
v[4]==4.4
```

이 벡터는 아직 너무 단순하며, get()과 set()을 이용한 함수도 첨자를 이용한 표기 방식보다 지저분하다. 그러나 작고 간단한 프로그램에서 시작해 점차 프로그램을 개선하고 테스트하려고 한다. 이렇게 점진적 개선과 반복적인 테스트에 바탕을 둔 개발 전략으로 오류와 디버깅을 최소화할 수 있다.

17.7 클래스 객체를 가리키는 포인터

포인터는 일반적인 개념으로, 메모리에 존재하는 모든 것을 가리킬 수 있다. 예를 들어 char를 가리키는 포인터와 마찬가지로 벡터를 가리키는 포인터를 사용할 수도 있다.

```
vector* f(int s)
{
    vector* p = new vector(s);          // 자유 저장 영역에 벡터 할당
```

```
    // *p에 요소를 저장
    return p;
}

void ff()
{
    vector* q = f(4);
    // *q를 사용
    delete q;                       // 자유 저장 영역의 벡터 해제
}
```

벡터를 `delete`할 때 소멸자가 호출된다는 점을 명심하자.

```
vector* p = new vector(s);          // 자유 저장 영역에 벡터 할당
delete p;                           // 해제
```

자유 저장 영역에 벡터를 할당할 때 `new` 연산자가 하는 일은 다음과 같다.

- 우선 벡터를 저장할 메모리를 할당한다.
- 벡터의 생성자를 호출해 벡터를 초기화한다. 생성자는 벡터의 요소를 저장할 메모리를 할당하고 모든 요소를 초기화한다.

반대로 벡터를 해제할 때 `delete`가 하는 일은 다음과 같다.

- 우선 벡터의 소멸자를 호출한다. 소멸자는 모든 요소의 소멸자(존재한다면)를 호출하고, 벡터의 요소를 저장하던 메모리를 해제한다.
- 다음으로 벡터가 사용하던 메모리를 해제한다.

이런 일이 재귀적으로 수행된다는 점을 기억하자(8.5.8절). 실제로 (표준 라이브러리) 벡터를 다음과 같이 사용할 수 있다.

```
vector<vector<double>>* p = new vector<vector<double>>(10);
delete p;
```

여기서 `delete p`는 `vector<vector<double>>`의 소멸자를 호출하고, 그 소멸자에서는 `vector<double>` 타입의 모든 요소의 소멸자를 호출한다. 이렇게 모든 뒷정리가 끝나면 메모리에는 파괴되지 않은 객체가 남지 않게 되고, 메모리 누수도 없다.

이처럼 `delete`가 (벡터처럼 소멸자를 포함하는 타입의 경우에) 소멸자를 호출하기 때문에 `delete`가 객체를 해제한다고 하지 않고 소멸시킨다고 말하기도 한다.

일반적으로 생성자가 아닌 곳에서 그냥 new를 사용하면 new로 할당한 객체를 delete하는 일을 잊어버릴 염려가 있다. 객체를 삭제할 다른 좋은 전략(13.10절과 E.4절의 Vector_ref처럼 매우 간단한 방법)이 없다면 생성자 안에서 new를, 소멸자 안에서 delete를 사용하자.

그렇다면 포인터만으로 어떻게 벡터의 멤버에 접근하는가? 모든 클래스는 명명된 객체의 멤버에 접근할 수 있는 .(점dot) 연산자를 지원한다.

```
vector v(4);
int x = v.size();
double d = v.get(3);
```

이와 마찬가지로 모든 클래스는 객체를 가리키는 포인터를 바탕으로 객체의 멤버에 접근할 수 있는 ->(화살표arrow) 연산자를 지원한다.

```
vector* p = new vector(4);
int x = p->size();
double d = p->get(3);
```

.(점)과 마찬가지로 ->(화살표)도 데이터 멤버와 함수 멤버 모두에 접근할 수 있다. int와 double을 비롯한 내장형 타입은 멤버가 없으므로 ->를 적용할 수 없다. 이러한 점과 화살표를 멤버 접근 연산자member access operator라고 한다.

17.8 타입 다루기: void*와 캐스트

포인터와 자유 저장 영역에 할당한 배열을 이용하면 하드웨어에 매우 가깝게 다가갈 수 있다. 기본적으로 우리가 포인터에 수행하는 연산(초기화와 대입, *, [ ])은 기계어와 직접적으로 대응된다. 이러한 로우레벨 연산에서 C++는 약간의 편의 구문과 타입 시스템을 바탕으로 컴파일 시점의 타입 일관성을 제공한다. 그러나 경우에 따라서는 이러한 최소한의 보호 장치마저 포기해야 할 수도 있다.

물론 타입 시스템의 보호를 벗어나길 원하지 않겠지만, 논리적으로 다른 대안이 없는 경우가 있다(예를 들어 C++의 타입을 모르는 다른 언어와 통신할 때). 그리고 정적인 타입 안전성을 고려하지 않고 작성한 옛날 코드와 인터페이스해야 하는 경우도 있다. 이런 경우에 다음과 같은 두 가지가 필요하다.

- 메모리에 존재하는 객체의 타입에 상관없이 그 객체를 가리킬 수 있는 포인터
- 그러한 포인터가 가리키는 메모리를 컴파일러가 (증명되지 않은) 특정 타입으로 간주하게 하는 연산

void* 타입이 바로 '컴파일러가 모르는 타입의 메모리를 가리키는 포인터'를 뜻하며, 두 코드에서 서로가 사용하는 타입을 모른 채 메모리 주소를 교환해야 할 때 사용한다. 콜백 함수(16.3.1절)의 'address' 인자와 가장 낮은 수준의 메모리 할당 연산(new 연산자의 구현)을 그 예로 들 수 있다.

void 타입의 객체는 존재하지 않지만, 지금까지는 void를 '반환 값이 없음'의 의미로 사용했다.

```
void v;              // 오류: void 타입의 객체는 존재하지 않음
void f();            //f()는 반환 값이 없음 - f()가 void 타입의 객체를 반환한다는 뜻이 아님
```

어떤 타입의 객체를 가리키는 포인터든지 void*에 대입할 수 있다.

```
void* pv1 = new int;          // OK: int*를 void*로 변환
void* pv2 = new double[10];   // OK: double*를 void*로 변환
```

컴파일러는 void*가 무엇을 가리키는지 모르므로, 사용 시 반드시 타입을 명시해야 한다.

```
void f(void* pv)
{
    void* pv2 = pv;          // 복사는 가능함(void*의 존재 이유가 복사임)
    double* pd = pv;         // 오류: void*를 double*로 변환할 수 없음
    *pv = 7;                 // 오류: void*를 역참조 할 수 없음
                             // (어떤 타입의 객체를 가리키는지 모르기 때문에)
    pv[2] = 9;               // 오류: void*에 첨자를 쓸 수 없음
    int* pi = static_cast<int*>(pv);      // OK: 명시적 변환
 // ...
}
```

static_cast를 이용하면 void*와 double*처럼 서로 관련이 있는 포인터 타입 간의 변환을 수행할 수 있다. 하지만 static_cast는 보기 흉한(그리고 위험한) 연산에 세련된 이름을 붙였을 뿐, 꼭 필요할 때만 사용하자. static_cast를 너무 자주 남용하지 않도록 항상 조심하자. static_cast와 같은 연산을 일컬어 **명시적 타입 변환**(이 연산이 하는 일이 바로 이것이다)이나 **캐스트** (뭔가 깨진 것을 지지한다는 의미에서)라고 한다.

C++는 그 밖에도 static_cast보다 잠재적으로 훨씬 더 보기에 안 좋은 두 가지 캐스트를 지원한다.

- reinterpret_cast는 int와 double*처럼 서로 관련이 없는 타입 사이의 캐스트를 수행한다.

- const_cast는 const를 지워버릴cast away 수 있다.

다음 예를 보자.

```
Register* in = reinterpret_cast<Register*>(0xff);

void f(const Buffer* p)
{
    Buffer* b = const_cast<Buffer*>(p);
    // ...
}
```

첫 번째 예제는 reinterpret_cast의 적합한 사용을 보여주는 고전적인 예인데, 컴파일러로 하여금 (0xFF에서 시작하는) 메모리의 일부를 (특별한 의미를 가진) Register로 간주하게 한다. 이런 코드는 장치 드라이버를 개발할 때 유용하다.

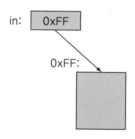

두 번째 예제에서 const_cast를 이용해 const Buffer* 타입의 p에서 const를 의도적으로 제거한다.

static_cast는 포인터/정수 간의 구별이나 const를 무시하지는 않으므로 캐스트가 필요하다면 되도록 static_cast를 사용하자. 하지만 캐스트가 필요할 때 다시 한 번 생각해보자. 캐스트 없이 코드를 작성할 수 없는가? 프로그램의 일부를 캐스트가 필요 없게 다시 설계할 수는 없는가? 다른 사람이 작성한 코드나 하드웨어와 인터페이스하는 경우가 아니라면 일반적으로 다른 길이 있게 마련이다. 그렇지 않다면 사소하고 보기 나쁜 버그를 염려해야 한다. 그리고 reinterpret_cast를 사용하는 코드는 이식성이 크게 떨어진다.

17.9 포인터와 참조

참조는 자동으로 역참조되는 변경할 수 없는 포인터나 객체 이름에 대한 대안으로 생각할 수 있는데, 포인터와 참조의 차이점은 다음과 같다.

- 포인터에 대한 대입은 (가리키는 객체의 값이 아니라) 포인터의 값을 변경한다.
- 포인터를 얻으려면 보통 new나 &를 사용한다.

- 포인터가 가리키는 객체에 접근하려면 *나 []를 사용한다.

- 참조에 대한 대입은 (참조 자신이 아니라) 가리키는 객체의 값을 변경한다.

- 참조를 초기화한 후에 다른 객체를 가리키게 할 수 없다.

- 참조를 대입하면 깊은 복사(가리키는 객체에 대입)를 수행하고, 포인터를 대입하면 그렇지 않다 (포인터 자체의 값에 대입).

- 널 포인터의 유무

    다음 예를 보자.

```
int x = 10;
int* p = &x;          // 포인터를 얻으려면 & 사용
*p = 7;               // *를 사용해서 p를 바탕으로 x에 대입
int x2 = *p;          // p를 바탕으로 x를 읽음
int* p2 = &x2;        // 다른 int의 포인터를 얻음
p2 = p;               // p2와 p 모두 x를 가리킴
p = &x2;              // p가 다른 객체를 가리킴
```

    이에 상응하는 참조 사용 예는 다음과 같다.

```
int y = 10;
int& r = y;           // &이 초기 값 쪽이 아니라 타입 선언에 위치함
r = 7;                // r을 이용해서 y에 대입 (* 필요 없음)
int y2 = r;           // r을 이용해서 y를 읽음 (* 필요 없음)
int& r2 = y2;         // 다른 int의 참조를 얻음
r2 = r;               // y의 값을 y2에 대입
r = &y2;              // 오류: 참조 자체의 값을 바꿀 수 없음
                      // (int*를 int&에 대입할 수 없음)
```

    마지막 예제를 주목하라. 이 예제가 컴파일 되지 않는다는 사실이 중요한 게 아니라, 참조를 초기화한 후에 다시 다른 객체를 가리키게 할 수 없다는 사실이 중요하다. 따라서 서로 다른 객체를 번갈아 가리켜야 한다면 포인터를 이용하자. 포인터 사용 방법은 17.9.3절을 참고하라.

    참조와 포인터는 모두 메모리 주소를 바탕으로 구현되지만, 프로그래머 측면에서는 약간 다른 기능을 제공한다.

17.9.1 포인터 매개변수와 참조 매개변수

어떤 변수의 값을 호출한 함수에서 계산한 값으로 변경하고 싶다면 세 가지 방법이 있다. 다음 예를 보자.

```
int incr_v(int x) { return x+1; }      // 새로 계산한 값을 반환함
void incr_p(int* p) { ++*p; }          // 포인터를 넘겨줌(역참조한 후 결과를 증가시킴)
void incr_r(int& r) { ++r; }           // 참조를 넘겨줌
```

세 방법 중 하나를 어떤 기준으로 선택해야 할까? 다음과 같이 값을 반환하는 코드가 가장 명료해 보인다(따라서 오류의 소지도 적다).

```
int x = 2;
x = incr_v(x);          //x를 incr_v()로 복사한 후 결과를 복사해 x에 대입
```

이처럼 int를 비롯한 작은 객체에는 이런 스타일을 선호한다. 덧붙이자면 '덩치 큰 객체'에 이동 생성자move constructor(18.3.4절)가 있다면 인자 전달과 결과 반환을 효율적으로 할 수 있다.

그렇다면 참조 인자와 포인터 인자 중에선 어떤 방법을 선택해야 할까? 두 방법 나름대로 장단점이 있기에 딱 잘라 말할 수는 없다. 각 함수와 그 쓰임새에 따라 결정해야 한다.

포인터 인자의 사용은 프로그래머에게 뭔가가 변경될 수 있다는 사실을 암시한다.

```
int x = 7;
incr_p(&x);             // &가 필요함
incr_r(x);
```

incr_p(&x)에서 사용한 &은 사용자에게 x가 변경될 수 있다는 사실을 명확히 경고한다. 반대로 incr_r(x)는 아무 문제가 없는 듯이 보인다. 이런 이유로 포인터를 약간 더 선호할 수 있다.

반면 포인터를 함수 인자로 사용하면 누군가가 널 포인터, 즉 nullptr을 넘겨줄 수 있다.

```
incr_p(nullptr);        // 오동작: incr_p()가 널 포인터를 역참조함
int* p = nullptr;
incr_p(p);              // 오동작: incr_p()가 널 포인터를 역참조함
```

확실히 위험하다. 물론 incr_p()를 작성하는 사람이 다음과 같이 이런 상황에 대한 보호 조치를 할 수 있다.

```
void incr_p(int* p)
{
```

```
    if (p==nullptr) error("incr_p()에 널 포인터 인자가 전달됨");
    ++*p;          // 포인터를 역참조하고, 가리키는 객체를 증가시킴
}
```

그러나 incr_p()가 예전만큼 간단하고 명료하지 않다. 5장에서 이처럼 올바르지 않은 인자 처리 방법을 다뤘다. 반면에 (incr_r()처럼) 참조를 사용하면 참조는 객체를 가리킨다고 가정해도 좋다.

함수의 의미론적 측면에서 '아무것도 넘겨주는 않는'(아무런 객체도 넘겨주지 않는) 경우가 가능하다면 포인터 인자를 사용하자. 하지만 증가 연산은 이에 해당하지 않으므로, p==nullptr일 때 예외를 던져야 함을 명심하자.

한 마디로 "선택은 함수의 성질에 달렸다"고 말할 수 있다.

- 작은 객체라면 값에 의한 전달이 좋다.

- (nullptr로 표현되는) '객체 없음'이 합당한 함수라면 포인터 매개변수를 사용하자(그리고 매개변수가 nullptr인지 확인해야 한다).

- 그 밖의 경우에는 참조 매개변수를 이용하자.

8.5.6절도 함께 참고하기 바란다.

17.9.2 포인터와 참조, 상속

14.3절에서 Shape와 같은 공개 기반 클래스가 필요한 곳에서 Circle과 같은 파생 클래스를 대신 사용하는 방법을 배웠다. 포인터나 참조에도 이러한 아이디어를 접목할 수 있다. 예를 들어 Shape가 Circle의 공개 기반 클래스이기 때문에 Circle*를 Shape*로 암묵적으로 변환할 수 있다.

```
void rotate(Shape* s, int n);          // *s를 n도 회전

Shape* p = new Circle{Point{100,100},40};
Circle c {Point{200,200},50};
rotate(p,35);
rotate(&c,45);
```

참조도 이와 비슷하다.

```
void rotate(Shape& s, int n);          // s를 n도 회전

Shape& r = c;
rotate(r,55);
```

```
rotate(*p,65);
rotate(c,75);
```

대부분의 객체 지향 프로그래밍 기법에서 이러한 원리는 매우 중요하다(14.3~4절).

17.9.3 예제: 리스트

리스트[list]는 가장 일반적이고 유용한 자료 구조 중 하나다. 리스트는 보통 링크[link]로 이뤄지는데, 각 링크는 다른 링크를 가리키는 포인터와 그 밖의 정보를 포함한다. 이러한 리스트는 고전적인 포인터의 활용 예 중 하나다. 예를 들어 북유럽의 신화에 등장하는 신들을 간단한 리스트로 나타내면 다음과 같다.

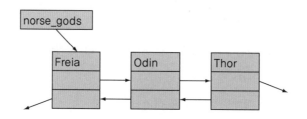

이렇게 각 링크에서 앞/뒤 링크를 모두 알 수 있는 리스트를 이중 연결 리스트[doubly-linked list]라고 한다. 이와 달리 각 링크에서 그 뒤에 링크만 알 수 있는 리스트를 단일 연결 리스트[singly-linked list]라고 한다. 요소를 쉽게 삭제하고 싶다면 이중 연결 리스트를 사용한다. 이러한 링크의 정의는 다음과 같다.

```
struct Link {
    string value;
    Link* prev;
    Link* succ;
    Link(const string& v, Link* p = nullptr, Link* s = nullptr)
        : value{v}, prev{p}, succ{s} { }
};
```

즉, 각 Link에서 succ 포인터는 뒤의 링크를, prev 포인터는 앞의 링크를 나타낸다. 앞이나 뒤에 링크가 존재하지 않으면 nullptr로 표현한다. 이제 북유럽 신들의 리스트를 다음과 같이 만들 수 있다.

```
Link* norse_gods = new Link{"Thor",nullptr,nullptr};
norse_gods = new Link{"Odin",nullptr,norse_gods};
norse_gods->succ->prev = norse_gods;
norse_gods = new Link{"Freia",nullptr,norse_gods};
```

```
norse_gods->succ->prev = norse_gods;
```

먼저 Link를 생성한 후 그림과 같은 순서로 링크를 연결했다. 우선 Thor를 만들고, Thor의 앞에 Odin을, 마지막으로 Freia를 Odin 앞에 연결했다. 각 succ와 prev가 올바른 신을 가리키는지, 포인터를 따라가 보자. 하지만 삽입 연산을 명시적으로 정의하지 않아서 코드가 복잡하다.

```
Link* insert(Link* p, Link* n)  // p 앞에 n을 삽입(미완성)
{
    n->succ = p;                // n 다음 p를 삽입
    p->prev->succ = n;          // p 이전에 있던 링크의 다음 노드는 n
    n->prev = p->prev;          // p 이전에 있던 링크는 n 이전으로
    p->prev = n;                // p 이전에는 n
    return n;
}
```

이 코드가 동작하려면 p가 실제로 Link를 가리켜야 하고, p가 가리키는 Link 이전의 노드가 존재해야 하는데, 이런 가정이 사실인지 반드시 확인해야 한다. Link로 구성된 리스트처럼 포인터로 연결된 자료 구조를 다룰 때는 종이 위에 박스와 화살표로 그림을 그려서 간단한 예에서 코드가 잘 동작하는지 확인해야 한다. 물론 이렇게 효율적인 아날로그 설계 기법을 사용한다는 사실을 너무 자랑스럽게 여길 필요는 없다.

n이나 p, p->prev가 nullptr인지 확인하지 않았기 때문에 앞에서 살펴본 insert()는 미완성이다. 널 포인터를 확인하는 코드를 넣으면 조금 지저분하지만 올바르게 작동하는 버전을 만들 수 있다.

```
Link* insert(Link* p, Link* n)          // p 앞에 n을 삽입하고 n을 반환
{
    if (n==nullptr) return p;
    if (p==nullptr) return n;
    n->succ = p;                        // n 다음 p를 삽입
    if (p->prev) p->prev->succ = n;
    n->prev = p->prev;                  // p 이전에 있던 링크는 n 이전으로
    p->prev = n;                        // p 이전에는 n
    return n;
}
```

이 함수를 다음과 같이 이용할 수 있다.

```
Link* norse_gods = new Link{"Thor"};
norse_gods = insert(norse_gods,new Link{"Odin"});
```

```
norse_gods = insert(norse_gods,new Link{"Freia"});
```

이제 prev와 succ 포인터와 씨름하면서 오류를 발생시킬 걱정이 사라졌다. 이처럼 포인터 조작은 지루하고 오류의 가능성이 높으므로 올바르게 작성하고 테스트된 함수 안에 둬야 한다. 특히 사람들이 전통적인 코드에서 발생시키는 많은 오류는 우리가 insert()의 첫 번째 버전에서 그랬듯이 포인터가 nullptr인지 확인하지 않는 데서 기인한다.

Link의 생성자에서는 사용자가 매번 앞/뒤 링크를 지정하는 수고를 덜어주고자 기본 인자(15.3.1절, A.9.2절)를 사용했다.

17.9.4 리스트 연산

표준 라이브러리에서는 20.4절에서 살펴볼 list 클래스를 제공한다. 표준 라이브러리의 list는 모든 포인터 조작을 사용자로부터 숨기지만, 여기서는 list 클래스의 내부에서 무슨 일이 일어나는지 알아보고 포인터의 용례를 좀 더 살펴볼 목적으로, 앞에서 언급한 Link 클래스를 바탕으로 list의 개념을 자세히 살펴보자.

사용자가 포인터와 씨름하지 않게 하려면 Link 클래스에 어떤 연산이 필요할까? 취향에 따라 다르겠지만 아래의 연산자 목록을 참고하자.

* 생성자

* **insert** 지정된 요소 앞에 삽입

* **add** 지정된 요소 뒤에 삽입

* **erase** 요소 삭제

* **find** 주어진 값을 포함하는 Link 찾기

* **advance** 지정된 요소에서 n만큼 뒤에 위치하는 링크 찾기

이러한 연산들을 다음과 같이 작성할 수 있다.

```
Link* add(Link* p, Link* n)          // n을 p 뒤에 삽입하고, n을 반환
{
    // insert와 비슷함(연습문제 11번 참고)
}

Link* erase(Link* p)                 // 리스트에서 *p를 삭제하고, 그 이전 링크를 반환
{
    if (p==nullptr) return nullptr;
    if (p->succ) p->succ->prev = p->prev;
    if (p->prev) p->prev->succ = p->succ;
```

```
        return p->succ;
}

Link* find(Link* p, const string& s)        // 리스트에서 s 찾기
                                            // 찾지 못하면 nullptr 반환
{
    while (p) {
        if (p->value == s) return p;
        p = p->succ;
    }
    return nullptr;
}

Link* advance(Link* p, int n)               // 리스트에서 n번 이동
                                            // 이동할 수 없으면 nullptr 반환
    // n이 양수이면 순방향으로, 음수면 역방향으로 이동
{
    if (p==nullptr) return nullptr;
    if (0<n) {
        while (n-- ) {
            if (p->succ == nullptr) return nullptr;
            p = p->succ;
        }
    }
    else if (n<0) {
        while (n++) {
            if (p->prev == nullptr) return nullptr;
            p = p->prev;
        }
    }
    return p;
}
```

n++에서 접미사를 눈여겨보자. 이러한 형태의 증가 연산(후치 증가)은 증가시키기 전의 값을 반환한다.

17.9.5 리스트 활용

간단한 예로, 리스트 두 개를 만들자.

```
Link* norse_gods = new Link("Thor");
norse_gods = insert(norse_gods,new Link{"Odin"});
```

```
norse_gods = insert(norse_gods,new Link{"Zeus"});
norse_gods = insert(norse_gods,new Link{"Freia"});

Link* greek_gods = new Link("Hera");
greek_gods = insert(greek_gods,new Link{"Athena"});
greek_gods = insert(greek_gods,new Link{"Mars"});
greek_gods = insert(greek_gods,new Link{"Poseidon"});
```

불행히도 몇 가지 실수를 했다. Zeus는 북유럽이 아닌 그리스 신이며, 그리스 전쟁의 신은 Mars가 아니라 Ares다(Mars는 라틴/로마식 이름이다). 위에서 만든 연산을 이용해 실수를 바로잡자.

```
Link* p = find(greek_gods, "Mars");
if (p) p->value = "Ares";
```

find()가 nullptr을 반환하는지 확인한 부분을 눈여겨보자. (우리가 방금 greek_gods에 Mars를 삽입했으므로) 여기서는 그런 일이 일어나지 않겠지만, 실전에서는 누군가 이 부분을 변경할 수도 있다.

이제 Zeus를 판테온Pantheon 신전으로 돌려보낼 차례다.

```
Link* p = find(norse_gods,"Zeus");
if (p) {
    erase(p);
    insert(greek_gods,p);
}
```

코드의 버그를 눈치 챘는가? (여러분이 링크를 직접 만들지 않았다면) 찾기 어려운 버그다. 여기서 erase()하는 Link가 norse_gods가 가리키는 포인터라면 무슨 일이 벌어질까? 물론 이번 예제에서는 이런 일이 생기지 않겠지만, 좋은 코드, 관리가 용이한 코드를 만들려면 이런 가능성을 고려해야 한다.

```
Link* p = find(norse_gods, "Zeus");
if (p) {
    if (p==norse_gods) norse_gods = p->succ;
    erase(p);
    greek_gods = insert(greek_gods,p);
}
```

마찬가지로 두 번째 버그도 수정해보자. 첫 번째 그리스 신 앞에 Zeus를 삽입할 때 greek_gods가 Zeus의 Link를 가리키는지 확인해야 한다. 이처럼 포인터는 매우 유용하고 유연하지만 다루기 어렵다.

마지막으로 리스트를 출력하자.

```cpp
void print_all(Link* p)
{
    cout << "{ ";
    while (p) {
        cout << p->value;
        if (p=p->succ) cout << ", ";
    }
    cout << " }";
}

print_all(norse_gods);
cout<<"\n";

print_all(greek_gods);
cout<<"\n";
```

결과는 다음과 같다.

```
{ Freia, Odin, Thor }
{ Zeus, Poseidon, Ares, Athena, Hera }
```

17.10 this 포인터

앞서 살펴본 리스트 함수는 Link*를 첫 번째 인자로 받아 그 객체 안의 데이터에 접근한다. 지금까지 만들어 온 멤버 함수의 동작도 이와 비슷한데, 리스트 연산을 멤버 함수로 만들면 Link(와 그 사용법)가 간단해지지 않을까? 포인터를 비공개로 선언해 멤버 함수에서만 접근하게 할 수는 없을까? 물론 가능하다.

```cpp
class Link {
public:
    string value;

    Link(const string& v, Link* p = nullptr, Link* s = nullptr)
        : value{v}, prev{p}, succ{s} { }

    Link* insert(Link* n) ;                      // 이 객체 이전에 n 삽입
    Link* add(Link* n) ;                         // 이 객체 다음에 n 삽입
    Link* erase() ;                              // 리스트에서 이 객체 삭제
    Link* find(const string& s);                 // 리스트에서 s 찾기
    const Link* find(const string& s) const;     // const 리스트에서 s 찾기 (§18.5.1 참고)
```

```
    Link* advance(int n) const;                // 리스트에서 n번 이동

    Link* next() const { return succ; }
    Link* previous() const { return prev; }
private:
    Link* prev;
    Link* succ;
};
```

훨씬 좋아 보인다. Link의 상태를 변경하지 않는 연산은 const 멤버 함수로 만들었다. succ와 prev에 직접적인 접근을 하지 않고도 (Link로 이뤄진) 리스트를 탐색할 수 있게 (const로 선언한) next()와 previous() 함수를 추가했다. (아직까지는) value는 따로 보호할 이유가 없으므로 공개 멤버로 선언했다. 그냥 데이터일 뿐이니까.

이제 앞서 전역 함수로 정의한 insert()를 적절히 수정해서 Link::insert()를 구현하자.

```
Link* Link::insert(Link* n)            // p 앞에 n을 삽입하고 n을 반환
{
    Link* p = this;                    // 현재 객체를 가리키는 포인터
    if (n==nullptr) return p;          // 삽입할 대상이 없음
    if (p==nullptr) return n;          // 삽입할 곳이 없음
    n->succ = p;                       // n 다음 p를 삽입
    if (p->prev) p->prev->succ = n;
    n->prev = p->prev;                 // p 이전에 있던 링크는 n 이전으로
    p->prev = n;                       // p 이전에는 n
    return n;
}
```

그러나 Link::insert()가 호출된 객체의 포인터를 어떻게 알 수 있을까? 언어의 도움 없이는 불가능하다. 다행히도 모든 멤버 함수에서 식별자 this는 현재 멤버 함수가 호출된 객체를 가리키는 포인터를 나타낸다. 따라서 위에서 사용한 p 대신 this를 쓸 수 있다.

```
Link* Link::insert(Link* n)                // p 앞에 n을 삽입하고 n을 반환
{
    if (n==nullptr) return this;
    if (this==nullptr) return n;
    n->succ = this;                        // n 다음에 현재 객체를 삽입
    if (this->prev) this->prev->succ = n;
    n->prev = this->prev;                  // 현재 객체 이전에 있던 링크는 n 이전으로
    this->prev = n;                        // 현재 객체 이전에는 n
    return n;
}
```

코드가 약간 길어졌다. 멤버 접근에는 this를 명시할 필요가 없으니 다음과 같이 줄여보자.

```cpp
Link* Link::insert(Link* n)        // p 앞에 n을 삽입하고 n을 반환
{
    if (n==nullptr) return this;
    if (this==nullptr) return n;
    n->succ = this;                // n 다음에 현재 객체를 삽입
    if (prev) prev->succ = n;
    n->prev = prev;                // 현재 객체 이전에 있던 링크는 n 이전으로
    prev = n;                      // 현재 객체 이전에는 n
    return n;
}
```

다른 말로 하자면 지금까지 멤버에 접근할 때 현재 객체를 가리키는 포인터, 즉 this 포인터를 암묵적으로 사용해왔다. 결국 전체 객체를 명시적으로 참조할 경우에만 this를 사용하면 된다.

this는 이처럼 특정한 의미를 지닌다. 즉, 멤버 함수가 호출된 객체를 가리킨다. 따라서 기존의 다른 객체를 가리킬 수 없으며, 컴파일러는 멤버 함수에서 this의 값을 변경하지 못하게 한다.

```cpp
struct S {
    // ...
    void mutate(S* p)
    {
        this = p;          // 오류: this 변경 불가
        //...
    }
};
```

17.10.1 다시 보는 링크 활용 예제

지금까지 구현 내용을 다뤘으니, 이제 활용 예를 살펴보자.

```cpp
Link* norse_gods = new Link{"Thor"};
norse_gods = norse_gods->insert(new Link{"Odin"});
norse_gods = norse_gods->insert(new Link{"Zeus"});
norse_gods = norse_gods->insert(new Link{"Freia"});

Link* greek_gods = new Link{"Hera"};
greek_gods = greek_gods->insert(new Link{"Athena"});
greek_gods = greek_gods->insert(new Link{"Mars"});
```

```
greek_gods = greek_gods->insert(new Link{"Poseidon"}
```

앞의 예제와 상당히 비슷하다. 이제 앞과 마찬가지로 전쟁의 신 이름을 올바르게 변경하자.

```
Link* p = greek_gods->find("Mars");
if (p) p->value = "Ares";
```

다음으로 Zeus를 판테온으로 돌려보내자.

```
Link* p2 = norse_gods->find("Zeus");
if (p2) {
    if (p2==norse_gods) norse_gods = p2->next();
    p2->erase();
    greek_gods = greek_gods->insert(p2);
}
```

마지막으로 리스트의 내용을 출력하자.

```
void print_all(Link* p)
{
    cout << "{ ";
    while (p) {
        cout << p->value;
        if (p=p->next()) cout << ", ";
    }
    cout << " }";
}

print_all(norse_gods);
cout<<"\n";

print_all(greek_gods);
cout<<"\n";
```

결과는 다음과 같다.

```
{ Freia, Odin, Thor }
{ Zeus, Poseidon, Ares, Athena, Hera }
```

여러분은 어떤 버전이 더 마음에 드는가? insert() 등을 멤버 함수로 만든 버전? 아니면 독립적인 함수로 만든 버전? 여기서는 큰 차이가 없어 보이지만 9.7.5절을 참고하기 바란다.

아직은 링크 클래스를 정의했을 뿐, 리스트 클래스를 정의하지 않았기 때문에 어떤 포인터가 첫 번째 요소를 가리키고 있는지 신경 써야 한다. 이제 곧 List 클래스를 정의하면 이런 걱정을 덜 수 있다. 그러나 17장의 예제에서 채용한 설계 방식도 매우 일반적으로 사용된다. 표준 라이브러리의 list는 20.4절에서 볼 수 있다.

실습문제

17장의 실습문제는 두 부분으로 구성된다. 우선 자유 저장 영역에 할당된 배열에 대한 이해를 돕고, 이러한 배열과 벡터의 차이점을 알아본다.

1. new를 이용해서 자유 저장 영역에 int 10개를 저장하는 배열을 할당하자.

2. int 10개의 값을 cout에 출력하자.

3. (delete[]를 이용해서) 배열을 해제하자.

4. a가 가리키는 요소(10개로 가정한다)의 값을 os에 출력하는 함수 print_array10(ostream& os, int* a)을 정의하라.

5. 자유 저장 영역에 int 10개를 저장하는 배열을 할당하고, 그 값을 100, 101, 102, ...로 초기화한 후 값을 출력하자.

6. 자유 저장 영역에 int 11개를 저장하는 배열을 할당하고, 그 값을 100, 101, 102, ...로 초기화한 후 값을 출력하자.

7. a가 가리키는 요소(n개로 가정한다)의 값을 os에 출력하는 함수 print_array(ostream& os, int* a, int n)을 정의하라.

8. 자유 저장 영역에 int 20개를 저장하는 배열을 할당하고, 그 값을 100, 101, 102, ...로 초기화한 후 값을 출력하자.

9. 할당한 배열을 해제했는가?(잊어버렸다면 지금 해제하자)

10. 5번과 6, 8번 문제를 배열 대신 벡터를 이용해서 풀어보고, print_array() 대신 print_vector()를 정의하라.

이제 포인터와 배열의 관계에 초점을 맞추자. 위에서 정의한 print_array()를 이용해서 아래 실습문제를 풀어보자.

1. int를 할당하고 7로 초기화한 후 그 주소를 변수 p1에 대입하자.

2. p1의 값과 p1이 가리키는 int의 값을 출력하자.

3. int 일곱 개를 저장하는 배열을 할당하고, 그 값을 1, 2, 4, 8, ...로 초기화한 후 그 주소를 변수 p2에 대입하자.

4. p2의 값과 p2가 가리키는 배열의 값을 출력하자.

5. int* 타입의 p3을 선언하고, p2로 초기화하자.

6. p1을 p2에 대입하자.

7. p3을 p2에 대입하자.

8. p1, p2의 값과 그 둘이 가리키는 대상의 값을 출력하자.

9. 자유 저장 영역에서 할당한 모든 메모리를 해제하자.

10. int 10개를 저장하는 배열을 할당하고, 그 값을 1, 2, 4, 8, ...로 초기화한 후 그 주소를 변수 p1에 대입하자.

11. int 10개를 저장하는 배열을 할당하고, 그 주소를 변수 p2에 대입하자.

12. p1이 가리키는 배열의 값을 p2가 가리키는 배열에 복사하자.

13. 10~12번 문제를 배열이 아닌 벡터를 이용해서 풀어보자.

복습문제

1. 요소의 개수가 변화하는 자료 구조는 왜 필요한가?

2. 일반적인 프로그램에서 사용하는 저장 영역의 종류는 무엇이 있는가?

3. 자유 저장 영역이란 무엇인가? 자유 저장 영역을 일컫는 다른 이름은 무엇인가? 자유 저장 영역은 어떤 연산을 지원하는가?

4. 역참조 연산자는 무엇이며, 왜 필요한가?

5. 주소는 무엇인가? C++에서는 메모리 주소를 어떻게 조작하는가?

6. 포인터는 가리키는 객체의 정보 중 무엇을 알고 있는가? 포인터가 알지 못하는 유용한 정보는 무엇인가?

7. 포인터는 무엇을 가리킬 수 있는가?

8. 메모리 누수란 무엇인가?

9. 자원이란 무엇인가?

10. 포인터는 어떻게 초기화하는가?

11. 널 포인터는 무엇이며, 언제 사용하는가?

12. 어떤 경우에 (참조나 명명된 객체 대신) 포인터를 사용하는가?

13. 소멸자는 무엇이며, 언제 필요한가?

14. virtual 소멸자는 언제 사용하는가?

15. 멤버의 소멸자는 어떻게 호출되는가?

16. 캐스트는 무엇이며, 언제 필요한가?

17. 포인터를 이용해 클래스의 멤버에 어떻게 접근하는가?

18. 이중 연결 리스트는 무엇인가?

19. this 포인터는 무엇이며, 언제 필요한가?

용어 정리

주소	소멸자	nullptr
~의 주소: &	자유 저장 영역	포인터
할당	링크	구간
캐스트	리스트	자원 누수
컨테이너	멤버 접근: ->	첨자 연산
~의 내용: *	멤버 소멸자	첨자: []
해제	메모리	this
delete	메모리 누수	타입 변환
delete[]	new	virtual 소멸자
역참조	널 포인터	void*

연습문제

1. 여러분이 사용하는 구현체에서 포인터 값의 출력 형식은 어떠한가? 힌트: 문서를 읽지
   말고 다른 방법으로 답을 알아내자.

2. int는 몇 바이트인가? double은? bool은? 여러분의 답이 맞는지 확인할 용도로만 sizeof
   를 사용하라.

3. C 스타일 문자열 s에서 모든 대문자를 찾아 소문자로 대체하는 void to_lower(char* s)
   함수를 작성하라. 예를 들어 Hello, World!는 hello, world!로 바뀐다. 단, 표준 라이브
   러리 함수를 전혀 사용하지 말자. C 스타일 문자열은 0으로 끝나는 문자 배열이므로,

값이 0인 문자를 만났다면 그 곳이 문자열의 끝이다.

4. C 스타일 문자열을 자유 저장 영역에 할당한 배열에 복사하는 `char* strdup(const char*)` 함수를 작성하라. 단, 표준 라이브러리 함수를 전혀 사용하지 말자.

5. C 스타일 문자열 s에서 문자열 x가 처음 등장하는 위치를 찾는 `char* findx(const char* s, const char* x)` 함수를 작성하라.

6. 17장에서는 `new`를 사용할 때 메모리가 부족하면 무슨 일이 벌어지는지 설명하지 않았다. 이를 일컬어 메모리 고갈memory exhaustion이라고 하는데, 어떤 일이 생기는지 살펴보자. 의도적 메모리 고갈에는 두 가지 방법이 있다. 문서를 참고하거나 할당만 하고 해제하지 않는 무한 루프를 포함하는 프로그램을 만들면 된다. 두 방법을 모두 시도해보자. 문제없이 할당할 수 있는 메모리는 대략 얼마나 되는가?

7. `cin`에서 읽은 문자를 자유 저장 영역에 할당한 배열에 저장하는 프로그램을 작성하자. 느낌표(!)가 나올 때까지 읽기를 계속하자. `std::string`을 사용하지 말고, 메모리 고갈은 고려하지 말자.

8. 연습문제 7번을 자유 저장 영역에 할당한 배열이 아닌 `std::string`을 이용해서 다시 작성하자(자유 저장 영역 관리는 `string`이 대신 해준다).

9. 스택은 위로(높은 주소 쪽으로) 커지는가, 아래로(낮은 주소 쪽으로) 커지는가? 자유 저장 영역은 처음에(`delete`를 사용하기 전에) 어떤 쪽으로 커지는가? 이 질문에 답할 수 있는 프로그램을 작성하라.

10. 연습문제 7번의 답을 다시 살펴보자. 배열이 오버플로될 가능성이 있는가? 즉, 할당한 공간보다 더 많은 문자를 읽을 수 있는가(이는 심각한 오류다)? 할당한 공간보다 더 많은 문자를 입력하면 적당한 조치를 취하는가?

11. 17.10.1절의 '신의 목록' 예제를 완성하고 실행해보라.

12. 앞에서 `find()`를 두 가지 버전으로 정의한 이유는 무엇인가?

13. 17.10.1절의 클래스 Link에 struct God를 저장하게 수정하자. struct God는 string 타입의 멤버인 이름name과 신화mythology, 탈 것vehicle, 무기weapon를 포함한다. 예를 들어 God{"Zeus", "Greek", "", "번개"}와 God{"Odin", "Norse", "다리가 여덟 개이고 날아다니는 말 슬레이프널", "궁니르라는 이름의 창"}으로 정의할 수 있다. 그리고 각 신의 속성을 한 줄에 하나씩 출력하는 `print_all()` 함수를 작성하고, `new`로 할당한 새 요소를 사전 순으로 올바른 위치에 삽입하는 `add_ordered()` 함수를 추가하라. God 타입의 값을 포함하는 Link 클래스를 이용해서 세 가지 신화의 신을 리스트로 만들고, 각 리스트의 요소(신)

를 사전 순으로 정렬된 리스트로 이동시키자.

14. 17.10.1절의 '신의 목록' 예제를 단일 연결 리스트로 구현할 수 있는가? 즉, Link에서 prev 멤버를 제거할 수 있는가? 이렇게 하려는 이유는 무엇이며, 어떤 종류의 예제에 단일 연결 리스트가 적합할까? 그 예제를 단일 연결 리스트만 이용하도록 다시 작성하자.

붙이는 말

그냥 간단히 벡터를 사용할 수 있는데, 포인터와 자유 저장 영역처럼 지저분한 로우레벨과 씨름하는 이유가 뭘까? 누군가는 벡터와 비슷한 개념을 설계하고 구현해야 할 수도 있고, 우리가 그 방법을 알고 싶어 하기 때문일 수도 있다. 포인터에 상응하는 기능을 제공하지 않음으로써 로우레벨 프로그래밍에서 발생할 수 있는 문제를 방지하려는 프로그래밍 언어도 존재한다. 기본적으로 그러한 언어를 사용하는 프로그래머는 하드웨어에 직접 접근하는 일을 C++ 프로그래머(로우레벨 프로그래밍에 적합한 그 밖의 언어를 사용하는 프로그래머)에게 위임한다. 하지만 우리로서는 하드웨어가 소프트웨어를 만나기 전 단계의 컴퓨터와 프로그래밍을 제대로 이해하고 싶은 까닭이 가장 크다. 포인터와 메모리 주소 등을 모르는 사람은 프로그래밍 언어의 기능이 동작하는 방법을 잘못 이해할 수 있으며, 이는 '신기할 정도로 엉망인' 코드로 이어지기 마련이다.

벡터와 배열

"불량품은 사는 사람이 책임지는 법!"

– 현명한 격언

18 장에서는 첨자를 바탕으로 벡터를 복사하고 접근하는 방법을 살펴본다. 이를 위해 복사에 대한 일반적인 논의를 살펴보고, vector와 로우레벨 배열의 관계를 알아본다. 배열을 포인터와 연관 지어 설명하고, 배열을 사용할 때 발생하는 문제점을 짚어본다. 그리고 생성자와 기본 생성자, 복사 생성자, 복사 대입 연산자, 소멸자를 비롯해 모든 타입에서 고려해야 할 다섯 가지 필수적인 연산자를 살펴본다. 추가적으로 컨테이너에는 이동 생성자와 이동 대입 연산자도 필요하다.

18.1 소개

비행기가 이륙하려면 공중에 뜨기에 충분한 속도가 될 때까지 활주로에서 가속해야 한다. 비행기가 활주로에서 달리는 동안 비행기는 그저 엄청 무겁고 이상하게 생긴 트럭에 지나지 않는다. 하지만 비행기가 이륙해서 공중으로 치솟는 순간, 비행기는 차별화되고 우아하며 효율적인 운송수단으로 탈바꿈한다. 그 진가를 발휘한다.

18장은 컴퓨터의 메모리에 따른 제약과 난해함을 떨쳐내기에 충분한 프로그래밍 언어의 기능과 기법을 습득하는 활주로의 중간 즈음에 위치한다. 우리는 논리적인 필요에 딱 맞는 속성을 제공하는 타입을 이용해서 프로그래밍할 수 있는 단계로 올라서야 한다. 그러려면 날 것 그대로의 머신에 접근할 때 발생하는 다음과 같은 근본적인 제약 몇 가지를 극복해야 한다.

- 메모리상의 객체는 고정된 크기다.
- 메모리상의 객체는 특정한 위치 한 곳에 존재한다.
- 컴퓨터는 메모리상의 객체에 매우 기초적인 연산(한 워드를 복사하고 두 워드의 값을 더하는 등)만을 제공한다.

기본적으로 이러한 제약은 C++의 내장형 타입과 연산에 적용된다(C의 하드웨어적 성격을 물려받았기 때문이다. 22.2.5절과 27장 참고). 17장에서는 요소에 대한 모든 접근을 제어하고, 하드웨어 관점이 아니라 사용자 관점에서 자연스러운 연산을 제공하는 vector 타입을 살펴보기 시작했다.

18장에서는 매우 중요하고 기술적인 '복사'라는 개념에 초점을 맞춘다. 임의의 객체를 복사한다는 의미는 무엇인가? 복사 연산으로 만들어진 복사본은 원본과 어느 정도까지 독립적인가? 복사 연산의 종류에는 무엇이 있고, 각 연산은 어떻게 지정하는가? 그리고 초기화와 뒷정리를 비롯한 그 밖의 기본적인 연산과 복사 연산은 어떤 관계인가?

이런 궁금증을 해소하려면 필연적으로 vector와 string 등의 하이레벨 타입을 사용하지 않고 메모리를 조작하는 방법을 알아야 한다. 그 일환으로 배열과 포인터, 그 둘의 관계, 그 둘을 사용할 때의 주의 사항을 학습한다. C++이나 C 코드를 바탕으로 로우레벨 작업을 하려는 사람이라면 누구나 꼭 알아야 할 내용이다.

vector의 세부 사항은 로우레벨 타입을 바탕으로 하이레벨 타입을 구성하는 C++의 방식과 vector 자체에 한정된다. 하지만 모든 언어의 하이레벨 타입(string, vector, list, map 등)은 어느 정도 머신의 기본적인 타입으로 이뤄지며, 여기서 설명할 기본적인 문제에 대한 다양한 관점을 반영한다.

18.2 초기화

17장의 끝에서 봤던 vector를 떠올려 보자.

```
class vector {
    int sz;                 // 크기
    double* elem;           // 요소를 가리키는 포인터
public:
    vector(int s)                                   // 생성자
        :sz{s}, elem{new double[s]} { /* ...*/ }    // 메모리 할당
    ~vector()                                       // 소멸자
        { delete[ ] elem; }                         // 메모리 해제
    // ...
};
```

이 정도도 나쁘지 않지만, 다음과 같이 기본 값이 아닌 일련의 값으로 vector를 초기화하고 싶다면 어떨까?

```
vector v1 = {1.2, 7.89, 12.34 };
```

물론 가능할 뿐 아니라 기본 값으로 초기화한 후에 원하는 값을 일일이 대입하는 방법보다 훨씬 좋다.

```
vector v2(2);           // 지루하고, 오류가 발생하기 쉽다.
v2[0] = 1.2;
v2[1] = 7.89;
v2[2] = 12.34;
```

v1에 비하면 v2의 초기화는 지루하고 오류가 발생하기 쉽다(위 코드에서 요소 개수를 잘못 지정했다). vector의 크기를 언급하고 싶지 않다면 push_back()을 사용할 수 있다.

```
vector v3;              // 지루하고, 반복이 많음
v2.push_back(1.2);
v2.push_back(7.89);
v2.push_back(12.34);
```

하지만 이 코드도 여전히 반복이 많다. 그렇다면 초기 값 목록을 인자로 받는 생성자는 어떻게 작성하는가? { }로 둘러싸인 T 타입 요소의 목록은 표준 라이브러리 타입인 initializer_list<T>, 즉 T의 목록으로 프로그래머에게 제공된다. 이를 이용해 다음과 같이 코드를 작성할 수 있다.

```
class vector {
    int sz;                  // 크기
    double* elem;            // 요소를 가리키는 포인터
public:
    vector(int s)                             // 생성자(s는 요소 개수)
        :sz{s}, elem{new double[sz]}          // 요소를 저장할 메모리(아직 초기화 안 됨)
    {
        for (int i = 0; i<sz; ++i) elem[i] = 0.0;  // 초기화
    }

    vector(initializer_list<double> lst)      // 초기 값 목록 생성자
        :sz{lst.size()}, elem{new double[sz]} // 요소를 저장할 메모리(아직 초기화 안 됨)
    {
        copy( lst.begin(),lst.end(),elem);    // 초기화 (std::copy() 이용, B.5.2절)
    }
    // ...
};
```

표준 라이브러리의 copy 알고리즘(B.5.2절)을 사용했는데, 이 함수는 앞의 두 인자(여기서는 initializer_list의 시작과 끝)로 지정된 요소의 시퀀스를 세 번째 인자가 가리키는 위치에서 시작하는 요소의 시퀀스(여기서는 elem부터 시작하는 vector의 요소)로 복사한다.

이를 이용한 코드는 다음과 같다.

```
vector v1 = {1,2,3};     // 세 요소 1.0, 2.0, 3.0
vector v2(3);            // 각각이 (기본) 값 0인 세 요소
```

( )로 요소의 개수를 지정하는 방법과 { }로 요소의 목록을 지정하는 방법을 눈여겨보자. 아래 예에서 보다시피 두 가지를 구분할 수 있는 표기 방식이 필요하다.

```
vector v1 {3};          // 값이 3.0인 요소 하나
vector v2(3);           // 각각이 (기본) 값 0인 세 요소
```

이런 방식이 우아하진 않지만 효과적이다. 두 가지 중 하나를 선택해야 할 때 컴파일러는 { } 안의 값을 요소 목록으로 해석해 초기 값 목록 생성자의 인자 initializer_list의 요소로 전달한다.

이 책의 모든 예제를 비롯해 거의 모든 경우에 초기 값 목록 { } 앞의 =는 선택적이다. 따라서 다음과 같이 쓸 수 있다.

```
vector v11 = {1,2,3};    // 세 요소 1.0, 2.0, 3.0
vector v12 {1,2,3};      // 세 요소 1.0, 2.0, 3.0
```

두 코드의 차이점은 스타일이 다르다는 점뿐이다.

`initializer_list<double>`이 값으로 전달된다는 점에 주목하자. 이는 심사숙고를 거쳐 언어에서 요구하는 규칙으로, `initializer_list`는 메모리 어딘가에 할당된 요소에 대한 핸들일 뿐이다(B.6.4절 참고).

18.3 복사

아직 미완성인 `vector`를 다시 떠올려보자.

```cpp
class vector {
    int sz;                 // 크기
    double* elem;           // 요소를 가리키는 포인터
public:
    vector(int s)                                   // 생성자
        :sz{s}, elem{new double[s]} { /* ...*/ }    // 메모리 할당
    ~vector()                                       // 소멸자
        { delete[ ] elem; }                         // 메모리 해제
    // ...
};
```

이제 이 벡터를 복사해보자.

```cpp
void f(int n)
{
    vector v(3);            // 요소 세 개를 포함하는 벡터 정의
    v.set(2,2.2);           // v[2]에 2.2 지정
    vector v2 = v;          // 무슨 일이 벌어질까?
    // ...
}
```

이상적으로는 v2가 v의 복사본이 돼야 한다(즉, =가 복사를 수행해야 한다). 다른 말로 하자면 v2.size()==v.size()이고, [0:v.size()) 구간 안의 모든 i에 대해 v2[i]==v[i]가 성립해야 한다. 더 나아가 f()가 종료할 때 모든 메모리가 자유 저장 영역에 반환돼야 한다. 표준 라이브러리의 vector가 이와 같은 동작을 하지만, 아직은 너무 간단한 우리가 만든 vector는 그렇지 않다. 우리의 vector가 이런 문제를 잘 처리하게 해야 하지만, 그보다 먼저 현재 버전에서 무슨 일이 벌어지는지 파악하자. 정확히 무엇이 잘못 수행되는가? 어떻게? 왜? 이에 대한 답을 알고 나면 문제를 고칠 수 있을 것이다. 그리고 더 중요하게는 다른 상황에서 이와 비슷한 문제를 발견하고 피해갈 수 있을 것이다.

클래스 복사의 기본적 의미는 '모든 데이터 멤버 복사'인데, 이 정의가 딱 맞는 경우가 있다. 예를 들어 Point를 복사하려면 모든 좌표 값을 복사하면 된다. 그러나 멤버가 포인터인 경우 포인터의 값만 복사하면 문제가 생긴다. 특히 우리가 다루는 예제의 vector를 이런 방법으로 복사하면 v.sz==v2.sz이고 v.elem==v2.elem이 되버린다. 이를 그림으로 나타내면 다음과 같다.

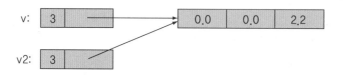

즉, v2는 v의 요소를 복사하는 대신 v의 요소를 공유한다. 다음 코드를 보자.

```
v.set(1,99);            // v[1]을 99로 지정
v2.set(0,88);           // v2[0]을 88로 지정
cout << v.get(0) << ' ' << v2.get(1);
```

결과로 88 99를 출력하는데, 이는 우리가 바라는 결과가 아니다. v와 v2 사이에 비밀스런 관계가 없다면 v[0]나 v2[1]에 값을 대입하지 않았으므로 0 0이 출력돼야 한다. 이러한 동작이 "흥미롭다"거나 "멋지다!", "가끔은 유용하다"고 주장할 수는 있지만, 이는 우리가 의도한 바는 아니며 표준 라이브러리 vector의 동작도 이와는 다르다. 게다가 함수 f()가 종료하면 피할 수 없는 재앙이 발생한다. 함수 종료 시에 v와 v2의 소멸자가 암묵적으로 호출되고, v의 소멸자에서는 다음과 같이 요소를 저장할 때 사용한 저장 영역을 해제한다.

```
delete[ ] elem;
```

v2의 소멸자도 같을 일을 한다. 즉, v와 v2의 elem이 동일한 메모리 위치를 가리키므로 메모리를 두 번 해제하는 재앙이 벌어진다(17.4.6절).

18.3.1 복사 생성자

그렇다면 어떻게 해야 할까? 우리가 할 일은 명확하다. 모든 요소를 복사하는 복사 연산을 제공하고, 기존 vector 객체를 바탕으로 새로운 vector를 초기화할 때 이 연산이 호출되게 한다.

클래스 객체의 초기화는 생성자에서 수행하므로 복사를 수행하는 생성자가 필요하다. 이러한 생성자를 말 그대로 **복사 생성자**copy constructor라고 하며, 복사할 원본 객체의 참조를 인자로 받는다.

vector 클래스의 경우에는 다음과 같다.

```
vector(const vector&);
```

한 vector를 다른 vector로 초기화할 때 이 생성자가 호출된다. 복사 생성자의 인자 자체가 복사되면 안 되므로 참조에 의한 전달을 사용했다. 그리고 인자를 수정하길 바라지 않으므로 const 참조를 전달한다(8.5.6절). 수정된 vector는 다음과 같다.

```
class vector {
    int sz;
    double* elem;
public:
    vector(const vector&) ;      // 복사 생성자: 복사 정의
    // ...
};
```

복사 생성자는 요소의 개수(sz)를 설정하고, 인자로 받은 vector의 요소 값을 복사하기 전에 요소를 저장할 메모리를 할당한다.

```
vector:: vector(const vector& arg)
// 요소의 공간을 할당하고, 복사해 초기화
:sz{arg.sz}, elem{new double[arg.sz]}
{
    copy(arg,arg+sz,elem);       // std::copy(), B.5.2절 참고
}
```

이 복사 생성자를 바탕으로 예제를 다시 살펴보자.

```
vector v2 = v;
```

이 정의문은 v2의 복사 생성자에 v를 인자로 전달해 v2를 초기화한다. 이제 요소 세 개를 포함하는 vector에 대해 수행 결과는 다음과 같다.

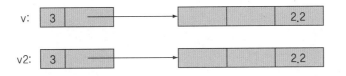

이제 소멸자도 올바로 작동하며, 각각의 요소 집합이 제대로 해제된다. 그리고 두 vector가 독립적이므로 v와 v2 서로가 영향을 끼치지 않고 요소의 값을 변경할 수 있다.

```
v.set(1,99);   // v[1]을 99로 지정
v2.set(0,88);  // v2[0]을 88로 지정
cout << v.get(0) << ' ' << v2.get(1);
```

결과로 0 0을 출력한다.

아래의 구문 대신

```
vector v2 = v;
```

다음과 같이 써도 된다.

```
vector v2 {v};
```

v(초기 값)와 v2(초기화할 변수)가 같은 타입이고, 그 타입에 관례적으로 정의된 복사 연산이 있다면 두 표기 방식은 동일하며, 어느 쪽이든 선호하는 방법을 택할 수 있다.

18.3.2 복사 대입

앞에서 복사 생성(초기화)을 다뤘는데, 대입으로 vector를 복사하기도 한다. 초기화에서와 마찬가지로 복사 대입의 기본적인 의미는 멤버별 복사이므로, 지금까지 살펴본 vector에서 대입 연산은 다음과 같이 (18.3.1절의 복사 생성자와 마찬가지로) 중복 해제와 메모리 누수를 유발한다.

```
void f2(int n)
{
    vector v(3);        // 벡터 정의
    v.set(2,2.2);
    vector v2(4);
    v2 = v;            // 대입: 무슨 일이 벌어질까?
    // ...
}
```

(표준 라이브러리의 vector가 그렇이) v2가 v의 복사본이 되길 바라지만, vector의 대입이 어떤 의미인지 언급하지 않았으므로 기본 대입 연산이 사용된다. 즉, 멤버별 복사를 수행해 v2의 sz와 elem이 v의 sz와 elem과 동일하게 된다. 이를 표현한 그림은 다음과 같다.

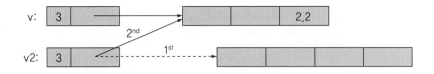

f2()가 종료하면 18.3절에서 복사 생성자를 정의하지 않고 f()를 종료할 때와 같은 재앙이 발생한다. 즉, v와 v2가 동일하게 가리키는 메모리 영역이 (delete[]를 이용해서) 두 번 해제된다. 게다가 v2에 처음 할당했던 요소 네 개의 공간에 누수가 발생한다. 복사 대입에 대한 처치 방법은 기본적으로 복사 생성자와 동일하다(18.3.1절). 올바르게 복사를 수행하는 대입

연산은 다음과 같다.

```
class vector {
    int sz;
    double* elem;
public:
    vector& operator=(const vector&) ;    // 복사 대입
    // ...
};

vector& vector::operator=(const vector& a)
// 이 벡터를 a의 복사본으로 만듦
{
    double* p = new double[a.sz];        // 새로운 공간 할당
    copy(a.elem, a.elem+a.sz,p);         // 요소 복사
    delete[ ] elem;                      // 예전 메모리 해제
    elem = p;                            // elem을 다시 설정
    sz = a.sz;
    return *this;                        // 자기 참조 반환(17.10절 참고)
}
```

예전 요소를 처리해야 하므로 복사 생성자보다는 약간 복잡하지만, 기본적인 전략은 원본 vector의 요소를 복사하는 것이다.

```
double* p = new double[a.sz];            // 새로운 공간 할당
copy(a.elem, a.elem+a.sz,p);             // 요소 복사
```

그리고 대상 vector의 예전 요소를 해제한다.

```
delete[ ] elem;                          // 예전 메모리 해제
```

마지막으로 elem이 새로 할당한 요소를 가리키게 한다.

```
elem = p;                                // elem을 다시 설정
sz = a.sz;
```

이 과정을 그림으로 나타내면 다음과 같다.

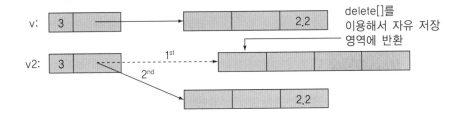

이제 메모리 누수도 없고 메모리를 두 번 해제(delete[])하지도 않는 vector를 완성했다.

대입 연산을 구현할 때 복사본을 만들기 전에 예전 요소를 먼저 해제하면 코드가 간단해진 다고 생각할 수 있다. 그러나 일반적으로 대체할 정보를 마련하기 전에는 원래 있던 정보를 유지하는 편이 좋다. 그리고 그렇게 할 경우 다음과 같이 vector를 스스로에 대입할 때 문제가 생긴다.

```
vector v(10);
    v = v;              // 스스로에 대입
```

앞에서 살펴본 구현 방식은 이런 경우도 (최적의 방법은 아니지만) 문제없이 처리할 수 있다.

18.3.3 복사 관련 용어

대부분의 프로그램과 프로그래밍 언어에서 복사는 중요한 주제다. 그 중에서 포인터(참조)를 복사할지, 아니면 가리키는(참조하는) 정보를 복사할지 여부는 기본적인 주제에 속한다.

- 얕은 복사shallow copy는 포인터의 값만 복사해서 포인터와 참조의 원래 역할대로 두 포인터가 같은 객체를 가리키게 한다.
- 깊은 복사deep copy는 포인터가 가리키는 정보를 복사해서 두 포인터가 서로 다른 객체를 가리키게 한다. vector와 string 등이 이런 식으로 동작한다. 클래스의 객체에 깊은 복사가 필요할 때 복사 생성자와 복사 대입 연산을 정의한다.

얕은 복사의 예를 살펴보자.

```
int* p = new int{77};
int* q = p;            // 포인터 p 복사
*p = 88;               // p와 q가 가리키는 int의 값 변경
```

이를 그림으로 나타내면 다음과 같다.

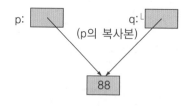

이와 반대로 깊은 복사를 수행할 수도 있다.

```
int* p = new int{77};
int* q = new int{*p};        // 새 int를 할당하고, 포인터가 가리키는 값을 복사
```

```
*p = 88;                    // p가 가리키는 int의 값 변경
```

이를 그림으로 나타내면 다음과 같다.

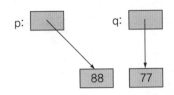

이 두 용어를 바탕으로 원래 vector의 문제점을 살펴보자면 elem 포인터가 가리키는 요소의 값을 복사하지 않고 얕은 복사를 수행했다고 말할 수 있다. 새로 개선한 vector는 표준 라이브러리의 vector와 마찬가지로 새로운 요소의 공간을 할당한 후 원본의 값을 복사하는 깊은 복사를 수행한다. (포인터와 참조처럼) 얕은 복사를 수행하는 타입은 **포인터 성질**pointer semantics이나 **참조 성질**reference semantics을 띤다고 한다(즉, 주소를 복사한다). 반면 (string과 vector처럼) 깊은 복사를 제공하는 타입은 **값 성질**value semantics을 띤다고 한다(즉, 가리키는 값을 복사한다). 사용자 입장에서 보면 값 성질을 띠는 타입은 포인터와는 관련이 없고 복사하기 쉬운 값만 관련된 듯이 보인다. 즉, 복사라는 측면에서만 보면 값 성질을 띠는 타입은 정수처럼 동작한다고 생각할 수 있다.

18.3.4 이동

vector의 요소가 많다면 복사 작업이 너무 부담스러울 수 있다. 따라서 복사는 꼭 필요한 경우에만 해야 한다. 다음 예를 보자.

```
vector fill(istream& is)
{
    vector res;
    for (double x; is>>x; ) res.push_back(x);
    return res;
}

void use()
{
    vector vec = fill(cin);
    //... vec 사용 ...
}
```

입력 스트림에서 값을 읽어 지역 변수인 벡터 res에 채워 넣은 후 use()에서 사용할 수

있도록 반환했다. 이때 fill() 외부에서 res를 vec로 복사하는 일은 많은 비용을 수반한다. 그러나 꼭 복사를 해야 할까? 사실 우리에게 필요한 건 복사가 아니다! fill()이 종료하는 과정에서 res는 소멸되므로, 원본(res)을 함수 반환 후에 다시 사용할 수는 없다. 그렇다면 어떻게 불필요한 복사를 피할 수 있을까? 벡터가 메모리에 올라간 모습을 다시 생각해보자.

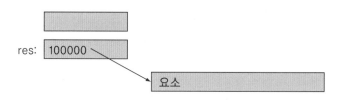

vec를 사용하려면 res의 멤버 데이터를 vec로 옮겨야 한다. 즉, 아무런 복사 작업 없이 vec가 res의 요소를 참조하게 만들면 된다.

res의 요소를 가리키는 포인터와 요소의 개수를 vec로 옮긴 후에는 res가 아무 요소도 가리키지 않는다. 이렇게 하면 fill() 외부에서 res의 값을 vec로 성공적으로 이동할 수 있다. 이제 아무런 부작용 없이 (간단하고 효율적으로) res를 파괴할 수 있다.

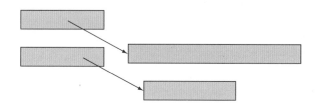

단지 네 개의 워드를 대입하는 비용으로 100,000개의 double을 fill()에서 호출한 함수 쪽으로 성공적으로 이동시켰다.

이러한 이동 작업을 어떻게 C++ 코드로 표현할까? 복사 연산을 보완하는 이동 연산을 정의하면 된다.

```
class vector {
    int sz;
    double* elem;
public:
    vector(vector&& a);             // 이동 생성자
    vector& operator=(vector&&);    // 이동 대입
    // ...
};
```

&& 기호는 '우항 참조rvlaue reference'라고 하는데, 이동 연산자를 정의할 때 사용한다. 이동

연산자는 인자를 const로 전달받지 않는다. 따라서 (const vector &&)가 아니라 (vector&&)라고 써야 한다. 이동 연산자의 목적 중 하나가 원본을 수정해서 빈 객체로 만드는 일이기 때문이다. 이동 연산은 대체적으로 간단히 정의할 수 있으며, 복사 연산보다 단순하고 효율적이다. vector의 이동 연산은 다음과 같다.

```
vector::vector(vector&& a)
    :sz{a.sz}, elem{a.elem}      // a의 elem과 sz를 복사
{
    a.sz = 0;                    // a를 빈 vector로 만듦
    a.elem = nullptr;
}

vector& vector::operator=(vector&& a)     // a를 현재 vector로 이동
{
    delete[ ] elem;             // 예전 공간 해제
    elem = a.elem;              // a의 elem과 sz를 복사
    sz = a.sz;
    a.elem = nullptr;           // 빈 벡터로 만듦
    a.sz = 0;
    return *this;               // 자기 참조 반환 (§17.10)
}
```

이동 연산자를 정의하면 많은 요소를 포함하는 벡터처럼 대량의 정보를 쉽고 효율적으로 이동할 수 있다. 예제를 다시 살펴보자.

```
vector fill(istream& is)
{
    vector res;
    for (double x; is>>x; ) res.push_back(x);
    return res;
}
```

함수 반환을 구현할 때 이동 연산자가 암묵적으로 쓰인다. 컴파일러는 함수 반환 후에 지역 변수(res)가 유효 범위를 벗어난다는 사실을 알고 있기에 복사 대신 이동을 수행한다.

이동 생성자가 중요한 이유는 함수로부터 대량의 정보를 돌려받기 위해 포인터나 참조를 이용할 필요가 없기 때문이다. 다음과 같은 예전 방식에는 결점이 있다.

```
vector* fill2(istream& is)
{
    vector* res = new vector;
    for (double x; is>>x; ) res->push_back(x);
```

```
        return res;
    }

void use2()
{
    vector* vec = fill2(cin);
    //... vec 사용 ...
    delete vec;
}
```

알다시피 잊지 않고 vector를 해제해야 한다. 17.4.6절에서 설명했듯이 자유 저장 영역의 객체를 일관되고 올바르게 삭제하는 일은 생각만큼 쉽지 않다.

18.4 필수적인 연산

클래스에 어떤 종류의 생성자가 필요한지, 소멸자가 필요한지, 복사와 이동 연산을 제공해야 하는지를 논의할 수 있는 경지에 이르렀다. 고려해야 할 일곱 가지 필수적인 연산은 다음과 같다.

- 하나 이상의 인자를 받는 생성자

- 기본 생성자

- 복사 생성자(동일한 타입의 객체를 복사)

- 복사 대입(동일한 타입의 객체를 복사)

- 이동 생성자(동일한 타입의 객체를 이동)

- 이동 대입(동일한 타입의 객체를 이동)

- 소멸자

일반적으로 다음과 같이 객체를 초기화할 때 필요한 인자를 받아들이는 하나 이상의 생성자가 필요하다.

```
string s {"cat.jpg"};                    // s를 문자열 "cat.jpg"로 초기화
Image ii {Point{200,300},"cat.jpg"};     // Point를 좌표 {200,300}으로 초기화하고
                                         // 그 Point 위치에 cat.jpg 파일의 내용 출력
```

초기 값의 의미와 용도는 생성자에 따라 전적으로 달라진다. 표준 string의 생성자는 전달받은 문자열을 초기 값으로 이용하고, Image의 생성자는 전달받은 문자열을 열어야 할 파일의 이름으로 사용한다. 일반적으로 생성자는 불변 조건(9.4.3절)을 보장할 목적으로 사용하며,

어떤 클래스에서 생성자가 보장해야 할 좋은 불변 조건을 정의할 수 없다면 엉망으로 설계된 클래스나 위험에 그대로 노출된 자료 구조를 만들게 될 확률이 크다.

이처럼 인자를 전달받는 생성자는 생성자가 만들어 내는 클래스만큼이나 다양하다. 그 밖의 나머지 연산에는 어느 정도 정해진 패턴이 있다.

클래스에 기본 생성자가 필요한 경우는 언제일까? 생성자에 초기 값을 지정하지 않고 객체를 초기화할 경우에 기본 생성자가 필요하다. 가장 일반적인 예로 표준 라이브러리 vector에 클래스의 객체를 삽입하는 경우를 들 수 있는데, int와 string, vector<int>에 기본 값이 존재하기에 다음과 같은 코드가 가능하다.

```
vector<double> vi(10);        // 0.0으로 초기화된 10개의 double을 포함하는 벡터
vector<string> vs(10);        // ""로 초기화된 10개의 string을 포함하는 벡터
vector<vector<int>> vvi(10);  // vector{}로 초기화된 10개의 벡터를 포함하는 벡터
```

이처럼 기본 생성자가 유용한 경우가 있다. 그렇다면 "어떤 경우에 기본 생성자를 제공해야 합리적인가?"라는 질문이 남는다. 이에 대한 답은 '해당 클래스에 불변조건을 만족하는 의미 있고 일반적인 기본 값을 정의할 수 있는 경우'다. int와 double 같은 값 타입에는 0이 일반적이며(double의 경우에는 0.0), string은 빈 string ""이 일반적이다. vector에서는 비어있는 vector가 적당하다. 임의의 타입 T에 기본 값이 존재한다면 T{}는 기본 값을 나타낸다. 예를 들어 double{}는 0.0을, string{}은 ""을, vector<int>{}는 비어있는 int의 vector를 나타낸다.

소멸자는 클래스가 취득한 자원이 있는 경우에 필요하다. 여기서 자원이란 '어딘가에서 취득해' 사용이 끝난 후에 반드시 돌려줘야 하는 무언가를 말한다. 대표적인 예로 메모리를 들 수 있는데, (new를 이용해서) 자유 저장 영역에서 메모리를 할당한 후에는 (delete나 delete[]를 이용해서) 자유 저장 영역에 돌려줘야 한다. 여러분의 프로그램이 야심차고 정교해지면 그 밖의 자원을 다뤄야 하는데, 파일(열었으면 닫아야 한다)과 락, 스레드 핸들, (다른 프로세스나 원격 컴퓨터와 통신에 필요한) 소켓을 그 예로 들 수 있다.

클래스에 소멸자가 필요하다는 그 밖의 징표로는 포인터와 참조 타입 멤버를 생각할 수 있는데, 클래스가 포인터나 참조 타입 멤버를 포함한다면 소멸자와 복사 연산이 필요할 수 있다.

소멸자를 필요로 하는 클래스의 대부분은 복사 생성자와 복사 대입도 필요로 한다. 객체가 자원을 취득했다면(그리고 그 자원을 가리키는 포인터를 포함한다면), 기본 복사 연산(얕은 복사, 멤버별 복사)은 대부분 적합하지 않기 때문이다. 그 고전적인 예가 바로 vector다.

마찬가지로 소멸자가 필요한 클래스의 대부분은 이동 생성자와 이동 대입도 필요로 한다. 객체가 자원을 취득했다면(그리고 그 자원을 가리키는 포인터를 포함한다면) 기본적인 의미의 복사(얕은 복사, 멤버별 복사)는 대부분 적합하지 않으며, 일반적인 조치 방법(객체의 상태를 완벽히 복사하는 복사 연산)은 비용이 크기 때문이다. 여기서도 vector를 고전적인 예로 들 수 있다.

덧붙이자면 소멸자를 필요로 하는 파생 클래스의 기반 클래스에는 virtual 소멸자가 필요하다(17.5.2절).

18.4.1 명시적인 생성자

인자 하나를 전달받는 생성자는 인자의 타입을 해당 타입으로 변환하는 연산을 정의하는데, 이런 생성자는 매우 유용하다.

```
class complex {
public:
    complex(double);                // double을 복소수로 변환
    complex(double,double);
    // ...
};

complex z1 = 3.14; // OK: 3.14를 (3.14,0)으로 변환
complex z2 = complex{1.2, 3.4};
```

하지만 이러한 암묵적인 변환은 예상치 않은 부작용을 일으킬 수 있으므로 주의해서 꼭 필요할 때만 사용해야 한다. 예를 들어 앞에서 우리가 정의한 vector에는 int를 인자로 받는 생성자가 있는데, 이를 int에서 vector로의 변환으로 오해할 수도 있다.

```
class vector {
    // ...
    vector(int);
    // ...
};

vector v = 10;          // 이상함: double 10개를 포함하는 벡터?
v = 20;                 // 음? double 20개를 포함하는 새로운 벡터를 v에 대입?
void f(const vector&);
f(10);                  // 음? double 10개를 포함하는 벡터로 f를 호출?
```

우리가 의도했던 바와 많이 다르다. 다행히도 이처럼 생성자를 암묵적 변환으로 사용하지 못하게 하는 간단한 방법이 있다. explicit로 정의한 생성자는 암묵적 변환으로 사용할 수 없으며, 일반적인 객체 생성 수단으로만 사용할 수 있다.

```
class vector {
    // ...
    explicit vector(int);
    // ...
};

vector v = 10;          // 오류: int에서 벡터로의 변환이 존재하지 않음
v = 20;                 // 오류: int에서 벡터로의 변환이 존재하지 않음
vector v0(10);          // OK

void f(const vector&);
f(10);                  // 오류: int에서 vector<double>로의 변환이 존재하지 않음
f(vector(10));          // OK
```

기대하지 않은 변환을 막고자 우리(표준 라이브러리에서도)는 인자 하나를 전달받는 vector의 생성자를 explicit로 정의했다. 유감스럽게도 생성자는 기본적으로 explicit가 아니다. 의심스럽다면 인자 하나로 호출할 수 있는 생성자 중 하나를 explicit로 만들어 보자.

18.4.2 생성자와 소멸자 디버깅

생성자와 소멸자는 프로그램 수행 중에 명료하게 정의되고 예측 가능한 시점에 호출된다. 하지만 항상 vector(2);과 같이 명시적으로 생성자를 호출하지는 않으며, vector를 선언하거나 vector를 값 인자로 전달하거나, new를 이용해서 자유 저장 영역에 vector를 생성할 수도 있다. 사람들은 이런 다양한 경우를 문법적으로 혼동할 수 있다. 생성자를 호출하는 구문이 다양하기 때문이다. 이러한 혼란을 덜기 위해 생성자와 소멸자를 다음과 같이 생각해보자.

- X 타입의 객체가 생성될 때 항상 X의 생성자를 호출한다.
- X 타입의 객체가 파괴될 때 항상 X의 소멸자를 호출한다.

소멸자는 해당 클래스의 객체가 소멸할 때마다 호출되는데, 객체의 소멸은 객체의 이름이 유효 범위를 벗어나거나, 프로그램이 종료하거나, 객체를 가리키는 포인터에 delete를 적용할 때 발생한다. 반면 생성자(적당한 종류의 생성자)는 해당 클래스의 객체를 생성할 때마다 호출되는데, 객체의 생성은 변수를 초기화하거나, (내장형 타입을 제외한) 객체를 new로 만들거나, 객체가 복사될 때마다 이뤄진다.

그렇다면 이러한 작업은 언제 수행되는가? 생성자와 대입 연산, 소멸자에 출력 문구를 추가하고 실행해보면 쉽게 감을 잡을 수 있다.

```
struct X {          // 간단한 테스트 클래스
    int val;

    void out(const string& s, int nv)
        { cerr << this << "->" << s << ": " << val << " (" << nv << ")\n"; }

    X(){ out("X()",0); val=0; }                          // 기본 생성자
    X(int v) { val=v; out( "X(int)",v); }
    X(const X& x){ val=x.val; out("X(X&) ",x.val); }      // 복사 생성자

    X& operator=(const X& a)                             // 복사 대입
    { out("X::operator=()",a.val); val=a.val; return *this; }
    ~X() { out("~X()",0); }                              // 소멸자
};
```

이제 다음과 같이 X로 하는 모든 일은 학습에 필요한 메시지를 남긴다.

```
X glob(2);          // 전역 변수

X copy(X a) { return a; }

X copy2(X a) { X aa = a; return aa; }

X& ref_to(X& a) { return a; }

X* make(int i) { X a(i); return new X(a); }

struct XX { X a; X b; };

int main()
{
    X loc {4};              // 지역 변수
    X loc2 {loc};           // 복사 생성자
    loc = X{5};             // 복사 대입
    loc2 = copy(loc);       // 참조에 의한 호출 후에 함수 반환
    loc2 = copy2(loc);
    X loc3 {6};
    X& r = ref_to(loc);     // 참조에 의한 호출 후에 함수 반환
    delete make(7);
    delete make(8);
    vector<X> v(4);         // 기본 값
    XX loc4;
    X* p = new X{9};        // X를 자유 저장 영역에 할당
    delete p;
    X* pp = new X[5];       // X의 배열을 자유 저장 영역에 할당
```

```
    delete[ ] pp;
}
```

예제를 실행해보자.

도전 과제

이 예제를 실행해 보고 여러분이 결과를 제대로 이해하는지 확인하라. 그렇다면 객체의 생성과 소멸에 대해 알아야 할 대부분을 이해했다고 할 수 있다.

컴파일러의 품질에 따라 copy()와 copy2()를 호출할 때 일부 복사 작업이 생략될 수 있다. 우리 눈으로 보기에 그 함수들이 아무 일도 하지 않음을 쉽게 알 수 있다. 그저 입력의 값을 수정하지 않고 그대로 출력으로 복사할 뿐이다. 컴파일러가 이 사실을 발견할 정도로 똑똑하다면 복사 생성자 호출을 생략할 수도 있다. 즉, 컴파일러는 복사 생성자가 복사를 수행한 후에 그 복사 작업 말고 다른 일은 전혀 일어나지 않는다고 해석할 수 있다. 일부 컴파일러는 많은 의미 없는 복사를 생략하기도 하지만, 모든 컴파일러가 그 정도로 똑똑하다는 보장은 없다. 따라서 컴파일러의 종류와 상관없이 성능을 향상시키려면 이동 연산(18.3.4절)을 고려해보자.

이제 왜 '쓸모없어 보이는 클래스 X'를 예로 들었는지 생각해볼 차례다. 이는 음악가들이 하는 손가락 운동과 비슷하다. 이 예제를 학습하고 나면 나중에 실제로 겪는 문제들이 한결 쉬워진다. 그리고 생성자와 소멸자에 관련된 문제가 있다면 예제와 비슷한 출력 구문을 실제 클래스의 생성자에 넣어봄으로써 의도한 대로 동작하는지 알아볼 수 있다. 규모가 더 큰 프로그램에서는 이런 식으로 동작을 추적하기가 어렵지만, 비슷한 기법을 응용할 수 있다. 예를 들어 객체 생성 횟수와 소멸 횟수가 동일한지 확인하면 메모리 누수가 있는지 알 수 있다. 메모리를 할당하고 객체를 가리키는 포인터를 저장하는 복사 생성자와 복사 대입 정의를 깜빡하는 일은 일반적으로 발생하는 문제의 원인이지만, 그만큼 쉽게 예방할 수 있다.

이러한 간단한 방법으로 처리하기에 너무 큰 문제에 봉착했다면 그러한 문제를 진단하는 전문적 도구를 학습해야 할 시기가 됐다는 말이기도 하다. 물론 누수를 방지하는 기법을 바탕으로 누수가 일어나지 않게 하는 쪽이 더 이상적인 방법이긴 하다.

18.5 vector 요소에 접근

지금까지는 set()과 get() 멤버 함수를 이용해서 요소에 접근했지만(17.6절), 이런 방법은 코드가 길어지고 보기에 좋지 않다. 그 대신 일반적인 첨자 표기 v[i]가 필요한데, operator[]라는 멤버 함수를 정의해야 한다. 첫 번째 간단한 시도는 다음과 같다.

```
class vector {
    int sz;                 // 크기
    double* elem;           // 요소를 가리키는 포인터
public:
    // ...
    double operator[ ] (int n) { return elem[n]; }      // 요소 반환
};
```

보기에도 좋고 간단하지만, 너무 간단해서 흠이다. 위에서 정의한 첨자 연산자(operator[] ())는 읽을 수 있는 값을 반환하지만, 요소에 쓰기를 할 수는 없다.

```
vector v(10);
double x = v[2];            // 문제없음
v[3] = x;                   // 오류: v[3]은 lvalue가 아님
```

여기서 v[i]는 v.operator[] (i)를 호출하며, 이 호출은 v의 i번 요소의 값을 반환한다. 즉, 지나치게 단순한 vector에서 v[i]는 부동소수점 값을 반환할 뿐 부동소수점 변수를 나타내지 않는다.

도전 과제

이번 예제의 vector를 컴파일 가능할 정도로 완성시킨 후 v[3]=x;에서 어떤 컴파일 오류가 발생하는지 살펴보자.

이제 operator[]가 요소를 가리키는 포인터를 반환하게 하자.

```
class vector {
    int sz;                 // 크기
    double* elem;           // 요소를 가리키는 포인터
public:
    // ...
    double* operator[ ] (int n) { return &elem[n]; }        // 포인터 반환
};
```

이제 다음과 같은 코드를 작성할 수 있다.

```
vector v(10);
for (int i=0; i<v.size(); ++i) {     // 작동하지만, 여전히 보기 좋지 않음
    *v[i] = i;
```

```
    cout << *v[i];
}
```

여기서 v[i]는 v.operator[] (i)를 호출하며, 이 호출은 v의 i번 요소를 가리키는 포인터를 반환한다. 하지만 요소에 접근하려면 *를 써서 역참조를 해야 하는데, set()과 get()만큼이나 불편하다. 첨자 연산자가 참조를 반환하면 이런 문제를 해결할 수 있다.

```
class vector {
    // ...
    double& operator[ ](int n) { return elem[n]; }        // 참조 반환
};
```

이제 다음과 같은 코드를 작성할 수 있다.

```
vector v(10);
for (int i=0; i<v.size(); ++i) {      // 잘 동작함!
    v[i] = i;                         // v[i]가 i번 요소의 참조를 반환
    cout << v[i];
}
```

드디어 관례적인 표기 방식을 완성했다. v[i]는 v.operator[] (i)를 호출하며, 이 호출은 v의 i번 요소의 참조를 반환한다.

18.5.1 const 오버로딩

앞에서 정의한 operator[] ()는 다음과 같이 const vector에서 호출할 수 없다는 단점이 있다.

```
void f(const vector& cv)
{
    double d = cv[1];       // 실제로 문제는 없지만 오류 발생
    cv[1] = 2.0;            // 오류(실제로 문제가 있음)
}
```

여기서 문제는 vector::operator[] ()가 vector의 상태를 변경할 가능성이 있다는 점이다. 실제로 그렇지 않은 코드라고 해도 우리가 그 사실을 명시하지 않는 한 컴파일러는 그 사실을 알 수 없다. 이를 해결하려면 const 버전의 멤버 함수(9.7.4절)를 제공해야 한다. 방법은 간단하다.

```
class vector {
    // ...
```

```
    double& operator[ ] (int n);          // const가 아닌 vector 용 연산자
    double operator[ ] (int n) const;     // const 벡터용 연산자
};
```

const 버전에서는 당연히 double&를 반환할 수 없으므로 double을 값으로 반환한다. const double&를 반환해도 좋지만, double처럼 작은 객체는 굳이 참조를 반환할 필요가 없으므로(8.5.6절) 값을 반환했다. 이제 다음과 같은 코드를 작성할 수 있다.

```
void ff(const vector& cv, vector& v)
{
    double d = cv[1];      // 문제없음(const [] 사용)
    cv[1] = 2.0;           // 오류(const [] 사용)
    double d = v[1];       // 문제없음(const가 아닌 [] 사용)
    v[1] = 2.0;            // 문제없음(const가 아닌 [] 사용)
}
```

vector를 const 참조로 전달하는 일은 흔히 있으므로, operator[]()의 const 버전은 필수적으로 제공해야 한다.

18.6 배열

앞에서 자유 저장 영역에 할당한 일련의 객체를 참조하는 데 배열을 사용했다. 이러한 배열은 어디서든 명명된 변수로 할당할 수 있으며, 일반적으로 다음과 같은 방법으로 사용한다.

- 전역 변수(그러나 대부분의 경우에 전역 변수는 좋은 선택이 아니다)
- 지역 변수(그러나 배열에는 심각한 제약이 있다)
- 함수 인자(그러나 배열은 그 크기를 알 수 없다)
- 클래스 멤버(배열 타입 멤버는 초기화하기 어렵다)

이쯤 되면 여러분도 배열보다 vector를 훨씬 선호하리라 믿는다. 선택권이 있는 상황이라면 std::vector를 사용하자. 그리고 대부분의 경우에 그 정도 선택권은 있기 마련이다. 하지만 배열은 vector보다 오래 전부터 존재했고, 여러 언어(특히 C)에서는 vector와 거의 같은 기능을 한다. 따라서 배열을 잘 알아야 오래된 코드와 vector가 주는 이점을 잘 모르는 사람이 작성한 코드를 다룰 수 있다.

그렇다면 배열은 무엇인가? 배열은 어떻게 정의하며, 어떻게 사용하는가? 배열은 연속된 메모리 공간에 할당된 일련의 단일 종류의 객체를 말한다. 즉, 배열의 모든 요소 타입은 동일하며, 일련의 객체 사이에는 빈 곳이 없다. 배열의 각 요소의 번호는 0부터 시작해서 증가한

다. 그리고 배열을 선언할 때에는 대괄호를 사용한다.

```
const int max = 100;
int gai[max];      // (int 100개를 포함하는) 전역 배열. "프로그램이 종료할 때까지 존재함"

void f(int n)
{
    char lac[20];            // 지역 배열. 유효 범위를 벗어 날 때까지 존재
    int lai[60];
    double lad[n];           // 오류: 배열 크기가 상수가 아님
    // ...
}
```

여기서 주목해야 할 제약은 명명된 배열의 요소 개수는 반드시 컴파일 시점에 결정돼야 한다는 점이다. 요소의 개수가 변할 수 있다면 배열을 자유 저장 영역에 할당한 후 포인터를 바탕으로 접근해야 한다. vector가 바로 이런 방식으로 요소로 이뤄진 배열을 다룬다.

자유 저장 영역의 배열과 마찬가지로 명명된 배열도 첨자와 역참조 연산자([]와 *)로 접근할 수 있다.

```
void f2()
{
    char lac[20];            // 지역 배열. 유효 범위를 벗어 날 때까지 존재

    lac[7] = 'a';
    *lac = 'b';              // lac[0]='b'와 동일

    lac[-2] = 'b';           // 뭔가 이상하다?
    lac[200] = 'c';          // 뭔가 이상하다?
}
```

이 함수는 컴파일은 되지만, 우리는 "컴파일 된다"는 말이 "정확히 작동한다"는 의미는 아니라는 사실을 잘 알고 있다. []의 사용은 문제가 없지만 배열의 구간을 확인하지 않으므로, f2()가 컴파일은 되지만 일반적으로 lac[-2]와 lac[200]은 (모든 구간 밖 접근이 그렇듯이) 재앙을 불러온다. 다시 말하지만 여기서는 물리적인 메모리를 직접 다루고 있으므로 '시스템의 지원'을 바라지 말자.

그러나 lac가 요소를 20개만 포함한다는 사실을 컴파일러가 알고 있다면 lac[200]이 오류라는 사실도 알 수 있지 않을까? 이론적으로 가능하지만, 내가 알고 있는 어떤 상용 컴파일러도 그렇게 하지 않는다. 배열의 구간을 컴파일 시점에 추적하기란 일반적으로 불가능하며, (앞과 같이) 단순한 경우에만 오류를 검출하는 일은 별로 유용하지 않기 때문이다.

18.6.1 포인터와 배열의 요소

포인터는 배열의 요소를 가리킬 수 있다.

```
double ad[10];
double* p = &ad[5];       // ad[5]를 가리킴
```

이제 포인터 p가 ad[5]라는 double 객체를 가리킨다.

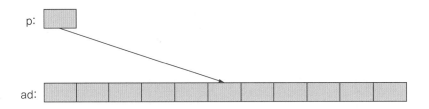

이 포인터에 첨자와 역참조를 사용할 수도 있다.

```
*p =7;
p[2] = 6;
p[-3] = 9;
```

결과는 아래 그림과 같다.

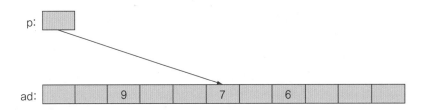

즉, 포인터의 첨자로 양수와 음수 모두를 사용할 수 있다. 결과적으로 배열의 구간 안이라면 문제가 없다. 그러나 (자유 저장 영역에 할당한 배열과 마찬가지로) 배열의 구간 밖에 접근하는 일은 불법이다(17.4.3절). 일반적으로 이렇게 배열의 구간 밖에 접근하는 일은 컴파일러가 감지하지 못하며 (당장이든 나중이든) 재앙을 불러온다.

포인터가 배열을 가리키게 하면 덧셈이나 첨자로 배열의 다른 요소를 가리키게 할 수 있다.

```
p += 2; // p를 오른쪽으로 요소 2개만큼 옮김
```

결과는 다음 그림과 같다.

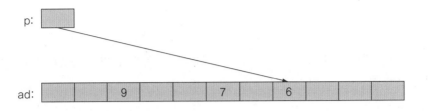

그리고 다음과 같이 하면

p -= 5;   // p를 왼쪽으로 요소 5개만큼 옮김

다시 그 결과를 보면 다음과 같다.

+와 -, +=, -=으로 포인터를 이동시키는 일을 **포인터 산술**$^{pointer\ arithmetic}$ 연산이라고 한다. 이런 일을 할 때는 당연히 포인터가 배열의 메모리 밖으로 벗어나지 않게 주의해야 한다.

```
p += 1000;           // 잘못됨: p가 가리키는 배열의 요소는 10개뿐 임
double d = *p;       // 불법적: 잘못된 값을 대입(예측할 수 없는 값)
*p = 12.34;          // 불법적: 알 수 없는 데이터를 망가트림
```

불행히도 포인터 산술에 관련된 오류는 찾기가 어려우므로, 가능하면 포인터 산술을 수행하지 않는 편이 좋다.

포인터 산술의 가장 일반적인 예는 (++로) 포인터를 증가시켜서 다음 요소를 가리키게 하거나 (--로) 포인터를 감소시켜서 이전 요소를 가리키게 하는 일로, 다음과 같이 ad의 모든 요소의 값을 출력할 수 있다.

```
for (double* p = &ad[0]; p<&ad[10]; ++p) cout << *p << '\n';
```

또는 거꾸로 할 수도 있다.

```
for (double* p = &ad[9]; p>=&ad[0]; --p) cout << *p << '\n';
```

포인터 산술을 이런 방법으로 활용하는 일은 드물다. 마지막 예제(거꾸로 버전)는 뭔가 잘못될 여지가 많다. &ad[10]이 아니라 &ad[9]인 이유는? >가 아니라 >=로 비교한 이유는? 이러한 일은 첨자를 이용해서 잘(효율적으로) 수행할 수 있다. 게다가 vector에 첨자를 이용하면

작업을 잘 수행할 뿐 아니라 배열의 구간도 쉽게 확인할 수 있다.

실제로 포인터 산술을 수행하는 대부분의 경우는 포인터를 함수의 인자로 전달하는 경우다. 이런 경우에 컴파일러는 포인터가 가리키는 배열의 요소가 몇 개인지 알지 못하며, 여러분 스스로 책임져야 한다. 이런 상황은 가능하면 피하는 편이 낫다.

그렇다면 C++가 포인터 연산을 허용하는 이유는 무엇인가? 포인터 산술은 성가신 일이며, 아래 예에서 보듯이 첨자보다 나은 점도 없다.

```
double* p1 = &ad[0];
double* p2 = p1+7;
double* p3 = &p1[7];
if (p2 != p3) cout << "불가능!\n";
```

가장 큰 이유는 역사적인 이유다. 포인터 산술 규칙은 수십 년 전 C에서 착안돼 이미 존재하는 많은 코드를 망가트리지 않고는 삭제할 수 없다. 그리고 메모리 관리자처럼 로우레벨 응용 분야에서는 포인터 산술이 주는 이점도 존재한다.

18.6.2 포인터와 배열

배열의 이름은 전체 요소를 가리킨다.

```
char ch[100];
```

여기서 ch의 크기, 즉 sizeof(p)는 100이다. 그러나 약간만 공을 들이면 배열의 이름을 포인터로 변환할(강등시킬) 수 있다.

```
char* p = ch;
```

여기서 p는 &ch[0]으로 초기화되며, sizeof(ch)는 (100이 아닌) 4다.

이런 방법은 유용하게 활용할 수 있다. 예를 들어 영으로 끝나는 문자열에서 문자의 개수를 세는 strlen 함수를 살펴보자.

```
int strlen(const char* p)      // 표준 라이브러리 strlen()과 비슷함
{
    int count = 0;
    while (*p) { ++count; ++p; }
    return count;
}
```

이 함수는 strlen(&ch[0])은 물론 strlen(ch)로 호출할 수 있다. 표기 방법에 있어서는 매우 사소한 이점이지만, 어쨌든 편리한 건 사실이다.

배열의 이름을 포인터로 변환하는 또 다른 이유는 대량의 데이터를 값으로 전달하는 실수를 막는 데 있다.

```
int strlen(const char a[ ] )          // 표준 라이브러리의 strlen()과 비슷함
{
    int count = 0;
    while (a[count]) { ++count; }
    return count;
}

char lots [100000];

void f()
{
    int nchar = strlen(lots);
    // ...
}
```

단순히 생각하면(그리고 어느 정도 합리적으로 생각해도) 함수 호출로 인해 strlen()의 인자로 전달된 100,000개의 문자가 복사되리라 기대할 수 있다. 하지만 이런 일은 일어나지 않는다. 인자 선언 char p[]는 char *p와 동일하며, 호출문 strlen(lots)는 strlen(&lots[0])과 동일하다. 이로 인해 부담스러운 복사 연산을 피할 수 있지만, 여러분에게는 당황스러울 수도 있다. 왜 당황스러운가? 다른 모든 경우에 참조에 의한 전달로 명시하지 않은 모든 객체는 복사되기 때문이다(8.5.3~6절).

배열의 이름을 배열의 첫 요소를 가리키는 포인터로 취급하는 경우 그 포인터는 변수가 아니라 값이라는 점을 명심하자. 따라서 그 포인터에 대입은 할 수 없다.

```
char ac[10];
ac = new char [20];        // 오류: 배열 이름에 대입 불가
&ac[0] = new char [20];    // 오류: 포인터 값에 대입 불가
```

이제야 컴파일러가 감지할 수 있는 문제가 등장했다!

이러한 배열 이름에서 포인터로의 암묵적 변환 때문에 대입 연산으로도 배열을 복사할 수는 없다.

```
int x[100];
int y[100];
// ...
x = y;                // 오류
int z[100] = y;       // 오류
```

이러한 규칙은 일관되긴 하지만 귀찮을 수도 있다. 배열을 복사하려면 더 많은 코드를 작성해야 하기 때문이다.

```
for (int i=0; i<100; ++i) x[i]=y[i];      // int 100개 복사
memcpy(x,y,100*sizeof(int));              // 100*sizeof(int) 바이트 복사
copy(y,y+100, x);                         // int 100개 복사
```

C 언어는 vector와 비슷한 기능을 지원하지 않으므로 배열을 많이 사용한다. 이런 이유로 많은 C++ 코드에서도 배열을 사용한다(27.1.2절). 특히 C 스타일 문자열(0으로 종료하는 문자의 배열, 27.5절)은 매우 일반적으로 사용한다.

대입을 수행해야 한다면 표준 라이브러리의 vector를 사용하자. vector를 이용해서 복사를 수행하는 코드는 다음과 같다.

```
vector<int> x(100);
vector<int> y(100);
// ...
x = y;                  // int 100개 복사
```

18.6.3 배열 초기화

char의 배열은 문자열 리터럴로 초기화할 수 있다.

```
char ac[ ] = "Beorn";    // 문자 6개를 포함하는 배열
```

문자를 세어보면 5개지만, 컴파일러가 문자열 리터럴의 끝에 종료를 알리는 영(0) 문자를 추가하므로 ac는 문자 6개를 포함하는 배열이 된다.

ac: | 'B' | 'e' | 'o' | 'r' | 'n' | 0 |

이러한 영으로 끝나는 문자열은 C를 비롯한 많은 시스템에서 표준적으로 사용한다. C 스타일 문자열은 영으로 끝나는 문자 배열을 말하며, 모든 문자열 리터럴은 C 스타일 문자열이다.

```
char* pc = "Howdy";  // pc는 문자 6개를 포함하는 배열을 가리킴
```

이를 그림으로 살펴보면 다음과 같다.

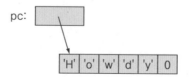

pc: 'H' 'o' 'w' 'd' 'y' 0

정수 값 0을 갖는 char는 문자 '0'이나 그 밖의 어떤 문자, 숫자를 표현하는 문자('0'~'9')와도 다르다는 점을 명심하자. 종료를 알리는 영은 함수에게 문자열의 끝을 알리는 데 목적이 있다. 배열 자체만으로는 크기를 알 수 없음을 명심하라. 종료를 알리는 영을 이용한 코드는 다음과 같다.

```cpp
int strlen(const char* p)        // 표준 라이브러리 strlen()과 비슷함
{
    int n = 0;
    while (p[n]) ++n;
    return n;
}
```

strlen()은 <string.h> 헤더에 정의된 표준 라이브러리 함수이므로 직접 정의할 필요는 없다(27.5절, B.11.3절). 한 가지 기억해야 할 사실은 strlen()이 종료를 알리는 영을 제외한 문자의 개수를 반환한다는 점이다. 따라서 n개의 문자를 포함하는 C 스타일 문자열을 저장하려면 n+1개의 char가 필요하다.

문자열 리터럴로 초기화할 수 있는 배열은 문자 배열뿐이지만, 요소의 타입에 상응하는 값의 목록을 이용하면 모든 배열을 초기화할 수 있다.

```cpp
int ai[ ] = { 1, 2, 3, 4, 5, 6 };         // int 6개를 포함하는 배열
int ai2[100] = {0,1,2,3,4,5,6,7,8,9};     // 나머지 요소 90개는 0으로 초기화
double ad[100] = { };                     // 모든 요소를 0.0으로 초기화
char chars[ ] = {'a', 'b', 'c'};          // 0으로 끝나지 않음!
```

ai의 요소 개수는 (7이 아닌) 6이고, chars의 요소 개수는 (4가 아닌) 3이다. '끝에 0을 추가하는 규칙'은 문자열 리터럴에만 적용되기 때문이다. 배열의 크기를 지정하지 않으면 초기 값 목록을 바탕으로 크기를 유추하는데, 매우 유용한 기능이다. (ai2와 ad처럼) 배열의 크기보다 초기 값의 개수가 적으면 나머지 요소는 해당 타입의 기본 값으로 초기화된다.

18.6.4 포인터에 관련된 문제점

배열과 마찬가지로 포인터도 남용하거나 잘못 사용하는 경우가 있다. 사람들이 겪는 문제의 상당 부분은 포인터와 배열 모두에 관련된 문제이므로, 여기서 정리하고 넘어가자. 특히 포인터에 관련된 모든 치명적인 문제는 예상하던 타입의 객체가 아닌 무언가에 접근할 때 발생하며, 이런 문제는 배열의 구간 밖에 접근할 때 흔히 일어난다. 여기서 살펴볼 문제는 다음과 같다.

- 널 포인터에 접근하기

- 초기화하지 않은 포인터에 접근하기

- 배열의 끝을 넘어서 접근하기

- 해제된 객체에 접근하기

- 유효 범위를 벗어난 객체에 접근하기

이 모든 경우에 있어서 실제적인 문제는 프로그래머 관점에서는 아무 문제가 없어 보인다는 점이다. 문제는 오직 포인터가 유효하지 않은 값을 갖게 된다는 데 있다. 더 큰 문제는 (포인터를 바탕으로 쓰기를 수행할 경우) 겉으로 보기엔 상관없는 객체가 망가질 때까지 오랫동안 문제를 발견하지 못할 수 있다는 사실이다. 예제를 살펴보자.

널 포인터에 접근하면 안 된다.

```
int* p = nullptr;
*p = 7;        // 이런!
```

실제 프로그램에서는 포인터 초기화와 포인터 사용 사이에 (포인터에 접근하는) 코드가 존재할 때 발생한다. 특히 p를 함수에 전달하고, 다시 함수의 결과를 돌려받는 경우가 일반적인 예에 속한다. 가능하면 널 포인터를 전달하지 말아야 하며, 꼭 그렇게 해야 한다면 다음과 같이 포인터를 사용하기 전에 널 포인터인지 검사해야 한다.

```
int* p = fct_that_can_return_a_nullptr();

if (p == nullptr) {
    // 뭔가를 수행
}
else {
    // p를 사용
    *p = 7;
}
```

그리고 다음과 같은 경우도 마찬가지다.

```
void fct_that_can_receive_a_nullptr(int* p)
{
    if (p == nullptr) {
        // 뭔가를 수행
    }
    else {
        // p를 사용
```

```
        *p = 7;
    }
}
```

이러한 널 포인터 문제를 피하는 데 유용한 주요 수단이 바로 참조(17.9.1절)와 오류를 알리는 예외(5.6절과 19.5절)다.

포인터를 초기화하라.

```
int* p;
*p = 9; // 이런!
```

특히 클래스 멤버 포인터를 초기화하는 일을 잊지 말자.

존재하지 않는 배열의 요소에 접근하지 말라.

```
int a[10];
int* p = &a[10];
*p = 11;        // 이런!
a[10] = 12;     // 이런!
```

특히 루프에서 배열의 처음과 마지막 요소에 주의하고, 첫 요소를 가리키는 포인터 형태로 배열을 전달하지 말자. 그 대신에 vector를 사용하라. (배열을 인자로 받는) 여러 함수에 걸쳐 반드시 배열을 사용해야 한다면 배열의 크기를 함께 전달하고 극도로 조심해야 한다.

삭제된 포인터에 접근하지 말라.

```
int* p = new int{7};
// ...
delete p;
// ...
*p = 13; // 이런!
```

delete p나 그 다음에 나오는 *p를 부주의하게 작성하거나 프로그램의 다른 부분에서 이미 삭제된 *p를 사용할 수도 있다. 이런 문제는 체계적으로 방지하기 가장 어려운 문제다. 이 문제에 대한 가장 효율적인 방어책은 그대로 노출된[naked] delete를 수반하는 그대로 노출된 new를 사용하지 않는 방법이다. 즉, new와 delete를 생성자와 소멸자에서만 사용하거나 Vector_ref(E.4절) 같은 컨테이너를 이용해서 delete를 처리하자.

지역 변수의 포인터를 반환하지 말라.

```
int* f()
{
    int x = 7;
```

```
    // ...
    return &x;
}

// ...

int* p = f();
// ...
*p = 15;           // 이런!
```

f()의 반환문이나 그 다음에 나오는 *p를 부주의하게 작성하거나 프로그램의 다른 부분에서 이미 삭제된 *p를 사용할 수도 있다. 이런 코드가 문제가 되는 이유는 함수에서 사용하는 지역 변수는 해당 함수와 연관된 곳(스택)에 저장되며, 함수가 종료한 후에는 지역 변수도 해제되기 때문이다. 특히 소멸자를 포함하는 클래스 타입의 지역 변수에 대해서는 소멸자가 호출된다(17.5.1절). 컴파일러가 지역 변수의 포인터를 반환하는 오류를 감지할 수는 있지만, 그렇게 해주는 컴파일러는 많지 않다.

다음 예제도 논리적으로 동일한 오류를 포함한다.

```
vector& ff()
{
    vector x(7);       // 요소 7개 포함
    // ...
    return x;
} // 벡터 x는 여기서 소멸됨

// ...

vector& p = ff();
// ...
p[4] = 15;             // 이런!
```

이러한 변형된 형태의 함수 반환 오류는 꽤 많은 컴파일러가 감지해낸다.

프로그래머들은 흔히 이런 문제를 과소평가하지만, 경험 많은 프로그래머조차도 이러한 포인터와 배열에 관련된 문제의 수많은 변형과 다양한 조합에 무릎을 꿇는 경우가 있다. 해결책은 여러분의 코드를 포인터와 배열, new, delete로 더럽히지 않는 길뿐이다. 그래야 한다면 현실적인 규모의 프로그램에서는 단지 조심하는 정도로는 충분치 않다. 그 대신 벡터와 RAII('자원 취득은 곧 초기화'Resource Acquisition Is Initialization', 19.5절), 메모리를 비롯한 자원을 체계적으로 관리할 수 있는 그 밖의 방법을 활용하라.

18.7 예제: 회문

기술적인 예제는 충분히 다뤘으니 간단한 퍼즐을 풀어보자. 회문^{palindromes}은 앞에서부터 읽으나 뒤에서부터 읽으나 철자가 동일한 단어를 말한다. 예를 들어 anna와 petep, malayalam은 회문이고, ida와 homesick은 회문이 아니다. 어떤 단어가 회문인지 여부를 결정하는 방법에는 기본적으로 두 가지가 있다.

- 문자열을 거꾸로 뒤집은 복사본과 원래 문자열을 비교한다.

- 첫 번째 문자가 마지막 문자와 같은지 비교하고, 두 번째 문자가 끝에서 두 번째 문자와 같은지 비교하는 과정을 문자열의 가운데에 다다를 때까지 계속한다.

여기서는 두 번째 방법을 택한다. 단어를 표현하는 방법과 문자를 어디까지 비교했는지를 관리하는 방법에 따라 이 아이디어를 코드로 표현하는 방법도 다양하다. 주어진 단어가 회문인지 여부를 결정하는 간단한 프로그램을 작성해볼 텐데, 몇 가지 서로 다른 방법으로 이 프로그램을 구현함으로써 다양한 언어 기능을 살펴보고, 그 기능에 따라 코드가 어떻게 달라지고 작동 방식에는 어떤 영향을 주는지 알아보자.

18.7.1 string을 이용한 회문

먼저 표준 라이브러리의 string과 문자를 어디까지 비교했는지를 나타내는 int 타입 인덱스를 이용한 버전을 작성하자.

```
bool is_palindrome(const string& s)
{
    int first = 0;              // 첫 문자의 인덱스
    int last = s.length()-1;    // 마지막 문자의 인덱스
    while (first < last) {      // 아직 가운데에 다다르지 못함
        if (s[first]!=s[last]) return false;
        ++first;                // 다음으로 이동
        --last;                 // 이전으로 이동
    }
    return true;
}
```

일치하지 않는 문자가 없이 가운데까지 다다르면 true를 반환한다. 문자열에 포함된 문자가 없거나 문자열에 포함된 문자가 하나이거나, 문자열의 문자 개수가 짝수/홀수일 때 제대로 동작하는지 여러분 스스로 따져보자. 물론 논리를 살펴보는 일만으로 코드가 올바른지 알기 어려우며, 테스트도 수행해야 한다. 다음과 같이 is_palindrome()을 테스트할 수 있다.

```
int main()
{
    for (string s; cin>>s; ) {
        cout << s << " is";
        if (!is_palindrome(s)) cout << " not";
        cout << " a palindrome\n";
    }
}
```

여기서 string을 사용한 기본적인 이유는 '단어를 다루는 데 string이 적합하기' 때문이
다. string을 이용하면 공백으로 구분된 단어를 쉽게 읽을 수 있고, string은 스스로의 크기
도 알고 있다. **ah ha**와 **as df fd sa** 같은 회문처럼 공백을 포함한 문자열로 is_palindrome()을
테스트하려면 getline()(11.5절)을 이용할 수도 있다.

18.7.2 배열을 이용한 회문

string(이나 vector)을 사용할 수 없는 경우에 문자열을 배열에 저장해야 한다면 어떻게 해야
할까?

```
bool is_palindrome(const char s[ ], int n)
    // s는 길이가 n인 배열의 첫 문자를 가리킴
{
    int first = 0;                      // 첫 문자의 인덱스
    int last = n-1;                     // 마지막 문자의 인덱스
    while (first < last) {              // 아직 가운데에 다다르지 못함
        if (s[first]!=s[last]) return false;
        ++first;                        // 다음으로 이동
        --last;                         // 이전으로 이동
    }
    return true;
}
```

is_palindrome()을 테스트하려면 문자열을 배열에 읽어야 한다. (배열 오버플로 등의 위험
없이) 이 작업을 안전하게 수행하는 방법 중의 하나는 다음과 같다.

```
istream& read_word(istream& is, char* buffer, int max)
    // 최대 max-1개의 문자를 is에서 buffer로 읽음
{
    is.width(max);      // 다음으로 호출할 >> 연산자에서 최대 max-1개의 문자를 읽음
    is >> buffer;       // 공백 문자로 구분된 단어를 읽고
                        // buffer에 읽은 마지막 문자 뒤에 영을 추가
```

```
    return is;
}
```

다음으로 호출할 >> 연산자에서 버퍼 오버플로를 막고자 istream의 폭을 적절히 조절했다. 하지만 입력이 공백 문자 때문에 종료됐는지, 버퍼가 가득차서 종료했는지(그래서 읽어야 할 문자가 더 남아있는지)는 알 수 없다. 게다가 입력에서 width()가 무슨 일을 하는지 알고 있는 사람이 얼마나 될까? 표준 라이브러리의 string과 vector는 입력의 양에 맞게 크기를 조절하므로 입력 버퍼에 훨씬 적합하다. 문자 배열(C 스타일 문자열)을 다루는 널리 쓰이는 연산들은 마지막에 0이 있다고 가정하므로, 끝을 알리는 영을 추가했다. read_word()를 이용한 코드는 다음과 같다.

```
int main()
{
    constexpr int max = 128;

    for (char s[max]; read_word(cin,s,max); ) {
        cout << s << " is";
        if (!is_palindrome(s,strlen(s))) cout << " not";
        cout << " a palindrome\n";
    }
}
```

read_word()를 호출한 후에 strlen(s)를 호출해 배열에 포함된 문자 개수를 구한다. 그리고 cout<<s는 끝을 알리는 영이 나올 때까지 배열의 문자를 출력한다.

배열을 이용한 코드가 string을 이용한 코드보다 훨씬 지저분하며, 긴 문자열을 다루기도 어렵다. 연습문제 10번을 참고하라.

18.7.3 포인터를 이용한 회문

인덱스로 문자를 지정하는 대신 포인터를 이용할 수 있다.

```
bool is_palindrome(const char* first, const char* last)
    // first는 첫 문자를, last는 마지막 문자를 가리킴
{
    while (first < last) {       // 아직 가운데에 다다르지 못함
        if (*first!=*last) return false;
        ++first;                 // 다음으로 이동
        --last;                  // 이전으로 이동
    }
```

```
    return true;
}
```

포인터를 증가/감소시킬 수 있다는 점에 주목하자. 포인터를 증가시키면 배열의 다음 요소를 가리키게 되고, 포인터를 감소시키면 배열의 이전 요소를 가리키게 된다. 배열에 다음 요소나 이전 요소가 존재하지 않으면 심각하고 발견하기 어려운 구간 밖 오류가 발생한다. 이러한 문제가 포인터의 또 다른 단점 중의 하나다.

앞의 is_palindrome()은 다음과 같이 호출할 수 있다.

```cpp
int main()
{
    const int max = 128;
    for (char s[max]; read_word(cin,s,max); ) {
        cout << s << " is";
        if(!is_palindrome(&s[0],&s[strlen(s)-1])) cout << " not";
        cout << " a palindrome\n";
    }
}
```

재미삼아 is_palindrome()을 아래처럼 바꿀 수도 있다.

```cpp
bool is_palindrome(const char* first, const char* last)
    // first는 첫 문자를, last는 마지막 문자를 가리킴
{
    if (first<last) {
        if (*first!=*last) return false;
        return is_palindrome(first+1,last-1);
    }
    return true;
}
```

회문의 정의를 새롭게 내리면 이 코드도 명확해진다. 단어의 첫 문자와 마지막 문자가 같고, 첫 문자와 마지막 문자를 제외한 부분 문자열이 회문이면 그 단어는 회문이다.

실습문제

18장의 실습문제는 두 부분으로 이뤄진다. 먼저 배열을 실습한 후, 거의 같은 방식으로 vector 를 실습한다. 두 가지 실습을 마친 후, 각각에 들인 수고를 비교해보자.

배열 실습

1. 10개의 int를 포함하는 배열 ga를 전역 변수로 정의하고, 1과 2, 4, 8, 16, ...으로 초기화 하라.

2. int 배열과 배열의 크기를 지정하는 int 타입 인자를 받아들이는 함수 f()를 정의하라.

3. f()의 내용을 다음과 같이 작성하라.

   a. 10개의 int를 포함하는 배열 la를 지역 변수로 정의하자.

   b. ga의 요소의 값을 la로 복사하자.

   c. la의 요소 값을 출력하라.

   d. int 포인터 p를 정의하고, 인자로 받은 배열과 같은 크기로 자유 저장 영역에 할당된 배열을 가리키도록 초기화하자.

   e. 인자로 받은 배열을 자유 저장 영역의 배열에 복사하자.

   f. 자유 저장 영역의 배열에 포함된 요소를 출력하라.

   g. 자유 저장 영역의 배열을 해제한다.

4. main()의 내용을 다음과 같이 작성하라.

   a. ga를 인자로 f()를 호출하자.

   b. 10개의 요소를 포함하는 배열 aa를 정의하고, 1부터 10까지 계승의 값(1, 2*1, 3*2*1, 4*3*2*1, ...)으로 초기화하자.

   c. aa를 인자로 f()를 호출하라.

표준 라이브러리 vector 실습 :

1. 10개의 int를 포함하는 vector<int> gv를 전역 변수로 정의하고, 1과 2, 4, 8, 16, ...으로 초기화하라.

2. vector<int> 타입 인자를 받아들이는 함수 f()를 정의하라.

3. f()의 내용을 다음과 같이 작성하라.

   a. 인자로 받은 vector와 같은 개수의 요소를 포함하는 vector<int> lv를 지역 변수로 정의하자.

b. `gv`의 요소 값을 `lv`로 복사하자.

c. `lv`의 요소 값을 출력하라.

d. `vector<int> lv2`를 지역 변수로 정의하고, 인자로 받은 배열의 복사본이 되도록 초기화하라.

4. `main()`의 내용을 다음과 같이 작성하라.

a. `gv`를 인자로 `f()`를 호출하자.

b. `vector<int> vv`를 정의하고, 1부터 10까지 계승의 값(1, 2*1, 3*2*1, 4*3*2*1, ...)으로 초기화하자.

c. `vv`를 인자로 `f()`를 호출하라.

복습문제

1. "Caveat emptor!"는 무슨 의미인가?

2. 클래스 객체의 복사는 기본적으로 무엇을 의미하는가?

3. 클래스 객체에 대한 기본적인 의미의 복사는 어떤 경우에 적합한가? 반대로 어떤 경우에 적합하지 않은가?

4. 복사 생성자는 무엇인가?

5. 복사 대입은 무엇인가?

6. 복사 대입과 복사 초기화는 어떻게 다른가?

7. 얕은 복사는 무엇이고, 깊은 복사는 무엇인가?

8. 원본 `vector`와 복사본 `vector`를 비교하면 어떠한가?

9. 클래스의 '필수 연산 다섯 가지'는 무엇인가?

10. `explicit` 생성자는 무엇이며, 어떤 경우에 주로 사용하는가?

11. 클래스 객체에 암묵적으로 호출되는 연산에는 무엇이 있는가?

12. 배열은 무엇인가?

13. 배열은 어떻게 복사하는가?

14. 배열은 어떻게 초기화하는가?

15. 참조 인자보다 포인터 인자가 적합한 경우는 언제인가? 왜 그런가?

16. C 스타일 문자열은 무엇인가?

17. 회문은 무엇인가?

용어 정리

배열	깊은 복사	이동 대입
배열 초기화	기본 생성자	이동 생성
복사 대입	필수 연산	회문
복사 생성자	explicit 생성자	얕은 복사

연습문제

1. C 스타일 문자열을 자유 저장 영역에 할당한 메모리로 복사하는 함수 char* strdup (const char*)를 작성하라. 표준 라이브러리 함수를 아무것도 사용하지 말고, 첨자 대신 역참조 연산자 *를 사용하라.

2. C 스타일 문자열 s에서 x가 처음 나오는 위치를 찾는 함수 char* findx(const char* s, const char* x)를 정의하라. 표준 라이브러리 함수를 아무것도 사용하지 말고, 첨자 대신 역참조 연산자 *를 사용하라.

3. 두 C 스타일 문자열을 비교하는 함수 int strcmp(const char* s1, const char* s2)를 작성하라. s1이 사전 순서로 s2보다 앞에 있으면 음수를, s1과 s2가 같으면 0을, s1이 사전 순서로 s2보다 뒤에 있으면 양수를 반환한다. 표준 라이브러리 함수를 아무것도 사용하지 말고, 첨자 대신 역참조 연산자 *를 사용하라.

4. strdup()와 findx(), strcmp()의 인자가 올바른 C 스타일 문자열이 아니라면 어떻게 될까? 시도해보자! 우선 0으로 종료하는 문자 배열을 가리키지 않는 char*를 만들고, 함수의 인자로 전달하자(실험용이 아닌 실제 코드에선 절대 이렇게 하지 말자. 대혼란이 벌어진다). 자유 저장 영역과 스택에 각각 할당된 '가짜 C 스타일 문자열'도 시도해보자. 여전히 결과가 합리적이라면 디버깅 모드를 끄자. 인자로 받은 문자열에 허용된 최대 요소 개수도 함께 인자로 받도록 세 함수를 다시 설계하고 구현하자. 그리고 올바른 C 스타일 문자열과 잘못된 문자열로 테스트해보자.

5. 두 문자열 사이에 마침표를 넣은 형태로 문자열을 연결하는 함수 string cat_dot(const string& s1, const string& s2)를 작성하라. 예를 들어 cat_dot("Niels", "Bohr")를 호출하면 문자열 Niels.Bohr를 반환한다.

6. (마침표 대신) 구분자로 사용할 문자열을 세 번째 인자로 받도록 앞의 연습문제 cat_dot() 를 수정하라.

7. 앞 연습문제의 cat_dot()가 C 스타일 문자열을 인자로 받고, 자유 저장 영역에 할당한 C 스타일 문자열을 결과로 반환하는 버전을 작성하자. 구현 과정에서 표준 라이브러리의 함수나 타입을 사용하지 말자. 여러 가지 버전의 함수를 다양한 문자열로 테스트해보자. (new를 이용해서) 자유 저장 영역에 할당한 모든 메모리를 잊지 않고 해제(delete)하자. 연습 문제 5, 6번에 들인 수고와 이번 연습문제에 투자한 노력을 비교해보자.

8. 18.7절의 모든 함수를 문자열을 거꾸로 뒤집은 복사본을 만든 후 원본과 비교하는 방식으로 다시 작성하라. 예를 들어 입력이 "home"이라면 "emoh"를 생성하고, 두 문자열이 다르므로 home은 회문이 아니다.

9. 17.4절의 메모리 레이아웃을 되새겨보자. 정적 저장 영역과 스택, 자유 저장 영역이 메모리에 위치한 순서를 알려주는 프로그램을 작성하자. 그리고 스택은 낮은 주소와 높은 주소 중 어느 방향으로 커지는가? 자유 저장 영역의 배열에서 첨자가 더 큰 요소는 더 높은 주소와 더 낮은 주소 중 어디에 위치하는가?

10. 18.7.2절에서 배열로 구현한 회문 프로그램을 다시 살펴보자. 두 가지 방법 (a) '문자열이 너무 길면 오류 보고하기'와 (b) '임의의 길이의 문자열 허용하기'로 긴 문자열을 처리하게 변경하자. 두 버전의 복잡도를 따져보자.

11. (웹에서) 스킵 리스트skip list를 찾아보고, 구현해보자. 그리 쉬운 문제는 아니다.

12. '웜푸스 사냥Hunt the Wumpus' 게임을 구현하자. '웜푸스 사냥'(짧게 웜푸라고도 함)은 간단한 콘솔 컴퓨터 게임으로 그레고리 욥Gregory Yob이 만들었다. 게임의 전제 조건은 이러하다. 서로 연결된 방들로 이뤄진 어두운 동굴 속에 지독한 냄새를 풍기는 괴물 웜푸스가 살고 있다. 여러분은 활과 화살로 웜푸스를 죽여야 한다. 동굴에는 웜푸스 외에도 두 가지 위험이 존재한다. 끝없는 함정이 있는 방에 들어가면 게임이 바로 끝난다. 거대한 박쥐가 있는 방에 들어가면 박쥐가 여러분을 낚아채서 다른 방에 떨어트린다. 여러분이 웜푸스가 있는 방에 들어가거나 웜푸스가 여러분이 있는 방에 들어오면 그 녀석이 여러분을 잡아먹는다. 방에 들어갈 때 위험이 가까이 있으면 다음과 같이 말한다.

"웜푸스 냄새가 난다": 그 녀석이 인접한 방에 있다.
"바람이 분다": 인접한 방 중 하나에 함정이 있다.
"박쥐 소리가 들린다": 거대 박쥐가 인접한 방 중 하나에 있다.

편의상 각 방에는 번호를 붙이며, 모든 방은 다른 방 세 개와 터널로 연결된다. 방에 들어가면 예를 들어 "당신은 12번방에 있습니다. 연결된 방은 1과 13, 4번입니다. 이동할까요? 아니면 화살을 쏠까요?"라고 질문한다. 가능한 대답은 m13("13번방으로 이동")과 s13-4-3("13과 4, 3번 방 쪽으로 화살 쏘기")이다. 활의 사정거리는 방 세 개 만큼이며, 처음 게임을 시작할 때 화살 다섯 개가 주어진다. 화살을 쏠 때 주의할 점은 웜푸스가 그 소리를 듣고 일어나 다른 연결된 방으로 이동한다는 점이다. 그 방이 지금 여러분이 있는 방이 될 수도 있다.

이 연습문제의 가장 까다로운 부분은 어떤 방이 서로 연결될지를 선택해서 동굴을 만드는 작업이다. 난수 생성기(예, std_lib_facilities.h의 randint())를 이용해서 게임을 실행할 때마다 다른 동굴을 만들고, 박쥐와 웜푸스를 옮길 수 있다. 힌트: 동굴의 상태를 알 수 있게 디버그용 출력을 생성하라.

붙이는 말

표준 라이브러리 vector는 포인터와 배열 등을 비롯한 로우레벨 메모리 관리 기능을 바탕으로 만들어졌으며, 그 주된 역할은 이러한 기능의 복잡함을 피하는 데 있다. 클래스를 설계할 때는 항상 초기화와 복사, 소멸을 고려해야 한다.

19

벡터, 템플릿, 예외

"성공에는 끝이 없다."

— 윈스턴 처칠(Winston Churchill)

19 장에서는 가장 일반적이고 유용한 STL 컨테이너인 vector의 설계와 구현을 완성한다. 요소의 개수가 바뀔 수 있는 컨테이너를 구현하는 방법과 컨테이너에 저장할 요소의 타입을 매개변수로 받아들이는 방법, 구간 오류를 처리할 수 있는 방법을 살펴본다. 늘 그랬듯이 여기서 사용할 기법도 vector를 비롯한 컨테이너 구현에만 한정되지 않으며, 폭넓게 적용할 수 있다. 기본적으로는 개수가 동적으로 변화하는 다양한 타입의 데이터를 안전하게 다루는 방법을 살펴보고, 여기에 더해 설계에 대한 학습의 일환으로 현실적인 예제를 몇 가지 알아본다. 이러한 기법은 템플릿과 예외를 바탕으로 하므로, 템플릿을 정의하는 방법과 예외를 잘 활용하는 데 핵심적인 역할을 하는 기본적인 자원 관리 기법도 알아본다.

19.1 문제 정의

18장을 마친 시점에서 우리가 만든 vector의 능력은 다음과 같다.

- 요소의 개수에 상관없이 배정도 부동소수점 요소의 vector(클래스의 객체)를 생성할 수 있다.
- 대입과 초기화를 이용해서 vector를 복사할 수 있다.
- vector 객체가 유효 범위를 벗어날 때 vector 스스로 할당받은 메모리를 안전히 해제한다.
- 관례적인 첨자 표기법을 이용해서 vector의 요소에 (대입문의 우항이나 좌항으로) 접근할 수 있다.

이러한 기능은 모두 훌륭하고 유용하지만, 우리가 (표준 라이브러리 vector에서 경험했던) 원하는 수준의 정교함을 달성하려면 세 가지 문제를 더 해결해야 한다.

- vector의 크기(요소의 개수)를 어떻게 (동적으로) 변경하는가?
- 구간 밖의 vector 요소에 대한 접근을 어떻게 잡아내고 보고하는가?
- vector에 저장할 요소의 타입을 어떻게 인자로 지정하는가?

예를 들어 어떻게 해야 다음과 같은 vector를 합법적으로 정의할 수 있는가?

```
vector<double> vd;        // double 타입의 요소
for (double d; cin>>d; )
    vd.push_back(d);      // vd가 모든 요소를 저장할 수 있게 크기 확장

vector<char> vc(100);     // char 타입의 요소
int n;
cin>>n;
vc.resize(n);             // vc가 n개의 요소를 포함하게 만듦
```

vector가 이런 기능을 제공한다면 당연히 유용하고 멋진 일이겠지만, 이런 기능이 프로그래밍의 관점에서 중요한 이유는 무엇인가? 미래에 유용하게 쓸 만한 프로그래밍 기법을 배우려는 사람에게 이런 기능이 매력적인 이유는 무엇인가? 바로 이런 기법이 두 가지 유연성을 제공하기 때문이다. vector라는 하나의 실체에 대해 다음 두 가지를 변경할 수 있다.

- 요소의 개수
- 요소의 타입

이러한 유연성은 근본적으로 유용하다. 우리는 항상 데이터를 수집한다. 내 책상에는 은행 예금 잔고와 카드 고지서, 전화 요금 고지서가 쌓여있다. 이들은 기본적으로 문자열과 수치 등 다양한 타입으로 이뤄진 일련의 정보다. 그리고 내 앞에 놓인 전화기에는 이름과 전화번호

목록이 저장된다. 방을 둘러싼 책꽂이에는 책이 가득 찬 선반이 줄지어 있다. 다양한 타입의 요소로 이뤄진 컨테이너를 다룬다는 점에서 우리가 만드는 프로그램도 이와 비슷하다. (가장 널리 쓰이는 vector를 비롯해) 다양한 종류의 컨테이너가 존재하며, 각 컨테이너는 전화번호와 이름, 거래량, 문서 등의 정보를 저장한다. 기본적으로 앞에서 언급한 내 책상 위와 방 안의 모든 예는 컴퓨터 프로그램을 이용해서 만들어진다. 한 가지 명백한 예외가 전화기인데, 전화기 자체가 컴퓨터이기 때문이다. 전화기 액정에 찍히는 번호들은 우리가 작성한 프로그램의 출력이라고 할 수 있다. 이런 번호를 저장하는 데는 vector<Number>가 제격이다.

당연한 일이지만, 모든 컨테이너가 동일한 개수의 요소를 포함하지는 않는다. 초기화 시점에 지정한 크기로 고정된 vector만 사용한다면 어떨까? 즉, push_back()과 resize()처럼 크기 변경을 유발하는 연산을 사용하지 않고 코드를 작성할 수 있을까? 물론 가능하지만, 프로그래머에게 불필요한 부담을 주는 셈이다. 고정된 크기의 컨테이너만으로 프로그래밍하는 기본적인 방법은 요소의 개수가 컨테이너의 크기보다 커지면 더 큰 컨테이너를 만들어서 요소를 이동시키는 방식이다. 예를 들어 다음과 같이 vector의 크기를 변경하지 않고 vector에 입력을 읽을 수 있다.

```
// push_back을 사용하지 않고 vector에 입력 읽기
vector<double>* p = new vector<double>(10);
int n = 0;  // 요소의 개수

for (double d; cin>>d; ) {
    if (n==p->size()) {
        vector<double>* q = new vector<double>(p->size()*2);
        copy(p->begin(), p->end(), q->begin());
        delete p;
        p = q;
    }
    (*p)[n] = d;
    ++n;
}
```

이런 방법은 깔끔하지 않다. 이런 방식이 올바르다고 스스로를 설득할 수 있는가? 어떻게 확신하는가? 처음으로 포인터를 사용하고 명시적으로 메모리를 관리했던 때를 되돌아보자. '하드웨어에 가까운 환경'에서 기본적인 메모리 관리 기법만을 이용해서 크기가 고정된 객체(배열, 18.6절)를 다루는 프로그래밍 스타일을 실습했었다. vector 같은 컨테이너를 사용하는 이유 중 하나는 이러한 방식보다 더 나은 방식을 사용하기 위함이다. 즉, 컨테이너 스스로 크기 변경을 처리함으로써 번거로운 작업과 실수할 가능성으로부터 우리(컨테이너 사용자)를 구

원할 수 있다. 즉, 다음과 같이 우리가 필요한 만큼의 요소를 저장할 수 있는 컨테이너를 선호하기 마련이다.

```
vector<double> vd;
for (double d; cin>>d; ) vd.push_back(d);
```

이러한 크기 변경이 일반적인가? 이런 일이 일반적이지 않다면 크기 변경 기능은 단지 사소한 편의를 줄 뿐이다. 그러나 이러한 크기 변경은 매우 흔하다. 입력에서 개수를 알 수 없는 값을 읽는 경우를 대표적인 예로 들 수 있다. (개수를 미리 알 수 없는) 검색 결과를 수집하거나 컨테이너에서 요소를 하나씩 삭제하는 경우도 그런 예에 속한다. 따라서 문제는 "컨테이너의 크기 변경이 필요한가?"가 아니라 "크기 변경을 어떻게 처리하는가?"다.

그렇다면 왜 크기 변경을 고민하는가? 그냥 충분한 공간을 미리 할당하면 되지 않을까? 가장 간단하고 효율적인 방법처럼 보인다. 그러나 이런 방식은 엄청나게 큰 공간을 미리 할당할 필요가 없는 경우에만 가능하다. 문제는 실제로 그렇지 않다는 사실이다. 이러한 방식을 채택했다면 (오버플로를 체계적으로 주의 깊게 검사하려면) 코드를 재작성하고, (오버플로를 제대로 검사하지 못한 경우) 재앙을 마주하게 된다.

vector의 요소 타입도 모두 동일하지 않다. double과 온도 측정치, (다양한 종류의) 레코드, 문자열, 연산, GUI 버튼, 도형, 날짜, 윈도우를 가리키는 포인터 등을 vector에 저장해야 하며, 타입의 종류에는 끝이 없다.

컨테이너의 종류도 다양하다. 이는 중요한 사항이므로 당연히 여겨서는 안 된다. 모든 컨테이너가 vector가 아닌 이유는 무엇인가? 한 가지 종류의 컨테이너로 모든 일을 할 수 있다면 컨테이너를 구현하고 언어의 일부로 통합하는 짐을 덜 수 있다. 한 가지 종류의 컨테이너로 모든 일을 할 수 있다면 다른 종류의 컨테이너를 배우느라 고생할 필요 없이 항상 vector를 사용하면 된다.

알다시피 대부분의 응용 분야에서 자료 구조는 핵심적인 역할을 한다. 데이터를 구조화하는 방법을 다루는 두껍고 유용한 다양한 책이 존재하며, "나의 데이터를 저장하는 가장 좋은 방법은 무엇인가?"에 대한 답을 얻을 수 있다. 결국 우리가 구하는 정답도 "다양한 종류의 컨테이너가 필요하다"는 사실이다. 여기서 모두 다루기엔 너무 방대한 주제이지만, 우리는 이미 vector와 string(string은 문자를 저장하는 컨테이너다)을 빈번하게 사용했다. 20장에서는 list와 map(map은 값의 쌍으로 이뤄진 트리다), 행렬을 살펴본다. 이처럼 다양한 컨테이너가 필요하기 때문에 컨테이너를 만들고 사용하는 데 필요한 언어 기능과 프로그래밍 기법은 그 쓰임새가 광범위하다. 더 나아가 데이터를 저장하고 접근하는 기법은 다양한 형태의 컴퓨팅 분야에서 가장 유용하고 기본적인 내용이다.

가장 낮은 수준에서 보면 메모리상의 모든 객체 크기는 고정적이며, 타입도 존재하지 않는다. 이제 개수가 변화할 수 있는 다양한 타입의 요소를 저장하는 컨테이너를 가능케 하는 언어 기능과 프로그래밍 기법을 소개한다. 이를 바탕으로 모든 경우에 유용한 유연성과 편의성을 얻을 수 있다.

19.2 크기 변경

표준 라이브러리 vector는 어떤 방식으로 크기 변경 기능을 제공하는가?

```
vector<double> v(n);  // v.size()==n
```

• 이 vector의 크기를 세 가지 방법으로 변경할 수 있다.

```
v.resize(10);        // v가 10개의 요소를 포함하게 됨
v.push_back(7);      // 7이라는 값을 갖는 요소를 v 뒤에 추가
                     // v.size()는 1 증가함
v = v2;              // 다른 vector를 대입. v는 v2의 복사본이 되며
                     // v.size()는 v2.size()와 같아짐
```

표준 라이브러리 vector는 erase()와 insert() 등 vector의 크기를 변경하는 더 많은 연산을 제공하지만, 우리가 만들 vector에서는 이 세 가지 연산의 구현 방법만 살펴본다.

19.2.1 메모리 표현

19.1절에서는 크기 변경 방법으로 새로운 요소 개수만큼 공간을 할당한 후 예전 요소를 새로운 공간에 복사했다. 그러나 크기 변경이 빈번하다면 이런 방식은 비효율적이다. 실제로 크기 변경을 한 번 했다면 다시 크기를 변경하는 경우가 대부분이다. push_back()을 한 번만 호출하는 경우가 별로 없듯이 말이다. 따라서 이러한 크기 변경을 미리 대비하면 프로그램을 최적화할 수 있다. 실제로도 모든 vector 구현체는 현재 요소의 개수와 '앞으로 있을 확장'에 대비해서 '남아있는 공간'의 량을 함께 저장한다.

```
class vector {
    int sz;           // 요소의 개수
    double* elem;     // 첫 번째 요소의 주소
    int space;        // 요소의 개수 더하기 새로 추가할 요소에 대비한
                      // "남아있는 공간"/"슬롯"(즉, "현재 할당량")
public:
    // ...
};
```

이를 그림으로 나타내면 다음과 같다.

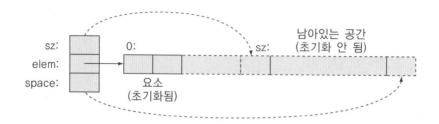

요소의 번호는 0부터 시작하므로, sz(요소의 개수)는 마지막 요소의 다음을, space는 할당된 마지막 슬롯의 다음을 가리킨다. 위 그림의 포인터는 실제로 elem+sa와 elem+space를 나타낸다.

vector를 처음 생성할 때는 space==sz, 즉 '남아있는 공간'이 없다.

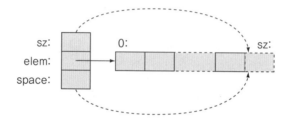

요소의 개수를 변경하기 전에는 여분의 슬롯을 할당하지 않는다. 일반적으로 처음에는 space==sz이므로 push_back()을 사용하기 전에는 메모리 낭비가 없다.

(요소가 없는 vector를 만드는) 기본 생성자는 정수 멤버를 0으로 설정하고, 포인터 멤버는 nullptr로 설정한다.

```
vector::vector() :sz{0}, elem{nullptr}, space{0} { }
```

이를 그림으로 나타내면 다음과 같다.

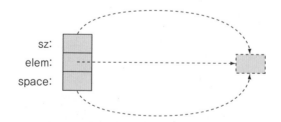

그림의 마지막 요소 다음의 요소는 그저 상상 속의 존재일 뿐 기본 생성자는 자유 저장 영역을 할당하지 않고 최소한의 저장 공간만 사용한다(그러나 연습문제 16번도 참고하라).

우리가 구현하는 vector는 표준 vector(와 그 밖의 자료 구조)를 구현하는 데 필요한 기법을 보여주고 있지만, 표준 라이브러리 구현에는 어느 정도의 자유도가 있으므로 여러분 시스템의 std::vector는 다른 기법을 사용할 수도 있다.

19.2.2 reserve와 capacity

vector::reserve는 새로운 요소를 저장할 공간을 추가하는 연산으로, 크기를 변경(요소의 개수를 변경)할 때 가장 기본적인 연산이다.

```
void vector::reserve(int newalloc)
{
    if (newalloc<=space) return;          // 할당 영역이 줄어들진 않는다.
    double* p = new double[newalloc];     // 새로운 공간 할당
    for (int i=0; i<sz; ++i) p[i] = elem[i];  // 예전 요소 복사
    delete[ ] elem;                       // 예전 공간 해제
    elem = p;
    space = newalloc;
}
```

예약된 공간의 요소는 초기화하지 않는다. reserve는 나중에 사용할 공간을 예약할 뿐 그 공간에 요소를 저장하는 일은 push_back()과 resize()의 몫이다.

vector에 남아있는 공간의 크기는 사용자의 관심사임이 분명하므로, 이 정보를 제공하는 멤버 함수를 제공한다.

```
int vector::capacity() const { return space; }
```

즉, v라는 vector에서 v.capacity()-v.size()는 메모리 재할당없이 push_back()할 수 있는 요소의 개수를 말한다.

19.2.3 resize

reserve()를 이용하면 vector의 resize()를 구현하는 일이 간단해진다. 우리가 처리해야 할 경우는 다음과 같다.

- 새로운 크기가 예전에 할당받은 공간보다 큰 경우
- 새로운 크기가 현재 크기보다는 크지만, 예전에 할당받은 공간보다 작거나 같은 경우
- 새로운 크기가 현재 크기와 같은 경우
- 새로운 크기가 현재 크기보다 작은 경우

완성된 resize()는 다음과 같다.

```
void vector::resize(int newsize)
    // vector가 newsize 만큼의 요소를 포함하게 됨
    // 새로운 요소는 기본 값 0.0으로 초기화
{
    reserve(newsize);
    for (int i=sz; i<newsize; ++i) elem[i] = 0;          // 새로운 요소 초기화
    sz = newsize;
}
```

메모리를 다루는 까다로운 작업은 reserve()가 담당하고, 루프에서는 새로운 요소(존재한다면)를 초기화한다.

앞서 살펴본 경우를 명시적으로 다루지 않았지만, 모든 경우를 올바르게 처리함을 알 수 있다.

도전 과제

여기서 완성한 resize()가 올바르다는 사실을 입증하려면 어떤 경우를 고려(하고 테스트)해야 할까? newsize==0인 경우는? newsize==-77인 경우는?

19.2.4 push_back

얼핏 보면 push_back()의 구현이 복잡해보이지만, reserve()를 이용하면 간단하다.

```
void vector::push_back(double d)
    // vector 크기를 1 증가시키고, 새로운 요소를 d로 초기화
{
    if (space==0)
        reserve(8);              // 8개의 요소를 저장할 수 있는 공간으로 시작
    else if (sz==space)
        reserve(2*space);        // 더 많은 공간 할당
    elem[sz] = d;                // 마지막에 d 추가
    ++sz;                        // 크기 증가(sz가 요소의 개수와 같게 됨)
}
```

한마디로 남은 공간이 충분하지 않으면 두 배의 공간을 할당한다. 실제로도 vector의 다양한 활용에 있어서 이 방법이 좋은 선택임이 밝혀졌으며, 대부분의 표준 라이브러리 vector 구현체에서도 이러한 전략을 활용한다.

19.2.5 대입

vector의 대입을 다른 의미로 정의할 수도 있다. 예를 들어 두 vector의 요소 개수가 동일한 경우에만 대입을 허용할 수도 있다. 그러나 18.3.2절에서 결정했듯이 vector의 대입은 가장 일반적이고 명확한 의미로 정의해야 한다. 즉, 대입문 v1=v2를 수행한 후에 v1은 v2의 복사본이 돼야 한다.

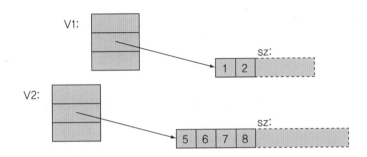

이 그림에서 요소를 복사해야 한다는 사실은 명확하지만, 나머지 공간은 어떻게 해야 할까? 뒤쪽의 '남아있는 공간'도 복사해야 할까? 그렇지 않다. 새로운 vector에 요소를 복사해야 하지만, 이 vector를 앞으로 어떻게 사용할지는 모르기 때문에 뒤쪽의 나머지 공간까지 신경 쓸 필요는 없다.

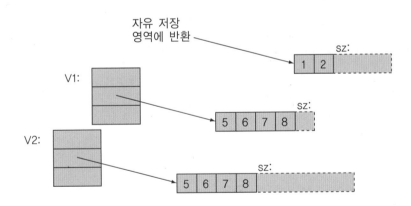

이 그림을 구현하는 가장 간단한 방법은 다음과 같다.

- 복사에 필요한 메모리를 할당한다.
- 요소를 복사한다.
- 예전에 할당한 공간을 해제한다.
- sz와 elem, space를 새로운 값으로 설정한다.

완성된 함수는 다음과 같다.

```
vector& vector::operator=(const vector& a)
    // 복사 생성자와 비슷하지만, 추가적으로 예전의 요소도 처리해야 한다.
{
    double* p = new double[a.sz];                // 새로운 공간 할당
    for (int i = 0; i<a.sz; ++i) p[i] = a.elem[i]; // 요소 복사
    delete[ ] elem;                              // 예전 공간 해제
    space = sz = a.sz;                           // 새로운 크기로 설정
    elem = p;                                    // 새로운 요소를 가리킴
    return *this;                                // 자기 참조 반환
}
```

관례적으로 대입 연산자는 대입 당한 객체의 참조를 반환하는데, 이런 경우에 17.10절에서 설명한 *this를 사용한다.

이 구현이 올바르긴 하지만, 자세히 살펴보면 할당과 해제가 여러 번 반복됨을 알 수 있다. 대입 당하는 vector가 원본 vector보다 많은 요소를 포함하고 있다면 어떨까? 대입 당하는 vector가 원본 vector와 같은 개수의 요소를 포함하고 있다면 어떨까? 많은 응용 사례에서 두 번째 경우는 매우 일반적이며, 두 경우 모두 대상 vector에 이미 할당된 공간에 요소를 바로 복사하면 된다.

```
vector& vector::operator=(const vector& a)
{
    if (this==&a) return *this;        // 자기 대입, 아무 일도 하지 않음

    if (a.sz<=space) {       // 공간이 충분하므로 새로 할당할 필요가 없음
        for (int i = 0; i<a.sz; ++i) elem[i] = a.elem[i];       // 요소 복사
        sz = a.sz;
        return *this;
    }

    double* p = new double[a.sz];                // 새로운 공간 할당
    for (int i = 0; i<a.sz; ++i) p[i] = a.elem[i]; // 요소 복사
    delete[ ] elem;                              // 예전 공간 해제
    space = sz = a.sz;                           // 새로운 크기로 설정
    elem = p;                                    // 새로운 요소를 가리킴
    return *this;                                // 자기 참조 반환
}
```

우선 자기 대입인지 확인하고, 그렇다면 아무 일도 하지 않는다. 이러한 확인 과정은 논리적으로는 꼭 필요하지 않지만 최적화 측면에서는 중요하다. 어쨌든 this 포인터를 이용해서

인자 a가 멤버 함수(여기서는 `operator=()`)를 호출한 객체와 동일한지 확인하는 일반적인 예를 볼 수 있다. `this==&a`를 삭제해도 코드가 잘 동작하는지 살펴보자. `a.sz<=space`인 경우도 최적화를 위한 처리일 뿐이며, `a.sz<=space`를 삭제해도 코드가 잘 동작하는지 확인해보자.

19.2.6 지금까지 구현한 vector

이제 double을 저장하는 진짜 vector에 거의 가까운 vector가 완성됐다.

```cpp
// double을 저장하는 진짜 vector에 거의 가까운 vector
class vector {
/*
    불변 조건:
    0<=n<sz인 n에 대해, elem[n]은 n번 요소를 나타냄
    sz<=space;
    sz<space이면 elem[sz-1] 뒤에 (space-sz)개의 double을 저장할 공간이 존재함
*/
    int sz;              // 크기
    double* elem;        // 요소를 가리키는 포인터(또는 0)
    int space;           // 요소의 개수 더하기 남아있는 슬롯의 개수
public:
    vector() : sz{0}, elem{nullptr}, space{0} { }
    explicit vector(int s) :sz{s}, elem{new double[s]}, space{s}
    {
        for (int i=0; i<sz; ++i) elem[i]=0;      // 요소 초기화
    }
    vector(const vector&);                       // 복사 생성자
    vector& operator=(const vector&);            // 복사 대입

    vector(vector&&);                            // 이동 생성자
    vector& operator=(vector&&);                 // 이동 대입

    ~vector() { delete[ ] elem; }                // 소멸자
    double& operator[ ](int n) { return elem[n]; } // 요소 접근 : 참조 반환
    const double& operator[ ] (int n) const { return elem[n]; }

    int size() const { return sz; }
    int capacity() const { return space; }

    void resize(int newsize);                    // 크기 증가
    void push_back(double d);
    void reserve(int newalloc);
};
```

이제 생성자와 기본 생성자, 복사 연산, 소멸자 등 필수적인 연산(18.4절)을 모두 갖췄다. 그리고 데이터에 접근하는 연산(첨자 연산: [])과 그 데이터에 대한 정보를 확인하는 연산(size() 와 capacity()), 크기 변경을 처리하는 연산(resize()와 push_back(), reserve())도 완성했다.

19.3 템플릿

그러나 우리는 double만 저장하는 vector가 아니라 다음과 같이 요소의 타입을 자유롭게 지정할 수 있는 vector를 원한다.

```
vector<double>
vector<int>
vector<Month>
vector<Window*>             // Windows를 가리키는 포인터의 vector
vector<vector<Record>>      // Record를 포함하는 vector의 vector
vector<char>
```

이렇게 하려면 템플릿을 정의하는 방법을 살펴봐야 한다. 앞에서 템플릿을 사용했지만, 아직까지는 템플릿을 직접 정의할 필요는 없었다. 표준 라이브러리가 우리에게 필요한 모든 것을 제공해주지만, 우리는 그 원리를 이해해야 하므로 표준 라이브러리의 설계자와 구현자들이 vector 타입과 sort() 함수(21.1절, B.5.4절) 등의 기능을 제공하는 방법을 살펴보자. 표준 라이브러리에서 사용하는 도구와 기법은 우리가 작성하는 코드에서 가장 유용한 것 중 하나이 므로, 단순한 이론적 호기심이 아님을 알아두자. 예를 들어 21장과 22장에서 템플릿을 이용해 서 표준 라이브러리의 컨테이너와 알고리즘을 구현하는 방법을 살펴보고, 24장에서는 행렬을 이용해 계산을 수행하는 방법을 살펴본다.

기본적으로 템플릿은 프로그래머로 하여금 타입을 클래스나 함수의 매개변수로 사용할 수 있게 만드는 메커니즘이다. 우리가 나중에 특정한 타입을 인자로 지정하면 컴파일러는 해당 타입에 특화된 클래스나 함수를 생성한다.

19.3.1 타입을 템플릿 매개변수로 사용

우리는 요소의 타입을 vector의 매개변수로 사용하려고 한다. 이렇게 하면 지금까지 정의한 vector에서 double을 T로 대체할 수 있다. 여기서 T는 double과 int, string, vector<Record>, Window*처럼 '값'으로 주어지는 매개변수다. C++에서 이와 같은 타입 매개변수 T를 알리는 구문은 template<typename T> 접두사로, 그 의미는 '모든 타입 T에 대해'이다.

```cpp
// 거의 실제에 가까운 T 타입의 vector
template<typename T>
class vector {    // (수학에서처럼) "모든 타입 T에 대해"로 읽는다.
    int sz;                          // 크기
    T* elem;                         // 요소를 가리키는 포인터
    int space;                       // 크기 + 남아있는 공간
public:
    vector() : sz{0}, elem{nullptr}, space{0} { }
    explicit vector(int s) :sz{s}, elem{new T[s]}, space{s}
    {
        for (int i=0; i<sz; ++i) elem[i]=0;    // 요소 초기화
    }

    vector(const vector&);                 // 복사 생성자
    vector& operator=(const vector&);      // 복사 대입

    vector(vector&&);                      // 이동 생성자
    vector& operator=(vector&&);           // 이동 대입

    ~vector() { delete[ ] elem; }          // 소멸자

    T& operator[ ] (int n) { return elem[n]; }       // 요소 접근: 참조 반환
    const T& operator[ ] (int n) const { return elem[n]; }

    int size() const { return sz; }        // 현재 크기
    int capacity() const { return space; }

    void resize(int newsize);              // 크기 증가
    void push_back(const T& d);
    void reserve(int newalloc);
};
```

19.2.6절의 double 타입 vector에서 double을 템플릿 매개변수 T로 대체했을 뿐이다. 이제 클래스 템플릿 vector를 다음과 같이 사용할 수 있다.

```cpp
vector<double> vd;           // T가 double
vector<int> vi;              // T가 int
vector<double*> vpd;         // T가 double*
vector<vector<int>> vvi;     // T가 vector<int>, T가 int
```

우리가 템플릿을 사용할 때 컴파일러는 템플릿 매개변수를 (템플릿 인자로 지정한) 실제 타입으로 대체한 클래스를 생성한다고 생각하면 된다. 예를 들어 컴파일러가 코드에서 vector<char>를 발견했다면 (어딘가에서) 다음과 같은 클래스를 생성한다.

```
class vector_char {
    int sz;                                    // 크기
    char* elem;                                // 요소를 가리키는 포인터
    int space;                                 // 크기 + 남아있는 공간
public:
    vector_char() : sz{0}, elem{nullptr}, space{0} { }
    explicit vector_char(int s) :sz{s}, elem{new char[s]}, space{s}
    {
        for (int i=0; i<sz; ++i) elem[i]=0;    // 요소 초기화
    }

    vector_char(const vector_char&);           // 복사 생성자
    vector_char& operator=(const vector_char&); // 복사 대입

    vector_char(vector_char&&);                // 이동 생성자
    vector_char& operator=(vector_char&&);     // 이동 대입

    ~vector_char() { delete[ ] elem; }         // 소멸자

    char& operator[ ] (int n) { return elem[n];    }// 요소 접근: 참조 반환
    const char& operator[ ] (int n) const { return elem[n]; }

    int size() const { return sz; }            // 현재 크기
    int capacity() const { return space; }

    void resize(int newsize);                  // 크기 증가
    void push_back(const char& d);
    void reserve(int newalloc);
};
```

또 다른 예로 vector<double>에 대해서는 컴파일러가 (vector<double>을 의미하는 내부적인 타입 이름을 바탕으로) 19.2.6절과 흡사한 (double 타입의) vector를 생성한다.

때때로 클래스 템플릿을 **타입 생성기**^{type generator}라고도 하며, 특정 템플릿 인자가 주어졌을 때 클래스 템플릿을 바탕으로 타입(클래스)을 생성하는 과정을 **특수화**^{specialization}나 **템플릿 인스턴스화**^{template instantiation}라고 한다. 예를 들어 vector<char>과 vector<Poly_line*>는 vector의 특수화된 클래스라고 할 수 있다. 우리가 만든 vector처럼 간단한 경우에는 특수화 과정도 간단하다. 반면 가장 일반적인 고급 응용에서의 템플릿 인스턴스화는 끔찍하게도 복잡하다. 다행히 이러한 복잡성은 컴파일러 제작자의 몫이지, 템플릿 사용자의 몫은 아니다. 템플릿 인스턴스화(특수화된 템플릿 생성)는 실행 시간이 아니라 컴파일 시간이나 링크 시간에 수행한다.

우리는 이러한 클래스 템플릿의 멤버 함수를 평소와 다름없이 사용할 수 있다.

```
void fct(vector<string>& v)
{
    int n = v.size();
    v.push_back("Norah");
    // ...
}
```

이처럼 클래스 템플릿의 멤버 함수를 사용하면 컴파일러가 적당한 함수를 생성한다. 예를 들어 컴파일러가 v.push_back("Norah")을 발견했을 때 다음과 같은 함수를 생성한다.

```
void vector<string>::push_back(const string& d) { /* ...*/ }
```

이러한 함수 정의는 템플릿 정의로부터 유추할 수 있다.

```
template<typename T> void vector<T>::push_back(const T& d) { /* ...*/ };
```

이런 방식으로 v.push_back("Norah")에서 호출할 함수가 생성된다. 즉, 주어진 객체와 타입 인자를 바탕으로 하는 함수가 필요할 때 컴파일러가 여러분을 위해 템플릿을 참고해 함수를 생성해준다.

template<typename T> 대신 template<class T>를 쓸 수도 있다. 둘의 의미는 완전히 같지만, 'typename이 더 명확하고', 'typename을 사용하면 템플릿 인자로 int를 비롯한 내장형 타입을 사용할 수 없다고 오해하지 않기 때문에' typename을 선호하기도 한다. 하지만 나는 class도 타입을 지칭하는 말이므로 큰 차이가 없다고 생각한다. 그리고 class는 더 짧다는 장점도 있다.

19.3.2 제네릭 프로그래밍

템플릿은 C++에서 제네릭 프로그래밍의 기반을 이룬다. 사실 C++에서의 제네릭 프로그래밍을 가장 간단하게 정의하자면 '템플릿을 이용한 프로그래밍'이라고 할 수 있다. 하지만 이러한 정의는 지나치게 단순화된 면이 있다. 기본적인 프로그래밍 개념을 특정 언어의 기능을 바탕으로 정의해서는 안 되기 때문이다. 프로그래밍 언어의 기능은 프로그래밍 기법을 지원할 목적으로 존재할 뿐이다. 널리 통용되는 다른 개념들과 마찬가지로 제네릭 프로그래밍도 다양한 정의가 존재하지만, 내가 생각하기에 가장 유용하고 간단한 정의는 다음과 같다.

제네릭 프로그래밍 인자로 전달되는 다양한 타입을 다루는 코드를 작성하는 일. 특정한 문법적, 의미론적 요구를 만족하는 어떤 타입이라도 인자로 사용할 수 있다.

예를 들어 vector의 요소는 (복사 생성자와 복사 대입을 이용한) 복사가 가능한 타입이어야 하고,

20장과 21장에서는 산술 연산을 필요로 하는 템플릿을 살펴볼 예정이다. 이처럼 매개변수화 parameterize하는 대상이 클래스일 때 이를 일컬어 **클래스 템플릿**이라고 하며, **매개변수화된 타입** parameterized type이나 **매개변수화된 클래스**parameterized class라고도 한다. 반면에 함수를 매개변수화할 때는 그 대상을 **함수 템플릿**이라고 하며, **매개변수화된 함수**parameterized function나 **알고리즘**이라고도 한다. 따라서 사용하는 데이터 타입보다 알고리즘에 설계의 초점을 맞춘다는 이유에서 제네릭 프로그래밍을 '알고리즘 지향 프로그래밍'이라고도 부른다.

매개변수화된 타입은 프로그래밍에 있어 중요한 개념이므로, 다른 상황에서 이러한 개념을 접할 때 헷갈리지 않게 조금 어렵긴 하지만 이 용어를 더 자세히 살펴보자.

이처럼 명시적인 템플릿 매개변수를 바탕으로 하는 형태의 제네릭 프로그래밍을 **매개변수 기반 다형성**parametric polymorphism이라고 한다. 반면에 클래스 계층 구조와 가상 함수를 기반으로 얻어지는 다형성을 **임시적 다형성**ad hoc polymorphism이라고 하며, 임시적 다형성을 바탕으로 하는 프로그래밍 스타일을 객체 지향 프로그래밍(14.3~4절)이라고 한다. 이 두 가지 프로그래밍 스타일을 모두 다형성이라고 일컫는 이유는 프로그래머가 여러 버전의 개념을 하나의 인터페이스로 표현하기 때문이다. polymorphism은 그리스어로 '다양한 모양'이란 뜻으로, 여기서는 여러분이 하나의 공통 인터페이스를 이용해서 여러 가지 서로 다른 타입을 조작할 수 있음을 말한다. 16~19장에서 살펴본 Shape 예제에서는 Shape에서 정의한 인터페이스로 다양한 도형(Text와 Circle, Polygon 등)에 접근할 수 있었다. 이와 달리 vector를 사용할 때는 vector 템플릿에서 정의한 인터페이스를 바탕으로 다양한 vector(vector<int>와 vector<double>, vector<Shape*> 등)를 사용할 수 있었다.

(클래스 계층 구조와 가상 함수를 이용한) 객체 지향 프로그래밍과 (템플릿을 이용한) 제네릭 프로그래밍 사이에는 몇 가지 다른 점이 있다. 한 가지 명확한 차이는 제네릭 프로그래밍에서 어떤 함수를 호출할지는 컴파일러가 컴파일 시점에 결정하는 반면, 객체 지향 프로그래밍에서는 실행 시간에 어떤 함수를 호출할지 결정한다는 점이다.

```
v.push_back(x);        // x를 vector v에 추가
s.draw();              // 도형 s를 그림
```

v.push_back(x)에 대해서는 컴파일러가 v의 요소 타입을 결정하고 적절한 push_back()을 사용하지만, s.draw()에서 컴파일러는 (s의 vtbl을 이용해서, 14.3.1절) 여러 가지 draw() 중 하나를 간접적으로 호출한다. 이런 방식 덕분에 객체 지향 프로그래밍은 제네릭 프로그래밍이 지원하지 않는 자유도를 제공하지만, 반대로 이러한 방식 때문에 ('임시'와 '매개변수 기반'이라는 용어에서 알 수 있듯이) 제네릭 프로그래밍이 좀 더 규칙적이고 이해하기 쉬우며, 더 나은 성능을 보여준다.

지금까지 내용을 요약하면 다음과 같다.

- **제네릭 프로그래밍** 템플릿을 바탕으로 하고, 컴파일 시간에 타입을 결정
- **객체 지향 프로그래밍** 클래스 계층 구조와 가상 함수를 바탕으로 하며, 실행 시간에 호출할 함수를 결정

다음과 같이 이 두 가지 방식을 결합해 유용하게 사용할 수도 있다.

```
void draw_all(vector<Shape*>& v)
{
    for (int i = 0; i<v.size(); ++i) v[i]->draw();
}
```

이 코드는 객체 지향 프로그래밍을 바탕으로 가상 함수 메커니즘을 이용해 기반 클래스 (Shape)에서 가상 함수(draw())를 호출한다. 하지만 매개변수화된 타입으로 Shape*를 vector에 저장하므로 (간단한) 제네릭 프로그래밍도 활용하고 있다.

이제 사람들이 어떤 경우에 템플릿을 사용하는지 감을 잡았기 바란다. 바로 뛰어난 유연성과 성능이 필요한 경우다.

- 성능이 중요할 때 템플릿을 사용한다(예, 수치 처리와 실시간 처리, 24장과 25장).
- 여러 가지 타입의 정보를 조합해야 할 때 템플릿을 사용한다(예, C++ 표준 라이브러리, 20장과 21장).

19.3.3 콘셉트

템플릿이 뛰어난 유연성과 최적에 가까운 성능 등의 유용한 성질을 지니지만, 완벽하진 않다. 언제나 그렇듯 장점이 있으면 약점이 있기 마련이다. 템플릿의 주요 문제점은 유연성과 성능을 얻고자 템플릿 내부(정의)와 템플릿 인터페이스(선언) 사이의 명확한 구분을 희생시킨다는 점이다. 이러한 이유로 템플릿의 오류를 진단하기 어렵고, 아주 복잡한 오류 메시지를 내놓기도 한다. 때때로 일부 오류 메시지는 컴파일 과정에서 우리가 생각했던 시점보다 훨씬 나중 단계에서 발생하기도 한다.

템플릿을 사용하는 코드를 컴파일할 때 컴파일러는 최적의 코드를 생성하는 데 필요한 정보를 얻기 위해 템플릿과 템플릿 인자를 분석한다. 이때 필요한 정보를 모두 얻기 위해 오늘날의 컴파일러는 템플릿을 사용하는 곳에서 호출하는 모든 멤버 함수와 템플릿 함수를 비롯한 템플릿 정의 전체에 대한 접근을 요구한다. 결과적으로 템플릿 작성자는 헤더 파일 안에 템플릿 정의를 작성해야 한다. 표준에서는 이를 강제하진 않지만, 매우 진화된 구현체를

널리 사용하기 전까지는 여러분이 작성하는 템플릿에 대해 "하나 이상의 변환 단위에서 사용할 템플릿의 정의는 헤더 파일에 작성하라"는 규칙을 준수하기 바란다.

처음에는 스스로 아주 간단한 템플릿을 작성해보고 조금씩 경험을 쌓아가길 바란다. 우리가 구현한 vector 개발 과정에서 유용한 개발 기법 중 하나를 엿볼 수 있다. 우선 특정 타입을 바탕으로 클래스를 개발하고 테스트하자. 그 클래스가 잘 작동하는지 확인한 후에 특정 타입을 템플릿 매개변수로 대체하고 여러 가지 템플릿 매개변수로 테스트해보자. 그리고 일반성과 타입 안정성, 성능을 고려한다면 되도록 C++ 표준 라이브러리를 비롯한 템플릿 기반 라이브러리를 사용하자. 20장과 21장에서 표준 라이브러리의 컨테이너와 알고리즘을 주로 살펴보고, 템플릿의 활용 예를 제공한다.

C++14에서는 템플릿 인터페이스를 검사할 수 있는 상당히 개선된 메커니즘을 제공한다. C++11에서 작성된 다음과 같은 코드가 있다고 가정하자.

```
template<typename T>        // 모든 타입 T에 대해
    class vector {
    // ...
};
```

타입 인자 T에 무엇이 올지 정확히 알 수가 없다. 표준에서도 그러한 조건을 컴파일러가 이해할 수 있는 코드가 아닌 인간의 언어(영어)로 규정할 뿐이다. 여기서 템플릿 인자가 만족해야 할 요구 사항의 집합을 **콘셉트**^{concept}라고 하며, 콘셉트가 적용된 템플릿 인자는 해당 콘셉트에 규정된 조건을 만족해야 한다. 예를 들어 vector의 요소는 복사나 이동이 가능하고 주소를 얻어올 수 있으며, (필요시에는) 기본적인 의미의 객체 소멸이 가능해야 한다. 다시 말해 vector의 요소는 우리가 Element라고 이름 붙인 조건의 집합을 만족해야 하며, C++14에서는 이러한 사실을 명시할 수 있다.

```
template<typename T>             // 모든 타입 T에 대해
    requires Element<T>()        // 이때 T는 Element여야 함
class vector {
    // ...
};
```

즉, 콘셉트는 사실상의 타입 술어^{predicate} 함수로, 타입 인자(여기서는 T)가 콘셉트(여기서는 Element)에 규정된 모든 조건을 만족하면 true를, 그렇지 않으면 false를 반환하는 컴파일 시간에 평가되는 (constexpr) 함수라고 볼 수 있다. 위의 코드가 조금 길다면 다음과 같이 짧게 쓸 수도 있다.

```
template<Element T>        // Element<T>()가 true인 모든 타입 T에 대해
class vector {
    //...
};
```

콘셉트를 지원하는 C++14 컴파일러가 없다면 다음과 같이 템플릿 인자 이름과 주석에 요구 사항을 명시하자.

```
template<typename Elem>    // requires Element<Elem>()
class vector {
    // ...
};
```

컴파일러가 템플릿 인자 이름의 의미를 이해하거나 주석을 읽지는 못한다. 그러나 콘셉트를 명시하면 우리 스스로 코드를 곱씹어 보는 데 도움이 되고, 제네릭 코드의 설계를 향상시키며 다른 프로그래머가 우리 코드를 이해하는 데 도움을 준다. 앞으로 다음과 같이 일반적이고 유용한 콘셉트를 접하게 될 것이다.

- **Element<E>()**   E는 컨테이너의 요소가 될 수 있음

- **Container<C>()**   C는 Element를 저장하고, 일련의 구간 [begin():end())로 접근할 수 있다.

- **Forward_iterator<For>()**   For를 이용해서 일련의 구간 [b:e)를 탐색할 수 있다(연결 리스트나 vector, 배열처럼).

- **Input_iterator<In>()**   In을 이용해서 일련의 구간 [b:e)로부터 최초 한 번 읽을 수 있다 (입력 스트림처럼).

- **Output_iterator<Out>()**   Out을 이용해서 일련의 출력을 수행할 수 있다.

- **Random_access_iterator<Ran>()**   Ran을 이용해서 일련의 구간 [b:e)를 반복적으로 읽고 쓰거나 첨자 연산 [ ]을 이용할 수 있다.

- **Allocator<A>()**   A를 이용해 메모리를 할당하고 해제할 수 있다(자유 저장 영역처럼).

- **Equal_comparable<T>()**   두 T 객체에 상등 연산 ==를 적용해서 불리언 결과를 얻을 수 있다.

- **Equal_comparable<T,U>()**   T와 U에 상등 연산 ==를 적용해서 불리언 결과를 얻을 수 있다.

- **Predicate<P,T>()**   타입 T를 인자로 P를 호출해 불리언 결과를 얻을 수 있다.

- **Binary_predicate<P,T>()**   타입 T 객체 두 개를 인자로 P를 호출해 불리언 결과를 얻을 수 있다.

- **Binary_predicate<P,T,U>()** 타입 T와 U를 인자로 P를 호출해 불리언 결과를 얻을 수 있다.

- **Less_comparable<L,T>()** L을 이용해서 두 T 객체에 대해 < 연산자를 사용해 불리언 결과를 얻을 수 있다.

- **Less_comparable<L,T,U>()** L을 이용해서 T와 U에 대해 < 연산자를 사용해 불리언 결과를 얻을 수 있다.

- **Binary_operation<B,T>()** T 객체 두 개에 연산 B를 적용할 수 있다.

- **Binary_operation<B,T,U>()** T와 U에 연산 B를 적용할 수 있다.

- **Number<N>()** N은 +와 -, *, /를 지원하는 수치처럼 동작한다.

표준 라이브러리 컨테이너와 알고리즘에서는 이러한 콘셉트(실제로는 더 많은)를 매우 자세히 지정하고 있다. 우리는 특히 20장과 21장에서 우리가 만든 컨테이너와 알고리즘을 문서화하는 비공식적인 용도로 이러한 콘셉트를 활용한다.

컨테이너 타입과 반복자 타입에서 T는 요소의 값 타입(Value_type<T>)을 가리킨다. 때때로 Value_type<T>는 멤버 타입 T::value_type으로 선언되기도 한다. vector와 list를 참고하라(20.5절).

19.3.4 컨테이너와 상속

사람들이 항상 객체 지향 프로그래밍과 제네릭 프로그래밍을 조합하려고 시도하지만 작동하지 않는 경우가 있다. 바로 다음과 같이 파생 클래스를 포함하는 컨테이너를 기반 클래스를 포함하는 컨테이너로 사용하려는 경우다.

```
vector<Shape> vs;
vector<Circle> vc;
vs = vc;                    // 오류: vector<Shape>이 필요함
void f(vector<Shape>&);
f(vc);                      // 오류: vector<Shape>이 필요함
```

이 코드가 동작하지 않는 이유가 뭘까? Circle을 Shape로 변환할 수 있다고 생각하겠지만, 사실은 그렇지 않다. Circle*를 Shape*로 변환하거나 Circle&를 Shape&로 변환할 수는 있지만, 반지름을 포함하는 Circle을 반지름이 없는 Shape 변수로 대입하는 불상사를 막기 위해 Shape에 대입할 수 없게 만들었다(14.2.4절). 이를 허용하면 무슨 일이 벌어질까? 정수에서 축소 대입(3.9.2절)이 일어나듯이 클래스에서는 슬라이싱이 발생한다.

그렇다면 포인터를 이용해서 다시 시도해보자.

```
vector<Shape*> vps;
vector<Circle*> vpc;
vps = vpc;                          // 오류: vector<Shape*>이 필요함
void f(vector<Shape*>&);
f(vpc);                             // 오류: Vector<Shape*>이 필요함
```

여전히 시스템이 거부한다. 왜일까? f()가 다음과 같은 작업을 수행한다고 가정하자.

```
void f(vector<Shape*>& v)
{
    v.push_back(new Rectangle{Point{0,0},Point{100,100}});
}
```

vector<Shape*>에는 당연히 Rectangle*를 추가할 수 있다. 하지만 이 vector<Shape*>를 어디선가 vector<Circle*>로 취급한다면 예상치 못한 일이 발생할 수 있다. 특히 컴파일러가 위의 예제를 허용한다면 vpc에 추가한 Rectangle*는 어떻게 된단 말인가? 상속은 강력하고 간단한 메커니즘이지만, 템플릿은 그런 이점을 암묵적으로 물려받을 수 없다. 템플릿을 이용해서 상속을 표현하는 방법이 있지만, 이 책의 범위를 벗어난다. 어떤 템플릿 C에 대해서 "D는 B다"라는 사실이 "C<D>는 C<B>다"를 의미하지 않는다는 점만 기억하자. 그리고 이러한 규칙을 실수로 타입을 위반하는 일을 방지하는 보호 장치로 받아들여야 한다. 25.4.4절도 참고하기 바란다.

19.3.5 템플릿 매개변수로 사용되는 정수

이제 클래스를 타입으로 매개변수화하는 일이 유용하다는 점은 명확하다. 그렇다면 클래스를 정수 값이나 문자열 값 등 타입 이외의 것으로 매개변수화하면 어떨까? 기본적으로 어떤 종류의 인자든 유용하지만, 여기서는 타입 매개변수와 정수 매개변수만 고려한다. 다른 종류의 매개변수를 유용하게 이용하는 경우는 흔치 않으며, 다른 종류의 매개변수에 대한 C++의 지원 기능을 사용하려면 언어 기능을 상세히 알아야 한다.

템플릿 인자로 정수를 사용하는 가장 일반적인 예로, 요소의 개수를 컴파일 시간에 지정할 수 있는 컨테이너를 살펴보자.

```
template<typename T, int N> struct array {
    T elem[N];                          // 요소를 멤버 배열로 저장

    // 기본 생성자와 소멸자, 대입 연산 사용

    T& operator[ ] (int n);             // 요소 접근 : 참조 반환
    const T& operator[ ] (int n) const;
```

```
    T* data() { return elem; }                    // T*로 변환
    const T* data() const { return elem; }

    int size() const { return N; }
};
```

이렇게 정의한 array(20.7절 참고)를 다음과 같이 사용할 수 있다.

```
array<int,256> gb;                        // 256개의 정수
array<double,6> ad = { 0.0, 1.1, 2.2, 3.3, 4.4, 5.5 };
const int max = 1024;

void some_fct(int n)
{
    array<char,max> loc;
    array<char,n> oops;                   // 오류: 컴파일러가 n의 값을 알 수 없다.
    // ...
    array<char,max> loc2 = loc;           // 백업용 복사본 만들기
    // ...
    loc = loc2;                           // 복구
    // ...
}
```

array는 매우 단순하지만 vector보다 강력하지는 않은데, 무슨 이유로 vector 대신 array를 사용하는 걸까? 답은 바로 '효율성'이다. array의 크기는 컴파일 시간에 알 수 있으므로, 컴파일러는 자유 저장 영역 대신 (gb 같은 전역 객체를 위한) 정적 메모리와 (loc 같은 지역 객체를 위한) 스택 메모리를 할당할 수 있다. 구간을 확인할 때도 상수(크기 매개변수 N)를 이용한다. 대부분의 프로그램에서 이러한 효율성이 큰 문제가 되진 않지만, 네트워크 드라이버처럼 핵심적인 시스템 구성 요소를 개발한다면 작은 차이도 문제가 될 수 있다. 더 중요한 이유는 일부 프로그램은 자유 저장 영역을 사용할 수 없기 때문이다. 임베디드 시스템 프로그램과 보안이 중요한 프로그램을 예로 들 수 있다(25장). 이런 프로그램에서는 array를 이용해서 (자유 저장 영역을 사용하지 못하는) 치명적인 제약을 위반하지 않으면서 vector가 주는 많은 장점을 이용할 수 있다.

이제 거꾸로 질문을 던져보자. '그냥 vector를 사용할 수 없는 이유'를 묻는 대신 '내장형 배열을 사용하지 않는 이유'가 무엇인지 생각해보자. 18.6절에서 설명했듯이 배열은 크기를 알 수 없고, 암묵적으로 포인터로 변환되며, 올바르게 복사를 수행하지 않는 등 문제의 소지가 많다. 반면에 array는 vector와 마찬가지로 이런 문제를 해결할 수 있다. 다음 예를 보자.

```
double* p = ad;           // 오류: 암묵적으로 포인터로 변환할 수 없음
double* q = ad.data();    // OK: 명시적 변환

template<typename C> void printout(const C& c)    //함수 템플릿
{
    for (int i = 0; i<c.size(); ++i) cout << c[i] <<'\n';
}
```

printout()은 vector는 물론 array를 인자로 호출할 수 있다.

```
printout(ad);            // array로 호출
vector<int> vi;
// ...
printout(vi);            // vector로 호출
```

데이터 접근에 제네릭 프로그래밍을 활용한 간단한 예제를 살펴봤다. 이 예제가 동작하는 이유는 array와 vector의 인터페이스(size()와 첨자 연산)가 동일하기 때문이다. 20장과 21장에서는 이러한 프로그래밍 스타일을 더 자세히 살펴보자.

19.3.6 템플릿 인자 연역

클래스 템플릿에서는 특정 클래스의 객체를 생성할 때 다음과 같이 템플릿 인자를 지정해야 한다.

```
array<char,1024> buf;    // T는 char이고 N은 1024인 buf
array<double,10> b2;     // T는 double이고 N은 10인 b2
```

함수 템플릿의 경우에는 일반적으로 다음과 같이 컴파일러가 함수 인자로부터 템플릿 인자를 연역한다.

```
template<class T, int N> void fill(array<T,N>& b, const T& val)
{
    for (int i = 0; i<N; ++i) b[i] = val;
}

void f()
{
    fill(buf,'x');       // buf의 타입을 따라 T는 char이고 N은 1024인 fill() 호출
    fill(b2,0.0);        // b2의 타입을 따라 T는 double이고 N은 10인 fill() 호출
}
```

기술적으로 보면 fill(buf,'x')는 fill<char,1024>(buf,'x')의 축약어이고, fill(b2,0)은 fill<double,10>(b2,0)의 축약형인데, 다행히도 컴파일러가 이를 알아서 처리하므로 우리가 구체적으로 (템플릿 인자를) 지정하지 않아도 되는 경우가 있다.

19.3.7 vector의 일반화

'double의 vector'에서 'T의 vector'로 vector를 일반화할 때 push_back()과 resize(), reserve()의 정의를 다시 검토하지 않았다. 하지만 19.2.2절과 19.2.3절에서 정의한 함수의 전제 조건이 double에 대해서는 만족되지만 vector 요소의 타입으로 사용할 모든 타입에 대해서는 만족되지 않을 수 있으므로 반드시 검토를 거쳐야 한다.

- 기본 값을 정의하지 않은 X에 대해서 vector<X>는 어떻게 처리하는가?
- 요소의 사용을 마친 후에 요소가 제대로 소멸되는지 어떻게 알 수 있는가?

우리는 이러한 문제를 해결해야 하는가? "기본 값이 없는 타입의 vector를 만들지 말라"거나 "문제의 소지가 있는 소멸자를 갖는 타입에 vector를 사용하지 말라"고 말할 수도 있지만, '범용적인 활용'이라는 목적의 측면에서 보면 설계자가 문제를 충분히 고려하지 않았거나 사용자를 정말로 배려하지 않는다는 인상을 준다. 이러한 우려가 사실인 경우도 있지만, 표준 라이브러리의 설계자는 옥의 티를 남기지 않았다. 따라서 표준 라이브러리의 vector를 흉내 내려면 이 두 문제를 해결해야 한다.

기본 값이 없는 타입 문제는 사용자가 필요시 기본 값을 지정하게 함으로써 해결할 수 있다.

```
template<typename T> void vector<T>::resize(int newsize, T def = T());
```

즉, 사용자가 따로 지정하지 않는 한 T()를 사용한다.

```
vector<double> v1;
v1.resize(100);             // double(), 즉 0.0의 복사본을 100개 추가
v1.resize(200, 0.0);        // 0.0의 복사본을 100개 추가 – 0.0을 중복해 언급
v1.resize(300, 1.0);        // 1.0의 복사본을 100개 추가

struct No_default {
    No_default(int);        // No_default의 유일한 생성자
    // ...
};

vector<No_default> v2(10);  // 오류: No_default()를 10개 복사하려 함
vector<No_default> v3;
```

```
v3.resize(100, No_default(2));      // No_default(2)의 복사본을 100개 추가
v3.resize(200);                     // 오류: No_default()의 복사본을 100개 추가하려 함
```

　소멸자 문제는 해결하기 더 어렵다. 일부 데이터는 초기화되고 나머지 데이터는 초기화되지 않은 자료 구조처럼 매우 비정상적인 경우를 처리해야 하기 때문이다. 지금까지 우리는 초기화하지 않은 데이터와 그로 인한 프로그래밍 오류를 피하려고 애썼다. 우리가 vector를 사용할 때 이런 문제에 부딪히지 않으려면 vector의 구현자로서 이러한 문제를 해결해야 한다.

　우선 초기화하지 않은 저장 영역을 할당하고 조작할 수 있어야 한다. 다행히도 표준 라이브러리는 초기화되지 않은 메모리를 제공하는 allocator 클래스를 제공하며, 그 대강을 살펴보면 다음과 같다.

```
template<typename T> class allocator {
public:
    // ...
    T* allocate(int n);                 // T 타입 객체 n개를 수용할 수 있는 공간 할당
    void deallocate(T* p, int n);       // p에서 시작하는 T 타입 객체 n개의 공간을 해제
    void construct(T* p, const T& v);   // 값이 v인 T 객체를 p에 생성
    void destroy(T* p);                 // p에 위치한 T 객체 소멸
};
```

　자세한 내용을 알고 싶다면 『The C++ Programming Language』의 <memory>(B.1.1절)나 표준 문서를 참고하자. 그러나 여기서 보여준 함수만으로도 다음과 같은 기본적인 연산 네 가지를 수행할 수 있다.

● 초기화하지 않은 T 타입 객체를 저장할 수 있는 크기의 메모리 공간 할당

● 초기화되지 않은 메모리 공간에 T 타입 객체 생성

● T 타입 객체를 소멸시키고, 해당 메모리 공간은 초기화되지 않은 상태로 되돌아 감

● T 타입 객체를 저장할 수 있는 크기의 초기화되지 않은 메모리 공간 해제

　당연한 일이지만 vector<T>::reserve()를 구현할 때 필요한 기능이 바로 allocator이며, 다음과 같이 vector에 할당자allocator를 매개변수로 지정하는 일부터 시작하자.

```
template<typename T, typename A = allocator<T>> class vector {
    A alloc;            // 할당자를 이용해서 요소를 저장할 메모리 공간을 관리함
    // ...
};
```

allocator를 제공하는 점과 new를 사용하는 대신에 표준 할당자를 사용하는 점을 제외하면 달라진 점은 없다. vector의 사용자 입장에서는 요소를 저장할 메모리 공간을 특별한 방식으로 다루는 vector가 필요한 경우가 아니라면 할당자에 신경 쓸 필요가 없다. 하지만 vector의 구현자이자 기본적인 문제와 기법을 이해하려는 학생으로서 vector가 초기화되지 않은 메모리를 다루는 방식과 사용자에게 올바르게 생성된 객체를 제공하는 방식을 알아야 한다. 할당자에 영향을 받는 코드는 vector<T>::reserve()처럼 메모리를 직접 다루는 vector의 멤버 함수뿐이다.

```
template<typename T, typename A>
void vector<T,A>::reserve(int newalloc)
{
    if (newalloc<=space) return;              // 할당 영역은 줄어들지 않음
    T* p = alloc.allocate(newalloc);          // 새로운 공간 할당
    for (int i=0; i<sz; ++i) alloc.construct(&p[i],elem[i]);      // 복사
    for (int i=0; i<sz; ++i) alloc.destroy(&elem[i]);            // 소멸
    alloc.deallocate(elem,space);                            // 예전 공간 해제
    elem = p;
    space = newalloc;
}
```

초기화되지 않은 공간에 복사본을 생성한 후 예전 요소를 소멸시켜서 새로운 공간으로 요소를 이동했다. string을 비롯한 일부 타입을 대입 시 대상 영역이 초기화된 상태라고 가정하므로 여기서는 대입을 사용할 수 없다.

위에서 정의한 reserve()를 이용하면 vector<T,A>::push_back()을 간단히 작성할 수 있다.

```
template<typename T, typename A>
void vector<T,A>::push_back(const T& val)
{
    if (space==0) reserve(8);              // 요소 8개를 저장할 공간으로 시작
    else if (sz==space) reserve(2*space);  // 추가 공간 할당
    alloc.construct(&elem[sz],val);        // 마지막에 val 추가
    ++sz;                                  // 크기 증가
}
```

마찬가지로 vector<T,A>::resize()도 어렵지 않게 정의할 수 있다.

```
template<typename T, typename A>
void vector<T,A>::resize(int newsize, T val = T())
{
```

```
    reserve(newsize);
    for (int i=sz; i<newsize; ++i) alloc.construct(&elem[i],val);    // 생성
    for (int i = newsize; i<sz; ++i) alloc.destroy(&elem[i]);        // 소멸
    sz = newsize;
}
```

일부 타입은 기본 생성자가 없으므로 새로운 요소의 초기 값으로 사용할 값을 선택적으로 지정할 수 있게 했다.

vector의 크기를 줄이는 경우에는 여분의 요소를 소멸시키는데, 소멸은 객체를 '빈 메모리'로 전환하는 과정으로 생각할 수 있다.

이처럼 '할당자'를 다루는 일은 고급 주제이며 어렵기 때문에 여러분이 전문가가 될 준비를 마칠 때까지 신경 쓰지 말자.

19.4 구간 검사와 예외

지금까지 구현한 vector를 보면 요소 접근 시 구간 검사가 이뤄지지 않음을 알 수 있다. 예를 들어 operator[]의 구현은 다음과 같다.

```
template<typename T, typename A> T& vector<T,A>::operator[ ] (int n)
{
    return elem[n];
}
```

이 연산자를 다음과 같이 사용하면 어떻게 될까?

```
vector<int> v(100);
v[-200] = v[200];       // 이런!
int i;
cin>>i;
v[i] = 999;             // 알 수 없는 메모리 위치에 덮어쓰기
```

이 코드는 컴파일되고 실행되긴 하지만 vector가 소유하지 않은 메모리에 접근하고, 이로 인해 심각한 문제가 발생한다. 실제 프로그램에서는 이런 일을 용납할 수 없다. 이제 이런 문제에 대처할 수 있게 vector를 개선하자. 가장 간단한 방법은 구간 검사를 수행하는 접근 연산 at()을 추가하는 방법이다.

```
struct out_of_range { /* ...*/ };          // 구간 밖 접근 오류를 보고할 때 사용할 클래스

template<typename T, typename A = allocator<T>> class vector {
    // ...
```

```
    T& at(int n);                        // 구간 검사를 수행하는 접근
    const T& at(int n) const;            // 구간 검사를 수행하는 접근
    T& operator[ ] (int n);              // 구간 검사를 수행하지 않는 접근
    const T& operator[ ] (int n) const;  // 구간 검사를 수행하지 않는 접근
    // ...
};

template<typename T, typename A > T& vector<T,A>::at(int n)
{
    if (n<0 || sz<=n) throw out_of_range();
    return elem[n];
}

template<typename T, typename A > T& vector<T,A>::operator[ ] (int n)
    // 예전과 같음
{
    return elem[n];
}
```

이렇게 정의한 함수를 바탕으로 다음과 같이 사용할 수 있다.

```
void print_some(vector<int>& v)
{
    int i = -1;
    while(cin>>i && i!=-1)
    try {
        cout << "v[" << i << "]==" << v.at(i) << "\n";
    }
    catch(out_of_range) {
        cout << "잘못된 인덱스: " << i << "\n";
    }
}
```

여기서는 at()으로 구간 검사를 수행하는 접근을 실행하고, 불법적인 접근에 대비해
out_of_range 예외 클래스를 처리했다.

일반적으로는 유효한 인덱스를 사용하는 경우에는 []를 이용한 첨자 연산을, 구간 밖 인덱
스를 사용할 가능성이 있는 경우에는 at()을 이용한다.

19.4.1 여담: 설계에 고려할 사항

그런데 operator[]()에 구간 검사를 추가하지 이유는 무엇일까? 물론 표준 라이브러리 vector도 여기서 본 바와 같이 구간 검사를 수행하는 at()과 구간 검사를 수행하지 않는 operator[]()를 제공하지만, 여기서 그러한 방식이 타당한 이유를 알아보자. 기본적으로는 네 가지 논쟁거리가 있다.

1. **호환성** C++에서 예외를 지원하기 전까지 사람들은 구간 검사를 수행하지 않는 첨자 연산을 사용했다.

2. **효율성** 구간 검사를 수행하지 않는 접근 연산자를 바탕으로 최적화된 속도의 구간 검사를 수행하는 접근 연산자를 구현할 수 있다. 그러나 구간 검사를 수행하는 접근 연산자를 바탕으로 최적화된 속도의 접근 연산자를 만들 수는 없다.

3. **제약** 예외가 적합하지 않은 환경도 존재한다.

4. **선택적 검사** 표준에서 vector의 구간 검사를 수행할 수 없다고 말한 적은 없다. 필요하다면 구간 검사를 수행하는 구현 방식을 사용하면 된다.

19.4.1.1 호환성

사람들은 절대적으로 예전 코드를 망치기를 원하지 않는다. 예를 들어 100만 줄의 코드가 존재한다면 모든 코드가 예외를 올바르게 사용하게 고치는 일은 매우 버거운 작업이다. 개선 작업을 하면 코드가 더 나아진다고 주장할 수는 있지만, 그 (시간적, 금전적) 비용을 우리가 책임 질 수는 없다. 더 나아가 코드를 유지 보수하는 사람은 검사를 수행하지 않는 코드는 이론적으로 안전하지 않다고 주장할 수 있지만 그 코드는 테스트를 거쳐 수년간 사용한 코드이고, 모든 버그를 이미 찾아냈다. 이러한 주장에 회의적으로 생각할 수는 있지만, 실제 코드가 이론적으로 완벽해야 한다고 그 누구도 결정한 적은 없다. C++ 표준에 vector가 포함되기 전부터 표준 라이브러리 vector를 사용하는 코드는 존재하지 않지만, vector와 매우 유사하고 예외를 바탕으로 하지 않는 클래스를 사용하는 코드는 수없이 많다. 물론 대부분의 코드가 표준을 사용하도록 수정되긴 했지만 말이다.

19.4.1.2 효율성

네트워크 인터페이스의 버퍼나 고성능 과학 계산의 행렬처럼 극단적인 경우에는 구간 검사가 부담이 될 수 있다. 그러나 대부분의 사람들이 대부분의 시간 동안 수행하는 '일반적인 컴퓨팅'에서 구간 검사의 비용은 미미하므로, 가능하면 구간 검사를 수행하는 구현 방식의 vector

를 사용하길 권한다.

19.4.1.3 제약

일부 프로그래머와 일부 응용 분야에서는 논쟁이 있을 수 있다. 사실 많은 프로그래머가 이런 경우를 겪기 때문에 쉽게 무시할 수 없다. 그러나 엄격한 실시간성(25.2.1절)을 요구하지 않는 환경에서 새로운 프로그램을 작성한다면 예외를 기반으로 한 오류 처리와 구간 검사를 수행하는 vector를 사용하자.

19.4.1.4 선택적 검사

ISO C++ 표준에서는 단지 vector에 대한 구간 밖 접근 오류가 어떠한 의미론적 결과도 보장하지 않으며, 이러한 접근은 반드시 피해야 한다고 규정할 뿐이다. 즉, 프로그램이 구간 밖 접근을 시도할 때 예외를 던지는 방식은 표준에 완벽하게 부합한다. 따라서 여러분이 vector가 예외를 던지길 원하고, 앞에서 논한 세 가지 경우에 속하지 않는다면 구간 검사를 수행하는 vector 구현 방식을 사용하자. 이 책에서도 이와 같은 규칙을 따른다.

한마디로 요약하자면 실세계의 설계에서는 우리의 바람과 달리 깔끔하지 않은 뭔가가 존재한다. 그러나 이런 경우에 대비한 방법이 있다.

19.4.2 매크로를 이용한 방법

우리가 구현한 vector와 마찬가지로 대부분의 표준 라이브러리 vector 구현체의 첨자 연산([])은 구간 검사를 수행하지 않으며, at()에서만 구간 검사를 수행한다. 그렇다면 우리가 만들 프로그램에서 std::out_of_range 예외를 어떻게 활용할 수 있을까? 여기서는 19.4.1절의 네 가지 중 마지막 대안을 채용한다. 즉, vector 구현체의 [] 연산자가 구간 검사를 수행해야 한다고 강제하지 않지만, 수행하지 말라고 강제하지도 않으므로 우리 식대로 구간 검사를 수행한다. 디버그 모드에서만 []에 대해 구간 검사를 수행하는 Vector를 사용할 수 있다. 코드를 개발할 때 이런 방식이 유용하다. 이렇게 하면 성능 측면에서 약간의 비용으로 오류를 줄이고 디버깅 시간을 절감할 수 있다.

```
struct Range_error : out_of_range {        // 향상된 vector 구간 예외 클래스
    int index;
    Range_error(int i) :out_of_range("Range error"), index(i) { }
};

template<typename T> struct Vector : public std::vector<T> {
    using size_type = typename std::vector<T>::size_type;
```

```
    using vector<T>::vector;          // vector<T>의 생성자 사용(20.5절)

    T& operator[] (size_type i)       // at(i)의 결과를 반환하지 않고 직접 구현
    {
        if (i<0||this->size()<=i) throw Range_error(i);
        return std::vector<T>::operator[] (i);
    }

    const T& operator[] (size_type i) const
    {
        if (i<0||this->size()<=i) throw Range_error(i);
        return std::vector<T>::operator[] (i);
    }
};
```

디버깅 시에 유효한 인덱스를 강제하고자 Range_error를 사용했다. std::vector를 상속했으므로 vector의 모든 멤버 함수를 Vector에서 사용할 수 있다. 첫 번째 using은 std::vector의 size_type을 간편하게 사용할 수 있는 약칭을 지정하며(20.5절 참고), 두 번째 using은 vector의 모든 생성자를 Vector에서 사용할 수 있게 한다.

Vector는 복잡한 프로그램을 디버깅할 때 유용하다. 그 밖의 대안으로는 체계적으로 구간 검사를 수행하는 완벽한 표준 라이브러리 vector 구현체를 사용할 수도 있다. 하지만 여러분이 사용 중인 라이브러리 구현체가 이미 그러한 검사를 수행하고 있는지도 모른다. 여러분의 컴파일러와 라이브러리가 (표준에서 보장하는 수준을 넘어서) 어느 정도의 검사를 수행하는지 알 수 있는 방법은 없다.

std_lib_facilities.h에서 vector를 Vector로 재정의하는 약간 지저분한 편법(매크로 대체 macro substitution)을 사용했다.

```
// 구간 검사를 수행하는 vector를 사용하게 하는 매크로
#define vector Vector
```

여러분이 vector를 사용할 때마다 컴파일러는 Vector로 대체한다. 여러분이 보는 코드와 컴파일러가 이해하는 코드가 서로 다르기 때문에 이러한 편법은 깔끔하지 못한 방법이다. 실제 코드에서 매크로는 불명확한 오류의 주요한 원인이 된다(27.8절, A.17.2절).

string에도 구간 검사를 수행하는 접근을 제공하고자 같은 방법을 사용했다.

아쉽게도 vector의 [] 구현체가 구간 검사를 수행하게 하는 표준적이고 이식성 있으며, 깔끔한 방법은 없다. 그러나 우리가 선택한 방법보다 깔끔하고 완벽하게 구간 검사를 수행하는 vector(와 string)를 사용할 수 있는 방법이 있다. 그러나 컴파일러 제작사의 표준 라이브러

리 구현체를 교체하거나, 설치 옵션을 변경하거나, 표준 라이브러리 소스코드와 씨름해야 한다. 우리는 2장부터 이미 앞에서 설명한 대로 구현된 string을 사용해왔고, 초보자가 프로그래밍을 배운 첫 주부터 이런 일을 하기도 어렵다.

19.5 자원과 예외

함수에서 요청된 작업을 수행할 수 없을 때 호출한 쪽에 예외를 던지는 방식을 추천했고(5장), vector도 마찬가지로 예외를 던진다. 이제 vector의 연산과 우리가 호출한 그 밖의 함수가 던지는 예외를 처리하는 코드를 작성하는 방법을 살펴보자. "try 블록을 이용해서 예외를 잡고, 오류 메시지를 출력한 후 프로그램을 종료한다"는 단순한 방법은 복잡한 시스템에 적용하기에는 너무 조잡하다.

프로그래밍의 기본적 원칙 중 하나는 취득한 자원은 어떤 방법으로든, 직접적으로든, 간접적으로든 그 자원을 관리하는 시스템의 한 부분에 반환해야 한다는 사실이다. 이러한 자원의 예는 다음과 같다.

- 메모리
- 락
- 파일 핸들
- 스레드 핸들
- 소켓
- 윈도우

자원의 기본적인 정의는 취득한 후에는 반드시 반환(해제)하거나 '자원 관리자'가 회수해야 하는 무언가를 말한다. 가장 간단한 예는 다음과 같이 new를 이용해서 자유 저장 영역의 메모리를 할당하고 delete로 자유 저장 영역에 반환하는 코드를 생각할 수 있다.

```
void suspicious(int s, int x)
{
    int* p = new int[s];        // 메모리 취득
    // ...
    delete[ ] p;                // 메모리 해제
}
```

17.4.6절에서 봤듯이 자유 저장 영역의 메모리를 잊지 않고 해제해야 하지만, 그렇게 하기란 쉽지 않다. 특히 예외를 고려하면 무지와 부주의로 인한 자원 누수가 쉽게 발생할 수 있다.

특히 suspicious() 같은 코드를 보면 명시적으로 new를 사용하고, 그 포인터를 지역 변수에 대입하는데, 이 과정이 매우 미심쩍다.

vector를 비롯해서 자원 해제를 수반하는 객체를 사용할 때는, 자원의 소유자나 핸들이 자원 해제를 책임져야 한다.

19.5.1 자원 관리의 잠재적인 문제점

아래 예를 보자.

```
int* p = new int[s];        // 메모리 취득
```

이렇게 겉으로 보기엔 문제없어 보이는 포인터 대입이 미심쩍은 이유는 new에 대응하는 delete가 존재하는지 검증하기 어렵기 때문이다. 적어도 suspicious()에서는 메모리를 해제하는 delete[] p;가 존재하지만, 여기서도 메모리가 해제되지 않는 경우를 몇 가지 생각할 수 있다. 메모리 누수를 일으키려면 ... 부분에 무엇을 넣어야 할까? 문제를 유발하는 코드를 바탕으로 여러분 스스로 생각할 거리를 만들고 이러한 코드를 볼 때마다 미심쩍다고 느껴야 한다. 그리고 이런 코드를 대신할 수 있는 간단하고 강력한 대안에 감사를 느껴야 한다.

우선 delete를 수행하는 시점에서 p가 다른 객체를 가리킬 수 있다.

```
void suspicious(int s, int x)
{
    int* p = new int[s];        // 메모리 취득
    // ...
    if(x) p = q;                // p가 다른 객체를 가리킴
    // ...
    delete[ ] p;                // 메모리 해제
}
```

if(x) 덕분에 p가 변경됐는지 여부를 알 수 없게 됐다. 다음으로 delete가 절대 실행되지 않을 수도 있다.

```
void suspicious(int s, int x)
{
    int* p = new int[s];        // 메모리 취득
    // ...
    if (x) return;
    // ...
    delete[ ] p;                // 메모리 해제
}
```

예외를 던짐으로 인해 delete가 절대 실행되지 않을 수도 있다.

```
void suspicious(int s, int x)
{
    int* p = new int[s];          // 메모리 취득
    vector<int> v;
    // ...
    if (x) p[x] = v.at(x);
    // ...
    delete[ ] p;                  // 메모리 해제
}
```

여기서 주로 다루는 경우는 마지막 경우다. 사람들이 이런 문제에 처음 접하면 자원 관리 문제가 아니라 예외에 관련된 문제라고 생각한다. 이렇게 근본적인 원인을 잘못 파악하면 다음과 같이 예외를 잡는 방법을 해결책으로 여기게 된다.

```
void suspicious(int s, int x)    // 지저분한 코드
{
    int* p = new int[s];          // 메모리 취득
    vector<int> v;
    // ...
    try {
        if (x) p[x] = v.at(x);
        // ...
    } catch (...) {               // 모든 예외 잡기
        delete[ ] p;              // 메모리 해제
        throw;                    // 예외 다시 던지기
    }
    // ...
    delete[ ] p;                  // 메모리 해제
}
```

약간의 코드를 추가하고 메모리 해제 코드(delete[] p;)를 중복함으로써 문제를 해결했다. 다른 말로 하자면 이 해결책은 보기에 좋지 않다. 게다가 일반화하기도 어렵다. 다음과 같이 더 많은 자원을 취득했다고 생각해보자.

```
void suspicious(vector<int>& v, int s)
{
    int* p = new int[s];
    vector<int> v1;
    // ...
```

```
    int* q = new int[s];
    vector<double> v2;
    // ...
    delete[ ] p;
    delete[ ] q;
}
```

new가 자유 저장 영역에서 할당할 메모리를 찾지 못하면 표준 라이브러리 예외인 bad_alloc을 던진다. 여기서도 try ... catch 기법을 사용할 수 있지만, try 블록이 여러 개 필요하며, 코드가 중복되고 보기에 좋지 않다. '중복'은 곧 유지 보수가 어렵다는 말이고, "보기에 좋지 않다"는 오류의 가능성이 높고 읽기 어려우며, 유지 보수가 힘들다는 말이다. 따라서 우리는 중복되고 보기에 좋지 않은 코드를 싫어한다.

도전 과제

마지막 예제에서 예외가 발생하는 모든 경우에 모든 자원이 해제되도록 try 블록을 추가하자.

19.5.2 자원 취득은 곧 초기화

다행히도 잠재적인 자원 누수를 막기 위해 try ... catch 블록으로 코드를 도배할 필요는 없다.

```
void f(vector<int>& v, int s)
{
    vector<int> p(s);
    vector<int> q(s);
    // ...
}
```

이 코드가 앞의 예제보다 더 좋다. 아니 훨씬 더 낫다. 생성자에서 자원(여기서는 자유 저장 영역의 메모리)을 취득하고, 대응하는 소멸자에서 자원을 해제한다. vector의 메모리 누수 문제를 해결한 방법으로 지금까지 논의한 '예외에 관련된 문제'도 해결할 수 있다. 이 해결책은 일반적이며, 모든 종류의 자원에 적용할 수 있다. 즉, 자원을 관리하는 객체의 생성자에서 자원을 취득하고, 상응하는 소멸자에서 자원을 해제한다. 이러한 방식으로 처리하기에 가장 적합한 자원의 예로는 데이터베이스의 락과 소켓, (iostream이 제공하는) I/O 버퍼 등을 들 수 있다. 이러한 기법을 일컫는 낯선 구호가 바로 'Resource Acquisition Is Initialization자원 취득은 곧 초기화'이며, RAII로 줄여서 부르기도 한다.

앞의 예제에서 f()가 어떻게 종료되든 p와 q의 소멸자는 올바르게 호출된다. p와 q는 포인터가 아니므로 다른 주소를 대입할 수도 없고 return 구문이나 예외 던지기로 소멸자 호출을 막을 수도 없다. 어떤 경우에도 실행 흐름이 유효 범위를 벗어나면 완벽히 생성된 모든 객체와 거기 포함된 모든 하위 객체의 소멸자가 호출된다. 여기서 객체가 완벽히 생성됐다는 말은 생성자가 완료됐다는 말이다. 앞의 두 문장이 내포하는 바를 자세히 살펴보면 두통을 유발할 수 있으니, 지금은 생성자와 소멸자가 적시에 호출된다는 정도로 이해하자.

특히 특정 실행 유효 범위 안에서 필요한 저장 영역의 크기가 변화한다면 명시적으로 new와 delete를 사용하는 대신 vector를 사용하자.

19.5.3 보장

다음과 같이 vector를 한 유효 범위(와 그 하위 범위) 안으로 제한할 수 없다면 어떻게 해야 할까?

```
vector<int>* make_vec()                    // 데이터로 채워진 vector 만들기
{
    vector<int>* p = new vector<int>;      // 자유 저장 영역에 할당

    // ... vector에 데이터를 채움. 이 과정에서 예외 발생 가능 ...
    return p;
}
```

이 예제는 복잡한 자료 구조를 생성하고, 생성한 자료 구조를 결과로 반환하는 일반적인 코드를 보여준다. 여기서 함정은 vector에 데이터를 채우는 과정에서 예외가 발생하면 make_vec()이 처리하던 vector가 누수된다는 점이다. 그 밖에도 함수가 성공적으로 종료해도 누군가가 make_vec()이 반환한 객체를 delete해야 한다는 문제가 있다(17.4.6절 참고).

throw의 가능성에 대처할 목적으로 try 블록을 추가할 수 있다.

```
vector<int>* make_vec()                    // 데이터로 채워진 vector 만들기
{
    vector<int>* p = new vector<int>;      // 자유 저장 영역에 할당
    try {
        // ... vector에 데이터를 채움. 이 과정에서 예외 발생 가능 ...
        return p;
    }

    catch (...) {
        delete p;        // 지역적인 뒷정리 수행
        throw;           // 호출한 쪽에서 make_vec()이 작업을 완료하지 못한 경우를
                         // 처리할 수 있게 예외를 다시 던짐
```

```
        }
}
```

make_vec() 함수에서 매우 일반적인 오류 처리 스타일을 엿볼 수 있다. 즉, 수행할 작업을 시도하고, 작업을 수행할 수 없으면 지역적으로 사용한 모든 자원(여기서는 자유 저장 영역의 vector)을 해제하고 예외를 던져서 실패를 알린다. 여기서 던지는 예외는 다른 함수(예, vector::at())에서 던진 예외로, make_vec()은 throw를 이용해서 그 예외를 그대로 다시 던진다. 이런 방식으로 간단하고 효율적으로 오류를 처리할 수 있으며, 체계적으로 활용할 수 있다.

- **기본적인 보장(The basic guarantee)** try ... catch 코드의 목적은 make_vec()이 성공하든 예외를 던지든 상관없이 자원 누수가 없게 하는 데 있다. 이를 일컬어 **기본적인 보장**이라고 한다. 프로그램을 구성하는 코드 중 예외 throw에서 복구해야 하는 모든 코드는 기본적인 보장을 제공해야 한다. 모든 표준 라이브러리 코드는 기본적인 보장을 제공한다.

- **강한 보장(The strong guarantee)** 기본적인 보장에 더불어 관찰 가능한 (해당 함수에 대해 지역적이지 않은) 모든 값이 함수 실패 후에도 함수 호출 전과 동일하면 그 함수는 **강한 보장**을 제공한다고 말한다. 이상적인 함수는 강한 보장을 제공한다. 즉, 함수가 수행할 작업을 모두 성공적으로 마쳤거나, 그렇지 않은 경우에도 실패를 알리는 예외가 발생한 점만 제외하면 다른 변화가 없어야 한다.

- **예외 없음 보장(The no-throw guarantee)** 실패하거나 예외를 던질 가능성이 전혀 없는 간단한 연산이 아니라면 당연히 기본적인 보장과 강한 보장도 만족할 수 없다. 다행히도 C++의 모든 내장형 기능은 기본적으로 **예외 없음 보장**을 제공한다. 던질 예외가 없기 때문이다. 예외 던지기를 피하려면 throw는 물론 new와 참조 타입에 대한 dynamic_cast를 사용하지 말자(A.5.7절).

프로그램의 무결성 측면에서 볼 때 기본적인 보장과 강한 보장은 매우 유용하다. 그리고 이러한 이상을 따르는 고성능의 코드를 작성하는 데 RAII는 필수적이다.

그리고 0을 역참조하거나 0으로 나누거나 배열의 구간을 벗어난 곳에 접근하는 등의 정의되지 않은 (그리고 재앙을 불러오는) 연산은 당연히 피해야 한다. 예외를 잡는 일만으로 기본적인 언어 규칙을 어기는 코드로부터 안전할 수는 없다.

19.5.4 unique_ptr

이제 make_vec()은 예외 발생에 대비한 자원 관리 규칙을 훌륭히 준수하는 유용한 함수가 됐다. 예외 던지기로부터 복구해야 하는 경우에 좋은 함수라면 응당 그래야 하듯이 기본적인 보장을 제공한다. 'vector에 데이터를 채우는' 과정에서 지역적이지 않은 데이터를 조작하지 않는다면 강한 보장도 제공한다. 그러나 try ... catch 코드는 여전히 보기에 나쁘다. 해답은 간단하다. RAII를 사용해야 한다. 즉, vector<int>를 포함하는 객체를 만들어서 예외가 발생하면 vector를 삭제해야 한다. 이러한 용도로 표준 라이브러리 <memory>에서 unique_ptr을 제공한다.

```cpp
vector<int>* make_vec()      // 데이터로 채워진 vector 만들기
{
    unique_ptr<vector<int>> p {new vector<int>};        // 자유 저장 영역에 할당
    // ... vector에 데이터를 채움. 이 과정에서 예외 발생 가능 ...
    return p.release();      // p가 소유했던 포인터 반환
}
```

unique_ptr은 포인터를 저장하는 객체로, new가 반환한 포인터로 초기화했다. 내장형 포인터와 마찬가지로 unique_ptr의 ->와 *를 사용할 수 있으므로(예, p->at(2)나 (*p).at(2)), unique_ptr을 일종의 포인터로 생각할 수 있다. 그러나 unique_ptr은 가리키는 객체를 소유한다. 즉, unique_ptr이 파괴될 때 소유한(가리키는) 객체를 delete한다. 즉, vector<int>에 데이터를 채우는 동안 예외가 발생하거나 make_vec가 일찍 종료해도 vector<int>는 정상적으로 파괴된다. p.release()는 p로부터 소유하고 있는 (vector<int>를 가리키는) 포인터를 추출해서 그 포인터를 반환할 수 있게 하며, p가 nullptr를 소유하게 해 (return에 의해) p가 파괴될 때 다른 어떤 객체도 파괴하지 않게 한다.

unique_ptr을 사용하니 make_vec()이 매우 간단해졌다. 기본적으로 make_vec()이 안전하지 않던 원래 버전만큼이나 단순해졌다. 더 중요한 사실은 unique_ptr로 인해 명시적인 try 블록을 자세히 살펴봐야 할 필요도 없어졌다. make_vec()을 비롯한 대부분의 경우는 RAII 기법을 약간 변형함(unique_ptr을 사용함)으로써 대체될 수 있다.

unique_ptr을 사용하는 make_vec()은 여전히 포인터를 반환하므로, 누군가 나중에 그 포인터를 잊지 않고 delete해야 한다는 점만 제외하면 훌륭하다. unique_ptr을 반환하면 이러한 문제도 해결할 수 있다.

```cpp
unique_ptr<vector<int>> make_vec()                      // 데이터로 채워진 vector 만들기
{
    unique_ptr<vector<int>> p {new vector<int>};        // 자유 저장 영역에 할당
    // ... vector에 데이터를 채움. 이 과정에서 예외 발생 가능 ...
    return p;
}
```

unique_ptr은 보통의 포인터와 매우 비슷하지만 커다란 제약이 하나 존재한다. unique_
ptr을 다른 unique_ptr에 대입해서 두 unique_ptr이 같은 객체를 가리키게 할 수는 없다.
이러한 제약이 없으면 다음과 같이 어떤 unique_ptr이 객체를 소유하고 그 객체를 delete해
야 하는지 알 수 없다.

```
void no_good()
{
    unique_ptr<X> p { new X };
    unique_ptr<X> q {p};          // 다행히도 오류 발생
    //...
} // p와 q 모두 X를 삭제함
```

객체 삭제와 복사를 모두 처리할 수 있는 똑똑한 포인터를 원한다면 shared_ptr(B.6.5절)
을 사용하자. 하지만 이 방법은 마지막으로 파괴되는 복사본이 가리키는 객체를 파괴하기
위해 참조 카운트reference count를 이용하므로 비용이 더 크다.

unique_ptr의 장점은 보통의 포인터에 비해 추가적인 비용이 없다는 점이다.

19.5.5 이동에 의한 반환

대량의 정보를 반환할 때 정보를 자유 저장 영역에 저장한 후 그 위치를 가리키는 포인터를
반환하는 기법은 매우 일반적으로 사용한다. 하지만 이런 방식은 복잡성을 증가시키는 원인
이 되기도 하며, 메모리 관리에 관련된 오류의 주된 원인이기도 하다. 함수가 반환한 자유
저장 영역에 대한 포인터를 누가 delete해야 하는가? 예외가 발생하는 경우에도 자유 저장
영역의 객체를 가리키는 포인터가 제대로 delete된다고 장담할 수 있는가? 포인터를 체계적
으로 관리할 방안을 마련하지 않는 한 (또는 unique_ptr과 shared_ptr 등의 스마트 포인터를 사용하지
않는 한) 이 질문에 대한 대답은 '그런 것 같은데...'가 될 수밖에 없으며, 이 정도의 대답으로는
충분하지 않다.

다행히도 vector에 이동 연산을 추가함으로써 vector에 한해서는 이런 문제를 해결할
수 있다. 이동 연산자를 사용하면 다음과 같이 함수 밖에서 객체의 소유권을 얻을 수 있다.

```
vector<int> make_vec()          // 데이터로 채워진 vector 만들기
{
    vector<int> res;
    // ... vector에 데이터를 채움. 이 과정에서 예외 발생 가능 ...
    return res;                  // 이동 생성자를 이용해서 효율적으로 소유권을 이전
}
```

make_vec()의 이번 (마지막) 버전은 가장 간단하며 나도 이런 방식을 추천한다. 이러한 이동 연산은 모든 컨테이너뿐만 아니라 자원의 핸들에도 일반화해 적용할 수 있다. 예를 들어 fstream도 파일 핸들을 추적할 때 이 기법을 사용한다. 이처럼 이동을 바탕으로 한 해결책은 간단하고 일반적이다. 그리고 자원의 핸들들을 사용하면 코드가 단순해지며, 오류의 주된 원인을 제거할 수 있다. 보통의 포인터에 비해 이러한 핸들들의 실행 시간 오버헤드^{overhead}는 무시할 수 있는 수준이거나 매우 미미하며 예측 가능하다.

19.5.6 vector에서의 RAII

unique_ptr을 비롯한 스마트 포인터도 때로는 임시방편일 수 있다. 보호해야 할 모든 포인터를 찾아냈다고 장담할 수 있을까? 유효 범위가 끝날 때 파괴해서는 안 될 포인터의 소유권을 반환^{release}했다고 장담할 수 있는가? 19.3.7절의 reserve()를 다시 살펴보자.

```
template<typename T, typename A>
void vector<T,A>::reserve(int newalloc)
{
    if (newalloc<=space) return;              // 할당 영역은 줄어들지 않음
    T* p = alloc.allocate(newalloc);          // 새로운 공간 할당
    for (int i=0; i<sz; ++i) alloc.construct(&p[i],elem[i]);    // 복사
    for (int i=0; i<sz; ++i) alloc.destroy(&elem[i]);          // 소멸
    alloc.deallocate(elem,space);                              // 예전 공간 해제
    elem = p;
    space = newalloc;
}
```

예전 요소를 복사하는 연산 alloc.construct(&p[i],elem[i]) 도중에 예외가 발생할 수 있다는 점에 주목하자. 따라서 이 코드의 p는 19.5.1절에서 경고했던 문제의 한 예가 될 수 있다. 아뿔싸! 여기에 unique_ptr을 이용한 해결책을 적용할 수 있다. 하지만 더 나은 해결책은 한 발짝 물러서서 'vector에서 사용하는 메모리'가 자원이라는 사실을 깨닫고, 지금까지 항상 사용해 온 기본적인 개념을 나타내는 클래스 vector_base를 정의하는 방법이다. 아래 그림은 요소 세 개를 포함하는 vector의 메모리 사용 방식을 보여준다.

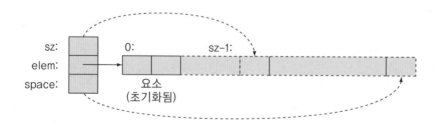

이를 코드로 작성하면 다음과 같다(완성도를 높이고자 할당자도 추가했다).

```
template<typename T, typename A>
struct vector_base {
    A alloc;            // 할당자
    T* elem;            // 할당받은 영역의 시작 위치
    int sz;             // 요소의 개수
    int space;          // 할당된 공간 크기

    vector_base(const A& a, int n)
        : alloc{a}, elem{alloc.allocate(n)}, sz{n}, space{n}{ }
    ~vector_base() { alloc.deallocate(elem,space); }
};
```

vector_base는 (특정 타입의) 객체가 아니라 일반적인 메모리를 다룬다는 점에 주목하자. vector 구현에서는 지정된 타입의 객체를 저장하는 데 이 클래스(의 메모리)를 이용할 수 있다. 기본적으로 vector는 vector_base를 간편하게 사용할 수 있는 인터페이스 역할을 한다고 볼 수 있다.

```
template<typename T, typename A = allocator<T>>
class vector : private vector_base<T,A> {
public:
    // ...
};
```

이제 더 간단하고 올바른 방식으로 reserve()를 다시 작성할 수 있다.

```
template<typename T, typename A>
void vector<T,A>::reserve(int newalloc)
{
    if (newalloc<=this->space) return;              // 할당 영역은 줄어들지 않음
    vector_base<T,A> b(this->alloc,newalloc);       // 새로운 공간 할당
    uninitialized_copy(b.elem,&b.elem[this->sz],this->elem);    // 복사
    for (int i=0; i<this->sz; ++i)
        this->alloc.destroy(&this->elem[i]);        // 예전 요소 소멸
    swap<vector_base<T,A>>(*this,b);                // 멤버 변수 교체
}
```

표준 라이브러리 함수 uninitialized_copy는 요소의 복사 생성자에서 발생한 예외를 제대로 처리할 수 있으며, 루프를 작성하는 일보다 함수를 한 번 호출하는 일이 간단하므로 이 함수를 이용해서 b에 요소의 복사본을 생성했다. reserve가 종료할 때 앞서 수행한 복사가

성공적으로 끝났다면 `vector_base`의 소멸자에 의해 예전에 할당된 영역은 자동으로 해제된다. 반대로 복사 과정에서 예외가 발생해 함수가 종료됐다면 새로 할당한 메모리 영역이 해제된다. `swap()` 함수는 두 객체의 값을 교환하는 (`<algorithm>`에 선언된) 표준 라이브러리 알고리즘이다. 여기서는 더 간단한 `swap(*this,b)` 대신 `swap<vector_base<T,A>>(*this,b)`를 사용했는데, `*this`와 `b`의 타입이 달라 (각각 `vector`와 `vector_base`) `swap`을 어떤 타입으로 특수화할지 명시해야 하기 때문이다. 마찬가지로 `vector<T,A>::reserve()`를 비롯해 파생 클래스 `vector<T,A>`의 멤버 함수에서 기반 클래스 `vector_base<T,A>`의 멤버에 접근하려면 명시적으로 `this->`를 사용해야 한다.

도전 과제

reserve가 unique_ptr을 사용하도록 수정하자. 함수 반환 전에 소유권을 포기해야 함을 잊지 말자. 그리고 이 방법을 vector_base를 이용한 방법과 비교하자. 어떤 방법이 작성하기 쉽고, 오류의 소지가 적은가?

✓ 실습문제

1. `template<typename T> struct S { T val; };`을 정의하라.

2. `T` 객체를 이용해 초기화할 수 있도록 생성자를 추가하라.

3. `S<int>`와 `S<char>`, `S<double>`, `S<string>`, `S<vector<int>>` 타입의 변수를 각각 정의하라. 그리고 각각을 원하는 값으로 초기화하라.

4. 그 값을 읽어 출력하라.

5. `val`의 참조를 반환하는 함수 템플릿 `get()`을 추가하라.

6. `get()`의 정의를 클래스 정의 밖으로 옮기자.

7. `val`은 **private**로 변경하자.

8. 4번 문제를 `get()`을 이용해 해결하자.

9. `val`을 변경할 수 있게 함수 템플릿 `set()`을 추가하라.

10. `set()`을 `S<T>::operator=(const T&)`로 교체하라. 힌트: 19.2.5절보다 훨씬 간단하다.

11. `get()`의 const 버전과 const가 아닌 버전을 모두 제공하라.

12. `cin`에서 v로 값을 읽는 함수 `template<typename T> read_val(T& v)`를 작성하라.

13. 3번 문제에서 S<vector<int>> 타입 변수를 제외한 다른 변수의 값을 read_val()을 이용해 읽자.

14. 보너스 문제: vector<T>에 입출력 연산자(>>와 <<)를 정의하라. 입출력 모두 { val, val, val } 형식을 따른다. 이렇게 하고 나면 read_val()을 이용해서 S<vector<int>> 변수를 처리할 수 있다.

각 단계를 마친 후 반드시 테스트를 수행하자.

복습문제

1. vector의 크기를 변경하고 싶은 이유는 무엇인가?

2. 서로 다른 vector 객체에 서로 다른 타입의 요소를 저장하고 싶은 이유는 무엇인가?

3. 모든 경우에 대비해 항상 충분한 크기의 vector를 정의하지 않는 이유는 무엇인가?

4. 새로운 vector에 얼마나 많은 공간을 여분으로 할당했는가?

5. 어떤 경우에 vector의 요소를 새로운 위치로 복사해야 하는가?

6. vector를 생성한 후에 크기 변경을 유발하는 vector의 연산으로는 무엇이 있는가?

7. 복사를 수행한 후의 vector 값은 어떠한가?

9. 클래스 객체에 대한 복사의 기본적 의미는 무엇인가?

10. 템플릿은 무엇인가?

11. 가장 유용한 템플릿 인자 타입 두 가지는 무엇인가?

12. 제네릭 프로그래밍은 무엇인가?

13. 제네릭 프로그래밍과 객체 지향 프로그래밍은 어떻게 다른가?

14. array와 vector의 차이점은 무엇인가?

15. array와 C++ 내장형 배열의 차이점은 무엇인가?

16. resize()와 reserve()의 차이점은 무엇인가?

17. 자원은 무엇인가? 그 의미를 정의하고, 예를 들어 보자.

18. 자원 누수는 무엇인가?

19. RAII는 무엇인가? 이를 이용해 어떤 문제를 해결할 수 있는가?

20. unique_ptr은 어떤 경우에 유용한가?

용어 정리

#define	소유자	특수화
at()	push_back()	강한 보장
기본적인 보장	**RAII**	템플릿
예외	resize()	템플릿 매개변수
보장	자원	this
핸들	다시 던지기	throw;
인스턴스화	자기 대입	unique_ptr
매크로	shared_ptr	

연습문제

각 연습문제에서 정의한 클래스의 객체를 한두 개 생성하고 테스트해서 여러분이 설계하고 구현한 대로 동작하는지 확인하자. 예외 처리가 필요한 곳이 어딘지 알려면 어디서 오류가 발생할 수 있는지 심사숙고해야 한다.

1. 한 vector<T>의 요소를 다른 vector<T>에 덧셈하는 템플릿 함수 f()를 작성하라. 예를 들어 f(v1,v2)를 호출하면 v1의 모든 요소에 대해 v1[i]+=v2[i]를 수행한다.

2. vector<T> vt와 vector<U> vu를 인자로 받아 모든 vt[i]*vu[i]의 합을 반환하는 템플릿 함수를 작성하라.

3. 어떤 타입이든 한 쌍의 값을 저장할 수 있는 템플릿 클래스 Pair를 정의하라. 이 클래스를 이용해 계산기(7.8절)에서 사용한 것과 비슷한 심벌 테이블을 구현하자.

4. 17.9.3절의 Link 클래스를 값의 타입을 템플릿 인자로 받는 템플릿 클래스로 작성하라. 그리고 17장의 연습문제 13번을 Link<God>를 이용해서 다시 풀어보자.

5. int 타입 멤버 변수 하나를 포함하는 클래스 Int를 작성하라. 그리고 생성자와 대입, +, -, *, / 연산자를 정의하라. 이 클래스를 테스트한 후 필요에 따라 클래스의 설계를 개선하자(예, 편리한 입출력을 위해 <<와 >> 연산자를 정의함).

6. 앞의 연습문제를 Number<T> 클래스로 다시 풀어보자. 여기서 T는 어떤 수치 타입이든 될 수 있다. Number에 % 연산자를 추가한 후 Number<double>과 Number<int>에서 %를 사용하면 무슨 일이 생기는지 살펴보자.

7. Number를 연습문제 2번에 적용해보자.

8. 기본적인 메모리 할당 함수인 malloc()과 free()(B.11.4절)를 이용해서 할당자(19.3.7절)를 구현하라. 그리고 19.4절의 끝에서 정의한 vector에 이를 적용해 간단한 테스트 케이스를 통과할 수 있게 만들자. 힌트: 완벽한 C++ 참고 서적에서 '위치 지정placement new'와 '명시적 소멸자 호출explicit call of destructor'을 찾아보자.

9. 할당자(19.3.7절)를 이용해 메모리를 관리하게 vector::operator=()(19.2.5절)를 다시 구현하자.

10. 생성자와 소멸자, ->, *, release()만 지원하는 간단한 unique_ptr을 구현해보자. 특히 대입이나 복사 생성자를 구현하려고 하지 말자.

11. T 타입의 객체를 가리키는 포인터와 '사용 카운트'(int)를 가리키는 포인터를 포함하는 counted_ptr<T>를 설계하고 구현하자. 사용 카운트는 주어진 T 객체를 공유하는 카운트 포인터counted pointer의 개수를 나타낸다. counted_ptr의 생성자가 T 객체와 사용 카운트를 자유 저장 영역에 할당하게 하자. 그리고 counted_ptr의 생성자가 T 요소의 기본 값으로 사용할 값을 인자로 받을 수 있게 하자. 임의의 T 객체를 가리키는 마지막 counted_ptr이 소멸될 때 counted_ptr의 소멸자에서 해당 T 객체를 delete해야 한다. counted_ptr을 일반적인 포인터처럼 사용할 수 있게 연산자를 추가하자. counted_ptr은 임의의 객체를 사용하는 마지막 사용자가 사용을 멈출 때까지 해당 객체가 소멸되지 않게 하는 '스마트 포인터'의 예라고 할 수 있다. 이 counted_ptr을 함수 호출의 인자나 컨테이너의 요소 등으로 사용하는 다양한 테스트 케이스를 작성하자.

12. string 객체(파일 이름)를 생성자의 인자로 받는 File_handle 클래스를 정의하자. 그리고 생성자에서 주어진 파일을 열고 소멸자에서 그 파일을 닫자.

13. 생성자와 소멸자에서 문자열을 출력하는 Tracer 클래스를 정의하자. 출력 문자열은 생성자의 인자로 주어진다. (Tracer를 지역 객체와 멤버 객체, 전역 객체, new로 할당한 객체 등으로 사용하는 실험을 바탕으로) 여러 가지 RAII 관리 객체가 제대로 작동하는지 살펴보자. 다음으로 복사 생성자와 복사 대입을 추가해 Tracer 객체의 복사가 수행될 때 알 수 있게 하자.

14. 18장 연습문제에서 살펴본 '웜푸스 사냥' 게임에 GUI 인터페이스와 약간의 그래픽 출력을 가미하자. 입력은 입력 박스에서 받고, 현재 사용자에게 공개된 동굴 지도의 일부를 윈도우에 출력하자.

15. 사용자가 알고 있는 정보와 추측을 바탕으로 원하는 방에 '박쥐'나 '함정' 등의 마크를 달 수 있게 앞의 연습문제를 수정하라.

16. 빈 vector가 차지하는 크기를 최소화해야 하는 경우가 있다. 예를 들어 누군가가 대부분의 요소 vector가 비어있는 vector<vector<vector<int>>>를 사용할 수도 있다. 이런 경우에 대비해 sizeof(vector<int>)==sizeof(int*)인 vector를 정의하자. 즉 이 vector 클래스는 요소와 요소의 개수, space 포인터를 포함한 메모리 구조를 가리키는 포인터만 포함한다.

붙이는 말

템플릿과 예외는 매우 강력한 언어 기능이다. 덕분에 매우 유연한 프로그래밍 기법들을 사용할 수 있으며, 그러한 기법을 바탕으로 사람들은 다른 고려 사항을 신경 쓰지 않고 한 번에 한 가지 문제에만 집중할 수 있다. 예를 들어 템플릿을 사용하면 요소 타입과 상관없이 vector를 비롯한 컨테이너를 정의할 수 있다. 마찬가지로 예외를 바탕으로 오류를 찾아내 알리는 코드와 그 오류를 처리하는 코드를 분리할 수 있다. 19장의 세 번째 주제였던 vector 크기의 변경도 비슷한 맥락에서 이해할 수 있다. push_back()과 resize(), reserve() 덕분에 vector를 정의할 때 크기를 신경 쓰지 않아도 된다.

20

컨테이너와 반복자

> "한 가지 일을 하되 훌륭하게 해내는 프로그램을
> 만들자. 함께 일할 수 있는 프로그램을 만들자."
>
> – 더그 맥일로이(Doug McIlroy)

20장과 21장에서는 C++ 표준 라이브러리의 일부인 컨테이너와 알고리즘을 비롯한 STL을 살펴본다. STL은 C++ 프로그램에서 데이터를 다룰 때 사용하는 확장성 높은 프레임워크다. 우선 간단한 예제를 보여준 후 일반적인 아이디어와 기본적인 개념을 설명한다. 반복과 연결 리스트 조작, STL 컨테이너를 알아본다. 그 중에서도 핵심 개념인 시퀀스와 반복자iterator는 컨테이너(데이터)와 알고리즘을 묶어주는 역할을 한다. 20장에서는 21장에서 설명할 일반적이고 효율적이며 유용한 알고리즘을 배우는 데 필요한 토대를 마련한다. 그리고 응용 예로 텍스트 편집 프레임워크 예제를 살펴본다.

20.1 데이터 저장과 처리

대규모 데이터를 다뤄보기 전에 다양한 종류의 데이터 처리 문제를 보여주는 예제를 살펴보자. 잭^{Jack}과 질^{Jill}은 자동차의 속도를 측정해 부동소수점 값으로 기록했다. 잭은 C 프로그래머로 측정치를 배열에 저장하고, 질은 그와 달리 vector에 측정치를 저장한다. 이제 우리는 잭과 질의 측정 데이터를 우리 프로그램에서 사용하려고 한다. 어떻게 해야 할까?

잭과 질의 측정치를 파일에 기록한 후 우리 프로그램에서 다시 읽을 수도 있다. 그렇게 하면 그들이 선택한 자료 구조와 인터페이스와는 완전히 독립적으로 데이터를 사용할 수 있다. 때때로 이러한 독립성이 좋은 생각임은 틀림없다. 그러한 독립성을 바탕으로 10~11장에서 배운 기법으로 입력을 수행하고, vector<double>을 이용해 계산을 수행할 수 있다.

하지만 우리가 하려는 일에 파일이 적합하지 않다면 어떻게 해야 할까? 매초 새로운 데이터를 얻기 위해 데이터 수집 코드를 함수 형태로 설계했다고 가정하자. 1초마다 잭과 질의 함수를 호출해 처리할 데이터를 얻어온다.

```
double* get_from_jack(int* count);    // 잭은 double 값을 배열에 저장하고
                                      // 요소의 개수를 *count에 넣어 줌
vector<double>* get_from_jill();      // 질은 벡터에 데이터를 채움

void fct()
{
    int jack_count = 0;
    double* jack_data = get_from_jack(&jack_count);
    vector<double>* jill_data = get_from_jill();
    // ... 처리 ...
    delete[] jack_data;
    delete jill_data;
}
```

데이터는 자유 저장 영역에 할당되고, 사용을 마친 후에 해제해야 한다고 가정하자. 그리고 잭과 질의 코드를 재작성할 수 없거나 그럴 마음이 없다고 가정한다.

20.1.1 데이터 다루기

이 예제가 확실히 간단하긴 해도 실제로 발생하는 많은 문제와 크게 다르지 않다. 이 예제를 우아하게 처리할 수 있다면 수많은 일반적인 프로그래밍 문제를 해결할 수 있다. 여기서의 기본적인 문제는 우리의 '데이터 공급자'(잭과 질)가 제공하는 데이터의 형식을 우리가 제어할 수 없다는 점이다. 데이터를 전달받은 형태 그대로 처리할지, 아니면 우리가 선호하는 방법으

로 바꿔 저장할지는 우리에게 달려있다.

그렇다면 이 데이터로 무엇을 하려고 하는가? 측정치를 정렬하는가? 평균을 계산하는가? 65보다 큰 값을 모두 찾는가? 질의 데이터와 잭의 데이터를 비교하는가? 측정치의 개수를 알고 싶은가? 가능성은 무한하며, 실제로 프로그램을 작성할 때는 원하는 계산을 수행하면 된다. 여기서는 데이터를 다루는 방법과 대규모의 데이터를 이용한 계산을 수행하는 방법을 학습하는 데 목적을 둔다. 우선 정말 간단한 일부터 시작하는 의미에서, 각 데이터 집합에서 가장 큰 값을 찾자. fct()의 주석 "... 처리 ..."를 아래 코드로 대체하면 최댓값을 찾을 수 있다.

```
// ...
double h = - 1;
double* jack_high;          // jack_high는 최댓값인 요소를 가리킨다.
double* jill_high;          // jill_high는 최댓값인 요소를 가리킨다.
for (int i=0; i<jack_count; ++i)
    if (h<jack_data[i]) {
        jack_high = &jack_data[i];       // 가장 큰 요소의 주소를 저장
        h = jack_data[i];                // "가장 큰 요소" 갱신
    }

    h = - 1;
    for (int i=0; i< jill_data->size(); ++i)
        if (h<(*jill_data)[i]) {
            jill_high = &(*jill_data)[i];     // 가장 큰 요소의 주소를 저장
            h = (*jill_data)[i];              // "가장 큰 요소" 갱신
        }

    cout << "질의 최댓값 : " << *jill_high
        << ", 잭의 최댓값 : " << *jack_high;

// ...
```

질의 데이터에 접근할 때 (*jill_data)[i]로 표기한 점에 주목하자. get_from_jill() 함수는 vector의 포인터, 즉 vector<double>*를 반환한다. 따라서 데이터에 접근하려면 우선 이 포인터를 역참조해 vector에 접근해야 한다. 이렇게 *jill_data로 vector에 접근한 후 첨자 연산을 수행한다. 그러나 []가 *보다 우선순위가 높기 때문에 *jill_data[i]는 우리가 원하던 결과가 아니라 *(jill_data[i])를 의미한다. 따라서 *jill_data를 괄호로 둘러싸서 (*jill_data)[i]로 표기해야 한다.

20.1.2 코드 일반화

여기서는 일관된 데이터 접근과 조작 방법을 마련해서 데이터를 제공하는 방식이 조금씩 바뀔 때마다 우리의 코드를 변경하지 않아도 되게 하려고 한다. 잭과 질 예제를 바탕으로 코드의 추상성과 일관성을 향상시키는 방법을 배워보자.

잭의 데이터를 처리하는 방식이 질의 데이터를 처리하는 방법과 확실히 비슷하긴 하지만, 몇 가지 귀찮은 차이가 있다. jack_count와 jill_data->size(), jack_data[i]와 (*jill_data)[i] 가 각각 다른 점이다. 이 중 두 번째 차이점은 참조를 이용해서 해결할 수 있다.

```
vector<double>& v = *jill_data;
for (int i=0; i<v.size(); ++i)
    if (h<v[i]) {
        jill_high = &v[i];
        h = v[i];
    }
```

이 코드는 잭의 데이터를 처리하는 코드와 거의 비슷하다. 하지만 질의 데이터와 잭의 데이터를 모두 처리할 수 있는 함수를 작성하려면 어떻게 해야 할까? 몇 가지 방법을 생각할 수 있지만(연습문제 3번 참고), 일반성을 유지하고자 포인터를 이용한 해결책을 선택했다. 일반성에 대해서는 21~22장에서 자세히 다룬다.

```
double* high(double* first, double* last)
// 구간 [first,last)에서 가장 큰 요소의 포인터를 반환
{
    double h = - 1;
    double* high;
    for(double* p = first; p!=last; ++p)
        if (h<*p) { high = p; h = *p; }
    return high;
}
```

이 함수를 다음과 같이 사용할 수 있다.

```
double* jack_high = high(jack_data,jack_data+jack_count);
vector<double>& v = *jill_data;
double* jill_high = high(&v[0],&v[0]+v.size());
```

한결 나아 보인다. 많은 변수를 사용하지도 않았고, (high() 안에서) 루프와 루프 몸체를 한 번만 작성했다. 이제 *jack_high와 *jill_high를 이용하면 최댓값을 알 수 있다.

```
cout << "질의 최댓값: " << *jill_high
     << ", 잭의 최댓값: " << *jack_high;
```

high()는 요소를 배열에 저장하는 방식으로 구현된 벡터에 의존하므로, 우리가 만든 '가장 큰 요소 찾기' 알고리즘은 배열에 포인터를 적용하는 방식으로 표현될 수 있다.

도전 과제

이 작은 프로그램에는 두 가지 심각한 오류가 숨어있다. 첫 번째 오류는 프로그램을 비정상적으로 종료시킬 수 있고, 두 번째 오류는 high()를 유용하게 쓸 수 있는 다른 많은 프로그램에서 이 함수를 사용할 때 틀린 결과를 낼 수 있다. 앞으로 설명할 일반적인 기법들을 이용하면 잘못된 부분이 명확해지고, 그런 오류를 체계적으로 회피하는 방법을 배울 수 있다. 이제 오류를 밝혀내고, 해결책을 찾자.

high() 함수는 한 가지 특정한 문제에 대한 해답이라는 점에서 제한적이다.

• 배열만 처리할 수 있다. 요소를 배열에 저장하는 방식으로 구현된 벡터에 의존하기 때문이다. 그러나 list와 map을 비롯해 데이터를 저장하는 방법은 매우 다양하다(20.4절과 21.6.1절 참고).

• double 타입의 vector와 배열에는 사용할 수 있지만, vector<double*>와 char[10]처럼 다른 타입의 요소를 포함하는 배열이나 vector를 처리할 수 없다.

• 가장 큰 값의 요소를 찾긴 하지만, 이러한 데이터에 적용할 수 있는 계산은 그 밖에도 매우 다양하다.

이제 훨씬 더 높은 일반성을 바탕으로 임의의 데이터 집합에 이러한 연산을 지원하는 방법을 살펴보자.

'가장 큰 요소 찾기' 알고리즘을 포인터를 바탕으로 표현한 덕분에 뜻하지 않게 우리가 필요로 했던 정도보다 높은 수준의 일반성을 얻게 됐다. 우리가 원했던 대로 한 배열이나 vector 전체에서 가장 큰 요소를 찾는 일은 물론이고, 다음과 같이 배열이나 vector의 일부 구간에서 가장 큰 요소를 찾을 수 있게 됐다.

```
// ...
vector<double>& v = *jill_data;
double* middle = &v[0]+v.size()/2;
double* high1 = high(&v[0], middle);          // 첫 번째 절반 구간의 최댓값
double* high2 = high(middle, &v[0]+v.size()); // 나머지 절반 구간의 최댓값
// ...
```

위 코드에서 high1은 vector의 첫 번째 절반 구간에서 가장 큰 요소를 가리키며, high2는
나머지 절반 구간에서 가장 큰 요소를 가리킨다. 그림으로 나타내면 다음과 같다.

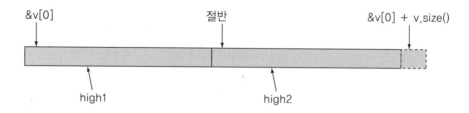

high()의 인자가 포인터 타입인데, 이로 인해 로우레벨 처리가 필요하며 오류의 가능성도
존재한다. 내가 짐작컨대 vector에서 가장 큰 요소를 찾는 함수를 만들어야 한다면 많은 프로
그래머가 다음과 비슷하게 작성할 것이다.

```
double* find_highest(vector<double>& v)
{
    double h = - 1;
    double* high = 0;
    for (int i=0; i<v.size(); ++i)
        if (h<v[i]) { high = &v[i]; h = v[i]; }
    return high;
}
```

그러나 high()에서 뜻하지 않게 달성한 일반성을 이 코드에선 찾아볼 수 없다. 즉,
find_highest()를 이용해 vector의 일부 구간에서 가장 큰 요소를 찾을 수 없다. '포인터와
씨름한 대가'로 배열과 vector에 모두 적용할 수 있는 함수를 작성하는 실용적인 이점을 얻을
수 있었다. 여기서 기억할 점은 '일반화는 더 많은 문제에 유용하게 사용할 수 있는 함수를
만드는 지름길'이라는 사실이다.

20.2 STL의 이상

C++ 표준 라이브러리는 데이터를 일련의 시퀀스로 처리하는 프레임워크인 STL을 제공한다. STL은 일반적으로 '표준 템플릿 라이브러리standard template library'의 약자다. STL은 컨테이너 (vector와 list, map 등)와 제네릭 알고리즘(sort와 find, accumulate 등)을 제공하는 ISO C++ 표준 라이브러리의 일부다. 따라서 vector와 같은 기능을 STL의 일부이자 표준 라이브러리의 일부라고 말할 수 있다. 반면에 ostream(10장)과 C 스타일 문자열 함수(B.11.3절) 등의 표준 라이브러리 기능은 STL의 일부는 아니다. STL을 더 잘 이해하고 진가를 제대로 느끼려면 우선 데이터를 다룰 때 반드시 해결해야 할 문제와 그 해결책이 지녀야 할 이상적인 특성을 알아야 한다.

컴퓨팅은 계산과 데이터라는 두 가지 주요 측면에서 생각할 수 있다. 때때로 계산에 초점을 맞춰 if 구문과 루프, 함수, 오류 처리 등을 이야기한다. 때로는 데이터에 초점을 맞춰 배열과 벡터, 문자열, 파일 등을 언급한다. 그러나 유용한 일을 하려면 두 가지가 모두 필요하다. 대규모의 데이터를 이해하려면 분석과 시각화, '관심 있는 정보'의 검색이 불가피하다. 반대로, 원하는 대로 계산을 수행할 순 있지만 계산에 실제적인 의미를 부여하는 데이터가 없으면 계산은 지루하고 무의미한 과정일 뿐이다. 더 나아가 프로그램에서 '계산을 담당하는 부분'은 '데이터를 담당하는 부분'과 우아하게 연동해야 한다.

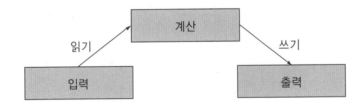

이러한 측면에서 바라본 데이터는 대량의 데이터를 의미한다. 수십 개의 도형과 수백 개의 온도 측정치, 수천 개의 로그 기록, 수백만 개의 좌표, 수십억 개의 웹 페이지처럼 말이다. 즉, 데이터의 컨테이너나 데이터의 스트림 등을 처리한다. 반대로 복소수나 온도 측정치, 원circle처럼 작은 객체를 잘 표현하기 위한 한두 개의 값을 말하는 것은 아니다. 그러한 타입은 9, 11, 14장을 참고하자.

이처럼 많은 데이터로 수행하고자 하는 간단한 예제는 다음과 같다.

- 단어를 사전 순서로 정렬한다.

- 전화번호부에서 주어진 이름의 번호를 찾는다.

- 최고 온도를 찾는다.

- 8800보다 큰 값을 모두 찾는다.

- 17이 처음 나온 곳을 찾는다.

- 계측치를 계측기 번호로 정렬한다.

- 계측치를 측정 시각으로 정렬한다.

- 'Petersen'보다 큰 값을 찾는다.

- 가장 큰 값을 찾는다.

- 두 시퀀스에서 첫 번째로 다른 데이터를 찾는다.

- 두 시퀀스의 짝끼리pair-wise의 곱을 구한다.

- 한 달의 날짜별로 최고 기온을 찾는다.

- 판매 기록을 바탕으로 영업 사원 중 상위 10명을 찾는다.

- 웹에서 'Stroustrup'이 등장하는 횟수를 센다.

- 요소의 합을 계산한다.

데이터가 저장된 방식을 언급하지 않고도 이런 작업을 기술할 수 있다는 점에 주목하자. 이런 작업을 하려면 리스트나 벡터, 파일, 입력 스트림 등을 다뤄야 하지만, 어떤 작업을 수행할지에 대해 이야기할 때 데이터가 저장된 (또는 수집된) 방법을 굳이 자세히 알 필요는 없다. 중요한 사항은 값이나 객체의 타입(요소의 타입)과 그 값이나 객체에 접근하는 방법, 그 데이터로 무엇을 할지 등이다.

이러한 작업은 매우 일반적이므로, 이를 간단하고 효율적으로 수행하는 코드를 작성하길 원한다. 하지만 프로그래머의 입장에서 겪는 문제는 다음과 같다.

- 데이터 타입(데이터 종류)은 무한하다.

- 데이터 요소의 집합을 저장하는 방법은 매우 다양하다.

- 데이터 집합으로 처리할 작업도 매우 다양하다.

이러한 문제를 최소화하려면 타입과 데이터를 저장하는 방법, 처리 작업에 있어서 범용성에 기초를 둔 코드를 작성해야 한다. 즉, 이러한 다양성을 다룰 수 있도록 코드를 일반화해야 한다. 모든 문제에 대한 해답을 처음부터 다시 만드는 일은 지루하고 시간 낭비일 뿐이다.

코드를 작성할 때 어떤 지원이 필요한지 생각해 보는 차원에서 데이터로 어떤 작업을 할지좀 더 추상적으로 살펴보자.

- 데이터를 컨테이너 안에 수집

  - vector와 리스트, 배열 등

- 데이터 조직화

  - 출력을 위해

  - 빠른 접근을 위해

- 데이터 항목 조회

  - 인덱스를 이용해서(예, 42번째 요소)

  - 값을 이용해서(예, 나이가 7인 기록)

  - 속성을 이용해서(예, 기온이 32 이상 100 미만인 모든 기록)

- 컨테이너 수정

  - 데이터 추가

  - 데이터 삭제

  - 정렬(주어진 기준으로)

- 간단한 수치 연산 수행(예, 모든 요소에 1.7 곱하기)

이러한 작업을 컨테이너 간의 차이와 요소에 접근하는 방식의 차이, 요소 타입 간의 차이에 상관없이 수행하고자 한다. 그렇게 할 수 있다면 대규모 데이터를 간단하고 효율적으로 처리한다는 목적을 이룬 셈이다.

앞의 장들에서 다룬 프로그래밍 기법과 도구를 살펴보면 우리는 (이미) 사용할 데이터 타입에 독립적으로 프로그램을 작성할 수 있음을 알 수 있다.

- double을 사용하는 방법과 int를 사용하는 방법에 아무런 차이가 없다.

- vector<string>을 사용하는 방법과 vector<int>를 사용하는 방법에 아무런 차이가 없다.

- double의 배열을 사용하는 방법과 vector<double>을 사용하는 방법에 아무런 차이가 없다.

우리는 정말 새롭고 다른 작업을 할 때만 새로운 코드를 작성할 수 있게 코드를 조직화하고자 한다. 특히 일반적인 프로그래밍 작업을 수행하는 코드를 제공해 데이터를 새로운 방식으로 저장하거나 데이터를 약간 다른 방식으로 해석할 때마다 코드를 다시 작성하지 않게 하려고 한다.

- vector 안의 값을 찾는 일은 배열 안의 값을 찾는 일과 조금도 다르지 않다.

- 대소문자의 차이를 무시하고 string을 찾는 일은 대소문자의 차이를 고려해 string을 찾는 일과 조금도 다르지 않다.

- 정확한 실험 데이터의 그래프를 그리는 일과 반올림한 데이터의 그래프를 그리는 일은 조금도 다르지 않다.

- 파일을 복사하는 일과 vector를 복사하는 일은 조금도 다르지 않다.

  이러한 관점에 기초해 다음과 같은 코드를 작성하고자 한다.

- 읽기 쉽다.

- 수정하기 쉽다.

- 통상적인 규칙을 따른다.

- 짧다.

- 빠르다.

  더불어 프로그래밍 작업을 최소화하려면 다음과 같은 특성을 만족해야 한다.

- 일관된 방법으로 데이터에 접근
  - 데이터를 저장하는 방법에 독립적으로
  - 데이터 타입에 독립적으로

- 타입 안전성을 보장하는 데이터 접근

- 손쉬운 데이터 탐색

- 낭비 없는 데이터 저장 방식

- 빠른
  - 데이터 조회
  - 데이터 추가
  - 데이터 삭제

- 가장 일반적인 알고리즘의 표준화된 버전
  - 복사와 찾기, 검색, 정렬, 합계 등

STL은 위와 같은 특성은 물론 그 이상을 제공한다. STL은 매우 유용한 기능을 제공할 뿐 아니라, 최고의 유연성과 성능을 발휘하게 설계된 라이브러리의 좋은 예라고 할 수 있다. 알렉스 스테파노프는 자료 구조를 바탕으로 일반적이고 정확하며 효율적인 알고리즘을 수행하는 프레임워크를 제공할 목적으로 STL을 설계했으며, 간단함과 일반성, 수학적인 우아함을 이상으로 추구한다.

이처럼 명확한 이상과 이론을 추구하는 프레임워크를 이용하지 않고, 언어의 기본 기능만을 바탕으로 프로그래머가 그때 그때 좋다고 여겨지는 방법을 직접 구현할 수도 있다. 이는 버거운 일이다. 더 나아가 그 결과는 이론적 바탕이 없는 지저분한 코드와 원래 설계자를 제외한 다른 사람은 이해하기 어려운 프로그램으로 나타난다. 그리고 이런 코드는 다른 용도로 재활용하기도 어렵다.

지금까지 설명한 동기와 이상을 마음에 새긴 채로 STL의 기본적인 정의를 알아보고, 데이터를 다루는 더 좋은 코드를 매우 쉽게 작성한다는 이상에 다가가는 방법을 보여주는 예제를 살펴보자.

20.3 시퀀스와 반복자

시퀀스는 STL의 핵심 개념이다. STL 관점에서 시퀀스는 데이터 집합을 의미한다. 시퀀스에는 시작과 끝이 있다. 우리는 시퀀스의 시작부터 끝까지 데이터를 탐색할 수 있으며, 필요하다면 각 요소의 값을 읽거나 쓸 수 있다. 시퀀스의 시작과 끝은 한 쌍의 반복자로 나타낸다. 반복자는 시퀀스의 요소를 가리키는 객체다. 즉, 시퀀스를 다음 그림과 같이 생각할 수 있다.

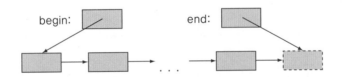

begin과 end는 시퀀스의 시작과 끝을 나타내는 반복자다. STL 시퀀스는 일반적으로 '반열린half-open' 구간으로, begin이 가리키는 요소는 시퀀스의 일부인 반면, end는 시퀀스의 마지막 요소의 다음을 가리키기 때문이다. 이러한 시퀀스(구간)를 표현하는 일반적인 수학적 표기법은 [begin:end)다. 그림에서 한 요소 다음의 요소를 가리키는 화살표는 한 요소의 반복자를 이용해 다음 요소의 반복자를 구할 수 있음을 뜻한다.

반복자란 무엇인가? 반복자는 다음과 같은 기능을 제공하는 추상적 개념이다.

- 반복자는 시퀀스의 요소(또는 마지막 요소의 다음)를 가리킨다(참조한다).
- ==와 !=를 이용해서 두 반복자를 비교할 수 있다.
- 단항 연산자 *('역참조'나 '~의 내용')를 이용해서 반복자가 가리키는 요소의 값을 참조할 수 있다.

- ++를 이용해서 다음 요소를 가리키는 반복자를 얻을 수 있다.

p와 q가 동일한 시퀀스의 요소를 가리키는 반복자라면 다음과 같은 연산이 가능하다.

기본적인 표준 반복자의 연산	
p==q	p와 q가 같은 요소를 가리키거나, 둘 다 마지막 요소의 다음을 가리키면 true
p!=q	!(p==q)
*p	p가 가리키는 요소 참조
*p=val	p가 가리키는 요소에 쓰기
val=*p	p가 가리키는 요소를 읽기
++p	p가 시퀀스의 다음 요소를 가리키게 하거나 마지막 요소의 다음을 가리키게 함

반복자의 개념은 분명히 포인터의 개념과 관련된다(17.4절). 실제로도 배열의 요소를 가리키는 포인터를 반복자로 사용한다. 그러나 그 밖의 여러 반복자는 단지 포인터는 아니다. 예를 들어 시퀀스의 [begin:end) 구간을 벗어난 곳을 가리키게 하거나 end를 역참조하면 예외를 던지는 구간 검사를 수행하는 반복자를 정의할 수 있다. 이처럼 반복자를 특정 타입이 아니라 추상적인 개념으로 정의하면 매우 큰 유연성과 일반성을 얻을 수 있다. 20장과 21장에서 여러 가지 예제를 살펴보자.

도전 과제

int 배열의 구간 [f1:e1]을 다른 배열의 구간 [f2:f2+(e1- f1))에 복사하는 함수 void copy(int* f1, int* e1, int* f2)를 작성하라. (첨자 연산을 사용하지 말고) 위에서 예로든 반복자 연산만 이용해 구현하라.

반복자는 코드(알고리즘)와 데이터를 연결하는 매개체다. 코드를 작성하는 사람은 (반복자가 데이터에 어떻게 접근하는지는 상관없이) 반복자만 사용하면 되고, 데이터 제공자도 모든 사용자에게 자세한 데이터 저장 방식을 노출시키지 않고 반복자만 제공하면 된다. 덕분에 코드가 단순해지고 알고리즘과 컨테이너 사이의 독립성이 향상된다. 알렉스 스테파노프의 말을 빌리자면 "STL 알고리즘과 컨테이너가 원활하게 연동되는 이유는 서로에 대해 전혀 모르기 때문이다." 대신 양쪽 모두 한 쌍의 반복자로 정의되는 시퀀스를 이해하고 처리한다.

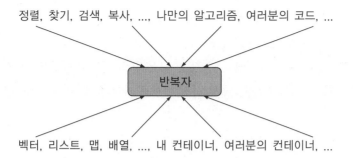

정렬, 찾기, 검색, 복사, ..., 나만의 알고리즘, 여러분의 코드, ...

반복자

벡터, 리스트, 맵, 배열, ..., 내 컨테이너, 여러분의 컨테이너, ...

즉, 여러분의 알고리즘이 데이터를 저장하고 접근하는 매우 다양한 방법을 알 필요 없이 반복자만 신경 쓰면 된다. 거꾸로 여러분이 데이터 제공자라면 매우 다양한 사용자를 위한 코드를 작성할 필요가 없이 데이터에 접근하는 반복자만 제공하면 된다. 가장 기본적인 수준의 반복자는 *와 ++, ==, !=만 정의하면 되므로, 간단하고 빠르다.

STL은 반복자를 매개체로 하는 10여 개의 컨테이너와 60여 개의 알고리즘을 제공한다(21장 참고). 더불어 많은 조직과 개인이 STL 스타일의 컨테이너와 알고리즘을 제공한다. 이처럼 STL은 지금까지 가장 잘 알려지고 널리 사용하는 제네릭 프로그래밍(19.3.2절)의 예라고 할 수 있다. 여러분은 기본적인 개념과 몇 가지 예제만 이해하면 이 모든 것을 이용할 수 있다.

20.3.1 다시 예제로

STL의 시퀀스 개념을 바탕으로 '가장 큰 값의 요소 찾기' 문제를 어떻게 해결할 수 있는지 살펴보자.

```
template<typename Iterator>
Iterator high(Iterator first, Iterator last)
    // [first:last) 구간에서 가장 큰 값의 요소를 가리키는 반복자 반환
{
    Iterator high = first;
    for (Iterator p = first; p!=last; ++p)
        if (*high<*p) high = p;
    return high;
}
```

현재까지 가장 큰 값을 저장하는 지역 변수 h를 제거한 점에 주목하자. 시퀀스에 포함된 요소의 타입을 모른 채로, 변수를 -1로 초기화하는 일은 순전히 임의적이고 이상한 일이다. -1이란 값을 고른 것 자체가 임의적이고 이상한 일이니까 말이다! 게다가 오류의 여지가 있다. 예제에서 속도가 음수가 아닌 경우에만 -1을 사용할 수 있다. 알다시피 -1 같은 '마법의 상수'는 유지 보수에 좋지 않다(4.3.1절, 7.6.1절, 10.11.1절 등). 여기서는 이 뿐만 아니라 함수의

활용 범위를 제한하며, 해결책에 대한 생각이 짧았음을 시사한다. 즉, '마법의 상수'는 부주의한 생각의 징조인 경우가 더러 있다.

위의 제네릭 high()는 <로 비교할 수 있는 모든 요소 타입에 사용할 수 있다. 예를 들어 high()를 이용해서 vector<string>에서 사전 순서로 가장 뒤에 있는 문자열을 찾을 수 있다 (연습문제 7번).

이처럼 템플릿 함수 high()는 한 쌍의 반복자로 정의되는 모든 시퀀스에 사용할 수 있다. 예를 들어 예제 프로그램을 다음과 같이 작성할 수 있다.

```
double* get_from_jack(int* count);    // 잭은 double 값을 배열에 저장하고
                                      // 요소의 개수를 *count에 넣어 줌
vector<double>* get_from_jill();      // 질은 벡터에 데이터를 채움

void fct()
{
    int jack_count = 0;
    double* jack_data = get_from_jack(&jack_count);
    vector<double>* jill_data = get_from_jill();

    double* jack_high = high(jack_data,jack_data+jack_count);
    vector<double>& v = *jill_data;
    double* jill_high = high(&v[0],&v[0]+v.size());

    cout << "질의 최댓값 : " << *jill_high << ", 잭의 최댓값 : " << *jack_high;
    // ...
    delete[ ] jack_data;
    delete jill_data;
}
```

이 두 번의 호출에서 high()에 전달된 Iterator 템플릿 인자 타입은 double *다. high() 코드의 오류를 수정한 부분만 제외하면 겉으로 보기에 앞의 해결책과 다를 바가 없다. high() 의 템플릿 버전은 한 쌍의 반복자로 정의되는 모든 종류의 시퀀스에 사용할 수 있다. 이제 우리가 코드를 작성할 때 흔히 저지르는 실수를 방지할 수 있도록 STL의 관례와 유용한 표준 알고리즘을 살펴보기 전에 데이터 요소 집합을 저장하는 방법을 좀 더 살펴보자.

도전 과제

프로그램에 심각한 오류를 남겨뒀다. 오류를 찾아 고치고, 그러한 종류의 문제에 대한 일반적인 해결책을 제시하자.

20.4 연결 리스트

시퀀스의 개념을 보여주는 그림을 다시 살펴보자.

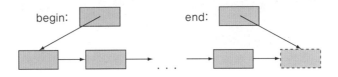

이 그림을 메모리상의 `vector`를 나타내는 그림과 비교해보자.

기본적으로 첨자 0은 반복자 `v.begin()`과 동일한 요소를 가리키며, 첨자 `v.size()`는 반복
자 `v.end()`와 동일하게 마지막 요소의 다음을 의미한다.

`vector`의 요소는 메모리에 연속적으로 위치한다. 그러나 이는 STL의 시퀀스 개념에서
요구하는 바는 아니며, 기존 요소를 이동하지 않고 두 요소 사이에 새 요소를 삽입하는 작업이
필요한 알고리즘이 존재할 수도 있다. STL의 시퀀스 개념을 보여주는 그림에서 알 수 있듯이
STL의 반복자는 요소의 이동을 수반하지 않는 요소의 삽입(과 요소의 삭제)을 가능케 한다.

이와 같은 STL의 시퀀스 개념을 가장 직접적으로 지원하는 자료 구조가 바로 연결 리스트
다. 연결 리스트의 요소는 요소와 하나 이상의 포인터로 이뤄진 링크에 포함된다. 링크가
(다음 링크를 가리키는) 포인터 하나만 포함하는 연결 리스트를 단일 연결 리스트라고 하며, 링크가
이전 링크와 다음 링크를 가리키는 포인터를 모두 포함하면 **이중 연결 리스트**라고 한다. C++
표준 라이브러리에서 `list`라는 이름으로 제공되는 이중 연결 리스트의 구현 방식을 대략적으
로 살펴보자. 이를 그림으로 나타내면 다음과 같다.

이 그림을 코드로 표현하면 다음과 같다.

```
template<typename Elem>
struct Link {
    Link* prev;        // 이전 링크
```

```
    Link* succ;           // 다음 링크
    Elem val;             // 값
};

template<typename Elem> struct list {
    Link<Elem>* first;
    Link<Elem>* last;  // 마지막 링크 다음
};
```

다음 그림은 Link의 메모리 레이아웃을 보여준다.

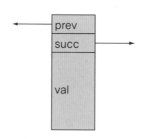

연결 리스트를 구현하고 사용자에게 제공하는 방법은 다양하고, 표준 라이브러리 버전의
설명은 부록 B에서 찾을 수 있다. 여기서는 기존 요소에 영향을 주지 않고 요소를 삽입하고
삭제할 수 있다는 리스트의 핵심적인 특성과 리스트를 탐색하는 방법에 집중하고, 리스트를
사용한 예제를 살펴보자.

리스트에 대한 생각을 할 때는 여러분이 수행하려는 연산을 시각화하는 그림을 그려보길
권한다. 연결 리스트 조작에 있어서는 그림 하나가 천 마디 말보다 낫다.

20.4.1 리스트의 연산

리스트에는 어떤 연산이 필요한가?

- 첨자 연산을 제외한 vector의 연산(생성자, 크기 조회 등)

- 삽입(요소 추가)과 삭제(요소 제거)

- 요소를 참조하고 리스트를 탐색할 수 있는 수단: 반복자

STL에서 반복자 타입은 해당 클래스의 멤버이므로, 우리도 같은 방법을 따른다.

```
template<typename Elem>
class list {
    // 멤버와 상세 구현
public:
```

```
        class iterator;                   // 멤버 타입: 반복자

        iterator begin();                 // 첫 번째 요소를 가리키는 반복자
        iterator end( );                  // 마지막 요소 다음을 가리키는 반복자

        iterator insert(iterator p, const Elem& v);   // v를 리스트 반복자 p 다음에 삽입
        iterator erase(iterator p);       // 리스트에서 p 제거

        void push_back(const Elem& v);    // v를 마지막에 삽입
        void push_front(const Elem& v);   // v를 맨 앞에 삽입
        void pop_front();                 // 첫 번째 요소 제거
        void pop_back();                  // 마지막 요소 제거

        Elem& front();                    // 첫 번째 요소
        Elem& back();                     // 마지막 요소
        // ...
};
```

우리가 만든 vector가 완벽한 표준 라이브러리 vector가 아니듯이 위의 list도 완벽한 표준 라이브러리 list의 정의와는 다르다. 하지만 이 list에 틀린 점은 없으며, 완벽하지 않을 뿐이다. 우리가 만드는 list의 목적은 연결 리스트가 무엇인지 이해하고, list의 구현 방식을 이해하며, 주요 기능을 사용하는 방법을 배우는 데 있다. 더 자세한 내용은 부록 B나 전문가 수준의 C++ 서적을 참고하라.

반복자는 STL list의 정의에서 핵심적인 역할을 한다. 요소를 삽입할 곳과 제거할 요소를 가리킬 때 반복자를 사용한다. 첨자를 이용하지 않고 리스트를 탐색할 때도 반복자를 이용한다. 이런 용도로 반복자를 사용하는 방식은 20.1절과 20.3.1절에서 포인터를 이용해서 배열과 벡터를 사용하는 방식과 매우 비슷하다. 이러한 스타일의 반복자는 표준 라이브러리 알고리즘(21.1~3절)에서도 핵심적인 역할을 한다.

그렇다면 list에서 첨자 연산을 사용하지 않는 이유는 무엇인가? 리스트에도 첨자 연산을 수행할 수 있지만 너무 느리다. lst[1000]을 조회하려면 첫 번째 요소에서 시작해 1000번 요소에 다다를 때까지 모든 링크를 방문해야 한다. 이런 작업을 원한다면 스스로 수행해야 한다(advance()를 이용할 수도 있다. 20.6.2절 참고). 결과적으로 표준 라이브러리의 list는 겉으로 보기에만 문제가 없어 보이는 첨자 구문을 제공하지 않는다.

list의 반복자 타입을 멤버(중첩 클래스)로 만든 이유는 반복자를 전역으로 해야 할 이유가 없기 때문이다. 그리고 이렇게 하면 모든 컨테이너의 반복자 타입 이름을 iterator로 통일할 수 있다. 표준 라이브러리의 list<T>::iterator, vector<T>::iterator, map<K,V>::iterator 처럼 말이다.

20.4.2 반복

list 반복자는 반드시 *와 ++, ==, !=를 제공해야 한다. 표준 라이브러리의 리스트는 이중 연결 리스트이므로 리스트의 앞쪽으로 '역방향' 반복을 할 수 있는 --도 제공한다.

```
template<typename Elem>          // Element<Elem>()이 필요함(19.3.3절)
class list<Elem>::iterator {
    Link<Elem>* curr;            // 현재 링크
public:
    iterator(Link<Elem>* p) :curr{p} { }

    iterator& operator++() {curr = curr->succ; return *this; }      // 순방향
    iterator& operator-- () { curr = curr->prev; return *this; }    // 역방향
    Elem& operator*() { return curr->val; }       // 값 구하기(역참조)

    bool operator==(const iterator& b) const { return curr==b.curr; }
    bool operator!= (const iterator& b) const { return curr!=b.curr; }
};
```

위의 함수들은 짧고 간단하며 효율적이다. 루프나 복잡한 표현식도 없고, 의심스러운 함수 호출도 하지 않는다. 구현 내용이 명확하지 않다면 앞의 그림을 다시 훑어보기 바란다. 이 list 반복자는 링크를 가리키는 포인터와 필요한 연산자의 조합으로 이해할 수 있다. list<Elem>::iterator의 구현(코드)이 vector와 배열의 반복자로 사용했던 포인터와는 매우 달라 보이지만, 연산자의 의미는 동일하다. 기본적으로 list 반복자는 Link 포인터에 적합한 ++와 --, *, ==, !=를 제공하는 타입이라고 할 수 있다.

이제 high()를 다시 살펴보자.

```
template<typename Iter>          // Input_iterator<Iter>()가 필요함(19.3.3절)
Iterator high(Iter first, Iter last)
    // [first,last) 구간에서 가장 큰 값의 요소를 가리키는 반복자 반환
{
    Iterator high = first;
    for (Iterator p = first; p!=last; ++p)
        if (*high<*p) high = p;
    return high;
}
```

이 함수를 list에 사용할 수 있다.

```
void f()
{
```

```
    list<int> lst; for (int x; cin >> x; ) lst.push_front(x);

    list<int>::iterator p = high(lst.begin(), lst.end());
    cout << "최댓값은 " << *p << '\n';
}
```

여기서 Iterator 인자의 값은 list<int>::iterator 타입이며, ++와 *, !=의 구현은 배열의 반복자 구현과 많이 다르지만, 연산자의 의미는 여전히 동일하다. 템플릿 함수 high()도 데이터(여기서는 list)를 탐색하고 최댓값을 찾는다는 점에서 다를 바가 없다. list의 어느 위치에나 요소를 삽입할 수 있다는 사실을 보여주고자 push_front()를 이용해 맨 앞에 요소를 추가했다. 물론 vector에서처럼 push_back()을 사용해도 좋다.

도전 과제

표준 라이브러리 vector는 push_front()를 제공하지 않는다. 왜 그럴까? vector에 push_front()를 구현한 후 push_back()과 비교해보자.

이제 "list가 비어있다면 어떻게 될까?"를 질문할 차례다. 다른 말로 하자면 "lst.begin()==lst.end()이면 어떻게 될까?" 이런 경우에 *p가 마지막 요소 다음을 역참조하는 재앙이 발생한다. 또는 임의의 값이 반환돼 틀린 결과를 출력하면 때에 따라서는 더 안 좋은 상황이 발생할 수 있다.

이런 경우에 위의 질문에서 언급한 공식이 해답에 대한 힌트가 된다. 즉, begin()과 end()를 비교하면 리스트가 비었는지 알 수 있다. 뿐만 아니라 어떠한 STL 시퀀스라도 시작과 끝을 비교해 시퀀스가 비었는지 알 수 있다.

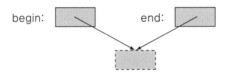

end가 마지막 요소가 아니라 그 다음을 가리키는 이유가 바로 여기에 있다. 이로 인해 비어있는 시퀀스가 더 이상 특별한 경우가 아니게 되기 때문이다. 우리는 특별한 경우를 싫어한다. 이름 그대로 특별한 경우를 처리하는 코드가 필요하기 때문이다.

예제에서는 이러한 점을 다음과 같이 활용할 수 있다.

```
list<int>::iterator p = high(lst.begin(), lst.end());
if (p==lst.end()) // 여기가 끝인가?
    cout << "리스트가 비어있음";
```

```
else
    cout << "가장 큰 값은 " << *p << '\n';
```

이처럼 STL 알고리즘에서는 '찾을 수 없음'을 나타내는 end()와 반환 값을 비교해 체계적
으로 오류를 처리한다.

표준 라이브러리에서 이미 리스트를 제공하기 때문에 여기서는 자세한 구현을 살펴보지
않는다. 대신 리스트가 어떤 경우에 적합한지 간단히 살펴보자(리스트의 상세 구현이 궁금하다면
연습문제 12~14번을 참고하라).

20.5 다시 보는 vector 일반화

20.3~4절의 예제에서 봤듯이 표준 라이브러리의 vector는 iterator 멤버 타입과 멤버 함수
begin()과 end()를 포함한다(std::list도 마찬가지). 하지만 19장의 vector는 이런 내용을 포함
하지 않는다. 20.3절에서 설명한 STL 제네릭 프로그래밍 스타일에서 서로 다른 컨테이너를
상호교환적으로 사용할 수 있는 정도는 무엇에 영향을 받을까? 우선 해답을 먼저 살펴보고,
자세한 설명을 이어가자(구현을 간단히 하고자 할당자는 제거함).

```
template<typename T>        // Element<T>()가 필요함 (§19.3.3)
class vector {
public:
    using size_type = unsigned long;
    using value_type = T;
    using iterator = T*;
    using const_iterator = const T*;

    // ...

    iterator begin();
    const_iterator begin() const;
    iterator end();
    const_iterator end() const;

    size_type size();

    // ...
};
```

using 선언을 이용하면 타입의 별칭을 만들 수 있다. vector의 경우에는 iterator가 반복
자로 사용할 타입 T*를 가리키는 별칭(다른 이름)이 된다. 이제 vector 객체 v를 다음과 같이
이용할 수 있다.

```
vector<int>::iterator p = find(v.begin(), v.end(),32);
```

그리고 다음과 같이 사용할 수도 있다.

```
for (vector<int>::size_type i = 0; i<v.size(); ++i) cout << v[i] << '\n';
```

여기서 중요한 점은 이 코드를 작성하는 데 iterator와 size_type이 실제로 어떤 타입인지 알 필요가 없다는 점이다. 특히 이 코드는 iterator와 size_type만으로 표현했기 때문에 (많은 임베디드 프로세서가 그렇듯이) size_type이 unsigned long이 아니고 (많은 C++ 구현체가 그렇듯이) iterator가 일반적인 포인터가 아니라 클래스인 vector에도 적용할 수 있다.

표준에서는 list를 비롯한 기타 표준 컨테이너도 비슷한 방법으로 정의한다.

```
template<typename T>           // Element<T>()가 필요함(19.3.3절)
class list {
public:
    class Link;
    using size_type = unsigned long;
    using value_type = T;
    class iterator;            // 20.4.2절 참고
    class const_iterator;      // 요소의 변경을 허용하지 않는 반복자

    // ...

    iterator begin();
    const_iterator begin() const;
    iterator end();
    const_iterator end() const;

    size_type size();

    // ...
};
```

이러한 컨테이너 정의 덕분에 실제로 사용하는 컨테이너가 list인지 vector인지에 상관없이 동작하는 코드를 만들 수 있다. 모든 표준 라이브러리 알고리즘은 iterator와 size_type을 비롯한 멤버 타입에 기초해 정의되므로 컨테이너의 구현이나 해당 함수에서 사용하는 컨테이너의 종류에 불필요하게 의존하지 않는다(21장 참고).

어떤 컨테이너 C의 반복자를 C::iterator로 표현하는 대신 Iterator<C>로 표현할 수도 있다. 이러한 표현은 간단한 템플릿 별칭으로 정의할 수 있다.

```
template<typename C>
using Iterator = typename C::iterator;    // Iterator<C>는
                                          // typename C::iterator를 의미함
```

언어의 기술적인 이유로 iterator가 타입임을 명시하는 목적으로 C::iterator에는 접두사 typename이 필요한데, Iterator<C>를 더 선호하는 이유 중 하나가 바로 여기에 있다. 마찬가지로 다음과 같이 정의할 수도 있다.

```
template<typename C>
using Value_type = typename C::value_type;
```

이렇게 하면 Value_type<C>로 표기할 수 있다. 이러한 타입은 표준 라이브러리에 포함돼 있지는 않지만, std_lib_facilities.h에서 찾을 수 있다.

using 선언은 C++11의 문법으로, C와 C++에서 사용하던 typedef(A.16절)를 일반화한 표기법이다.

20.5.1 컨테이너 탐색

size()를 이용하면 다음과 같이 우리가 만든 vector의 첫 번째 요소부터 마지막 요소까지 탐색할 수 있다.

```
void print1(const vector<double>& v)
{
    for (int i = 0; i<v.size(); ++i)
        cout << v[i] << '\n';
}
```

list는 첨자 연산을 제공하지 않기 때문에 이 코드는 list에는 사용할 수 없다. 하지만 이보다 간단한 구간 for 루프(4.6.1절)를 이용하면 다음과 같이 표준 라이브러리의 vector와 list를 모두 탐색할 수 있다.

```
void print2(const vector<double>& v, const list<double>& lst)
{
    for (double x : v)
        cout << x << '\n';

    for (double x : lst)
        cout << x << '\n';
}
```

이 코드는 표준 라이브러리 컨테이너는 물론 우리가 만든 vector와 list에도 사용할 수 있다. 왜 그럴까? 구간 for 루프는 vector의 첫 번째 요소와 마지막 요소 다음을 가리키는 반복자를 반환하는 begin()과 end() 함수를 기반으로 정의되기 때문이다. 구간 for 루프는 반복자를 이용해 시퀀스를 탐색하는 루프를 간단하게 작성할 수 있는 '문법적 편의 기능'으로, 우리가 만든 vector와 list에 begin()과 end()를 추가함으로써 의도치 않게 구간 for 루프를 적용할 수 있게 됐다.

20.5.2 auto

제네릭 자료 구조를 탐색하는 루프를 작성할 때 반복자의 타입 이름을 명시하는 일은 정말 귀찮다. 다음 코드를 보자.

```
template<typename T>                 // Element<T>()가 필요함
void user(vector<T>& v, list<T>& lst)
{
    for (vector<T>::iterator p = v.begin(); p!=v.end(); ++p) cout << *p << '\n';

    list<T>::iterator q = find(lst.begin(), lst.end(),T{42});
}
```

이러한 코드가 성가신 가장 큰 이유는 컴파일러가 list의 iterator 타입과 vector의 iterator 타입을 이미 명확히 알고 있기 때문이다. 컴파일러가 이미 알고 있는 사실을 왜 명시해야 하는가? 이런 코드는 타이핑에 서툰 사람을 짜증나게 할 뿐 아니라 실수를 유발한다. 하지만 다행히도 그럴 필요가 없다. 변수를 auto로 선언하면 변수의 타입이 iterator 타입으로 지정된다.

```
template<typename T>                 // Element<T>()가 필요함
void user(vector<T>& v, list<T>& lst)
{
    for (auto p = v.begin(); p!=v.end(); ++p) cout << *p << '\n';

    auto q = find(lst.begin(), lst.end(),T{42});
}
```

여기서 p는 vector<T>::iterator이고, q는 list<T>::iterator다. 이처럼 다음과 같이 초기 값이 지정된 거의 모든 정의문에서 auto를 사용할 수 있다.

```
auto x = 123;      // x는 int
auto c = 'y';      // c는 char
auto& r = x;       // r은 int&
```

```
auto y = r;        // y는 int(참조는 암묵적으로 역참조됨)
```

이때 문자열 리터럴은 const char* 타입이 되므로, 문자열 리터럴에 auto를 사용하면 생각하지 않은 결과를 가져올 수 있다.

```
auto s1 = "San Antonio";           // s1은 const char*(생각하지 않은 결과!?)
string s2 = "Fredericksburg";       // s2는 string
```

원하는 타입이 무엇인지 정확히 안다면 간단히 auto를 사용할 수 있다.

auto를 사용하는 대표적인 경우 중 하나가 바로 구간 for 루프의 루프 변수다.

```
template<typename C> // Container<T>가 필요함
void print3(const C& cont)
{
    for (const auto& x : cont)
        cout << x << '\n';
}
```

이처럼 컨테이너 cont의 요소 타입 이름을 명시하기가 어려울 때 auto를 사용할 수 있다. 컨테이너 요소에 변경을 가하지 않으므로 const를 지정했고, 요소가 커서 복사에 많은 비용이 소모될 경우에 대비해 &(참조)를 사용했다.

20.6 예제: 간단한 텍스트 편집기

리스트의 다른 요소를 이동하지 않고 요소를 추가하고 삭제하는 기능이 리스트의 핵심적 기능이다. 이제 이런 기능을 잘 보여주는 간단한 예제를 실습할 차례다. 간단한 텍스트 편집기에서 텍스트 문자를 구성하는 문자들을 어떻게 표현할지 생각해보자. 간단하고 효율적으로 문서에 연산을 적용할 수 있는 표현 방식이 필요하다.

그렇다면 어떤 연산이 필요할까? 문서의 크기는 여러분 컴퓨터의 메모리로 감당할 수 있는 정도라고 가정하자. 이러한 가정 덕분에 우리에게 적합한 표현 방식은 무엇이든 선택할 수 있으며, 문서를 파일에 저장할 때는 바이트 스트림으로 바꾸기만 하면 된다. 마찬가지로 파일에서 읽을 때도 바이트 스트림을 읽어서 메모리상의 표현 방식in-memory representation으로 변환하면 된다. 이러한 결정을 내리고 나면 편리한 메모리상의 표현 방식을 선택하는 데 집중할 수 있다. 기본적으로 우리의 표현 방식은 아래 다섯 가지를 훌륭히 수행해야 한다.

- 입력 장치에서 읽은 바이트 스트림으로부터 자료 구조를 생성한다.

- 하나 이상의 문자를 삽입한다.

- 하나 이상의 문자를 삭제한다.

- 문자열을 검색한다.

- 파일이나 화면에 출력할 수 있는 바이트 스트림을 생성한다.

가장 단순한 표현 방식은 vector<char>이지만, 문자를 삽입하거나 삭제하려면 그보다 뒤에 위치한 모든 문자를 이동해야 한다. 아래 예를 보자.

```
This is he start of a very long document.
There are lots of ...
```

여기서 누락된 t를 삽입하면 다음과 같다.

```
This is the start of a very long document.
There are lots of ...
```

그러나 이 문자열이 vector<char> 하나에 모두 저장된다면 문자 h 뒤의 모든 문자를 오른쪽으로 한 칸 옮겨야 한다. 이 과정에서 복사를 매우 여러 번 수행할 수도 있다. 문서의 문자가 70,000개라면(지금 읽고 있는 20장처럼) 문자를 삽입하거나 삭제할 때 평균적으로 문자를 35,000개 옮겨야 한다. 그 결과로 발생하는 실시간 지연은 사용자가 체감할 수 있으며, 짜증나게 한다. 결과적으로 표현 방식을 여러 덩이^{chunk}로 나눠서 너무 많은 문자를 이동시키지 않고 문서에서 해당하는 부분을 변경할 수 있게 해야 한다. 이러한 관점에서 문서를 각 행의 리스트 list<Line>으로 표현하며, Line은 다시 vector<char>로 표현할 수 있다.

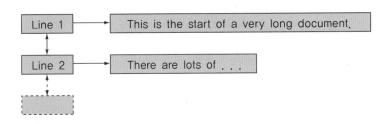

이제 t를 삽입한 후에 같은 행의 나머지 문자만 옮기면 된다. 게다가 필요하다면 다른 문자를 전혀 이동하지 않고도 새로운 행을 추가할 수 있다. 예를 들어 document. 다음에 새로운 행 This is a new line.을 삽입할 수 있다.

```
This is the start of a very long document.
This is a new line.
There are lots of ...
```

다음과 같이 중간에 새 행을 삽입하기만 하면 된다.

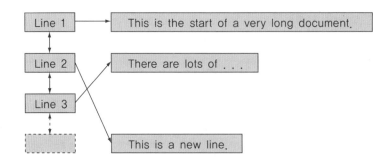

이처럼 기존 링크를 이동하지 않고 리스트에 새로운 링크를 삽입할 수 있는 기능이 중요한 논리적인 이유는, 기존 링크를 가리키는 반복자나 링크에 포함된 객체를 가리키는 포인터(나 참조)가 존재할 수 있기 때문이다. 지금까지 설명한 방식에 따르면 행을 삽입하거나 삭제해도 그러한 반복자나 포인터는 영향을 받지 않는다. 예를 들어 워드프로세서는 현재 Document 안의 모든 제목과 하위 제목의 앞부분을 가리키는 반복자를 따로 저장할 수 있다.

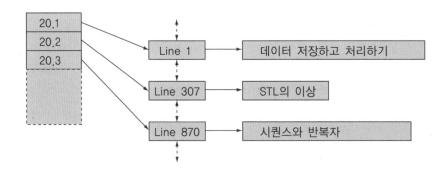

즉, '20.2절'의 행을 추가해도 '20.3절'을 가리키는 반복자는 여전히 유효하다.

결론적으로 성능과 논리적인 측면의 이유로, 모든 행이나 모든 문자를 vector에 저장하는 대신 각 행을 list에 저장했다. 하지만 이러한 이유가 적용되는 경우는 상대적으로 드물기 때문에 "vector를 기본으로 사용한다"는 원칙은 여전히 유효하다. 여러분의 데이터가 요소의 목록list처럼 보이더라도 vector 대신 list를 사용하는 데는 그만한 이유가 있어야 한다. 목록 이라는 논리적인 개념은 프로그램상에서 (연결) list와 vector 두 방법 모두로 표현할 수 있 다. 우리가 일상에서 접하는 목록(예, 할 일 목록이나 생필품 목록, 일정 목록)의 개념에 가장 가까운 STL의 개념은 시퀀스이며, 대부분의 시퀀스는 vector로 가장 잘 나타낼 수 있다.

20.6.1 Line

우리의 문서에서 행은 무엇을 말하는가? 세 가지 선택권이 있다.

1. 사용자 입력에 포함된 개행 문자(예, '\n')를 이용한다.

2. 문서를 파싱하고, 흔히 사용하는 구두점(예, .)을 이용한다.

3. 주어진 길이(예, 50문자)를 초과해서 커지는 행을 둘로 나눈다.

단순함을 추구하는 차원에서 의심의 여지없이 가장 명확한 1번 대안을 선택한다.

우리가 만든 편집기에서는 문서를 Document 클래스의 객체로 표현한다. Document 타입의 주요 내용은 다음과 같다.

```cpp
using Line = vector<char>;        // 한 행은 문자의 벡터

struct Document {
    list<Line> line;              // 문서는 행의 리스트
    Document() { line.push_back(Line{}); }
};
```

모든 Document는 초기에 비어있는 행 하나로 시작하며, Document의 생성자에서 빈 행을 만들어 행의 리스트에 추가한다.

입력을 읽고 행으로 나누는 과정은 다음과 같다.

```cpp
istream& operator>>(istream& is, Document& d)
{
    for (char ch; is.get(ch); ) {
        d.line.back().push_back(ch);          // 문자 추가
        if (ch=='\n')
            d.line.push_back(Line{});          // 새 행 추가
    }
    if (d.line.back().size()) d.line.push_back(Line{});     // 마지막에 빈 행 추가
    return is;
}
```

vector와 list 모두 맨 마지막 요소의 참조를 반환하는 back() 함수를 제공하는데, 이 함수를 사용하기 전에 back()이 참조할 마지막 요소가 실제로 존재하는지 확인해야 한다. 비어있는 컨테이너에서 이 함수를 사용할 수는 없다. 이러한 이유로 Document의 맨 마지막에 빈 Line을 추가한다. 그리고 개행 문자('n')를 비롯해 입력에서 읽은 모든 문자를 저장한다는 점에 주목하자. 개행 문자를 함께 저장하면 출력이 매우 간단해지지만, 문자의 개수를 셀 때는 조심해야 한다(그냥 문자의 개수를 세면 공백과 개행 문자까지 포함하게 된다).

20.6.2 반복

문서가 그냥 vector<char>라면 내용을 탐색하기는 간단하다. 그렇다면 행의 리스트는 어떻게 탐색하는가? 물론 list<Line>::iterator를 이용하면 리스트를 탐색할 수 있다. 그러나 행 변환에 신경 쓰지 않고 한 문자씩 탐색하고 싶다면 어떻게 해야 할까? 이에 대한 해답으로 Document에 특화해 설계된 반복자를 제공할 수 있다.

```
class Text_iterator {        // 행과 행 내에서 문자의 위치를 저장
    list<Line>::iterator ln;
    Line::iterator pos;
public:
    // ll행의 문자 위치 pp에서 시작
    Text_iterator(list<Line>::iterator ll, Line::iterator pp)
        :ln{ll}, pos{pp} { }

    char& operator*() { return *pos; }
    Text_iterator& operator++();
    bool operator==(const Text_iterator& other) const
        { return ln==other.ln && pos==other.pos; }
    bool operator!=(const Text_iterator& other) const
        { return !(*this==other); }
};

Text_iterator& Text_iterator::operator++()
{
    ++pos;                   // 다음 문자로
    if (pos==(*ln).end()) {
        ++ln;                // 다음 행으로
        pos = (*ln).begin();  // ln==line.end()이면 안 되므로 확인 필요
    }
    return *this;
}
```

Text_iterator를 유용하게 사용하려면 Document 클래스에도 관례적으로 begin()과 end() 함수를 추가해야 한다.

```
struct Document {
    list<Line> line;

    Text_iterator begin()     // 첫 행의 첫 문자
        { return Text_iterator(line.begin(), (*line.begin()).begin()); }
    Text_iterator end()       // 마지막 행의 마지막 문자 다음
```

```
        {
            auto last = line.end();
            --last;                          // 문서가 빈 경우는 없음
            return Text_iterator(last, (*last).end());
        }
    };
```

(*line.begin()).begin()이 이상하게 보일 수 있지만 line.begin()이 가리키는 행의 시작을 나타낸다. 표준 라이브러리 반복자는 ->를 지원하므로 line.begin()->begin()으로 표기할 수도 있다.

이제 다음과 같이 문서를 한 문자씩 탐색할 수 있다.

```
void print(Document& d)
{
    for (auto p : d) cout << *p;
}

print(my_doc);
```

문서를 일련의 문자로 표현하는 방식은 많은 경우에 유용하지만, 일반적으로 문자보다 구체적인 뭔가를 찾고자 문서를 탐색하는 경우가 많다. 예를 들어 n번 행을 삭제하는 코드를 살펴보자.

```
void erase_line(Document& d, int n)
{
    if (n<0 || d.line.size()- 1<=n) return;
    auto p = d.line.begin();
    advance(p,n);
    d.line.erase(p);
}
```

advance(p,n)을 호출하면 반복자 p가 요소 n개만큼 순방향으로 이동하는데, advance()는 표준 라이브러리 함수지만 다음과 같이 직접 구현할 수 있다.

```
template<typename Iter>          // Forward_iterator<Iter>가 필요함
void advance(Iter& p, int n)
{
    while (0<n) { ++p; -- n; }
}
```

advance()를 이용하면 첨자 연산과 비슷한 효과를 낼 수 있다. vector 객체 v에 대해

p=v.begin; advance(p,n); *p=x는 v[n]=x와 거의 동일하다. 여기서 '거의'라는 말이 암시하는 차이점은 advance()가 수고스럽게 n-1개의 요소를 하나씩 이동하는 반면 첨자 연산은 n번째 요소를 바로 참조한다는 점이다. list의 경우에는 요소의 메모리 레이아웃이 유연한 대가로 수고스러운 방법(advance())을 택할 수밖에 없다.

list의 반복자처럼 순방향^{forward}과 역방향^{backward}으로 모두 움직일 수 있는 경우 표준 라이브러리 advance()의 인자에 음수를 지정하면 반복자가 역방향으로(리스트의 첫 번째 요소 쪽으로) 이동한다. vector의 반복자처럼 첨자를 사용할 수 있는 경우에 표준 라이브러리 advance()는 ++를 이용해서 느리게 이동하지 않고 목표로 하는 요소로 바로 이동한다. 표준 라이브러리 advance()가 우리가 구현한 함수보다 확실히 똑똑함을 알 수 있다. 이러한 사실을 주목할 필요가 있다. 일반적으로 표준 라이브러리의 기능은 우리가 할 수 있는 정도보다 더 세심한 고려와 많은 시간을 들여 완성되므로 직접 만들기보다 표준에서 제공한 기능을 잘 활용해야 한다.

도전 과제

주어진 인자가 음수인 경우 역방향으로 이동하게 advance()를 다시 작성하자.

사용자 입장에서 가장 와닿는 탐색(반복)의 예는 아마 검색일 것이다. 검색의 대상에는 (milkshake와 Gavin 같은) 개별 단어와 단어라고 하기는 어려운 문자열(secret\nhomestead - sceret로 끝나는 행 다음에 homestead로 시작하는 행), 정규 표현식([bB]\w*ne - 대/소문자 B 다음에 0개 이상의 문자가 등장하고, 그 뒤로 ne가 이어짐. 23장 참고) 등이 포함된다. 앞서 정의한 Document의 레이아웃을 바탕으로 문자열을 검색하는 두 번째 문제를 해결하는 방법을 살펴보자. 최적은 아니지만 간단한 알고리즘을 선택한다.

- 문서에서 검색할 문자열의 첫 문자를 찾는다.

- 첫 문자를 찾았다면 문서에서 이어지는 문자들이 검색할 문자열과 일치하는지 비교한다.

- 일치하는 문자열을 찾았으면 종료하고, 그렇지 않으면 검색 문자열의 첫 문자가 등장하는 다음 위치를 찾는다.

일반성을 갖추고자 검색이 수행될 텍스트를 한 쌍의 반복자로 정의되는 시퀀스로 표현하는 STL의 관례를 따른다. 이렇게 하면 문서 전체는 물론 문서의 일부를 검색할 수도 있다. 문서에서 원하는 문자열을 찾으면 첫 번째 문자를 가리키는 반복자를 반환하고, 찾지 못하면 시퀀스의 끝을 가리키는 반복자를 반환한다.

```
Text_iterator find_txt(Text_iterator first, Text_iterator last, const string& s)
{
    if (s.size()==0) return last;          // 빈 문자열은 검색할 수 없음
    char first_char = s[0];
    while (true) {
        auto p = find(first,last,first_char);
        if (p==last || match(p,last,s)) return p;
        first = ++p;                       // 다음 문자 탐색
    }
}
```

시퀀스의 끝을 반환함으로써 '찾지 못함'을 나타내는 방식은 STL의 중요한 관례 중 하나다. match() 함수의 내용은 명확한데, 두 문자열을 비교한다. 여러분 스스로 함수를 작성해보자. 문자 시퀀스에서 한 문자를 찾을 때 사용한 find()는 표준 라이브러리 알고리즘(21.2절) 중에서 가장 간단한 알고리즘이라고 할 수 있다. 이렇게 정의한 find_txt()는 다음과 같이 사용할 수 있다.

```
auto p = find_txt(my_doc.begin(), my_doc.end(), "secret\nhomestead");
if (p==my_doc.end())
    cout << "찾지 못함";
else {
    // 작업 수행
}
```

우리가 만드는 '텍스트 프로세서'와 그 기능은 매우 단순하다. 우리의 목적은 기능이 풍부한 편집기를 만드는 것이 아니라 단순함과 합리적인 수준의 효율성이기 때문이다. 그렇다고 삽입과 삭제, 임의의 문자열을 검색하는 기능을 효율적으로 구현하는 일이 간단하다는 말은 아니다. 우리가 이 예제를 선택한 이유는 시퀀스와 반복자를 비롯한 STL 관련 개념과 실패를 나타내기 위해 시퀀스의 끝을 반환하는 등의 STL 프로그래밍 관례(기법)의 강력함과 일반성을 보여주는 데 있다. 그리고 원한다면 Document를 일련의 값으로 표현하는 핵심적인 수단으로 우리가 만들었던 Text_iterator를 제공해 Document를 STL 컨테이너로 녹여낼 수도 있다.

20.7 vector와 list, string

행을 저장할 때는 list를 사용하고, 문자열을 저장할 때는 vector를 사용한 이유는 무엇인가? 더 정확하게 말하자면 행의 시퀀스에는 list를 사용하고 문자의 시퀀스에는 vector를 사용한 이유는 무엇인가? 더 나아가 한 행의 문자열을 저장할 때 string을 사용하지 않은 이유는 무엇인가?

이 질문들을 좀 더 일반적으로 바꿔서 생각해보면 지금까지 우리는 문자의 시퀀스를 저장하는 네 가지 방법을 살펴봤다.

- char[](문자의 배열)
- vector<char>
- string
- list<char>

어떤 문제가 주어졌을 때 이 네 가지 중 하나를 선택하는 기준은 무엇인가? 매우 간단한 작업이라면 무엇을 사용해도 좋다. 네 가지의 인터페이스가 모두 비슷하기 때문이다. 예를 들어 주어진 반복자에 ++를 이용해서 다음으로 넘어가거나 *를 이용해서 문자에 접근할 수 있다. Document 예제의 코드를 보면 vector<char>를 list<char>나 string으로 대체해도 논리적으로 문제가 없다. 이러한 상호교환성 덕분에 성능에 초점을 맞춘 선택이 가능하다는 장점이 있다. 그러나 성능을 고려하기 전에 네 가지 타입의 논리적 특성을 살펴봐야 한다. 각 타입이 할 수 있는 일 중에 다른 타입이 하지 못하는 일은 무엇인가?

- **Elem[]** 그 크기를 알 수 없다. begin()과 end()를 비롯한 컨테이너의 유용한 멤버 함수를 전혀 제공하지 않는다. 체계적으로 구간 검사를 수행할 수 없다. 반면 C로 작성되거나 C 스타일로 작성된 함수의 인자로 사용할 수 있다. 요소들이 메모리상에 연속적으로 위치하며, 배열의 크기는 컴파일 시간에 확정된다. 비교(==와 !=)와 출력(<<) 연산자는 요소 전체가 아니라 배열의 첫 번째 요소를 가리키는 포인터에 적용된다.

- **vector<Elem>** insert()와 erase()를 비롯한 거의 모든 기능을 제공한다. 첨자 연산을 할 수 있다. insert()와 erase() 등의 리스트 연산은 일반적으로 요소의 이동을 수반한다 (요소의 개수가 많을 때 이러한 이동은 비효율적일 수 있다). 구간 검사가 가능하며, 요소들이 메모리상에 연속적으로 위치한다. vector는 확장이 가능하다(예, push_back() 등을 이용해). vector의 요소는 실제로는 배열에 (연속적으로) 저장된다. 비교 연산(==와 !=, <, <=, >, >=)은 전체 요소를 비교한다.

- **string** 모든 일반적이고 유용한 연산은 물론, 연결(+와 +=) 등의 텍스트 조작 연산도 제공한다. 요소들은 메모리상에 연속적으로 위치한다. string은 확장이 가능하다. 비교 연산(==와 !=, <, <=, >, >=)은 전체 요소를 비교한다.

- **list<Elem>** 첨자 연산을 제외한 모든 일반적이고 유용한 연산을 제공한다. 요소를 이동하지 않고 insert()와 erase()를 수행할 수 있다. 각 요소를 저장하는 데 워드 두 개(링크

포인터)만큼의 공간이 추가적으로 필요하다. list는 확장이 가능하다. 비교 연산(==와 !=, <, <=, >, >=)은 전체 요소를 비교한다.

앞(17.2절, 18.6절)에서 봤듯이 가장 로우레벨에서 메모리를 다루거나 C로 작성된 코드와 인터페이싱할 때(27.1.2절, 27.5절)는 배열이 유용하다. 그런 경우가 아니라면 더 사용하기 쉽고 유연하고, 안전한 vector를 사용하자.

도전 과제

이러한 차이점이 실제 코드에서는 어떤 의미가 있을까? 문자열 값 "Hello"로 정의된 char의 배열과 vector⟨char⟩, list⟨char⟩, string 각각을 함수의 인자로 전달해보자. 함수 안에서 인자로 전달된 문자의 개수를 출력하고, (넘겨받은 문자열이 정말 "Hello"인지 확인하기 위해) "Hello"와 비교하자. 그리고 "Howdy"와 비교해 두 단어 중 어느 단어가 사전의 앞쪽에 등장하는지 알아내자. 그리고 인자를 동일한 타입의 다른 변수에 복사하자.

도전 과제

앞의 도전 과제를 값이 { 1, 2, 3, 4, 5 }인 int 배열과 vector⟨int⟩, list⟨int⟩로 다시 작성하자.

20.7.1 insert()와 erase()

컨테이너를 선택할 때 기본적인 대안은 표준 라이브러리 vector다. vector는 필요한 거의 모든 기능을 제공하므로, 꼭 필요한 경우에만 그 밖의 대안을 선택한다. vector의 주요 문제점은 리스트 연산(insert()와 erase())을 수행할 때 요소를 이동시킨다는 점이다. 이 과정은 요소의 개수가 많은 vector나 크기가 큰 요소를 포함하는 vector를 다룰 때 큰 비용을 수반할 수 있다. 그러나 너무 걱정할 필요는 없다. push_back()을 이용해서 50만 개의 부동소수점 변수를 vector로 읽어 들이는 일 정도는 만족스럽게 수행할 수 있다. 측정 결과에 따르면 사전 할당을 한 경우와 하지 않는 경우에 큰 차이는 없다고 밝혀졌다. 성능 관점에서 큰 변경이 있을 때는 항상 측정을 해야 한다. 전문가조차도 성능을 유추하기는 매우 어렵다.

20.6절에서 지적한 바대로 요소를 이동한다는 말은 논리적인 제약도 암시한다. 즉, vector에 리스트 연산(insert()와 erase(), push_back() 등)을 수행할 때는 vector의 요소를 가리키는 반복자와 포인터를 어딘가에서 보관해선 안 된다. 요소를 이동하면 갖고 있던 반복자나 포인터는 엉뚱한 요소를 가리키거나 아무 요소도 가리키지 않을 수 있다. vector에 비해 list(와 map, 21.6절 참고)의 이론적인 장점이 바로 여기에 있다. 많은 수의 객체를 관리하거나 프로그램의 여러 곳에서 객체를 가리키고 있다면 list 사용을 고려하라.

이제 vector와 list 각각의 insert()와 erase()를 비교해보자. 우선 오직 요점을 설명할 용도로 설계된 예제를 살펴보자.

```
vector<int>::iterator p = v.begin();    // 벡터의 시작 위치 조회
++p; ++p; ++p;                          // p는 네 번째 요소를 가리킴
auto q = p;
++q;                                    // q는 다섯 번째 요소를 가리킴
```

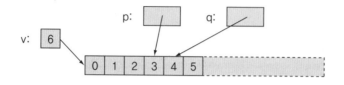

```
p = v.insert(p,99);                     // p는 삽입된 요소를 가리킴
```

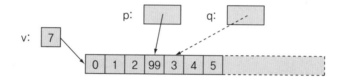

이 시점에서 q가 유효하지 않다는 점에 주목하자. 벡터의 크기가 커지면서 요소가 재할당될 수도 있다. v에 여분의 공간이 있어서 할당 없이 크기가 커졌다면 q는 4의 값을 가진 요소가 아니라 3의 값을 가진 요소를 가리킬 가능성이 크다. 그러나 이러한 특성을 이용해선 안 된다.

```
p = v.erase(p);                         // p가 삭제된 요소의 다음 요소를 가리킴
```

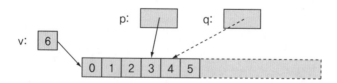

즉, insert()를 수행한 후에 삽입한 요소를 erase()하면 처음 시작 상태로 다시 돌아오지만, 반복자 q는 유효하지 않게 된다. 게다가 insert()를 수행하는 과정에서 삽입 지점 이후의 요소를 이동해야 하며, v의 크기가 커지면서 모든 요소가 새로 할당된 메모리 위치로 이동할 수도 있다.

이제 정확히 똑같은 작업을 list로 수행하고 차이점을 비교해보자.

```
list<int>::iterator p = v.begin();          // 리스트의 시작 위치 조회
++p; ++p; ++p;                              // p는 네 번째 요소를 가리킴
auto q = p;
++q;                                        // q는 다섯 번째 요소를 가리킴
```

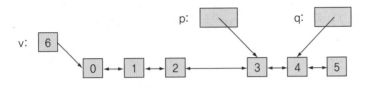

```
p = v.insert(p,99);                         // p는 삽입된 요소를 가리킴
```

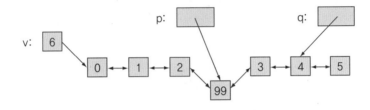

p가 여전히 4의 값을 갖는 요소를 가리킨다는 점에 주목하자.

```
p = v.erase(p);                             // p가 삭제된 요소의 다음 요소를 가리킴
```

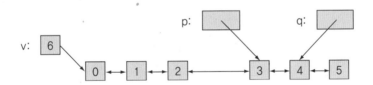

　여기서도 처음 시작한 상태로 되돌아왔다. 그러나 vector와 달리 list는 어떤 요소도 이동하지 않으므로 q는 항상 유효하다.

　list<char>는 다른 세 가지 대안에 비해 적어도 세 배의 메모리를 차지한다. PC에서 list<char>는 한 요소당 12바이트를, vector<char>는 한 요소당 1바이트를 차지한다. 문자의 개수가 많다면 그러한 차이는 매우 클 수 있다.

　그렇다면 vector가 string보다 좋은 점은 무엇인가? 특징만 비교하면 string이 vector의 모든 기능을 수행함은 물론 더 많은 기능을 제공하는 듯이 보인다. 하지만 바로 여기에 문제가 있다. string은 더 많은 일을 하기 때문에 최적화하기 어렵다. vector는 push_back()등의 '메모리 연산'에 최적화될 수 있다. 대신 string은 복사와 짧은 문자열 처리, C 스타일 문자열과의 상호작용에 최적화될 수 있다. 텍스트 편집기 예제에서는 insert()와 delete()를 사용하기 때문에 성능적인 관점에서 vector를 선택했다. 그 밖의 중요한 논리적인 차이점

은 vector에 어떤 타입의 요소든 저장할 수 있다는 점이다. 이러한 고민은 문자열을 다룰 때에만 의미가 있다. 결론적으로 연결이나 공백 문자로 구분된 단어 읽기 등의 문자열 연산이 필요한 경우가 아니라면 string보다 vector를 사용하자.

20.8 우리가 만든 vector를 STL에 접목

begin()과 end(), 20.5절의 타입 별칭을 추가했다면 std::vector를 흉내 내기 위해 insert() 와 erase()를 추가할 차례다.

```
template<typename T, typename A = allocator<T>>
    // Element<T>()와 Allocator<A>() 필요(19.3.3절)
class vector {
    int sz;          // 크기
    T* elem;         // 요소를 가리키는 포인터
    int space;       // 요소 개수 더하기 남아있는 슬롯 수
    A alloc;         // 할당자를 이용해 요소를 저장할 메모리 할당
public:
    //... 19장부터 §20.5까지 다룬 모든 내용 ...
    using iterator = T*;          // T*는 가장 간단한 형태의 반복자

    iterator insert(iterator p, const T& val);
    iterator erase(iterator p);
};
```

가장 간단한 방법으로, 여기서 다시 요소 타입의 포인터를 반복자 타입으로 사용했다. 구간 검사를 수행하는 반복자를 제공하는 일은 연습문제(18번)로 남겨둔다.

사람들은 일반적으로 vector처럼 연속적인 저장 공간에 요소를 저장하는 타입에는 insert()와 erase() 등의 리스트 연산을 제공하지 않는다. 하지만 insert()와 erase() 등의 리스트 연산은 매우 유용하며, 요소의 개수가 적은 짧은 vector에서는 놀랍게 효율적이다. 전통적으로 리스트에 사용하는 연산의 또 다른 예가 push_back()으로, 그 유용성은 여러 차례 확인한 바 있다.

기본적으로 vector<T,A>::erase()는 삭제할 요소 다음의 모든 요소를 복사하는 방식으로 구현한다. 19.3.7절의 vector 정의에 위 코드를 추가했다면 다음과 같이 erase()를 구현할 수 있다.

```
template<typename T, typename A>        // Element<T>()와
                                        // Allocator<A>() 필요 (§19.3.3)
vector<T,A>::iterator vector<T,A>::erase(iterator p)
```

```
{
    if (p==end()) return p;
    for (auto pos = p+1; pos!=end(); ++pos)
        *(pos- 1) = *pos;          // 요소를 "왼쪽으로 한 칸" 복사
    alloc.destroy(&*(end()- 1));   // 마지막 요소의 여분의 복사본 소멸
    --sz;
    return p;
}
```

그림으로 표현하면 코드를 쉽게 이해할 수 있다.

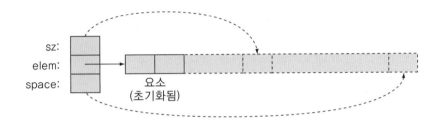

    erase()의 코드는 간단하지만, 종이에 몇 가지 동작 예를 그려보길 바란다. vector가 빈 경우도 잘 처리되는가? p==end()는 왜 확인하는가? vector의 마지막 요소를 삭제하면 어떻게 되는가? 첨자 표기를 이용했다면 코드를 읽기가 더 쉬워졌을까?

    vector<T,A>::insert()의 구현은 좀 더 복잡하다.

```
template<typename T, typename A>      // Element<T>()와
                                      // Allocator<A>() 필요 (§19.3.3)
vector<T,A>::iterator vector<T,A>::insert(iterator p, const T& val)
{
    int index = p-begin();
    if (size()==capacity())
        reserve(size()==0?8:2*size());  // 공간 확보

    // 우선 마지막 요소를 초기화되지 않은 공간에 복사
    alloc.construct(elem+sz,*back());
    ++sz;
    iterator pp = begin()+index;         // val을 삽입할 위치
    for (auto pos = end()- 1; pos!=pp; -- pos)
        *pos = *(pos- 1);                // 요소를 오른쪽으로 한 칸 복사
    *(begin()+index) = val;              // val 삽입
    return pp;
}
```

여기서 주의할 점은 다음과 같다.

- 반복자는 elem+sz처럼 시퀀스의 외부는 가리키지 못하므로 그런 경우에는 포인터를 사용한다. 할당자를 반복자가 아니라 포인터를 이용해서 정의한 이유 중 하나가 바로 여기에 있다.

- reserve()를 사용하면 요소가 새로운 메모리 영역으로 이동될 수도 있다. 따라서 요소를 삽입할 곳의 위치를 반복자가 아닌 인덱스로 저장해둬야 한다. vector가 요소를 재할당할 때 해당 vector의 반복자는 무효화된다. 즉, 예전 메모리 위치를 가리킨다고 할 수 있다.

- 할당자의 인자 A의 사용이 직관적이긴 하지만 정확하진 않다. 컨테이너를 구현해야 한다면 표준을 주의 깊게 읽어야 한다.

- 로우레벨 메모리 처리는 가능하면 피하자. vector를 비롯한 다른 모든 표준 라이브러리 컨테이너는 이러한 중요한 규칙을 준수한다. 직접 만들기보다 표준 라이브러리 사용을 권하는 이유 중 하나가 여기에 있다.

성능적인 관점에서 보면 100,000개 요소를 포함한 vector의 가운데 위치에서 insert()와 erase()를 사용하는 일은 바람직하지 않다. 이런 경우에는 list(와 map, 21.6절)가 더 낫다. 하지만 모든 vector에서 insert()와 erase()를 사용할 수 있으며, 몇 워드에서 수십 워드의 데이터를 이동하는 정도로는 성능에 큰 차이가 없다. 현대적인 컴퓨터는 이런 종류의 복사를 아주 잘 수행하기 때문이다(연습문제 20번 참고). 몇 개 안 되는 요소를 다룰 때는 (연결) list의 사용을 피하자.

20.9 내장형 배열을 STL에 접목

지금까지 내장형 배열의 약점을 계속해서 지적했다. 아무런 예고 없이 포인터를 암묵적으로 변환하며, 대입을 이용한 복사를 할 수 없고, 스스로의 크기를 알 수 없는(18.6.2절) 등의 단점이 있다. 반면 물리적인 메모리를 거의 완벽하게 반영한다는 중요한 강점도 살펴본 바 있다.

이 두 세계의 장점만을 취하기 위해 약점을 제거한 배열의 장점만을 제공하는 array 컨테이너를 만들자. 이러한 버전의 array는 표준에서 '기술 보고서' 형식으로 소개됐다. TR에 포함된 선행 기술이 모든 구현체의 요구 사항은 아니므로, 여러분이 사용하는 구현체에는 array가 포함되지 않을 수도 있다. 그러나 아이디어 자체는 간단하고 유용하다.

```
template <typename T, int N>          // Element<T>()가 필요함
struct array {                        // 표준 array와 동일하진 않음
    using value_type = T;
    using iterator = T*;
```

```
using const_iterator = const T*;
using size_type = unsigned int;                 // 첨자 타입

T elems[N];
// 명시적인 생성/복사/소멸은 필요 없음

iterator begin() { return elems; }
const_iterator begin() const { return elems; }
iterator end() { return elems+N; }
const_iterator end() const { return elems+N; }

size_type size() const;

T& operator[ ] (int n) { return elems[n]; }
const T& operator[ ] (int n) const { return elems[n]; }

const T& at(int n) const;                      // 구간 검사를 수행하는 접근
T& at(int n);                                  // 구간 검사를 수행하는 접근

T * data() { return elems; }
const T * data() const { return elems; }
};
```

이 정의는 완벽하지 않고 표준에 완전히 부합하지도 않는다. 그러나 여러분에게 아이디어를 줄 수는 있다. 그리고 여러분이 사용하는 구현체가 표준 array를 아직 제공하지 않는 경우에 활용할 수 있는 뭔가를 제공한다. 구현체가 array를 제공한다면 <array>에서 찾아볼 수 있다. array<T,N>은 스스로의 크기 N을 알고 있으므로, vector처럼 대입과 ==, != 등을 제공할 수 있다.

그 활용 예로 20.4.2절의 STL 버전 high()와 함께 array를 사용해보자.

```
void f()
{
    array<double,6> a = { 0.0, 1.1, 2.2, 3.3, 4.4, 5.5 };
    array<double,6>::iterator p = high(a.begin(), a.end());
    cout << "가장 큰 값은 " << *p << '\n';
}
```

high()를 작성할 때 array를 고려하지 않았다는 점에 주목하자. 양쪽 모두 표준적인 관례를 따른 자연스러운 결과로 array를 high()와 함께 사용할 수 있게 됐다.

20.10 컨테이너 요약

STL은 다음과 같은 컨테이너를 제공한다.

표준 컨테이너	
vector	연속된 구간에 할당된 요소. 기본 컨테이너로 사용
list	이중 연결 리스트. 기존 요소를 이동하지 않고 요소를 삽입하거나 삭제할 때 사용
deque	list와 vector의 중간. 알고리즘과 컴퓨터 구조에 대한 전문가 수준의 지식이 없으면 사용하지 말 것
map	균형 잡힌 순서 있는 트리(balanced ordered tree). 어떤 값에 상응하는 요소를 접근할 때 사용(21.6.1~3절 참고)
multimap	값이 동일한 키를 여러 개 허용하는 균형 잡힌 순서 있는 트리. 어떤 값에 상응하는 요소를 접근할 때 사용(21.6.1~3절 참고)
unordered_map	해시 테이블(hash table). map의 최적화된 버전. 대규모 맵에서 높은 성능이 필요하고 적합한 해시 함수를 고안할 수 있는 경우에 사용(21.6.4절 참고)
unordered_multimap	값이 동일한 키를 여러 개 허용하는 해시 테이블. multimap의 최적화된 버전. 대규모 맵에서 높은 성능이 필요하고 적합한 해시 함수를 고안할 수 있는 경우에 사용(21.6.4절 참고)
set[1]	균형 잡힌 순서 있는 트리. 값 자체를 관리하고 싶을 때 사용(21.6.5절 참고)
multiset	값이 동일한 키를 여러 개 허용하는 균형 잡힌 순서 있는 트리. 값 자체를 관리하고 싶을 때 사용(21.6.5절 참고)
unordered_set	(키, 값) 쌍이 아니라 값만 저장하는 unordered_map
unordered_multiset	(키, 값) 쌍이 아니라 값만 저장하는 unordered_multimap
array	내장형 배열의 문제점을 대부분 해결한 고정된 크기의 배열(20.9절)

이러한 컨테이너와 그 용법에 대한 방대한 정보를 서적과 온라인 문서에서 찾을 수 있다. 몇 가지 훌륭한 참고 자료를 예로 들면 다음과 같다.

Josuttis, Nicholai M. The C++ Standard Library: A Tutorial and Reference. Addison-Wesley, 2012. ISBN 978-0321623218. 2판 참고.

Lippman, Stanley B., Jose Lajoie, and Barbara E. Moo. The C++ Primer. Addison-Wesley, 2005. ISBN 0201721481. 5판 참고.

---

1. map이 특정 키에 상응하는 값을 찾는 컨테이너라면 set은 연관된 값이 없이 키 자체만 관리하는 컨테이너다. - 옮긴이

Stroustrup, Bjarne. The C++ Programming Language (Fourth Edition) 한국어판. 에이콘, 2015. ISBN 9788960778092 참고.

SGI의 STL과 iostream 라이브러리 구현 문서는 www.sgi.com/tech/stl 참고. 전체 소스코드도 제공함

속은 느낌인가? 컨테이너에 대한 모든 내용과 용법을 여기서 설명해야 한다고 생각하는가? 하지만 그런 일은 불가능하다. 여러분이 한 번에 학습하기에는 표준의 기능과 유용한 기법, 유용한 라이브러리가 너무도 많다. 한 사람이 모든 기능과 기법을 알기에 프로그래밍은 너무 방대한 분야이며, 고귀한 예술이라고도 할 수 있다. 프로그래밍은 역동적이고 빠르게 변화하는 분야이므로, 여러분이 알고 있는 지식에만 익숙해지는 일은 시대에 뒤처지는 지름길이다. 많은 문제에서 "찾아보라"는 말은 매우 합리적인 대답이며, 여러분의 기술이 발전하고 성숙할수록 그 말이 정답일 확률이 높다.

다른 한편으로는 vector와 list, map, 21장에서 설명할 표준 알고리즘을 이해하고 나면 그 밖의 STL 컨테이너나 STL 스타일을 준수하는 컨테이너를 쉽게 사용할 수 있으며, STL이 아닌 컨테이너를 이용하고 이를 이용한 코드를 작성하는 데 필요한 기본적인 지식도 얻을 수 있다.

컨테이너는 무엇인가? 앞에서 다룬 모든 소스코드에서 STL 컨테이너의 정의를 엿볼 수 있다. 여기서 STL 컨테이너의 비공식적 정의를 내려 보자. STL 컨테이너는 다음과 같다.

- [begin():end())로 정의되는 요소의 시퀀스다.

- 요소를 복사하는 복사 연산을 제공한다. 복사는 대입이나 복사 생성자로 수행한다.

- 컨테이너에 포함된 요소의 타입은 value_type으로 명명한다.

- 두 가지 종류의 반복자 iterator와 const_iterator를 제공한다. 반복자는 *와 ++(전치와 후치 모두), ==, != 연산자를 각각 적합한 의미에 따라 제공한다. list의 반복자는 시퀀스에서 역방향으로 이동하는 --도 지원하며, 이런 반복자를 양방향 반복자bidirectional iterator라고 한다. vector의 반복자는 --는 물론 []와 +, -를 제공하는 하는데, 이러한 반복자를 임의 접근 반복자random-access iterator라고 한다(20.10.1절 참고).

- insert()와 erase(), front()와 back(), push_back()과 pop_back(), size() 등을 제공한다. vector와 map은 첨자 연산(예, [] 연산자)도 제공한다.

- 상응하는 요소를 비교하는 비교 연산자(==와 !=, <, <=, >, >=)를 제공한다. 컨테이너는 <와 <=, >, >=에 사전 순서lexicographical order를 적용한다. 즉, 앞쪽 요소부터 우선적으로 비교한다.

이러한 정의의 목적은 대략을 파악하는 데 있으며, 자세한 내용이 궁금하다면 부록 B를 참고하라. 정확한 명세와 완벽한 설명이 필요하다면 『The C++ Programming Language』나 표준 문서를 참고하라.

일부 데이터 타입은 표준 컨테이너에서 요구하는 대부분을 제공하지만, 그렇지 않은 타입도 있다. 이런 타입을 일컬어 '유사 컨테이너almost container'라고도 하는데, 가장 흥미로운 유사 컨테이너는 다음과 같다.

유사 컨테이너	
T[n] 내장형 배열	size()를 비롯한 멤버 함수를 제공하지 않음. 가능하다면 내장형 배열보다 vector나 string, array 등의 컨테이너를 권장함
string	문자만 저장하지만 연결(+와 +=)을 비롯한 유용한 텍스트 조작 연산을 제공함. 다른 문자열 표현 방식보다 표준 string을 권장함
valarray	벡터 연산을 제공하는 수치 벡터. 그러나 고성능 구현 때문에 많은 제약이 있음. 벡터 연산을 많이 할 때만 사용

추가적으로 많은 개인과 조직에서 표준 컨테이너 요구 사항을 준수하거나 거의 표준에 가까운 컨테이너를 제공한다.

확실치 않은 경우에는 vector를 사용하라. 그럴 수 없는 확실한 이유가 있지 않는 한 vector를 사용하라.

20.10.1 반복자의 종류

지금까지는 모든 반복자의 상호교환이 가능한 듯이 설명했다. 시퀀스를 탐색해 값을 하나씩 읽는 일처럼 간단한 작업에서는 어떤 반복자를 사용해도 상관없다. 하지만 역방향 탐색이나 첨자 연산 등 더 많은 작업을 하려면 좀 더 진보된 하나 이상의 반복자가 필요하다.

반복자의 종류	
입력 반복자	++를 이용한 순방향 탐색과 *를 이용한 요소 값 읽기가 가능하다. istream이 제공하는 반복자가 바로 입력 반복자다(21.7.2절 참고). (*p).m이 유효하다면 p-)m으로 줄여서 쓸 수도 있다.
출력 반복자	++를 이용한 순방향 탐색과 *를 이용한 요소 값 쓰기가 가능하다. ostream이 제공하는 반복자가 바로 출력 반복자다(21.7.2절 참고).

(이어짐)

반복자의 종류	
순방향 반복자	++를 이용한 순방향 탐색과 *를 이용한 요소 값 읽기와 쓰기(물론 요소가 const가 아닌 경우에)가 가능하다. (*p).m이 유효하다면 p->m으로 줄여서 쓸 수도 있다.
양방향 반복자	(++를 이용한) 순방향 탐색과 (--를 이용한) 역방향 탐색이 가능하며, *를 이용한 요소 값 읽기와 쓰기(물론 요소가 const가 아닌 경우에)가 가능하다. list와 map, set의 반복자가 바로 양방향 반복자다. (*p).m이 유효하다면 p->m으로 줄여서 쓸 수도 있다.
임의 접근 반복자	(++를 이용한) 순방향 탐색과 (--를 이용한) 역방향 탐색이 가능하며, *나 []를 이용한 요소 값 읽기와 쓰기(물론 요소가 const가 아닌 경우에)가 가능하다. 첨자 접근을 수행하거나 임의 접근 반복자에 +와 -를 이용해 정수를 더하거나 뺄 수 있다. 두 임의 접근 반복자에서 나머지 하나를 빼면 둘 사이의 거리를 알 수 있다. vector에서 제공하는 반복자가 바로 임의 접근 반복자다. (*p).m이 유효하다면 p->m으로 줄여서 쓸 수도 있다.

각각이 제공하는 연산자를 보면 출력 반복자나 입력 반복자, 순방향 반복자를 언제 사용해야 할지 알 수 있다. 양방향 반복자는 순방향 반복자기도 하며, 임의 접근 반복자는 양방향 반복자기도 하다. 이러한 반복자 종류를 그림으로 나타내면 다음과 같다.

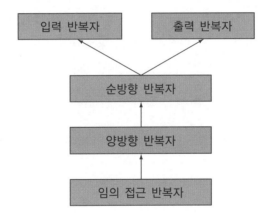

반복자의 종류는 클래스가 아니므로, 이 그림이 파생으로 구현된 계층구조는 아니라는 점을 기억하자.

✓ 실습문제

1. 10개의 요소 { 0, 1, 2, 3, 4, 5, 6, 7, 8, 9 }를 포함하는 int 배열을 정의하라.

2. 위의 요소 10개를 포함하는 vector<int>를 정의하라.

3. 위의 요소 10개를 포함하는 list<int>를 정의하라.

4. 앞에서 정의한 배열과 벡터, 리스트의 복사본으로 초기화되는 두 번째 배열과 벡터, 리스트를 각각 정의하라.

5. 배열의 각 요소의 값에 2를 더하라. 벡터의 각 요소의 값에 3을 더하라. 리스트의 각 요소의 값에 5를 더하라.

6. 다음과 같은 간단한 copy() 연산을 작성하자.

```
template<typename Iter1, typename Iter2>
    // Input_iterator<Iter1>()과 Output_iterator<Iter2>() 필요
Iter2 copy(Iter1 f1, Iter1 e1, Iter2 f2);
```

이 함수는 표준 라이브러리의 copy 함수와 마찬가지로 [f1,e1)을 [f2,f2+(e1-f1))에 복사하고 f2+(e1-f1)를 반환한다. f1==e1이면 빈 시퀀스이므로 복사할 요소가 없다는 점을 명심하자.

7. 앞에서 작성한 copy()를 이용해서 배열을 벡터로, 리스트를 배열로 복사해보자.

8. 표준 라이브러리의 find()를 이용해 벡터에 3이라는 값이 존재하는지 찾고, 존재한다면 그 위치를 출력하자. 다음으로 find()를 이용해 리스트에 27이라는 값이 존재하는지 찾고, 존재한다면 그 위치를 출력하자. 첫 번째 요소의 위치는 0, 두 번째 요소는 1, … 이다. find()가 시퀀스의 끝을 반환하면 주어진 값을 찾지 못했음을 의미한다.

각 단계를 수행한 후에는 테스트를 잊지 말자.

복습문제

1. 서로 다른 사람이 작성한 코드는 왜 달라 보이는가? 예를 들어 설명하라.

2. 데이터를 다룰 때 던지는 간단한 질문들은 무엇인가?

3. 데이터를 저장하는 방법에는 무엇이 있는가?

4. 데이터 항목의 집합에 적용할 수 있는 기본적인 연산에는 무엇이 있는가?

5. 데이터를 저장하는 방법에 있어서 추구해야 할 이상은 무엇인가?

6. STL의 시퀀스는 무엇인가?

7. STL의 반복자는 무엇이며, 어떤 연산을 지원하는가?

8. 반복자를 다음 요소로 이동시키는 방법은 무엇인가?

9. 반복자를 이전 요소로 이동시키는 방법은 무엇인가?

10. 시퀀스의 끝을 지나서 반복자를 이동시키면 무슨 일이 벌어지는가?

11. 이전 요소로 이동이 가능한 반복자에는 어떤 종류가 있는가?

12. 데이터와 알고리즘을 분리하는 방법이 유용한 이유는 무엇인가?

13. STL은 무엇인가?

14. 연결 리스트는 무엇이며, 벡터와는 근본적으로 어떻게 다른가?

15. (연결 리스트의) 링크는 무엇인가?

16. insert()는 무슨 일을 하는가? erase()는 무슨 일을 하는가?

17. 시퀀스가 비어있는지 어떻게 알 수 있는가?

18. list의 반복자는 어떤 연산을 제공하는가?

19. STL 컨테이너는 어떻게 탐색하는가?

20. 어떤 경우에 vector 대신 string을 사용하는가?

21. 어떤 경우에 vector 대신 list를 사용하는가?

22. 컨테이너란 무엇인가?

23. 컨테이너의 begin()과 end()는 어떤 일을 해야 하는가?

24. STL은 어떤 컨테이너를 제공하는가?

25. 반복자의 종류란 무엇이며, STL은 어떤 종류의 반복자를 제공하는가?

26. 양방향 반복자에서는 제공하지 않고 임의 접근 반복자에서만 제공하는 연산에는 무엇이 있는가?

용어 정리

알고리즘	비어있는 시퀀스	단일 연결 리스트
array 컨테이너	end()	size_type
auto	erase()	STL
begin()	insert()	탐색
컨테이너	반복	using
연속적	반복자	타입 별칭
이중 연결 리스트	연결 리스트	value_type
요소	시퀀스	

연습문제

1. 20장의 모든 도전 과제를 아직 풀지 않았다면 지금 도전하라.

2. 20.1.2절의 잭과 질 예제를 동작하게 만들자. 작은 파일 몇 개를 입력으로 해 테스트하자.

3. 회문 예제(18.7절)를 다시 살펴보고, 거기서 다룬 다양한 기법을 활용해 20.1.2절의 잭과 질 예제를 다시 작성하라.

4. 20.3.1절의 잭과 질 예제에서 오류를 찾고, STL의 기법을 전반적으로 활용해 오류를 수정하라.

5. vector의 입력과 출력(>>와 <<) 연산을 정의하라.

6. 20.6.2절의 내용을 바탕으로 Document에 '찾아 바꾸기' 연산을 작성하라.

7. 정렬되지 않은 vector<string>에서 사전 순서로 가장 마지막인 문자열을 찾아라.

8. Document에 포함된 문자의 개수를 세는 함수를 작성하라.

9. Document에 포함된 단어의 개수를 세는 프로그램을 작성하라. 프로그램을 두 가지 버전으로 작성한다. 한 가지 버전은 단어를 '공백 문자로 구분된 일련의 문자'로 정의하고, 다른 버전은 단어를 '연속된 일련의 알파벳 문자'로 정의한다. 예를 들어 첫 번째 버전의 정의를 따르면 alpha.numeric과 as12b는 각각 한 단어이지만, 두 번째 버전의 정의를 따르면 각각이 두 단어로 나뉜다.

10. 사용자가 공백 문자 집합을 정의할 수 있게 앞의 단어 카운팅 프로그램을 수정하라.

11. list<int>를 (참조 전달) 매개변수로 받아서 리스트의 요소를 vector<double>에 복사하자. 복사가 완벽하고 올바르게 수행되는지 확인하자. 그리그 요소를 오름차순으로 정렬해 출력하라.

12. 20.4.1~2절의 리스트 정의를 완성해 high() 예제가 작동하게 만들자. 시퀀스의 끝의 다음을 나타내는 Link를 할당하라.

13. list에 실제로 끝의 다음을 나타내는 Link가 필요하진 않다. 앞의 예제에서 (실제로는 존재하지 않는) 끝의 다음을 나타내는 Link 대신 0을 사용하도록 수정하자. 이렇게 하면 빈 리스트의 크기가 포인터 하나의 크기와 동일해진다.

14. 단일 연결 리스트를 구현하는 slist를 std::list의 스타일에 따라 정의하라. slist에 역방향 포인터가 없기 때문에 list의 연산 중에서 제외해야 하는 연산은 무엇인가?

15. 객체의 포인터를 저장하며, 소멸자에서 각 객체를 delete하는 점만 제외하면 vector와 비슷한 pvector를 정의하라.

16. `[]`와 `*` 연산자가 객체의 포인터가 아닌 참조를 반환한다는 점만 제외하면 `pvector`와 비슷한 `ovector`를 정의하라.

17. `pvector`와 마찬가지로 객체를 가리키는 포인터를 저장하지만, 그 중 어떤 객체를 벡터가 소유하는지 지정할 수 있는 메커니즘을 제공하는 `ownership_vector`를 정의하라(소멸자에서 벡터가 소유한 객체를 `delete`해야 함). 힌트: 13장을 기억하고 있다면 쉽게 풀 수 있다.

18. `vector`에 구간 검사를 수행하는 반복자(임의 접근 반복자)를 정의하라.

19. `list`에 구간 검사를 수행하는 반복자(양방향 반복자)를 정의하라.

20. `vector`와 `list`의 비용을 비교하는 간단한 시간 측정 실험을 수행하자. 프로그램의 수행 시간을 측정하는 방법은 26.6.1절을 참고하라. 구간 [0:N]에 포함되는 임의의 `int`를 N개 생성한다. 이 `int`를 `vector<int>`에 (한 번에 요소 하나씩) 삽입한다. 이때 `vector`는 항상 정렬된 상태를 유지해야 한다. 즉, 새로운 값보다 앞쪽에 위치하는 모든 요소는 새로운 값 이하여야 하고, 새로운 값보다 뒤쪽에 위치하는 모든 요소는 새로운 값 이상이어야 한다. 동일한 실험을 `list<int>`로 `int`를 저장하는 방식으로 수행하자. N이 얼마일 때 `list`가 `vector`보다 빨라지는가? 결과를 설명하라. 참고로 이 실험은 존 벤틀리[John Bentley]가 맨 처음 제안했다.

붙이는 말

데이터를 저장하는 N가지 종류의 컨테이너가 존재하고, 각 컨테이너에 M가지 작업을 할 수 있다면 N×M가지 코드를 작성해야 한다. 여기에 더해 데이터의 타입이 K가지라면 N×M×K가지 코드를 작성해야 할 수도 있다. STL은 데이터 타입을 매개변수로 받아들이고(K가 상쇄됨), 데이터 접근과 알고리즘을 분리해 이러한 폭발적인 경우의 수 증가 문제를 해결한다. 모든 알고리즘에서 반복자를 이용해 데이터에 접근함으로써 N+M번의 작업으로 모든 알고리즘을 이용할 수 있다. 이로 인해 작업이 매우 단순화된다. 예를 들어 12가지 컨테이너와 60가지 알고리즘이 존재한다고 가정하자. 막무가내 방식을 택한다면 720개의 함수가 필요하다. 반면 STL의 전략에 따르면 60개의 함수와 12가지 반복자를 정의하면 되므로, 작업량이 90% 가까이 감소한다. 실제로 많은 알고리즘이 두 쌍의 반복자를 필요로 하며, 두 쌍이 같은 타입의 반복자일 필요는 없다는 점을 감안하면(예, 연습문제 6번 참고), 90%라는 수치마저도 노력의 절감 효과를 과소평가했다고 볼 수 있다. 게다가 STL의 알고리즘 정의는 올바르며 조합이 가능한 코드를 쉽게 작성할 수 있게 해주는 관례를 따르므로, 이를 감안하면 작업량 절감 효과는 훨씬 더 커진다.

알고리즘과 맵

"이론적으로 말하자면 실전도 간단하다."

— 트리그비 린스콕(Trygve Reenskaug)

21 장에서는 STL의 기본적인 아이디어와 STL이 제공하는 기능에 대한 설명을 마무리한다. 특히 알고리즘에 집중한다. 우리의 주요한 목표는 여러분의 작업을 며칠 혹은 몇 달 단축시켜줄 유용한 알고리즘을 소개하는 데 있다. 모든 알고리즘의 설명은 그 용례와 그로 인해 지원되는 프로그래밍 기법을 포함한다. 두 번째 목표는 표준 라이브러리와 그 밖의 라이브러리에서 제공하는 알고리즘 이상의 무언가가 필요할 때 여러분 스스로 우아하고 효율적인 알고리즘을 작성하는 데 필요한 도구를 충분히 제공하는 데 있다. 이에 더해 세 가지 컨테이너 map과 set, unordered_map을 소개한다.

21.1 표준 라이브러리 알고리즘

표준 라이브러리는 80여개의 알고리즘을 제공하며, 그 모든 알고리즘은 누구에게나, 언제나 유용하다. 여기서는 많은 경우에 유용하게 사용하며, 특정한 경우에는 엄청나게 유용한 일부 알고리즘에 집중한다.

선별된 표준 알고리즘	
r=find(b,e,v)	r은 [b:e)에서 v가 처음 등장하는 위치를 가리킨다.
r=find_if(b,e,p)	r은 [b:e)에서 p(x)가 true인 요소 x가 처음 등장하는 위치를 가리킨다.
x=count(b,e,v)	x는 [b:e)에서 v가 등장하는 횟수다.
x=count_if(b,e,p)	x는 [b:e)에서 p(x)가 true인 요소 x의 개수다.
sort(b,e)	〈를 이용해서 [b:e)를 정렬한다.
sort(b,e,p)	p를 이용해서 [b:e)를 정렬한다.
copy(b,e,b2)	[b:e)를 [b2:b2+(e−b))로 복사한다. b2 뒤에 충분한 개수의 요소가 존재하는 경우가 바람직하다.
unique_copy(b,e,b2)	[b:e)를 [b2:b2+(e−b))로 복사한다. 단, 서로 이웃한 중복된 요소는 복사하지 않는다.
merge(b,e,b2,e2,r)	두 정렬된 시퀀스 [b2:e2)와 [b:e)를 [r:r+(e−b)+(e2−b2))로 병합한다.
r=equal_range(b,e,v)	r은 정렬된 구간 [b:e)에서 값이 v인 서브 시퀀스를 가리킨다. 즉 v에 대한 이진 탐색 결과를 나타낸다.
equal(b,e,b2)	[b:e)와 [b2:b2+(e−b))에서 상응하는 모든 요소가 동일한지 비교한다.
x=accumulate(b,e,i)	x는 i와 [b:e)에 포함된 요소의 총합이다.
x=accumulate(b,e,i,op)	accumulate와 비슷하지만, op를 이용해서 합을 계산한다.
x=inner_product(b,e,b2,i)	x는 [b:e)와 [b2:b2+(e−b))의 내적(inner product)이다.
x=inner_product(b,e,b2,i,op,op2)	inner_product와 비슷하지만, + 대신 op를, * 대신 op2를 사용한다.

기본적으로 상등성^{equality}항등 비교는 ==를, 순서 비교는 〈(~보다 작다)을 이용해서 수행한다. 이러한 표준 라이브러리 알고리즘은 <algorithm>에서 찾을 수 있고, 더 자세한 정보를 원한다면 B.5절과 21.2~21.5절에 언급된 자료 출처를 참고하라. 알고리즘은 하나 이상의 시퀀스를 인자로 받으며, 입력 시퀀스는 한 쌍의 반복자로 정의한다. 출력 시퀀스는 시퀀스의 첫 번째 요소를 가리키는 반복자로 정의한다. 일반적으로 알고리즘은 함수 객체나 함수로 정의되는 하나 이상의 연산으로 매개변수화될 수 있다. 알고리즘은 일반적으로 입력 시퀀스의 끝을

반환해 실패를 알린다. 예를 들어 `find(b,e,v)`는 v를 찾지 못할 경우 e를 반환한다.

21.2 가장 간단한 알고리즘: find()

논란의 여지가 있지만 가장 간단하면서도 유용한 알고리즘이 바로 `find()`다. `find()`는 시퀀스에서 주어진 값을 찾는다.

```
template<typename In, typename T>
    // Input_iterator<In>()와
    // && Equality_comparable<Value_type<T>>() (§19.3.3) 필요
In find(In first, In last, const T& val)
    // [first,last)에서 val과 동일한 첫 번째 요소 찾기
{
    while (first!=last && *first != val) ++first;
    return first;
}
```

`find()`의 정의를 잠시 살펴보자. 물론 구현 방식을 정확히 알지 못해도 `find()`를 사용할 수 있으며, 사실 우리는 이미 `find()`를 사용했다(예, 20.6.2절). 하지만 `find()`의 정의에서 유용한 설계 아이디어를 많이 얻을 수 있으므로, 살펴볼 만한 가치가 있다.

우선 `find()`는 한 쌍의 반복자로 정의되는 시퀀스에서 작동하며, 반 열린 구간half-open sequence [`first:last`)에서 값 v를 찾는다. `find()`는 반복자를 반환하며, 이 반복자는 시퀀스에서 값이 v와 동일한 첫 번째 요소를 가리키거나 `last`를 가리킨다. 시퀀스의 마지막 요소 다음을 가리키는 반복자를 반환하는 방식은 STL에서 '찾지 못함'을 나타내는 가장 일반적인 방법이다. 따라서 `find()`를 다음과 같이 사용할 수 있다.

```
void f(vector<int>& v, int x)
{
    auto p = find(v.begin(),v.end(),x);
    if (p!=v.end()) {
        // v에서 x를 찾음
    }
    else {
        // v에서 x를 찾지 못함
    }
    // ...
}
```

일반적으로 그렇듯이 여기서도 시퀀스는 컨테이너(STL vector)의 모든 요소를 포함한다.

반환된 반복자와 시퀀스의 끝을 비교해서 원하는 값을 찾았는지 확인한다. 반환 값의 타입은 인자로 전달한 반복자와 같다.

반환 값의 타입을 명시하는 일을 피하고자 auto를 사용했다. auto 타입으로 정의한 객체는 다음과 같이 초기 값의 타입을 따른다.

```
auto ch = 'c';    // ch는 char
auto d = 2.1;     // d는 double
```

auto 타입 지정자는 제네릭 코드에서 특히 유용한데, find()에서 보듯이 실제 타입(여기서는 vector<int>::iterator)을 타이핑하는 일은 무척 지루한 일이다.

이제 find()의 사용 방법을 알았으니 find()와 비슷한 관례를 따르는 그 밖의 알고리즘도 쉽게 사용할 수 있다. 더 많은 용례와 알고리즘을 학습하기 전에 find()의 정의를 더 자세히 분석해보자.

```
template<typename In, typename T>
    // Input_iterator<In>()와
    //    && Equality_comparable<Value_type<T>>() (§19.3.3) 필요
In find(In first, In last, const T& val)
    // [first,last)에서 val과 동일한 첫 번째 요소 찾기
{
    while (first!=last && *first != val) ++first;
    return first;
}
```

루프의 내용을 한눈에 명확히 이해할 수 있는가? 그러긴 어렵다. 이 코드는 기본적 알고리즘을 효율적이고 직접적이며 최대한 간략히 나타내지만, 예제를 몇 가지 더 살펴보기 전에는 명확하게 이해하기 힘들다. 이 코드를 '지나가는 사람도 이해할 수 있게' 다시 작성하고, 원래 코드와 비교해보자.

```
template<typename In, typename T>
    // Input_iterator<In>()와
    //    && Equality_comparable<Value_type<T>>() (§19.3.3) 필요
In find(In first, In last, const T& val)
    // [first,last)에서 val과 동일한 첫 번째 요소 찾기
{
    for (In p = first; p!=last; ++p)
        if (*p == val) return p;
    return last;
}
```

이 두 코드는 논리적으로 동일하며, 정말 뛰어난 컴파일러라면 동일한 목적 코드를 생성할 수도 있다. 하지만 실제로는 여분의 변수(p)를 제거하고 모든 확인이 한곳에서 수행되도록 코드를 재배치할 정도로 컴파일러가 똑똑하지는 않다. 그런데 무엇이 걱정돼서 이런 내용을 설명하는가? 앞서 살펴본 첫 번째 (더 선호되는) 버전의 find()에서 채택한 스타일이 널리 사용되고 있으며, 다른 사람의 코드를 읽으려면 이런 내용을 꼭 이해해야 하기 때문이다. 다른 이유는 find()처럼 대량의 데이터를 다루는 작고 빈번하게 호출되는 함수들에서 성능이 문제가 되기 때문이다.

도전 과제

두 가지 정의가 논리적으로 동일하다고 확신하는가? 어떻게 확신하는가? 둘이 동일함을 증명해보자. 그리고 실제 데이터로 두 가지 모두를 테스트해보자. 저명한 컴퓨터 과학자 도널드 커누스(Don Knuth)는 이런 말을 남겼다. "나는 알고리즘이 정확하다고 증명했을 뿐 테스트 해보진 않았다." 수학적인 증명에도 오류는 존재할 수 있다. 확신을 얻으려면 증명과 테스트가 모두 필요하다.

21.2.1 제네릭 활용 방법

find()는 제네릭 알고리즘이다. 즉, 여러 가지 데이터 타입에 활용할 수 있다. 사실 find()는 두 가지 측면에서 제네릭하다. find()는 다음과 같은 두 가지 모두에 사용할 수 있다.

- 모든 STL 스타일의 시퀀스

- 모든 요소 타입

이제 몇 가지 예제를 살펴보자(헷갈린다면 20.4절의 그림을 참고하라).

```
void f(vector<int>& v, int x)          // int의 벡터를 처리함
{
    vector<int>::iterator p = find(v.begin(),v.end(),x);
    if (p!=v.end()) { /* x를 찾음 */ }
    // ...
}
```

find()에서 사용한 반복 연산은 vector<int>::iterator에서 제공한다. 즉, (++first의) ++는 포인터를 (vector의 다음 요소가 저장된) 메모리의 다음 위치로 이동시키고, (*first)의 *는 포인터를 역참조한다. 반복자 비교 연산(first!=last)은 두 포인터를 비교하며, 값 비교(*first!=val)는 두 int를 비교한다.

이제 list로 동일한 작업을 수행해보자.

```
void f(list<string>& v, string x)          // string의 list를 처리함
{
    list<string>::iterator p = find(v.begin(),v.end(),x);
    if (p!=v.end()) { /* x를 찾음 */ }
    // ...
}
```

이 코드의 find()에서 사용한 반복 연산은 list<int>::iterator에서 제공한다. 연산자는 정해진 의미를 제공하므로, 프로그램이 실행되는 논리는 앞의 vector<int> 경우와 동일하다. 그러나 연산자의 구현은 매우 다르다. (++first의) ++는 요소의 Link 부분에 저장된 포인터를 따라 list의 다음 요소가 저장된 곳으로 이동한다. (*first의) *는 Link에서 값 부분을 조회한다. 반복자 비교 연산(first!=last)은 두 Link*를 비교하는 포인터 비교이며, 값 비교(*first!=val)는 string의 != 연산자를 이용해 두 string을 비교한다.

여기서 보듯이 find()는 매우 유연하다. 반복자에 대한 간단한 규칙만 따른다면 생각할 수 있는 모든 종류의 시퀀스와 우리가 정의하는 모든 컨테이너의 요소를 찾을 수 있다. 예를 들어 find()를 이용해 20.6절에서 정의한 Document에서 문자를 찾을 수 있다.

```
void f(Document& v, char x)      // char의 Document를 처리함
{
    Text_iterator p = find(v.begin(),v.end(),x);
    if (p!=v.end()) { /* x를 찾음 */ }
    // ...
}
```

STL 알고리즘의 특징이라고 할 수 있는 이러한 유연성 덕분에 대부분의 사람들이 STL을 처음 접할 때 상상하는 정도 이상으로 STL을 유용하게 사용할 수 있다.

21.3 일반화된 검색 : find_if()

특정한 값을 찾는 경우는 그리 많지 않다. 그보다는 주어진 조건을 만족하는 값을 찾는 경우가 더 잦다. 이 검색 조건을 우리 스스로 설정할 수 있다면 find()를 더 유용하게 쓸 수 있지 않을까? 42보다 큰 값을 찾거나, 대소문자 구별 없이 문자열을 비교하거나, 첫 번째 홀수를 찾거나, 주소가 "체리 나무 길 17번지"인 레코드를 찾을 수 있다면 말이다.

이처럼 사용자가 지정한 조건으로 검색을 수행하는 표준 알고리즘이 바로 find_if()다.

```
template<typename In, typename Pred>
    // Input_iterator<In>()와 Predicate<Pred,Value_type<In>>()가 필요함
In find_if(In first, In last, Pred pred)
```

```
{
    while (first!=last && !pred(*first)) ++first;
    return first;
}
```

(소스코드를 비교해보면 알겠지만) `*first!=val` 대신 `!pred(*first)`를 사용한 점만 제외하면 `find()`와 비슷하다. 즉, 요소의 값이 동일한 경우가 아니라 술어^{predicate}가 참^{true}을 반환할 때 검색을 종료한다.

서술자는 `true`나 `false`를 반환하는 함수이며, `find_if()`에는 한 개의 인자를 받는 서술자가 필요하기 때문에 `pred(*first)`처럼 사용할 수 있다. "문자열이 문자 x를 포함하는가?"나 "값이 42보다 큰가?", "홀수인가?" 등의 값의 속성을 확인하는 서술자는 쉽게 작성할 수 있다. 예를 들어 다음과 같이 `int vector`에서 첫 번째 홀수를 찾을 수 있다.

```
bool odd(int x) { return x%2; }        // %는 나머지 연산자

void f(vector<int>& v)
{
    auto p = find_if(v.begin(), v.end(), odd);
    if (p!=v.end()) { /* 홀수를 찾음 */ }
    // ...
}
```

이 코드에서 `find_if()`를 호출하면 `find_if()`가 첫 번째 홀수를 찾을 때까지 `odd()`를 호출한다. 이처럼 함수를 인자로 넘겨줄 때는 `()`를 붙이지 않는다. `()`는 함수 호출을 의미하기 때문이다.

마찬가지로 다음과 같이 42보다 큰 첫 번째 요소를 찾을 수 있다.

```
bool larger_than_42(double x) { return x>42; }

void f(list<double>& v)
{
    auto p = find_if(v.begin(), v.end(), larger_than_42);
    if (p!=v.end()) { /* 42보다 큰 값을 찾음 */ }
    // ...
}
```

그러나 이 마지막 예제는 만족스럽지 않다. 다음에 41보다 큰 요소를 찾고 싶다면 어떨까? 새로운 함수를 작성해야 한다. 19보다 큰 요소를 찾고 싶다면? 또 다른 함수를 작성해야 한다. 분명히 이보다 나은 방법이 있지 않을까?

임의의 값 v와 비교하길 원한다면 v를 `find_if()`의 서술자의 암묵적인 인자로 만들어야

한다. 한번 시도해보자(다른 이름과 충돌할 가능성이 낮은 이름인 v_val을 선택했다).

```
double v_val;              // larger_than_v()의 인자와 비교할 값
bool larger_than_v(double x) { return x>v_val; }

void f(list<double>& v, int x)
{
    v_val = 31;            // 다음 larger_than_v 호출시 사용할 v_val 값으로 31을 설정
    auto p = find_if(v.begin(), v.end(), larger_than_v);
    if (p!=v.end()) { /* 31보다 큰 값을 찾음 */ }

    v_val = x;             // 다음 larger_than_v 호출시 사용할 v_val 값으로 x를 설정
    auto q = find_if(v.begin(), v.end(), larger_than_v);
    if (q!=v.end()) { /* x보다 큰 값을 찾음 */ }
    // ...
}
```

이런 코드를 작성하는 사람은 언젠가 그 대가를 치르겠지만, 일단은 프로그램의 사용자와 유지 보수 담당자에게 애도를 표할 일이다. 분명 이보다 더 좋은 방법이 필요하다!

도전 과제

v를 이런 식으로 사용하는 일을 이렇게도 싫어하는 이유는 무엇일까? 이런 코드가 어떻게 눈에 띄지 않는 오류를 유발하는지 세 가지 이상 예를 들어 보자. 그리고 이런 코드를 특히 피해야 할 응용 분야 세 가지를 들어보자.

21.4 함수 객체

우리는 find_if()에 서술자를 넘겨주고, 서술자가 일종의 인자로 주어진 값과 요소를 비교하도록 하려고 한다. 말하자면 다음과 같은 코드를 원한다고 할 수 있다.

```
void f(list<double>& v, int x)
{
    auto p = find_if(v.begin(), v.end(), Larger_than(31));
    if (p!=v.end()) { /* 31보다 큰 값을 찾음 */ }

    auto q = find_if(v.begin(), v.end(), Larger_than(x));
    if (q!=v.end()) { /* x보다 큰 값을 찾음 */ }
    // ...
}
```

즉, Larger_than은 다음과 같은 역할을 해야 한다.

- 서술자로 호출할 수 있어야 한다. 예, pred(*first)
- 31이나 x처럼 호출 시 사용할 값을 저장할 수 있어야 한다.

이를 위해 '함수 객체', 즉 함수처럼 행동할 수 있는 객체가 필요하다. 더 나아가 비교할
값을 비롯해 데이터를 저장할 수 있는 객체가 필요하다.

```
class Larger_than {
    int v;
public:
    Larger_than(int vv) : v(vv) { }              // 인수 저장
    bool operator()(int x) const { return x>v; }  // 비교
};
```

재미있게도 클래스를 이렇게 정의하고 나면 앞의 예제가 원하는 대로 동작한다. 이제 어떤 원리로 동작하는지 알아낼 차례다. Larger_than(31)은 데이터 멤버 v에 31을 저장하는 Larger_than 클래스의 객체를 생성한다.

```
find_if(v.begin(),v.end(),Larger_than(31))
```

그리고 생성한 객체를 find_if()에 매개변수로 넘겨줘 pred로 호출하게 한다. v의 모든 요소에 대해 find_if()는 다음과 같은 호출을 시도한다.

```
pred(*first)
```

이 호출로 인해 호출 연산자, operator()가 실행되고 *first가 요소로 전달된다. 결론적으로 요소의 값 *first와 31을 비교한다.

여기서 알 수 있듯이 함수 호출도 연산자, 즉 '() 연산자'로 생각할 수 있다. '() 연산자'는 **함수 호출 연산자**function call operator나 **적용 연산자**application operator라고도 한다. 따라서 v[i]의 의미를 vector::operator[]에서 정의하듯이 pred(*first)에서 ()의 의미도 Larger_than::operator()에서 정의할 수 있다.

21.4.1 추상적 관점에서의 함수 객체

이제 함수에 필요한 값을 덧붙이는 방법을 터득했다. 이러한 함수 객체는 일반적이고 강력하며, 편리한 메커니즘을 제공한다. 함수 객체를 좀 더 일반적인 관점에서 살펴보자.

```
class F {           // 함수 객체의 추상적 예제
    S s;            // 상태
```

```
public:
    F(const S& ss) :s(ss) { /* establish initial state */ }
    T operator() (const S& ss) const
    {
        // ss와 s로 원하는 작업을 수행
        // T의 값을 반환 (T는 보통 void나 bool, S)
    }

    const S& state() const { return s; }        // 상태 조회
    void reset(const S& ss) { s = ss; }          // 상태 재설정
};
```

클래스 F의 객체는 멤버 s에 값을 저장한다. 필요하다면 함수 객체가 더 많은 데이터를 포함할 수도 있다. 이처럼 무언가가 데이터를 저장한다는 말은 "상태가 있다"는 말이다. F를 생성할 때 상태를 초기화할 수 있다. 원한다면 언제든 상태를 읽을 수도 있다. F를 예로 들면 state()처럼 상태를 읽는 연산과 reset()처럼 상태에 쓰는 연산을 제공한다. 그러나 우리가 함수 객체를 설계할 때는 적당하다고 여겨지는 어떤 방식으로든 상태에 접근할 수 있다. 그리고 물론 일반적인 함수 호출 구문으로 함수 객체를 호출할 수도 있다. F는 호출 시 하나의 인자를 전달받지만, 필요한 만큼 많은 수의 매개변수를 취하는 함수 객체도 정의할 수 있다.

함수 객체는 STL에서 매개변수화의 주요 수단으로 사용된다. 검색할 대상을 지정하거나 (21.3절), 정렬의 기준을 정의하거나(21.4.2절), 수치 알고리즘에서 산술 연산을 지정하거나(21.5절), 값의 상등의 의미를 정의할 때(21.8절), 그리고 기타 여러 곳에서 함수 객체를 활용한다. 이처럼 함수 객체는 유연성과 일반성의 주요 원천이다.

함수 객체는 일반적으로 매우 유용하다. 특히 템플릿 함수에 작은 객체를 값에 의한 전달로 전달할 때 최적의 성능을 발휘한다. 이유는 간단하다. 함수를 인자로 넘기는 방식에 익숙한 사람들에게는 놀라울 수도 있지만, 함수 객체를 전달하는 방식이 함수를 전달하는 방식보다 훨씬 작고 빠른 목적 코드를 생성한다! 물론 객체가 작거나(0에서 2워드 정도의 데이터) 그렇지 않다면 참조로 전달한 경우, 그리고 함수 호출 연산자가 작고(예, <를 이용한 간단한 비교) 인라인으로 정의한(예, 클래스 정의 안에 함수 정의를 포함하는) 경우에만 그렇다. 21장과 이 책 전반에 걸친 대부분의 예제는 이러한 패턴을 따른다. 작고 간단한 함수 객체가 좋은 성능을 내는 기본적인 이유는 컴파일러가 최적의 코드를 생성하는 데 필요한 충분한 타입 정보를 제공하기 때문이다. 그리 정교한 최적화를 수행하지 않는 예전 컴파일러조차도 Larger_than과 함수 호출을 비교했을 때 훨씬 간단한 기계어를 생성한다. 함수 호출은 일반적으로 간단한 비교를 수행할 때보다 10배에서 50배 가까운 시간을 소비한다. 게다가 함수 호출에 필요한 코드는 간단한 비교를 수행하는 코드보다 몇 배 더 크다.

21.4.2 클래스 멤버를 바탕으로 하는 서술자

앞에서 봤듯이 표준 알고리즘은 int와 double을 비롯한 기본 타입을 요소로 포함하는 시퀀스에서 잘 동작한다. 그러나 일부 응용 분야에서는 클래스 객체를 요소로 포함하는 컨테이너가 더 일반적이다. 많은 응용 분야에서 핵심적인 예제라고 할 수 있는 여러 가지 기준으로 레코드를 정렬하는 방법을 살펴보자.

```cpp
struct Record {
    string name;        // 편리한 사용을 위한 표준 string
    char addr[24];      // 데이터베이스 레이아웃에 맞는 예전 스타일
    // ...
};

vector<Record> vr;
```

어떤 경우에는 vr을 이름으로 정렬해야 하고, 어떤 때는 주소로 정렬해야 한다. 이 두 가지 모두를 우아하고 효율적으로 할 수 없는 기법은 실용적 관점에서 제한적일 수밖에 없다. 다행히도 다음과 같은 코드를 작성하면 그런 조건을 쉽게 충족할 수 있다.

```cpp
// ...
sort(vr.begin(), vr.end(), Cmp_by_name());    // 이름으로 정렬
// ...
sort(vr.begin(), vr.end(), Cmp_by_addr());    // 주소로 정렬
// ...
```

Cmp_by_name은 두 Record를 name 멤버로 비교하는 함수 객체이고, Cmp_by_addr은 두 Record를 addr 멤버로 비교하는 함수 객체다. 이처럼 사용자가 비교 기준을 지정할 수 있도록 표준 라이브러리 sort 알고리즘은 세 번째 인자를 선택적으로 전달받는다. Cmp_by_name()은 sort()에서 Record를 비교하는 데 사용할 Cmp_by_name 객체를 생성한다. 이 코드에는 문제가 없어 보인다. 유지 보수를 고려하지 않는다면 말이다. 이제 Cmp_by_name과 Cmp_by_addr을 정의해보자.

```cpp
// Record 객체를 다른 방식으로 비교
struct Cmp_by_name {
    bool operator()(const Record& a, const Record& b) const
        { return a.name < b.name; }
};

struct Cmp_by_addr {
    bool operator()(const Record& a, const Record& b) const
```

```
    { return strncmp(a.addr, b.addr, 24) < 0; } //!!!
};
```

Cmp_by_name의 내용은 명확하다. 함수 호출 연산자 operator()는 표준 string의 < 연산자를 이용해서 문자열 name을 비교한다. 그러나 Cmp_by_addr의 비교 방식은 좋지 않다. (영으로 끝나지 않는) 24개 문자의 배열로 주소를 표현하는 방식에 문제가 있기 때문이다. 이 예제를 선택한 이유 중 하나는 함수 객체를 이용해 이렇게 보기에 안 좋고 오류의 가능성이 높은 코드를 숨기는 방법을 보여주려는 것이었고, 다른 이유는 이런 표현 방식이 한때는 나에게 'STL이 다룰 수 없는 골치 아프지만 중요한 실세계의 문제'로 다가왔기 때문이다. 그러나 STL은 이런 문제를 처리할 수 있다. 예제의 비교 함수는 고정 크기의 문자 배열을 비교하고, 두 번째 인자로 주어진 문자열이 첫 번째 문자열보다 사전 순으로 뒤에 있을 때 음수를 반환하는 C(와 C++) 표준 라이브러리 함수 strncmp()를 사용한다. 이렇게 불명확한 비교를 해야 하는 경우에는 이런 내용을 기억하기 바란다(예, B.11.3절).

21.4.3 람다 표현식

프로그램의 한 부분에서 함수 객체(혹은 함수)를 정의한 후 다른 부분에서 사용하는 일은 지루한 일이 될 수 있다. 특히 수행할 내용이 매우 쉽게 작성될 수 있고, 이해하기 쉽고, 다른 곳에서 다시 사용하지 않는 코드라면 더욱 그렇다. 그런 경우에는 람다 표현식을 사용할 수 있다 (15.3.3절). 람다 표현식은 (() 연산자를 포함한) 함수 객체를 정의하고 그 객체를 바로 생성하는 코드의 축약된 버전으로 비유할 수 있다. 예를 들어 다음과 같은 코드를 작성할 수도 있다.

```
// ...
sort(vr.begin(), vr.end(),          // 이름으로 정렬
    [ ] (const Record& a, const Record& b)
        { return a.name < b.name; }
);
// ...
sort(vr.begin(), vr.end(),          // 주소로 정렬
    [ ] (const Record& a, const Record& b)
    { return strncmp(a.addr, b.addr, 24) < 0; }
);
// ...
```

이런 경우에 명명된 함수 객체가 유지 보수 측면에서 더 좋지 않을까 하는 의구심이 들 수 있다. Cmp_by_name과 Cmp_by_addr을 다른 용도로 사용할 수도 있으니 말이다.

그러나 21.4절의 find_if() 예제를 생각해보자. 예제에서는 다음과 같이 연산을 인자로 전달하고, 그 연산에 데이터를 함께 전달해야 했다.

```
void f(list<double>& v, int x)
{
    auto p = find_if(v.begin(), v.end(), Larger_than(31));
    if (p!=v.end()) { /* 31보다 큰 값을 찾음 */ }

    auto q = find_if(v.begin(), v.end(), Larger_than(x));
    if (q!=v.end()) { /* x보다 큰 값을 찾음 */ }

    // ...
}
```

그 대신 동일한 코드를 다음과 같이 작성할 수도 있다.

```
void f(list<double>& v, int x)
{
    auto p = find_if(v.begin(), v.end(), [ ] (double a) { return a>31; });
    if (p!=v.end()) { /* 31보다 큰 값을 찾음*/ }

    auto q = find_if(v.begin(), v.end(), [&] (double a) { return a>x; });
    if (q!=v.end()) { /* x보다 큰 값을 찾음 */ }

    // ...
}
```

이처럼 지역 변수 x와 비교를 할 수 있다는 장점이 람다 표현식의 매력이다.

21.5 수치 알고리즘

대부분의 표준 라이브러리 알고리즘은 데이터를 복사하고 정렬하고 검색하는 등의 데이터 관리에 관련된 주제를 다룬다. 그러나 수치 연산을 돕는 알고리즘도 존재한다. 여러분이 계산을 수행할 때 수치 알고리즘은 중요한 역할을 하며, STL을 이용해 수치 알고리즘을 표현하는 방법을 보여준다.

STL 스타일의 표준 라이브러리 수치 알고리즘에는 네 가지가 있다.

수치 알고리즘	
x=accumulate(b,e,i)	시퀀스 내의 값을 더한다. 예를 들어 시퀀스 {a,b,c,d}에 대해 i+a+b+c+d를 계산한다. 결과 x의 타입은 초기 값 i의 타입과 동일하다.
x=inner_product(b,e,b2,i)	두 시퀀스에서 대응되는 쌍의 값을 곱하고, 그 결과를 모두 더한다. 예를 들어 {a,b,c,d}와 {e,f,g,h}에 대해 i+a*e+b*f+c*g+d*h를 계산한다. 결과 x의 타입은 초기 값 i의 타입과 동일하다.
r=partial_sum(b,e,r)	주어진 시퀀스의 첫 n개 요소의 합으로 이뤄진 시퀀스를 생성한다. 예를 들어 {a,b,c,d}에 대해 {a, a+b, a+b+c, a+b+c+d}를 생성한다.
r=adjacent_difference(b,e,b2,r)	주어진 시퀀스에서 인접한 두 요소의 차로 이뤄진 시퀀스를 생성한다. 예를 들어 {a,b,c,d}에 대해 {a,b−a,c−b,d−c}를 생성한다.

이 알고리즘들은 <numeric>에서 찾을 수 있다. 여기서는 앞의 두 개를 설명하고, 나머지는 여러분이 필요할 때 찾아보자.

21.5.1 누산

accumulate()는 가장 간단하고 유용한 수치 알고리즘이라 할 수 있다. 가장 간단한 형태의 accumulate()는 시퀀스의 값을 더한다.

```
template<typename In, typename T>
    // Input_iterator<T>()와 Number<T>() 필요
T accumulate(In first, In last, T init)
{
    while (first!=last) {
        init = init + *first;
        ++first;
    }
    return init;
}
```

주어진 초기 값 init에 시퀀스 [first:last)의 모든 값을 더하고 그 합을 반환한다. 합계 계산에 사용하는 변수 init을 누적치accumulator라고도 한다.

```
int a[ ] = { 1, 2, 3, 4, 5 };
cout << accumulate(a, a+sizeof(a)/sizeof(int), 0);
```

이 코드는 0+1+2+3+4+5의 결과인 15를 출력한다(0은 초기 값). accumulate() 역시 모든 종류의 시퀀스에 사용할 수 있다.

```
void f(vector<double>& vd, int* p, int n)
{
    double sum = accumulate(vd.begin(), vd.end(), 0.0);
    int sum2 = accumulate(p,p+n,0);
}
```

결과(합계)의 타입은 accumulate()가 누적치로 사용하는 변수의 타입과 비슷하다. 이로
인한 유연성이 중요한 역할을 하는 경우도 있다. 아래 예를 보자.

```
void g(int* p, int n)
{
    int s1 = accumulate(p, p+n, 0);              // 합을 int에 저장
    long s1 = accumulate(p, p+n, long{0});       // int의 합을 long에 저장
    double s2 = accumulate(p, p+n, 0.0);         // int의 합을 double에 저장
}
```

일부 컴퓨터에서 long은 int보다 더 많은 상위 자리수를 갖는다. double은 int보다 큰(혹
은 작은) 수를 저장할 수 있지만 정밀도는 더 낮을 수도 있다. 수치 연산에 있어서 구간과 정밀
도의 역할은 24장에서 다시 살펴본다.

누적치의 타입을 지정할 때 결과를 저장할 변수를 초기 값으로 사용하는 관례적인 방식을
자주 사용한다.

```
void f(vector<double>& vd, int* p, int n)
{
    double s1 = 0;
    s1 = accumulate(vd.begin(), vd.end(), s1);
    int s2 = accumulate(vd.begin(), vd.end(), s2);    // 이런!
    float s3 = 0;
    accumulate(vd.begin(), vd.end(), s3);             // 이런!
}
```

하지만 누적치를 초기화하고 accumulate()의 결과를 해당 변수에 대입하는 일을 잊지
말자. 위의 예제에서 s2가 초기화되기 전에 accumulate()의 초기 값으로 사용했으므로, 그
결과는 알 수 없다. 그리고 s3을 accumulate()에 (값에 의한 전달로, 8.5.3절 참고) 넘겨줬지만,
그 결과를 어디서도 대입하지 않았다. 이런 코드를 컴파일하는 일은 시간 낭비일 뿐이다.

21.5.2 accumulate() 일반화

지금까지 살펴본 기본 인자 세 개를 넘겨받는 accumulate()는 덧셈을 수행한다. 그러나 우리
가 시퀀스에 적용하고자 하는 연산자는 곱셈과 뺄셈을 포함해 다양하며, STL은 사용할 연산

을 지정할 수 있게 인자 네 개를 넘겨받는 두 번째 버전의 accumulate()를 제공한다.

```
template<typename In, typename T, typename BinOp>
    // Input_iterator<In>()와 Number<T>(),
    // Binary_operator<BinOp,Value_type<In>,T>() 필요
T accumulate(In first, In last, T init, BinOp op)
{
    while (first!=last) {
        init = op(init, *first);
        ++first;
    }
    return init;
}
```

다음과 같이 누적치와 동일한 타입의 인자 두 개를 넘겨받는 이항 연산자는 무엇이든 사용할 수 있다.

```
vector<double> a = { 1.1, 2.2, 3.3, 4.4 };
cout << accumulate(a.begin(),a.end(), 1.0, multiplies<double>());
```

이 코드는 1.0*1.1*2.2*3.3*4.4의 결과인 35.1384를 출력한다(1.0은 초기 값). 여기서 사용한 이항 연산자 multiplies<double>()은 곱하기를 수행하는 표준 라이브러리 함수 객체다. multiplies<double>()은 double의 곱셈을, multiplies<int>()는 int의 곱셈을 수행한다. plus덧셈와 minus뺄셈, divides나눗셈, modulus나머지 연산 등의 이항 함수 객체도 존재한다. 이들은 모두 <functional>(B.6.2절)에서 정의한다.

부동소수점 숫자에 곱셈을 수행할 때 초기 값은 당연히 1.0이어야 함을 기억하자.

sort() 예제(21.4.2절)에서와 같이 일반적인 내장형 타입이 아니라 클래스 객체 안에 저장된 데이터를 다뤄야 할 경우도 있다. 예를 들어 개당 가격과 판매량으로 모든 항목의 총 비용을 계산해야 할 수도 있다.

```
struct Record {
    double unit_price;
    int units;           // 판매 개수
    // ...
};
```

accumulate에서 사용하는 연산자에서 Record 요소로부터 units를 추출해 누적치의 값에 곱하게 할 수 있다.

```
double price(double v, const Record& r)
{
    return v + r.unit_price * r.units;          // 가격을 계산하고 누적함
}

void f(const vector<Record>& vr)
{
    double total = accumulate(vr.begin(), vr.end(), 0.0, price);
    // ...
}
```

여기서는 가격을 계산할 때 게으르게도 함수 객체가 아닌 함수를 사용했다. 단지 함수를 사용할 수도 있음을 보여주려는 목적이었는데, 다음과 같은 경우에는 함수 객체를 더 추천한다.

● 서로 다른 호출 사이에 값을 저장해야 하는 경우

● 인라인 정의가 효과를 볼 수 있을 만큼 작은 경우(최대한 기본 연산 몇 번 정도)

이번 예제에서는 두 번째 이유로 함수 객체를 사용할 수 있다.

도전 과제

vector<Record>를 정의하고 원하는 레코드 네 개로 초기화한다. 그리고 위의 함수를 이용해 총 판매액을 계산하라.

21.5.3 내적

두 벡터를 넘겨받아 첨자가 동일한 요소의 쌍을 곱하고, 곱한 결과를 모두 더한다. 이러한 연산을 두 벡터의 내적이라고 하며, 많은 응용 분야(예, 물리학과 선형 대수, 24.6절 참고)에서 가장 유용한 연산들 중 하나다. 말보다 코드를 원한다면 내적의 STL 버전을 살펴보자.

```
template<typename In, typename In2, typename T>
    // Input_iterator<In>와 Input_iterator<In2>,
    //   Number<T> (§19.3.3) 필요
T inner_product(In first, In last, In2 first2, T init)
    // 참고: 두 벡터를 곱하는 방법을 보여줌(스칼라를 결과로 반환)
{
    while(first!=last) {
        init = init + (*first) * (*first2);   // 한 쌍의 요소를 곱함
        ++first;
```

```
        ++first2;
    }
    return init;
}
```

이러한 코드는 내적의 정의를 모든 타입의 요소를 포함한 모든 종류의 시퀀스로 일반화한다. 주가 지수를 예로 들어보자. 주가 지수는 일련의 기업에 가중치를 할당하는 식으로 운영된다. 예를 들어 다우존스 산업 지수^{Dow Jones Industrial index}에서 내가 마지막으로 확인한 알코아^{Alcoa}의 가중치는 2.4808이었다. 현재 주가 지수를 구하려면 각 회사의 주가에 가중치를 곱한 후 모두 더하면 된다. 즉, 다음과 같이 주가 지수는 주가와 가중치의 내적이다.

```
// 다우존스 산업 지수 계산
vector<double> dow_price = {          // 각 회사의 주가
    81.86, 34.69, 54.45,
    // ...
};

list<double> dow_weight = {          // 각 회사의 가중치
    5.8549, 2.4808, 3.8940,
    // ...
};

double dji_index = inner_product(    // (주가,가중치) 쌍을 곱하고 더함
        dow_price.begin(), dow_price.end(),
        dow_weight.begin(),
        0.0);
cout << "DJI 값 " << dji_index << '\n';
```

inner_product()는 시퀀스 두 개를 전달받는다는 점을 기억하자. 그러나 실제로는 세 개의 인자를 받는데, 두 번째 시퀀스는 시작 위치만 지정한다. 두 번째 시퀀스는 적어도 첫 번째 시퀀스만큼의 요소를 포함한다고 가정한다. 그렇지 않으면 실행 시간 오류가 발생한다. inner_product()만 고려했을 때 두 번째 시퀀스가 첫 번째 시퀀스보다 많은 수의 요소를 포함하는 경우는 문제가 되지 않는다. 여분의 요소는 그냥 사용하지 않기 때문이다.

두 시퀀스는 같은 타입일 필요도 없고, 같은 수의 요소를 포함할 필요도 없다. 이 점을 보여주고자 주가는 vector에 저장하고 가중치는 list에 저장했다.

21.5.4 inner_product() 일반화

inner_product()도 accumulate()처럼 일반화할 수 있다. 그러나 inner_product()에서 추가적인 인자 두 개가 필요하다. 첫 번째는 accumulate()와 마찬가지로 초기 값과 누적치를 합하는 데 필요하며, 두 번째는 한 쌍의 요소를 묶는 데(곱하는 데) 필요하다.

```
template<typename In, typename In2, typename T, typename BinOp,
typename BinOp2>
    // Input_iterator<In>과 Input_iterator<In2>, Number<T>,
    //   Binary_operation<BinOp,T, Value_type<In>(),
    //   Binary_operation<BinOp2,T, Value_type<In2>() 필요
T inner_product(In first, In last, In2 first2, T init, BinOp op, BinOp2 op2)
{
    while(first!=last) {
        init = op(init, op2(*first, *first2));
        ++first;
        ++first2;
    }
    return init;
}
```

21.6.3절에서는 다우존스 예제로 다시 돌아와서 inner_product()를 좀 더 우아한 해결책의 일부로 사용하겠다.

21.6 연관 컨테이너

vector 다음으로 유용한 표준 라이브러리 컨테이너는 map이 아닐까 한다. map은 (키, 값) 쌍의 순서 있는 시퀀스이며, 키를 바탕으로 상응하는 값을 조회할 수 있다. 예를 들어 my_phone_book["Nicholas"]는 Nicholas의 전화번호를 조회할 수 있다. map의 인기에 견줄만한 유일한 경쟁자는 unordered_map뿐인데(21.6.4절), 키가 문자열인 경우에 최적화된 map이라고 할 수 있다. map과 unordered_map에 유사한 자료 구조는 연관 배열associative array과 해시 테이블hash table, 레드 블랙 트리red-black tree 등 여러 가지 이름으로 불린다. 널리 사용되는 유용한 개념에는 여러 가지 이름이 붙기 마련이다. 표준 라이브러리에서는 이러한 자료 구조를 통틀어 연관 컨테이너associative container라고 부른다.

표준 라이브러리는 여덟 가지 연관 컨테이너를 제공한다.

연관 컨테이너	
map	(키, 값) 쌍의 순서 있는 컨테이너(ordered container)
set	키를 저장하는 순서 있는 컨테이너
unordered_map	(키, 값) 쌍의 순서 없는 컨테이너(unordered container)
unordered_set	키를 저장하는 순서 없는 컨테이너
multimap	동일한 키가 여러 개 존재할 수 있는 map
multiset	동일한 키가 여러 개 존재할 수 있는 set
unordered_multimap	동일한 키가 여러 개 존재할 수 있는 unordered_map
unordered_multiset	동일한 키가 여러 개 존재할 수 있는 unordered_set

이러한 연관 컨테이너는 <map>과 <set>, <unordered_map>, <unordered_set>에서 찾을 수 있다.

21.6.1 map

텍스트에서 단어의 출현 빈도를 측정하는 개념적으로 간단한 작업을 생각해보자. 가장 간단하게는 발견한 단어의 목록을 각 단어별 출현 횟수와 함께 관리할 수 있다. 한 단어를 읽으면 이미 목록에 있는 단어인지 확인하고, 이미 존재하면 출현 횟수를 1 증가시킨다. 이미 존재하지 않으면 새 단어를 목록에 삽입하고 출현 횟수를 1로 설정한다. list나 vector로도 이런 작업을 할 수 있지만, 그럴 경우 단어를 읽을 때마다 검색을 해야 한다. 이런 방식은 느릴 수 있다. map은 키가 존재하는지 확인하기 쉬운 형태로 저장하므로, 우리가 하려는 작업에서 검색을 쉽게 해결할 수 있다.

```
int main()
{
    map<string,int> words;        // (단어, 빈도) 쌍 저장

    for (string s; cin>>s; )
        ++words[s];               // 참고: words는 문자열로 첨자 연산을 수행함

    for (const auto& p : words)
        cout << p. first << ": " << p. second << '\n';
}
```

이 프로그램에서 가장 흥미로운 부분은 ++words[s]인데, main()의 첫 줄에서 볼 수 있듯이 words는 (string, int) 쌍의 map이다. 즉, words는 string을 int로 매핑한다. 다른 말로하면 words를 이용하면 주어진 string에 상응하는 int에 접근할 수 있다. 따라서 (입력에서 읽은 문자열을 저장하는) string을 바탕으로 words에서 첨자 연산을 할 때 words[s]의 반환 값은 s에 상응하는 int의 참조다. 아래 예를 살펴보자.

```
words["sultan"]
```

이전에 문자열 "sultan"을 삽입한 적이 없다면 words에 "sultan"과 함께 int의 기본 값인 0을 삽입한다. 이제 words에는 ("sultan", 0) 항목이 존재한다. 이처럼 "sultan"이 이전에 나타나지 않았다면 ++words["sultan"]을 수행한 후에 문자열 "sultan"은 1과 연관된다. 자세히 설명하면 "sultan"이 이전에 등장한 적이 없다는 사실을 map이 알게 되고, ("sultan", 0) 쌍을 삽입한 후 ++를 수행하면 값이 증가해 결과적으로 1이 된다.

이제 프로그램을 다시 보면 ++words[s]는 입력에서 읽은 모든 단어에 대해 상응하는 값을 1 증가시킨다. 이제 루프의 의미가 명확해졌는가?

```
for (string s; cin>>s; )
    ++words[s];              // 참고: words는 문자열로 첨자 연산을 수행함
```

이 코드는 입력에서 (공백 문자로 분리된) 모든 단어를 읽고, 각각의 출현 횟수를 계산한다. 이제 출력을 생성하는 일만 남았다. map도 그 밖의 STL 컨테이너와 마찬가지 방법으로 탐색할 수 있다. 이때 map<string,int>의 요소 타입은 pair<string,int>다. pair의 첫 번째 멤버 이름은 first이고, 두 번째 멤버 이름은 second다. 따라서 출력 루프는 다음과 같다.

```
for (const auto& p : words)
    cout << p. first << ": " << p. second << '\n';
```

테스트 목적으로 아래에 주어진 『C++ 프로그래밍 언어 1판』의 첫 문장을 프로그램의 입력으로 사용해보자.

C++ is a general purpose programming language designed to make programming more enjoyable for the serious programmer. Except for minor details, C++ is a superset of the C programming language. In addition to the facilities provided by C, C++ provides flexible and efficient facilities for defining new types.

그 결과는 다음과 같다.

```
C: 1
C++: 3
C,: 1
Except: 1
In: 1
a: 2
addition: 1
and: 1
by: 1
defining: 1
designed: 1
details,: 1
efficient: 1
enjoyable: 1
facilities: 2
flexible: 1
for: 3
general: 1
is: 2
language: 1
language.: 1
make: 1
minor: 1
more: 1
new: 1
of: 1
programmer.: 1
programming: 3
provided: 1
provides: 1
purpose: 1
serious: 1
superset: 1
the: 3
to: 2
types.: 1
```

대소문자 간의 구별을 없애거나 문장기호를 제거하고 싶은가? 연습문제 13번을 참고해 시도해보자.

21.6.2 map 요약

그래서 map은 무엇인가? 맵을 구현하는 방식은 다양하지만, STL의 맵은 균형 잡힌 이진 탐색 트리를 많이 이용한다. 구체적으로는 레드 블랙 트리로 구현된다. 자세히 설명하진 않겠지만, 이제 여러분도 이 정도의 기술 용어는 알고 있으니 더 자세히 알고 싶다면 서적이나 웹에서 찾아보기 바란다.

(list가 링크로 구성되는 것과 같이, 20.4절) 트리는 노드로 구성된다. Node는 키와 그에 상응하는 값, 두 자식 Node를 가리키는 포인터를 포함한다.

맵 노드: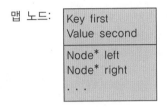

map<Fruit,int>에 (Kiwi,100)와 (Quince,0), (Plum,8), (Apple,7), (Grape,2345), (Orange,99)를 삽입했을 때 메모리 상태는 다음과 같다.

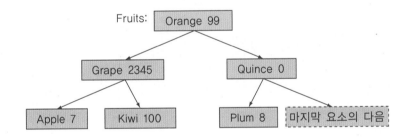

키를 저장하는 Node의 멤버 이름을 first라고 하면 이진 검색 트리의 기본적 규칙은 다음과 같다.

```
left->first < first && first < right->first
```

즉, 모든 노드에 대해 다음과 같다.

- 왼쪽 서브 노드의 키는 현재 노드의 키보다 작다.
- 현재 노드의 키는 오른쪽 서브 노드의 키보다 작다.

그림의 트리에서 모든 노드가 조건을 만족하는지 살펴보자. 덕분에 '루트부터 시작해서 트리의 아래쪽으로' 검색을 수행할 수 있다. 이상하게 들리겠지만, 컴퓨터 과학에서 트리는 루트 아래쪽으로 자라난다. 그림의 예에서 루트 노드는 (Orange,99)이며, 루트부터 시작해 해당 키가 위치해야 할 곳이 나올 때까지 아래쪽으로 찾아 내려간다. 트리가 균형 잡혔다 balanced는 말은 (앞의 그림처럼) 루트로부터 같은 거리에 위치한 모든 서브 트리끼리 거의 비슷한 수의 노드를 포함한다는 말이다. 트리가 균형을 이루면 노드에 도달할 때까지 거치는 평균적인 노드의 개수가 줄어든다.

Node에는 트리가 노드의 균형을 잡는 데 필요한 추가적인 정보가 포함될 수 있다. 균형 잡힌 트리는 모든 노드의 왼쪽과 오른쪽 자식 노드의 수가 비슷해야 한다. N개의 노드를 포함하는 균형 잡힌 트리에서 노드를 찾을 때 방문하는 노드의 최대 개수는 $\log_2(N)$이다. 이는 키를 리스트에 저장했을 때 앞쪽부터 검색하는 데 필요한 노드의 평균 개수 N/2보다 훨씬 적다(선형 검색의 최악의 복잡도는 N이다)(21.6.4절 참고). 불균형 트리unbalanced tree의 예를 그림으로 나타내면 다음과 같다.

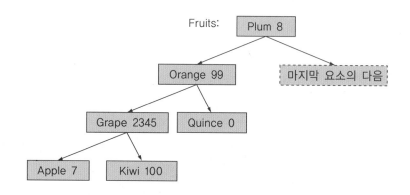

이 트리도 모든 노드의 키가 왼쪽 자식 노드의 키보다 크고, 오른쪽 자식 노드의 키보다 작다는 다음 규칙은 만족한다.

```
left->first < first && first < right->first
```

그러나 그림의 트리는 불균형 트리이므로 Apple과 Kiwi에 접근하려면 세 홉hop을 거쳐야 한다. 반면 균형 잡힌 트리라면 두 홉으로 접근할 수 있다. 많은 수의 노드를 포함하는 트리에서는 이러한 차이가 매우 클 수 있으므로, map은 균형 잡힌 트리로 구현한다.

map을 사용하는 데 트리를 이해할 필요는 없다. 단지 전문가라면 스스로 사용하는 도구를 어느 정도 이해할 필요는 있다. 여기서 반드시 이해해야 할 부분은 표준 라이브러리의 map이 제공하는 인터페이스다. 약간 단순화된 버전을 살펴보면 다음과 같다.

```
template<typename Key, typename Value, typename Cmp = less<Key>>
    // Binary_operation<Cmp,Value>() 필요 ($19.3.3)
class map {
    // ...
```

```
    using value_type = pair<Key,Value>;         // map은 (Key,Value) 쌍을 처리

    using iterator = sometype1;                 // 트리 노드를 가리키는 포인터 역할
    using const_iterator = sometype2;

    iterator begin();                           // 첫 번째 요소를 가리킴
    iterator end();                             // 마지막 요소 다음을 가리킴

    Value& operator[](const Key& k);            // k로 첨자 연산 수행

    iterator find(const Key& k);                // 키가 k인 항목이 존재하는가?

    void erase(iterator p);                     // p가 가리키는 요소 제거
    pair<iterator, bool> insert(const value_type&);     // (key,value) 쌍 삽입
    // ...
};
```

실제 STL map은 <map>에서 찾을 수 있다. 반복자는 Node*와 유사하다고 생각하자. 하지만 여러분이 사용하는 구현체에서 구현하는 iterator 타입에 의존하진 말자.

map의 인터페이스도 vector와 list(20.5절과 B.4절)의 인터페이스와 비슷함을 쉽게 알 수 있다. 단지 주요한 차이점은 탐색을 수행할 때 요소의 타입이 쌍을 나타내는 pair<Key,Value>라는 점인데, 이 타입도 유용한 STL 타입 중의 하나다.

```
template<typename T1, typename T2>
struct pair {                   // std::pair의 단순화된 버전
    using first_type = T1;
    using second_type = T2;

    T1 first;
    T2 second;
    //...
};

template<typename T1, typename T2>
pair<T1,T2> make_pair(T1 x, T2 y)
{
    return {x,y};
}
```

표준에서 pair와 유용한 헬퍼 함수인 make_pair()의 정의를 그대로 가져왔다.

map을 탐색할 때는 요소들이 키로 정렬된 순서대로 등장한다는 사실을 기억하자. 예를 들어 위 예제의 fruits를 탐색하면 다음과 같은 순서로 요소에 접근한다.

```
(Apple,7)  (Grape,2345)  (Kiwi,100)  (Orange,99)  (Plum,8)  (Quince,0)
```

과일을 삽입한 순서는 문제가 되지 않는다.

insert() 연산의 반환 값은 일반적이지 않아서 간단한 프로그램에서 무시하곤 한다. 그 반환 값은 바로 (키, 값) 요소를 가리키는 반복자와 bool의 쌍이다. 이 bool은 insert() 호출로 (키, 값) 쌍이 성공적으로 삽입된 경우 true이고, 키가 맵에 이미 존재해서 삽입이 실패한 경우 false다.

세 번째 인자(맵 선언의 Cmp)를 지정해서 요소의 순서를 결정하는 기준을 정의할 수 있다는 점도 기억하자.

```
map<string, double, No_case> m;
```

No_case는 대소문자 구별 없는 비교 연산을 정의한다(21.8절). 기본적으로는 "~보다 작다"를 뜻하는 less<Key>로 순서를 정한다.

21.6.3 기타 map 예제

map의 유용성을 더 잘 느낄 수 있도록 21.5.3절의 다우존스 예제를 다시 살펴보자. 그 코드가 올바르게 동작하려면 가중치와 상응하는 이름이 같은 순서로 벡터에 저장돼야 한다. 이런 방식은 암묵적이고, 불분명한 오류의 원인이 된다. 이를 해결하는 방법은 다양하겠지만, 매력적인 방법 중의 하나는 각 가중치를 상응하는 기업의 거래 기호^{ticker symbol}와 함께 저장하는 방법이다("AA",2.4808). 거래 기호는 간결한 표현이 필요할 때 사용하는 기업 이름의 축약어다. 마찬가지로 기업의 거래 기호와 주식 가격을 함께 저장할 수도 있다("AA",34.69). 마지막으로 미국 주식 시장에 익숙하지 않은 사람을 위해 기업의 거래 기호와 기업 이름을 함께 저장할 수 있다("AA","Alcoa Inc."). 즉, 거래 기호에 상응하는 값을 저장하는 맵 세 개를 사용할 수 있다.

우선 (기호, 가격) 맵을 만들자.

```
map<string,double> dow_price = {      // 다우존스 산업 지수 (기호, 가격)
                                      // 최신 정보를 보려면 www.djindexes.com 참고
    {"MMM",81.86},
    {"AA",34.69},
    {"MO",54.45},
    // ...
};
```

다음으로 (기호, 가중치) 맵을 만들자.

```
map<string,double> dow_weight = {     // 다우존스 (기호, 가중치)
    {"MMM", 5.8549},
    {"AA",2.4808},
    {"MO",3.8940},
    // ...
};
```

마지막으로 (기호, 이름) 맵을 만들자.

```
map<string,string> dow_name = {       // 다우존스 (기호, 이름)
    {"MMM","3M Co."},
    {"AA","Alcoa Inc."},
    {"MO","Altria Group Inc."},
    // ...
};
```

이러한 맵이 주어진다면 다음과 같이 모든 종류의 정보를 간단히 추출할 수 있다.

```
double alcoa_price = dow_price ["AAA"];          // 맵에서 값 읽기
double boeing_price = dow_price ["BA"];

if (dow_price.find("INTC") != dow_price.end())    // 맵에서 항목 찾기
    cout << "Intel이 다우존스에 존재함\n";
```

맵 탐색도 간단하다. 키는 first이고, 값은 second라는 점만 기억하면 된다.

```
// 다우 지수의 각 기업의 주가 출력
for (const auto& p : dow_price) {
    const string& symbol = p.first;              // 거래 기호
    cout << symbol << '\t'
        << p. second << '\t'
        << dow_name[symbol] << '\n';
}
```

맵을 이용해서 직접적으로 계산을 수행할 수도 있다. 특히 21.5.3절과 같이 다우존스 지수를 계산할 수도 있다. 각 맵에서 주가와 가중치를 추출해 곱해야 하는데, 임의의 두 map<string,double>에 대해 이러한 연산을 수행하는 함수를 쉽게 작성할 수 있다.

```
double weighted_value(
    const pair<string,double>& a,
    const pair<string,double>& b
        ) // 값을 추출해 곱하기
{
```

```
    return a.second * b.second;
}
```

이제 이 함수를 inner_product()의 일반화된 버전에 연결해 주가 지수를 구할 수 있다.

```
double dji_index =
    inner_product(dow_price.begin(), dow_price.end(),  // 모든 기업
        dow_weight.begin(),     // 가중치
        0.0,                    // 초기 값
        plus<double>(),         // (일반적인) 더하기
        weighted_value);        // 주가와 가중치를 추출해 곱함
```

이러한 데이터를 vector 대신 map에 저장하는 이유는 무엇인가? 일반적인 이유는 map을 이용해 서로 다른 값들 사이의 연관성을 명확히 하기 위함이다. 다른 이유는 map이 키 순서대로 요소를 유지하기 때문이다. 위 예제에서 dow를 탐색하면 거래 기호를 알파벳 순서로 출력한다. vector로 동일한 일을 하려면 따로 정렬을 해야 한다. 가장 일반적인 이유는 map을 이용해 키에 상응하는 값을 찾을 수 있기 때문이다. 시퀀스의 크기가 크면 map처럼 정렬된 구조에서의 탐색보다 find()를 이용한 탐색이 훨씬 느리다.

도전 과제

이 작은 예제를 동작하게 만들자. 그리고 여러분이 선택한 기업과 가중치를 추가하자.

21.6.4 unordered_map

vector에서 요소를 찾으려면 find()는 맨 앞부터 찾는 요소가 나올 때까지 혹은 마지막까지 모든 요소를 확인해야 한다. 평균적으로 보면 연산의 비용이 vector의 길이(N)에 비례한다. 이러한 비용을 O(N)으로 표기한다.

map에서 요소를 찾을 때는 첨자 연산이 루트에서 찾는 요소까지 혹은 리프leaf 노드까지의 경로상에 있는 트리 노드를 확인해야 한다. 이 연산의 비용은 트리의 깊이에 비례한다. N개의 요소를 포함한 균형 잡힌 이진트리의 최대 깊이는 $\log_2(N)$이므로, 연산의 비용은 $O(\log_2(N))$이다. $O(\log_2(N))$이란 비용이 $\log_2(N)$에 비례한다는 의미로 O(N)에 비하면 상당히 뛰어난 성능이다.

N	15	128	1023	16,383
$\log_2(N)$	4	7	10	14

실제 비용은 원하는 값을 얼마나 빨리 찾는지, 비교와 반복의 비용이 얼마나 비싼지에 따라 달라진다. 일반적으로 (map 조회 시 수행하는) 포인터 추적의 비용이 (vector와 find()의) 포인터 증가의 비용보다 크다.

일부 타입, 특히 정수와 문자열의 경우에는 map의 트리 탐색보다 더 좋은 방법이 있다. 자세히 설명하진 않겠지만, 주어진 키를 바탕으로 vector의 인덱스를 계산한다. 이 인덱스를 해시 값$^{hash\ value}$이라 하고, 이러한 기법을 사용하는 컨테이너를 일반적으로 해시 테이블이라고 한다. 가능한 키의 개수는 해시 테이블의 슬롯 개수보다 훨씬 클 수 있다. 예를 들어 해시 함수를 이용해서 수십억 개의 문자열을 1000개의 요소를 포함하는 vector에 매핑할 수 있다. 이러한 경우가 어렵게 보이지만 꽤 잘 처리할 수 있으며, 규모가 큰 맵을 구현할 때 유용하다. 해시 테이블의 주요 장점은 조회 연산의 비용이 요소의 개수에 상관없이 (거의) 상수에 가깝다는 점이다. 즉, 비용이 O(1)이다. 500,000개의 웹 주소를 저장하는 맵처럼 규모가 큰 맵에서는 이러한 특성이 큰 장점이 된다. 해시 조회에 대한 정보가 더 필요하다면 (웹에서 볼 수 있는) unordered_map의 문서나 기본적인 자료 구조 서적을 참고하자('해시 테이블'과 '해싱'을 찾아보라).

(정렬되지 않은) 벡터와 균형 잡힌 이진트리, 해시 테이블의 검색 방식을 그림으로 나타내면 다음과 같다.

- 정렬되지 않은 벡터에서의 검색

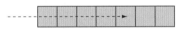

- map(균형 잡힌 이진트리)에서의 검색

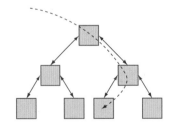

- unordered_map(해시 테이블)에서의 검색

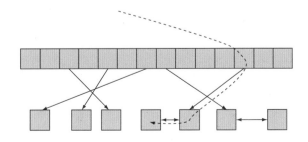

STL `map`이 균형 잡힌 이진트리로 구현되고, STL `vector`가 배열로 구현되듯이 STL `unordered_map`은 해시 테이블로 구현된다. STL의 유용성은 이러한 모든 데이터 저장과 접근 방식을 알고리즘과 함께 공통 프레임워크로 묶었다는 데서 찾을 수 있다. 세 가지 방식 중 하나를 선택하는 원칙은 다음과 같다.

- `vector`를 사용하지 말아야 할 특별한 이유가 없다면 `vector`를 사용하자.
- 값을 바탕으로 조회해야 한다면 (그리고 키 타입의 "~보다 작다(`<`)" 연산이 합리적인 수준의 효율성을 갖춘다면) `map`을 사용하라.
- 규모가 큰 맵에서 값을 바탕으로 조회해야 하고 순서대로 탐색할 필요가 없다면 (그리고 키 타입에 대한 좋은 해시 함수를 찾을 수 있다면) `unordered_map`을 사용하라.

여기서는 `unordered_map`을 자세히 설명하지 않는다. 요소를 탐색할 때 순서가 유지되지 않는다는 점만 제외하면 키 타입이 `string`이나 `int`인 `unordered_map`을 `map`과 동일하게 사용할 수 있다. 예를 들어 21.6.3절의 다우존스 예제의 일부를 다음과 같이 작성할 수도 있다.

```
unordered_map<string,double> dow_price;

for (const auto& p : dow_price) {
    const string& symbol = p.first;          // 거래 기호
    cout << symbol << '\t'
        << p. second << '\t'
        << dow_name[symbol] << '\n';
}
```

dow의 조회 속도가 더 빨라질 순 있지만, 지수에 포함된 기업이 30개뿐이라서 큰 차이가 나지 않는다. 뉴욕 증권 거래소의 모든 기업의 주가를 저장했다면 성능 차이를 느꼈을 것이다. 그러나 논리적인 차이를 발견할 수 있는데, 탐색의 결과가 알파벳 순서로 출력되지 않는다.

이러한 순서 없는 맵은 표준이 아니라 기술 보고서에 포함돼 있으므로 C++ 표준 관점에서는 비교적 새로운 내용이며, 아직 필수적인 사항은 아니다. 하지만 `unordered_map`은 널리 사용되고 있으며, `unordered_map`을 사용할 수 없는 곳이라도 `hash_map`과 같은 이전 맵을 찾아 볼 수 있다.

도전 과제

#include⟨unordered_map⟩을 이용한 작은 프로그램을 작성하자. 이 코드가 컴파일되지 않는다면 여러분의 C++ 구현체가 unordered_map을 제공하지 않는 것이다. C++ 구현체가 unordered_map을 제공하지 않는다면 공개된 구현체 중 하나(예, www.boost.org)를 다운로드할 수 있다.

21.6.5 set

set은 값에 관심 없는 map이나 값을 포함하지 않는 map으로 생각할 수 있다.

set의 노드: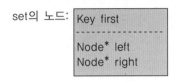

map 예제(21.6.2절)에서 사용한 과일들을 set으로 표현하면 다음과 같다.

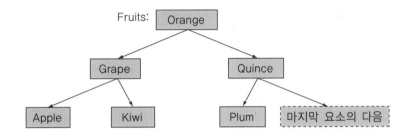

set은 어떤 경우에 유용한가? 어떤 값이 이전에 처리한 적이 있는지 알아야 할 경우가 많은데, (가격과 상관없이) 현재 남아있는 과일이 무엇인지 알아야 하는 경우와 사전을 만드는 경우를 예로 들 수 있다. 약간 다른 스타일의 활용 예로는 레코드 집합을 저장하는 경우다. 즉, 다음과 같이 set의 요소가 많은 정보를 포함하는 객체일 수 있고, 멤버 중의 하나를 키로 사용할 수 있다.

```
struct Fruit {
    string name;
    int count;
    double unit_price;
    Date last_sale_date;
    // ...
};

struct Fruit_order {
    bool operator()(const Fruit& a, const Fruit& b) const
    {
        return a.name<b.name;
    }
};

set<Fruit, Fruit_order> inventory;  // Fruit_order(x,y)를 이용해 Fruits 비교
```

이 예제에서 함수 객체를 이용하면 STL의 구성 요소를 활용할 수 있는 문제의 범위가 얼마나 늘어나는지 알 수 있다.

set은 값 타입을 포함하지 않으므로 첨자 연산(operator[]())을 제공하지 않는다. 대신 insert()와 erase() 등의 리스트 연산을 사용해야 한다. 불행히도 map과 set 모두 push_back()을 지원하지 않는다. 새로운 값을 삽입할 곳의 위치를 프로그래머가 아니라 set이 결정하기 때문이다. 따라서 다음과 같이 insert()를 사용하자.

```
inventory.insert(Fruit("quince",5));
inventory.insert(Fruit("apple",200,0.37));
```

map에 비교해서 set의 장점 중 하나는 반복자로부터 얻은 값을 바로 사용할 수 있다는 점이다. set은 map(21.6.3절)처럼 (키,값) 쌍을 저장하지 않으므로, 역참조 연산은 요소 타입의 값을 반환한다.

```
for (auto p = inventory.begin(), p!=inventory.end(); ++p)
    cout << *p << '\n';
```

물론 Fruit에 <<를 정의해야 한다. 또는 다음과 같이 동일한 코드를 작성할 수도 있다.

```
for (const auto& x : inventory)
    cout << x << '\n';
```

21.7 복사

21.2절에서 find()를 '가장 간단하고 유용한 알고리즘'이라고 소개했는데, 논쟁의 소지가 있는 말이다. 그 밖의 간단하고 유용한 알고리즘이 많이 존재하고, 그 중 일부는 쉽게 작성할 수 있는 정도다. 아무리 간단한 함수라도 누군가가 작성해서 디버깅까지 마친 함수가 있다면 새로운 코드를 작성하길 주저하는 이유는 무엇인가? 단순함과 유용성 면에서 copy()는 find()에 견줄 만하다. STL은 세 가지 버전의 복사를 제공한다.

복사 연산	
copy(b,e,b2)	[b:e)를 [b2:b2+(e-b))로 복사한다.
unique_copy(b,e,b2)	[b:e)를 [b2:b2+(e-b))로 복사한다. 인접한 동일한 값은 복사하지 않는다.
copy_if(b,e,b2,p)	[b:e)에서 서술자 p를 만족하는 요소를 [b2:b2+(e-b))로 복사한다.

21.7.1 복사

기본적인 복사 연산의 정의는 다음과 같다.

```
template<typename In, typename Out>
    // Input_iterator<In>()와 Output_iterator<Out>() 필요
Out copy(In first, In last, Out res)
{
    while (first!=last) {
        *res = *first;          // 요소 복사
        ++res;
        ++first;
    }
    return res;
}
```

주어진 한 쌍의 반복자에 대해 copy()는 해당 시퀀스를 출력 시퀀스로 복사한다. 그리고 출력 시퀀스는 첫 번째 요소를 가리키는 반복자(세 번째 인자)로 정의된다.

```
void f(vector<double>& vd, list<int>& li)
    // int 리스트의 요소를 double 벡터에 복사
{
    if (vd.size() < li.size()) error("대상 컨테이너가 너무 작음");
    copy(li.begin(), li.end(), vd.begin());
    // ...
}
```

copy()의 입력 시퀀스 타입이 출력 시퀀스의 타입과 다를 수도 있음을 명심하자. STL 알고리즘의 일반성이 얼마나 유용한지 잘 보여주는 대목이다. 즉, 구현에 대한 불필요한 가정을 하지 않고 모든 종류의 시퀀스에 알고리즘을 적용할 수 있다. 여기서는 잊지 않고 출력 시퀀스에 요소를 복사할 충분한 공간이 있는지 확인했다. 이처럼 크기를 확인하는 일은 프로그래머의 몫이다. STL은 최대한의 일반성과 최적의 성능을 목표로 프로그래밍됐다. 따라서 (기본적으로) 발생할 수 있는 큰 비용을 감수하면서까지 사용자를 보호하기 위해 구간 확인 등의 작업을 수행하지 않는다. 가끔은 그러한 일들을 대신 해줬으면 좋겠다고 생각하겠지만, 확인 작업이 필요하다면 위와 같이 직접 할 수 있다.

21.7.2 스트림 반복자

'출력으로 복사'와 '입력으로부터 복사'라는 말을 들어봤을 텐데, 입출력의 한 형태를 잘 표현하는 유용한 말이다. 그리고 실제로 copy()를 이용해 입출력을 수행할 수 있다.

시퀀스는 다음과 같은 성질을 갖는다는 점을 기억하자.

- 시작과 끝이 있음

- ++를 이용해서 다음 요소로 이동할 수 있음

- *를 이용해서 현재 요소의 값을 조회할 수 있음

입력과 출력 스트림도 이와 같이 표현할 수 있다. 아래 예를 보자.

```
ostream_iterator<string> oo{cout};        // *oo에 대입하면 cout에 출력됨

*oo = "Hello, ";                          // cout << "Hello, "
++oo;                                     // 다음 출력 연산을 준비
*oo = "World!\n";                         // cout << "World!\n"
```

이런 코드가 어떻게 구현될지 상상해보자. 표준 라이브러리는 ostream_iterator 타입을 제공하는데, ostream_iterator<T>는 T 타입 값을 출력할 수 있는 반복자다.

마찬가지로 표준 라이브러리는 T 타입의 값을 읽을 수 있는 istream_iterator<T> 타입도 제공한다.

```
istream_iterator<string> ii{cin};         // *ii를 읽으면 cin에서 문자열을 읽음

string s1 = *ii;                          // cin>>s1
++ii;                                     // 다음 입력 연산 준비
string s2 = *ii;                          // cin>>s2
```

ostream_iterator와 istream_iterator를 이용하면 copy()를 입출력에 사용할 수 있다. 예를 들어 다음과 같이 '대충' 사전을 만들 수 있다.

```
int main()
{
    string from, to;
    cin >> from >> to;       // 입력과 출력 파일 이름 받아오기

    ifstream is {from};      // 입력 스트림 열기
    ofstream os {to};        // 출력 스트림 열기

    istream_iterator<string> ii {is};            // 스트림용 입력 반복자 생성
    istream_iterator<string> eos;                // 입력의 끝
    ostream_iterator<string> oo {os,"\n"};       // 스트림용 출력 반복자 생성

    vector<string> b {ii,eos};                   // b는 입력으로부터 초기화된 벡터
    sort(b.begin() ,b.end());                    // 버퍼 정렬
```

```
    copy(b.begin() ,b.end() ,oo);     // 버퍼를 출력에 복사
}
```

eos는 '입력의 끝'을 표현하는 반복자다. istream이 입력의 끝eof에 다다르면 사용하던 istream_iterator는 기본 istream_iterator(여기서의 eos)와 동일하게 된다.

여기서 vector를 한 쌍의 반복자로 초기화한 점에 주목하자. 반복자 쌍 (a, b)를 컨테이너의 초기 값으로 사용하는 의미는 "시퀀스 [a:b]를 컨테이너로 읽어라"는 말이다. 여기서는 한 쌍의 반복자 (ii,eos)를 사용했는데, 입력의 시작과 끝을 의미한다. 이런 방식을 이용하면 명시적으로 >>와 push_back()을 사용할 필요가 없다. 그 대신 다음과 같은 대안을 강력히 권한다.

```
vector<string> b(max_size);          // 입력의 개수에 상관없음
copy(ii,eos,b.begin());
```

많은 사람이 입력의 최대 크기를 과소평가해서 프로그래머 스스로나 사용자에게 버퍼 오버플로로 인한 심각한 문제를 일으킨다. 이러한 오버플로는 보안상의 문제를 일으키기도 한다.

도전 과제

우선 프로그램이 동작하게 작성한 후 수백 단어 정도의 작은 파일로 테스트해보자. 그리고 앞에서 단호하게 거부했던 방법대로 입력의 크기를 임의로 가정하고, 입력 버퍼 b가 오버플로 됐을 때 어떤 일이 발생할지 추측해보자. 최악의 경우는 여러분의 특정 예제에서는 오버플로가 아무런 악영향을 끼치지 않고, 그 오버플로가 사용자에게 그대로 배포되는 경우다.

우리가 작성한 작은 프로그램에서는 단어를 읽고 정렬한다. 프로그램을 작성할 때는 그런 방식이 당연하게 보일 수 있다. 그러나 애초에 단어를 잘못된 위치에 저장하고, 추후에 정렬을 수행해야만 할까? 게다가 입력에서 여러 번 등장하는 단어는 여러 번 저장하고 출력하게 된다.

두 번째 문제는 copy() 대신 unique_copy()를 사용하면 해결할 수 있다. unique_copy() 는 연속적으로 반복되는 동일한 값은 복사하지 않는다. 예를 들어 보통의 copy()를 사용한 프로그램의 입력이 다음과 같다면

the man bit the dog

그 출력은 다음과 같다.

```
bit
dog
man
the
the
```

반면 unique_copy()를 사용한 프로그램의 출력은 다음과 같다.

```
bit
dog
man
the
```

그런데 출력의 개행 문자는 어디서 나온 걸까? 구분자를 함께 출력하는 일은 매우 흔하므로, ostream_iterator의 생성자는 각 값 다음에 출력할 문자열을 (필요하다면) 지정할 수 있게 해준다.

```
ostream_iterator<string> oo {os,"\n"};   // 출력 스트림용 반복자 생성
```

이처럼 사람이 읽어야 할 출력에는 개행 문자를 구분자로 자주 사용한다. 하지만 공백을 구분자로 사용하고 싶다면 다음과 같은 코드를 작성한다.

```
ostream_iterator<string> oo {os," "};    // 출력 스트림용 반복자 생성
```

이 코드의 출력은 다음과 같다.

```
bit dog man the
```

21.7.3 set을 이용해 순서 유지

동일한 출력을 얻을 수 있는 훨씬 간단한 방법이 있다. 바로 vector 대신 set을 이용하는 방법이다.

```
int main()
{
    string from, to;
    cin >> from >> to;      // 입력과 출력 파일 이름 받아오기

    ifstream is {from};     // 입력 스트림 열기
    ofstream os {to};       // 출력 스트림 열기

    set<string> b {istream_iterator<string>{is}, istream_iterator<string>{ } };
```

```
    copy(b.begin() ,b.end() , ostream_iterator<string>{os," "});       // 버퍼 내용을
                                                                        // 출력에 복사
}
```

set에 값을 삽입할 때 중복된 값은 무시된다. 더 나아가 set의 요소는 순서를 유지하므로 정렬을 따로 할 필요가 없다. 적당한 도구를 사용하면 대부분의 일이 쉬워진다.

21.7.4 copy_if

copy() 알고리즘은 모든 요소를 무조건 복사한다. 이와 달리 unique_copy() 알고리즘은 동일한 값의 이웃한 요소를 복사하지 않게 한다. 세 번째로 살펴볼 복사 알고리즘은 주어진 서술자가 참인 요소만 복사한다.

```
template<typename In, typename Out, typename Pred>
    // Input_iterator<In>()와 Output_operator<Out>(),
    //  Predicate<Pred, Value_type<In>>() 필요
Out copy_if(In first, In last, Out res, Pred p)
    // 서술자를 만족하는 요소를 복사
{
    while (first!=last) {
        if (p(*first)) *res++ = *first;
        ++first;
    }
    return res;
}
```

21.4절에서 작성한 Larger_than 함수 객체를 이용하면 다음과 같이 시퀀스에서 6보다 큰 모든 요소를 찾을 수 있다.

```
void f(const vector<int>& v)
    // 6보다 큰 모든 요소 복사
{
    vector<int> v2(v.size());
    copy_if(v.begin(), v.end(), v2.begin(), Larger_than(6));
    // ...
}
```

내 실수로 copy_if() 알고리즘이 1998 ISO 표준에는 포함되지 않았다. 현재는 표준에 포함돼 있지만, 아직도 copy_if가 없는 구현체를 접할 수 있다. 그런 경우 앞의 함수 정의를 사용하자.

21.8 정렬과 검색

정렬된 데이터가 필요한 경우가 자주 있다. 이런 경우에는 map과 set처럼 순서를 유지하는 자료 구조를 사용하거나, 정렬을 수행해야 한다. STL에서 가장 일반적이고 유용한 정렬 연산은 앞서 이미 여러 번 사용했던 sort()다. 기본적으로 sort()는 <를 정렬 기준으로 사용하지만, 다음과 같이 직접 기준을 지정할 수도 있다.

```
template<typename Ran>
    // Random_access_iterator<Ran>() 필요
void sort(Ran first, Ran last);

template<typename Ran, typename Cmp>
    // Random_access_iterator<Ran>()과
    // Less_than_comparable<Cmp,Value_type<Ran>>() 필요
void sort(Ran first, Ran last, Cmp cmp);
```

사용자가 지정한 기준으로 바탕으로 정렬하는 예제로, 대소문자를 무시한 문자열 정렬을 살펴보자.

```
struct No_case {        // x의 소문자 < y의 소문자?
    bool operator()(const string& x, const string& y) const
    {
        for (int i = 0; i<x.length(); ++i) {
            if (i == y.length()) return false;       // y<x
            char xx = tolower(x[i]);
            char yy = tolower(y[i]);
            if (xx<yy) return true;                  // x<y
            if (yy<xx) return false;                 // y<x
        }
        if (x.length()==y.length()) return false;  // x==y
        return true;            // x<y (x에 포함된 문자 개수가 더 적음)
    }
};

void sort_and_print(vector<string>& vc)
{
    sort(vc.begin(),vc.end(),No_case());

    for (const auto& s : vc)
        cout << s << '\n';
}
```

시퀀스를 정렬한 후에는 find()를 이용해서 처음부터 검색할 필요가 없다. 대신 정렬된 요소의 순서를 이용하면 이진 검색binary search을 수행할 수 있다. 이진 검색의 기본적인 동작 방식은 다음과 같다.

x라는 값을 찾는다고 가정하자. 우선 시퀀스 가운데 위치한 요소를 확인한다.

- 요소의 값이 x와 같으면 검색 완료!
- 요소의 값이 x보다 작으면 값이 x인 모든 요소는 현재 요소의 오른쪽에 위치한다. 따라서 나머지 오른쪽 반을 확인한다(오른쪽 반에서 이진 검색을 수행한다).
- x가 현재 요소의 값보다 작으면 값이 x인 모든 요소는 현재 요소의 왼쪽에 위치한다. 따라서 나머지 왼쪽 반을 확인한다(왼쪽 반에서 이진 검색을 수행한다).
- x를 찾지 못하고 (왼쪽이나 오른쪽으로 탐색을 계속해서) 마지막 요소에 다다르면 원하는 값의 요소는 존재하지 않는다.

시퀀스의 길이가 긴 경우 이진 검색은 (선형 검색을 수행하는) find()보다 월등히 빠르다. 이진 검색을 수행하는 표준 라이브러리 알고리즘에는 binary_search()와 equal_range()가 있다. 여기서 "길다"는 어느 정도일까? 경우에 따라 다르지만, 요소가 10개만 돼도 binary_search()가 find()에 비해 이득을 보기에는 충분하다. 1000개 요소를 포함한 시퀀스에서는 binary_search()가 find()보다 200배 가까이 빠르다. 이진 검색의 비용은 $O(\log_2(N))$이기 때문이다(21.6.4 참고).

binary_search 알고리즘에는 다음과 같은 두 가지 종류가 있다.

```
template<typename Ran, typename T>
bool binary_search(Ran first, Ran last, const T& val);

template<typename Ran, typename T, typename Cmp>
bool binary_search(Ran first, Ran last, const T& val, Cmp cmp);
```

이러한 알고리즘을 사용하려면 우선 입력 시퀀스를 정렬해야 한다. 그렇지 않으면 무한 루프 등의 '흥미로운 일'이 벌어진다. binary_search()는 다음과 같이 찾는 값이 존재하는지만 알려준다.

```
void f(vector<string>& vs) // vs는 정렬된 상태
{
    if (binary_search(vs.begin(),vs.end(),"starfruit")) {
        // starfruit을 찾음
    }
```

```
    // ...
}
```

따라서 binary_search()는 찾는 값이 시퀀스에 존재하는지 여부만 알고 싶을 때 유용하다. 찾아낸 요소 자체에 관심이 있다면 lower_bound()나 upper_bound(), equal_range()를 사용하자(B.5.4절, 23.4절). 이처럼 찾아낸 요소 자체에 관심이 있는 경우에는 세 가지가 있다. 요소가 키 자체보다 많은 정보를 포함하는 객체이거나, 동일한 키를 갖는 요소가 여러 개이거나, 어떤 요소가 검색 조건을 만족하는지 알고 싶은 경우다.

21.9 컨테이너 알고리즘

앞서 살펴본 바와 같은 반복자로 정의되는 요소의 시퀀스를 이용하도록 표준 라이브러리 알고리즘을 정의한다. 입력 시퀀스는 한 쌍의 반복자 [b:e)로 정의한다. 여기서 b는 시퀀스의 첫 번째 요소를 가리키는 반복자이며, e는 시퀀스의 마지막 요소 다음을 가리킨다(20.3절). 출력 시퀀스는 단순히 첫 번째 요소를 가리키는 반복자로 지정한다.

```
void test(vector<int> & v)
{
    sort(v.begin(),v.end());    // v.begin()부터 v.end()까지 v의 요소를 정렬
}
```

이런 방식은 훌륭하며 일반적이다. 예를 들어 다음과 같이 vector의 절반만 정렬할 수 있다.

```
void test(vector<int> & v)
{
    sort(v.begin(),v.begin()+v.size()/2);    // v의 앞쪽 절반에 포함된 요소 정렬
    sort(v.begin()+v.size()/2,v.end());      // v의 뒤쪽 절반에 포함된 요소 정렬
}
```

하지만 요소의 구간을 지정하는 일은 귀찮으며, 대부분의 경우에 vector의 절반이 아닌 전체를 정렬하므로 다음과 같이 작성할 수 있다.

```
void test(vector<int> & v)
{
    sort(v);            // 정렬
}
```

표준 라이브러리에서는 이러한 sort()를 제공하지 않으나, 다음과 같이 직접 정의할 수 있다.

```
template<typename C>              // Container<C>() 필요
void sort(C& c)
{
        std::sort(c.begin(),c.end());
}
```

내가 보기에 이 함수는 매우 유용해서 std_lib_facilities.h에 추가해뒀다.

find()에서도 입력 시퀀스를 위와 같이 처리할 수 있으며, 간단함을 유지하고자 반환 타입
은 반복자를 그대로 사용한다.

```
template<typename C, typename V>    // Container<C>() 필요
Iterator<C> find(C& c, Val v)
{
    return std::find(c.begin(),c.end(),v);
}
```

여기서 Iterator<C>는 C의 반복자 타입이다.

✓ 실습문제

아래 (각 실습문제에 주어진) 작업을 수행한 후에 vector의 내용을 출력하라.

1. struct Item { string name; int iid; double value; /* ...*/ };을 정의하고,
   vector<Item> 타입의 객체 vi를 생성한 후 파일로부터 읽은 항목 10개를 vi에 저장하자.

2. vi를 이름으로 정렬하라.

3. vi를 iid로 정렬하라.

4. vi를 value로 정렬하고, 내림차순으로 출력하라(가장 큰 값부터).

5. Item("horse shoe",99,12.34)와 Item("Canon S400", 9988,499.95)를 삽입하라.

6. 주어진 name을 포함하는 Item 두 개를 제거(삭제)하라.

7. 주어진 iid를 포함하는 Item 두 개를 제거(삭제)하라.

8. 위의 실습문제를 vector<Item>이 아닌 list<Item>을 이용해서 풀어보자.

이제 map을 실습할 차례다.

1. map<string,int> 타입의 객체 msi를 정의하라.

2. (이름,값) 쌍 10개를 msi에 삽입하자. 예, msi["lecture"]=21

3. (이름,값) 쌍을 여러분이 원하는 형식으로 cout에 출력하자.

4. msi에서 (이름,값) 쌍을 삭제하자.

5. cin에서 (이름,값) 쌍을 읽어 msi에 삽입하는 함수를 작성하자.

6. 입력에서 10개의 쌍을 읽어 msi에 추가하자.

7. msi의 요소를 cout에 출력하자.

8. msi에 저장된 (정수) 값의 합을 출력하자.

9. map<int,string> 타입의 객체 mis를 정의하라.

10. msi의 값을 mis에 저장하자. 즉, msi에 저장된 요소("lecture",21)는 mis에 요소 (21,"lecture")로 저장된다.

11. msi의 요소를 cout에 출력하자.

다음으로 더 다양한 vector 실습을 수행한다.

1. vector<double> 타입의 객체 vd에 (적어도 16개의) 부동소수점 값을 읽자.

2. vd를 cout에 출력하자.

3. vd와 동일한 개수의 요소를 포함하는 vector<int> 타입의 객체 vi를 생성하고, vd의 요소 를 vi에 복사하자.

4. (vd[i],vi[i]) 쌍을 한 줄에 한 쌍씩 cout에 출력하자.

5. vd의 요소 합을 출력하라.

6. vd의 요소 합과 vi의 요소 합 사이의 차를 출력하라.

7. 표준 라이브러리 알고리즘 중에 시퀀스(한 쌍의 반복자)를 인자로 받는 reverse라는 알고리 즘이 있다. vd를 인자로 reverse를 호출하고 vd를 cout에 출력하라.

8. vd의 요소의 중앙값을 계산해 출력하라.

9. vector<double> 타입의 새로운 객체 vd2를 생성하고, vd의 요소 중 중앙값보다 작은 요 소를 vd2로 복사하라.

10. vd를 정렬하고, 다시 출력하자.

복습문제

1. 유용한 STL 알고리즘의 예를 들어보자.

2. `find()`는 어떤 일을 하는가? 적어도 다섯 개 이상의 예를 들자.

3. `count_if()`는 어떤 일을 하는가?

4. `sort(b,e)`가 사용하는 정렬 기준은 무엇인가?

5. STL 알고리즘은 어떤 방법으로 컨테이너를 입력 인자로 받아들이는가?

6. STL 알고리즘은 어떤 방법으로 컨테이너를 출력 인자로 사용하는가?

7. STL 알고리즘이 '찾지 못함'이나 '실패'를 가리킬 때 일반적으로 사용하는 방법은 무엇인가?

8. 함수 객체는 무엇인가?

9. 함수 객체와 함수는 어떻게 다른가?

10. 서술자는 무엇인가?

11. `accumulate()`는 무슨 일을 하는가?

12. `inner_product()`는 무슨 일을 하는가?

13. 연관 컨테이너는 무엇인가? 예를 세 가지 이상 들어보자.

14. `list`는 연관 컨테이너인가? 그렇지 않다면 이유는 무엇인가?

15. 이진트리의 기본적인 순서 규칙은 어떠한가?

16. 트리가 균형 잡혔다는 말의 (대략적인) 의미는 무엇인가?

17. `map`의 각 요소는 얼마만큼의 공간을 차지하는가?

18. `vector`의 각 요소는 얼마만큼의 공간을 차지하는가?

19. (순서 있는) `map`을 사용할 수 있는 모든 경우에 `unordered_map`을 대신 사용하지 않는 이유는 무엇인가?

20. `set`과 `map`의 차이점은 무엇인가?

21. `multimap`과 `map`의 차이점은 무엇인가?

22. '그냥 간단한 루프를 작성하는' 대신 `copy()`를 사용하는 이유는 무엇인가?

23. 이진 검색은 무엇인가?

용어 정리

accumulate()	find_if()	검색
알고리즘	함수 객체	시퀀스
적용연산: ()	제네릭	set
연관 컨테이너	해시 함수	sort()
균형 트리	inner_product()	정렬
binary_search()	람다	스트림 반복자
copy()	lower_bound()	unique_copy()
copy_if()	map	unordered_map
equal_range()	서술자	upper_bound()
find()		

연습문제

1. 21장의 모든 도전 과제를 풀지 않았다면 지금 실습하라.

2. 신뢰할 수 있는 출처의 STL 문서를 찾아 모든 표준 라이브러리 알고리즘을 나열하자.

3. count()를 직접 구현하고 테스트하라.

4. count_if()를 직접 구현하고 테스트하라.

5. '찾지 못함'을 나타내는 end()를 반환할 수 없다면 어떨까? 첫 번째와 마지막 요소의 반복자를 인자로 받는 find()와 count()를 다시 설계하고 구현하라. 여러분이 작성한 코드를 표준과 비교하라.

6. 21.6.5절의 Fruit 예제에서 Fruit를 set에 복사했다. Fruit가 아닌 다른 타입을 복사한다면 어떻게 해야 할까? 예를 들어 set<Fruit*>가 필요할 수 있다. 그러나 그렇게 하려면 해당하는 set에서 사용할 비교 연산을 정의해야 한다. set<Fruit*, Fruit_comparison>을 바탕으로 Fruit 예제를 구현하고, 두 구현 방식의 차이점을 논의하자.

7. (표준 알고리즘을 사용하지 않고) vector<int>용 이진 검색 함수를 작성하라. 인터페이스는 여러분이 원하는 대로 정의해도 좋다. 그리고 테스트를 수행하자. 여러분의 이진 검색 함수가 정확하다고 얼마나 자신하는가? 이제 list<string>용 이진 검색 함수를 작성하고 테스트하자. 두 이진 검색 함수는 서로 얼마나 비슷한가? 여러분이 STL을 몰랐다면 두 함수는 얼마나 비슷했을까?

8. 21.6.1절의 단어 빈도 예제를 (사전 순서가 아닌) 빈도순으로 단어를 출력하도록 수정하라. 예를 들어 C++: 3이 아니라 3: C++라고 출력해야 한다.

9. (고객의) 이름과 주소, 데이터, vector<Purchase>를 멤버로 포함하는 Order 클래스를 정의하라. Purchase 클래스는 (상품의) name과 unit_price, count를 멤버로 포함한다. Order를 파일을 이용해서 읽고 쓰는 메커니즘과 Order 목록을 출력하는 메커니즘을 작성하라. 10개 이상의 Order를 포함하는 파일을 만들고, list<Order>에 파일의 내용을 읽은 후 (고객의) 이름으로 정렬한 결과를 다시 파일에 출력하라. 10개 이상의 Order를 포함하는 새로운 파일을 만들되 그 중 삼분의 일 정도는 첫 번째 파일과 동일하게 만들자. 이 파일의 내용을 list<Order>에 읽은 후 (고객의) 주소로 정렬한 결과를 다시 파일에 출력하라. std::merge()를 이용해 두 파일을 병합한 세 번째 파일을 생성하자.

10. 앞의 예제의 두 파일에 포함된 주문 총액을 계산하자. 각 Purchase의 값은 unit_price*count다.

11. Order 목록을 파일에 입력하는 GUI 인터페이스를 제공하라.

12. Order 목록을 포함하는 파일을 질의하는 GUI 인터페이스를 제공하라. 예를 들어 "Joe의 모든 주문을 찾아라"와 "Hardware 파일의 주문 총액을 계산하라", "Clothing 파일의 모든 주문을 나열하라" 등의 질의가 가능하다. 힌트: 우선 GUI 인터페이스를 제외한 프로그램을 작성하고, 이를 바탕으로 GUI를 구성하라.

13. 단어 질의 프로그램에서 사용할 수 있게 텍스트 파일을 다듬는 프로그램을 작성하라. 예를 들어 구두점을 공백으로 대체하고, 단어를 소문자로 변환하고, don't를 do not으로 대체하고, 복수형을 제거(예, ships가 ship이 되게)하는 등의 작업을 할 수 있다. 이 프로그램을 이용해 적어도 5000 단어를 포함하는 실제 텍스트 파일(예, 연구 논문)을 다듬어 보자.

14. (앞에서 작성한 프로그램을 이용해서) "파일에서 ship이란 단어가 몇 번 등장하는가?"와 "가장 빈번하게 등장하는 단어는 무엇인가?", "파일에서 가장 긴 단어는 무엇인가?", "가장 짧은 단어는?", "s로 시작하는 모든 단어를 나열하라", "네 글자 단어를 모두 나열하라" 등의 질문에 답할 수 있는 프로그램을 작성하라.

15. 앞의 프로그램에 GUI를 제공하라.

붙이는 말

STL은 ISO C++ 표준 라이브러리에서 컨테이너와 알고리즘을 다루는 부분으로, 매우 일반적이고 유연하며 유용한 기본 도구를 제공한다. 덕분에 우리는 많은 수고를 덜 수 있다. 바퀴를 발명하는 일이 재미있을지는 몰라도 생산적이지는 않다. 꼭 그래야 할 이유가 없는 한 STL 컨테이너와 기본 알고리즘을 사용하자. 덧붙이자면 STL은 제네릭 프로그래밍의 전형적인 예로, 특정 문제에 대한 특정 해결책이 어떤 식으로 강력하고 일반적인 도구로 승화되는지를 잘 보여준다. 대부분의 프로그래머가 그러하듯이 데이터를 조작해야 한다면 STL이 데이터 조작에 관련된 예제와 일련의 아이디어, 도움이 될 만한 접근 방식을 제공해준다.

4부

시야 넓히기

프로그래밍의 이상과 역사

"누군가 '원하는 대로 말하면 다 들어주는 프로그래밍 언어가 필요해'라고 말한다면 막대 사탕이나 쥐여 줘라."

- 앨런 펄리스(Alan Perlis)

22장에서는 프로그래밍 언어의 역사를 아주 간략하고 선별적으로 살펴본다. 그리고 각 언어가 이루려고 했던 이상도 함께 짚어본다. 그러한 이상과 이상을 표현하는 언어는 프로 정신의 기초를 이룬다. 이 책에서 다루는 언어가 C++이므로, C++에 영향을 준 언어를 위주로 설명한다. 22장의 목적은 이 책에서 설명하는 아이디어를 바라보는 배경과 관점을 제시하는 데 있다. 프로그래밍 언어는 단지 추상적인 창작물이 아니라 각 개인이 직면하는 문제에 대한 실질적인 해답이라는 점에서 각 언어마다 그 언어의 설계자(나 설계자들)에 대해서도 언급한다.

22.1 역사와 이상, 프로 정신

"역사는 엉터리다." 헨리 포드^{Henry Ford}가 남긴 유명한 말이다. 물론 예전부터 이에 반하는 의견도 널리 인용돼 왔다. "역사를 모르는 사람은 같은 실수를 반복하기 마련이다." 문제는 역사의 어느 부분을 알아야 하고 어느 부분을 버려야 하는가이다. 이에 관련한 또 다른 말을 빌리자면 "모든 것의 95%는 엉터리다"(나도 이 말에 동의하며, 95%조차 과소평가됐다고 생각한다). 역사를 이해하지 못하고는 프로 정신이 생길 수 없다는 것이 역사와 현실의 관계에 대한 나의 관점이다. 어떤 분야의 역사든 실제로는 맞지 않는 그럴싸한 아이디어가 많기 때문에 배경지식이 너무 적다면 속기 십상이다. 역사의 진수는 실용성이 증명된 아이디어와 이상에 있는 법이다.

나는 수많은 언어와 운영체제와 데이터베이스, 그래픽스, 네트워크, 웹, 스크립트 등 소프트웨어의 중요 아이디어에 대한 기원을 설명하길 좋아한다. 그러나 이처럼 중요하고 유용한 소프트웨어와 프로그래밍 분야는 어디서든 찾아볼 수 있다. 따라서 그처럼 방대한 프로그래밍 언어의 이상과 역사를 피상적으로 살펴보기에도 지면이 부족하다.

프로그래밍의 궁극적인 목적은 언제나 유용한 시스템을 만드는 데 있다. 프로그래밍 기법과 프로그래밍 언어에 대한 열띤 토론에 빠지다보면 이런 사실을 쉽게 망각하곤 한다. 궁극적인 목적을 잊지 말라! 이러한 목적을 상기할 필요가 있다면 1장을 다시 살펴보자.

22.1.1 프로그래밍 언어의 목적과 철학

프로그래밍 언어는 무엇인가? 프로그래밍 언어는 우리에게 무엇을 제공하는가? "프로그래밍 언어는 무엇인가?"에 대한 일반적인 답변은 다음과 같다.

- 기계의 작업을 지시하는 도구
- 알고리즘을 표기하는 수단
- 프로그래머 사이의 의사소통 수단
- 실험 도구
- 컴퓨터화된 장치를 통제하는 도구
- 여러 개념 간의 관계를 표현하는 수단
- 하이레벨 설계를 표현하는 수단

내 대답은 '위의 모든 것을 포함한, 그 이상!'이다. 우리가 말하는 프로그래밍 언어는 범용적인 목적의 프로그래밍 언어^{general-purpose programming languages}이며, 22장에서 다룰 언어들도 마찬가지다. 덧붙이자면 좀 더 좁은 범위에서 자세하게 정의된 목적을 갖는 특수 목적 언어 special-purpose languages와 한 분야에 특정된 언어domain-specific languages도 존재한다.

그렇다면 우리가 바람직하게 여기는 프로그래밍 언어의 속성은 어떤가?

- 이식성
- 타입 안정성
- 명확한 정의
- 고성능
- 아이디어를 간결하게 표현
- 디버깅을 돕는 모든 것
- 테스팅을 돕는 모든 것
- 모든 시스템 자원에 접근
- 플랫폼 독립성
- 모든 플랫폼에서 동작(예, 리눅스와 윈도우, 임베디드 시스템)
- 오랜 기간 증명된 안정성
- 응용 분야의 변화에 대응한 즉각적인 발전
- 쉬운 학습
- 가벼움
- 널리 사용하는 프로그래밍 스타일 지원(예, 객체 지향 프로그래밍과 제네릭 프로그래밍)
- 프로그램 분석에 도움을 주는 모든 것
- 다양한 기능
- 대규모 커뮤니티의 지원
- 초보자(학생을 비롯한 모든 학습자) 지원
- 전문가를 위한 포괄적인 기능(예, 인프라스트럭처 구성자)
- 다양한 소프트웨어 개발 도구
- 공개 소프트웨어 커뮤니티의 지원
- 주요 플랫폼 벤더의 지원(마이크로소프트와 IBM 등)

불행히도 이 모든 것을 만족할 수는 없다. 이러한 속성 각각은 객관적으로 봐서 장점이 있고, 그러한 장점이 없는 언어는 사용자에게 추가적인 작업과 복잡성을 안겨주기 마련이다. 따라서 모든 속성을 한꺼번에 만족할 수 없다는 사실은 우리에겐 슬픈 소식이다. 그 이유는 근본적인 데서 찾을 수 있다. 그 속성 중 일부가 상호배타적이기 때문이다. 예를 들어 100% 플랫폼 독립적이면서 동시에 모든 시스템 자원에 접근할 수는 없다. 모든 시스템에서 제공하지 않는 자원에 접근하는 프로그램은 어디서나 작동할 수 없기 때문이다. 마찬가지로 우리는 가볍고 배우기 쉬운 언어(와 우리가 필요한 도구와 라이브러리)를 원하지만, 모든 종류의 시스템과 응용 분야에 대한 포괄적인 지원을 제공함과 동시에 그러한 속성을 만족할 순 없다.

이상이 중요한 이유가 바로 여기에 있다. 이상은 모든 언어와 라이브러리, 도구, 프로그램 설계자가 고려해야 하는 기술적인 의사결정과 기회비용trade-off에 대한 나침반 역할을 한다.

22.1.2 프로그래밍의 이상

『The C++ Programming Language』책의 서문은 이렇게 시작한다. "C++는 전문적인 프로그래머가 더 즐겁게 프로그래밍을 할 수 있게 설계된 범용적인 목적의 프로그래밍 언어다." 이게 무슨 소린가? 프로그래밍은 제품을 만드는 일이 아닌가? 정확성과 품질, 유지 보수성은 어떠한가? 시장 적시성time-to-market은? 효율성은? 소프트웨어 공학적인 지원은? 물론 다 맞는 말이다. 그러나 프로그래머를 잊어선 안 된다. 도널드 커누스의 명언을 그 밖의 예로 들 수 있다. "알토Alto의 가장 좋은 점은 밤에만 더 빨리 작동하지 않는다는 점이다." 알토는 제록스Xerox의 팔로알토 연구소에서 개발한 초기 개인용 컴퓨터 중 하나로, 낮 시간에 경쟁적으로 접속자가 몰리는 공유 컴퓨터와 대조적임을 풍자하는 말이다.

우리의 모든 프로그래밍 도구와 기법은 프로그래머를 비롯한 인간이 더 잘 일하고 더 좋은 결과를 얻는 데 목적이 있다. 이 점을 잊지 말자. 그렇다면 프로그래머가 최소한의 고통으로 최고의 소프트웨어를 만드는 데 안내자 역할을 할 지침은 무엇일까? 이 책 전반에 걸쳐 그러한 이상을 설명하고 있으므로, 22장은 그에 대한 요약이라고 할 수 있다.

코드가 좋은 구조를 갖춰야 하는 이유는 큰 수고 없이 코드를 변경할 수 있기 때문이다. 구조가 훌륭할수록 코드를 변경하고, 버그를 수정하고, 새로운 기능을 추가하고, 새로운 아키텍처로 프로그램을 이식하고, 성능을 개선하는 등의 작업이 쉬워진다. "훌륭하다"는 말의 정의가 바로 이것이다.

이번 절에서는 다음과 같은 내용을 살펴본다.

• 우리가 달성하려는 목적, 즉, 우리의 코드가 갖춰야 할 성질을 다시 살펴본다.

• 소프트웨어 개발의 두 가지 접근 방식을 설명하고, 두 가지 중 하나를 선택하는 것과 두

가지를 조합하는 방법 중 어떤 쪽이 더 나을지를 결정한다.

- 프로그램 구조의 핵심적 측면들을 코드 형태로 고찰한다.

- 아이디어의 직접적 표현

- 추상화 수준

- 모듈화

- 일관성과 미니멀리즘^{minimalism}

이상은 실제에 적용하기 위해 존재한다. 이상은 생각을 풀어가는 도구이지, 관리자와 검수자를 기쁘게 하기 위한 듣기 좋은 문구가 아니다. 우리가 만드는 프로그램은 이러한 이상을 최대한 반영해야 한다. 프로그램에 문제가 있다면 한 발 물러서서 이상에서 벗어나는 부분이 있는지 생각해보면 도움이 된다. (사용자에게 프로그램을 배포하기 전에) 프로그램을 검수할 때에는 미래에 문제를 야기할 수 있는, 이상에 반하는 부분이 있는지 검토해야 한다. 이러한 이상을 되도록 폭넓게 적용하라. 물론 실용적 측면(예, 성능과 단순성)과 언어의 약점(완벽한 언어는 없다) 때문에 이상을 잘 반영한다는 것 이상의 장점을 찾기 어려운 경우도 있다.

이상은 특정한 기술적 의사결정에 나침반 역할을 한다. 예를 들어 라이브러리의 인터페이스에 대한 의사결정을 할 때 라이브러리만 따로 떼어놓고서는 어떤 결정도 할 수 없다(14.1절). 그 결과는 엉터리 라이브러리가 될 것이다. 그 대신 우리의 첫 번째 이상에 입각해 해당 라이브러리에서 무엇이 중요한지를 결정하고, 그에 따라 일관적인 인터페이스 집합을 만들어야 한다. 이상적으로는 설계 원칙과 그 설계에 따른 기회비용을 문서와 코드 주석에 명시해야 한다.

프로젝트를 시작할 때 이상을 되돌아보고, 프로젝트에서 해결해야 하는 문제와 초기에 제시된 해결책에 이상이 어떻게 적용될지 생각하라. 이러한 방식은 아이디어를 얻고 정제하는 데 도움을 준다. 설계와 개발의 나중 단계에서 문제에 봉착하면 한발 물러서서 이상에서 가장 괴리된 부분이 어딘지를 살펴보자. 바로 그 곳에 버그가 숨어있거나 설계 문제가 발생할 가능성이 크다. 버그를 찾기 위해 계속 같은 곳만 뒤지면서 같은 일을 반복하는 방법보다 훨씬 낫다. "버그는 항상 여러분이 보지 않는 곳이나 이미 버그를 찾아낸 부분에 있기 마련이다."

22.1.2.1 우리가 원하는 것

일반적으로 우리가 바라는 바는 다음과 같다.

- **정확성** 그렇다. "정확하다"는 말의 의미를 정의하기란 어렵다. 하지만 정확성은 일을 완벽하게 마무리하는 데 꼭 필요하다. 특정 프로젝트에서는 누군가가 정확하다는 말의 정의를

명시해 주지만, 그 뜻을 해석하는 일은 여전히 스스로의 몫이다.

- **유지 보수성** 모든 성공적인 프로그램은 시간이 흐르면서 변화한다. 새로운 하드웨어와 소프트웨어 플랫폼에 이식되기도 하고, 새로운 기능이 확장되기도 하며, 반드시 고쳐야 할 버그가 발견되기도 한다. 다음 절부터 다루는 이상적인 프로그램 구조가 유지 보수성 향상에 도움을 준다.

- **성능** 성능(효율성)은 상대적인 개념이다. 성능은 프로그램의 목적에 부합하는 정도여야 한다. 효율적인 코드는 곧 로우레벨 코드라는 주장도 존재하며, 그러한 견지에서 훌륭한 하이레벨 구조를 갖춘 코드는 비효율적이라는 의견도 있다. 반면 우리가 앞서 추천한 이상적인 접근 방식을 바탕으로 수용 가능한 성능을 달성하는 경우도 있다. 이처럼 추상성과 높은 효율성을 동시에 만족하는 코드의 예가 바로 STL이다. 로우레벨 세부 사항을 무시하면 낮은 성능이 나올 수 있지만, 반대로 그러한 세부 사항에 너무 집착해도 낮은 성능이 나올 수 있다.

- **적시 배포(on-time delivery)** 완벽한 프로그램을 개발하느라 출시가 1년 늦어진다면 만족스러운 결과는 아니다. 사람들이 불가능한 일정을 요구하는 경우는 분명히 존재하지만, 우리는 품질 좋은 소프트웨어를 합리적인 시간 안에 출시해야 한다. '납기 준수'라는 말이 조잡함을 의미한다는 잘못된 믿음도 존재한다. 그러나 훌륭한 구조(예, 리소스 관리와 불변 조건, 인터페이스 설계)와 테스트가 용이한 설계, 적합한 (특정 응용 프로그램이나 응용 분야에 특화된) 라이브러리 사용 등은 일정을 준수하는 좋은 방법이다.

이러한 요구는 곧 코드의 구조에 대한 고찰로 이어진다.

- 프로그램에 버그가 있다면(모든 대규모 프로그램에 버그가 있듯이) 명확한 구조를 갖춘 프로그램이 버그를 찾기에 쉽다.

- 새로 합류한 사람이 프로그램을 이해해야 하거나 프로그램을 수정해야 한다면 지저분한 로우레벨 세부 사항에 의존하는 프로그램보다 명확한 구조를 갖춘 프로그램을 이해하는 데 훨씬 적은 노력이 든다.

- 프로그램의 성능에 문제가 있을 때 로우레벨에 의존하거나 지저분한 프로그램보다 (이상을 잘 반영하고 잘 정의된 구조를 갖춘) 하이레벨 프로그램을 튜닝하는 편이 쉬운 경우가 많다. 우선 초보자의 경우에 하이레벨 프로그램이 더 이해하기 쉽다. 두 번째 이유는 하이레벨 프로그램이 테스팅과 튜닝이 가능한 단계에 이르는 데 걸리는 시간이 로우레벨 프로그램보다 훨씬 짧기 때문이다.

프로그램이 이해하기 쉬워진다는 점에 주목하자. 프로그램을 이해하고 판단하는 데 도움을 주는 것이라면 그것이 무엇이든 좋은 것이다. 기본적으로, 규칙적인 것이 불규칙적인 것보다 나은 법이다. 그 규칙성이 과도한 단순화에서 비롯된 경우만 아니라면 그렇다.

22.1.2.2 일반적인 접근 방식

정확성을 갖춘 소프트웨어를 작성하는 데는 두 가지 접근 방식이 존재한다.

- **상향식(Bottom-up)** 정확성이 입증된 구성 요소만 이용해 시스템을 구성한다.
- **하향식(Top-down)** 구성 요소에 오류가 존재한다는 가정하에 시스템을 구성하고, 모든 오류를 잡아낸다.

흥미롭게도 대부분의 안정적인 시스템은 일견 상반돼 보이는 두 가지 방식을 조합한다. 이유는 간단하다. 실세계의 대규모 시스템에서는 두 방식 모두 정확성과 적용성, 유지 보수성을 필요한 만큼 보장할 수 없기 때문이다.

- 모든 오류의 근원을 차단하기에 충분할 정도로 기본 구성 요소를 개발하고 검증할 수 없다.
- 버그를 포함한 기본 구성 요소(라이브러리와 하위 시스템, 클래스 계층 구조 등)의 결점을 최종 시스템으로 통합하는 과정에서 완벽히 상쇄할 수 없다.

그나마 두 가지 접근 방식을 혼합하면 한 가지 방식에만 의존하는 경우보다 더 큰 성과를 이룰 수 있다. 충분히 좋은 구성 요소를 만들면(혹은 빌리거나 구입하면) 나머지 문제는 오류 처리와 체계적인 테스팅으로 상쇄할 수 있다. 이처럼 좋은 구성 요소를 계속해서 만들어 낸다면 그 구성 요소를 바탕으로 시스템의 더 많은 부분을 구성할 수 있고 '지저분한 임시변통 코드'의 양도 줄일 수 있다.

테스팅은 소프트웨어 개발의 필수적인 과정으로, 26장에서 자세히 다룬다. 테스팅은 오류를 체계적으로 찾아내는 과정이다. "더 빨리, 자주 테스트하자"는 유명한 구호도 있지 않은가? 우리는 프로그램을 테스트하기 쉬우며, 지저분한 코드에 오류가 숨지 못하게 설계해야 한다.

22.1.2.3 아이디어의 직접적인 표현

하이레벨이든 로우레벨이든 우리가 무언가를 표현하는 이상적인 방법은 간접적인 표현이 아닌 직접적인 표현이다. 아이디어를 직접적으로 코드로 표현하는 이상적인 방법에는 몇 가지 구체적인 지침이 있다.

- 아이디어를 코드에 직접적으로 표현한다. 예를 들어 인자를 일반적인 타입(예, int)으로 표현하기보다 구체적인 타입(예, Month나 Color)으로 표현하는 편이 낫다.

- 서로 독립적인 아이디어는 코드에서도 독립적으로 표현한다. 예를 들어 몇 가지 예외만 제외하면 표준 sort()는 어떤 타입의 요소를 포함하는 어떤 표준 컨테이너든지 정렬할 수 있다. 정렬과 정렬 기준, 컨테이너, 요소의 타입 등 모든 개념이 독립적이다. 'Object의 파생 클래스를 요소로 포함하고, 자유 저장 영역을 이용하며, vector::sort()에서 사용할 정렬 기준으로 before() 멤버 함수를 정의하는 vector 객체'를 정의했다면 sort()의 일반 성은 훨씬 더 줄어든다. 저장 영역과 클래스 계층 구조, 사용 가능한 멤버 함수, 정렬 기준 등에 대한 가정이 필요하기 때문이다.

- 아이디어 간의 관계를 코드에 직접적으로 표현한다. 직접적으로 표현할 수 있는 가장 일반 적인 관계로는 상속(예, Circle은 Shape의 한 종류다)과 매개변수화(예, vector<T>는 특정 요소 타입에 관계없이 모든 벡터에 공통적인 무엇을 표현한다)가 있다.

- 조합이 의미를 갖는 경우에 한해서 코드로 표현된 아이디어를 자유롭게 조합한다. 예를 들어 sort()는 다양한 요소 타입과 컨테이너를 허용하지만, 요소는 반드시 <를 지원해야 한다(그렇지 않다면 sort()에 비교 기준을 별도의 인자로 지정해야 한다). 그리고 정렬한 컨테이너는 반드시 임의 접근 반복자를 지원해야 한다.

- 간단한 아이디어는 간단하게 표현한다. 위에 나열한 이상을 따르다 보면 과도하게 일반화 된 코드가 만들어 질 수 있다. 예를 들어 그 누구의 요구보다 필요 이상으로 복잡한 분류(상속 구조)를 포함하는 클래스 계층 구조를 만들거나, 간단한 클래스를 정의하는 데 일곱 개의 매개변수를 지정해야 할지도 모른다. 모든 사용자가 이러한 복잡성에 직면하는 상황을 피하려면 가장 일반적이고 중요한 경우를 다루는 간단한 버전을 제공해야 한다. 예를 들어 op를 이용하는 일반적인 버전 sort(b,e,op)에 더해 암묵적으로 '~보다 작은'을 이용하는 정렬 sort(b,e)를 제공한다. 더 나아가 '~보다 작은'을 이용해 표준 컨테이너를 정렬하는 sort(c)를 제공하거나, op를 이용해 표준 컨테이너를 정렬하는 sort(c,op)를 제공할 수도 있다.

22.1.2.4 추상화 수준

우리는 가능한 한 높은 추상화 수준에서 작업하길 선호한다. 즉, 이상적으로는 우리의 해결책을 가능한 한 일반적인 방법으로 표현하고자 한다.

(PDA나 휴대전화의) 전화번호부 항목을 표현하는 예를 들어보자. (이름, 값) 쌍의 집합을 vector<pair<string,Value_type>>으로 표현할 수도 있다. 그러나 이름을 이용해서 값에 접

근해야 한다면 map<string,Value_type>이 더 높은 수준의 추상화를 제공하며, 접근 함수를 작성하는(디버깅하는) 수고를 덜어준다. 다른 한편으로 문자열과 값의 관계가 모호한 배열 두 개(string[max]와 Value_type[max])보다는 vector<pair<string,Value_type>>의 추상화 수준이 더 높다. 추상화 수준이 가장 낮은 방식은 int(요소의 번호)와 두 개의 void*(프로그래머만 알고 컴파일러는 모르는 다른 데이터를 가리킴)로 표현하는 방식이다. 하지만 기능이 아니라 값의 쌍을 표현하는 데 초점을 맞춘다는 점에서 보면 지금까지 제안한 모든 방식이 너무 로우레벨이라고 여길 수도 있다. 사용 예를 직접적으로 반영하는 클래스를 정의하면 실제적인 응용에 더 가까이 다가갈 수 있다. 예를 들어 사용하기 편리하게 설계된 인터페이스를 갖춘 Phonebook 클래스를 바탕으로 응용 프로그램의 코드를 작성할 수 있다. 이 Phonebook 클래스는 앞에서 제시한 어떤 데이터 표현 방식으로든 구현할 수 있다.

(우리가 사용하는 언어에서 수용 가능한 정도의 효율성으로 적절한 추상화 메커니즘을 제공하는 경우에) 되도록 높은 추상화 수준을 선호하는 이유는 그러한 방식이 해결책을 컴퓨터 하드웨어 수준으로 표현하는 방식보다 우리가 문제와 해결책에 대해 생각하는 방식에 더 가깝기 때문이다.

추상화 수준을 낮추는 일반적인 이유는 효율성이다. 하지만 꼭 필요한 경우에만 그렇게 하자(25.2.2절). 언어의 로우레벨(더 기본적인) 기능을 사용한다고 해서 반드시 성능이 향상되지는 않는다. 때때로 최적화의 기회를 놓칠 수도 있다. Phonebook 클래스를 예로 들면 string[max]와 Value_type[max]를 이용한 방식과 map<string,Value_type> 중 무엇으로 구현할지 선택할 수 있다. 어떤 경우에는 전자가 그 밖의 경우에는 후자가 더 효율적이다. 물론 여러분의 개인적 연락처를 다루는 프로그램이라면 성능이 큰 문제가 되지 않는다. 그러나 수백만 개의 항목을 저장하고 관리해야 한다면 이러한 선택은 흥미로운 문제다. 더 심각한 문제는 로우레벨 기능의 사용은 프로그래머의 시간을 많이 소모하므로, 시간 부족으로 인해 더 많은 (성능을 비롯한) 개선의 기회를 놓칠 수도 있다는 점이다.

22.1.2.5 모듈화

모듈화는 우리가 추구해야 할 이상이다. 우리는 독립적으로 개발하고 이해하고 테스트할 수 있는 구성 요소(함수와 클래스, 클래스 계층 구조, 라이브러리 등)로 시스템을 구성하고자 한다. 더 나아가 이상적으로는 하나 이상의 프로그램에서 사용(이른바 재사용)할 수 있게 구성 요소를 설계하고 구현하고자 한다. 이처럼 이전에 다른 곳에 사용돼 이미 테스트를 마친 구성 요소로 시스템을 구성하는 일이나 설계 방식, 그러한 구성 요소를 사용하는 일을 가리켜 **재사용**[reuse]이라고 한다. 클래스와 클래스 계층 구조, 인터페이스 설계, 제네릭 프로그래밍에 대해 논할 때 이미 재사용의 개념을 살짝 맛봤다고 할 수 있다. 앞에서(22.1.3절에서) 논의한 프로그래밍 스타일의 대부분은 잠재적으로 재사용 가능한 구성 요소를 설계하고 구현하고 사용하는 방법에 관한 얘기다. 하지만 모든 구성 요소를 하나 이상의 프로그램에서 사용할 수는 없다는 점을 명심하자. 일부 코드는 너무 특수화돼 있고, 다른 곳에서 사용하기 위해 개선되기 어려울 수도 있다.

코드의 모듈화는 응용 프로그램에서 중요하게 구별해야 할 논리적 대상을 반영해야 한다. 재사용성을 높이고자 전혀 다른 클래스 A와 B를 '재사용 가능한 구성 요소' C로 합치면 안 된다. A와 B의 인터페이스를 합쳐서 C를 만들면 코드가 복잡해진다.

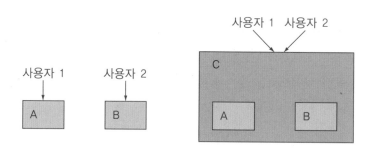

여기서 사용자 1과 2 모두 C를 사용한다. C의 내부를 살펴보기 전에는 사용자 1과 2가 자주 쓰는 구성 요소를 공유해 이익을 얻는다고 생각할 수도 있다. 그러나 진정한 공유(재사용)로 인한 장점은 더 나은 테스팅과 더 적은 코드, 더 넓은 사용자 기반 등을 동반해야 한다. 위의 예가 과도하게 단순화된 측면이 있긴 하지만, 불행하게도 실제로 이런 일이 적지 않게 발생한다.

그렇다면 어떻게 해야 할까? A와 B의 공통 인터페이스를 제공할 수 있다.

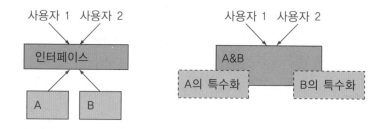

이 그림은 각각 상속과 매개변수화를 표현한다. 두 경우 모두 A와 B의 인터페이스를 단순히 합친 것보다 작은 인터페이스를 제공해야 가치가 있다. 다른 말로 하자면 A와 B가 사용자에게 이득을 줄 수 있을 정도의 기본적인 공통성을 지녀야 한다. 앞에서 배운 인터페이스(9.7절, 25.4.2절)와 불변 조건(9.4.3절)을 어떻게 적용할 수 있는지 눈여겨보자.

22.1.2.6 일관성과 미니멀리즘

일관성과 미니멀리즘은 아이디어를 표현하는 데 있어 중요하게 추구해야 할 이상이므로 수박 겉핥기로 지나가선 안 된다. 지저분한 설계를 우아하게 표현하기란 매우 어려운 일이다. 따라서 일관성과 미니멀리즘에 대한 요구는 설계의 기준으로 삼을 수 있으며, 프로그램의 세세한 부분까지 영향을 미친다.

- 활용성에 의심이 가는 기능은 추가하지 않는다.
- 유사한 기능에는 유사한 인터페이스(이름)를 부여한다. 다만 그러한 유사성은 근본적인 유사성이어야 한다.
- 이질적인 기능에는 서로 다른 이름(그리고 가능하다면 서로 다른 인터페이스 스타일)을 부여한다. 다만 그러한 이질성은 근본적인 이질성이어야 한다.

일관성 있는 명명 규칙과 인터페이스 스타일, 구현 스타일은 유지 보수성을 향상시킨다. 코드가 일관성이 있다면 새로 합류한 프로그래머가 대규모 시스템의 각각 다른 부분마다 새로운 관례를 익힐 필요가 없다. 그러한 예가 바로 STL이다(20~21장, B.4~6절). 그러한 일관성을 유지하기 어려운 경우가 있다(예, 오래된 코드나 다른 언어로 작성한 코드). 이런 경우에는 프로그램의 나머지 부분과 잘 맞는 인터페이스를 제공할 수 있다. 그렇지 않으면 외부에서 들여온 (낯설고 엉터리인) 스타일로 프로그램 전체를 오염시킬 수도 있다.

미니멀리즘과 일관성을 유지하는 방법 중 하나는 모든 인터페이스에 대한 주의 깊은(그리고 일관된) 문서화다. 문서화를 하면 일관성이 없고 중복된 부분이 쉽게 눈에 띈다. 사전 조건과 사후 조건, 불변 조건을 문서화하는 일은 자원 관리와 오류 보고에 세심한 주의를 기울여야 할 때 특히 유용하다. 일관성 있는 오류 처리와 자원 관리 전략은 단순성을 유지하는 데 필수적이다(19.5절).

일부 프로그래머들은 KISS^{Keep It Simple, Stupid}(멍청할 정도로 단순하게 유지하라)를 핵심 설계 원칙으로 삼는다. KISS를 유일한 설계 원칙으로 삼는 경우도 있다. 하지만 나는 "단순한 것은 단순하게 유지하라"와 "가능한 한 단순화하되 그 이상 단순화하진 말라"는 말처럼 순화된 표현을 선호한다. 두 번째 격언은 앨버트 아인슈타인의 말인데, 이해할 수 없을 정도로 단순화할 경우의 위험성을 표현한 말로, 그렇게 되면 설계에도 손상을 입힌다. 결국 문제는 "누구를 위한 단순함이며, 그 기준은 무엇인가?"이다.

22.1.3 스타일/패러다임

우리는 프로그램을 설계하고 구현할 때 일관된 스타일을 추구한다. C++가 지원하는 네 가지 기본적인 스타일은 다음과 같다.

- 절차적 프로그래밍
- 데이터 추상화
- 객체 지향 프로그래밍
- 제네릭 프로그래밍

이런 개념들을 (약간 거창하게) 일컬어 '프로그래밍 패러다임'이라고도 한다. 함수형 프로그래밍functional programming과 논리 프로그래밍logic programming, 규칙 기반 프로그래밍rule-based programming, 제약 기반 프로그래밍constraints-based programming, 관점 지향 프로그래밍aspect-oriented programming 등의 더 많은 패러다임이 존재한다. 그러나 C++는 이러한 패러다임을 직접적으로 지원하지 않으며, 초보자용 책 한 권에서 이 모든 내용을 다룰 수도 없다. 따라서 나머지에 대한 자세한 내용은 미래에 공부할 거리로 남겨두자. 우리가 여기서 설명할 패러다임/스타일은 다음과 같다.

- **절차적 프로그래밍** 주어진 인자에 연산을 수행하는 함수로 프로그램을 구성하는 방식을 말한다. 수학 라이브러리 함수 sqrt()와 cos()를 예로 들 수 있다. C++도 함수(8장)의 개념을 바탕으로 이러한 프로그래밍 스타일을 지원한다. 여기서 인자를 값과 참조, const 참조 중 무엇으로 전달할지 선택할 수 있다는 점이 큰 장점이다. 데이터를 자료 구조로 조직화해 struct로 표현하는 경우도 있다. (비공개 데이터 멤버나 클래스의 멤버 함수 등의) 명시적인 추상화 메커니즘은 사용하지 않는다. 이러한 절차적 프로그래밍과 함수는 그 밖의 모든 스타일을 구성하는 요소임을 명심하자.

- **데이터 추상화** 응용 영역에 적합한 일련의 타입을 우선 정의하고, 그 타입을 사용해 프로그램을 작성하는 방식을 말한다. 고전적인 예로 행렬을 들 수 있다(24.3~6절). (클래스의 비공개 데이터 멤버에 바탕을 둔) 명시적인 데이터 은닉을 주로 사용한다. 표준 string과 vector는 데이터 추상화와 제네릭 프로그래밍에서 사용하는 매개변수화의 밀접한 관계를 보여주는 대표적인 예다. 이러한 방식을 추상화라고 부르는 이유는 타입을 사용할 때 구현에 직접 접근하지 않고 인터페이스를 거치기 때문이다.

- **객체 지향 프로그래밍** 타입 간의 관계를 코드에 직접적으로 표현하기 위해 타입을 계층 구조로 구성하는 방식을 말한다. 14장의 Shape 계층 구조가 고전적인 예라고 할 수 있다.

이러한 방식은 근본적으로 계층 구조 관계로 맺어진 타입을 다룰 때 매우 유용하다. 하지만 객체 지향을 남용하려는 성향도 강하다. 즉, 근본적인 관련이 없는 타입을 계층 구조로 묶으려고 한다. 누군가 상속을 사용한다면 이유를 물어보자. 무엇을 표현하려 하는가? 기반 타입과 파생 타입 사이의 구별이 어떤 장점을 주는가?

• **제네릭 프로그래밍** 특정한 알고리즘에 매개변수를 추가해 알고리즘의 기본적인 내용을 바꾸지 않는 범위 안에서 변경 가능한 내용을 분리시키고, 궁극적으로는 알고리즘의 추상화 수준을 높이는 방식을 말한다. 20장의 high() 예제가 이러한 추상화 수준 향상의 간단한 예라고 할 수 있다. STL의 find()와 sort() 알고리즘은 제네릭 프로그래밍을 바탕으로 매우 일반적인 형태로 표현된 고전적인 알고리즘이다. 20~21장과 앞으로 이어질 예제를 참고하라.

이제 이 모든 것을 합쳐보자! 이러한 프로그래밍 스타일(패러다임)을 각기 별개의 것으로 생각하는 사람들도 있다. 즉, 제네릭 프로그래밍이나 객체 지향 프로그래밍 중 하나만 사용해야 한다고 생각할 수 있다. 그러나 문제에 대한 해답을 최선의 방식으로 표현하고자 한다면 여러 스타일을 조합해보자. 여기서 최선이란 읽기 쉽고, 작성하기 쉽고, 유지 보수가 쉬우며, 충분히 효율적이라는 의미다. 고전적인 예제인 Shape를 떠올려 보자. Shape 예제는 Simula (22.2.4절)에서 유래됐고 객체 지향 프로그래밍의 대표적인 예제로 널리 사용된다. 첫 번째 해답은 다음과 같다.

```
void draw_all(vector<Shape*>& v)
{
    for(int i = 0; i<v.size(); ++i) v[i]->draw();
}
```

참으로 객체 지향스러운 코드다. 클래스 계층 구조에 의존적이며, 주어진 Shape에 적당한 draw() 함수를 찾는 데 가상 함수 메커니즘을 사용한다. 즉, Circle에 대해서는 Circle::draw()를 호출하고, Open_polyline에 대해서는 Open_polyline::draw()를 호출한다. 그러나 vector <Shape*>는 기본적으로 제네릭 프로그래밍적인 요소다. 컴파일 시간에 결정되는 매개변수(요소 타입)에 의존한다. 표준 라이브러리 알고리즘을 이용해 모든 요소를 탐색하는 아래 코드를 보면 그러한 사실을 확실히 알 수 있다.

```
void draw_all(vector<Shape*>& v)
{
    for_each(v.begin(),v.end(),mem_fun(&Shape::draw));
}
```

for_each()의 세 번째 인자는 첫 번째와 두 번째 인자로 지정된 시퀀스의 모든 요소에 대해 호출할 함수다(B.5.1절). 여기서 세 번째 인자로 주어진 함수를 호출하는 방식은 p->f() 문법으로 호출되는 멤버 함수가 아니라 f(x) 문법으로 호출되는 일반적인 함수(함수 객체)에 가깝다. 따라서 표준 라이브러리 함수 mem_fun()(B.6.2절)을 이용해 실제로는 멤버 함수(가상 함수 Shape::draw())를 호출하게 했다. 여기서 중요한 점은 for_each()와 mem_fun()이 템플릿을 이용하며 전혀 객체 지향스럽지 않다는 점이다. 이들은 분명 우리가 제네릭 프로그래밍이라고 부르는 영역에 속한다. 더 흥미로운 점은 mem_fun()이 클래스 객체를 반환하는 독립적인 (템플릿) 함수라는 점이다. 즉, 이 함수는 (상속을 사용하지 않는) 순수한 데이터 추상화에 속하는 동시에 (데이터 은닉을 사용하지 않는) 절차적 프로그래밍에 포함된다. 따라서 이 한 줄의 코드에 C++에서 지원하는 기본적인 네 가지 스타일의 핵심적 측면이 모두 녹아들어 있다고 할 수 있다.

그렇다면 '모든 Shape를 그리는' 작업을 할 때 두 번째 버전을 사용하는 이유는 무엇인가? 첫 번째 버전과 하는 일은 동일하고, 심지어 몇 글자를 더 타이핑해야 하는데도 말이다! for 루프보다 for_each()가 더 명확하고 오류의 가능성이 적다고 말할 수 있다. 그러나 많은 경우에 이러한 주장은 별로 설득력이 없다. "for_each()는 과정보다 (시퀀스를 탐색하는) 목적을 더 잘 보여준다"라고 주장하는 편이 더 나을 수도 있다. 그러나 대부분의 사람들에게 설득력 있는 주장은 단순히 "유용하기 때문이다." 이러한 방식은 좀 더 일반적인 문제를 풀 수 있게 (최선의 제네릭 프로그래밍에서 사용하는) 일반화의 방법을 보여준다. 도형을 list가 아닌 vector에 저장하는 이유는 무엇인가? 일반적인 시퀀스에 저장하면 안 될까? 그래서 다음과 같은 (좀 더 일반적인) 세 번째 버전을 작성했다.

```
template<class Iter> void draw_all(Iter b, Iter e)
{
    for_each(b,e,mem_fun(&Shape::draw));
}
```

이제 이 코드는 도형을 포함한 모든 시퀀스에서 잘 작동한다. 특히 Shape의 배열에도 이 함수를 사용할 수 있다.

```
Point p {0,100};
Point p2 {50,50};
Shape* a[ ] = { new Circle(p,50), new Triangle(p,p2,Point(25,25)) };
draw_all(a,a+2);
```

이 함수를 컨테이너에만 사용할 수 있게 제한하면 더 간단한 버전을 제공할 수도 있다.

```
template<class Cont> void draw_all(Cont& c)
{
    for (auto& p : c) p->draw();
}
```

더 나아가 C++14의 콘셉트를 사용할 수도 있다(19.3.3절).

```
void draw_all(Container& c)
{
    for (auto& p : c) p->draw();
}
```

중요한 점은 이 코드가 여전히 객체 지향적이고 제네릭하며, 일반적인 절차적 코드임이 확실하다는 사실이다. 그리고 클래스 계층 구조와 각 컨테이너를 구현하는 데 있어 데이터 추상화에 의존한다. 딱히 적당한 용어가 없는 이유로, 이처럼 여러 스타일을 적절히 혼합하는 방식을 다중 패러다임 프로그래밍^{multi-paradigm programming}이라고 한다. 하지만 내가 생각하기에는 그냥 '프로그래밍'이라고 하는 편이 나을 듯하다. 패러다임은 기본적으로 문제를 어떻게 해결할지를, 그리고 해결책을 표현하는 데 사용할 언어의 약점을 바라보는 제한된 관점을 반영하는 용어일 뿐이다. 나는 이러한 프로그래밍 분야의 미래가 밝으며, 프로그래밍 기법과 언어, 지원 도구에 있어 괄목할 만한 발전이 있으리라고 생각한다.

22.2 간략히 살펴보는 프로그래밍 언어의 역사

가장 초창기에는 프로그래머가 손으로 돌에 0과 1을 조각하는 수준이었다고 해도 과언이 아니다. 여기서는 (거의 맨) 처음부터 시작해 C++를 이용한 프로그래밍에 관련이 있는 주요 프로그래밍 언어를 위주로 그 역사를 살펴본다.

프로그래밍 언어의 종류는 매우 다양하다. 10년마다 최소 2000개의 언어가 새로 생겨나고, 비슷한 개수의 언어가 사라진다. 여기서는 10개의 언어를 간략히 살펴보면서 거의 60년간의 역사를 훑어본다. 더 많은 정보를 원한다면 http://research.ihost.com/hopl/HOPL.html을 참고하라. 이곳에서 세 번의 ACM SIGPLAN HOPL^{History of Programming Languages, 프로그래밍 언어의} 역사 컨퍼런스에 수록된 모든 문서의 링크를 찾을 수 있다. 링크된 모든 문서는 엄격한 검토를 거친 논문이므로, 보통의 웹에서 찾을 수 있는 정보보다 훨씬 믿을 만하고 완성도가 높다. 22장에서 설명할 모든 언어는 HOPL에서 다뤄진 언어들이다. 유명한 논문의 전체 제목을 웹에서 검색해보면 쉽게 찾을 수 있는 경우가 많다. 여기에 언급된 대부분의 컴퓨터 과학자는 자신의 홈페이지를 운영하는데, 그곳에서 그들의 업적에 대한 많은 정보를 얻을 수도 있다.

22장에서 제시하는 언어에 대한 설명은 매우 간략할 수밖에 없다. 여기서 다룰 모든 언어와 다루지 않는 수백 개의 언어는 각각 책 한 권 분량의 내용을 포함한다. 언어의 어떤 내용을 설명할지도 매우 선별적이다. 여러분이 이를 기회로 삼아 "X라는 언어는 이게 전부야!"라고 생각하지 않고 좀 더 많은 내용을 배우길 바란다. 앞으로 언급할 모든 언어는 중요한 성과이며, 세상에 많은 기여를 했다는 사실을 기억하자. 짧은 지면에서 이런 언어를 평가하기란 불가능 하지만, 아예 언급하지 않는 것보단 나을 테니 말이다. 각 언어마다 약간의 코드를 곁들였지만 22장의 목표 자체는 코드를 살펴보는 일은 아니다(연습문제 5번과 6번 참고).

이러한 산물(예, 프로그래밍 언어)을 결과 그 자체나 어떤 '개발 과정'의 산물로 보는 경우가 많은데, 이러한 관점은 역사를 왜곡한다. 일반적으로, 특히 태동기에 언어는 어떤 이상과 고된 작업, 개인적 취향, 한 명 혹은 (대부분의 경우) 여러 명의 개인에게 주어진 제약의 산물이다. 따라서 각 언어에 핵심적인 역할을 한 인물들을 비중 있게 다룬다. 언어를 설계한 주체는 IBM과 벨연구소Bell Labs, 케임브리지 대학Cambridge University이 아니라 그 조직에 속한 개인들이며, 그들의 친구와 동료 간의 협업으로 완성된다.

그리고 역사에 대한 관점을 일그러트릴 수 있는 흥미로운 현상에 주의하자. 유명한 과학자와 공학자의 사진 대부분은 그들이 국립 학회나 왕립 학회의 일원, 세인트 존의 기사, 튜링상 수상자 등으로 이미 저명한 인사의 반열에 올랐을 때의 사진이다. 즉, 그들이 필생의 업적을 남겼을 시절에 비해 수십 년이 흐른 뒤다. 물론 그들 대부분은 인생의 후반부까지도 각자의 전문 영역에서 열정적으로 활동했거나 하고 있다. 그러나 여러분이 가장 좋아하는 언어의 기능이나 프로그래밍 기법이 탄생한 날짜를 알고 싶다면 젊은 남자(과학과 공학 분야는 여전히 여자의 비중이 너무 작다)를 상상하기 바란다. 아마 그 젊은 남자는 여자 친구와 멋진 레스토랑을 가기에 돈이 충분한지 세어보거나, 가족 여행의 시기와 장소에 맞게 중요한 논문을 컨퍼런스에 제출할 수 있을지 고민하는 가장의 모습일 것이다. 사진 속의 회색 수염과 벗겨진 머리, 누추한 옷은 그보다 훨씬 뒤의 일이다.

22.2.1 초기의 언어

1949년을 시작으로 등장한 최초의 현대적인 프로그램 저장식 전자 컴퓨터들은 각각의 언어를 갖고 있었다. 알고리즘(예, 행성의 공전 계산)의 표현과 특정 머신의 명령어는 일대일로 대응됐다. 과학자(그 당시 컴퓨터 사용자는 거의 과학자)의 노트에는 수학 공식이 적혀 있었겠지만 프로그램은 그저 기계어의 '목록'일 뿐이었다. 최초의 원시적인 '목록'은 컴퓨터의 메모리 표현에 딱 맞는 10진수나 8진수였다. 나중에 어셈블러와 오토 코드auto codes가 등장했다. 즉, 사람들은 기계어와 기계 부품(레지스터 등)에 기호 이름을 부여한 언어를 개발했다. 프로그래머가 'LD R0 123'

라는 코드를 작성하면 123번 메모리 주소의 내용을 0번 레지스터에 로드할 수 있었다. 그러나 각 머신은 자체적인 명령어 집합과 언어를 갖고 있었다.

케임브리지 대학 컴퓨터 연구소의 데이비드 휠러David Wheeler는 그 시절을 대표하는 프로그래밍 언어 설계자라고 할 수 있다. 그는 1949년에 프로그램 저장 방식 컴퓨터에서 최초로 작동한 프로그램을 개발했다(4.4.2.1절에서 봤던 '제곱표' 프로그램). (머신 의존적인 오토 코드의) 컴파일러를 최초로 개발한 10명 남짓한 사람 중 한 명이기도 하다. 그는 함수 호출을 발명했고(아무리 간단해 보이는 무언가라고 해도 어느 시점에서는 발명돼야 한다), 1951년에 라이브러리 설계에 대한 뛰어난 논문을 발표했는데 20년의 세월을 앞선 논문이었다! 그는 프로그램에 대한 첫 번째 책을 모리스 윌크스Maurice Wilkes(위 사진 참고)와 D.J. 길D. J. Gill과 함께 저술했다. (1951년 케임브리지에서) 컴퓨터 과학 박사 학위를 받았고, 하드웨어(캐시 아키텍처와 근거리 통신망)와 알고리즘(예, TEA 암호화 알고리즘[25.5.6절]과 '버로우-휠러 변환Burrows-Wheeler transform'[bzip2에서 사용하는 압축 알고리즘])에 지대한 공헌을 했다. 데이비드 휠러는 비야네 스트롭스트룹의 박사 과정에 조언을 주었다. 그만큼 컴퓨터 과학은 아직 젊은 학문이다. 데이비드 휠러는 대학원생일 때 주요 업적의 대부분을 남겼다. 케임브리지의 교수이자 왕립학회의 회원이었다.

참고 자료

Burrows, M., and David Wheeler. "A Block Sorting Lossless Data Compression Algorithm." Technical Report 124, Digital Equipment Corporation, 1994.

Bzip2 링크: www.bzip.org/.

케임브리지 링 웹사이트: http://koo.corpus.cam.ac.uk/projects/earlyatm/cr82.Campbell-Kelly, Martin. "David John Wheeler." Biographical Memoirs of Fellows of the Royal Society,Vol. 52, 2006. (그의 기술적인 전기)

EDSAC: http://en.wikipedia.org/wiki/EDSAC.

Knuth, Donald. The Art of Computer Programming. Addison-Wesley, 1968, 그리고 그 밖의 판본들. 각 권의 색인에서 'David Wheeler'를 찾아보라.

TEA 링크: http://en.wikipedia.org/wiki/Tiny_Encryption_Algorithm.

Wheeler, D. J. "The Use of Sub-routines in Programmes." Proceedings of the 1952 ACM National Meeting. (1951에 작성한 라이브러리 설계 논문)

Wilkes, M. V., D. Wheeler, and D. J. Gill. Preparation of Programs for an Electronic Digital Computer. Addison-Wesley, 1951; 2nd edition, 1957. 첫 번째 프로그래밍 서적.

22.2.2 현대적인 언어의 근원

초기의 주요 언어를 보여주는 그림을 살펴보자.

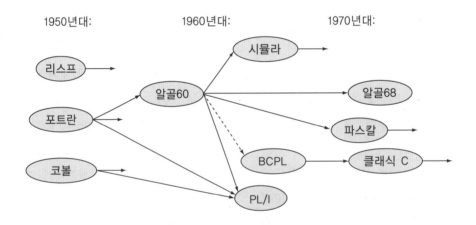

이 언어들이 중요한 이유는 부분적으로는 널리 쓰였기 때문이고(이 중 일부는 여전히 사용된다), 다른 이유는 중요한 현대 언어들의 조상이기 때문이다. 현대적인 언어가 같은 이름의 직계 자손인 경우도 있다. 이번 절에서는 대부분의 현대 언어들이 그 조상으로 추종했던 초창기 언어 세 가지 포트란^{Fortran}과 코볼^{COBOL}, 리스프^{Lisp}를 살펴보자.

22.2.2.1 포트란

1956년에 소개된 포트란은 프로그래밍 언어 발전사의 가장 큰 진일보 중 하나였다. 포트란은 'Formula Translation^{수식 해석}'의 줄임말로, 기계가 아닌 인간을 위해 설계된 문법으로부터 효율적인 기계 코드를 생성하는 데 기본적인 목적을 뒀다. 포트란의 문법은 (그 당시에는 첨단이었던) 전자식 컴퓨터가 제공하는 기계어가 아니라 과학자와 공학자가 수학을 이용해 문제를 해결하는 과정과 비슷하다.

현대적 관점에서 보면 포트란은 응용 분야를 코드에 직접적으로 표현하려는 첫 시도였다. 덕분에 프로그래머는 책에서 봤던 선형 대수를 쉽게 작성할 수 있었다. 포트란은 배열과 루프, (x+y와 sin(x) 등 표준적인 수학 표기 방식을 따르는) 표준 수학 함수를 제공했다. 수학 함수와 입출력 메커니즘을 표준 라이브러리로 제공했고, 사용자가 추가적인 함수와 라이브러리를 정의할 수 있다.

문법은 대부분 머신 독립적이어서 약간의 수정만으로 포트란 코드를 서로 다른 컴퓨터로 옮길 수 있었다. 이러한 성질은 최첨단을 향한 커다란 진보였으며, 덕분에 포트란은 최초의 하이레벨 프로그래밍 언어로 여겨진다.

당시에는 포트란 소스코드에서 생성된 기계 코드에 최적에 가까운 효율성이 필수적으로 필요했다. 당시의 컴퓨터는 집채만 한 크기에 엄청나게 비쌌으며(훌륭한 프로그래머로 구성된 팀의 몇 년 치 연봉만큼), (지금 기준으로는) 말도 안 되게 느린데다가(초당 10만 명령어), 메모리는 터무니없이 작았기 때문이다(8,000바이트). 그럼에도 사람들은 그런 컴퓨터에서 작동하는 유용한 프로그램을 개발했고, 불가능해보였던 문법적인 진일보를 이뤄냈다(덕분에 프로그래머 생산성과 이식성이 향상됐다).

포트란은 과학과 공학 계산이 응용되는 분야에서 매우 성공적으로 활용됐으며, 지금까지도 꾸준히 발전하고 있다. 포트란 언어의 주요 버전에는 II와 IV, 77, 90, 95, 03이 있는데, 포트란77과 포트란90 중 무엇이 더 널리 쓰였는지는 오늘날까지도 논쟁거리로 남아있다.

포트란의 첫 번째 정의와 구현은 존 배커스John Backus가 이끌었던 IBM 팀의 성과다. 그는 "우리가 무엇을 원하는지, 어떻게 해야 할지 몰랐다. 마치 일종의 성장과정 같았다." 그는 어떻게 알고 있었을까? 그 누구도 그런 일을 해본 적이 없었다. 그러나 그 과정에서 그들은 어휘 분석lexical analysis과 구문 분석syntax analysis, 최적화를 비롯한 컴파일러의 기본 구조를 개발하고 발견했다. 오늘날까지도 포트란은 수치 계산 최적화를 이끌어 가고 있다. (초기 포트란 이후에) 문법 정의 언어인 배커스-나우어 형식BNF, Backus-Naur Form이 각광받기 시작했는데, 알골60(22.2.3.1절)에서 처음으로 사용됐고, 지금은 대부분의 언어에서 사용하고 있다. 우리도 6장과 7장에서 일종의 BNF를 이용해서 문법을 정의했다.

그보다 훨씬 뒤에 존 배커스는 전혀 새로운 종류의 프로그래밍 언어(함수형 프로그래밍)를 개척했다. 함수형 언어는 메모리 위치를 읽고 쓰는 머신 관점에서 벗어나 수학적인 접근 방식으로 프로그래밍을 재정의했다. 순수한 수학에는 대입이나 행동action의 개념이 없다. 대신 주어진 조건의 집합에 대해 무엇이 참인지만 명시한다. 함수형 프로그래밍의 일부 근원은 Lisp(22.2.2.3절)에서 찾을 수 있고, STL(21장)에도 함수형 프로그래밍의 아이디어가 부분적으로 반영돼 있다.

참고 자료

Backus, John. "Can Programming Be Liberated from the von Neumann Style?" Communications of the ACM,1977. (그의 튜링 상 수상작)

Backus, John. "The History of FORTRAN I, II, and III."ACM SIGPLAN No-tices,Vol. 13 No. 8, 1978. Special Issue: History of Programming Languages Conference.

Hutton, Graham. Programming in Haskell. Cambridge University Press, 2007. ISBN 0521692695.

ISO/IEC 1539. Programming Languages – Fortran. ('Fortran95' 표준)

Paulson, L. C. ML for the Working Programmer. Cambridge University Press, 1991. ISBN 0521390222.

22.2.2.2 코볼

포트란이 과학 분야의 프로그래머를 위한 언어라면(여전히 쓰인다), 코볼COBOL, Common Business-Oriented Language은 업무를 다루는 프로그래머를 위한 언어라고 할 수 있다(역시 여전히 쓰이고 있다). 코볼은 다음과 같은 데이터 조작에 중점을 둔다.

- 복사

- 정렬과 조회(레코드 저장)

- (보고서) 출력

(코볼이 주로 다루는 응용 영역에서) 계산은 부차적인 문제로 취급됐다. 코볼이 마치 '업무상의 영어'처럼 관리자도 프로그램을 작성할 수 있게 해주길 원했다. 그렇게 됐다면 프로그래머는 잉여 인력이 될 판국이었다. 프로그래밍 비용을 절감하는 데 열중했던 관리자들은 오랫동안 이런 희망을 품어왔다. 그러나 그런 꿈이 조금이라도 현실화된 적은 없다.

코볼은 미국 국방부와 주요 컴퓨터 제조사가 주도하는 협의회(CODASYL)에 의해 업무에 관련된 컴퓨팅 요구 사항을 충족시킬 목적으로 1959~60년에 설계됐다. 코볼 설계는 그레이스 머레이 호퍼^{Grace Murray Hopper}가 발명한 언어인 FLOW-MATIC에 직접적인 바탕을 두고 있는데, 그녀의 업적 중 하나가 바로 (포트란에서 처음 채용된 이후로 지금까지도 지배적으로 사용하는 수학적인 표기법과 달리) 영어와 비슷한 구문을 도입한 것이다. 포트란을 비롯한 기타 성공적인 언어들과 마찬가지로 코볼도 지속적인 진화를 거쳤다. 주요 버전으로는 60과 61, 65, 68, 70, 80, 90, 04가 있다.

그레이스 머레이 호퍼는 예일 대학^{Yale University}에서 수학으로 박사학위를 받았고, 2차 세계 대전 중에는 미국 해군에 소속돼 초창기 컴퓨터를 연구했다. 초창기 컴퓨터 산업 분야에서 몇 년간 일하다가 해군 소속으로 다시 복귀했다.

미국 해군 소장 그레이스 머레이 호퍼 박사는 초기 컴퓨터를 바탕으로 한 프로그래밍에 혁혁한 업적을 새운 비범한 여성이었다. 그녀는 일생에 걸쳐 소프트웨어 개발이라는 개념에 있어 선구자 역할을 했고, 원시적인 프로그래밍 기술이 정교한 컴파일러로 대체되는 데 기여했다. 그녀는 이전에 항상 그렇게 해왔다는 사실이 앞으로도 계속 그렇게 해야 한다는 이유가 될 수는 없다고 믿었다.

– 아니타 보그(Anita Borg),

1994년, '여성 컴퓨터 과학자 그레이스 호퍼 기념' 컨퍼런스에서

그레이스 머레이 호퍼는 컴퓨터의 오류를 '버그bug'라고 부른 최초의 인물로 손꼽힌다. 확실한 점은 그녀가 버그라는 용어를 사용하고 문서에 남긴 초창기 인물 중의 한 명이라는 사실이다.

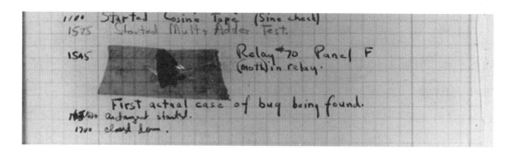

그림에서 보듯이 버그는 진짜 벌레(나방)였고 하드웨어에 직접적으로 영향을 미쳤다. 대부분의 현대적인 버그는 소프트웨어에서 발견되며, 눈에 보이지 않는다.

참고 자료

그레이스 머레이 호퍼의 생애: http://tergestesoft.com/~eddysworld/hopper.htm.

ISO/IEC 1989:2002. Information Technology – Programming Languages – COBOL.

Sammet, Jean E. "The Early History of COBOL." ACM SIGPLAN Notices, Vol.13 No. 8, 1978. Special Issue: History of Programming Languages Conference.

22.2.2.3 리스프

리스프Lisp는 1958년 MIT의 존 매카시John McCarthy에 의해 연결 리스트와 기호 처리symbolic processing용으로 설계됐다('LISt Processing'이라는 이름도 여기서 유래한다). 초기의 리스프는 컴파일 방식이 아닌 인터프리터 방식이었다(여전히 그런 경우가 있다). "리스프는 묵시적인 복수형이다"라는 말이 있을 정도로 리스프는 수십 가지(아마도 수백 가지)의 변종을 거느리고 있으며, 오늘날 가장 널리 쓰이는 변종으로는 커먼 리스프Common Lisp와 스킴Scheme이 있다. 리스프 계열의 언어들은 인공지능 분야의 연구에서 주로 사용한다(출시되는 제품은 주로 C나 C++를 이용하지만). 리스프의 발명에 영감을 준 중요한 원천 중 하나는 람다 대수lambda calculus의 수학적 개념이다.

포트란과 코볼이 실세계의 문제를 해결하는 데 집중하는 반면, Lisp 커뮤니티는 프로그래

밍 자체와 프로그램의 우아함에 훨씬 더 주안점을 둔다. 그리고 그러한 노력이 성공을 거두기도 한다. 리스프는 언어의 정의를 하드웨어로부터 분리시키고, 수학적 의미론에 기반을 둔 첫 번째 언어다. 리스프가 특정 응용 분야에 한정된다면 명확히 정의하기는 훨씬 어려웠을 것이다. 인공지능과 '기호 처리'는 '업무 처리'와 '과학적 프로그래밍'을 비롯한 일상적인 작업과 잘 맞지 않기 때문이다. 리스프(와 리스프 커뮤니티)로부터 비롯된 아이디어는 다양한 현대적인 언어, 특히 함수형 언어에 영향을 미쳤다.

존 매카시는 캘리포니아 기술원California Institute of Technology에서 수학으로 학사를 취득했고, 프린스턴 대학Princeton University에서 수학 박사학위를 받았다. 프로그래밍 언어 설계자 중에는 수학 전공자가 많다는 사실을 알 수 있다. 매카시는 MIT에서 기념비적인 연구를 수행한 후에 스탠포드로 옮겨 스탠포드 인공지능 연구소 설립에 기여했다. 그는 인공지능이라는 용어를 창안한 사람으로 유명하며, 인공지능 분야에서 많은 기여를 했다.

참고 자료

Abelson, Harold, and Gerald J. Sussman. Structure and Interpretation of Computer Programs, Second Edition. MIT Press, 1996. ISBN 0262011530.

ANSI INCITS 226-1994 (formerly ANSI X3.226:1994). American National Standard for Programming Language - Common LISP.

McCarthy, John. "History of LISP." ACM SIGPLAN Notices, Vol. 13 No. 8, 1978. Special Issue: History of Programming Languages Conference.

Steele, Guy L., Jr. Common Lisp: The Language. Digital Press, 1990. ISBN 1555580416.

Steele, Guy L., Jr., and Richard Gabriel. "The Evolution of Lisp." Proceedings of the ACM
History of Programming Languages Conference (HOPL-2). ACM SIGPLAN Notices, Vol.
28 No. 3, 1993.

22.2.3 알골 계열 언어

1950년대 후반, 많은 사람은 프로그래밍이 너무 복잡하고, 임시변통적이며, 비과학적이라는 점에 공감했다. 그 당시의 많은 언어가 불필요하게 비대하며, 일반성에 대한 충분한 고려가 부족하고, 확고하고 기본적인 원칙이 없다고 생각했다. 그러한 문제점은 그 이후로 꾸준히 제기됐고, IFIP^{the International Federation of Information Processing, 국제정보처리협회}의 지원 아래 모인 사람들은 불과 2~3년 만에 언어에 대한 생각과 정의에 혁신적인 변화를 불러온 새로운 언어를 창조했다. C++를 비롯한 대부분의 현대적인 언어는 그들의 노고에 힘입은 바가 크다.

22.2.3.1 알골60

'ALGOrithmic Language,' 알골^{Algol}은 IFIP 2.1 그룹의 노력의 산물로, 다음과 같은 현대적 프로그래밍 언어의 다양한 개념들에 있어서 커다란 진일보로 여겨진다.

- 어휘 범위
- 문법에 기반을 둔 언어 정의
- 구문 규칙과 의미론적 규칙 사이의 명확한 구별
- 언어 정의와 구현 사이의 명확한 구별
- (정적인, 예를 들어 컴파일 시간) 타입의 체계적 활용
- 구조적 프로그래밍을 직접적으로 지원

'범용 프로그래밍 언어'라는 개념도 알골에서 비롯됐다. 그 이전의 언어들은 과학(포트란)과 업무(코볼), 리스트 조작(리스프), 시뮬레이션 등에 특화된 언어였다. 이 언어들 중에서 알골60과 가장 밀접한 관계를 갖는 언어는 포트란이다.

불행히도 알골60은 학술적인 용도로만 사용됐다. 산업계에서 알골60은 너무 낯설었고, 포트란 프로그래머에게는 너무 느렸고, 코볼 프로그래머에게는 업무 처리에 대한 지원이 미흡했으며, 리스프 프로그래머에게는 유연하지 않았고, (설비에 대한 투자를 집행하는 관리자를 비롯한) 산업체의 많은 사람에게는 너무 학술적이었고, 미국인들 입장에서는 너무 유럽적이었다. 이러한 비판 중 대부분은 사실 옳은 지적이다. 예를 들어 알골60은 입출력 메커니즘을 전혀 정의하지 않았다. 그러나 당대의 다른 언어들도 비슷한 문제를 앉고 있었으며, 알골은 많은

분야에 새로운 표준을 제시했다.

　알골60의 문제점 중 하나는 언어를 구현하는 방법을 아는 사람이 없었다는 점이었는데, (알골60 보고서의 편집자인) 피터 나우어^{Peter Naur}와 에츠허르 데이크스트라^{Edsger Dijkstra}가 이끄는 프로그래머 팀이 이런 문제를 해결했다.

　피터 나우어는 코펜하겐 대학^{University of Copenhagen}에서 천문학을 공부했고, 코펜하겐 기술 대학^{Technical University of Copenhagen}과 덴마크 컴퓨터 제조사인 Regnecentralen에서 일했다. 일찍이(1950~51년) 영국(그 시절 덴마크에는 컴퓨터가 없었다) 케임브리지 컴퓨터 연구소에서 프로그래밍을 배웠고, 학술계와 산업계를 넘나들며 돋보이는 활동을 했다. 문법을 기술하는 BNF의 공동 발명자이며, 형식 추론^{formal reasoning}의 초창기 제안자이기도 하다(비야네 스트롭스트룹도 1971년에 피터 나우어의 기술 문서에서 불변 조건의 사용을 처음 접했다). 나우어는 지속적으로 컴퓨팅에 대해 사려 깊은 관점을 고수했고, 프로그래밍의 인간적인 측면을 항상 고민했다. 그의 후기 연구는 철학적이라고 해도 과언이 아니다(그 스스로는 전통적이고 학문적인 철학이 완전 난센스라고 생각한 점만 제외하면 말이다). 그는 코펜하겐에서 처음으로 정보학^{datalogi} 교수를 역임했다(덴마크 용어인 datalogi는 영어의 informatics에 가깝다. 피터 나우어는 오해를 불러온다는 이유로 컴퓨터 과학이란 용어를 싫어했다. 컴퓨팅의 주된 주제는 컴퓨터가 아니라고 생각했기 때문이다).

에츠허르 데이크스트라는 컴퓨터 과학 분야의 또 다른 대부다. 레이덴Leyden에서 물리학을 공부했지만, 암스테르담 수학원Mathematisch Centrum in Amsterdam에서 초기 연구로 컴퓨팅을 연구했다. 나중에는 아인트호벤 기술 대학Eindhoven University of Technology과 Burroughs Corporation, 텍사스(오스틴) 대학 등에서 일했다. 초창기 알골에 대한 연구와 더불어 프로그래밍과 알고리즘 분야에 수학적 논리를 도입한 개척자이자 제안자이며, 동시성concurrency을 체계적으로 다룬 초창기 운영체제 중 하나인 THE의 설계자이자 구현자이기도 하다. THE는 에츠허르 데이크스트라가 당시에 몸담았던 학교인 'Technische Hogeschool Eindhoven'의 줄임말이다. 그의 가장 유명한 논문 중 하나는 비구조적인 흐름 제어의 문제점을 설득력 있게 보여준 <Go-To 구문의 폐해Go-To Statement Considered Harmful>다.

아래의 알골 계층도는 인상 깊다.

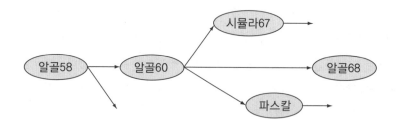

시뮬라67과 파스칼Pascal에 주목하자. 이 두 언어는 많은(아마도 대부분의) 현대적인 언어의 조상이다.

참고 자료

Dijkstra, Edsger W. "Algol 60 Translation: An Algol 60 Translator for the x1 and Making a Translator for Algol 60." Report MR 35/61. Mathematisch Centrum (Amsterdam), 1961.

Dijkstra, Edsger. "Go-To Statement Considered Harmful." Communications of the ACM, Vol. 11 No. 3, 1968.

Lindsey, C. H. "The History of Algol68." Proceedings of the ACM History of Programming Languages Conference (HOPL-2). ACM SIGPLAN Notices, Vol. 28 No. 3, 1993.

Naur, Peter, ed. "Revised Report on the Algorithmic Language Algol 60." A/S Regnecentralen (Copenhagen), 1964.

Naur, Peter. "Proof of Algorithms by General Snapshots." BIT, Vol. 6, 1966, pp. 310-16. (거의 최초로 프로그램의 정확성을 검증하는 방법을 다룬 논문)

Naur, Peter. "The European Side of the Last Phase of the Development of ALGOL 60." ACM SIGPLAN Notices, Vol. 13 No. 8, 1978. Special Issue: History of Programming Languages Conference.

Perlis, Alan J. "The American Side of the Development of Algol." ACM SIGPLAN Notices, Vol. 13 No. 8, 1978. Special Issue: History of Programming Languages Conference.

van Wijngaarden, A., B. J. Mailloux, J. E. L. Peck, C. H. A. Koster, M. Sintzoff, C. H. Lindsey, L. G. L. T. Meertens, and R. G. Fisker, eds. Revised Report on the Algorithmic Language Algol 68(Sept. 1973). Springer-Verlag, 1976.

22.2.3.2 파스칼

앞의 알골 계층도에서 알골68 언어는 크고 야심찬 프로젝트였다. 알골60과 마찬가지로 '알골 협회'(IFIP 위킹그룹 2.1)가 이 프로젝트를 주도했지만, 이 프로젝트는 완성되기까지 너무 오랜 시간이 걸렸고 많은 사람은 인내심이 부족했다. 과연 프로젝트에서 유용한 결과물이 나올지 의심스러웠다. 알골 협회의 일원이었던 니클라우스 비르트Niklaus Wirth는 마침내 알골을 계승하는 언어를 독자적으로 설계하고 구현하기로 결심했다. 파스칼이라고 부르는 이 언어는 알골 68과 반대로 알골60을 단순화하는 접근 방식을 취했다.

파스칼은 1970년에 완성됐는데, 간단했지만 유연성이 부족했다. 파스칼은 교육용으로나 적당하다는 주장이 제기됐지만, 초기의 논문들은 오늘날의 슈퍼컴퓨터에서 사용할 언어로 파스칼이 포트란을 대체하리라고 예상했다. 파스칼은 배우기 쉽고, 이식성이 매우 높은 구현체가 등장하기 전까지 교육용 언어로 널리 사용됐다. 그러나 포트란의 자리를 위협할 언어는 아니라는 사실이 드러났다.

파스칼은 니클라우스 비르트(사진은 1969년과 2004년) 교수가 스위스 취리히 기술 대학에서 재직할 때의 작품이다. 비르트는 캘리포니아 버클리 대학에서 (전자 공학과 컴퓨터 과학) 박사학위를 받았으며, 일생동안 캘리포니아와 인연을 유지했다. 비르트 교수는 전문적인 언어 설계자의 표상이다. 25년 동안 그는 다음 언어들을 설계하고 개발했다.

- 알골 W
- PL/360
- 오일러Euler
- 파스칼
- 모듈라Modula
- 모듈라-2
- 오베론Oberon
- 오베론-2
- 롤라Lola(하드웨어 기술 언어)

니클라우스 비르트는 이러한 언어들을 단순성을 향한 끝없는 여정으로 설명한다. 그의 연구는 큰 영향력을 떨쳤다. 위 언어들을 공부하는 일은 가장 흥미로운 연습문제라고 할 수 있다. 비르트 교수는 HOPL에서 두 개의 언어를 발표한 유일한 인물이다.

결론적으로 순수 파스칼은 산업계에서 성공적으로 쓰이기엔 너무 단순하고 경직된 언어로 판명됐다. 1980년대에 앤더스 헤즐스버그^{Anders Hejlsberg}의 작품 덕분에 **Pascal**은 멸종의 위기에서 구원됐다. 앤더스 헤즐스버그는 볼랜드^{Borland}의 세 창업자 중 한 명으로, 처음에는 (유연한 인자 전달 기능 등을 제공하는) 터보 파스칼^{Turbo Pascal}을 설계하고 구현했고, 나중에는 C++와 유사한 (단일 상속과 훌륭한 모듈 메커니즘을 특징으로 하는) 객체 모델을 추가했다. 그는 피터 나우어가 가끔 강의했던 코펜하겐 기술대에서 공부했다. 그리고 보면 세상은 정말 좁다. 앤더스 헤즐스버그는 추후에 볼랜드에서 델파이를, 마이크로소프트에서 C#을 설계했다.

(보기 좋게 단순화한) 파스칼 계열의 언어 계층도는 다음과 같다.

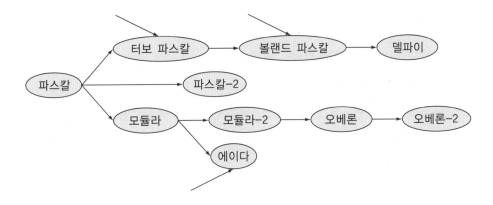

참고 자료

Borland/Turbo Pascal. http://en.wikipedia.org/wiki/Turbo_Pascal.

Hejlsberg, Anders, Scott Wiltamuth, and Peter Golde. The C# Programming Language, Second Edition.Microsoft .NET Development Series. ISBN 0321334434.

Wirth, Niklaus. "The Programming Language Pascal." Acta Informatics,Vol. 1 Fasc 1, 1971.

Wirth, Niklaus. "Design and Implementation of Modula." Software-Practice and Experience, Vol. 7 No. 1, 1977.

Wirth, Niklaus. "Recollections about the Development of Pascal." Proceedings of the ACM History of Programming Languages Conference (HOPL-2). ACM SIGPLAN Notices,Vol. 28 No. 3, 1993.

Wirth, Niklaus. Modula-2 and Oberon.Proceedings of the Third ACM SIGPLAN Conference on the History of Programming Languages (HOPL-III). San Diego, CA, 2007. http://portal.acm.org/toc.cfm?id=1238844.

22.2.3.3 에이다

에이다^{Ada} 프로그래밍 언어는 미국 국방부의 모든 프로그래밍 요구 사항을 만족시키고자 설계됐다. 특히 임베디드 시스템 분야에서 안정적이고 유지 보수하기 쉬운 코드를 만들기에 적당한 언어였다. 파스칼과 시뮬라(22.2.3.2절과 22.2.4절)의 가장 가까운 조상이기도 하다. 에이다를 설계한 그룹의 리더는 시뮬라 사용자 그룹의 의장을 역임했던 장 이쉬비아$^{Jean\ Ichbiah}$였다. 에이다의 설계 목표는 다음과 같다.

- 데이터 추상화(1995년까지 상속은 지원하지 않음)

- 강력한 정적 타입 검사

- 동시성에 대한 언어 차원의 직접적인 지원

에이다는 설계 차원에서 소프트웨어 공학을 프로그래밍 언어에 녹아내려고 시도했다. 결론적으로 미국 국방부는 언어를 직접 설계하기보다 언어를 설계하는 정교한 체계를 만들었다. 수많은 사람과 단체들이 설계 과정에 참여했는데, 경쟁을 바탕으로 최고의 명세를 만들고, 채택된 명세에 포함된 아이디어를 반영하는 최고의 언어를 만드는 과정을 반복했다. 20년간 (1975~98)의 이 거대한 프로젝트는 1980년부터 AJPO$^{Ada\ Joint\ Program\ Office,\ 에이다\ 협력\ 프로그램\ 사무국}$가 총괄했다.

1979년에는 오거스타 에이다 러브레이스 백작부인$^{Lady\ Augusta\ Ada\ Lovelace}$(시인 바이런 경의 딸)의 이름을 따서 에이다라는 이름을 붙였다. 러브레이스 부인은 근세기 들어 첫 프로그래머라고 할 수 있는데(근세기를 정의하기에 따라 다르겠지만), 찰스 배비지$^{Charles\ Babbage}$(뉴턴이 역임했던 케임브리지 수학 루커스 석좌 교수)와 함께 1840년대에 혁신적인 수학적 컴퓨터를 연구했기 때문이다. 불행히도 배비지의 기계는 실용적인 측면에서는 성공적이지 않았다.

정교한 개발 체계 덕분에 에이다는 협업으로 설계된 언어의 궁극적인 전형으로 여겨진다. 하지만 주도적인 설계 팀에서 설계를 이끌었던 프랑스 기업 허니웰 불^{Honeywell Bull} 소속 장 이쉬비아는 그런 사실을 극구 부인했다. (그와의 대화를 바탕으로) 미뤄보건대, 그러한 체계의 제약을 받지 않았다면 그가 더 나은 언어를 설계했을 것이다.

"에이다는 그저 좋은 아이디어가 아니라 법이다!"라는 기조 아래 오랜 기간 동안 미국 국방부는 군사 분야에서 에이다의 사용을 권고했다. 초기에는 에이다의 사용이 그저 권고 조항이었으나 많은 프로젝트에서 그 밖의 언어(대표적으로 C++)를 사용하려고 에이다를 저버리기 시작하면서 미국 의회는 대부분의 군사 분야에서 에이다의 사용을 강제하는 법안을 통과시켰다. 그러나 상업적, 기술적 현실성 때문에 그 법안은 나중에 폐기됐다. 비야네 스트롭스트룹은 미국 의회에서 거부 당한 작품을 만든 극소수의 사람 중 한 명이다.

우리는 에이다가 그 명성보다 훨씬 좋은 언어라고 생각한다. 미국 국방부가 언어의 사용 분야와 사용 방식(표준 응용 프로그램 개발 과정과 소프트웨어 개발 도구, 문서화 등)에 간섭을 덜 했다면 훨씬 더 성공적이었을 것이다. 오늘날에도 항공우주 분야와 그에 상응하는 고급 임베디드 시스템에서는 에이다가 중요한 역할을 한다.

에이다는 1980년에 군사 표준으로, 1983년에 ANSI 표준으로(첫 표준 제정 이후 3년 만인 1983년에 첫 구현체가 완성됐다), 1987년에 ISO 표준으로 제정됐다. 이 ISO 표준은 전반적인(그러나 호환성을 유지하며) 수정을 거쳐 1995 ISO 표준으로 개정됐는데, 주목할 만한 개선 사항으로는 더 유연해진 동시성 메커니즘과 상속의 지원을 들 수 있다.

참고 자료

Barnes, John. Programming in Ada 2005. Addison-Wesley, 2006. ISBN 0321340787.

Consolidated Ada Reference Manual, consisting of the international standard (ISO/IEC 8652:1995). Information Technology – Programming Languages – Ada, as updated by changes from Technical Corrigendum 1(ISO/IEC 8652:1995:TC1:2000).

Ada information page: www.adaic.org/.

Whitaker, William A. ADA - The Project: The DoD High Order Language Working Group. Proceedings of the ACM History of Programming Languages Conference (HOPL-2). ACM SIGPLAN Notices, Vol. 28 No. 3, 1993.

22.2.4 시뮬라

시뮬라^{Simula}는 1960년대 중반에 노르웨이 컴퓨팅 센터^{Norwegian Computing Center}와 오슬로 대학^{Oslo University}에 소속된 크리스텐 니가드^{Kristen Nygaard}와 올레요한 달^{Ole-Johan Dahl}이 개발했다. 시뮬라는 논란의 여지가 없는 알골 계열의 언어로, 알골60의 모든 내용을 포함하는 확장된 언어다. 그러나 시뮬라는 오늘날 '객체 지향 프로그래밍'이라고 불리는 가장 기본적인 개념의 발원지이므로, 시뮬라에 특별한 주의를 기울일 필요가 있다. 상속과 가상 함수를 처음으로 제공한 언어이기도 하다. 사용자 정의 타입을 일컫는 클래스라는 용어와 기반 클래스가 제공하는 인터페이스를 바탕으로 오버라이드하고 호출할 수 있는 함수를 일컫는 가상이라는 용어는 시뮬라에서 비롯됐다.

시뮬라의 기여는 언어 기능에 그치지 않고, 실세계의 현상을 코드로 모델링하려는 아이디어에 기반을 둔 객체 지향 설계라는 개념을 만들어 냈다.

- 어떤 개념을 클래스와 클래스 객체로 표현한다.
- 개념 간의 계층적 관계를 클래스 계층 구조(상속)로 표현한다.

따라서 프로그램을 한 덩어리로 보기보다 서로 상호작용하는 객체들의 집합으로 여긴다.

시뮬라67의 공동 발명자(사진 왼쪽 안경 쓴 사람은 올레요한 달)인 크리스텐 니가드는 여러 가지 면에서(큰 키를 포함해) 열정과 관용을 갖춘 거인이었다. 그는 객체 지향 프로그래밍과 설계, 특히 상속의 기본 개념을 고안했고, 수십 년간 객체 지향의 내재된 가능성을 추구했다. 그는 절대 단순하고 단기적이며, 근시안적인 해결책에 만족하지 않았다. 그는 수십 년간 사회에 공헌했는데, 그중 노르웨이가 EU에 가입하지 않은 데 큰 기여를 했다. 중앙 집중화되고 관료적인 EU가 연합의 변방에 있는 작은 나라인 노르웨이에 큰 비중을 두지 않을 거라 예상했기 때문이다. 1970년대 중반의 크리스텐 니가드는 덴마크 오르후스 대학의 컴퓨터 과학부에서 오랜 시간 머물렀다(그 무렵 비야네 스트롭스트룹도 그곳에서 석사 과정을 이수하고 있었다).

크리스텐 니가드는 오슬로 대학에서 수학으로 석사학위를 받았다. 최고 수준의 전문적인 컴퓨터 과학자로서 최고의 명예 중 하나인 ACM 튜링 상을 (일생 동안의 친구인 올레요한 달과 공동으로) 수상하기 불과 한 달 전인 2002년 세상을 떠났다.

올레요한 달은 순수한 학자에 가깝다. 그는 언어 명세와 정형 기법formal methods에 큰 관심을 뒀으며, 1968년 오슬로 대학의 첫 번째 정보학(컴퓨터 과학) 정교수가 됐다.

2002년 8월, 노르웨이 국왕은 달과 니가드를 세인트 올라브Saint Olav의 훈작으로 봉했다. 하지만 그들의 고향에서도 웬만한 괴짜가 아니고서는 그들을 알아보진 못할 것이다.

참고 자료

Birtwistle, G., O-J. Dahl, B. Myhrhaug, and K. Nygaard. SIMULA Begin. Studentlitteratur (Lund. Sweden), 1979. ISBN 9144062125.

Holmevik, J. R. "Compiling SIMULA: A Historical Study of Technological Genesis." IEEE Annals of the History of Computing, Vol. 16 No. 4, 1994, pp. 25-37.

Krogdahl, S. "The Birth of Simula." Proceedings of the HiNC 1 Conference in Trondheim, June 2003 (IFIP WG 9.7, in cooperation with IFIP TC 3).

Nygaard, Kristen, and Ole-Johan Dahl. "The Development of the SIMULA Languages."

ACM SIGPLAN Notices, Vol. 13 No. 8, 1978. Special Issue: History of Programming Languages Conference.

SIMULA Standard. DATA Processing - Programming Languages - SIMULA. Swedish Standard, Stockholm, Sweden (1987). ISBN 9171622349.

22.2.5 C

1970년대에는 전문적인 시스템(특히 운영체제 구현) 프로그래밍은 어셈블리를 이용해야 하고, 이식성 있게 만들 수는 없다는 통념이 지배적이었다. 포트란이 등장하기 전의 과학 분야 프로그래밍과 비슷한 상황이었다. 일부 개인과 그룹이 이러한 통념에 도전장을 냈다. 긴 세월동안 그러한 노력 중에 가장 성공적인 시도는 C 프로그래밍 언어(27장)였다.

당시 뉴저지 머레이 힐에 위치한 벨 전산 연구소 산하 컴퓨터 과학 연구 센터에서 일하던 데니스 리치Dennis Ritchie는 C 프로그래밍 언어를 설계하고 구현했다. C의 아름다운 점은 하드웨어의 기본적인 측면을 간직하면서도 정교하고 간단한 프로그래밍 언어라는 점이다. 현존하는 대부분의 복잡성은 그의 초기 설계 이후에 추가됐으며, 그 중 일부는 그의 반대를 무릅쓰고 관철됐다(이러한 복잡성은 호환성 때문에 C++에서도 등장한다). C의 성공은 초기에 널리 사용된 덕도 있지만, 진정한 강점은 언어의 기능을 하드웨어의 기능으로 바로 매핑시킨다는 점에 있다(25.4~5절). 데니스 리치는 C를 '강한 타입 시스템을 따르지만, 약한 검사를 수행하는 언어'로 간단히 정의한다. 즉, C는 정적(컴파일 시간)인 타입 시스템을 추구하며, 어떤 객체를 원래 정의와 다르게 사용하는 프로그램은 적법하지 않다. 그러나 C 컴파일러는 그런 사실을 검사하지 못한다. C 컴파일러가 48K 바이트 메모리에서 작동하던 시절이었기 때문이다. C가 사용된 지 얼마 지나지 않아 사람들은 린트lint라는 프로그램을 고안했다. 린트는 컴파일러와 별도로 타입 시스템에 따른 정합성을 검사한다.

데니스 리치는 켄 톰슨Ken Thompson과 함께 전 세대를 아울러 가장 영향력 있는 운영체제인 유닉스의 공동 창시자이기도 하다. 과거는 물론 지금도 C는 유닉스와 깊이 연관돼 있으며, 리눅스와 오픈소스 운동에 있어서도 마찬가지다.

데니스 리치는 40년간 벨연구소 산하 컴퓨터 과학 연구 센터에서 일했다. 그는 하버드 대학 물리학과를 졸업했고, 깜빡 잊었는지, 약간의 등록금($60)을 거부했는지, 그의 응용 수학 박사학위는 실제로 수여되지 못했다.

1974~79에 걸친 초장기에 벨연구소의 많은 사람이 C의 설계와 적용에 영향을 미쳤다. 그는 C와 C++, 유닉스를 포함한 훨씬 더 많은 주제에 영향을 미쳤다.

브라이언 커니건^{Brian Kernighan}은 걸출한 프로그래머이자 작가다. 그의 코드와 글은 모두 명료함의 본보기라 할 만하다. 이 책의 스타일도 부분적으로는 그의 대표작인 『The C Programming Language』(공저자인 브라이언 커니건과 데니스 리치의 약자를 따서 'K&R'이라고도 함)의 튜토리얼 섹션을 따른다.

머릿속에 좋은 아이디어를 재워놓고 있는 것만으로는 충분하지 않다. 더 큰 관점에서 유용한 아이디어가 되려면 아이디어를 가장 간단한 형태로 표현하고, 많은 사람과 청중이 접할 수 있는 방법으로 명확히 기술돼야 한다. 수다스러움은 아이디어를 표현하는 데 있어서 가장 큰 적이다. 이해의 부재로 인한 당혹스러움과 과도한 추상화도 마찬가지다. 원리주의자들은 이처럼 대중을 배려하는 기술 방식을 비웃고, 전문가들만 이해할 수 있는 방식으로 표현하기를 더 좋아한다. 하지만 우리는 그렇지 않다. 복잡하지만 가치 있는 아이디어를 초보자의 머릿속에 심어주는 일은 어렵지만, 전문가로 성장시키는 데 꼭 필요한 일이며, 넓게 봐 사회에 이로운 일이다.

브라이언 커니건은 수년간 수많은 영향력 있는 프로그래밍 프로젝트와 집필 프로젝트에 몸담았다. 두 가지 예를 들자면 개발자의 이름(아호^{Aho}와 와인버그^{Weinberger}, 커니건)을 딴 스크립팅 언어 AWK와 AMPL^{A Mathematical Programming Language, 수학적 프로그래밍 언어}을 들 수 있다.

브라이언 커니건은 현재 프린스턴 대학의 교수로, 복잡한 주제를 명료하게 풀어서 말하는 특기를 지닌 뛰어난 교육자이기도 하다. 그는 벨연구소 산하 컴퓨터 과학 연구 센터에서 30년 넘게 일했다. 벨연구소는 추후에 AT&T 벨연구소가 됐다가 다시 AT&T 연구소와 루슨트^{Lucent} 벨연구소로 분리됐다. 그는 토론토 대학 물리학과를 졸업했고, 프린스턴 대학에서 전자 공학 박사를 취득했다.

C 언어 계통도는 다음과 같다.

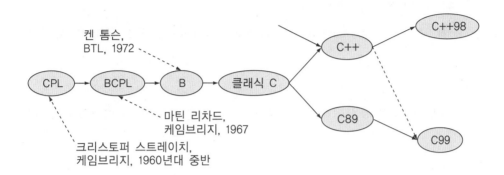

C의 기원은 영국에서 수행했지만 마무리 짓지 못한 CPL 프로젝트와 마틴 리차드^{Martin}

C의 기원은 영국에서 수행했지만 마무리 짓지 못한 CPL 프로젝트와 마틴 리차드[Martin Richards]가 케임브리지 대학을 떠나 MIT에 머무르는 동안 만든 BCPL[Basic CPL] 언어, 켄 톰슨이 만든 인터프리터 언어 B에서 찾을 수 있다. 추후에 ANSI와 ISO에서 C를 표준화했고, C++에 지대한 영향을 미쳤다(함수 인자 검사와 const 등).

CPL은 케임브리지 대학교와 런던 왕립 대학[Imperial College]의 합작 프로젝트였다. 초기에는 프로젝트를 케임브리지에서 시작했기 때문에 'C'는 'Cambridge'의 약자였다. 그리고 왕립 대학이 파트너로 참여한 이후로는 'C'가 'Combined[연합된]'의 약자였다. 하지만 사실상으로는 CPL의 주요 설계자였던 크리스토퍼 스트레이치[Christopher Strachey]의 이름인 'Christopher'를 의미한다.

참고 자료

Brian Kernighan의 홈페이지: http://cm.bell-labs.com/cm/cs/who/bwk와 www.cs.princeton.edu/~bwk/.

Dennis Ritchie의 홈페이지: http://cm.bell-labs.com/cm/cs/who/dmr.

ISO/IEIC 9899:1999. Programming Languages - C.(The C standard.)

Kernighan, Brian, and Dennis Ritchie. The C Programming Language. Prentice Hall, 1978. Second Edition, 1988. ISBN 0131103628.

벨연구소 산하 컴퓨터 과학 연구 센터의 연구원 목록: http://cm.bell-labs.com/cm/cs/alumni.html.

Ritchards, Martin. BCPL - The Language and Its Compiler. Cambridge University Press, 1980. ISBN 0521219655.

Ritchie, Dennis. "The Development of the C Programming Language." Proceedings of the ACM History of Programming Languages Conference (HOPL-2). ACM SIGPLAN Notices,Vol. 28 No. 3, 1993.

Salus, Peter. A Quarter Century of UNIX. Addison-Wesley, 1994. ISBN 0201547775.

22.2.6 C++

C++는 시스템 프로그래밍을 고려해 설계된 범용 프로그래밍 언어로, 다음과 같은 특성을 지닌다.

- C를 개선한다.
- 데이터 추상화를 지원한다.
- 객체 지향 프로그래밍을 지원한다.
- 제네릭 프로그래밍을 지원한다.

뉴저지 머레이 힐에 위치한 벨 전신 연구소 산하 컴퓨터 과학 연구 센터의 비야네 스트롭스트룹이 처음 설계하고 구현했다. 데니스 리치와 브라이언 커니건, 켄 톰슨, 더그 맥일로이 Doug McIlroy 등의 유닉스 대가들이 일했던 바로 그곳이다.

비야네 스트롭스트룹은 그의 고향인 덴마크 오르후스에서 (수학과 컴퓨터 과학의) 석사 학위를 받은 후 케임브리지에서 데이비드 휠러의 지도 아래 (컴퓨터 과학) 박사학위를 취득했다. C++에 대한 주요한 공헌은 다음과 같다.

- 주류 프로젝트에 적용할 수 있는 관리하기 쉬운 추상화 기법을 만들었다.
- 효율성이 중요한 응용 분야에서 객체 지향과 제네릭 프로그래밍 기법을 활용하는 데 선구자 역할을 했다.

(부주의하게도 '객체 지향 프로그래밍'의 이름 아래 뭉뚱그려지는) 이러한 기법들은 C++가 등장하기 전에는 산업계에 거의 알려지지 않았다. 포트란이 등장하기 전의 과학 프로그래밍과 C 이전의 시스템 프로그래밍이 그랬듯이 이러한 기법들은 실제로 적용하기에는 그 비용이 너무 크고, '평범한 프로그래머'가 익히기에는 너무 복잡하다고 여겨졌다.

C++ 개발은 1979년에 시작했고, 1985년에 상업적으로 배포됐다. 비야네 스트롭스트룹의 초기 설계와 구현 이래로 C++의 공식적인 표준화 작업이 시작된 1990년까지, 그는 벨연구소를 비롯한 각지의 동료들과 함께 많은 개선을 이뤄냈다. 그 후로 C++의 정의는 ANSI(미국 표준 협의회)에서 총괄했다가 1991년부터 ISO(국제 표준 기구)에서 맡아 하고 있다. 비야네 스트롭스트룹은 그 과정에서 언어의 새로운 기능을 담당하는 서브 그룹의 의장으로서 중책을 수행해왔다. 첫 국제 표준(C++98)은 1998년에 제정됐고, 두 번째 표준(C++11)은 2011년에 제정됐다. 다음으로 예정된 ISO 표준은 C++14이며, 그 다음 표준은 C++1y로 알려진 C++17이 될 것이다.

초기 C++ 이래로 가장 큰 발전은 표준 라이브러리에서 컨테이너와 알고리즘을 담당하는 STL이라고 할 수 있다. STL은 알렉산더 스테파노프[Alexander Stepanov]가 주로 개발했는데, 수학의 아름다움과 유용함에서 영감을 얻어 가장 일반적이고 효율적인 소프트웨어를 만들고자 하는 오랜 기간에 걸친 노력의 산물이다.

알렉스 스테파노프는 STL의 창시자이자 제네릭 프로그래밍의 개척자다. 그는 모스코바 대학University of Moscow을 졸업했고, 다양한 언어(에이다와 스킴, C++등)를 이용해 로보틱스와 알고리즘 등의 분야에서 활동했다. 1979년 이후로 GE 연구소와 AT&T 벨연구소, 휴렛패커드 Hewlett-Packard, 실리콘 그래픽스Silicon Graphics, 어도비Adobe 등을 비롯한 미국 산업계와 학계에서 일했다.

C++ 계열 계통도는 다음과 같다.

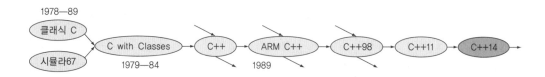

'C with Classes클래스를 곁들인 C'는 비야네 스트롭스트룹이 C와 시뮬라의 아이디어를 통합한 첫 언어로, 그 후계자인 C++가 구현되면서 즉시 역사의 뒤안길로 사라졌다.

언어에 대한 논의를 하다 보면 우아함과 진보된 기능에 초점을 맞추지만, 그런 관점에서 보자면 C와 C++가 컴퓨팅 역사상 가장 훌륭한 언어는 아니다. 그보다 두 언어의 강점은 유연성과 성능, 안정성에서 찾을 수 있다. 주요 소프트웨어 시스템은 수십 년간 지속되는데, 하드웨어 자원의 고갈과 전혀 예상치 못한 요구 사항 변동으로 곤경에 빠지곤 한다. C와 C++는 그러한 환경에서도 번창했다. 데니스 리치의 말을 빌리자면 "어떤 언어는 무언가를 증명하기 위해 설계되지만, 다른 언어는 문제를 해결하기 위해 설계된다." 여기서 '다른 언어'는 주로 C를 의미한다. 여기에 비야네 스트롭스트룹이 즐겨하는 말을 덧붙이자면 "내가 C++보다 보기 좋은 언어를 설계하는 방법을 알고 있다고 해도 여전히 그럴 것이다." C++(C도 마찬가지)의 목표는 추상적 아름다움이 아니라 실용성이다(아름다움을 얻을 수 있다면 금상첨화지만).

참고 자료

알렉스 스테파노프의 저서: www.stepanovpapers.com.

비야네 스트롭스트룹의 홈페이지: www.stroustrup.com.

ISO/IEC 14882:2011. Programming Languages - C++. (The C++ standard.)

Stroustrup, Bjarne. "A History of C++: 1979-1991." Proceedings of the ACM History of Programming Languages Conference (HOPL-2). ACM SIGPLAN Notices,Vol. 28 No. 3, 1993.

Stroustrup, Bjarne. The Design and Evolution of C++. Addison-Wesley, 1994. ISBN 0201543303.

Stroustrup, Bjarne. The C++ Programming Language, Fourth Edition. Addison-Wesley, 2013. ISBN 978-0321563842.

Stroustrup, Bjarne. A Tour of C++. Addison-Wesley, 2013. ISBN 978-0321958310.

Stroustrup, Bjarne. "C and C++: Siblings"; "C and C++: A Case for Compatibility"; and "C and C++: Case Studies in Compatibility." The C/C++ Users Journal. July, Aug., and Sept. 2002.

Stroustrup, Bjarne. "Evolving a Language in and for the Real World: C++" 1991-2006. Proceedings of the Third ACM SIGPLAN Conference on the History of Programming Languages (HOPL-III). San Diego, CA, 2007. http://portal.acm.org/toc.cfm?id=1238844.

22.2.7 오늘날

오늘날 쓰이는 프로그래밍 언어는 무엇이고 용도는 어디인가? 정말 대답하기 어려운 질문이다. 오늘날 언어의 계통도는 최대한 단순화해도 다음과 같이 복잡하다.

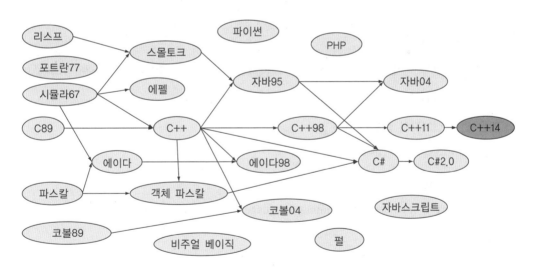

우리가 웹에서 접하는 통계는 뜬소문에 가깝다. 프로그래밍 언어의 이름을 포함하는 웹 문서의 개수나 컴파일러 판매량, 학술 논문, 서적 판매량 등, 프로그래밍 언어의 사용과 큰 관계가 없는 자료를 기반으로 하기 때문이다. 이러한 기준으로 따지면 새로운 언어가 기존 언어보다 유리하다. 그렇다면 프로그래머는 무엇인가? 매일 프로그래밍 언어를 사용하는 사람인가? 학습을 목적으로 조그만 프로그램을 작성하는 학생은 어떠한가? 프로그래밍에 대해 '말'만 하는 교수는? 거의 매년 프로그램을 작성하는 과학자는? 매주 몇 가지 프로그래밍 언어를 사용하는 사람이나 매주 한 번만 사용하는 사람은 전문적인 프로그래머인가? 각 통계치마다 이에 대한 대답도 제각각이다.

그러나 우리는 이 질문에 답해야 할 의무를 느꼈다. 출판사와 컴파일러 제작사, 다양한 웹 출처에 근거를 둔 IDC^{정보 수집 전문기업}의 보고서에 따르면 2014년 전 세계의 전문적인 프로그래머는 1,000만 명에 이른다. 프로그래머를 어느 정도 합리적으로 정의한다면 그 숫자가 100만 명에서 1억 명 사이임은 확실하다. 그들은 어떤 언어를 사용하는가? 에이다와 C, C++, C#, 코볼, 포트란, 자바, 펄, PHP, 파이썬, 비주얼 베이직이 아마도 90% 이상을 차지할 것이다.

여기서 언급한 언어 외에도 수십, 수백 가지를 나열할 수 있다. 그러나 흥미롭고 중요한 언어들에 공정성을 기한다는 이유 외에는 그래야 할 다른 이유를 찾지 못했다. 여러분이 필요한 언어가 있다면 알려주기 바란다. 전문가라면 몇 가지 언어 정도는 알아야 하고, 필요하다면 새로운 언어를 배워야 한다. 모든 사람과 응용 분야에 걸쳐 '단 하나의 진리와 같은 언어'는 존재하지 않는다. 우리가 떠올릴 수 있는 모든 중요한 시스템은 실제로 하나 이상의 언어를 사용한다.

22.2.8 정보 출처

여기서 다룬 언어는 각각의 참고 자료 목록을 포함한다. 여러 언어를 포괄하는 참고 문헌 목록은 다음과 같다.

더 많은 언어 설계자의 링크와 사진

www.angelfire.com/tx4/cus/people/

몇 가지 언어의 예

http://dmoz.org/Computers/Programming/Languages/

참고서

Scott, Michael L. Programming Language Pragmatics. Morgan Kaufmann, 2000. ISBN 1558604421.

Sebesta, Robert W. Concepts of Programming Languages. Addison-Wesley, 2003. ISBN 0321193628.

프로그래밍 역사 서적

Bergin, T. J., and R. G. Gibson, eds. History of Programming Languages - II. Addison-Wesley, 1996. ISBN 0201895021.

Hailpern, Brent, and Barbara G. Ryder, eds. Proceedings of the Third ACM SIGPLAN Conference on the History of Programming Languages (HOPL-III). San Diego, CA, 2007. http://portal.acm.org/toc.cfm?id=1238844.

Lohr, Steve. Go To: The Story of the Math Majors, Bridge Players, Engineers, Chess Wizards, Maverick Scientists and Iconoclasts-The Programmers Who Created the Software Revolution. Basic Books, 2002. ISBN 978-0465042265.

Sammet, Jean. Programming Languages: History and Fundamentals. Prentice Hall, 1969. ISBN 0137299885.

Wexelblat, Richard L., ed. History of Programming Languages. Academic Press, 1981. ISBN 0127450408.

복습문제

1. 역사는 어떤 경우에 유용한가?

2. 프로그래밍 언어의 용도는 무엇인가? 예를 들어보자.

3. 객관적으로 좋은 프로그래밍 언어가 갖춰야할 기본적인 속성을 나열하라.

4. 추상화는 무엇인가? '더 높은 추상화 수준'은 어떤 의미인가?

5. 코드에서 추구해야 할 네 가지 하이레벨 이상은 무엇인가?

6. 하이레벨 프로그래밍이 주는 잠재적 이득을 나열하라.

7. 재사용은 무엇이며, 그 장점은 무엇인가?

8. 절차적 프로그래밍은 무엇인가? 구체적인 예를 들어보자.

9. 데이터 추상화는 무엇인가? 구체적인 예를 들어보자.

10. 객체 지향 프로그래밍은 무엇인가? 구체적인 예를 들어보자.

11. 제네릭 프로그래밍은 무엇인가? 구체적인 예를 들어보자.

12. 다중 패러다임 프로그래밍은 무엇인가? 구체적인 예를 들어보자.

13. 프로그램 저장 방식 컴퓨터에서 첫 프로그램이 동작한 해는 언제인가?

14. 데이비드 휠러를 주목받게 한 업적은 무엇인가?

15. 존 배커스의 첫 번째 언어는 주로 어떤 기여를 했는가?

16. 그레이스 머레이 호퍼가 처음으로 설계한 언어는 무엇인가?

17. 존 매카시가 주로 활동한 컴퓨터 과학 분야는 어디인가?

18. 피터 나우어는 알골60에 어떤 기여를 했는가?

19. 에츠허르 데이크스트라를 주목받게 한 업적은 무엇인가?

20. 니클라우스 비르트가 설계하고 개발한 언어는 무엇인가?

21. 앤더스 헤즐스버그가 설계한 언어는 무엇인가?

22. 장 이쉬비아는 에이다 프로젝트에서 어떤 역할을 맡았는가?

23. 시뮬라가 개척한 프로그래밍 스타일은 무엇인가?

24. 크리스텐 니가드가 가르친 곳은 어디인가!?

25. 올레요한 달을 주목받게 한 업적은 무엇인가?

26. 켄 톰슨은 어떤 운영체제의 주요 설계자인가?

27. 더그 맥일로이를 주목받게 한 업적은 무엇인가?

28. 브라이언 커니건의 가장 유명한 저서는 무엇인가?

29. 데니스 리치가 일한 곳은 어디인가?

30. 비야네 스트롭스트룹을 주목받게 한 업적은 무엇인가?

31. 알렉스 스테파노프가 STL을 설계할 때 사용한 언어는 무엇인가?

32. 22.2절에서 설명하지 않은 언어 열 가지를 나열해보자.

33. 스킴는 어떤 언어를 본 따서 만들었는가?

34. C++의 가장 두드러진 조상 두 개는 어떤 언어인가?

35. C++에서 'C'는 무엇을 의미하는가?

36. 포트란이라는 이름은 줄임말인가? 그렇다면 무엇의 줄임말인가?

37. 코볼이라는 이름은 줄임말인가? 그렇다면 무엇의 줄임말인가?

38. 리스프라는 이름은 줄임말인가? 그렇다면 무엇의 줄임말인가?

39. 파스칼이라는 이름은 줄임말인가? 그렇다면 무엇의 줄임말인가?

40. 에이다^{Ada}라는 이름은 줄임말인가? 그렇다면 무엇의 줄임말인가?

41. 최고의 프로그래밍 언어는 무엇인가?

용어 정리

22장의 용어는 다름 아닌 언어와 인물, 기관이다.

- 언어:
  - 에이다^{Ada}
  - 알골^{Algol}
  - BCPL
  - C
  - C++
  - 코볼^{COBOL}
  - 포트란^{Fortran}
  - 리스프^{Lisp}
  - 파스칼^{Pascal}
  - 스킴^{Scheme}
  - 시뮬라^{Simula}

- 인물:
  - 찰스 배비지
  - 존 배커스
  - 올레요한 달
  - 에츠허르 데이크스트라
  - 앤더스 헤즐스버그
  - 그레이스 머레이 호퍼
  - 장 이쉬비아
  - 브라이언 커니건
  - 존 매카시

- 더그 맥일로이
- 피터 나우어
- 크리스텐 니가드
- 데니스 리치
- 알렉스 스테파노프
- 비야네 스트롭스트룹
- 켄 톰슨
- 데이비드 휠러
- 니클라우스 비르트
- 기관:
  - 벨연구소
  - 볼랜드
  - 케임브리지 대학(영국)
  - ETH(스위스 연방 기술 대학)
  - IBM
  - MIT
  - 노르웨이 컴퓨터 센터
  - 프린스턴 대학
  - 스탠포드 대학
  - 코펜하겐 기술 대학
  - 미국 국방부
  - 미국 해군

연습문제

1. 프로그래밍을 정의하라.
2. 프로그래밍 언어를 정의하라.

3. 책을 훑어보고 각 장의 말머리에 인용된 글을 살펴보자. 그중 컴퓨터 과학자가 남긴 말은 무엇인가? 각 과학자의 업적을 한 문단으로 요약하라.

4. 책을 훑어보고 각 장의 말머리에 인용된 글을 살펴보자. 그중 컴퓨터 과학자가 아닌 사람이 남긴 말은 무엇인가? 각자의 조국과 활동 분야를 조사해보자.

5. 22장에서 언급한 언어들로 'Hello, World!' 프로그램을 작성하자.

6. 22장에서 언급한 언어별로 가장 유명한 참고 서적을 알아보고, 실행 가능한 첫 번째 예제가 무엇인지 알아보자. 그 프로그램을 다른 언어로 작성해보자. 주의: 프로그램이 쉽게 100개를 넘어갈 수 있다.

7. 22장에서 누락됐지만 중요한 언어도 분명 존재한다. 특히 C++ 이후의 언어는 모두 제외해야 했다. 이 책에서 꼭 다뤄야할 현대적인 언어 다섯 가지를 나열하자. 그리고 그중 세 가지를 골라 22장의 언어의 역사 절에 이어 한쪽 반 정도의 내용을 덧붙이자.

8. C++는 어떤 용도로 쓰이며 왜 사용되는가? 10~20쪽 정도의 보고서를 작성하라.

9. C는 어떤 용도로 쓰이며 왜 사용되는가? 10~20쪽 정도의 보고서를 작성하라.

10. (C와 C++를 제외한) 언어 중 하나를 골라 언어의 기원과 목적, 기능을 설명하는 10~20쪽 정도의 보고서를 작성하라. 구체적인 예를 많이 포함시키자. 누가 어떤 목적으로 해당 언어를 사용했는가?

11. 현재 케임브리지 대학의 루커스 석좌 교수는 누구인가?

12. 22장에서 언급한 언어 설계자 중 수학 학위를 가진 사람은 누구이고, 그렇지 않은 사람은 누구인가?

13. 22장에서 언급한 언어 설계자 중 박사 학위를 가진 사람은 누구이고, 그렇지 않은 사람은 누구인가?

14. 22장에서 언급한 언어 설계자 중 튜링 상 수상자는 누구인가? 튜링 상은 무엇인가? 여기서 언급한 수상자들의 튜링 상 수상을 인증할 만한 참고 자료를 찾아보자.

15. (Algol,1960)과 (C,1974) 같이 (이름, 연도) 쌍을 파일에서 읽고, 연도가 표시된 그래프에 이름을 출력하는 프로그램을 만들자.

16. 위 프로그램을 수정해 (Fortran,1956,())와 (Algol,1960,(Fortran)), (C++,1985,(C,Simula)) 같은 (이름, 연도, (조상의 목록))을 파일에서 읽고, 조상에서 자손으로 향하는 화살표를 포함한 연도가 표시된 그래프를 그리자. 이 프로그램을 이용해서 22.2.2절과 22.2.7절의 계통도 보다 더 나은 그림을 그려보자.

붙이는 말

우리는 그저 프로그래밍 언어의 역사와 더 나은 소프트웨어를 향한 노력에 동기를 제공한 이상에 대해 수박 겉핥기로 살펴봤을 뿐이다. 우리가 역사와 이상을 매우 중요하게 여기는 이유는 교훈을 얻을 수 있기 때문이다. 우리의 희열과 새로운 프로그래밍 언어의 설계와 구현을 동반하는 더 나은 소프트웨어와 프로그래밍을 향한 셀 수없는 노력들이 잘 전달됐길 바란다. 즉, 프로그래밍(훌륭한 소프트웨어 개발)은 매우 근본적이고 중요한 주제이며, 프로그래밍 언어는 이를 위한 도구일 뿐이다.

텍스트 조작

"세상에 당연하니까 당연한 것은 없다...
'당연하다'는 말은 곧 논리의 부재를 뜻한다."

– 에롤 모리스(Errol Morris)

23 장에서는 텍스트로부터 정보를 추출하는 방법을 주로 다룬다. 우리는 서적과 이메일 메시지, 인쇄된 표를 비롯한 문서에 단어의 형태로 많은 지식을 저장하고, 나중에는 그 지식을 컴퓨터가 처리하기 용이한 형태로 추출해야 한다. 여기서는 string과 iostream, map 등 텍스트 처리에서 가장 많이 사용하는 표준 라이브러리 기능을 살펴본다. 그리고 패턴을 텍스트로 표현하는 수단인 정규 표현식(regex)을 소개한다. 마지막으로 정규 표현식을 이용해 ZIP 코드(우편번호) 등의 특정한 데이터 요소를 찾아 추출하는 방법과 텍스트 파일의 형식을 검증하는 방법을 알아본다.

23.1 텍스트

우리는 기본적으로 언제나 텍스트를 조작한다. 이 책도 텍스트로 가득 차 있고, 여러분이 보는 컴퓨터 화면의 대부분도 텍스트로 구성되며, 우리 소스코드도 텍스트다. 우리가 사용하는 (모든 종류의) 통신 채널도 텍스트로 넘쳐나고 있다. 두 사람 사이의 모든 의사소통도 텍스트로 나타낼 수 있지만, 여기서 더 나아가진 않겠다. 이미지와 소리를 가장 잘 표현하는 방법은 일반적으로 이미지와 소리 자체(비트의 집합)이지만, 이를 제외한 거의 모든 정보는 프로그램 텍스트 분석이나 변환과 기본적으로 유사하다.

3장부터 `iostream`과 `string`을 계속 사용했으므로 여기서는 이러한 라이브러리를 간략히 복습하고 넘어가자. 맵(23.4절)은 텍스트 처리에 특히 유용하므로, 맵을 이용해서 이메일을 분석하는 예제를 살펴보겠다. 다음으로는 정규 표현식을 이용해 텍스트에서 패턴을 검색하는 방법을 다뤄본다(23.5~10절).

23.2 문자열

`string`은 문자의 시퀀스를 저장하고, 몇 가지 유용한 연산을 제공한다. `string`에 문자를 추가하거나, `string`의 길이를 알아오거나, 두 `string`을 이어 붙이는 등의 일을 할 수 있다. 표준 `string`이 꽤 많은 연산을 제공하지만, 대부분은 복잡한 로우레벨 텍스트 조작을 해야 하는 경우에나 유용하다. 자세한 사항(`string`이 제공하는 모든 연산 목록)은 매뉴얼이나 전문가 수준의 참고서에서 볼 수 있으며, `<string>`에서 찾을 수 있다(참고: `<string.h>`가 아님).

선별된 string 연산	
s1 = s2	s2를 s1에 대입. s2는 string이나 C 스타일 문자열일 수 있음
s += x	s의 끝에 x를 추가. x는 문자나 string, C 스타일 문자열일 수 있음
s[i]	첨자 연산
s1+s2	이어붙이기. 결과로 반환되는 string은 s1의 복사본 뒤에 s2의 복사본을 이어붙인 문자열임
s1==s2	string의 값을 비교. s1이나 s2 중 하나가 C 스타일 문자열일 수 있으나, 둘 모두 C 스타일 문자열일 수는 없음. !=도 마찬가지임
s1⟨s2	string 값을 사전 순으로 비교. s1이나 s2 중 하나가 C 스타일 문자열일 수 있으나, 둘 모두 C 스타일 문자열일 수는 없음. ⟨=와 ⟩, ⟩=도 마찬가지임
s.size()	s에 포함된 문자의 개수
s.length()	s에 포함된 문자의 개수

(이어짐)

선별된 string 연산	
s.c_str()	s에 포함된 문자열을 C 스타일 문자열로 반환
s.begin()	첫 문자를 가리키는 반복자
s.end()	s의 마지막 다음을 가리키는 반복자
s.insert(pos,x)	x를 s[pos] 앞에 삽입. x는 C 스타일 문자열이나 string일 수 있음. x에 포함된 문자열을 저장하기 위해 s가 확장됨
s.append(x)	x를 s의 마지막 문자 다음에 삽입. x는 C 스타일 문자열이나 string일 수 있음. x에 포함된 문자열을 저장하기 위해 s가 확장됨
s.erase(pos)	s[pos]부터 시작하는 부분 문자열을 s에서 제거. s의 크기는 pos가 됨
s.erase(pos,n)	s[pos]부터 시작하는 n개의 문자를 s에서 제거. s의 크기는 max(pos,size−n)이 됨
pos = s.find(x)	s에서 x를 찾음. x는 문자나 string, C 스타일 문자열일 수 있음. pos는 찾아낸 첫 번째 문자의 인덱스이거나 찾지 못한 경우 string::npos(s의 마지막 다음 위치)임
in>>s	in으로부터 공백 문자로 분리된 단어를 s에 읽음
getline(in,s)	in으로부터 한 행을 s에 읽음
out<<s	s를 out에 쓰기

입출력 연산은 10장과 11장에서 설명했으며, 23.3절에 요약돼 있다. string에 대한 입력 연산은 필요한 경우 string을 확장하므로, 오버플로가 발생하지 않는다는 사실을 알아두자.

insert()와 append() 연산은 새로운 문자를 저장할 공간을 마련하기 위해 기존 문자들을 이동시킬 수도 있다. erase() 연산은 삭제한 문자가 있던 자리가 빈 공간으로 남지 않게 string에 포함된 문자를 앞쪽으로 옮긴다.

표준 라이브러리의 string은 사실 basic_string이라는 템플릿으로 다양한 문자 집합을 지원한다. 그 중에는 수천 가지 문자('일반적인 문자'에 더불어 £와 Ω, μ, δ, ☺, ♬ 등)를 제공하는 유니코드도 포함된다. 예를 들어 유니코드 문자를 저장하는 타입이 Unicode라면 다음과 같이 작성할 수 있다.

```
basic_string<Unicode> a_unicode_string;
```

우리가 지금까지 사용한 표준 문자열인 string은 일반적인 char 타입의 basic_string이다.

```
using string = basic_string<char> ; // string은 basic_string<char> (§20.5)
```

여기서는 유니코드 문자나 유니코드 문자열을 다루지 않지만, 필요하다면 관련 정보를 찾아볼 수 있고, 일반적인 문자나 문자열과 매우 비슷한 방법으로 (언어의 기능과 string, iostream,

정규 표현식을 이용해) 처리할 수 있다는 점도 알게 될 것이다. 유니코드 문자를 사용해야 한다면 경험이 있는 사람에게 조언을 구하는 편이 낫다. 여러분의 코드가 유용하게 되려면 언어의 규칙은 물론 시스템이 요구하는 관례도 따라야 한다.

텍스트 처리 관점에서 보자면 거의 모든 것이 문자로 이뤄진 문자열로 표현될 수 있다는 점이 중요하다. 예를 들어 이 지면상에서 숫자 12.333은 (공백으로 둘러싸인) 여섯 개의 문자로 표현된다. 이 숫자를 읽어 들여 숫자에 산술 연산을 하려면 우선 문자열을 부동소수점 숫자로 변환해야 한다. 즉, 값을 string으로 변환하고, string을 값으로 변환해야 한다. 11.4절에서 ostringstream을 이용해 정수를 string으로 변환하는 방법을 살펴봤는데, << 연산자를 포함하는 모든 타입에 이런 기술을 적용하게 일반화할 수 있다.

```
template<typename T> string to_string(const T& t)
{
    ostringstream os;
    os << t;
    return os.str();
}
```

이 함수를 다음과 같이 이용할 수 있다.

```
string s1 = to_string(12.333);
string s2 = to_string(1+5*6-99/7);
```

이제 s1의 값은 "12.333"이고, s2의 값은 "17"이다. to_string()은 수치 값뿐만 아니라 << 연산자를 포함하는 모든 클래스 T에 사용할 수 있다. 거꾸로 string을 수치 값으로 변환하는 작업도 마찬가지로 쉽고 유용하다.

```
struct bad_from_string : std::bad_cast {      // string 캐스트 오류 보고용 클래스
    const char* what() const override
    {
        return "string으로부터 잘못된 캐스트";
    }
};

template<typename T> T from_string(const string& s)
{
    istringstream is {s};
    T t;
    if (!(is >> t)) throw bad_from_string{ } ;
    return t;
}
```

예를 들어 이 함수를 다음과 같이 이용할 수 있다.

```
double d = from_string<double>("12.333");

void do_something(const string& s)
try
{
    int i = from_string<int>(s);
    // ...
}
catch (bad_from_string e) {
    error("잘못된 입력 문자열",s);
}
```

from_string()이 to_string()에 비해 복잡한 이유는 string이 여러 가지 타입의 값을 표현할 수 있기 때문이다. 즉, string에서 어떤 타입의 값을 추출할지를 항상 명시해야 한다. 더 나아가 string이 우리가 기대하는 타입 이외의 값을 표현할 수도 있음을 암시한다.

```
int d = from_string<int>("매리에겐 작은 양 한 마리가 있어요");      // 이런!
```

이처럼 오류의 가능성이 있으므로 bad_from_string 예외로 그 사실을 표현했다. 23.9절에서는 실제 텍스트 처리에서 from_string()(혹은 그와 유사한 함수)이 얼마나 필수적인지 살펴볼 텐데, 텍스트 필드에서 수치 값을 추출해야 하기 때문이다. 16.4.3절에서는 GUI 코드에서 동일한 기능을 하는 get_int() 함수를 어떻게 사용하는지 알아봤다.

to_string()과 from_string()이 기능면에서 얼마나 유사한지에 주목하자. 이 둘은 서로의 역함수와 비슷한 관계로, (공백 문자와 반올림 등의 세부 사항을 제외하면) 모든 '적절한 타입 T'에 대해 다음 조건이 성립하면

```
s==to_string(from_string<T>(s))      // 모든 s에 대해
```

아래 조건도 성립한다.

```
t==from_string<T>(to_string(t))      // 모든 t에 대해
```

여기서 "적절하다"는 말은 T가 기본 생성자와 >> 연산자, << 연산자의 정의를 포함한다는 말이다.

to_string()과 from_string()의 구현에서 stringstream을 이용해 어떻게 모든 어려운 작업을 처리했는지에 주목하자. 이러한 관찰을 바탕으로 <<와 >> 연산을 포함하는 모든 두 타입에 대한 일반적인 변환 연산을 다음과 같이 정의할 수 있다.

```
template<typename Target, typename Source>
Target to(Source arg)
{
    stringstream interpreter;
    Target result;

    if (!(interpreter << arg)              // arg를 스트림에 씀
        || !(interpreter >> result)        // 스트림에서 결과를 읽음
        || !(interpreter >> std::ws).eof()) // 스트림에 남은 것이 있는가?
    throw runtime_error{"to<>() 실패"};

    return result;
}
```

낯설지만 영리한 구문인 !(interpreter>>std::ws).eof()는 결과를 추출한 후에 stringstream에 남아있을지 모르는 공백 문자를 읽어 들인다. 공백 문자는 허용되지만 입력에 더 이상의 문자가 남아있어선 안되기에 '파일의 끝^{eof}'인지를 확인했다. 따라서 string으로부터 int를 읽을 때 to<int>("123")과 to<int>("123 ")는 모두 성공적으로 작업을 수행하지만, to<int>("123.5")는 마지막의 .5 때문에 실패한다.

23.3 입출력 스트림

string과 다른 타입 간의 연동을 고려하다 보면 문제는 결국 입출력 스트림으로 귀결된다. 입출력 스트림 라이브러리는 단지 입력과 출력을 수행할 뿐 아니라, 문자열 형식과 메모리상의 타입 간의 변환 작업도 수행한다. 표준 라이브러리 입출력 스트림은 문자로 이뤄진 문자열을 읽고 쓰고 형식화하는 기능을 제공한다. 10장과 11장에서 이미 iostream 라이브러리를 설명했으므로 여기서는 요약만 하고 넘어가자.

스트림 입출력	
in >> x	x의 타입에 따라 x의 값을 in에서 읽음
out << x	x의 타입에 따라 x의 값을 out에 씀
in.get(c)	in에서 c로 문자를 읽음
getline(in,s)	in에서 문자열 s로 한 행을 읽음

표준 스트림은 다음과 같은 클래스 계층 구조(14.3절)로 구성된다.

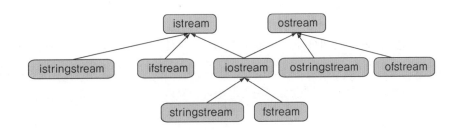

이 클래스들을 이용하면 파일과 문자열을 이용한 입출력을 수행할 수 있다(그리고 키보드나 화면처럼 파일이나 문자열과 비슷한 관점에서 볼 수 있는 모든 것에 대한 입출력을 수행할 수 있다. 10장 참고). 10장과 11장에서 설명했듯이 iostream은 꽤 정교한 형식화 기능을 제공한다. 그림의 화살표는 상속을 의미하므로(14.3절), 예를 들어 stringstream은 iostream이나 istream, ostream으로 사용할 수 있다.

string과 마찬가지로 iostream도 유니코드를 비롯한 다양한 문자 집합을 일반적인 문자를 다루듯이 처리할 수 있다. 다시 이야기하지만, 유니코드 입출력을 해야 한다면 경험이 있는 사람에게 조언을 구하는 편이 낫다. 여러분의 코드가 유용하게 되려면 언어의 규칙은 물론 시스템이 요구하는 관례도 따라야 한다.

23.4 맵

연관 배열(맵과 해시 테이블)은 많은 텍스트 처리에서 핵심적인 역할을 한다. 텍스트를 처리할 때는 정보를 수집하고, 수집된 정보(이름과 주소, 우편번호, 주민등록번호, 직업 등)는 텍스트 문자열 형태이기 때문이다. 이 텍스트 문자열 중 일부는 수치 값으로 변환할 수 있지만, 그보다는 그냥 텍스트로 취급하고 그 텍스트를 식별자로 사용하는 방법이 더 편리하고 간단한 경우가 많다. 단어 세기 예제(21.6절)가 좋은 예가 될 수 있다. map 사용 방법이 익숙하지 않다면 다음으로 넘어가기 전에 21.6절을 다시 읽어 보자.

이제 이메일을 생각해보면 우리는 프로그램(예, 썬더버드^{Thunderbird}나 아웃룩^{Outlook})의 도움을 얻어 이메일 메시지와 이메일 로그를 검색하고 분석한다. 대부분의 경우에 이러한 프로그램은 우리에게 메시지 원본 전체를 보여주지 않는데, 프로그램이 수신하는 메시지의 헤더에는 누가 이메일을 보냈고, 누가 받는지, 메시지가 어떤 경로를 거쳐 왔는지를 비롯한 훨씬 더 많은 정보가 텍스트 형태로 전송된다. 완벽한 전체 메시지란 이 모든 정보를 포함해 일컫는 말이다. 헤더를 분석할 수 있는 도구는 수천 가지지만, 그 중 대부분은 (23.5~9절에서 설명하듯이) 정규 표현식을 사용하고, 연관 배열을 이용해 관련된 메시지를 한데 묶기도 한다. 예를 들어 우리는 메일이 저장된 파일에서 동일한 발신자나 동일한 제목, 특정 주제에 대한 정보를 포함하는 모든 메시지를 검색하기도 한다.

　여기서는 텍스트에서 데이터를 추출하는 기법의 일부를 설명하고자 매우 단순화된 메일을 사용한다. 아래 헤더는 www.faqs.org/rfcs/rfc2822.html에서 볼 수 있는 실제 RFC2822 헤더다.

```
xxx
xxx
----
From: John Doe <jdoe@machine.example>
To: Mary Smith <mary@example.net>
Subject: Saying Hello
Date: Fri, 21 Nov 1997 09:55:06 - 0600
Message- ID: <1234@local.machine.example>

This is a message just to say hello.
So, "Hello".
----
From: Joe Q. Public <john.q.public@example.com>
To: Mary Smith <@machine.tld:mary@example.net>, , jdoe@test .example
Date: Tue, 1 Jul 2003 10:52:37 +0200
Message- ID: <5678.21- Nov- 1997@example.com>

Hi everyone.
----
To: "Mary Smith: Personal Account" <smith@home.example>
From: John Doe <jdoe@machine.example>
Subject: Re: Saying Hello
Date: Fri, 21 Nov 1997 11:00:00 - 0600
Message- ID: <abcd.1234@local.machine.tld>
In- Reply-To: <3456@example.net>
References: <1234@local.machine.example> <3456@example.net>

This is a reply to your reply.
----
----
```

　기본적으로 파일에서 대부분의 정보를 제거해 파일을 요약했으며, 분석 과정을 쉽게 하고자 ----(네 개의 대시)만을 포함하는 행으로 각 메시지가 종료되게 했다. 이제 'John Doe'가 보낸 모든 메시지를 찾아 'Subject제목' 필드를 출력하는 간단한 연습용 프로그램을 만들어 보자. 이 작업을 할 수 있다면 다른 많은 흥미로운 일도 할 수 있다.

우선 데이터에 대한 임의의 접근이 필요한지, 아니면 입력 스트림의 정보를 스트림으로 다뤄서 분석해야 할지를 결정해야 한다. 실제로는 여러 명의 발신자나 해당 발신자가 보낸 정보 중 여러 부분이 필요할 가능성이 크기 때문에 실제 프로그램에선 첫 번째 방법을 선택한다. 그리고 이 방법이 두 방법 중 더 어려운 방법이므로, 더 많은 기법을 연습할 수 있는 기회를 제공해주기도 한다. 특히 반복자를 다시 한 번 접할 수 있다.

기본적인 아이디어는 전체 파일을 한 구조체(Mail_file) 안에 읽어 들이는 방식이다. 이 구조체는 메일 파일 안의 모든 행을 (vector<string>에) 저장하며, 각 메시지가 어디서 시작하고 끝나는지를 가리키는 표식을 vector<Message>에 저장한다.

메일 파일의 구조는 다음과 같다.

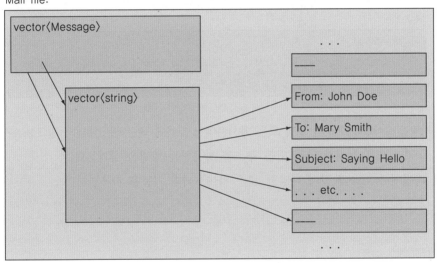

이러한 구조를 지원하기 위해 일반적인 방법으로 각 행과 메시지를 탐색할 수 있게 반복자와 begin(), end() 함수를 추가한다. 이런 작업이 귀찮긴 하지만, 메시지에 간편하게 접근할 수 있는 수단을 제공한다. 이러한 작업을 바탕으로 다음과 같이 각 발신자의 모든 메시지를 수집해 발신자별 메시지에 쉽게 접근할 수 있게 해주는 연습용 응용 프로그램을 작성해보자.

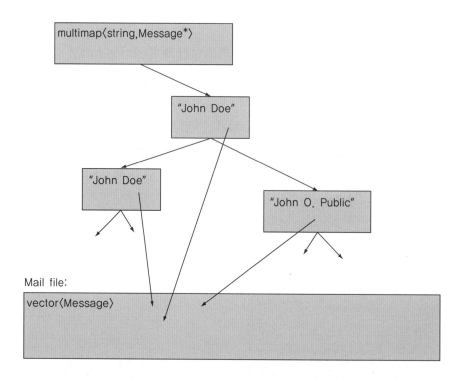

마지막으로 'John Doe'가 보낸 모든 메시지에서 제목에 해당하는 헤더의 필드를 출력해보고, 이를 바탕으로 우리가 만든 접근 구조를 활용하는 방법을 살펴본다.

이 과정에서 다음과 같이 다양한 표준 라이브러리 기능을 사용한다.

```cpp
#include<string>
#include<vector>
#include<map>
#include<fstream>
#include<iostream>
using namespace std;
```

Message 타입의 정의는 vector<string>(각 행의 문자열을 저장하는 벡터)의 반복자 한 쌍을 포함한다.

```cpp
typedef vector<string>::const_iterator Line_iter;

class Message {        // Message 는 각 메시지의 시작과 끝을 가리킴
    Line_iter first;
    Line_iter last;
public:
    Message(Line_iter p1, Line_iter p2) :first{p1}, last{p2} { }
    Line_iter begin() const { return first; }
```

```
    Line_iter end() const { return last; }
    // ...
};
```

Mail_file은 각 행의 텍스트와 메시지를 저장하는 구조체로 정의한다.

```
using Mess_iter = vector<Message>::const_iterator;

struct Mail_file {              // Mail_file 파일의 모든 행을 저장하고
                                // 메시지에 대한 접근을 단순화 함
    string name;                // 파일 이름
    vector<string> lines;       // 행을 순서대로 저장
    vector<Message> m;          // 메시지를 순서대로 저장

    Mail_file(const string& n); // 파일 n에서 행을 읽어 lines에 저장

    Mess_iter begin() const { return m.begin(); }
    Mess_iter end() const { return m.end(); }
};
```

정보를 쉽고 체계적으로 탐색하기 위해 어떤 방식으로 자료 구조에 반복자를 추가했는지에 주목하자. 여기서는 표준 라이브러리 알고리즘을 사용하지 않았지만, 필요하다면 이 반복자를 이용해 표준 라이브러리 알고리즘을 사용할 수 있다.

메시지 안의 정보를 찾아 추출하려면 두 개의 헬퍼 함수가 필요하다.

```
// Message에서 발신자 이름을 찾음
// 찾았으면 true를 반환하고 s에 발신자 이름을 저장함
bool find_from_addr(const Message* m, string& s);

// Message에서 제목을 찾아 반환. 존재하지 않으면 ""를 반환.
string find_subject(const Message* m);
```

마지막으로 파일에서 정보를 추출하는 코드를 작성하자.

```
int main()
{
    Mail_file mfile {"my- mail- file.txt"};   // 파일로부터 mfile을 초기화

    // 우선 각 발신자가 보낸 메시지를 multimap에 수집

    multimap<string, const Message*> sender;

    for (const auto& m : mfile) {
        string s;
```

```
        if (find_from_addr(&m,s))
            sender.insert(make_pair(s,&m));
    }

    // 이제 multimap을 차례대로 탐색해
    // John Doe의 메시지에서 제목을 추출
    auto pp = sender.equal_range("John Doe <jdoe@machine.example>");
    for(auto p = pp.first; p!=pp.second; ++p)
        cout << find_subject(p->second) << '\n';
}
```

여기서 맵의 사용법을 자세히 알아보자. 같은 메일 주소가 발신한 메시지를 한데 모으고자 multimap(20.10절, B.4절)을 사용했다. 표준 라이브러리 multimap은 바로 이런 역할을 한다(동일한 키를 갖는 요소들에 쉽게 접근할 수 있다). (일반적으로) 우리가 해야 할 일은 크게 두 가지다.

● 맵을 구성한다.

● 맵을 사용한다.

여기서는 모든 메시지를 탐색하면서 insert를 이용해 multimap에 삽입하는 과정을 거쳐 multimap을 구성했다.

```
for (const auto& m : mfile) {
    string s;
    if (find_from_addr(&m,s))
        sender.insert(make_pair(s,&m));
}
```

맵에 삽입하는 정보는 make_pair()로 생성한 (키,값) 쌍이다. 그리고 우리가 직접 만든 find_from_addr()을 이용해 발신자의 이름을 추출했다.

Message를 우선 vector에 넣은 후 나중에 multimap을 구성하는 이유는 무엇인가? Message를 map에 직접 넣지 않는 이유는 무엇인가? 여기에는 간단하지만 근본적인 이유가 있다.

● 우선 많은 곳에서 사용할 수 있는 일반적인 구조를 만든다.

● 그리고 그 구조를 특정한 응용 예에서 사용한다.

이러한 방식으로 구성 요소의 재사용성을 높일 수 있다. map을 Mail_file 안에 직접 구성했다면 다른 작업을 할 때마다 Mail_file을 다시 정의해야 한다. 특히 multimap(sender 객체)은 메시지의 Address 필드로 정렬되는데, 대부분의 응용 프로그램에서는 이런 기능이 필요하지 않다. Return 필드와 Recipients 필드, Copy-to 필드, Subject 필드, 타임스탬프의 내용을 찾는 정도로 충분하기 때문이다.

이처럼 응용 프로그램을 단계적으로(혹은 계층별로, 계층은 프로그램의 한 부분을 일컫기도 한다) 만들면 프로그램의 설계와 구현, 문서화, 유지 보수가 훨씬 간단해진다. 여기서 중요한 점은 프로그램의 한 부분이 한 가지 작업만을 직관적으로 수행한다는 점이다. 반면, 한 번에 모든 일을 처리하려면 특별한 영리함이 필요하다. '이메일 헤더에서 정보를 추출하는' 프로그램은 확실히 조그만 예제에 불과하다. 하지만 각 작업을 분리하고 모듈화하고 점진적으로 프로그램을 만드는 방식은 프로그램의 규모가 커질수록 진가를 발휘한다.

정보를 추출할 때는 간단히 equal_range() 함수(B.4.10절)를 호출해 키가 "John Doe"인 모든 항목을 찾는다. 그리고 equal_range()가 반환한 시퀀스 [first,second)를 탐색하면서 find_subject()를 이용해 제목을 추출한다.

```
auto pp = sender.equal_range("John Doe <jdoe@machine.example>");

for (auto p = pp.first; p!=pp.second; ++p)
    cout << find_subject(p->second) << '\n';
```

map의 요소를 탐색하며 (키,값) 쌍을 얻게 되는데, 모든 pair에서 첫 번째 요소(여기서는 string 타입의 키)의 이름이 first이고, 두 번째(여기서는 Message 타입의 값)의 이름은 second(21.6절)이다.

23.4.1 세부 구현

이제 사용할 함수를 구현할 차례다. 구현을 연습문제로 남겨 지면을 아끼고 싶지만, 예제를 마무리하기로 결심했다. Mail_file의 생성자는 파일을 열고 lines와 m 벡터를 구성한다.

```
Mail_file::Mail_file(const string& n)
    // 이름이 n인 파일을 열고
    // 모든 행을 lines에 읽음.
    // 그리고 각 행 중에서 메시지의 위치를 찾아 m으로 구성
    // 구현을 단순히 하고자 모든 메시지는 ---- 행으로 끝난다고 가정함
{
    ifstream in {n};                // 파일 열기
    if (!in) {
        cerr << "no " << n << '\n';
        exit(1);                    // 프로그램 종료
    }
```

```
    for (string s; getline(in,s); )         // 행을 저장하는 벡터 구성
        lines.push_back(s);

    auto first = lines.begin();              // Message의 벡터 구성
    for (auto p = lines.begin(); p!=lines.end(); ++p) {
        if (*p == "----") {                  // 메시지의 끝
            m.push_back(Message(first,p));
            first = p+1;                      // ----는 메시지에 포함하지 않음
        }
    }
}
```

예제의 오류 처리는 매우 초보적인데, 이 프로그램을 친구에게 써보라고 권할 계획이라면 오류 처리에 더 신경을 써야 한다.

도전 과제

우리의 진짜 의도는 이렇다. 이 예제를 실행해 보고 어떻게 그런 결과가 나오는지 이해하자. '더 나은 오류 처리'는 무엇인가? Mail_file의 생성자를 수정해 ----와 관련해 발생할 수 있는 형식 오류에 대비하자.

---

find_from_addr()과 find_subject()는 파일에서 정보를 찾는 과정을 수행하는 더 나은 방법(정규 표현식, 23.6~10절)을 배우기 전까지만 임시적으로 사용한다.

```
int is_prefix(const string& s, const string& p)
    // p가 s의 접두사인가?
{
    int n = p.size();
    if (string(s,0,n)==p) return n;
    return 0;
}

bool find_from_addr(const Message* m, string& s)
{
    for (const auto& x : *m)
        if (int n = is_prefix(x, "From: ")) {
            s = string(x,n);
            return true;
        }
    return false;
}
```

```
string find_subject(const Message* m)
{
    for (const auto& x : *m)
        if (int n = is_prefix(x, "Subject: ")) return string(x,n);
    return "";
}
```

부분 문자열 사용 방법을 눈여겨보자. string(s,n)은 s[n]부터 시작하는 s의 꼬리 문자열 s[n]..s[s.size()-1]을 반환하고, string(s,0,n)은 s[0]..s[n-1]에 속하는 문자로 이뤄진 문자열을 반환한다. 이러한 연산은 새로운 문자열을 만들어 문자를 복사하므로, 성능이 중요한 경우에는 신중히 사용해야 한다.

find_from_addr()과 find_subject() 함수가 많이 달라 보이는 이유는 무엇인가? 예를 들어 한 함수는 bool을 반환하고 나머지 하나는 string을 반환한다. 이 둘을 다르게 만든 이유는 다음과 같은 사항을 짚어보기 위해서다.

- find_from_addr()은 빈 주소("")를 찾은 경우와 주소 필드를 찾지 못한 경우를 구별한다. 첫 번째 경우에 find_from_addr()은 (어쨌든 주소를 찾았으므로) true를 반환하고 (주소가 비어있으므로) s에 ""를 대입한다. 두 번째 경우에는 (주소 필드가 없으므로) false를 반환한다.
- find_subject()는 빈 제목을 찾았거나 제목 필드를 찾지 못한 경우에 모두 ""를 반환한다.

find_from_addr()처럼 두 경우를 구별하는 일이 유용할까? 꼭 필요한가? 우리는 이러한 구별이 유용하며, 두 경우의 차이를 꼭 인식해야 한다고 생각했다. 데이터 파일에서 정보를 찾을 때 이런 식의 구별은 계속해서 등장한다. 원하는 필드를 찾았고, 그 안에 유용한 무언가가 있는가? 실제 프로그램이라면 find_from_addr()과 find_subject() 모두 사용자가 이와 같은 구별을 할 수 있도록 find_from_addr()과 같은 스타일로 작성돼야 한다.

이 프로그램은 성능 측면에서 튜닝하진 않았지만, 대부분의 사용자에게 충분히 빠르다. 특히 입력 파일을 한 번만 읽고, 파일에서 읽은 텍스트의 사본을 여러 개 유지하지 않는다. 크기가 큰 파일이라면 multimap을 unordered_multimap으로 대체해도 좋지만, 직접 측정하기 전에는 어떤 쪽이 나은지 알 수 없다.

표준 라이브러리의 연관 컨테이너(map, multimap, set, unordered_map, unordered_multimap)에 대한 소개는 21.6절을 참고하라.

23.5 문제 제기

입출력 스트림과 string은 문자로 이뤄진 시퀀스를 읽고 쓰고 기본적인 조작을 하는 데 도움을 준다. 그러나 문자열의 문맥이나 많은 수의 유사한 문자열을 고려해 텍스트를 처리해야 하는 경우가 많다. 간단한 예를 들어 보자. 주어진 이메일 메시지(단어의 시퀀스)가 미국의 주 ^{state} 명칭의 약자와 ZIP 코드를 포함하는지 확인해보자(두 문자 뒤에 숫자 다섯 개가 이어짐).

```
for (string s; cin>>s; ) {
    if (s.size()==7
    && isalpha(s[0]) && isalpha(s[1])
    && isdigit(s[2]) && isdigit(s[3]) && isdigit(s[4])
    && isdigit(s[5]) && isdigit(s[6]))
        cout << "found " << s << '\n';
}
```

여기서 isalpha(x)가 true이면 x는 문자이고, isdigit(x)가 true이면 x는 숫자다(11.6절). 하지만 앞에서 살펴본 (지나치게) 간단한 예제에는 몇 가지 문제가 있다.

- 너무 길다(네 행, 여덟 번의 함수 호출).
- 문맥상 다른 단어와 공백 문자로 구별되지 않은 모든 우편번호를 (의도적으로??) 놓치고 있다 (예, "TX77845"와 TX77845-1234, ATX77845 등).
- 문자와 숫자 사이에 공백이 존재하는 모든 우편번호를 (의도적으로??) 놓치고 있다(예, TX 77845 등).
- 문자가 소문자인 모든 우편번호를 (의도적으로??) 허용한다(예, tx77845 등).
- 다른 형식의 우편번호(CB30FD 등)를 찾으려면 코드를 전부 다시 작성해야 한다.

더 좋은 방법이 있지 않을까! 그 방법을 살펴보기 전에 앞의 단순한 방식대로 더 많은 경우를 처리하는 코드를 계속 작성하면 어떤 문제가 있는지 알아보자.

- 한 가지 이상의 형식을 다루려면 if 구문이나 switch 구문을 추가해야 한다.
- 대소문자를 구별하려면 명시적으로 변환을 하거나(일반적으로는 소문자로 변환), 또 다른 if 구문을 추가해야 한다.
- 우리가 찾으려는 문맥을 어떤 식으로든 기술해야 한다(도대체 어떻게?). 이는 문자열이 아닌 개별적인 문자를 다뤄야 함을 뜻하며, iostream(7.8.2절)이 주는 많은 장점을 활용할 수 없게 된다.

원한다면 이런 식으로 코드를 작성해도 되지만, 수많은 특별한 경우를 처리하는 수많은

if 구문에 직면하는 상황이 불보듯 뻔하다. 이처럼 간단한 예제에서도 두 가지 경우를 처리해야 한다(다섯 자리와 아홉 자리 ZIP 코드). 다른 많은 예제에서는 반복도 처리해야 한다(예, 123!과 123456!처럼 0개 이상의 숫자 뒤에 느낌표가 나오는 경우). 마지막으로 접두사와 접미사도 모두 다뤄야 한다. 앞에서 봤듯이(11.1~2절) 정규성과 단순성을 추구하는 프로그래머의 욕구를 만족하고자 사람들이 선호하는 출력 포맷의 취향을 제한할 수는 없다. 사람들이 날짜를 표기하는 수없이 많은 방식만 생각해 봐도 그러한 사실을 쉽게 알 수 있다.

```
2007-06-05
June 5, 2007
jun 5, 2007
5 June 2007
6/5/2007
5/6/07
...
```

경험 많은 프로그래머라면 이즈음에서 (일반적으로 코드를 작성하는 방법보다) "더 나은 방법이 있을 거야!"라고 외치고 그 방법을 찾아 나서기 마련이다(아직 그러기 전이라면). 이에 대한 가장 간단하고 널리 사용하는 해법이 바로 정규 표현식이다. 정규 표현식은 많은 텍스트 처리의 근간을 이룬다. 유닉스 grep 명령어(연습문제 8번 참고)도 정규 표현식을 바탕으로 하며, 텍스트 처리를 매우 많이 사용하는 언어(AWK와 PERL, PHP)에서도 필수적인 구성 요소다.

우리가 사용할 정규 표현식은 C++ 표준 라이브러리의 일부로, PERL의 정규 표현식과 호환된다. 덕분에 많은 설명과 튜토리얼, 매뉴얼을 찾아볼 수 있다. 예를 들어 C++ 표준 위원회의 워킹 문서(웹에서 'WG21' 검색), 존 매독^{John Maddock}의 boost::regex 문서, 대부분의 PERL 튜토리얼을 참고할 수 있다. 여기서는 정규 표현식의 기본 개념과 정규 표현식을 사용하는 가장 기본적이고 유용한 방법을 설명한다.

도전 과제

마지막 두 문단에서 여러 이름과 줄임말을 마구 사용했다. 이들이 무엇을 일컫는지 웹을 검색해보자.

23.6 정규 표현식

정규 표현식의 기본적인 아이디어는 우리가 텍스트에서 찾고자 하는 패턴을 정의하는 데 있다. TX77845와 같이 단순한 미국 우편번호를 패턴으로 간략히 표현하는 방법을 살펴보자. 첫 시도는 다음과 같다.

```
wwddddd
```

여기서 w는 '임의의 문자'를 표현하고, d는 '임의의 숫자'를 표현한다. l('letter'의 첫 글자) 대신 w('word'의 첫 글자)를 사용한 이유는 l과 숫자 1을 혼동하는 경우가 많기 때문이다. 이러한 방식은 간단한 예를 다루는 경우에는 큰 문제가 없다. 그렇다면 숫자 아홉 개로 구성된 ZIP 코드 형식(예, TX77845-5629)은 어떨까?

```
wwddddd-dddd
```

별 문제가 없어 보인다. 그러나 w가 '임의의 문자'를 뜻하는 반면, -는 글자 그대로 대시의 의미를 갖는다. 즉, w와 d가 특별한 의미를 갖는다는 사실을 나타낼 방법이 필요하다. 이 두 글자는 문자 그대로가 아니라 특정한 종류의 문자 집합을 의미하기 때문이다(w는 'a나 b나 c나 ...'을 의미하고, d는 '1이나 2이나 3이나 ...'을 의미). 그 방법은 매우 간단하다. C++에서 특수 문자를 지정했던 방법(예, C++에서 문자열 리터럴에 포함된 \n은 개행 문자) 그대로 문자 집합의 이름 앞에 백슬래시를 붙인다. 이 방법을 예제에 적용하면 다음과 같다.

```
\w\w\d\d\d\d\d-\d\d\d\d
```

보기엔 조금 안 좋을 수 있지만 적어도 모호하진 않으며, 백슬래시를 바탕으로 "뭔가 특별한 일이 일어난다"는 점을 쉽게 알 수 있다. 위에서는 반복되는 문자를 말 그대로 반복으로 표현했다. 그러나 이런 방식은 지루하고 오류의 원인이 되기 쉽다. 위의 예제에서는 대시 앞의 숫자 다섯 개와 뒤의 숫자 4개를 제대로 명시했는가? 그렇긴 했지만 어디서도 5와 4라는 숫자를 명시하지 않았으므로, 개수가 맞는지 확인하려면 직접 세어봐야 한다. 그 대신 문자 뒤에 개수를 추가하는 방법으로 반복을 표현할 수 있다.

```
\w2\d5-\d4
```

그러나 패턴 안의 2와 5, 4가 알파벳/숫자를 나타내는 문자 2와 5, 4가 아닌 개수라는 사실을 명시할 수 있는 문법이 필요하다. 따라서 개수는 중괄호 안에 넣기로 하자.

```
\w{2}\d{5}-\d{4}
```

즉, {도 /(백슬래시)와 마찬가지로 특수 문자다.

지금까지는 별 문제가 없지만 우리는 좀 더 지저분한 세부 사항 두 가지를 처리해야 한다. ZIP 코드의 마지막 숫자 네 개는 선택적이다. 따라서 TX77845와 TX77845-5629를 모두 받아들여야 한다. 이 패턴을 표현하는 방법에는 기본적으로 두 가지가 있다.

```
\w{2}\d{5} 또는 \w{2}\d{5}-\d{4}
```

두 번째 방법은 다음과 같다.

`\w{2}\d{5} 그리고 선택적인 -\d{4}`

간결하고 정확히 말하자면 `\w{2}\d{5}-\d{4}`에서 `\w{2}\d{5}`와 `-\d{4}` 부분을 각각 가리키려면 그룹핑(부분 패턴^{sub-pattern})이라는 개념을 표현해야 한다. 관례적으로 괄호를 이용해서 그룹핑을 표현한다.

`(\w{2}\d{5}) (-\d{4})`

전체 패턴을 두 부분 패턴으로 나눴으니 부분 패턴으로 무엇을 할지 명시할 차례. 일반적으로 새로운 기능을 추가할 때마다 새로운 특수 문자가 추가된다. 즉, (도 \, {와 마찬가지로 특수 문자다. 관례적으로 '또는'(대안적인)은 |으로, 조건적(선택적)인 무언가는 ?로 나타낸다. 이를 이용해 다음과 같은 패턴을 작성할 수 있다.

`(\w{2}\d{5})|(\w{2}\d{5}-\d{4})`

그리고 다음과 같다.

`(\w{2}\d{5}) (-\d{4})?`

개수를 표현하는 중괄호(예, `\w{2}`)와 마찬가지로 물음표(?)도 접미사로 사용한다. 예를 들어 `(-\d{4})?`는 '`-\d{4}`는 선택적'임을 의미한다. 즉, 대시 다음에 네 개의 숫자를 추가로 받아들일 수 있다. 실제로는 다섯 자리 ZIP 코드를 나타내는 패턴(`\w{2}\d{5}`)에는 괄호를 사용할 이유가 전혀 없으므로, 다음과 같이 괄호를 제거할 수 있다.

`\w{2}\d{5}(-\d{4})?`

23.5절에서 언급한 문제에 완벽한 해답을 제시하려면 처음 두 문자 뒤에 선택적으로 공백을 추가할 수 있다.

`\w{2} ?\d{5}(-\d{4})?`

' ?'가 약간 이상해 보일 수 있다. 하지만 공백 다음의 물음표는 말 그대로 공백 문자가 선택적임을 뜻한다. 공백이 버그로 오해받는 일을 막으려면 괄호 안에 공백을 넣을 수 있다.

`\w{2}( )?\d{5}((-\d{4})?`

이조차도 모호하다고 생각하는 사람을 위해서 공백 문자를 나타내는 특수 문자 `\s`(s는 'space'의 앞 글자)가 존재한다. 이를 이용해 다음과 같은 패턴을 작성할 수 있다.

`\w{2}\s?\d{5}(-\d{4})?`

하지만 누군가가 두 개 이상의 공백을 사용하면 어떻게 될까? 지금까지 정의한 패턴에 따르면 TX77845와 TX 77845는 받아들이지만, TX 77845를 처리할 수 없다. '0개나 그 이상의 공백 문자'를 표현할 방법이 필요한데, 이런 경우에 '0개 이상'을 의미하는 접미사 *를 사용한다.

```
\w{2}\s*\d{5}(-\d{4})?
```

논리적 흐름을 한 단계씩 잘 따라왔다면 이해가 되리라 믿는다. 이러한 패턴 표기법은 논리적이며 매우 간결하다. 그리고 이 표기법은 매우 일반적으로 널리 사용되므로, 함부로 설계를 변경할 수 없다. 많은 텍스트 처리 작업에서 이 표기법을 읽고 써야 할 것이다. 물론 고양이가 키보드 위로 지나가면서 써놓은 문구 같기도 하고, 한 글자(띄어쓰기 하나)라도 틀리면 의미가 완전히 바뀌기도 한다. 하지만 익숙해지길 바란다. 이보다 훨씬 나은 방법을 제시할 수도 없거니와 30년 전에 유닉스 grep 명령어에서 사용된 후로 이런 스타일의 표기법을 매우 널리 사용해왔기 때문이다. 그 시절에조차도 이러한 표기법이 완전히 새로운 방법은 아니었다.

23.6.1 로우 문자열 리터럴

정규 표현식에 사용된 백슬래시에 주목하자. C++ 문자열 리터럴에서 백슬래시(\)를 나타내려면 그 앞에 백슬래시를 하나 더 붙여야 한다. 우편번호 패턴을 떠올려보자.

```
\w{2}\s*\d{5}(-\d{4})?
```

이 패턴을 문자열 리터럴로 작성하면 다음과 같다.

```
"\\w{2}\\s*\\d{5}(-\\d{4})?"
```

좀 더 생각해보면 큰따옴표(")를 포함하는 패턴을 매칭해야 하는 경우도 많다는 사실을 알 수 있다. 문자열 리터럴에서 큰따옴표를 표현하려면 그 앞에 백슬래시를 추가한다. 하지만 이런 식으로 하다 보면 관리하기가 어려워진다. 실제로는 이러한 '특수 문자 문제'가 매우 짜증나는 일이므로, C++를 비롯한 일부 언어에서는 실제로 사용되는 정규 표현식 패턴을 다룰 수 있도록 로우 문자열 리터럴raw string literal이라는 표기 방식을 제공한다. 로우 문자열 리터럴에서 백슬래시는 (확장 문자escape sequence가 아닌) 그냥 백슬래시 문자이고, 큰따옴표도 (문자열의 끝이 아닌) 그냥 큰따옴표 문자다. 로우 문자열 리터럴을 이용한 우편번호 패턴은 다음과 같다.

```
R"(\w{2}\s*\d{5}(-\d{4})?)"
```

로우 문자열은 R"(로 시작해)"로 끝난다. 따라서 문자열 끝의 영을 제외하고, 실제로 문자열을 구성하는 문자 22개는 다음과 같다.

```
\w{2}\s*\d{5}(-\d{4})?
```

23.7 정규 표현식을 이용한 검색

이제 앞에서 사용한 우편번호 패턴을 이용해 파일에서 우편번호를 찾아보자. 프로그램에서는 우선 패턴을 정의하고, 파일에서 한 행씩 읽어서 패턴을 검색한다. 어떤 행에서 프로그램이 패턴을 찾았다면 행 번호와 찾은 내용을 출력한다.

```cpp
#include <regex>
#include <iostream>
#include <string>
#include <fstream>
using namespace std;

int main()
{
    ifstream in {"file.txt"};                   // 입력 파일
    if (!in) cerr << "파일 없음\n";

    regex pat {R"(\w{2}\s*\d{5}(-\d{4})?)"};     // 우편번호 패턴

    int lineno = 0;
    for (string line; getline(in,line); ) {      // 입력 행을 버퍼에 읽음
        ++lineno;
        smatch matches;                          // 매칭된 문자열을 여기에 저장
        if (regex_search(line, matches, pat))
            cout << lineno << ": " << matches[0] << '\n';
    }
}
```

이 코드에는 자세한 설명이 필요하다. 표준 라이브러리 정규 표현식은 <regex>에서 찾을 수 있는데, 이를 이용해 패턴 pat를 정의한다.

```cpp
regex pat {R"(\w{2}\s*\d{5}(- \d{4})?)"}; // 우편번호 패턴
```

regex 패턴은 일종의 string이므로 문자열로 초기화할 수 있다. 여기서는 로우 문자열 리터럴을 사용했다. 그러나 regex는 단지 string이 아니라 패턴 매칭에 필요한 정교한 메커니즘이며, regex를 초기화(혹은 대입)할 때 그러한 메커니즘이 생성된다. 이러한 과정은 사용자

에게는 숨겨지며, 이 책의 범위도 벗어난다. 어쨌든 우리가 만든 우편번호 패턴으로 regex를 초기화하고 나면 각 행에 패턴 검색을 할 수 있다.

```
smatch matches;
if (regex_search(line, matches, pat))
    cout << lineno << ": " << matches[0] << '\n';
```

regex_search(line, matches, pat)는 line에서 pat에 저장된 정규 표현식에 매칭되는 부분을 찾고, 찾아진 부분이 있으면 matches에 모두 저장한다. 매칭되는 부분이 없으면 regex_search(line, matches, pat)는 false를 반환한다.

matches 변수는 smatch 타입이다. 여기서 s는 'sub'나 'string'을 뜻한다. 기본적으로 smatch는 string 타입의 부분 매치sub-match를 포함하는 벡터다. 첫 번째 요소, 여기서의 matches[0]은 전체 매치다. i<matches.size()일 때 matches[i]를 문자열로 취급할 수 있다. 즉, 주어진 정규 표현식에서 부분 패턴의 개수가 N개이면 matches.size()==N+1이다.

그렇다면 부분 패턴은 무엇인가? 적절한 첫 번째 대답은 '패턴에서 괄호 안에 있는 모든 것'이다. \w{2}\s*\d{5}(-\d{4})?에서 ZIP 코드의 확장 번호인 숫자 네 개가 괄호 안에 있다. 여기서 부분 패턴은 이것 하나뿐이므로, matches.size()==2라고 (제대로) 추측할 수 있다. 그리고 그 네 개의 숫자에 쉽게 접근할 수 있으리라는 추측도 할 수 있다.

```
for (string line; getline(in,line); ) {
    smatch matches;
    if (regex_search(line, matches, pat)) {
        cout << lineno << ": " << matches[0] << '\n';       // 전체 매치
        if (1<matches.size() && matches[1].matched)
            cout << "\t: " << matches[1] << '\n';           // 부분 매치
    }
}
```

엄밀히 말하자면 우리는 이미 패턴을 자세히 분석했기 때문에 1<matches.size()인지 확인해볼 필요는 없다. 그러나 그렇게 하자니 뭔가 불안하다(pat에 들어갈 수 있는 다양한 패턴을 살펴봤고, 모든 패턴이 부분 패턴을 하나만 포함하지는 않기 때문이다). 각 부분 매치가 성공적인지 알고 싶으면 해당 매치의 matched 멤버, 여기서는 matches[1].matched를 확인하면 된다. matches[i].matched가 false이면 어떻게 될지 궁금할 텐데, 그런 경우에 매칭되지 않은 부분 패턴 matches[i]는 빈 문자열을 출력한다. 마찬가지로 matches[17]처럼 존재하지 않는 부분 패턴도 매칭되지 않은 부분 패턴으로 취급한다.

입력 파일의 내용이 다음과 같을 때

```
address TX77845
ffff tx 77843 asasasaa
ggg TX3456-23456
howdy
zzz TX23456-3456sss ggg TX33456-1234
cvzcv TX77845-1234 sdsas
xxxTx77845xxx
TX12345-123456
```

프로그램의 출력은 다음과 같다.

```
pattern: "\w{2}\s*\d{5}(-\d{4})?"
1: TX77845
2: tx 77843
5: TX23456-3456
   : -3456
6: TX77845-1234
   : -1234
7: Tx77845
8: TX12345-1234
   : -1234
```

다음과 같은 사실에 주목하자.

- ggg로 시작하는 행의 잘못된 우편번호 형식에 속지 않음(잘못된 점이 무엇인지 알겠는가?)

- zzz로 시작하는 행에서 첫 번째 우편번호만 찾았음(우리가 행마다 우편번호 하나씩을 요구했으므로)

- 5행과 6행에서 확장 번호 네 자리를 올바르게 찾았음

- 7행에서 xxx 사이에 숨겨진 우편번호를 찾아냄

- TX12345-123456에 숨겨진 우편번호를 (불행일지도 모르지만) 찾아냄

23.8 정규 표현식 문법

지금까지 정규 표현식 매칭의 기본적인 예제를 살펴봤다. 이제 (regex 라이브러리에서 사용하는 형태의) 정규 표현식을 더 체계적이고 완벽하게 살펴볼 차례다.

정규 표현식('regexps'나 'regexs')은 기본적으로 문자의 패턴을 표현하는 작은 언어라고 할 수 있다. 강력하고(표현력이 뛰어나고) 간결한 언어지만, 암호처럼 보이기도 한다. 수십 년 동안 사용돼 오면서 많은 기능이 추가됐고 몇 가지 변종도 존재한다. 여기서는 오늘날 가장 많이 사용되는 종류(PERL 방식)에서 유용한 기능의 많은 부분을 살펴본다. 여러분이 원하는 바를 표현하는

데 더 많은 내용이 필요하거나 정규 표현식의 다른 변종을 이해하고 싶다면 웹을 찾아보자. (품질은 제각각이지만) 많은 튜토리얼과 명세를 찾을 수 있다.

regex 라이브러리는 ECMAScript와 POSIX, awk, grep, egrep의 표기법을 지원하며, 많은 수의 검색 옵션을 제공한다. 이러한 기능은 다른 언어로 정의된 패턴을 매칭해야 할 때 특히 유용하다. 여기서 설명하는 기본 기능 이상의 내용이 필요하다면 이런 내용들을 찾아보자. 그러나 '대부분의 기능을 사용하기'가 좋은 프로그래밍의 목적은 아니라는 점을 기억하자. 가능하면 유지 보수를 책임질 불쌍한 (1~2 달 후의 여러분 스스로가 될지도 모를) 프로그래머를 가엾게 여기자. 불필요하게 영리한 코드는 작성하지 말고, 모호한 기능은 피하자.

23.8.1 문자와 특수 문자

정규 표현식은 문자열에서 매칭할 문자들의 패턴을 명시한다. 기본적으로 패턴 안의 문자는 문자열에서 스스로와 매칭된다. 즉, 정규 표현식 (패턴) "abc"는 문자열 Is there an abc here? 에서 abc에 매칭된다.

하지만 정규 표현식의 진가는 패턴 안에서 특별한 의미를 갖는 '특수 문자'와 문자 조합에서 나온다.

특별한 의미의 문자	
.	모든 문자 하나(와일드카드(wildcard))
[	문자의 유형 지정
{	개수
(	그룹핑 시작
)	그룹핑 끝
₩	다음 문자가 특별한 의미를 갖게 함
*	0개 이상
+	하나 이상
?	선택적(0개나 하나)
|	여러 대안 중 하나 선택(또는)
^	행의 시작이나 부정(negation)
$	행의 끝

예를 들어 다음을 살펴보자.

```
x.y
```

이 패턴은 xxy와 x3y, xay 등 x로 시작해서 y로 끝나는 세 글자로 이뤄진 모든 문자열에 매칭되지만, yxy와 3xy, xy에는 매칭되지 않는다.

{ ... }와 *, +, ?는 후치 연산자임을 기억하자. 예를 들어 \d+는 '하나 이상의 10진수'를 의미한다.

패턴 안에서 특수 문자를 일반 문자로 사용하고 싶다면 백슬래시를 이용해서 '이스케이프 신호'를 보내야 한다. 즉, 패턴 안에서 +는 하나 이상을 뜻하는 연산자지만, \+는 덧셈 기호를 나타낸다.

23.8.2 문자의 유형

가장 일반적인 문자 조합 몇 가지는 '특수 문자'로 간결하게 표현한다.

문자 유형을 표현하는 특수 문자		
\d	10진 숫자	[[:digit:]]
\l	소문자	[[:lower:]]
\s	공백 문자(띄어쓰기와 탭 등)	[[:space:]]
\u	대문자	[[:upper:]]
\w	알파벳 문자(a–z나 A–Z) 또는 숫자(0–9) 또는 밑줄(_)	[[:alnum:]]
\D	\d를 제외한 모든 문자	[^[:digit:]]
\L	\l을 제외한 모든 문자	[^[:lower:]]
\S	\s를 제외한 모든 문자	[^[:space:]]
\U	\u를 제외한 모든 문자	[^[:upper:]]
\W	\w를 제외한 모든 문자	[^[:alnum:]]

대문자로 된 특수 문자들이 '특수 문자를 대문자로 쓴 것'이 아니라는 점에 주의하자. 특히 \W는 '대문자'가 아니라 '단어 문자가 아님'을 의미한다.

세 번째 열의 항목(예, [[:digit:]])은 좀 더 긴 이름을 사용하는 문법적인 대안이다.

string이나 iostream 라이브러리와 마찬가지로 regex 라이브러리도 유니코드를 비롯한 많은 종류의 문자 집합을 처리할 수 있다. string이나 iostream에서도 그랬듯이 더 자세한 내용이 필요하다면 도움을 요청하고 더 많은 정보를 찾아보기 바란다. 유니코드 텍스트를 조작하는 일은 이 책의 범위를 벗어난다.

23.8.3 반복

후치 연산자를 이용해 패턴의 반복을 명시한다.

반복	
{n}	정확히 n개
{n,}	n개 이상
{n,m}	n개 이상, m개 이하
*	0개 이상, 즉 {0,}
+	한개 이상, 즉 {1,}
?	선택적(0개 또는 한개), 즉 {0,1}

예를 들어 다음을 살펴보자.

```
Ax*
```

이 패턴은 다음과 같이 A 뒤에 이어지는 0개 이상의 x에 매칭된다.

```
A
Ax
Axx
Axxxxxxxxxxxxxxxxxxxxxxxxxxxxxxx
```

x가 적어도 한 번 나온다면 * 대신 +를 사용하자.

```
Ax+
```

이 패턴은 다음과 같이 A 뒤에 이어지는 한 번 이상의 x에 매칭된다.

```
Ax
Axx
Axxxxxxxxxxxxxxxxxxxxxxxxxxxxxxx
```

그러나 아래 문자열에는 매칭되지 않는다.

```
A
```

일반적으로 자주 사용하는 0번이나 한 번(선택적) 등장하는 문자는 물음표로 표현한다.

```
\d-?\d
```

이 패턴은 다음과 같이 두 10진수와 그 사이의 선택적인 대시에 매칭된다.

```
1-2
12
```

그러나 아래 문자열에는 매칭되지 않는다.

```
1--2
```

등장 횟수를 특정 숫자나 구간으로 지정하려면 중괄호를 이용한다.

```
\w{2}-\d{4,5}
```

이 패턴은 다음과 같이 정확히 두 개의 문자 다음에 대시가 나오고, 그 다음에 숫자가 네 개나 다섯 개 등장하는 문자열에 매칭된다.

```
Ab-1234
XX-54321
22-54321
```

그러나 아래 문자열에는 매칭되지 않는다.

```
Ab-123
?b-1234
```

보다시피 \w는 단어 문자를 뜻한다.

23.8.4 그룹핑

부분 패턴을 이용해 정규 표현식을 정의하려면 다음과 같이 부분 패턴을 괄호로 그룹핑한다.

```
(\d*:)
```

이 패턴은 0개 이상의 숫자 다음에 콜론이 등장하는 부분 패턴을 정의하는데, 이러한 그룹은 다음과 같이 더 정교한 패턴의 일부가 될 수도 있다.

```
(\d*:)?(\d+)
```

이 패턴은 0개 이상의 숫자 다음에 콜론이 등장하는 부분 패턴이나 빈 문자열이 나오고, 그 뒤로 하나 이상의 숫자가 등장하는 패턴을 정의한다. 이처럼 복잡한 패턴을 이렇게 간결하고 정확하게 표현하는 방법이 또 있을까?

23.8.5 대안 제시

'또는' 문자(|)는 다음과 같이 여러 가지 대안을 제시한다.

```
Subject: (FW:|Re:)?(.*)
```

이 패턴은 이 메일 제목이 FW: 또는 Re:가 선택적으로 등장한 후에 0개 이상의 문자가 나타남을 뜻한다. 예를 들어 다음과 같다.

```
Subject: FW: Hello, world!
Subject: Re:
Subject: Norwegian Blue
```

위와 같은 문자열은 이메일 제목이 될 수 있지만 다음과 같은 문자열은 제목이 될 수 없다.

```
SUBJECT: Re: Parrots
Subject FW: No subject!
```

빈 문자열은 대안으로 지정할 수 없다.

```
(|def)          // 오류
```

그러나 여러 개의 대안을 한꺼번에 지정할 수는 있다.

```
(bs|Bs|bS|BS)
```

23.8.6. 문자 집합과 구간

특수 문자는 일반적인 문자 유형에 대한 줄임말을 제공하는데, 숫자(\d)와 알파벳 문자, 숫자와 밑줄(\w) 등을 예로 들 수 있다(23.7.2절). 그러나 우리 스스로 문자 유형을 쉽게 정의할 수 있고, 이런 방식이 유용한 경우가 많다.

[\w @]	단어 문자(\w로 정의되는 문자)나 띄어쓰기, @
[a-z]	소문자 a부터 z
[a-zA-Z]	대문자나 소문자 a부터 z
[Pp]	대문자나 소문자 P
[\w\-]	단어 문자나 대시(백슬래시 없는 -는 '구간')를 뜻함
[asdfghjkl;']	미국 쿼티^{QWERTY} 키보드의 가운데 줄에 있는 문자
[.]	마침표

`[.[{((\\)*+?^$]`　　정규 표현식의 특수 문자

문자 집합을 지정할 때 -(대시)는 `[1-3]`(1이나 2, 3)과 `[w-z]`(w나 x, y, z)에서처럼 구간을 뜻한다. 구간을 사용할 땐 주의해야 하는데, 모든 (인간의) 언어가 같은 문자들을 포함하지 않으며, 문자 인코딩의 순서가 모두 같지도 않기 때문이다. 영어 알파벳의 가장 일반적인 문자나 숫자가 아닌 문자에 대해 구간을 지정해야 한다면 문서를 참조하기 바란다.

문자 유형을 지정할 때 `\w`(모든 단어 문자)를 비롯한 특수 문자를 사용할 수 있다. 그렇다면 문자 유형 안에서 백슬래시(\)는 어떻게 표현하는가? 다른 곳에서와 마찬가지로 백슬래시를 앞에 붙여서 `\\`로 표현한다.

문자 유형 지정의 첫 문자가 ^이면 ^의 의미를 부정으로 해석한다.

`[^aeiouy]`　　　영어의 모음을 제외한 문자

`[^\d]`　　　　 숫자를 제외한 문자

`[ ^aeiouy]`　　 띄어쓰기나 ^, 영어의 모음

위의 세 번째 정규 표현식에서 ^는 `[` 다음의 첫 문자가 아니므로, 부정 연산자가 아닌 일반적인 문자다. 정규 표현식은 이렇게 자칫 혼동을 일으킬 수 있다.

`regex` 구현은 매칭 과정에서 명명된 문자 유형을 사용할 수 있는 기능도 제공한다. 예를 들어 모든 알파벳/숫자 문자(즉, 문자나 숫자: a-z 또는 A-Z 또는 0-9)는 정규 표현식에서 `[[:alnum:]]`으로 나타낸다. 여기서 `alnum`은 알파벳/숫자 문자 집합을 나타내는 이름이다. 따라서 알파벳/숫자 문자가 하나 이상 등장하는 인용문의 패턴은 `"[[:alnum:]]+"`로 표현할 수 있다. 이 정규 표현식을 일반적인 문자열 리터럴에 대입하려면 큰따옴표 앞에 백슬래시를 붙여야 한다.

```
string s {"\"[[:alnum:]]+\""};
```

더 나아가 이 문자열을 `regex`에 넣으려면 백슬래시 자체에 백슬래시를 덧붙여야 한다.

```
regex s {"\\\"[[:alnum:]]+\\\""};
```

이보다는 로우 문자열 리터럴을 사용하는 방법이 간단하다.

```
regex s2 {R"("[[:alnum:]]+")"};
```

이와 같이 백슬래시나 큰따옴표를 포함하는 패턴에서는 로우 문자열 리터럴을 사용하자. 여러 응용 분야에서 이런 패턴을 매우 많이 사용한다.

정규 표현식을 사용하다 보면 관례적인 표기법을 자주 쓰게 된다. 어쨌든 여기서는 표준 문자 유형을 살펴보자.

문자 유형	
alnum	모든 알파벳/숫자 문자
alpha	모든 알파벳 문자
blank	행 구분 문자를 제외한 모든 공백 문자
cntrl	모든 제어 문자
d	모든 10진 숫자
digit	모든 10진 숫자
graph	모든 그래픽 문자
lower	모든 소문자
print	출력 가능한 문자
punct	모든 문장 기호
s	모든 공백 문자
space	모든 공백 문자
upper	모든 대문자
w	모든 단어 문자(알파벳/숫자 문자와 밑줄)
xdigit	모든 16진 문자

regex의 구현은 더 많은 문자 유형을 제공한다. 그러나 여기서 언급하지 않은 문자 유형을 사용할 때는 여러분이 예상하는 사용 환경에서 호환이 되는지 따져봐야 한다.

23.8.7 정규 표현식 오류

잘못된 정규 표현식을 지정하면 어떻게 될까? 아래 예를 생각해보자.

```
regex pat1 {"(|ghi)"};     // 대안이 없음
regex pat2 {"[c-a]"};      // 올바른 구간이 아님
```

regex에 패턴을 넣을 때 패턴을 검사한다. 주어진 패턴이 올바르지 않거나 너무 복잡해서 매칭에 사용할 수 없으면 정규 표현식 매처matcher는 bad_expression 예외를 던진다.

정규 표현식 매칭을 살펴보기에 적합한 작은 프로그램을 예로 들어보자.

```
#include <regex>
#include <iostream>
#include <string>
```

```cpp
#include <fstream>
#include <sstream>
using namespace std;

// 입력에서 패턴과 몇 개의 행을 읽어 들임
// 패턴을 검사하고 입력된 행에서 패턴을 검색

int main()
{
    regex pattern;

    string pat;
    cout << "패턴 입력: ";
    getline(cin,pat);              // 패턴 읽기

    try {
        pattern = pat;             // pat를 검사하게 됨
        cout << "패턴: " << pat << '\n';
    }
    catch (bad_expression) {
        cout << pat << " 유효하지 않은 정규 표현식\n";
        exit(1);
    }

    cout << "행 입력:\n";
    int lineno = 0;

    for (string line; getline(cin,line); ) {
        ++lineno;
        smatch matches;
        if (regex_search(line, matches, pattern)) {
            cout << "행 " << lineno << ": " << line << '\n';
            for (int i = 0; i<matches.size(); ++i)
                cout << "\tmatches[" << i << "]: "
                    << matches[i] << '\n';
        }
        else
            cout << "매칭 실패\n";
    }
}
```

23.9 정규 표현식 매칭

정규 표현식의 기본적인 용도에는 두 가지가 있다.

- **검색** (길이가 정해지지 않은) 데이터 스트림에서 주어진 정규 표현식에 매칭되는 문자열 검색. regex_search()를 이용하면 스트림에서 패턴에 상응하는 부분 문자열을 찾는다.
- **매칭** (길이를 알고 있는) 문자열에 정규 표현식 매칭. regex_match()는 패턴과 문자열이 완벽히 매치돼야 한다.

23.6절의 ZIP 코드 찾기는 검색의 예로 볼 수 있다. 이제 매칭의 예를 살펴보자. 다음과 같은 표에서 데이터를 추출한다고 가정하자.

KLASSE	ANTAL DRENGE	ANTAL PIGER	ELEVER IALT
0A	12	11	23
1A	7	8	15
1B	4	11	15
2A	10	13	23
3A	10	12	22
4A	7	7	14
4B	10	5	15
5A	19	8	27
6A	10	9	19
6B	9	10	19
7A	7	19	26
7G	3	5	8
7I	7	3	10
8A	10	16	26

(이어짐)

KLASSE	ANTAL DRENGE	ANTAL PIGER	ELEVER IALT
9A	12	15	27
0MO	3	2	5
0P1	1	1	2
0P2	0	5	5
10B	4	4	8
10CE	0	1	1
1MO	8	5	13
2CE	8	5	13
3DCE	3	3	6
4MO	4	1	5
6CE	3	4	7
8CE	4	4	8
9CE	4	9	13
REST	5	6	11
Alle klasser	184	202	386

(비야네 스트롭스트룹이 어렸을 적 다니던 초등학교의 2007년 학생 수를 담고 있는) 이 표는 문맥(웹 페이지)에서 추출한 것으로, 다음과 같이 우리가 흔히 분석하는 데이터의 전형적인 특성을 띄고 있다.

- 수치 데이터 필드를 포함한다.
- 표의 문맥을 이해하는 사람에게만 의미 있는 문자열 필드를 포함한다(여기서는 덴마크어 덕분에 그런 점이 두드러지게 나타난다).
- 문자열이 공백을 포함한다.
- 각 필드의 데이터는 '구분자separation indicator'로 구분된다. 여기서의 구분자는 탭 문자다.

이 표는 전형적인 특성을 가지면서 너무 복잡하지 않게 만들었지만, 한 가지 함정에 주의하자. 바로 우리 눈으로는 띄어쓰기와 탭 문자의 차이를 구별할 수 없다는 점이다. 이 문제는 코드에서 처리하게 해야 한다.

이 예제에서 정규 표현식을 사용하는 이유는 다음과 같다.

- 표의 형태가 올바른지(예, 모든 행이 정해진 수만큼의 필드를 포함하는지) 검증한다.

* 숫자의 합이 맞는지 확인한다(마지막 행의 각 열은 위쪽 열의 총합이어야 한다).

이 작업을 할 수 있다면 다른 일도 거의 다 할 수 있다. 예를 들어 첫 숫자(학년을 가리킴. 예, 1은 1학년을 말함)가 동일한 행을 병합해서 새로운 표를 만들거나, 특정 년도의 학생의 수가 증가하는지 감소하는지 알 수도 있다(연습문제 10번과 11번).

이 표를 분석하려면 헤더 행과 나머지 행에 매칭되는 두 가지 패턴이 필요하다.

```
regex header {R"(^[\w ]+(      [\w ]+)*$)"};
regex row {R"(^[\w ]+(          \d+)( \d+)( \d+)$)"};
```

정규 표현식 문법의 강점은 간략함과 유용함이지, 초보자가 쉽게 이해할 수 있다는 점이 아니다. 사실 정규 표현식은 '쓰기에만 특화된 언어'로 명성이 높다. 우선 헤더부터 시작하자. 첫 행에는 수치 데이터가 없어서 모두 버려도 되지만, 연습 삼아 파싱해보자. 첫 행은 탭으로 구분된 '단어 필드'(알파벳/숫자 필드) 네 개로 이뤄진다. 필드 값은 공백을 포함할 수 있으므로 \w만으로는 문자 패턴을 규정할 수 없다. 대신 단어 문자(알파벳과 숫자, 밑줄)나 띄어쓰기라는 의미로 [\w]를 사용한다. 이와 같은 필드가 한 개 이상이므로 [\w]+로 나타낼 수 있다. 그리고 첫 번째 필드는 행의 시작에 위치하므로 ^[\w]+를 사용한다. '모자^hat^' 기호는 '행의 시작'을 의미한다. 나머지 필드는 탭과 단어로 이뤄지므로 ([\w]+)에 매칭된다. 이와 같은 필드가 임의의 개수만큼 등장한 후 행이 종료되므로 ([\w]+)*$로 쓸 수 있다. 달러 기호($)는 '행의 끝'을 의미한다.

탭이 정말 탭 문자인지 눈으로 알아보기 어렵지만, 여기서는 탭이 잘 보이게 서식을 구성했다.

이제 이번 예제에서 흥미로운 부분인 수치 데이터를 추출할 행을 살펴볼 차례다. 첫 필드는 앞과 같이 ^[\w]+다. 그 다음에 탭으로 구분된 수치 필드가 정확히 세 번 등장하므로, 패턴은 다음과 같다.

```
^[\w ]+(    \d+)(    \d+)(    \d+)$
```

이 패턴을 로우 문자열 리터럴로 나타내면 다음과 같다.

```
R"(^[\w ]+(    \d+)(    \d+)(    \d+)$)"
```

이제 이 패턴을 사용하는 일만 남았다. 우선 표의 형식을 검증하자.

```
int main()
{
    ifstream in {"table.txt"};              // 입력 파일
    if (!in) error("입력 파일 없음\n");
```

```
    string line;                          // 입력 버퍼
    int lineno = 0;

    regex header {R"(^[\w ]+(    [\w ]+)*$)"};              // 헤더 행
    regex row {R"(^[\w ]+(    \d+)(    \d+)(    \d+)$)"};    // 데이터 행

    if (getline(in,line)) {              // 헤더 행 확인
        smatch matches;
        if (!regex_match(line, matches, header))
            error("헤더 행 없음");
    }
    while (getline(in,line)) {            // 데이터 행 확인
        ++lineno;
        smatch matches;
        if (!regex_match(line, matches, row))
            error("잘못된 행",to_string(lineno));
    }
}
```

코드를 간결하게 하고자 #include는 생략한다. 각 행의 모든 문자를 확인해야 하므로 regex_search()가 아닌 regex_match()를 사용했다. 이 둘의 차이를 정확히 말하자면 regex_match()가 성공하려면 입력의 모든 문자가 매칭돼야 하지만, regex_search()는 입력에서 매칭되는 부분 문자열을 찾는다. regex_search()를 써야 할 곳에서 실수로 regex_match()를 사용하면(그 반대의 경우도 마찬가지) 찾기 어려운 버그가 발생한다. 하지만 두 함수 모두 'matches' 인자의 용도는 동일하다.

이제 표 안의 데이터가 유효한지 확인할 차례다. 각 행에서 남자('drenge')와 여자('piger') 열의 합이 각 행의 마지막 필드('ELEVER IALT')와 같아야 한다. 마지막 행('Alle klasser')의 각 열이 상단 열의 총합이 돼야 한다. 이러한 조건을 확인하려면 'Alle klasser'를 인식할 수 있어야 한다. 그리고 이렇게 하려면 텍스트 필드에 해당하는 부분이 부분 매치가 되게 row를 수정해야 한다.

```
int main()
{
    ifstream in {"table.txt"};          // 입력 파일
    if (!in) error("입력 파일 없음\n");

    string line;                          // 입력 버퍼
    int lineno = 0;

    regex header {R"(^[\w ]+(    [\w ]+)*$)"};              // 헤더 행
```

```
    regex row {R"(^[\w ]+(    \d+)(    \d+)(    \d+)$)"};    // 데이터 행

    if (getline(in,line)) {      // 헤더 행 확인
        smatch matches;
        if (!regex_match(line, matches, header))
            error("헤더 행 없음");
    }

    // 열의 합계:
    int boys = 0;
    int girls = 0;

    while (getline(in,line)) {
        ++lineno;
        smatch matches;
        if (!regex_match(line, matches, row))
            cerr << "잘못된 행: " << lineno << '\n';

        if (in.eof()) cout << "파일의 끝\n";

        // 데이터 행 확인:
        int curr_boy = from_string<int>(matches[2]);
        int curr_girl = from_string<int>(matches[3]);
        int curr_total = from_string<int>(matches[4]);
        if (curr_boy+curr_girl != curr_total) error("행 합계가 틀림 \n");

        if (matches[1]=="Alle klasser") {      // 마지막 행
            if (curr_boy != boys) error("남학생 합계 틀림\n");
            if (curr_girl != girls) error("여학생 합계 틀림\n");
            if (!(in>>ws).eof()) error("합계 행 다음에 남은 문자가 존재함");
            return 0;
        }

        // 합계 갱신
        boys += curr_boy;
        girls += curr_girl;
    }

    error("총합 행이 없음");
}
```

마지막 행은 나머지 행의 합이라는 점에서 의미가 다르다. 레이블("Alle klasser")을 이용해서 마지막 행임을 인식했다. 마지막 행 다음에는 공백 문자를 제외한 문자를 허용하지 않으며 (to<>() 기법 사용, 23.2절), 마지막 행을 발견하지 못하면 오류를 발생시킨다.

23.2절에서 데이터 필드로부터 정수 값을 추출하고자 from_string()을 사용했다. 해당 필드가 숫자로만 구성되는지 여부는 from_string()에서 이미 검사했으므로, string에서 int 로의 변환이 성공적인지를 확인할 필요는 없다.

23.10 참고 자료

정규 표현식은 널리 사용되는 유용한 도구로, 많은 프로그래밍 언어와 다양한 형식으로 사용할 수 있다. 정규 표현식은 형식 언어에 기초한 우아한 이론을 바탕으로 하며, 상태 기계를 바탕으로 한 효율적인 구현 기법을 이용한다. 정규 표현식의 완벽한 일반성과 배경 이론, 구현, 상태 기계의 일반적인 활용 방법은 이 책의 범위를 벗어난다. 그러나 이러한 주제들은 컴퓨터 과학 학습 과정에 표준적으로 포함되며, 정규 표현식은 널리 사용하므로, (필요하거나 관심이 있다면) 더 많은 정보를 찾기가 어렵지는 않다.

아래 자료를 참고하자.

Aho, Alfred V., Monica S. Lam, Ravi Sethi, and Jeffrey D. Ullman. Compilers: Principles, Techniques, and Tools, Second Edition('용이 그려진 책(The Dragon Book)'이라고도 한다). Addison-Wesley, 2007. ISBN 0321547985.

Cox, Russ. "Regular Expression Matching Can Be Simple and Fast (but Is Slow in Java, Perl, PHP, Python, Ruby, ...)." http://swtch.com/~rsc/regexp/regexp1.html.

Maddock, J. boost::regex documentation. www.boost.org/. Schwartz, Randal L., Tom Phoenix, and Brian D. Foy. Learning Perl, Fourth Edition. O'Reilly, 2005. ISBN 0596101058.

✔ 실습문제

1. 여러분이 사용 중인 표준 라이브러리에 regex가 포함돼 있는지 확인하자. 힌트: std::regex와 tr1::regex를 사용하려고 시도해보자.

2. 23.7절의 작은 프로그램이 작동하게 만들자. regex 라이브러리를 링크하고 regex 헤더를 사용하려면 프로젝트를 설정하고 커맨드라인 옵션을 지정하는 작업이 필요하다.

3. 실습문제 2번의 프로그램을 이용해서 23.7절의 패턴을 실습해보자.

복습문제

1. '텍스트'를 어디에서 볼 수 있는가?

2. 텍스트 분석에서 가장 자주 유용하게 사용하는 표준 라이브러리 기능은 무엇인가?

3. insert()는 주어진 위치(반복자)의 앞과 뒤 중 어느 곳에 삽입하는가?

4. 유니코드는 무엇인가?

5. string 타입과 다른 타입 간의 변환을 수행하는 방법은 무엇인가?

6. s가 string이라면 cin>>s와 getline(cin,s)의 차이는 무엇인가?

7. 표준 스트림의 종류를 나열하라.

8. map에서 키는 무엇인가? 유용한 키 타입의 예를 들어보자.

9. map의 요소를 탐색하는 방법은 무엇인가?

10. map과 multimap의 차이는 무엇인가? map의 유용한 연산 중에서 multimap에 없는 연산은 무엇이고, 그 이유는 무엇인가?

11. 순방향 반복자에 요구되는 연산은 무엇인가?

12. 빈 필드와 존재하지 않는 필드의 차이는 무엇인가? 두 가지 예를 들어보자.

13. 정규 표현식을 표현할 때 탈출 문자가 필요한 이유는 무엇인가?

14. 정규 표현식을 regex 변수에 넣는 방법은 무엇인가?

15. \w+\s\d{4}는 어디에 매칭되는가? 세 가지 예를 들어보자. 이 패턴으로 regex 변수를 초기화하려면 어떤 문자열 리터럴을 사용해야 하는가?

16. (프로그램 안에서) 어떤 문자열이 올바른 정규 표현식인지 어떻게 확인하는가?

17. regex_search()는 어떤 일을 하는가?

18. regex_match()는 어떤 일을 하는가?

19. 정규 표현식에서 마침표(.) 문자는 어떻게 표현하는가?

20. 정규 표현식에서 '적어도 세 번'의 개념을 어떻게 표현하는가?

21. 7은 \w 문자인가? _(밑줄)는 어떤가?

22. 대문자를 나타내는 방법은 무엇인가?

23. 여러분 스스로의 문자 집합을 지정하는 방법은 무엇인가?

24. 정수 필드의 값을 어떻게 추출하는가?

25. 부동소수점 숫자는 정규 표현식으로 어떻게 표현하는가?

26. 매치로부터 부동소수점 숫자 값을 어떻게 추출하는가?

27. 부분 매치는 무엇이며, 어떻게 접근하는가?

용어 정리

매치	regex_match()	검색
multimap	regex_search()	smatch
패턴	정규 표현식	부분 패턴

연습문제

1. 이메일 파일 예제를 실행해보고, 직접 만든 더 큰 파일로 테스트해보자. 주소가 두 줄이거나, 주소나 제목이 동일한 메시지, 메시지 내용이 없는 등 오류를 일으킬 만한 메시지를 포함시켜야 한다. 그리고 프로그램의 명세에 따르지 않는 메시지로 테스트해보자. 예를 들어 ----행이 없는 큰 파일을 테스트해보자.

2. multimap을 만들고 제목을 저장하자. 프로그램은 키보드에서 문자열을 입력받고, 입력받은 문자열과 동일한 제목을 갖는 모든 메시지를 출력한다.

3. 23.4절의 이메일 프로그램을 수정해 정규 표현식을 이용해 제목과 발신자를 찾아보자.

4. (실제 이메일 메시지를 포함하는) 진짜 이메일 메시지 파일을 찾자. 이메일 예제를 수정해 그 파일에서 사용자가 입력한 발신자와 동일한 사람이 보낸 메일의 제목을 추출하자.

5. (수천 개 메시지를 포함하는) 크기가 큰 이메일 메시지 파일을 찾자. 작성 시각을 multimap에 저장하자. 그리고 이 multimap을 unordered_multimap으로 대체하자. 우리 응용 프로그램은 multimap이 제공하는 정렬 기능을 사용할 필요가 없다는 점을 기억하자.

6. 텍스트 파일에서 날짜를 찾는 프로그램을 만들자. 적어도 하나의 날짜를 포함하는 모든 행을 line-number: line 형식으로 출력하자. 우선 12/24/2000처럼 간단한 형식을 표현하는 정규 표현식을 이용해 프로그램을 테스트하자. 그리고 더 많은 형식을 추가하자.

7. (앞의 연습문제와 비슷한) 프로그램을 작성하자. 이 프로그램은 파일에서 신용카드 번호를 찾는다. 우선 실제로 사용하는 신용카드 번호가 어떤 형태인지 조사하자.

8. 패턴과 파일 이름을 입력으로 받도록 23.8.7절의 프로그램을 수정하자. 패턴에 매치된 내용을 포함하는 행을 행 번호와 함께 출력한다(line-number: line). 매치를 찾지 못하면

아무 내용도 출력하지 않는다.

9. eof()(B.7.2절)를 이용하면 표의 어떤 행이 마지막인지 알 수 있다. 이를 이용해 23.9절의 표 검사 프로그램을 단순하게 만들자. 작성한 프로그램을 표 다음의 빈 줄로 끝나는 파일과 개행 문자로 끝나지 않는 파일로 테스트하자.

10. 23.9절의 표 검사 프로그램을 수정해 첫 숫자(학년을 나타냄, 예, 1은 1학년)가 동일한 행을 병합해 새로운 표를 만드는 프로그램을 작성하자.

11. 23.9절의 표 검사 프로그램을 수정해 주어진 해에 학생 숫자가 증가했는지 감소했는지를 알아내는 프로그램을 작성하자.

12. 날짜를 포함하는 모든 행을 찾는 프로그램(연습문제 6번)을 바탕으로, 모든 날짜를 찾아 ISO yyyy-mm-dd 형식으로 변환하는 프로그램을 작성하자. 이 프로그램은 입력 파일을 받아서 변환된 날짜를 제외하면 입력 파일과 내용이 동일한 출력 파일을 생성한다.

13. 마침표(.)가 '\n'에도 매칭되는가? 이를 확인하는 프로그램을 작성하라.

14. 패턴을 입력해 패턴 매칭을 실험해볼 수 있는 23.8.7절과 비슷한 프로그램을 작성하자. 그러나 이 프로그램은 파일의 (개행 문자 '\n'을 포함하는) 내용을 메모리로 읽어 들여 여러 행에 걸친 패턴도 테스트할 수 있다. 프로그램을 테스트하고 여러 가지 테스트 패턴을 문서로 남기자.

15. 정규 표현식으로 표현할 수 없는 패턴을 설명해보자.

16. 전문가를 위한 문제: 앞의 연습문제에서 찾아낸 패턴이 정말로 정규 표현식이 아니라는 사실을 증명하자.

붙이는 말

컴퓨터 자체와 컴퓨터가 하는 모든 일이 모두 수치와 관련되며, 컴퓨팅은 수학의 한 형태라는 오해에 쉽게 빠지곤 한다. 단언컨대 그렇지 않다. 여러분 컴퓨터의 화면만 봐도 텍스트와 그림으로 가득하다. 어쩌면 음악을 재생하느라 바쁠지도 모른다. 모든 응용 분야에서 그렇듯이 적절한 도구를 사용하는 일이 중요하다. C++ 관점에서 말하자면 적절한 라이브러리를 사용하는 일이 중요하다. 텍스트 조작에 있어서는 정규 표현식 라이브러리가 핵심적인 도구이며, map과 표준 알고리즘도 빼 놓을 수 없다.

24

수치 계산

"모든 복잡한 문제에는 명확하고 간단하지만,
틀린 해답이 있기 마련이다."

— H.L. 멘켄(H.L. Mencken)

24 장에서는 수치 계산에 필요한 기본적인 언어 기능과 라이브러리 기능을 요약한다. 타입의 크기와 정밀도, 절삭truncation에 관련된 기본적인 문제들을 소개한다. 24장의 핵심적인 내용은 다차원 배열multidimensional array인데, C 스타일과 N 차원 행렬 라이브러리를 모두 살펴본다. 다음으로 테스트와 게임, 시뮬레이션에서 자주 사용하는 난수를 소개한다. 마지막으로 표준 수학 함수들에 무엇이 있는지 알아보고 표준 라이브러리 복소수complex number의 기본적인 기능을 간략하게 소개한다.

24.1 소개

어떤 사람들에게 수치(복잡한 수치 계산)는 모든 것을 의미한다. 많은 과학자와 공학자, 통계학자가 이런 부류의 사람들에 속한다. 그 밖의 많은 사람에게도 수치는 때때로 필수적이다. 물리학자와 종종 협업하는 컴퓨터 과학자가 바로 그런 사람들이다. 이를 제외한 대부분의 사람들에게 정수와 부동소수점 산술을 뛰어넘는 수치 계산이 필요한 경우는 드물다. 24장의 목적은 간단한 수치 문제를 다룰 수 있는 언어의 기술적 세부 사항을 배우는 데 있다. 따라서 수치 해석numerical analysis을 가르치거나 부동소수점 연산에 대한 자세한 내용을 설명하지 않는다. 이와 같은 주제는 이 책의 범위를 훨씬 뛰어넘으며, 응용 분야에 특화된 주제와 함께 다뤄야 한다. 지금부터 우리가 설명할 내용은 다음과 같다.

● 정밀도와 오버플로 등 고정 크기의 내장형 타입에 관련된 주제
● 두 가지 형태(언어에 내장된 다차원 배열과 수치 계산에 더 적합한 Matrix 라이브러리)의 배열
● 난수에 대한 가장 기본적인 설명
● 표준 라이브러리의 수학 함수
● 복소수

여기서 가장 중요한 내용을 고르자면 행렬(다차원 배열) 처리를 쉽게 해주는 Matrix 라이브러리를 고를 수 있다.

24.2 크기와 정밀도, 오버플로

내장형 타입을 이용해서 일반적인 계산 기법을 수행할 때 수치는 고정된 크기의 메모리에 저장된다. 즉, 정수 타입(int와 long 등)은 수학에서 말하는 정수(모든 수)의 일부일 뿐이고, 부동소수점 타입(float과 double 등)은 수학에서 말하는 실수의 근사치일 뿐이다. 이러한 사실은 수학적인 관점에서 볼 때 일부 계산 결과가 정밀하지 않거나 틀릴 수도 있음을 암시한다. 다음의 예를 보자.

```
float x = 1.0/333;
float sum = 0;
for (int i=0; i<333; ++i) sum+=x;
cout << setprecision(15) << sum << "\n";
```

이 프로그램을 실행하면 우리가 당연하게 기대했던 1이 아니라 다음과 같은 결과를 얻는다.

```
0.999999463558197
```

나는 이런 결과가 나올 줄 알고 있었는데, 반올림 오류^{rounding error}의 부작용 때문에 이런 문제가 발생한다. 부동소수점 숫자는 고정된 수의 비트로 이뤄지며, 하드웨어가 제공하는 비트 수보다 많은 수의 비트를 요구하는 연산을 수행하면 언제나 반올림 오류가 발생한다. 예를 들어 유리수 1/3은 (아무리 많은 숫자를 사용해도) 10진수로 정확히 표현할 수 없다. 1/333도 이와 마찬가지이므로, x(기계로 1/333의 근사치를 가장 가깝게 표현하는 방법이 float이다)를 333번 더해도 1과 약간 다른 결과가 나온다. 부동소수점 숫자를 많이 사용하면 언제나 반올림 오류가 발생한다. 문제는 이 오류가 결과에 심각한 영향을 끼치는지의 여부다.

그러므로 결과가 합리적인지 항상 확인하라. 계산을 수행할 때는 합리적인 결과의 기준이 무엇인지를 항상 정해야 한다. 그렇지 않으면 '어리석은 버그'나 계산 오류에 속아 넘어가기 쉽다. 반올림 오류의 가능성을 인지하고, 그럴 가능성이 크다면 전문가와 상의하거나 수치 기법을 익혀야 한다.

도전 과제

예제의 333을 10으로 바꾸고 다시 실행해보자. 여러분이 기대한 결과는 무엇이며, 실제로 얻은 결과는 무엇인가? 앞에서 이미 경고했다!

고정된 크기의 정수로 인한 부작용은 더 극단적일 수 있다. 부동소수점 숫자는 정의 그대로 (실수) 수치의 근사치이므로, 오류가 발생해도 정확도가 떨어지는 정도에 그친다(최하위 비트가 소실된다). 반면 정수는 오버플로가 발생한다(최상위 비트가 소실된다). 따라서 정수 오류는 눈에 띄고(일반적으로 쉽게 발견할 수 있다), 부동소수점 오류는 기습적으로 발생한다(초보자는 발견하지 못할 수 있다). 오류를 고치려면 오류가 초기에 스스로를 명백하게 드러내도록 해야 한다.

정수 문제의 예를 보자.

```
short int y = 40000;
int i = 1000000;
cout << y << " " << i*i << "\n";
```

이 코드를 실행하면 다음과 같은 결과를 볼 수 있다.

```
- 25536 -727379968
```

우리가 예상한 대로 오버플로 효과를 확인할 수 있다. 정수 타입은 (상대적으로) 작은 정수만 표현한다. 효율적인 계산을 하는 데 필요한 모든 수를 표현하기엔 비트의 수가 충분하지 않다. 여기서 2바이트 short는 40,000을 표현할 수 없고, 4바이트 int는 1,000,000,000,000을 표현할 수 없다. C++ 내장형 타입의 정확한 크기(A.8절)는 하드웨어와 컴파일러에 따라 다르다.

sizeof(x)는 변수나 타입 이름 x의 크기를 바이트 단위로 반환하는데, 이러한 정의에 따르면 sizeof(char)==1이다. 각 타입의 크기는 다음과 같이 표현할 수 있다.

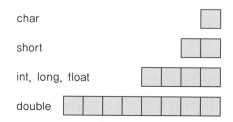

이 크기는 윈도우에서 마이크로소프트 C++ 컴파일러를 사용했을 경우에 해당한다. C++가 몇 가지 크기의 정수와 부동소수점 숫자를 제공하지만, 특별한 이유가 없다면 char와 int, double을 사용하자. (모든 프로그램은 아니지만) 대부분의 프로그램에서 나머지 정수와 부동소수점 타입은 득보다 실이 크다.

부동소수점 변수에 정수를 할당할 수 있다. 이때 다음과 같이 정수가 부동소수점 타입이 표현할 수 있는 구간보다 크면 정밀도가 낮아진다.

```
cout << "크기: " << sizeof(int) << ' ' << sizeof(float) << '\n';
int x = 2100000009;          // 큰 int
float f = x;
cout << x << ' ' << f << '\n';
cout << setprecision(15) << x << ' ' << f << '\n';
```

내 컴퓨터에서 실행한 결과는 다음과 같다.

```
크기: 4 4
2100000009 2.1e+009
2100000009 2100000000
```

float와 int는 동일한 크기(4바이트)의 공간을 차지한다. float은 가수^{mantissa}(보통 0과 1 사이의 값)와 지수^{exponent}로 표현하므로(가수*10^{지수}), 대단히 큰 int를 정확히 표현할 수 없다(지수에 필요한 공간을 확보한 후에 가수를 저장하는 데 충분한 공간을 추가로 확보할 수 없다). 따라서 f는 2100000009에 최대한 가까운 근사치로 표현할 뿐이다. 그러나 '정확히 표현'했다고 하기에는 마지막 자리의 9라는 숫자가 너무 크다. 2100000009를 예로 선택한 이유가 바로 여기에 있다.

다른 한편으로 부동소수점 숫자를 정수에 할당하면 절삭이 발생한다. 즉, 소수부(소수점 이후의 숫자)가 사라진다. 다음 예를 보자.

```
float f = 2.8;
int x = f;
cout << x << ' ' << f << '\n';
```

여기서 x의 값은 2다. 여러분이 상상한대로 '4/5 반올림 규칙'이 적용된 3이 아니다. 한마디로 C++의 float와 int 간 변환은 반올림이 아니라 절삭이다.

따라서 계산을 할 때는 오버플로와 절삭의 가능성을 꼭 명심해야 한다. C++는 이런 문제를 여러분 대신 잡아내지 않는다. 다음 예를 살펴보자.

```
void f(int i, double fpd)
{
    char c = i;        // 가능: char는 실제로 매우 작은 정수임
    short s = i;        // 주의: int는 short int에 맞지 않을 수 있음
    i = i+1;           // i가 가장 큰 int 값이었다면 어떻게 될까?
    long lg = i*i;     // 주의: long은 int에 맞지 않을 수 있음
    float fps = fpd;   // 주의: 큰 double은 float에 맞지 않을 수 있음
    i = fpd;           // 절삭: 예, 5.7 -> 5
    fps = i;           // (int 값이 매우 크면) 정밀도가 떨어질 수 있음
}

void g()
{
    char ch = 0;
    for (int i = 0; i<500; ++i)
        cout << int(ch++) << '\t';
}
```

의심스러운 경우에는 확인하고 실험해보자! 그냥 포기하지 말고, 문서만 읽지도 말자. 직접 경험해보지 않으면 수치에 관련된 심오한 기술 문서의 내용을 오해하기 십상이다.

도전 과제

g()를 실행하자. c와 s, i 등의 값을 출력하게 f()를 수정한 후 다양한 값으로 테스트하자.

정수의 표현 방식과 관례에 대해서는 25.5.3절에서 자세히 살펴본다. 가능한 한 적은 수의 데이터 타입을 사용하자. 그렇게 하면 혼란을 최소화할 수 있다. 예를 들어 프로그램에서 float를 사용하지 않고 double만 사용하면 float와 double 간의 변환 문제가 발생하지 않는다. 계산을 수행할 때는 int와 double, complex(24.9절)를 사용하고, 문자를 다룰 때는 char를 사용하며, 논리적인 실체에는 bool을 사용한다. 그 밖의 산술 타입은 꼭 필요할 때만 사용하자.

24.2.1 수치의 한계

각 C++ 구현체는 <limits>와 <climits>, <limits.h>, <float.h>에 내장형 타입의 속성을 명시하는데, 프로그래머는 이와 같은 속성들을 이용해 수치 값이 한계를 벗어나는지 확인하거나 잘못된 값이 들어오지 않게 보초를 세우는 등의 일을 할 수 있다. B.9.1절에서 찾아볼 수 있는 이런 값들은 로우레벨 도구를 만드는 사람에게는 매우 중요하다. 여러분이 이러한 값을 필요로 한다면 하드웨어에 매우 가까운 일을 하는 사람일 것이다. 그러나 다른 용도로 이런 값을 사용할 수 있다. 예를 들어 "int는 얼마나 큰가?"나 "char에는 부호가 있나?"처럼 언어의 구현 측면에 관심을 두는 경우는 흔하지 않다. 시스템 문서만 읽고서 이에 대한 명확하고 정확한 해답을 얻기는 어려우며, 표준 문서도 최소한의 요구 사항을 명시할 뿐이다. 그러나 이 질문에 해답을 제시하는 프로그램은 어렵지 않게 작성할 수 있다.

```
cout << "int의 바이트 수: " << sizeof(int) << '\n';
cout << "가장 큰 int: " << INT_MAX << '\n';
cout << "가장 작은 int: " << numeric_limits<int>::min() << '\n';
if (numeric_limits<char>::is_signed)
    cout << "char는 부호 있음\n";
else
    cout << "char는 부호 없음\n";

char ch = numeric_limits<char>::min() ;  // 가장 작은 양의 값
cout << "char의 가장 작은 양수 값: " << ch << '\n';
cout << "가장 작은 양수 값을 저장하는 char의 int 값: "
     << int(ch) << '\n';
```

여러 종류의 하드웨어에서 동작해야 하는 프로그램을 만들어야 한다면 프로그램에서 이러한 값을 사용할 수 있게 하는 일이 매우 중요하다. 이런 값을 프로그램 안에 직접 코딩해 넣을 수도 있지만, 유지 보수에 있어서는 재앙이나 다름없다.

오버플로를 감지하고 싶을 때도 이러한 한계가 유용하다.

24.3 배열

배열은 인덱스(위치)로 접근할 수 있는 요소의 시퀀스이며, 이 일반적인 개념을 일컬어 벡터라고도 한다. 여기서 우리가 특히 관심을 둘 대상은 배열의 요소 자체가 배열인 경우, 즉 다차원 배열이다. 다차원 배열을 일컫는 일반적인 단어가 바로 행렬이다. 이처럼 여러 가지 명칭이 존재한다는 사실은, 어떤 일반적인 개념이 널리 사용되며 유용함을 암시한다. 반면 표준 vector(B.4절)와 array(20.9절), 내장형 배열(A.8.2절)은 모두 일차원이다. 그렇다면 이차원(예,

행렬)이 필요한 경우 어떻게 할까? 7차원은 또 어떻게 해야 하는가?

1차원과 2차원 배열을 다음과 같이 그림으로 나타낼 수 있다.

일차원 배열이나 1×N 행렬이라고도
부르는 벡터(예, Matrix⟨int⟩ v(4))

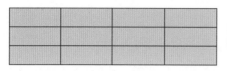

이차원 배열이라고도 부르는 3×4 행렬
(예, Matrix⟨int,2⟩ m(3,4))

배열은 대부분의 컴퓨팅('대량의 수치 처리')에서 기본적인 역할을 한다. 과학과 공학, 통계,
금융 등에서 가장 흥미로운 계산 작업은 배열에 크게 의존한다.

다음과 같이 배열이 행과 열로 이뤄졌다고 표현하기도 한다.

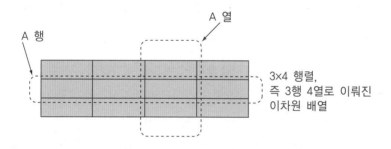

A 열

A 행

3×4 행렬,
즉 3행 4열로 이뤄진
이차원 배열

열은 첫 번째(x) 좌표가 동일한 요소의 집합이며, 행은 두 번째(y) 좌표가 동일한 요소의
집합이다.

24.4 C 스타일 다차원 배열

C++ 내장형 배열을 다차원 배열로 사용할 수 있다. 다차원 배열을 그저 배열의 배열, 즉 배열
을 요소로 갖는 배열로 취급하면 된다.

```
int ai[4];              // 일차원 배열
double ad[3][4];        // 이차원 배열
char ac[3][4][5];       // 삼차원 배열
ai[1] = 7;
ad[2][3] = 7.2;
ac[2][3][4] = 'c';
```

이와 같은 접근 방식은 일차원 배열의 장점과 단점을 그대로 물려받는다.

- 장점
  - 하드웨어와 직접적으로 매핑
  - 로우레벨 연산에 효율적
  - 언어에서 직접적으로 지원
- 문제점
  - C 스타일 다차원 배열은 실제로는 배열의 배열이다(아래 참고).
  - 크기가 고정적이다(컴파일 시간에 결정된다). 크기를 동적으로 결정하려면 자유 저장 영역을 사용해야 한다.
  - 함수의 인자로 전달할 때 명확하지 않다. 배열은 소리 소문 없이 첫 번째 요소를 가리키는 포인터로 변환된다.
  - 구간 검사를 할 수 없다. 일반적으로 배열은 스스로의 크기를 알지 못한다.
  - 배열은 대입(복사)을 비롯한 연산을 제공하지 않는다.

내장형 배열은 수치 계산에 널리 사용되지만, 버그와 복잡성의 주요한 원인이기도 하다. 대부분의 사람들에게 배열을 이용한 코드를 작성하고 디버깅하기란 고통스러운 일이다. 배열을 꼭 사용해야 한다면 참고 자료(예, C++ 프로그래밍 언어)를 찾아보자. 불행히도 C++의 다차원 배열은 C와 동일하므로, 내장형 배열을 사용하는 예전 코드가 지금도 많이 남아있다.

내장형 배열의 가장 기본적인 문제는 다차원 배열을 함수 인자로 전달할 명확한 방법이 없다는 사실이다. 따라서 포인터와 씨름해야 하고 다차원 배열의 인덱스를 직접 계산해야 한다.

```
void f1(int a[3][5]);                  // [3][5] 행렬에만 사용할 수 있음

void f2(int [ ][5], int dim1);         // 첫 번째 차원의 크기는 가변적일 수 있음

void f3(int [5][ ], int dim2);         // 오류: 두 번째 차원의 크기는 가변적일 수 없음

void f4(int[ ][ ], int dim1, int dim2); // 오류(괜찮아 보이지만 동작하지 않음)

void f5(int* m, int dim1, int dim2)     // 이상하지만 동작은 함
{
    for (int i=0; i<dim1; ++i)
        for (int j = 0; j<dim2; ++j) m[i*dim2+j] = 0;
}
```

m이 이차원 배열임에도 불구하고 int*로 전달했다. 두 번째 차원의 크기가 가변적이어야 (매개변수로 지정해야) 한다면 컴파일러에게 m이 (dim1,dim2) 배열이라는 사실을 알릴 방법이 없다. 따라서 메모리의 시작 위치를 가리키는 포인터를 전달할 수밖에 없다. m[i*dim2+j]는 실제로 m[i,j]를 의미하지만, 컴파일러는 m이 이차원 배열이라는 사실을 모르기 때문에 m[i,j]의 메모리 위치를 계산해야 한다.

이와 같은 방식은 너무 복잡하고 원시적이며, 오류의 가능성이 크다. 게다가 요소의 위치를 직접 계산하는 바람에 최적화하기도 어려워서 속도도 느리다. 이러한 문제를 여러분에게 일일이 설명하기보다 내장형 배열의 문제를 해결할 수 있는 C++ 라이브러리에 집중하자.

24.5 Matrix 라이브러리

수치 계산에 있어서 우리가 배열이나 행렬로부터 얻고자 하는 기본적인 것은 무엇인가?

- "나의 코드가 수학/공학 교과서에서 말하는 배열의 개념을 매우 잘 반영하길 바람"
  - 벡터나 행렬, 텐서^{tensor}도 마찬가지
- 컴파일 시간 검사와 실행 시간 검사 수행
  - 차원의 수에 관계없이
  - 각 차원에 저장된 요소의 수에 관계없이
- 변수나 객체로 취급할 수 있는 배열
  - 함수에 전달이 가능한 형태
- 일반적인 배열 연산
  - 첨자: ()
  - 슬라이싱^{slicing}: []
  - 대입: =
  - 스칼라 연산(+=, -=, *=, %= 등)
  - 그 밖의 연산자와 잘 융화되는 혼합 벡터 연산(예, res[i] = a[i]*c+b[2])
  - 내적(res == a[i]*b[i]의 합, inner_product라고도 함)
- 관례적인 배열/벡터 표기 방식을 코드에 그대로 옮겨줘 여러분이 직접 작성하는 수고를 덜어줌(그리고 그 만큼 효율적으로 동작함)
- 필요한 만큼 여러분 스스로 확장 가능(구현에 있어 '마법의 상수'처럼 고정된 부분이 없음)

지금까지 설명한 특징이 바로 Matrix 라이브러리 그 자체다. 고급 배열 함수나 희소 배열 sparse array, 메모리 레이아웃 제어 등의 더 많은 기능이 필요하다면 직접 구현하거나 (가능하다면) 여러분의 요구 사항에 더 가까운 라이브러리를 찾아야 한다. 그러나 이러한 요구 사항 중의 많은 부분은 Matrix를 기반으로 알고리즘이나 자료 구조를 구성하는 방식으로 만족될 수 있다. Matrix는 ISO C++ 표준 라이브러리에 포함되지는 않으며, 이 책의 지원 사이트에서 Matrix.h를 구할 수 있다. 그곳에 포함된 모든 기능은 Numeric_lib 네임스페이스에 정의된다. 'matrix'라는 이름을 택한 이유는 C++ 라이브러리에서 'vector'와 'array'를 훨씬 더 많이 사용하고 있기 때문이다. Matrix 라이브러리의 구현에서는 고급 기법을 사용하지만, 여기서는 설명하지 않는다.

24.5.1 차원과 접근

간단한 예를 보자.

```
#include "Matrix.h"
using namespace Numeric_lib;

void f(int n1, int n2, int n3)
{
    Matrix<double,1> ad1(n1);        // 요소는 double, 일차원
    Matrix<int,1> ai1(n1);           // 요소는 int, 일차원
    ad1(7) = 0;                      // ( )를 이용한 첨자 - Fortran style
    ad1[7] = 8;                      // [ ]도 동작함 - C 스타일

    Matrix<double,2> ad2(n1,n2);     // 이차원
    Matrix<double,3> ad3(n1,n2,n3);  // 삼차원
    ad2(3,4) = 7.5;                  // 다차원 첨자 연산
    ad3(3,4,5) = 9.2;
}
```

Matrix(Matrix 클래스의 객체)를 정의할 때는 요소의 타입과 차원의 수를 지정한다. 보다시피 Matrix는 템플릿이며, 요소의 타입과 차원의 수는 템플릿 매개변수다. Matrix에 두 개의 인자를 지정하면(예, Matrix<double,2>) 하나의 타입(클래스)을 정의하게 되며, 이 타입에 각 차원의 크기를 인자로 지정하면(예, <double,2> ad2(n1,n2)) 객체를 정의할 수 있다. 즉, ad2는 각 차원의 크기가 n1과 n2인 이차원 배열, 다른 말로는 n1×n2 행렬이다. 일차원 Matrix로부터 지정된 타입의 요소를 가져오려면 한 개의 인덱스로 첨자 연산을 하고, 이차원 Matrix로부터 지정된 타입의 요소를 가져오려면 두 개의 인덱스로 첨자 연산을 수행한다. 나머지 다차원 Matrix도

같은 방식으로(차원 개수만큼의 인덱스로) 첨자 연산을 수행한다.

내장형 배열이나 vector와 마찬가지로, Matrix도 (Fortran처럼 1부터가 아닌) 영부터 시작하는 인덱스를 사용한다. 즉, Matrix 요소에는 [0,max) 구간의 번호가 부여되며, max는 요소의 개수를 말한다.

이러한 방식은 간단하며 교과서에 나오는 내용 그대로다. 이 내용이 이해되지 않는다면 프로그래머의 매뉴얼이 아니라 수학 교과서를 참고하길 바란다. 여기서 한 가지 특기할 만한 사항은 Matrix에서 차원의 수를 생략할 수 있다는 점으로, 기본적으로는 일차원이다. 첨자 연산에 (C와 C++ 스타일) []는 물론, (Fortran 스타일) ()도 사용할 수 있다. 이렇게 두 가지 방식을 제공하는 덕분에 다차원을 더 잘 다룰 수 있다. 첨자 표기법 [x]는 항상 인덱스 하나를 지정하며, Matrix에서 해당하는 행을 반환한다. a가 N차원 Matrix라면 a[x]는 N-1차원 Matrix다. 반면 첨자 표기법 (x,y,z)은 동시에 하나 이상의 인덱스를 지정하며 특정 요소를 반환한다. 여기서 인덱스의 개수는 차원의 수와 동일해야 한다.

다음과 같이 실수를 범하면 무슨 일이 벌어지는지 살펴보자.

```
void f(int n1, int n2, int n3)
{
    Matrix<int,0> ai0;                // 오류: 0차원 행렬은 존재하지 않음

    Matrix<double,1> ad1(5);
    Matrix<int,1> ai(5);
    Matrix<double,1> ad11(7);

    ad1(7) = 0;                       // Matrix_error 예외(7은 구간 밖)
    ad1 = ai;                         // 오류: 요소 타입이 다름
    ad1 = ad11;                       // Matrix_error 예외(차원이 다름)

    Matrix<double,2> ad2(n1);         // 오류: 2번째 차원의 길이가 없음
    ad2(3) = 7.5;                     // 오류: 첨자의 개수가 다름
    ad2(1,2,3) = 7.5;                 // 오류: 첨자의 개수가 다름

    Matrix<double,3> ad3(n1,n2,n3);
    Matrix<double,3> ad33(n1,n2,n3);
    ad3 = ad33;                       // OK: 동일한 요소 타입과 동일한 차원 수
}
```

선언 시의 차원 수와 사용할 때의 차원 수가 다른 오류는 컴파일 시간에 잡아낼 수 있다. 실행 시간에 잡아낸 구간 오류는 Matrix_error 예외를 던진다.

첫 번째 차원은 행이고 두 번째 차원은 열이므로 2D 행렬(이차원 배열)은 (행,열)을 인덱스로 사용한다. 2D 행렬을 하나의 인덱스로 접근하면 행에 해당하는 1D 행렬을 반환하므로, [행][열] 표기법도 사용할 수 있다. 이를 그림으로 나타내면 다음과 같다.

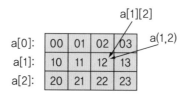

Matrix는 메모리상에서 '행 우선row-first' 순서로 배치된다.

00	01	02	03	10	11	12	13	20	21	22	23

Matrix는 스스로의 차원을 알고 있으므로, 인자로 전달받은 Matrix의 요소에 쉽게 접근할 수 있다.

```
void init(Matrix<int,2>& a)          // 각 요소를 특성 값으로 초기화
{
    for (int i=0; i<a.dim1(); ++i)
        for (int j = 0; j<a.dim2(); ++j)
            a(i,j) = 10*i+j;
}

void print(const Matrix<int,2>& a)   // 요소를 한 행씩 출력
{
    for (int i=0; i<a.dim1(); ++i) {
        for (int j = 0; j<a.dim2(); ++j)
            cout << a(i,j) <<'\t';
        cout << '\n';
    }
}
```

여기서 dim1()은 첫 번째 차원의 요소 수를 말하고, dim2()는 두 번째 차원의 요소 수를 (dim{n}()은 n번째 차원의 요소 수를) 말한다. 요소의 타입과 차원의 수는 Matrix 타입의 일부이므로 모든 종류의 Matrix를 인자로 받는 함수는 작성할 수 없다(그러나 이런 일을 수행하는 템플릿을 작성할 수는 있다).

```
void init(Matrix& a);              // 오류: 요소의 타입과 차원의 수가 없음
```

Matrix 라이브러리는 4D Matrix 두 개를 더하거나 2D Matrix와 1D Matrix를 곱하는 등의 행렬 연산은 제공하지 않는다. 이런 작업을 우아하고 효율적으로 수행하는 일은 현재로서는 이 책의 범위 밖이다. 그러나 Matrix 라이브러리를 바탕으로 다양한 방식으로 설계된 행렬 라이브러리를 구현할 수는 있다(연습문제 12번).

24.5.2 1D Matrix

가장 간단한 Matrix인 1D(일차원) Matrix로 무슨 일을 할 수 있을까?

차원의 수는 1D가 기본이므로 타입 선언에서 차원의 수를 생략할 수 있다.

```
Matrix<int,1> a1(8);        // a1은 int 타입의 1D Matrix
Matrix<int> a(8);           // Matrix<int,1> a(8);과 동일
```

따라서 a1과 a는 동일한 타입(Matrix<int,1>)이다. Matrix의 크기(요소의 수)와 차원의 크기(한 차원의 요소 개수)를 조회할 수 있는데, 1D Matrix에서 두 값은 같다.

```
a.size();                   // Matrix의 요소의 개수
a.dim1();                   // 첫 번째 차원의 요소의 개수
```

메모리에 배치된 요소, 즉 첫 번째 요소의 포인터를 요청할 수도 있다.

```
int* p = a.data();          // 배열의 첫 요소를 가리키는 포인터 형태로 데이터 추출
```

포인터를 인자로 받는 C 스타일 함수에 Matrix를 인자로 전달할 때 이런 방법이 유용하다.

```
a(i);       // i번째 요소(Fortran 스타일), 그러나 (Fortran과) 달리 구간 검사는 수행함
a[i];       // i번째 요소(C 스타일), 구간 검사 수행함
a(1,2);     // 오류: a는 1D Matrix임
```

Matrix의 일부로 포함된 알고리즘도 있는데, 그 일부가 바로 slice()(부분 Matrix나 요소의 구간)이며, 두 가지 버전을 제공한다.

```
a.slice(i);             // a[i]부터 마지막 요소까지
a.slice(i,n);           // a[i]부터 a[i+n-1]까지의 요소 n개
```

첨자와 슬라이스는 대입문의 오른쪽뿐만 아니라 왼쪽에서도 사용할 수 있다. 첨자와 슬라이스는 Matrix의 요소를 복사하지 않고 원본을 참조한다.

```
a.slice(4,4) = a.slice(0,4);   // 앞쪽 절반을 뒤쪽 절반에 할당
```

예를 들어 a의 시작 값이 다음과 같았다면

```
{ 1 2 3 4 5 6 7 8 }
```

대입 연산 후의 결과는 다음과 같다.

```
{ 1 2 3 4 1 2 3 4 }
```

가장 일반적으로 사용하는 슬라이스는 Matrix의 '앞쪽 요소^{initial elements}'와 '뒤쪽 요소^{last} ^{elements}'다. 즉, a.slice(0,j)는 구간 [0:j]를 나타내고, a.slice(j)는 구간 [j:a.size()]를 나타낸다. 특히 앞의 예제는 다음과 같이 쉽게 쓸 수 있다.

```
a.slice(4) = a.slice(0,4);      // 앞쪽 절반을 뒤쪽 절반에 할당
```

즉, 이 표기법은 일반적인 경우를 쉽게 나타낼 수 있다. a.slice(i,n)이 a의 구간 밖에 위치하도록 i와 n을 지정할 수 있지만, 결과로 반환되는 슬라이스는 실제로 a에 존재하는 요소만을 참조한다. 예를 들어 a.slice(i,a.size())는 구간 [i:a.size()]를 참조하고, a.slice(a.size())와 a.slice(a.size(),2)는 비어있는 Matrix를 참조한다. 이러한 관례는 수학에서 유래한 것으로, 많은 알고리즘에서 유용하다. 당연한 말이지만 a.slice(i,0)은 비어있는 Matrix를 참조한다. 일부러 a.slice(i,0)을 사용하진 않겠지만, a.slice(i,n)에서 n이 0이 될 때 비어있는 Matrix인 조건을 만족하면 여러모로 간단해지는 알고리즘도 존재한다(이런 경우에 회피해야 할 오류를 발생시키는 방식보다).

모든 요소를 복사하는 일반적인 (C++ 객체와 마찬가지로) 복사 연산도 제공한다.

```
Matrix<int> a2 = a;      // 복사 초기화
a = a2;                  // 복사 대입
```

Matrix의 각 요소에 내장된 연산을 적용할 수도 있다.

```
a *= 7;      // 스칼라 연산: 모든 i에 대해 a[i]*=7 (+=와 -=, /= 등도 마찬가지)
a = 7;       // 모든 i에 대해 a[i]=7
```

요소의 타입이 해당 연산자를 지원한다면 모든 대입과 복합 대입 연산자(=, +=, -=, /=, *=, %=, ^=, &=, |=, >>=, <<=)에 이와 같은 방법을 적용할 수 있다. Matrix의 각 요소에 함수를 적용할 수도 있다.

```
a.apply(f);      // 각 요소 a[i]에 대해 a[i]=f(a[i])
a.apply(f,7);    // 각 요소 a[i]에 대해 a[i]=f(a[i],7)
```

복합 대입 연산자와 apply()는 Matrix의 요소를 변경한다. 원래 Matrix를 변경하는 대신 결과를 새로운 Matrix에 저장하고 싶다면 다음과 같이 하자.

```
b = apply(abs,a);      // b(i)==abs(a(i))인 새로운 Matrix 생성
```

abs는 표준 라이브러리의 절댓값 함수(24.8절)다. 기본적으로 apply(f,x)와 x.apply(f)의 관계는 +와 +=의 관계와 유사하다. 예를 들어 다음과 같다.

```
b = a*7;              // 모든 i에 대해 b[i] = a[i]*7
a *= 7;               // 모든 i에 대해 a[i] = a[i]*7
y = apply(f,x);       // 모든 i에 대해 y[i] = f(x[i])
x.apply(f);           // 모든 i에 대해  x[i] = f(x[i])
```

따라서 a==b이고 x==y다.

Fortran에서는 두 번째 종류의 apply를 **브로드캐스트 함수**^{broadcast function}라고 하며 apply (f,x)가 아니라 f(x)로 표기한다. (Fortran처럼 정해진 몇 가지 함수가 아니라) 모든 함수에 대해 이런 기능을 사용하려면 브로드캐스트 연산을 지칭하는 이름이 필요하다. 여기서 그 이름이 바로 apply다.

덧붙이자면 두 개의 인자를 전달받는 멤버 함수 형태의 apply를 a.apply(f,x)에서도 적용하면 다음과 같다.

```
b = apply(f,a,x);         // 모든 i에 대해 b[i]=f(a[i],x)
```

예를 들어 다음과 같다.

```
double scale(double d, double s) { return d*s; }
b = apply(scale,a,7);     // 모든 i에 대해 b[i] = a[i]*7
```

독립된 함수 형태의 apply()는 인자로부터 결과를 생성하는 함수를 전달받는다. apply()는 이 결과를 이용해 결과로 반환될 Matrix를 생성하며, 일반적으로 연산을 적용한 원래 Matrix는 변경되지 않는다. 반면 멤버 형태의 apply()는 그 인자를 변경하는 함수를 넘겨받는다는 점이 다르다. 즉, 연산을 적용한 원래 Matrix의 요소가 변경된다.

```
void scale_in_place(double& d, double s) { d *= s; }
b.apply(scale_in_place,7);     // 모든 i에 대해 b[i] *= 7
```

여기에 더해 전통적인 수치 계산 라이브러리에서 가장 유용한 몇 가지를 제공한다.

```
Matrix<int> a3 = scale_and_add(a,8,a2);  // 곱셈과 덧셈 혼합
int r = dot_product(a3,a);               // 내적
```

scale_and_add() 연산은 **곱셈-덧셈 혼합**^{fused multiply-add}이나 줄여서 fma라고 부르기도 하며, Matrix의 모든 i에 대해 result(i)=arg1(i)*arg2+arg3(i)로 정의한다. 내적은 inner_product라고도 하며, 21.5.3절에서 설명했다. 내적은 Matrix의 모든 i에 대해 result+= arg1(i)*arg2(i)로 정의한다. 여기서 result의 초기 값은 0이다.

일차원 배열은 매우 일반적인데, 내장형 배열이나 vector, Matrix로 표현할 수 있다. *=와 같은 행렬 연산이 필요하거나 해당 Matrix가 더 높은 차원의 Matrix와 상호작용해야 한다면 Matrix를 사용하자.

이러한 Matrix 라이브러리의 유용성은 "수학에 더 적합하다"거나 "각 요소에 어떤 작업을 할 때 루프를 작성할 필요가 없다"는 말로 설명할 수 있다. 둘 중 어떤 경우든 코드는 훨씬 더 짧아지고 실수를 할 염려는 줄어든다. 복사와 모든 요소에 대한 대입, 모든 요소에 대한 연산 적용 등의 Matrix 연산은 루프를 읽거나 작성하는 수고를 줄여준다(그리고 루프를 제대로 작성했는지 걱정할 필요도 없다).

Matrix는 내장형 배열에서 Matrix로 데이터를 복사하는 생성자 두 가지를 제공한다.

```
void some_function(double* p, int n)
{
    double val[] = { 1.2, 2.3, 3.4, 4.5 };
    Matrix<double> data(p,n);
    Matrix<double> constants(val);
    // ...
}
```

Matrix를 사용하지 않는 프로그램의 다른 부분으로부터 배열이나 vector 형태의 데이터를 전달받을 때 이런 방식이 유용하다.

컴파일러가 초기화된 배열의 요소 개수를 연역할 수 있으므로 constants를 정의할 때는 요소 개수를 지정할 필요가 없다. 요소 개수는 자동으로 4가 된다. 반면에 컴파일러는 포인터로 전달된 배열의 요소 개수를 알 수 없으므로 data를 정의할 때는 포인터(p)와 요소 개수(n)를 모두 지정해야 한다.

24.5.3 2D Matrix

Matrix 라이브러리의 기본적인 원리는 차원에 특화된 뭔가를 하는 경우를 제외하면 서로 다른 차원의 Matrix가 매우 유사하며, 따라서 1D Matrix에 관련된 내용을 대부분 2D Matrix에도 적용할 수 있다는 점에 바탕을 둔다.

```
Matrix<int,2> a(3,4);
int s = a.size();        // 요소의 개수
int d1 = a.dim1();       // 한 행의 요소의 개수
int d2 = a.dim2();       // 한 열의 요소의 개수
int* p = a.data();       // C 스타일 배열의 포인터 형태로 데이터 추출
```

요소의 총 개수나 각 차원의 요소의 수를 조회할 수 있으며, 메모리에 배치된 행렬의 관점에서 요소의 포인터도 조회할 수 있다.

첨자 연산도 가능하다.

```
a(i,j);         // (i,j)번째 요소(Fortran 스타일), 구간 검사 수행
a[i];           // i번째 행(C 스타일), 구간 검사 수행
a[i][j];        // (i,j)번째 요소(C 스타일)
```

2D `Matrix`에서 첨자 연산 `[i]`는 i번째 행을 나타내는 1D `Matrix`를 참조한다. 즉, 행을 추출한 후 1D `Matrix`나 내장형 배열(`a[i].data()`)을 인자로 전달받는 연산과 함수에 사용할 수 있다. 그리고 컴파일러와 최적화 수행기마다 크게 다르긴 하지만 `a(i,j)`가 `a[i,j]`보다 빠르다는 점을 기억하자.

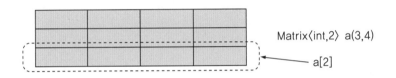

슬라이스도 구할 수 있다.

```
a.slice(i);     // a[i]부터 마지막 행까지
a.slice(i,n);   // a[i]부터 a[i+n- 1]까지의 행
```

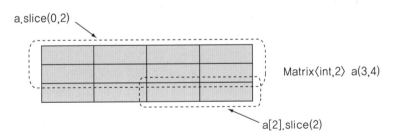

2D `Matrix`의 슬라이스는 여전히 2D `Matrix`라는 점도 알아두자(행의 개수는 줄어들 수 있다).

그 밖의 연산들은 1D `Matrix`와 동일하게 사용할 수 있다. 이러한 연산은 요소가 어떻게 조직화됐는지에 상관없이 메모리에 배치된 순서대로 모든 요소에 적용된다.

```
Matrix<int,2> a2 = a;    // 복사 초기화
a = a2;                  // 복사 대입
a *= 7;                  // 스칼라 곱(과 +=, - =, /= 등)
a.apply(f);              // 모든 요소 a(i,j)에 대해 a(i,j)=f(a(i,j))
a.apply(f,7);            // 모든 요소 a(i,j)에 대해 a(i,j)=f(a(i,j),7)
```

```
b=apply(f,a);              // b(i,j)==f(a(i,j))인 새로운 Matrix 생성
b=apply(f,a,7);            // b(i,j)==f(a(i,j),7)인 새로운 Matrix 생성
```

두 행의 위치를 바꾸는 작업은 유용하므로 다음과 같이 할 수도 있다.

```
a.swap_rows(1,2);          // 행 교체, a[1] <-> a[2]
```

swap_columns()는 없으니 필요하다면 직접 작성하라(연습문제 11번). Matrix는 행 우선 형태로 저장되므로 행과 열은 완벽히 대칭적인 개념은 아니다. [i]가 행을 참조한다는 점에서도 이러한 비대칭성을 엿볼 수 있다(열을 선택하는 연산자는 제공하지 않는다). (i,j)의 첫 번째 인덱스 i도 행을 선택한다. 이러한 비대칭성은 심오한 수학적 성질을 반영하기도 한다.

이차원으로 표현할 수 있는 개념은 무궁무진하므로, 2D Matrix의 대표적인 사용 예를 살펴보자.

```
enum Piece { none, pawn, knight, queen, king, bishop, rook };
Matrix<Piece,2> board(8,8);     // 체스 판

const int white_start_row = 0;
const int black_start_row = 7;

Matrix<Piece> start_row
   = {rook, knight, bishop, queen, king, bishop, knight, rook};
Matrix<Piece> clear_row(8) ;    // 기본 값을 갖는 8개의 요소
```

none==0이므로 clear_row 초기화 과정에서 모든 요소는 기본 값 0으로 초기화된다.

이제 start_row와 clear_row를 다음과 같이 사용할 수 있다.

```
board[white_start_row] = start_row;              // 흰말 다시 놓기
for (int i = 1; i<7; ++i) board[i] = clear_row;  // 체스 판의 가운데는 비움
board[black_start_row] = start_row;              // 검은말 다시 놓기
```

[i]로 행을 추출하면 lvalue를 참조한다는 점을 명심하자(4.3절). 즉, board[i]의 결과에 값을 대입할 수 있다.

24.5.4 Matrix 입출력

Matrix 라이브러리는 1D와 2D Matrix에 대해 아주 간단한 입출력을 제공한다.

```
Matrix<double> a(4);
cin >> a;
cout << a;
```

이 코드는 다음과 같이 중괄호로 둘러싸인 공백 문자로 구분된 double을 읽는다.

```
{ 1.2 3.4 5.6 7.8 }
```

출력도 매우 비슷하므로, 출력한 내용을 그대로 읽을 수 있다.

2D Matrix의 입출력은 단지 중괄호로 둘러싸인 1D Matrix의 시퀀스를 읽고 쓴다.

```
Matrix<int,2> m(2,2);
cin >> m;
cout << m;
```

이 코드는 다음과 같은 내용을 읽는다.

```
{
{ 1 2 }
{ 3 4 }
}
```

출력도 마찬가지다.

Matrix의 <<와 >> 연산자는 주로 간단한 프로그램을 손쉽게 작성하기 위해 제공된다. 고급 응용 예에서는 여러분 스스로 작성한 연산자로 대체해야 할 가능성이 높다. 마지막으로 Matrix의 <<와 >> 연산자는 (Matrix.h가 아닌) **MatrixIO.h**에 위치하므로, 단지 Matrix만을 사용하려 한다면 **MatrixIO.h**를 포함시킬 필요는 없다.

24.5.5 3D Matrix

기본적으로 차원이 더 많다는 점을 제외하면 3D(그리고 더 높은 차원의) Matrix는 2D Matrix와 거의 비슷하다.

```
Matrix<int,3> a(10,20,30);
```

```
a.size();              // 요소의 개수
a.dim1();              // 일차원의 요소의 개수
a.dim2();              // 이차원의 요소의 개수
a.dim3();              // 삼차원의 요소의 개수
int* p = a.data();     // C 스타일 배열의 포인터 형태로 데이터 추출
a(i,j,k);              // (i,j,k)번째 요소(Fortran 스타일), 구간 체크 수행
a[i];                  // i번째 행(C 스타일), 구간 체크 수행
a[i][j][k];            // (i,j,k)번째 요소(C 스타일)
a.slice(i);            // i번째부터 마지막 행까지
a.slice(i,j);          // i번째부터 j번째 행까지
```

```
Matrix<int,3> a2 = a;          // 복사 초기화
a = a2;                        // 복사 대입
a *= 7;                        // 스칼라 곱 (과 +=, - =, /= 등)
a.apply(f);                    // 모든 요소 a(i,j,k)에 대해 a(i,j,k)=f(a(i,j,k))
a.apply(f,7);                  // 모든 요소 a(i,j,k)에 대해 a(i,j,k)=f(a(i,j,k),7)
b=apply(f,a);                  // b(i,j,k)==f(a(i,j,k))인 새로운 Matrix 생성
b=apply(f,a,7);                // b(i,j,k)==f(a(i,j,k),7)인 새로운 Matrix 생성
a.swap_rows(7,9);              // 행 교체, a[7] <-> a[9]
```

2D Matrix를 이해했다면 3D Matrix도 이해할 수 있다. 예를 들어 위 코드의 a는 3D Matrix인데, (i가 구간 안에 있다면) a[i]는 2D Matrix이고, (j가 구간 안에 있다면) a[i][j]는 1D Matrix이며, (k가 구간 안에 있다면) a[i][j][k]는 int 요소다.

우리는 세계를 삼차원으로 인식한다. 따라서 3D Matrix를 모델링(예, 카테시안 그리드Cartesian grid에 기반을 둔 물리학 시뮬레이션)에서 흔히 사용한다.

```
int grid_nx;                   // 그리드의 해상도. 시작할 때 정함
int grid_ny;
int grid_nz;
Matrix<double,3> cube(grid_nx, grid_ny, grid_nz);
```

시간을 네 번째 차원으로 추가한다면 4차원 공간을 표현할 수 있는 4D Matrix가 필요하다. 더 많은 수의 차원도 마찬가지로 더 높은 차원의 Matrix로 표현할 수 있다.

고급 버전의 Matrix는 일반적인 N차원 행렬을 지원한다. 자세한 내용은 『C++ 프로그래밍 언어』의 29장을 살펴보라.

24.6 예제: 선형 방정식 풀기

수치 계산을 이해하려면 거기에 담긴 수학적 원리를 이해해야 한다. 그러한 이해가 없이 수치 계산을 한다는 것은 완전 난센스에 가깝다. 기본적인 선형대수를 배웠다면 여기서 언급할 예제를 쉽게 이해할 수 있다. 선형대수를 배우지 않았다면 교과서의 해답을 최대한 그대로 코드로 옮겨놓는 예제 정도로 생각하자.

이번 예제는 현실적이면서도 중요한 Matrix의 활용 예를 보여준다. 다음과 같은 형태의 선형 방정식linear equation을 풀어보자.

$$a_{1,1}x_1 + ... + a_{1,n}x_n = b_1$$

$$\vdots$$

$$a_{n,1}x_1 + ... + a_{n,n}x_n = b_n$$

여기서 xs는 n개의 미지수를 의미하고, as와 bs는 주어진 상수를 의미한다. 미지수와 상수는 부동소수점 값으로 가정한다. 예제의 목표는 n개의 방정식을 모두 만족하는 미지수의 값을 구하는 것이다. 이러한 연립 방정식은 행렬 하나와 두 개의 벡터로 간단히 표현할 수 있다.

$$A_x = b$$

여기서 **A**는 계수로 이뤄진 n×n 행렬이다.

$$A = \begin{bmatrix} a_{1,1} & \cdots & a_{1,n} \\ \cdot & \cdot & \cdot \\ \cdot & \cdot & \cdot \\ \cdot & \cdot & \cdot \\ a_{n,1} & \cdots & a_{n,n} \end{bmatrix}$$

벡터 **x**와 **b**는 각각 미지수와 상수의 벡터다.

$$x = \begin{bmatrix} x_1 \\ \cdot \\ \cdot \\ \cdot \\ x_n \end{bmatrix} \quad \text{와} \quad b = \begin{bmatrix} b_1 \\ \cdot \\ \cdot \\ \cdot \\ b_n \end{bmatrix}$$

행렬 **A**의 계수와 벡터 **b**의 값에 따라 시스템은 0개나 하나, 여러 개의 해를 갖는다. 선형 시스템을 푸는 방법에는 여러 가지가 있지만, 우리는 가우스 소거 Gaussian elimination라는 고전적인 방법을 사용한다(Freeman과 Phillips, 『Parallel Numerical Algorithms; Stewart, Matrix Algorithms, Volume I; Wood, Introduction to Numerical Analysis』 참고). 우선 **A**와 **b**를 변형해 **A**가 상삼각 행렬 upper-triangular matrix이 되게 한다. 상삼각 행렬이란 **A**의 대각선 아래 모든 계수가 0이라는 말이다. 다른 말로는 시스템을 다음과 같이 만든다.

$$\begin{bmatrix} a_{1,1} & \cdots & a_{1,n} \\ \cdot & \cdot & \cdot \\ 0 & \cdot & \cdot \\ \cdot & \cdot & \cdot \\ 0 & 0 & a_{n,n} \end{bmatrix} \begin{bmatrix} x_1 \\ \cdot \\ \cdot \\ \cdot \\ x_n \end{bmatrix} = \begin{bmatrix} b_1 \\ \cdot \\ \cdot \\ \cdot \\ b_n \end{bmatrix}$$

이 작업은 쉽게 수행할 수 있다. a(i,j) 위치를 0으로 만들려면 a(i,j)가 j열의 다른 값과 같아지도록 어떤 수를 곱한 후 두 방정식을 빼면 a(i,j)==0이 되며, i행의 다른 값에서 같은 수를 곱하면 된다.

이 과정을 마친 후 대각선의 모든 계수가 0이 아니면 시스템은 유일한 해를 갖는데, 역대입법^{back substitution}을 이용해 그 해를 구할 수 있다. (상삼각 행렬을 만들었다면) 마지막 방정식은 다음과 같이 쉽게 풀 수 있다.

$$a_{n,n}x_n = b_n$$

위에서 보듯이 x[n]은 b[n]/a(n,n)이다. 여기까지 진행하면 시스템에서 n번째 행이 소거되며, 다음으로 x[n-1]의 값을 찾는다. x[1]의 값이 계산될 때까지 이 과정을 반복한다. 각 n에 대해 a(n,n)으로 나누기를 하므로 대각선상의 값은 0이 아니어야 한다. 그렇지 않으면 역대입을 할 수 없으며, 이는 시스템에 해가 없거나 해의 개수가 무한대임을 의미한다.

24.6.1 고전적인 가우스 소거

지금까지 설명한 과정을 나타내는 C++ 코드를 살펴보자. 우선 우리가 사용할 두 가지 종류의 Matrix에 관례적인 이름을 부여해 단순하게 만들자.

```
typedef Numeric_lib::Matrix<double, 2> Matrix;
typedef Numeric_lib::Matrix<double, 1> Vector;
```

이제 우리가 수행할 계산 과정을 표현해보자.

```
Vector classical_gaussian_elimination(Matrix A, Vector b)
{
    classical_elimination(A, b);
    return back_substitution(A, b);
}
```

즉, 입력 A와 b를 복사하고(값에 의한 전달), 함수를 호출해 시스템을 풀고, 역대입법을 바탕으로 반환할 값을 계산한다. 여기서 중요한 점은 문제를 잘게 나누는 방법과 교과서의 해법을 올바로 표현해야 한다는 점이다. 해법을 완성하려면 classical_elimination()과 back_substitution()을 구현해야 한다. 그 해답도 교과서에 존재한다.

```
void classical_elimination(Matrix& A, Vector& b)
{
    const Index n = A.dim1();

    // 1열부터 탐색
    // 대각선 아래 모든 요소를 0으로 채움
    for (Index j = 0; j<n- 1; ++j) {
        const double pivot = A(j,j);
        if (pivot == 0) throw Elim_failure(j);
```

```
        // i번째 행의 대각 요소 아래를 모두 0으로 채움
        for (Index i = j+1; i<n; ++i) {
            const double mult = A(i,j) / pivot;
            A[i].slice(j) = scale_and_add(A[j].slice(j), - mult, A[i].slice(j));
            b(i) - = mult*b(j); // b에도 같은 연산 수행
        }
    }
}
```

피봇pivot은 현재 처리하는 행의 요소 중 대각선 위에 있는 요소를 말한다. 이 피봇으로 나눗셈을 수행하므로 그 값이 0일 수 없다. 피봇이 0이면 예외를 던지고 종료한다.

```
Vector back_substitution(const Matrix& A, const Vector& b)
{
    const Index n = A.dim1();
    Vector x(n);

    for (Index i = n- 1; i>= 0; - - i) {
        double s = b(i)- dot_product(A[i].slice(i+1),x.slice(i+1));

        if (double m = A(i,i))
            x(i) = s/m;
        else
            throw Back_subst_failure(i);
    }

    return x;
}
```

24.6.2 피봇팅

0이거나 작은 값이 대각선 이외의 위치에 가게 행을 정렬하면 0으로 나누는 문제를 해결하고 더 견고한 해법을 얻을 수 있다. 더 견고하다는 말은 반올림 오류에 덜 민감하다는 말이다. 그러나 대각선 아래를 0으로 채우는 과정에서 값이 계속 바뀌므로 작은 값이 대각선에 위치하지 않도록 순서를 계속 바꿔야 한다(즉, 행렬의 순서를 한 번만 바꾼 후에 고전적인 알고리즘을 수행할 수 없다는 말이다).

```
void elim_with_partial_pivot(Matrix& A, Vector& b)
{
    const Index n = A.dim1();

    for (Index j = 0; j<n; ++j) {
```

```
        Index pivot_row = j;

        // 더 나은 피봇이 있는지 찾기
        for (Index k = j+1; k<n; ++k)
            if (abs(A(k,j)) > abs(A(pivot_row,j))) pivot_row = k;

        // 더 나은 피봇이 있으면 행 바꾸기
        if (pivot_row!=j) {
            A.swap_rows(j,pivot_row);
            std::swap(b(j), b(pivot_row));
        }

        // 소거:
        for (Index i = j+1; i<n; ++i) {
            const double pivot = A(j,j);
            if (pivot==0) error("can't solve: pivot==0");
            const double mult = A(i,j)/pivot;
            A[i].slice(j) = scale_and_add(A[j].slice(j), - mult, A[i].slice(j));
            b(i) - = mult*b(j);
        }
    }
}
```

관례에 맞는 코드를 만들고, 루프를 직접 작성하는 수고를 덜고자 `swap_rows()`와 `scale_and_multiply()`를 사용했다.

24.6.3 테스팅

이제 코드를 테스트할 차례다. 다행히 간단한 방법이 있다.

```
void solve_random_system(Index n)
{
    Matrix A = random_matrix(n); // §24.7 참고
    Vector b = random_vector(n);
    cout << "A = " << A << '\n';
    cout << "b = " << b << '\n';

    try {
        Vector x = classical_gaussian_elimination(A, b);
        cout << "고전적인 소거의 해 x = " << x << '\n';
        Vector v = A*x;
        cout << " A*x = " << v << '\n';
    }
```

```
catch(const exception& e) {
    cerr << e.what() << '\n';
}
}
```

catch절이 실행되는 경우는 세 가지다.

- 코드에 버그가 있다(하지만 버그는 없다고 가정한다).
- classical_elimination이 실패하게 만드는 입력이 주어진다(많은 경우에 elim_with_partial_
  pivot이 더 낫다).
- 반올림 오류

하지만 제대로 생성한 난수로 이뤄진 행렬은 classical_elimination에 문제를 일으킬 가능성이 적으므로 이 테스트는 우리가 생각하는 만큼 현실적이진 않다.

우리가 구한 해를 확인하기 위해 A*x를 출력하는데, 그 결과가 b와 같아야 한다(반올림 오류를 감안하면 우리가 바라는 목표에 충분히 가까운 값만 나와도 좋다). 반올림 오류 때문에 다음과 같이 단순히 결과를 확인할 수는 없다.

```
if (A*x!=b) error("역대입 실패");
```

부동소수점 숫자는 실수의 근사치이므로, 진짜 해에 근사한 값을 받아들여야 한다. 일반적으로 부동소수점 계산의 결과에 ==나 !=를 사용하는 일은 반드시 피해야 한다. 부동소수점은는 근본적으로 근사치이기 때문이다.

Matrix 라이브러리는 행렬과 벡터 곱셈 연산을 제공하지 않으므로, 이 프로그램에서는 연산자를 직접 정의한다.

```
Vector operator*(const Matrix& m, const Vector& u)
{
    const Index n = m.dim1();
    Vector v(n);
    for (Index i = 0; i<n; ++i) v(i) = dot_product(m[i],u);
    return v;
}
```

여기서도 간단한 Matrix 연산이 대부분의 일을 해준다. 24.5.4절에서 설명한 Matrix 출력 연산은 MatrixIO.h에서 구할 수 있다. random_matrix()와 random_vector() 함수는 난수(24.7절)를 이용하면 되는데, 연습문제로 남겨둔다. Index는 Matrix 라이브러리에서 사용하는 인덱스 타입의 별칭(A.16절)이다. using 선언을 이용해 이 타입을 현재 코드 유효 범위로 가져왔다.

```
using Numeric_lib::Index;
```

24.7 난수

사람들에게 아무 난수나 말하라고 하면 대부분이 가장 무작위하다고 여기는 7이나 17이라고 말한다. 0이라고 말하는 사람은 없다. 0처럼 동그랗고 보기 좋은 숫자는 무작위하지 않다고 여기므로, 난수의 자격이 없다고 생각한다. 하지만 수학적인 관점에서 보면 이런 생각은 완전 엉터리다. 숫자 하나는 난수가 될 수 없다. 우리가 필요한 난수, 우리가 난수라고 칭하는 개념은 특정 분포를 따르는 수의 시퀀스로, 시퀀스의 앞의 수를 이용해서 시퀀스의 다음 수를 쉽게 예측할 수 없어야 한다. 이와 같은 수는 (수많은 테스트 케이스를 생성하는) 테스팅과 (실행할 때마다 내용이 달라져야 하는) 게임, (주어진 매개변수의 한계 안에서 시뮬레이션 대상이 무작위하게 움직여야 하는) 시뮬레이션에서 매우 유용하게 사용된다.

실용적인 도구이자 수학적인 문제라는 점에서 난수는 실세계에서의 중요성에 걸맞은 정교함을 요구한다. 여기서는 간단한 테스팅과 시뮬레이션에 사용할 수 있도록 기본적인 내용을 맛보자. 표준 라이브러리에서는 여러 가지 수학적 분포를 따르는 난수를 생성하는 정교한 기능을 제공하는데, 이러한 기능은 <random>에서 찾을 수 있다. 표준 라이브러리의 난수 기능은 두 가지 기본적인 개념을 바탕으로 한다.

- **엔진(Engine)(난수 엔진)** 균일하게 분포하는 정수의 시퀀스를 생성하는 함수 객체
- **분포(Distributions)** 엔진이 생성한 값의 시퀀스를 입력으로 해서 특정 수학 공식에 따라 값의 시퀀스를 생성하는 함수 객체

예를 들어 24.6.3절에서 사용한 random_vector() 함수를 생각해보자. random_vector()를 호출하면 [0:n) 구간의 난수를 나타내는 double로 이뤄진 Matrix<double,1>을 생성한다.

```
Vector random_vector(Index n)
{
    Vector v(n);
    default_random_engine ran{ };                    // 정수 생성
    uniform_real_distribution< > ureal{0,max};       // int를 [0:max) 구간의 double로 매핑

    for (Index i = 0; i < n; ++i)
        v(i) = ureal(ran);

    return v;
}
```

기본 엔진(default_random_engine)은 간단하고, 수행 비용이 적고, 가벼운 용도로 사용하기에 충분하다. 더 전문적인 용도를 위해 표준 라이브러리에서는 더 나은 무작위성과 그에 따라 달라지는 수행 비용을 보여주는 다양한 엔진을 제공한다. 예를 들어 linear_congurential_engine과 mersenne_twister_engine, random_device 등의 엔진이 있는데, 이러한 엔진을 사용하려면 참고 자료를 읽어보기 바란다. 여러분이 사용 중인 시스템의 난수 생성기 품질을 알고 싶다면 연습문제 10번을 풀어보자.

std_lib_facilities.h에서는 다음과 같이 두 가지 난수 생성기를 정의한다.

```
int randint(int min, int max)
{
    static default_random_engine ran;
    return uniform_int_distribution< > {min,max}(ran);
}

int randint(int max)
{
    return randint(0,max);
}
```

위의 간단한 함수가 매우 유용하긴 하지만, 무언가 다른 것을 시도한다는 관점에서 정규 분포normal distribution를 따르는 난수 생성기를 만들어 보자.

```
auto gen = bind(normal_distribution<double>{15,4.0},
                default_random_engine{});
```

<functional>에 정의된 표준 라이브러리 함수 bind()는 함수 객체를 생성하는데, 그 함수 객체를 호출하면 bind()의 첫 번째 인자로 주어진 함수 객체를 호출하며, 그 호출 인자로 bind()의 두 번째 인자로 주어진 객체를 전달한다. 즉, gen()은 default_random_engine을 이용해 평균이 15이고 분산이 4.0인 정규 분포를 따르는 값을 반환한다. 이 함수 객체를 다음과 같이 사용할 수 있다.

```
vector<int> hist(2*15);

for (int i = 0; i < 500; ++i) // 500개 값의 히스토그램 만들기
    ++hist[int(round(gen()))];

for (int i = 0; i != hist.size(); ++i) {  // 히스토그램 출력
    cout << i << '\t';
    for (int j = 0; j != hist[i]; ++j)
        cout << '*';
```

```
    cout << '\n';
}
```

결과는 다음과 같다.

```
0
1
2
3  **
4  *
5  *****
6  ****
7  ****
8  ******
9  ************
10 **************************
11 *************************
12 *******************************
13 ************************************************************
14 ******************************************************
15 *********************************************************
16 *****************************
17 *****************************************************
18 ***********************************
19 *********************************
20 *************
21 ************
22 ************
23 *******
24 ******
25 *
26 *
27
28
29
```

정규 분포는 매우 일반적이며, 가우시안 분포$^{Gaussian\ distribution}$나 (모양을 본 따) '종형 곡선^{bell} ^{curve}'이라고도 한다. 그 밖의 분포로는 bernoulli_distribution과 exponential_distribution, chi_squared_distribution 등이 있으며, C++ 프로그래밍 언어에서 그에 대한 설명을 볼 수 있다. 정수의 분포는 닫힌 구간 [a:b]에 위치하며, 실수(부동소수점)의 분포는 열린 구간 [a:b)의 값을 반환한다.

기본적으로 엔진은 프로그램이 실행될 때마다 동일한 시퀀스를 생성한다(random_device는 그렇지 않을 수도 있다). 이러한 성질은 초기 디버깅에서 유용하다. 엔진이 매번 다른 시퀀스를 생성하길 원한다면 다른 값으로 초기화하자. 이러한 초기 값을 시드[seed]라고 한다. 아래 예를 보자.

```
auto gen1 = bind(uniform_int_distribution< > {0,9},
    default_random_engine{ } );
auto gen2 = bind(uniform_int_distribution< > {0,9},
    default_random_engine{10});
auto gen3 = bind(uniform_int_distribution< > {0,9},
    default_random_engine{5});
```

예측할 수 없는 시퀀스를 얻기 위해 시간(나노초 단위, 26.6.1절) 등을 시드로 사용한다.

24.8 표준 수학 함수

표준 라이브러리에서는 표준 수학 함수(cos, sin, log 등)를 제공한다. 그 선언은 <cmath>에서 찾을 수 있다.

표준 수학 함수	
abs(x)	절댓값
ceil(x)	x 이상인 최소의 정수
floor(x)	x 이하인 최대의 정수
sqrt(x)	제곱근, x는 음수가 아니어야 함
cos(x)	코사인
sin(x)	사인
tan(x)	탄젠트
acos(x)	역 코사인(arccosine), 결과는 음이 아닌 수
asin(x)	역 사인(arcsine). 0에 가장 가까운 값 반환
atan(x)	역 탄젠트(arctangent)
sinh(x)	쌍곡선 사인(hyperbolic sine)
cosh(x)	쌍곡선 코사인(hyperbolic cosine)

(이어짐)

표준 수학 함수	
tanh(x)	쌍곡선 탄젠트(hyperbolic tangent)
exp(x)	자연 지수(base-e exponential)
log(x)	자연 로그(natural logarithm, base-e). x는 양수여야 함
log10(x)	상용 로그(base-10 logarithm)

표준 수학 함수는 float과 double, long double, complex(24.9절)를 인자로 받는 버전을 제공한다. 부동소수점 계산을 할 때는 이런 함수들이 유용하다. 더 자세한 내용이 필요하다면 많은 참고 자료를 찾아볼 수 있다. 인터넷의 문서들이 좋은 시작점이 될 것이다.

표준 수학 함수가 수학적으로 유효한 결과를 만들 수 없는 경우에는 errno 변수를 설정한다. 아래 예를 보자.

```
errno = 0;
double s2 = sqrt(-1);
if (errno) cerr << "뭔가 잘못됨";
if (errno == EDOM)              // 정의역 오류
    cerr << "sqrt()의 인자는 음수가 될 수 없음";
pow(very_large,2);             // 좋지 않은 생각
if (errno==ERANGE)             // 구간 오류
    cerr << "pow(" << very_large << ",2) double로 저장하기에 너무 큼";
```

전문적인 수학 계산을 한다면 결과를 얻은 후에도 errno가 여전히 0인지 확인해야 한다. errno가 0이 아니라면 뭔가 잘못된 것이다. 어떤 함수가 errno를 설정하고 errno에 어떤 값을 대입하는지 궁금하다면 매뉴얼이나 온라인 문서를 참고하라.

예제에서 보듯이 errno가 0이 아니라면 '뭔가 잘못됐음'을 뜻한다. 표준 라이브러리에 포함되지 않는 함수도 오류가 발생하면 errno를 설정하는 경우가 있으므로, errno의 값을 바탕으로 무엇이 잘못됐는지 알아낼 때는 주의해야 한다. 표준 라이브러리 함수를 호출 전에 errno==0임을 확인했고 호출 직후에 errno를 확인한다면 예제에서 EDOM과 ERANGE를 이용한 것처럼 errno의 값에 의지할 수 있다. EDOM은 정의역 오류(인자가 잘못됨)를 나타내며, ERANGE는 구간 오류(결과가 너무 큼)를 나타낸다.

초기 C 수학 함수(1975년)에서 유래된 errno를 이용한 오류 처리는 조금 원시적이긴 하다.

24.9 복소수

복소수는 과학과 공학 계산에서 널리 사용된다. 여러분이 복소수를 필요로 한다면 복소수의 수학적 성질은 알고 있을 테니 여기서는 ISO C++ 표준 라이브러리에서 복소수를 표현하는 방법에 초점을 맞춘다. 복소수와 그에 관련된 표준 수학 함수의 선언은 <complex>에서 찾을 수 있다.

```
template<class Scalar> class complex {
    // 복소수는 한 쌍의 스칼라 값, 즉 2차원 좌표임
    Scalar re, im;
public:
    constexpr complex(const Scalar & r, const Scalar & i) :re(r), im(i) { }
    constexpr complex(const Scalar & r) :re(r),im(Scalar ()) { }
    complex() :re(Scalar ()), im(Scalar ()) { }

    constexpr Scalar real() { return re; }  // 실수부
    constexpr Scalar imag() { return im; } // 허수부
    // 연산자: = += - = *= /=
};
```

표준 라이브러리 complex는 float과 double, long double의 스칼라 타입을 지원한다. complex의 멤버와 표준 수학 함수(24.8절)에 더해 <complex>에서는 다음과 같은 유용한 연산자를 제공한다.

복소수 연산자	
z1+z2	덧셈
z1−z2	뺄셈
z1*z2	곱셈
z1/z2	나눗셈
z1==z2	상등
z1!=z2	같지 않음
norm(z)	abs(z)의 제곱
conj(z)	켤레 복소수(conjugate). z가 {re,im}이면 conj(z)는 (re,−im)임
polar(rho,theta)	주어진 극좌표(polar coordinates) (rho,theta)에 해당하는 복소수 생성

(이어짐)

복소수 연산자	
real(z)	실수부
imag(z)	허수부
abs(z)	rho와 같은 값
arg(z)	theta와 같은 값
out ⟨⟨ z	복소수 출력
in ⟩⟩ z	복소수 입력

참고 complex는 <와 %를 제공하지 않음

complex<T>를 double 같은 내장형 타입과 동일한 방법으로 사용할 수 있다.

```
using cmplx = complex<double>; // complex<double>가 길다고 느껴진다면...

void f(cmplx z, vector<cmplx>& vc)
{
    cmplx z2 = pow(z,2);
    cmplx z3 = z2*9.3+vc[3];
    cmplx sum = accumulate(vc.begin(), vc.end(), cmplx{ } );
    // ...
}
```

하지만 int와 double에 사용되는 모든 연산자를 complex에서 지원하지는 않는다.

```
if (z2<z3)    // 오류: 복소수에 대해 <를 정의할 수 없음
```

C++ 표준 라이브러리 복소수의 메모리 표현(레이아웃)은 C와 Fortran의 복소수와 호환된다는 점도 기억해두자.

24.10 참고 자료

반올림 오류와 Matrix 연산, 복소수 연산을 비롯해 24장에서 다룬 주제는 다른 주제와 따로 떼어놓고 생각할 수 없다. 여기서는 단지 수학적인 개념과 기법에 대한 지식을 갖추고 있으며, 그러한 내용을 필요로 하는 사람들이 수치 계산을 할 수 있도록 C++에서 제공하는 내용(의 일부)을 설명했을 뿐이다.

수학적인 내용을 잊어버렸거나 궁금한 사람들에게 몇 가지 정보를 추천한다.

MacTutor 수학의 역사 http://www-gap.dcs.st-and.ac.uk/~history

- 수학을 좋아하거나 수학이 필요한 모든 이를 위한 훌륭한 자료

- 수학의 인간적인 면을 알고 싶은 사람을 위한 훌륭한 자료. 예를 들어 주요 수학자 중 올림픽 메달을 딴 유일한 사람은?

  - 유명한 수학자의 일대기와 업적

  - 수학계의 괴짜들

- 유명한 곡선

- 유명한 문제

- 수학적인 주제

  - 대수학

  - 해석

  - 수와 수 이론

  - 기하학과 위상학

  - 수학적인 물리학

  - 수학적인 천문학

    - 수학의 역사

    - ...

Freeman, T. L., and Chris Phillips. Parallel Numerical Algorithms. Prentice Hall, 1992.

Gullberg, Jan. Mathematics - From the Birth of Numbers. W. W. Norton, 1996. ISBN 039304002X. 기본적이고 유용한 수학을 다루는 가장 재미있는 책 중 하나로 즐겁게 읽을 수 있으면서도 행렬 등의 특정 주제에 참고할 만한 몇 안 되는 책

Knuth, Donald E. The Art of Computer Programming, Volume 2: Seminumerical Algorithms, Third Edition. Addison-Wesley, 1998. ISBN 0201896842.

Stewart, G. W. Matrix Algorithms, Volume I: Basic Decompositions. SIAM, 1998. ISBN 0898714141.

Wood, Alistair. Introduction to Numerical Analysis. Addison-Wesley, 1999. ISBN 020194291X.

실습문제

1. char와 short, int, long, float, double, int*, double*의 크기를 출력하라(<limits> 대신 sizeof를 사용하라).

2. Matrix<int> a(10)과 Matrix<int> b(100), Matrix<double> c(10), Matrix<int,2> d(10,10), Matrix<int,3> e(10,10,10)에 sizeof를 적용했을 때 반환되는 크기를 출력하라.

3. 실습문제 2번의 각 Matrix의 요소 개수를 출력하라.

4. cin에서 int를 입력받고, 각 int의 sqrt()를 출력하는 프로그램을 작성하라. 어떤 x에 대해 sqrt(x)를 구할 수 없으면 '제곱근 없음'을 출력하라(sqrt()가 반환하는 값을 확인하라).

5. 입력에서 10개의 부동소수점 값을 읽어 Matrix<double>에 저장하자. Matrix에는 push_back()이 없으므로, 잘못된 개수의 double을 넣지 않도록 주의하자. 그리고 그 Matrix의 내용을 출력하자.

6. [0,n)*[0,m)의 곱셈표를 만들고 2D Matrix에 저장하자. cin에서 n과 m을 입력받아 표를 보기 좋게 출력하자(결과가 한 행에 맞을 정도로 m이 충분히 작다고 가정하자).

7. cin에서 complex<double>을 10개 읽고(cin은 complex에 대해 >>를 지원한다), Matrix에 저장하자. 복소수 10개의 합을 구하고 출력하자.

8. Matrix<int,2> m(2,3)에 여섯 개의 값을 읽어 들이고, 출력하라.

복습문제

1. 어떤 사람들이 수치를 사용하는가?

2. 정밀도는 무엇인가?

3. 오버플로는 무엇인가?

4. double과 int의 일반적인 크기는 얼마인가?

5. 오버플로를 어떻게 감지할 수 있는가?

6. 가장 큰 int와 같은 수치 한계는 어디서 찾을 수 있는가?

7. 배열은 무엇인가? 행과 열은 무엇인가?

8. C 스타일 다차원 배열은 무엇인가?

9. 행렬 계산에 대한 언어 지원(예, 라이브러리)이 갖춰야 할 바람직한 특성은 무엇인가?

10. 행렬의 차원은 무엇인가?

11. (이론적/수학적으로) 행렬은 얼마나 많은 차원을 가질 수 있는가?

12. 슬라이스는 무엇인가?

13. 브로드캐스트 연산이란 무엇인가? 몇 가지 예를 들어보자.

14. Fortran 스타일과 C 스타일 첨자 연산의 차이점은 무엇인가?

15. 행렬의 각 요소에 연산을 적용하는 방법은 무엇인가? 예를 들어보라.

16. 혼합 연산fused operation은 무엇인가?

17. 내적을 정의하라.

18. 선형대수는 무엇인가?

19. 가우스 소거법은 무엇인가?

20. (선형대수와 일상생활에서) 피봇은 무엇인가?

21. 난수의 조건은 무엇인가?

22. 균등 분포는 무엇인가?

23. 표준 수학 함수는 어디에서 찾을 수 있는가? 어떤 인자 타입을 지원하는가?

24. 복소수의 허수부는 무엇인가?

25. -1의 제곱근은 얼마인가?

용어 정리

배열	Fortran	스칼라 곱
C	혼합 연산	크기
열	허수	sizeof
복소수	Matrix	슬라이싱
차원	다차원	첨자 연산
내적	난수	균등 분포
요소별 연산	실수	
errno	행	

연습문제

1. a.apply(f)와 apply(f,a)의 함수 인자 f는 서로 다르다. 배열의 요소에 3을 곱하는 triple() 함수를 두 가지 형태로 작성하고 배열 { 1 2 3 4 5 }에 적용해보자. a.apply(triple)과 apply(triple,a)에서 모두 이용할 수 있는 단일한 triple() 함수를 정의하자. apply()에서 사용할 모든 함수를 이런 식으로 작성하는 방법이 나쁜 이유를 설명하라.

2. 함수가 아닌 함수 객체로 연습문제 1번을 다시 풀어보자. 힌트: Matrix.h에 예제가 포함돼 있다.

3. 전문가 수준 문제(이 책에서 설명한 기능으로는 풀 수 없음): void (T&)와 T (const T&), 그리고 각각에 상응하는 함수 객체를 인자로 받는 apply(f,a)를 작성하라. 힌트: Boost::bind

4. 가우스 소거 프로그램이 동작하게 만들자. 즉, 프로그램을 완성하고 컴파일한 후 간단한 예로 테스트해보자.

5. A=={ {0 1} {1 0} }과 b=={ 5 6 }을 입력으로 가우스 소거 프로그램을 동작시키고 프로그램이 실패하는지 확인하자. 그리고 elim_with_partial_pivot()을 적용해보자.

6. 가우스 소거 예제의 벡터 연산 dot_product()와 scale_and_add()를 루프로 대체해보자. 프로그램을 테스트하고, 코드의 명료성에 대해 토론해보자.

7. Matrix 라이브러리를 사용하지 않고 가우스 소거 프로그램을 다시 작성하라. 즉, Matrix 대신 내장형 배열이나 vector를 사용하자.

8. 가우스 소거의 과정을 한 단계씩 그림으로 설명하라.

9. 적용하는 함수의 반환 타입을 요소로 포함하는 Matrix를 반환하도록 멤버 함수가 아닌 형태의 apply() 함수를 다시 작성하자. 즉, 함수 f의 반환 타입이 R이라면 apply(f,a)는 Matrix<R>을 반환해야 한다.

10. 여러분이 사용하는 default_random_engine은 얼마나 무작위적인가? 두 정수 n과 d를 입력받아 randint(n)를 d번 호출하는 프로그램을 작성하고 결과를 기록하자. [0:n) 구간의 각 숫자가 얼마나 나오는지를 기록하고, 그 개수가 얼마나 비슷하지 어림잡아 따져보자. n과 d가 작은 수일 때 적은 수의 난수를 생성할 때도 눈에 띄는 편향이 있는지 살펴보자.

11. 24.5.3절의 swap_rows()에 대응하는 swap_columns()를 작성하라. 이 함수를 만들려면 기존 Matrix 라이브러리의 코드를 일부 이해해야 한다. 효율성은 너무 염려하지 말자. swap_columns()를 swap_rows()만큼 빠르게 만들기는 불가능하다.

12. 아래 두 연산자를 구현하라.

```
Matrix<double> operator*(Matrix<double,2>&,Matrix<double>&);
Matrix<double,N> operator+(Matrix<double,N>&,Matrix<double,N>&);
```

필요하다면 수학 교과서에서 행렬 연산의 정의를 참고하라.

붙이는 말

여러분이 수학에 익숙하지 않다면 24장을 그다지 좋아하지 않을 것이고, 24장의 내용이 필요하지 않은 분야를 선택할 것이다. 반면 여러분이 수학을 좋아한다면 수학의 기본적인 개념이 얼마나 밀접하게 코드로 표현될 수 있는지 느꼈기를 바란다.

임베디드 시스템 프로그래밍

"안전하지 않다는 말은 누군가 죽는다는 말이다."

– 안전 책임자

25장에서는 임베디드 시스템 프로그래밍의 관점을 소개한다. 즉, 화면과 키보드가 달린 전통적인 컴퓨터와는 사뭇 달라 보이는 '전자 장치'용 프로그램 작성에 관련된 주제를 주로 다룬다. 이론과 프로그래밍 기법, 언어 기능, '하드웨어에 가까운 곳에서 일하는 데 필요한' 코딩 표준에 초점을 맞춘다. 여기서 주로 살펴볼 언어적인 주제는 자원 관리와 메모리 관리, 포인터와 배열의 활용, 비트 조작이며, 각 기법의 안전한 사용법과 가장 낮은 수준의 기능 대신 사용할 수 있는 대안을 눈여겨 살펴보자. 특정한 머신 아키텍처를 설명하거나 하드웨어 장치에 대한 직접적인 접근을 하지는 않는다. 그런 일은 전문 서적이나 매뉴얼을 참고하라. 그리고 암복호화 알고리즘 구현을 예제로 제공한다.

25.1 임베디드 시스템

세상의 컴퓨터 대부분은 얼핏 보기에는 컴퓨터로 보이지 않으며, 더 큰 시스템이나 '전자장치'의 일부로 존재한다. 다음 예를 보자.

- **자동차** 현대의 자동차는 연료 분사 제어와 엔진 성능 모니터링, 라디오 조정, 브레이크 제어, 타이어 공기압 감시, 바람막이 와이퍼 제어 등 수십 개의 컴퓨터를 포함한다.

- **전화기** 휴대폰은 적어도 두 개의 컴퓨터를 포함한다. 그 중 하나는 신호 처리에 특화된 컴퓨터다.

- **항공기** 현대의 비행기는 승객용 엔터테인먼트 시스템을 구동하는 일부터 최적의 비행 상태를 유지하고자 날개 끝부분의 움직임을 제어하는 일에 이르기까지 모든 일에 컴퓨터를 사용한다.

- **카메라** 다섯 개의 프로세서와 각 렌즈마다 전용 프로세서를 포함하는 카메라도 있다.

- ('스마트카드' 기능을 비롯한) 신용카드

- 의료 장비 모니터와 제어기(예, CAT 스캐너)

- 프린터 제어기

- 음성 시스템

- MP3 재생기

- 주방용품(밥통과 제빵기 등)

- 전신 교환기(일반적으로 수천 개의 특화된 컴퓨터로 구성됨)

- 펌프 제어기(물 펌프나 기름펌프 등)

- **용접 로봇** 인간 용접공이 들어가기에 좁거나 위험한 곳에서 활약

- **풍력 터빈** 메가와트 단위의 전력을 생산하는 200m(650ft) 크기의 터빈도 있음

- 바다의 수문 제어기

- 조립 공정 품질 모니터링

- 바코드 리더

- 자동차 조립 로봇

- 원심 분리 제어기(다양한 의학 분석 과정에서 사용)

- 디스크 드라이브 제어기

이 모든 컴퓨터는 더 큰 시스템의 일부이며, 그러한 '큰 시스템'은 컴퓨터처럼 보이지 않고 우리도 그것들을 컴퓨터로 여기지 않는다. 도로를 달리는 차를 보면서 "저기를 봐. 분산 컴퓨터 시스템이야!"라고 말하지 않는다. 물론 자동차는 분산 컴퓨터 시스템이기도 하지만, 자동차는 기계와 전자, 전기적인 부분이 함께 움직이므로 컴퓨터만 따로 떼어놓고 생각할 수 없다. (시간과 공간 측면에서의) 계산 제약과 프로그램 정확성에 대한 엄격한 요구를 더 큰 시스템과 따로 떼어놓고 생각할 수 없다는 말이다. 임베디드 컴퓨터가 물리적인 장치를 제어하기도 하는데, 그런 경우에 컴퓨터의 정확한 작동은 곧 물리적인 장치의 정확한 작동으로 정의할 수 있다. 아래 그림의 거대한 해양 디젤 엔진을 보자.

5번 실린더 위쪽의 엔지니어를 보라. 이렇게 큰 엔진은 거대한 배를 움직이는 데 사용된다. 이런 엔진에 장애가 발생한다면 조간신문 일면을 장식할 뉴스거리가 아니겠는가? 이 엔진의 실린더 하나를 제어하는 시스템은 세 대의 컴퓨터로 구성되며, 각 실린더의 위쪽에 위치한다. 그리고 각 실린더 제어 시스템은 두 개의 독립적인 네트워크를 거쳐 (역시 세 개의 컴퓨터로 이뤄진) 엔진 제어 시스템에 연결된다. 엔진 제어 시스템은 다시 제어실과 연결되는데, 제어실에서는 엔지니어가 특화된 GUI를 이용해 엔진 제어 시스템과 상호작용한다. 이와 같은 전체 시스템은 선적 제어 센터에서 (위성을 바탕으로) 무선으로 모니터링할 수 있다. 더 많은 예를 보고 싶다면 1장을 참고하라.

그렇다면 프로그래머 관점에서 볼 때 이러한 엔진의 일부로 포함되는 컴퓨터에서 작동하는 프로그램은 어떤 특징이 있을까? 더 일반적으로 말하자면 일반적인 프로그램과 달리 임베디드 시스템에서 특히 중요한 고려 사항은 무엇일까?

- **신뢰성이 중요한 경우** 장애로 인한 손실이 지대하고 큰 비용(수천억 원)을 야기하는 경우, 그리고 잠재적인 인명 사고의 위험이 있는 경우(선원들이 난파를 당하거나 동물에게 위험한 환경이 조성되는 경우)

- **자원(메모리, 프로세서 사이클, 전력)이 제한적인 경우** 엔진에 탑재되는 컴퓨터엔 이런 문제가 없겠지만, 스마트폰이나 센서, 우주 탐사정의 컴퓨터를 생각해보자. 노트북에서는 2GHz 프로세서와 8GB 메모리가 일반적이지만, 항공기나 우주 탐사정의 중요한 컴퓨터는 60MHz와 256KB, 조그만 전자장치는 고작 1MHz 이하의 프로세서와 수백 워드의 RAM이 장착된다. 이처럼 극한의 환경(진동과 충돌, 불안한 전력 공급, 열, 추위, 습기, 컴퓨터 위로 걸어 다니는 작업자 등)에서도 신뢰성 있게 만들어진 컴퓨터는 학생들이 쓰는 노트북보다 훨씬 느린 경우가 많다.

- **실시간 응답이 필수적인 경우** 연료 분사기가 분사 주기를 놓치게 되면 100,000마력의 매우 복잡한 시스템에 차질을 빚는다. 단지 몇 번의 주기만 놓쳐도, 즉 1~2초 정도만 오작동해도 최대 직경 33피트(10미터), 무게 130톤에 이르는 프로펠러에 문제가 발생한다.

- **시스템이 수년간 정지 없이 작동해야 하는 경우** 지구 주위를 도는 통신 위성의 시스템이나 가격이 저렴하고 대량으로 생산되는 시스템(MP3 재생기와 칩이 들어간 신용카드, 자동차 연료 분사기)에서 작은 결함이라도 제조사에 큰 손실을 주는 경우를 생각해보자. 예를 들어 미국의 백본 전신 교환기 신뢰성 기준은 20년 동안 20분의 서비스 중지다(교환기가 멈출 때마다 프로그램을 변경할 수도 없다).

- **즉시적인 유지 보수가 거의 불가능하거나 매우 가끔만 가능한 경우** 필요한 컴퓨터 전문가를 적시 적소에 투입할 수 있고 선박의 다른 부품을 유지 보수해야 할 때 2년에 한 번 정도는 선박의 컴퓨터를 유지 보수하고자 선박을 항구에 정박할 수 있다. 그러나 그 밖의 계획에 없는 유지 보수는 비현실적이다(태평양의 대형 태풍 한가운데서 버그가 발생한다면 어떨까). 화성 궤도를 도는 우주 탐사정을 수리하려고 사람을 보낼 수는 없지 않은가?

이런 제약을 모두 안고 있는 시스템은 드물고, 그중 한 가지 제약이라도 다루는 일은 전문가의 영역이다. 나의 목적은 여러분을 '급조된 전문가'로 만드는 데 있지 않다. 그러한 시도는 매우 어리석고 무책임하다. 우리의 목적은 여러분이 임베디드 시스템의 기본적인 문제와 그 해결책에 관련된 개념에 익숙해지고, 그러한 시스템을 구축하는 데 필요한 기술의 가치를 알게 하는 데 있다. 여러분은 이처럼 값진 기술을 배우는 데 흥미를 느낄 수도 있다. 임베디드 시스템을 설계하고 구현하는 사람들은 오늘날의 기술적인 문명의 여러 가지 측면에서 핵심적인 역할을 한다. 그러한 분야야말로 전문가가 많은 기여를 할 수 있는 영역이다.

그런데 이런 일이 초보자에게 관련이 있을까? C++ 프로그래머에게는 관련이 있을까? 너무나도 큰 관련이 있다. 세상에는 전통적인 PC보다 훨씬 많은 수의 임베디드 시스템 프로세서가 존재한다. 따라서 여러분이 처음으로 맡는 일도 임베디드 시스템 프로그래밍에 관련된 업무일 수 있다. 더 나아가 여기에 나열된 임베디드 시스템의 예는 내가 직접 봤던 C++로 구현된 임베디드 시스템 중에 선별한 예다.

25.2 기본적인 개념

임베디드 시스템에 포함되는 컴퓨터에서의 프로그래밍은 그 밖의 프로그래밍과 유사한 면이 있으므로, 이 책에서 제시한 대부분의 이상을 적용할 수 있다. 그러나 어디에 주안점을 둬야 할지는 다를 수 있다. 작업에 주어진 제약에 맞게 프로그래밍 언어의 기능을 사용하는 방식을 조정해야 하고, 가장 낮은 수준에서 하드웨어를 조작해야 한다.

- **정확성** 일반적인 경우보다 (임베디드에서) 정확성이 더 큰 의미를 갖는다. 정확성은 단지 추상적인 개념이 아니다. 임베디드 시스템의 관점에서 프로그램의 정확성이 의미하는 바는 올바른 결과를 출력하는 일뿐만 아니라 적시에, 알맞은 순서로, 수용 가능한 정도의 자원으로 결과를 이끌어내는 일을 말한다. 이상적으로는 그 정확성을 구성하는 요소를 신중하게 정의해야 하지만, 몇 번의 실험을 거치지 않고는 정확성의 기준을 명시할 수 없는 경우도 있다. (프로그램을 구동하는 컴퓨터를 비롯해) 전체 시스템이 완성된 후에야 중대한 실험이 가능한 경우도 있다. 이처럼 임베디드 시스템에서 정확성의 의미를 명시하는 일은 극도로 어렵고도 중요하다. 여기서 "극도로 어렵다"는 말은 '주어진 시간과 자원으로는 불가능함'을 뜻할 수도 있으므로, 사용할 수 있는 모든 도구와 기술을 동원해 최선을 다해야 한다. 다행히도 명세와 시뮬레이션, 테스팅, 주어진 분야의 다양한 기법들은 매우 흥미롭고 인상 깊을 수도 있다. 그리고 "극도로 중요하다"는 말은 "장애가 부상이나 손실로 이어질 수 있다"는 의미다.

- **장애 감내(fault tolerance)** 프로그램이 고려해야 할 조건을 명시할 때는 신중해야 한다. 예를 들어 학생들이 만드는 일반적인 프로그램에서 시연 중에 전원 코드를 뽑아버리는 경우까지 고려할 필요는 없다. 전원 차단은 일반적인 PC 응용 프로그램에서 고려할 조건은 아니다. 그러나 임베디드 시스템에서 전원 차단은 드문 일이 아니며, 그런 사고에 대비해야 할 수도 있다. 예를 들어 시스템의 중요한 부분은 전원 공급 장치를 이중으로 구성하거나 여분의 배터리를 장착할 수 있다. 더 심각한 경우에는 "하드웨어가 올바르게 작동하리라고 가정했어요"라는 말조차 변명이 될 수 없는 분야도 있다. 긴 시간 동안 그리고 다양한 조건하에서 하드웨어는 분명 오동작할 수 있다. 예를 들어 전신 교환기나 항공우주 분야의 프로그램

은 컴퓨터 메모리상의 비트가 언젠가 의도치 않게 변할 수 있다는 가정하에 작성된다(예, 0에서 1로). 혹은 1을 0으로 변경하라는 요구를 무시하고 계속 1이라는 값을 유지하려 할 수도 있다. 충분히 많은 양의 메모리를 충분히 오랫동안 사용하면 결국에 그런 오동작이 일어날 수 있다. 지구 대기권 밖에서 관찰되는 강한 방사선에 메모리를 노출시키면 즉시 그런 문제가 발생할 수도 있다. (임베디드든 아니든) 시스템을 구축할 때는 어느 정도의 하드웨어 오류까지 감내해야 할지를 결정해야 한다. 일반적으로는 하드웨어가 명세대로 동작한다고 가정하지만, 좀 더 치명적인 시스템을 다룰 때는 그러한 가정을 할 수 없다.

- **무정지** 임베디드 시스템은 일반적으로 소프트웨어의 변경이나 시스템 구현을 알고 있는 숙련된 운영자의 개입 없이 오랫동안 동작해야 한다. '오랫동안'은 며칠이나 몇 달, 몇 년, 하드웨어의 수명 동안일 수 있다. 이러한 특성은 임베디드 시스템의 전유물은 아니지만, (지금까지) 이 책에서 다룬 모든 예제와 연습문제를 비롯한 대부분의 주요한 '일반적인 응용 프로그램'과는 구별되는 차이점이다. 이처럼 "영원히 작동해야 한다"는 요구 사항은 오류 처리와 자원 관리의 중요성을 암시한다. 그렇다면 '자원'은 무엇인가? 자원은 머신에서 제한적으로 제공되는 무언가, 프로그램 안에서 여러분이 명시적인 행동("자원을 취득하라", "할당하라")으로 얻는 무언가, 시스템에 명시적으로나 암묵적으로나 반환('release', 'free', 'deallocate') 해야 하는 무언가를 의미한다. 메모리와 파일 핸들, 네트워크 연결(소켓), 락 등을 자원의 예로 들 수 있다. 오랜 기간 동작해야 하는 시스템에 포함되는 프로그램은 영구적으로 소유할 자원을 제외하고는, 취득한 모든 자원을 해제해야 한다. 예를 들어 매일 하나씩 파일을 닫는 일을 잊어버리는 프로그램은 대부분의 운영체제에서 몇 달도 버티기 힘들다. 매일 100바이트를 해제하지 않는 프로그램은 1년 동안 32K를 낭비하며, 조그만 전자장치를 몇 달 안에 고장 낼 수 있다. 이러한 자원 누수의 함정은 프로그램이 갑자기 기능을 정지할 때까지 몇 달 동안, 프로그램이 완벽하게 작동하는 듯이 보인다는 점이다. 프로그램이 어차피 멈출 거라면 가능하면 빨리 멈춰서 문제를 고칠 수 있게 하는 편이 낫다. 특히 프로그램이 사용자 손에 들어가기 훨씬 전에 멈추는 편이 좋다.

- **실시간 제약(real-time constraints)** 임베디드 시스템이 주어진 기한 내에 특정한 반응을 해야 하는 경우를 '엄격한 실시간hard real time 시스템'으로 정의할 수 있다. 한편 임베디드 시스템이 대부분의 경우에 기한 내에 특정한 반응을 해야 하지만 일정 빈도의 시간 지연을 허용한다면 '느슨한 실시간soft real time 시스템'으로 정의할 수 있다. 자동차의 창문 제어기나 스테레오 증폭기를 느슨한 실시간의 예로 들 수 있다. 사람은 창문의 움직임이 1초 미만 지연되는 사실을 느끼지 못하며, 밀리초 단위의 음성 지연은 훈련된 사람만이 감지할 수 있다. 엄격한 실시간의 예로는 피스톤의 움직임에 맞춰 정확한 시점에 연료를 뿜어내는

자동차 연료 분사기를 생각해볼 수 있다. 분사 시점이 밀리세컨드 미만의 시간만큼 지연돼도, 성능이 떨어지고 엔진이 노화하기 시작한다. 심각한 분사 시점 지연은 엔진을 완전히 멈추게 할 수도 있고, 사고나 재앙으로 이어질 수 있다.

- **예측 가능성(predictability)** 예측 가능성은 임베디드 시스템 코드에서 핵심적인 개념이다. 예측 가능성이란 용어가 많은 직관적인 의미를 함축하지만, 임베디드 시스템에서의 예측 가능성은 특별한 기술적 의미를 지닌다. 어떤 연산이 예측 가능하다는 말은 주어진 컴퓨터에서 해당 연산을 실행할 때 걸리는 시간이 매번 동일하며, 해당 연산과 동일한 모든 연산의 수행 시간이 같다는 의미다. 예를 들어 x와 y가 정수일 때 x+y의 실행 시간이 매번 동일하며, xx와 yy가 다른 정수라면 xx+yy의 실행 시간도 동일하다는 말이다. 일반적으로 머신 아키텍처(예, 캐싱과 파이프라이닝에 따른 차이)에 따른 약간의 속도 차이는 무시하며, 고정된 최대 한도만을 고려한다. 예측 불가능한 연산의 고전적인 예로는 요소의 개수를 모르고 최대 개수를 쉽게 제한할 수 없는 경우에 리스트를 선형 탐색하는 연산(예, find())을 들 수 있다. 요소의 개수, 적어도 요소의 최대 개수를 신뢰성 있게 예측할 수 있는 경우에만 엄격한 실시간 시스템에서 이러한 탐색 연산을 허용할 수 있다. 즉, 주어진 시간 안에 응답을 보장하려면 (가능하다면 코드 분석 도구의 도움을 얻어) 가능한 모든 코드 시퀀스의 수행 시간이 정해진 기한보다 작은지를 계산할 수 있어야 한다.

- **동시성(concurrency)** 임베디드 시스템은 일반적으로 외부 세계의 사건에 반응해야 한다. 실제 사건들이 동시에 발생하기 때문에 프로그램도 동시에 발생하는 일들에 대응할 수 있어야 한다. 이처럼 여러 가지 동작을 동시에 수행하는 프로그램을 **동시성**concurrent 프로그램이나 **병렬**parallel 프로그램이라고 한다. 불행히도 동시성에 관련된 흥미롭고 까다로우며 중요한 주제들은 이 책의 범위를 벗어난다.

25.2.1 예측 가능성

예측 가능성의 관점에서 C++는 훌륭하지만 완벽하진 않다. 다음과 같은 것을 제외한 C++ 언어의 모든 기능(가상 함수 호출을 포함한)은 예측 가능하다.

- new와 delete를 이용한 자유 저장 영역 할당(25.3절 참고)
- 예외(19.5절)
- dynamic_cast(A.5.7절)

엄격한 실시간 응용 프로그램에서는 이러한 기능을 피해야 한다. new와 delete에 관련된 문제는 25.3절에서 자세히 설명했으며, 근본적인 문제다. 표준 라이브러리 string과 표준 컨테이너(vector와 map 등)도 간접적으로 자유 저장 영역을 사용하므로 예측 가능하지 않다. dynamic_cast와 관련된 문제는 현재 구현상의 문제지만 근본적인 문제는 아니다.

예외에 관련된 문제는 특정한 throw에 대해 (많은 양의 코드를 훑어보지 않고서는) 해당 예외에 상응하는 catch절을 찾는 데 어느 정도 시간이 걸릴지, 심지어는 상응하는 catch절이 존재하는지도 알 수 없다는 점이다. 임베디드 시스템 프로그램에서도 catch를 사용할 수 있다면 좋을 것이다. C++ 프로그래머가 디버거를 사용하기 위해 항시 대기할 수는 없기 때문이다. 이론적으로는 각 throw마다 어떤 catch절이 실행되고, 그 catch절에 도달하기까지 시간이 얼마나 걸리는지 알려주는 도구가 있다면 예외에 관련된 문제를 해결할 수 있다. 그러나 현재로서 그런 도구는 연구가 필요한 문제다. 따라서 예측 가능성을 만족해야 한다면 반환 코드를 비롯해 구식이고 지루하지만 예측 가능한 오류 처리 기법을 사용해야 한다.

25.2.2 이상

임베디드 시스템 프로그램을 개발할 때 성능과 신뢰성에 대한 요구로 인해 프로그래머가 배타적으로 로우레벨 언어 기능으로 회귀하게 될 위험이 있다. 이런 전략은 독립적인 작은 코드에서는 잘 동작한다. 그러나 전체적인 설계가 쉽게 어지럽혀지고, 정확성에 대한 확신을 어렵게 하며, 시스템을 구축하는 데 필요한 시간과 금전적 비용이 증가한다.

언제나 그렇듯이 이상적으로는 문제에 대해 주어진 제약 안에서 현실적으로 가능한 한 가장 높은 추상화 레벨에서 작업해야 한다. 따라서 필요 이상으로 미화된 어셈블리 코드를 작성하는 퇴보를 겪지는 말자. 지금까지 그랬듯이 (주어진 모든 제약 안에서) 가능하면 여러분의 아이디어를 코드에 직접적으로 표현하라. 가장 명확하고 깔끔하며 유지 보수하기 쉬운 방법으로 코드를 작성하라. 최적화는 꼭 필요할 때만 수행하라. 임베디드 시스템에서는 (시간이나 공간 측면의) 성능이 필수적인 경우가 있지만, 모든 코드를 시시콜콜하게 성능 측면에서 최적화하려는 시도는 잘못된 생각이다. 많은 임베디드 시스템에 있어 핵심적인 요소는 정확성과 '충분한 성능'이다. 그 '충분한 속도'를 넘어서 봤자 시스템은 다른 동작이 필요할 때까지 휴면 상태로 있을 뿐이다. 코드 한줄 한줄을 최대한 효율적으로 만들려다 보면 시간이 오래 걸리고, 많은 버그를 유발하며, 알고리즘과 자료 구조가 복잡하고 변경하기 어려워짐에 따라 도리어 최적화의 기회를 놓칠 수 있다. 예를 들어 이러한 '로우레벨 최적화' 방식 때문에 메모리 최적화의 기회를 놓쳐버리는 경우가 있는데, 거의 비슷한 코드가 많은 곳에 산재돼 조그만 차이로 인해 메모리 공유가 어려워지기 때문이다.

고도의 효율성을 갖춘 코드로 유명한 존 벤틀리는 '최적화의 법칙' 두 가지를 제시한다.

● **제1 법칙** 최적화하지 마라.

- **제2 법칙(전문가에만 해당)** 아직은 최적화하지 마라.

최적화하기 전에 여러분이 시스템을 이해하고 있는지 확인하라. 그래야만 시스템이 정확하고 신뢰할 수 있는지를 확신할 수 있다. 시스템의 초기 버전을 동작시킨 후에 신중하게 측정하고 필요한 만큼 튜닝하라. 다행히도 깔끔한 코드가 충분히 빠르고 불필요한 메모리 공간을 소모하지 않는다는 기쁜 소식을 듣는 일이 드물지는 않다. 하지만 그런 기쁜 소식에 의존하지 말자. 최선의 방법은 측정이다. 그 반대의 슬픈 소식도 드물지는 않기 때문이다.

25.2.3 장애 다루기

장애가 없는 시스템을 설계하고 구현한다고 상상해보자. 여기서 "장애가 없다"의 기준은 "한 달 동안 사람의 개입 없이 작동한다"를 말한다. 이제 우리는 어떤 종류의 장애로부터 시스템을 보호해야 할까? 태양이 초신성이 되거나 코끼리가 시스템을 깔아뭉개는 장애는 제외시켜도 될 듯하다. 그러나 우리는 일반적으로 어떤 장애가 발생할지 알 수 없다. 따라서 특정 시스템에 대해 어떤 종류의 오류가 그 밖의 오류보다 더 많이 발생하는지를 가정해야 한다. 다음과 같은 장애를 생각해보자.

- 전력의 급증이나 차단
- 진동으로 인해 소켓에 연결된 케이블이 빠져버림
- 다른 물건의 파편으로 인해 프로세서에 손상이 발생함
- 시스템을 떨어트림(충격으로 디스크가 손상될 수 있음)
- X선으로 인해 메모리상의 비트가 언어의 명세와는 다른 방식으로 변경됨

그중에서도 가장 찾기 어려운 오류가 바로 일시적 오류인데, 프로그램을 실행할 때마다 항상 발생하지 않고 어떤 경우에만 발생하는 오류를 말한다. 예를 들어 기온이 130°F(54°C)를 초과하면 프로세서가 오동작한다는 불만이 접수됐다고 하자. 우리는 그 프로세서를 그 정도의 고열에 노출시킨 적이 없었다. 실험실에서 테스트를 수행하는 동안에도 마찬가지다. 그러나 (의도치 않은 우연으로) 공장 바닥에서 포장재에 쌓여있는 동안 고온에 노출될 수 있다.

이와 같이 실험실 밖에서만 일어나는 오류는 가장 고치기 어렵다. (실험실로부터 빛의 속도로 20분 걸리는 곳에 있는) Mars Rovers의 하드웨어와 소프트웨어 장애를 진단하고 찾아낸 문제를 수정한 소프트웨어를 업데이트하기 위해 NASA 제트추진연구소[JPL]의 공학자들이 설계와 구현에 들인 각고의 노력을 상상이나 할 수 있겠는가?

시스템과 시스템을 둘러싼 환경, 시스템의 활용 방법 등을 비롯한 특정 분야의 전문 지식은 오류에 대한 면역력이 높은 시스템을 설계하고 구현하는 데 필수적이다. 그러나 여기서는

일반적인 주제에 집중하자. 여기서 다루는 '일반적인 주제' 각각은 수천 편의 논문과 수십 년 동안 연구 개발이 이뤄진 광범위한 주제다.

- **자원 누수 방지** 누수 시키지 마라. 여러분의 프로그램이 어떤 자원을 사용하는지 주의해서 살피고, 사용하는 자원을 (완벽하게) 관리하는지 재차 확인하라. 약간의 누수라고 해도 결국엔 시스템이나 하위 시스템을 멈추게 할 수 있다. 가장 기본적인 자원은 시간과 메모리지만, 일반적으로 프로그램은 락과 통신 채널, 파일 등의 기타 자원을 사용한다.

- **복제(replicate)** 시스템이 동작하는 데 하드웨어 자원(예, 컴퓨터나 출력 장치, 바퀴)이 꼭 필요하다면 설계자는 시스템이 필수적인 자원을 여러 개 포함해야 할지에 대한 기본적인 선택을 내려야 한다. 하드웨어가 오동작하는 장애를 그냥 허용하거나 여분의 하드웨어를 제공해 장애 시에 소프트웨어가 여분의 하드웨어를 사용하게 전환switch할 수 있다. 예를 들어 해양 디젤 엔진의 연료 분사 제어기는 이중화된 네트워크로 연결된 세대의 컴퓨터를 포함한다. '여분'이 반드시 원래의 자원과 동일한 기종일 필요는 없다는 점을 알아두자(예, 우주 탐사정은 강한 주 안테나와 약한 백업 안테나를 포함할 수 있다). 시스템이 문제없이 작동할 때는 여분을 이용해서 성능을 높일 수 있다는 점도 기억하자.

- **자기 확인(Self-check)** 프로그램(이나 하드웨어)이 오동작할 때 그 사실을 알 수 있어야 한다. 하드웨어 구성 요소(예, 저장 장치)는 이런 점에서 매우 유용하다. 스스로 오류를 모니터링하고 사소한 오류는 복구하고, 중대한 오류는 보고하기 때문이다. 소프트웨어도 자료 구조의 일관성을 확인하거나 불변 조건(9.4.3절)을 검사하거나 내부적인 '위생 검사'(assertion 등)에 의존할 수 있다. 그러나 자기 확인 자체를 완벽히 신뢰할 수 없다. 오류를 보고하는 과정에서 다시 오류가 발생하지 않도록 주의해야 한다. 오류 검사에 오류가 있는지 완벽히 확인하는 일은 매우 어렵다.

- **오동작하는 코드에서 빨리 빠져나오기** 시스템을 모듈화하라. 각 모듈은 각자의 특화된 작업을 수행하므로, 모듈을 기본 단위로 오류를 처리하라. 한 모듈이 작업을 계속할 수 없다고 판단하면 다른 모듈에 그 사실을 알릴 수 있다. 모듈 안에서의 오류 처리는 간단히 유지하고 (그렇게 하는 편이 정확하고 효율적인 경우가 많다), 다른 모듈에서 심각한 오류를 책임지게 하라. 신뢰성 높은 시스템은 모듈화가 잘 돼 있고 다중 계층으로 이뤄진다. 각 계층의 심각한 오류는 다음 계층으로 보고되며, 결국엔 사람에게 보고될 수 있다. (다른 모듈에서 스스로 처리할 수 없는) 심각한 오류를 보고받은 모듈은 적당한 조치를 취할 수 있다. 예를 들어 오류를 감지한 모듈을 재시작하거나, 덜 정교한 (그러나 더 견고한) 백업 모듈을 작동시킬 수 있다. 주어진 시스템에서 모듈의 정확한 단위를 정하는 일은 전체적인 시스템 설계의 일부에 속한다. 그러나 일반적으로는 클래스나 라이브러리, 프로그램, 한 컴퓨터에서 동작하는 모든

프로그램이 모듈이 될 수 있다.

- 하위 시스템이 스스로 오류를 감지하지 않거나 감지가 불가능한 경우에는 하위 시스템을 모니터링 해야 한다. 다중 계층 시스템에서 상위 계층은 하위 계층을 모니터링할 수 있다. 장애를 허용하지 않는 시스템(선박 엔진이나 우주 정거장 제어기)은 핵심 하위 시스템을 삼중화 triplication하기도 한다. 이러한 삼중화는 단지 두 개의 여벌을 마련하려는 목적이 아니라, 2 대 1 투표를 바탕으로 어떤 여벌이 오동작하는지 가려내는 데에도 목적이 있다. 다중 계층 구성이 어려운 경우에 삼중화가 특히 유용하다(예, 시스템의 최상위 계층이나 장애를 용납할 수 없는 하위 시스템).

우리가 원하는 만큼 신중하게 설계하고 모든 지식을 동원해서 구현해도 시스템은 여전히 오동작할 수 있다. 따라서 시스템을 사용자에게 배포하기 전에 체계적이고 철저한 테스트를 수행해야 한다(22장 참고).

25.3 메모리 관리

컴퓨터의 가장 기본적인 자원 두 가지는 시간(명령어 실행 시간)과 공간(데이터와 코드를 저장하는 메모리)이다. C++에서 데이터를 저장할 메모리를 할당하는 방법에는 다음과 같은 세 가지가 있다(17.4절, A.4.2절).

- **정적 메모리** 링커가 할당하며, 프로그램이 작동하는 동안 계속 유지됨
- **스택(자동) 메모리** 함수를 호출할 때 할당되고, 함수가 반환할 때 해제됨
- **동적(힙) 메모리** new로 할당하고 delete로 해제해 재사용이 가능함

이와 같은 개념을 임베디드 시스템 프로그래밍의 관점에서 살펴보자. 특히 엄격한 실시간 프로그래밍과 안전에 관련된 프로그래밍처럼 예측 가능성(25.2.1절)이 필수적인 작업의 관점에서 메모리 관리를 고려해보자.

정적 메모리는 임베디드 시스템 관점에서 큰 문제가 되지 않는다. 프로그램이 시작하기 전에, 그리고 시스템이 배포되기 훨씬 전에 모든 사항을 세심하게 결정할 수 있다.

스택 메모리를 너무 많이 사용하면 문제가 있지만, 그리 해결하기 어려운 문제는 아니다. 설계자는 수용 가능한 한계 이상으로 스택을 사용하는 코드가 없도록 보장해야 한다. 이는 일반적으로 중첩된 함수 호출의 횟수를 제한해야 함을 의미한다. 즉, 함수 호출 고리가 너무 길면 안 된다(예, f1이 f2를 호출, f2가 f3을 호출, … fn을 호출). 일부 시스템에서는 이런 이유로 재귀 호출을 금기시한다. 이러한 제제는 일부 시스템이나 특정 재귀 호출에는 합리적일 수 있지만

필수적이진 않다. 예를 들어 `factorial(10)`이 `factorial`을 최대 10번만 호출한다는 사실은 이미 알고 있다. 하지만 임베디드 시스템 프로그래머는 의심의 여지를 두지 않고 불의의 사고를 피하는 차원에서 `factorial`을 반복적인 방식(15.5절)으로 구현하길 훨씬 더 선호한다.

　　동적 메모리 할당은 일반적으로 금지되거나 엄격하게 제한된다. 즉, `new`를 사용하지 않거나 프로그램 시작 부분에서만 사용하게 제한한다. 마찬가지로 `delete`의 사용도 금지된다. 이런 조치의 기본적인 이유는 다음과 같다.

- **예측 가능성**　자유 저장 영역 할당은 예측 가능하지 않다. 즉, 상수 시간 연산이라고 보장할 수 없다. 적어도 일반적으로는 그렇다는 말이다. 많은 `new` 구현 방식은 객체 할당과 해제를 여러 번 반복한 후에는 새로운 객체 할당에 걸리는 시간이 급증한다.

- **단편화(fragmentation)**　자유 저장 영역은 단편화될 수 있다. 즉, 객체 할당과 해제를 여러 번 반복한 후에는 남아있는 사용 가능한 메모리 공간이 작은 조각으로 나눠지고, 그 작은 조각은 응용 프로그램에서 사용하는 객체를 담기에는 너무 작아 쓸모가 없어진다. 그러므로 실제로 사용 가능한 자유 저장 영역 공간은 초기 자유 저장 영역 크기에서 할당된 객체들의 크기를 뺀 숫자보다 훨씬 작을 수 있다.

　　다음 절에서는 이와 같이 허용할 수 없는 일이 어떻게 발생하는지 살펴본다. 중요한 점은 엄격한 실시간 시스템과 안전에 민감한 시스템에서는 `new`와 `delete`를 사용하는 프로그래밍 기법을 반드시 피해야 한다는 사실이다. 이제 스택과 풀^{pool}을 이용해 체계적으로 문제를 회피하는 방법을 설명한다.

25.3.1 자유 저장 영역 문제

`new`의 문제점은 무엇인가? 엄밀히 말하면 `new`와 `delete`를 함께 사용하는 경우가 문제다. 다음과 같이 할당과 해제를 반복한 후의 결과를 생각해보자.

```
Message* get_input(Device&); // 자유 저장 영역에 Message 생성

while(/*... */) {
    Message* p = get_input(dev);
    //...
    Node* n1 = new Node(arg1,arg2);
    //...
    delete p;
    Node* n2 = new Node (arg3,arg4);
    //...
}
```

매번 루프를 돌때마다 Node를 두 번 생성하고 Message도 생성했다가 삭제한다. 어떤 장치의 입력으로부터 자료 구조를 구성할 때 이런 코드를 드물지 않게 사용한다. 코드만 보면 매번 루프에서 2*sizeof(Node) 바이트(여기에 자유 저장 영역의 오버헤드가 약간 추가됨)의 메모리를 소모한다고 생각할 수 있다. 불행히도 메모리 소모량이 예측한 한도 내로 제한된다는 보장은 없으며, 바람직하게 2*sizeof(Node) 바이트를 소모하지도 않는다. 오히려 그렇지 않을 확률이 더 크다.

(현실적이진 않지만) 간단한 메모리 관리자를 가정해보자. 그리고 Message가 Node보다 약간 크다고 가정한다. Message는 주황색, Node는 초록색, 흰 바탕은 구멍(사용하지 않는 공간)으로 자유 저장 영역 사용 상태를 나타내보자.

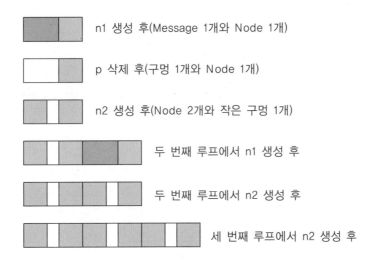

이처럼 루프를 실행 할 때마다 쓸모없는 공간(구멍)이 생겨난다. 그저 몇 바이트라고 해도 사용할 수 없는 구멍은 메모리 누수만큼이나 나쁜 것이며, 오랫동안 작동하는 프로그램에서는 아무리 작은 누수라도 프로그램을 멈추게 한다. 이와 같이 사용하지 않은 메모리 공간이 새로운 객체를 담기에 너무 작은 수많은 구멍으로 나뉘는 현상을 **메모리 단편화**라고 한다. 일반적으로 자유 저장 영역 관리자는 프로그램에서 사용하는 객체를 저장할 수 있을 정도로 충분히 큰 구멍을 모두 사용하며, 사용하기에 너무 작은 구멍만 남겨둔다. 메모리 단편화는 new와 delete를 많이 사용하며, 오랫동안 작동해야 하는 모든 프로그램에서 심각한 문제라고 할 수 있다. 쓸모없는 단편이 대부분의 메모리를 잠식하는 경우도 심심찮게 찾아볼 수 있다. 그런 경우에는 new를 수행할 때 적당한 크기의 메모리 공간을 찾을 때까지 수많은 객체와 단편을 훑어봐야 하므로 실행 시간이 급격히 증가한다. 임베디드 시스템에서는 이러한 상황을 절대로 수용할 수 없다. 임베디드가 아니더라도 부주의하게 설계된 시스템에서는 메모리 단편화가 심각한 문제가 될 수 있다.

'언어'나 '기반 시스템' 차원에서 이 문제를 해결할 수는 없을까? 아니면 그런 구멍을 생성하지 않는 프로그램을 만들 수는 없을까? 우선 메모리상의 쓸모없는 구멍에 대한 가장 직관적인 해결책을 검토해보자. 즉, 사용하지 않는 모든 공간이 한 장소로 모이게 Node를 이동시켜서 더 많은 객체를 할당할 수 있다.

불행히도 시스템은 그렇게 할 수 없다. C++ 코드는 메모리상의 객체를 직접적으로 가리키기 때문이다. 예를 들어 포인터 n1과 n2는 실제 메모리 주소를 저장하고 있다. 포인터가 가리키는 객체를 이동하면 그 주소는 더 이상 올바로 객체를 가리키지 않게 된다. 우리가 생성한 Node를 가리키는 포인터가 (어딘가에) 존재한다고 가정하자. 우리가 사용하는 자료 구조의 일부를 그림으로 나타내면 다음과 같다.

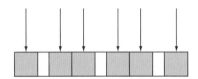

Node를 가리키는 포인터를 포함하는 Node

이제 사용하지 않는 공간이 모두 한곳으로 모이게 객체를 옮겨 메모리를 컴팩션compaction 하자.

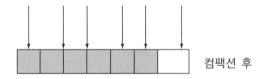

컴팩션 후

불행히도 포인터 값을 갱신하지 않고 객체를 이동하는 바람에 모든 포인터가 쓸모없게됐다. 객체를 옮길 때 포인터를 갱신하면 되지 않을까? 그런 프로그램을 만들 수는 있지만, 그러려면 자료 구조를 자세히 알아야 한다. 일반적으로 시스템(C++ 런타임 지원 시스템)은 포인터가 어디 있는지 전혀 모른다. 즉, 어떤 객체에 대해 "어떤 포인터가 지금 이 객체를 가리키고 있는가?"라고 물으면 뾰족한 답이 없다. 이런 문제를 쉽게 해결할 수 있다고 해도, 지금까지 설명한 방식(컴팩팅 가비지 컬렉션compacting garbage collection)이 항상 옳지는 않다. 예를 들어 이런 방식이 제대로 동작하려면 모든 포인터를 추적하고 객체를 이동시키는 데 그렇지 않은 프로그램 보다 두 배의 메모리 공간이 필요하다. 임베디드 시스템에는 이런 여분의 메모리가 없다. 게다가 효율적인 컴팩팅 가비지 컬렉터는 예측 가능성을 보장하기 어렵다.

물론 우리 스스로 설계한 자료 구조라면 "어디에 포인터가 있는가?"라는 질문에 답할 수 있고 컴팩션도 수행할 수 있다. 이런 방법은 작동하기는 하지만, 단편화를 피할 수 있는 더 간단한 방법을 우선적으로 고려하자. 우리가 다루는 예제에서는 Message를 할당하기 전에 Node 객체 두 개를 먼저 할당할 수 있다.

```
while( ... ) {
    Node* n1 = new Node;
    Node* n2 = new Node;
    Message* p = get_input(dev);
    // ... 노드에 정보 저장 ...
    delete p;
    // ...
}
```

그러나 일반적으로 단편화를 피하고자 코드를 재배치하는 일은 쉽지가 않다. 그러한 작업을 신뢰성 있게 수행하기는 매우 어려울 뿐 아니라 좋은 코드를 규정하는 그 밖의 원칙에 위배되기도 한다. 결론적으로 메모리 단편화를 유발하지 않는 최우선의 방법은 자유 저장 영역 사용을 제약하는 방법이다. 때로는 문제를 예방하는 편이 해결하는 쪽보다 더 낫다.

도전 과제

위 프로그램을 완성하고 생성한 객체의 주소와 크기를 출력해 여러분의 머신에서 구멍이 어떻게 생겨나는지 확인하자. 시간이 허락한다면 무슨 일이 일어나는지 더 잘 알 수 있도록 위와 같이 메모리 레이아웃을 그림으로 그려 보자.

25.3.2 일반적인 자유 저장 영역의 대안

어쨌든 단편화는 피해야 한다. 그렇다면 어떻게 해야 할까? 우선 주목할 간단한 사실은 new 혼자서는 단편화를 유발하지 못한다는 점이다. 구멍이 생기려면 delete가 필요하다. 따라서 delete를 추방하는 일부터 시작하자. 이는 객체를 한 번 생성한 후에는 영원히 프로그램의 한 부분으로 존속함을 암시한다.

delete가 없다면 new는 예측 가능성을 보장한다. 모든 new 연산이 같은 시간을 소모한다는 말인가? 일반적인 구현에서는 그렇다. 그러나 표준에서 보장하지는 않는다. 일반적으로 임베디드 시스템은 초기 전원 인가나 재시작 후에 시스템을 '수행 준비 완료^{ready to run}' 상태로 만드는 시작 코드 시퀀스를 포함하며, 그 코드 안에서 허용된 최대치 이하의 메모리를 원하는 만큼 할당할 수 있다. 이와 같이 시작 코드에서만 new를 사용하기로 방침을 정할 수 있다. 이에 대한 대안으로(또는 추가적으로) 미래에 사용할 용도로 전역 (정적) 메모리를 확보해 둘 수 있다. 프로그램 구조 측면에서 전역 데이터는 피하는 편이 가장 좋지만, 메모리를 미리 할당하는 목적으로 전역 메모리를 사용하는 일은 사리에 맞는다고 할 수 있다. 이에 대한 정확한 규칙은 구축할 시스템의 코딩 표준에 포함돼야 한다(25.6절 참고).

예측 가능한 메모리 할당에 특히 유용한 자료 구조에는 다음과 같은 두 가지가 있다.

- **스택** 스택은 (허용된 최대치 이하의) 메모리를 원하는 만큼 할당할 수 있고, 마지막으로 할당한 공간만 해제할 수 있는 자료 구조다. 즉, 스택의 확장과 축소는 맨 위에서만 발생한다. 따라서 할당한 공간 사이에 구멍이 생길 수 없으므로 단편화가 일어나지 않는다.
- **풀** 풀은 크기가 같은 객체의 모임이다. 풀이 담을 수 있는 숫자보다 많은 객체를 할당하지 않는다면 원하는 만큼 객체를 할당하고 해제할 수 있다. 풀의 객체는 크기가 모두 같으므로 단편화가 일어나지 않는다.

스택과 풀 모두 할당과 해제가 예측가능하고 빠르다.

따라서 엄격한 실시간 시스템과 안전에 관련된 시스템에서 필요한 경우에 스택과 풀을 사용할 수 있다. 한마디 덧붙이자면 다른 누군가가 구현하고, 테스트하고, 명시한 대로 스택과 풀을 사용하는 편이 더 낫다(물론 그 명세가 우리의 필요에 맞아야 한다).

간접적으로 new를 사용하는 C++ 컨테이너(vector, map 등)와 표준 string은 사용하지 말아야 한다는 점을 기억하자. 여러분은 예측 가능성을 보장하는 표준과 흡사한 컨테이너를 만들(거나 구매하거나 빌려올) 수 있다. 그러나 여러분이 사용하는 구현체에 포함된 기본 컨테이너를 임베디드 시스템에서 사용하지 못하게 강제하지는 않는다.

임베디드 시스템은 일반적으로 매우 엄격한 신뢰성을 요구한다는 점을 기억하자. 따라서 어떤 해결책을 택하든 로우레벨 기능을 직접적으로 너무 많이 사용해 프로그래밍 스타일에 위배되는 일이 없도록 하자. 포인터와 명시적인 타입 변환 등으로 가득한 코드는 정확성을 보장하기가 매우 어렵다.

25.3.3 풀 예제

풀^{pool}은 주어진 타입의 객체를 할당하고 해제할 수 있는 자료 구조다. 풀은 최대 개수만큼의 객체를 담고 있으며, 최대 개수는 풀을 생성할 때 지정한다. 초록색을 '할당된 객체', 푸른색을 '객체 할당을 위해 대기 중인 공간'이라고 하면 풀을 다음과 같이 그림으로 표현할 수 있다.

풀:

Pool은 다음과 같이 정의한다.

```
template<typename T, int N>
class Pool {                     // T 타입 객체 N 개를 담을 풀
public:
    Pool();                      // N개의 T를 담을 풀 생성
    T* get();                    // 풀에서 T를 가져옴. 남아있는 T가 없으면 0 반환
    void free(T*);               // 풀에서 get()으로 가져온 T 객체를 반환
    int available() const;       // 남아있는 T 객체의 개수
private:
    // T[N]을 저장할 공간과
    // 어떤 T 객체가 할당됐고 어떤 T 객체가 남아있는지를 기록하는 데이터
    // (예, 남아있는 객체의 목록)
};
```

각 Pool 객체에는 요소의 타입과 최대 개수를 지정한다. Pool의 사용 방법은 다음과 같다.

```
Pool<Small_buffer,10> sb_pool;
Pool<Status_indicator,200> indicator_pool;

Small_buffer* p = sb_pool.get();
//...
sb_pool.free(p);
```

풀이 고갈되지 않게 보장하는 일은 프로그래머의 책임이다. 여기서 "보장한다"는 말의 의미는 응용 분야에 따라 달라진다. 어떤 시스템에서는 할당할 객체가 남아있는 경우에만 get()을 호출해야하는 반면, 다른 시스템에서는 get()의 반환 값이 0인지 확인해 필요한 조치를 취할 수 있다. 후자의 전형적인 예가 최대 100,000번의 요청을 동시에 처리할 수 있게 설계된 전화 시스템이다. 요청이 들어올 때마다 다이얼 버퍼를 비롯한 자원이 할당되는데, 다이얼 버퍼가 고갈되면(예, dial_buffer_pool.get()이 0을 반환하면) 시스템은 새로운 연결 설정을 거부한다(그리고 기존 연결 몇 개를 끊어서 용량을 확보할 수도 있다). 연결을 거부 당한 발신자는 나중에 다시 연결을 시도하면 된다.

물론 Pool 템플릿은 풀이라는 일반적인 아이디어의 변형 중의 한 가지일 뿐이다. 메모리 할당의 제약이 덜한 경우를 예로 들면 요소 개수를 풀의 생성자에 지정하거나, 처음에 지정된 개수보다 더 많은 객체가 필요하게 되면 요소의 개수를 변경할 수 있는 풀을 만들 수도 있다.

25.3.4 스택 예제

스택은 메모리 공간을 할당하고 최상단에서만 해제할 수 있는 자료 구조다. 초록색을 '할당된 메모리', 푸른색을 '할당을 위해 대기 중인 공간'이라고 하면 스택을 다음과 같이 그림으로

표현할 수 있다.

그림에서 보는 대로 이 스택은 오른쪽으로 자라난다.

객체의 풀을 정의했던 것처럼 객체를 저장하는 스택도 정의할 수 있다.

```
template<typename T, int N>
class Stack {       // T 타입 객체 N 개를 담을 객체
    //...
};
```

그러나 대부분의 시스템에서는 크기가 다른 객체를 할당해야 할 필요가 있다. 풀은 크기가 다른 객체를 할당할 수 없지만 스택은 가능하다. 따라서 고정된 크기의 객체가 아니라 크기가 다른 메모리 공간을 할당하는 스택을 정의하는 방법을 살펴보자.

```
template<int N>
class Stack {               // N 바이트의 스택
public:
    Stack();                // N 바이트의 스택 생성
    void* get(int n);       // 스택에서 n 바이트 할당
                            // 남은 공간이 없으면 0 반환
    void free();            // 스택에서 마지막으로 get()한 마지막 공간을 반환
    int available() const;  // 남아있는 바이트 수
private:
    // char[N]을 저장할 공간과
    // 할당된 곳과 남아있는 곳을 기록할 데이터(예, 스택 최상단을 가리키는 포인터)
};
```

get()은 요청한 바이트만큼의 공간을 가리키는 void*를 반환하므로, 그 공간을 우리가 원하는 타입의 객체로 변환하는 일은 우리의 몫이다. 스택의 사용 방법은 다음과 같다.

```
Stack<50*1024> my_free_store; // 50K 크기의 저장 공간을 스택으로 사용

void* pv1 = my_free_store.get(1024);
int* buffer = static_cast<int*>(pv1);

void* pv2 = my_free_store.get(sizeof(Connection));
Connection* pconn = new(pv2) Connection(incoming,outgoing,buffer);
```

`static_cast`의 사용법은 17.8절에서 설명했다. `new(pv2)`는 위치 지정 `new`인데, "pv2가 가리키는 공간에 객체를 생성하라"는 의미이며, 실제로 새로운 공간을 할당하지는 않는다. 여기서는 `Connection` 타입에 인자 목록 `(incoming,outgoing,buffer)`를 받아들이는 생성자를 제공한다고 가정했다. 그렇지 않으면 프로그램이 컴파일되지 않는다.

물론 `Stack` 템플릿은 스택이라는 일반적인 아이디어의 변형 중 한 가지일 뿐이다. 메모리 할당의 제약이 덜한 경우를 예로 들면 할당 가능한 바이트 수를 스택의 생성자에 지정하게 할 수도 있다.

25.4 주소와 포인터, 배열

예측 가능성이 일부 임베디드 시스템의 요구 사항이라면 신뢰성은 모든 임베디드 시스템의 관심사다. 따라서 (임베디드 시스템 프로그래밍의 관점에서) 오류를 유발한다고 알려진 언어 기능이나 프로그래밍 기법은 (꼭 필요하지 않다면) 피해야 한다. 포인터의 무분별한 사용도 주요 용의자 중 하나인데, 크게 두 가지 문제가 있다.

- (확인되지 않고 안전하지 않은) 명시적 변환
- 배열의 요소를 가리키는 포인터를 (함수의 인자로) 전달

첫 번째 문제는 명시적 타입 변환(캐스트)을 엄격히 제한함으로써 해결할 수 있다. 반면 포인터/배열 문제는 더 까다롭고 깊은 이해를 필요로 하며, (간단한) 클래스나 라이브러리 기능 (array 등, 20.9절)을 이용하는 방법이 최선책이다. 결론적으로 이번 절에서는 포인터/배열 문제를 해결하는 방법에 주로 초점을 맞춘다.

25.4.1 확인되지 않은 타입 변환

물리적 자원(예, 외부 장치 제어 레지스터)과 그에 대한 소프트웨어적인 제어 영역은 대부분 로우레벨 시스템의 특정 주소에 존재한다. 우리는 이러한 주소를 프로그램 안으로 끌어들이고, 그 영역에 매핑된 데이터에 타입을 부여해야 한다.

```
Device_driver* p = reinterpret_cast<Device_driver*>(0xffb8);
```

17.8절도 참고하라. 이런 종류의 프로그래밍을 할 때는 매뉴얼이나 온라인 문서를 곁에 둘 필요가 있다. 하드웨어 자원(정수나 16진 정수로 표현되는 해당 자원의 레지스터 주소)과 그 하드웨어 자원을 조작하는 소프트웨어 포인터의 연결 고리는 약하다. 컴파일러의 도움 없이 작업을 올바르게 해내야 하기 때문이다(그런 작업은 프로그래밍 언어에서 다루는 주제는 아니다). 응용 프로그램

과 숨겨진 하드웨어 자원을 연결하는 데 있어 int를 포인터 타입으로 변환하는 간단한 (그러나 깔끔하지 않고 전혀 검증되지 않은) reinterpret_cast는 필수적이다.

명시적 변환(reinterpret_cast와 static_cast 등, A.5.7절 참고)은 필수적인 경우를 제외하고는 피해야 한다. C와 C 스타일의 C++에 익숙한 프로그래머가 생각하는 바와는 달리 그러한 타입 변환(캐스트)이 필수적인 경우는 많지 않다.

25.4.2 문제 제기: 엉터리 인터페이스

18.6.1절에서 언급했듯이 배열을 함수에 전달할 때 (첫 번째) 요소를 가리키는 포인터 형태로 전달하는 경우가 많다. 따라서 배열의 크기를 전달할 수 없게 되고, 호출되는 함수는 포인터가 몇 개의 요소를 가리키는지 알 수 없다. 이로 인해 많은 미묘하고 고치기 어려운 버그가 발생한다. 여기서는 이와 같은 배열/포인터 문제를 보여주는 예제를 살펴보고 그에 대한 해결책을 제시한다. 우선 다음과 같이 매우 엉성한 (불행히도 드물지 않게 볼 수 있는) 인터페이스에서 시작해 그 인터페이스를 조금씩 개선해보자.

```
void poor(Shape* p, int sz)              // 엉성한 인터페이스 설계
{
    for (int i = 0; i<sz; ++i) p[i].draw();
}
void f(Shape* q, vector<Circle>& s0)       // 매우 나쁜 코드
{
    Polygon s1[10];
    Shape s2[10];
    // 초기화
    Shape* p1 = new Rectangle{Point{0,0},Point{10,20}};
    poor(&s0[0],s0.size());                // #1 (벡터에서 나온 배열 전달)
    poor(s1,10);                           // #2
    poor(s2,20);                           // #3
    poor(p1,1);                            // #4
    delete p1;
    p1 = 0;
    poor(p1,1);                            // #5
    poor(q,max);                           // #6
}
```

poor()는 잘못된 인터페이스 설계의 전형적인 예다. 즉, 호출하는 쪽에서는 실수의 여지가 많고, 함수를 구현하는 사람 입장에서는 그러한 실수로부터 보호할 수 있는 방법이 거의 없다.

도전 과제

다음 내용을 읽기 전 f()에 얼마나 많은 오류가 있는지 확인하라. 특히 그 중에 몇 번째 poor() 호출이 프로그램을 멈추게 할 수 있는가?

대충 보기에는 함수 호출에 문제가 없어 보인다. 그러나 이런 코드는 프로그래머로 하여금 긴긴 밤을 지새우며 디버깅을 하게 하며, 품질 엔지니어에게는 악몽과도 같다.

1. `poor(&s0[0],s0.size())`에서 잘못된 요소 타입을 전달한다. 그리고 s0이 빈 벡터인 경우 `&s0[0]`도 올바르지 않다.

2. `poor(s1,10)`에서 '마법의 상수'를 사용한다(여기서는 10이 맞긴 하지만). 그리고 요소의 타입도 올바르지 않다.

3. `poor(s2,20)`에서 '마법의 상수'를 사용한다(여기서는 20이 아니라 10이어야 함).

4. 첫 번째 `poor(p1,1)` 호출은 (쉽게 알 수 있듯이) 올바르다.

5. 두 번째 `poor(p1,1)` 호출은 널 포인터를 전달한다.

6. `poor(q,max)`는 맞을 수도 있지만, 주어진 코드 조각만으로는 확신할 수 없다. q가 적어도 max만큼의 크기인 배열을 가리키는지 확인하려면 q와 max의 정의를 확인하고 사용 시점에도 그 값을 확인해야 한다.

위의 각 경우에 발생하는 오류는 간단하다. 알고리즘이나 자료 구조 측면에서 세밀한 문제를 제대로 처리하지 못하고 있다. 근본적인 문제는 배열을 포인터 형태로 전달하는 poor()의 인터페이스인데, 이로 인해 많은 문제가 발생한다. 게다가 p1과 s0처럼 기술적이지만 별로 도움이 되지 않는 이름을 사용하는 바람에 문제가 눈에 띄지 않게 된다. 그러나 기억하긴 쉽지만 오해의 소지가 있는 이름은 더 찾기 힘든 문제를 유발할 수 있다.

이론적으로는 이 오류 중 몇 가지(두 번째 poor(p1,1) 호출에서 p1==0일 때)는 컴파일러가 잡아낼 수 있다. 그러나 우리 예제에서 컴파일러 덕분에 재앙을 피할 수 있는 이유는 추상 클래스인 Shape의 객체를 정의하려고 했기 때문이다. 이는 우리가 다루는 인터페이스 문제와는 상관이 없으므로, 여기에 너무 의존해선 안 된다. 앞으로는 인터페이스 문제에만 집중하기 위해 추상 클래스 대신 Shape의 파생 클래스를 사용한다.

`poor(&s0[0],s0.size())` 호출은 어떻게 오류를 일으키는가? `&s0[0]`은 Circle 배열의 첫 번째 요소를 가리키는 포인터, 즉 Circle*다. 함수는 Shape*를 기대하지만, Shape의 파생 클래스의 객체를 가리키는 포인터(Circle*)를 전달한다. 객체 지향 프로그래밍에서 공통 인터페이스(Shape)를 바탕으로 다양한 객체에 접근하는 일은 필수적이므로, 이러한 타입 변환이

필요하다(14.2절). 그러나 poor()는 Shape*를 포인터가 아닌 배열로 사용하며, 그 배열에 첨자 연산을 수행한다.

```
for (int i = 0; i<sz; ++i) p[i].draw();
```

즉, 메모리 위치 &p[0], &p[1], &p[2], ...에서 시작하는 객체에 접근한다.

메모리 주소 측면에서 이 포인터는 sizeof(Shape)만큼의 간격을 두고 위치한다(17.3.1절). 불행히도 poor()를 호출하는 쪽에서 sizeof(Circle)은 sizeof(Shape)보다 크다. 이러한 메모리 레이아웃을 그림으로 나타내면 다음과 같다.

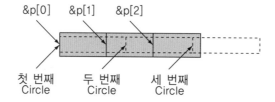

즉, poor()는 Circle의 한 가운데를 가리키는 포인터로 draw()를 호출한다! 따라서 즉시 재앙(프로그램 종료)이 발생할 가능성이 크다.

poor(s1,10) 호출은 더 은밀한 오류를 내포한다. '마법의 상수'를 사용하므로 유지 보수 문제가 있겠지만, 그보다 더 근본적인 문제가 있다. Polygon은 기반 클래스 Shape에 데이터 멤버를 전혀 추가하지 않으므로 sizeof(Shape)==sizeof(Polygon)이 성립하고(반면 Circle은 데이터 멤버를 추가한다. 13.8절과 13.12절 참고), Polygon 배열을 사용해도 Circle과 같은 문제가 발생하지 않는다. 짧게 말하자면 여기서는 그냥 운이 좋았을 뿐이다. Polygon의 정의를 조금만 변경해도 프로그램을 멈추게 할 수 있다. 따라서 poor(s1,10)이 동작하긴 하지만 버그가 나길 기다리고 있을 뿐이다. 이런 코드는 단연코 품질 높은 코드가 아니다.

이 예제에서 알 수 있는 또 다른 사실은 'D는 B'라는 일반적인 언어의 규칙이 구현적인 측면의 이유로 인해 "Container<D>는 Container<B>다"를 의미하지 않는다는 점이다(19.3.3절).

```
class Circle : public Shape { /*... */ };

void fv(vector<Shape>&);
void f(Shape &);
```

```
void g(vector<Circle>& vd, Circle & d)
{
    f(d);      // OK: Circle을 Shape으로 암묵적 변환
    fv(vd);    // 오류: vector<Circle>를 vector<Shape>으로 변환할 수 없음
}
```

이처럼 poor()를 사용하는 코드는 나쁜 코드다. 그렇다면 임베디드 시스템에서는 어떨까? 즉, 안전성이나 성능이 중요한 분야에서도 이런 문제를 고려해야 할까? 치명적이지 않은 시스템을 만드는 프로그래머에게 이런 문제를 재앙으로 여기라고, "그렇게 해선 안 된다"고 말할 수 있을까? 현대적인 시스템은 GUI에 크게 의존하는 경우가 많고, 이러한 GUI의 대부분은 우리 예제처럼 객체 지향 방식으로 구성된다. 아이팟의 사용자 인터페이스와 일부 휴대폰의 인터페이스, 전자장치의 운영자용 화면, 비행기에 이르기까지 다양한 예를 들 수 있다. 그 밖에도 (다양한 모터 제어기처럼) 비슷한 전자장치의 제어기는 계층 구조를 이룰 수 있다. 즉, 이런 종류의 코드, 특히 이런 종류의 함수 선언이 바로 우리가 고려해야 할 코드라는 말이다. 따라서 심각한 문제를 유발하지 않으면서 데이터 집합에 대한 정보를 전달할 수 있는 방법이 필요하다.

우리는 더 이상 내장형 배열을 포인터와 크기로 함수에 전달하길 원하지 않는다. 그렇다면 어떻게 해야 할까? 가장 간단한 방법은 vector를 비롯한 컨테이너의 참조를 전달하는 방법이다.

```
void poor(Shape* p, int sz);
```

위 코드에서 발생했던 문제는 다음과 같은 코드에서 발생할 수 없다.

```
void general(vector<Shape>&);
```

여러분이 std::vector(혹은 그와 비슷한 컨테이너)를 사용할 수 있는 환경에서 프로그래밍한다면 일관성 있게 vector(혹은 그와 비슷한 컨테이너)를 사용하고, 내장형 배열의 포인터와 크기로 전달하지 말라.

vector나 비슷한 컨테이너를 사용할 수 없는 환경이라면 우리가 직접 만든 클래스 (Array_ref)를 사용하는 방법이 직관적이긴 하지만, 문제를 해결하기 위해 간단치 않은 기법과 언어 기능을 동원해야 하는 영역에 발을 디딘 것이다.

25.4.3 해결책: 인터페이스 클래스

불행히도 많은 임베디드 시스템에서는 자유 저장 영역에 의존하는 std::vector를 사용할 수 없다. 이 문제를 해결하려면 특별한 용도로 구현된 vector나 (더 쉬운 방법으로) vector처럼 동

작하지만 메모리를 직접 관리하지 않는 컨테이너를 이용할 수 있다. 이러한 인터페이스 클래스를 살펴보기 전에 그 클래스에서 우리가 이루고자 하는 목표를 짚어보자.

- 메모리상의 객체에 대한 참조다(객체를 소유하거나 할당하거나 해제하는 등의 일을 하지 않는다).
- 스스로 크기를 알고 있다(잠재적으로 구간 검사가 가능하다).
- 요소의 정확한 타입을 알고 있다(타입 오류를 일으킬 수 없다).
- (포인터, 개수) 쌍으로 빠르게 전달(복사)할 수 있다.
- 포인터를 암묵적으로 변환하지 않는다.
- 인터페이스 객체를 이용해서 요소의 일부 서브 구간을 쉽게 표현할 수 있다.
- 내장형 배열처럼 쉽게 사용할 수 있다.

"내장형 배열처럼 쉽게 사용할 수 있다"는 기준은 최대한 흉내 낼 수밖에 없지만, 오류의 가능성을 감내하면서까지 쉽게 만들 필요는 없다.

이제 이러한 기준을 만족하는 클래스의 예를 살펴보자.

```cpp
template<typename T>
class Array_ref {
public:
    Array_ref(T* pp, int s) :p{pp}, sz{s} { }

    T& operator[ ](int n) { return p[n]; }
    const T& operator[ ](int n) const { return p[n]; }

    bool assign(Array_ref a)
    {
        if (a.sz!=sz) return false;
        for (int i=0; i<sz; ++i) { p[i]=a.p[i]; }
        return true;
    }

    void reset(Array_ref a) { reset(a.p,a.sz); }
    void reset(T* pp, int s) { p=pp; sz=s; }

    int size() const { return sz; }

    // 기본 복사 연산:
    // Array_ref는 어떠한 자원도 소유하지 않음
    // Array_ref는 참조와 같은 성질을 지님
private:
    T* p;
```

```
    int sz;
};
```

Array_ref는 다음과 같은 측면에서 볼 때 매우 간결하다.

- (자유 저장 영역을 필요로 하는) push_back()과 (예외를 필요로 하는) at()이 없다.

- Array_ref는 참조의 개념이므로, 복사 연산은 단지 (p,sz)를 복사하면 된다.

- 초기화를 다르게 하면 요소의 타입은 같지만, 크기는 다른 Array_ref 객체를 여러 개 생성
  할 수 있다.

- reset()을 이용해 (p,size)를 갱신하면 이미 존재하는 Array_ref의 크기를 변경할 수 있다
  (많은 알고리즘에서 서브 구간을 필요로 한다).

- 반복자 인터페이스를 제공하지 않는다(그러나 필요하면 쉽게 추가할 수 있다). Array_ref는 개념
  적으로 두 반복자로 표현되는 구간과 매우 유사하다.

Array_ref는 요소를 소유하거나 메모리를 관리하지 않는다. 단지 요소의 시퀀스에 접근
하고 함수로 전달하는 메커니즘일 뿐이다. 그런 면에서 표준 라이브러리 array(20.9절)와는
다르다.

Array_ref를 쉽게 생성할 수 있도록 몇 가지 유용한 헬퍼 함수를 제공한다.

```
template<typename T> Array_ref<T> make_ref(T* pp, int s)
{
    return (pp) ? Array_ref<T>{pp,s} : Array_ref<T>{nullptr,0};
}
```

포인터를 이용해서 Array_ref를 초기화하는 경우에는 크기를 명시적으로 지정해야 한다.
이로 인해 잘못된 크기를 지정할 수 있는 약점이 생긴다. 그리고 Polygon[10]을 Shape*로
변환했듯이 기반 클래스의 포인터를 파생 클래스의 포인터로 암묵적으로 변환한 포인터를
지정할 위험도 있다. 그러나 가끔은 프로그래머를 믿어야 할 때도 있다.

널 포인터에 대해서는 주의를 기울이기로 결정했다(흔히 볼 수 있는 문제의 원인이므로). 빈
vector도 마찬가지로 경계의 대상이다.

```
template<typename T> Array_ref<T> make_ref(vector<T>& v)
{
    return (v.size()) ? Array_ref<T>{&v[0],v.size()} : Array_ref<T>{nullptr,0};
}
```

vector의 요소 배열을 Array_ref로 전달했다. Array_ref를 유용하게 사용할 만한 시스템이라면 vector가 적합하지 않겠지만, 우리는 vector도 고려하기로 하자. vector는 그러한 시스템에서 사용할 만한 컨테이너들(예, 풀 기반 컨테이너, 25.3.3절 참고)과 핵심적인 속성을 공유하기 때문이다.

마지막으로 컴파일러가 그 크기를 알 수 있는 배열을 지원한다.

```
template <typename T, int s> Array_ref<T> make_ref(T (&pp)[s])
{
    return Array_ref<T>{pp,s};
}
```

낯선 표기 방식인 T(&pp)[s]는 T 타입의 요소 s개로 이뤄진 배열의 참조 pp를 선언한다. 이를 이용해 배열로 Array_ref를 초기화하면서 그 크기도 함께 저장할 수 있다. 빈 배열을 선언할 수 없으므로 요소의 개수가 0인지 확인할 필요는 없다.

```
Polygon ar[0];         // 오류: 요소 없음
```

이렇게 정의된 Array_ref를 이용해 다음과 같이 예제를 다시 작성할 수 있다.

```
void better(Array_ref<Shape> a)
{
    for (int i = 0; i<a.size(); ++i) a[i].draw();
}

void f(Shape* q, vector<Circle>& s0)
{
    Polygon s1[10];
    Shape s2[20];
    // 초기화
    Shape* p1 = new Rectangle{Point{0,0},Point{10,20}};
    better(make_ref(s0));      // 오류: Array_ref<Shape> 필요함
    better(make_ref(s1));      // 오류: Array_ref<Shape> 필요함
    better(make_ref(s2));      // OK (변환 필요 없음)
    better(make_ref(p1,1));    // OK: 요소 하나
    delete p1;
    p1 = 0;
    better(make_ref(p1,1));    // OK: 요소 없음
    better(make_ref(q,max));   // OK (max 값이 올바르다면)
}
```

다음과 같은 사항이 개선됐다.

- 코드가 더 간단해졌다. 코드 곳곳에서 크기에 주의를 기울이는 대신, 특정한 장소(Array_ref 생성 시)에서만 크기를 지정하면 다른 곳에서 크기에 신경 쓸 필요가 없다.

- Circle[]에서 Shape[]로, Polygon[]에서 Shape[]로 변환에 따른 타입 문제가 해결됐다.

- s1과 s2에서 요소의 개수를 잘못 지정하는 문제가 암묵적으로 해결됐다.

- max(그 밖의 포인터가 가리키는 요소의 개수)에 관련된 잠재적인 문제가 눈에 더 잘 띄게 됐다. 크기를 명시적으로 지정하는 부분이 그 곳뿐이기 때문이다.

- 널 포인터와 빈 vector를 암묵적이면서도 체계적으로 해결했다.

25.4.4 상속과 컨테이너

그러나 Circle의 집합을 Shape의 집합으로 사용하고 싶다면 어떻게 해야 할까? 즉, (예전에 만들었던 draw_all()의 변종인, 19.3.2절과 22.1.3절 참고) better()가 다형성을 꼭 지원하게 하고 싶다면? 기본적으로는 불가능하다. 19.3.3절과 25.4.2절에서 타입 시스템이 vector<Circle>을 vector<Shape>로 취급하지 않는 매우 합당한 이유를 살펴봤다. 같은 이유로 Array_ref <Circle>을 Array_ref<Shape>로 취급하지 않는다. 그 이유가 기억나지 않는다면 19.3.3절을 다시 읽어보기 바란다. 그 이유라는 것이 불편할지언정 매우 근본적인 것이기 때문이다.

더 나아가 실행 시간 다형성을 유지하려면 포인터(나 참조)를 이용해서 다형성 객체에 접근해야 한다. better()의 a[i].draw()에서 마침표가 그런 사실을 보여준다. 화살표(->)가 아니라 마침표를 보는 순간, 다형성 문제가 있음을 눈치 챘어야 한다.

그렇다면 어떻게 해야 할까? 객체를 직접 사용하는 대신 포인터(나 참조)를 사용해야 하므로, Array_ref<Circle>과 Array_ref<Shape> 등을 사용하는 대신 Array_ref<Circle*>나 Array_ref<Shape*> 등을 사용해야 한다.

그러나 여전히 Array_ref<Circle*>를 Array_ref<Shape*>로 변환할 수는 없다. 그렇게 되면 Array_ref<Shape*>에 Circle*가 아닌 요소도 넣을 수 있기 때문이다. 그러나 여기에는 예외가 있다.

- 여기서는 Array_ref<Shape*>의 내용을 변경하지 않고 Shape를 그릴 뿐이다. 이런 경우는 흥미롭고 유용한 경우다. 이처럼 Array_ref<Shape*>의 내용을 변경하지 않는 경우에는 Array_ref<Circle*>와 Array_ref<Shape*> 변환에 대한 논쟁이 적용되지 않는다.

- 포인터의 배열은 (어떤 타입을 가리키는 포인터인지에 상관없이) 메모리 레이아웃이 모두 동일하다. 따라서 25.4.2절의 레이아웃 문제가 발생하지 않는다.

즉, Array_ref<Circle*>를 변경되지 않는^{immutable} Array_ref<Shape*>로 취급해도 아무 문제가 없다. 따라서 Array_ref<Circle*>를 변경되지 않는 Array_ref<Shape*>로 사용할 수 있는 방법을 찾아야 한다. 아래 그림을 보자.

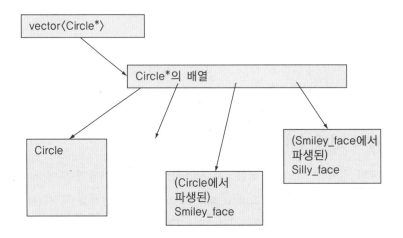

여기서는 Circle*의 배열을 변경되지 않는^{immutable} Shape* 배열(Array_ref)로 취급해도 아무런 논리적인 문제가 없다.

여기까지 오니 전문적인 영역에서 길을 잃은 느낌이다. 이 문제는 굉장히 미묘하며, 지금까지 배운 도구로 해결할 수 없다. 그러나 (포인터와 요소 개수를 이용한, 25.4.2절) 올바르지 않지만 널리 쓰이는 엉터리 인터페이스에 대해 거의 완벽에 가까운 해결책을 제시한다. 그래도 단지 여러분이 영리하다는 사실을 입증하기 위해 전문가의 영역에 발을 들이진 말자. 대부분의 경우에 전문가가 여러분을 위해 설계하고 구현하고 테스트한 라이브러리를 사용하는 편이 더 나은 전략이다.

우선 better()가 포인터를 사용하고 인자로 주어진 컨테이너를 수정할 수 없게 고쳐보자.

```
void better2(const Array_ref<Shape*const> a)
{
    for (int i = 0; i<a.size(); ++i)
        if (a[i])
            a[i]->draw();
}
```

이제 포인터를 사용하므로 널 포인터를 확인해야 한다. 그리고 better2() Array_ref를 이용해서 배열과 벡터를 안전하지 않은 방법으로 변경할 수 없게 const를 두 번 추가했다. 첫 번째 const는 Array_ref에 assign()과 reset() 등 수정을 동반하는 연산을 수행하지 못하게 한다. * 뒤에 위치한 두 번째 const는 (상수를 가리키는 포인터가 아닌) 상수 포인터가 필요함을 보여준다. 즉, Array_ref의 요소를 변경할 수 있는 연산이 있어도 포인터 요소를 변경하지 않겠다는 말이다.

이제 핵심적인 문제를 해결할 차례다. 어떻게 해야 Array_ref<Circle*>를 다음과 같이 할 수 있을까?

- (better2()에서 사용할 수 있는) Array_ref<Shape*>로 변환할 수 있는가?
- 단, 변경되지 않는 Array_ref<Shape*>에 대해서만 그렇다.

Array_ref에 변환 연산자를 추가하면 문제를 해결할 수 있다.

```
template<typename T>
class Array_ref {
public:
    // 앞과 같음

    template<typename Q>
    operator const Array_ref<const Q>()
    {
        // 요소의 암묵적 변환을 확인:
        static_cast<Q>(*static_cast<T*>(nullptr));              // 요소 변환 확인
        return Array_ref<const Q>{reinterpret_cast<Q*>(p),sz}; // Array_ref 변환
    }

    // 앞과 같음
};
```

코드가 골치 아프긴 하지만 기본적인 아이디어는 다음과 같다.

- Array_ref<T>의 요소를 Array_ref<Q>의 요소로 변환할 수 있는 모든 타입 Q에 대해 Array_ref<const Q>로의 캐스트 연산자를 제공한다(캐스트의 결과를 사용할 목적이 아니라 요소 간의 캐스트가 가능한지 확인할 목적으로 변환을 시도했다).
- 목표로 하는 요소 타입의 포인터를 얻기 위해 주먹구구 방식(reinterpret_cast)을 이용해 새로운 Array_ref<const Q>를 생성한다. 주먹구구 해결책에는 대가가 따르기도 하는데, 여기서는 다중 상속(A.12.4절)을 이용하는 클래스에 대해 Array_ref 간의 변환을 수행할 수 없다.
- Array_ref<const Q>의 const에 주목하자. Array_ref<const Q>를 변경 가능한 Array_ref<Q>로 복사할 수 없다는 의미다.

이러한 방법은 골치 아픈 전문가의 영역이라고 앞에서 경고한 바 있다. 그러나 (설계와 구현은 어렵지만) 새로운 버전의 Array_ref 사용 방법은 간단하다.

```
void f(Shape* q, vector<Circle*>& s0)
{
    Polygon* s1[10];
    Shape* s2[20];
    // 초기화
    Shape* p1 = new Rectangle{Point{0,0},10};
    better2(make_ref(s0));      // OK: Array_ref<Shape*const>로 변환
    better2(make_ref(s1));      // OK: Array_ref<Shape*const>로 변환
    better2(make_ref(s2));      // OK (변환할 필요 없음)
    better2(make_ref(p1,1));    // 오류
    better2(make_ref(q,max));   // 오류
}
```

better2()는 Array_ref<Shape*>를 받아들이므로 Shape*를 전달하려는 시도는 오류를 일으킨다. 즉, better2()는 포인터가 아니라 포인터를 담고 있는 무언가를 요구한다. better2()에 포인터를 전달하려면 우선 포인터를 컨테이너(예, 내장형 배열이나 vector)에 넣어 전달해야한다. 개별적인 포인터에 대해서는 낯선 방법이지만 make_ref(&p1,1)을 사용할 수 있다. 그러나 (한 개 이상의 요소를 포함하는) 배열에 대해서는 객체를 가리키는 포인터를 담을 컨테이너를 생성하는 방법 외의 다른 방법이 없다.

결론적으로 이번 절에서 목표한 대로 배열의 약점을 보완할 수 있는 간단하고 안전하고 사용하기 쉬우며, 효율적인 인터페이스를 만들어 냈다. "모든 문제에는 우회적인 해결책이 있다"(데이비드 휠러)는 격언은 '컴퓨터 과학의 제1 법칙'으로 여겨져 왔다. 우리가 처한 인터페이스 문제를 해결하는 방법도 이 격언을 벗어나지 않는다.

25.5 비트, 바이트, 워드

앞에서 비트와 바이트, 워드 등 하드웨어 측면에서 바라본 메모리의 개념을 살펴봤는데, 일반적인 프로그래밍에서는 그러한 개념을 크게 고려하지 않는다. 대신 double과 string, Matrix, Simple_window 등 특정 타입의 객체라는 관점에서 생각한다. 여기서는 실제 메모리에 대한 고려가 필요한 로우레벨 프로그래밍을 살펴보자.

정수를 2진수나 16진수로 표현하는 방법을 확실히 모르겠다면 A.2.1.1절을 참고하기 바란다.

25.5.1 비트와 비트 연산

1바이트를 8개의 비트로 이뤄진 시퀀스로 생각해보자.

7:	6:	5:	4:	3:	2:	1:	0:
1	0	1	0	0	1	1	1

비트의 번호는 관례적으로 오른쪽(최하위 비트)부터 왼쪽(최상위 비트) 순서로 부여한다. 이제 1워드를 4개의 바이트로 이뤄진 시퀀스로 생각해보자.

3:	2:	1:	0:
0xff	0x10	0xde	0xad

여기서도 오른쪽에서 왼쪽으로, 즉 최하위 비트에서 최상위 비트 순서로 번호를 붙인다. 이 그림은 현실을 지나치게 단순화한 면이 있다. 예전에는 1바이트가 9비트인 컴퓨터가 있었고(지난 십년간 찾아보진 못했지만), 1워드가 2바이트인 머신은 드물지 않다. 그러나 여러분이 '8비트'나 '4바이트'라는 단위를 이용하기 전에 시스템의 매뉴얼만 확인한다면 큰 문제는 없을 것이다.

이식성이 필요한 코드에서는 <limits>(24.2.1절)를 이용해 크기에 대한 여러분의 가정이 올바른지 확인하자. 컴파일러가 확인할 수 있게 코드에 어써션을 넣는 방법도 가능하다.

```
static_assert(4<=sizeof(int),"int가 너무 작음");
static_assert(!numeric_limits<char>::is_signed,"부호 있는 char");
```

static_assert의 첫 번째 인자는 참인지 확인하려는 상수 표현식이다. 이 표현식이 거짓이면, 즉 어써션이 실패하면 컴파일러는 두 번째 인자로 주어진 문자열을 포함하는 오류 메시지를 출력한다.

C++에서는 비트의 집합을 어떻게 표현하는가? 그 대답은 필요로 하는 비트의 수와 편리하고 효율적으로 수행해야 할 연산이 무엇인지에 따라 달라진다. 다음과 같은 정수 타입을 비트의 집합으로 생각할 수 있다.

- bool   1비트, 그러나 1바이트만큼의 공간을 차지함

- char   8비트

- short   16비트

- int   일반적으로 32비트, 그러나 많은 임베디드 시스템에서는 16비트 int를 제공함

- long int   32비트나 64비트(최소한 int의 비트 개수 이상)

- long long int   32비트나 64비트(최소한 long의 비트 개수 이상)

여기서 언급한 크기는 일반적인 크기지만, 서로 다른 구현체에서는 크기가 다를 수 있다. 따라서 크기를 알아야 한다면 테스트를 해야 한다. 여기에 더해 표준 라이브러리에서는 비트를 다루는 여러 가지 방법을 제공한다.

- **std::vector<bool>** 8*sizeof(long) 이상의 비트가 필요할 때

- **std::bitset** 8*sizeof(long) 이상의 비트가 필요할 때

- **std::set** 명명된 비트의 순서 없는 집합(21.6.5절 참고)

- **파일** 많은 수의 비트(25.5.6절 참고)

더 나아가 비트를 표현하는 언어 기능 두 가지를 사용할 수도 있다.

- **열거형(enum)** 9.5절 참고

- **비트필드(bitfields)** 25.5.5절 참고

비트를 표현하는 방법이 이렇게 다양하다는 사실은 컴퓨터상의 모든 것이 궁극적으로는 비트의 집합이라는 점을 반영한다. 따라서 사람들은 비트에 접근하고 비트를 명명하고 비트에 연산을 수행하는 다양한 방법을 제공할 필요를 느끼는 것이다. 내장형 기능들은 고정된 비트 수(8, 16, 32, 64 등)를 다루므로, 고정된 수의 비트에 대한 논리 연산은 하드웨어로 직접 구현돼 최적의 속도로 수행된다. 반면 표준 라이브러리 기능은 임의의 개수의 비트를 제공한다. 이로 인해 성능이 제약될 수 있지만, 효율성을 예단하지는 말자. 하드웨어의 구조에 잘 맞게 비트의 개수를 선택하면 라이브러리 기능의 수행을 최적화할 수 있으며, 실제로도 그런 경우가 많다.

우선 정수부터 살펴보자. C++에서는 정수에 대해 하드웨어로 직접 구현된 비트별 논리 연산을 기본적으로 제공한다. 이러한 연산은 피연산자의 상응하는 비트에 적용된다.

비트별 연산		
|	논리합	x의 n번째 비트나 y의 n번째 비트가 1이면 x|y의 n번째 비트는 1
&	논리곱	x의 n번째 비트와 y의 n번째 비트가 1이면 x&y의 n번째 비트는 1
^	배타적 논리합	x의 n번째 비트나 y의 n번째 비트 중 하나가 1이면서 둘 다 1이 아니면 x^y의 n번째 비트는 1
<<	왼쪽 시프트	x<<s의 n번째 비트는 x의 n+s번째 비트
>>	오른쪽 시프트	x>>s의 n번째 비트는 x의 n-s번째 비트
~	보수	~x의 n번째 비트는 x의 n번째 비트의 반전

배타적 논리합(^, xor라고도 함)이 기본적인 연산에 포함된 점을 의아하게 여길 수도 있지만, 배타적 논리합은 대부분의 그래픽스와 암호화 코드에서 필수적이다.

컴파일러는 비트별 논리 연산자 <<와 출력 연산자를 혼동하지 않지만, 여러분은 충분히 그럴 수 있다. 둘을 혼동하지 않으려면 출력 연산자의 왼쪽 피연산자는 ostream이고, 비트별 논리 연산자의 왼쪽 피연산자는 정수라는 점을 기억하자.

&와 &&는 다르고, |도 ||와 다르다는 사실을 기억하자. 비트별 논리 연산자가 피연산자의 모든 비트에 적용돼(A.5.5절) 피연산자와 같은 수의 비트를 결과로 돌려주는 반면 &&와 ||는 true나 false만을 반환한다.

이제 몇 가지 예제를 살펴보자. 일반적으로 비트 패턴은 16진수로 표기한다. 1바이트의 절반(4비트)은 다음과 같이 표현할 수 있다.

16진수	비트		16진수	비트
0x0	0000		0x8	1000
0x1	0001		0x9	1001
0x2	0010		0xa	1010
0x3	0011		0xb	1011
0x4	0100		0xc	1100
0x5	0101		0xd	1101
0x6	0110		0xe	1110
0x7	0111		0xf	1111

9까지의 수는 10진수로 나타낼 수 있지만, 16진수를 사용하면 우리가 비트 패턴을 다룬다는 사실을 상기시켜 준다. 바이트와 워드에서는 16진수가 매우 유용하다. 1바이트에 포함된 비트는 다음과 같이 두 자리의 16진수로 나타낼 수 있다.

16진 바이트	비트
0x00	0000 0000
0x0f	0000 1111
0xf0	1111 0000
0xff	1111 1111

(이어짐)

16진 바이트	비트
0xaa	1010 1010
0x55	0101 0101

따라서 문제를 간단히 하기 위해 unsigned(25.5.3절)를 사용하면 다음과 같은 코드를 작성할 수 있다.

```
unsigned char a = 0xaa;
unsigned char x0 = ~a;          // a의 보수
```

```
unsigned char b = 0x0f;
unsigned char x1 = a&b;         //a and b
```

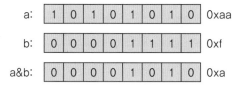

```
unsigned char x2 = a^b;         // 배타적 논리합 : a xor b
```

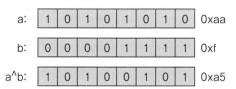

```
unsigned char x3 = a<<1;        // 왼쪽으로 1번 시프트
```

바이트의 자리수를 채우기 위해 0번 비트(최하위 비트) 아래에서 0이 채워진다는 점을 기억하자. 가장 왼쪽 비트(7번 비트)는 그냥 사라진다.

```
unsigned char x4 == a>>2;        // 오른쪽으로 2번 시프트
```

a: | 1 | 0 | 1 | 0 | 1 | 0 | 1 | 0 | 0xaa

a>>2: | 0 | 0 | 1 | 0 | 1 | 0 | 1 | 0 | 0x2a

바이트의 자리수를 채우기 위해 7번 비트(최상위 비트) 위에서 0이 채워진다는 점을 기억하자. 가장 오른쪽 비트 두 개(0번과 1번 비트)는 그냥 사라진다.

비트 패턴을 이렇게 그림으로 그리면 비트 패턴이 무엇인지 쉽게 알 수 있지만, 금방 지루해진다. 대신 정수를 비트 표현으로 변환하는 작은 프로그램을 살펴보자.

```
int main()
{
    for (int i; cin>>i; )
        cout << dec << i << "=="
            << hex << "0x" << i << "=="
            << bitset<8*sizeof(int)>{i} << '\n';
}
```

표준 라이브러리 bitset을 이용해서 정수의 각 비트를 출력했다.

```
bitset<8*sizeof(int)>{i}
```

bitset은 고정된 개수의 비트로, 여기서는 int의 비트 수(8*sizeof(int))를 사용했고 정수 i로 bitset을 초기화했다.

도전 과제

위의 비트 예제를 실행시켜 보고, 몇 가지 값을 입력으로 넣어 2진수와 16진수 표현이 무엇인지 느껴보자. 음수 값의 표현이 이해되지 않는다면 25.5.3절을 읽은 후에 다시 시도하자.

25.5.2 bitset

<bitset>에 정의된 표준 라이브러리 템플릿 클래스 bitset은 비트의 집합을 표현하고 조작하는 데 사용한다. 각 bitset은 고정된 크기로, 크기는 생성 시에 지정된다.

```
bitset<4> flags;
bitset<128> dword_bits;
bitset<12345> lots;
```

bitset은 기본적으로 '모두 0'으로 초기화되지만 보통은 초기 값이 주어진다. bitset의 초기 값은 다음과 같이 부호 없는 정수이거나 0과 1로 이뤄진 문자열일 수 있다.

```
bitset<4> flags = 0xb;
bitset<128> dword_bits {string{"1010101010101010"}};
bitset<12345> lots;
```

여기서 lots는 모두 0이고, dword_bits는 112개의 0 다음에 우리가 직접 지정한 16비트가 추가된다. '0'이나 '1' 이외의 문자가 문자열에 포함되면 다음과 같이 std::invalid_argument 예외가 발생한다.

```
string s;
cin>>s;
bitset<12345> my_bits{s};        // std::invalid_argument가 발생할 수 있음
```

bitset에 일반적인 비트 조작 연산자를 적용할 수 있다. 예를 들어 b1과 b2, b3이 bitset 이라면 다음과 같은 연산을 수행할 수 있다.

```
b1 = b2&b3;        // 논리곱
b1 = b2|b3;        // 논리합
b1 = b2^b3;        // 배타적 논리합
b1 = ~b2;          // 보수
b1 = b2<<2;        // 왼쪽 시프트
b1 = b2>>3;        // 오른쪽 시프트
```

비트 연산(비트별 논리 연산)의 관점에서 보면 bitset은 기본적으로 사용자가 지정한 임의의 크기를 지정할 수 있는 unsigned int(25.5.3절)처럼 작동한다. unsigned int에 수행할 수 있는 모든 연산(산술 연산 제외)을 bitset에도 수행할 수 있다. 특히 bitset은 입출력에 유용하다.

```
cin>>b;                // 입력에서 bitset을 읽음
cout<<bitset<8>{'c'};  // 문자 'c'의 비트 패턴을 출력
```

bitset에 읽을 때는 입력 스트림이 0과 1을 찾는다.

```
10121
```

이 입력에 대해서는 101을 읽고 21은 스트림에 남겨둔다.

바이트와 워드에서 bitset의 비트는 오른쪽에서 왼쪽(최하위 비트에서 최상위 비트)으로 번호가 부여된다. 예를 들어 7번 비트의 값은 2^7이다.

```
  7: 6: 5: 4: 3: 2: 1: 0:
  1  0  1  0  0  1  1  1
```

bitset의 비트 번호는 그저 관례일 뿐 아니라, 다음과 같이 비트별 첨자 연산을 위한 수단
이기도 하다.

```cpp
int main()
{
    constexpr int max = 10;
    for (bitset<max> b; cin>>b; ) {
        cout << b << '\n';
        for (int i =0; i<max; ++i) cout << b[i];   // 거꾸로 출력
        cout << '\n';
    }
}
```

bitset을 더 완벽히 알고 싶다면 온라인 문서나 매뉴얼, 전문가 수준의 서적을 참고하라.

25.5.3 부호 있는 정수와 부호 없는 정수

대부분의 언어가 그렇듯이 C++도 부호 있는 정수와 부호 없는 정수를 지원한다. 부호 없는
정수를 메모리에서 표현하는 방법은 명확하다. 0번 비트는 1, 1번 비트는 2, 2번 비트는 4,
…를 의미한다. 그러나 부호 있는 정수에는 약간의 문제가 있다. 양수와 음수를 어떻게 구별
하는가? C++는 하드웨어 구현자에게 선택의 자유를 주지만, 대부분의 구현체에서는 2의 보수
two's complement 표현을 사용한다. 즉, 가장 왼쪽 비트(최상위 비트)를 '부호 비트sign bit'로 사용한다.

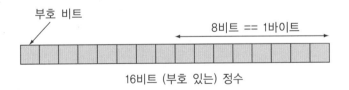

부호 비트

8비트 == 1바이트

16비트 (부호 있는) 정수

부호 비트가 1이면 음수를 나타낸다. 거의 표준적으로 이와 같은 2의 보수 표현을 이용한
다. 지면을 아끼고자 4비트 정수에서 부호 있는 수를 표현하는 방법을 살펴보자.

양수	0	1	2	4	7
	0000	0001	0010	0100	0111
음수	1111	1110	1101	1011	1000
	−1	−2	−3	−5	−8

어떤 수 x에 대해 그 비트별 보수(~x로도 표기함, 25.5.1절 참고)는 -(x+1)의 비트 패턴과 같다. 지금까지는 별 고민 없이 부호 있는 정수(예, int)를 사용했지만, 이제부터 다음과 같은 규칙을 따르기 바란다.

- 숫자에는 부호 있는 정수(예, int)를 사용한다.
- 비트 집합에는 부호 없는 정수(예, unsigned int)를 사용한다.

이 규칙이 나쁜 규칙은 아니지만 항상 고수하긴 어렵다. 어떤 사람들은 특정 형태의 산술 연산에 대해 부호 없는 정수를 선호하고, 우리는 그들의 코드를 사용할 필요가 있기 때문이다. 특히 역사적으로 보면 C 언어 초창기의 int는 16비트였고, 비트 하나하나가 소중했던 이유로 vector의 v.size()도 부호 없는 정수다.

```
vector<int> v;
//...
for (int i = 0; i<v.size(); ++i) cout << v[i] << '\n';
```

친절한 컴파일러라면 부호 있는 정수(위 코드의 i)와 부호 없는 정수(v.size())를 함께 사용한 다는 경고를 발생시킨다. 이처럼 부호 있는 정수와 부호 없는 정수를 함께 사용하면 재앙으로 이어질 수 있다. 예를 들어 루프 변수 i가 오버플로될 수 있다. 즉, v.size()가 가장 큰 부호 있는 int보다 클 수도 있다. i가 부호 있는 int로 표현할 수 있는 최대 양수(2를 int의 비트수에서 1을 뺀 만큼 거듭 제곱하고 그 수에서 1을 뺀 수, 예, $2^{15}-1$)가 됐다고 하자. 그 다음에 ++가 수행되면 더 큰 양의 정수가 아니라 음수가 돼버린다. 결국 루프가 영원히 끝나지 않는다! i가 가장 큰 양의 정수가 될 때마다 가장 작은 음의 int 값에서 다시 시작하게 된다. 따라서 16비트 int에서는 v.size()가 32*1024 이상이면 루프에 (아주 심각한) 버그가 발생하고, 32비트 int에 서는 i가 2*1024*1024*1024가 될 때마다 버그가 발생한다.

따라서 이 책의 루프 대부분은 기술적으로 보면 부주의하고 문제를 유발할 수 있다. 다른 말로 하자면 임베디드 시스템에서는 루프가 임계치를 넘어가지 않는지 확인하거나 다른 형태의 루프를 사용해야 한다. 이런 문제를 피하고 싶다면 vector에서 제공하는 size_type을 사용하거나, 반복자나 구간 for 구문을 사용해야 한다.

```
for (vector<int>::size_type i = 0; i<v.size(); ++i) cout << v[i] << '\n';

for (vector<int>::iterator p = v.begin(); p!=v.end(); ++p) cout << *p << '\n';

for (int x : v) cout << x << '\n';
```

size_type은 부호 없는 정수임이 보장된다. 따라서 (부호 없는 정수를 이용한) 첫 번째 루프는 한 비트를 더 활용할 수 있다. 그 차이는 클 수 있지만, 여전히 한 비트가 더 추가됐을 뿐이다 (반복 횟수는 2배로 늘어난다). 반면 반복자를 이용한 루프에는 이러한 제약이 없다.

도전 과제

다음 예제는 문제가 없어 보이지만, 실은 무한 루프다.

```
void infinite()
{
    unsigned char max = 160; // 매우 큼
    for (signed char i=0; i<max; ++i) cout << int(i) << '\n';
}
```

프로그램을 실행하고 문제의 원인을 설명하라.

부호 없는 정수를 (+와 -, *, /를 사용하지 않는) 비트 집합이 아닌 정수로 사용하는 기본적인 이유에는 두 가지가 있다.

- 약간의 정밀도라도 더 얻기 위해서
- 어떤 정수가 음수일 수 없다는 논리적인 속성을 표현하기 위해서

위의 첫 번째 경우는 부호 없는 정수를 루프 변수로 사용할 때도 마찬가지다.

(C와 마찬가지로) C++에서 부호 있는 타입과 부호 없는 타입을 함께 사용할 때의 문제는 타입 변환이 예측할 수 없고 기억하기 어려운 방식으로 이뤄진다는 점이다.

```
unsigned int ui = - 1;

int si = ui;
int si2 = ui+2;
unsigned ui2 = ui+2;
```

놀랍게도 ui의 초기화는 문제없이 수행되며 4294967295라는 값이 대입된다. 이 값은 부호 있는 정수 -1의 비트 패턴(모든 비트가 1)에 해당하는 부호 없는 32비트 정수 값이다. 어떤 사람들은 -1을 '모든 비트가 1'이라는 의미로 사용하지만, 그 밖의 사람들은 이를 문제로 여긴다. 부호 없는 정수를 부호 있는 정수로 변환할 때도 같은 규칙이 적용되며, si는 -1이 된다. 예상한 대로 si2는 1(-1+2 == 1)이 되고 ui2도 마찬가지다. ui2의 결과가 우리를 두 번째로 놀라게 한다. 4294967295+2가 어째서 1이 되는가? 4294967295를 16진수(0xffffffff)로 표현하면 문제가 명확해진다. 4294967295는 가장 큰 부호 없는 32비트 정수이므로, 부호가 있든 없든 32비트 정수로는 4294967297을 표현할 수 없다. 따라서 4294967295+2는 오버

플로됐다고 말할 수 있다. 더 정확히 말하자면 부호 없는 정수는 모듈러 산술^{modular arithmetic}을 지원한다고 할 수 있다. 즉, 32비트 정수의 산술 연산은 모듈러-32 연산이다.

이제 모든 것이 명확한가? 약간의 정밀도를 더 얻으려는 일은 불장난과도 같음을 깨닫기 바란다. 그런 코드는 혼돈스럽고, 따라서 오류의 잠재적인 원인이 된다.

정수가 오버플로 되면 무슨 일이 벌어질까? 다음 코드를 보자.

```
Int i = 0;
while (++i) print(i);       // i를 공백으로 구분된 정수로 출력
```

어떤 값이 순서대로 출력될까? 출력은 분명 Int의 정의에 따라 다르다(대문자 I는 오타가 아니다). 비트 수가 제한된 정수 타입이라면 결국 오버플로가 발생한다. Int가 부호 없는 정수(unsigned char나 unsigned int, unsigned long long 등)라면 ++는 모듈러 연산이므로 표현 가능한 가장 큰 수 다음에는 다시 0이 된다(그리고 루프는 종료한다). Int가 부호 있는 정수(signed char 등)라면 결국엔 값이 갑자기 음수가 됐다가 0까지 증가한다(그리고 루프는 종료한다). 예를 들어 signed char라면 1 2 ... 126 127 -128 -127 ... -2 -1이 출력된다.

결론적으로 정수가 오버플로 되면 무슨 일이 벌어지는가? 비트의 개수가 충분한 것처럼 프로그램이 계속 수행되지만, 결과를 저장하려는 정수 타입에 맞지 않는 결과는 모두 버려진다. 따라서 가장 왼쪽 비트(최상위 비트)가 손실된다. 대입을 할 때도 같은 효과가 발생한다.

```
int si = 257;            // char에 맞지 않음
char c = si;             // char로 암묵적 변환
unsigned char uc = si;
signed char sc = si;
print(si); print(c); print(uc); print(sc); cout << '\n';

si = 129;                // 부호 있는 char에 맞지 않음
c = si;
uc = si;
sc = si;
print(si); print(c); print(uc); print(sc);
```

이 코드의 결과는 다음과 같다.

257	1	1	1
129	-127	129	-127

결과를 설명하자면 257은 8비트로 표현 가능한 수(1 여덟 개는 255)보다 2만큼 크고, 129는 7비트로 표현 가능한 수(1 일곱 개는 127)보다 2만큼 크므로 부호 비트가 1이 된다. 한 가지

덧붙이자면 우리 머신의 char는 부호가 있다는 점도 알 수 있다(c는 sc처럼 동작하며 uc와는 다르게 동작한다).

도전 과제

종이 위에 비트 패턴을 그려보자. 그 종이를 이용해서 si=128의 결과가 무엇일지 맞춰보자. 그리고 프로그램을 실행해서 여러분의 머신이 그 결과에 동의하는지 확인해보자.

한 가지를 더 살펴보자. 여기서 print()를 사용한 이유는 무엇인가? 그냥 다음과 같이 할 수도 있는데 말이다.

```
cout << i << ' ';
```

하지만 i가 char인 경우 정수 값이 아닌 문자가 출력된다. 따라서 모든 타입을 공평하게 정수로 출력하도록 다음과 같이 정의한다.

```
template<typename T> void print(T i) { cout << i << '\t'; }

void print(char i) { cout << int(i) << '\t'; }

void print(signed char i) { cout << int(i) << '\t'; }

void print(unsigned char i) { cout << int(i) << '\t'; }
```

결론을 말하자면 부호 없는 정수를 부호 있는 정수와 동일한 방법(산술 연산을 포함해)으로 사용할 수 있지만, 부호 없는 정수는 혼동과 오류를 유발할 수 있으므로 되도록 사용을 자제해야 한다.

• 약간의 정밀도를 얻기 위한 목적만으로 부호 없는 정수를 사용하지 말자.

• 한 비트가 더 필요하다면 머지않아 더 많은 비트가 필요할 것이다.

하지만 불행히도 다음과 같은 이유로 부호 없는 정수를 이용한 연산을 피할 수 없는 경우도 있다.

• 표준 라이브러리 컨테이너의 첨자 연산에서 부호 없는 정수를 사용한다.

• 부호 없는 정수 연산을 선호하는 사람들도 존재한다.

25.5.4 비트 조작

우리가 실제로 비트를 조작하는 이유는 무엇인가? 물론 우리 대부분은 비트 조작을 좋아하지 않는다. '비트와 씨름하기'는 로우레벨의 작업이고 오류의 온상이므로 가능하면 다른 대안을 택한다. 하지만 비트는 기본적이면서도 유용하기에 그 존재를 완전히 무시할 수는 없다. 이러한 현실이 부정적이고 암울하게 느껴질 수 있으나 피할 수 없다. 어떤 사람들은 비트를 다루는 작업을 좋아하기도 하며, 비트 조작을 반드시 해야 하는 경우가 있다는 점을 기억하기 바란다 (그 과정에서 즐거움을 찾을 수도 있다). 그러나 코드 여기저기에 비트의 흔적이 보여선 안 된다. 존 벤틀리의 말을 빌리자면 "비트^{bit}와 어울리는 사람은 망한다^{bitten}", 그리고 "바이트^{byte}와 어울리는 사람은 흥한다^{bytten}".

그렇다면 어떤 경우에 비트를 조작하는가? 때에 따라서는 응용 분야에서 다루는 실체가 말 그대로 비트인 경우가 있으므로, 그러한 분야에서는 비트 연산이 자연스럽다. 하드웨어 지시자(플래그)와 (바이트 스트림에서 다양한 타입의 값을 추출해야 하는) 로우레벨 통신, (여러 레이어의 이미지를 한 그림으로 합해야 하는) 그래픽스, 암호화(다음 절 참고) 등을 그 예로 들 수 있다.

예를 들어 정수에서 (로우레벨) 정보를 추출하는 방법을 살펴보자(이진 입출력의 방식대로 그 정보를 바이트로 전송받은 경우).

```
void f(short val)                        // 16비트, 2바이트 정수
{
    unsigned char right = val&0xff;      // 가장 오른쪽(최하위) 바이트 추출
    unsigned char left = val>>8;         // 가장 왼쪽(최상위) 바이트 추출
    // ...
    bool negative = val&0x8000;          // 부호 비트
    // ...
}
```

'시프트와 마스크^{mask}'로 알려진 이러한 연산은 흔히 사용된다. 시프트(<<나 >>)를 수행해 알고 싶은 비트를 워드의 가장 오른쪽(최하위)으로 옮겨 쉽게 추출할 수 있도록 했다. 그리고 비트 패턴(위의 0xff)과 마스크(&)를 이용해 결과에서 제외하고 싶은 비트를 제거했다(1을 0으로 만듦).

비트에 이름을 붙이고 싶은 경우에는 열거형을 사용할 수 있다.

```
enum Printer_flags {
    acknowledge=1,
    paper_empty=1<<1,
    busy=1<<2,
    out_of_black=1<<3,
    out_of_color=1<<4,
    // ...
};
```

이를 이용해 각 열거자에 그 이름이 가리키는 값을 지정할 수 있다.

```
out_of_color      16    0x10    0001 0000
out_of_black       8    0x8     0000 1000
busy               4    0x4     0000 0100
paper_empty        2    0x2     0000 0010
acknowledge        1    0x1     0000 0001
```

이러한 값을 독립적으로 조합할 수 있다는 점에서 유용하다.

```
unsigned char x = out_of_color | out_of_black;      // x는 24가 됨(16+8)
x |= paper_empty;                                   // x 26이 됨(24+2)
```

|=를 "비트를 설정한다^{set a bit}"로 읽는 이유를 알 수 있다. 마찬가지로 &는 "비트가 설정됐는가?"라고 읽을 수 있다.

```
if (x& out_of_color) {      // out_of_color가 설정됐는가? (그렇다면...)
    ...
}
```

&는 마스크에도 사용할 수 있다.

```
unsigned char y = x &(out_of_color | out_of_black);      // y는 24가 됨
```

이제 y에는 x의 3번과 4번 비트의 값이 복사된다(out_of_color와 out_of_black).

이처럼 enum을 비트 집합으로 정의하는 일은 매우 흔하며, 비트별 연산의 결과를 enum에 다시 저장하려면 타입 변환이 필요하다.

```
Flags z = Printer_flags(out_of_color | out_of_black);  // 캐스트가 꼭 필요함
```

캐스트가 필요한 이유는 out_of_color | out_of_black의 결과가 Flags 변수에 맞는 값인지 컴파일러가 알 수 없기 때문이다. 컴파일러는 매사에 비관적이므로, 어떤 열거자도 (out_of_color | out_of_black)의 값인 24와 동일하지 않음을 알게 된다. 우리가 보기에는 이번 경우에는 대입이 합리적이지만 말이다(컴파일러가 보기엔 그렇지 않다).

25.5.5 비트 필드

앞에서 언급했듯이 하드웨어 인터페이스에서는 비트를 자주 사용한다. 일반적으로 하드웨어 인터페이스는 비트와 다양한 크기의 숫자로 정의된다. 이러한 '비트와 숫자'는 일반적으로 이름이 부여되고, 장치 레지스터라고 부르는 특정 위치의 워드에 저장된다. C++는 이와 같이 고정된 레이아웃을 다루는 언어 기능으로 비트 필드를 제공한다. 운영체제 깊숙한 곳의 페이지 관리자^{page manager}가 사용하는 페이지 번호를 생각해보자. 다음 그림은 운영체제 매뉴얼에

서 가져온 그림이다.

위치:	31:		9:		6:		3:	2:	1:	0:
PPN:	22		3		3		1	1	1	1
이름:	PFN		미사용		CCA		/dirty	/global		

nonreachable valid

32비트 워드를 두 개의 숫자 필드(하나는 22비트, 나머지 하나는 3비트)와 네 개의 플래그(각 1비트)로 사용했다. 이 데이터의 크기와 위치는 고정적이며, 가운데에 사용되지 않는 (이름 없는) 필드도 존재한다. 이 레이아웃을 다음과 같은 struct로 표현할 수 있다.

```
struct PPN {        // R6000 물리적 페이지 번호(Physical Page Number)
    unsigned int PFN : 22 ;       // 페이지 프레임 번호(Page Frame Number)
    int : 3 ; // unused
    unsigned int CCA : 3 ;        // 캐시 일관성 알고리즘(Cache Coherency Algorithm)
    bool nonreachable : 1 ;
    bool dirty : 1 ;
    bool valid : 1 ;
    bool global : 1 ;
};
```

PFN과 CCA를 부호 없는 정수로 해석해야 한다는 사실을 알려면 매뉴얼을 읽어야 하지만, 이 사실만 제외하면 그림을 보고 바로 struct를 정의할 수 있다. 비트 필드는 워드를 왼쪽에서 오른쪽으로 채워 나가며 콜론 뒤에 비트의 개수를 정수로 지정한다. 하지만 절대적인 위치(8번 비트)를 지정할 수는 없다. 비트 필드가 한 워드보다 더 큰 공간을 차지하면 넘치는 필드는 다음 워드에 저장된다. 여러분이 원하던 바가 이것이길 바란다. 비트 필드를 정의한 후에는 다른 변수와 동일하게 사용할 수 있다.

```
void part_of_VM_system(PPN * p )
{
    // ...
    if (p->dirty) {     // 내용이 바뀜
        // 디스크로 복사
        p->dirty = 0;
    }
    //...
}
```

비트 필드는 주로 워드 가운데 위치한 정보를 얻고자 시프트와 마스크를 수행하는 수고를 덜어줄 목적으로 사용한다. 예를 들어 다음과 같이 PPN 타입 변수 pn의 CCA를 추출할 수 있다.

```
unsigned int x = pn.CCA;              // CCA 추출
```

PPN 대신 int 타입 변수 pni를 사용했다면 다음과 같이 해야 한다.

```
unsigned int y = (pni>>4)&0x7;        // CCA 추출
```

즉, CCA가 가장 오른쪽 비트가 되도록 pni를 오른쪽으로 시프트한 후 0x7(마지막 세 비트가 1)을 마스크로 사용해 다른 비트를 모두 버린다. 생성된 기계어 코드를 보면 위의 두 경우 코드가 거의 동일함을 알 수 있다.

위와 같은 로우레벨 코드에서는 줄임말(CCA, PPN, PFN)을 많이 사용하는데, 그 의미를 파악하기 어려운 면이 있다.

25.5.6 예제: 간단한 암호화

데이터를 비트와 바이트 수준에서 조작하는 예로 간단한 암호화 알고리즘인 타이니 암호화 알고리즘TEA, Tiny Encryption Algorithm을 살펴보자. 이 알고리즘은 케임브리지 대학의 데이비드 휠러(22.2.1절)가 고안했는데, 작지만 불법적인 복호화 시도에 대한 방어력은 강하다.

(두통을 유발하고 싶지 않다면) 코드를 너무 열심히 보지 말자. 이 코드는 단지 실세계에서 비트 조작이 유용하게 사용되는 예일 뿐이다. 암호화를 공부하려면 책을 따로 사야 한다. 이 알고리즘에 대한 더 많은 정보나 그 밖의 언어로 구현된 코드가 보고 싶다면 http://en.wikipedia.org/wiki/Tiny_Encryption_Algorithm과 영국 브래드포드 대학Bradford University의 사이먼 셰퍼드Simon Shepherd 교수가 운영하는 TEA 웹사이트를 참고하라. 이 코드는 원래부터 스스로를 설명할 의도가 전혀 없었다(주석도 없다!).

암호화/복호화의 기본적인 아이디어는 간단하다. 내가 여러분에게 보내는 텍스트를 다른 사람이 읽지 못하게 하려는 것이다. 따라서 원본 텍스트를 내가 어떻게 수정했는지 모르는 사람은 읽을 수 없도록 변환한다. 다만 여러분은 텍스트를 읽을 수 있게 역변환할 수 있어야 한다. 이게 바로 암호화다. 나는 암호화를 위해 (초대받지 않은 침입자도 알고 있다고 가정하는) 알고리즘과 키라는 문자열을 이용한다. 여러분과 나는 키를 알고 있고(침입자는 키를 몰라야 한다), 여러분이 암호화된 텍스트를 받았을 때 키를 이용해서 복호화한다. 즉 여러분이 내가 보낸 '원래의 깨끗한 텍스트'를 재구성한다.

TEA는 암호화할 문자 여덟 개를 나타내는 부호 없는 long 타입의 2개 배열(v[0], v[1])과 암호화된 결과를 출력할 부호 없는 long 타입의 2개 배열(w[0], w[1]), 키로 사용할 부호 없는 long 타입의 4개 배열(k[0]..k[3])을 인자로 받는다.

```
void encipher(
    const unsigned long *const v,
    unsigned long *const w,
    const unsigned long * const k)
{
    static_assert(sizeof(long)==4,"long의 크기가 TEA에 맞지 않음");

    unsigned long y = v[0];
    unsigned long z = v[1];

    unsigned long sum = 0;
    const unsigned long delta = 0x9E3779B9;

    for (unsigned long n = 32; n- - > 0; ) {
        y += (z<<4 ^ z>>5) + z^sum + k[sum&3];
        sum += delta;
        z += (y<<4 ^ y>>5) + y^sum + k[sum>>11 & 3];
    }
    w[0]=y;
    w[1]=z;
}
```

음수로 인해 예기치 않은 일이 생길 걱정 없이 비트별 연산을 수행하려고 모든 데이터를 부호 없는 정수로 사용했다. 일반적인 (부호 없는) 덧셈과 더불어 시프트(<<와 >>)와 배타적 논리합(^), 비트별 논리곱(&)을 적절히 조합했다. 이 코드는 long이 4바이트인 머신을 기준으로 작성됐는데, long의 크기(4로 가정)를 마법의 상수로 지정했다. 이는 일반적으로 좋은 방법은 아니지만, 이 코드는 종이 한 페이지에 들어갈 정도로 작다. 수학 공식으로 표현하면 봉투 뒷면에 들어갈 정도이고, (원래 의도한 바대로) 기억력 좋은 프로그래머가 머릿속에 외울 수 있을 정도다. 데이비드 휠러는 노트나 노트북을 깜빡하고 외출했을 때에도 구현할 수 있는 암호화 알고리즘을 원했다. 게다가 이 코드는 작을 뿐 아니라 빠르기까지 하다. 변수 n이 반복 횟수인데, 반복 횟수가 클수록 더 강력한 암호화가 가능하다. 지금까지 알려진 바로는 n==32일 때 TEA로 만든 암호가 깨진 적은 없다.

이제 위에 상응하는 복호화 코드를 보자.

```
void decipher(
    const unsigned long *const v,
    unsigned long *const w,
    const unsigned long * const k)
{
    static_assert(sizeof(long)==4,"long의 크기가 TEA에 맞지 않음");
```

```
    unsigned long y = v[0];
    unsigned long z = v[1];
    unsigned long sum = 0xC6EF3720;
    const unsigned long delta = 0x9E3779B9;

    // sum = delta<<5, 일반적으로 sum = delta * n
    for (unsigned long n = 32; n- - > 0; ) {
        z - = (y << 4 ^ y >> 5) + y ^ sum + k[sum>>11 & 3];
        sum - = delta;
        y - = (z << 4 ^ z >> 5) + z ^ sum + k[sum&3];
    }
    w[0]=y;
     w[1]=z;
}
```

안전하지 않은 통신망에 파일을 보낼 때 다음과 같이 **TEA**를 이용할 수 있다.

```
int main()    // 송신 측
{
    const int nchar = 2*sizeof(long);          // 64비트
    const int kchar = 2*nchar;                 // 128비트

    string op;
    string key;
    string infile;
    string outfile;
    cout << "입력/출력 파일의 이름과 키를 입력하세요 :\n";
    cin >> infile >> outfile >> key;
    while (key.size()<kchar) key += '0';        // key의 여백 채우기
    ifstream inf(infile);
    ofstream outf(outfile);
    if (!inf || !outf) error("잘못된 파일 이름");

    const unsigned long* k =
        reinterpret_cast<const unsigned long*>(key.data());

    unsigned long outptr[2];
    char inbuf[nchar];
    unsigned long* inptr = reinterpret_cast<unsigned long*>(inbuf);
    int count = 0;

    while (inf.get(inbuf[count])) {
        outf << hex;                            // 16진수 출력
        if (++count == nchar) {
```

```cpp
        encipher(inptr,outptr,k);
        // 앞쪽 여백은 0으로 채움 :
        outf << setw(8) << setfill('0') << outptr[0] << ' '
             << setw(8) << setfill('0') << outptr[1] << ' ';
        count = 0;
    }
}

if (count) {   // 여백 채우기
    while(count != nchar) inbuf[count++] = '0';
    encipher(inptr,outptr,k);
    outf << outptr[0] << ' ' << outptr[1] << ' ';
}
}
```

이 코드에서 핵심적인 부분은 for 루프로, 다른 부분은 부차적인 일을 한다. while 루프에서는 입력 버퍼인 inbuf에 문자를 읽고, TEA에서 요구하는 문자 여덟 개가 채워질 때마다 읽은 문자를 encipher()에 전달한다. TEA는 문자의 내용에는 개의치 않는데, 어떤 문자를 암호화하는지는 전혀 알지 못한다. TEA가 고려하는 부분은 주어진 64비트에 상응하는 복호화된 64비트를 생성하는 일 뿐이다. 따라서 inbuf를 가리키는 포인터를 long*로 캐스트해 TEA에 전달한다. 키도 마찬가지로, TEA는 키의 앞부분 128비트(부호 없는 long 4개)를 사용하므로 사용자 입력한 키가 128비트가 되도록 여백pad을 채웠다. 코드의 마지막 부분에서는 입력 텍스트가 TEA에서 요구하는 64비트(8바이트)가 되도록 0으로 여백을 채운다.

그렇다면 암호화된 텍스트를 어떻게 전송할까? 선택은 자유지만, 암호화된 결과는 ASCII나 유니코드 문자가 아닌 비트의 집합일 뿐이므로, 일반적인 텍스트로 취급할 수는 없다. 이런 경우에는 이진 입출력(11.3.2절)을 이용할 수 있지만, 예제에서는 워드를 16진수로 출력했다.

```
5b8fb57c    806fbcce    2db72335    23989d1d    991206bc    0363a308
8f8111ac    38f3f2f3    9110a4bb    c5e1389f    64d7efe8    ba133559
4cc00fa0    6f77e537    bde7925f    f87045f0    472bad6e    dd228bc3
a5686903    51cc9a61    fc19144e    d3bcde62    4fdb7dc8    43d565e5
f1d3f026    b2887412    97580690    d2ea4f8b    2d8fb3b7    936cfa6d
6a13ef90    fd036721    b80035e1    7467d8d8    d32bb67e    29923fde
197d4cd6    76874951    418e8a43    e9644c2a    eb10e848    ba67dcd8
7115211f    dbe32069    e4e92f87    8bf3e33e    b18f942c    c965b87a
44489114    18d4f2bc    256da1bf    c57b1788    9113c372    12662c23
eeb63c45    82499657    a8265f44    7c866aae    7c80a631    e91475e1
5991ab8b    6aedbb73    71b642c4    8d78f68b    d602bfe4    d1eadde7
55f20835    1a6d3a4b    202c36b8    66a1e0f2    771993f3    11d1d0ab
```

```
74a8cfd4    4ce54f5a    e5fda09d    acbdf110    259a1a19    b964a3a9
456fd8a3    1e78591b    07c8f5a2    101641ec    d0c9d7e1    60dbeb11
b9ad8e72    ad30b839    201fc553    a34a79c4    217ca84d    30f666c6
d018e61c    d1c94ea6    6ca73314    cd60def1    6e16870e    45b94dc0
d7b44fcd    96e0425a    72839f71    d5b6427c    214340f9    8745882f
0602c1a2    b437c759    ca0e3903    bd4d8460    edd0551e    31d34dd3
c3f943ed    d2cae477    4d9d0b61    f647c377    0d9d303a    ce1de974
f9449784    df460350    5d42b06c    d4dedb54    17811b5f    4f723692
14d67edb    11da5447    67bc059a    4600f047    63e439e3    2e9d15f7
4f21bbbe    3d7c5e9b    433564f5    c3ff2597    3a1ea1df    305e2713
9421d209    2b52384f    f78fbae7    d03c1f58    6832680a    207609f3
9f2c5a59    ee31f147    2ebc3651    e017d9d6    d6d60ce2    2be1f2f9
eb9de5a8    95657e30    cad37fda    7bce06f4    457daf44    eb257206
418c24a5    de687477    5c1b3155    f744fbff    26800820    92224e9d
43c03a51    d168f2d1    624c54fe    73c99473    1bce8fbb    62452495
5de382c1    1a789445    aa00178a    3e583446    dcbd64c5    ddda1e73
fa168da2    60bc109e    7102ce40    9fed3a0b    44245e5d    f612ed4c
b5c161f8    97ff2fc0    1dbf5674    45965600    b04c0afa    b537a770
9ab9bee7    1624516c    0d3e556b    6de6eda7    d159b10e    71d5c1a6
b8bb87de    316a0fc9    62c01a3d    0a24a51f    86365842    52dabf4d
372ac18b    9a5df281    35c9f8d7    07c8f9b4    36b6d9a5    a08ae934
239efba5    5fe3fa6f    659df805    faf4c378    4c2048d6    e8bf4939
31167a93    43d17818    998ba244    55dba8ee    799e07e7    43d26aef
d5682864    05e641dc    b5948ec8    03457e3f    80c934fe    cc5ad4f9
0dc16bb2    a50aa1ef    d62ef1cd    f8fbbf67    30c17f12    718f4d9a
43295fed    561de2a0
```

도전 과제

위의 출력에 사용한 키가 bs라면 원래 텍스트는 무엇일까?

보안 전문가라면 원문과 암호화된 파일을 함께 저장하는 일은 바보 같은 생각이라고 말할 것이며, 여백 채우기나 두 글자 키를 사용하는 일 등에 대해 의견을 개진할 것이다. 하지만 이 책은 컴퓨터 보안 서적이 아니므로 크게 신경 쓰지 않는다.

나는 암호화된 텍스트를 읽어서 원문을 다시 만드는 방법으로 프로그램을 테스트했다. 프로그램을 작성할 때는 항상 간단한 정확성 테스트를 수행해야 한다.

다음 코드는 복호화 프로그램의 핵심적인 부분이다.

```
unsigned long inptr[2];
char outbuf[nchar+1];
outbuf[nchar]=0;                // 종료 문자
unsigned long* outptr = reinterpret_cast<unsigned long*>(outbuf);
inf.setf(ios_base::hex ,ios_base::basefield);  // 16진수 입력 사용

while (inf>>inptr[0]>>inptr[1]) {
    decipher(inptr,outptr,k);
    outf<<outbuf;
}
```

다음 코드에 주목하자.

```
inf.setf(ios_base::hex ,ios_base::basefield);
```

이 코드는 16진수를 읽어 들인다. outbuf는 복호화에서 사용할 출력 버퍼로, 캐스트를
이용해 비트로 취급한다.

그렇다면 TEA가 임베디드 시스템 프로그래밍의 한 예인가? 꼭 그렇다고 할 수는 없지만,
보안을 요구하는 금융 거래 기능이 많은 전자장치에 탑재될 수 있다. 어찌됐든 TEA는 좋은
임베디드 시스템 코드의 특성을 잘 보여준다. 잘 정의된 (수학적) 모델에 기반을 두므로 정확성
을 확신할 수 있고, 작고 빠르며, 하드웨어의 특성에 직접적으로 의존한다. 물론 encipher()
와 decipher() 인터페이스가 우리 취향은 아니지만, encipher()와 decipher()는 C++뿐만
아니라 C에서도 동작하게 설계했으므로, C에서 지원하지 않는 C++ 기능은 사용할 수 없다.
그리고 마법의 상수가 많긴 하지만 수학적인 내용을 그대로 표현했을 뿐이다.

25.6 코딩 표준

오류의 원인은 다양하다. 가장 심각하고 복구하기 어려운 오류는 하이레벨 설계의 의사결정
에 대한 문제다. 전반적인 오류 처리 전략이나 특정 표준의 준수(혹은 부재), 알고리즘, 데이터
표현 등을 예로 들 수 있다. 여기서는 이러한 오류를 다루지 않는다. 대신 엉터리로 작성된
코드로 인한 오류에 집중하자. 즉, 프로그래밍 언어의 기능을 불필요하게 오류를 유발할 수
있는 방식으로 사용하거나, 아이디어의 의미를 모호하게 표현한 코드를 다룬다.

코딩 표준은 후자의 문제를 해결하는 수단으로, 주어진 응용 분야에서 삼가야 할 C++
언어의 일부 기능이 무엇인지 프로그래머에게 지침을 제공한다. 예를 들어 엄격한 실시간
제약이 있거나 장기간 동작해야 하는 임베디드 시스템에서는 new의 사용을 금지한다. 코딩
표준은 두 프로그래머가 사용할 스타일을 자유롭게 선택할 때에 비해 서로 비슷한 코드를

작성하게 하는 역할도 한다. 예를 들어 코딩 표준에서는 루프에 `for` 구문을 사용할 것(`while` 구문 금지)을 요구할 수 있다. 따라서 코드의 일관성이 높아지며, 대규모 프로젝트에서는 이러한 유지 보수가 중요한 문제일 수 있다. 한 가지 알아야 할 사실은 특정 종류의 프로그래밍과 프로그래머에 대해 코드를 향상시키는 데 목적을 둔다는 점이다. 모든 C++ 응용 분야와 C++ 프로그래머에게 적합한 코딩 표준은 존재하지 않는다.

따라서 코딩 표준이 해결하려는 문제는 응용 프로그램에서 해결하려는 문제의 근본적인 복잡성이 아니라, 그 해답을 표현하는 방식에 따른 문제다. 즉, 코딩 표준은 근본적인 복잡성이 아니라 부수적인 복잡성을 해결하려는 시도라고 할 수 있다.

부수적인 복잡성의 주요 원인은 다음과 같다.

- **지나치게 똑똑한 프로그래머** 스스로 이해하지 못하는 기능을 사용하거나 복잡한 해결책을 선호하는 프로그래머

- **제대로 교육받지 않은 프로그래머** 대부분의 적절한 언어 기능과 라이브러리를 사용하지 않는 프로그래머

- **불필요하게 다양한 프로그래밍 스타일** 비슷한 일을 하는 코드가 서로 다르게 보이며 유지 보수하는 사람을 혼란스럽게 한다.

- **부적절한 프로그래밍 언어** 특정 응용 분야나 프로그래머들에게 적합하지 않은 언어 기능을 사용하게 한다.

- **충분하지 못한 라이브러리 사용** 로우레벨 자원을 임시방편적인 방법으로 다루게 된다.

- **부적절한 코딩 표준** 추가적인 작업을 유발하거나 특정 종류의 문제에 대한 최선의 해결책을 막음으로써 코딩 표준이 해결하려던 문제를 오히려 악화시킨다.

25.6.1 훌륭한 코딩 표준의 특징

좋은 코딩 표준은 프로그래머가 좋은 코드를 작성하는 데 도움이 돼야 한다. 즉, 코딩 표준이 없다면 매번 프로그래머가 결정하느라 시간을 낭비해야 하는 조그만 문제에 대한 해답을 찾는 데 도움을 줘야 한다. 오래된 공학자가 남긴 격언대로 "형식이 곧 자유다". 이상적인 코딩 표준은 무엇을 해야만 하는지를 규정한다. 당연하게 들리겠지만, 많은 코딩 표준은 그저 금지 사항의 목록에 지나지 않으며, 수많은 금지 사항을 모두 준수한 후에 무엇을 해야 할지 안내해주지 않는다. 하지 말라는 소리만 늘어놓는 코딩 표준은 거의 도움이 되지 않으며, 짜증만 나게 할 뿐이다.

좋은 코딩 표준의 규칙은 (가능하다면 프로그램을 이용해서) 검증이 가능해야 한다. 즉, "내가

코딩 표준의 규칙을 하나라도 어겼는가?"라는 질문에 쉽게 대답할 수 있어야 한다.

좋은 코딩 표준은 각 규칙의 이유를 밝혀야 한다. "그냥 그게 우리 방식이야"라고 말하는 프로그래머가 없어야 한다. 그렇게 말하는 순간 코딩 표준에 분노를 느낄 수도 있다. 더 심각한 경우에는 프로그래머로 하여금 그들이 작성하는 코드의 일부분에서 쓸데없다고 느껴지는 코딩 표준을 위반하게 하고, 일을 제대로 수행할 수 없게 된다. 모두가 코딩 표준의 모든 규칙을 좋아하리라고 기대하지 말라. 최선의 코딩 표준이 절충안이라 할지라도, 여러분에게 한 번도 문제를 일으키지 않았던 방식이 코딩 표준에서는 문제를 유발하는 문제적인 습관으로 규정될 수 있다. 예를 들어 일관성이 없는 명명 규칙은 혼란의 원인이지만, 사람들은 각자 특정 명명 관례에 대한 강한 애착이 있으며, 반대로 다른 명명 규칙에 강한 거부감을 느낀다. 그 예로 나는 CamelCodingStyle이 보기에 좋지 않다고 생각하며, underscore_style을 명확하고 읽기 쉽다고 생각해 매우 선호하며, 많은 사람이 내 생각에 동의한다. 반면 이에 동의하지 않는 합리적인 사람들도 많다. 어떤 명명 표준도 모두를 기쁘게 할 수 없다는 점은 자명하다. 그러나 표준이 없는 것보다는 일관된 스타일이 좋다는 점도 자명하다.

요약하면 다음과 같다.

- 좋은 코딩 표준은 특정 응용 분야와 특정 부류의 프로그래머에 한해 설계된다.
- 좋은 코딩 표준은 규범적이고 구속적이다.
  - 기본적인 라이브러리 기능을 추천하는 일은 규범적인 규칙을 가장 효율적으로 활용하는 예의 하나다.
- 코딩 표준은 지향하는 코드의 모습을 규정하는 규칙의 집합이다.
  - 일반적으로 명명 규칙과 들여쓰기 규칙을 규정한다. 예, "스트롭스트룹의 형식을 사용하라"
  - 일반적으로 언어의 부분 집합을 규정한다. 예, "new나 throw를 사용하지 말라"
  - 일반적으로 주석 규칙을 규정한다. 예, "모든 함수는 어떤 일을 하는지 주석에 설명해야 한다"
  - 특정 라이브러리 사용을 강제하기도 한다. 예, "<stdio.h> 대신 <iostream>을 사용하라"거나 "내장형 배열과 C 스타일 문자열 대신 vector와 string을 사용하라"
- 대부분의 코딩 표준의 목적은 다음과 같은 특성을 향상시키는 데 있다.
  - 신뢰성
  - 이식성
  - 유지 보수성

- 테스트 용이성

- 재사용성

- 확장성

- 가독성

- 표준이 없는 것보다는 좋은 코딩 표준이 있는 편이 좋다. 코딩 표준 없이는 (여러 명이 여러 해에 걸쳐 진행하는) 주요 프로젝트에 착수하지 않는다.

- 엉터리 코딩 표준은 표준이 없는 것보다 더 나쁠 수 있다. 예를 들어 C의 일부 기능으로 프로그래밍을 제한하는 C++ 코딩 표준은 해로울 수 있다. 불행히도 이러한 엉터리 코딩 표준이 드물지 않다.

- 좋은 표준이라 할지라도 모든 코딩 표준은 프로그래머에게 미움의 대상이다. 대부분의 프로그래머는 해왔던 대로 코드를 작성하려고 한다.

25.6.2 규칙의 예

이제 몇 가지 규칙을 바탕으로 코딩 표준이 무엇인지 맛보기로 하자. 물론 여러분에게 도움이 될 만한 규칙을 골랐지만, 실제로 사용하는 코딩 표준 중에서 35페이지보다 적은 분량의 표준을 본적이 없으며, 대부분은 그보다 훨씬 길다. 따라서 전체 규칙을 모두 나열하진 않는다. 더 나아가 모든 코딩 표준은 특정 응용 분야와 특정 부류의 프로그래머에 한정되므로, 범용성을 가정하지는 않는다.

규칙에는 번호가 부여되며 (간략한) 이유를 포함한다. 그리고 상당수의 규칙은 이해를 돕는 예제도 포함한다. 권고 사항recommendation과 강제 규칙firm rule을 구별해야 하는데, 권고 사항은 프로그래머가 경우에 따라 무시할 수 있으며, 강제 규칙은 반드시 준수해야 한다. 실제로는 필요한 경우에 감독자의 서면 동의를 얻어 강제 규칙을 무시해야 할 수 있다. 권고 사항이든 강제 규칙이든 코딩 표준을 무시하는 경우에는 주석에 명시해야 한다. 각 규칙에 예외가 있다면 해당 규칙에 명시적으로 나열해야 한다. 강제 규칙의 번호는 대문자 R로 시작하고, 권고 사항의 번호는 소문자 r로 시작한다.

규칙은 다음과 같이 분류된다.

- 일반

- 전처리기

- 명명과 형식

- 클래스 규칙

- 함수와 표현식 규칙

- 엄격한 실시간

- 치명적인 시스템

'엄격한 실시간'과 '치명적인 시스템' 규칙은 그러한 분류에 속하는 프로젝트에만 해당된다.

실세계의 훌륭한 코딩 표준에 비하면 우리의 용어는 불명확하고('치명적'은 무슨 의미인가?), 규칙은 너무 간결하다. 아래의 규칙과 JSF++ 규칙(25.6.3절)이 유사한 데는 그럴만한 이유가 있는데, 내가 JSF++ 규칙 제정에 도움을 줬기 때문이다. 그러나 이 책의 예제 코드는 아래의 규칙을 준수하지 않는다. 즉, 이 책의 예제 코드는 안전에 민감한 임베디드 시스템 코드가 될 수 없다.

일반 규칙

R100 어떤 함수나 클래스도 논리(주석 제외) 코드 200행 이상을 포함할 수 없다.

이유: 긴 함수와 클래스는 복잡하므로 이해하기 어렵고 테스트도 힘들다.

r101 어떤 함수나 클래스도 한 화면에 들어와야 하며, 논리적으로 한 가지 목적만을 제공해야 한다.

이유: 함수나 클래스의 일부만 보는 프로그래머는 문제를 간과할 가능성이 크다. 여러 가지 논리적인 기능을 실행하는 함수는 그렇지 않은 함수에 비해 길고 복잡하다.

R102 모든 코드는 ISO/IEC 14882:2011(E) 표준 C++를 준수해야 한다.

이유: ISO/IEC 14882에서 파생된 언어 확장 기능이나 변종들은 덜 안정적이고, 덜 명확하며, 이식성을 제한한다.

전처리기 규칙

R200 #ifdef와 #ifndef를 이용한 소스 제어를 제외하고는 매크로를 사용하지 않는다.

이유: 매크로는 유효 범위 규칙과 타입 규칙을 따르지 않는다. 소스코드를 검사할 때 매크로는 명확하지 않다.

R201 #include는 헤더 파일(*.h)을 포함시킬 용도로만 사용한다.

이유: #include는 세부 구현이 아니라 인터페이스 선언에 접근할 때만 사용한다.

R202 모든 #include 지시어는 전처리기가 아닌 모든 선언보다 앞에 위치해야 한다.

이유: #include가 파일 가운데 있으면 읽는 사람이 보지 못할 수 있고, 동일한 이름이 여러 곳에서 다른 대상을 가리키는 불일치가 발생할 수 있다.

R203 헤더 파일(*.h)은 const가 아닌 변수 정의나 인라인, 템플릿이 아닌 함수의 정의를 포함할 수 없다.

이유: 헤더 파일(*.h)은 세부 구현이 아니라 인터페이스 선언을 포함해야 한다. 그러나 상수는 인터페이스의 일부로 볼 수 있고, 때때로 아주 간단한 함수는 성능상의 이유로 인라인이어야 하고(따라서 헤더에 있어야 하고), 현재 템플릿 구현체는 헤더에 완벽한 템플릿 정의를 필요로 한다.

명명과 형식

R300 반드시 들여쓰기를 하되 같은 파일 안에서는 일관적으로 들여쓰기 한다.

이유: 가독성과 스타일

R301 새로운 구문은 새로운 행에서 시작한다.

이유 : 가독성

예제:

```
int a = 7; x = a+7; f(x,9);  // 위반
int a = 7;         // OK
x = a+7;           // OK
f(x,9);            // OK
```

예제:

```
if (p<q) cout << *p;         // 위반
```

예제:

```
if (p<q)
    cout << *p;   // OK
```

R302 식별자 이름은 설명적이어야 한다.

식별자 이름은 일반적인 축약어와 두문자어를 포함할 수 있다.

관례적으로 사용한다면 x, y, i, j 등은 설명적이다.

numberOfElements 스타일 대신 number_of_elements 스타일을 사용하라.

헝가리안 표기법은 사용하지 않는다.

타입과 템플릿, 네임스페이스 이름만 대문자로 시작한다.

과도하게 긴 이름은 피한다.

예제: `Device_driver`와 `Buffer_pool`

이유: 가독성

참고: 밑줄로 시작하는 식별자는 C++ 표준에서 언어의 내부 구현을 위해 예약됐으므로 사용하지 않는다.

예외: 허가받은 라이브러리를 이용할 때 해당 라이브러리의 이름들은 사용할 수 있다.

R303 다음과 같은 방식만으로 식별자가 구별되게 하지 말라.

- 대소문자만 다른 경우

- 밑줄의 유무

- 문자 O를 숫자 0이나 문자 D로 교체한 경우

- 문자 I를 숫자 1이나 문자 l로 교체한 경우

- 문자 S를 숫자 5로 교체한 경우

- 문자 Z를 숫자 2로 교체한 경우

- 문자 n을 문자 h로 교체한 경우

예제: `Head`와 `head`   // 위반

이유: 가독성

R304 식별자는 모두 대문자이거나 모두 밑줄일 수 없다.

예제: `BLUE`와 `BLUE_CHEESE`   // 위반

이유: 전부 대문자인 식별자는 허가된 라이브러리로부터 #include된 파일의 매크로로 널리 쓰인다.

예외: #include 중복 방지(#include guard) 매크로의 이름

함수와 표현식 규칙

r400 내부에 중첩된 유효 범위 안의 식별자는 바깥쪽 유효 범위의 식별자와 동일하면 안 된다.

예제:

```
int var = 9; { int var = 7; ++var; }  // 위반: 안쪽 var가 바깥쪽 var를 숨김
```

이유: 가독성

R401 최대한 작은 유효 범위에서 선언한다.

이유: 초기화한 곳과 가까운 곳에서 사용하면 혼란을 최소화할 수 있으며, 변수가 유효 범위를 벗어나면 자원이 해제된다.

R402 변수는 반드시 초기화한다.

예제:

```
int var;        // 위반: var를 초기화하지 않음
```

이유: 초기화하지 않은 변수는 대표적인 오류의 원인이다.

예외: 입력으로 곧 채워질 변수는 초기화할 필요 없다.

참고: vector와 string을 비롯한 상당수의 타입은 초기화를 보장하는 기본 생성자를 제공한다.

R403 캐스트는 사용하지 않는다.

이유: 캐스트는 대표적인 오류의 원인이다.

예외: dynamic_cast는 사용할 수 있다.

예외: 하드웨어 주소를 포인터로 변환하거나 외부(예, GUI 라이브러리)에서 프로그램으로 전달한 void*를 적당한 타입으로 변환하는 경우 명명된 캐스트를 수행할 수 있다.

R404 인터페이스에서 내장형 배열을 사용하지 않는다. 즉, 함수 인자로 사용한 포인터는 한 요소를 가리키는 포인터여야 한다. 배열을 전달할 때는 Array_ref를 사용하라.

이유: 포인터로 전달된 배열은 요소의 개수를 포함하진 않는다. 게다가 암묵적인 배열-포인터 변환과 파생 타입-기반 타입 변환은 메모리 충돌을 유발한다.

클래스 규칙

R500 공개 데이터 멤버가 없는 클래스에는 class 키워드를 사용하고, 비공개 데이터 멤버가 없는 클래스에는 struct 키워드를 사용하라. 공개 데이터 멤버와 비공개 데이터 멤버를 모두 포함하는 클래스는 사용하지 않는다.

이유: 명확성

r501 소멸자나 포인터 멤버, 참조 타입을 포함하는 클래스의 경우 복사 생성자와 복사 대입을 정의하거나 둘 다 사용할 수 없게 해야 한다.

이유: 일반적으로 소멸자는 자원을 해제한다. 기본적인 복사 연산은 일반적으로 포인터와 참조 멤버, 소멸자를 포함하는 클래스에 적합한 조치를 취할 수 없다.

R502　가상 함수를 포함하는 클래스는 가상 소멸자도 포함해야 한다.

이유: 어떤 클래스에 가상 함수가 포함된 이유는 기반 클래스의 인터페이스를 바탕으로 해당 클래스를 사용하기 위함이다. 기반 클래스를 통해서만 객체를 사용하는 함수에서도 파생 클래스의 (소멸자를 이용해) 객체를 지워야 할 경우가 있다.

r503　인자를 하나만 받아들이는 생성자는 explicit로 선언해야 한다.

이유: 예상 밖의 암묵적인 변환을 피할 수 있다.

엄격한 실시간 규칙

R800　예외를 사용하지 않는다.

이유: 예측 가능하지 않음

R801　시동할 때를 제외하고는 new를 사용하지 않는다.

이유: 예측 가능하지 않음

예외: 스택에서 할당한 메모리에 (표준적인 의미의) 위치 지정 new를 사용할 수 있다.

R802　delete를 사용하지 않는다.

이유: 예측 가능하지 않고, 단편화를 유발할 수 있다.

R803　dynamic_cast를 사용하지 않는다.

이유: (일반적인 프로그래밍 기법을 가정했을 때) 예측 가능하지 않음

R804　std::array를 제외한 표준 라이브러리 컨테이너를 사용하지 않는다.

이유: (일반적인 프로그래밍 기법을 가정했을 때) 예측 가능하지 않음

치명적인 시스템 규칙

R900　증가와 감소 연산을 부분 표현식으로 사용하지 않는다.

예제:

```
int x = v[++i];    // 위반
```

예제:

```
++i;
int x = v[i];      // OK
```

이유: 이와 같은 증가/감소는 눈에 잘 띄지 않는다.

R901 사칙 연산의 법칙을 뛰어넘는 그 이상의 우선순위에 의존하는 코드를 작성하지 않는다.

예제:

```
x = a*b+c;          // OK
```

예제:

```
if ( a<b || c<=d)   // 위반: (a<b)과 (c<=d)를 괄호로 묶는다.
```

이유: C/C++ 배경 지식이 빈약한 프로그래머가 작성한 코드에서 우선순위의 혼동을 자주 목격할 수 있다.

번호 사이에 간격을 뒀는데, 그 이유는 기존 규칙의 번호를 변경하지 않고 새로운 규칙을 추가할 수 있게 하고, 일반적인 분류를 번호에 반영하기 위함이다. 규칙은 번호로 지칭하는 일이 흔하므로, 번호를 변경하면 사용자에게 원성을 듣게 된다.

25.6.3 실제 코딩 표준

많은 C++ 코딩 표준이 존재하지만, 대부분은 공개되지 않은 기업용 코딩 표준이다. 해당 조직에 속한 프로그래머라면 코딩 표준을 좋아하지 않겠지만, 그중 상당수는 훌륭한 표준이다. 아래에 몇 가지 표준을 나열했는데, 적절한 분야에 적용한다면 도움이 될 것이다.

구글 C++ 스타일 지침: http://google-styleguide.googlecode.com/svn/trunk/cppguide.xml. 제한적인 예전 방식을 뛰어넘어 지속적으로 발전하는 스타일 지침

록히드마틴. Joint Strike Fighter Air Vehicle Coding Standards for the System Development and Demonstration Program. 문서 번호 2RDU00001 Rev C. December 2005. JSF++"로도 알려짐. 록히드마틴 항공의 항공기 소프트웨어에 적용되는 규칙의 집합. 사람의 생명이 달린 소프트웨어를 만드는 프로그래머들이 직접 참여해 만듦
www.stroustrup.com/JSF-AV-rules.pdf

프로그래밍 연구소. 정합성 높은 C++ 코딩 표준 매뉴얼 버전 2.4
www.programmingresearch.com

Sutter, Herb, and Andrei Alexandrescu. C++ Coding Standards: 101 Rules, Guide-lines, and Best Practices. Addison-Wesley, 2004. ISBN 0321113586. 단순한 '코딩 표준을 위한 표준'이 아님. 특정 규칙을 나열하기보다 어떤 규칙이 좋고 왜 좋은지 설명함

(코딩 표준이 중요하다고 해도) 여러분의 응용 분야와 프로그래밍 언어, 관련된 프로그래밍 기법을 알아야 한다는 점엔 변함이 없다. 대부분의 응용 분야, 특히 대부분의 임베디드 시스템 프로그래밍에서는 여러분이 사용할 운영체제나 하드웨어 아키텍처도 알아야 한다. C++를 이용해서 로우레벨 코딩을 한다면 성능을 주제로 한 ISO C++ 위원회의 보고서(ISO/IEC TR 18015, www.stroustrup.com/performanceTR.pdf)를 참고하라. 여기서 말하는 '성능'은 주로 '임베디드 시스템 프로그래밍'에서의 성능을 가리킨다.

임베디드 시스템 분야에 적합하게 변경된 언어와 상용 언어들이 많지만, 가능하면 표준화된 언어(ISO C++ 등)와 도구, 라이브러리를 사용하라. 학습에 드는 노력을 최소화하고, 여러분의 노고가 지속될 가능성이 커진다.

✓ 실습문제

1. 아래 코드를 실행하라.

```
int v = 1; for (int i = 0; i<sizeof(v)*8; ++i) { cout << v << ' '; v <<=1; }
```

2. 1번의 코드에서 v를 unsigned int로 선언하고 다시 실행해보자.

3. 16진수 리터럴을 이용해 다음과 같은 short unsigned int를 정의하라.

    a. 모든 비트가 1

    b. 최하위 비트가 1

    c. 최상위 비트가 1

    d. 최하위 바이트가 1

    e. 최상위 바이트가 1

    f. (최하위 비트가 1이고) 모든 짝수 순서 비트가 1

    g. (최하위 비트가 0이고) 모든 짝수 순서 비트가 1

4. 각각을 10진수와 16진수로 출력하라.

5. 비트 조작 연산(|, &, <<)과 리터럴 0과 1만을 이용해 3번과 4번을 풀어보자.

복습문제

1. 임베디드 시스템이란 무엇인가? 열 가지 예를 들되 그중 적어도 셋은 25장에서 언급하지 않은 예를 들어보자.

2. 임베디드 시스템의 특징은 무엇인가? 일반적인 고려 사항 다섯 가지를 설명하라.

3. 예측 가능성을 임베디드 시스템의 관점에서 정의하자.

4. 임베디드 시스템을 유지 보수하고 고치기 어려운 이유는 무엇인가?

5. 성능을 이유로 시스템을 최적화하려는 시도가 좋지 않은 이유는 무엇인가?

6. 우리가 로우레벨 코드보다 하이레벨 추상화를 선호하는 이유는 무엇인가?

7. 일시적 오류는 무엇이며, 일시적 오류를 특히 꺼려하는 이유는 무엇인가?

8. 장애에 내성을 갖춘 시스템을 설계하는 방법은 무엇인가?

9. 모든 장애를 예방할 수 없는 이유는 무엇인가?

10. 특정 분야의 전문 지식이란 무엇인가? 응용 분야의 예를 들어 보자.

11. 임베디드 시스템을 프로그래밍하는 데 전문 지식이 필요한 이유는 무엇인가?

12. 하위 시스템이란 무엇인가? 예를 들어 보자.

13. C++ 관점에서 바라본 세 가지 저장 영역은 무엇인가?

14. 자유 저장 영역은 어떤 경우에 사용하는가?

15. 임베디드 시스템에서 경우에 따라 자유 저장 영역을 사용하지 말아야 할 이유는 무엇인가?

16. 임베디드 시스템에서 new를 안전하게 사용할 수 있는 시점은 언제인가?

17. 임베디드 시스템 관점에서 std::vector의 잠재적인 문제점은 무엇인가?

18. 임베디드 시스템 관점에서 예외의 잠재적인 문제점은 무엇인가?

19. 재귀적 함수 호출이란 무엇이며, 일부 임베디드 시스템에서 프로그래머들이 재귀 호출을 하지 않는 이유는 무엇인가? 그 대신 사용할 수 있는 대안은 무엇인가?

20. 메모리 단편화란 무엇인가?

21. (프로그래밍 관점에서) 가비지 콜렉터란 무엇인가?

22. 메모리 누수란 무엇이며, 왜 문제가 되는가?

23. 자원이란 무엇인가? 예를 들어 보자.

24. 자원 누수란 무엇이며, 이를 체계적으로 방지하는 방법은 무엇인가?

25. 메모리상에 위치하는 객체를 다른 위치로 쉽게 옮길 수 없는 이유는 무엇인가?

26. 스택이란 무엇인가?

27. 풀이란 무엇인가?

28. 스택과 풀을 사용해도 메모리 단편화가 발생하지 않는 이유는 무엇인가?

29. reinterpret_cast가 필요한 이유는 무엇이고, 반대로 피해야 할 이유는 무엇인가?

30. 포인터를 함수 인자로 사용하는 방식이 위험한 이유는 무엇인가? 예를 들어 보자.

31. 포인터와 배열을 사용할 때 유발될 수 있는 문제는 무엇인가? 예를 들어 보자.

32. 인터페이스에서 (배열을 가리키는) 포인터 대신 사용할 수 있는 대안은 무엇인가?

33. '컴퓨터 과학의 제1 법칙'은 무엇인가?

34. 비트란 무엇인가?

35. 바이트란 무엇인가?

36. 일반적으로 한 바이트는 몇 비트로 이뤄지는가?

37. 비트 집합에 어떤 연산을 수행할 수 있는가?

38. 배타적 논리합은 무엇이며, 왜 유용한가?

39. 비트의 집합(시퀀스, 혹은 그 무엇이든)을 어떻게 표현하는가?

40. 관례적으로 한 워드 안의 비트에 어떤 순서로 번호를 부여하는가?

41. 관례적으로 한 워드 안의 바이트에 어떤 순서로 번호를 부여하는가?

42. 워드란 무엇인가?

43. 일반적으로 한 워드는 몇 비트로 이뤄지는가?

44. 0xf7을 10진수로 표기하면?

45. 0xab를 비트 시퀀스로 표기하면?

46. bitset은 무엇이며, 어떤 경우에 필요한가?

47. unsigned int와 signed int는 어떤 점이 다른가?

48. 어떤 경우에 signed int보다 unsigned int를 선호하는가?

49. 루프를 돌아야 할 요소의 개수가 매우 많다면 어떤 방식으로 루프를 작성해야 하는가?

50. unsigned int에 −3을 대입한 후의 값은 얼마인가?

51. (더 높은 수준의 타입 대신) 비트와 바이트를 조작하는 이유는 무엇인가?

52. 비트 필드란 무엇인가?

53. 비트 필드는 어떤 용도로 사용하는가?

54. 암호화란 무엇이며, 왜 사용하는가?

55. 사진도 암호화할 수 있는가?

56. TEA는 무엇의 줄임말인가?

57. 숫자를 16진수로 출력하는 방법은 무엇인가?

58. 코딩 표준의 목적은 무엇인가? 코딩 표준이 필요한 이유를 나열해보자.

59. 범용적인 코딩 표준이 있을 수 없는 이유는 무엇인가?

60. 좋은 코딩 표준의 성질을 나열해보자.

61. 나쁜 코딩 표준은 어떤 해를 끼치는가?

62. 여러분이 원하는 대로 (유용하다고 여겨지는) 코딩 규칙 열 가지를 나열해보자. 그 규칙들이 유용한 이유는 무엇인가?

63. `ALL_CAPITAL`(모두 대문자인) 식별자를 피하는 이유는 무엇인가?

용어 정리

주소	암호화	풀
비트	배타적 논리합	예측 가능성
비트 필드	전자장치	실시간
bitset	가비지 콜렉터	자원
코딩 표준	엄격한 실시간	느슨한 실시간
임베디드 시스템	누수	unsigned

연습문제

1. 25장의 도전 과제를 풀지 않았다면 지금 풀어보자.

2. 16진수 표기로 발음할 수 있는 단어를 나열해보자. 0은 o, 1은 l, 2는 to, … 등으로 발음해 Fool과 Beef 등의 단어를 16진수로 표기할 수 있다. 단어 목록을 공개하기 전에 저속한 단어는 제거하자.

3. 32비트 부호 있는 정수를 비트 패턴으로 초기화하고 결과를 출력해보자. 모든 비트가 0, 모든 비트가 1, (가장 왼쪽 비트를 1로 시작해서) 1과 0이 번갈아 나오는 패턴, (가장 왼쪽 비트를

0으로 시작해서) 0과 1이 번갈아 나오는 패턴, 110011001100 … 패턴, 001100110011 … 패턴, 모든 비트가 1인 바이트로 시작해서 모두 1인 바이트와 모두 0인 바이트가 번갈아 나오는 패턴, 모든 비트가 0인 바이트로 시작해서 모두 0인 바이트와 모두 1인 바이트가 번갈아 나오는 패턴 각각을 시도해보자. 32비트 부호 없는 정수로 같은 일을 반복해보자.

4. 7장의 계산기에 비트별 논리 연산자 &와 |, ^, ~를 추가해보자.

5. 무한 루프를 작성하고 실행해보자.

6. 무한 루프인지 알아채기 힘든 무한 루프를 작성해보자. 즉, 특정 자원을 완전히 소모한 후에야 종료하는 루프도 정확한 의미로 보자면 무한 루프는 아니다.

7. 0부터 400까지를 16진수로 출력하라. −200부터 200까지를 16진수로 출력하라.

8. 키보드에 있는 문자에 상응하는 숫자 값을 출력하라.

9. (<limits> 등의) 표준 헤더를 사용하거나 문서를 참고하지 않고, 여러분의 구현체에서 int가 몇 비트이고 char에 부호가 있는지 여부를 알아보자.

10. 25.5.5절의 비트 필드 예제를 참고해 PPN을 초기화한 후 각 필드의 값을 읽어서 출력하고, (필드에 값을 대입해) PPN의 각 필드 값을 변경한 후 결과를 출력하자. 같은 문제를 반복하되 이번에는 PPN의 정보를 32비트 부호 없는 정수에 저장하고 비트 조작 연산자(25.5.4절)를 이용해 워드 안의 비트에 접근하자.

11. 10번 문제를 다시 풀되 이번에는 각 비트를 bitset<32>에 저장하자.

12. 25.5.6절의 예제에서 사용한 원문을 출력해보자.

13. 두 컴퓨터 사이의 안전한 통신에 TEA(25.5.6절)를 사용하자. 이메일을 이용해도 좋다.

14. 풀에서 할당된 최대 N개의 요소를 포함하는 간단한 vector를 구현하자. 정수 타입의 요소에 N==1000인 경우를 테스트하자.

15. [0:1000) 바이트 구간에서 임의의 크기를 갖는 객체 10,000개를 new로 할당하는 데 걸리는 시간을 측정하자. 그리고 같은 일을 두 번 반복하는데, 한 번은 할당한 순서와 반대로 해제하고, 한 번은 무작위한 순서로 해제하자. 지금까지의 실험을 풀에서 500바이트 크기의 객체 10,000개를 할당하고 해제하는 방식으로 반복하자. 마지막으로 같은 실험을 스택을 이용해 [0:1000) 바이트 구간에서 임의의 크기를 갖는 객체 10,000개를 할당한 후 반대 순서로 해제하는 방식으로 반복하자. 결과를 비교해보자. 각 실험은 최소 세 번 수행해 일관된 결과가 나오는지 확인하자.

16. 코딩 스타일 규칙 20개를 작성하자(25.6절을 그대로 복사하지 말라). 그 규칙을 여러분이 최근 작성한 300행 이상의 프로그램에 적용해보자. 규칙을 적용해 본 경험을 (한두 페이지 정도의) 짧은 글로 남겨보자. 코드의 오류를 찾아냈는가? 코드가 더 명확해졌는가? 오히려 덜 명확해진 코드가 있는가? 이제 경험을 토대로 규칙을 수정해보자.

17. 25.4.3~4절에서 배열의 요소에 안전하고 빠르게 접근할 수 있도록 `Array_ref` 클래스를 살펴봤다. 특히 상속을 올바르게 처리할 수 있다고 주장한 바 있다. `Array_ref<Shape*>`를 이용해 캐스트나 결과를 예측할 수 없는 연산 없이 `Rectangle*`를 `vector<Circle*>`에 넣는 여러 가지 방법을 시도해보자. 불가능함을 알게 될 것이다.

붙이는 말

그렇다면 임베디드 시스템 프로그래밍은 기본적으로 '비트 조작'이란 말인가? 전혀 그렇지 않다. 특히 정확성의 측면에서 비트 조작을 잠재적인 문제로 인식하고, 최소화하려고 노력한 다면 말이다. 그러나 시스템의 어딘가에서는 비트와 바이트를 조작해야 한다. 문제는 "어디에서 어떻게 조작해야 하는가?"이다. 대부분의 시스템에서 로우레벨 코드는 가능한 국지적으로 제한돼야 한다. 우리가 다루는 흥미로운 시스템의 상당수가 임베디드 시스템이며, 가장 흥미롭고 도전할 만한 프로그래밍 작업의 일부는 임베디드 시스템 분야에 포함된다.

테스팅

> "나는 코드의 정확성을 증명했을 뿐,
> 테스트하진 않았다."
>
> – 도널드 커누스(Donald Knuth)

26장에서는 정확성을 위한 테스트와 설계를 살펴본다. 이와 같은 주제는 광범위하므로 수박 겉핥기식으로 알아볼 수밖에 없다. 그 중에서도 함수와 클래스 등 프로그램을 구성하는 단위unit를 테스트하는 데 필요한 실용적인 아이디어와 기법에 초점을 맞춘다. 그리고 인터페이스의 사용과 인터페이스를 대상으로 수행할 수 있는 몇 가지 테스트에 관해 알아본다. 다음으로 테스트가 단순해지도록 시스템을 설계하는 일과 개발 초기에 테스트를 수행하는 일의 중요성을 설명한다. 마지막으로 프로그램의 정확성을 증명하는 일과 성능 문제를 다루는 방법을 간략히 살펴본다.

26.1 우리의 목적

이제 간단한 실험을 해보자. 지금 당장 이진 탐색을 작성해보자. 다음 장까지 기다리지 말고, 다음 절까지 기다리지도 말자. 시도하는 일 자체가 중요하다. 바로 지금! 이진 탐색은 정렬된 시퀀스의 가운데부터 탐색을 시작한다.

- 가운데 요소가 찾는 값과 일치하면 종료한다.
- 가운데 요소가 찾는 값보다 작으면 오른쪽 절반을 대상으로 이진 탐색을 수행한다.
- 가운데 요소가 찾는 값보다 크면 왼쪽 절반을 대상으로 이진 탐색을 수행한다.
- 탐색의 결과는 탐색이 성공했는지 알려주는 지시자와 찾아낸 요소를 수정할 수 있는 인덱스나 포인터, 반복자를 포함한다.

비교(정렬) 기준으로는 ~보다 작다(<)를 사용한다. 자료 구조와 호출 방식, 결과를 반환하는 방식에 있어서 여러분이 선호하는 어떤 방법을 택해도 좋지만, 여러분 스스로 탐색 코드를 작성해야 한다. 이번만큼은 다른 사람의 함수를 사용하는 일이 역효과를 초래한다. 이미 검증된 코드라고 해도 말이다. 특히 대부분의 경우에 표준 라이브러리 알고리즘(binary_search나 equal_range)을 우선적으로 고려하겠지만, 이번에는 사용하지 말자. 필요한 만큼 시간을 들여도 좋다.

이제 이진 탐색 함수를 작성했다고 가정하자. 그렇지 않다면 위의 문단을 다시 보자. 여러분이 작성한 탐색 함수가 정확한지 어떻게 알 수 있는가? 아직 확인하지 않았다면 코드가 정확하다고 생각하는 이유를 적어보자. 여러분의 추론을 어떻게 확신하는가? 여러분의 주장에서 약점은 무엇인가?

여러분이 작성한 이진 탐색 함수는 간단한 코드이며, 잘 알려진 알고리즘을 구현했다. 여러분이 사용하는 컴파일러는 약 이십만 줄 정도의 코드로 이뤄지며, 운영체제는 1,000만에서 5,000만 줄, 여러분이 다음 휴가나 컨퍼런스 때 탈 비행기의 안전에 민감한 소프트웨어는 50만에서 200만 줄의 코드로 이뤄진다. 이런 사실을 알고 나니 안심이 되는가? 여러분이 작성한 이진 탐색 함수에 적용한 기법을 실제 규모의 소프트웨어에 어떻게 확장해 적용할 수 있는가?

신기한 일은 앞에서 예로 든 복잡한 소프트웨어들이 대부분의 시간동안 정확히 작동한다는 점이다. 물론 게임에 주로 사용하는 소비자 PC에서 동작하는 소프트웨어는 안전에 민감한 소프트웨어로 분류하지 않는다. 더 중요한 사실은 안전에 민감한 소프트웨어가 거의 항상 올바르게 작동한다는 점이다. 비행기나 자동차 사고에서 소프트웨어가 원인이었던 적은 없었다. 은행 소프트웨어가 0달러짜리 수표에 심각한 오류를 드러냈다는 이야기는 옛말일 뿐, 그런 일은 더 이상 일어나지 않는다. 하지만 그런 소프트웨어도 여러분과 똑같은 사람들이 만들었고, 사람은 실수를 하기 마련이다. 그런데 그런 소프트웨어는 어떻게 정확히 작동하는가?

이 질문에 대한 가장 근본적인 답은 "신뢰할 수 없는 부분들로부터 신뢰할 수 있는 시스템을 만드는 방법을 찾아낸다"는 것이다. 우리는 모든 프로그램과 클래스, 함수를 올바르게 만들고자 큰 노력을 하지만, 첫 번째 시도는 실패하기 마련이다. 그리고 나면 가능한 한 많은 오류를 찾아 고치기 위해 디버그하고 테스트하고 재설계한다. 그러나 복잡한 시스템이라면 여전히 버그가 숨어있기 마련이다. 우리는 그 사실을 알지만 우리가 투자할 수 있는 시간과 노력 안에서 모든 버그를 찾아낼 수는 없다. 그런 경우에 예상하지 못한 사고와 일어날 것 같지 않은 사고로부터 복구할 수 있도록 시스템을 다시 재설계한다. 결과적으로 상당히 신뢰성 있는 시스템이 탄생한다. 이처럼 신뢰할 수 있는 시스템도 일반적으로는 오류를 안고 있으며, 때때로 우리가 바라는 만큼 잘 작동하지 않을 수 있다. 그러나 시스템이 멈추지는 않으며, 최소한의 기준을 만족하는 서비스를 제공한다. 예를 들어 전신 시스템은 수요가 폭증할 때 모든 요청을 연결시켜주진 않지만, 상당수의 요청이 실패하는 일은 절대 발생하지 않는다.

우리가 짐작했던 예측하지 못한 오류가 실제 오류인지를 철학적으로 토론할 수는 있지만, 그렇게 하지는 않겠다. 시스템을 만드는 사람들에게는 시스템의 신뢰성을 높이는 방법을 배우는 편이 더 이롭고 생산적이다.

26.1.1 주의 사항

테스팅은 광범위한 주제다. 테스트를 수행하는 방법에는 여러 학파가 존재하고 각각 다른 산업과 응용 분야마다 테스트 관례와 표준이 다르다. 당연한 얘기지만 비디오 게임과 항공 우주 소프트웨어를 모두 아우르는 신뢰성 표준은 필요하지 않다. 하지만 용어와 도구의 차이로 인해 혼란스러울 수는 있다. 26장을 여러분의 개인적인 프로젝트를 위한 아이디어의 원천이나 주요 시스템을 테스팅할 때 추구해야 할 이상을 보여주는 참고 자료 정도로 생각하자. 주요 시스템의 테스팅은 여기서 다룰 내용을 훨씬 뛰어넘는 다양한 도구의 조합과 조직적인 구조를 필요로 한다.

26.2 증명

잠깐! 테스트를 수행하는 대신 프로그램이 정확함을 증명할 수는 없을까? 에츠허르 데이크스트라가 간결하게 말했듯이 "테스팅은 오류를 찾아낼 순 있지만, 오류가 없음을 증명할 수는 없다." 이러한 생각은 수학자들이 이론을 증명하듯이 프로그램의 정확성을 증명하려는 욕구를 불러일으킨다.

그러나 복잡한 프로그램의 정확성을 증명하는 일은 최첨단의 기술을 뛰어 넘는 일이며, (수학자가 그렇듯이) 증명 자체에도 오류가 존재할 수 있다. 이처럼 프로그램을 증명하는 일은 고급 주제에 속한다. 따라서 우리는 프로그램에 대해 추론하고 프로그램의 정확성을 확신할 수 있도록 프로그램을 최대한 구조화하려고 노력한다. 그러나 테스트(26.3절)도 수행해야 하고, 남아있는 오류에 대한 내성을 키우기 위해 코드를 조직화해야 한다(26.4절).

26.3 테스팅

5.11절에서 테스팅을 '오류를 찾는 체계적인 방법'으로 설명했다. 이제 테스팅을 수행할 때 필요한 기법을 살펴보자.

사람들은 단위 테스팅과 시스템 테스팅을 구분한다. 단위는 함수나 클래스 등 프로그램을 구성하는 일부분이다. 이러한 단위를 독립적으로 테스트하는 경우에는 발생한 오류의 출처를 바로 알 수 있다. 모든 오류는 테스팅을 수행하는 단위(혹은 테스팅에 사용한 코드)에서 발생한다. 반면에 시스템 테스팅에서는 시스템 전체를 테스트하므로 '시스템 어딘가에서' 오류가 발생했다는 사실만 알 수 있다. 단위 테스팅을 제대로 했다면 시스템 테스팅 단계에서 발견한 오류 대부분은 단위 사이의 잘못된 상호작용에 기인한다. 이러한 오류는 개별 단위 안의 오류보다 찾기 어렵고, 수정하는 데 많은 비용을 초래한다.

단위(예, 클래스)는 다른 단위(예, 함수나 다른 클래스)로 구성될 수 있고, 시스템(예, 전자 상거래 시스템)은 다른 시스템(예, 데이터베이스, GUI, 네트워킹 시스템, 주문 검증 시스템)으로 구성될 수 있다. 따라서 단위 테스팅과 시스템 테스팅 사이의 구분은 여러분 생각만큼 명확하지 않다. 그러나 일반적으로 단위를 잘 테스팅하면 여러분의 수고와 최종 사용자의 불편함을 줄일 수 있다.

테스팅 관점에서 보면 복잡한 시스템은 단위로 구성되고, 그 단위는 더 작은 단위로 이뤄진다. 따라서 가장 작은 단위부터 테스팅하고, 그 단위들로 구성된 또 다른 단위를 테스트한다. 이러한 과정을 전체 시스템을 테스트할 때까지 반복한다. 즉, 시스템은 가장 큰 단위라고 할 수 있다(그 시스템이 더 큰 시스템을 구성하는 단위가 아니라면).

우선 단위(함수, 클래스, 클래스 계층 구조, 템플릿) 테스트 방법부터 알아보자. 테스트를 수행하는 사람들은 (테스트 대상의 세부 구현을 알고 있는) 화이트박스 테스팅white-box testing과 (테스트 대상의 인터페이스만 알 수 있는) 블랙박스 테스팅black-box testing을 구분한다. 여기서는 이 둘을 크게 구분하지 않는다. 테스팅 대상의 코드를 모두 볼 수 있기 때문이다. 그러나 후임자가 구현을 수정할 수 있으므로, 인터페이스에 명시된 것 이외의 사항에 의존해선 안 된다. 사실 무언가를 테스팅하는 기본적인 아이디어는 인터페이스에 언급된 모든 경우를 수행해 올바른 결과가 나오는지 확인하는 것이다.

테스트를 수행한 이후에 누군가(혹은 여러분 스스로)가 코드를 변경하면 회귀 테스트^{regression} test를 수행해야 한다. 기본적으로 코드를 변경한 후에는 다시 테스트를 수행해 문제가 없는지 확인해야 한다. 즉, 어떤 단위를 개선했다면 단위 테스트를 다시 수행하고, 전체 시스템을 배포하기 전에는(혹은 여러분 스스로 사용하기 전에) 전체 시스템 테스트를 다시 수행해야 한다.

이처럼 시스템 전체를 테스트하는 일을 **회귀 테스팅**이라고 하는데, 이전에 오류를 찾아낸 테스트를 다시 수행해 여전히 오류가 없는지를 확인한다. 오류가 발생한다면 프로그램이 과거로 회귀했으므로 다시 수정해야 한다.

26.3.1 회귀 테스트

시스템에 대한 효율적인 테스트 스위트^{test suite}를 구성하는 데 있어서 과거에 오류를 찾아내는 데 유용했던 테스트를 되도록 많이 모아두는 일이 중요하다. 시스템의 최종 사용자가 있다면 버그 보고서를 보낼 수도 있는데, 이 버그 보고서를 그냥 버리면 안 된다! 전문가라면 그러한 일을 방지하고자 버그 추적 시스템을 활용한다. 어쨌든 버그 보고서는 시스템 안의 오류는 물론 사용자의 시스템에 대한 잘못된 이해도 보여주는데, 두 가지 모두 유용하다.

일반적으로 버그 보고서는 부가적인 정보를 너무 많이 포함하므로, 우선 보고된 문제를 재현하는 최소한의 프로그램을 만드는 일부터 시작한다. 이 과정에서 보고된 대부분의 코드를 제외시키며, 특히 오류에 영향을 주지 않는 라이브러리와 응용 프로그램 코드를 제거한다. 이와 같은 최소한의 프로그램을 찾아내면 시스템의 코드에 포함된 오류를 국지적으로 제한할 수 있으며, 바로 이 최소한의 프로그램이 테스트 스위트에 추가된다. 최소한의 프로그램을 만드는 과정을 설명하면 우선 오류가 사라질 때까지 코드를 제거해 나간다. 그리고 오류가 사라진 시점에서 마지막으로 제거한 코드를 다시 삽입한다. 이 과정을 제거할 후보가 없을 때까지 반복한다.

예전 버그 보고서로부터 수백(혹은 수만) 번의 테스트를 수행하는 일이 체계적이지 않다고 생각할 수 있다. 그러나 이러한 방법이야말로 사용자와 개발자의 경험을 체계적으로 활용하는 방법이다. 회귀 테스트 스위트는 개발자 그룹이 공유하는 기억이라고 할 수 있다. 대규모 시스템에서는 전임 개발자가 설계와 구현의 세부 사항을 설명해주리라고 기대할 수 없다. 회귀 테스트 스위트는 개발자와 사용자가 동의한 올바른 동작으로부터 시스템이 벗어나지 않게 해주는 안전장치다.

26.3.2 단위 테스트

좋다. 설명은 충분히 했으니 이제 이진 탐색을 테스트하는 예제를 살펴보자. ISO 표준 (25.3.3.4절)에서 발췌한 명세는 다음과 같다.

```
template<class ForwardIterator, class T>
bool binary_search(ForwardIterator first, ForwardIterator last,
            const T& value);

template<class ForwardIterator, class T, class Compare>
bool binary_search(ForwardIterator first, ForwardIterator last,
            const T& value, Compare comp);
```

요구 사항 [first,last)의 요소 e는 표현식 $e<value$와 $!(value<e)$, 혹은 comp(e,value)와 !comp (value,e)로 시퀀스를 분할해야 한다. 그리고 [first,last)의 모든 요소 e에 대해 $e<value$이면 $!(value<e)$이거나 comp(e,value)이면 !comp(value,e)여야 한다.

반환 값 다음 조건을 만족하는 [first,last) 구간의 반복자 i가 존재하면 true. $!(*i<value)$ && $!(value<*i)$이거나 comp($*i$,value)==false && comp(value,$*i$)==false

복잡도 최대 $\log(last-first)+2$번의 비교

형식적인 명세를 보고 읽기 쉽다고 생각하는 사람은 없을 것이다. 그러나 26장의 앞부분에서 강하게 추천한 대로 이진 탐색을 설계하고 구현했다면 이진 탐색이 어떻게 동작하고 어떻게 테스트해야 할지 꽤 괜찮은 아이디어가 있을 것이다. 표준 버전의 이진 탐색은 한 쌍의 순방향 반복자(20.10.1절)와 찾을 값을 인자로 받고, 반복자로 정의된 구간 안에 값이 존재하면 true를 반환한다. 반복자가 정의하는 구간은 반드시 정렬된 시퀀스여야 하며, 비교(정렬) 기준은 <이다. 비교 기준을 추가적인 인자로 지정할 수 있는 두 번째 버전의 binary_search 는 연습문제로 남겨둔다.

여기서는 컴파일러가 잡아내지 못하는 오류만 다루므로, 다음과 같은 오류는 우리가 다룰 문제는 아니다.

```
binary_search(1,4,5);                  // 오류: int는 순방향 반복자가 아님
vector<int> v(10);
binary_search(v.begin(),v.end(),"7");  // 오류: 문자열을 찾을 수 없음
// in a vector of ints
binary_search(v.begin(),v.end());      // 오류: value를 지정할 수 없음
```

binary_search()를 어떻게 체계적으로 테스트할 수 있을까? 가능한 인자를 모두 테스트할 수 없음은 자명하다. 가능한 모든 인자는 모든 값 타입에 대해 모든 시퀀스를 말하는데,

그러려면 테스트를 무한대로 수행해야 한다. 따라서 테스트를 선택해야 하고, 선택하려면 선택을 수행하는 원칙이 필요하다.

- 발생 가능한 실수를 테스트한다(대부분의 오류를 찾는다).
- 나쁜 실수를 테스트한다(잠재적으로 최악의 결과를 유발하는 오류를 찾는다).

여기서 '나쁘다'는 말은 오류가 심각한 결과를 초래한다는 말이다. 일반적으로는 나쁘다는 말이 모호하지만, 특정 프로그램에 대해서는 정확히 정의할 수 있다. 예를 들어 이진 탐색에 한해 생각해보자. 모든 오류가 나쁘기는 마찬가지지만, 모든 결과를 신중하게 재차 확인하는 프로그램이라면 binary_search()가 무한 루프 때문에 반환하지 않는 오류보다는 틀린 결과를 반환하는 오류가 훨씬 더 낫다. 이런 경우라면 binary_search()가 틀린 결과를 반환하기보다 무한(혹은 매우 긴) 루프에 빠지게 속이는 데 더 큰 노력을 들여야 한다. 여기서 '속인다'는 표현에 주의하자. 테스팅은 "어떻게 이 코드를 오작동하게 만들까?"라는 문제에 창의적인 아이디어를 적용하는 활동이다. 따라서 훌륭한 테스터tester는 체계적일 뿐 아니라 어느 정도 (좋은 의미에서) 사악할 필요도 있다.

26.3.2.1 테스팅 전략

binary_search()를 어떻게 망가트릴 수 있을까? 우선 binary_search()의 요구 사항, 즉 입력에 대한 가정부터 살펴보자. 테스터의 입장에서는 불행히도 [first,last)가 정렬된 시퀀스여야 한다고 명시돼 있다. 즉, 입력을 정렬하는 일은 호출하는 쪽의 책임이므로 정렬되지 않은 입력을 전달하거나 last<first인 [first,last)를 전달해서 binary_search()를 망가트릴 수는 없다. binary_search()의 요구 사항에서 조건을 만족하지 않는 결과에 대해 어떤 결과를 초래할지는 언급하지 않았다. 표준의 다른 부분에서 예외를 던질 수 있다고 말하고 있지만, 꼭 그래야 하는 것은 아니다. binary_search()를 테스트할 때는 이런 사실을 명심해야 한다. 호출하는 쪽에서 함수(binary_search() 등)의 요구 사항을 만족시키지 못하면 그로 인해 오류가 발생할 수 있기 때문이다.

binary_search()에 대해 다음과 같은 종류의 오류를 생각해 볼 수 있다.

- 반환하지 않음(예, 무한 루프)
- 멈춤(예, 잘못된 역참조, 무한 재귀)
- 시퀀스에 존재하는 값을 찾지 못함
- 시퀀스에 존재하지 않는 값을 찾아냄

추가적으로 다음과 같은 사용자에 의한 오류도 생각해볼 수 있다.

- 정렬되지 않은 시퀀스(예, {2,1,5,-7,2,10})

- 유효하지 않은 시퀀스(예, binary_search(&a[100], &a[50],77))

binary_search(p1,p2,v)처럼 간단한 호출에서 구현한 사람이 어떻게 (테스터가 찾아낼 만한) 실수를 저지를 수 있을까? 오류는 '특별한 경우'에 자주 발생한다. 특히 모든 시퀀스에 대해 시작과 끝을 항상 찾아봐야 한다. 비어있는 시퀀스도 항상 테스트해야 한다. 이제 요구 사항대로 정렬된 정수 배열 몇 가지를 살펴보자.

```
{ 1,2,3,5,8,13,21 }                    // 일반적인 시퀀스
{ }                                     // 빈 시퀀스
{ 1 }                                   // 요소 하나
{ 1,2,3,4 }                             // 짝수 개의 요소
{ 1,2,3,4,5 }                           // 홀수 개의 요소
{ 1, 1, 1, 1, 1, 1, 1 }                 // 모든 요소가 동일
{ 0,1,1,1,1,1,1,1,1,1,1,1,1 }           // 처음만 다른 요소
{ 0,0,0,0,0,0,0,0,0,0,0,0,0,1 }         // 마지막만 다른 요소
```

일부 테스트 시퀀스는 다음과 같이 프로그램으로 생성하는 방법이 가장 좋다.

- ```
  vector<int> v1;
      for (int i=0; i<100000000; ++i) v.push_back(i);  // 매우 긴 시퀀스
  ```

- 요소의 개수가 무작위인 시퀀스

- 요소의 값이 무작위인 시퀀스(그러나 여전히 정렬된)

시퀀스를 임의로 선택하는 이런 방식은 우리 생각만큼 체계적이지 않다. 그러나 우리는 값의 집합을 테스트할 때 유용한 다음과 같은 일반적인 규칙을 따랐다.

- 비어있는 집합

- 작은 집합

- 큰 집합

- 극단적인 분포의 집합

- '관심 있는 값이' 끝부분에 등장하는 집합

- 중복된 요소를 포함하는 집합

- 요소의 개수가 짝수거나 홀수인 집합

- 난수를 이용해 생성한 집합
  ```

의외의 행운(예, 오류를 찾는 등)을 누릴 수 있게 무작위적인 시퀀스를 사용했다. 주먹구구 방식이긴 하지만, 우리가 할애할 수 있는 시간이라는 측면에서 보면 비용이 적은 편이다.

'홀수와 짝수'는 왜 포함하는가? 상당수의 알고리즘은 입력을 분할한다. 예를 들어 앞쪽 절반과 뒤쪽 절반으로 분할할 수 있다. 이 과정에서 프로그래머가 홀수와 짝수 중 한 가지 경우만 고려할 수도 있다. 더 일반적으로 보면 시퀀스를 분할한 위치가 새로운 부분 시퀀스의 끝부분이 되고, 시퀀스의 끝부분에서 오류가 발생할 가능성이 크다.

일반적으로 다음과 같은 경우를 고려해야 한다.

- 극단적인 경우(크거나, 작거나, 분포가 정상적이지 않은 입력 등)
- 경계 조건(한계 근처의 모든 것)

위에서 언급한 두 가지의 정확한 의미는 테스트하는 프로그램에 따라 달라진다.

26.3.2.2 간단한 테스트 도구

테스트에는 두 가지 종류가 있다. 반드시 성공해야하는 테스트(예, 시퀀스에 포함된 값 찾기)와 실패해야 하는 테스트(예, 시퀀스에 포함되지 않는 값 찾기)다. 모든 시퀀스 각각에 대해 성공해야 하는 테스트와 실패해야 하는 테스트를 정의해보자. 가장 간단하고 명확한 경우에서 시작해서 binary_search 예제에서 충분한 정도까지 테스트를 발전시켜 나가자.

```
vector<int> v { 1,2,3,5,8,13,21 };
if (binary_search(v.begin(),v.end(),1) == false) cout << "failed";
if (binary_search(v.begin(),v.end(),5) == false) cout << "failed";
if (binary_search(v.begin(),v.end(),8) == false) cout << "failed";
if (binary_search(v.begin(),v.end(),21) == false) cout << "failed";
if (binary_search(v.begin(),v.end(),-7) == true) cout << "failed";
if (binary_search(v.begin(),v.end(),4) == true) cout << "failed";
if (binary_search(v.begin(),v.end(),22) == true) cout << "failed";
```

반복적이고 지루하지만 첫 테스트로는 제격이다. 상당수의 간단한 테스트는 이와 같은 호출의 연속일 뿐이다. 이처럼 단순한 방식의 장점은 극단적으로 단순하다는 것이다. 테스트 팀에 가장 최근에 영입된 사람이라도 새로운 테스트를 추가할 수 있을 정도다. 그러나 일반적으로 이보다 나은 테스트를 수행해야 한다. 예를 들어 위의 테스트 중 하나가 실패했을 때 어떤 테스트가 실패했는지 알려주지 않는데, 실제로는 그렇게 해선 안 된다. 그리고 아무리 테스팅 코드라고 해서 '복사해서 붙여넣기' 방식의 프로그래밍에 대한 변명이 될 수는 없다. 다른 코드와 마찬가지로 테스팅 코드도 설계를 고려해야 한다.

```
vector<int> v { 1,2,3,5,8,13,21 };
    for (int x : {1,5,8,21,-7,2,44})
        if (binary_search(v.begin(),v.end(),x) == false) cout << x << " failed";
```

테스트의 개수가 수십 개로 많아진다면 위의 테스팅 코드가 훨씬 더 좋을 것이다. 실제 시스템을 테스트할 때는 테스트의 개수가 수천 개에 이르므로 어떤 테스트가 실패했는지 알려 주는 일은 필수적이다.

다음으로 넘어가기 전에 (부분적으로 체계적인) 테스팅 기법의 예를 살펴보자. 앞에서는 성공해야 하는 테스트에 대해 시퀀스의 끝부분에서 값을 선택하고, 다음으로 시퀀스의 가운데 부분에서 값을 선택했다. 모든 값에 대해 이런 순서로 테스트할 수 있지만, 일반적으로 봐서 현실적인 대안은 아니다. 실패해야 하는 테스트에 대해서도 시퀀스의 양쪽 끝과 가운데 근처의 값을 선택했는데, 이 방식도 완벽하게 체계적이지 않다. 하지만 값의 시퀀스나 값 구간을 테스트할 때 이러한 패턴이 유용하며, 매우 일반적으로 쓰인다.

그렇다면 의의 테스트에서 잘못된 점은 무엇인가?

- (첫 예제에서) 동일한 코드를 반복적으로 작성했다.

- (첫 예제에서) 각 테스트에 수동으로 번호를 부여했다.

- (매우 유용하지 않은) 최소한의 출력을 한다.

문제점을 잠시 살펴보고 나서 테스트를 파일에 데이터로 저장하자는 결정을 내렸다. 각 테스트는 다음과 같이 쉽게 구별할 수 있는 제목과 찾을 값, 시퀀스, 예측되는 결과를 포함한다.

```
{ 27 7 { 1 2 3 5 8 13 21} 0 }
```

이 테스트는 27번이고, 시퀀스 { 1,2,3,5,8,13,21 }에서 7을 찾는데, 그 결과는 0(false)이 어야 한다. 그런데 테스트 입력을 테스트 프로그램의 코드에 바로 저장하지 않고 별도 파일에 저장하는 이유는 무엇인가? 물론 이 예제에서는 프로그램 텍스트에 테스트를 저장할 수 있지만, 소스코드에 많은 데이터를 저장하면 코드가 지저분해진다. 그리고 테스트 케이스를 프로그램으로 생성하는 경우에는 테스트 케이스를 일반적으로 데이터 파일에 저장한다. 더 나아가 테스트 케이스가 저장된 다양한 파일을 이용해 테스트 프로그램을 작성할 수도 있다.

```
struct Test {
    string label;
    int val;
    vector<int> seq;
    bool res;
};
```

```
istream& operator>>(istream& is, Test& t);    // 위에서 설명한 형식 사용

int test_all(istream& is)
{
    int error_count = 0;
    for (Test t; is>>t; ) {
        bool r = binary_search(t.seq.begin(), t.seq.end(), t.val);
        if (r !=t.res) {
            cout << "실패: 테스트 " << t.label
                << " binary_search: "
                << t.seq.size() << " elements, val==" << t.val
                << " - > " << t.res << '\n';
            ++error_count;
        }
    }
    return error_count;
}

int main()
{
    int errors = test_all(ifstream("my_tests.txt"));
    cout << "오류의 개수 : " << errors << "\n";
}
```

위에서 언급한 시퀀스 중 일부를 표현한 테스트 입력은 다음과 같다.

```
{ 1.1 1 { 1 2 3 5 8 13 21 } 1 }
{ 1.2 5 { 1 2 3 5 8 13 21 } 1 }
{ 1.3 8 { 1 2 3 5 8 13 21 } 1 }
{ 1.4 21 { 1 2 3 5 8 13 21 } 1 }
{ 1.5 - 7 { 1 2 3 5 8 13 21 } 0 }
{ 1.6 4 { 1 2 3 5 8 13 21 } 0 }
{ 1.7 22 { 1 2 3 5 8 13 21 } 0 }

{ 2 1 { } 0 }

{ 3.1 1 { 1 } 1 }
{ 3.2 0 { 1 } 0 }
{ 3.3 2 { 1 } 0 }
```

여기서 제목을 숫자가 아닌 문자열로 사용하는 이유를 알 수 있는데, 문자열을 이용하면 좀 더 유연한 체계로 테스트에 번호를 붙일 수 있기 때문이다. 여기서는 소수점을 이용해서 동일한 시퀀스를 기반으로 하는 테스트를 구별했다. 좀 더 정교한 형식을 활용하면 테스트

데이터 파일에서 동일한 시퀀스를 반복해야 하는 수고를 덜 수도 있다.

26.3.2.3 난수 시퀀스

테스팅에 사용할 값을 선택할 때는 구현한 사람(때로는 우리 자신)의 허를 찌르고, 오류가 숨어있을 법한 곳(예, 복잡한 조건의 조합, 시퀀스의 양쪽 끝, 루프 등)에 집중하려고 노력한다. 하지만 코드를 작성하고 디버깅할 때도 마찬가지로 그러한 경우에 주의를 기울였다. 따라서 테스트를 설계할 때도 프로그램을 설계할 때와 같은 실수를 반복할 수 있고, 문제를 완전히 놓쳐버릴 수 있다. 이런 이유로 다른 개발자가 테스트 설계에 참여하는 편이 바람직하다. 이런 문제를 해결하는 데 도움이 될 만한 방법이 하나 있다. 그냥 (많은 수의) 난수를 생성하면 된다. 예를 들어 다음 코드는 24.7절의 randint()와 **std_lib_facilities.h**를 이용해서 cout에 테스트 데이터를 출력한다.

```
void make_test(const string& lab, int n, int base, int spread)
    // 제목이 lab인 테스트 데이터를 cout에 출력
    // base에서 시작하는 n개의 요소로 이뤄진 시퀀스 생성
    // 요소 사이의 평균 거리는 구간 [0:spread)에서 균등하게 분포
{
    cout << "{ " << lab << " " << n << " { ";
    vector<int> v;
    int elem = base;
    for (int i = 0; i<n; ++i) {  // 요소 값 만들기
        elem+=randint(spread);
        v.push_back(elem);
    }

    int val = base+randint(elem-base);   // 찾을 값 만들기
    bool found = false;
    for (int i = 0; i<n; ++i) {        // 요소를 출력하고, val이 존재하는지 확인
        if (v[i]==val) found = true;
        cout << v[i] << " ";
    }
    cout << "} " << found << " }\n";
}
```

난수 val이 난수 시퀀스에 존재하는지 확인하는 과정에서 binary_search를 사용하지 않은 점에 주목하자. 테스트의 올바른 값을 생성하는 데 테스팅 대상을 사용할 수는 없기 때문이다.

주먹구구식 난수 생성 방법을 테스팅에 적용하는 예로 binary_search가 딱 적합하진 않다. 이런 방법이 손으로 직접 만든 테스트에서 찾아내지 못한 버그를 찾아낼지 의심스럽겠지

만, 난수를 이용한 테스팅 기법이 유용한 경우가 많다. 어쨌든 난수를 이용한 테스트를 몇 개 더 만들어 보자.

```
int no_of_tests = randint(100);      // 50개 정도의 테스트 생성
for (int i = 0; i<no_of_tests; ++i) {
    string lab = "rand_test_";
    make_test(lab+to_string(i),      // to_string(§23.2)
        randint(500),                // 요소 개수
        0,                           // base
        randint(50));                // spread
}
```

난수를 이용해 생성한 테스트는 연산의 결과가 이전의 연산에 영향을 받는 경우, 즉 시스템이 상태를 갖는 경우에 지속적으로 누적된 결과를 테스트하는 데 특히 유용하다(5.2절).

난수를 이용한 테스트가 binary_search에서 특히 유용하지 않은 이유는 동일한 시퀀스를 검색하더라도 각 검색 작업은 독립적이라는 점이다. 물론 binary_search가 시퀀스를 변경하는 등의 바보 같은 짓을 하지 않는다면 말이다. binary_search에 더 적합한 테스트는 나중에 다시 살펴보자(연습문제 5번).

26.3.3 알고리즘과 알고리즘이 아닌 것

우리는 binary_search를 예로 들었는데, binary_search는 알고리즘이 갖춰야 할 다음과 같은 조건을 만족한다.

● 입력을 명확히 정의하는 요구 사항

● 입력에 미치는 영향을 명확히 정의(여기서는 아무런 효과를 미치지 않음)

● 명시된 입력 이외의 객체에 의존성이 없음

● 환경에 따른 심각한 제약이 없음(예, 명시된 시간이나 공간, 자원 공유에 대한 요구 사항이 없음)

사전 조건과 사후 조건도 분명하게 명시하고 있다(5.10절). 테스터의 이상향이 바로 이런 경우다. 그러나 때때로 운이 따르지 않는 경우에는 지저분한 코드를 테스트해야 할 때도 있다. 코드를 설명하는 부주의한 영어 문장과 그림 한두 개라도 있으면 다행이다.

여기서 잠깐! 부주의한 논리를 마음껏 사용해도 된다는 말인가? 코드가 의도하는 바에 대한 정확한 명세 없이 어떻게 정확성과 테스트를 논한다는 말인가? 문제는 소프트웨어에서 수행하는 대부분의 작업을 수학적으로 완벽히 정의할 수 없다는 데 있다. 설사 이론적으로 그렇게 할 수 있더라도 그러한 수학은 코드를 작성하고 테스트하는 프로그래머의 능력 밖에

있는 경우가 많다. 따라서 완벽하고 정확한 명세라는 이상과 실세계의 조건과 시간 제약이라는 현실 사이에서 균형을 맞춰야 한다.

이제 여러분이 테스트해야 할 지저분한 함수가 있다고 하자. 여기서 지저분하다는 말의 의미는 다음과 같다.

- **입력** (명시적이거나 암묵적인) 입력에 대한 요구 사항이 우리가 바라는 만큼 제대로 정의되지 않음

- **출력** (명시적이거나 암묵적인) 출력이 우리가 바라는 만큼 제대로 정의되지 않음

- **자원** 자원(시간과 메모리, 파일 등) 사용 내역이 우리가 바라는 만큼 제대로 정의되지 않음

'명시적이거나 암묵적인'이라는 말은 형식적으로 정의된 매개변수와 반환 값뿐만 아니라 전역 변수와 `iostream`, 파일, 자유 저장 영역 메모리 할당 등에 의한 영향도 눈여겨봐야 함을 의미한다. 그렇다면 어떻게 해야 할까? 우선 이런 함수는 눈에 띄게 길거나 함수의 요구 사항과 영향을 좀 더 명확하게 기술할 수 있다. 예를 들어 다섯 페이지 분량의 함수이거나 헬퍼 함수를 복잡하고 불명확한 방법으로 사용하는 함수일 수 있다. 여러분은 다섯 페이지가 함수 하나 분량으로는 많다고 생각할 것이다. 여러분의 생각이 맞긴 하지만 실제로 그보다 훨씬 더 긴 함수도 존재하며, 불행히도 그러한 함수가 드물지 않다.

그 함수가 우리가 관리하는 코드라면, 그리고 시간이 충분하다면 우선 함수를 우리의 이상에 가깝게 잘 정의된 조그만 함수 여러 개로 나눈 후 테스트할 것이다. 하지만 우리의 목적이 찾아낸 버그를 수정하는 것이 아니라, 가능한 한 많은 오류를 체계적으로 찾아내는 데 있다고 가정하자.

이제 우리는 무엇을 찾아야 하는가? 테스터로서의 우리 임무는 오류를 찾는 것이다. 그렇다면 버그가 숨어있을 만한 곳은 어디인가? 버그를 안고 있는 코드의 특성은 무엇인가?

- **'다른 코드'에 대한 불명확한 의존성** 전역 변수와 const가 아닌 참조 인자, 포인터 등을 살펴보라.

- **자원 관리** 메모리 관리(new와 delete)와 파일 사용, 락 등

- **루프** (`binary_search`에서처럼) 종료 조건을 확인하자.

- **if 구문과 스위치(분기(branching)라고도 함)** 논리에 오류가 있는지 확인하라.

이제 각각의 예제를 살펴보자.

26.3.3.1 의존성

논리적으로 난센스인 다음 함수를 보자.

```
int do_dependent(int a, int& b)        // 지저분한 함수
    // 잘못된 의존성
{
    int val;
    cin>>val;
    vec[val] += 10;
    cout << a;
    b++;
    return b;
}
```

do_dependent()를 테스트하려고 보면 인자의 집합을 알아내기 어렵고, 무슨 일을 하는지도 알 수 없다. 전역 변수 cin과 cout, vec를 사용한다는 점까지 고려해야 한다. 이렇게 작은 함수에서는 전역 변수 사용이 눈에 보이지만, 실제로는 많은 코드에 파묻혀 보이지 않는다. 다행히 이러한 의존성을 찾는 데 도움을 주는 소프트웨어가 존재하지만, 그런 소프트웨어를 항상 쉽게 사용할 수 있지는 않으며, 널리 쓰이지도 않는다. 이러한 분석 소프트웨어의 도움을 받을 수 없다면 함수를 한 줄씩 훑어가면서 모든 의존성을 찾아야 한다.

예를 들어 do_dependent()를 테스트하려면 다음과 같은 사항을 고려해야 한다.

- **입력**

  - a의 값

  - b의 값과 b가 참조하는 int의 값

  - (val에 저장될) cin의 입력과 cin의 상태

  - cout의 상태

  - vec의 값, 특히 vec[val]의 값

- **출력**

  - 반환 값

  - b가 참조하는 int의 값(그 값을 증가시켰음)

  - cin의 상태(스트림 상태와 형식 상태에 주의)

  - cout의 상태(스트림 상태와 형식 상태에 주의)

  - vec의 상태(vec[val]에 값을 할당했음)

- vec가 던질 수 있는 모든 예외(vec[val]이 구간 밖에 있을 수 있음)

무척이나 긴 목록이다. 함수 자체보다 더 길다. 이 목록이야 말로 전역 변수를 꺼리는 이유와 const가 아닌 참조(포인터)에 대한 염려를 잘 보여준다. 주어진 인자만 읽어서 만들어낸 결과를 반환 값으로 돌려주는 함수가 좋은 이유가 여기에 있다. 이해하고 테스트하기 쉽기 때문이다.

입력과 출력이 명확해졌다면 binary_search()를 다시 생각해보자. (명시적인 입력과 암묵적인 입력 모두에 대해) 입력 값을 포함하는 테스트를 생성하고, (명시적인 출력과 암묵적인 출력 모두를 고려해) 기대한 대로 출력이 나오는지 확인하면 된다. do_dependent()를 테스트한다면 우선 val에 매우 큰 값과 음수 값을 넣고 무슨 일이 벌어지는지 살펴볼 수 있다. vec가 구간 검사를 수행하는 vector라면 좋을 것이다(그렇지 않으면 아주 간단히 오류를 발생시킬 수 있다). 물론 문서에서 입력과 출력에 관해 찾아볼 수 있지만, 이처럼 지저분한 함수라면 문서인들 완벽하고 정확하리라는 희망을 품지 않는 편이 좋다. 따라서 함수를 고장 낸 후에(오류를 찾아낸 후에) 무엇이 정확한 것인지 질문하는 편이 낫다. 그리고 이러한 테스팅과 질문은 때때로 재설계로 이어지기도 한다.

26.3.3.2 자원 관리

논리적으로 난센스인 다음 함수를 보자.

```
void do_resources1(int a, int b, const char* s)      // 지저분한 함수
    // 잘못된 자원 사용
{
    FILE* f = fopen(s,"r");            // 파일 열기(C 스타일)
    int* p = new int[a];              // 메모리 할당
    if (b<=0) throw Bad_arg();        // 예외를 던짐
    int* q = new int[b];              // 메모리 추가 할당
    delete[ ] p;                      // p가 가리키는 메모리 해제
}
```

do_resources1()을 테스트하려면 취득한 자원을 모두 제대로 처리했는지를 고려해야 한다. 즉, 모든 자원을 해제하거나 다른 함수로 양도해야 한다.

이 함수에서는 다음과 같은 문제점이 여실히 드러난다.

- s가 지칭하는 파일을 닫지 않음

- b<=0이거나 두 번째 new가 예외를 던지면 p에 할당된 메모리가 누수됨

- 0<b이면 q에 할당된 메모리가 누수됨

이에 더해 파일 열기가 실패할 경우에 항상 대비해야 한다. 여기서는 불행한 결과를 초래하고자 고의적으로 예전 프로그래밍 스타일(fopen()은 C 표준에서 파일을 여는 방법임)을 이용했다. 함수를 다음과 같이 작성하면 테스터의 업무가 한결 쉬워진다.

```
void do_resources2(int a, int b, const char* s)     // 덜 지저분한 함수
{
    ifstream is(s);                 // 파일 열기
    vector<int>v1(a);               // (메모리를 소유하는) vector 만들기
    if (b<=0) throw Bad_arg();      // 예외를 던질 수 있음
    vector<int> v2(b);              // (메모리를 소유하는) 또 다른 vector 만들기
}
```

이제 모든 자원은 소멸자에서 자원을 해제하는 객체가 소유한다. 함수를 더 간단하게(명확하게) 만드는 방법을 고민하는 일은 테스트를 잘 수행하는 방법에 대한 아이디어를 얻는 좋은 방법이기도 하다. 19.5.2절에서 설명한 '자원 취득이 곧 초기화^{RAII}' 기법은 이러한 자원 관리 문제에 대한 일반적인 전략을 제시한다.

할당된 모든 메모리를 해제했는지를 확인하는 일만이 자원 관리의 전부는 아님을 명심하자. 때에 따라 다른 곳(예, 인자)에서 자원을 받아오기도 하며, 자원을 함수 외부로 전달하기도 한다(예, 반환 값). 이런 경우에는 무엇이 옳은지를 결정하기가 쉽지 않다. 다음 예를 보자.

```
FILE* do_resources3(int a, int* p, const char* s)  // 지저분한 함수
    // 잘못된 자원 전달
{
    FILE* f = fopen(s,"r");
    delete p;
    delete var;
    var = new int[27];
    return f;
}
```

do_resources3()이 열린 파일을 (의도적으로) 반환 값으로 전달하는 일이 옳은가? do_resources3()이 인자 p로 전달된 메모리를 해제하는 일이 옳은가? 여기에 슬그머니 전역 변수 var(포인터)를 사용하는 코드도 추가했다. 기본적으로 함수 안팎으로 자원을 전달하는 방법은 일반적이고 유용하지만, 그러한 전달이 올바른지 판단하려면 자원 관리 전략을 알고 있어야 한다. 자원은 누가 소유하며, 그 자원을 해제하는 책임은 누가 맡는가? (실제로는 그렇지 않지만...) 문서에서는 이에 대한 대답을 명확하고 단순하게 명시해야 한다. 어떤 경우든 자원을 전달하는 일은 오류가 발생하기 쉬운 부분이며, 테스팅의 주된 대상이기도 하다.

(의도적으로) 전역 변수를 사용해 자원 관리 예제를 복잡하게 만든 데 주목하자. 이와 같이 오류의 주된 원인들을 혼합해 사용하면 코드는 금방 엉망이 된다. 프로그래머라면 이런 일은 피해야 하고, 테스터라면 이런 문제점을 쉽게 잡아내야 한다.

26.3.3.3 루프

`binary_search()`에 대해 알아보면서 루프도 함께 살펴봤다. 일반적으로 오류는 루프의 시작과 끝에서 발생한다.

- 루프를 시작할 때 모든 것을 제대로 초기화했는가?
- 마지막(때때로 마지막 요소)에 올바르게 종료하는가?

이제 잘못된 루프를 포함하는 예제를 보자.

```
int do_loop(const vector<int>& v) // 지저분한 함수
    // 잘못된 루프
{
    int i;
    int sum;
    while(i<=vec.size()) sum+=v[i];
    return sum;
}
```

여기에는 자명한 오류 세 가지가 있다(뭔지 알겠는가?). 그리고 훌륭한 테스터라면 세 가지 오류에 더해 `sum`에 값을 누적할 때 오버플로가 발생할 가능성이 있음을 바로 알아채야 한다.

- 상당수의 루프는 데이터를 다루며, 매우 큰 입력이 주어지면 오버플로나 그와 유사한 오류가 발생할 가능성이 있다.

대표적인 난처한 루프 오류라고 할 수 있는 버퍼 오버플로는 루프에 대한 두 가지 질문을 체계적으로 조사하면 잡아낼 수 있는 오류다.

```
char buf[MAX];          // 고정 크기 버퍼

char* read_line()       // 위험할 정도로 부주의한 함수
{
    int i = 0;
    char ch;
    while(cin.get(ch) && ch!='\n') buf[i++] = ch;
    buf[i+1] = 0;
```

```
        return buf;
}
```

물론 우리는 이런 식으로 함수를 작성하지는 않을 것이다(왜? read_line()에 어떤 큰 문제가 있기에?). 하지만 슬프게도 이런 실수는 흔하며, 다음과 같이 다양한 형태로 나타난다.

```
// 위험할 정도로 부주의한 코드
gets(buf);              // buf에 한 행을 읽음
scanf("%s",buf);        // buf에 한 행을 읽음
```

문서에서 gets()와 scanf()를 찾아보면 알 수 있듯이 두 함수를 절대적으로 피해야 한다. '위험하다'는 말 그대로, 이러한 버퍼 오버플로는 컴퓨터를 멈추게 하는 주범이다. 상당수의 컴파일러는 이런 이유로 gets()와 비슷한 종류의 함수들에 경고를 출력한다.

26.3.3.4 분기

당연한 일이지만, 선택에는 항상 잘못된 선택의 위험이 뒤따른다. 이런 이유로 if 구문과 switch 구문은 테스터의 좋은 먹잇감이 된다. 주로 경계해야 할 문제는 다음과 같은 두 가지가 있다.

- 모든 경우를 고려하는가?
- 모든 경우를 올바르게 판단하는가? 그렇게 판단된 각 경우에 대해 올바른 조치를 취하는가?

논리적으로 난센스인 다음 함수를 보자.

```
void do_branch1(int x, int y) // 지저분한 함수
    // if의 잘못된 사용
{
    if (x<0) {
        if (y<0)
            cout << "완전히 부정적\n";
        else
            cout << "조금 부정적\n";
    }
    else if (x>0) {
        if (y<0)
            cout << "완전히 긍정적\n";
        else
            cout << "조금 긍정적\n";
    }
}
```

가장 눈에 띄는 오류는 x가 0인 경우를 처리하지 않는다는 점이다. 0과 관련된 확인을 할 때(혹은 양수나 음수를 확인할 때) 0인 경우를 망각하고 잘못된 경우로 분류(예, 음수로 분류)하는 일이 적지 않다. 그리고 찾기 어려운 (그러나 드물지 않은) 오류 하나가 더 숨어있다. (x>0 && y<0)인 경우와 (x>0 && y>=0)인 경우에 취할 행동이 뒤바뀌어 있다. 이런 오류는 복사해 붙여 넣기 과정에서 흔히 발생한다.

if 구문을 복잡하게 사용하면 위와 같은 오류의 가능성도 커진다. 테스터의 관점에서는 모든 분기를 테스트해야 하므로, do_branch1()의 가장 단순한 테스트 집합은 다음과 같다.

```
do_branch1(-1,-1);
do_branch1(-1,1);
do_branch1(1,-1);
do_branch1(1,1);
do_branch1(-1,0);
do_branch1(0,-1);
do_branch1(1,0);
do_branch1(0,1);
do_branch1(0,0);
```

do_branch1()이 <와 >으로 0에 대해 확인한다는 사실을 알고 있다는 가정하에 '모든 경우를 테스트'하는 주먹구구 방식을 이용했다. x가 양수인 경우에 잘못된 조치를 취하는 오류를 잡아내려면 각 입력에 대한 올바른 출력과 비교해야 한다.

switch 구문을 다루는 방법은 기본적으로 if 구문과 비슷하다.

```
void do_branch1(int x, int y) // 지저분한 함수
    // switch의 잘못된 사용
{
    if (y<0 && y<=3)
        switch (x) {
        case 1:
            cout << "하나\n";
            break;
        case 2:
            cout << "둘\n";
        case 3:
            cout << "셋\n";
        }
}
```

여기서 네 가지 흔한 실수를 찾아낼 수 있다.

- 엉뚱한 변수(x 대신 y)를 구간 검사함

- break 구문이 누락돼 $x==2$인 경우 잘못된 행동을 함

- (if 구문이 그 밖의 경우를 걸러줄 것이라는 생각으로) default 경우가 누락됨

- $0<y$로 써야 할 곳에 $y<0$이라고 씀

테스터로서 우리는 처리되지 않은 경우가 있는지 항상 확인해야 한다. '그냥 문제를 고치는 것'만으로는 충분치 않다. 주의하지 않으면 같은 실수를 되풀이한다. 또한 테스터로서 오류를 체계적으로 잡아내는 테스트를 작성해야 한다. 이 간단한 코드를 수정해봤자 문제를 해결하지 못할 뿐만 아니라 새로운 다른 종류의 오류가 발생할 수 있다. 코드를 검수하는 진짜 목적은 당장의 오류를 찾아내는 것이 아니라(물론 이것도 유용하지만), 모든 오류(현실적으로 말하자면 많은 오류)를 걸러낼 수 있는 적절한 테스트 집합을 설계하는 데 있다.

루프는 매번 종료 조건을 확인하므로 암묵적으로 if를 포함한다. 따라서 루프도 분기 구문의 일종이다. 분기를 포함하는 프로그램을 검수할 때 항상 첫 번째로 "모든 분기(경우)를 고려(테스트)했는가?"라는 질문을 던져야 한다. 놀랍게도 실제 코드에서는 그런 일이 항상 가능하진 않다(실제 코드에서는 해당 함수를 호출하는 코드에서 모든 경우를 고려할 필요가 없을 수도 있다). 결론적으로 테스터의 가장 일상적인 질문은 "테스트가 코드를 얼마나 완벽히 소화하는가?(코드 커버리지$^{code\ coverage}$가 얼마나 높은가?)"이며, 이 질문에 대한 답은 '거의 모든 분기를 테스트했음'이어야 한다. 그리고 테스트하지 못한 나머지 분기에 대해서는 그 분기가 실제로 실행될 가능성이 낮은 이유를 해명해야 한다. 100% 커버리지는 이상적인 얘기일 뿐이다.

26.3.4 시스템 테스트

중요한 시스템을 테스트하는 일은 전문적인 업무다. 예를 들어 전신 시스템을 제어하는 컴퓨터를 테스트하는 작업은 수만 명이 발생시키는 트래픽을 시뮬레이션하는 컴퓨터로 가득한 전용 공간에서 이뤄진다. 이러한 시스템은 수백만 달러의 비용이 필요하며, 매우 숙련된 공학자들로 이뤄진 팀이 필요하다. 시스템이 일단 배포된 후에 주 전화 교환기는 (전력 단절이나 홍수, 지진 등 이유를 불문하고) 20년 동안 최장 20분의 서비스 중단 시간을 보장해야 한다. 여기서 자세히 다루진 않겠지만, 물리학과 1학년 학생에게 화성 탐사정의 경로 수정을 가르치는 일이 더 쉬울 것이다. 하지만 여러분이 소규모 프로젝트에서 테스팅을 수행하거나 대규모 시스템의 테스팅이 어떤 것인지를 이해하는 데 도움이 될 만한 아이디어를 제공하고자 한다.

우선 테스팅의 목적이 오류, 특히 잠재적으로 자주 발생하고 심각한 오류를 찾는 데 있음을 기억하자. 단지 많은 수의 테스트를 작성하고 수행하는 것이 목적이 아니다. 즉, 테스팅

대상 시스템에 대해 어느 정도 이해하는 일이 중요하다. 효율적인 시스템 테스팅은 단위 테스팅보다 훨씬 더 응용 분야에 대한 지식(특정 분야의 지식)에 의존적이다. 시스템을 개발하는 일은 프로그래밍 언어에 대한 주제와 컴퓨터 과학은 물론 응용 분야에 대한 이해를 요구한다. 이처럼 다양하고 흥미로운 분야와 사람들을 접할 수 있다는 사실이 우리를 코드와 씨름하게 하는 커다란 동기 부여가 되기도 한다.

완벽한 시스템 테스트를 수행하려면 모든 구성 요소(단위)에 대한 작업이 완료돼야 한다. 이러한 작업은 오랜 시간을 필요로 하므로, 상당수의 시스템 테스트는 모든 단위 테스트가 끝난 후에 하루에 한 번 (때때로 개발자가 잠든 밤에) 수행되곤 한다. 프로그램에서 오류를 찾을 가능성이 가장 높은 부분은 새로운 코드나 이전에 오류를 발견했던 부분이므로, 이전에 수행한 테스트를 다시 수행하는 일(회귀 테스트)은 필수적이다. 회귀 테스트 없이는 대규모 시스템이 안정화될 수 없다. 기존 버그를 없애는 만큼 새로운 버그가 계속 등장하기 때문이다.

일부 오류를 고치다 보면 그로 인해 새로운 버그가 생길 수도 있다. 새로운 버그의 숫자가 수정한 버그의 수보다 적고, 그 효과가 덜 심각하길 바랄 수는 있다. 하지만 회귀 테스트를 수행하고 새로운 코드에 대한 테스트를 작성하기 전에는 (버그 수정 작업으로 인해) 시스템이 정상적인 상태가 아니라고 가정해야 한다.

26.3.5 성립하지 않는 가정 찾기

binary_search의 명세에서는 입력 시퀀스가 정렬돼야 한다고 명확히 규정한다. 이로 인해 우리는 비열한 단위 테스트를 작성할 권리를 박탈 당했다. 하지만 우리가 만든 테스트(시스템 테스트는 제외)로 잡아내지 못할 잘못된 코드를 작성할 가능성은 얼마든지 있다. 그렇다면 시스템의 단위(함수와 클래스 등)에 대한 이해를 바탕으로 더 나은 테스트를 고안해 낼 수는 없을까?

불행히도 가장 간단한 대답은 '아니요'다. 순수하게 테스터의 입장에서 보자면 인터페이스의 요구 사항(사전 조건)을 위반하는 경우를 찾아낼 수 있을 뿐 코드를 변경할 수는 없다. 누군가 함수를 호출하기 전에 매번 논리적으로 사전 조건을 확인하거나, 구현에 확인하는 코드를 포함시켜야 한다(5.5절). 물론 우리 스스로의 코드를 테스트하는 경우라면 그러한 확인용 코드를 집어넣을 수 있다. 우리가 테스터이고 코드를 작성하는 사람이 우리 의견에 귀를 기울인다면(항상 그렇지는 않지만) 확인되지 않은 사전 조건이 있음을 알려주고 반드시 확인하게 할 수는 있다.

binary_search를 다시 생각해보면 입력 시퀀스 [first:last)가 실제로 시퀀스이며, 정렬된 상태인지 테스트할 수 없다(26.3.2.2절). 그러나 함수 안에서 사전 조건을 확인하게 할 수는 있다.

```
template<class Iter, class T>
bool b2(Iter first, Iter last, const T& value)
{
    // [first:last)이 시퀀스인지 확인
    if (last<first) throw Bad_sequence();
    // 정렬된 시퀀스인지 확인
    if (2<=last-first)
        for (Iter p = first+1; p<last; ++p)
            if (*p<*(p- 1)) throw Not_ordered();

    // 이상 없음. binary_search 호출
    return binary_search(first,last,value);
}
```

하지만 실제로 binary_search가 위와 같은 확인을 하지 않는 주된 이유는 다음과 같다.

- 순방향 반복자는 last<first를 확인할 수 없다. 예를 들어 std::list의 반복자는 <를 포함하지 않는다(B.3.2절). 일반적으로 한 쌍의 반복자가 실제로 시퀀스를 정의하는지 확인할 수 있는 정말 좋은 방법은 없다(last가 등장할 때까지 first로부터 탐색해가는 방법은 좋은 방법이 아니다).
- 시퀀스가 정렬됐는지 확인하려고 시퀀스를 전부 훑어보는 방법은 binary_search 자체를 수행하는 일보다 더 많은 비용을 소모한다(binary_search의 진짜 목적은 std::find가 하는 것처럼 주어진 값을 찾기 위해 시퀀스 전체를 탐색하지 않으려는 데 있다).

그렇다면 어떻게 해야 할까? 테스팅을 수행할 때만 binary_search를 b2로 대체할 수 있다 (binary_search를 임의 접근 반복자로 호출하는 경우에 한정되지만). 다른 방법으로는 테스터가 테스팅 시에만 확인 기능을 활성화할 수 있게 binary_search의 개발자에게 다음과 같이 변경을 요청할 수 있다.

```
template<class Iter, class T>    // 경고: 의사 코드를 포함
bool binary_search (Iter first, Iter last, const T& value)
{
    if (테스트 활성화) {
        if (Iter가 임의 접근 반복자임) {
            // [first:last)가 시퀀스인지 확인
            if (last<first) throw Bad_sequence();
        }

        // 시퀀스가 정렬됐는지 확인
        if (first!=last) {
            Iter prev = first;
```

```
        for (Iter p = ++first; p!=last; ++p, ++ prev)
            if (*p<*prev) throw Not_ordered();
    }
  }

  // 이제 binary_search 수행
}
```

'테스트 활성화'의 의미는 (특정 조직의 특정 시스템에서) 코드를 테스트하는 방법에 따라 달라지므로 의사 코드로 남겨뒀다. 여러분 스스로의 코드를 테스트한다면 간단히 test_enabled 변수를 선언할 수도 있다. 'Iter가 임의 접근 반복자임'도 의사 코드인데, '반복자 특성iterator traits'에 대해 설명하지 않았기 때문이다. 이러한 테스트를 꼭 수행해야 한다면 고급 C++ 서적에서 반복자 특성을 찾아보기 바란다.

26.4 테스팅을 쉽게 해주는 설계

프로그램 개발을 시작할 때는 언제나 프로그램이 궁극적으로 완벽하고 정확하길 바란다. 그리고 그러한 목표를 달성하려면 반드시 테스트를 해야 한다. 결국 첫 날부터 정확성과 테스팅을 위한 설계를 시작한다. 실제로 상당수의 훌륭한 프로그래머는 코드를 테스트할 방법을 어느 정도 정해두지 않고는 코드를 작성하지 않는다. 초기부터 테스팅을 고려하면 오류를 피할 수 있다(추후에 오류를 발견하는 데도 도움이 된다). 우리 모두는 이러한 철학에 동감한다. 심지어 단위를 구현하기 전에 단위 테스트부터 작성하는 프로그래머도 있다.

26.3.2.1절과 26.3.3절의 예제에서 테스팅을 쉽게 해주는 설계에 대한 핵심적 개념을 엿볼 수 있다.

- 잘 정의된 인터페이스를 사용해 이러한 인터페이스를 바탕으로 테스트를 작성할 수 있게 하자.

- 연산을 텍스트로 표현하면 저장하고 분석하고 재현할 수 있다. 출력 연산도 마찬가지다.

- 시스템 테스팅 이전에 함수를 호출하는 부분에서 잘못된 인자를 잡아낼 수 있게 확인하지 않는 사전 조건을 확인하는 테스트(어써션)를 삽입하라.

- 의존성을 최소화하고, 의존성이 존재한다면 명확하게 밝혀야 한다.

- 명확한 자원 관리 전략을 마련하라.

철학적으로 보면 이러한 설계는 하위 시스템과 전체 시스템 차원에서 단위 테스트를 가능케 하는 일이라고 할 수 있다.

성능을 고려하지 않아도 된다면 확인되지 않은 가정(요구 사항, 사전 조건)에 대한 테스트를 항상 활성화해둘 수도 있다. 그러나 일반적으로 체계적인 확인을 하지 않는 데는 이유가 있기 마련이다. 예를 들어 시퀀스가 정렬됐는지 확인하는 일은 복잡함은 물론 binary_search를 사용하는 일보다 더 큰 비용을 소모한다. 결론적으로 이러한 확인을 선택적으로 활성화/비활성화할 수 있도록 시스템을 설계하는 편이 좋다. 상당수의 시스템에서는 비용이 싼 확인 코드라면 최종(배포) 버전에도 남겨두는 편이 좋다. 때로는 불가능한 일이 일어날 수 있고, 그런 경우에 프로그램이 그냥 정지하기보다는 구체적인 오류 메시지를 출력하는 쪽을 선호할 테니 말이다.

26.5 디버깅

디버깅은 기술과 태도의 문제다. 둘 중에서 하나를 고르자면 태도가 더 중요하다. 여기서 5장을 다시 보고 디버깅과 테스팅의 차이를 명심하기 바란다. 둘 다 버그를 잡아내긴 마찬가지지만, 디버깅은 알려진 버그를 제거하고 기능을 구현하는 일에 집중한다. 디버깅을 테스트에 가깝게 만들 방법이 있다면 무엇이든 해야 한다. 우리가 테스팅을 좋아한다고 말하면 과장된 표현이겠지만, 디버깅을 싫어한다는 점은 확실하기 때문이다. 양질의 단위 테스트를 초기에 수행하고 테스팅을 쉽게 해주는 설계를 한다면 디버깅을 최소화하는 데 도움을 얻을 수 있다.

26.6 성능

프로그램이 정확한 것만으로는 유용하다고 할 순 없다. 프로그램이 충분한 기능을 제공한다고 해도 적절한 성능을 제공해야 한다. 훌륭한 프로그램은 '충분히 효율적'이어야 한다. 즉, 수용 가능한 시간 안에 완료되고 주어진 가용 자원 안에서 작동해야 한다. 하지만 효율성이 절대적 기준은 아니라는 점에 주의하자. 프로그램의 수행 속도에 지나치게 집착하면 코드를 복잡하게 만들고(따라서 더 많은 버그와 디버깅을 유발하며), (이식과 성능 튜닝을 비롯한) 유지 보수에 드는 비용을 증가시키고 어렵게 한다.

그렇다면 프로그램(또는 프로그램의 단위)이 '충분히 효율적'인지를 어떻게 판단할까? 추상적으로는 알기도 어렵고, 상당수의 프로그램에서는 하드웨어가 너무 빨라서 그런 문제가 생기지 않는다. 나는 배포 후에 발생한 오류를 쉽게 진단하려고 (25배 느리게 작동하는) 디버깅 모드로 컴파일된 코드를 배포하는 경우도 봤다(아무리 훌륭한 코드라도 다른 곳에서 개발한 코드와 연동해야 한다면 버그는 생길 수 있다).

결론적으로 "충분히 효율적인가?"라는 질문에 답하려면 '중요한 테스트 케이스에 걸리는 시간을 측정'해야 한다. 물론 최종 사용자가 어떤 기능을 중요하게 생각하고 어느 정도의 시간을 받아들일 수 있는지를 이해해야 한다. 논리적으로는 단순히 테스트에 걸리는 시간을 시계로 측정하고, 너무 많은 시간을 소모하는 테스트가 없음을 확인하면 된다. 실제로는 system_clock(26.6.1절)과 같은 기능을 이용해서 시간을 측정하고, 측정된 테스트 소요 시간을 기준 시간과 자동으로 비교할 수 있다. 다른 방법으로는(또는 추가적으로는) 성능 측면에서 일종의 회귀 테스트를 수행할 수 있다.

가장 나쁜 성능 측면의 버그 중 일부는 엉터리 알고리즘으로 인해 유발되며, 테스팅으로 잡아낼 수 있다. 대규모 입력으로 테스트를 하는 이유 중의 하나는 비효율적인 알고리즘을 잡아내기 위함이다. 예를 들어 (24장의 Matrix 라이브러리를 이용해서) 행렬에서 한 행의 요소를 모두 더해야 한다고 가정하자. 누군가 다음과 같이 적절한 함수를 제공했다.

```
double row_sum(Matrix<double,2> m, int n);    // m[n]에 포함된 요소의 합계
```

이제 다른 누군가가 위의 함수를 이용해 v[n]이 첫 행부터 n행까지 모든 요소의 합을 나타내는 vector를 생성한다고 생각해보자.

```
double row_accum(Matrix<double,2> m, int n) // 구간 m[0:n]의 합
{
    double s = 0;
    for (int i=0; i<n; ++i) s+=row_sum(m,i);
    return s;
}

// m의 각 행까지의 총 합 계산
vector<double> v;
for (int i = 0; i<m.dim1(); ++i) v.push_back(row_accum(m,i+1));
```

이 코드를 단위 테스트의 일부나 시스템 테스트를 수행하는 응용 프로그램의 일부라고 생각하자. 어떤 경우든 행렬의 크기가 매우 커지면 이상한 일이 생긴다. 기본적으로 코드의 수행 시간이 행렬 m의 크기 제곱에 비례하기 때문이다. 왜 그럴까? 코드를 분석해보면 첫 행의 모든 요소를 더하고, (첫 행부터 모든 요소를 다시 훑으면서) 두 번째 행까지의 모든 요소를 더하고, (첫 행과 두 번째 행의 모든 요소를 다시 훑으면서) 세 번째 행까지의 모든 요소를 더하는 과정을 반복하기 때문이다.

이 예제가 적절하지 않다는 생각이 든다면 row_sum()이 데이터베이스로부터 데이터를 조회한다면 무슨 일이 벌어질지 상상해보자. 디스크에서 데이터를 읽는 일은 주 메모리에서 데이터를 읽는 일보다 수천 배 느리다.

"이렇게 멍청한 코드를 작성하는 사람은 없을 걸!"이라고 불평할 수도 있다. 하지만 유감

스럽게도 나는 이보다 훨씬 심각한 경우도 본 경험이 있으며, 응용 프로그램 코드 안에 숨어있는 (성능 관점에서) 엉터리 알고리즘은 일반적으로 찾기도 어렵다. 코드를 처음 보자마자 성능 문제를 짚어낼 수 있는가? 특정한 유형의 문제를 찾아내는 경우가 아니라면 성능 문제를 찾아내기란 쉽지 않다. 실제 서버에서 발췌한 다음 코드를 보자.

```
for (int i=0; i<strlen(s); ++i) {
    //. . . s[i]를 이용한 작업 . . .
}
```

하지만 때로는 s가 2만 개의 문자를 포함하는 문자열일 수도 있다.

모든 성능 문제가 엉터리 알고리즘에서 기인하지는 않는다. 실제로 (26.3.3절에서 언급했듯이) 우리가 작성하는 대부분의 코드는 알고리즘으로 분류할 수 없다. 이처럼 '알고리즘적이지 않은' 성능 문제는 대부분 다음과 같은 '엉터리 설계' 문제로 분류할 수 있다.

- 동일한 정보를 반복적으로 다시 계산(예, 앞서 살펴본 행의 합 구하기 문제)
- 동일한 조건을 반복적으로 확인(예, 매번 루프마다 인덱스가 구간 안에 있는지 확인하거나 함수 호출 시마다 변경되지 않는 인자를 확인)
- 반복적인 디스크(혹은 웹) 접근

(계속 반복했지만) '반복적'이라는 말에 주의하자. 물론 '불필요한 반복'을 의미하지만, 요점은 여러 번 반복하지 않으면 성능에 큰 문제를 끼치지 않는다는 사실이다. 우리는 그저 함수 인자와 루프 변수를 철저히 확인했을 뿐이지만, 같은 값을 수백만 번 되풀이해서 확인하면 중복된 확인이 성능을 심하게 해칠 수 있다. 측정을 바탕으로 성능 문제를 인지했다면 반복적인 작업을 제거할 부분이 없는지를 따져야 한다. 하지만 성능이 정말 문제가 되지 않는다면 그렇게 하지는 말자. 섣부른 최적화는 많은 버그와 시간 낭비의 원인이기 때문이다.

26.6.1 시간 측정

코드의 일부분이 충분히 빠른지 어떻게 알 수 있을까? 특정 연산에 얼마나 긴 시간이 소모되는지 어떻게 알 수 있을까? 속도가 문제가 되는 상당수의 경우라면 그냥 시계(스톱워치나 벽시계, 손목시계)를 이용할 수도 있다. 시계가 과학적이거나 정확하진 않지만, 시계로도 측정하기 힘든 경우라면 때로는 프로그램이 충분히 빠르다고 결론지을 수도 있다. 성능에 지나치게 집착하는 성향은 바람직하지 않다.

더 작은 단위로 시간을 재야 하거나 곁에 스톱워치가 없다면 컴퓨터의 도움이 필요하다. 컴퓨터는 여러분이 원하는 시간을 알고 있으니 말이다. 예를 들어 유닉스 시스템에서는 명령어 앞에 time을 붙이면 시스템이 해당 명령어 수행에 걸린 시간을 출력한다. time을 이용해 C++ 소스 파일 x.cpp를 컴파일하는 데 걸리는 시간을 알아낼 수 있다. 일반적으로 다음과 같이 컴파일을 수행한다.

```
g++ x.cpp
```

위의 컴파일 시간을 알고 싶다면 그냥 time을 앞에 붙이면 된다.

```
time g++ x.cpp
```

이렇게 하면 x.cpp가 컴파일되고, 그 수행 시간을 화면에 출력한다. 작은 프로그램이라면 이런 방식으로 간단하고 효과적으로 시간을 측정할 수 있다. 단지 컴퓨터에서 수행 중인 다른 작업이 영향을 줄 수 있으므로 여러 번 측정해야 한다. 세 번 정도 비슷한 시간이 측정됐다면 일반적으로 결과를 신뢰해도 좋다.

하지만 밀리초 단위로 시간을 측정해야 한다면 어떨까? 여러분 스스로 프로그램의 일부에 대해 더 자세한 측정이 필요하다면 어떻게 해야 할까? <chrono>에 선언된 표준 라이브러리 기능을 이용할 수 있다. 예를 들어 do_something() 함수에 소요되는 시간을 알고 싶다면 다음과 같은 코드를 작성할 수 있다.

```cpp
#include <chrono>
#include <iostream>
using namespace std;
using namespace std::chrono;

int main()
{
    int n = 10000000;                      // do_something()을 n번 반복

    auto t1 = system_clock::now();         // 시작 시각

    for (int i = 0; i<n; i++) do_something(); // 시간을 측정할 루프

    auto t2 = system_clock::now();         // 종료 시각

    cout << "do_something() " << n << " 번 호출 : "
        << duration_cast<milliseconds>(t2-t1).count() << "밀리세컨드\n";
}
```

system_clock은 표준 타이머의 하나로, system_clock::now()는 함수가 호출된 시각 (time_point 타입)을 반환한다. 두 time_point 간의 뺄셈(예제의 t2-t1)으로 시간의 길이(duration 타입)를 얻을 수 있다. auto를 이용해 time_point와 duration의 세부 사항에 상관없이 시간을

측정할 수 있다. 시간을 대하는 여러분의 관점이 손목시계를 대하는 관점 정도라면 그러한 세부 사항은 여러분의 생각보다 훨씬 복잡할 수 있다, 실제로 표준 라이브러리의 시간에 관련된 기능은 원래 고급 물리학 분야를 목표로 설계됐으며, 대부분의 사용자에게 필요한 정도보다 훨씬 유연하고 일반적이다.

duration을 seconds나 milliseconds, nanoseconds 등의 단위로 변환(캐스트)하고 싶다면 변환 함수 duration_cast로 변환할 수 있다. 서로 다른 시스템과 시계는 서로 다른 단위로 시간을 측정하므로 duration_cast가 필요하다. 그리고 .count()를 잊어선 안 되는데, 이 함수는 클록 틱^{clock tick}과 그 단위를 포함하고 있는 duration으로부터 해당 단위의 수(클록 틱)를 추출한다.

system_clock은 주로 1초 미만이나 몇 초 정도의 시간을 측정하는 용도로 쓰이므로, 몇 시간 단위로는 측정하지 말자.

다시 말하지만 세 번 비슷한 결과가 나오지 않으면 시간 측정 결과를 믿지 말자. 현대의 컴퓨터는 빨라서 초당 1,000,000,000개의 명령을 처리할 수 있다는 점을 기억하자. 즉, 수만 번 이상의 명령을 반복하거나 디스크에 쓰기나 웹 접근을 비롯해 매우 느린 작업을 하지 않으면 시간을 측정할 수 없다. 후자의 경우에는 수백 번 반복으로 시간을 측정할 수 있지만, 그 결과를 이해하기에는 너무 많은 일이 발생한다.

26.7 참고 자료

Stone, Debbie, Caroline Jarrett, Mark Woodroffe, and Shailey Minocha. User Interface Design and Evaluation. Morgan Kaufmann, 2005. ISBN 0120884364.

Whittaker, James A. How to Break Software: A Practical Guide to Testing. Addison-Wesley, 2003. ISBN 0321194330.

✔ **실습문제**

binary_search 테스트를 수행해보자.

1. 26.3.2.2절의 Test에 입력 연산자를 구현하자.

2. 26.3절의 시퀀스를 포함하는 테스트 파일을 완성하자.

   a. { 1 2 3 5 8 13 21 }   // 일반적인 시퀀스

b. { }

c. { 1 }

d. { 1 2 3 4 }   // 짝수 개의 요소

e. { 1 2 3 4 5 }   // 홀수 개의 요소

f. { 1 1 1 1 1 1 1 }   // 모든 요소가 동일

g. { 0 1 1 1 1 1 1 1 1 1 1 1 }   // 첫 번째만 다른 요소

h. { 0 0 0 0 0 0 0 0 0 0 0 0 1 } // 끝에만 다른 요소

3. 26.3.1.3절을 바탕으로 다음과 같은 시퀀스를 생성하는 프로그램을 완성하라.

a. 매우 긴 시퀀스(어느 정도가 매우 긴 시퀀스일까? 그 이유는?)

b. 요소의 개수가 난수를 이루는 시퀀스 열 개

c. 0, 1, 2 . . . 9까지의 난수를 포함하는 (정렬된) 시퀀스 열 개

4. 위의 테스트를 { Bohr Darwin Einstein Lavoisier Newton Turing } 같은 문자열 시퀀스로 수행해보자.

복습문제

1. 응응 분야를 나열하고, 각 분야별로 버그 발생 시 일어날 수 있는 최악의 상황을 짧게 설명해보자. 예, 항공기 제어 시스템이 멈추면 231명이 죽고 5억 달러 장비가 파손됨

2. 프로그램의 정확성을 증명하는 데 그치지 않고 테스트를 하는 이유는 무엇인가?

3. 단위 테스트와 시스템 테스트의 차이점은 무엇인가?

4. 회귀 테스트는 무엇이며, 중요한 이유는 무엇인가?

5. 테스팅의 목적은 무엇인가?

6. binary_search가 사전 조건을 확인하지 않는 이유는 무엇인가?

7. 모든 오류를 찾아낼 수 없다면 어떤 종류의 오류를 찾는 데 초점을 맞춰야 할까?

8. 시퀀스의 요소를 조작하는 코드에서 오류의 가능성이 높은 곳은 어디인가?

9. 큰 값을 입력으로 테스트해봐야 하는 이유는 무엇인가?

10. 테스트를 코드가 아닌 데이터로 표현하는 이유는 무엇인가?

11. 난수를 바탕으로 하는 많은 수의 테스트를 사용하는 경우는 언제이며, 그 이유는 무엇인가?

12. GUI를 이용한 프로그램을 테스트하기 어려운 이유는 무엇인가?

13. '단위'를 분리해 테스트할 때 필요한 것은 무엇인가?

14. 테스트 용이성과 이식성 사이에는 어떤 관계가 있는가?

15. 함수를 테스트하는 일보다 클래스를 테스트하는 일이 어려운 이유는 무엇인가?

16. 테스트가 반복하기 쉬워야 하는 이유는 무엇인가?

17. 확인되지 않은 가정(사전 조건)에 의존하는 '단위'를 발견했을 때 테스터는 어떤 조치를 취할 수 있는가?

18. 설계자/구현자는 테스팅을 개선하기 위해 어떤 일을 할 수 있는가?

19. 테스팅과 디버깅의 차이점은 무엇인가?

20. 어떤 경우에 성능이 문제가 되는가?

21. 성능 문제를 유발하는 방법을 두 가지 이상 예로 들어보자.

용어 정리

가정	사전 조건	테스트 커버리지
블랙박스 테스팅	증명	테스트 도구
분기	회귀	테스트
테스팅을 쉽게 하는 설계	자원 사용량	시간 측정
입력	상태	단위 테스트
출력	system_clock	화이트박스 테스팅
사전 조건	시스템 테스트	

연습문제

1. 26.1절의 binary_search 알고리즘을 실행하고, 26.3.2.1절의 테스트를 수행하라.

2. 임의의 타입의 요소를 다룰 수 있도록 binary_search의 테스팅을 수정하고, string 시퀀스와 부동소수점 시퀀스에 대해 테스트해보자.

3. 비교 기준을 인자로 받는 binary_search를 바탕으로 연습문제 1번을 풀어보자. 추가된 인자로 인해 발생할 수 있는 오류의 가능성을 나열해보라.

4. 시퀀스를 한 번 정의하고, 정의한 시퀀스를 이용해 여러 가지 테스트를 수행할 수 있는 테스트 데이터 형식을 고안해보자.

5. binary_search 테스트 집합에 binary_search가 시퀀스를 수정하는 오류를 잡아낼 수

있는 테스트를 추가하자.

6. 7장의 계산기가 파일에서 입력을 읽고 결과를 파일로 출력하게 최소한의 수정을 가하자 (운영체제가 지원하는 입출력 리디렉션redirection 기능을 이용해도 좋다). 그리고 종합적인 테스트를 수행하라.

7. 20.6절의 '간단한 텍스트 편집기'를 테스트하라.

8. 12~15장의 그래픽스 인터페이스 라이브러리에 텍스트 기반 인터페이스를 추가하라. 예를 들어, `Circle(Point(0,1),15)`라는 문자열은 실제로 `Circle(Point(0,1),15)`를 호출해야 한다. 이 텍스트 인터페이스를 이용해 아이들이 그릴 법한 지붕과 창문 2개, 문으로 이뤄진 집을 그려보자.

9. 그래픽스 인터페이스 라이브러리에 텍스트 기반 출력 형식을 추가하라. 예를 들어 `Circle(Point(0,1),15)`가 호출되면 출력 스트림에 `Circle(Point(0,1),15)`와 같은 문자열을 출력한다.

10. 연습문제 9번의 텍스트 기반 인터페이스를 이용해 그래픽스 인터페이스 라이브러리에 대한 더 나은 테스트를 작성하라.

11. m이 정사각형 행렬이고, 각 차원의 크기가 100, 10,000, 1,000,000, 10,000,000일 때 26.6절에 있는 행의 합 구하기 예제의 수행 시간을 측정하라. [-10:10) 구간의 난수를 요소로 사용하라. v를 계산하는 좀 더 효율적인 알고리즘($O(N^2)$가 아닌)을 작성하고 측정된 시간을 비교하라.

12. 부동소수점 난수를 생성하고 `std::sort()`로 정렬하는 프로그램을 작성하라. 500,000개의 `double`을 정렬하는 시간과 5,000,000개의 `double`을 정렬하는 시간을 측정하라.

13. 길이가 [0:100) 사이인 무작위한 문자열을 이용해 앞의 실험을 반복하라.

14. `vector` 대신 정렬할 필요가 없는 `map`을 이용해 앞의 실험을 반복하라.

붙이는 말

프로그래머로서 우리는 단번에 잘 동작하는 아름다운 프로그램을 만드는 일을 꿈꾸곤 한다. 그러나 현실은 다르다. 프로그램을 올바르게 만드는 일은 어렵고, 우리(그리고 동료)가 프로그램을 개선하는 동안 프로그램을 올바르게 유지하는 일도 어렵다. (테스팅을 쉽게 하는 설계를 비롯해) 테스팅은 우리가 배포하는 프로그램이 실제로 작동함을 확인할 수 있는 주된 방법이다. 따라서 고도로 기술화된 오늘날의 세상에서 매일 하루를 마칠 때마다 (우리가 잊어버리곤 하는) 테스터에 대해 감사한 마음을 느낄 의무가 있다.

C 프로그래밍 언어

**"C는 강한 타입을 갖춘, 그러나 약한 검사를
수행하는 프로그래밍 언어다."**

– 데니스 리치(Dennis Ritchie)

27 장에서는 C++를 알고 있는 사람의 입장에서 C 프로그래밍 언어와 그 표준 라이브러리를 간략히 알아본다. C에는 빠져있는 C++의 기능을 나열하고 C 프로그래머가 그러한 기능의 부재를 극복할 수 있는 방법을 살펴본다. 다음으로 C/C++ 사이의 비호환성과 C/C++의 연동에 대해 알아본다. 입출력과 리스트 조작, 메모리 관리, 문자열 조작을 그 예로 살펴본다.

27.1 C와 C++: 형제 사이

C 프로그래밍 언어는 데니스 리치가 벨연구소에서 설계하고 구현했으며, 브라이언 커니건과 데니스 리치가 함께 저술한 책 『The C Programming Language』(줄여서 'K&R'이라고도 부름)가 출간된 이후 큰 인기를 얻었다. 이 책은 여전히 C를 가장 잘 설명하는 책이며, 뛰어난 프로그래밍 서적 중 하나다(22.2.5절). C++의 초기 정의는 1980년에 데니스 리치가 제공한 C의 정의를 바탕으로 한다. 이렇게 갈라진 두 언어는 그 이후로 많은 발전을 이뤘다. C++와 마찬가지로 C도 ISO 표준에 따라 정의된다.

우리는 주로 C++의 부분집합이라는 관점에서 C를 살펴본다. 이처럼 C++의 관점에서 C를 설명하다 보면 다음과 같은 두 가지 주제로 귀결된다.

- C++의 부분집합에 속하지 않는 C의 구성 요소를 설명한다.
- C에 포함되지 않은 C++의 기능과 이를 보완할 수 있는 기법을 설명한다.

역사적으로 현재의 C와 현재의 C++는 형제 사이다. 두 언어 모두 'Classic C'의 직계 자손이다. 'Classic C'는 커니건과 리치의 『C 프로그래밍 언어 1판』으로 인기를 얻은 C의 변종으로, 구조체 대입과 열거형을 포함한다.

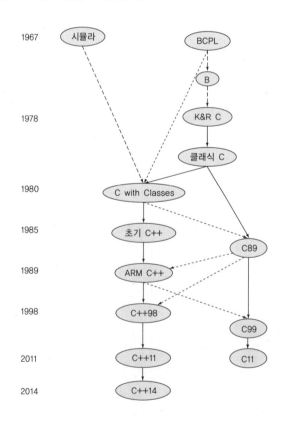

오늘날 주로 사용하는 C 버전은 여전히 (K&R 2판에서 다루는) C89이며, 여기서도 C89를 기준으로 설명한다. Classic C를 아직도 사용하거나 C99를 사용하는 경우도 있지만, C++와 C89를 안다면 아무 문제가 없을 것이다.

C와 C++ 모두 뉴저지 머래이 힐에 위치한 벨연구소 산하 컴퓨터 과학 연구센터에서 태어났다(잠시 동안이지만 나는 데니스 리치와 브라이언 커니건의 사무실과 복도 하나를 사이에 둔 곳에서 일했다).

두 언어 모두 ISO 표준 위원회가 정의하고 관리한다. 수많은 구현체가 각각의 언어를 지원하는데, 경우에 따라서는 두 언어를 모두 지원하는 구현체에서 컴파일러 옵션이나 파일 확장자에 따라 둘 중 하나를 선택해 사용하기도 한다. 두 언어는 여타 어떤 언어보다 다양한 플랫폼에서 사용할 수 있으며, 다음과 같은 시스템 프로그래밍 작업을 위해 설계됐고, 실제로도 많이 쓰이고 있다.

- 운영체제 커널
- 장치 드라이버
- 임베디드 시스템
- 컴파일러
- 통신 시스템

동일한 C와 C++ 프로그램 사이에는 성능 차이가 없다.

C++와 마찬가지로 C도 매우 널리 사용되며, 둘을 합쳐서 생각하면 C/C++ 커뮤니티는 지구상에서 가장 큰 소프트웨어 개발자 커뮤니티다.

27.1.1 C/C++ 호환성

'C/C++'란 말은 드물지 않게 사용하지만 세상에 그런 언어는 존재하지 않으며, C/C++란 말은 일반적으로 무지의 산물이다. C/C++ 호환성을 주제로 삼거나 C/C++ 기술 커뮤니티를 언급할 때만 C/C++이라는 말을 사용하자.

크게 보면 C++는 C를 포함하는 전체 집합이지만 완벽한 전체 집합은 아니다. 몇 가지 보기 드문 예외를 제외하면 C와 C++의 구문은 동일한 의미를 지닌다. C++는 다음과 같은 이유로 '가능한 한 C와 가깝게, 그러나 필요 이상으로 가깝지 않게' 설계됐다.

● 둘 사이의 전환을 쉽게 하기 위해

● 두 언어의 공존을 위해

C++의 비호환성 대부분은 더 엄격한 타입 검사에 관련된다.

C에서는 적법하지만 C++에서 적법하지 않은 프로그램의 예로 C 키워드에는 포함되지 않은 C++ 키워드를 식별자로 사용하는 경우를 들 수 있다(27.3.2절).

```
int class(int new, int bool);    /* C이지만 C++는 아닌 코드*/
```

두 언어에서 모두 적법하지만 의미가 다른 경우는 더 찾아내기가 어렵다.

```
int s = sizeof('a');            /* C에서는 sizeof(int)인 4이지만 C++에서는 1*/
```

'a'와 같은 문자 리터럴의 타입은 C에서는 int이고, C++에서는 char다. 그러나 두 언어에서 char 타입 변수 ch에 대해 sizeof(ch)==1이다.

호환성과 언어의 차이에 대한 정보는 딱히 흥미롭지는 않다. 새롭게 배울 멋진 프로그래밍 기법도 없다. printf()(27.6절)에 흥미를 느낄 수 있지만, 이를 (그리고 괴짜 유머를 던지려는 시도를) 제외하면 27장은 무미건조하다. 27장의 목적은 간단하다. 여러분이 필요할 때 C를 읽고 쓸 수 있게 하려는 것이다. 특히 경험 많은 C 프로그래머에게는 뚜렷하게 보이지만 C++ 프로그래머에게는 뜻하지 못한 재앙을 지적해 주기 위함이다. 부디 여러분이 최소한의 고통으로 이러한 재앙을 피하는 방법을 배우기 바란다.

대부분의 C 프로그래머가 C++ 코드를 다뤄야 하듯이 C++ 프로그래머도 언젠가는 C 코드를 다뤄야 한다. 27장에서 설명할 내용의 대부분은 많은 C 프로그래머에게는 익숙하겠지만, 일부 내용은 '전문가 수준'이라고 할 수 있다. 그 이유는 간단하다. 모두가 동의하는 '전문가 수준'의 기준은 존재하지 않고, 실세계 코드에서 일반적인 내용만 설명하기 때문이다. 호환성 문제를 이해하는 일은 'C 전문가'라는 부당한 명성을 얻는 가장 빠른 길일 수 있다. 그러나 기억하자. (호환성 문제를 다루는 과정에서 배우게 될) 소수만 알고 있는 언어 규칙을 이해하기보다 언어(여기서는 C)를 사용하는 과정에서 진정한 전문가로 거듭나야 한다.

참고 자료

ISO/IEC 9899:1999. Programming Languages – C. C99를 정의함. 대부분의 구현체는 C89를 구현함(때때로 몇 가지 확장을 포함)

ISO/IEC 9899:2011. Programming Languages – C. C11을 정의함

ISO/IEC 14882:2011. Programming Languages – C++

Kernighan, Brian W., and Dennis M. Ritchie. The C Programming Language. Prentice Hall, 1988. ISBN 0131103628.

Stroustrup, Bjarne. "Learning Standard C++ as a New Language." C/C++ Users Journal, May 1999.

Stroustrup, Bjarne. "C and C++: Siblings"; "C and C++: A Case for Compatibility"; and "C and C++: Case Studies in Compatibility." The C/C++ Users Journal, July, Aug., and Sept. 2002.

스트롭스트룹의 논문은 저자의 출판 홈페이지에서 쉽게 찾을 수 있다.

27.1.2 C에 포함되지 않는 C++ 기능

C++의 관점에서 C(예, C89)는 다음과 같은 많은 기능을 포함하지 않는다.

- 클래스와 멤버 함수
  - struct와 전역 함수를 사용하자.
- 파생 클래스와 가상 함수
  - struct와 전역 함수, 함수를 가리키는 포인터(27.2.3절)를 사용하라.
- 템플릿과 인라인 함수
  - 매크로(27.8절)를 사용하자.
- 예외
  - 오류 코드와 오류 반환 값 등을 사용하자.
- 함수 오버로딩
  - 각 함수에 다른 이름을 사용하자.
- new/delete
  - malloc()/free()와 별도의 초기화/해제 코드를 사용하라.

- 참조

  - 포인터를 사용하자.

- const나 constexpr, 상수 표현식 안의 함수

  - 매크로를 사용하자.

- bool

  - int를 사용하자.

- static_cast와 reinterpret_cast, const_cast

  - C 스타일 변환을 사용하라. 예, static<int>(a) 대신 (int)a

수많은 유용한 코드가 C로 작성됐다. 즉, 위의 목록을 보고 절대적으로 필수적인 언어 기능은 없다는 점을 상기하기 바란다. C 언어 기능을 비롯한 대부분의 언어 기능은 프로그래머의 편리성(만)을 위해 존재한다. 결론적으로 충분한 시간과 지식, 인내심만 있다면 모든 프로그램은 어셈블리로도 작성할 수 있다. C와 C++는 실제 머신과 매우 유사한 머신 모델을 공유하므로, 다양한 프로그래밍 스타일을 흉내 내기에 적합하다.

27장의 나머지 부분에서는 앞에 나열한 기능을 사용하지 않고 유용한 프로그램을 작성하는 방법을 설명한다. C를 사용함에 있어 우리의 조언은 다음과 같다.

- C++의 기능이 지원하고자하는 프로그래밍 기법을 C에서 제공하는 기능으로 흉내 내라.
- C를 사용할 때는 C++의 부분집합에 포함되는 C 언어 기능만 사용하라.
- 함수 인자를 검사하게 컴파일러 경고 수준을 설정하라.
- 큰 프로그램에서는 린트를 사용하라(27.2.2절).

C/C++ 비호환성에 대한 자세한 내용은 복잡하고 기술적이다. 그러나 C를 읽고 쓸 때 그러한 내용을 대부분을 기억할 필요는 없다.

- C에 포함되지 않은 C++ 기능을 사용하면 컴파일러가 알려준다.
- 위의 규칙을 따르면 C와 C++에서 의미하는 바가 다른 무언가를 접할 확률이 적다.

앞에서 말한 C++ 기능이 없는 상태에서 C의 일부 기능은 더 중요하게 쓰인다.

- 배열과 포인터
- 매크로
- typedef(C와 C++98에서 using 선언과 동일한 기능. 20.5절, A.16절 참고)

- sizeof

- 캐스트

27장에서 이에 대한 몇 가지 예제를 살펴보자.

/*... */ 주석을 타이핑하다가 짜증이 나는 바람에 나는 C의 조상인 BCPL로부터 //를 C++의 주석으로 차용했다. // 주석은 C99와 C11을 비롯한 대부분의 C에도 채용됐으므로, //를 사용해도 큰 문제는 없다. 여기서는 C라는 의미에서 /*... */만 사용한다. C99와 C11은 C++ 기능을 몇 가지 더 채택했지만(여전히 몇 가지 기능은 C++와 호환되지 않지만), 여기서는 가장 널리 쓰이는 C89를 기준으로 한다.

27.1.3 C 표준 라이브러리

당연하지만 다음과 같이 클래스와 템플릿에 의존하는 C++ 라이브러리 기능은 C에서 쓸 수 없다.

- vector

- map

- set

- string

- STL 알고리즘. 예, sort()와 find(), copy()

- iostreams

- regex

이러한 기능의 빈자리를 메울 수 있게 배열과 포인터, 함수에 기반을 둔 C 라이브러리가 제공된다. C 표준 라이브러리의 주요 구성 요소는 다음과 같다.

- **<stdlib.h>** 일반적인 유틸리티(예, malloc()과 free(). 27.4절)

- **<stdio.h>** 표준 입출력(27.6절 참고)

- **<string.h>** C 스타일 문자열 조작과 메모리 조작(27.5절 참고)

- **<math.h>** 표준 부동소수점 수학 함수(24.8절 참고)

- **<errno.h>** <math.h>를 위한 오류 코드(24.8절 참고)

- **<limits.h>** 정수 타입의 크기(24.2절 참고)

- **<time.h>** 날짜와 시간(26.6.1절 참고)

- **<assert.h>** 디버그 경고(27.9절 참고)

- **<ctype.h>** 문자 분류(11.6절 참고)

- **<stdbool.h>** 불리언 매크로

완벽한 설명이 필요하다면 K&R과 같은 훌륭한 C 서적을 참고하라. 여기서 언급한 모든 라이브러리(와 헤더 파일)는 C++에서도 사용할 수 있다.

27.2 함수

C에서는 다음과 같다.

- 주어진 이름에 상응하는 함수는 하나만 존재할 수 있다.

- 함수 인자의 타입 검사는 선택적이다.

- 참조가 없다(따라서 참조에 의한 전달도 없다).

- 인라인 함수가 없다(C99 제외).

- 다른 형식의 함수 정의 구문이 존재한다.

이러한 사항만 제외하면 C++에서 사용하던 함수와 동일하다. 이제 각각의 의미를 살펴보자.

27.2.1 함수 이름 오버로딩이 없음

다음 코드를 보자.

```
void print(int);                 /* int 출력 */
void print(const char*);         /* 문자열 출력 */ /* 오류! */
```

동일한 이름의 함수가 두 개일 수 없으므로 두 번째 선언은 오류다. 따라서 한 쌍의 적당한 이름을 만들어야 한다.

```
void print_int(int);             /* int 출력 */
void print_string(const char*);  /* 문자열 출력 */
```

이처럼 이름을 다르게 하는 일이 미덕으로 여겨지는 경우도 있다. 이제 더 이상 int를 출력하는 데 엉뚱한 함수를 사용할 염려가 없다! 그러나 우리는 단연코 이러한 주장을 받아들일 수 없다. 그리고 함수 오버로딩이 없으면 제네릭 프로그래밍의 아이디어를 구현하기가 곤란하다. 제네릭 프로그래밍은 이름이 동일하면서 비슷한 동작을 하는 함수에 의존하기 때문이다.

27.2.2 함수 인자의 타입 검사

아래 코드를 보자.

```
int main()
{
    f(2);
}
```

C 컴파일러는 이 코드를 받아들인다. 함수를 호출하기 전에 선언할 필요가 없기 때문이다 (물론 호출 전에 선언할 수도 있고 꼭 그래야 하지만). f()의 정의는 다른 곳에 있을 수 있다. f()는 다른 변환 단위에 위치할 수도 있다. 그렇지 않으면 링커가 오류를 발생시킨다.

불행히도 다른 소스 파일에 포함된 f()의 정의는 다음과 같을 수도 있다.

```
/*other_file.c:*/

int f(char* p)
{
    int r = 0;
    while (*p++) r++;
    return r;
}
```

그러나 링커는 오류를 발생시키지 않는다. 따라서 실행 시간 오류가 발생하거나 예측할 수 없는 결과를 얻게 된다.

이런 문제를 어떻게 다뤄야 할까? 헤더 파일을 일관되게 사용하는 방법이 실용적인 해결책이다. 여러분이 호출하거나 정의하는 모든 함수가 일관되게 #include한 헤더에 선언된다면 확인이 가능하다. 하지만 대규모 프로그램에서 이를 따르기는 어렵다. 결론적으로 대부분의 C 컴파일러는 선언하지 않은 함수의 호출에 대해 경고를 발생시키는 옵션을 제공하는데, 이 옵션을 사용하라. 그리고 C의 초창기부터 모든 일관성 문제를 검사하는 프로그램이 있었는데, 이런 프로그램을 보통은 린트[lint]라고 부른다. 모든 복잡한 C 프로그램에는 린트를 사용하자. 린트를 사용하면 C를 사용하는 스타일이 C++에 가까워지게 된다. C++의 설계에 반영된 사실 중 하나는 컴파일러가 린트에서 하는 만큼(전부는 아니지만) 검사를 수행할 수 있다는 점이다.

C에서는 함수 인자를 확인해야 한다. (C++와 마찬가지로) 단지 함수를 선언할 때 인자 타입을 명시하면 된다. 이러한 선언을 **함수 프로토타입**이라고 한다. 그러나 인자를 명시하지 않는

선언도 존재함을 알아야 한다. 그러한 선언은 함수 프로토타입이 아니므로 함수의 인자를 검사하지 않는다.

```
int g(double);    /* 프로토타입 - C++ 함수 선언과 같음 */
int h();          /* 프로토타입이 아님 - 인자 타입이 명시되지 않음 */

void my_fct()
{
    g();          /* 오류: 인자 없음 */
    g("asdf");    /* 오류: 잘못된 인자 타입 */
    g(2);         /* OK: 2를 2.0으로 변환 */
    g(2,3);       /* 오류: 인자가 하나 더 많음 */

    h();          /* 컴파일러는 통과했지만 결과는 예측할 수 없음 */
    h("asdf");    /* 컴파일러는 통과했지만 결과는 예측할 수 없음 */
    h(2);         /* 컴파일러는 통과했지만 결과는 예측할 수 없음 */
    h(2,3);       /* 컴파일러는 통과했지만 결과는 예측할 수 없음 */
}
```

h()의 선언은 인자 타입을 명시하지 않는다. 이는 h()가 인자를 받지 않는다는 의미가 아니라 '어떤 인자든 받아들일 수 있고, 호출되는 함수에 맞는 인자이길 바랄 수밖에 없음'을 의미한다. 다시 말하지만 훌륭한 컴파일러라면 경고를 알리고, 린트는 이 문제를 잡아낸다.

C++	동일한 C 코드
void f(); // 이런 방식을 선호	void f(void);
void f(void);	void f(void);
void f(...); // 모든 인자 수용	void f(); /* 모든 인자 수용 */

해당 범위 안에 함수 프로토타입이 존재하지 않으면 특별한 인자 변환 규칙이 적용된다. 예를 들어 char는 int로, float는 double로 변환된다. long을 어떻게 처리할지 등을 비롯해 자세한 내용이 필요하면 훌륭한 C 서적을 참고하라. 어쨌든 우리의 조언은 간단하다. 프로토타입 없이는 함수를 호출하지 말라.

int 타입의 매개변수에 char*를 전달하는 등의 잘못된 인자 타입을 컴파일러가 허용할지라도 잘못된 타입의 인자를 사용하는 일은 분명 오류다. 데니스 리치가 말했듯이 "C는 강한 타입을 갖춘, 그러나 약한 검사를 수행하는 프로그래밍 언어다."

27.2.3 함수 정의

C++와 동일한 방법으로 함수를 정의할 수 있으며, 그러한 함수 정의가 바로 함수 프로토타입이다.

```
double square(double d)
{
    return d*d;
}

void ff()
{
    double x = square(2);          /* OK: 2를 2.0으로 변환해 호출 */
    double y = square();           /* 인자가 없음 */
    double y = square("Hello");    /* 오류: 잘못된 인자 타입 */
    double y = square(2,3);        /* 오류: 인자가 너무 많음 */
}
```

위와 달리 인자를 지정하지 않는 함수 정의는 함수 프로토타입이 아니다.

```
void f() { /* 뭔가를 수행함 */ }

void g()
{
    f(2);        /* C에서는 괜찮지만 C++에서는 오류 */
}
```

즉, 아래와 같은 코드는

```
void f();        /* 인자 타입을 지정하지 않음 */
```

"f()가 모든 타입의 인자를 몇 개든 받아 들인다"는 이상한 의미로 이해할 수 있다. 이를 피하고자 나는 '아무런 인자도 없음'을 키워드 void를 이용해서 명시하는 새로운 표기법을 고안했다(void는 '아무것도 없음'을 네 글자로 표현하는 단어다).

```
void f(void);    /* 아무런 인자도 받지 않음 */
```

그러나 머지않아 후회하기 시작했는데, 낯설어 보이는 코드인 데다가 인자 타입을 검사하는 경우에는 불필요한 중복이기 때문이다. (C의 아버지) 데니스 리치와 (벨연구소 산하 컴퓨터 과학 연구센터 최고의 트렌드 세터. 22.2.5절 참고) 더그 맥일로이는 이를 일컬어 '흉물'이라고 불렀다. 하지만 불행히도 그 흉물은 C 커뮤니티에서 큰 인기를 얻었다. 그래도 C++에서는 이 표기법을 사용하지 말자. 보기에 안 좋을 뿐만 아니라 논리적으로 중복되기 때문이다.

C는 알골60 스타일의 함수 정의도 지원한다. 아래와 같이 매개변수 타입을 (선택적으로) 매개변수 이름과 분리해 지정할 수 있다.

```
int old_style(p,b,x) char* p; char b;
{
    /*... */
}
```

이와 같은 '예전 방식 정의'는 C++보다 앞서 나왔고, 프로토타입이 아니다. 타입이 선언되지 않은 인자의 타입은 기본적으로 int이다. 따라서 old_style()의 인자 x도 int다. old_style()는 다음과 같이 호출할 수 있다.

```
old_style();                  /* OK: 인자 없음 */
old_style("hello", 'a', 17);  /* OK: 모든 인자의 타입이 올바름 */
old_style(12, 13, 14);        /* OK: 12는 잘못된 타입이지만 */
                              /* old_style()이 p를 사용하지 않을 수도 있음 */
```

컴파일러는 위의 모든 호출을 받아들인다(우리의 바람으로는 첫 번째와 세 번째 호출에 경고를 남겨주길 바란다).

함수 인자 검사에 대한 우리의 조언은 다음과 같다.

● 함수 프로토타입을 일관성 있게 사용하라(헤더 파일을 이용하라).

● 인자 타입 오류를 잡아내게 컴파일러 경고 수준을 설정하라.

● 린트를 사용하라.

위의 조언을 따르는 코드는 C++의 부분집합에 포함될 것이다.

27.2.4 C++에서 C 호출과 C에서 C++ 호출

컴파일러가 지원한다면 C 컴파일러로 컴파일된 파일과 C++ 컴파일러로 컴파일된 파일을 함께 링크할 수 있다. 예를 들어 GNU C와 C++ 컴파일러(GCC)로 생성한 C와 C++ 목적 파일을 함께 링크할 수 있다. 마이크로소프트 C와 C++ 컴파일러(MSC++)로 생성한 C와 C++ 목적 파일을 함께 링크할 수도 있다. 이런 일은 흔히 볼 수 있으며, 두 언어 중 하나만 선택할 때보다 더 다양한 라이브러리를 사용할 수 있으므로 유용하다.

C++는 C보다 엄격한 타입 검사를 제공한다. 특히 C++ 컴파일러와 링커는 두 함수 f(int)와 f(double)이 서로 다른 파일에 있더라도 일관되게 정의되고 사용되는지를 검사한다. C용 링커는 그러한 검사를 하지 않는다. 따라서 C++에서 C로 정의된 함수를 호출하거나 C에서

C++로 정의된 함수를 호출하려면 컴파일러에게 그 사실을 알려야 한다.

```
// C++에서 C로 정의된 함수를 호출

extern "C" double sqrt(double);        // C 함수로 링크

void my_c_plus_plus_fct()
{
    double sr = sqrt(2);
}
```

extern "C"는 컴파일러가 C 링커의 관례를 사용하게 한다. 그 사실만 제외하면 C++ 관점에서 크게 다른 점은 없다. 실제로 C++ 표준 sqrt(double)은 C 표준 라이브러리의 sqrt(double)이다. 이처럼 C++에서 함수를 호출하기 위해 C 프로그램에서 해야 할 일은 아무것도 없다. C++가 알아서 C 링커의 관례를 사용한다.

extern "C"를 이용해 C에서 C++로 정의된 함수를 호출할 수도 있다.

```
// C에서 C++로 정의된 함수를 호출

extern "C" int call_f(S* p, int i)
{
    return p->f(i);
}
```

이제 다음과 같이 C 프로그램에서 멤버 함수 f()를 호출할 수 있다.

```
/* C에서 C++로 정의된 함수를 호출 */

int call_f(S* p, int i);
struct S* make_S(int,const char*);

void my_c_fct(int i)
{
    /* ...*/
    struct S* p = make_S(x, "foo");
    int x = call_f(p,i);
    /* ...*/
}
```

이와 같은 C 코드가 동작하기 위해 C++를 언급할 필요도 없다.

앞서 살펴본 상호운용성의 장점은 명확하다. C와 C++를 혼합해 코드를 작성할 수 있다. 특히 C++ 프로그램에서 C로 작성한 라이브러리를 사용하거나 C에서 C++로 작성한 라이브러

리를 사용할 수 있다. 더 나아가 대부분의 언어(특히 Fortran)는 C를 호출하거나 C에서 호출될 수 있는 인터페이스를 제공한다.

앞의 예제에서 클래스 객체를 가리키는 포인터를 이용해서 C와 C++가 클래스 객체를 공유하는 방법을 살펴봤다. 대부분의 클래스 객체에 이 방법을 적용할 수 있다. 특히 다음과 같은 클래스가 있다면

```
// C++:
class complex {
    double re, im;
public:
    // 일반적인 연산들
};
```

객체를 가리키는 포인터를 전달해서 C와 연동하는 방식에서 벗어날 수 있다. 심지어 선언을 바탕으로 C 프로그램에서 re와 im에 접근할 수도 있다.

```
/* C: */
struct complex {
    double re, im;
    /* 연산은 없음 */
};
```

어떤 언어든 메모리 레이아웃 규칙은 복잡할 수 있으며, 언어 간의 레이아웃 규칙은 규정하기 어려울 수 있다. 그러나 C와 C++ 간에 내장형 타입을 전달할 수 있으며, 가상 함수를 포함하지 않는 클래스(struct)도 전달할 수 있다. 클래스가 가상 함수를 포함한다면 객체를 가리키는 포인터를 전달해야 하며, 실제적인 조작은 C++ 코드에 맡겨야 한다. call_f()도 그러한 예로 볼 수 있다. f()가 virtual이라고 가정하면 위의 예제는 C에서 가상 함수를 호출하는 방법을 보여준다.

내장형 타입을 제외하면 타입을 공유할 수 있는 가장 간단하고 안전한 방법은 C/C++ 공통 헤더 파일에 정의된 struct다. 그러나 이러한 전략은 C++의 사용을 심각하게 제한하므로 우리 스스로를 그러한 규칙으로 제약하진 말자.

27.2.5 함수를 가리키는 포인터

C에서 객체 지향 기법(14.2~4절)을 사용하려면 어떻게 해야 할까? 기본적으로 가상 함수의 대안이 필요하다. 대부분의 사람들이 가장 먼저 떠올리는 방법은 주어진 객체가 표현하는 '도형'이 무엇인지를 설명해주는 '타입 필드'를 struct에 포함시키는 방법일 것이다. 다음 예제를 보자.

```
struct Shape1 {
    enum Kind { circle, rectangle } kind;
    /* ...*/
};

void draw(struct Shape1* p)
{
    switch (p- >kind) {
    case circle:
        /* 원을 그림 */
        break;
    case rectangle:
        /* 직사각형을 그림 */
        break;
    }
}

int f(struct Shape1* pp)
{
    draw(pp);
    /* ...*/
}
```

이 코드는 동작하긴 하지만 두 가지 단점이 있다.

- 각 '의사 가상^{pseudo-virtual}' 함수마다 새로운 switch 구문을 작성해야 한다.

- 새로운 도형을 추가할 때마다 (draw()를 비롯한) 모든 '의사 가상' 함수에 해당되는 switch 구문에 case를 추가해야 한다.

두 번째 문제는 꽤 심각하다. '의사 가상' 함수를 라이브러리의 일부로 제공할 수 없기 때문이다. 즉, 사용자가 해당 함수를 자주 변경해야 하기 때문이다. 가상 함수에 대한 가장 효과적인 대안은 함수를 가리키는 포인터를 이용하는 방법이다.

```
typedef void (*Pfct0)(struct Shape2*);
typedef void (*Pfct1int)(struct Shape2*,int);

struct Shape2 {
    Pfct0 draw;
    Pfct1int rotate;
    /* ...*/
};
```

```
void draw(struct Shape2* p)
{
    (p->draw)(p);
}

void rotate(struct Shape2* p, int d)
{
    (p->rotate)(p,d);
}
```

이렇게 만든 Shape2도 Shape1처럼 사용할 수 있다.

```
int f(struct Shape2* pp)
{
    draw(pp);
    /* ...*/
}
```

여기서 좀 더 작업을 하면 객체가 의사 가상 함수 하나마다 포인터를 갖는 대신 함수를 가리키는 포인터의 배열을 갖게 할 수 있다(C++에서 가상 함수를 구현하는 방식과 비슷하게). 실제 프로그램에서 이 방식을 사용할 때의 가장 큰 문제점은 모든 함수 포인터를 초기화해야 한다는 것이다.

27.3 기타 사소한 차이점

이번 절에서는 모르고 지나치면 실수를 유발할 수 있는 C/C++의 사소한 차이점을 다룬다. 그 중 몇 가지는 명확한 해결책이 있다는 점에서 프로그래밍에 중대한 영향을 미친다.

27.3.1 struct 태그 네임스페이스

C에서 struct(class 키워드는 없다)의 이름은 다른 식별자와 별도의 네임스페이스에 포함된다. 따라서 모든 struct의 이름 앞에는 struct 키워드를 붙여야 한다. 아래 예제를 보자.

```
struct pair { int x,y; };
pair p1;          /* error: 범위 안에 pair라는 식별자는 없음 */
struct pair p2;   /* OK */
int pair = 7;     /* OK: struct 태그 pair가 범위 안에 존재하지 않음 */
struct pair p3;   /* OK: struct 태그 pair는 위의 int로 숨겨지지 않음 int */
pair = 8;         /* OK: pair는 int를 참조함 */
```

놀랍게도 호환성이라는 이유로 C++에도 이런 규칙이 적용된다. 우리는 struct와 이름이 같은 변수(나 함수)를 추천하지 않지만, C에서는 일반적으로 사용하는 관용적인 구문이다.

모든 구조체 이름 앞에 struct를 붙이고 싶지 않다면 typedef(20.5절)를 사용하라. 다음과 같은 관용구가 일반적으로 쓰인다.

```
typedef struct { int x,y; } pair;
pair p1 = { 1, 2 };
```

일반적으로 typedef는 C에서 더 일반적이고 유용한데, 연산을 포함하는 새로운 타입을 정의할 수 없기 때문이다.

C에서 중첩된 struct의 이름은 외부의 struct와 동일한 네임스페이스에 위치한다. 아래 예를 보자.

```
struct S {
    struct T { /* ...*/ };
    / * ...*/
};

struct T x;        /* C에서는 괜찮음 (C++에서는 오류) */
```

C++에서는 다음과 같이 써야 한다.

```
S::T x;            // C++에서는 괜찮음 (C에서는 오류)
```

가능하다면 C에서 struct를 중첩하지 말자. C의 유효 범위 규칙은 사람들이 흔히 (합리적으로) 생각하는 바와 다르다.

27.3.2 키워드

상당수의 C++ 키워드가 C에서는 키워드가 아니며(C에서 해당 기능을 제공하지 않기 때문에), C에서 식별자로 사용할 수 있다.

C에서는 키워드가 아닌 C++ 키워드				
alignas	class	inline	private	true
alignof	compl	mutable	protected	try
and	concept	namespace	public	typeid
and_eq	const_cast	new	reinterpret_cast	typename
asm	constexpr	noexcept	requires	using

(이어짐)

C에서 위의 키워드를 식별자로 사용하지 말자. 여러분의 코드를 C++로 이식할 수 없게 된다. 이 중 하나를 헤더 파일에서 사용하면 그 헤더 파일은 C++에서 사용할 수 없다. 일부 C++ 키워드는 C에서 매크로로 쓰인다.

C에서 위 매크로는 `<iso646.h>`와 `<stdbool.h>`(bool, true, false)에 정의되는데, C에서는 매크로라는 점을 악용하지 말자.

27.3.3 정의

C89에 비해 C++는 더 다양한 위치에서 정의를 허용한다. 아래 예를 보자.

```
for (int i = 0; i<max; ++i) x[i] = y[i];        // C에서는 i의 정의를 허용하지 않음

while (struct S* p = next(q)) {                  // C에서는 p의 정의를 허용하지 않음
    /* ...*/
}

void f(int i)
{
    if (i< 0 || max<=i) error("구간 오류");
    int a[max]; // 오류: C에서는 구문 다음에 선언을 허용하지 않음
    /* ...*/
}
```

C(C89)는 for 구문의 초기 값이나 조건, 블록 내에서 구문 다음의 정의를 허용하지 않는다.

따라서 앞의 코드는 다음과 같이 작성해야 한다.

```
int i;
for (i = 0; i<max; ++i) x[i] = y[i];

struct S* p;
while (p = next(q)) {
    /* ...*/
}

void f(int i)
{
    if (i< 0 || max<=i) error("구간 오류");
    {
        int a[max];
        /* ...*/
    }
}
```

C++에서는 초기화 없는 선언도 정의다. 반면 C에서 초기화 없는 선언은 그냥 선언이므로 다음과 같은 구문이 두 번 나올 수 있다.

```
int x;
int x;          /* C에서는 x라는 정수 하나를 정의하거나 선언. C++에서는 오류 */
```

C++에서 모든 실체는 딱 한 번 정의돼야 한다. 다음과 같이 두 int가 서로 다른 변환 단위에 위치한 경우 흥미로운 일이 벌어진다.

```
/* x.c 파일: */
int x;

/* y.c 파일: */
int x;
```

C와 C++ 컴파일러 모두 x.c나 y.c를 아무 문제없이 컴파일한다. 하지만 x.c와 y.c가 C++로 컴파일된 경우 링커가 '중복 정의' 오류를 일으킨다. x.c와 y.c가 C로 컴파일된 경우 링커는 (C의 규칙에 따라) 프로그램을 받아들이고, x.c와 y.c에서 하나의 x를 공유하는 방식으로 처리한다. 프로그램에서 전역 변수 x를 공유하려면 그 사실을 명시적으로 밝히자.

```
/* x.c 파일: */
int x;              /* 정의 */
```

```
/* y.c 파일: */
extern int x;      /* 정의가 아닌 선언 */
```

더 나은 방법은 헤더 파일을 사용하는 방법이다.

```
/* x.h 파일: */
extern int x;            /* 정의가 아닌 선언 */

/* x.c 파일: */

#include "x.h"
int x = 0;               /* 정의 */

/* y.c 파일:*/
#include "x.h"
/* x의 선언이 헤더에 있음 */
```

하지만 이보다 좋은 방법은 전역 변수를 사용하지 않는 것이다.

27.3.4 C 스타일 캐스트

C(와 C++)에서 값 v를 타입 T로 명시적으로 변환하는 가장 짧은 표기법은 다음과 같다.

```
(T)v
```

타이핑을 잘하지 못하는 사람이나 부주의한 사람들은 이와 같은 'C 스타일 캐스트'나 '예전 스타일 캐스트'를 선호한다. 이 표기법이 가장 짧고 v를 T로 만드는 데 무슨 일을 해야 하는지 알 필요가 없기 때문이다. 반면 유지 보수 프로그래머는 C 스타일 캐스트가 눈에 잘 띄지 않고 개발자의 의도를 짐작할 수도 없어 꺼려한다. C++ 캐스트(명명된 캐스트named casts나 템플릿 스타일 캐스트template-style casts. A.5.7절 참고)를 이용하면 명시적인 타입 변환을 (보기엔 안 좋지만) 눈에 잘 띄고 구체적으로 보이게 할 수 있다. 하지만 C에서는 선택권이 없다.

```
int* p = (int*)7;      /* 비트 패턴 재해석: reinterpret_cast<int*>(7)*/
int x = (int)7.5;      /* double을 절삭: static_cast<int>(7.5)*/

typedef struct S1 { /* ...*/ } S1;
typedef struct S2 { /* ...*/ } S2;
S2 a;
const S2 b;             /* C에서는 초기화 되지 않은 const를 허용함 */

S1* p = (S1*)&a;        /* 비트 패턴 재해석: reinterpret_cast<S1*>(&a)*/
S2* q = (S2*)&b;        /* const 제거: const_cast<S2*>(&b) */
S1* r = (S1*)&b;        /* const를 제거하고 타입을 바꿈. 버그일 수 있음 */
```

C에서조차도 매크로(27.8절)를 추천하기는 망설여지지만, 다음과 같이 의도를 표현하는 수단으로 이용할 수 있다.

```
#define REINTERPRET_CAST(T,v) ((T)(v))
#define CONST_CAST(T,v) ((T)(v))

S1* p = REINTERPRET_CAST (S1*,&a);
S2* q = CONST_CAST(S2*,&b);
```

위의 코드가 reinterpret_cast와 const_cast가 제공하는 타입 검사를 제공하진 않지만, 이로 인해 근본적으로 바람직하지 않은 타입 변환 연산이 눈에 띄게 되고, 프로그래머의 의도가 명확하게 드러난다.

27.3.5 void*의 변환

C에서 void*는 대입문의 오른쪽 피연산자로 쓰이거나 모든 포인터 타입을 초기화하는 데 사용할 수 있다. 그러나 C++에서는 그렇지 않을 수 있다. 아래 예를 보자.

```
void* alloc(size_t x);              /* x 바이트 할당 */

void f (int n)
{
    int* p = alloc(n*sizeof(int));    /* C에서는 괜찮음 (C++에서는 오류) */
    /* ...*/
}
```

alloc()의 void* 타입 결과가 int*로 암묵적으로 변환된다. C++에서는 다음과 같이 작성해야 한다.

```
int* p = (int*)alloc(n*sizeof(int));      /* C와 C++ 모두 괜찮음 */
```

C 스타일 캐스트(27.3.4절)를 사용했으므로 C와 C++ 모두에서 적법한 코드다.

그런데 void*에서 T*로의 암묵적 변환이 C++에서 적법하지 않은 이유는 무엇일까? 이러한 변환이 안전하지 않을 수 있기 때문이다.

```
void f()
{
    char i = 0;
    char j = 0;
    char* p = &i;
    void* q = p;
```

```
    int* pp = q;          /* 안전하지 않음. C에서는 괜찮지만 C++에서는 오류 */
    *pp = - 1;            /* &i에서 시작하는 메모리를 덮어씀 */
}
```

여기서 어떤 메모리를 덮어쓸지도 알 수 없다. j와 p의 일부분일까? f()의 호출을 관리하는 데 사용되는 메모리(f의 스택 프레임)일까? 어떤 데이터를 덮어쓰든 f()를 호출해선 안 된다.

거꾸로 T*를 void*로 변환하는 일은 완전히 안전하며, C와 C++ 모두 허용한다(위와 비슷한 예제를 만들어 보자).

불행히도 void*에서 T*로의 변환은 C에서 일반적으로 사용되고, 실제 코드에서 C/C++ 호환성 문제를 일으키는 주요 원인이다(27.4절).

27.3.6 enum

C에서는 아래와 같이 캐스트 없이 int를 enum에 대입할 수 있다.

```
enum color { red, blue, green };
int x = green;            /* C와 C++ 모두 괜찮음 */
enum color col = 7;       /* C에서는 괜찮음 (C++에서는 오류) */
```

이와 같은 사실은 C에서 열거형 변수에 증가(++)와 감소(--) 연산을 적용할 수 있음을 암시한다. 이는 편리할 수 있지만 재앙을 불러올 수도 있다.

```
enum color x = blue;
++x;        /* x가 green이 됨. C++에서는 오류 */
++x;        /* x가 3이 됨. C++에서는 오류 */
```

열거자의 '끝을 벗어나는 일'은 우리가 의도한 바일 수도 있고 아닐 수도 있다.

구조체 태그와 마찬가지로 열거형의 이름도 별도의 네임스페이스에 존재한다. 따라서 열거형을 사용할 때마다 enum 키워드를 앞에 붙여야 한다.

```
color c2 = blue;        /* C에서는 오류: color가 피연산자 안에 없음. C++에서는 괜찮음 */
enum color c3 = red;    /* OK*/
```

27.3.7 네임스페이스

C에는 (C++와 같은 의미의) 네임스페이스라는 개념이 없다. 그렇다면 대규모 C 프로그램에서 이름 충돌을 피하려면 어떻게 해야 할까? 사람들은 일반적으로 접두사와 접미사를 이용한다. 다음 예를 보자.

```
/* bs.h: */
typedef struct bs_string { /* ...*/ } bs_string;          /* 비야네의 string */
typedef int bs_bool ;                                     /* 비야네의 Boolean 타입 */

/* pete.h: */
typedef char* pete_string;          /* 피터의 string */
typedef char pete_bool ;            /* 피터의 Boolean 타입 */
```

이러한 기법은 널리 쓰이므로, 접두사를 한 글자나 두 글자로 쓰는 방법은 일반적으로 좋은 생각이 아니다.

27.4 자유 저장 영역

C에서는 객체를 다루는 new와 delete를 제공하지 않는다. C에서 자유 저장 영역을 사용하려면 메모리를 다루는 함수를 사용해야 한다. 다음과 같이 가장 중요한 함수들은 '일반적인 유틸리티'를 포함하는 표준 헤더 <stdlib.h>에 정의된다.

```
void* malloc(size_t sz);                  /* sz 바이트 할당*/
void free(void* p);                       /* p가 가리키는 메모리 해제 */
void* calloc(size_t n, size_t sz);        /* 0으로 초기화된 n*sz 바이트 할당 */
void* realloc(void* p, size_t sz);        /* p가 가리키는 메모리를 sz 크기로 재할당 */
```

typedef size_t는 부호 없는 타입으로 <stdlib.h>에 정의된다.

malloc()이 void*를 반환하는 이유는 무엇일까? malloc()은 여러분이 어떤 타입의 객체를 메모리에 저장할지 전혀 알 수 없기 때문이다. 초기화는 여러분의 몫이다. 아래 예를 보자.

```
struct Pair {
    const char* p;
    int val;
};

struct Pair p2 = {"apple",78};
struct Pair* pp = (struct Pair*) malloc(sizeof(Pair));        /* 할당 */
pp->p = "pear";          /* 초기화 */
pp->val = 42;
```

하지만 C와 C++ 모두 다음과 같이 쓸 수는 없다.

```
*pp = {"pear", 42}; /* 오류: C나 C++98에서는 안됨 */
```

물론 C++이라면 다음과 같이 Pair의 생성자를 정의하고 이용할 수 있다.

```
Pair* pp = new Pair("pear", 42);
```

C에서는 malloc() 앞의 캐스트를 생략할 수 있지만(C++에서는 불가. 27.3.4절), 그렇게 하지 말자.

```
int* p = malloc(sizeof(int)*n);       /* 이렇게 하지 말자 */
```

타이핑이 줄어들고, 드물긴 하지만 malloc()을 사용하기 전에 <stdlib.h>를 포함시키는 일을 잊어버리는 흔치 않은 오류를 잡아낼 수 있다는 이유로 캐스트를 생략하는 경우가 많다. 하지만 이로 인해 할당할 크기를 잘못 계산하는 오류를 잡아낼 시각적 단서가 사라진다.

```
p = malloc(sizeof(char)*m); /* 아마도 버그. m개의 int를 저장할 수 없음 */
```

C++ 프로그램에서는 malloc()/free()를 사용하지 말자. new/delete는 캐스트가 필요 없고, 초기화(생성자)와 정리 작업(소멸자)을 처리해주며, (예외를 바탕으로) 메모리 할당 오류를 보고해줌은 물론 malloc()/free()만큼 빠르다. 다음과 같이 malloc()으로 할당한 객체를 delete하거나 new로 할당한 객체를 free()하지도 말자.

```
int* p = new int[200];
// ...
free(p);      // 오류

X* q = (X*)malloc(n*sizeof(X));
// ...
delete q;     // 오류
```

잘 동작할진 몰라도 이식성이 보장되지 않는다. 더 나아가 생성자나 소멸자를 갖춘 객체에 대해 C 스타일과 C++ 스타일의 자유 저장 영역 관리를 혼합하는 일은 재앙을 불러온다.

realloc() 함수는 일반적으로 버퍼를 확장하는 데 사용한다.

```
int max = 1000;
int count = 0;
int c;
char* p = (char*)malloc(max);
while ((c=getchar())!=EOF) {    /* 읽기: eof 문자는 무시 */
    if (count==max- 1) {         /* 버퍼를 확장해야 함*/
        max += max;              /* 버퍼 크기를 두 배로 확장 */
        p = (char*)realloc(p,max);
        if (p==0) quit();
    }
    p[count++] = c;
}
```

C의 입력 연산에 대한 설명은 27.6.2절과 B.11.2절을 참고하라.

realloc() 함수는 이전에 할당한 영역을 새로 할당한 영역으로 옮길 수도 있고, 옮기지 않을 수도 있다. 그리고 new로 할당한 메모리에 realloc()을 사용할 생각은 하지도 말자.

이 코드를 C++ 표준 라이브러리를 이용해 (거의) 동일하게 작성하면 다음과 같다.

```
vector<char> buf;
char c;
while (cin.get(c)) buf.push_back(c);
```

입력과 할당 전략에 대해 좀 더 철저하게 논의하고 싶다면 논문 "Learning Standard C++ as a New Language"를 참고하라(27.1절의 참고 자료 목록 확인).

27.5 C 스타일 문자열

C에서의 문자열(C++ 문헌에서 C 문자열이나 C 스타일 문자열이라고 부르는)은 0으로 끝나는 문자의 배열이다. 아래 예를 보자.

```
char* p = "asdf";
char s[ ] = "asdf";
```

C에서는 struct에 멤버 함수를 추가하거나 함수를 오버로딩하거나 (==와 같은) 연산자를 정의할 수 없다. 따라서 C 스타일 문자열을 조작할 수 있는 (멤버가 아닌) 함수 집합이 필요하다. C와 C++ 표준 라이브러리에서는 <string.h>에서 그러한 함수를 제공한다.

```
size_t strlen(const char* s);                    /* 문자의 개수를 셈 */
char* strcat(char* s1, const char* s2);          /* s2를 s1의 끝에 복사*/
int strcmp(const char* s1, const char* s2);      /* 사전 순 비교 */
char* strcpy(char* s1,const char* s2);           /* s2를 s1에 복사 */

char* strchr(const char *s, int c);              /* s에서 c를 찾음 */
char* strstr(const char *s1, const char *s2);    /* s1에서 s2를 찾음 */

char* strncpy(char*, const char*, size_t n);     /* 최대 n개의 문자를 strcpy */
char* strncat(char*, const char, size_t n);      /* 최대 n개의 문자를 strcat */
int strncmp(const char*, const char*, size_t n); /* 최대 n개의 문자를 strcmp */
```

이 목록이 전부는 아니지만, 가장 유용하고 많이 사용하는 함수들이다. 이제 그 사용법을 알아보자.

우선 문자열을 비교해보자. 상등 연산자(==)가 포인터의 값을 비교하는 반면, 표준 라이브러리 함수 strcmp()는 C 스타일 문자열의 값을 비교한다.

```
const char* s1 = "asdf";
const char* s2 = "asdf";

if (s1==s2) {      /* s1과 s2가 동일할 배열을 가리키는가? */
                   /* (일반적으로는 이런 경우는 많지 않다) */
}

if (strcmp(s1,s2)==0) {    /* s1과 s2가 동일한 문자들을 포함하는가? */
}
```

strcmp()는 두 인자에 대해 삼상태 비교three-way comparison를 수행한다. 위와 같이 주어진 s1과 s2에 대해 두 문자열의 내용이 완벽히 같으면 strcmp(s1,s2)는 0을 반환한다. s1이 사전 순서로 s2보다 앞에 있으면 음수를 반환하고, s1이 사전 순서로 s2보다 뒤에 있으면 양수를 반환한다. 사전 순이란 말은 '사전에 나온 순서대로'라는 의미다. 다음 예를 보자.

```
strcmp("dog","dog")==0
strcmp("ape","dodo")<0     /* 사전에서 "ape"가 "dodo" 앞에 나옴 */
strcmp("pig","cow")>0      /* 사전에서 "pig"가 "cow" 뒤에 나옴 */
```

포인터 값 비교 s1==s2가 0(false)이라는 보장은 없다. 구현체에서 모든 문자열 리터럴의 사본을 같은 메모리에 저장한다면 결과가 1(true)이 될 수도 있다. 따라서 일반적으로 C 스타일 문자열을 비교할 때는 strcmp()를 사용해야 한다.

C 스타일 문자열의 길이는 strlen()으로 알아낼 수 있다.

```
int lgt = strlen(s1);
```

strlen()은 종료 문자인 0을 제외한 길이를 반환한다는 점을 기억하자. 여기서 strlen(s1)==4이지만 "asdf"를 저장하는 데는 5바이트가 필요하다. 이러한 조그만 차이로 인해 하나 차이off-by-one 오류가 발생한다.

(종료 문자 0을 비롯한) C 스타일 문자열을 다른 위치로 복사할 수도 있다.

```
strcpy(s1,s2);    /* s2의 문자열을 s1에 복사 */
```

복사를 할 때는 대상 문자열(배열)의 크기가 원본 문자열을 저장하기에 충분한지 확인해야 한다.

strncpy()와 strncat(), strncmp() 함수는 세 번째 인자로 주어지는 n을 최대 개수로 하는 strcpy()와 strcat(), strcmp()의 수정된 버전이다. strncpy()에서 원본 문자열에 n개보다 많은 문자가 포함되면 종료 문자 0을 복사하지 않을 수도 있다. 따라서 결과 문자열이 유효한 C 스타일 문자열이 아닐 수도 있다.

strchr()과 strstr()은 첫 번째 인자로 주어진 문자열에서 두 번째 인자로 주어진 대상을 찾는다. 반환 값은 첫 번째로 일치하는 위치를 가리키는 포인터이며, find()와 마찬가지로 문자열 왼쪽부터 오른쪽으로 찾기를 수행한다.

이 간단한 함수들로 놀랍게 많을 일을 할 수 있지만, 그만큼 사소한 실수를 많이 유발할 수 있다. 사용자 이름과 주소 사이에 @ 문자를 삽입해 이어 붙이는 간단한 문제를 생각해보자. std::string을 이용하면 다음과 같이 할 수 있다.

```
string s = id + '@' + addr;
```

표준 C 스타일 문자열 함수를 이용한 코드는 다음과 같다.

```
char* cat(const char* id, const char* addr)
{
    int sz = strlen(id)+strlen(addr)+2;
    char* res = (char*) malloc(sz);
    strcpy(res,id);
    res[strlen(id)+1] = '@';
    strcpy(res+strlen(id)+2,addr);
    res[sz- 1]=0;
    return res;
}
```

제대로 된 걸까? cat()이 반환한 문자열은 누가 free()해야 할까?

도전 과제

cat()를 테스트하라. 2라는 숫자는 왜 사용했는가? cat()에 초보자가 저지를 수 있는 성능 오류를 남겨뒀다. 이 오류를 찾아 고쳐보자. 주석도 달지 않았는데, 표준 C 스타일 문자열 함수를 알고 있는 사람이 이해할 수 있도록 주석을 추가하자.

27.5.1 C 스타일 문자열과 const

아래 예를 보자.

```
char* p = "asdf";
p[2] = 'x';
```

이 코드는 C에서는 적법하지만 C++에서는 그렇지 않다. C++의 문자열 리터럴은 변경이 불가한 상수 값이므로 (가리키는 값을 "asxf"로 만드는) p[2]='x'는 적법하지 않다. 불행히도 문제를 유발하는 p로의 대입을 잡아내는 컴파일러는 많지 않다. 운이 좋다면 실행 시간 오류가 발생할 수 있지만, 그런 행운에 기대지는 말자. 그 대신 다음과 같이 쓰자.

```
const char* p = "asdf";     // p로부터 "asdf"를 변경할 수 없음
```

C와 C++ 모두에서 이렇게 하기를 추천한다.

C의 strchr()에는 이와 비슷하지만 더 찾기 어려운 문제가 숨어있다.

```
char* strchr(const char* s, int c);  /* 상수 s에서 c를 찾음 (C++에서는 다름) */

const char aa[ ] = "asdf";     /* aa는 상수의 배열 */
char* q = strchr(aa, 'd');     /* 'd'를 찾음 */
*q = 'x';                      /* aa의 'd'를 'x'로 변경 */
```

다시 말하지만 이 코드는 C와 C++에서 모두 적법하지 않지만, C 컴파일러는 이 오류를 잡아내지 못한다. 이처럼 const를 const가 아닌 것으로 변경해 코드에서 합리적인 가정을 위반하는 문제를 일컬어 **변형**transmutation 문제라고 한다.

C++에서는 표준 라이브러리 strchr()을 다른 방식으로 선언해 문제를 해결한다.

```
char const* strchr(const char* s, int c);     // 상수 s에서 c를 찾음
char* strchr(char* s, int c);                 // s에서 c를 찾음
```

strstr()도 이와 마찬가지다.

27.5.2 바이트 연산

void*가 발명되기 전, 먼 옛날 어둠의 시대(1980년대 초반)에 C와 C++ 프로그래머는 문자열 연산을 이용해 바이트를 조작했다. 오늘날 기본적인 메모리 조작용 표준 라이브러리 함수는 void*를 매개변수로 받아들이며, void*를 반환 타입으로 사용함으로써 근본적으로 타입이 지정되지 않은 메모리를 조작하고 있다는 점을 사용자에게 경고한다.

```
/* s2에서 s1으로 n 바이트 복사 (strcpy와 비슷함): */
void* memcpy(void* s1, const void* s2, size_t n);

/* s2에서 s1으로 n 바이트 복사 ( [s1:s1+n]과 [s2:s2+n]이 중첩될 수도 있음 ): */
void* memmove(void* s1, const void* s2, size_t n);

/* s1과 s2를 n 바이트만큼 비교 (strcmp와 비슷함): */
int memcmp(const void* s1, const void* s2, size_t n);

/* s의 첫 n 바이트 중에서 (unsigned char로 변환한) c를 찾음: */
void* memchr(const void* s, int c, size_t n);

/* s가 가리키는 곳에서 첫 n 바이트 각각에 (unsigned char로 변환한) c를 복사 */
void* memset(void* s, int c, size_t n);
```

C++에서는 이 함수들을 사용하지 말자. 특히 memset()은 생성자가 보장하는 원칙을 위반할 수 있다.

27.5.3 예제: strcpy()

strcpy()의 정의는 C(와 C++) 코드가 얼마나 간결할 수 있는지를 보여주는 대표적인 예임과 동시에 불명예스러운 예로도 유명하다.

```
char* strcpy(char* p, const char* q)
{
    while (*p++ = *q++);
    return p;
}
```

이 코드가 어떻게 C 스타일 문자열 q를 p로 복사하는지는 여러분 스스로 생각해보자. 후치 증가post-increment는 A.5절에서 설명하겠지만, p++의 값은 p가 증가하기 전의 값을 나타낸다.

도전 과제

strcpy()의 구현은 정확한가? 왜 그런지 설명해보자.

그 이유를 설명할 수 없다면 C 프로그래머의 칭호를 얻을 수 없다(다른 프로그래밍 언어에는 능숙할지라도). 모든 언어에는 나름의 관용구가 있고, 이번 예제가 바로 C의 관용구라고 할 수 있다.

27.5.4 스타일 문제

지금까지는 오랫동안 지속돼 온, 때로는 격렬한 논쟁의 대상이 되는가 하면 무의미하기도 한 스타일 문제에 대해 별 언급 없이 한쪽 편을 들어왔다. 예를 들면 다음과 같은 코드를 살펴보자.

```
char* p;     // p는 char를 가리키는 포인터
```

지금까지 위와 같이 포인터를 선언했다. 그러나 아래 코드도 마찬가지로 포인터를 선언한다.

```
char *p;     /* p는 char를 얻기 위해 역참조할 수 있는 무언가 */
```

컴파일러는 공백의 위치를 전혀 신경 쓰지 않지만 프로그래머는 그렇지 않다. 우리가 사용해 온 (C++에서 일반적인) 스타일은 선언할 변수의 타입에 초점을 맞춘다. 반면 (C에서 일반적인) 다른 스타일은 변수의 사용에 초점을 맞춘다. 아래와 같이 하나의 선언에서 여러 변수를 선언하는 방식은 추천하지 않는다.

```
char c, *p, a[177], *f();  /* 적법하나 혼란스러움 */
```

이러한 선언은 예전 코드에서 드물지 않게 볼 수 있다. 그 대신 여러 줄을 사용하고 나머지 수평 공간을 주석과 초기 값에 할애하자.

```
char c = 'a';     /* f()로 읽은 입력의 종료 문자 */
char* p = 0;      /* f()가 읽은 마지막 문자 */
char a[177];      /* 입력 버퍼 */
char* f();        /* 입력 버퍼 a에 읽기. 읽은 첫 번째 문자의 포인터 반환 */
```

그리고 의미 있는 이름을 사용하라.

27.6 입력과 출력: stdio

C에는 iostream이 없다. 그 대신 <stdio.h>에 정의된 C 표준 입출력을 사용하며, 일반적으로 이를 일컬어 stdio라고 한다. stdio에서 cin과 cout에 상응하는 것이 바로 stdin과 stdout이다. 같은 프로그램에서 (동일한 입출력 스트림에 대해) stdio와 iostream을 혼용할 수 있지만, 추천하진 않는다. 둘을 혼용할 필요가 있다면 전문가 수준의 서적에서 stdio와 iostream(특히 ios_base::sync_with_stdio())를 자세히 읽어 보자. B.11절도 참고하라.

27.6.1 출력

stdio에서 가장 널리 쓰이는 유용한 함수는 printf()다. printf()의 가장 기본적인 용법은 아래와 같이 (C 스타일) 문자열을 출력하는 것이다.

```
#include<stdio.h>

void f(const char* p)
{
    printf("Hello, World!\n");
    printf(p);
}
```

이 예제는 그리 흥미롭진 않다. printf()의 흥미로운 점은 인자의 개수가 정해지지 않았고, 첫 번째 인자의 문자열이 나머지 인자가 존재하는지, 존재한다면 어떻게 출력할지를 결정한다는 점이다. C에서 printf()의 선언은 다음과 같다.

```
int printf(const char* format, ... );
```

...은 "더 많은 인자가 선택적으로 있을 수 있다"는 의미다. printf()는 다음과 같이 호출할 수 있다.

```
void f1(double d, char* s, int i, char ch)
{
    printf("double %g string %s int %d char %c\n", d, s, i, ch);
}
```

여기서 %g는 "일반적인 형식으로 부동소수점 숫자를 출력하라"는 의미이고, %s는 "C 스타일 문자열을 출력하라", %d는 "10진수로 정수를 출력하라", %c는 "문자를 출력하라"는 의미다. 각 형식 지정자는 아직 사용하지 않은 인자에 대응된다. 여기서 %g는 d를, %s는 s를, %d는 i를, %c는 ch를 출력한다. printf()의 모든 형식 목록은 B.11.2절에서 찾아볼 수 있다.

불행히도 printf()는 타입 안정성을 보장하지 않는다. 다음 예를 보자.

```
char a[ ] = { 'a', 'b' };          /* 종료 문자 0이 없음 */

void f2(char* s, int i)
{
    printf("goof %s\n", i);         /* 잡아내지 못하는 오류 */
    printf("goof %d: %s\n", i);     /* 잡아내지 못하는 오류 */
    printf("goof %s\n", a);         /* 잡아내지 못하는 오류 */
}
```

마지막 printf()의 효과는 흥미롭다. 0이 나올 때까지 a[1] 다음의 메모리에 위치한 모든 바이트를 출력하는데, 많은 문자가 출력될 수도 있다.

stdio가 C와 C++에서 동일하게 작동함에도 iostream을 더 선호하는 이유 중 하나는 타입 안정성의 부재다. 또 다른 이유는 stdio 함수가 확장성이 없기 때문이다. iostream을 이용하면 여러분이 직접 정의한 타입도 출력하게 확장할 수 있지만, printf()로는 그렇게 할 수 없다. 예를 들어 struct Y를 출력하게 %Y를 정의할 수 없다.

printf()의 유용한 확장 버전으로 파일 기술자^{file descriptor}를 첫 인자로 받는 함수가 존재한다.

```
int fprintf(FILE* stream, const char* format, ... );
```

예를 들어 이 함수를 다음과 같이 사용할 수 있다.

```
fprintf(stdout,"Hello, World!\n");          // printf("Hello, World!\n");와 동일
FILE* ff = fopen("My_file","w");            // My_file을 출력용으로 열기
fprintf(ff,"Hello, World!\n");              // "Hello, World!\n"를 My_file에 출력
```

파일 핸들은 27.6.3절에서 설명한다.

27.6.2 입력

가장 많이 쓰이는 stdio 입력 함수는 다음과 같다.

```
int scanf(const char* format, ... );        /* 주어진 형식으로 stdin에서 읽기 */
int getchar(void);                           /* stdin에서 문자 읽기 */
int getc(FILE* stream);                      /* 스트림에서 문자 읽기 */
char* gets(char* s);                         /* stdin에서 문자열 읽기 */
```

문자열을 읽는 가장 간단한 방법은 gets()다. 다음 예를 보자.

```
char a[12];
gets(a);      /* 입력에서 '\n'이 나올 때까지 a가 가리키는 문자 배열에 읽기 */
```

이렇게 하지 말자. gets()를 독배로 여겨라. 가까운 사촌격인 scanf("%s")와 함께 gets()는 성공적인 해킹 시도의 4분의 1에 달하는 경우 주요 원인에 해당된다. 이 문제는 여전히 중요 보안 문제 중 하나다. 위의 간단한 예제에서 개행 문자 앞에 최대 11문자가 입력되리라고 확신할 수 있는가? 결국 gets()는 거의 확실하게 (버퍼를 넘어서 존재하는 바이트와) 메모리 충돌을 일으킨다. 그리고 이러한 메모리 충돌은 크래커의 주요 공격 도구 중 하나다. '사용하기에 충분히 큰' 최대 버퍼 크기를 유추할 수 있다고 여기지 말자. 입력 스트림 저 너머에 앉아있는

사용자는 여러분의 상식에 아랑곳 않는 프로그램일 수도 있다.

printf()가 형식을 이용해서 출력하듯이 scanf() 함수는 형식에 기반을 두어 입력을 수행한다. printf()가 그렇듯이 scanf()도 매우 유용할 수 있다.

```
void f()
{
    int i;
    char c;
    double d;
    char* s = (char*)malloc(100);
    /* 포인터로 전달된 곳에 변수 읽기: */
    scanf("%i %c %g %s", &i, &c, &d, s);
    /* %s는 앞쪽 공백 문자를 무시하며, 공백 문자를 만나면 읽기를 마침 */
}
```

printf()와 마찬가지로 scanf()도 타입 안정성을 보장하지 않는다. 형식 문자와 인자(모든 포인터)는 정확히 대응돼야 하며, 그렇지 않으면 실행 시간 오류가 발생한다. %s로 s에 읽는 과정에서 오버플로가 발생할 수 있다는 점도 기억하자. gets()나 scanf("%s")를 절대로 사용하지 말자!

그렇다면 문자열을 안전하게 읽을 수 있는 방법은 없는가? 아래와 같이 %s 형식에 최대로 읽을 문자 개수를 지정할 수 있다.

```
char buf[20];
scanf("%19s",buf)
```

(scanf()가 추가하는) 종료 문자 0의 공간도 필요하므로, buf에 읽을 수 있는 문자의 최대 개수는 19다. 하지만 누군가 19개보다 많은 문자를 입력하는 경우는 여전히 문제로 남는데, 여분의 문자는 입력 스트림에 남겨지고 다음 입력 연산에서 처리된다.

scanf()의 문제점은 getchar()를 이용하는 방법이 때로는 더 신중하고 간단할 수 있음을 암시한다. getchar()를 이용해서 문자열을 읽는 일반적인 방법은 다음과 같다.

```
while((x=getchar())!=EOF) {
    /* ...*/
}
```

EOF는 'end of file파일의 끝'을 의미하는 stdio의 매크로다(27.4절).

scanf("%s")와 gets()에 상응하는 C++ 표준 라이브러리의 대안은 이런 문제점을 안고 있지 않다.

```
string s;
cin >> s;              // 한 단어 읽기
getline(cin,s);        // 한 행 읽기
```

27.6.3 파일

C(나 C++에서) 파일은 fopen()으로 열고 close()로 닫을 수 있다. 이 두 함수와 파일 핸들을
나타내는 FILE, EOF[end-of-file] 매크로는 모두 <stdio.h>에서 찾을 수 있다.

```
FILE *fopen(const char* filename, const char* mode);
int fclose(FILE *stream);
```

기본적인 파일 사용법은 아래와 같다.

```
void f(const char* fn, const char* fn2)
{
    FILE* fi = fopen(fn, "r");        /* fn을 읽기 전용으로 열기 */
    FILE* fo = fopen(fn2, "w");       /* fn2를 쓰기 전용으로 열기 */

    if (fi == 0) error("입력 파일 열기 실패");
    if (fo == 0) error("출력 파일 열기 실패");

    /* stdio 입력 함수(getc() 등)를 이용해 파일에서 읽기 */
    /* stdio 출력 함수(fprintf() 등)를 이용해 파일에 쓰기 */

    fclose(fo);
    fclose(fi);
}
```

C에는 예외가 없는데, 어떻게 오류가 발생했을 때 파일이 닫힘을 보장할 수 있을까? 한
번 고민해보기 바란다.

27.7 상수와 매크로

C의 const는 절대 컴파일 시간 상수가 아니다.

```
const int max = 30;
const int x;        /* 초기화하지 않은 const. C에서는 괜찮지만 C++에서는 오류 */

void f(int v)
{
    int a1[max];    /* 오류: 배열 크기는 상수여야 함 (C++에서는 괜찮음) */
```

```
                    /* (max를 상수 표현식에서 사용할 수 없음!) */
    int a2[x];      /* 오류: 배열 크기는 상수여야 함 */

    switch (v) {
    case 1:
        /* ...*/
        break;
    case max:       /* 오류: case 레이블은 상수여야 함 (C++에서는 괜찮음) */
        /*... */
        break;
    }
}
```

이러한 제약의 기술적인 이유는 (C++와 달리) C에서는 서로 다른 변환 단위에서 const에 암묵적으로 접근이 가능하기 때문이다.[1]

```
/* x.c 파일 :*/
const int x;            /* 다른 어딘가에서 초기화*/

/* xx.c 파일 :*/
const int x = 7;        /* 진짜 정의는 여기서 */
```

C++에서 두 객체는 각자의 파일에서 x라는 서로 다른 객체일 수 있다. 따라서 C 프로그래머는 const로 기호 상수를 정의하기보다 매크로를 사용할 수 있다.

```
#define MAX 30
void f(int v)
{
    int a1[max]; /* OK*/

    switch (v) {
    case 1:
        /* ...*/
        break;
    case MAX: /* OK*/
        /* ... */
        break;
    }
}
```

---

1. 즉, 서로 다른 변환 단위의 통합은 링크 단계에서 이뤄지므로 컴파일 단계에서 값을 미리 고정할 수 없다. - 옮긴이

매크로의 이름 MAX는 매크로의 값인 30으로 대체된다. 즉, a1의 요소 개수는 30이 되고, 두 번째 케이스의 레이블도 30이 된다. 관례에 따라 매크로의 이름은 모두 대문자를 사용했는데, 이러한 명명 관례가 매크로로 인한 오류를 최소화하는 데 도움이 된다.

27.8 매크로

매크로에 주의하자. C에서 매크로를 피할 효과적인 방법이 없긴 하지만, 매크로는 C(나 C++)의 일반적인 유효 범위와 타입 규칙을 따르지 않으므로 심각한 부작용을 일으킨다. 매크로는 텍스트 대체text substitution의 일종이라고 할 수 있다(A.17.2절).

(C++에서 매크로의 대안을 사용하거나) 매크로의 사용을 최소화하는 일은 일단 접어 두더라도 매크로의 잠재적인 문제점으로부터 우리 스스로를 보호할 방법은 무엇일까?

• 우리가 정의하는 모든 매크로의 이름에 ALL_CAPS(모두 대문자) 규칙을 적용한다.

• 매크로가 아닌 것에는 ALL_CAPS 이름을 부여하지 말자.

• 매크로에 max나 min처럼 짧고 깜찍한 이름을 붙이지 말자.

• 모든 사람이 이처럼 간단하고 일반적인 관례를 따르길 기도하자.

매크로의 주요 용도는 아래와 같다.

• 상수 정의

• 유사 함수function-like constructs 정의

• 구문적인 개선

• 조건부 컴파일 제어

여기에 더해 매우 다양한 용도가 있지만 위의 경우들처럼 일반적으로 사용하진 않는다.

나는 매크로가 심각하게 남용된다고 생각하지만, C 프로그램에서는 매크로 사용을 대신할 합리적이고 완벽한 대안이 존재하지 않는다. C++ 프로그램에서도 매크로를 피하기 어려운 경우가 있다(특히 아주 오래된 컴파일러나 흔치않은 제약이 있는 플랫폼과의 이식성을 고려해야 할 때).

앞으로 설명할 기법들을 '더러운 꼼수'라고 생각하거나 점잖은 회사라면 입에 담지 말아야 할 것이라고 생각하는 사람들에게는 사과하는 바이다. 그러나 나는 프로그래밍은 실세계에서 이뤄져야 한다고 믿으며, 이처럼 (매우 순화된) 매크로 사용과 어느 정도의 남용은 초보 프로그래머로 하여금 몇 시간의 고민을 덜어 줄 수 있다고 생각한다. 매크로를 아예 무시하는 길만이 상책은 아니다.

27.8.1 유사 함수 매크로

아래 예는 대표적인 유사 함수 매크로를 보여준다.

```
#define MAX(x, y) ((x)>=(y)?(x):(y))
```

(여러 프로그램에서) max라는 이름의 수많은 함수와 구별하고자 대문자 MAX를 사용했다. 유사 함수는 분명 함수와는 매우 다르다. 인자 타입과 블록, 반환문 등이 없다. 게다가 저 수많은 괄호는 무슨 역할을 하는가? 다음 코드를 보자.

```
int aa = MAX(1,2);
double dd = MAX(aa++,2);
char cc = MAX(dd,aa)+2;
```

이 코드는 아래와 같이 확장된다.

```
int aa = ((1)>=( 2)?(1):(2));
double dd = ((aa++)>=(2)?( aa++):(2));
char cc = ((dd)>=(aa)?(dd):(aa))+2;
```

'수많은 괄호'가 없었다면 마지막 행은 다음과 같이 확장될 것이다.

```
char cc = dd>=aa?dd:aa+2;
```

즉, cc의 정의로부터 합리적으로 기대할 수 있는 값과 전혀 다른 값이 된다. 따라서 매크로를 정의할 때 확장될 모든 인자는 괄호 안에 넣어야 한다.

반면 두 번째 행의 코드는 괄호를 사용해도 잘못된 확장으로부터 구원될 수 없다. 매크로 매개변수 x의 값이 aa++인데, MAX에서 x를 두 번 사용하므로 a도 두 번 증가한다. 이처럼 매크로에 부작용을 일으킬 수 있는 인자는 사용하지 말자.

공교롭게도 어떤 똑똑한 개발자가 이와 같은 매크로를 널리 쓰이는 헤더 파일에 정의했다고 해보자. 더 슬픈 소식은 MAX가 아니라 max라는 이름을 사용했다는 점이다. max는 C++ 표준 헤더에서 정의하는 함수 이름과 동일하다.

```
template<class T> inline T max(T a,T b) { return a<b?b:a; }
```

위 함수 정의의 max가 T a와 T b를 인자로 하는 매크로로 확장되면 컴파일러가 보게 될 최종 코드는 다음과 같다.

```
template<class T> inline T ((T a)>=( T b)?( T a):( T b)) { return a<b?b:a; }
```

흥미로운 컴파일러 오류 메시지가 발생할 텐데, 매우 유용한 오류 메시지다. 이런 응급 상황에서는 매크로 정의를 취소(undef)할 수 있다.

```
#undef max
```

다행히도 max는 그리 중요한 매크로는 아니다. 그러나 널리 쓰이는 헤더 파일에는 수만 개의 매크로가 존재하며, 아무런 문제없이 모든 매크로 정의를 취소할 수는 없다.

매개변수를 표현식으로 사용하지 않는 매크로도 존재한다. 아래 예를 보자.

```
#define ALLOC(T,n) ((T*)malloc(sizeof(T)*n))
```

이 매크로는 다음과 같이 의도한 타입과 sizeof에서 사용한 타입 간의 불일치로 인한 오류를 피할 수 있는 매우 유용한 매크로의 예라고 할 수 있다.

```
double* p = malloc(sizeof(int)*10);     /* 오류일 가능성이 큼 */
```

불행히도 메모리 고갈도 감지할 수 있는 매크로를 만들기란 간단하지 않다. 어딘가에서 error_var과 error()를 적절히 정의했다면 아래와 같이 할 수 있다.

```
#define ALLOC(T,n) (error_var = (T*)malloc(sizeof(T)*n), \
                   (error_var==0)\
                   ?(error("memory allocation failure"),0)\
                   :error_var)
```

\로 행이 끝나는 것은 서식 문제가 아니라 여러 행에 걸친 매크로를 정의하는 방법이다. 물론 C++로 코드를 작성한다면 new를 사용하는 편이 낫다.

27.8.2 구문 매크로

아래와 같은 매크로 정의를 이용해서 소스코드를 좀 더 여러분의 취향에 맞게 할 수 있다.

```
#define forever for(;;)
#define CASE break; case
#define begin {
#define end }
```

나는 이러한 방식에 강력히 반대한다. 많은 사람이 이런 아이디어를 시도했지만, 결국 그들(혹은 그 코드를 유지 보수하는 사람들)이 내린 결론은 다음과 같다.

- 더 나은 구문의 기준은 사람마다 다르다.

- '개선된' 구문은 표준이 아니고 낯설다. 결국 다른 사람을 혼란스럽게 한다.

- '개선된' 구문으로 인해 불분명한 컴파일 시간 오류가 발생할 수 있다.
- 여러분이 보는 코드와 컴파일러가 보는 코드가 달라진다. 그리고 컴파일러는 여러분에게 익숙하지 않은 스스로의 용어를 이용해서 (소스코드에서 보이는 대로) 오류를 보고한다.

코드를 더 멋있게 보이려는 목적으로 구문 매크로를 사용하지 말라. 여러분이나 여러분과 가장 친한 친구는 그 코드가 훌륭해보일 수 있다. 그러나 지금까지 경험에 비춰보면 대규모 커뮤니티 안에서 소수의 비주류가 될 것이고, 누군가는 여러분의 코드를 고쳐야 할 것이다(그 코드가 살아남는다면).

27.8.3 조건부 컴파일

두 가지 버전의 헤더 파일이 있다고 가정하자. 예를 들어 하나는 리눅스용이고 하나는 윈도우 용이다. 코드 안에서 둘 중 하나를 어떻게 선택할까? 일반적인 방법은 다음과 같다.

```
#ifdef WINDOWS
    #include "my_windows_header.h"
#else
    #include "my_linux_header.h"
#endif
```

이제 컴파일러가 이 코드를 처리하기 전에 누군가 WINDOWS를 정의했다고 가정하면 그 결과는 아래와 같다.

```
#include "my_windows_header.h"
```

반대로 WINDOWS를 정의하지 않았다면 결과는 다음과 같다.

```
#include "my_linux_header.h"
```

#ifdef WINDOWS는 WINDOWS가 무엇으로 정의 됐는지는 상관없이 WINDOWS가 정의됐는지 여부만 확인한다.

(모든 운영체제 변종을 비롯해) 대부분의 주요 시스템은 여러분이 확인 작업에 이용할 수 있는 매크로를 정의한다. C++에서 컴파일 중인지 C로 컴파일 중인지를 알고 싶다면 아래와 같이 할 수 있다.

```
#ifdef __cplusplus
    // C++
#else
    /* C */
#endif
```

#ifndef는 대상이 정의되지 않았음을 확인한다. 즉, #ifndef는 #ifdef와 반대되는 의미다. 논리적으로 보면 소스 파일 제어에 사용하는 매크로는 소스코드 변경에 사용하는 매크로와는 매우 다르다. 그저 본래의 목적을 달성하기 위해 동일한 기반 메커니즘을 사용할 뿐이다.

27.9 예제: 침습적 컨테이너

vector와 map 등의 C++ 표준 라이브러리 컨테이너는 비침습적non-intrusive이다. 즉, 요소로 사용할 타입에 대한 정보를 요구하지 않는다. 덕분에 모든 (내장형 또는 사용자 정의) 타입에 대해 효과적인 일반화가 가능하고 복사도 가능하다. 이와 달리 C와 C++ 모두에서 널리 쓰이는 **침습적 컨테이너**intrusive container라는 종류의 컨테이너도 존재한다. 여기서는 침습적 컨테이너를 바탕으로 **struct**와 포인터, 자유 저장 영역을 C 스타일로 사용하는 예를 살펴보자.

아홉 개의 연산을 포함하는 이중 연결 리스트를 다음과 같이 정의하자.

```
void init(struct List* lst);          /* lst를 빈 리스트로 초기화 */
struct List* create();                /* 자유 저장 영역에 새로운 빈 리스트 생성 */
void clear(struct List* lst);         /* lst의 모든 요소 해제 */
void destroy(struct List* lst);       /* lst의 모든 요소를 해제한 후 lst도 해제 */

void push_back(struct List* lst, struct Link* p); /* lst의 맨 뒤에 p 추가*/
void push_front(struct List*, struct Link* p);    /* lst의 맨 앞에 p 추가 */

/* q를 lst의 p 앞에 삽입: */
void insert(struct List* lst, struct Link* p, struct Link* q);
struct Link* erase(struct List* lst, struct Link* p);   /* lst에서 p 삭제 */

/* p 앞이나 뒤쪽으로 n "홉(hop)" 떨어진 링크 반환: */
struct Link* advance(struct Link* p, int n);
```

사용자가 List*와 Link*만 사용해서 모든 연산을 수행할 수 있게 구성했다. 즉, 사용자에게 영향을 주지 않고 모든 연산의 구현을 급격히 바꿀 수도 있음을 의미한다. 연산자 명명 규칙은 STL과 비슷하다. List와 Link는 다음과 같이 명확하고 간단하게 정의할 수 있다.

```
struct List {
    struct Link* first;
    struct Link* last;
};

struct Link { /* 이중 연결 리스트의 링크 */
    struct Link* pre;
```

```
    struct Link* suc;
};
```

List를 그림으로 나타내면 다음과 같다.

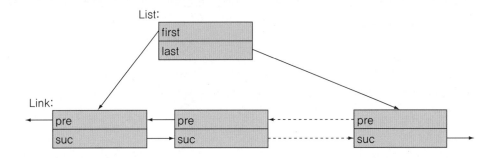

이 예제의 목적은 영리한 표현 기법이나 알고리즘을 보여주는 것이 아니므로 그러한 요소는 찾아볼 수 없다. 하지만 Link에 저장된 데이터(List의 요소)에 대한 언급이 전혀 없다는 사실에 주목하자. 위의 함수들을 보면 추상적인 클래스 Link와 List를 정의하는 것과 유사하다. Link에 저장할 데이터는 나중에 부여된다. Link*와 List*를 일컬어 불투명한 객체의 핸들이라고도 한다. 즉, 위의 함수에 Link*와 List*를 전달하면 Link와 List의 내부 구조를 몰라도 List의 요소를 조작할 수 있다.

위의 List 관련 함수들을 구현하려면 일부 표준 라이브러리 헤더를 #include해야 한다.

```
#include<stdio.h>
#include<stdlib.h>
#include<assert.h>
```

C에는 네임스페이스가 없으므로 using 선언이나 using 지시자를 신경 쓸 필요는 없다. 반면 매우 일반적이고 짧은 이름(Link, insert, init 등)을 사용했으므로, '현재로서는' 예제 프로그램 외부에서 함수를 사용할 수 없는 경우를 염려해야 한다.

초기화는 간단하지만, assert()를 사용한 점에 주목하자.

```
void init(struct List* lst)  /* *lst를 빈 리스트로 초기화 */
{
    assert(lst);
    lst->first = lst->last = 0;
}
```

잘못된 리스트 포인터로 인한 오류는 처리하지 않기로 하자. assert()를 이용해서 리스트 포인터가 널일 때만 (실행 시간) 시스템 오류를 발생시킨다. 이 '시스템 오류'는 실패한 assert()

가 위치한 파일 이름과 줄 번호를 알려준다. assert()는 <assert.h>에 정의된 매크로로 디버 깅 모드일 때만 검사가 활성화된다. 예외라는 개념이 없으므로 잘못된 포인터로 무엇을 해야 할지는 알기 어렵다.

create() 함수는 단순히 자유 저장 영역에 List를 생성한다. 마치 생성자(init()으로 초기화)와 new(malloc()으로 할당)의 조합과 유사하다.

```
struct List* create()        /* 빈 리스트를 새로 생성 */
{
    struct List* lst = (struct List*)malloc(sizeof(struct List));
    init(lst);
    return lst;
}
```

clear() 함수는 모든 Link가 자유 저장 영역에 존재한다고 가정하고 free()를 호출한다.

```
void clear(struct List* lst) /* lst의 모든 요소를 해제*/
{
    assert(lst);
    {
        struct Link* curr = lst->first;
        while(curr) {
            struct Link* next = curr->suc;
            free(curr);
            curr = next;
        }
        lst->first = lst->last = 0;
    }
}
```

여기서 Link의 멤버 suc를 이용해 탐색을 수행하는 점에 주목하자. 객체가 free()된 후에 는 struct 객체에 안전하게 접근할 수 없으므로, List 안에서 현재 위치를 나타낼 변수 next 를 사용했다.

모든 Link를 자유 저장 영역에 할당하지 않았다면 clear()를 호출해선 안 된다. clear() 로 인해 큰 혼란이 빚어질 수 있다.

destroy()는 create()에 반대되는 함수로, 소멸자와 delete의 조합과 유사하다.

```
void destroy(struct List* lst)   /* lst의 모든 요소를 해제한 후, lst를 해제*/
{
    assert(lst);
    clear(lst);
```

```
        free(lst);
}
```

Link로 표현되는 요소에 대해 뒷정리용 함수(소멸자)를 호출하지 않았다. 앞의 예제는 C++ 기법이나 일반화를 완벽히 충실하게 따르는 구현은 아니기 때문이다. 물론 그럴 수도 없고, 경우에 따라서는 그래서도 안 된다.

새로운 Link를 맨 뒤에 추가하는 push_back() 함수의 정의는 직관적이다.

```
void push_back(struct List* lst, struct Link* p) /* lst의 맨 뒤에 p 추가 */
{
    assert(lst);
    {
        struct Link* last = lst->last;
        if (last) {
            last->suc = p;          /* 맨 뒤에 p 추가 */
            p->pre = last;
        }
        else {
            lst->first = p;         /* p는 첫 번째 요소*/
            p->pre = 0;
        }
        lst->last = p;              /* p는 새로운 마지막 요소 */
        p->suc = 0;
    }
}
```

연습장에 박스와 화살표를 몇 개 그려보지 않고는 제대로 만들기가 쉽지 않다. 인자 p가 널인 경우에 대한 처리도 깜빡했음을 알 수 있다. Link를 가리키는 포인터 대신 0을 전달하면 코드가 비정상적으로 종료한다. 천성적으로 나쁜 코드는 아니지만, 실전에 쓰일 만큼 강한 코드는 아니다. 이 코드의 목적은 일반적이고 유용한 기법을 설명하는 데 있다(그리고 여기서는 일반적인 약점과 버그도 보여준다).

erase() 함수는 다음과 같이 작성할 수 있다.

```
struct Link* erase(struct List* lst, struct Link* p)
/*
    lst에서 p를 삭제하고
    p 다음의 링크를 가리키는 포인터 반환
*/
{
    ssert(lst);
```

```
    if (p==0) return 0;                          /* erase(0)도 허용함 */

    if (p == lst->first) {
        if (p->suc) {
            lst->first = p->suc;                 /* 다음 링크가 첫 링크가 됨 */
            p->suc->pre = 0;
            return p->suc;
        }
        else {
            lst->first = lst->last = 0;          /* 리스트가 비워짐 */
            return 0;
        }
    }
    else if (p == lst->last) {
        if (p->pre) {
            lst->last = p->pre;                  /* 앞의 링크가 마지막 링크가 됨*/
            p->pre->suc = 0;
        }
        else {
            lst->first = lst->last = 0;          /* 리스트가 비워짐 */
            return 0;
        }
    }
    else {
        p->suc->pre = p->pre;
        p->pre->suc = p->suc;
        return p->suc;
    }
}
```

(너무나도 간단한) 테스트에 필요하지 않은 나머지 함수는 연습문제로 남겨둔다. 하지만 이 설계에 대한 중요한 의문점이 남아있다. 리스트 요소에 저장될 데이터는 무엇인가? C 스타일 문자열로 주어지는 간단한 이름의 리스트는 어떻게 구현할까? 아래 예를 보자.

```
struct Name {
    struct Link lnk;        /* List 연산에 필요한 Link */
    char* p;                /* 이름 문자열 */
};
```

그러나 여기 포함된 Link 멤버를 어떻게 사용할지는 여전히 미지수다. 하지만 List가 Link를 자유 저장 영역에 할당하게 요구하는 점에 비춰보면 Name을 자유 저장 영역에 생성하는 함수는 다음과 같이 작성할 수 있다.

```
struct Name* make_name(char* n)
{
    struct Name* p = (struct Name*)malloc(sizeof(struct Name));
    p->p = n;
    return p;
}
```

이를 그림으로 나타내면 다음과 같다.

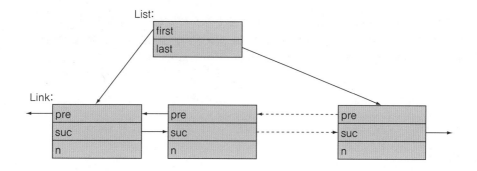

이제 리스트를 사용해보자.

```
int main()
{
    int count = 0;
    struct List names;        /* 리스트 생성 */
    struct List* curr;
    init(&names);

    /* Name을 생성하고 리스트에 추가: */
    push_back(&names,(struct Link*)make_name("Norah"));
    push_back(&names,(struct Link*)make_name("Annemarie"));
    push_back(&names,(struct Link*)make_name("Kris"));

    /* (인덱스가 1인) 두 번째 이름 삭제: */
    erase(&names,advance(names.first,1));

    curr = names.first;     /* 모든 이름 출력 */
    for (; curr!=0; curr=curr->suc) {
        count++;
        printf("요소 %d: %s\n", count, ((struct Name*)curr)->p);
    }
}
```

일종의 '속임수'라고 할 수 있다. `Name*`를 `Link*`로 취급하기 위해 캐스트를 사용했다. 이러한 방식으로 사용자는 '라이브러리 타입' `Link`에 대해 알 수 있다. 반대로 '라이브러리'는 '응용 타입'인 `Name`을 모른다. 이런 방식이 허용되는가? 그렇다. C(와 C++)에서는 `struct`를 가리키는 포인터를 `struct`의 첫 번째 요소의 포인터로 사용할 수 있으며, 그 반대 경우도 가능하다.

그리고 `List` 예제는 그 자체로 C++의 부분집합에 포함된다.

도전 과제

C++ 프로그래머가 C 프로그래머와 대화할 때 가장 참기 힘든 말이 "당신이 뭘 하든, 내가 더 잘 할 수 있어!"라는 말이다. 이제 침습적인 List 예제를 C++로 작성해보자. 코드를 느리게 하거나 객체를 크게 만들지 않고도 더 짧고 쉽게 사용할 수 있도록 만드는 방법을 보여주자.

실습문제

1. 'Hello, World!' 프로그램을 C로 작성하고, 컴파일한 후 실행해보자.

2. 'Hello'와 'World!'를 각각 저장하는 변수 두 개를 정의하고, 두 문자열 사이에 띄어쓰기를 삽입한 채로 이어 붙이자. 그리고 `Hello, World!`와 같이 출력해보자.

3. `char*` 매개변수 p와 `int` 매개변수 t를 받아들이는 C 함수를 정의하자. 이 함수는 인자의 값을 `p is "foo" x is 7` 형태로 출력한다. 몇 가지 인자로 이 함수를 호출해보자.

복습문제

아래 문제에서 언급하는 C는 모두 ISO C89라고 가정한다.

1. C++는 C의 부분집합인가?

2. C를 발명한 사람은 누구인가?

3. 권위 있는 C 교과서의 이름을 하나 대보자.

4. C와 C++가 발명된 기관은 어디인가?

5. C++가 C와 (거의) 호환되는 이유는 무엇인가?

6. C++가 거의 호환되는 언어가 C뿐인 이유는 무엇인가?

7. C에서 제공하지 않는 C++의 기능을 나열해보자.

8. C와 C++를 '소유'하는 기관은 어디인가?

9. C에서 사용할 수 없는 C++ 표준 라이브러리의 여섯 가지 구성 요소는 무엇인가?

10. C++에서 사용할 수 있는 C 표준 라이브러리의 구성 요소는 무엇인가?

11. C에서 함수 인자의 타입을 검사할 수 있는 방법은 무엇인가?

12. C++의 함수 관련 기능 중 C에는 없는 기능은 무엇인가? 적어도 세 가지를 나열하고, 예를 들어 보자.

13. C++에서 C 함수를 호출하는 방법은 무엇인가?

14. C에서 C++ 함수를 호출하는 방법은 무엇인가?

15. C와 C++에서 레이아웃이 호환되는 타입은 무엇인가? 예를 들어보자.

16. 구조체 태그는 무엇인가?

17. C에서는 키워드가 아닌 C++ 키워드 20가지를 나열해보자.

18. `int x;`는 C++에서 정의문이라고 할 수 있는가? C에서는 어떠한가?

19. C 스타일 캐스트는 무엇이고, 그것이 위험한 이유는 무엇인가?

20. `void*`는 무엇이고, C와 C++에서 다른 점은 무엇인가?

21. C와 C++에서의 열거형은 어떻게 다른가?

22. C에서 자주 쓰이는 이름으로 인한 링크 문제를 피할 수 있는 방법은 무엇인가?

23. 자유 저장 영역 사용 시 가장 일반적으로 쓰이는 C 함수 세 가지는 무엇인가?

24. C 스타일 문자열의 정의를 내려보자.

25. C 스타일 문자열에서 `==`와 `strcmp()`는 어떻게 다른가?

26. C 스타일 문자열은 어떻게 복사하는가?

27. C 스타일 문자열의 길이는 어떻게 알 수 있는가?

28. 크기가 큰 `int` 배열을 복사하는 방법은 무엇인가?

29. `printf()`의 장점은 무엇인가? 그 문제점과 한계는 무엇인가?

30. `gets()`를 사용하지 말아야 할 이유는 무엇인가? 그렇다면 그 대신 무엇을 사용할 수 있는가?

31. C에서 읽기 용도로 파일을 여는 방법은 무엇인가?

32. C의 const와 C++ const의 차이점은 무엇인가?

33. 매크로를 선호하지 않는 이유는 무엇인가?

34. 매크로의 일반적인 용도는 무엇인가?

35. 포함 감시include guard란 무엇인가?

용어 정리

#define	데니스 리치	비침습적
#ifdef	FILE	불투명 타입
#ifndef	fopen()	오버로딩
벨연구소	형식 문자열	printf()
브라이언 커니건	침습적	strcpy()
C/C++	K&R	구조체 태그
호환성	사전 순	삼상태 비교
조건부 컴파일	링크	void
C 스타일 캐스트	매크로	void*
C 스타일 문자열	malloc()	

연습문제

아래 연습문제를 C와 C++ 컴파일러로 모두 컴파일 해보길 권한다. C++ 컴파일러만 사용하면 의도하지 않게 C에서 지원하지 않는 기능을 사용할 수 있다. 반면 C 컴파일러만 사용하면 감지하지 못한 타입 오류가 남아있을 수 있다.

1. strlen()과 strcmp(), strcpy() 각각을 여러 버전으로 구현해보자.

2. 27.9절의 침습적 List 예제를 완성하고 모든 함수를 이용해 테스트해보자.

3. 모든 방법을 동원해 27.9절의 침습적 List 예제를 사용하기 쉽게 만들어 보자. struct의 정의를 바꾸거나 매크로를 사용하는 등 어떤 방법을 써도 좋다.

4. 아직 하지 않았다면 27.9절의 침습적 List 예제를 C++로 만들고 모든 함수를 이용해 테스트해보자.

5. 연습문제 3번과 4번의 결과를 비교하라.

6. 27.9절의 `Link`와 `List`의 메모리 표현을 변경하되 함수로 제공되는 사용자 인터페이스는 변경되지 않게 하자. 링크의 배열 형태로 `Link`를 할당하고, 멤버 `first`와 `last`, `pre`, `suc`를 int(각각이 배열의 인덱스가 되게)로 변경하자.

7. C++ 표준 컨테이너와 비교했을 때 침습적 컨테이너의 장단점을 나열해보자.

8. 여러분의 머신에서 사용하는 사전 순서는 어떠한가? 키보드상의 모든 문자를 그 정수 값과 함께 출력하고, 정수 값으로 정렬한 문자를 출력하라.

9. C 표준 라이브러리를 포함한 C 기능만 이용해 `stdin`에서 단어를 읽고 사전 순으로 `stdout`에 출력하자. 힌트: C에는 `qsort()`라는 정렬 함수가 있으니 한번 찾아보자. 읽은 단어를 정렬된 목록에 삽입할 수도 있는데, 이를 위한 C 표준 라이브러리는 존재하지 않는다.

10. C++이나 'C with Class'(27.1절)로부터 유래된 C 언어 기능을 나열해보자.

11. C++에서 지원하지 않는 C 언어 기능을 나열해보자.

12. (C 스타일 문자열과 int에 대한) 검색 테이블lookup table을 구현하되 `find(struct table*, const char*)`와 `insert(struct table*, const char*, int)`, `remove(struct table*, const char*)` 연산을 지원해야 한다. 테이블의 메모리 표현은 한 쌍의 `struct`를 요소로 포함하는 배열과 한 쌍의 배열(const char*[]와 int*) 중에 선택할 수 있다. 함수의 반환 타입도 선택할 수 있다. 설계 의사결정을 문서화하라.

13. `string s; cin>>s;`에 해당하는 내용을 C 프로그램으로 작성하라. 즉, 공백 문자로 종료되는 문자열로 이뤄진 임의의 개수의 시퀀스를 읽고 0으로 종료되는 char 배열로 변환한다.

14. int 배열을 입력으로 받아 최소와 최대 요소를 찾는 함수를 작성하자. 중간 값과 평균도 구해야 한다. 그리고 결과를 `struct`에 담아 반환한다.

15. 단일 상속을 C로 흉내 내보자. 각 '기반 클래스'는 함수를 가리키는 포인터의 배열에 대한 포인터를 포함한다('기반 클래스'를 첫 번째 인자로 받는 함수를 이용해 가상 함수를 흉내 낼 수 있다). 27.2.3절을 참고하라. '파생 클래스'는 '기반 클래스' 타입을 첫 번째 멤버로 포함한다. 각 클래스에서 '가상 함수'를 적절히 초기화하자. 이 아이디어를 테스트하기 위해 'Shape 예제'를 변형해 구현하자. 기반 클래스와 파생 클래스는 클래스의 이름을 출력하는 `draw()` 함수만 포함한다. 표준 C에서 사용할 수 있는 언어 기능과 라이브러리 기능만 사용해야 한다.

16. 앞의 연습문제에 매크로를 적용해 구현을 감춰보자(표기법을 단순화하라).

붙이는 말

호환성이라는 주제가 그다지 흥미롭지 않다는 점은 앞에서 이미 언급했다. 그러나 세상에는 (수천억 줄의) C 코드가 존재하며, 여러분이 그런 코드를 읽거나 작성해야 한다면 27장의 내용이 도움을 줄 수 있다. 개인적으로 C++를 더 선호하며, 27장에서 그 이유를 부분적으로 살펴봤다. 그리고 '침습적 List 예제'를 과소평가하지 말자. '침습적인 List'와 불투명한 타입은 (C와 C++ 모두에서) 중요하고 강력한 기법이다.

5부

부록

언어 요약

"소원을 빌 때는 조심하라. 그대로 이뤄질 테니까."

– 속담

부록 A에서는 C++의 핵심적인 언어 구성 요소를 요약한다. 요약된 내용은 매우 선택적이고, 본문에서 다룬 내용을 약간 넘어서는 주제에 관심이 있는 초보자를 위한 내용들이다. 부록 A의 목표는 완벽성이 아니라 간결함이다.

A.1 일반적인 내용

부록 A는 참고 자료다. 본문처럼 처음부터 끝까지 읽을 필요는 없다. C++ 언어의 핵심적 구성 요소를 체계적으로 설명하지만, 완벽한 자료가 아닌 요약일 뿐이다. 부록 A에서 초점을 맞출 내용은 학생들의 질문을 토대로 선택됐다. 좀 더 완벽한 설명이 필요하다면 해당 본문을 참고할 필요도 있다. 요약된 내용은 표준에서 볼 수 있는 정확성을 달성하거나 그만큼 많은 용어를 정의하려고 시도하지 않는다. 그 대신 더 찾아보기 쉽게 하려고 노력했다. 더 많은 내용이 필요하다면 스트롭스트룹의 『The C++ Programming Language』를 참고하라. C++의 정의는 ISO C++ 표준이지만, 이 표준 문서는 초보자를 위해 설계되지도 않았고, 초보자에게 적합하지도 않다. 대신 온라인 문서를 참고하는 일은 잊지 말자. 본문의 초반부를 공부하는 동안 부록 A를 읽으면 모르는 내용이 많을 수 있는데, 그러한 내용은 본문의 후반부에서 설명한다.

표준 라이브러리의 기능이 궁금하다면 부록 B를 참고하라.

표준 C++는 ISO^{국제 표준화 기구}의 후원을 받는 위원회에서 정의하는데, INCITS(미국)와 BSI(영국), AFNOR(프랑스) 등을 비롯한 국가 표준 기구 간의 협업을 바탕으로 진행된다. 현재 표준 정의는 ISO/IEC 14882:2011 Standard for Programming Language C++이다.

A.1.1 용어

C++ 표준에서는 C++ 프로그램이란 무엇인지를 정의하며, 그 밖의 다양한 개념에 대한 정의를 내린다.

- **준수(conforming)** 표준을 따르는 C++ 프로그램을 일컬어 표준을 준수한다고 말한다(같은 뜻으로 적법하다^{legal}거나 유효하다^{valid}고 할 수도 있다).

- **구현체 정의(implementation-defined)** (일반적으로 그렇듯이) 프로그램은 특정 컴파일러와 운영체제, 머신 아키텍처 등을 가정했을 때 비로소 제대로 정의할 수 있는 특성(int의 크기와 'a'의 숫자 값)에 의존할 수 있다. 이처럼 표준에서 명시한 구현체 정의 특성은 구현체의 문서에 문서화돼야 하며, 상당수의 구현체 정의 특성이 <limits>를 비롯한 표준 헤더에 반영된다(B.1.1절). 즉, 표준을 준수하는 프로그램이라고 해서 모든 C++ 구현체에 대한 이식성을 보장하지는 않는다.

- **규정되지 않은(unspecified)** 일부 기능은 표준에서 규정하지 않거나 정의되지 않거나^{undefined}, 표준을 준수하진 않지만 그에 대한 진단을 요구하지 않는다^{not conforming but not requiring a diagnostic}. 당연한 말이지만 이런 기능은 사용하지 않는 편이 가장 좋다. 이 책에서도 그러한 기능은 사용하지 않았다. 규정되지 않는 기능의 예는 다음과 같다.

- 여러 소스 파일에서 일치하지 않는 정의를 사용하는 일(헤더 파일을 일관되게 사용하라. 8.3절)

- 한 표현식에서 같은 변수를 여러 번 읽고 쓰기(대표적인 예는 `a[i]=++i;`)

- 특히 `reinterpret_cast`를 비롯한 상당수의 명시적 타입 변환(캐스트)

A.1.2 프로그램 시작과 종료

C++ 프로그램은 `main()`이라는 전역 함수 하나를 포함해야 하며, 이 `main()`을 실행함으로써 프로그램이 시작된다. `main()`의 반환 타입은 `int`이며(`void`는 표준을 준수하지 않는 방식임), 이 `int` 값은 프로그램이 시스템에게 돌려주는 반환 값의 역할을 한다. 일부 시스템은 이 값을 무시하기도 하지만, 일반적으로 프로그램이 성공적으로 종료된 경우는 반환 값이 0이고, 프로그램 실패는 0이 아닌 값을 반환하거나 잡히지 않은 예외로 나타낸다(그러나 잡히지 않은 예외는 좋지 않은 스타일로 간주된다).

　　`main()`의 인자는 구현체 정의일 수 있지만, 모든 구현체는 다음과 같은 두 가지 버전을 지원해야 한다(물론 프로그램에서는 둘 중 한 가지만 사용하지만).

```
int main();                          // 인자 없음
int main(int argc, char* argv[ ] );  // argv[]는 argc개의 C 스타일 문자열 저장
```

　　`main()`의 정의에서는 명시적으로 값을 반환하지 않아도 된다. 값을 반환하지 않고 '함수의 맨 끝에 다다르면' 0을 반환한다. 따라서 가장 짧은 C++ 프로그램은 아래와 같다.

```
int main() { }
```

　　전역 (네임스페이스) 범위에서 생성자와 소멸자를 포함하는 객체를 정의하면 생성자는 논리적으로 '`main()` 이전에' 호출되고 소멸자는 논리적으로 '`main()` 이후에' 실행된다(기술적으로 말하면 그러한 생성자 호출은 `main()` 호출 과정의 일부이며, 그러한 소멸자 호출도 `main()` 반환 과정의 일부다). 가능하면 전역 객체는 사용하지 말자. 특히 불분명한 생성과 소멸을 동반하는 전역 객체는 더욱 그렇다.

A.1.3 주석

코드에서 표현할 수 있는 것이라면 응당 코드로 표현해야 한다. 반대로 코드에서 제대로 표현할 수 없는 내용이라면 C++에서 제공하는 두 가지 스타일의 주석으로 표현할 수 있다.

```
// 단일 행 주석

/*
```

```
    이 주석은
    블록 주석
*/
```

당연한 일이지만 블록 주석^{block comment}은 주로 복수 행 주석^{multi-line comment}에 사용하지만, 주석이 여러 줄으로 이뤄진 경우에도 단일 행 주석^{single-line comment}을 사용하는 사람도 있다.

```
// 이 주석은
// 세 줄의 단일 행 주석으로 표현된
// 복수 행 주석

/* 그리고 이 주석은 블록 주석으로 표기된 한 줄 주석 */
```

주석은 코드의 의도를 문서화하는 데 필수적이다(7.6.4절 참고).

A.2 리터럴

리터럴은 다양한 타입의 값을 표현한다. 예를 들어 리터럴 12는 정수 값 '십이'를 나타내고, "Morning"은 문자열 값 Morning을 나타내며, true는 불리언 값 true를 나타낸다.

A.2.1 정수 리터럴

정수 리터럴에는 세 가지 종류가 있다.

* **10진수** 일련의 10진 숫자

    10진 숫자: 0, 1, 2, 3, 4, 5, 6, 7, 8, 9
* **8진수** 0으로 시작하는 일련의 8진 숫자

    8진 숫자: 0, 1, 2, 3, 4, 5, 6, 7
* **16진수** 0x나 0X로 시작하는 일련의 16진 숫자

    16진 숫자: 0, 1, 2, 3, 4, 5, 6, 7, 8, 9, A, B, C, D, E, F
* **2진수** 0b나 0B로 시작하는 일련의 이진 숫자(C++14)

    이진 숫자: 0과 1

접미사 u나 U는 정수 리터럴이 unsigned임을 나타내고(25.5.3절), 접미사 l이나 L은 리터럴이 long임을 나타낸다. 10u와 123456UL을 그 예로 들 수 있다.

C++14에서는 숫자 리터럴에서 작은따옴표를 자릿수 구분자로 사용할 수 있다. 예를 들어 0b0000'0001'0010'0011은 0b0000000100100011을, 1'000'000은 1000000을 의미한다.

A.2.1.1 수 체계

수는 일반적으로 10진수로 표기한다. 123은 100을 한 번 더하고 10을 두 번 더하고 1을 세 번 더한다는 의미이거나 1*100+2*10+3*1이거나 (^를 '거듭제곱'의 의미로 사용하면) 1*10^2+2*10^1 +3*10^0을 의미한다. 10진수를 다른 말로 밑수-10 base-10 이라고 하는데, 여기서 쓰인 10이란 수에는 특별한 의미가 없다. 그저 base==10일 때 1*base^2+2*base^1+3*base^0으로 나타낼 수 있을 뿐이다. 우리가 밑수-10을 사용하는 이유를 설명하는 여러 가지 이론이 있다. 그중 한 가지 이론은 일부 자연어에 녹아 들어있다. 우리는 손가락이 열 개이고, 0과 1, 2를 비롯한 각 기호는 자릿수 체계 positional number system 의 숫자 digit 에 대응된다. digit은 라틴어로 '손가락'을 말한다.

때에 따라 그 밖의 밑수를 사용하기도 한다. 대표적으로 컴퓨터 메모리에 저장된 양의 정수는 밑수-2로 표현된다(상대적으로 0과 1은 재료의 물리적 상태를 이용해 안정적으로 나타내기 쉽다). 그리고 로우레벨 하드웨어 주제를 다루는 사람은 메모리의 내용을 표현할 때 주로 밑수-16을 사용하며, 때로는 밑수-8을 사용하기도 한다.

이제 16진수를 생각해보자. 0부터 15까지 16개의 값에 이름을 붙여야 한다. 일반적으로 0, 1, 2, 3, 4, 5, 6, 7, 8, 9, A, B, C, D, E, F를 사용하는데, A는 10진수로 10을, B는 10진수로 11을, ... 나타내는 식으로 사용한다.

A==10, B==11, C==12, D==13, E==14, F==15

이제 10진수 123을 16진수 7B로 표기할 수 있다. 이러한 표기가 맞는지 확인해보면 16진수 체계에서 7B는 7*16+11, 즉 10진수로는 123임을 알 수 있다. 거꾸로 16진수 123은 1*16^2+2*16+3, 즉 10진수로 291이다. 10진수 이외의 정수 표현에 익숙하지 않다면 직접 숫자 몇 개를 10진수에서 16진수로, 또 그 반대 방향으로 변환해보길 강력히 추천한다. 16진수 숫자는 다음과 같이 2진수 값으로 매우 간단히 대응된다.

16진수와 2진수							
16진수	0	1	2	3	4	5	6	7
2진수	0000	0001	0010	0011	0100	0101	0110	0111

16진수	8	9	A	B	C	D	E	F
2진수	1000	1001	1010	1011	1100	1101	1110	1111

여기서 16진수가 널리 쓰이는 이유를 알 수 있다. 특히 한 바이트의 값은 두 자리의 16진수로 간단히 나타낼 수 있다.

(다행히도) C++에서는 따로 명시하지 않는 한 숫자는 10진수로 해석한다. 숫자가 16진수라는 사실을 알리려면 접두사 0X('hex의 X')를 사용해 123==0X7B와 0X123==291로 나타낸다. 마찬가지로 소문자 x를 이용해 123==0x7B와 x123==291로 표기할 수도 있다. 16진수 숫자에는 a, b, c, d, e, f를 사용하며, 123==0x7b처럼 표현한다.

8진수는 밑수-8이므로 8진수 숫자 8개 0, 1, 2, 3, 4, 5, 6, 7을 사용한다. C++의 밑수-8 정수는 0으로 시작하므로 0113은 10진수 111이 아니라 $1*8^2+2*8+3$, 즉 $1*64+1*8+3$ 또는 10진수로 75를 의미한다. 반대로 8진수 75, 즉 075는 $7*8+5$, 10진수로 61을 나타낸다. C++ 표기법으로 쓰자면 0113==75이고 075==61이다.

2진수는 밑수-2로, 두 숫자 0과 1만 필요하다. 밑수-2는 C++ 리터럴에서 직접적으로 표현할 수 없다. 리터럴과 정수 입출력 형식에서는 밑수-8(8진수)과 밑수-10(10진수), 밑수-16(16진수)만 직접적으로 사용할 수 있다. 하지만 2진수를 C++ 코드에서 직접 표현할 수는 없다고 해도 알아두면 도움이 된다. 예를 들어, 10진수 123은

```
1*2^6+1*2^5+1*2^4+1*2^3+0*2^2+1*2+1
```

인데, 이는 $1*64+1*32+1*16+1*8+0*4+1*2+1$, 즉 2진수 1111011이다.

A.2.2 부동소수점 리터럴

부동소수점 리터럴은 다음과 같이 소수점(.)이나 지수(예, e3), 부동소수점 접미사(d나 f)를 포함한다.

```
123        // int (소수점이나 접미사, 지수가 없음)
123.       // double: 123.0
123.0      // double
.123       // double: 0.123
0.123      // double
1.23e3     // double: 1230.0
1.23e-3    // double: 0.00123
1.23e+3    // double: 1230.0
```

부동소수점 리터럴에 다른 타입을 가리키는 접미사를 지정하지 않는 한 double 타입이다.

```
1.23       // double
1.23f      // float
1.23L      // long double
```

A.2.3 불리언 리터럴

불리언 타입의 리터럴에는 true와 false가 있는데, true의 정수 값은 1이고 false의 정수 값은 0이다.

A.2.4 문자 리터럴

문자 리터럴은 'a'와 '@'처럼 작은따옴표로 둘러싸인 문자를 말하는데, 추가적으로 아래와 같은 '특수 문자'도 존재한다.

이름	ASCII 이름	C++ 이름
개행	NL	\n
수평 탭(horizontal tab)	HT	\t
수직 탭(vertical tab)	VT	\v
백스페이스(backspace)	BS	\b
캐리지 리턴(carriage return)	CR	\r
폼 피드(form feed)	FF	\f
경고(alert)	BEL	\a
백슬래시(backslash)	\	\\
물음표	?	\?
작은따옴표	'	\'
큰따옴표	"	\"
8진수	ooo	\ooo
16진수	hhh	\xhhh

특수 문자는 작은따옴표로 묶인 'C++ 이름'으로 표현한다. 예를 들어 개행 문자는 '\n'으로, 탭 문자는 '\t'로 표기한다.

문자 집합은 다음과 같은 가시성 문자^{visible character}를 포함한다.[1]

abcdefghijklmnopqrstuvwxyz
ABCDEFGHIJKLMNOPQRSTUVWXYZ

---

1. 가시성 문자는 일반적인 키보드로 입력할 수 있는 문자를 말한다. – 옮긴이

```
0123456789
!@#$%^&*()_+|~`{}[]:";'<>?,./
```

코드의 이식성을 보장하려면 이 이상의 가시성 문자를 사용하지 말자. 문자의 값, a를 예로 들면 'a'의 값은 구현체에 따라 다르다(그러나 cout << int('a')처럼 쉽게 알아볼 수 있다).

A.2.5 문자열 리터럴

문자열 리터럴은 "Knuth"와 "King Canute"처럼 큰따옴표로 둘러싸인 일련의 문자다. 개행은 문자열 리터럴의 일부가 될 수 없다. 그 대신 문자열에서 개행 문자를 표현하려면 아래와 같이 특수 문자 \n을 사용한다.

```
"King
Canute "            // 오류: 문자열 리터럴 내에서 개행을 시도함
"King\nCanute"      // OK: 문자열 리터럴에 개행 문자를 포함시키는 올바른 방법
```

공백 문자로 구분된 문자열 리터럴 두 개는 아래와 같이 문자열 리터럴 한 개로 취급된다.

```
"King" "Canute"   // (가운데 공백이 없는) "KingCanute"와 동일함
```

\n을 비롯한 특수 문자가 문자열 리터럴에 포함될 수 있다는 점을 명심하자.

A.2.6 포인터 리터럴

포인터 리터럴은 유일하게 하나가 존재하는데, 바로 널 포인터를 나타내는 nullptr이다. 호환성을 보장하기 위해 0으로 평가되는 모든 상수 표현식은 널 포인터로 사용할 수 있다.

```
t* p1 = 0;        // OK: 널 포인터
int* p2 = 2- 2;   // OK: 널 포인터
int* p3 = 1;      // 오류: 1은 포인터가 아닌 int임
int z = 0;
int* p4 = z;      // 오류: z는 상수가 아님
```

0이라는 값은 암묵적으로 널 포인터로 변환된다.

C++에서 NULL은 0으로 정의되므로 다음과 같이 쓸 수도 있다(C에서는 그렇지 않으므로 C 헤더가 필요하다).

```
int* p4 = NULL; // (NULL이 제대로 정의됐다면) 널 포인터
```

A.3 식별자

식별자는 알파벳 문자나 밑줄로 시작하고 0개 이상의 (대문자나 소문자) 알파벳 문자나 숫자, 밑줄이 이어지는 일련의 문자다.

```
int foo_bar;    // OK
int FooBar;     // OK
int foo bar;    // 오류: 식별자에서 띄어쓰기는 불가함
int foo$bar;    // 오류: 식별자에서 $를 사용할 수 없음
```

아래와 같이 밑줄 하나로 시작하거나 연속된 밑줄 두 개를 포함하는 식별자는 구현체에서 예약한 식별자이므로 사용하지 말자.

```
int _foo;       // 사용하지 말자
int foo_bar;    // OK
int foo__bar;   // 사용하지 말자
int foo_;       // OK
```

A.3.1 키워드

키워드는 언어 자체의 구성 요소를 표현하는 식별자다.

키워드(예약된 식별자)					
alignas	class	explicit	noexcept	signed	typename
alignof	compl	export	not	sizeof	union
and	concept	extern	not_eq	static	unsigned
and_eq	const	false	nullptr	static_assert	using
asm	const_cast	float	operator	static_cast	virtual
auto	constexpr	for	or	struct	void
bitand	continue	friend	or_eq	switch	volatile
bitor	decltype	goto	private	template	wchar_t
bool	default	if	protected	this	while
break	delete	inline	public	thread_local	xor
case	do	int	register	throw	xor_eq
catch	double	long	reinterpret_cast	true	
char	dynamic_cast	mutable	requires	try	
char16_t	else	namespace	return	typedef	
char32_t	enum	new	short	typeid	

A.4 유효 범위와 저장 영역의 유형, 수명

C++의 모든 이름은 유효 범위 안에 존재한다(유감스럽게도 전처리기 이름은 제외. A.17절). 즉, 이름은 코드의 한 구역에 포함되며, 그 안에서만 사용할 수 있다. 데이터(객체)는 메모리 어딘가에 저장되며, 객체를 저장하는 데 사용된 메모리의 종류를 **저장 영역 유형**storage class이라고 한다. 객체의 수명은 객체가 초기화된 시점부터 소멸되는 시점까지를 말한다.

A.4.1 유효 범위

유효 범위의 종류에는 다섯 가지가 있다(8.4절).

- **전역 범위** 언어 구성 요소(예, 클래스나 함수) 안에서 선언되지 않은 이름은 전역 범위에 존재한다.

- **네임스페이스 범위** 네임스페이스 안에서 정의된 이름 중에 언어 구성 요소(예, 클래스나 함수) 안에서 정의되지 않은 이름은 네임스페이스 범위에 존재한다. 기술적으로는 전역 범위도 '이름이 없는' 네임스페이스 범위라고 할 수 있다.

- **지역 범위** 함수 안에서 선언된 이름은 지역 범위에 존재한다(함수 매개변수도 포함).

- **클래스 범위** 클래스 멤버의 이름은 클래스 범위에 존재한다.

- **구문 범위** for나 while, switch, if 구문 안에서 선언된 이름은 구문 범위에 존재한다.

　변수의 유효 범위는 다음과 같이 해당 변수가 정의된 구문의 끝까지만 확장된다.

```
for (int i = 0; i<v.size(); ++i) {
    // 여기서 i를 사용할 수 있음
}
if (i < 27)        // for 구문에서 정의한 i는 현재 범위에 없음
```

　클래스와 네임스페이스 범위에는 이름이 있어 다른 곳에서 그 멤버를 참조할 수 있다.

```
void f();          // 전역 범위에 존재

namespace N {
    void f()       // 네임스페이스 범위 N에 존재
    {
        int v;     // 지역 범위에 존재
        ::f();     // 전역 범위의 f() 호출
    }
}

void f()
```

```
{
    N::f();        // N의 f() 호출
}
```

N::f()나 ::f()를 호출하면 어떤 일이 벌어질까? A.15절도 함께 참고하라.

A.4.2 저장 영역 유형

저장 영역 유형에는 세 가지가 있다(17.4절).

- **자동 저장 영역** (함수 매개변수를 포함해) 함수 안에서 정의된 변수는 명시적으로 static으로 선언하지 않으면 자동 저장 영역(스택)에 저장된다. 자동 저장 영역은 함수가 호출될 때 할당되고 함수가 반환할 때 해제된다. 따라서 함수가 (직접적이든 간접적이든) 스스로를 호출하면 각 호출마다 한 벌씩 자동 데이터가 존재한다(8.5.8절).

- **정적 저장 영역** 전역과 네임스페이스 유효 범위에서 선언된 변수는 함수와 클래스 안에서 명시적으로 static으로 선언된 변수와 마찬가지로 정적 저장 영역에 저장된다. 링커는 '프로그램이 실행되기 전에' 정적 저장 영역을 할당한다.

- **자유 저장 영역(힙)** new로 생성한 객체는 자유 저장 영역에 저장된다.

아래 예를 보자.

```
vector<int> vg(10);    // 프로그램 시작 시점("main() 이전")에 생성됨

vector<int>* f(int x)
{
    static vector<int> vs(x);    // f()가 처음 호출될 때만 생성됨
    vector<int> vf(x+x);         // f()가 호출될 때마다 생성됨

    for (int i=1; i<10; ++i) {
        vector<int> vl(i);       // 루프가 시작될 때마다 생성됨
        // ...
    } // vl은 여기서 소멸됨 (루프가 종료될 때마다)

    return new vector<int>(vf); // 자유 저장 영역에 vf의 복사본 생성
} // vf는 여기서 소멸됨

void ff()
{
    vector<int>* p = f(10);      // f()에서 벡터를 가져옴
    // ...
```

```
    delete p;                     // f()에서 만든 벡터 해제
}
```

정적으로 할당된 변수 vg와 vs는 프로그램이 종료될 때('main() 이후') 소멸된다. 물론 변수가 생성된 경우에 말이다.[2]

클래스 멤버의 할당 방식은 약간 다르다. 클래스 객체가 생성될 때 동일한 곳(클래스 객체가 저장된 저장 영역 유형)에 static이 아닌 멤버도 함께 저장된다.

코드는 데이터와 별도로 저장된다. 예를 들어 멤버 함수는 클래스 객체마다 저장되지 않고, 코드 한 벌만 프로그램의 다른 코드와 함께 저장된다.

14.3절과 17.4절을 참고하라.

A.4.3 객체의 수명

객체를 (적법하게) 사용하려면 먼저 초기화해야 한다. 이러한 초기화는 명시적인 초기 값이나 암묵적인 생성자, 내장형 타입의 기본 초기화 규칙에 의해 수행된다. 객체의 수명은 객체의 유효 범위와 저장 영역 유형에 따라 달라진다(17.4절과 B.4.2절 참고).

- 지역(자동) 객체는 실행 흐름이 객체의 정의에 처음 도달할 때 생성되고, 유효 범위가 끝날 때 소멸된다.

- 임시 객체는 특정 하위 표현식에 의해 생성되고, 전체 표현식이 끝날 때 소멸된다. 전체 표현식은 다른 표현식의 하위 표현식이 아닌 표현식이다.

- 네임스페이스 객체와 정적 클래스 멤버는 프로그램의 시작 시점('main() 이전')에 생성되고 프로그램 종료 시점('main() 이후')에 소멸된다.

- 지역 정적 객체는 실행 흐름이 객체의 정의에 닿을 때 생성되고, 프로그램이 종료될 때 소멸된다.

- 자유 저장 영역 객체는 new로 생성되며, 선택적으로 delete로 해제된다.

지역 참조나 네임스페이스 참조에 바인드[bind]된 임시 변수는 참조가 살아있는 동안 존속한다. 아래 예를 보자.

```
const char* string_tbl[ ] = { "Mozart", "Grieg", "Haydn", "Chopin" };
const char* f(int i) { return string_tbl[i]; }
void g(string s){ }
```

---

2. f()를 호출하지 않으면 vs도 생성되지 않는다. – 옮긴이

```
void h()
{
    const string& r = f(0);      // 임시 string을 참조 r에 바인드
    g(f(1));                     // 임시 string을 생성해 전달
    string s = f(2);             // 임시 string을 이용해서 s 초기화
    cout << "f(3): " << f(3)      // 임시 string을 생성해 전달
        <<" s: " << s
        << " r: " << r << '\n';
}
```

결과는 다음과 같다.

```
f(3): Chopin s: Haydn r: Mozart
```

f(1)과 f(2), f(3) 호출 시 임시로 생성된 string은 각 표현식이 끝날 때 소멸된다. 그러나 f(0) 호출 시 생성된 string은 r에 바인드돼 h()가 종료할 때까지 존속한다.

A.5 표현식

이번 절에서는 C++ 연산자를 요약한다. 멤버 이름은 m, 타입 이름은 T, 포인터를 결과로 내놓는 표현식은 p, 표현식은 x, 표현식의 lvalue는 l, 인자 목록은 lst 등 기억하기 쉬운 축약어를 사용한다. 산술 연산의 결과 타입은 '일반적인 산술 변환'(A.5.2.2절)에 의해 결정된다. 이번 절에서 설명하는 내용은 사용자가 정의하는 연산자가 아니라 내장된 연산자에 한정된다. 그러나 여러분이 정의하는 연산자에도 내장형 연산자에서 설명한 규칙을 의미론적으로 따르는 편이 좋다(9.6절).

유효 범위 지정(scope resolution)	
N::m	m이 네임스페이스 N에 존재함. N은 네임스페이스나 클래스의 이름
::m	m이 전역 네임스페이스에 존재함

멤버끼리는 서로 중첩될 수 있으므로 N::C::m과 같이 사용할 수도 있다. 8.7절을 참고하라.

후치 표현식(postfix expression)	
x.m	멤버 접근. x는 반드시 클래스 객체여야 함
p -> m	멤버 접근. p는 반드시 클래스 객체를 가리키는 포인터여야 함 (*p).m과 동일

(이어짐)

후치 표현식(postfix expression)	
p[x]	첨자 연산. *(p+x)과 동일
f(lst)	함수 호출. f를 인자 목록 lst로 호출
T(lst)	생성. T 객체를 인자 목록 lst로 생성
v++	(후치) 증가. v++의 값은 v가 증가하기 전의 값임
v—	(후치) 감소. v--의 값은 v가 감소하기 전의 값임
typeid(x)	x의 실행 시간 타입 식별
typeid(T)	T의 실행 시간 타입 식별
dynamic_cast⟨T⟩(x)	x에서 T로의 검사가 동반되는 실행 시간 변환
static_cast⟨T⟩(x)	x에서 T로의 검사가 동반되는 컴파일 시간 변환
const_cast⟨T⟩(x)	x의 타입에서 const를 제거하거나 추가해 T로 변환(검사를 수행하지 않음)
reinterpret_cast⟨T⟩(x)	x의 비트 패턴을 재해석해 T로 변환(검사를 수행하지 않음)

typeid 연산자의 의미와 사용법은 이 책에서 다루지 않는다. 전문가 수준의 자료를 참고하라. 캐스트는 인자 자체를 변경하지 않는다는 점을 알아두자. 그 대신 인자의 값에 상응하는 대상 타입을 결과로 내놓는다. A.5.7절을 참고하자.

단항 연산자	
sizeof(T)	T의 크기를 바이트 단위로 반환
sizeof(x)	객체 x의 타입의 크기를 바이트 단위로 반환
++v	(전치) 증가. v+=1과 동일
—v	(전치) 감소. v-=1과 동일
~x	x의 보수. ~는 비트별 연산자임
!x	x의 부정. true나 false를 반환
&v	v의 주소
*p	p가 가리키는 객체의 내용
new T	자유 저장 영역에 T 객체 생성
new T(lst)	자유 저장 영역에 T 객체를 생성하고 lst로 초기화
new(lst) T	lst가 지정하는 위치에 T 객체 생성

(이어짐)

단항 연산자	
new(lst) T(lst2)	lst가 지정하는 위치에 T 객체를 생성하고 lst2로 초기화
delete p	p가 가리키는 객체 해제
delete[]p	p가 가리키는 객체의 배열 해제
(T)x	C 스타일 캐스트. x를 T로 변환

delete p와 delete[] p에서 p가 가리키는 객체는 반드시 new로 할당한 객체여야 한다 (A.5.6절). T(x)는 너무 구체적이지 않으므로 더 구체적인 캐스트 연산자보다 오류를 일으킬 가능성이 크다(A.5.7절).

멤버 선택	
x.*ptm	멤버 포인터(pointer-to-member) ptm으로 식별되는 x의 멤버
p-)*ptm	멤버 포인터 ptm으로 식별되는 *p의 멤버

위의 연산자는 이 책에서 다루지 않는다. 전문가 수준의 자료를 참고하자.

곱셈 연산자	
x*y	x에 y를 곱함
x/y	x를 y로 나눔
x%y	x 나누기 y의 나머지(부동소수점 타입에는 사용할 수 없음)

y==0일 때 x/y와 x%y의 결과는 예측할 수 없다. x나 y가 음수일 때 x%y의 효과는 구현체 정의에 따른다.

덧셈 연산자	
x+y	x에 y를 더함
x-y	x에서 y를 뺌

시프트 연산자	
x<<y	x를 왼쪽으로 y비트 시프트
x>>y	x를 오른쪽으로 y비트 시프트

(내장형 연산자) >>와 <<를 이용해 비트를 시프트하는 예는 25.5.4절을 참고하라. 가장 왼쪽의 연산자가 iostream인 경우 입출력 연산자로 사용된다. 10장과 11장을 참고하라.

관계 연산자	
x<y	x가 y보다 작음. bool 타입 반환
x<=y	x가 y보다 작거나 같음
x>y	x가 y보다 큼
x>=y	x가 y보다 크거나 같음

관계 연산자는 결과로 bool 타입을 반환한다.

상등 연산자	
x==y	x가 y와 같음. bool 타입 반환
x!=y	x가 y와 같지 않음

x!=y는 !(x==y)와 동일함을 명심하자. 상등 연산자는 결과로 bool 타입을 반환한다.

비트별 논리곱	
x&y	x와 y의 비트별 논리곱

(^, |, ~, >>, <<와 마찬가지로) &는 비트의 집합을 결과로 내놓는다. 예를 들어 a와 b가 unsigned char이면 a&b는 a와 b에서 서로 상응하는 비트에 &를 적용한 unsigned char를 결과로 반환한다(A.5.5절).

비트별 배타적 논리합	
x^y	x와 y의 비트별 배타적 논리합

비트별 논리합	
x|y	x와 y의 비트별 논리합

논리곱	
x&&y	논리곱. true나 false를 반환. x가 참일 때만 y를 평가함

논리합	
x||y	논리합. true나 false를 반환. x가 거짓일 때만 y를 평가함

A.5.5절을 참고하라.

조건부 표현식	
x?y:z	x가 참이면 y를 결과로 반환. 그렇지 않으면 z를 결과로 반환.

예를 들어 아래와 같이 사용할 수 있다.

```
template<class T> T& max(T& a, T& b) { return (a>b)?a:b; }
```

'물음표와 콜론 연산자'는 8.4절에서 설명한다.

대입	
v=x	x를 v에 대입. 표현식의 결과는 v에 대입된 값
v*=x	v=v*(x)와 거의 동일함
v/=x	v=v/(x)와 거의 동일함
v%=x	v=v%(x)와 거의 동일함
v+=x	v=v+(x)와 거의 동일함
v-=x	v=v-(x)와 거의 동일함
v>>=x	v=v>>(x)와 거의 동일함
v<<=x	v=v<<(x)와 거의 동일함
v&=x	v=v&(x)와 거의 동일함

(이어짐)

대입	
v^=x	v=v^(x)와 거의 동일함
v|=x	v=v|(x)와 거의 동일함

'v=v*(x)와 거의 동일함'이라는 말은 v를 한 번만 평가한다는 점만 제외하고는 v*=x와 같다는 말이다. 예를 들어 v[++i]*=7+3은 (++i, v[i]=v[i]*(7+3))이지 (v[++i]=v[++i]*(7+3))이 아니다(후자의 결과는 정의되지 않음. 8.6.1절).

throw 표현식	
throw x	x의 값을 던짐

throw 표현식의 타입은 void다.

콤마 표현식	
x,y	x를 실행한 후 y를 실행. 표현식의 결과 값은 y

각 표는 동일한 우선순위의 연산자를 포함한다. 위쪽 표에 언급된 연산자의 우선순위가 아래쪽 표의 연산자보다 높다. 예를 들어 *의 우선순위가 +보다 높기 때문에 a+b*c는 a+(b*c)이지 (a+b)*c가 아니다. 단항 연산자와 대입 연산자는 오른쪽 결합right-associative이고, 그 밖의 모든 연산자는 왼쪽 결합left-associative이다. 예를 들어 a=b=c는 a=(b=c)를 의미하며, a+b+c는 (a+b)+c를 의미한다.

lvalue는 이론적으로 변경이 가능하며(물론 const 타입의 lvalue는 타입 시스템에 의해 변경으로부터 보호된다), 주소를 취할 수 있는 객체를 의미한다. lvalue에 반대되는 것이 rvalue다. 즉, 변경이 불가한 것을 나타내는 표현식이나 주소를 취할 수 없는 표현식을 말한다. 함수의 반환 값을 그 예로 들 수 있다(f(x)는 rvalue이므로 &f(x)는 오류다).

A.5.1 사용자 정의 연산자

앞에서 정의한 규칙은 내장형 타입에 한정된다. 사용자 정의 연산자를 사용하면 해당 표현식은 적절한 사용자 정의 연산자 함수 호출로 변환되며, 함수 호출 규칙에 따라 결과가 정해진다. 다음 예를 보자.

```
class Mine { /* ...*/ };
bool operator==(Mine, Mine);

void f(Mine a, Mine b)
{
    if (a==b) {    // a==b는 operator==(a,b)를 의미한다.
        // ...
    }
}
```

여기서 사용자 정의 타입은 클래스(A.12절, 9장)이거나 열거형(A.11절, 9.5절)일 수 있다.

A.5.2 암묵적인 타입 변환

대입문과 표현식에서 정수 타입과 부동소수점 타입을 자유롭게 혼용할 수 있다. 가능하다면 정보가 소실되지 않게 값이 변환된다. 하지만 불행히도 값이 손실되는 변환도 암묵적으로 수행된다.

A.5.2.1 타입 확장

값을 유지하는 암묵적인 변환을 일컬어 **확장**promotion이라고 한다. 산술 연산을 수행하기 전에 더 작은 정수 타입을 int로 만드는 정수 확장이 일어난다. 이는 확장의 원래 목적을 잘 보여주는데, 피연산자를 산술 연산에 적합한 크기로 만드는 것이다. 이에 더해 float에서 double로의 변환도 확장으로 간주한다.

이러한 확장은 일반적인 산술 변환(A.5.2.2절)의 일부로 사용된다.

A.5.2.2 타입 변환

기본적인 타입은 매우 다양한 방법으로 변환될 수 있다. 코드를 작성할 때는 정보의 손실을 유발하는 정의되지 않은 행동과 변환을 삼가야 한다(3.9절과 25.5.3절). 컴파일러는 상당수의 의심스러운 변환에 경고를 발생시킬 수 있다.

- **정수 변환** 정수는 다른 정수 타입으로 변환될 수 있으며, 열거형도 정수 타입으로 변환될 수 있다. 목적 타입이 unsigned라면 원본 값에서 목적 타입에 맞는 수의 비트를 결과로 가져온다(필요한 경우 상위 비트는 버림). 목표 타입에 부호가 있다면 원본을 목표 타입으로 표현할 수 있는 경우 원래 값을 그대로 사용하고, 그 밖의 경우에는 구현 정의를 따른다. bool과 char도 정수 타입임을 명심하자.
- **부동소수점 변환** 부동소수점 값은 다른 부동소수점 타입으로 변환될 수 있다. 원래 값을

목표 타입으로 정확히 표현할 수 있다면 결과 값은 원래 값과 동일한 수치이며, 원래 값이 목표 타입에서 이웃한 두 값 사이에 있다면 두 값 중 하나가 결과가 된다. 그 밖의 경우는 정의되지 않는다. float에서 double로의 변환은 확장이라는 점을 기억하자.

- **포인터와 참조 변환** 객체 타입의 포인터는 void*(17.8절, 27.3.5절)로 암묵적으로 변환될 수 있다. 파생 클래스의 포인터(참조)는 접근 가능하고 모호하지 않은 기반 클래스의 포인터(참조)로 암묵적으로 변환될 수 있다. 0으로 평가되는 상수 표현식은 어떤 포인터 타입으로든 암묵적으로 변환될 수 있다. T*는 const T*로 암묵적으로 변환될 수 있으며, 마찬가지로 T&도 const T&로 암묵적으로 변환될 수 있다.

- **불리언 변환** 포인터와 정수, 부동소수점 값은 bool로 암묵적으로 변환될 수 있다. 0이 아닌 값은 true로 변환되고, 0은 false로 변환된다.

- **부동소수점을 정수로 변환** 부동소수점 값이 정수 값으로 변환될 때 소수점 아래는 버려진다. 즉, 부동소수점 타입에서 정수로의 변환은 절삭이다. 절삭된 값을 목표 타입으로 표현할 수 없는 경우에는 결과가 정의되지 않는다. 정수에서 부동소수점 타입으로의 변환은 수학적으로 올바르며, 하드웨어에서도 허용된다. 단, 정수 값을 부동소수점 타입으로 정확히 표현할 수 없으면 정밀도의 손실이 발생할 수 있다.

- **일반적인 산술 변환** 이러한 변환은 이항 연산자의 피연산자를 일반적인 타입으로 변환하는 데 사용되며, 연산의 결과도 그 타입이 된다.

  1. 피연산자 중 하나의 타입이 long double이면 다른 하나도 long double로 변환된다. 그렇지 않고 피연산자 중 하나의 타입이 double이면 다른 하나도 double로 변환된다. 그렇지 않고 피연산자 중 하나의 타입이 float이면 다른 하나도 float으로 변환된다. 그 밖의 경우에는 두 피연산자 모두에서 정수 확장이 일어난다.

  2. 정수 확장이 일어날 때 피연산자 중 하나의 타입이 unsigned long이면 다른 하나도 unsigned long으로 변환된다. 그렇지 않고 두 피연산자 중 하나의 타입이 long int이고 다른 하나는 unsigned int이면 long int가 unsigned int의 모든·값을 표현할 수 있을 때는 unsigned int를 long int로 변환하고, 표현할 수 없으면 두 피연산자 모두 unsigned long int로 변환된다. 그렇지 않고 피연산자 중 하나의 타입이 long이면 다른 하나도 long으로 변환된다. 그렇지 않고 피연산자 중 하나의 타입이 unsigned이면 다른 하나도 unsigned로 변환된다. 그 밖의 경우에는 두 피연산자 모두 int로 변환된다.

물론 너무 많은 타입을 복잡하게 혼용하지 않음으로써 암묵적인 변환을 최소화하는 편이 가장 좋다.

A.5.2.3 사용자 정의 타입 변환

표준 타입 확장과 변환에 더해 프로그래머가 사용자 정의 타입에 대한 변환 연산을 정의할수 있다. 인자 하나만 받는 생성자가 인자 타입에서 해당 타입으로의 변환을 정의하는데, 생성자가 explicit(18.4.1절)이면 프로그래머가 명시적으로 타입 변환을 요구하는 경우에만 변환이 수행된다. 그렇지 않으면 변환이 암묵적으로 수행된다.

A.5.3 상수 표현식

상수 표현식은 컴파일 시간에 평가할 수 있는 표현식이다. 아래 예를 보자.

```
const int a = 2.7*3;
const int b = a+3;

constexpr int a = 2.7*3;
constexpr int b = a+3;
```

const는 변수를 포함하는 표현식으로 초기화될 수 있다. 반면 constexpr은 상수 표현식으로만 초기화될 수 있다. 배열 크기와 case 레이블, 열거자 초기 값, int 템플릿 인자 등에서상수 표현식이 필요하다.

```
int var = 7;
switch (x) {
    case 77:       // OK
    case a+2:      // OK
    case var:      // 오류 (var는 상수 표형식이 아님)
    // ...
};
```

constexpr로 선언된 함수는 상수 표현식에서 사용할 수 있다.

A.5.4 sizeof

sizeof(x)에서 x는 타입 이름이나 표현식이 될 수 있다. x가 표현식인 경우 sizeof(x)의값은 결과 객체의 크기와 같다. x가 타입 이름이면 sizeof(x)는 x 타입 객체의 크기가 된다.크기는 바이트 단위이며, 정의에 따르면 sizeof(char)==1이다.

A.5.5 논리 표현식

C++는 정수 타입에 대한 논리 연산자를 제공한다.

비트별 논리 연산	
x&y	x와 y의 비트별 논리곱
x|y	x와 y의 비트별 논리합
x^y	x와 y의 비트별 배타적 논리합

논리 연산	
x&&y	논리곱. true나 false를 반환. x가 참일 때만 y를 평가함
x||y	논리합. true나 false를 반환. x가 거짓일 때만 y를 평가함

비트별 연산자는 두 피연산자의 각 비트에 연산을 수행하는 반면, 논리 연산자(&&와 ||)는 0을 false로, 그 밖의 모든 값은 true로 간주한다. 각 연산의 정의는 다음과 같다.

&	0	1
0	0	0
1	0	1

|	0	1
0	0	1
1	1	1

^	0	1
0	0	1
1	1	0

A.5.6 new와 delete

자유 저장 영역(동적 저장 영역이나 힙)의 메모리는 new로 할당되고, (개별 객체의 경우) delete나 (배열의 경우) delete[]로 해제된다. 메모리가 고갈되면 new는 bad_alloc 예외를 던진다. new 연산이 성공적으로 수행되면 적어도 1바이트를 할당한 후 할당된 객체를 가리키는 포인터를 반환한다. 할당할 객체의 타입은 new 다음에 지정한다. 아래 예를 보자.

```
int* p1 = new int;          // (초기화되지 않은) int 할당
int* p2 = new int(7);       // 7로 초기화된 int 할당
int* p3 = new int[100];     // (초기화되지 않은) int 100개 할당
// ...
delete p1;                  // 객체 한 개 해제
delete p2;
delete[ ] p3;               // 배열 해제
```

new를 이용해 내장형 타입의 객체를 할당할 때 초기 값을 지정하지 않는 한 객체가 초기화되지 않는다. 생성자를 포함하는 클래스의 객체를 new로 할당할 때는 생성자가 호출되는데, 초기 값을 지정하지 않으면 기본 생성자가 호출된다.

delete는 피연산자에 소멸자가 존재하면 호출한다. 이때 소멸자는 가상(A.12.3.1절)일 수 있음을 명심하자.

A.5.7 캐스트

타입 변환 연산자에는 다음과 같은 네 가지가 있다.

타입 변환 연산자	
x=dynamic_cast⟨D*⟩(p)	p에서 D*로의 변환을 시도함(0을 반환할 수 있음)
x=dynamic_cast⟨D&⟩(*p)	*p에서 D&로의 변환을 시도함(bad_cast 예외를 던질 수 있음)
x=static_cast⟨T⟩(v)	T를 v의 타입으로 변환할 수 있으면 v를 T로 변환
x=reinterpret_cast⟨T⟩(v)	v를 동일한 비트 패턴으로 표현되는 T로 변환
x=const_cast⟨T⟩(v)	const를 더하거나 빼서 v를 T로 변환
x=(T)v	C 스타일 캐스트. 모든 종류의 캐스트 수행
x=T(v)	함수형 캐스트. 모든 종류의 캐스트 수행
X=T{v}	v로부터 T를 생성(타입 축소는 일어나지 않음)

동적인 캐스트는 p가 기반 클래스의 포인터이고 D가 기반 클래스에서 파생된 클래스일 때 클래스 계층 구조를 따라가기 위해 주로 사용된다. p가 D*가 아니면 0을 반환한다. dynamic_cast가 0을 반환하는 대신 예외(bad_cast)를 던지게 하려면 포인터가 아닌 참조로 캐스트하라. 동적인 캐스트는 실행 시간 검사를 수행하는 유일한 캐스트다.

정적인 캐스트는 '합리적으로 잘 수행될 수 있는 변환'에 사용된다. 즉, T로부터의 암묵적 변환으로 v를 얻을 수 있는 경우에 쓰인다(17.8절).

재해석 캐스트는 비트 패턴을 재해석하는데, 이식성을 보장하지 않는다. 실제로 모든 reinterpret_cast는 이식성이 없다고 가정하는 편이 가장 올바르다. 프로그램에서 머신 주소를 얻기 위해 int를 포인터로 변환하는 경우를 대표적인 예로 들 수 있다.

C 스타일 캐스트와 함수형 타입 캐스트는 const_cast를 static_cast나 reinterpret_cast와 조합해 수행할 수 있는 모든 변환을 수행할 수 있다.

캐스트는 피하는 편이 가장 좋다. 대부분의 경우 캐스트의 사용은 엉터리 프로그래밍을 암시한다. 이 규칙에 대한 예외는 17.8절과 25.4.1절에서 볼 수 있다. C 스타일 캐스트와 함수형 캐스트는 실제로 캐스트가 어떤 일을 하는지에 대해 여러분이 몰라야 할 불쾌한 진실이 숨어있다(27.3.4절). 따라서 명시적 타입 변환을 피할 수 없다면 명명된 캐스트를 사용하자.

A.6 구문

여기서는 C++ 구문의 문법을 살펴보자(opt는 선택적이라는 의미임).

```
statement:
    declaration
    { statement-list_opt }
    try { statement-list_opt } handler-list
    expression_opt ;
    selection-statement
    iteration-statement
    labeled-statement
    control-statement

selection-statement:
    if ( condition ) statement
    if ( condition ) statement else statement
    switch ( condition ) statement

iteration-statement:
    while ( condition ) statement
    do statement while ( expression ) ;
    for ( for-init-statement condition_opt ; expression_opt ) statement
    for ( declaration : expression ) statement

labeled-statement:
    case constant-expression : statement
    default : statement
    identifier : statement

control-statement:
    break ;
    continue ;
    return expression_opt ;
    goto identifier ;

statement-list:
    statement statement-list_opt
```

```
condition:
    expression
    type-specifier declarator = expression

for-init-statement:
    expression_opt ;
    type-specifier declarator = expression ;

handler-list:
    catch ( exception-declaration ) { statement-list_opt }
    handler-list handler-list_opt
```

선언은 (표현식이 아닌) 구문이므로 대입 구문이나 함수 호출 구문을 포함하지 않는다는 점을 알 수 있다. 반면에 대입과 함수 호출은 표현식이다. 더 자세한 내용은 아래를 참고하라.

- 반복 구문(for와 while). 4.4.2절 참고

- 선택 구문(if와 switch, case, break). 4.4.1절 참고. break는 해당 break문을 감싸는 가장 가까운 switch 구문이나 while 구문, do 구문, for 구문의 "밖으로 벗어나라"는 의미다. 즉, break문을 감싸는 구문의 다음 구문이 실행된다.

- 표현식. A.5절, 4.3절 참고

- 선언 구문. A.6절, 8.2절 참고

- 예외(try와 catch). 5.6절, 19.4절 참고

아래 예는 다양한 구문의 예를 보여주기 위해 만든 코드다(무슨 일을 하는 코드일까?).

```cpp
int* f(int p[ ] , int n)
{
    if (p==0) throw Bad_p(n);
    vector<int> v;
    int x;
    while (cin>>x) {
        if (x==terminator) break;    // while 루프 종료
        v.push_back(x);
    }
    for (int i = 0; i<v.size() && i<n; ++i) {
        if (v[i]==*p)
            return p;
        else
            ++p;
```

```
    }
  return 0;
}
```

A.7 선언

선언은 세 부분으로 이뤄진다.

- 선언할 대상의 이름
- 선언할 대상의 타입
- 선언할 대상의 초기 값(대부분의 경우 선택적)

    선언할 수 있는 대상은 다음과 같다.

- 내장형 타입의 객체와 사용자 정의 타입의 객체(A.8절)
- 사용자 정의 타입(클래스와 열거형)(A.10~11절, 9장)
- 템플릿(클래스 템플릿과 함수 템플릿)(A.13절)
- 별칭(A.16절)
- 네임스페이스(A.15절, 8.7절)
- (멤버 함수와 연산자를 포함하는) 함수(A.9절, 8장)
- 열거자(열거형의 값)(A.11절, 9.5절)
- 매크로(A.17.2절, 27.8절)

    초기 값은 아래와 같이 { }로 둘러싸인 0개 이상의 요소를 포함하는 표현식의 목록이 될수 있다.

```
vector<int> v {a,b,c,d};
int x {y*z};
```

    정의되는 객체의 타입이 auto인 경우 객체는 반드시 초기화돼야 하며, 객체의 타입은 초기값의 타입을 따른다(13.3절, 21.2절). 다음 예를 보자.

```
auto x = 7;              // x는 int
const auto pi = 3.14;    // pi는 double
for (const auto& x : v)  // x는 v의 요소를 가리키는 참조
```

A.7.1 정의

초기화나 메모리 할당, 그 밖의 방법으로 대상 이름을 프로그램에서 사용하기에 충분한 정보를 제공하는 선언을 정의라고 한다. 프로그램 안의 모든 타입과 객체, 함수는 딱 하나의 정의를 가져야 한다. 아래 예를 보자.

```
double f();                // 선언
double f() { /* ...*/ };    // (선언이자) 정의
extern const int x;        // 선언
int y;                     // (선언이자) 정의
int z = 10;                // 명시적 초기 값이 지정된 정의
```

const는 반드시 초기화돼야 한다. 따라서 (다른 곳의 정의문 어딘가에 초기 값이 지정되게) 명시적으로 extern으로 선언하지 않는 한 const에는 초기 값이 요구된다. 또는 기본 생성자를 포함하는 타입일 수도 있다(A.12.3절). const인 클래스 멤버는 멤버 초기 값을 이용해 모든 생성자에서 초기화돼야 한다(A.12.3절).

A.8 내장형 타입

C++는 다양한 기본 타입을 제공하며, 기본 타입과 한정자를 조합해 타입을 만들 수도 있다.

내장형 타입	
bool x	x는 불리언(true와 false)
char x	x는 문자(일반적으로 8비트)
short x	x는 짧은 int(일반적으로 16비트)
int x	x는 기본 정수 타입
float x	x는 부동소수점 숫자('짧은 double')
double x	x는 ('배정도') 부동소수점 숫자
void* p	p는 메모리 위치를 가리키는 포인터(알 수 없는 타입의 메모리)
T* p	p는 T를 가리키는 포인터
T *const p	p는 T를 가리키는 상수(변경 불가) 포인터
T a[n]	a는 n개의 T로 이뤄진 배열
T& r	r은 T를 가리키는 참조

(이어짐)

내장형 타입	
T f(arguments)	f는 arguments를 인자로 받고 T를 반환하는 함수
const T x	x는 T의 상수 (변경 불가) 버전
long T x	x는 long T
unsigned T x	x는 unsigned T
signed T x	x는 signed T

여기서 T는 '임의의 타입'을 말한다. 따라서 long unsigned int와 long double, unsigned char, const char *(상수 char를 가리키는 포인터) 모두 가능하다. 그러나 이러한 체계가 완전히 일반적이진 않다. 예를 들어 short double(float으로 써야 함)과 signed bool(의미 없는 타입), short long int(중복된 한정자), long long long long int는 존재하지 않는다. long long은 적어도 64비트를 저장할 수 있음을 보장한다.

부동소수점 타입으로는 float, double, long double이 있으며, 모두 C++에서 제공하는 실수에 대한 근사치다.

정수 타입(integer 혹은 integral type)으로는 bool, char, short, int, long, long long과 이에 대한 부호 없는 타입이 존재한다. 열거형의 타입이나 값은 정수 타입이나 값을 필요로 하는 곳에서 사용할 수도 있다.

내장형 타입의 크기에 대해서는 3.8절과 17.3.1절, 25.5.1절에서 다뤘고, 포인터와 배열은 17장과 18장에서, 참조는 8.5.4~6절에서 살펴봤다.

A.8.1 포인터

포인터는 객체나 함수의 주소로, 포인터 타입 변수에 저장된다. 유효한 객체 포인터는 다음과 같이 객체의 주소를 저장한다.

```
int x = 7;
int* pi = &x;          // pi는 x를 가리킴
int xx = *pi;          // *pi는 pi가 가리키는 객체의 값, 즉 7
```

아래와 같이 객체의 주소를 포함하지 않는 포인터는 유효하지 않은 포인터다.

```
int* pi2;              // 초기화 되지 않음
*pi2 = 7;              // 정의되지 않은 동작
pi2 = nullptr;         // 널 포인터 (pi2는 아직 유효하지 않음)
*pi2 = 7;              // 정의되지 않은 행동
```

```
pi2 = new int(7);      // 이제 pi2는 유효함
int xxx = *pi2;        // 문제없음: xxx는 7이 됨
```

유효하지 않은 포인터에 널 포인터(`nullptr`)를 저장하게 하면 다음과 같이 검사를 수행할 수 있다.

```
if (p2 == nullptr) {   // "유효하지 않으면"
    // *p2를 사용하지 말자.
}
```

또는 더 간단히 아래처럼 쓸 수도 있다.

```
if (p2) {      // "유효하면"
    // *p2 사용
}
```

17.4절과 18.6.4절을 참고하자.

(`void`가 아닌) 객체의 포인터에 대한 연산은 다음과 같다.

포인터 연산	
*p	역참조/간접 접근
p[i]	역참조/첨자 연산
p=q	대입과 초기화
p==q	같음
p!=q	같지 않음
p+i	정수 더하기
p-i	정수 빼기
p-q	거리 구하기: 포인터 간 뺄셈
++p	전치 증가(순방향 이동)
p++	후치 증가(순방향 이동)
--p	전치 감소(역방향 이동)
p--	후치 감소(역방향 이동)
p+=i	요소 i개만큼 순방향 이동
p-=i	요소 i개만큼 역방향 이동

모든 포인터 산술 연산(예, ++p와 p+=7)은 배열을 가리키는 포인터에만 허용되며, 배열의 구간을 벗어나는 곳을 가리키는 포인터에 대한 역참조 연산의 효과는 정의되지 않는다(컴파일러나 언어의 런타임 시스템에서 찾아내지 못할 가능성이 크다). 같은 객체나 배열을 가리키는 동일한 타입의 포인터에 대해서는 <와 <=, >, >=를 비롯한 비교 연산을 수행할 수 있다.

void* 포인터에는 복사(대입이나 초기화)와 캐스트(타입 변환), 비교(==, !=, <, <=, >, >=) 연산만 수행할 수 있다.

함수를 가리키는 포인터(27.2.5절)는 아래와 같이 복사와 호출만 가능하다.

```
using Handle_type = void (*)(int);
void my_handler(int);
Handle_type handle = my_handler;
handle(10);        // my_handler(10)와 동일
```

A.8.2 배열

배열은 다음과 같이 특정 타입의 객체(요소)로 이뤄진 고정된 크기의 시퀀스다.

```
int a[10];    // 10개의 int
```

배열이 전역 유효 범위에 위치하면 해당 타입의 적절한 기본 값으로 요소가 초기화된다. 예를 들어 위에서 a[7]의 값은 0이다. 배열이 지역 범위에 위치하는(함수 안의 변수로 선언된) 경우나 new로 할당된 경우, 요소의 타입이 내장형 타입이면 초기화되지 않고 클래스 타입이면 해당 클래스의 생성자에 정의된 대로 초기화된다.

배열의 이름은 아래와 같이 첫 번째 요소를 가리키는 포인터로 암묵적으로 변환된다.

```
int* p = a;        // p는 a[0]을 가리킴
```

배열 자체나 첫 번째 요소를 가리키는 포인터에는 [] 연산자를 이용해 다음과 같이 첨자로 접근할 수 있다.

```
a[7] = 9;
int xx = p[6];
```

배열의 요소에는 0부터 시작하는 번호가 부여된다(18.6절).

배열은 자체적으로 구간 검사를 수행하지 않고, 포인터 형태로 전달되는 경우가 많기 때문에 사용자가 구간 검사를 수행하는 데 필요한 정보를 신뢰성 있게 얻을 수 없다. 따라서 되도록 vector를 사용하자.

배열의 크기는 다음과 같이 모든 요소의 크기의 합으로 정의된다.

```
int a[max];      // sizeof(a)는 sizeof(int)*max와 동일
```

배열을 포함하는 배열(이차원 배열), 배열을 포함하는 배열을 다시 포함하는 배열(삼차원 배열) 등을 아래처럼 정의해 사용할 수도 있다.

```
double da[100][200][300];   // double 타입 100개의 배열
                            // 타입을 200개 포함하는 (이차원) 배열
                            // 타입을 300개 포함하는 (삼차원) 배열
da[7][9][11] = 0;
```

다차원 배열을 복잡하게 사용하면 이해하기 어렵고 오류의 원인이 되기도 한다(24.4절). 선택권이 있다면 (24장에서 살펴본 바와 같이) Matrix 라이브러리를 사용하라.

A.8.3 참조

참조는 객체에 대한 별칭(또 다른 이름)이다. 아래 예를 보자.

```
int a = 7;
int& r = a;
r = 8;         // a는 8이 됨
```

참조는 주로 함수 매개변수의 복사를 피하려는 용도로 쓰인다.

```
void f(const string& s);
// ...
f("이런 문자열을 복사하는 비용이 크므로, 참조를 사용한다.");
```

8.5.4~6절을 참고하라.

A.9 함수

함수는 이름이 부여된 코드 조각이라고 할 수 있는데, 인자 집합(빈 집합일 수도 있음)을 받아들이고 필요한 경우 값을 반환한다. 다음과 같이 함수 이름 앞에는 반환 타입을, 이름 뒤에는 매개변수 목록을 명시해 함수를 선언할 수 있다.

```
char f(string, int);
```

즉, f는 string과 int를 인자로 받고 char를 반환하는 함수다. 함수를 선언하기만 하려면 선언문을 세미콜론으로 종료한다. 그와 달리 함수를 정의하려면 다음과 같이 인자 선언 다음에 함수 몸체를 정의한다.

```
char f(string s, int i) { return s[i]; }
```

함수 몸체는 반드시 블록(8.2절)이나 try 블록(5.3.6절)이어야 한다.

선언에서 값을 반환한다는 점을 명시한 함수는 몸체에서 반드시 값을 반환해야 한다 (return 구문을 이용).

```
char f(string s, int i) { char c = s[i]; }      // 오류: 값을 반환하지 않음
```

main() 함수만이 이 규칙의 예외가 될 수 있다(A.1.2절). 따라서 main()을 제외한 함수에서 값을 반환하지 않으려면 함수를 void로 선언하자. 즉, '반환 타입'을 void로 지정하라.

```
void increment(int& x) { ++x; }               // OK: 값을 반환하지 않음
```

함수는 호출 연산자(적용 연산자)인 ()과 적절한 인자 목록을 이용해 호출된다.

```
char x1 = f(1,2);          // 오류: f()의 첫 번째 인자는 문자열이어야 함
string s = "Battle of Hastings";
char x2 = f(s);            // 오류: f()는 인자 두 개를 요구함
char x3 = f(s,2);          // OK
```

함수에 대한 자세한 내용을 알고 싶다면 8장을 참고하라.

함수 정의 앞에는 constexpr이 붙을 수 있는데, 그런 경우에는 컴파일러가 상수 표현식을 인자로 해서 해당 함수를 평가할 수 있을 정도로 단순해야 한다. constexpr 함수는 상수 표현식에서도 사용할 수 있다(8.5.9절).

A.9.1 오버로드 해석

오버로드 해석overload resolution은 주어진 인자 집합을 바탕으로 어떤 함수를 호출할지를 결정하는 과정을 말한다.

```
void print(int);
void print(double);
void print(const std::string&);

print(123);            // print(int) 호출
print(1.23);           // print(double) 호출
print("123");          // print(const string&) 호출
```

언어 규칙에 따라 올바른 함수를 선택하는 일은 컴파일러의 몫이다. 불행히도 복잡한 경우를 다루려면 언어의 규칙도 꽤 복잡해진다. 여기서는 단순화된 예제를 살펴본다.

일련의 오버로드된 함수 중에서 호출해야 할 올바른 함수를 선택하는 일은, 인자로 주어진

표현식들의 타입과 가장 잘 매칭되는 매개변수(형식 인자)를 갖는 함수를 찾는 방식으로 이뤄진다. 이 과정에서 사람들이 생각하는 합리적인 결정에 가까워지기 위해 아래와 같은 일련의 기준을 차례대로 확인한다.

1. 완벽히 매칭됨. 즉, 변환이 필요 없거나 사소한 변환(예, 배열 이름을 포인터로, 함수 이름을 함수 포인터로, T를 const T로 변환)만 필요함

2. 타입 확장만으로 매칭됨. 즉, 정수 확장(bool에서 int로, char에서 int로, short에서 int로, 부호 없음/있음 변환. A.8절)과 float에서 double로의 확장

3. 표준적인 변환을 이용해 매칭됨. 예를 들어 int에서 double로, double에서 int로, double에서 long double로, Derived*에서 Base*로(파생 클래스 포인터에서 기반 클래스 포인터로. 14.3절), T*에서 void*(17.8절)로, int에서 unsigned int로(25.5.3절) 변환

4. 사용자 정의 변환을 이용한 매칭(A.5.2.3절).

5. 함수 선언에서의 생략 ...을 이용한 매칭(A.9.3절)

매칭된 기준 중에서 우선순위가 가장 높은 기준에 두 개 이상의 함수가 매칭되면 모호한 호출로 판단해 호출을 거부한다. 해석 규칙이 이처럼 까다로운 주된 이유는 내장형 숫자 타입의 복잡한 규칙을 반영해야 하기 때문이다(A.5.3절).

여러 개의 인자를 바탕으로 오버로드 해석을 수행하는 경우에는 우선 각 인자마다 가장 잘 매칭되는 함수를 찾는다. 그 함수들 중 하나가 모든 인자에 대해 적어도 다른 함수들만큼 잘 매칭되고, 인자들 중 하나라도 다른 함수들보다 잘 매칭되면 해당 함수를 호출한다. 그렇지 않으면 모호한 호출로 간주한다. 아래 예를 보자.

```
void f(int, const string&, double);
void f(int, const char*, int);

f(1,"hello",1);          // OK: f(int, const char*, int) 호출
f(1,string("hello"),1.0); // OK: f(int, const string&, double) 호출
f(1, "hello",1.0);       // 오류: 모호한 호출
```

위의 세 번째 호출에서 "hello"는 변환 없이 const char*에 매칭되고, const string&에 매칭되려면 변환이 필요하다. 반면 1.0은 변환 없이 double에 매칭되고, int에 매칭되려면 변환이 필요하다. 즉, 어떤 f()도 다른 함수보다 더 잘 매칭되지 않는다.

여러분이 사용하는 컴파일러의 결정이나 여러분이 합리적이라고 생각하는 결정이 앞에서 말한 단순한 규칙에 부합하지 않는다면 여러분의 코드가 필요 이상으로 복잡한지를 검토해보자. 그렇다면 코드를 단순화하고, 그렇지 않으면 전문가 수준의 자료를 참고하라.

A.9.2 기본 인자

범용적인 함수는 때때로 가장 일반적인 경우보다 많은 수의 인자를 필요로 한다. 이런 문제를 해결하는 수단으로 함수를 호출하는 쪽에서 인자를 지정하지 않았을 때 사용할 기본 인자를 프로그래머가 지정할 수도 있다. 다음 예를 보자.

```
void f(int, int=0, int=0);
f(1,2,3);
f(1,2);       // f(1,2,0) 호출
f(1);         // f(1,0,0) 호출
```

인자 목록에서 뒤쪽으로부터 연속된 인자에만 기본 값을 선언할 수 있고, 호출 시에도 생략될 수 있다.

```
void g(int, int =7, int);   // 오류: 뒤쪽으로부터 연속되지 않은 인자에 기본값 설정
f(1,,1);                    // 오류: 두 번째 인자가 생략됨
```

(오버로드 대신 기본 인자를 이용하거나) 기본 인자를 사용하는 방법 대신 오버로드를 이용할 수도 있다.

A.9.3 명시되지 않은 인자

인자의 개수나 타입이 명시되지 않은 함수를 정의할 수도 있다. 이런 경우를 나타낼 때는 생략 기호(...)를 사용하는데, "명시된 인자에 더해 추가적인 인자가 있을 수 있다"는 의미로 볼 수 있다. 예를 들어 가장 유명한 C 함수 중 하나인 printf()의 선언과 호출 예를 살펴보자 (27.6.1절, B.11.2절).

```
void printf(const char* format ...);      // 형식 문자열에 추가적인 인자 가능

int x = 'x';
printf("hello, world!");
printf("print a char '%c'\n",x);         // int x를 char로 출력
printf("print a string \"%s\"",x);       // 스스로 무덤 파기
```

형식 문자열에 포함된 %c와 %s를 비롯한 '형식 지정자'는 인자가 존재하는지, 존재한다면 어떻게 사용할지를 결정하는데, 위에서 보다시피 지저분한 타입 오류를 일으킬 수 있다. C++에서는 명시되지 않은 인자를 가급적 피하는 편이 좋다.

A.9.4 링크 명세

C++ 코드는 C 코드와 한 프로그램 안에서 사용할 수 있다. 즉, 프로그램의 일부는 C++로 작성하고(그리고 C++ 컴파일러로 컴파일하고), 다른 부분은 C로 작성(그리고 C 컴파일러로 컴파일)할 수 있다. 이런 경우에 대비해 C++에서는 링크 명세를 이용해 해당 함수가 C 링크 관례를 따라야 함을 알릴 수 있으며, 아래와 같이 함수 선언 앞에 링크 명세를 지정하면 된다.

```
extern "C" void callable_from_C(int);
```

필요하다면 다음과 같이 블록 내의 모든 선언에 적용할 수도 있다.

```
extern "C" {
    void callable_from_C(int);
    int and_this_one_also(double, int*);
    /* ...*/
}
```

자세한 사용법이 궁금하다면 27.2.3절을 참고하라.

C는 함수 오버로딩을 지원하지 않으므로, C++에서 오버로드된 함수 중 하나에만 C 링크 명세를 지정할 수 있다.

A.10 사용자 정의 타입

프로그래머가 새로운 (사용자 정의) 타입을 정의하는 방법에는 클래스(class나 struct, union. A.12절)와 열거형(enum. 27.2.3절)의 두 가지가 있다.

A.10.1 연산자 오버로딩

프로그래머는 하나 이상의 사용자 정의 타입을 피연산자로 취하는 대부분의 연산자에 대해 그 의미를 정의할 수 있다. 하지만 내장형 타입의 연산자에 대한 표준적인 의미를 재정의하거나 새로운 연산자를 정의하는 일은 허용하지 않는다. 사용자 정의 연산자(오버로드된 연산자)의 이름은 operator 키워드와 연산자의 기호로 구성된다. 예를 들어 +의 의미를 정의하는 함수의 이름은 다음과 같이 operator +다.

```
Matrix operator+(const Matrix&, const Matrix&);
```

std::ostream(10~11장)과 std::vector(17~19장, B.4절), std::complex(B.9.3절), Matrix(24장)에서도 연산자 오버로딩의 예를 볼 수 있다.

다음 연산자를 제외한 모든 연산자는 사용자 정의가 가능하다.

```
?:       .       .*       ::       sizeof       typeid       alignas       noexcept
```

아래 연산자를 정의하는 함수는 반드시 해당 클래스의 멤버여야 한다.

```
=       [ ]       ( )       ->
```

그 밖의 모든 연산자는 멤버 함수는 물론 독립적인 함수로 정의할 수 있다.

모든 사용자 정의 타입은 =(대입과 초기화), &(~의 주소)와 ,(콤마) 연산자를 기본으로 포함한다는 점을 기억하자.

연산자를 오버로딩할 때는 신중해야 하며 관례를 따라야 한다.

A.11 열거형

열거형은 명명된 값(열거자)으로 이뤄진 집합을 타입으로 정의한다.

```
enum Color { green, yellow, red };                  // '일반적인' 열거형
enum class Traffic_light { yellow, red, green };   // 범위 지정(scoped) 열거형
```

enum class의 열거자는 열거형의 범위에 속하는 반면, '일반적인' enum의 열거자는 열거형이 선언된 유효 범위에 노출된다. 아래 예를 보자.

```
Color col = red;           //OK
Traffic_light tl = red;    // 오류: 정수 값(즉, Color::red)을 Traffic_light로 변환할 수 없음
```

기본적으로 첫 번째 열거자의 값은 0이므로 Color::green==0이며, 여기서부터 1씩 증가해 Color의 yellow==1, red==2가 된다. 다음과 같이 열거자의 값을 명시적으로 정의할 수도 있다.

```
enum Day { Monday=1, Tuesday, Wednesday };
```

여기서 Monday==1, Tuesday==2, Wednesday==3이 된다.

'일반적인' enum에서 열거형 변수의 값과 열거자의 값은 암묵적으로 정수로 변환된다. 그러나 정수를 열거형 타입으로 암묵적으로 변환하지는 않는다.

```
int x = green;         // OK: 암묵적인 Color에서 int로의 변환
Color c = green;       // OK
c = 2;                 // 오류: int를 Color로 암묵적 변환할 수 없음
c = Color(2);          // OK: (검사를 수행하지 않는) 명시적 변환
int y = c;             // OK: 암묵적인 Color에서 int로의 변환
```

반면 enum class에서 열거형 변수의 값과 열거자의 값은 암묵적으로 정수로 변환되지 않으며, 정수도 열거형 타입으로 암묵적으로 변환되지 않는다.

```
int x = Traffic_light::green;    // 오류: Traffic_light를 int로 암묵적으로 변환할 수 없음
Traffic_light c = green;         // 오류: int를 Traffic_light로 암묵적으로 변환할 수 없음
```

열거형의 사용 방법을 알고 싶다면 9.5절을 참고하라.

A.12 클래스

클래스는 해당 객체의 메모리 표현(멤버 변수)과 그 객체에 적용할 수 있는 연산자의 정의를 포함하는 사용자 정의 타입이다.

```
class X {
public:
    // 사용자 인터페이스
private:
    // 구현
};
```

클래스 선언 안에서 정의된 변수나 함수, 또 다른 타입을 해당 클래스의 멤버라고 한다. 클래스에 대한 기술적 상세 내용은 9장을 참고하라.

A.12.1 멤버 접근

public 멤버는 사용자가 접근할 수 있는 반면, private 멤버에는 클래스 자체의 멤버만 접근할 수 있다.

```
class Date {
public:
    // ...
    int next_day();
private:
    int y, m, d;
};

void Date::next_day() { return d+1; }    // OK

void f(Date d)
{
    int nd = d.d+1;        // 오류: Date::d는 private임
```

```
    // ...
}
```

struct는 멤버가 기본적으로 public인 class라고 할 수 있다.

```
struct S {
    // 멤버 (private로 명시하지 않으면 public)
};
```

protected를 비롯해 멤버 접근에 대해 자세히 알고 싶다면 14.3.4절을 참고하라.

객체의 멤버는 변수에 .(마침표) 연산자를 사용해 참조하거나, 포인터에 ->(화살표) 연산자를 적용해 참조할 수 있다.

```
struct Date {
    int d, m, y;
    int day() const { return d; }      // 클래스 내부 정의
    int month() const;                 // 선언만 됨. 정의는 다른 곳에서...
    int year() const;                  // 선언만 됨. 정의는 다른 곳에서...
};

Date x;
x.d = 15;                              // 변수 기반 접근
int y = x.day();                       // 변수 기반 호출
Date* p = &x;
p->m = 7;                              // 포인터 기반 접근
int z = p->month();                    // 포인터 기반 호출
```

클래스의 멤버는 ::(범위 지정) 연산자를 이용해 참조할 수 있다.

```
int Date::year() const { return y; }      // 클래스 외부 정의
```

멤버 함수 안에서는 정규화된 이름qualified name 없이도 그 밖의 멤버에 접근할 수 있다.

```
struct Date {
    int d, m, y;
    int day() const { return d; }
    // ...
};
```

이처럼 정규화되지 않은 이름은 멤버 함수가 호출되는 객체의 멤버를 가리킨다.

```
void f(Date d1, Date d2)
{
    d1.day();          // d1.d에 접근
```

```
    d2.day();            // d2.d에 접근
    // ...
}
```

A.12.1.1 this 포인터

멤버 함수가 호출되는 객체의 멤버라는 사실을 명시하고 싶을 때 미리 정의된 포인터인 this
를 사용한다.

```
struct Date {
    int d, m, y;
    int month() const { return this->m; }
    // ...
};
```

const로 정의된 멤버 함수(const 멤버 함수)에서는 해당 함수가 호출된 객체의 멤버의 값을
변경할 수 없다.

```
struct Date {
    int d, m, y;
    int month() const { ++m; }   // 오류: month()는 const
    // ...
};
```

const 멤버 함수에 대해 더 자세히 알고 싶다면 9.7.4절을 참고하라.

A.12.1.2 friend 선언

클래스의 멤버가 아닌 함수라도 friend 선언을 이용하면 해당 클래스의 모든 멤버에 접근할
수 있다.

```
// 이 함수에서 Matrix와 Vector의 멤버에 접근해야 함:
Vector operator*(const Matrix&, const Vector&);

class Vector {
    friend
    Vector operator*(const Matrix&, const Vector&);     // 접근 허용
    // ...
};

class Matrix {
    friend
    Vector operator*(const Matrix&, const Vector&);     // 접근 허용
```

```
    // ...
};
```

위 코드에서 보듯이 friend 선언은 일반적으로 서로 다른 두 클래스에 접근해야 하는 함수에서 주로 사용하는데, 아래와 같이 멤버 접근 구문을 이용하지 않고 호출해야 하는 접근 함수를 제공하는 목적으로 쓰일 수도 있다.

```
class Iter {
public:
    int distance_to(const iter& a) const;
    friend int difference(const Iter& a, const Iter& b);
    // ...
};

void f(Iter& p, Iter& q)
{
    int x = p.distance_to(q);    // 멤버 구문을 이용한 호출
    int y = difference(p,q);     // "수학적 구문"을 이용한 호출
    // ...
}
```

friend로 선언한 함수는 virtual로 선언할 수 없다는 점도 기억하자.

A.12.2 클래스 멤버 정의

정수형 상수나 함수, 타입 형태의 클래스 멤버는 클래스 내부(9.7.3절)나 클래스 외부(9.4.4절)에서 정의/초기화될 수 있다.

```
struct S {
    int c = 1;
    int c2;

    void f() { }
    void f2();

    struct SS { int a; };
    struct SS2;
};
```

클래스 내부에서 정의하지 않은 멤버는 다른 곳 어딘가에서 정의해야 한다.

```
int S::c2 = 7;
```

```
void S::f2() { }

struct S::SS2 { int m; };
```

객체를 생성한 주체가 지정한 값으로 데이터 멤버를 초기화하고 싶다면 생성자를 이용하자. 함수 멤버는 객체에서 공간을 차지하지 않는다.

```
struct S {
    int m;
    void f();
};
```

따라서 sizeof(S)==sizeof(int)다. 이러한 규칙을 표준에서 보장하진 않지만, 내가 알고 있는 모든 구현체는 이 규칙을 따른다. 그러나 가상 함수를 포함하는 클래스는 가상 함수 호출에 필요한 숨겨진 멤버를 갖는다는 사실을 기억하자(14.3.1절).

A.12.3 생성과 소멸, 복사

하나 이상의 생성자를 정의함으로써 클래스 객체의 초기화의 의미를 정의할 수 있다. 생성자는 다음과 같이 해당 클래스와 이름이 같고 반환 값이 없는 함수를 말한다.

```
class Date {
public:
    Date(int yy, int mm, int dd) :y{yy}, m{mm}, d{dd} { }
    // ...
private:
    int y,m,d;
};

Date d1 {2006,11,15};       // OK: 생성자로 초기화 수행
Date d2;                    // 오류: 초기 값 없음
Date d3 {11,15};            // 오류: 잘못된 초기 값 (초기 값 세 개 필요)
```

생성자에서 초기 값 목록(기반 클래스 초기 값 목록과 멤버 초기 값 목록)을 사용해 데이터 멤버를 초기화할 수 있는데, 멤버는 클래스에서 선언한 순서대로 초기화된다.

생성자는 일반적으로 클래스의 불변 조건을 보장하고 자원을 취득하기 위해 사용한다(9.4.2~3절).

클래스 객체는 '밑에서부터' 차례대로 생성된다. 즉, 선언된 순서대로 기반 클래스의 객체(14.3.1절)를 초기화하고, 선언된 순서대로 멤버를 초기화한 후 생성자의 코드를 실행한다. 프로그래머가 매우 비정상적인 행동을 하지 않는다면 이러한 초기화 순서로 인해 모든 객체가

사용하기 전에 생성된다는 사실을 보장할 수 있다.

해당 생성자를 explicit로 선언하지 않으면 인자가 하나인 생성자는 인자의 타입으로부터 해당 클래스로의 암묵적인 변환을 정의한다.

```
class Date {
public:
    Date(const char*);
    explicit Date(long);              // 정수를 Date로 인코딩
    // ...
};

void f(Date);

Date d1 = "June 5, 1848";            // OK
f("June 5, 1848");                   // OK

Date d2 = 2007*12*31+6*31+5;         // 오류: Date(long)는 explicit임
f(2007*12*31+6*31+5);                // 오류: Date(long)는 explicit임

Date d3(2007*12*31+6*31+5);          // OK
Date d4 = Date{2007*12*31+6*31+5};   // OK
f(Date{2007*12*31+6*31+5});          // OK
```

클래스가 기반 클래스나 명시적 인자를 요구하는 멤버를 갖지 않고 다른 생성자가 없다면 기본 생성자를 자동으로 생성한다. 자동으로 생성한 생성자는 기반 클래스와 기본 생성자를 제공하는 멤버를 초기화한다(기본 생성자가 없는 멤버는 초기화하지 않은 채로 남겨둔다).

```
struct S {
    string name, address;
    int x;
};
```

여기서 S는 암묵적인 생성자 S{}를 포함하며, 생성자에서는 name과 address를 초기화하지만 x는 초기화하지 않는다. 여기에 더해 생성자가 없는 클래스는 초기 값 목록을 이용해 초기화될 수 있다.

```
S s1 {"Hello!"};          // s1은 {"Hello! ",0}이 됨
S s2 {"Howdy!", 3};
S* p = new S{"G'day!"};   // *p는 {"G'day",0}이 됨
```

위에서 볼 수 있듯이 목록 뒤쪽에서 연속된 지정하지 않은 값은 기본 값(여기서는 int의 기본 값인 0)이 된다.

A.12.3.1 소멸자

소멸자를 정의함으로써 객체 소멸(예, 유효 범위를 벗어날 때)의 의미를 정의할 수 있다. 소멸자의 이름은 ~(보수 연산자)에 클래스의 이름을 붙여서 구성한다.

```
class Vector { // double의 벡터
public:
    explicit Vector(int s) : sz{s}, p{new double[s]} { }    // 생성자
    ~Vector() { delete[ ] p; }                              // 소멸자
    // ...
private:
    int sz;
    double* p;
};

void f(int ss)
{
    Vector v(s);
    // ...
}        // f()가 종료될 때 v가 소멸되며, v에 대해 Vector의 소멸자가 호출됨
```

컴파일러가 생성한 소멸자에서는 클래스의 멤버의 소멸자를 호출하며, 기반 클래스로 사용한 클래스에는 일반적으로 virtual 소멸자가 필요하다(17.5.2절).

소멸자에서는 주로 정리 작업과 자원 해제를 수행한다.

클래스 객체의 소멸 과정은 '위에서 아래로' 이뤄진다. 즉, 소멸자의 코드를 실행하고 선언된 순서대로 멤버를 소멸시킨 후 선언된 순서대로 기반 클래스의 객체를 소멸시키는데, 이는 객체 생성 과정과 반대되는 순서다.

A.12.3.2 복사

아래와 같이 클래스 객체의 복사의 의미를 정의할 수 있다.

```
class Vector { // double의 벡터
public:
    explicit Vector(int s) : sz{s}, p{new double[s]} { }    // 생성자
    ~Vector() { delete[ ] p; }                              // 소멸자
    Vector(const Vector&);                                  // 복사 생성자
    Vector& operator=(const Vector&);                       // 복사 대입
    // ...
private:
    int sz;
```

```
   double* p;
};

void f(int ss)
{
   Vector v(ss);
   Vector v2 = v;      // 복사 생성자 사용
   // ...
   v = v2;             // 복사 대입 사용
   // ...
}
```

기본적으로(즉, 복사 생성자나 복사 대입을 정의하지 않으면) 컴파일러가 여러분을 위해 복사 연산을 생성하는데, 자동 생성된 복사 연산은 멤버별 복사를 수행한다. 14.2.4절과 18.3절을 참고하라.

A.12.3.3 이동

다음과 같이 클래스 객체의 이동의 의미를 정의할 수 있다.

```
class Vector { // double의 벡터
public:
   explicit Vector(int s) : sz{s}, p{new double[s]} { }    // 생성자
   ~Vector() { delete[ ] p; }                              // 소멸자
   Vector(Vector&&);                                       // 이동 생성자
   Vector& operator=(Vector&&);                            // 이동 대입
   // ...
private:
   int sz;
   double* p;
};

Vector f(int ss)
{
   Vector v(ss);
   // ...
   return v;          // 이동 생성자 사용
}
```

기본적으로(즉, 이동 생성자나 이동 대입을 정의하지 않으면) 컴파일러가 여러분을 위해 이동 연산을 생성하는데, 자동 생성된 이동 연산은 멤버별 이동을 수행한다(18.3.4절).

A.12.4 파생 클래스

클래스는 다른 클래스로부터 파생돼 정의될 수 있는데, 파생된 클래스는 파생시키는 클래스(기반 클래스)의 멤버를 상속한다.

```
struct B {
    int mb;
    void fb() { };
};

class D : B {
    int md;
    void fd();
};
```

여기서 B는 두 멤버 mb와 fb()를 포함하는 반면, D는 네 멤버 mb와 fb(), md, fd()를 포함한다.

멤버와 마찬가지로 기반 클래스도 다음과 같이 public이나 private일 수 있다.

```
Class DD : public B1, private B2 {
    // ...
};
```

즉, B1의 public 멤버는 DD에서도 public 멤버인 반면, B2의 public 멤버는 DD에서 private 멤버다. 한편 파생 클래스라고 해도 기반 클래스의 멤버에 접근할 수 있는 특별한 권한을 부여받지는 않으므로, DD는 B1이나 B2의 private 멤버에 접근할 수 없다.

(DD처럼) 둘 이상의 직접적인 기반 클래스가 있는 경우를 다중 상속이라고 한다.

파생 클래스 D의 포인터는 기반 클래스 B의 포인터로 암묵적으로 변환될 수 있는데, 변환을 수행하려면 D에서 B에 접근할 수 있어야 하며, 모호성이 없어야 한다.

```
struct B { };
struct B1: B { };       // B는 B1의 public 기반
struct B2: B { };       // B는 B2의 public 기반
struct C { };
struct DD : B1, B2, private C { };

DD* p = new DD;
B1* pb1 = p;            // OK
B* pb = p;             // 오류: B1::B인지, B2::B인지가 모호함
C* pc = p;             // 오류: DD::C는 private임
```

마찬가지로 파생 클래스의 참조도 모호하지 않고 접근 가능한 기반 클래스의 참조로 암묵적으로 변환될 수 있다.

파생 클래스에 대해 더 자세한 정보가 필요하다면 14.3절을 참고하라. protected에 대해 더 알고 싶다면 전문가 수준의 교과서나 참고 서적을 보기 바란다.

A.12.4.1 가상 함수

가상 함수는 파생 클래스에 포함된 함수와 이름과 인자 타입이 동일한 호출 인터페이스를 제공하는 멤버 함수를 말한다. 가상 함수를 호출하면 실제로는 최하위 파생 클래스의 함수가 호출된다. 이때 파생 클래스가 기반 클래스의 가상 함수를 오버라이드한다고 말한다.

```
class Shape {
public:
    virtual void draw();    // virtual 키워드는 "오버라이드 될 수 있음"을 의미한다
    virtual ~Shape() { }    // 가상 소멸자
    // ...
};

class Circle : public Shape {
public:
    void draw();            // Shape::draw 오버라이드
    ~Circle();              // Shape::~Shape() 오버라이드
    // ...
};
```

기본적으로 기반 클래스(Shape)의 가상 함수는 파생 클래스(Circle)에서 사용할 호출 인터페이스를 정의한다.

```
void f(Shape& s)
{
    // ...
    s.draw();
}

void g()
{
    Circle c{Point{0,0}, 4};
    f(c); // Circle의 draw 호출
}
```

여기서 f()는 Circle에 대해 알지 못하며 Shape에 대해서만 알고 있다는 점에 주목하자. 가상 함수를 포함하는 클래스의 객체는 오버라이드된 함수를 찾을 수 있도록 추가적인 포인터를 하나 포함한다(14.3절).

가상 함수를 포함하는 클래스에는 일반적으로 (Shape에서 볼 수 있듯이) 가상 소멸자가 필요하다는 사실도 기억하자(17.5.2절).

아래와 같이 override 접미사를 이용해 기반 클래스의 가상 함수를 오버라이드한다는 사실을 명확히 할 수도 있다.

```
class Square : public Shape {
public:
    void draw() override;        // Shape::draw를 오버라이드
    ~Circle() override;          // Shape::~Shape()를 오버라이드
    void silly() override;       // 오류: Shape에는 virtual Shape::silly()가 존재하지 않음
    // ...
};
```

A.12.4.2 추상 클래스

추상 클래스는 기반 클래스로만 사용할 수 있으며, 추상 클래스의 객체를 생성할 수 없다.

```
Shape s;              // 오류: Shape는 추상 클래스

class Circle : public Shape {
public:
    void draw();        // Shape::draw를 오버라이드
    // ...
};

Circle c{p,20};       // OK: Circle은 추상 클래스가 아님
```

추상 클래스를 만드는 가장 일반적인 방법으로 클래스에 적어도 하나의 순수 가상 함수를 포함시킬 수 있는데, 순수 가상 함수는 반드시 오버라이드해야 하는 가상 함수를 말한다.

```
class Shape {
public:
    virtual void draw() = 0; // =0은 "순수"를 의미함
    // ...
};
```

자세한 내용은 14.3.5절을 참고하라.

드물긴 하지만 모든 생성자를 protected(14.2.1절)로 선언하는 방법으로 추상 클래스를 만들 수도 있다.

A.12.4.3 자동 생성되는 연산

여러분이 클래스를 정의하면 해당 클래스의 객체에는 기본적으로 다음과 같은 여러 가지 연산이 포함된다.

- 기본 생성자

- 복사 연산(복사 대입과 복사 초기화)

- 이동 연산(이동 대입과 이동 초기화)

- 소멸자

각 기반 클래스와 멤버에도 (기본적으로) 같은 연산자가 정의된다. 객체의 생성은 '아래에서 위로', 즉 기반 클래스를 생성한 후 멤버가 생성된다. 반대로 객체의 소멸은 '위에서 아래로', 즉 멤버가 먼저 소멸된 후 기반 클래스가 소멸된다. 멤버와 기반 클래스 각각은 선언된 순서대로 생성되며, 소멸은 그 반대로 이뤄진다. 이렇게 함으로써 생성자와 소멸자의 코드는 항상 잘 정의된 기반 클래스와 멤버 객체에 의존할 수 있다. 아래 예를 보자.

```
struct D : B1, B2 {
    M1 m1;
    M2 m2;
};
```

어딘가에서 B1과 B2, M1, M2를 정의했다면 다음과 같이 할 수 있다.

```
D f()
{
    D d;            // 기본 초기화
    D d2 = d;       // 복사 초기화
    d = D{};        // 기본 초기화를 수행한 후에 복사 대입 수행
    return d;       // d는 f() 외부로 이동됨
} // d와 d2는 여기서 소멸됨
```

예를 들어 d의 기본 초기화가 호출될 때 네 개의 기본 생성자 B1::B1()과 B2::B2(), M1::M1(), M2::M2()가 (차례대로) 호출된다. 이 중에서 하나라도 존재하지 않거나 호출할 수 없으면 d의 생성은 실패한다. return 구문에서는 네 개의 이동 생성자 B1::B1()과 B2::B2(), M1::M1(), M2::M2()가 호출된다. 이중 하나라도 존재하지 않거나 호출할 수 없으면 return은

실패한다. d가 소멸될 때는 네 개의 소멸자 M2::~M2()와 M1::~M1(), B2::~B2(), B1::~B1()
이 (차례대로) 호출된다. 이 중에서 하나라도 존재하지 않거나 호출할 수 없으면 d의 소멸은
실패한다. 이 모든 생성자와 소멸자는 사용자 정의이거나 자동으로 생성될 수 있다.

클래스에 사용자 정의 생성자가 존재하면 암묵적인(컴파일러가 생성한) 기본 생성자가 정의되
지 않는다.

A.12.5 비트필드

비트필드는 작은 값 여러 개를 한 워드로 묶거나 (레지스터를 비롯해) 외부에서 정의된 비트 레이
아웃에 맞추는 메커니즘이다. 아래 예를 보자.

```
struct PPN {          // R6000 물리 페이지 번호
    unsigned int PFN : 22 ;      // 페이지 프레임 번호
    int : 3 ;                    // 사용되지 않음
    unsigned int CCA : 3 ;       // 캐시 간섭성 알고리즘(Cache Coherency Algorithm)
    bool nonreachable : 1 ;
    bool dirty : 1 ;
    bool valid : 1 ;
    bool global : 1 ;
};
```

위의 비트필드를 왼쪽에서 오른쪽으로 묶으면 다음과 같은 한 워드의 비트 레이아웃이
만들어진다(25.5.5절).

위치:	31:		8:	5:		2:	1:	0:
PPN:	22		3	3		1	1	1
name:	PFN		unused	CCA		dirty	global	
							valid	

비트필드는 이름을 필수적으로 요구하지 않지만, 이름이 없으면 해당 필드에 접근할 수
없다.

놀라운 점은 비트필드를 이용해서 여러 값을 한 워드로 묶더라도 차지하는 공간이 반드시
줄어들지는 않는다는 점이다. 한 비트를 char나 int로 표현하는 방법에 비해 비트필드를 이
용하는 방식이 더 많은 공간을 필요로 할 수도 있다. 한 워드에서 비트를 추출하거나 한 워드
내의 다른 비트를 건드리지 않고 필요한 비트에만 값을 넣기 위해 여러 번의 명령어가 필요하
기 때문이다(명령어도 메모리 공간을 차지한다). 따라서 작은 데이터 필드가 많은 객체가 아니라면
공간을 줄일 목적으로 비트필드를 사용하진 말자.

A.12.6 공용체

공용체^{union}는 모든 멤버가 같은 시작 주소에 할당되는 클래스다. 공용체는 한 번에 하나의 요소만 저장할 수 있으며, 마지막으로 읽는 요소는 마지막으로 쓴 요소와 동일해야 한다.

```
union U {
    int x;
    double d;
}

U a;
a.x = 7;
int x1 = a.x;       // OK
a.d = 7.7;
int x2 = a.x;       // 알 수 없는 결과
```

앞에서 설명한 일관성 있는 읽기와 쓰기 규칙을 컴파일러가 검사해주지 않으므로 주의해야 한다.

A.13 템플릿

템플릿은 타입과(이나) 정수를 이용해 매개변수화된 클래스나 함수를 일컫는 말이다.

```
template<typename T>
class vector {
public:
    // ...
    int size() const;
private:
    int sz;
    T* p;
};

template<class T>
int vector<T>::size() const
{
    return sz;
}
```

템플릿 인자 목록에서 class 키워드는 타입을 의미하며, typename 키워드로 대체할 수도 있다. 템플릿 클래스의 멤버 함수는 암묵적으로 해당 클래스의 템플릿 인자를 갖는 템플릿

함수로 처리된다.

정수를 템플릿 인자로 사용할 때는 다음과 같이 상수 표현식만 사용할 수 있다.

```
template<typename T, int sz>
class Fixed_array {
public:
    T a[sz];
    // ...
    int size() const { return sz; };
};

Fixed_array<char,256> x1;       // OK
int var = 226;
Fixed_array<char,var> x2;        // 오류: 상수가 아닌 템플릿 인자
```

A.13.1 템플릿 인자

템플릿 클래스의 이름을 사용할 때는 항상 템플릿 인자를 지정해야 한다.

```
vector<int> v1;         // OK
vector v2;              // 오류: 템플릿 인자가 없음
vector<int,2> v3;       // 오류: 템플릿 인자가 너무 많음
vector<2> v4;           // 오류: 타입 템플릿 인자가 필요함
```

템플릿 함수의 템플릿 인자는 일반적으로 함수의 인자로부터 연역될 수 있다.

```
template<class T>
T find(vector<T>& v, int i)
{
    return v[i];
}

vector<int> v1;
vector<double> v2;

// ...
int x1 = find(v1,2); // find()의 T는 int
int x2 = find(v2,2); // find()의 T는 double
```

함수 인자로부터 템플릿 인자를 연역할 수 없는 템플릿 함수를 정의할 수도 있다. 그런 경우에는 다음과 같이 (클래스 템플릿과 마찬가지로) 생략된 템플릿 인자를 명확히 지정해야 한다.

```
template<class T, class U> T* make(const U& u) { return new T{u}; }
int* pi = make<int>(2);
Node* pn = make<Node>(make_pair("hello",17));
```

pair<const char *,int>(B.6.3절)를 이용해서 Node를 초기화할 수 있다면 이 코드는 제대로 동작한다. 템플릿 인자 목록의 뒤쪽에서 연속한 템플릿 인자만이 명시적 인자 특수화에서 제외될(연역될) 수 있다.

A.13.2 템플릿 인스턴스화

특정한 템플릿 인자에 특화된 템플릿 버전을 특수화된specialization 템플릿이라고 한다. 그리고 템플릿과 인자 집합으로부터 특수화된 템플릿을 생성하는 과정을 템플릿 인스턴스화라고 한다. 일반적으로는 컴파일러가 템플릿과 인자 집합으로부터 특수화된 템플릿을 생성하지만, 프로그래머가 직접 특정 인자에 특수화된 템플릿을 정의할 수도 있다. 이런 기법은 주로 일반적인 템플릿이 특정 인자 집합에 적합하지 않을 때 사용한다. 아래 예를 보자.

```
template<class T> struct Compare {              // 일반적인 비교
    bool operator()(const T& a, const T& b) const
    {
        return a<b;
    }
};

template< > struct Compare<const char*> {      // C 스타일 문자열 비교
    bool operator()(const char* a, const char* b) const
    {
        return strcmp(a,b)==0;
    }
};

Compare<int> c2;                // 일반적인 비교
Compare<const char*> c;         // C 스타일 문자열 비교

bool b1 = c2(1,2);              // 일반적인 비교 사용
bool b2 = c("asd","dfg");       // C 스타일 문자열 비교 사용
```

함수에서는 오버로딩을 이용해 이와 거의 동일한 효과를 얻을 수 있다.

```
template<class T> bool compare(const T& a, const T& b)
{
    return a<b;
```

```
}

bool compare (const char* a, const char* b)     // C 스타일 문자열 비교
{
    return strcmp(a,b)==0;
}

bool b3 = compare(2,3);                 // 일반적인 비교 사용
bool b4 = compare("asd","dfg");         // C 스타일 문자열 비교 사용
```

　　템플릿을 분리해 컴파일하는 방식(즉, 헤더에는 선언을 하고 여러 .cpp에 정의를 포함시키는)은 이식성이 없으므로, 템플릿을 여러 .cpp 파일에서 사용해야 한다면 전체 정의를 헤더 파일에 넣어야 한다.

A.13.3 템플릿 멤버 타입

템플릿은 타입인 멤버와 타입이 아닌 멤버(데이터 멤버와 멤버 함수)를 모두 포함할 수 있다. 따라서 일반적으로 멤버의 이름이 타입인지, 타입이 아닌 것을 가리키는지 구별할 수 없는 경우가 있다. 하지만 언어의 기술적인 이유로 컴파일러는 그 둘을 구별해야 하므로 경우에 따라서는 둘 중 무엇인지를 지정해야 한다. 이런 경우에 아래와 같이 typename 키워드를 사용한다.

```
template<class T> struct Vec {
    typedef T value_type;       // 멤버 타입
    static int count;           // 데이터 멤버
    // ...
};

template<class T> void my_fct(Vec<T>& v)
{
    int x = Vec<T>::count;      // 멤버의 이름은 기본적으로
                                // 타입이 아닌 대상을 가리킨다고 가정함
    v.count = 7;                // 타입이 아닌 멤버를 참조하는 더 간단한 방법
    typename Vec<T>::value_type xx = x; // 여기서 typename이 필요함
    // ...
}
```

　　템플릿에 대한 정보가 필요하다면 19장을 참고하라.

A.14 예외

함수 안에서 지역적으로 처리할 수 없는 오류가 발생했을 때 (throw 구문과 함께) 예외를 이용해 호출하는 쪽에 그 사실을 알릴 수 있다. 예를 들어 Vector는 Bad_size 예외를 발생시킬 수 있다.

```
struct Bad_size {
    int sz;
    Bad_size(int s) : ss{s} { }
};

class Vector {
    Vector(int s) { if (s<0 || maxsize<s) throw Bad_size{s}; }
    // ...
};
```

일반적으로 이와 같이 특정 오류를 표현할 목적으로 정의된 타입을 예외로 던진다. 한편 호출하는 쪽에서는 다음과 같이 예외를 잡을 수 있다.

```
void f(int x)
{
    try {
        Vector v(x);        // 예외를 던질 가능성이 있음
        // ...
    }
    catch (Bad_size bs) {
        cerr << "크기가 (" << bs.sz << ")인 잘못된 벡터\n";
        // ...
    }
}
```

'모두 잡기catch all' 절을 이용해 모든 예외를 잡을 수도 있다.

```
try {
    // ...
} catch (...) {        // 모든 예외 잡기
    // ...
}
```

일반적으로 수많은 명시적인 try와 catch를 사용하기보다 RAII('자원 획득이 곧 초기화') 기법을 사용하는 편이 더 낫다(더 간단하고 쉽고, 신뢰성 높다). 자세한 내용은 19.5절을 참고하라.

인자가 없이 throw를 사용하면(즉, throw;) 다음과 같이 현재 예외를 다시 던진다.

```
try {
    // ...
} catch (Some_exception& e) {
    // 지역적인 뒷정리 수행
    throw;          // 호출한 쪽에서 나머지를 처리하게 함
}
```

예외로 사용할 타입을 여러분 스스로 정의할 수 있으며, 표준 라이브러리에서 정의한 몇 가지 예외 타입을 사용할 수도 있다(B.2.1절). 하지만 내장형 타입은 예외로 사용하지 말자(다른 누군가가 내장형 타입을 예외로 사용할 경우 여러분이 던진 예외와 혼동될 수 있다).

예외가 발생하면 C++의 런타임 지원 시스템은 호출 스택에서 예외 객체의 타입과 매칭되는 타입을 잡아내는 catch절을 찾는다. 즉, 예외를 던진 함수의 try 구문을 찾고, 다음으로 그 함수를 호출한 함수를 찾고, 이런 과정을 매칭되는 타입을 찾을 때까지 반복한다. 그리고 매칭되는 catch절을 찾지 못하면 프로그램이 종료된다. 이렇게 매칭되는 catch절을 찾는 과정에서 마주치는 모든 함수와 유효 범위에 대한 뒷정리를 위해 소멸자가 호출된다. 이러한 과정을 스택 되감기^{stack unwinding}라고 한다.

어떤 객체에 대해 생성자가 완료됐을 때 비로소 객체가 생성됐다고 한다. 그리고 스택 되감기 등을 비롯해 유효 범위를 벗어날 때 객체가 소멸된다. 이는 유효 범위 안에 존재하는 부분적으로 생성된 객체(일부 멤버나 기반 클래스는 생성이 완료되고 나머지는 그렇지 않은 객체)와 배열, 변수를 올바르게 처리함을 의미한다. 따라서 생성이 완료된 하위 객체만 소멸될 수 있다.

소멸자를 비정상 종료시키는 예외는 사용하지 말자. 즉 소멸자는 실패해선 안 된다.

```
X::~X() { if (in_a_real_mess()) throw Mess{ }; }   // 절대 이렇게 하지 말자!
```

이렇게 엄격한 조언을 하는 주된 이유는 스택 되감기 도중에 소멸자에서 예외를 던지면(그리고 스스로 그 예외를 잡지 않으면) 어떤 예외를 처리해야 할지 알 수 없기 때문이다. 이런 경우를 제대로 처리할 수 있는 코드를 작성하는 체계적인 방법은 존재하지 않으므로, 예외로 인해 소멸자가 종료되지 않도록 노력을 기울일 필요가 있다. 특히 이런 경우에는 그 어떤 표준 라이브러리 기능도 올바르게 작동한다고 보장할 수 없다.

A.15 네임스페이스

네임스페이스는 연관된 선언들을 그룹화하며, 이름 충돌을 막는 데 사용한다.

```
namespace Foo {
    int a;
```

```
    void f(int i)
    {
        a+= i; // Foo의 a(Foo::a)
    }
}

void f(int);

int main()
{
    a = 7;          // 전역 a (::a)
    f(2);           // 전역 f (::f)
    Foo::f(3);      // Foo의  f
    ::f(4);         // 전역 f (::f)
}
```

해당 네임스페이스의 이름(예, Foo::f(3))이나 전역 유효 범위(예, ::f(2))를 지정해 이름을 명시적으로 정규화할 수 있다.

한 네임스페이스(여기서는 표준 라이브러리 네임스페이스인 std)에 포함된 모든 이름에 접근할 수 있게 하려면 다음과 같은 네임스페이스 지시어를 이용할 수 있다.

```
using namespace std;
```

하지만 using 지시어는 제한적으로 사용하자. using 지시어가 제공하는 표기법상의 편의는 잠재적인 이름 충돌의 가능성이라는 대가를 요구하기 때문이다. 특히 헤더 파일에서는 using 지시어를 사용하지 말자. 네임스페이스에 포함된 특정 이름에 접근하려 한다면 다음과 같이 using 선언을 이용하라.

```
using Foo::g;
g(2);                    // Foo의 g (Foo::g)
```

네임스페이스에 대한 자세한 내용은 8.7절을 참고하라.

A.16 별칭

이름에 별칭을 정의할 수 있다. 즉, (이름을 사용하는 대부분의 경우에 있어) 가리키는 대상과 정확히 동일한 의미를 지니는 기호적인 이름을 정의할 수 있다.

```
using Pint = int*;                      // Pint는 int의 포인터를 의미
namespace Long_library_name { /* ...*/ }
namespace Lib = Long_library_name;        // Lib는 Long_library_name을 의미
```

```
int x = 7;
int& r = x;              // r은 x를 의미
```

참조(8.5.5절, A.8.3절)는 객체를 참조하기 위한 실행 시간 메커니즘이며, using(20.5절)과 namespace 별칭은 이름을 가리키는 컴파일 시간 메커니즘이다. 특히 using은 새로운 타입을 선언하지 않고 이미 존재하는 타입에 새로운 이름만 부여한다.

```
using Pchar = char*;     // Pchar는 char*의 다른 이름
Pchar p = "Idefix";      // OK: p는 char*
char* q = p;             // OK: p와 q 모두 char*
int x = strlen(p);       // OK: p는 char*
```

예전 코드에서는 (C++) using 표기법 대신 아래와 같이 typedef(27.3.1절) 키워드를 사용하기도 한다.

```
typedef char* Pchar;     // Pchar는 char*의 다른 이름
```

A.17 전처리기 지시어

모든 C++ 구현체는 전처리기를 포함한다. 이론적으로는 컴파일러가 실행되기 전에 전처리기가 실행돼 우리가 작성한 코드를 컴파일러가 보는 코드로 변환한다. 하지만 문제를 일으키는 일부 드문 경우를 제외하고는 실제로는 전처리기도 컴파일러에 통합돼 제공된다. #로 시작하는 모든 행은 전처리기 지시어다.

A.17.1 #include

앞에서 헤더를 포함시키고자 전처리기를 자주 이용했다.

```
#include "file.h"
```

이 지시어는 전처리기로 하여금 소스코드에서 해당 지시어가 등장한 곳에 file.h의 내용을 포함시키게 한다. 그 대상이 표준 헤더인 경우에는 "..." 대신 다음과 같이 <...>를 사용할 수 있다.

```
#include <vector>
```

표준 헤더를 포함할 때는 위와 같은 표기법을 권장한다.

A.17.2 #define

전처리기는 매크로 대체라는 일종의 문자열 조작 기능을 구현한다. 예를 들어 아래와 같이 문자열에 이름을 부여할 수 있다.

```
#define FOO bar
```

이제 아래와 같이 FOO가 보일 때마다 bar로 대체한다.

```
int FOO = 7;
int FOOL = 9;
```

결국 컴파일러가 보게 될 코드는 다음과 같다.

```
int bar = 7;
int FOOL = 9;
```

전처리기는 C++의 이름에 대해 숙지하고 있으므로 FOOL의 일부인 FOO를 대체하지 않는다는 점을 기억하자.

아래와 같이 매개변수를 받는 매크로를 정의할 수도 있다.

```
#define MAX(x,y) (((x)>(y))?(x) : (y))
```

그리고 다음과 같이 매크로를 사용할 수 있다.

```
int xx = MAX(FOO+1,7);
int yy = MAX(++xx,9);
```

여기서 매크로는 다음과 같이 확장된다.

```
int xx = (((bar+1)>(7))?(bar+1) : (7));
int yy = (((++xx)>(9))?(++xx) : (9));
```

FOO+1에 대해 올바른 결과를 얻으려면 괄호가 꼭 필요하다는 점을 기억하자. 그리고 매우 불확실한 방식으로 xx가 두 번 증가된다는 점에도 주목하자. 매크로는 매우 널리 쓰이는데, 그 주된 이유는 C 프로그래머에게 매크로를 대체할 대안이 별로 없기 때문이다. 일반적인 헤더 파일에서는 수천 개의 헤더 매크로를 포함하므로 주의하기 바란다!

매크로를 꼭 사용해야 한다면 ALL_CAPITAL_LETTERS(모두 대문자) 이름을 사용하는 관례를 따르자. 반대로 일반적인 이름은 모두 대문자로 구성하지 말자. 하지만 다른 사람도 이 합리적인 조언을 따르리라고 확신하지 말자. 예를 들어 널리 쓰이는 헤더 파일에서도 max라는 매크로를 찾아볼 수 있다. 27.8절도 참고하기 바란다.

표준 라이브러리 요약

"모든 복잡성은 가능한 눈에 띄지 않게 묻어둬야 한다."

– 데이비드 J. 휠러(David J. Wheeler)

부 록 B에서는 C++ 표준 라이브러리의 핵심 기능을 요약한다. 초보자가 표준 라이브러리의 기능을 대략적으로 살펴볼 수 있게 선별된 내용을 요약했으며, 본문에서 다루지 않은 주제도 살짝 맛보자.

B.1 개요

부록 B는 참고 자료다. 본문처럼 처음부터 끝까지 읽을 필요는 없다. C++ 표준 라이브러리의 핵심적 구성 요소를 체계적으로 설명하지만, 완벽한 자료가 아닌 몇 가지 예제가 첨부된 요약일 뿐이다. 좀 더 완벽한 설명이 필요하다면 해당 본문을 참고하라. 요약된 내용은 표준에서 볼 수 있는 정확성을 달성하거나 그만큼 많은 용어를 정의하려고 시도하지 않는다. 더 많은 내용이 필요하다면 스트롭스트룹의 『The C++ Programming Language』를 참고하라. C++의 정의는 ISO C++ 표준이지만, 이 표준 문서는 초보자를 위해 설계되지도 않았고, 초보자에게 적합하지도 않다. 대신 온라인 문서를 참고하는 일은 잊지 말자.

그렇다면 이렇게 선택적인(따라서 완벽하지 않은) 요약을 어떤 용도로 사용해야 할까? 여러분이 알고 있는 연산을 빠르게 찾아보거나 일반적으로 어떤 연산을 사용할 수 있는지 훑어볼 수 있다. 자세한 내용이 필요하다면 다른 곳을 찾아봐야 하겠지만 큰 문제는 없다. 이제 무엇을 찾아야 할지는 알기 때문이다. 그리고 부록 B는 그저 표준 라이브러리 기능에 대한 간략한 요약일 뿐이므로, 본문에서 언급된 예제를 참조한다. 부록 B의 내용을 모두 외우려고 하지 말자. 내 의도는 그게 아니니 가물가물한 기억으로부터 여러분을 해방시켜줄 도구로 부록을 이용하기 바란다.

부록 B에서는 유용한 기능을 직접 만들어 쓰는 대신 찾아서 쓸 수 있게 한다. 표준 라이브러리에 포함된 모든 기능(특히 부록 B에 선별된 기능)은 대부분의 경우에 여러분이 급하게 설계하고 구현하는 기능보다 더 잘 설계되고, 구현되며, 문서화되며, 더 뛰어난 이식성을 제공한다. 따라서 가능하다면 직접 만들기보다 표준 라이브러리 기능을 활용하자. 그렇게 하면 다른 사람이 여러분의 코드를 이해하기도 쉬워진다.

여러분이 민감한 사람이라면 상당수의 기능이 서로 연관돼 있다는 사실에 신경이 쓰일 수 있지만, 당장 필요하지 않은 내용은 무시하자. 여러분이 꼼꼼한 사람이라면 많은 내용이 빠져있다고 생각하겠지만, 그러한 완벽성은 전문가 수준의 안내서나 온라인 문서에서도 제공된다. 그곳에서 어렵지만 흥미로운 내용을 많이 발견할 수 있다. 한번 살펴보자!

B.1.1 헤더 파일

표준 라이브러리 기능의 인터페이스는 헤더에 정의된다. 이번 절에서는 어떤 헤더가 있는지를 대략적으로 살펴보고, 원하는 기능이 어떤 헤더에 정의돼 있고 설명돼 있는지를 추측하는 데 필요한 정보를 제공한다.

STL(컨테이너와 반복자, 알고리즘)

⟨algorithm⟩	알고리즘, sort()와 find() 등(B.5절, 21.1절)
⟨array⟩	고정된 크기의 배열(20.9절)
⟨bitset⟩	bool의 배열(25.5.2절)
⟨deque⟩	양쪽 끝에서 접근 가능한 큐(double-ended queue)
⟨functional⟩	함수 객체(B.6.2절)
⟨iterator⟩	반복자(B.4.4절)
⟨list⟩	이중 연결 리스트(B.4절, 20.4절)
⟨forward_list⟩	단일 연결 리스트
⟨map⟩	(키, 값) map과 multimap(B.4절, 21.6.1~3절)
⟨memory⟩	컨테이너용 할당자
⟨queue⟩	queue와 priority_queue
⟨set⟩	set과 multiset(B.4절, 21.6.5절)
⟨stack⟩	stack
⟨unordered_map⟩	해시 맵(21.6.4절)
⟨unordered_set⟩	해시 셋(hash set)
⟨utility⟩	연산자와 pair(B.6.3절)
⟨vector⟩	(동적으로 확장 가능한) vector(B.4절, 20.8절)

입출력 스트림

⟨iostream⟩	입출력 스트림 객체(B.7절)
⟨fstream⟩	파일 스트림(B.7.1절)
⟨sstream⟩	string 스트림(B.7.1절)
⟨iosfwd⟩	입출력 스트림 기능 선언(정의하지는 않음)
⟨ios⟩	입출력 스트림 기반 클래스
⟨streambuf⟩	스트림 버퍼
⟨istream⟩	입력 스트림(B.7절)
⟨ostream⟩	출력 스트림(B.7절)
⟨iomanip⟩	형식화와 조정자(B.7.6절)

문자열 조작

〈string〉	string(B.8.2절)
〈regex〉	정규 표현식(23장)

수치

〈complex〉	복소수와 복소수 연산(B.9.3절)
〈random〉	난수 생성(B.9.6절)
〈valarray〉	수치 배열
〈numeric〉	일반화된 수치 알고리즘. 예, accumulate()(B.9.5절)
〈limits〉	수치 한계(B.9.1절)

유틸리티와 언어 지원

〈exception〉	예외 타입(B.2.1절)
〈stdexcept〉	예외 계층 구조(B.2.1절)
〈locale〉	문화별 형식화
〈typeinfo〉	(typeid로 얻어지는) 표준 타입 정보
〈new〉	할당과 해제 함수
〈memory〉	자원 관리 포인터. 예, unique_ptr(B.6.5절)

동시성 지원

〈thread〉	스레드(이 책의 범위를 벗어남)
〈future〉	스레드 간 통신(이 책의 범위를 벗어남)
〈mutex〉	상호 배타 기능(이 책의 범위를 벗어남)

C 표준 라이브러리

〈cstring〉	C 스타일 문자열 조작(B.11.3절)
〈cstdio〉	C 스타일 입출력(B.11.2절)
〈ctime〉	clock(), time() 등(B.11.5절)

(이어짐)

C 표준 라이브러리	
⟨cmath⟩	표준 부동소수점 수학 함수(B.9.2절)
⟨cstdlib⟩	기타 함수: abort(), abs(), malloc(), qsort() 등(27장)
⟨cerrno⟩	C 스타일 오류 처리(24.8절)
⟨cassert⟩	어써션 매크로(27.9절)
⟨clocale⟩	문화별 형식화
⟨climits⟩	C 스타일 수치 제한(B.9.1절)
⟨cfloat⟩	C 스타일 부동소수점 제한(B.9.1절)
⟨cstddef⟩	C 언어 지원. size_t 등
⟨cstdarg⟩	가변적 인자 처리용 매크로
⟨csetjmp⟩	setjmp()와 longjmp()(사용하지 말라)
⟨csignal⟩	시그널(signal) 처리
⟨cwchar⟩	와이드 문자(wide character)
⟨cctype⟩	문자 유형 분류(B.8.1절)
⟨cwctype⟩	와이드 문자 유형 분류

각 C 표준 라이브러리 헤더에는 앞의 c 대신 .h로 끝나는 버전이 존재한다. 예를 들어 ⟨ctime⟩에서는 ⟨time.h⟩가 존재한다. 이러한 .h 버전은 std 네임스페이스를 사용하는 대신 전역 이름을 정의한다.

위의 헤더에 정의된 기능 중 일부는 부록 B나 본문에서 설명한다(모든 기능을 설명하진 않는다). 더 자세한 정보가 필요하면 온라인 문서나 전문가 수준의 C++ 서적을 참고하라.

B.1.2 네임스페이스 std

표준 라이브러리 기능은 네임스페이스 std에 정의되므로, 표준 라이브러리를 사용하려면 명시적 이름 정규화나 using 선언, using 지시어가 필요하다.

```
std::string s;          // 명시적 정규화

using std::vector;      // using 선언
vector<int>v(7);

using namespace std;    // using 지시어
map<string,double> m;
```

이 책에서는 std를 사용할 때 using 지시어를 사용했지만, using 지시어는 신중하게 사용해야 한다(A.15절).

B.1.3 설명 규약

아무리 간단한 표준 라이브러리 연산이라도 생성자나 알고리즘 등을 비롯한 모든 내용을 설명하려면 많은 지면이 필요하다. 따라서 다음과 같이 매우 축약된 형태로 표현하기로 하자.

표기 방식의 예	
p=op(b,e,x)	구간 [b:e)와 x에 대해 무언가를 수행하고 p를 반환
foo(x)	foo는 x에 대해 무언가를 수행하지만 결과를 반환하지는 않음
bar(b,e,x)	x가 [b:e)와 어떤 관계를 맺고 있는가?

기억하기 쉬운 식별자를 사용하고자 b,e는 한 구간을 지정하는 반복자를, p는 포인터나 반복자를, x는 임의의 값을 나타내지만, 이들 모두는 문맥에 따라 다른 의미를 지닐 수 있다. 이와 같은 표기법을 이용하면 결과가 불리언 타입임을 나타내기가 어렵다. 열심히 학습을 하다 보면 이로 인한 혼동이 생길 수 있다. 따라서 bool을 반환하는 연산의 설명은 물음표로 끝내도록 한다.

알고리즘에서 '실패'나 '찾을 수 없음' 등을 나타내기 위해 입력 시퀀스의 끝을 반환하는 일반적인 패턴(B.3.1절)을 따르는 경우에는 별도로 그 사실을 명시하지 않는다.

B.2 오류 처리

표준 라이브러리는 지난 40년간 개발된 구성 요소로 이뤄지므로, 오류 처리 방식과 스타일이 일치하지 않는다.

- C 스타일 라이브러리를 구성하는 상당수의 함수들은 errno에 발생한 오류의 종류를 저장한다. 24.8절을 참고하라.

- 요소의 시퀀스를 이용해 작업을 수행하는 상당수의 알고리즘은 '실패'나 '찾을 수 없음' 등을 나타내기 위해 마지막 요소의 다음을 가리키는 반복자를 반환한다.

- 입출력 스트림은 오류를 반영하는 각 스트림의 상태에 의존하며, (사용자가 요청한다면) 해당 오류를 나타내는 예외를 던진다. 10.6절과 B.7.2절을 참고하라.

- vector와 string, bitset을 비롯한 표준 라이브러리의 일부 구성 요소는 오류를 나타내는 예외를 던진다.

표준 라이브러리는 모든 기능이 '기본적인 원칙을 보장'하게 설계됐다(19.5.3절). 즉, 예외가 발생해도 (메모리 등의) 자원 누수가 일어나거나 표준 라이브러리 클래스의 불변 조건이 깨지지 않는다.

B.2.1 예외

일부 표준 라이브러리 기능은 예외를 던져서 오류를 보고한다.

표준 라이브러리 예외	
bitset	invalid_argument, out_of_range, overflow_error를 던짐
dynamic_cast	변환을 수행할 수 없으면 bad_cast를 던짐
iostream	예외가 활성화된 경우 ios_base::failure를 던짐
new	메모리를 할당할 수 없으면 bad_alloc을 던짐
regex	regex_error를 던짐
string	length_error, out_of_range를 던짐
typeid	type_info를 구할 수 없으면 bad_typeid를 던짐
vector	out_of_range를 던짐

위의 기능을 직접적으로나 간접적으로 사용하는 모든 코드에서 언급된 예외가 발생할 수 있다. 따라서 위의 기능을 예외를 던질 수 없는 방식으로만 사용한다는 보장이 없는 한, 어딘가(예, main())에서 표준 라이브러리 예외 계층 구조의 최상위 클래스(exception 등)를 항상 잡아내는 편이 좋다.

int와 C 스타일 문자열을 비롯한 내장형 타입을 절대 예외로 던지지 말자. 그 대신 예외용으로 정의된 타입의 객체를 던지자. 예컨대 아래와 같은 표준 라이브러리 클래스인 exception의 파생 클래스를 사용할 수 있다.

```
class exception {
public:
    exception();
    exception(const exception&);
    exception& operator=(const exception&);
```

```
    virtual ~exception();
    virtual const char* what() const;
};
```

what() 함수를 이용해 예외를 유발한 오류에 대한 정보를 보여주는 문자열을 얻을 수 있다.

아래와 같은 표준 예외 클래스의 계층 구조 덕분에 예외의 종류를 분류할 수 있다.

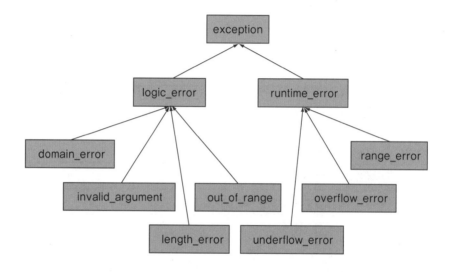

다음과 같이 표준 라이브러리 예외에서 파생된 예외를 정의할 수도 있다.

```
struct My_error : runtime_error {
    My_error(int x) : interesting_value{x} { }
    int interesting_value;
    const char* what() const override { return "My_error"; }
};
```

B.3 반복자

반복자는 표준 라이브러리 알고리즘과 데이터를 이어주는 연결 고리 역할을 한다. 거꾸로 알고리즘과 알고리즘의 작동에 기반이 되는 자료 구조 간의 의존성을 최소화하는 메커니즘이 바로 반복자라고 말할 수도 있다(20.3절).

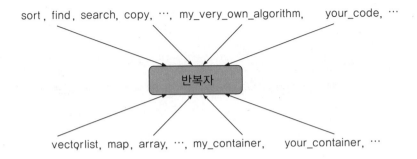

sort, find, search, copy, ···, my_very_own_algorithm, your_code, ···

반복자

vectorlist, map, array, ···, my_container, your_container, ···

B.3.1 반복자 모델

반복자는 간접적인 접근 연산(예, *를 이용한 역참조)과 다음 요소로 이동하는 연산(예, ++를 이용해 다음 요소로 이동)을 제공한다는 점에서 포인터와 비슷하다. 다음과 같은 시퀀스는 반 열린 구간 [begin:end)를 정의하는 한 쌍의 반복자로 정의할 수 있다.

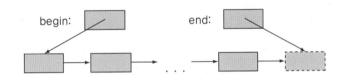

즉, begin은 시퀀스의 첫 번째 요소를 가리키며, end는 시퀀스의 마지막 요소 다음을 가리 킨다. 따라서 *end를 읽거나 쓰지 말자. 시퀀스가 비어있다면 begin==end다. 즉, 모든 반복자 p에 대해 [p:p)는 비어있는 시퀀스다.

시퀀스를 읽는 알고리즘에서는 일반적으로 아래와 같이 한 쌍의 반복자 (b,e)를 받아들인 후 ++를 이용해 시퀀스의 끝에 닿을 때까지 반복한다.

```
while (b!=e) {     // < 보다는 !=를 사용하자
    // 작업 수행
    ++b;           // 다음 요소로 이동
}
```

검색을 수행하는 알고리즘에서는 일반적으로 '찾을 수 없음'을 나타낼 때 시퀀스의 끝을 반환한다.

```
p = find(v.begin(),v.end(),x);      // v에서 x를 찾음

if (p!=v.end()) {
    // p 위치에서 x 발견
}
else {
```

```
    // vector.begin():v.end()에 x가 존재하지 않음
}
```

자세한 내용은 20.3절을 참고하라.

시퀀스에 쓰기를 수행하는 알고리즘에서는 시퀀스의 첫 번째 요소를 가리키는 반복자만을 받아들이며, 프로그래머는 아래와 같이 시퀀스의 끝을 넘어선 곳에 쓰기를 수행하지 않게 해야 한다.

```
template<class Iter> void f(Iter p, int n)
{
    while (n>0) *p++ = --n;
}

vector<int> v(10);
f(v.begin(),v.size());    // OK
f(v.begin(),1000);        // 커다란 문제 발생
```

일부 구현체에서는 구간 검사를 수행해 두 번째 f() 호출에서 예외를 던지기도 한다. 그러나 이식성 있는 코드를 원한다면 구간 검사에 의존하진 말자. 상당수의 구현체가 구간 검사를 수행하지 않기 때문이다.

반복자가 제공하는 연산은 아래와 같다.

반복자의 연산	
++p	전치 증가: p가 시퀀스 내의 다음 요소나 마지막 요소의 다음을 가리키게 함('다음 요소로 이동'). 결과 값은 p+1
p++	후치 증가: p가 시퀀스 내의 다음 요소나 마지막 요소의 다음을 가리키게 함('다음 요소로 이동'). 결과 값은 (증가하기 전의) p
--p	전치 감소: p가 시퀀스 내의 이전 요소를 가리키게 함('이전 요소로 이동'). 결과 값은 p-1
p--	p가 후치 감소: 시퀀스 내의 다음 요소나 마지막 요소의 다음을 가리키게 함('다음 요소로 이동'). 결과 값은 (감소하기 전의) p
*p	접근(역참조): *p는 p가 가리키는 요소를 참조함
p[n]	접근(첨자 연산): p[n]은 p+n이 가리키는 요소를 참조하며 *(p+n)와 동일
p->m	접근(멤버 접근). (*p).m과 동일
p==q	상등성(같음): p와 q가 동일한 요소를 가리키거나 둘 다 마지막 요소의 다음을 가리키면 true

(이어짐)

반복자의 연산	
p!=q	비상등성(같지 않음): !(p==q)
p<q	p가 가리키는 요소가 q가 가리키는 요소보다 앞에 있는가?
p<=q	p<q || p==q
p>q	p가 가리키는 요소가 q가 가리키는 요소보다 뒤에 있는가?
p>=q	p>q || p==q
p+=n	n 이동: p가 현재 가리키는 요소보다 n만큼 뒤에 있는 요소로 이동
p-=n	-n 이동: p가 현재 가리키는 요소보다 n만큼 앞에 있는 요소로 이동
q=p+n	q는 p가 현재 가리키는 요소보다 n만큼 뒤에 있는 요소를 가리키게 됨
q=p-n	q는 p가 현재 가리키는 요소보다 n만큼 앞에 있는 요소를 가리키게 됨. 연산을 수행한 후에는 q+n==p가 성립
advance(p,n)	p+=n과 비슷하지만 p가 임의 접근 반복자가 아니어도 advance()를 사용할 수 있음. 즉, (리스트에서) n만큼 이동
x=distance(p,q)	q-p와 비슷하지만 p가 임의 접근 반복자가 아니어도 distance()를 사용할 수 있음. 즉, (리스트에서) 이동 거리 n을 반환

모든 종류의 반복자(B.3.2절)가 모든 반복자 연산을 지원하지는 않는다는 점을 기억하자.

B.3.2 반복자 유형

표준 라이브러리는 다음과 같은 다섯 가지 종류의 반복자(반복자 유형)를 제공한다.

반복자 유형	
입력 반복자	++를 이용해 순방향 탐색이 가능하며, *를 이용해 각 요소에 딱 한 번 접근할 수 있다. ==와 !=를 이용한 비교가 가능하며, istream이 제공하는 반복자가 입력 반복자에 속한다. 21.7.2절 참고
출력 반복자	++를 이용해 순방향 탐색이 가능하며, *를 이용해 각 요소에 딱 한 번 쓰기를 수행할 수 있다. ostream이 제공하는 반복자가 출력 반복자에 속한다. 21.7.2절 참고
순방향 반복자	++를 이용해 반복적인 순방향 탐색이 가능하며, *를 이용해 각 요소에서 읽거나 (요소가 const가 아니라면) 쓰기를 수행할 수 있다. 클래스 객체를 가리키는 반복자인 경우 ->를 이용해 멤버에 접근할 수 있음
양방향 반복자	(++를 이용한) 순방향 탐색과 (--를 이용한) 역방향 탐색이 가능하며, *를 이용해 각 요소에서 읽거나 (요소가 const가 아니라면) 쓰기를 수행할 수 있다. list와 map, set에서 제공하는 반복자가 양방향 반복자다.

(이어짐)

반복자 유형	
임의 접근 반복자	(++를 이용한) 순방향 탐색과 (--를 이용한) 역방향 탐색이 가능하며, *나 []를 이용해 각 요소에서 읽거나 (요소가 const가 아니라면) 쓰기를 수행할 수 있다. 첨자 연산이 가능하며, +를 이용해 임의 접근 반복자에 정수를 더하거나 -를 이용해 정수를 뺄 수 있다. 동일한 시퀀스에 속하는 두 임의 접근 반복자 사이의 뺄셈을 이용하면 둘 간의 거리를 구할 수도 있다. 〈와 〈=, 〉, 〉=를 이용해 반복자를 비교할 수 있다. vector에서 제공하는 반복자가 임의 접근 반복자다.

논리적으로 보면 앞에서 언급한 반복자는 아래와 같은 계층 구조를 이룬다(20.8절).

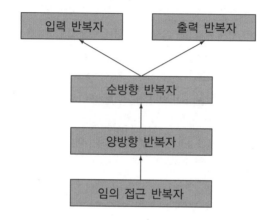

반복자 유형은 클래스가 아니므로 위의 계층 구조는 파생을 바탕으로 구현된 클래스 계층 구조가 아님을 명심하자. 반복자 유형을 이용해 진일보된 무언가를 하려고 한다면 고급 참고 자료에서 iterator_traits를 찾아보자.

각 컨테이너가 제공하는 반복자 유형은 다음과 같다.

- **vector**   임의 접근 반복자
- **list**   양방향
- **forward_list**   순방향
- **deque**   임의 접근
- **bitset**   제공하지 않음
- **set**   양방향
- **multiset**   양방향
- **map**   양방향
- **multimap**   양방향

- `unordered_set` 순방향

- `unordered_multiset` 순방향

- `unordered_map` 순방향

- `unordered_multimap` 순방향

B.4 컨테이너

컨테이너는 객체의 시퀀스를 저장하며, 시퀀스 요소의 타입을 `value_type`이라 한다. 가장 일반적이고 유용한 컨테이너는 아래와 같다.

시퀀스 컨테이너	
array⟨T,N⟩	T 타입 객체 N개를 저장하는 고정 크기 배열
deque⟨T⟩	양쪽 끝에서 접근 가능한 큐
list⟨T⟩	이중 연결 리스트
forward_list⟨T⟩	단일 연결 리스트
vector⟨T⟩	T 타입 요소의 동적인 배열

연관 컨테이너	
map⟨K,V⟩	K를 V로 매핑. (K,V) 쌍으로 이뤄진 시퀀스
multimap⟨K,V⟩	K를 V로 매핑하되 중복된 키를 허용
set⟨K⟩	K의 집합
multiset⟨K⟩	K의 집합(중복된 키를 허용)
unordered_map⟨K,V⟩	해시 함수를 이용해 K를 V로 매핑
unordered_multimap⟨K,V⟩	해시 함수를 이용해 K를 V로 매핑하되 중복된 키를 허용
unordered_set⟨K⟩	해시 함수를 이용해 구현한 K의 집합
unordered_multiset⟨K⟩	해시 함수를 이용해 구현한 K의 집합. 중복된 키를 허용

순서 있는 연관 컨테이너(map, set 등)는 선택적으로 비교 연산의 타입을 지정하는 추가적인 템플릿 인자를 받아들일 수 있다. 예를 들어 set<K,C>는 C를 이용해 K를 비교한다.

컨테이너 어댑터(container adaptor)	
priority_queue⟨T⟩	우선순위 큐
queue⟨T⟩	push()와 pop()을 제공하는 큐
stack⟨T⟩	push()와 pop()을 제공하는 스택

위에서 설명한 컨테이너들은 ⟨vector⟩, ⟨list⟩ 등에 정의된다(B.1.1절 참고). 그 중에 시퀀스 컨테이너는 연속된 구간에 할당되거나 연결 리스트 형태로 (위에서 T로 표기한) value_type 요소를 저장한다. 이와 달리 연관 컨테이너는 연결된 노드로 이뤄진 구조(트리)에 (위에서 pair(K,V)로 표기한) value_type 요소를 저장한다. set이나 map, multimap의 시퀀스는 그 키 값(K)을 바탕으로 정렬되지만, unordered_*는 시퀀스의 순서를 보장하지 않는다. multimap은 같은 키가 여러 개 존재할 수 있다는 점에서 map과 다르다. 컨테이너 어댑터는 다른 컨테이너를 바탕으로 특화된 연산을 제공하는 컨테이너다.

잘 모르겠다면 vector를 사용하라. 특별한 이유가 없다면 vector를 사용하자.

컨테이너는 할당자를 이용해 메모리를 할당하고 해제한다(19.3.7절). 여기서는 할당자를 다루지 않으며, 필요하다면 전문가 수준의 자료를 참고하라. 기본적인 할당자는 메모리에 요소를 할당하거나 해제할 때 new와 delete를 활용한다.

접근 연산에는 const 객체와 const가 아닌 객체에 대한 두 가지가 있다.

이번 절에서는 대부분의 일반적인 표준 컨테이너를 나열했는데, 자세한 내용은 20장을 참고하라. list의 splice()처럼 특정 컨테이너에 국한된 멤버는 다루지 않는다. 그 대신 전문가 수준의 자료를 참고하라.

일부 데이터 타입에서는 표준 컨테이너에 요구되는 대부분의 기능을 제공하지만, 모든 기능을 제공하지는 않는다. 이러한 데이터 타입을 '유사 컨테이너'라고 하는데, 가장 흥미로운 유사 컨테이너는 다음과 같다.

유사 컨테이너	
내장형 배열 T[n]	size()를 비롯한 멤버 함수를 제공하지 않음. 가능하다면 배열보다는 vector나 string, array 등의 컨테이너를 사용하자.
string	문자만을 저장하지만 연결(+와 +=)을 비롯한 유용한 텍스트 조작 연산을 제공한다. 가능하다면 다른 문자열 보다는 표준 string을 사용하자.
valarray	벡터 연산을 제공하는 수치 값의 벡터. 그러나 고성능 구현을 위해 많은 제약이 있으므로, 벡터 연산을 많이 하는 경우에만 사용하자.

B.4.1 개요

표준 컨테이너가 제공하는 연산은 아래와 같이 요약할 수 있다.

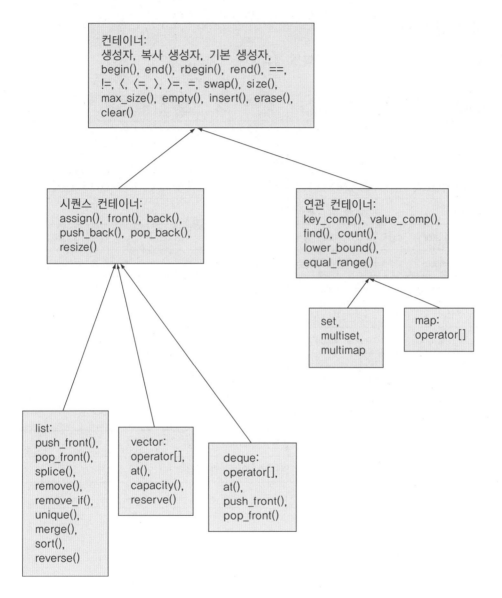

array와 forward_list는 표준 라이브러리가 추구하는 상호교환성의 원칙에 어긋나므로 제외했다.

- array는 핸들이 아니며, 초기화된 후에는 요소의 개수를 변경할 수 없다. 그리고 생성자가 아닌 초기 값 목록을 이용해서만 초기화될 수 있다.

- forward_list는 역방향 연산을 제공하지 않는다. 특히 size()도 제공하지 않는다. 비어있거나 거의 비어있는 시퀀스에 최적화된 컨테이너라고 볼 수 있다.

B.4.2 멤버 타입

컨테이너는 다음과 같은 멤버 타입을 정의한다.

멤버 타입	
value_type	요소의 타입
size_type	첨자와 요소 개수 등의 타입
difference_type	두 반복자의 차의 타입
iterator	value_type*과 비슷하게 동작
const_iterator	const value_type*과 비슷하게 동작
reverse_iterator	value_type*과 비슷하게 동작
const_reverse_iterator	const value_type*과 비슷하게 동작
reference	value_type&
const_reference	const value_type&
pointer	value_type*과 비슷하게 동작
const_pointer	const value_type*과 비슷하게 동작
key_type	키의 타입(연관 컨테이너에만 해당)
mapped_type	매핑된 값의 타입(연관 컨테이너에만 해당)
key_compare	비교 기준의 타입(연관 컨테이너에만 해당)
allocator_type	메모리 관리자의 타입

B.4.3 생성자와 소멸자, 대입

컨테이너는 다양한 생성자와 대입 연산을 제공한다. (vector<double>이나 map<string,int> 등의) 컨테이너를 C라고 하면 다음과 같은 연산이 제공된다.

생성자와 소멸자, 대입	
C c;	c는 빈 컨테이너
C{}	빈 컨테이너를 만듦
C c(n);	기본 값을 갖는 요소 n개로 c를 초기화(연관 컨테이너에는 해당되지 않음)
C c(n,x);	x의 복사본 n개로 c를 초기화(연관 컨테이너에는 해당되지 않음)
C c {b:e};	[b:e)에 속한 요소로 c를 초기화
C c {elems};	elems를 저장하는 initializer_list로 c를 초기화
C c {c2};	c는 c2의 복사본
~C()	C와 C에 저장된 모든 요소를 소멸(일반적으로는 암묵적 호출)
c1=c2	복사 대입. c2의 모든 요소를 c1에 복사. 복사를 수행한 후에는 c1==c2
c.assign(n,x)	x의 복사본 n개를 대입(연관 컨테이너에는 해당되지 않음)
c.assign(b,e)	[b:e)로부터 대입

일부 컨테이너와 일부 요소 타입에 대해서는 생성자나 요소 복사 수행 시 예외가 발생할 수도 있다.

B.4.4 반복자

컨테이너는 컨테이너의 반복자로 순서가 정해지거나 그 거꾸로 순서를 갖는 시퀀스라고 할 수 있다. 연관 컨테이너의 순서는 컨테이너의 비교 기준(기본적으로는 <)을 바탕으로 한다.

반복자	
p=c.begin()	p는 c의 첫 번째 요소를 가리킴
p=c.end()	p는 c의 마지막 요소 다음을 가리킴
p=c.rbegin()	p는 c의 역방향 시퀀스에서 첫 번째 요소를 가리킴
p=c.rend()	p는 c의 역방향 시퀀스에서 마지막 요소 다음을 가리킴

B.4.5 요소 접근

일부 요소는 다음과 같이 직접 접근할 수 있다.

요소 접근	
c.front()	c의 첫 번째 요소를 가리키는 참조
c.back()	c의 마지막 요소를 가리키는 참조
c[i]	c의 i 번째 요소를 가리키는 참조. 구간 검사는 수행하지 않음(list에서는 사용할 수 없음)
c.at(i)	c의 i 번째 요소를 가리키는 참조. 구간 검사를 수행함(vector와 deque에서만 사용 가능)

일부 구현체(특히 디버깅 모드)에서는 항상 구간 검사를 수행한다. 그러나 이런 사실을 바탕으로 정확성이나 구간 검사를 수행하지 않음으로 인한 성능 향상을 확신해선 안 된다. 이러한 문제가 중요하다면 여러분이 사용하는 구현체를 확인해보자.

B.4.6 스택과 큐 연산

표준 vector와 deque는 요소의 시퀀스 끝(맨 뒤)에 대한 효율적인 연산을 제공한다. 이에 더해 list와 deque는 요소의 시퀀스 시작(맨 앞)에 대해서도 효율적인 연산을 제공한다.

스택과 큐 연산	
c.push_back(x)	x를 c의 끝에 추가
c.pop_back()	c의 마지막 요소를 제거
c.amplace_back(args)	T{args}를 c의 끝에 추가. T는 c의 값 타입
c.push_front(x)	x를 c의 첫 번째 요소 앞에 추가(list와 deque에서만 가능)
c.pop_front()	c의 첫 번째 요소를 제거(list와 deque에서만 가능)
c.emplace_front(args)	T{args}를 c의 첫 번째 요소 앞에 추가. T는 c의 값 타입

push_front()와 push_back()은 컨테이너에 요소를 복사한다는 점을 기억하자. 즉, 컨테이너의 크기가 (1씩) 증가하며, 요소의 타입이 복사 생성자에서 예외를 던질 수 있다면 푸시[push] 연산도 실패할 수 있다.

push_front()와 push_back()은 인자로 주어진 객체를 컨테이너로 복사한다. 아래 예를 보자.

```
vector<pair<string,int>> v;
v.push_back(make_pair("Cambridge",1209));
```

임시 객체를 우선 객체 생성한 후에 생성된 객체를 다시 복사하는 일이 이상하거나 잠재적으로 비효율적이라고 생각한다면 다음과 같이 시퀀스의 새로 할당된 공간에 직접 객체를 생성할 수도 있다.

```
v.emplace_back("Cambridge",1209);
```

emplace는 "안에 넣다"나 "그 자리에 넣다"로 이해할 수 있다.

팝[pop] 연산은 값을 반환하지 않는다는 점을 기억하자. 팝 연산이 값을 반환한다면 복사 생성자에서 예외를 던질 경우 구현이 매우 복잡해진다. 스택과 큐의 요소에 접근하려면 front()와 back()을 사용해야 한다(B.4.5절). 여기서 완벽한 요구 사항을 상세하게 밝히진 않겠다. 자유롭게 추측해보고(추측이 잘못됐다면 아무 컴파일러가 경고를 할 것이다), 더 자세한 문서를 살펴보자.

B.4.7 리스트 연산

컨테이너는 다음과 같은 리스트 연산을 제공한다.

리스트 연산	
q=c.insert(p,x)	p 앞에 x를 추가
q=c.insert(p,n,x)	p 앞에 x의 복사본 n개를 추가
q=c.insert(p,first,last)	p 앞에 [first:last]의 요소를 추가
q=c.emplace(p,args)	p 앞에 T{args} 추가. T는 c의 값 타입
q=c.erase(p)	p가 가리키는 요소를 c에서 제거
q=c.erase(first,last)	c에서 [first:last]를 제거
c.clear()	c의 모든 요소를 제거

insert() 함수에서 q는 마지막으로 삽입된 요소를 가리키며, erase() 함수에서 q는 마지막으로 제거된 요소의 다음 요소를 가리킨다.

B.4.8 크기와 용량

크기는 컨테이너에 포함된 요소의 개수를 말하고, 용량[capacity]은 추가적인 메모리 할당 없이 컨테이너에 저장할 수 있는 요소의 개수를 말한다.

크기와 용량	
x=c.size()	x는 c의 요소의 개수
c.empty()	c가 비어있는가?
x=c.max_size()	x는 c에 저장할 수 있는 요소의 최대 개수
x=c.capacity()	x는 c에 할당된 공간(vector와 string에서만 가능)
c.reserve(n)	c에 요소 n개만큼의 공간을 예약(vector와 string에서만 가능)
c.resize(n)	c의 크기를 n으로 변경(vector와 string, list, deque에서만 가능)

　　크기나 용량을 변경하면 기존 요소들이 새로운 저장 영역으로 이동될 수 있다. 즉, 반복자(와 포인터, 참조)가 유효하지 않게 될 수 있다(예, 요소의 예전 위치를 가리킴).

B.4.9 기타 연산

컨테이너는 복사(B.4.3절)하거나 비교하거나 교환^{swap}될 수 있다.

비교와 교환	
c1==c2	c1과 c2의 상응하는 모든 요소가 같은가?
c1!=c2	c1과 c2의 상응하는 요소 중 하나라도 같지 않은가?
c1<c2	c1이 사전 순서로 c2보다 앞에 있는가?
c1<=c2	c1이 사전 순서로 c2보다 앞에 있거나 같은가?
c1>c2	c1이 사전 순서로 c2보다 뒤에 있는가?
c1>=c2	c1이 사전 순서로 c2보다 뒤에 있거나 같은가?
swap(c1,c2)	c1과 c2의 요소를 교환
c1.swap(c2)	c1과 c2의 요소를 교환

　　비교 연산자(예, <)를 이용해 두 컨테이너를 비교하면 컨테이너의 요소를 동일한 연산자(즉, <)로 비교하게 된다.

B.4.10 연관 컨테이너 연산

연관 컨테이너는 다음과 같이 키를 바탕으로 조회 연산을 제공한다.

연관 컨테이너 연산	
c[k]	키가 k인 요소를 참조(키가 유일한 컨테이너에서)
p=c.find(k)	p는 키가 k인 첫 번째 요소를 참조
p=c.lower_bound(k)	p는 키가 k인 첫 번째 요소를 참조
p=c.upper_bound(k)	p는 키가 k보다 큰 첫 번째 요소를 참조
pair(p1,p2)=c.equal_range(k)	[p1:p2]는 키가 k인 요소의 구간
r=c.key_comp()	r은 키 비교 객체의 복사본
r=c.value_comp()	r은 매핑된 값 비교 객체의 복사본. 키를 찾지 못하면 c.end()를 반환

equal_range가 반환하는 한 쌍의 반복자 중 첫 번째 반복자는 lower_bound이며, 두 번째는 upper_bound다. 이를 이용해 multimap<string,int>에서 키가 "Marian"인 모든 요소를 출력하는 방법은 다음과 같다.

```
string k = "Marian";
auto pp = m.equal_range(k);
if (pp.first!=pp.second)
    cout << "값이 '" << k << "'인 요소:\n";
else
    cout << "값이 '" << k << "'인 요소는 없음\n";
for (auto p = pp.first; p!=pp.second; ++p)
    cout << p->second << '\n';
```

아래와 같은 방법으로 동일한 효과를 얻을 수 있다.

```
auto pp = make_pair(m.lower_bound(k),m.upper_bound(k));
```

하지만 위의 코드는 수행 시간이 두 배로 길어질 수 있다. equal_range와 lower_bound, upper_bound 알고리즘은 정렬된 시퀀스에 대해서도 제공된다(B.5.4절). pair의 정의는 B.6.3절을 참고하라.

B.5 알고리즘

<algorithm>에서는 60여 가지의 표준 알고리즘을 정의하는데, 모든 알고리즘은 한 쌍의 사용자 정의 타입으로 정의되는 (입력) 시퀀스나 반복자 하나(출력인 경우)를 이용해 작동한다.

두 시퀀스에 복사와 비교 등을 수행할 때 첫 번째 시퀀스는 한 쌍의 반복자 [b:e)로 표현하는 반면, 두 번째 시퀀스는 알고리즘을 수행하는 데 충분한 개수의 요소가 저장된 시퀀스의

시작을 가리키는 한 개의 반복자 b2로 표현한다. 예를 들어 첫 번째 시퀀스의 요소 개수와 동일한 요소를 포함하는 시퀀스 [b2:b2+(e-b))가 필요할 수 있다.

sort를 비롯한 일부 알고리즘은 임의 접근 반복자를 요구하지만, find를 비롯한 상당수의 반복자는 요소에 순차적으로 접근하므로 순방향 반복자로도 충분하다.

상당수의 알고리즘은 '찾지 못함'을 나타내기 위해 시퀀스의 끝을 반환하는 일반적인 관례를 따르는데, 각 알고리즘에 대해 이러한 사실을 따로 언급하지는 않았다.

B.5.1 변경이 없는 시퀀스 알고리즘

변경이 없는 알고리즘nonmodifying algorithm은 시퀀스의 요소를 읽기만 할 뿐, 시퀀스를 재배치하거나 요소의 값을 변경하지 않는다.

변경이 없는 시퀀스 알고리즘	
f=for_each(b,e,f)	[b:e)의 각 요소에 f를 수행. f를 반환
p=find(b,e,v)	p는 [b:e)에서 v가 처음 등장하는 위치를 가리킴
p=find_if(b,e,f)	p는 [b:e)에서 f(*p)가 처음으로 참인 위치를 가리킴
p=find_first_of(b,e,b2,e2)	p는 [b:e)의 요소 중 [b2:e2)의 요소 q에 대해 *p==*q를 처음으로 만족하는 요소를 가리킴
p=find_first_of(b,e,b2,e2,f)	p는 [b:e)의 요소 중 [b2:e2)의 요소 q에 대해 f(*p,*q)가 처음으로 참인 요소를 가리킴
p=adjacent_find(b,e)	p는 [b:e)에서 *p==*(p+1)를 만족하는 첫 번째 요소를 가리킴
p=adjacent_find(b,e,f)	p는 [b:e)에서 f(*p,*(p+1))가 참인 첫 번째 요소를 가리킴
equal(b,e,b2)	[b:e)와 [b2:b2+(e-b))의 모든 요소가 같은가?
equal(b,e,b2,f)	[b:e)와 [b2:b2+(e-b))의 모든 요소가 f(*p,*q)를 비교 함수로 사용했을 때 같은가?
pair(p1,p2)=mismatch(b,e,b2)	(p1,p2)는 [b:e)와 [b2:b2+(e-b))에서 !(*p1==*p2)인 첫 번째 요소의 쌍을 가리킴
pair(p1,p2)=mismatch(b,e,b2,f)	(p1,p2)는 [b:e)와 [b2:b2+(e-b))에서 !f(*p1,*p2)인 첫 번째 요소의 쌍을 가리킴
p=search(b,e,b2,e2)	p는 [b:e)의 요소 중에서 [b2:e2)의 요소 중 하나와 같은 첫 번째 요소를 가리킴
p=search(b,e,b2,e2,f)	p는 [b:e)의 요소 중 [b2:e2)의 요소 q에 대해 f(*p,*q)가 처음으로 참인 요소를 가리킴

(이어짐)

변경이 없는 시퀀스 알고리즘	
p=find_end(b,e,b2,e2)	p는 [b:e)의 요소 중에서 [b2:e2)의 요소 중 하나와 같은 마지막 요소를 가리킴
p=find_end(b,e,b2,e2,f)	p는 [b:e)의 요소 중 [b2:e2)의 요소 q에 대해 f(*p,*q)가 참인 마지막 요소를 가리킴
p=search_n(b,e,n,v)	p는 [b:e)에서 [p:p+n)의 각 요소의 값이 v인 첫 번째 위치를 가리킴
p=search_n(b,e,n,v,f)	p는 [b:e)에서 [p:p+n)의 각 요소를 *q라고 할 때 f(*q,v)가 참인 첫 번째 위치를 가리킴
x=count(b,e,v)	x는 [b:e)에서 v가 등장하는 횟수
x=count_if(b,e,v,f)	x는 [b:e)에서 f(*p,v)가 참인 요소의 개수

for_each가 호출하는 연산에서 요소의 변경을 막을 수는 없으며, 그러한 변경은 허용된다. 그러나 일부 다른 알고리즘(예, count나 ==)에 요소를 변경하는 연산을 인자로 넘겨줄 수는 없다. (적법한) 사용 예를 한 가지 살펴보자.

```cpp
bool odd(int x) { return x&1; }

int n_even(const vector<int>& v)     // v에서 짝수의 개수를 구함
{
    return v.size()-count_if(v.begin(),v.end(),odd);
}
```

B.5.2 변경 가능한 시퀀스 알고리즘

변경 가능한 알고리즘modifying algorithm이나 mutating sequence algorithm은 인자로 주어진 시퀀스의 요소를 수정할 수 있다.

변경 가능한 시퀀스 알고리즘	
p=transform(b,e,out,f)	[b:e)의 모든 *p1에 *p2=f(*p1)을 적용하고, *p2를 [out:out+(e-b))의 상응하는 위치에 저장. 반환 값 p=out+(e-b)
p=transform(b,e,b2,out,f)	[b:e)의 모든 *p1과 [b2:b2+(e-b))의 상응하는 요소 *p2에 대해 *p3=f(*p1,*p2)를 적용하고, *p3를 [out:out+(e-b))에 저장. 반환 값 p=out+(e-b)
p=copy(b,e,out)	[b:e)를 [out:p)에 복사
p=copy_backward(b,e,out)	[b:e)의 마지막 요소부터 [out:p)에 복사

(이어짐)

변경 가능한 시퀀스 알고리즘	
p=unique(b,e)	[b:p)에서 인접한 중복된 요소가 없게 [b:e)의 요소를 이동('중복'의 의미는 ==와 같음)
p=unique(b,e,f)	[b:p)에서 인접한 중복된 요소가 없게 [b:e)의 요소를 이동('중복'의 의미는 f에서 정의)
p=unique_copy(b,e,out)	[b:e)를 [out:p)에 복사하되 인접한 중복된 요소는 복사하지 않음
p=unique_copy(b,e,out,f)	[b:e)를 [out:p)에 복사하되 인접한 중복된 요소는 복사하지 않음('중복'의 의미는 f에서 정의)
replace(b,e,v,v2)	[b:e)의 요소 *q 중에서 *q==v인 요소의 값을 v2로 대체
replace(b,e,f,v2)	[b:e)의 요소 *q 중에서 f(*q)가 참인 요소의 값을 v2로 대체
p=replace_copy(b,e,out,v,v2)	[b:e)를 [out:p)에 복사하되 [b:e)의 요소 *q 중에서 *q==v인 요소의 값을 v2로 대체해 복사
p=replace_copy(b,e,out,f,v2)	[b:e)를 [out:p)에 복사하되 [b:e)의 요소 *q 중에서 f(*q)가 참인 요소의 값을 v2로 대체해 복사
p=remove(b,e,v)	시퀀스의 요소 *q에 대해 [b,p)가 !(*q==v)를 만족하게 [b:e)의 요소를 이동
p=remove(b,e,v,f)	시퀀스의 요소 *q에 대해 [b,p)가 !f(*q)를 만족하게 [b:e)의 요소를 이동
p=remove_copy(b,e,out,v)	[b:e)에서 !(*q==v)를 만족하는 요소를 [out:p)에 복사
p=remove_copy_if(b,e,out,f)	[b:e)에서 !f(*q)를 만족하는 요소를 [out:p)에 복사
reverse(b,e)	[b:e)에 포함된 요소의 순서를 거꾸로 바꿈
p=reverse_copy(b,e,out)	[b:e)를 [out:p)에 거꾸로 복사
rotate(b,m,e)	요소를 회전시킴. [b:e)를 첫 번째 요소가 마지막 요소 바로 다음에 있는 형태의 원으로 취급. 이때 *b를 *m으로 이동시키면 일반적으로 *(b+i)는 *((b+(i+(e-m))%(e-b))로 이동함
p=rotate_copy(b,m,e,out)	[b:e)를 회전시켜서 [out:p)에 저장
random_shuffle(b,e)	기본적인 균등 분포를 바탕으로 하는 난수 생성기를 이용해 [b:e)의 요소의 순서를 뒤바꿈
random_shuffle(b,e,f)	분포 함수 f를 바탕으로 하는 난수 생성기를 이용해 [b:e)의 요소의 순서를 뒤바꿈

뒤섞기shuffle 알고리즘은 우리가 카드를 섞듯이 시퀀스의 요소를 섞는다. 즉, 뒤섞기를 수행한 후에는 요소의 순서가 임의로 뒤바뀌며, 여기서 임의라는 말의 의미는 난수 생성기가 만들어 낸 분포에 따라 달라진다.

한 가지 주의할 점은 위에서 언급한 알고리즘들이 인자로 주어진 시퀀스가 컨테이너라는 사실을 알지 못하며, 따라서 요소를 추가하거나 제거할 수 없다는 점이다. 이런 이유로

remove를 비롯한 알고리즘은 요소를 제거(삭제)해 입력 시퀀스의 길이를 줄이지 못한다. 그 대신에 원하는 시퀀스가 앞에 오도록 요소를 이동한다.

```cpp
template<typename Iter>
void print_digits(const string& s, Iter b, Iter e)
{
    cout << s;
    while (b!=e) { cout << *b; ++b; }
    cout << '\n';
}

void ff()
{
    vector<int> v {1,1,1, 2,2, 3, 4,4,4, 3,3,3, 5,5,5,5, 1,1,1};
    print_digits("all: ",v.begin(), v.end());

    auto pp = unique(v.begin(),v.end());
    print_digits("head: ",v.begin(),pp);
    print_digits("tail: ",pp,v.end());

    pp=remove(v.begin(),pp,4);
    print_digits("head: ",v.begin(),pp);
    print_digits("tail: ",pp,v.end());
}
```

결과는 다음과 같다.

```
all: 1112234443335555111
head: 1234351
tail: 443335555111
head: 123351
tail: 1443335555111
```

B.5.3 유틸리티 알고리즘

기술적으로 보면 유틸리티 알고리즘은 변경 가능한 시퀀스 알고리즘의 일종이기도 하지만, 모르고 지나치는 일이 없도록 따로 언급하는 편이 좋겠다.

유틸리티 알고리즘	
swap(x,y)	x와 y를 교환

(이어짐)

유틸리티 알고리즘	
iter_swap(p,q)	*p와 *q를 교환
swap_ranges(b,e,b2)	[b:e)와 [b2:b2+(e-b))의 요소를 교환
fill(b,e,v)	[b:e)의 모든 요소에 v를 대입
fill_n(b,n,v)	[b:b+n)의 모든 요소에 v를 대입
generate(b,e,f)	[b:e)의 모든 요소에 f()를 적용
generate_n(b,n,f)	[b:b+n)의 모든 요소에 f()를 적용
uninitialized_fill(b,e,v)	[b:e)의 모든 요소를 v로 초기화
uninitialized_copy(b,e,out)	[out:out+(e-b))의 모든 요소를 [b:e)의 상응하는 요소로 초기화

초기화되지 않은 시퀀스는 컨테이너의 내부 구현을 비롯한 프로그래밍의 가장 낮은 레벨에서만 발생해야 하며, `uninitialized_fill`이나 `uninitialized_copy`의 대상이 되는 요소는 내장형 타입이나 초기화되지 않은 요소여야 한다.

B.5.4 정렬과 검색

정렬과 검색은 기본적인 연산이며, 그에 대한 프로그래머의 요구 사항도 다양하다. 비교는 기본적으로 < 연산자를 이용하며, 한 쌍의 값 a와 b의 상등은 == 연산자가 아닌 `!(a<b)&&(b<a)`로 결정된다.

정렬과 검색	
sort(b,e)	[b:e)를 정렬
sort(b,e,f)	f(*p,*q)를 정렬 기준으로 이용해 [b:e)를 정렬
stable_sort(b,e)	서로 상등인 요소의 순서를 유지하면서 [b:e)를 정렬
stable_sort(b,e,f)	서로 상등인 요소의 순서를 유지하면서 f(*p,*q)를 정렬 기준으로 이용해 [b:e)를 정렬
partial_sort(b,m,e)	[b:e)에서 [b:m)을 정렬하고 [m:e)는 정렬하지 않음
partial_sort(b,m,e,f)	f(*p,*q)를 정렬 기준으로 이용해 [b:e)에서 [b:m)을 정렬하고 [m:e)는 정렬하지 않음
partial_sort_copy(b,e,b2,e2)	[b:e)에서 e2-b2개의 요소를 [b2:e2)로 복사할 수 있게 필요한 만큼을 정렬

(이어짐)

정렬과 검색	
partial_sort_copy(b,e,b2,e2,f)	[b:e)에서 e2-b2개의 요소를 [b2:e2)로 복사할 수 있게 필요한 만큼을 정렬. f를 비교 기준으로 사용
nth_element(b,e)	[b:e)의 n번째 요소를 알맞은 위치로 이동
nth_element(b,e,f)	f를 비교 기준으로 사용해 [b:e)의 n번째 요소를 알맞은 위치로 이동
p=lower_bound(b,e,v)	p는 [b:e)에서 v가 처음 등장하는 위치를 가리킴
p=lower_bound(b,e,v,f)	p는 f를 비교 기준으로 사용했을 때 [b:e)에서 v가 처음 등장하는 위치를 가리킴
p=upper_bound(b,e,v)	p는 [b:e)에서 v보다 큰 첫 번째 요소를 가리킴
p=upper_bound(b,e,v,f)	p는 f를 비교 기준으로 사용했을 때 [b:e)에서 v보다 큰 첫 번째 요소를 가리킴
binary_search(b,e,v)	정렬된 시퀀스 [b:e)에 v가 존재하는가?
binary_search(b,e,v,f)	f를 비교 기준으로 사용했을 때 정렬된 시퀀스 [b:e)에 v가 존재하는가?
pair(p1,p2)=equal_range(b,e,v)	[p1,p2)는 값이 v인 [b:e)의 부분 시퀀스. 기본적으로 v를 이진 탐색하는 것과 같음
pair(p1,p2)=equal_range(b,e,v,f)	[p1,p2)는 f를 비교 기준으로 사용했을 때 값이 v인 [b:e)의 부분 시퀀스. 기본적으로 v를 이진 탐색하는 것과 같음
p=merge(b,e,b2,e2,out)	정렬된 두 시퀀스 [b2:e2)와 [b:e)를 [out:p)에 병합
p=merge(b,e,b2,e2,out,f)	f를 비교 기준으로 사용해 정렬된 두 시퀀스 [b2:e2)와 [b:e)를 [out:p)에 병합
inplace_merge(b,m,e)	정렬된 두 부분 시퀀스 [b:m)와 [m:e)를 [b:e)에 병합
inplace_merge(b,m,e,f)	f를 비교 기준으로 사용해 정렬된 두 부분 시퀀스 [b:m)와 [m:e)를 [b:e)에 병합
p=partition(b,e,f)	f(*p1)가 참인 요소는 [b:p)에 위치시키고, 그렇지 않은 요소는 [p:e)에 위치시킴
p=stable_partition(b,e,f)	f(*p1)가 참인 요소는 [b:p)에 위치시키고, 그렇지 않은 요소는 [p:e)에 위치시키되 (같은 파티션 내에서) 원래의 상대적인 위치는 유지함

예를 들면 다음과 같이 사용할 수 있다.

```
vector<int> v {3,1,4,2};
list<double> lst {0.5,1.5,3,2.5};    // lst는 정렬됨
sort(v.begin(),v.end());             // v를 정렬
vector<double> v2;
```

```
merge(v.begin(),v.end(),lst.begin(),lst.end(),back_inserter(v2));
for (auto x : v2) cout << x << ", ";
```

자세한 내용이 궁금하다면 B.6.1절을 참고하라. 위 프로그램의 출력은 다음과 같다.

```
0.5, 1, 1.5, 2, 2, 2.5, 3, 4,
```

equal_range와 lower_bound, upper_bound 알고리즘은 연관 컨테이너(B.4.10절)에서와 같은 용도로 사용했다.

B.5.5 집합 알고리즘

이제 설명할 알고리즘은 시퀀스를 요소의 집합으로 취급하며, 기본적인 집합 연산을 제공한다. 입력 시퀀스는 정렬된 상태여야 하며, 출력 시퀀스도 정렬된 상태를 유지한다.

집합 알고리즘	
includes(b,e,b2,e2)	[b2:e2)의 모든 요소가 [b:e)에 존재하는가?
includes(b,e,b2,e2,f)	f를 비교 연산으로 사용했을 때 [b2:e2)의 모든 요소가 [b:e)에 존재하는가?
p=set_union(b,e,b2,e2,out)	[b:e)나 [b2:e2)에 속하는 요소로 구성된 정렬된 시퀀스 [out:p)를 생성
p=set_union(b,e,b2,e2,out,f)	f를 비교 연산으로 사용했을 때 [b:e)나 [b2:e2)에 속하는 요소로 구성된 정렬된 시퀀스 [out:p)를 생성
p=set_intersection(b,e,b2,e2,out)	[b:e)와 [b2:e2)에 속하는 모든 요소로 구성된 정렬된 시퀀스 [out:p)를 생성
p=set_intersection(b,e,b2,e2,out,f)	f를 비교 연산으로 사용했을 때 [b:e)와 [b2:e2)에 모두 속하는 요소로 구성된 정렬된 시퀀스 [out:p)를 생성
p=set_difference(b,e,b2,e2,out)	[b:e)에는 속하지만 [b2:e2)에는 속하지 않는 요소로 구성된 정렬된 시퀀스 [out:p)를 생성
p=set_difference(b,e,b2,e2,out,f)	f를 비교 연산으로 사용했을 때 [b:e)에는 속하지만 [b2:e2)에는 속하지 않는 요소로 구성된 정렬된 시퀀스 [out:p)를 생성
p=set_symmetric_difference(b,e,b2,e2,out)	[b:e)나 [b2:e2) 둘 중 하나에 속하지만 둘 모두에 속하지 않는 요소로 구성된 정렬된 시퀀스 [out:p)를 생성
p=set_symmetric_difference(b,e,b2,e2,out,f)	f를 비교 연산으로 사용했을 때 [b:e)나 [b2:e2) 둘 중 하나에 속하지만 둘 모두에 속하지 않는 요소로 구성된 정렬된 시퀀스 [out:p)를 생성

B.5.6 힙

힙은 (우선순위가) 가장 높은 값을 맨 앞에 유지하는 자료 구조이며, 힙 알고리즘은 프로그래머로 하여금 임의 접근 가능한 시퀀스를 힙으로 취급할 수 있게 해준다.

힙 연산	
make_heap(b,e)	시퀀스를 힙으로 사용할 수 있는 형태로 구성
make_heap(b,e,f)	f를 비교 연산으로 사용해 시퀀스를 힙으로 사용할 수 있는 형태로 구성
push_heap(b,e)	힙에 요소를 추가(적절한 위치에)
push_heap(b,e,f)	f를 비교 연산으로 사용해 힙에 요소를 추가(적절한 위치에)
pop_heap(b,e)	힙에서 가장 큰(첫 번째) 요소를 제거
pop_heap(b,e,f)	f를 비교 연산으로 사용해 힙에서 가장 큰(첫 번째) 요소를 제거
sort_heap(b,e)	힙을 정렬
sort_heap(b,e,f)	f를 비교 연산으로 사용해 힙을 정렬

힙의 핵심은 요소의 빠른 추가와 (우선순위가) 가장 높은 값에 대한 빠른 접근이며, 주로 우선순위 큐를 구현할 때 사용한다.

B.5.7 순열

시퀀스 요소의 조합을 만들 때 순열을 사용한다. 예를 들어 abc의 순열은 abc와 acb, bac, bca, cab, cba다.

순열	
x=next_permutation(b,e)	[b:e)를 사전 순서의 다음 순열로 만듦
x=next_permutation(b,e,f)	f를 비교 연산으로 사용해 [b:e)를 사전 순서의 다음 순열로 만듦
x=prev_permutation(b,e)	[b:e)를 사전 순서의 이전 순열로 만듦
x=prev_permutation(b,e,f)	f를 비교 연산으로 사용해 [b:e)를 사전 순서의 이전 순열로 만듦

[b:e)가 이미 마지막 순열(예제의 cba)이라면 next_permutation의 반환 값(x)은 false이며, 그런 경우에는 첫 번째 순열(예제의 abc)을 다시 생성한다. [b:e)가 이미 첫 번째 순열(예제의 abc)이라면 before_permutation의 반환 값(x)은 false이며, 그런 경우에는 마지막 순열(예제의

cba)을 다시 생성한다.

B.5.8 min과 max

값 비교는 많은 경우에 유용하다.

min과 max	
x=max(a,b)	x는 a와 b 중 더 큰 값
x=max(a,b,f)	x는 f를 요소 비교 연산으로 사용했을 때 a와 b 중 더 큰 값
x=max({elems})	x는 {elems}에서 가장 큰 값
x=max({elems},f)	x는 f를 요소 비교 연산으로 사용했을 때 {elems}에서 가장 큰 값
x=min(a,b)	x는 a와 b 중 더 작은 값
x=min(a,b,f)	x는 f를 요소 비교 연산으로 사용했을 때 a와 b 중 더 작은 값
x=min({elems})	x는 {elems}에서 가장 작은 값
x=min({elems},f)	x는 f를 요소 비교 연산으로 사용했을 때 {elems}에서 가장 작은 값
pair(x,y)=minmax(a,b)	x는 max(a,b), y는 min(a,b)
pair(x,y)=minmax(a,b,f)	x는 max(a,b,f), y는 min(a,b,f)
pair(x,y)=minmax({elems})	x는 max({elems}), y는 min({elems})
pair(x,y)=minmax({elems},f)	x는 max({elems},f), y는 min({elems},f)
p=max_element(b,e)	p는 [b:e)에서 가장 큰 요소를 가리킴
p=max_element(b,e,f)	p는 f를 요소 비교 연산으로 사용했을 때 [b:e)에서 가장 큰 요소를 가리킴
p=min_element(b,e)	p는 [b:e)에서 가장 작은 요소를 가리킴
p=min_element(b,e,f)	p는 f를 요소 비교 연산으로 사용했을 때 [b:e)에서 가장 작은 요소를 가리킴
lexicographical_compare(b,e,b2,e2)	[b:e)<[b2:e2)를 만족하는가?
lexicographical_compare(b,e,b2,e2,f)	f를 요소 비교 연산으로 사용했을 때 [b:e)<[b2:e2)를 만족하는가?

B.6 STL 유틸리티

표준 라이브러리에서는 표준 라이브러리 알고리즘 사용을 쉽게 해주는 몇 가지 기능을 제공한다.

B.6.1 삽입자

컨테이너의 반복자를 이용해 출력을 생성한다는 말은 해당 반복자가 가리키는 요소를 덮어씀을 의미한다. 그리고 덮어쓰기는 오버플로와 메모리 충돌이라는 위험성으로 이어진다.

```
void f(vector<int>& vi)
{
    fill_n(vi.begin(), 200,7 );      // vi[0]..[199]에 7을 대입
}
```

여기서 vi의 요소가 200개보다 적다면 문제가 생긴다.

표준 라이브러리 <iterator>에서는 기존 요소를 덮어 쓰는 대신 컨테이너에 요소를 추가(삽입)함으로써 위와 같은 문제를 해결하는 세 가지 반복자를 제공한다. 아래의 세 함수를 이용해 삽입을 수행하는 반복자를 생성할 수 있다.

삽입자(inserter)	
r=back_inserter(c)	*r=x는 c.push_back(x)를 유발함
r=front_inserter(c)	*r=x는 c.push_front(x)를 유발함
r=inserter(c,p)	*r=x는 c.insert(p,x)를 유발함

inserter(c,p)에서 p는 컨테이너 c의 유효한 반복자여야 하며, 삽입 반복자$^{insert\ iterator}$를 이용해 값이 쓰일 때마다 컨테이너 크기는 1씩 증가한다. 삽입자를 이용해 값을 쓸 때는 기존 요소를 덮어 쓰지 않고 push_back(x)나 c.push_front(), insert()를 이용해 새로운 요소를 삽입한다. 아래 예를 보자.

```
void g(vector<int>& vi)
{
    fill_n(back_inserter(vi), 200,7 );    // vi의 끝에 7을 200개 추가
}
```

B.6.2 함수 객체

상당수의 표준 알고리즘은 인자로 주어지는 함수 객체(나 함수)를 바탕으로 작동 방식을 제어할 수 있다. 일반적인 용례로는 비교 기준과 서술자(bool을 반환하는 함수), 산술 연산 등이 있으며, <functional>에서 표준 라이브러리가 제공하는 몇 가지 함수 객체를 찾아볼 수 있다.

서술자	
p=equal_to⟨T⟩{}	x와 y가 타입 T일 때 p(x,y)가 참이면 x==y
p=not_equal_to⟨T⟩{}	x와 y가 타입 T일 때 p(x,y)가 참이면 x!=y
p=greater⟨T⟩{}	x와 y가 타입 T일 때 p(x,y)가 참이면 x>y
p=less⟨T⟩{}	x와 y가 타입 T일 때 p(x,y)가 참이면 x<y
p=greater_equal⟨T⟩{}	x와 y가 타입 T일 때 p(x,y)가 참이면 x>=y
p=less_equal⟨T⟩{}	x와 y가 타입 T일 때 p(x,y)가 참이면 x<=y
p=logical_and⟨T⟩{}	x와 y가 타입 T일 때 p(x,y)가 참이면 x&&y
p=logical_or⟨T⟩{}	x와 y가 타입 T일 때 p(x,y)가 참이면 x||y
p=logical_not⟨T⟩{}	x가 타입 T일 때 p(x)가 참이면 !x

예를 들어 다음과 같다.

```
vector<int> v;
// ...
sort(v.begin(),v.end(),greater<int>{ } );     // v를 내림차순으로 정렬
```

(&&나 ||와 달리) logical_and와 logical_or는 항상 두 인자를 모두 평가한다는 사실을 기억하자.

그리고 간단한 함수 객체의 대안으로 아래와 같이 람다 표현식(15.3.3절)을 이용할 수도 있다.

```
sort(v.begin(),v.end(),[ ] (int x, int y) { return x>y;}); // v를 내림차순으로 정렬
```

산술 연산	
f=plus⟨T⟩{}	x와 y가 타입 T일 때 f(x,y)는 x+y
f=minus⟨T⟩{}	x와 y가 타입 T일 때 f(x,y)는 x−y
f=multiplies⟨T⟩{}	x와 y가 타입 T일 때 f(x,y)는 x*y
f=divides⟨T⟩{}	x와 y가 타입 T일 때 f(x,y)는 x/y
f=modulus⟨T⟩{}	x와 y가 타입 T일 때 f(x,y)는 x%y
f=negate⟨T⟩{}	x가 타입 T일 때 f(x)는 −x

어댑터	
f=bind(g,args)	args가 하나 이상의 인자일 때 f(x)는 g(x,args)
f=mem_fn(mf)	args가 하나 이상의 인자일 때 f(p,args)는 p−>mf(args)
Function⟨F⟩ f {g}	args가 하나 이상의 인자일 때 f(args)는 g(args). F는 g의 타입
f=not1(g)	f(x)는 !g(x).
f=not2(g)	f(x,y)는 !g(x,y)

function은 템플릿이므로 function<T> 타입의 변수를 정의하고, 다음과 같이 호출 가능한 객체를 대입할 수 있다.

```
int f1(double);
function<int(double)> fct {f1};      // f1으로 초기화
int x = fct(2.3);                    // f1(2.3)호출
function<int(double)> fun;           // fun에는 모든 int(double)을 대입할 수 있음
fun = f1;
```

B.6.3 pair와 tuple

pair를 비롯해 표준 라이브러리가 제공하는 몇 가지 '유틸리티 구성 요소'를 <utility>에서 찾아볼 수 있다.

```
template <class T1, class T2>
    struct pair {
        typedef T1 first_type;
        typedef T2 second_type;
        T1 first;
        T2 second;
        // ... 복사와 이동 연산 ...
    };

template <class T1, class T2>
constexpr pair<T1,T2> make_pair(T1 x, T2 y) { return pair<T1,T2>{x,y}; }
```

make_pair()를 바탕으로 값의 쌍을 쉽게 이용할 수 있다. 예를 들어 값과 오류 지시자를 함께 반환하는 함수의 개요는 다음과 같다.

```
pair<double,error_indicator> my_fct(double d)
{
    errno = 0;          // C 스타일 전역 오류 지시자를 리셋
```

```
    // ... d를 이용해 x를 계산하는 일련의 연산 수행 ...
    error_indicator ee = errno;
    errno = 0;          // C 스타일 전역 오류 지시자를 리셋
    return make_pair(x,ee);
}
```

위와 같은 유용한 관용구는 다음과 같이 사용할 수 있다.

```
pair<int,error_indicator> res = my_fct(123.456);
if (res.second==0) {
    // ... res.first를 사용 ...
}
else {
    // 오류 발생!
}
```

이처럼 특정 타입에 관계없이 정확히 두 개의 요소가 필요할 때 pair를 사용한다. 이와 달리 0개 이상의 요소가 필요하다면 <tuple>에 정의된 tuple을 사용한다.

```
template <typename... Types>
struct tuple {
    explicit constexpr tuple(const Types& ...);        // N개의 값으로부터 생성
    template<typename... Atypes>
    explicit constexpr tuple(const Atypes&& ...);      // N개의 값으로부터 생성

    // ... 복사와 이동 연산 ...
};

template <class... Types>
constexpr tuple<Types...> make_tuple(Types&&...);      // N개의 값으로부터 튜플 생성
```

tuple의 구현에서는 코드에서 줄임표(...)로 표현된, 이 책에서 설명하지 않은 가변 인자 템플릿variadic template이라는 기능을 사용한다. 하지만 아래에서 볼 수 있듯이 tuple의 사용 방법은 pair와 비슷하다.

```
auto t0 = make_tuple();                        // 요소 없음
auto t1 = make_tuple(123.456);                 // double 타입의 요소 하나
auto t2 = make_tuple(123.456, 'a');            // double과 char 타입 요소 두개
auto t3 = make_tuple(12,'a',string{"How?"});   // int와 char, string 타입 요소 세 개
```

tuple은 여러 개의 요소를 포함할 수 있으므로 first와 second만으로는 요소에 접근할 수 없다. 그 대신 get 함수를 이용할 수 있다.

```
auto d = get<0>(t1);        // double 요소
auto n = get<0>(t3);        // int 요소
auto c = get<1>(t3);        // char 요소
auto s = get<2>(t3);        // string 요소
```

get의 첨자는 템플릿 인자로 주어지며, 코드에서 보듯이 tuple의 첨자는 0부터 시작한다. 튜플은 제네릭 프로그래밍에서 가장 많이 사용하는 타입 중 하나다.

B.6.4 initializer_list

<initializer_list>에서 initializer_list의 정의를 볼 수 있다.

```
template<typename T>
class initializer_list {
public:
    initializer_list() noexcept;

    size_t size() const noexcept;        // 요소의 개수
    const T* begin() const noexcept;     // 첫 번째 요소
    const T* end() const noexcept;       // 마지막 요소 다음
    //...
};
```

컴파일러가 X 타입의 요소로 이뤄진 초기 값 목록 {}을 발견하면 이를 이용해 initializer_list<X>를 생성한다(14.2.1절, 18.2절). 불행히도 initializer_list는 첨자 연산자([])를 제공하지 않는다.

B.6.5 자원 관리 포인터

내장형 포인터는 가리키는 객체의 소유권에 대한 정보를 포함하지 않는데, 이로 인해 프로그래밍이 매우 복잡해질 수 있다(19.5절). <memory>에 정의된 자원 관리 포인터인 unique_ptr과 shared_ptr을 이용하면 이런 문제를 해결할 수 있다.

- unique_ptr(19.5.4절)은 배타적인 소유권을 표현한다. 해당 객체를 가리키는 unique_ptr은 오직 하나만 존재할 수 있으며, 해당 unique_ptr이 소멸될 때 객체도 삭제된다.

- shared_ptr은 공유 가능한 소유권을 표현한다. 해당 객체를 가리키는 shared_ptr은 여러 개 존재할 수 있으며, 마지막 shared_ptr이 소멸될 때 해당 객체도 삭제된다.

(단순화된) unique_ptr〈p〉	
unique_ptr up {};	기본 생성자: up에 nullptr을 저장
unique_ptr up {p};	up은 p를 소유
unique_ptr up {up2};	이동 생성자: up은 up2의 p를 소유하고, up2에는 nullptr을 저장
up.~unique_ptr()	up이 소유한 포인터 해제
p=up.get()	p는 up이 소유한 포인터
p=up.release()	p는 up이 소유한 포인터. up에 nullptr을 저장
up.reset(p)	up은 소유하던 포인터를 삭제한 후 up이 p를 소유
up=make_unique〈X〉(args)	up은 new〈X〉(args)를 소유(C++14)

*와 ->, ==, < 등의 일반적인 포인터 연산을 unique_ptr에 적용할 수 있으며, unique_ptr
에는 일반적인 delete 외의 삭제 연산을 사용하게 정의할 수도 있다.

(단순화된) shared_ptr〈p〉	
shared_ptr sp {};	기본 생성자: sp에 nullptr을 저장
shared_ptr sp {p};	sp는 p를 소유
shared_ptr sp {sp2};	복사 생성자: sp와 sp2 모두 sp2의 p를 소유
shared_ptr sp {move(sp2)};	이동 생성자. sp는 sp2의 p를 소유하고, sp2에는 nullptr을 저장
sp.~shared_ptr()	sp가 포인터를 소유한 마지막 shared_ptr이라면 sp가 소유한 포인터 삭제
sp = sp2	복사 대입: sp가 소유하던 포인터의 마지막 shared_ptr이라면 해당 포인터를 삭제한 후 sp와 sp2 모두 sp2의 p를 소유
sp = move(sp2)	이동 대입: sp가 소유하던 포인터의 마지막 shared_ptr이라면 해당 포인터를 삭제한 후 sp는 sp2의 p를 소유하고 sp2에는 nullptr을 저장
p=sp.get()	p는 sp가 소유한 포인터
n=sp.use_count()	sp가 소유하는 포인터를 참조하는 shared_ptr은 몇 개인가?
sp.reset(p)	sp가 소유하던 포인터의 마지막 shared_ptr이라면 해당 포인터를 삭제한 후 sp는 p를 소유
sp=make_shared〈X〉(args)	sp가 new〈X〉(args)를 소유

*와 ->, ==, < 등의 일반적인 포인터 연산을 shared_ptr에 적용할 수 있으며, shared_ptr
에는 일반적인 delete 외의 삭제 연산을 사용하게 정의할 수도 있다.

`shared_ptr`의 루프를 깨기 위해 `weak_ptr`이라는 자원 관리 포인터도 존재한다.

B.7 입출력 스트림

입출력 스트림 라이브러리에서는 텍스트와 수치 값에 대한 형식화/비형식화된 버퍼를 사용하는 입출력^{buffered I/O}을 제공한다. 입출력 스트림 기능의 정의는 `<istream>`, `<ostream>` 등에서 찾아볼 수 있다. B.1.1절을 참고하라.

`ostream`은 다음 그림과 같이 타입이 있는 객체를 문자(바이트) 스트림으로 변환한다.

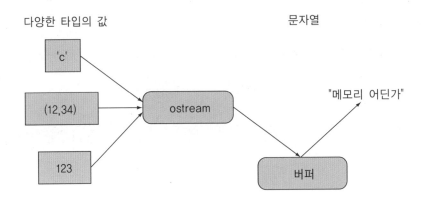

`istream`은 다음 그림과 같이 문자(바이트) 스트림을 타입이 있는 객체로 변환한다.

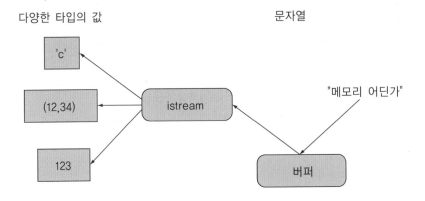

`iostream`은 `istream`과 `ostream` 모두로 작동할 수 있는 스트림이다. 그림의 버퍼는 '스트림 버퍼'(streambuf)로, `iostream`을 새로운 장치나 파일, 메모리로 매핑시켜야 한다면 전문가 수준의 자료를 참고하기 바란다.

표준 스트림에는 다음과 같은 세 가지가 있다.

표준 입출력 스트림	
cout	표준 문자 출력(주로 기본 스크린에서 사용함)
cin	표준 문자 입력(주로 기본 키보드에서 사용함)
cerr	표준 문자 오류 출력 (버퍼를 사용하지 않음)

B.7.1 입출력 스트림 계층 구조

istream은 입력 장치(예, 키보드)나 파일, string에 연결될 수 있다. 마찬가지로 ostream은 출력 장치(예, 텍스트 윈도우)나 파일, string에 연결될 수 있다. 입출력 스트림의 기능은 아래와 같은 클래스 계층 구조로 구성된다.

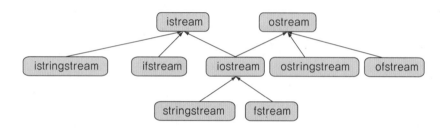

스트림은 아래와 같이 생성자나 open() 호출로 열수 있다.

스트림의 종류	
stringstream(m)	모드 m으로 빈 문자열 스트림 열기
stringstream(s,m)	모드 m으로 string s를 포함하는 문자열 스트림 열기
fstream()	파일 스트림을 생성하고, 열기는 나중에 수행
fstream(s,m)	파일 s를 모드 m으로 열고, 열린 파일을 참조하는 파일 스트림 생성
fs.open(s,m)	파일 s를 모드 m으로 열고, fs가 열린 파일을 참조
fs.is_open()	fs가 열린 상태인가?

파일 스트림에는 파일 이름을 C 스타일 문자열로 지정할 수 있다.

파일은 다음과 같은 여러 가지 모드로 열 수 있다.

스트림 모드	
ios_base::app	이어 붙이기(즉, 파일의 끝에 추가)
ios_base::ate	'끝에서(at end)'(파일을 열고 끝으로 이동)
ios_base::binary	이진 모드 - 시스템 의존적인 작동에 주의
ios_base::in	읽기용
ios_base::out	쓰기용
ios_base::trunc	파일을 길이 0이 되도록 절단

각 모드에서 파일을 열었을 때의 정확한 효과는 운영체제에 따라 다르며, 운영체제가 주어진 모드로 파일을 열지 못하면 스트림은 good()이 아닌 상태가 된다.

다음 예를 보자.

```
void my_code(ostream& os);      // my_code는 어떤 종류의 ostream이든 사용 가능

ostringstream os;               // o는 "출력(output)"이라는 의미
ofstream of("my_file");
if (!of) error("'my_file'을 쓰기용으로 열수 없음");
my_code(os);                    // 문자열 사용
my_code(of);                    // 파일 사용
```

자세한 내용은 11.3절을 참고하라.

B.7.2 오류 처리

iostream은 다음 네 가지 상태 중 하나에 속한다.

스트림의 상태	
good()	연산이 성공적으로 수행됨
eof()	입력의 끝('end of file')에 다다름
fail()	예상하지 못한 일이 발생(예, 숫자가 나와야 할 곳에서 'x'가 등장함)
bad()	예상하지 못한 심각한 일이 발생(예, 디스크 읽기 오류)

s.exceptions()를 이용하면 iostream이 good() 상태에서 그 밖의 상태로 변경될 때 예외를 던지도록 요청할 수 있다(10.6절).

good() 상태가 아닌 스트림에 대한 모든 연산은 '연산 불가[no op]'로 처리돼 아무런 효과도 내지 못한다.

iostream을 조건문 안에서 사용할 수도 있는데, iostream이 good() 상태일 때 조건이 참이 된다(성공한다). 스트림에서 값을 읽는 아래와 같은 일반적인 관용구도 이와 같은 기법을 바탕으로 한다.

```
for (X buf; cin>>buf; ) {   // buf는 타입 X의 값이 저장된 "입력 버퍼"
    // ... buf를 이용한 작업 수행 ...
}
// cin의 >> 연산에서 더 이상 X를 읽을 수 없으면 여기가 수행됨
```

B.7.3 입력 연산

입력 연산은 <istream>에서 찾을 수 있으며, string에 대한 입력 기능만 예외적으로 <string>에서 찾을 수 있다.

형식화된 입력	
in >> x	x의 타입에 따라 in에서 x로 읽기를 수행
getline(in,s)	in에서 문자열 s로 읽기를 수행

따로 언급하지 않는 한 istream의 연산은 스스로를 가리키는 istream 참조를 반환하므로 cin>>x>>y;처럼 연산자를 연쇄적으로 이용할 수 있다.

비형식 입력	
x=in.get()	in에서 문자 하나를 읽어 그 정수 값을 반환
in.get(c)	in에서 c로 문자를 읽음
in.get(p,n)	in으로부터 p에서 시작하는 배열로 최대 n개의 문자를 읽음
in.get(p,n,t)	in으로부터 p에서 시작하는 배열로 최대 n개의 문자를 읽음. t를 종료 문자로 사용
in.getline(p,n)	in으로부터 p에서 시작하는 배열로 최대 n개의 문자를 읽음. in에서 종료 문자를 제거함
in.getline(p,n,t)	in으로부터 p에서 시작하는 배열로 최대 n개의 문자를 읽음. t를 종료 문자로 사용하고 in에서 해당 종료 문자를 제거함
in.read(p,n)	in으로부터 p에서 시작하는 배열로 최대 n개의 문자를 읽음

(이어짐)

비형식 입력	
x=in.gcount()	in에서 마지막으로 수행한 비형식 입력 연산에서 읽어 들인 문자의 개수를 x에 대입
in.unget()	다음에 읽을 문자가 마지막으로 읽을 문자와 같아지게 스트림을 되돌림
in.putback(x)	c를 스트림의 끝에 추가해 다음에 읽을 문자가 x가 되게 함

get()과 getline() 함수는 p[0], ...에 쓴 문자가 하나라도 있으면 끝에 0을 추가한다. getline()은 입력에서 종료 문자(t)를 발견하면 스트림에서 제거하지만, get()은 제거하지 않는다. read(p,n)은 문자를 읽은 후에 배열에 0을 추가하지 않는다. 어쨌든 분명한 점은 형식화된 입력이 비형식 입력보다 사용하기 쉽고 오류의 소지가 작다는 점이다.

B.7.4 출력 연산

출력 연산은 <ostream>에서 찾을 수 있으며, string에 대한 출력 기능만 예외적으로 <string>에서 찾을 수 있다.

출력 연산	
out << x	x의 타입에 따라 x를 out에 쓰기
out.put(c)	out에 문자 c를 쓰기
out.write(p,n)	여러 개의 문자 p[0]..p[n−1]을 out에 쓰기

따로 언급하지 않는 한 ostream의 연산은 스스로를 가리키는 ostream 참조를 반환하므로 cout<<x<<y;처럼 연산자를 연쇄적으로 이용할 수 있다.

B.7.5 형식화

입출력 스트림의 형식은 객체의 타입과 스트림 상태, 로케일locale 정보(<locale> 참고), 명시적인 연산의 조합으로 결정된다. 10장과 11장에서 이에 대한 자세한 설명을 볼 수 있다. 여기서는 형식을 지정하는 가장 명확한 방법인 표준 조정자(스트림의 상태를 변경하는 연산)의 목록을 살펴보자.

로케일은 이 책의 범위를 벗어난다.

B.7.6 표준 조정자

표준 라이브러리는 다양한 형식과 상태 변화에 해당하는 조정자를 제공한다. 표준 조정자는 <ios>, <istream>, <ostream>, <iostream>, (인자를 받아들이는 조정자의 경우는) <iomanip>에 정의된다.

입출력 조정자	
s<<boolalpha	(입력과 출력 시에) true와 false를 기호로 표현
s<<noboolalpha	s.unsetf(ios_base::boolalpha)
s<<showbase	출력 시에 oct에는 접두사 0을, hex에는 접두사 0x를 사용
s<<noshowbase	s.unsetf(ios_base::showbase)
s<<showpoint	소수점을 항상 출력
s<<noshowpoint	s.unsetf(ios_base::showpoint)
s<<showpos	양수에는 +를 붙임
s<<noshowpos	s.unsetf(ios_base::showpos)
s>>skipws	공백 문자는 무시
s>>noskipws	s.unsetf(ios_base::skipws)
s<<uppercase	수치 출력에 대문자 사용. 예, 1.2e10와 0x1a2 대신 1.2E10와 0X1A2
s<<nouppercase	X와 E 대신 x와 e 사용
s<<internal	형식화 패턴이 있는 곳에 여백 사용
s<<left	값 다음에 여백 사용
s<<right	값 이전에 여백 사용
s<<dec	10진 정수
s<<hex	16진 정수
s<<oct	8진 정수
s<<fixed	부동소수점 형식(dddd.dd) 사용
s<<scientific	과학 형식(d.ddddEdd) 사용
s<<defaultfloat	부동소수점 값을 가장 정확하게 표현하는 형식을 사용
s<<endl	'\n'를 쓰고 스트림 비우기
s<<ends	'\0'을 쓰기

(이어짐)

입출력 조정자	
s<<flush	스트림 비우기
s>>ws	공백 문자 읽어서 버리기
s<<resetiosflags(f)	플래그 f를 해제
s<<setiosflags(f)	플래그 f를 설정
s<<setbase(b)	정수를 밑수 b로 표현
s<<setfill(c)	c를 채우기 문자로 설정
s<<setprecision(n)	정밀도를 n 자리로 설정
s<<setw(n)	다음 필드의 폭을 문자 n개로 설정

위의 모든 연산은 첫 번째 피연산자(스트림)의 참조, 즉 s를 반환한다. 아래 예를 보면

```
cout << 1234 << ',' << hex << 1234 << ',' << oct << 1234 << endl;
```

그 결과는 다음과 같다.

```
1234,4d2,2322
```

그리고

```
cout << '(' << setw(4) << setfill('#') << 12 << ") (" << 12 << ")\n";
```

위의 결과는 다음과 같다.

```
(##12) (12)
```

부동소수점 숫자에 대한 일반적인 출력 형태를 아래와 같이 명시적으로 설정할 수도 있다.

```
b.setf(ios_base::fmtflags(0), ios_base::floatfield)
```

11장을 참고하라.

B.8 문자열 조정자

표준 라이브러리는 <cctype>에서 문자 분류 연산을, <string>에서 문자열과 그에 관련된 연산을, <regex>에서 정규 표현식 매칭을, <cstring>에서 C 스타일 문자열 지원을 제공한다.

B.8.1 문자 분류

기본적인 실행 문자 집합^{execution character set}에 속하는 문자는 다음과 같이 분류할 수 있다.

문자 분류	
isspace(c)	c가 공백문자(' ','\t','\n', 등)인가?
isalpha(c)	c가 알파벳 문자('a'..'z', 'A'..'Z')인가?(참고: '_'는 제외)
isdigit(c)	c가 10진 숫자('0'..'9')인가?
isxdigit(c)	c가 16진 숫자(10진 숫자나 'a'..'f'나 'A'..'F')인가?
isupper(c)	c가 알파벳 대문자인가?
islower(c)	c가 알파벳 소문자인가?
isalnum(c)	c가 알파벳이나 10진 숫자인가?
iscntrl(c)	c가 제어 문자(ASCII 코드 0..31과 127)인가?
ispunct(c)	c가 알파벳 문자와 숫자, 공백문자, 보이지 않는 제어 문자 중 어디에도 속하지 않는가?
isprint(c)	c가 출력 가능한 문자(ASCII ' '..'~')인가?
isgraph(c)	ispha(c)나 isdigit(c), ispunct(c) 중 하나가 참인가?(참고: 공백 제외)

이에 더해 표준 라이브러리는 대소문자의 차이를 없애는 유용한 두 함수를 제공한다.

대문자와 소문자	
toupper(c)	c가 소문자이면 그에 상응하는 대문자
tolower(c)	c가 대문자이면 그에 상응하는 소문자

유니코드를 비롯한 확장 문자 집합도 지원하지만 이 책의 범위를 벗어난다.

B.8.2 문자열

표준 라이브러리의 문자열 클래스인 string은 일반 문자열 템플릿인 basic_string의 문자 타입 char에 대한 특수화 타입이다. 즉, string은 char의 시퀀스라고 할 수 있다.

문자열 연산	
s=s2	s2를 s에 대입. s2는 string이나 C 스타일 문자열일 수 있음
s+=x	s 뒤에 x를 추가. x는 문자나 string, C 스타일 문자열일 수 있음
s[i]	첨자 연산
s+s2	이어 붙이기. s에 포함된 문자 뒤에 s2에 포함된 문자들이 이어지는 새로운 문자열을 결과로 반환
s==s2	문자열 값 비교. s나 s2 중 하나만 C 스타일 문자열일 수 있음
s!=s2	문자열 값 비교. s나 s2 중 하나만 C 스타일 문자열일 수 있음
s<s2	문자열 값의 사전 순 비교. s나 s2 중 하나만 C 스타일 문자열일 수 있음
s<=s2	문자열 값의 사전 순 비교. s나 s2 중 하나만 C 스타일 문자열일 수 있음
s>s2	문자열 값의 사전 순 비교. s나 s2 중 하나만 C 스타일 문자열일 수 있음
s>=s2	문자열 값의 사전 순 비교. s나 s2 중 하나만 C 스타일 문자열일 수 있음
s.size()	s에 포함된 문자의 개수
s.length()	s에 포함된 문자의 개수
s.c_str()	s에 포함된 문자들을 (0으로 끝나는) C 스타일 문자열로 반환
s.begin()	첫 번째 문자를 가리키는 반복자
s.end()	s의 마지막의 다음을 가리키는 반복자
s.insert(pos,x)	s[pos] 앞에 x를 삽입. x는 string이나 C 스타일 문자열일 수 있음
s.append(x)	s의 마지막 문자 다음에 x를 삽입. x는 string이나 C 스타일 문자열일 수 있음
s.erase(pos)	s에서 s[pos]와 뒤의 문자들을 제거. s의 크기는 pos가 됨
s.erase(pos,n)	s에서 s[pos]에서 시작하는 n개의 문자를 제거. s의 크기는 max(pos,size-n)가 됨
s.push_back(c)	문자 c를 뒤에 추가
pos=s.find(x)	s에서 x를 찾음. x는 문자나 string, C 스타일 문자열일 수 있음. pos는 찾아낸 첫 번째 문자의 인덱스이거나 string::npos(s의 마지막의 다음)임
in>>s	in에서 s로 단어 하나 읽기

B.8.3 정규 표현식 매칭

정규 표현식은 <regex>에서 찾을 수 있으며, 주요 기능은 다음과 같다.

- **검색** (길이를 알 수 없는) 스트림에서 정규 표현식에 매칭되는 문자열 찾기. regex_search()를 이용

- **매칭** (크기를 알고 있는) 문자열에서 정규 표현식을 매칭. `regex_match()`를 이용

- **대체** 매치를 대체. `regex_replace()`를 이용. 이 책에서는 다루지 않으며 전문가 수준의 서적이나 매뉴얼 참고

    `regex_search()`나 `regex_match()`의 결과는 매치의 집합으로, 일반적으로 `smatch`를 이용해 표현한다.

```
regex row("^[\\w ]+(    \\d+)( \\d+)( \\d+)$");          // 데이터 행

while (getline(in,line)) {       // 데이터 행 체크
    smatch matches;
    if (!regex_match(line, matches, row))
        error("잘못된 행", lineno);

    // 행 체크:
    int field1 = from_string<int>(matches[1]);
    int field2 = from_string<int>(matches[2]);
    int field3 = from_string<int>(matches[3]);
    // ...
}
```

    정규 표현식 구문은 특별한 의미를 지닌 문자를 바탕으로 한다(23장).

정규 표현식 특수 문자	
.	문자 하나(와일드카드)
[	문자 클래스
{	개수 지정
(	그룹핑 시작
)	그룹핑 끝
\	다음 문자를 특수 문자로 해석
*	0개 이상
+	한 개 이상
?	선택적(0개나 한 개)
|	선택(또는)
^	행의 시작, 부정
$	행의 끝

반복	
{ n }	정확히 n번
{ n, }	n번 이상
{n,m}	n번 이상, m번 이하
*	0번 이상. {0,}과 같음
+	한 번 이상. {1,}과 같음
?	선택적(0개나 한 개). {0,1}과 같음

문자 클래스	
alnum	알파벳/숫자 문자나 밑줄
alpha	알파벳 문자
blank	행 구분자를 제외한 공백 문자
cntrl	제어 문자
d	10진 숫자
digit	10진 숫자
graph	그래픽 문자
lower	소문자
print	출력 가능 문자
punct	구두점 문자
s	공백 문자
space	공백 문자
upper	대문자
w	단어 문자(알파벳/숫자 문자)
xdigit	16진수를 구성하는 문자

몇 가지 문자 클래스는 축약된 표기를 이용할 수 있다.

문자 클래스 축약어	
\d	10진수[[:digit:]]

(이어짐)

문자 클래스 축약어	
\l	소문자[[:lower:]]
\s	공백(띄어쓰기와 탭 등)[[:space:]]
\u	대문자[[:upper:]]
\w	알파벳이나 숫자나 밑줄(_)[[:alnum:]]
\D	\d가 아닌 문자[^[:digit:]]
\L	\l이 아닌 문자[^[:lower:]]
\S	\s가 아닌 문자[^[:space:]]
\U	\u가 아닌 문자[^[:upper:]]
\W	\w가 아닌 문자[^[:alnum:]]

B.9 수치

C++ 표준 라이브러리는 수학적인(과학, 공학 등) 계산에 가장 기초적인 구성 요소를 제공한다.

B.9.1 수치 한계

모든 C++ 구현체는 프로그래머가 한계치를 체크하고, 잘못된 값이 들어오지 못하게 하는 등의 일을 할 수 있도록 내장형 타입의 속성을 명시한다.

<limits>에서 내장형 타입이나 라이브러리 타입 T에 대한 numeric_limits<T>를 얻을 수 있다. 이에 더해 프로그래머가 사용자 정의 수치 타입 X에 대해 numeric_limits<X>를 정의할 수 있다.

```cpp
class numeric_limits<float> {
public:
    static const bool is_specialized = true;

    static constexpr int radix = 2;         // 지수의 밑수 (여기서는 2)
    static constexpr int digits = 24;       // 가수에 포함된 밑수가 radix인 자리수
    static constexpr int digits10 = 6;      // 가수에 포함된 밑수-10 자리수

    static constexpr bool is_signed = true;
    static constexpr bool is_integer = false;
    static constexpr bool is_exact = false;
```

```
    static constexpr float min() { return 1.17549435E- 38F; }          // 예로든 값
    static constexpr float max() { return 3.40282347E+38F; }          // 예로든 값
    static constexpr float lowest() { return -3.40282347E+38F; }      // 예로든 값

    static constexpr float epsilon() { return 1.19209290E- 07F; }     // 예로든 값
    static constexpr float round_error() { return 0.5F; }             // 예로든 값

    static constexpr float infinity() { return /* 어떤 값 반환 */; }
    static constexpr float quiet_NaN() { return /* 어떤 값 반환 */; }
    static constexpr float signaling_NaN() { return /* 어떤 값 반환 */; }
    static constexpr float denorm_min() { return min(); }

    static constexpr int min_exponent = - 125;      // 예로든 값
    static constexpr int min_exponent10 = - 37;     // 예로든 값
    static constexpr int max_exponent = +128;       // 예로든 값
    static constexpr int max_exponent10 = +38;      // 예로든 값

    static constexpr bool has_infinity = true;
    static constexpr bool has_quiet_NaN = true;
    static constexpr bool has_signaling_NaN = true;
    static constexpr float_denorm_style has_denorm = denorm_absent;
    static constexpr bool has_denorm_loss = false;

    static constexpr bool is_iec559 = true;         // IEC-559 준수
    static constexpr bool is_bounded = true;
    static constexpr bool is_modulo = false;
    static constexpr bool traps = true;
    static constexpr bool tinyness_before = true;

    static constexpr float_round_style round_style = round_to_nearest;
};
```

<limits.h>와 <float.h>에서는 정수와 부동소수점의 주요 속성을 정의하는 매크로를 얻을 수 있다.

한계 매크로	
CHAR_BIT	char의 비트수(일반적으로 8)
CHAR_MIN	char의 최솟값
CHAR_MAX	char의 최댓값(일반적으로 부호 있는 char는 127, 부호 없는 char는 255)

B.9.2 표준 수학 함수

표준 라이브러리는 가장 일반적인 수학 함수를 제공한다(`<cmath>`와 `<complex>`에서 정의).

표준 수학 함수	
abs(x)	절댓값
ceil(x)	x보다 크거나 같은 최소의 정수
floor(x)	x보다 작거나 같은 최대의 정수
round(x)	가장 가까운 정수로 반올림(.5를 윗자리로 올림)
sqrt(x)	제곱근. x는 음수가 아니어야 함
cos(x)	코사인
sin(x)	사인
tan(x)	탄젠트
acos(x)	역 코사인. 결과는 음수가 아님
asin(x)	역 사인. 0에 가장 가까운 값을 반환
atan(x)	역 탄젠트
sinh(x)	쌍곡 사인
cosh(x)	쌍곡 코사인
tanh(x)	쌍곡 탄젠트
exp(x)	밑수가 e인 지수
log(x)	밑수가 e인 자연 로그. x는 양수여야 함
log10(x)	밑수가 10인 로그

함수 각각에 `float`와 `double`, `long double`, `complex`를 인자로 받는 버전이 있는데, 반환 값의 타입은 인자 타입과 동일하다.

표준 수학 함수에서 수학적으로 올바른 결과를 낼 수 없을 때는 `errno` 변수를 설정한다.

B.9.3 복소수

표준 라이브러리는 복소수 타입으로 `complex<float>`와 `complex<double>`, `complex<long double>`을 제공한다. 일반적인 산술 연산을 지원하는 타입 Scalar에 대해 `complex<Scalar>`를 사용할 수 있지만, 이식성을 보장하지는 않는다.

```
template<class Scalar> class complex {
    // 복소수는 한 쌍의 스칼라 값, 즉 좌표 쌍으로 표현
    Scalar re, im;
public:
    constexpr complex(const Scalar & r, const Scalar & i) :re{r}, im{i} { }
    constexpr complex(const Scalar & r) :re{r}, im(Scalar{ } } { }
    constexpr complex() :re{Scalar{ } }, im{Scalar{ } } { }

    Scalar real() { return re; }       // 실수부
    Scalar imag() { return im; }       // 허수부

    // 연산자 : = += - = *= /=
};
```

<complex>에서는 complex의 멤버에 더해 몇 가지 유용한 연산을 제공한다.

복소수 연산	
z1+z2	더하기
z1−z2	빼기
z1*z2	곱하기
z1/z2	나누기
z1==z2	같음
z1!=z2	같지 않음
norm(z)	abs(z)의 제곱
conj(z)	켤레 복소수. z가 {re,im}이면 conj(z)는 {re,−im}
polar(x,y)	주어진 극좌표 (rho,theta)에 상응하는 복소수 생성
real(z)	실수부
imag(z)	허수부
abs(z)	복소수의 길이(rho)
arg(z)	복소수의 편각(theta)
out << z	복소수 출력
in >> z	복소수 입력

표준 수학 함수(B.9.2절)는 복소수에도 사용할 수 있다. 참고: complex는 <와 %를 제공하지 않는다. 24.9절을 참고하라.

B.9.4 valarray

표준 valarray는 1차원 수치 배열로, 배열 타입에 대한 산술 연산과 (24장의 Matrix처럼) 슬라이스, 스트라이드^{stride}를 제공한다.

B.9.5 일반화된 수치 알고리즘

<numeric>에 정의된 수치 알고리즘들은 수치 값의 시퀀스에 적용할 수 있는 일반적인 버전을 제공한다.

수치 알고리즘	
x = accumulate(b,e,i)	x는 i와 [b:e)의 요소의 합
x = accumulate(b,e,i,f)	+가 아닌 f를 이용한 누산
x = inner_product(b,e,b2,i)	x는 [b:e)와 [b2:b2+(e-b))의 내적. 즉, [b:e)의 모든 요소 p1과 그에 상응하는 [b2:b2+(e-b))의 요소 p2에 대해 모든 (*p1)*(*p2)의 합에 i를 더한 값
x = inner_product(b,e,b2,i,f,f2)	inner_product와 비슷하지만 + 대신 f를, * 대신 f2를 적용
p=partial_sum(b,e,out)	[out:p)의 i번 요소는 [b:e)의 요소 0..i의 합
p=partial_sum(b,e,out,f)	partial_sum과 비슷하지만, + 대신 f를 적용
p=adjacent_difference(b,e,out)	i)0인 i에 대해 [out:p)의 i번 요소는 *(b+i)-*(b+i-1). e-b)0이면 *out은 *b와 같음
p=adjacent_difference(b,e,out,f)	adjacent_difference과 비슷하지만, - 대신 f를 적용
iota(b,e,v)	[b:e)의 각 요소에 ++v를 대입

예를 들어 다음과 같이 사용할 수 있다.

```
vector<int> v(100);
iota(v.begin(),v.end(),0);      // v=={1, 2,3,4,5 ... 100}
```

B.9.6 난수

표준 라이브러리는 <random>에서 난수 생성 엔진과 분포를 제공한다(24.7절). 기본적으로 사용하는 default_random_engine은 적용 범위가 넓고 비용도 낮다.

분포의 종류는 다음과 같다.

분포	
uniform_int_distribution⟨int⟩ {low, high}	[low:high]에 포함되는 값
uniform_real_distribution⟨int⟩{low,high}	[low:high)에 포함되는 값
exponential_distribution⟨double⟩{lambda}	[0:∞)에 포함되는 값
bernoulli_distribution{p}	[true:false]에 포함되는 값
normal_distribution⟨double⟩{median,spread}	(−∞:∞)에 포함되는 값

다음과 같이 분포를 호출할 때 난수 엔진을 인자로 사용할 수 있다.

```
uniform_real_distribution< > dist;
default_random_engine engn;
for (int i = 0; i<10; ++i)
    cout << dist(engn) << ' ';
```

B.10 시간

표준 라이브러리의 시간 관련 기능은 <chrono>에서 제공된다. 클록은 시간을 클록 틱의 개수로 나타내며, now()를 호출하면 그 결과로 현재 시점을 알 수 있다. 클록에는 세 가지 종류가 있다.

- **system_clock** 기본 시스템 클록
- **steady_clock** now()를 두 번 연달아 호출했을 때 클록 c에 대해 c.now()<=c.now()가 성립하고 클록 틱 사이의 시간이 상수로 일정한 클록
- **high_resolution_clock** 시스템에서 사용 가능한 해상도가 가장 높은 클록

아래와 같이 duration_cast<>()를 이용해 주어진 클록에서 클록 틱의 개수를 seconds와 milliseconds, nanoseconds를 비롯한 관례적인 단위로 변경할 수 있다.

```
auto t = steady_clock::now();
// ... 무언가를 수행 ...
auto d = steady_clock::now()-t;      // 수행 시간이 d 단위 시간임

cout << "수행시간 : "
    << duration_cast<milliseconds>(d).count() << "ms";
```

이 코드는 '무언가'를 수행하는 데 걸린 시간을 밀리초 단위로 출력한다. 26.6.1절을 참고하자.

B.11 C 표준 라이브러리 함수

C 언어의 표준 라이브러리는 약간의 수정만으로 C++ 표준 라이브러리와 함께 사용할 수 있다. C 표준 라이브러리는 다양한 상황에서 수십 년간 그 유용성이 증명된 많은 함수를 제공한다. 특히 로우레벨 프로그래밍에서 C 표준 라이브러리가 유용하다. 여기서는 C 표준 라이브러리를 관례에 따라 몇 가지로 분류했다.

- C 스타일 입출력
- C 스타일 문자열
- 메모리
- 날짜와 시간
- 기타

여기서 다루지 못한 C 표준 라이브러리 함수에 대해 알고 싶다면 커니건과 리치의 『The C Programming Language』(K&R)를 비롯한 훌륭한 C 서적을 참고하라.

B.11.1 파일

<stdio>의 입출력 스트림은 파일에 바탕을 둔다. 파일(FILE*)은 파일이나 표준 입력과 출력 스트림인 stdin, stdout, stderr 중 하나를 가리킬 수 있다. 표준 스트림은 기본적으로 사용할 수 있으며, 다른 파일을 사용하려면 직접 열어야 한다.

파일 열기와 닫기	
f=fopen(s,m)	이름인 s인 파일의 스트림을 모드 m으로 열기
x=fclose(f)	파일 스트림 닫기. 성공하면 0을 반환

'모드'는 파일을 어떻게 열지를 지정하는 하나 이상의 아래와 같은 지시어로 이뤄진 문자열이다.

파일 모드	
"r"	읽기
"w"	쓰기(이전 내용은 버림)

(이어짐)

파일 모드	
"a"	추가(끝에 추가)
"r+"	읽기와 쓰기
"w+"	읽기와 쓰기(이전 내용은 버림)
"b"	바이너리. 하나 이상의 다른 모드와 함께 사용

시스템에 따라 (일반적으로) 몇 가지 옵션이 더 존재한다. 일부 옵션은 다른 옵션과 조합할 수 있다. 예를 들어 fopen("foo","rb")는 foo 파일을 바이너리 읽기 모드로 연다. 이와 같은 입출력 모드는 stdio와 iostream(B.7.1절)에서 동일하다.

B.11.2 printf() 계열

가장 널리 쓰이는 C 표준 라이브러리 함수는 입출력 함수다. 그러나 타입 안정성을 보장하고 확장이 가능한 iostream을 사용하길 권한다. (C++ 프로그램에서도) 형식화된 출력 함수인 printf()를 널리 사용하며, 다른 많은 프로그래밍 언어에서도 printf()와 비슷한 기능을 제공한다.

printf	
n=printf(fmt,args)	'형식 문자열' fmt를 stdout에 출력. 인자 args를 적절히 삽입
n=fprintf(f,fmt,args)	'형식 문자열' fmt를 파일 f에 출력. 인자 args를 적절히 삽입
n=sprintf(s,fmt,args)	'형식 문자열' fmt를 C 스타일 문자열 s에 출력. 인자 args를 적절히 삽입

위의 각 버전에서 n은 쓰여진 문자의 개수이거나, 출력 실패 시에는 음수가 된다. 하지만 printf()의 반환 값은 대체로 무시한다.

printf()의 선언은 다음과 같다.

```
int printf(const char* format ...);
```

즉, C 스타일 문자열(일반적으로 문자열 리터럴)과 그 뒤에 임의의 타입인 인자가 임의의 개수만큼 주어진다. 이 '추가적인 인자'의 의미는 형식 문자열에 포함된 %c(문자로 출력)와 %d(10진 정수로 출력)를 비롯한 변환 명세conversion specification에 따라 정의된다.

```
int x = 5;
const char* p = "asdf";
```

```
printf("x의 값은 '%d'이고 p의 값은 '%s'\n",x,p);
```

    % 다음의 문자가 인자를 처리하는 방법을 제어한다. 첫 번째 %는 첫 번째 추가 인자에 적용되고(예제의 %d는 x에 적용됨), 두 번째 %는 두 번째 추가 인자에 적용되며(예제의 %s는 p에 적용됨), 이어지는 인자들에도 차례대로 상응하는 변환 명세가 적용된다. 예제에서 printf()의 출력은 아래와 같다.

```
x의 값은 '5'이고 p의 값은 'asdf'
```

    그리고 뒤에 개행 문자가 이어진다.

    일반적으로 % 변환 지시자와 실제로 적용될 변수의 타입이 일치하는지는 확인할 수 없다.

```
printf("x의 값은 '%s'이고 p의 값은 '%d'\n",x,p);    // 오류
```

    변환 명세의 종류는 다양하며, 매우 높은 자유도(더불어 혼란스러울 가능성)를 제공한다. % 다음에는 아래와 같은 변환 명세가 올 수 있다.

-   빼기 부호가 주어지면 변환된 값을 필드의 왼쪽에 맞게 정렬한다.

+   더하기 부호가 주어지면 부호 있는 타입의 값은 항상 +나 -로 시작한다.

0   0이 주어지면 수치 값의 왼쪽 여백을 0으로 채운다. -나 정밀도가 주어지면 0은 무시한다.

#이 주어지면 부동소수점 값의 소수점 아래에 0이 아닌 숫자가 없어도 항상 소수점과 이어지는 0을 표시한다. 8진수 값은 0으로 시작하며, 16진수 값은 0x나 0X로 시작한다.

d   숫자로 구성된 문자열에 선택적으로 필드 폭이 주어질 수 있다. 변환된 값의 자리수가 필드 폭보다 작으면 왼쪽(왼쪽 정렬이 지정되면 오른쪽) 여백에 빈칸을 채워 필드 폭을 맞춘다. 필드 폭이 0으로 시작하면 빈칸 대신 0으로 여백을 채운다.

.   필드 폭과 숫자 문자열을 구분하기 위한 구분자

dd   숫자로 구성된 문자열이 주어지면 e와 f 변환에서는 소수점 아래 자리수를 나타내는 정밀도를 지정함한다. 다른 변환에서는 문자열에서 출력할 문자의 최대 개수를 지정한다.

*   필드 폭이나 정밀도에 숫자로 구성된 문자열 대신 *를 지정할 수 있는데, *를 이용하면 인자로 주어진 정수를 필드 폭이나 정밀도로 사용한다.

h   문자 h가 주어지면 그 뒤의 d나 o, x, u는 short 정수 인자로 해석한다.

l   문자 l(알파벳 l)이 주어지면 그 뒤의 d나 o, x, u는 long 정수 인자로 해석한다.

L   문자 L이 주어지면 그 뒤의 e나 E, g, G는 long double 인자로 해석한다.

%   %가 주어지면 문자 %를 출력한다. 인자를 사용하지는 않는다.

c 적용할 변환의 종류를 가리키는 문자다. 변환 문자와 그 의미는 다음과 같다.

d 정수 인자를 10진수로 표현

i 정수 인자를 10진수로 표현

o 정수 인자를 8진수로 표현

x 정수 인자를 16진수로 표현

X 정수 인자를 16진수로 표현

f float이나 double 인자를 [-]ddd.ddd 스타일의 10진수로 표현한다. 소수점 다음에 나오는 d의 개수는 인자에 주어진 정밀도와 같으며, 필요하다면 반올림을 수행한다. 정밀도가 주어지지 않았다면 여섯 자리를 사용한다. 정밀도를 명시적으로 0으로 지정하고 #을 지정하지 않았다면 소수점과 그 다음 숫자는 출력하지 않는다.

e float이나 double 인자를 소수점 앞의 한 자리와 소수점 다음의 정밀도만큼 10진수로 표현하는 과학 스타일 [-]d.ddde+dd나 [-]d.ddde-dd로 표현한다. 필요하다면 반올림을 수행한다. 정밀도가 주어지지 않았다면 여섯 자리를 사용한다. 정밀도를 명시적으로 0으로 지정하고 #을 지정하지 않았다면 소수점과 그 다음 숫자는 출력하지 않는다.

E e와 비슷하지만 대문자 E로 지수부를 표현한다.

g d와 f, e 중 최소의 공간으로 가장 높은 정밀도를 표현하는 스타일로 float이나 double 인자를 표현한다.

G g와 비슷하지만 대문자 E로 지수부를 표현한다.

s 인자를 문자열(문자 포인터)로 해석하고, 널 문자가 나올 때까지 출력하거나, 출력된 문자의 개수가 정밀도와 같아질 때까지 출력한다. 정밀도가 0이거나 생략됐다면 널 문자가 나올 때까지 출력한다.

p 인자를 포인터로 해석한다. 출력 형식은 구현체마다 다르다.

u 부호 없는 정수 인자를 10진수로 표현한다.

n printf()나 fprintf(), sprintf() 호출로 출력된 문자의 개수를 정수의 포인터 인자가 가리키는 곳에 대입한다.

존재하지 않거나 필드 폭이 작은 경우에는 필드 값이 절삭될 수도 있다. 여백 채우기는 지정된 필드 폭이 실제 폭을 초과할 때만 발생한다.

C에는 C++과 같은 의미의 사용자 정의 타입이 없기 때문에 complex나 vector, string 등의 사용자 정의 타입의 출력 형식을 정의할 수 없다.

C 표준 출력인 stdout은 cout에, C 표준 입력인 stdin은 cin에, C 표준 오류 출력인 stderr은 cerr에 대응된다. C 표준 입출력과 C++ 입출력 스트림 사이의 이러한 밀접한 관계로 인해 C 스타일 입출력과 입출력 스트림은 버퍼를 공유할 수 있다. 예를 들어 하나의 출력 스트림에 대해 cout과 stdout 연산을 혼용할 수 있다(C와 C++ 코드가 혼합된 경우에 이런 방법이 드물지 않게 쓰인다). 하지만 이러한 유연성에는 대가가 따른다. 더 나은 성능을 원한다면 한 스트림에 대해 stdio와 iostream 연산을 혼용하지 말고 첫 번째 입출력 연산을 수행하기 전에 ios_base::sync_with_stdio(false)를 호출하자.

stdio 라이브러리는 printf()를 흉내 낸 입력 함수 scanf()를 제공한다.

```
int x;
char s[buf_size];
int i = scanf("the value of x is '%d' and the value of s is '%s'\n",&x,s);
```

여기서 scanf()는 x에 정수를 읽고 s에 공백문자가 아닌 일련의 문자를 읽으려고 시도한다. 입력에는 형식 문자를 제외한 문자들이 그대로 포함돼야 한다.

```
the value of x is '123' and the value of s is 'string '\n"
```

입력이 위와 같을 때 x에는 123이, s에는 string 다음에 0이 추가된 문자열이 읽혀진다. scanf() 호출이 성공했을 때 반환 값(예제의 i)은 값이 할당된 포인터 인자의 개수(예제에서는 2)이며, 실패 시에는 EOF다. 하지만 이런 입력 방식은 오류의 소지가 크다(예를 들어 string 다음에 공백이 없으면 어떻게 될까?). 그리고 scanf()의 모든 인자는 포인터여야 한다. 어쨌든 scanf()를 사용하지 말라.

그렇다면 stdio를 이용해서 입력을 수행해야 할 때는 어떻게 해야 할까? 인기 있는 대답 중의 하나는 "표준 라이브러리의 gets() 함수를 사용한다"는 것이다.

```
// 매우 위험한 코드:
char s[buf_size];
char* p = gets(s);          // s에 한 행 읽기
```

p=gets(s)를 호출하면 개행 문자나 파일의 끝이 나올 때까지 s에 문자를 읽고, 마지막으로 읽은 문자 다음에 0을 추가한다. 파일의 끝이 나오거나 오류가 발생하면 p는 NULL(즉, 0)이 되고, 그렇지 않으면 s의 값이 대입된다. 어쨌든 gets()나 그와 비슷한 방식(scanf("%s",s))을 사용하지 말라! 오랫동안 gets()는 바이러스를 만드는 사람들이 즐겨 사용하던 수단이었다. 입력 버퍼(예제의 s)에 오버플로를 유발하는 입력을 넣으면 프로그램이 오동작하고 공격자가 컴퓨터를 장악할 수 있다. sprintf() 함수도 비슷한 버퍼 오버플로 문제를 안고 있다.

stdio 라이브러리는 간단하고 유용한 문자 읽기/쓰기 함수도 제공한다.

stdio 문자 함수	
x=getc(st)	입력 스트림 st에서 한 문자를 읽고, 읽은 문자의 정수 값을 반환. 파일의 끝에 다다르거나 오류가 발생하면 x==EOF가 됨
x=putc(c,st)	출력 스트림 st에 문자 c를 쓰고, 쓴 문자의 정수 값을 반환. 파일의 끝에 다다르거나 오류가 발생하면 x==EOF가 됨
x=getchar()	stdin에서 한 문자를 읽고, 읽은 문자의 정수 값을 반환. 파일의 끝에 다다르거나 오류가 발생하면 x==EOF가 됨
x=putchar(c)	stdout에 문자 c를 쓰고, 쓴 문자의 정수 값을 반환. 파일의 끝에 다다르거나 오류가 발생하면 x==EOF가 됨
x=ungetc(c,st)	입력 스트림 st의 끝에 문자 c를 추가하고, 문자의 정수 값을 반환. 파일의 끝에 다다르거나 오류가 발생하면 x==EOF가 됨

함수의 반환 값이 char가 아닌 int임에 주의하자(오류가 발생하면 EOF). 아래 예는 전형적인 C 스타일 입력 루프를 보여준다.

```
int ch;  /* char ch;가 아님 */
while ((ch=getchar())!=EOF) { /* 무언가를 수행 */ }
```

한 스트림에 대해 ungetc()를 연속으로 두 번 호출하지 말자. 그 결과는 예측할 수 없으며 이식성이 없다.

더 많은 stdio 함수가 존재하는데, 더 자세히 알고 싶다면 K&R 같은 훌륭한 C 교과서를 참고하라.

B.11.3 C 스타일 문자열

C 스타일 문자열은 0으로 종료되는 문자의 배열로, <cstring>(혹은 <string.h>)과 <cstdlib>에 정의된 함수들이 그러한 개념의 문자열을 제공한다(<string>은 아니라는 점을 기억하자). 이 함수들은 char* 포인터를 바탕으로 C 스타일 문자열에서 동작한다(읽기 전용 메모리에는 const char* 포인터를 사용).

C 스타일 문자열 연산	
x=strlen(s)	문자 개수 세기(종료 문자 0은 제외)
p=strcpy(s,s2)	s2를 s로 복사. [s:s+n)과 [s2:s2+n)는 중복되지 않아야 함. p=s이며 종료 문자 0도 함께 복사됨

(이어짐)

C 스타일 문자열 연산	
p=strcat(s,s2)	s2를 s의 끝에 복사. p=s이며 종료 문자 0도 함께 복사됨
x=strcmp(s,s2)	사전 순 비교. s<s2이면 x는 음수. s==s2이면 x==0. s>s2이면 x는 양수
p=strncpy(s,s2,n)	최대 n개의 문자에 대해 strcpy. 종료 문자 0을 복사하지 못할 수도 있음. p=s
p=strncat(s,s2,n)	최대 n개의 문자에 대해 strcat. 종료 문자 0을 복사하지 못할 수도 있음. p=s.
x=strncmp(s,s2,n)	최대 n개의 문자에 대해 strcmp
p=strchr(s,c)	p가 s에 등장하는 첫 번째 c를 가리키게 함
p=strrchr(s,c)	p가 s에 등장하는 마지막 c를 가리키게 함
p=strstr(s,s2)	s에서 s2와 동일한 부분 문자열의 시작 위치를 p가 가리키게 함
p=strpbrk(s,s2)	s에서 s2를 구성하는 문자 중의 하나가 처음 등장하는 위치를 p가 가리키게 함
x=atof(s)	s에서 double을 추출
x=atoi(s)	s에서 int를 추출
x=atol(s)	s에서 long int를 추출
x=strtod(s,p)	s에서 double을 추출. p는 double 다음의 첫 문자를 가리킴
x=strtol(s,p)	s에서 long int를 추출. p는 long 다음의 첫 문자를 가리킴
x=strtoul(s,p)	s에서 unsigned long int를 추출. p는 long 다음의 첫 문자를 가리킴

C++에서는 타입 안전성을 제공하기 위해 strchr()과 strstr() 각각에 두 가지 버전을 제공한다(C에서처럼 const char*를 char*로 변환할 수 없기 때문에). 27.5절을 참고하라.

추출 함수는 C 스타일 문자열 인자에서 "124"나 " 1.4"처럼 관례적인 형식을 따르는 숫자 표현을 찾는다. 그러한 표현을 찾을 수 없으면 추출 함수는 0을 반환한다.

```
int x = atoi("fortytwo");      /* x는 0이 됨 */
```

B.11.4 메모리

메모리 조작 함수는 (타입을 알 수 없는) void* 포인터를 바탕으로 '로우레벨 메모리'를 다룬다(읽기 전용 메모리에는 const char* 포인터를 사용).

C 스타일 메모리 연산	
q=memcpy(p, p2, n)	p2에서 p로 n바이트를 복사(strcpy와 비슷함). [p:p+n)과 [p2:p2+n)은 중복되면 안 됨. q=p
q=memmove(p,p2,n)	p2에서 p로 n 바이트를 복사. q=p
x=memcmp(p,p2,n)	p2에서 시작하는 n바이트를 p에서 시작하는 n바이트와 비교(strcmp와 비슷함)
q=memchr(p,c,n)	p[0]..p[n−1]에서 (unsigned char로 변환된) c를 찾고, q가 해당 요소를 가리키게 함. c를 찾지 못하면 q=0
q=memset(p,c,n)	(unsigned char로 변환된) c를 p[0]..[n−1] 각각에 복사. q=p
p=calloc(n,s)	0으로 초기화된 n*s 바이트를 자유 저장 영역에 할당. n*s 바이트를 할당할 수 없으면 p=0
p=malloc(s)	초기화되지 않은 n바이트를 자유 저장 영역에 할당. n바이트를 할당할 수 없으면 p=0
q=realloc(p,s)	자유 저장 영역에 s바이트 할당. p는 malloc()이나 calloc()이 반환한 포인터이어야 함. 가능하면 p가 가리키는 영역을 재사용하고, 그럴 수 없다면 p가 가리키는 영역의 모든 바이트를 새로운 영역으로 복사. s바이트를 할당할 수 없으면 q=0
free(p)	p가 가리키는 메모리 영역을 해제. p는 malloc()이나 calloc(), realloc()이 반환한 포인터이어야 함

malloc() 등은 생성자를 호출하지 않고, free()도 소멸자를 호출하지 않는다는 점을 기억하자. 따라서 생성자나 소멸자를 포함한 타입에는 위의 함수를 사용하지 말자. memset()도 생성자를 포함한 타입에는 사용하지 말자.

mem* 함수는 <cstring>에서 찾을 수 있고, 메모리 할당 함수는 <cstdlib>에서 찾을 수 있다.

27.5.2절을 참고하라.

B.11.5 날짜와 시간

<ctime>에서 날짜와 시간에 관련된 여러 가지 타입과 함수를 찾아 볼 수 있다.

날짜와 시간 타입	
clock_t	짧은 기간(몇 분 정도)의 시간을 저장할 수 있는 산술 타입
time_t	긴 기간(몇 십 년 정도)의 시간을 저장할 수 있는 산술 타입
tm	(1900년부터) 날짜와 시간을 저장하는 struct

struct tm의 정의는 아래와 같다.

```
struct tm {
    int tm_sec;         // 초 [0:61]. 60과 61은 윤초(leap seconds)
    int tm_min;         // 분 [0,59]
    int tm_hour;        // 시각 [0,23]
    int tm_mday;        // 일 [1,31]
    int tm_mon;         // 월 [0,11]. 0은 1월(노트: [1:12]가 아님)
    int tm_year;        // 1900년으로부터의 년도. 0은 1900, 102는 2002
    int tm_wday;        // 일요일부터 시작하는 요일 [0,6]. 0은 일요일
    int tm_yday;        // 1월 1일부터의 날짜 [0,365]. 0은 1월 1일
    int tm_isdst;       // 서머 타임(Daylight Savings Time) 적용 시간
};
```

날짜와 시간 함수는 다음과 같다.

```
clock_t clock();  // 프로그램이 시작한 후로부터의 클록 틱 수

time_t time(time_t* pt);                    // 현재 달력 시간
double difftime(time_t t2, time_t t1);      // t2- t1를 초단위로 계산

tm* localtime(const time_t* pt);            // *pt에 해당하는 지역 시간
tm* gmtime(const time_t* pt);               // *pt에 해당하는 그리니치 표준 시간(GMT), 또는 0

time_t mktime(tm* ptm);                     // *ptm에 해당하는 time_t 또는 time_t(- 1)

char* asctime(const tm* ptm);               // *ptm을 표현하는 C 스타일 문자열
char* ctime(const time_t* t) { return asctime(localtime(t)); }
```

asctime()을 호출한 결과의 예로 "Sun Sep 16 01:03:52 1973\n"이 반환될 수 있다.

strftime() 함수에서 매우 다양한 tm의 형식화 옵션을 제공하는데, 필요하면 찾아보기 바란다.

B.11.6 기타

<cstdlib>에서 다음과 같은 함수를 찾을 수 있다.

기타 stdlib 함수	
abort()	프로그램을 비정상 종료
exit(n)	종료 코드 n으로 종료. n==0이면 정상적인 종료를 의미

(이어짐)

기타 stdlib 함수	
system(s)	C 스타일 문자열을 명령어로 실행(시스템 의존적)
qsort(b,n,s,cmp)	크기가 s인 요소 n개를 포함하고, b에서 시작하는 배열을 비교 함수 cmp를 이용해 정렬
bsearch(k,b,n,s,cmp)	크기가 s인 요소 n개를 포함하고, b에서 시작하는 정렬된 배열에서 비교 함수 cmp를 이용해 k를 찾음

qsort()와 bsearch()에서 사용하는 비교 함수(cmp)의 타입은 다음과 같아야 한다.

```
int (*cmp)(const void* p, const void* q);
```

즉, 정렬 함수에는 타입 정보가 주어지지 않고 배열을 바이트 시퀀스로 취급한다. 비교 함수가 반환하는 정수의 의미는 아래와 같다.

- *p가 *q보다 작으면 음수
- *p와 *q가 같으면 0
- *p가 *q보다 크면 양수

exit()와 abort()는 소멸자를 호출하지 않는다. 이미 생성된 자동 객체와 정적 객체(A.4.2절)의 소멸자를 호출하려면 예외를 던지자.

더 많은 표준 라이브러리 함수를 알고 싶다면 K&R이나 기타 유명한 C 언어 참고 서적을 읽어 보자.

B.12 기타 라이브러리

표준 라이브러리 기능을 살펴보면 분명 여러분이 원하는 기능을 찾지 못하는 경우가 있다. 프로그래머가 접하는 문제의 다양성과 전 세계에서 구할 수 있는 라이브러리의 수에 비하면 C++ 표준 라이브러리는 빙산의 일각일 뿐이다. 다음과 같은 분야의 많은 라이브러리가 존재한다.

- 그래픽 사용자 인터페이스
- 고급 수학
- 데이터베이스 접근
- 네트워킹

- XML

- 날짜와 시간

- 파일 시스템 조작

- 3D 그래픽

- 애니메이션

- 기타

그러나 이러한 라이브러리는 표준의 일부가 아니다. 대신 웹을 찾거나 친구나 동료에게 물어볼 수 있다. 표준 라이브러리에 포함된 라이브러리만 유용하다는 생각은 하지 말자.

비주얼 스튜디오 시작

"세상은 단지 우리가 생각하는 만큼 이상하지 않다.
우리가 상상할 수 없을 정도로 이상하다."

– 홀데인(J. B. S. Haldane)

부록 C에서는 마이크로소프트 비주얼 스튜디오를 이용해 프로그램 작성을 시작하고 컴파일하고 실행하는 데 필요한 과정을 설명한다.

C.1 프로그램 실행

프로그램을 실행하려면 파일을 한데 모아둬야 한다(예를 들어 소스 파일에서 헤더를 참조한다면 참조하는 다른 파일을 찾을 수 있게). 그리고 컴파일러를 실행시킨 후 링커를 구동한다(다른 파일이 없더라도 C++ 표준 라이브러리는 링크할 수 있게). 이를 위한 방법에는 여러 가지가 있고, 서로 다른 시스템마다 사용하는 관례와 도구 집합이 다르다. 그러나 이 책의 모든 예제는 모든 주요 시스템(예, 윈도우와 리눅스)에서 널리 사용하는 도구 집합을 이용해 실행할 수 있다. 부록 C에서는 인기 있는 시스템 중 하나인 마이크로소프트 비주얼 스튜디오^{Visual Studio}를 이용해 프로그램을 실행시키는 방법을 살펴보자.

개인적으로 생각할 때 몇 가지 예제는 낯선 시스템에서 실행시키기 곤란한 경우가 있다. 그럴 때는 도움을 청하자. 그러나 도와주는 사람이 그 일을 대신 해주기보다는 여러분에게 방법을 설명해주게 하라.

C.2 비주얼 스튜디오 설치

비주얼 스튜디오는 윈도우에서 작동하는 상호작용 기반의 개발 환경^{IDE, Interactive Development Environment}이다. 여러분의 컴퓨터에 비주얼 스튜디오가 설치되지 않았다면 소프트웨어를 구입하고 동봉된 안내서를 따라하거나, www.microsoft.com/express/download에서 무료 버전인 비주얼 C++ 익스프레스를 다운로드해 설치하자. 부록 C의 설명은 비주얼 스튜디오 2005를 기준으로 하며, 다른 버전은 약간 다를 수 있다.

C.3 프로그램 작성과 시작

전체적인 단계는 아래와 같다.

1. 새 프로젝트를 만든다.
2. C++ 소스 파일을 프로젝트에 추가한다.
3. 소스코드를 작성한다.
4. 실행 파일을 빌드^{build}한다.
5. 프로그램을 실행한다.
6. 프로그램을 저장한다.

C.3.1 새 프로젝트 만들기

비주얼 스튜디오의 '프로젝트'는 윈도우 환경에서 프로그램(응용 프로그램)을 생성하고 실행하는 데 필요한 모든 파일의 모음이다.

1. 시작 ❯ 프로그램 ❯ Microsoft Visual Studio 2005 ❯ Microsoft Visual Studio 2005 아이콘을 클릭해 비주얼 C++ IDE를 실행한다.
2. File 메뉴에서 New 항목 밑의 Project를 클릭한다.
3. Project Type에서 Visual C++를 선택한다.
4. Templates 메뉴에서 Win32 Console Application을 선택한다.
5. Name 텍스트 박스에 Hello,World!처럼 여러분이 원하는 프로젝트 이름을 입력한다.
6. 프로젝트 디렉터리를 선택한다. 일반적으로 기본 디렉터리인 C:\Documents and Settings\Your Name\My Documents\Visual Studio 2005\Projects를 사용하는 편이 좋다.
7. OK를 클릭한다.
8. WIN32 Application Wizard가 보인다.
9. 대화상자 왼쪽의 Application Settings를 선택한다.
10. Additional Options에서 Empty Project를 선택한다.
11. Finish를 클릭한다. 이제 모든 컴파일러 설정이 여러분의 콘솔 프로젝트에 맞게 초기화된다.

C.3.2 std_lib_facilities.h 헤더 파일 사용

첫 번째 프로그램에서는 www.stroustrup.com/Programming/std_lib_facilities.h에서 얻을 수 있는 std_lib_facilities.h 파일을 이용하기를 강력히 권장한다. 이 파일을 C.3.1절의 6단계에서 선택한 디렉터리로 복사하자(참고: HTML이 아닌 텍스트로 저장하자). 이제 프로그램에 아래 행을 추가하면 헤더를 사용할 수 있다.

```
#include "../../std_lib_facilities.h"
```

"../../"는 컴파일러에게 헤더가 C:\Documents and Settings\Your Name\My Documents\Visual Studio 2005\Projects에 있다는 사실을 말해준다. 이 위치를 사용하면 매 프로젝트마다 파일을 복사하는 대신 여러분의 모든 프로젝트에서 사용할 수 있다.

C.3.3 프로젝트에 C++ 소스 파일 추가

프로그램에는 적어도 하나(일반적으로는 많은 수)의 소스 파일이 필요하다.

1. 메뉴 막대에서 Add New Item(일반적으로 왼쪽에서 두 번째 아이콘)을 클릭한다. Add New Item 대화상자가 나오면 Visual C++ 카테고리 밑의 Code를 선택한다.

2. 템플릿 창에서 C++ File (.cpp) 아이콘을 선택하고, Name 텍스트 박스에 프로그램 파일의 이름(Hello,World!)을 입력한 후 Add를 클릭한다.

   이렇게 비어있는 소스코드 파일을 만들었다면 프로그램의 소스코드를 작성할 준비가 끝났다.

C.3.4 소스코드 입력

IDE에 소스코드를 직접 입력하거나 다른 소스코드를 복사/붙여넣기 한다.

C.3.5 실행 가능한 프로그램 빌드

소스코드를 올바르게 입력했다면 Build 메뉴에서 Build Solution을 선택하거나 IDE 창의 위쪽에 있는 오른쪽을 가리키는 삼각형 모양의 아이콘을 누른다. IDE가 프로그램을 컴파일하고 링크한다. 작업이 성공하면 Output 창에서 아래와 같은 메시지를 볼 수 있다.

```
Build: 1 succeeded, 0 failed, 0 up-to-date, 0 skipped
```

실패 시에는 오류 메시지가 몇 개 출력되는데, 오류를 고친 후에 Build Solution을 다시 수행한다.

삼각형 아이콘을 사용하면 프로그램에 오류가 없을 때 바로 프로그램이 실행되며, Build Solution 메뉴를 이용했다면 C.3.6절에 설명된 대로 프로그램을 직접 실행해야 한다.

C.3.6 프로그램 실행

모든 오류를 수정했다면 Debug 메뉴에서 Start Without Debugging을 선택해 프로그램을 실행할 수 있다.

C.3.7 프로그램 저장

File 메뉴의 Save All을 클릭한다. 저장을 하지 않고 IDE를 종료하면 IDE가 저장 여부를 확인한다.

C.4 기타

IDE에는 셀 수 없이 많은 기능과 옵션이 있다. 하지만 미리 걱정하고 겁먹지는 말자. 프로젝트를 잘못 건드려서 '뭔가가 이상하게 작동'한다면 경험이 많은 친구에게 도움을 구하거나 새로운 프로젝트를 처음부터 다시 만들자. 시간이 흐르다 보면 새로운 기능과 옵션에 대한 경험을 쌓을 수 있다.

FLTK 설치

"코드와 주석이 일치하지 않는다면
아마 둘 다 틀린 것이다."

– 놈 슈라이어(Norm Schryer)

부록 D에서는 그래픽과 GUI 툴킷인 FLTK를 다운로드하고 설치하고 링크하는
방법을 살펴본다.

D.1 소개

그래픽을 표현하고 GUI를 다루는 도구로 FLTK^{Fast Light Tool Kit}(풀틱으로 발음)을 선택한 이유는 FLTK이 이식성이 높고 상대적으로 간단하며, 관례적이며, 설치하기 쉽기 때문이다. 부록 D 에서는 마이크로소프트 비주얼 스튜디오에서 FLTK을 설치하는 방법을 설명할 텐데, 학생들 이 가장 많이 사용하는 도구가 비주얼 스튜디오이고 비주얼 스튜디오에서 설치 방법이 가장 어렵기 때문이다. (일부 학생들처럼) 여러분이 다른 시스템을 사용한다면 다운로드한 파일(D.3절) 의 메인 폴더(디렉터리)에서 여러분이 가장 선호하는 시스템에 대한 안내를 찾아보자.

ISO C++의 일부가 아닌 라이브러리를 사용하려면 여러분(이나 다른 누군가)은 라이브러리를 다운로드하고 설치하고, 코드에서 그 라이브러리를 올바로 사용해야 한다. 이 과정은 쉽지 않은 일이며, FLTK 설치가 좋은 연습이 될 것이다. 최고의 라이브러리라고 해도 이전에 경험 하지 않은 다운로드와 설치 작업은 골치 아픈 일이기 때문이다. 이전에 경험해본 사람에게 질문하기를 주저하지 말자. 그러나 여러분의 일을 대신 해주기보다는 그들에게서 배우길 바 란다.

여기서 설명하는 파일과 절차에 약간의 차이가 있을 수는 있다. 예를 들어 FLTK의 새로 운 버전이 있거나, D.4절에서 설명하는 버전과 다른 비주얼 스튜디오를 사용하거나, 전혀 다 른 C++ 구현체를 이용할 수 있다.

D.2 FLTK 다운로드

다른 일을 하기 전에 여러분 컴퓨터에 이미 FLTK가 설치됐는지를 확인하자(D.5절). 설치되지 않았다면 우선 컴퓨터에 파일을 다운로드하자.

1. http://fltk.org를 연다(만일의 경우에 이 책의 지원 웹사이트 www.stroustrup.com/Programming/FLTK에서 도 다운로드할 수 있다).
2. 내비게이션 메뉴에서 Download를 클릭한다.
3. 드롭다운 메뉴에서 FLTK 1.1.x를 설치하고 Show Download Locations를 클릭한다.
4. 다운로드 위치를 선택하고 .zip 파일을 다운로드한다.

다운로드한 파일은 .zip 포맷인데, 네트워크상에서 많은 파일을 전송할 때 적합하다. 이 파일의 압축을 해제^{unzip}해 일반 파일로 만들려면 프로그램을 설치한다. 예를 들어 윈도우에서 는 WinZip이나 7-Zip을 사용할 수 있다.

D.3 FLTK 설치

아래 과정을 따라할 때 크게 두 가지 문제가 발생할 수 있다. 첫 번째로 내가 아래 내용을 작성하고 테스트해본 이후로 변경 사항이 생길 수 있다(그런 일은 항상 있게 마련이다). 두 번째로 여러분에게 낯선 용어가 있을 수 있는데(유감이지만 우리가 도와줄 수는 없다), 그런 경우에는 용어를 풀이해 줄 친구를 찾자.

1. 다운로드 한 파일의 압축을 풀고 메인 폴더인 fltk-1.1.?로 이동하자. 그리고 비주얼 C++ 폴더(예, vc2005나 vcnet)에서 fltk.dsw를 연다. 예전 형식의 프로젝트 파일을 업데이트할지 묻는다면 Yes to All을 선택한다.

2. Build 메뉴에서 Build Solution을 선택한다. 빌드에는 몇 분 정도의 시간이 소요된다. 소스코드는 정적 링크 라이브러리^{static link library}로 컴파일되므로, 새 프로젝트를 만들 때마다 FLTK를 다시 컴파일할 필요가 없다.

3. FLTK 메인 디렉터리에서 lib 폴더를 열고, README.lib를 제외한 모든 .lib 파일(일곱 개가 있어야 함)을 C:\Program Files\Microsoft Visual Studio\Vc\lib에 복사한다(그냥 드래그하면 복사가 아닌 이동이 되므로 주의하자).

4. FLTK 메인 디렉터리로 돌아가서 FL 디렉터리를 C:\Program Files\Microsoft Visual Studio\Vc\include로 복사한다.

전문가들은 C:\Program Files\Microsoft Visual Studio\Vc\lib와 C:\Program Files\Microsoft Visual Studio\Vc\include에 파일을 복사하는 설치 방법보다 더 나은 방법이 있다고 말하겠지만, 우리의 목적은 여러분을 비주얼 스튜디오 전문가로 만드는 것은 아니다. 전문가가 그렇게 말하거든 더 나은 방법을 직접 보여 달라고 청하자.

D.4 비주얼 스튜디오에서 FLTK 사용

1. 비주얼 스튜디오에서 앞에 말한 대로 새 프로젝트를 생성하되 한 가지만 다르게 하자. 프로젝트 타입을 선택할 때 **콘솔 응용 프로그램**이 아닌 Win32 **프로젝트**를 선택하라. 반드시 **빈 프로젝트**로 생성하자. 그렇지 않으면 **소프트웨어 마법사**가 여러분에게 필요하지도 않고 이해할 수도 없는 많은 것을 프로젝트에 추가한다.

2. 비주얼 스튜디오의 (상단) 주 메뉴에서 Project를 선택하고, 그 하위 메뉴인 Properties를 선택한다.

3. Properties 대화상자의 왼쪽 메뉴에서 Linker 폴더를 클릭하면 하위 메뉴가 펼쳐진다.

이 하위 메뉴에서 Input을 클릭하고, Additional Dependencies 텍스트 상자에 아래 텍스트를 입력한다.

fltkd.lib wsock32.lib comctl32.lib fltkjpegd.lib fltkimagesd.lib

[현재 버전에서는 아래 옵션이 기본이므로 다음 문장은 수행할 필요가 없다.] Ignore Specific Library 텍스트 필드에는 아래 텍스트를 입력한다.

libcd.lib

4. [현재 /MDd가 기본 옵션이므로 이 단계도 필요 없다.] Properties 창의 왼쪽 메뉴에서 C/C++를 클릭해 다른 하위 메뉴를 펼친다. 이 하위 메뉴에서 Code Generation을 클릭한 후 오른쪽의 Runtime Library 드롭다운 메뉴에서 Multi-threaded Debug DLL (/MDd)을 선택한다. OK를 클릭해 Properties 창을 닫는다.

D.5 테스트

새로운 프로젝트에 새 .cpp 파일을 하나 만든 후 아래 내용을 입력한다. 문제없이 컴파일될 것이다.

```cpp
#include <FL/Fl.h>
#include <FL/Fl_Box.h>
#include <FL/Fl_Window.h>

int main()
{
    Fl_Window window(200, 200, "Window title");
    Fl_Box box(0,0,200,200, "Hey, I mean, Hello, World!");
    window.show();
    return Fl::run();
}
```

동작하지 않는다면 아래를 참고하라.

- **.lib 파일을 찾을 수 없다는 컴파일러 오류** 설치 과정의 실수일 확률이 크다. 3단계를 주의 깊게 살펴보고, 컴파일러가 링크 라이브러리(.lib)를 쉽게 찾을 수 있도록 하자.

- **.h 파일을 열 수 없다는 컴파일러 오류** 설치 과정의 실수일 확률이 크다. 4단계를 주의 깊게 살펴보고, 컴파일러가 헤더 파일(.h)을 쉽게 찾을 수 있도록 하자.

● **외부 기호(external symbol)를 찾을 수 없다는 링커 오류** 프로젝트 설정 과정의 실수일 확률이 크다.

　이런 조언이 도움이 되지 않는다면 물어볼 친구를 찾기 바란다.

GUI 구현

"당신이 무엇을 하고 있는지를 이해할 때
비로소 올바른 일을 할 수 있다."

— 빌 페어뱅크(Bill Fairbank)

부록 E에서는 콜백과 `Window`, `Widget`, `Vector_ref`의 상세 구현을 다룬다. 16장에서는 완벽한 설명에 필요한 포인터와 캐스트에 대한 지식이 없었으므로, 그 설명을 부록 E에서 다룬다.

E.1 콜백 구현

콜백의 구현은 아래와 같다.

```
void Simple_window::cb_next(Address, Address addr)
// addr에 위치한 윈도우의 Simple_window::next() 호출
{
    reference_to<Simple_window>(addr).next();
}
```

17장을 제대로 이해했다면 Address가 void*여야 함을 알 수 있다. 마찬가지로 reference_to<Simple_window>(addr)은 void* 타입의 addr로부터 Simple_window의 참조를 만들어 낸다. 하지만 예전에 프로그래밍 경험이 없던 사람이라면 17장을 읽기 전에는 '명확'하거나 '당연'하게 여겨지는 것이 하나도 없을 것이다. 따라서 주소의 사용 방법을 자세히 살펴보자.

A.17절에서 설명했듯이 C++에서는 다음과 같이 타입에 이름을 붙일 수 있다.

```
typedef void* Address;      // Address는 void*의 동의어
```

이제 void* 대신 Address라는 이름을 사용할 수 있다. 여기서는 주소를 전달한다는 의미를 강조하고자 Address를 사용했으며, void*가 타입을 알 수 없는 객체를 가리키는 포인터임을 숨기는 효과도 있다.

따라서 cb_next()는 void* 타입의 addr을 인자로 받게 되며, 이 인자를 아래와 같이 Simple_window&로 변환한다.

```
reference_to<Simple_window>(addr)
```

reference_to는 다음과 같은 템플릿 함수다(A.13절).

```
template<class W> W& reference_to(Address pw)
    // 주어진 주소를 W의 참조로 취급
{
    return *static_cast<W*>(pw);
}
```

여기서는 템플릿 함수를 이용해 void*에서 Simple_window&로의 캐스트처럼 동작하는 연산을 작성했다. 타입 변환 static_cast는 17.8절에서 설명했다.

컴파일러는 우리가 주장하는 대로 addr이 Simple_window를 가리키는지 확인할 방법이 없지만, 언어의 규칙상 컴파일러가 프로그래머를 믿을 수밖에 없다. 다행히도 우리의 주장은 맞다. FLTK는 우리가 건네준 포인터를 그대로 되돌려 주기 때문이다. FLTK에 건네준 포인

터의 타입을 알고 있기에 `reference_to`를 이용해 그 타입을 되돌려 받을 수 있다. 이런 방식이 지저분하고 검증하기 어렵지만, 시스템의 로우레벨에서는 드물지 않게 사용한다.

이렇게 Simple_window의 참조를 얻은 후에는 그 참조를 이용해 Simple_window의 멤버 함수를 호출할 수 있다. 아래 예(16.3절)를 보자.

```
void Simple_window::cb_next(Address, Address pw)
    // pw에 위치한 윈도우의 Simple_window::next() 호출
{
    reference_to<Simple_window>(pw).next();
}
```

지저분한 콜백 함수 cb_next()를 이용하긴 했지만, 완전히 정상적인 멤버 함수 next()를 호출할 타입을 얻어낼 수 있었다.

E.2 Widget 구현

Widget 인터페이스 클래스는 다음과 같다.

```
class Widget {
    // Widget은 Fl_widget 자체가 아니라 Fl_widget의 핸들임
    // 우리가 만든 인터페이스가 FLTK와 가까운 거리를 유지해야 함
public:
    Widget(Point xy, int w, int h, const string& s, Callback cb)
        :loc(xy), width(w), height(h), label(s), do_it(cb)
{ }

    virtual ~Widget(){ }    // 소멸자

    virtual void move(int dx,int dy)
        { hide(); pw->position(loc.x+=dx, loc.y+=dy); show(); }

    virtual void hide() { pw->hide(); }
    virtual void show() { pw->show(); }

    virtual void attach(Window&) = 0;    // 각 Widget은 윈도우에 적어도 하나의
                                         // 동작을 정의해야 함

    Point loc;
    int width;
    int height;
    string label;
    Callback do_it;
```

```
protected:
    Window* own;        // 모든 Widget은 Window에 속함
    Fl_Widget* pw;      // Widget은 스스로의 Fl_Widget을 알고 있음
};
```

Widget은 해당 **FLTK** 위젯과 위젯이 속한 Window에 대한 포인터를 유지한다. 이러한 포인터가 필요한 이유는 Widget이 살아있는 동안 다른 Window에 연결될 수 있기 때문이다. 참조나 명명된 객체만으로는 이런 기능을 구현하기에 충분하지 않다(왜 그럴까?).

Widget은 위치(loc)와 사각형의 모양(width와 height), label을 포함한다. 위젯의 흥미로운 점은 콜백 함수(do_it)인데, 우리가 만든 코드와 화면에 보이는 Widget의 이미지를 연결하는 역할을 한다. 그 밖의 연산(move()와 show(), hide(), attach())에 대한 내용은 명확하리라 믿는다.

Widget은 미완성처럼 보인다. 사용자가 자주 보지 않는 구현 클래스긴 하지만, 재설계하기에 딱 좋은 클래스다. 데이터 멤버가 public인 점도 의심스럽고, 당연해보이는 연산들은 예상치 못한 사소한 문제에 대한 검증이 필요하다.

Widget은 가상 함수를 포함하고 기반 클래스로 사용될 수 있으므로, 소멸자도 virtual이어야 한다(17.5.2절).

E.3 Window 구현

어떤 경우에 포인터를 사용하고, 어떤 경우에 참조를 사용하는가? 이 일반적인 질문에 대해서는 8.5.6절에서 살펴봤는데, 일부 프로그래머는 포인터를 선호하며, 프로그램 안에서 시간이 지나면서 여러 객체를 가리켜야 하는 경우에 포인터를 사용한다고 설명했다.

지금까지는 우리가 만든 그래픽과 **GUI** 라이브러리에서 핵심적인 클래스인 Window를 살펴보지 않았는데, Window 구현에서 포인터를 사용하며 **FLTK**를 사용함에 있어 자유 저장 영역을 사용하기 때문이다.

```
class Window : public Fl_Window {
public:
    // 시스템이 위치를 알 수 있게 함
    Window(int w, int h, const string& title);
    // xy에 왼쪽 상단 좌표 지정
    Window(Point xy, int w, int h, const string& title);

    virtual ~Window() { }

    int x_max() const { return w; }
    int y_max() const { return h; }
```

```
    void resize(int ww, int hh) { w=ww, h=hh; size(ww,hh); }

    void set_label(const string& s) { label(s.c_str()); }

    void attach(Shape& s) { shapes.push_back(&s); }
    void attach(Widget&);

    void detach(Shape& s);          // s를 도형 목록에서 제거
    void detach(Widget& w);         // w를 윈도우에서 제거 (콜백 비활성화)

    void put_on_top(Shape& p);      // p를 다른 도형 위로 올림
protected:
    void draw();
private:
    vector<Shape*> shapes;          // 윈도우에 연결된 도형
    int w,h;                        // 윈도우 크기

    void init();
};
```

Shape를 attach()하면 Window가 도형을 그릴 수 있게 해당 도형의 포인터를 shapes에 저장한다. 이 도형을 나중에 detach()할 수도 있으므로, 포인터가 필요하다. attach()된 도형의 포인터를 Window가 참조할 수 있게 할 뿐 그 도형을 소유하는 쪽은 여전히 사용자의 코드다. Window::attach()는 주어진 인자를 저장할 수 있게 포인터로 변환한다. 위에서 보듯이 attach()는 매우 간단한데, detach()는 그보다는 덜 간단하다. Window.cpp에서 그 정의를 볼 수 있다.

```
void Window::detach(Shape& s)
    // 마지막으로 연결된 도형이 먼저 해제된다고 가정
{
    for (vector<Shape*>::size_type i = shapes.size(); 0<i; --i)
        if (shapes[i-1]==&s)
            shapes.erase(shapes.begin()+(i-1));
}
```

erase() 멤버 함수는 vector에서 주어진 값을 제거[erase]하며, vector의 크기는 1이 감소한다(20.7.1절).

Window는 기반 클래스로 사용하므로, 소멸자도 virtual이어야 한다(17.5.2절).

E.4 Vector_ref

기본적으로 Vector_ref는 참조로 이뤄진 vector를 흉내 내며, 참조나 포인터로 초기화할 수 있다.

- Vector_ref에 참조 형태로 객체가 전달되면 호출하는 쪽에서 객체를 소유하며 수명에 대한 책임도 호출하는 쪽에서 진다고 가정(예, 객체가 특정 범위로 한정된 변수인 경우)한다.

- Vector_ref에 포인터 형태로 객체가 전달되면 객체를 new로 할당했다고 가정해 Vector_ref 가 객체를 delete하는 책임을 진다.

    Vector_ref 내부의 객체는 복사본이 아니라 포인터로 전달되며, 의미론적으로는 참조라고 할 수 있다. 예를 들어 Circle을 Vector_ref<Shape>에 넣어도 슬라이싱 문제가 발생하지 않는다.

```
template<class T> class Vector_ref {
    vector<T*> v;
    vector<T*> owned;
public:
    Vector_ref() { }
    Vector_ref(T* a, T* b = 0, T* c = 0, T* d = 0);

    ~Vector_ref() { for (int i=0; i<owned.size(); ++i) delete owned[i]; }

    void push_back(T& s) { v.push_back(&s); }
    void push_back(T* p) { v.push_back(p); owned.push_back(p); }

    T& operator[ ] (int i) { return *v[i]; }
    const T& operator[ ] (int i) const { return *v[i]; }

    int size() const { return v.size(); }
};
```

    Vector_ref의 소멸자에서는 Vector_ref에 포인터로 전달된 모든 객체를 delete한다.

E.5 예제: Widget 조작

이제 완전한 프로그램을 살펴보자. 이 프로그램에서 상당수의 Widget/Window 기능을 연습해볼 수 있으며, 주석은 최소한으로 달았다. 불행히도 이렇게 불성실한 주석이 드물지 않으므로, 프로그램을 실행시키고 내용을 설명하는 연습을 할 필요가 있다.

    프로그램을 실행하면 버튼 네 개가 보인다.

```
#include "../GUI.h"
using namespace Graph_lib;

class W7 : public Window {
    // 버튼이 움직이는 듯이 보이는 네 가지 방법:
    // 보이기/숨기기, 위치 변경, 새 버튼 만들기, attach/detach
public:
    W7(int w, int h, const string& t);

    Button* p1;         // 보이기/숨기기
    Button* p2;
    bool sh_left;

    Button* mvp;        // 이동
    bool mv_left;

    Button* cdp;        // 생성/소멸
    bool cd_left;

    Button* adp1;       // 활성화/비활성화
    Button* adp2;
    bool ad_left;

    void sh();          // 동작
    void mv();
    void cd();
    void ad();

    static void cb_sh(Address, Address addr)   // 콜백
        { reference_to<W7>(addr).sh(); }
    static void cb_mv(Address, Address addr)
        { reference_to<W7>(addr).mv(); }
    static void cb_cd(Address, Address addr)
        { reference_to<W7>(addr).cd(); }
    static void cb_ad(Address, Address addr)
        { reference_to<W7>(addr).ad(); }
};
```

W7(Window 실험 대상 7번)은 아래와 같이 실제로 여섯 개의 버튼을 포함하지만, 그 중 둘은 숨겨진다.

```
W7::W7(int w, int h, const string& t)
    :Window{w,h,t},
    sh_left{true}, mv_left{true}, cd_left{true}, ad_left{true}
```

```
{
    p1 = new Button{Point{100,100},50,20,"show",cb_sh};
    p2 = new Button{Point{200,100},50,20, "hide",cb_sh};

    mvp = new Button{Point{100,200},50,20,"move",cb_mv};

    cdp = new Button{Point{100,300},50,20,"create",cb_cd};

    adp1 = new Button{Point{100,400},50,20,"activate",cb_ad};
    adp2 = new Button{Point{200,400},80,20,"deactivate",cb_ad};

    attach(*p1);
    attach(*p2);
    attach(*mvp);
    attach(*cdp);
    p2->hide();
    attach(*adp1);
}
```

네 개의 콜백이 있는데, 각 콜백은 눌려진 버튼을 숨기고 다른 버튼이 보이게 한다. 이러한 기능이 아래와 같은 네 가지 방법으로 구현된다.

```
void W7::sh()     // 눌린 버튼 숨기고, 다른 버튼 보이기
{
    if (sh_left) {
        p1->hide();
        p2->show();
    }
    else {
        p1->show();
        p2->hide();
    }
    sh_left = !sh_left;
}

void W7::mv()     // 버튼 이동
{
    if (mv_left) {
        mvp->move(100,0);
    }
    else {
        mvp->move(-100,0);
    }
```

```cpp
    mv_left = !mv_left;
}

void W7::cd()      // 버튼을 삭제하고, 새로운 버튼 만들기
{
    cdp->hide();
    delete cdp;
    string lab = "create";
    int x = 100;
    if (cd_left) {
        lab = "delete";
        x = 200;
    }
    cdp = new Button{Point{x,300}, 50, 20, lab, cb_cd};
    attach(*cdp);
    cd_left = !cd_left;
}

void W7::ad()      // 눌린 버튼을 윈도우에서 떼어낸 후, 다른 버튼을 연결
{
    if (ad_left) {
        detach(*adp1);
        attach(*adp2);
    }
    else {
        detach(*adp2);
        attach(*adp1);
    }
    ad_left = !ad_left;
}

int main()
{
    W7 w{400,500,"move"};
    return gui_main();
}
```

이 프로그램은 윈도우에 위젯을 추가하고, 윈도우로부터 제거하는 기본적인 방법과 화면
에 위젯을 보여주는 방법을 예시한다.

용어집

"잘 고른 말 한마디가 그림 1,000장보다 나을 수 있다."

- 작자 미상

용어집에서는 본문에서 사용한 단어를 간략히 설명한다. 이 용어집은 내가 가장 필수적이라고 여기는 용어를 모아놓은 짧은 용어집으로, 특히 프로그래밍 학습 초기에 중요한 단어가 포함된다. 찾아보기와 각 장의 '용어 정리' 절도 도움이 될 것이다. C++에 관련된 좀 더 광범위한 용어집은 www.stroustrup.com/glossary.html에서 찾을 수 있으며, 웹에서 엄청나게 다양한 특화된 (품질도 제각각인) 용어집을 볼 수 있다. 한 용어에 관련된 여러 가지 의미가 있을 수 있으며(필요한 경우에는 그 의미를 나열한다), 대부분의 용어는 상황에 따라 원래 의미에 관련된(때로는 크게 관련이 없는) 다른 의미를 지닐 수 있다는 점을 기억하자. 예를 들어 추상[abstract]의 의미를 현대 미술이나 법률, 철학에 관련해 정의하지 않는다.

RAII("Resource Acquisition Is Initialization") 유효 범위를 바탕으로 자원을 관리하는 기본적인 기법

가상 함수(virtual function) 파생 클래스에서 오버라이드할 수 있는 멤버 함수

값(value) 타입에 따라 해석되는 메모리상의 비트의 집합

객체 지향 프로그래밍(object-oriented programming) 클래스와 클래스 계층 구조를 설계하고 사용하는 데 초점을 맞추는 프로그래밍 스타일

객체(object) (1) 알려진 타입의 값으로 초기화된 메모리 구역 (2) 메모리의 한 구역

계산(computation) 코드를 실행하는 일. 일반적으로 입력을 받아 출력을 생성

구간(range) 시작 지점과 끝점으로 기술될 수 있는 값의 시퀀스. 예를 들어 [0:5]는 값 0, 1, 2, 3, 4를 의미한다.

구현(체)(implementation) (1) 코드를 작성하고 테스팅하는 활동 (2) 프로그램을 구현한 코드

근사(approximation) 완벽이나 이상(예, 값이나 설계)에 가까운 무언가(값이나 설계)

기능의 함정(feature creep) 프로그램에 별로 쓰이지 않은 기능을 추가하려는 성향

기반 클래스(base class) 클래스 계층 구조에서 기반으로 사용되는 클래스. 일반적으로 하나 이상의 가상 함수 포함

기회비용(trade-off) 서로 다른 설계/구현의 기준 사이에서 균형을 맞춤으로 인한 부산물

단위(unit) (1) 값에 의미를 부여하는 표준적인 척도(예, 거리의 단위인 km) (2) 더 큰 전체에서 구별되는(예, 명명된) 일부

데이터(data) 계산에서 사용하는 값

디버깅(debugging) 프로그램에서 오류를 찾아 제거하는 활동. 일반적으로 테스팅보다 훨씬 체계적이지 못함

라이브러리(library) 하나 이상의 프로그램의 일부를 구성할 수 있는 기능의 집합(추상화)을 구현한 타입, 함수, 클래스 등의 모음

루프(loop) 반복적으로 실행되는 코드의 일부. C++에서는 일반적으로 `for` 구문과 `while` 구문을 말한다.

리터럴(literal) 값 자체를 직접 표기한 것. 예를 들어 12는 정수 '열둘'을 나타낸다.

링커(linker) 목적 코드 파일과 라이브러리를 통합해 실행 가능한 프로그램을 만드는 프로그램

매개변수(parameter) 함수나 템플릿의 명시적인 입력에 대한 선언. 함수를 호출하면 매개변수의 이름을 바탕으로 인자에 접근할 수 있다.

명세(specification) 코드가 수행해야 하는 일에 대한 기술

목적 코드(object code) 컴파일러의 출력이자 (실행 가능한 코드를 만들어 내는) 링커의 입력

목적 파일(object file) 목적 코드를 포함하는 파일

무한 루프(infinite loop) 종료 조건이 절대 만족될 수 없는 루프. 반복[iteration] 참고

무한 재귀(infinite recursion) 호출에 필요한 메모리를 모두 소진할 때까지 종료되지 않는 재귀. 실제로는 그러한 재귀는 무한하지 않으며 하드웨어 오류에 의해 종료된다.

문자열(string) 문자의 시퀀스

바이트(byte) 대부분의 컴퓨터에서 사용하는 주소의 기본 단위. 일반적으로 한 바이트는 8비트를 포함한다.

반복(iteration) 코드의 일부를 반복해 실행하는 일. 재귀^{recursion} 참고

반복자(iterator) 시퀀스의 요소를 가리키는 객체

반올림(rounding) 어떤 값을 정확도가 떨어지는 타입의 가장 가까운 값으로 변환하는 일

배열(array) 동질의 요소로 구성된 시퀀스. 일반적으로 번호를 매긴다. 예, [0:max]

버그(bug) 프로그램의 오류

변경 가능(mutable) 변경될 수 있음. 변경 불가^{immutable}, 상수의 반대 개념이다.

변수(variable) 주어진 타입의 명명된 객체. 초기화된 상태라면 값을 포함한다.

별칭(alias) 객체를 가리키는 대안적인 방법. 이름이나 포인터, 참조 등의 형태다.

복사(copy) 두 객체가 같은 값을 갖게 하는 연산. 이동^{move}도 참고

복잡도(complexity) 문제의 해를 구하는 과정이나 해 자체의 어려움을 나타내는 척도나 개념을 일컫지만, 정확히 정의하기는 어렵다. 알고리즘을 실행하는 데 필요한 연산의 횟수를 평가하는 방식을 말하기도 한다.

부동소수점 숫자(floating-point number) 컴퓨터에서 사용하는 실수에 대한 근사치. 예, `7.93`과 `0.78e-3`

불변 조건(invariant) 프로그램의 하나 이상의 시점에서 항상 참이어야 하는 조건. 객체의 상태(값의 집합)를 기술하거나 반복 구문에 들어가기 전의 루프의 상태를 기술하는 데 쓰인다.

비용(cost) 프로그램을 생성하거나 실행하는 데 소요되는 비용(예, 프로그래머의 시간, 실행 시간, 메모리 공간). 이상적으로는 비용을 복잡도의 함수로 나타낼 수 있다.

비트(bit) 컴퓨터에서 사용하는 정보의 기본 단위. 한 비트는 0이나 1의 값을 가질 수 있다.

사전 조건(pre-condition) 함수나 루프를 비롯한 코드의 일부가 시작될 때 반드시 만족해야 하는 조건

사후 조건(post-condition) 함수나 루프를 비롯한 코드의 일부가 종료될 때 반드시 만족해야 하는 조건

상수(constant) (주어진 유효 범위 안에서) 변경할 수 없는 값. 변하지 않는 것

상태(state) 값의 집합

생성자(constructor) 객체를 초기화(생성)하는 연산. 일반적으로 생성자는 불변 조건을 보장해야 하며, 객체에서 사용할 자원을 획득하기도 한다(이렇게 얻은 자원은 일반적으로 소멸자에서 해제된다).

서브타입(subtype) 파생 타입. 한 타입의 모든 속성을 지니며, 추가적인 속성을 포함할 수 있는 타입이다.

선언(declaration) 프로그램 안에서의 타입을 포함한 이름의 명세

설계(design) 소프트웨어의 각 부분이 명세를 만족하기 위해 어떻게 동작해야 하는지에 대한 개략적 기술

소멸자(destructor) 객체가 소멸될 때(예, 변수가 속한 유효 범위의 끝) 암묵적으로 호출되는 연산. 때때로 자원을 해제하기도 한다.

소스 파일(source file) 소스코드를 포함하는 파일

소스코드(source code) 프로그래머가 만들어 내고, (이론적으로는) 다른 프로그래머가 읽을 수 있는 코드

소유자(owner) 자원을 해제하는 책임을 지는 객체

소프트웨어(software) 코드와 연관된 데이터의 모음. 프로그램과 같은 의미로 사용하기도 한다.

수명(lifetime) 객체가 초기화돼 사용할 수 없게 될 때(유효 범위를 벗어나거나, 삭제되거나, 프로그램이 종료될 때)까지의 기간

순수 가상 함수(pure virtual function) 파생 클래스에서 반드시 오버라이드해야 하는 가상 함수

슈퍼타입(supertype) 기반 타입. 한 타입의 속성 중 일부를 포함하는 타입이다.

스타일(style) 언어 기능의 일관된 사용으로 이어지는 프로그래밍 기법의 집합. 좁은 의미로는 명명 규칙과 코드의 외형을 규정하는 로우레벨 규칙이다.

시스템(system) (1) 컴퓨터상에서 작업을 수행하는 프로그램이나 프로그램의 집합 (2) 컴퓨터의 기본적인 실행 환경이자 도구인 '운영체제'를 줄여서 부르는 말

시퀀스(sequence) 선형으로 탐색할 수 있는 요소의 모임

실체 클래스(concrete class) 객체를 생성할 수 있는 클래스

실행 가능 파일(executable) 컴퓨터에서 동작(실행)될 준비를 마친 프로그램

알고리즘(algorithm) 문제를 해결하는 과정이나 공식. 결과를 생성하는 데 필요한 일련의 유한한 계산 단계다.

어써션(assertion) 프로그램의 특정 시점에서 반드시 참이어야 하는 무언가를 알려줄(경고할) 목적으로 프로그램에 삽입하는 구문

연산(operation) 함수와 연산자를 비롯해 어떤 동작을 수행하는 무언가

오류(error) (때때로 요구 사항이나 사용자 가이드로 표현되는) 프로그램의 동작에 대한 합리적인 기대와 프로그램의 실제 동작 간의 불일치

오버라이드(override) 기반 클래스의 가상 함수와 동일한 이름과 인자 타입을 갖는 함수를 파생 클래스에 정의하는 일. 이렇게 정의한 함수는 기반 클래스의 인터페이스를 바탕으로 호출할 수 있다.

오버로드(overload) 이름은 동일하지만 인자(피연산자)의 타입이 다른 두 함수(연산자)를 정의하는 일

오버플로(overflow) 의도했던 대상에 저장할 수 없는 크기의 값이 생성되는 일

요구 사항(requirement) (1) 프로그램이나 프로그램의 일부에 요구되는 동작에 대한 기술 (2) 함수나 템플릿의 인자에 대한 가정

워드(word) 컴퓨터 메모리의 기본 단위. 일반적으로 정수를 저장하는 단위를 말한다.

유스케이스(use case) 프로그램의 기능을 테스트하고 목적을 보여주기 위해 프로그램을 특정한(일반적으로는 간단한) 방식으로 사용하는 것

유효 범위(scope) 이름을 참조할 수 있는 프로그램 텍스트(소스코드)의 구역

응용 프로그램(application) 사용자가 하나의 실체로 여기는 프로그램이나 프로그램의 모음

의사 코드(pseudo code) 프로그램 언어보다 덜 형식적으로 계산 과정을 기술하는 것

이동(move) 한 객체에서 다른 객체로 값을 옮기는 일. 원래 객체에는 '비어있음'을 나타내는 값이 남게 된다. 복사^{copy} 참고

이상(ideal) 우리가 추구하는 완벽한 무언가. 일반적으로는 기회비용^{trade-off}이 존재하며, 근사치를 설정하기도 한다.

인자(argument) 함수나 템플릿에 전달되는 값. 매개변수를 바탕으로 접근한다.

인터페이스(interface) 코드의 일부(함수나 클래스 등)를 호출하는 방법을 규정하는 선언이나 선언의 집합

자원(resource) 파일이나 락, 메모리를 비롯해 취득한 후에는 반드시 해제해야 하는 무언가

재귀(recursion) 함수가 스스로를 호출하는 일. 반복^{iteration} 참고

절삭(truncation) 원래 값을 정확히 표현할 수 없는 타입으로 변환하는 과정에서 발생하는 정보의 손실

정규 표현식(regular expression) 패턴을 문자열로 표기하는 방법

정보 은닉(information hiding) 인터페이스와 구현을 분리하는 일. 즉, 사용자에게 필요하지 않은 상세 구현을 숨기고, 추상화를 제공한다.

정수(integer) 42와 -99를 비롯한 전체 수

정의(definition) 프로그램에서 어떤 실체를 사용하는 데 필요한 모든 정보를 제공하는 실체의 선언. 간단히 말하면 메모리를 할당하는 선언이다.

정확성(correctness) 명세를 만족하는 프로그램이나 프로그램의 일부를 정확하다고 말한다. 불행히도 명세가 불완전하거나 일관적이지 않거나 사용자의 합리적인 기대에 맞지 않을 수도 있다. 따라서 수용 가능한 코드를 만들기 위해서, 때로는 형식적인 명세를 따르는 정도로는 부족한 경우가 있다.

제네릭 프로그래밍(generic programming) 알고리즘의 설계와 효율적인 구현에 초점을 맞추는 프로그래밍 스타일. 제네릭 알고리즘은 요구를 만족하는 모든 타입의 인자에 대해 동작한다. C++에서의 제네릭 프로그래밍은 일반적으로 템플릿 사용을 일컫는다.

주소(address) 컴퓨터의 메모리에서 객체를 찾는데 필요한 값

초기화(initialize) 객체에 첫 번째(초기) 값을 지정하는 일

초기화되지 않은(uninitialized) 객체를 초기화하기 전의 (정의되지 않은) 상태

추상 클래스(abstract class) 객체를 생성하는 데 직접 사용할 수 없는 클래스. 파생 클래스에 제공할 인터페이스를 정의하는 용도로 쓰기도 한다. 순수 가상 함수를 포함시키거나 생성자를 보호protected하면 해당 클래스는 추상 클래스가 된다.

추상화(abstraction) 선택적이고 신중하게 세부 사항을 무시하는(은닉하는) 일. 선택적 무시

출력(output) 계산을 바탕으로 생성된 값(예, 함수의 결과나 화면에 출력된 한 줄의 문자열)

캡슐화(encapsulation) 비공개된 무언가(예, 상세 구현)를 허가되지 않은 접근으로부터 보호하는 일

컨테이너(container) 요소(다른 객체)를 저장하는 객체

컴파일러(compiler) 소스코드를 목적 코드로 변환하는 프로그램

코드(code) 프로그램이나 프로그램의 일부. 모호하긴 하지만 소스코드와 목적 코드를 모두 일컫는 말이다.

콘셉트(concept) (1) 개념이나 아이디어 (2) 템플릿 인자에 대한 요구 사항의 집합

클래스(class) 데이터 멤버와 함수 멤버, 멤버 타입을 포함할 수 있는 사용자 정의 타입

타입(type) 어떤 객체에 대해 가능한 값의 집합과 수행 가능한 연산의 집합을 정의하는 것

테스팅(testing) 프로그램의 오류를 잡아내는 체계적인 활동

템플릿(template) 하나 이상의 타입이나 (컴파일 시간) 값으로 매개변수화된 클래스나 함수. C++에서 제네릭 프로그래밍을 지원하는 구성 요소다.

파생 클래스(derived class) 하나 이상의 기반 클래스로부터 파생된 클래스

파일(file) 컴퓨터에 저장되는 영속적인 정보의 컨테이너

패러다임(paradigm) 설계나 프로그래밍을 스타일을 거창하게 일컫는 말. 때때로 다른 모든 패러다임보다 뛰어난 패러다임이 존재한다는 (잘못된) 가정과 함께 사용하기도 한다.

포인터(pointer) (1) 메모리상의 타입 있는 객체를 가리키는 값 (2) 그러한 값을 저장하는 변수

표준(standard) 프로그래밍 언어처럼 공식적인 동의를 얻은 어떤 대상에 대한 정의

프로그래밍 언어(programming language) 프로그램을 표현하는 언어

프로그래밍(programming) 문제의 해결책을 코드로 표현하는 기술

프로그램(program) 컴퓨터가 실행할 수 있을 정도로 완성된 코드(관련된 데이터를 포함할 수도 있음)

함수(function) 프로그램의 다른 부분에서 호출될 수 있는 명명된 코드 단위. 논리적인 계산의 단위다.

핸들(handle) 멤버 포인터나 참조를 바탕으로 다른 무언가의 접근 수단을 제공하는 클래스. 복사copy, 이동move, 자원resource을 참고하자.

헤더(header) 프로그램의 각 부분 간에 인터페이스를 공유하는 데 필요한 선언을 포함하는 파일

참고 문헌

Aho, Alfred V., Monica S. Lam, Ravi Sethi, and Jeffrey D. Ullman. Compilers: Principles, Techniques, and Tools, Second Edition("The Dragon Book"으로 통용되는 책). Addison-Wesley, 2006. ISBN 0321486811.

Andrews, Mike, and James A. Whittaker. How to Break Software: Functional and Security Testing of Web Applications and Web Services. Addison-Wesley, 2006. ISBN 0321369440.

Bergin, Thomas J., and Richard G. Gibson, eds. History of Programming Languages, Volume 2. Addison-Wesley, 1996. ISBN 0201895021.

Blanchette, Jasmin, and Mark Summerfield. C++ GUI Programming with Qt 4. Prentice Hall, 2006. ISBN 0131872494.

Cox, Russ. "Regular Expression Matching Can Be Simple and Fast (but Is Slow in Java, Perl, PHP, Python, Ruby, ...)." http://swtch.com/~rsc/regexp/regexp1.html.

dmoz.org. http://dmoz.org/Computers/Programming/Languages.

Freeman, T. L., and C. Phillips. Parallel Numerical Algorithms. Prentice Hall, 1992. ISBN 0136515975.

Gamma, Erich, Richard Helm, Ralph Johnson, and John Vlissides. Design Patterns: Elements of Reusable Object-Oriented Software. Addison-Wesley, 1994. ISBN 0201633612. 한국어판 『GoF의 디자인 패턴 - 재사용성을 지닌 객체 지향 소프트웨어의 핵심 요소 개정판』, 김정아 역, 프로텍미디어, 2015, ISBN 9791195444953.

Goldthwaite, Lois, ed. Technical Report on C++ Performance. ISO/IEC PDTR 18015. www.stroustrup.com/performanceTR.pdf.

Gullberg, Jan. Mathematics – From the Birth of Numbers. W. W. Norton, 1996. ISBN 039304002X.

Hailpern, Brent, and Barbara G. Ryder, eds. Proceedings of the Third ACM SIGPLAN Conference on the History of Programming Languages (HOPL-III). San Diego, CA, 2007. http://portal.acm.org/toc.cfm?id=1238844.

ISO/IEC 9899:2011. Programming Languages – C. C 표준.

ISO/IEC 14882:2011. Programming Languages – C++. C++ 표준.

Kernighan, Brian W., and Dennis M. Ritchie. The C Programming Language, Second Edition. Prentice Hall, 1988. ISBN 0131103628.

Knuth, Donald E. The Art of Computer Programming, Volume 2: Seminumerical Algorithms, Third Edition. Addison-Wesley, 1997. ISBN 0201896842. 한국어판 『The art of computer programming 2 – 준수치적 알고리즘(개정3판)』, 류광 역, 한빛미디어, 2007, ISBN 9788979144840.

Koenig, Andrew, and Barbara E. Moo. Accelerated C++: Practical Programming by Example. Addison-Wesley, 2000. ISBN 020170353X. 한국어판 『Accelerated C++ – 예제로 배우는 진짜배기 C++ 프로그래밍』, 최지호, 곽용재 공역, 정보문화사, 2006, ISBN 9788956743141.

Langer, Angelika, and Klaus Kreft. Standard C++ IOStreams and Locales: Advanced Programmer's Guide and Reference. Addison-Wesley, 2000. ISBN 0321585585.

Lippman, Stanley B., José Lajoie, and Barbara E. Moo. The C++ Primer, Fifth Edition. Addison-Wesley, 2005. ISBN 0321714113. (반드시 5판을 사용하라)

Lockheed Martin Corporation. "Joint Strike Fighter Air Vehicle Coding Standards for the System Development and Demonstration Program." Document Number 2RDU00001 Rev C. December 2005. "JSF++"로도 알려짐. www.stroustrup.com/JSF-AV-rules.pdf.

Lohr, Steve. Go To: The Story of the Math Majors, Bridge Players, Engineers, Chess Wizards, Maverick Scientists and Iconoclasts – The Programmers Who Created the Software Revolution. Basic Books, 2002. ISBN 978-0465042265.

Meyers, Scott. Effective STL: 50 Specific Ways to Improve Your Use of the Standard Template Library. Addison-Wesley, 2001. ISBN 0201749629. 한국어판『이펙티브 STL - Effective STL』, 곽용재 역, 정보문화사, 2006, ISBN 9788956743110.

Meyers, Scott. Effective C++: 55 Specific Ways to Improve Your Programs and Designs, Third Edition. Addison-Wesley, 2005. ISBN 0321334876. 한국어판『Effective C++ - 이펙티브 C++ 3판』, 곽용재 역, 프로텍미디어, 2015, ISBN 9791195444946.

Programming Research. High-Integrity C++ Coding Standard Manual Version 2.4. www.programmingresearch.com.

Richards, Martin. BCPL - The Language and Its Compiler. Cambridge University Press, 1980. ISBN 0521219655.

Ritchie, Dennis. "The Development of the C Programming Language." Proceedings of the ACM History of Programming Languages Conference (HOPL-2). ACM SIGPLAN Notices, Vol. 28 No. 3, 1993.

Salus, Peter H. A Quarter Century of UNIX. Addison-Wesley, 1994. ISBN 0201547775.

Sammet, Jean E. Programming Languages: History and Fundamentals. Prentice Hall, 1969. ISBN 0137299885.

Schmidt, Douglas C., and Stephen D. Huston. C++ Network Programming, Volume 1: Mastering Complexity with ACE and Patterns. Addison-Wesley, 2002. ISBN 0201604647. 한국어판『C++ Network Programming Vol 1 - ACE와 패턴을 사용한 객체 지향 네트워크 프로그래밍』, 권태인 역, 인포북, ISBN 9788980545070.

Schmidt, Douglas C., and Stephen D. Huston. C++ Network Programming, Volume 2: Systematic Reuse with ACE and Frameworks. Addison-Wesley, 2003. ISBN 0201795256. 한국어판『C++ Network Programming Vol 2 - ACE와 프레임워크를 이용한 체계적인 재사용 기법』, 권태인 역, 인포북, ISBN 9788980545230.

Schwartz, Randal L., Tom Phoenix, and Brian D. Foy. Learning Perl, Fourth Edition. O'Reilly, 2005. ISBN 0596101058, 한국어판『Perl 제대로 배우기 개정 2판』, 김영식 등 역, 한빛미디어, 1999, ISBN 9788979140460.

Scott, Michael L. Programming Language Pragmatics. Morgan Kaufmann, 2000. ISBN 1558604421. 한국어판『새로 보는 프로그래밍 언어 - 개발자의 가치를 높이는 프로그래밍 언어 대백과』, 민병호, 김진혁 공역, 에이콘출판사, 2008, ISBN 9788960770546.

Sebesta, Robert W. Concepts of Programming Languages, Sixth Edition. Addison-Wesley, 2003. ISBN 0321193628.

Shepherd, Simon. "The Tiny Encryption Algorithm (TEA)." www.tayloredge.com/reference/Mathematics/TEA-XTEA.pdf and http://143.53.36.235:8080/tea.htm.

Stepanov, Alexander. www.stepanovpapers.com.

Stewart, G. W. Matrix Algorithms, Volume I: Basic Decompositions. SIAM, 1998. ISBN 0898714141.

Stone, Debbie, Caroline Jarrett, Mark Woodroffe, and Shailey Minocha. User Interface Design and Evaluation. Morgan Kaufmann, 2005. ISBN 0120884364.

Stroustrup, Bjarne. "A History of C++: 1979–1991." Proceedings of the ACM History of Programming Languages Conference (HOPL-2). ACM SIGPLAN Notices,Vol. 28 No. 3, 1993.

Stroustrup, Bjarne. The Design and Evolution of C++. Addison-Wesley, 1994. ISBN 0201543303.

Stroustrup, Bjarne. "Learning Standard C++ as a New Language." C/C++ Users Journal, May 1999.

Stroustrup, Bjarne. "C and C++: Siblings"; "C and C++: A Case for Compatibility"; and "C and C++: Case Studies in Compatibility." The C/C++ Users Journal, July, Aug., and Sept. 2002.

Stroustrup, Bjarne. "Evolving a Language in and for the Real World: C++ 1991–2006." Proceedings of the Third ACM SIGPLAN Conference on the History of Programming Languages (HOPL-III). San Diego, CA, 2007. http://portal.acm.org/toc.cfm?id=1238844.

Stroustrup, Bjarne. The C++ Programming Language, Fourth Edition. Addison-Wesley, 2013. ISBN 0321563840. 한국어판 『C++ 프로그래밍 언어』, 곽용재 역, 피어슨에듀케이션 코리아(PTG), 2005, ISBN 9788945072047.

Stroustrup, Bjarne. A Tour of C++. Addison-Wesley, 2013. ISBN 9780321958310.

Stroustrup, Bjarne. 저자의 홈 페이지, www.stroustrup.com.

Sutter, Herb. Exceptional C++ 47 Engineering Puzzles, Programming Problems, and Solutions. Addison-Wesley, 2000. ISBN 0201615622. 한국어판 『Exceptional C++ –

프로그래머를 자극하는 47개의 재미있는 퍼즐 문제』, 김동현 역, 인포북, 2003, ISBN 9788980545063.

Sutter, Herb, and Andrei Alexandrescu. C++ Coding Standards: 101 Rules, Guidelines, and Best Practices. Addison-Wesley, 2004. ISBN 0321113586.

University of St. Andrews. The MacTutor History of Mathematics archive. http://www-gap.dcs.st-and.ac.uk/~history.

Wexelblat, Richard L., ed. History of Programming Languages. Academic Press, 1981. ISBN 0127450408.

Whittaker, James A. How to Break Software: A Practical Guide to Testing. Addison-Wesley, 2002. ISBN 0201796198.

Wood, Alastair. Introduction to Numerical Analysis. Addison-Wesley, 2000. ISBN 020134291X.

사진 설명과 출처

4페이지 저자 비야네 스트롭스트룹 사진. 2005년. 출처: 비야네 스트롭스트룹

5페이지 공저자 로렌스 피트 피터슨 사진. 2006년. 출처: 텍사스 A&M 대학교 컴퓨터과학과

60페이지 카시오 시계 사진. 출처: www.casio.com

60페이지 MAN 해양 디젤 엔진 12K98ME; MAN Burgmeister & Waine. 출처: 덴마크 코펜하겐 MAN 디젤 A/S

60페이지 세계에서 가장 거대한 컨테이너 선박 엠마 머스크Emma Maersk. 덴마크 오르후스 항구. 출처: 게티 이미지Getty Images

62페이지 디지털 전화 교환기. 출처: 알라미 이미지Alamy Images

62페이지 소니 에릭슨 W-920 휴대전화(통화, 음악, 인터넷 기능 탑재). 출처: www.sonyericsson.com

63페이지 월스트리트 뉴욕 증권 거래소의 거래장 모습. 출처: 알라미 이미지

63페이지 인터넷 기간망을 표현한 시각 지도. 출처: 스티븐 아익Stephen G. Eick

64페이지 CAT 스캐너. 출처: 알라미 이미지

64페이지 컴퓨터를 사용한 외과 수술 장면. 출처: 다빈치Da Vinci 수술 시스템(www.intuitivesurgical.com)

65페이지 일반적인 컴퓨터 환경(왼편 모니터는 유닉스 데스크탑 박스에 연결되어 있고, 오른편 모니터는 윈도우 노트북에 물려 있다). 출처: 비야네 스트롭스트룹

65페이지 서버팜의 컴퓨터 랙. 출처: 아이스탁포토Istockphoto

67페이지 화성 탐사선이 찍은 사진. 출처: NASA(www.nasa.gov)

865페이지 1949년 모리스 윌크스 센터에서 찍은 EDSAC 팀의 사진. 넥타이를 매지 않은 사람이 데이비드 휠러David Wheeler. 출처: 케임브리지 대학 컴퓨터 연구소

865페이지 1974년 무렵 강연 중인 데이비드 휠러 사진. 출처: 케임브리지 대학 컴퓨터 연구소

867페이지 1996년 존 배커스John Backus. ⓒ루이스 파비앙 바크라크Louis Fabian Bachrach. 컴퓨터 혁신가들의 사진 모음을 보려면 크리스토퍼 모건Christopher Morgan이 지은 『Wizards and their wonders: portraits in computing』(ACM Press, 1997)을 참조하라.

869페이지 그레이스 머레이 호퍼Grace Murray Hopper. 출처: 컴퓨터 역사박물관Computer History Museum

870페이지 그레이스 머레이 호퍼의 버그(벌레). 출처: 컴퓨터 역사박물관

찾아보기

에이콘출판의 기틀을 마련하신 故 정완재 선생님 (1935-2004)

Programming: Principles and Practice Using C++ (Second Edition) 한국어판

발　행 | 2015년 11월 30일

지은이 | 비야네 스트롭스트룹
옮긴이 | 최 광 민

펴낸이 | 권 성 준
편집장 | 황 영 주
편　집 | 조 유 나
디자인 | 박 주 란

에이콘출판주식회사
서울특별시 양천구 국회대로 287 (목동)
전화 02-2653-7600, 팩스 02-2653-0433
www.acornpub.co.kr / editor@acornpub.co.kr

한국어판 ⓒ 에이콘출판주식회사, 2015, Printed in Korea.
ISBN 978-89-6077-786-6
ISBN 978-89-6077-771-2 (세트)
http://www.acornpub.co.kr/book/programming-cplus

이 도서의 국립중앙도서관 출판시도서목록(CIP)은 서지정보유통지원시스템 홈페이지(http://seoji.nl.go.kr)와
국가자료공동목록시스템(http://www.nl.go.kr/kolisnet)에서 이용하실 수 있습니다.(CIP제어번호: CIP2015031888)

책값은 뒤표지에 있습니다.